陝西省“十二五”古籍整理重大項目
陝西省社會科學基金重點項目

陝西古代文獻集成

【第十四輯】

陝西古代文獻集成編纂委員會 編

主編◎賈三强

陝西民總賦役全書（上）

賈三强 審校
李文遴 點校

陝西新華出版傳媒集團
陝西人民出版社

圖書在版編目（CIP）數據

陝西古代文獻集成. 第十四輯 / 賈三强主編. — 西安：陝西人民出版社，2018
ISBN 978-7-224-13061-4

Ⅰ. ①陝… Ⅱ. ①賈… Ⅲ. ①地方文獻－彙編－陝西－古代 Ⅳ. ①K294.1

中國版本圖書館CIP數據核字(2018)第296506號

《陝西民總賦役全書（上）》 李文遴 點校
賈三强 審校

陝西古代文獻集成·第十四輯

編　　者　賈三强
出版發行　陝西新華出版傳媒集團　陝西人民出版社
（西安北大街147號　郵編：710003）

印　　刷　中煤地西安地圖制印有限公司
開　　本　787mm×1092mm　16開　46印張　4插頁
字　　數　600千字
版　　次　2018年12月第1版　2018年12月第1次印刷
書　　號　ISBN 978-7-224-13061-4
定　　價　256.00元

ISBN 978-7-224-13061-4

陝西省古籍保護整理出版工作
領導小組編纂委員會

《陝西古代文獻集成》編纂工作領導小組

組　　長　任宗哲　郭立宏

副 組 長　白寬犁　高　嶺

成　　員　吴敏霞　惠西平　吴振磊　段建軍　王祥瑞　潘麗華　韋禾毅

《陝西古代文獻集成》編纂委員會

特邀顧問

張豈之　趙世超

學術委員會

主　　任　周天游

副 主 任　白寬犁　賈二强

委　　員　周天游　周偉洲　閻　琦　白寬犁　賈二强　吴敏霞　張懋鎔
惠西平　郭憲曾　李　浩　王煒林　向　德　張　弘　趙力光
趙建黎　徐大平　史天社　淡懿誠

編纂委員會

主　　編　賈三强

副 主 編　吴敏霞　趙望秦

委　　員　賈三强　吴敏霞　趙望秦　張新科　段建軍　霍有明　傅紹良
周曉薇　郝潤華　李芳民　張　沛　張文利　趙小剛

主編助理　杜學林　李向菲　魯夢宇　楊　瑞

前　言

陝西有着悠久的歷史，是文明隆盛之區。傳説中華夏民族的始祖炎帝和黄帝都曾在這片土地上活動，並且留下了相關的遺址遺跡。對今天中華文明和文化傳統影響最大的周秦漢唐王朝，肇興於這片土地，同樣留下了數不清的文物遺存。這些文化遺産雄辯地證明，陝西是中華民族的發祥地之一，也是中華民族一步步走向强盛的歷史見證。有越來越多的國内外人士來到這裏，觀賞半坡遺址、周原故地、秦兵馬俑、漢武帝陵、大夏統萬城、唐長安城以及終南風物等，領略這裏恢弘、悠遠、博大、精深的文化。

世界上很多地方的著名古跡，比如英國的史前巨石陣、復活節島上的巨人石像與秘魯納斯卡地畫，在相關的歷史文獻中，找不到絲毫的記載，因此只能是一個一個神秘的千古不解之謎，甚至有人將其解釋成外星人留下的奇跡，這當然大大影響了它們具有的文化意藴。而陝西的周秦漢唐遺跡和文物，絶大多數可以與傳世的文獻相印證。用文物與文獻相互印證研究歷史的方法，從漢代起就有學者運用。在清代乾嘉學者，尤其是後來的王國維先生那裏，成爲一種科學的學術研究手段，是歷史研究的利器。秦始皇陵兵馬俑坑棚木明顯被焚燒過，這在《史記》中有記載，是楚霸王項羽所爲；而遊客們在遊覽唐大明宫遺址，驚嘆其恢弘的氣勢時，也不由得會想到古代典籍中記載的發生在這裏的歷史事件，如盛唐時“九天閶闔開宫殿，萬國衣冠拜冕旒”的朝貢場面，大唐落日西沉時血雨腥風的“甘露之變”等，這些事件都深刻地影響了中國歷史的走向。設想一下，如果没有文獻的佐證，這些文物古跡將會怎樣地黯然失色。因此，如果將這些可視的文物古跡視作壁上之龍，那些可讀的傳世文獻就如同龍的眼睛，一經點畫，飛龍就會騰起在天，活靈活現。

與文物文化相輔相成的是，這裏同樣有着深厚的文獻文化傳統。陝西存世文獻的品質之高，舉世罕有。《周易》極力探究宇宙産生和運行的根本法則，《周禮》爲萬世定立典章制度的企望，《史記》“究天人之際，通古今之變，成一家之言”的抱負，展示了早在西漢以前這片土地上志士仁人的闊大胸襟。這種特質對於秦地之人已經浹髓淪肌，融入血脈。而《詩經》中産生於周秦故地的諸多詩篇，從莊嚴的宗廟祭祀到民間青年男女嘹亮的情歌，無所不包，則又體現出這裏人民生活的豐富多彩。漢唐時代在這裏産生的諸多歷史、哲學和文學作品，至今仍有着典範意義，是中華民族精神寶庫中異常珍貴的遺産。

無論在陝西生活或者工作的人，不僅有責任將這塊中華民族風水寶地産生的文化遺産保護好，而且還要發揚光大。新中國成立後的 20 世紀 50 年代，我們國家幾乎還是一窮二白的時候，國家投入鉅資發掘了半坡遺址，並修建了保護性的建築。70 年代又發掘了震驚世界的秦始皇陵兵馬俑，並在遺址上建立了博物館。改革開放以來，特别是近年來，陝西省提出建設文化大省、强省的戰略目標，而這對文化遺産的保護無疑是重要内容。近年來，隨着經濟的發展，政府在文化遺産保護方面的投入不斷加大，周原遺址、西安漢城遺址、曲江遺址、大明宫遺址、大唐西市遺址的發掘保護，爲世人矚目，已成爲陝西和西安古代文化的亮眼名片。

但是對於古代文獻的保護和整理，則稍顯落後。正是意識到了這一點，陝西省政府决定在“十二五”和“十三五”期間，在這些方面加大投入，進行建設。《陝西古代文獻集成》是其中的重大課題。這裏説的陝西古代文獻，指的或專寫陝事，或作者爲陝人，或書籍爲陝版。前兩者是主要的整理内容，陝版圖書除了在圖書史或版本目録學史方面具有較重要的意義外，從内容方面來看，與其他地域出版的圖書並無本質區别的，不作爲此次整理的重點。由於人力、物力、財力的限制，這批整理的文獻，原則上只收録那些没有經近人整理過的古籍或雖經近人整理，但是整理品質不高的古籍。這樣，一些多次經前人整理的古籍，雖然有很高的歷史意義和學術價值，如上述的《周易》《史記》等書，就不再進入整理者的視域。經過專家推薦，課題組嚴格篩選，選取了300餘種古籍作爲整理對象。這些古籍，絶大多數是宋、金、元、明、清人撰作的。

毫無疑問，在以周原、豐鎬、咸陽和長安爲中心的周、秦、漢、唐文明之後，隨着我國政治、經濟、文化中心的東移南下，從宋代開始，在整個中華文明中，陝地風光不再，逐步被邊緣化，整體上處於衰落之勢。但它仍是中華文明的重要組成部分，有時甚至引領風華。這可以關學、明清文學和戲曲的傳世文獻爲例。

北宋的關中大儒張載是早期的理學家，他“爲天地立心，爲生民立命，爲往聖繼絶學，爲萬世開太平”的宏偉誓言，激勵了數不清的中華民族志士仁人修齊治平的理想。張載是宋明理學中導夫先路式的學者，他創立的關學深刻地影響了“二程”的洛學、朱熹的閩學，而這三者構成了理學鼎立的三足。張載奠定的重實踐功夫而相對輕視繁瑣論證的關學傳統沾溉陝西學風民風甚深。從宋代至近代，宋代藍田“四吕”，元代楊奂、蕭𣂏，明代王恕父子、吕柟、馬理、馮從吾，清代“三李”、王思敬，直至近現代的劉光蕡、賀瑞麟、牛兆濂等，歷時近千年，構成了不絶如縷的關學體系。這種不尚空談而重實踐的傳統也培育出了關中諸多磅礴豪放的義士和勤敬忠孝的百姓。

明清時代陝西的文學成就也同樣值得大書特書。明代前期度過了慷慨悲歌的改朝換代短暫風光，中國文學進入了百年孤獨時期，充斥文壇的是歌功頌德、神仙道化和説教衛道之風。張廷玉主編《明史·文苑傳》稱之爲："永宣以還，作者遞興，皆冲融演迤，不事鉤棘，而氣體漸弱。弘正之間，李東陽出入宋元，溯流唐代，擅聲館閣。"正是對這段時期文學柔靡之風的概括。而到了明弘治、正德、嘉靖年間，中國文學進入了復興時期，其標志是前七子翩然登上文壇。前七子中的主要人物李夢陽是慶陽人，時屬陝西，康海是武功人，王九思是户縣人。而前七子中的另一位領軍人物何景明，雖是河南信陽人，但卻與上述三人交往密切，還擔任過陝西提學副使之職。繼唐代之後，陝西文學又一次進入亂花迷眼的大好時期。萬斯同《明史稿·文苑傳》説："關中自李夢陽、康海、王九思後，作者迭興，若吕柟、馬理、韓邦奇、邦靖、馬汝驥、胡纘宗、趙時春、王維楨、楊爵輩，彬彬質有其文，而(張)治道輩鼓吹之，一時號爲極盛。"這段文字中提到的絶大多數人，都是科舉中高第中進士的文人。例如康海和吕柟，分别在明弘治十五年(1502)和正德三年(1508)先後中狀元，這也是陝西科舉史中的佳話。這個文人群體詩文創作成就極高，當時在北京官場中流行的"西翰林"之説，就是指翰林院中陝人極多的盛況。500年後的今天，追憶當年，仍令人神往。明嘉靖三十四年十二月(1556年1月)關中發生大地震，當時身在關中的文壇領軍人物馬理、韓邦奇、王維楨等人罹難，使陝西文學盛況戛然而止。但是清代初年，王又旦和"三李""一康"爲代表的三秦詩派又異軍突起，爲陝西文學贏得了聲譽。這一文學現象近年來也受到了學界的關注。

戲曲是我國獨有的藝術。如果將"代言體"作爲其起源和本質特徵，從青海大通縣孫家寨出土的新石器時期陶盆上帶尾飾的群舞、周穆王時傳入中國的傀儡戲和産生於周幽王時的俳優藝術等資料看，完全可以説周秦之地也是中國戲曲的發源地之一。而宋代以後，陝西代言體類的表演藝術總體走下坡路。明代大戲曲家康海、王九思的橫空出世，使這一頹勢中止。而在明清之際作爲“亂彈之祖”的秦腔的出現，更是使流行了近400年之久的宫調聯曲體戲曲走向了窮途末路，而以秦腔爲代表的板腔體戲曲流行於大江南北、長城内外，成爲中國戲曲的主流。“花部亂彈”是清人對板腔體戲曲的俗稱，秦腔也因而被戲曲界稱爲“花部亂彈之首”，對包括京劇在内的近現代以板腔體爲主的各地戲曲影響深遠。

這些文獻，在這次整理中都有收録。我相信，這批文獻的整理出版，將會使學界和廣大對古代文化有興趣的讀者朋友們獲益良多。

我要衷心感謝從事這項課題的100多位省内外專家學者，正是你們數年的艱苦努力，爲實現我們陝西建設文化大省、强省的戰略目標做出了卓有成效的貢獻，也爲我們陝西文化增添了一項標志性的成果，在此謹致深深的謝忱。

賈三强

丁酉年秋

目録

總凡例

一、《陝西古代文獻集成》收録範圍，爲傳統近代以前陝西傳世文獻。陝西爲清代版圖所轄區域。陝西文獻概指陝人著述或述論陝事者。

二、本叢書僅收録未經今人整理，或雖經今人整理，然而品質尚有提升空間之古代文獻。

三、本叢書以點校爲主要整理方式，亦有個别作者前期已完成校注本，且有較多史實箋證，於讀者有裨益者，亦適當收入。

四、諸書底本之墨釘“■”、闕字“□”均一仍其舊，空闕或漫漶之字亦示以“□”，部分残缺之字外框以“□”。

五、底本之誤，原則上不改，而在校記中説明。一些明顯之常識性錯誤，如古籍中常見“己、已、巳”不分者，則徑改，不出校記。

六、諸書各有特點，且其整理成於衆手，故點校前言、凡例和附録等不强求統一。

七、諸底本中原有之注，用小號字排印，置於原處。

八、本叢書多有一輯多種者，其前後排序按作者之生卒年月。

九、因本叢書諸作之整理完成時間不一，故每十輯爲一批次，按經、史、子、集和時代先後順序編排。

陝西民總賦役全書（上）

李文遴　點校
賈三强　審校

點校説明

賦役全書始修于明萬曆十年，是明清两朝记载各地赋役数额的册籍，初期這類冊籍沒有統一的名稱，至清代定名為“賦役全書”。

明代的賦役冊籍內所載條鞭各項稅額，成為國家征收賦稅的依據，清建國后，順治帝為了恢復生產，整頓稅收，令各省訂正舊籍，編修賦役全書，以便查稽隙地漏檢之弊，他在給戶部的諭旨中說：“茲特命爾部右侍郎王宏祚，將各直省每年額定徵收、起存、總撒實數編列成帙。詳稽往牘，參酌時宜。凡有參差遺漏，悉行駁正。錢糧則例，俱照明萬曆年間,其天啟、崇禎時加增，盡行蠲免。地、丁則開原額若干，除荒若干，原額以明萬曆年刊書為準，除荒以覆奉諭旨為憑。地、丁清核，次開實徵，又次開起存。起運者，部寺倉口，種種分晰。存留者，款項細數，事事條明。至若九釐銀，舊書未載者，今已增入。宗祿銀，昔為存留者，今為起運。漕白二糧，確依舊額。運丁行月，必令均平。胖襖盔甲，昔解本色，今俱改折。南糧本折，昔留南用，今抵軍需。官員經費，定有新規。會議裁冗，改歸正項。本色絹布、顏料、銀、硃、銅、錫、茶、蠟等項，已改折者，照督撫題定價值開列。解本色者，照刊定價值造入。每年督撫再行確查時值，題明填入易知單內，照數辦解。更有昔未解而今宜增者，昔太冗而今宜裁者，俱細加清核，條貫井然。後有續增地畝錢糧，督撫按彙題造冊報部，以憑稽核。綱舉目張，彙成一編，名曰‘賦役全書’，頒布天下，庶使小民遵茲令式，便於輸將，官吏奉此章程，罔敢苛斂。為一代之良法，垂萬世之成規”（《清實録·世祖實録·順治十四年十月丙子》卷112）。由此各省開始編纂本省的《賦役全書》，《賦役全書》編成后，頒發給各州縣，“每州縣各發二本，一存戶房，備有司查考，二存學宮，俾士民檢閱”（《清世祖實録》卷112，順治十四年十月丙子），各州縣每年年終要將“荒田有無開墾，戶口有無加贈，訂入全書報部”（《光緒大清會典事例》卷

177，賦役全書）。康熙二十四年（1685），因“順治間訂正《賦役全書》，至是二十餘年，戶口土田，視昔有加，按戶增徭，因地加賦，條目紛繁，易於淆混”，於是“下令重修，止載起運、存留、漕項河工等切要款目，删去絲秒以下尾數，名曰《簡明賦役全書》。二十六年書成。”（《清史稿·食貨二》卷121）。雍正十二年（1734），又修《賦役全書》，且明令規定:“每至十年，照例動用存公銀修輯一次”（《清會典事例·戶部則例田賦門》卷7）。乾隆三十年（1765），“以全書多載不經名目，而奏銷冊前列山地田蕩、版荒新墾，次列三門九則、額徵、本折、地丁、起解、存留，極為明晰，令嗣後全書依奏銷條款，止將十年內新坍舊墾者添注，其不經名目，一概删除”（王慶雲《石渠餘紀·紀賦冊糧票》卷3）。至此，《賦役全書》在內容與格式上趨於穩定，只是原定每十年一修，後未完全執行。

现存明清两代各地方编撰的《賦役全書》還不少，但陝西賦役册籍流傳下來的不多，據現有資料顯示：國家圖書館藏有七部，1、《陝西省賦役全書》一百二十五卷，清順治刻本，子目有：總賦役一卷，西安府三十八卷，延安府二十卷，鳳翔府八卷，漢中府十卷，興安州八卷，平涼府十一卷，慶陽府六卷，鞏昌府十八卷，臨洮府五卷。2、《陝西省賦役全書》九十二卷，清順治刻本，子目有：總賦役一卷，西安府二十五卷，延安府九卷，鳳翔府九卷，漢中府三卷，興安州八卷，平涼府十卷，慶陽府六卷，鞏昌府十八卷，臨洮府三卷。3、《陝西省賦役全書》六十六卷，清順治刻本，子目有：總賦役一卷，西安府三十八卷，鳳翔府九卷，漢中府十卷，興安州六卷。4、《延安府賦役全書》二十卷，清順治、康熙刻本，子目有： 延安府一卷，鄜州一卷，綏德州一卷，葭州一卷，膚施縣一卷，安塞縣一卷，宜川縣一卷，保安縣一卷，甘泉縣一卷，安定縣一卷，延川縣一卷，延長縣一卷，清澗縣一卷，洛川縣一卷，中部縣一卷，宜君縣一卷，米脂縣一卷，吴堡縣一卷，神木縣一卷，府谷縣一卷。5、《陝西省西安布政司賦役全書》八十六卷，清康熙刻本，子目有：總賦役一卷，西安府三十八卷，延安府二十卷，鳳翔府九卷，漢中府十卷，興安州八卷。6、《陝西省屯糧賦役全書》五十一卷，清康熙刻本，子目有：總賦役一卷，西安府二十三卷，延安府九卷，鳳翔府九卷，漢中府五卷，興安州四卷。7、《陝西省西安布政司賦役全書》九十三卷，清乾隆刻本，子目有：總賦役一卷，西安府十七卷，延安府九卷，鳳翔府九卷，漢中府十卷，興安州八卷，商州六卷，同州府十卷，乾州四卷，邠州五卷，鄜州五卷，綏德五卷，榆林4卷。另外還藏有《陝西省屯衛賦役全書》八十四卷，清乾隆刻本，子目有：總賦役一卷，陝西督糧道簡明一卷，陝西督糧道包賠銀糧一卷，陝西糧道並鳳商二府一卷，西安府二十八卷，延安府四卷，鳳翔府十五卷，漢中府六卷，興安州二卷，同州府七卷，乾州五卷，綏德四卷，榆林府六卷。

此外北京大學圖書館藏一部《陝西省賦役全書》一百三十二卷，道光二十四年刊本。東京大學東洋文化研究所藏一部《陝西省賦役全書》不分卷，道光二十四年刊本。上海圖書館、東京大學東洋文化研究所藏《陝西省更名賦役全書》不分卷，道光二十四年刊本。德國巴伐利亞邦立圖書館藏《陝西省屯衛賦役全書》一部。中華民國五十九年（1970）成文出版社有限公司出版的《陝西省二十七府州縣屯衛賦役全書》，子目有：漢中府、榆林府、延安府、寧羌州、隴州、葭州、綏德州、鳳翔縣、岐山縣、汧縣、保安縣、城固縣、榆林縣、米脂縣、府谷縣、神木縣、扶風縣、眉縣、汧陽縣、懷遠縣、清澗縣、膚施縣、宜川縣、定邊縣、靖邊縣、南鄭縣、褒城縣。

目前，國家圖書館出版社將藏於國家圖書館的六十多種賦役冊籍，編輯出版为《明清賦役全書》，其中陝西省（待出版）的有：1、《陝西省賦役全書》□□卷。 2、《陝西省賦役全書》□□□卷。3、《陝西省屯糧賦役全書》□□卷。4、《陝西省西安布政司賦役全書》九十三卷。5、《陝西省西安布政司賦役全書》八十六卷。6、《陝西省屯衛賦役全書》□□卷。7、《延安府賦役全書》二十卷。這些現存的陝西《賦役全書》可以讓我們探索陝西賦役的變化軌跡及全書的編寫情況。

本次點校的《陝西省民總賦役全書》,官修，清道光二十四年(1844)刻本，書名據函套題名擬定，每冊書的封皮題名爲《某某民賦役全書》，每冊均沒有序跋，正文卷端低兩格題州縣名，次行再低兩格爲正文，卷末題“道光貳拾肆年刊造”。是書輯録了陝西省西安布政司所轄的十二府八十五縣之賦役冊籍，共九十八卷，包括：陝西省西安布政司總賦役一卷，西安府十九卷，延安府九卷，鳳翔府九卷，漢中府十三卷，同州府十卷，榆林四卷，興安州九卷，邠州五卷（點校底本缺三水縣、長武縣、淳化縣），乾州四卷，商州六卷，鄜州五卷，綏德五卷，內容涉及从顺治至道光时期的田畝類別、地丁、均徭、匠價、停免、軍籍、起運、存留、俸工、雜支祭祀、孤貧口糧、驛站、走遞、額外稅銀（課程銀、牙稅、當稅、畜稅、地稅）等各縣的應徵錢糧額數及賦役實征數及留存等情況，其中人丁賦役遵循了“康熙伍拾貳年三月拾捌日恩詔，後遇編審之期，但據康熙伍拾年丁冊定為常額，續生人丁，永不加賦。”的規定及雍正帝推行“攤丁入畝”法令，條分縷析，至詳至備，一覽了然，是研究清代陝西地區財政史的最重要文獻。

本次點校的《陝西省民總賦役全書》，由政府刊印頒佈，刻印精良，字大行疏，具有官刻風範，半頁九行，滿行二十二字，小字雙行，白口單魚尾，四周雙邊，歷代書志中未見著録，加之現存稀缺，可視為珍本。此次點校，因無他本對校，為保持原貌，未做任何改動，只是把有些段落加以分析合并，原書注文爲小字雙行，現按《陝西古代文獻集成》體例，改小字單行，凡遇異體字、俗體、簡體字均以原書爲准，未做改動，原書漫滅不清者，用“口口”替代，对记述有誤或不详的，加“（）”小字標明。

李文遴

2017年8月

目録

陝西省西安布政司分轄：西安府、延安府、鳳翔府、漢中府、同州府、榆林府、興安府、邠州、乾州、商州、鄜州、綏德州

原額各等共地，內除西安府屬長安、高陵貳縣牧馬山場、沙壓、河崩並藍田縣折正地糧及鳳翔府屬隴州改歸華亭縣地畝銀糧細數，在於該府州書內逐壹臚列外，止該通共實地叁拾捌萬玖千捌百肆拾貳頃柒拾伍畝伍分貳釐叁毫柒絲肆忽貳微貳纖陸塵，各地徵糧不等，並興安府屬紫陽縣地畝，係山坡難以丈量畝數，共額徵本折糧壹百貳拾陸萬叁千柒百壹拾貳石玖斗壹升玖合玖勺貳抄貳撮玖圭肆粟玖粒陸糠，內除西安府屬鄠縣拋荒召佃減納折色糧壹百叁拾肆石叁斗陸升柒勺捌抄，止該本折糧壹百貳拾陸萬叁千伍百柒拾捌石伍斗伍升玖合壹勺肆抄貳撮玖圭肆粟玖粒陸糠，內本色糧壹拾叁萬叁千柒百叁拾貳石壹斗叁升肆合柒勺叁抄壹撮貳圭捌粟伍粒柒顆陸糠，內除拋荒召佃減納糧壹萬陸百玖拾陸石玖斗肆升叁合壹勺陸抄肆撮陸圭伍粟，止該折正本色糧壹拾貳萬叁千叁拾伍石壹斗玖升壹合伍勺陸抄陸撮陸圭叁粟伍粒柒顆陸糠，折色糧壹百壹拾貳萬玖千捌百肆拾陸石肆斗貳升肆合肆勺壹抄壹撮陸圭陸粟叁粒叁顆，各徵銀不等，共額徵銀壹百伍拾叁萬叁千陸百捌拾玖兩柒錢柒分伍釐貳毫壹絲玖忽叁微捌纖柒塵伍渺柒漠貳沙，內除西安府屬高陵、富平、三原免派站支鋪陳銀捌百壹拾兩捌錢叁分玖釐壹毫陸絲，實徵銀壹百伍拾叁萬貳千捌百柒拾捌兩玖錢叁分陸釐伍絲玖忽叁微捌纖柒塵伍渺柒漠貳沙，內：

萬歷；順治柒、捌、拾壹、拾叁、拾伍、拾陸並康熙肆、捌、玖、貳拾叁、肆拾肆、肆拾伍及雍正元、拾壹、拾貳、拾叁；乾隆元、貳、叁、肆、伍、陸、捌、拾、拾叁、拾伍、拾陸、拾捌、貳拾、貳拾壹、貳拾貳、貳拾伍、貳拾柒、貳拾玖等年在於秦屬蠲免、申報災傷，再疏籲請、懇乞踏驗冲

崩、詳請委勘水災、請免無著浮糧、遵旨議奏、遵旨密議、實陳懇荒、請旨復設水利、通判報明並陳河水冲坍地畝、請改設府治、田沒糧賠、敬陳管見、報明災苦、行查報明、欽奉上諭、欽遵聖訓、遵旨詳查議奏、清查庫項、報明水災情形、勢迫無何、奏聞秋禾情形、報明被水、詳請添建倉厫、請裁冗員、移駐縣佐、河水冲坍地畝、恭請聖訓、敬陳清理寄庄寄糧、欽奉恩詔並奏聞秋禾偏災情形及報明河水泛漲等事各案內，題明共免過荒地壹拾伍萬柒千柒百陸拾玖頃伍拾貳畝玖分柒釐壹毫肆絲叁忽貳微貳纖壹塵，應免糧肆拾壹萬玖千柒百玖拾壹石壹斗柒升陸合肆勺捌抄柒撮柒粟柒粒貳顆伍糠壹粃貳秕。

又西安府屬之興平、臨潼、渭南、咸寧、盩厔，同州府屬之朝邑、華州、華陰，邠州屬之長武，乾州屬之武功，鄜州屬之洛川等州縣，乾隆叁拾貳、叁拾柒、肆拾、肆拾貳、肆拾柒、肆拾捌等年，在于遵旨議奏並報明被水情形及奏聞、遵旨議奏、欽奉恩詔等事各案內，題明豁免共地捌百陸拾頃伍拾伍畝貳釐捌絲玖忽捌微，共免糧貳千捌百陸拾貳石肆斗玖升捌合玖勺伍抄柒撮叁圭貳粟貳粒貳顆肆糠伍粃陸秕。

又西安府屬之富平，同州府屬之華州、朝邑叁州縣，乾隆肆拾玖、伍拾叁等年，在於詳報秋禾、欽奉上諭等事貳案內，題明豁免共地壹百伍拾叁頃壹拾柒畝叁釐陸毫叁絲肆忽肆微，共免糧肆百柒拾壹石柒斗陸合壹勺陸抄貳撮貳圭肆粟捌粒。

又同州府屬之朝邑縣，嘉慶肆、玖等年，在於奏聞及詳請照例豁免等事貳案內，題明豁免共地玖拾叁頃肆拾肆畝貳分貳釐玖毫玖絲壹忽，共免糧貳百肆拾捌石玖斗肆升玖合陸勺柒抄伍撮壹圭肆粟。

又鳳翔府屬之郿縣，西安府屬之藍田、興平、盩厔、咸陽，漢中府屬之褒城，同州府屬之朝邑，乾州屬之武功等縣，嘉慶拾叁、拾玖等年，在於遵批及欽奉恩詔等事案內，豁免地壹百伍拾叁頃壹拾柒畝陸分肆釐捌毫壹絲，共免糧伍百肆拾叁石貳斗叁升叁合伍勺貳抄伍撮捌圭叁粟捌粒叁顆陸糠壹粃。

又漢中府屬之城固，西安府屬之長安、藍田、盩厔、臨潼等縣，嘉慶貳拾壹年並道光元、貳、叁、肆等年，在於報明被水及遵批行知等事各案內，豁免地伍拾叁頃玖拾肆畝玖分陸釐捌毫伍絲，應免糧貳百貳拾陸石壹升捌勺陸抄叁撮叁圭伍粟陸粒肆顆陸糠。

又西安府屬之寧陝、咸寧、長安、盩厔，鳳翔府屬之郿縣，興安府屬之平利，乾州屬之武功等廳縣，道光伍、玖並拾叁等年，在於欽奉恩詔及據咨行知移明等事各案內，豁免地肆拾貳頃捌拾叁畝貳分陸毫柒絲，應免糧壹百柒拾壹石肆升貳合壹勺貳抄叁撮貳圭玖粟壹粒伍顆叁粃玖糠。

又西安府屬之盩厔、藍田、咸陽等叁縣，道光拾伍、拾柒、拾捌等年，在於勘明並報明等事叁案內，豁免冲坍地柒頃叁拾陸畝玖分，應免本折糧貳拾伍石柒斗伍升叁合伍抄肆撮貳圭捌粟壹粒貳顆。

捌項共免地壹拾伍萬玖千壹百叁拾肆頃壹畝玖分捌釐壹毫捌絲捌忽肆微貳纖壹塵，應免本折糧肆拾貳萬肆千叁百肆拾石叁斗柒升捌勺肆抄捌撮伍圭伍粟伍粒貳糠壹粃柒糠，內前墾並興屯及節年開墾、清查丈首共地貳萬伍千陸頃捌分捌毫玖絲貳忽伍微貳纖肆塵陸渺，該糧捌萬叁千貳百貳拾伍石貳斗玖升柒合陸勺陸抄柒撮柒圭肆粟柒粒捌顆玖糠壹粃柒糠，內於順治拾陸年、康熙柒年膚施、甘泉、延川、宜川、洛川伍縣，在於秦地折正等事案內，奉旨俞允准令地畝折正，應在前項前墾並興屯及節年開墾、清查丈首地內除去虛報溢額地貳千肆百壹拾陸頃捌拾畝肆分貳釐玖毫陸絲叁忽，應除糧壹萬柒千肆百伍拾柒石叁斗捌升玖合捌勺柒抄伍撮捌圭捌粒，止該前墾並興屯及節年開墾、清查丈首共地貳萬貳千伍百捌拾玖頃貳拾畝叁分柒釐玖毫貳絲玖忽伍微貳纖肆塵陸渺，該糧陸萬伍千柒百陸拾柒石玖斗柒合柒勺玖抄壹撮玖圭叁粟玖粒捌顆玖糠壹粃柒糠。

又乾隆拾貳、拾叁、拾肆、拾伍、拾陸、拾柒、拾玖、貳拾、貳拾壹、貳拾叁、貳拾肆、貳拾伍、貳拾陸、貳拾捌、叁拾壹、叁拾貳、叁拾陸、叁拾捌、肆拾貳、伍拾伍、伍拾捌、伍拾玖並岐山、洋縣、紫陽、三水等縣，乾隆陸拾並嘉慶元、叁等年開墾共地肆千陸拾柒頃貳拾捌畝捌分壹釐柒毫肆絲叁忽肆微，該糧陸千玖百玖拾捌石柒升貳合陸勺柒抄玖撮伍圭壹粟壹粒肆顆柒糠伍粃肆糠。

又西安府屬之孝義廳移駐舊縣關城內，丈出官地，自嘉慶拾貳年起科地伍拾捌畝玖分貳釐玖毫，該折色糧肆斗叁升叁合柒勺貳抄肆撮叁圭玖粟叁粒陸顆貳糠貳粃。

實豁免荒地壹拾叁萬貳千肆百柒拾陸頃玖拾叁畝捌分伍釐陸毫壹絲伍忽肆微玖纖陸塵肆渺，共應免本折糧叁拾伍萬壹千伍百柒拾叁石玖斗伍升陸合陸勺伍抄貳撮柒圭壹粟叁糠貳粃陸糠，內實應免本色起運糧柒萬叁百柒拾壹石貳斗玖升壹勺壹抄柒撮叁圭壹粟貳粒捌顆肆糠肆粃捌粄，實應免商州屬商南縣改折起運糧捌拾石柒斗叁升玖合肆勺叁抄玖撮肆圭壹粟柒粒捌顆陸糠柒粃貳粄，實應免本色起運草陸百壹拾柒束壹拾捌觔壹拾肆兩貳毫玖絲貳忽伍微叁纖陸塵伍渺貳漠柒沙伍洙，實應免存留驛倉糧叁千柒百玖石柒斗叁升壹合伍勺貳抄柒撮陸圭玖粟肆粒玖顆玖糠肆粃貳粄，實應免本色存留驛倉草貳千玖束伍觔叁兩柒錢玖分陸釐陸毫肆絲，實應免西、邠、乾三府州屬本色存留永豐並官學倉糧貳百捌拾叁石伍斗肆升貳勺貳抄柒撮捌圭伍粟叁粒壹顆貳糠柒粃肆粄，實應免本色存留官學倉糧壹萬壹千玖百壹拾叁石肆斗捌升柒合陸勺柒抄肆撮貳粒叁顆捌糠肆粃伍粄，應免銀捌千貳百貳拾玖兩貳錢貳分捌釐陸毫肆絲貳微捌纖柒塵柒渺貳漠玖沙壹洙，實應免折色糧貳拾陸萬伍千貳百壹拾伍石壹斗陸升柒合陸勺陸抄陸撮肆圭貳粟捌粒捌顆壹糠肆粃伍粄，應免銀叁拾柒萬伍千貳百貳拾肆兩貳錢壹分肆釐柒毫陸絲陸忽捌微叁纖肆塵捌渺捌漠陸沙玖涯。

實在地貳拾伍萬柒千叁百陸拾伍頃捌拾壹畝陸分陸釐柒毫伍絲捌忽柒微貳纖玖塵陸渺，該本折糧玖拾萬壹千肆百肆拾貳石貳升壹勺伍撮伍圭捌粟玖粒貳糠柒粃肆粄，實應徵本色起運糧貳萬陸千柒百柒拾貳石玖斗叁升肆合柒勺伍撮玖圭肆粟柒粒壹顆伍糠伍粃貳粄，實徵商州屬商南縣改折起運糧貳拾玖石伍斗柒升貳合伍勺伍抄肆撮捌圭捌粟貳粒壹顆叁糠貳粃捌粄，該折銀伍拾兩壹錢玖分捌釐叁毫肆絲柒忽柒微肆纖貳塵叁渺肆漠捌沙伍洙肆涯，實徵本色起運草伍千壹百捌拾貳束叁觔壹拾伍兩貳錢玖分玖釐柒毫柒忽肆微陸纖叁塵肆渺柒漠貳沙伍洙，實徵本色存留驛倉糧壹千陸百捌拾肆石伍斗伍升壹合柒勺捌抄肆撮陸圭捌粟柒顆陸糠伍粃捌粄，實徵本色存留驛倉草捌百陸拾玖束叁觔伍兩陸錢捌分叁釐叁毫陸絲，實徵西、邠、乾三府州屬本色存留永豐並官學倉糧叁千肆百捌拾叁石捌斗玖升叁合捌勺肆抄肆撮壹圭肆粟陸粒捌顆柒糠貳粃陸粄，實徵本色存留官學倉糧肆千柒百伍石肆斗肆升玖合陸勺玖抄陸圭玖粟柒粒陸顆壹糠伍粃伍粄，該折徵銀叁千壹百玖拾叁兩玖錢肆分捌釐捌毫肆忽柒微陸纖貳塵貳渺柒漠玖洙，實徵折色糧捌拾陸萬肆千柒百陸拾伍石陸斗壹升柒合伍勺貳抄伍撮貳圭叁粟肆粒肆顆捌糠伍粃伍粄，該銀壹百壹拾伍萬柒千陸百伍拾肆兩柒錢貳分壹釐貳毫玖絲貳忽伍微伍纖貳塵陸渺捌漠伍沙玖洙壹涯，內：

西安府屬藍田縣，康熙捌年在於秦屬蠲免事案內，豁免過河崩荒地壹百柒拾陸頃伍拾貳畝玖分壹釐捌毫陸絲，應免糧貳百柒拾玖石捌斗玖升玖合陸勺陸抄柒撮，應免折色銀叁百陸拾玖兩捌釐貳毫叁絲肆忽伍微玖纖貳渺，內清查自首地壹拾壹頃貳拾壹畝捌分肆釐貳毫伍絲，該折色糧壹拾伍石柒斗壹升貳合肆勺肆抄，該徵銀貳拾兩柒錢壹分肆釐陸毫叁絲陸忽玖纖陸塵柒渺，實豁免地壹百陸拾伍頃叁拾壹畝柒釐陸毫壹絲，該免糧貳百陸拾肆石壹斗捌升柒合貳勺貳抄柒撮，該免銀叁百肆拾捌兩貳錢玖分叁釐伍毫玖絲捌忽肆微玖纖叁塵伍渺。

又漢中府屬西鄉縣，雍正元年，在於請免無著浮糧等事案內，題明免銀壹千叁百兩。

止實在地貳拾伍萬柒千貳百頃伍拾畝伍分玖釐壹毫肆絲捌忽柒微貳纖玖塵陸渺，實徵本色糧叁萬壹千玖百肆拾壹石叁斗捌升叁勺叁抄肆撮柒圭柒粟肆粒柒顆玖糠叁粃陸粺，實徵本色起運草伍千壹百捌拾貳束叁觔壹拾伍兩貳錢玖分玖釐柒毫柒忽肆微陸纖叁塵肆渺柒漠貳沙伍洙，實徵本色存留驛倉草捌百陸拾玖束叁觔伍兩陸錢捌分叁釐叁毫陸絲，實徵本色起運糧貳拾玖石伍斗柒升貳合伍勺伍抄肆撮捌圭捌粟貳粒壹顆叁糠貳粃捌粺，該折銀伍拾兩壹錢玖分捌釐叁毫肆絲柒忽柒微肆纖貳塵叁渺肆漠捌沙伍洙肆涯，實徵本色官學倉糧肆千柒百伍石肆斗肆升玖合陸勺玖抄陸圭玖粟柒粒陸顆壹糠伍粃伍粺，該折徵銀叁千壹百玖拾叁兩肆分捌釐捌毫肆忽柒微陸纖貳塵貳渺柒漠玖洙，實在折色糧捌拾陸萬肆千伍百壹石肆斗叁升貳勺玖抄捌撮貳圭叁粟肆粒肆顆捌糠伍粃伍粺，止實徵銀壹百壹拾伍萬陸千陸兩肆錢貳分柒釐陸毫玖絲肆忽伍纖玖塵壹渺捌漠伍沙玖洙壹涯。

外新收、續收山穀租糧、白世賢等隱糧、河灘折正陸等並額外澇池、河灘、新收租地、道人王靜安、陳調陽及黄河灘地、首報灾者、溢額沙淤灘地、秦晉民人分種籽租、防守月糧、清丈自首、籽種地租、退灘各等共地壹千叁百玖拾陸頃肆拾捌畝伍分捌釐叁毫叁絲叁忽伍微，該本折糧柒千肆百肆拾捌石玖斗肆升伍合伍勺貳抄捌撮陸圭陸粟捌顆，內應徵本色糧壹百壹拾柒石柒斗伍升捌合陸撮玖圭柒粟陸粒肆顆柒糠玖粃貳粺，應徵折色糧柒千叁百叁拾壹石壹斗捌升柒合伍勺貳抄壹撮陸圭捌粟肆粒叁顆貳糠捌粺，各徵銀不等，共徵銀捌千壹百柒拾肆兩壹錢壹分捌釐叁毫貳絲肆忽陸微伍纖貳塵叁漠柒沙肆洙陸涯，內除韓城、朝邑貳縣蠲免砂磧及乾隆貳、伍、貳拾陸、肆拾貳等年，在於敬陳管見、詳查議奏、飛飭委勘、遵旨議奏等事各案內，豁免共地叁百伍拾頃捌拾伍畝陸分伍釐柒毫柒絲，應免糧貳千壹百捌拾陸石叁斗陸升肆勺柒抄柒撮伍圭玖粒壹顆陸糠肆粃壹粄，內本色糧伍拾壹石柒斗玖升捌合柒勺陸抄，折色糧貳千壹百叁拾肆石伍斗陸升壹合柒勺壹抄柒撮伍圭玖粒壹顆陸糠肆粃壹粄，應免銀貳千柒百肆拾肆兩玖錢叁分貳釐叁毫捌絲叁忽捌微捌纖捌塵陸渺捌漠陸沙壹洙壹涯。

又除朝邑縣乾隆伍拾叁年，在於欽奉上諭事案內，題明豁免過灘地壹頃叁拾叁畝伍分貳釐柒毫陸絲，應免租穀壹拾叁石叁斗伍升貳合柒勺陸抄。

實熟地壹千肆拾肆頃貳拾玖畝叁分玖釐捌毫叁忽伍微，該本折糧伍千貳百肆拾玖石貳斗叁升貳合貳勺玖抄壹撮壹圭伍粟壹粒陸顆叁糠伍粃玖粄，內本色糧伍拾貳石陸斗陸合肆勺捌抄陸撮玖圭柒粟陸粒肆顆柒糠玖粃貳粄，折色糧伍千壹百玖拾陸石陸斗貳升伍合捌勺肆撮壹圭柒粟伍粒壹顆伍糠陸粃柒粄，該銀伍千肆百貳拾玖兩壹錢捌分伍釐玖毫肆絲柒微陸纖叁塵叁渺伍漠壹沙叁洙伍涯。

又留壩廳，乾隆伍拾陸年起科額外水地壹頃叁拾畝玖分陸釐伍毫，該折色糧壹石捌斗伍升叁合玖勺叁抄陸撮肆圭捌粟捌糠伍粃，該折色銀肆兩叁錢捌分壹釐貳毫伍絲捌忽貳微伍纖肆塵肆渺捌漠柒沙伍洙。

又留壩廳，乾隆陸拾並嘉慶陸等年，共起科額外旱地陸頃叁拾柒畝伍分，該折色糧玖石貳升肆合肆勺叁抄貳圭叁粟柒粒伍顆，該折色銀貳拾壹兩叁錢貳分陸釐柒毫陸忽陸微伍纖陸塵貳渺伍漠。

額外興安府屬本色祿米壹千肆百陸拾肆石貳斗玖升，內除荒米玖百陸拾壹石貳斗叁升玖合壹勺陸圭伍粟玖顆壹糠陸粃貳粄；又除白河縣奉旨停緩米貳石貳斗叁升伍合貳勺，實徵米伍百石捌斗壹升伍合陸勺玖抄玖撮叁圭肆粟玖粒捌糠叁粃捌粄。

又丈出水淤地伍拾畝伍分叁釐壹毫，該糧壹石肆升貳合柒勺捌抄柒撮捌圭叁粟貳粒，該徵銀貳兩肆錢貳分玖釐叁毫捌絲叁忽陸微叁纖，外徵本色祿米貳斗陸升叁勺壹抄。

又漢中府屬冔陽縣本色祿米肆拾陸石肆斗叁升陸勺叁抄伍圭捌粟，內除荒米伍石壹斗肆升肆合叁勺陸撮捌圭玖粟陸粒捌顆陸糠；又於康熙貳拾叁年題明再疏籲請等事案內，豁免米壹拾陸石肆斗伍升肆合玖抄叁撮柒圭伍粟叁粒伍顆捌糠；又於康熙肆拾伍年題明詳請委勘水灾事案內，停徵米伍石柒斗壹升玖合伍勺伍抄伍撮叁圭壹粟肆粒。實徵米壹拾玖石壹斗壹升貳合陸勺柒抄肆撮陸圭壹粟伍粒伍顆陸糠，乾隆貳拾陸年捌月內在於遵旨議奏事案內，題明每糧壹石折銀壹兩，共折銀壹拾玖兩壹錢壹分貳釐陸毫柒絲肆忽陸微壹纖伍塵伍渺陸漠。

又額外開山、青橋、青陽、黃沙、梁山、安山、叁岔、武關、草凉、柏林等驛本折糧玖百伍拾玖石壹斗陸升，內本色糧陸百陸拾柒石肆斗伍升，內除荒糧壹百叁拾柒石肆斗柒升貳合玖勺陸抄肆撮，實徵糧伍百貳拾玖石玖斗柒升柒合叁抄陸撮，內在於詳請委勘水灾事案內，奉旨停免糧貳石叁斗陸升捌合玖勺伍撮貳圭肆粟，止該糧伍百貳拾柒石陸斗捌合壹勺叁抄柒圭陸粟，在於乾隆貳拾陸年遵旨議奏事案內，題明每糧壹石折銀壹兩，共折銀伍百貳拾柒兩陸錢捌釐壹毫叁絲柒微陸纖，折色糧貳百玖拾壹石柒斗壹升，折徵並玖釐銀叁百柒拾玖兩叁錢壹分玖釐貳絲玖忽肆微柒纖柒塵玖渺，內除荒糧玖拾柒石肆斗壹升伍合叁勺伍抄，銀壹百捌兩貳錢壹分壹釐叁毫肆絲玖忽陸微捌渺，實徵糧壹百玖拾肆石貳斗玖升肆合陸勺伍抄，銀貳百柒拾壹兩壹錢柒釐陸毫柒絲玖忽捌微柒纖柒塵壹渺，內在於詳請委勘水灾事案內，奉旨停徵銀肆兩捌錢壹分柒釐玖毫玖絲貳忽柒微玖纖玖塵陸渺，止該銀貳百陸拾陸兩貳錢捌分玖釐陸毫捌絲柒忽柒纖柒塵伍渺。

又青陽、太安、金牛叁驛招墾地糧銀叁拾兩肆錢柒分肆釐叁毫伍絲貳忽陸微叁纖柒塵貳渺。

又開山、青橋、安山、武關、青陽、黃沙、柏林、梁山、叁岔、草凉等驛折色草捌百陸拾束，共徵銀貳拾伍兩捌錢壹分，內除荒草壹百玖拾貳束叁觔捌兩，銀伍兩柒錢柒分貳毫壹絲捌忽壹微，實徵草陸百陸拾柒束壹拾貳觔捌兩，銀貳拾兩叁分玖釐柒毫捌絲壹忽玖微，內除黃沙驛在於詳請委勘水灾事案內，奉旨停徵銀柒錢肆分貳毫伍絲肆微，止該銀壹拾玖兩貳錢玖分玖釐伍毫叁絲壹忽伍微。

又乾隆拾叁年在於請理寄庄寄糧等事案內，三原、吴堡貳縣地畝改隷臨潼、葭州貳州縣，其收除地、丁銀糧細數，在於各該州縣全書內分晰登明。

外又乾隆伍拾年並嘉慶拾伍年在於遵旨會核酌議等事案內，西安府屬之咸寜、長安、盩厔、藍田肆縣，漢中府屬之洋縣，興安府屬之石泉，商州屬之鎮安等縣分撥新設孝義、寜陝貳廳地畝並收除地、丁銀糧細數，在於各該廳縣全書內分晰登明。

外又磚坪廳接收安康、平利貳縣分撥地畝、糧石、祿米、人丁徵銀及折色、均徭、停免、丁匠、起運正閏等項銀糧欵項，均在該廳縣全書分晰登明。

又道光伍年在於知照事案內，西安府屬之盩厔、漢中府屬之洋縣貳縣分撥新設佛坪廳地畝並收除地、丁銀糧細數，在於各該廳縣全書內分晰登明外。

以上額內、額外實在熟地貳拾伍萬捌千貳百伍拾貳頃玖拾捌畝玖分捌釐伍毫伍絲貳忽貳微貳纖玖塵陸渺，實徵本色糧叁萬貳千肆百玖拾伍石陸升貳合捌勺叁抄壹撮壹圭叁顆伍糠陸粃陸粺，實徵折色糧草折銀壹百壹拾陸萬伍千伍百陸拾玖兩柒錢捌分貳釐伍毫壹絲貳忽肆微伍纖捌塵壹渺伍漠肆沙貳洙。

又榆林、綏德貳府州屬實徵本色起運草伍千壹百捌拾貳束叁觔壹拾伍兩貳錢玖分玖釐柒毫柒忽肆微陸纖叁塵肆渺柒漠貳沙伍洙。

又綏德州屬實徵存留驛倉草捌百陸拾玖束叁觔伍兩陸錢捌分叁釐叁毫陸絲。

原額人丁叁門玖則不等，共折下下丁貳百陸拾柒萬伍千肆拾柒丁，各徵銀不等，共銀叁拾萬玖千玖百肆拾柒兩伍錢陸分肆釐壹毫伍絲貳忽玖微柒纖柒塵肆渺，內除優免丁伍萬肆百玖拾玖丁，該除銀捌千壹百肆拾兩貳分伍釐肆毫壹絲伍忽玖微柒纖伍塵伍渺。

實行差丁貳百陸拾貳萬肆千伍百肆拾捌丁，該銀叁拾萬壹千捌百柒兩伍錢叁分捌釐柒毫叁絲柒忽壹塵玖渺，內：

除西、延、漢、興等府屬於順治柒、捌等年及康熙元年並拾壹等年，題明免過逃亡並續逃等項人丁陸拾伍萬肆千貳百捌拾柒丁，該除銀壹拾貳萬伍千肆百捌拾壹兩肆錢貳分捌釐玖絲伍忽肆微捌纖柒塵，內前招回及節年招回並編審出丁壹拾肆萬伍千叁百柒拾柒丁，該徵銀壹萬柒千叁百柒拾伍兩捌錢伍分壹釐叁絲伍忽貳微玖纖肆塵柒渺，以增抵除。實豁免丁伍拾萬捌千玖百壹拾丁，該除銀壹拾萬捌千壹百伍兩伍錢柒分柒釐陸絲壹微玖纖貳塵叁渺；又延安府屬安塞縣於康熙捌年秦屬蠲免事案內，題明豁免項補不足銀陸百肆拾壹兩捌錢捌分壹釐伍毫陸絲叁忽叁微。

實在行差丁貳百壹拾壹萬伍千陸百叁拾捌丁，該徵銀壹拾玖萬叁千陸拾兩捌分壹毫壹絲叁忽伍微玖塵陸渺。

順治拾肆年並康熙元、陸等年編審出溢額丁貳萬陸千陸百叁拾壹丁，該徵銀貳千柒百柒拾貳兩貳錢柒分肆釐肆毫叁微伍纖伍塵壹渺，內除西安府屬咸陽縣在於轉行事案內，奉旨豁免太監王忠孝壹丁，該差銀伍分伍釐貳毫柒絲壹忽陸微捌纖伍塵貳渺。

以上實在行差並溢額人丁貳百壹拾肆萬貳千貳百陸拾捌丁，共徵銀壹拾玖萬伍千捌百叁拾貳兩貳錢玖分玖釐貳毫肆絲貳忽壹微柒纖玖塵伍渺。

康熙伍拾伍年起，至乾隆叁拾陸年止，共編審出丁壹萬捌千壹百陸拾肆丁，欽遵康熙伍拾貳年叁月拾捌日恩詔，後遇編審之期，但據康熙伍拾年丁冊定為常額，續生人丁，永不加賦。

原額均徭銀壹拾伍萬貳千貳百陸拾叁兩捌錢陸分捌釐伍毫伍絲貳微壹纖陸塵肆渺陸沙，內除荒銀肆萬貳千壹百壹拾兩伍錢肆分陸釐肆絲陸忽柒微肆塵捌渺叁漠貳沙叁泆捌涯壹洒，實徵銀壹拾壹萬壹百伍拾叁兩叁錢貳分貳釐伍毫叁忽伍微壹纖壹塵伍渺柒漠叁沙陸泆壹涯玖洒。

又額外西、漢、同、興、乾伍府州屬順治拾肆並康熙拾陸、貳拾肆及雍正柒年清查自首地畝並黃河灘地額徵均徭銀伍百捌拾肆兩柒錢伍分伍釐捌毫叁絲貳忽柒微玖纖貳渺柒漠壹沙伍泆陸涯，內除荒銀叁百玖拾陸兩肆錢柒分伍釐玖毫陸絲貳忽壹微柒纖貳塵陸渺叁泆壹涯，實徵銀壹百捌拾捌兩貳錢柒分玖釐捌毫柒絲陸微壹纖柒塵陸渺柒漠壹沙貳泆伍涯。

又留壩廳，乾隆伍拾陸年起科額外地畝應徵均徭銀壹兩玖分貳釐伍毫伍絲陸微捌纖壹塵伍渺叁漠陸沙。

又留壩廳，乾隆陸拾並嘉慶陸等年，共起科額外地畝應徵均徭銀伍兩叁錢壹分捌釐貳毫貳絲貳忽捌微捌纖。

以上額內、額外實徵均徭銀壹拾壹萬叁百肆拾捌兩壹分叁釐壹毫肆絲柒忽陸微玖纖柒渺捌漠捌泆陸涯玖洒。

外遇閏加徵銀貳萬伍千伍百貳拾貳兩柒錢壹釐柒毫陸絲壹忽肆微陸纖陸塵，內除荒銀玖千陸拾肆兩肆錢陸分肆釐壹絲捌忽叁微肆纖玖塵陸漠壹沙貳泆陸涯玖洒，實徵銀壹萬陸千肆百伍拾捌兩貳錢叁分柒釐柒毫肆絲叁忽壹微壹纖陸塵玖渺叁漠捌沙柒泆叁涯壹洒。

額外留壩廳開墾地畝應增閏銀伍分玖釐玖毫玖絲壹忽叁微伍纖壹塵貳漠伍沙伍泆。

又留壩廳額外起科地畝應增閏銀貳錢玖分貳釐貳毫捌絲捌忽捌微柒纖肆塵叁渺伍漠捌沙壹泆壹涯陸洒。

叁項共徵閏銀壹萬陸千肆百伍拾捌兩伍錢玖分貳絲叁忽叁微肆纖貳塵叁渺貳漠貳沙叁洙肆涯柒洒。又額外延、榆貳府並鄜、綏貳州協濟膚施縣額解本府廩生月糧裁充兵餉銀壹百肆拾肆兩，內除荒銀壹百伍兩壹錢陸分肆釐叁毫伍絲陸忽貳微叁纖壹塵柒渺壹漠肆沙柒洙肆涯，實徵銀叁拾捌兩捌錢叁分伍釐陸毫肆絲叁忽柒微陸纖捌塵貳渺捌漠伍沙貳洙陸涯。遇閏裁銀壹拾貳兩，內除荒銀捌兩柒錢叁分捌釐貳毫柒絲叁忽貳微肆纖叁塵伍渺柒漠貳沙，實徵銀叁兩貳錢陸分壹釐柒毫貳絲陸忽柒微伍纖陸塵肆渺貳漠捌沙。

舉人花盤、坊價銀肆拾玖兩捌錢叁分伍釐柒絲，每年徵銀壹拾陸兩陸錢壹分壹釐陸毫玖絲。又西、同貳府並邠州年例、盤纏銀叁拾兩肆錢柒分伍毫。

貳共額銀肆拾柒兩捌分貳釐壹毫玖絲，內除荒銀壹拾伍兩肆分玖釐陸毫柒絲柒微捌纖壹塵貳漠玖沙壹洙陸涯，實徵銀叁拾貳兩叁分貳釐伍毫壹絲玖忽貳微壹纖捌塵玖渺柒漠捌洙肆涯。遇閏年例、盤纏加銀貳錢伍釐捌毫柒絲肆忽，內除荒銀陸分陸釐玖毫壹絲，實徵銀壹錢叁分捌釐玖毫陸絲肆忽。

又額外匠價、停免、軍籍、藥味、陵租、祿糧、柴山、祭祀等項共銀陸萬玖兩叁錢柒分柒釐捌絲捌忽壹塵。

匠價遇閏加徵銀貳百肆拾叁兩壹錢柒分玖釐壹毫貳絲肆忽玖微玖纖玖塵玖渺。

以上正閏各項俱攤入前項地糧內徵解，理合登明。

以上地、丁貳項並均徭及額外舉人坊價等項，除優免丁銀外，共銀貳百柒萬壹千叁百陸兩叁錢肆分叁毫柒絲壹忽伍微貳纖壹塵柒渺叁漠伍沙伍洙陸涯，內除荒銀伍拾叁萬玖千伍百捌兩壹錢壹分捌釐玖毫伍絲陸忽陸微柒纖柒塵叁渺壹漠柒沙捌洙玖涯壹洒，實徵銀壹百伍拾叁萬壹千柒百玖拾捌兩貳錢貳分壹釐肆毫壹絲肆忽捌微肆纖肆塵肆渺壹漠柒沙陸洙陸涯玖洒，內除興安府屬白河縣黃殘於順治拾貳年具題奉旨停緩銀貳百柒拾兩肆分貳釐捌毫玖絲叁忽，止實徵銀壹百伍拾叁萬壹千伍百貳拾捌兩壹錢柒分捌釐伍毫貳絲壹忽捌微肆纖肆塵肆渺壹漠柒沙陸洙陸涯玖洒，

又額外留壩廳開墾起科地畝應徵折色均徭等項銀伍兩肆錢柒分叁釐捌毫捌忽玖微叁纖陸塵貳漠叁沙伍洙。

又額外留壩廳開墾起科地畝共應徵折色均徭等項銀貳拾陸兩陸錢肆分肆釐玖毫貳絲玖忽伍微叁纖陸塵貳渺伍漠。

叁項共銀壹百伍拾叁萬壹千伍百陸拾兩貳錢玖分柒釐貳毫陸絲叁微壹纖陸塵陸渺玖漠壹沙壹洙陸涯玖洒。

外遇閏加徵銀貳萬伍千伍百貳拾貳兩柒錢壹釐柒毫陸絲壹忽肆微陸纖陸塵，內除荒銀玖千陸拾肆兩肆錢陸分肆釐壹絲捌忽叁微肆纖玖塵陸漠壹沙貳洙陸涯玖洒，實徵銀壹萬陸千肆百伍拾捌兩貳錢叁分柒釐柒毫肆絲叁忽壹微壹纖陸塵玖渺叁漠捌沙柒洙叁涯壹洒。

額外留壩廳開墾地畝應增閏銀伍分玖釐玖毫玖絲壹忽叁微伍纖壹塵貳漠伍沙伍洙。

又留壩廳額外起科地畝應增閏銀貳錢玖分貳釐貳毫捌絲捌忽捌微柒纖肆塵叁渺伍漠捌沙壹洙壹涯陸洒。

叁項共徵閏銀壹萬陸千肆百伍拾捌兩伍錢玖分貳絲叁忽叁微肆纖貳塵叁渺貳漠貳沙叁洙肆涯柒洒。

又額外年例、匠價並協濟廩糧閏銀貳百伍拾伍兩叁錢捌分肆釐玖毫玖絲捌忽玖微玖纖玖塵玖渺，內除荒銀捌兩捌錢伍釐壹毫捌絲叁忽貳微肆纖叁塵伍渺柒漠貳沙，實徵銀貳百肆拾陸兩伍錢柒分玖釐捌毫壹絲伍忽柒微伍纖陸塵叁渺貳漠捌沙。

以上貳項實徵共銀壹萬陸千柒百伍兩壹錢陸分玖釐捌毫叁絲玖忽玖纖捌塵陸渺伍漠叁洙肆涯柒洒。

額徵本色起運並租糧壹拾萬陸千叁百伍拾捌石伍斗肆升捌合陸勺玖抄肆撮陸圭壹粟貳粒貳顆叁糠玖粃貳秕，內除荒糧柒萬肆千伍百陸拾捌石伍斗捌升柒合伍勺玖抄貳撮捌圭叁粟壹粒貳顆貳糠伍粃伍秕，實徵糧叁萬壹千柒百捌拾玖石玖斗陸升壹合壹勺壹撮柒圭捌粟壹粒壹糠叁粃柒秕。

額外本色祿米壹千肆百陸拾肆石伍斗伍升叁勺壹抄，內除荒米玖百陸拾肆石貳升伍合叁勺貳抄貳撮叁圭伍粟玖粒貳顆伍糠陸粃貳秕；又除白河縣奉旨停緩米貳石貳斗叁升伍合貳勺，實徵米肆百玖拾捌石貳斗捌升玖合柒勺捌抄柒撮陸圭肆粟柒顆肆糠叁粃捌秕。

榆、綏貳府州屬本色起運草伍千捌百束貳觔壹拾叁兩叁錢，內除荒草陸百壹拾柒束壹拾捌觔壹拾肆兩貳毫玖絲貳忽伍微叁纖陸塵伍渺貳漠柒沙伍洙，實徵草伍千壹百捌拾貳束叁觔壹拾伍兩貳錢玖分玖釐柒毫柒忽肆微陸纖叁塵肆渺柒漠貳沙伍洙。

綏德州屬本色存留驛倉草貳千捌百柒拾捌束捌觔玖兩肆錢捌分，內除荒草貳千玖束伍觔叁兩柒錢玖分陸釐陸毫肆絲，實徵草捌百陸拾玖束叁觔伍兩陸錢捌分叁釐叁毫陸絲。

壹起運項下

本色額徵起運糧玖萬柒千壹百玖拾伍石肆斗壹升叁勺壹抄壹撮貳圭肆粟捌粒肆顆柒糠玖粃貳粰，內除荒糧柒萬叁百柒拾壹石貳斗玖升壹勺壹抄柒撮叁圭壹粟貳粒捌顆肆糠肆粃捌粰，實起運糧貳萬陸千捌百貳拾肆石壹斗貳升壹勺玖抄叁撮玖圭叁粟伍粒陸顆叁糠肆粃肆粰。

額徵起運本色祿米壹千肆百陸拾肆石伍斗伍升叁勺壹抄，內除荒米玖百陸拾肆石貳升伍合叁勺貳抄貳撮叁圭伍粟玖粒貳顆伍糠陸粃貳粰；又除白河縣奉旨停緩米貳石貳斗叁升伍合貳勺，實起運米肆百玖拾捌石貳斗捌升玖合柒勺捌抄柒撮陸圭肆粟柒顆肆糠叁粃捌粰。

陝鎮支兵，榆、綏貳府州屬本色起運草伍千捌百束貳觔壹拾叁兩叁錢，內除荒草陸百壹拾柒束壹拾捌觔壹拾肆兩貳毫玖絲貳忽伍微叁纖陸塵伍渺貳漠柒沙伍泍，實徵草伍千壹百捌拾貳束叁觔壹拾伍兩貳錢玖分玖釐柒毫柒忽肆微陸纖叁塵肆渺柒漠貳沙伍泍。

原編糧石、草、布等項折價歸入起運銀壹百壹拾肆萬伍千玖百伍拾壹兩伍錢貳分壹毫陸絲玖忽捌微捌塵玖渺肆漠捌沙伍泍肆涯，內除荒銀貳拾柒萬貳千伍百壹拾柒兩叁錢肆厘陸絲叁忽捌微肆纖叁塵叁渺壹漠柒沙柒泍壹涯伍洒，實徵起運銀捌拾柒萬叁千肆百叁拾肆兩貳錢壹分陸厘壹毫伍忽玖微陸纖伍塵陸渺叁漠捌泍貳涯伍洒。

節裁藥味、年例、毛襖、軍器等項歸入起運銀玖萬肆千玖百叁拾壹兩壹錢叁分玖厘伍毫叁絲陸忽陸微貳纖貳塵陸渺，內除荒銀叁萬叁千壹百貳拾叁兩伍錢肆分柒厘肆毫柒絲柒忽玖微伍塵玖渺陸漠伍沙陸泍叁涯陸洒，實徵起運銀陸萬壹千捌百柒兩伍錢玖分貳厘伍絲捌忽柒微壹纖陸塵陸渺叁漠肆沙叁泍陸涯肆洒。

舊編存留，內順治玖年裁扣各役工食等項銀貳萬壹千貳拾捌兩貳錢，除各府州屬不敷額支銀伍百陸拾叁兩叁錢壹厘捌毫，實裁銀貳萬肆百陸拾肆兩捌錢玖分捌厘貳毫；拾貳年裁扣修宅、傢伙、傘扇等項銀叁千伍百壹拾伍兩貳錢，除不敷銀壹拾壹兩陸錢陸分貳厘柒毫柒絲，實裁銀叁千伍百叁兩伍錢叁分柒厘貳毫叁絲；拾叁年裁汰冗員銀陸百叁拾陸兩柒錢貳分；拾肆年裁扣官生俸廩等項，除奉復孤貧口粮、布花並奉文復加總督及陝甘貳撫俸銀外，實裁銀叁萬壹千肆百柒拾陸兩陸錢肆厘壹毫伍絲捌微貳纖，除不敷額支銀叁百壹拾伍兩叁錢壹分叁厘伍毫捌絲叁忽伍微肆纖玖塵貳渺，止裁銀叁萬壹千壹百陸拾壹兩貳錢玖分伍毫陸絲柒忽貳微柒纖捌渺；拾肆年又裁汰遼學冗員等項銀壹千陸百貳拾捌兩叁錢貳分；拾伍年裁汰冗員銀叁千叁百伍拾壹兩肆錢，除不敷額支銀貳拾柒兩陸錢貳分壹厘陸毫貳絲捌忽肆微，實裁銀叁千叁百貳拾叁兩柒錢柒分捌厘叁毫柒絲壹忽陸微；拾陸年裁冗員銀壹百玖拾捌兩捌分，除不敷額支銀玖兩玖錢伍厘貳毫，裁銀壹百捌拾捌兩壹錢柒分肆厘捌毫；拾柒年裁冗員銀柒百肆拾貳兩捌錢，除不敷額支銀陸兩陸錢陸分捌厘伍毫陸絲，寔裁銀柒百叁拾陸兩壹錢叁分壹厘肆毫肆絲，又裁陝甘貳撫操賞銀貳千兩，又裁銀伍千貳百伍拾肆兩壹錢捌分叁厘壹毫叁絲肆忽伍微伍纖柒塵伍渺，遞馬、損轎夫叁分裁壹，銀壹萬貳千玖百柒拾肆兩捌錢貳分貳厘玖毫貳絲叁忽貳微肆纖貳塵叁渺，除不敷額支銀捌拾貳兩陸分柒釐壹毫，實裁銀壹萬貳千捌百玖拾貳兩柒錢伍分伍釐捌毫貳絲叁忽貳微肆纖貳塵叁渺。康熙元年裁延撫等官俸食銀貳千柒百叁拾貳兩，又裁吏書工食銀壹萬貳千叁百叁拾肆兩捌錢，除不敷額支銀壹百陸拾伍兩柒錢肆分柒釐伍毫柒絲肆忽，實裁銀壹萬貳千壹百陸拾玖兩伍分貳釐肆毫貳絲陸忽；貳年裁苑馬寺監正並主簿俸食銀捌百兩；叁年裁教諭、訓導、齋夫、門斗等項俸食銀伍千伍百柒拾柒兩柒錢陸分，除不敷額支銀捌拾肆兩陸錢肆分壹釐伍毫玖絲柒忽陸微陸纖陸塵陸渺，實裁銀伍千肆百玖拾叁兩壹錢壹分捌釐肆毫貳忽叁微叁纖叁塵肆渺；肆年裁寧撫俸銀肆拾肆兩柒錢肆分；伍年裁各官俸食銀伍百叁兩陸錢；陸年裁各官俸食銀貳千陸百壹拾兩，雜費丁銀壹萬肆千貳百捌拾陸兩貳錢叁分伍釐柒毫貳絲肆忽伍微，除不敷額支銀叁百捌兩叁錢捌分捌釐陸毫伍絲貳忽肆微伍纖壹塵叁渺，實裁銀壹萬叁千玖百柒拾柒兩捌錢肆分柒釐柒絲貳忽肆纖捌塵柒渺；拾伍年裁心紅紙張、修理監倉、喂馬草料等項銀壹萬叁千叁百伍拾肆兩壹錢伍分柒釐陸毫玖絲，除不敷銀壹百壹拾肆兩伍錢陸分柒釐叁毫捌絲伍忽壹微貳纖伍塵，實裁銀壹萬叁千貳百叁拾玖兩伍錢玖分叁毫肆忽捌微柒纖伍塵，內留支西安理事同知官役俸工銀貳百陸拾陸兩，止實裁銀壹萬貳千玖百柒拾叁兩伍錢玖分叁毫肆忽捌微柒纖伍塵；拾陸年裁驛丞俸食銀伍百貳拾貳兩貳錢肆分；貳拾壹年裁道官俸食銀捌百貳拾捌兩；貳拾叁年裁官銀肆拾叁兩伍錢貳分；貳拾伍年裁道官俸食銀肆百肆拾兩；貳拾柒年裁進士、舉貢、坊價、盤纏等項銀肆千柒拾伍兩捌錢肆分貳釐叁毫柒絲壹忽陸微陸纖，除不敷銀伍拾壹兩捌錢伍分捌釐捌毫捌絲伍忽，實裁銀肆千貳拾叁兩玖錢捌分叁釐肆毫捌絲陸忽陸微陸纖；叁拾玖年裁官役俸食銀陸百壹兩陸錢肆分，除不敷銀伍兩捌錢陸分陸毫，實裁銀伍百玖拾伍兩柒錢柒分玖釐肆毫；肆拾肆年裁官俸食銀肆拾叁兩伍錢貳分；伍拾陸年裁表箋銀壹百叁拾壹兩壹錢貳分貳釐伍毫。雍正伍年裁官俸食銀陸拾柒兩伍錢貳分；陸年裁燈夫工食銀貳千壹百肆拾捌兩，除不敷銀叁拾玖兩玖錢伍分肆釐捌毫捌絲，實裁銀貳千壹百捌兩肆分伍釐壹毫貳絲；捌年裁驛丞大使各官俸食銀叁百玖拾壹兩陸錢捌分，除不敷銀貳拾貳兩陸錢肆分陸釐貳毫，實裁銀叁百陸拾玖兩叁分叁釐捌毫；拾壹年裁榆、靖貳廳等官役俸工銀捌百陸拾壹兩肆分；拾貳年裁民壯工食銀陸千伍百肆拾陸兩，除不敷銀壹百伍拾伍兩貳錢捌分肆釐貳毫捌絲捌忽，實裁銀陸千叁百玖拾兩柒錢壹分伍釐柒毫壹絲貳忽；拾叁年裁知州官役並廩膳俸食銀貳百貳拾陸兩。乾隆貳年裁舖司工食銀柒拾陸兩捌錢，內除不敷銀伍兩貳錢壹分捌釐，實裁銀柒拾壹兩伍錢捌分貳釐；陸年裁舖司工食，除玖年奉復外，止實裁銀玖兩陸錢；柒年裁民壯工食銀壹千柒百伍拾捌兩，除不敷銀捌兩陸錢壹分壹釐柒毫，實裁銀壹千柒百肆拾玖兩叁錢捌分捌釐叁毫；玖年裁均攤祭祀銀陸百貳拾貳兩伍錢貳分陸釐壹毫壹絲陸忽柒微壹纖叁塵柒渺伍漠肆沙玖洙肆涯；玖年裁舖司工食銀叁千肆百玖拾貳兩柒分叁釐捌毫壹絲玖忽，除不敷銀貳拾玖兩陸錢貳分捌毫伍絲玖忽伍微，實裁銀叁千肆百陸拾貳兩肆錢伍分貳釐玖毫伍絲玖忽伍微；拾玖年裁店張驛驛丞及皂隸俸食銀肆拾叁兩伍錢貳分，冗員裁剩解部銀陸萬伍千伍百伍拾捌兩陸錢陸釐叁毫壹絲捌微肆渺，裁黑水渡水夫工食銀貳拾肆兩玖錢貳分貳釐，裁蒿店所大使俸工銀肆拾叁兩伍錢貳分，裁潼關驛驛丞並皂隸及永豐倉斗級工食銀捌拾兩伍錢捌分陸釐陸毫，裁操賞銀貳千兩，裁久缺檢校、巡檢、大使、門、皂、馬夫俸工銀叁百壹拾玖兩壹錢玖分肆釐，裁西、延廳民壯工食銀壹百肆拾伍兩貳錢貳釐玖毫貳絲捌忽；貳拾壹年裁民壯工食銀貳拾肆兩；貳拾肆年裁驛倉並皂隸俸工銀捌拾柒兩肆分；貳拾伍年裁督糧潼、商貳道按品俸薪銀叁拾捌兩肆錢柒分陸釐貳毫伍忽肆微柒纖柒塵伍渺，又裁榆、葭道並門、皂等役俸工銀叁百叁拾玖兩，又裁照磨、縣丞俸工銀壹百肆拾叁兩伍錢貳分，又裁州同並各役俸工銀壹百壹拾肆兩，又裁同知俸工銀貳百伍拾肆兩；貳拾玖年裁甘撫俸工銀叁百捌拾叁兩，又裁清風閣松林驛巡檢俸工銀捌拾壹兩肆分，又裁縣丞、巡檢、大使俸工銀貳百貳拾柒兩肆分，又裁民壯工食銀肆拾捌兩，內除不敷銀叁兩捌錢捌分貳釐捌毫肆絲，實裁銀肆拾肆兩壹錢壹分柒釐壹毫陸絲；叁拾叁年裁民壯工食銀貳拾肆兩，又裁縣丞、門、皂、馬夫俸工銀柒拾陸兩。

共裁歸起運銀貳拾貳萬伍千柒百壹拾兩伍錢玖分貳釐叁毫柒絲壹忽柒纖玖塵叁渺伍漠肆沙玖洙肆涯，內鳳縣、隴州分撥留壩廳並改隸華亭銀壹拾柒兩捌錢叁分肆釐壹毫叁絲柒忽肆微陸纖捌渺捌漠貳沙，收入前項原編起運糧石折價及裁歸華亭外，止實裁銀貳拾貳萬伍千陸百玖拾貳兩柒錢伍分捌釐貳毫叁絲叁忽陸微壹纖捌塵肆渺柒漠貳沙玖洙肆涯，內除荒銀陸萬肆千肆百玖拾陸兩伍分伍釐貳毫壹絲叁忽壹微叁纖叁塵肆渺貳漠柒沙陸洙捌涯柒洒，實起運銀壹拾陸萬壹千壹百玖拾陸兩柒錢叁釐貳絲肆微捌纖伍塵肆漠伍沙貳洙伍涯叁洒。

額外開山、青橋貳驛原額本色糧貳百玖石捌斗肆升，內除荒粮伍石捌斗捌升玖合捌勺陸抄，實徵粮貳百叁石玖斗伍升壹勺肆抄，在於遵旨議奏事案內，題明每糧壹石折銀壹兩，共折銀貳百叁兩玖錢伍分壹毫肆絲。

又祿米折價額銀肆拾陸兩肆錢叁分陸毫叁絲伍微捌纖。又安山、武關、青陽、大安、黃沙、開山、青橋、柏林等驛糧石、草束、地畝玖釐折價銀壹千壹兩肆錢捌分伍釐陸絲壹忽貳微壹纖叁塵壹渺。貳共額銀壹千肆拾柒兩玖錢壹分伍釐陸毫玖絲壹忽柒微玖纖叁塵壹渺，內除荒銀貳百捌拾兩捌錢玖釐柒毫柒絲陸忽壹微肆塵捌渺肆漠，實起運銀柒百陸拾柒兩壹錢伍釐玖毫壹絲伍忽陸微捌纖捌塵貳渺陸漠。

又額外延、榆貳府並鄜、綏貳州協濟膚施縣額解本府廩生月糧充餉銀壹百肆拾肆兩，舉人花盤、坊價銀肆拾玖兩捌錢叁分伍釐柒絲，每年止徵銀壹拾陸兩陸錢壹分壹釐陸毫玖絲。

又年例、盤纏、匠價、停免、軍籍、均徭、陵租、地骨皮等項銀陸萬柒千陸百肆拾陸兩叁錢壹分肆釐壹毫玖絲柒忽貳微肆纖貳渺陸漠玖沙貳涯。

共額銀陸萬柒千捌百陸兩玖錢貳分伍釐捌毫捌絲柒忽貳微肆纖貳渺陸漠玖沙貳涯，內除荒銀叁千貳百陸拾壹兩陸錢貳分貳釐叁毫柒絲叁忽柒纖肆塵叁漠叁洙貳涯；又除在於轉行事案內，奉旨豁免太監王忠孝家丁差銀伍分伍釐貳毫柒絲壹忽陸微捌纖伍塵貳渺。實徵起運銀陸萬肆千伍百肆拾伍兩貳錢肆分捌釐貳毫肆絲貳忽肆微捌纖壹塵叁漠捌沙柒洙。

又留壩廳開墾額外地畝應徵折色均徭銀伍兩肆錢柒分叁釐捌毫捌忽玖微叁纖陸塵貳漠叁沙伍洙。

又留壩廳開墾額外地畝應徵折色均徭銀貳拾陸兩陸錢肆分肆釐玖毫貳絲玖忽伍微叁纖陸塵貳渺伍漠。

以上實該起運銀壹百壹拾陸萬壹千玖百捌拾陸兩玖錢叁分肆釐貳毫貳絲壹忽捌微捌塵捌渺捌漠貳沙陸洙肆涯貳洒。

又收葭州接收吴堡改隸銀玖兩伍錢柒分陸毫貳絲肆忽貳微陸塵伍渺壹漠柒沙肆洙玖涯。

又收在於請倣以糧載丁案內，通省以糧均丁增銀伍萬叁百玖拾叁兩叁錢柒分叁釐柒毫柒絲壹忽柒微壹纖伍塵貳渺貳漠。

又收存留內額協西安等府州屬站支抵餉銀捌萬叁千陸百玖兩柒錢壹分伍釐玖毫捌絲肆忽肆微叁纖捌塵捌漠捌沙玖洙貳涯。

又收額協臨洮等府屬驛站支抵餉銀肆萬捌千捌百伍拾兩柒錢柒釐玖毫伍絲壹微玖纖捌塵陸渺陸漠。

又收存留內欽奉上諭並驛遞之差使甚少及題明請將驛站等事叁案內，共裁站銀玖萬肆千肆百叁拾捌兩捌錢壹分肆釐柒毫捌絲陸忽肆微貳塵伍渺壹漠，內在於題明請將驛站等事案內，留支各州縣新增夫馬工料銀壹萬叁千柒拾貳兩捌錢伍分叁釐捌毫叁絲叁忽柒微陸纖壹渺陸漠陸沙，又撥給甘泉、寧羌新增夫馬工料並略陽、西鄉貳縣詳請委勘水灾及請免無著浮糧等事貳案內，留抵解府邊塘等項自支寧站銀捌百肆拾捌兩伍錢柒分陸釐柒毫玖絲柒忽陸微貳塵伍渺，止實收銀捌萬伍百壹拾柒兩叁錢捌分肆釐壹毫伍絲伍忽叁纖玖塵捌渺肆漠肆沙。

又收存留內請移歸縣等事案內、店張驛改歸醴泉縣管理夫馬工料並驛遞奉裁歸縣等事案內、協帮石嘴驛夫馬工料等項，共銀肆千貳百玖兩捌錢捌分伍釐肆毫捌絲陸忽捌微壹纖伍塵玖渺叁漠肆沙伍洙。

又收付送原文事案內，裁撥夫馬工料銀伍百柒兩陸錢貳分肆釐玖毫柒絲肆忽柒微玖纖肆塵伍渺叁漠貳沙。

共該起運銀壹百肆拾叁萬捌拾伍兩壹錢玖分柒釐壹毫陸絲玖忽壹纖柒塵陸渺柒漠玖沙伍洙伍涯貳洒，內除受協各州縣站支兑留兵餉銀捌萬伍千玖拾柒兩壹錢肆分玖釐貳毫玖絲壹忽肆微陸纖陸塵壹渺肆漠，內甘泉縣包賠浮丁缺額並寧羌州荒缺應除受協銀伍百玖拾叁兩柒錢壹分肆毫柒絲叁忽捌微伍纖玖塵叁渺玖漠，止除受協銀捌萬肆千伍百叁兩肆錢叁分捌釐捌毫壹絲柒忽陸微陸塵柒渺伍漠。

又除寶雞縣受協靈臺縣站支兌留兵餉應支銀壹兩玖錢陸分貳釐玖毫伍絲伍忽貳微叁纖。

又除吴堡縣改隸葭州銀玖兩伍錢柒分陸毫貳絲肆忽貳微陸塵伍渺壹漠柒沙肆洙玖涯。

又除請移歸縣等事案內、店張驛改歸醴泉縣管理夫馬工料並驛遞奉裁歸縣等事案內、協帮石嘴驛等項夫馬工料銀肆千貳百玖兩捌錢捌分伍釐肆毫捌絲陸忽捌微壹纖伍塵玖渺叁漠肆沙伍洙。

又除請更府縣等事案內，新添夫馬工料銀壹百陸拾捌兩。

又除在於請做以糧載丁等事案內，通省以糧均丁減銀柒萬貳千柒百伍拾肆兩伍錢壹分肆釐壹毫壹絲貳微伍纖叁塵叁渺柒漠玖沙肆洙玖涯，內除編審案內，共增抵補屯更丁銀貳萬肆千肆百捌拾陸兩貳錢肆分貳毫捌忽捌微伍塵伍渺柒漠玖沙捌洙柒涯陸洒，止該減銀肆萬捌千貳百陸拾捌兩貳錢柒分叁釐玖毫壹忽肆微肆纖柒塵柒渺玖漠玖沙陸洙壹涯肆洒。

又臨潼縣接收三原縣改隸編審案內，抵補屯更丁增銀壹兩捌錢叁分玖釐叁毫叁絲伍忽陸微叁纖玖塵捌渺貳漠。

又除寧羌州在於請做以糧載丁等事案內，通省以糧均丁減銀壹百肆拾玖兩玖錢貳分捌釐壹毫捌絲叁忽叁微壹纖柒塵叁渺，內節年編審案內，共增抵補屯更丁銀貳百叁拾兩陸錢陸分壹釐玖毫貳絲捌忽陸微柒纖捌塵肆渺玖漠玖沙玖洙玖涯捌洒，除抵補均丁減銀外，尚該丁增銀捌拾兩柒錢叁分叁釐柒毫肆絲伍忽叁微陸纖壹塵壹渺玖漠玖沙玖洙玖涯捌洒。

實該起運銀壹百貳拾玖萬叁千陸兩陸錢叁分捌釐肆毫陸絲肆忽柒微壹纖壹塵陸渺玖漠柒沙玖洙肆涯陸洒，內留支加增撥補俸工並夫馬工料等項共銀叁萬伍千壹百伍拾捌兩陸錢貳分陸釐壹毫陸絲貳忽肆微捌纖肆塵壹漠玖沙玖洙玖涯伍洒，止該起運銀壹百貳拾伍萬柒千捌百肆拾捌兩壹分貳釐叁毫貳忽貳微貳纖柒塵陸渺柒漠柒沙玖洙伍涯壹洒。

外遇閏，順治玖年裁銀壹千陸百壹拾柒兩壹錢；拾叁年裁汰銀伍拾叁兩伍分玖釐玖毫陸絲伍忽；拾肆年裁扣，除奉文復加總督並陝甘貳撫閏銀外，實裁銀貳千貳百玖拾捌兩叁錢陸分叁釐柒毫柒絲玖忽陸纖陸塵，又裁遼學等項銀捌拾叁兩捌錢玖分叁釐貳毫；拾伍年裁汰銀貳百柒拾玖兩貳錢捌分叁釐壹毫柒絲叁忽；拾陸年裁汰銀壹拾陸兩伍錢陸釐陸毫陸絲肆忽；拾柒年裁汰銀陸拾壹兩捌錢玖分玖釐玖毫貳絲肆忽，遞馬、損轎夫叁分裁壹，銀玖拾叁兩壹錢柒分壹釐肆毫壹絲。康熙元年裁官俸食銀壹百肆拾肆兩叁錢叁分叁釐壹毫，又吏書工食銀壹千貳拾柒兩玖錢；貳年裁苑馬寺銀陸拾陸兩陸錢陸分陸釐陸毫；叁年裁扣銀肆百陸拾肆兩捌錢壹分貳釐玖毫壹絲叁忽伍微；肆年裁扣銀叁兩柒錢貳分捌釐叁毫肆絲；伍年裁扣銀肆拾壹兩玖錢陸分陸釐肆毫伍絲貳忽；陸年裁扣銀貳百壹拾柒兩肆錢玖分玖釐伍毫貳絲陸忽；拾伍年裁扣銀叁百玖拾壹兩伍錢捌分貳釐壹毫肆絲捌忽；拾陸年裁扣銀肆拾叁兩伍錢壹分玖釐玖毫玖絲貳忽；貳拾壹年裁扣銀陸拾捌兩玖錢玖分玖釐柒毫捌絲；貳拾叁年裁扣銀叁兩陸錢貳分陸釐陸毫陸絲陸忽；貳拾伍年裁扣銀叁拾陸兩陸錢陸分陸釐陸毫叁絲；叁拾玖年裁扣銀伍拾兩壹錢叁分陸釐伍毫叁絲；肆拾肆年裁扣銀叁兩陸錢貳分陸釐陸毫陸絲陸忽。雍正伍年裁扣銀伍兩陸錢貳分陸釐陸毫；陸年裁扣銀壹百柒拾玖兩；捌年裁扣銀叁拾貳兩陸錢叁分玖釐玖毫玖絲肆忽；拾壹年裁扣銀柒拾壹兩柒錢伍分叁釐貳毫捌絲貳忽；拾貳年裁扣銀伍百肆拾伍兩伍錢；拾叁年裁扣銀壹拾捌兩捌錢叁分叁釐叁毫叁絲陸忽。乾隆貳年裁扣銀陸兩肆錢；陸年裁舖司，除玖年奉復外，實裁銀捌錢；柒年裁扣銀壹百肆拾陸兩伍錢；玖年裁扣銀貳百玖拾壹兩叁釐叁毫貳絲肆忽；拾玖年裁扣銀叁兩陸錢貳分陸釐陸毫陸絲陸忽，又裁久缺大使、檢校、門、皂、馬夫俸工銀捌兩陸錢貳分陸釐陸毫陸絲陸忽，又裁黑水渡水夫工食銀貳兩肆錢，又裁潼關驛丞並皂隸及永豐倉斗級工食銀肆兩捌分，又裁縣丞、巡檢、門、皂工食銀壹拾兩陸錢貳分陸釐陸毫陸絲陸忽，又裁西、延廳並永樂鎮民壯工食銀壹拾肆兩伍錢；貳拾壹年裁民壯工食銀貳兩；貳拾肆年裁驛丞並皂隸俸工銀柒兩貳錢伍分叁釐貳毫陸絲陸忽；貳拾伍年裁榆、葭道門、皂等役俸工銀壹拾玖兩伍錢，又裁照磨縣丞俸工銀壹拾壹兩玖錢伍分玖釐玖毫玖絲陸忽，又裁州同門、皂等役俸工銀肆兩伍錢，又裁同知俸工銀貳拾壹兩壹錢陸分陸釐陸毫陸絲；貳拾玖年裁甘撫俸工銀叁拾壹兩玖錢壹分陸釐陸毫叁絲叁忽，又清風閣松林驛俸工銀陸兩柒錢伍分叁釐叁毫叁絲貳忽，又裁縣丞、巡檢、大使俸工銀玖兩玖錢伍分玖釐玖毫叁絲，又裁民壯工食銀貳兩，又裁各官閏俸銀壹千壹百玖拾玖兩捌錢肆分柒釐玖毫伍絲柒忽伍微，又裁縣丞、門、皂、馬夫工食銀叁兩，又裁民壯工食銀貳兩。

共裁歸起運銀玖千柒百叁拾貳兩壹錢壹分柒釐柒毫陸絲柒忽陸纖陸塵，內除荒銀叁千貳百捌拾玖兩貳錢捌分肆釐柒毫叁絲貳忽捌微貳纖玖塵肆渺壹漠陸沙壹洙壹涯叁洒，實徵銀陸千肆百肆拾貳兩捌錢叁分叁釐叁絲肆忽貳微叁纖陸塵伍渺捌漠叁沙捌洙捌涯柒洒。

額外留壩廳起科地畝應徵閏銀伍分玖釐玖毫玖絲壹忽叁微伍纖壹塵貳漠伍沙伍洙。

又留壩廳起科地畝應增閏銀貳錢玖分貳釐貳毫捌絲捌忽捌微柒纖肆塵叁渺伍漠捌沙壹洙壹涯陸洒。

叁項共銀陸千肆百肆拾叁兩壹錢捌分伍釐叁毫壹絲肆忽肆微陸纖壹塵玖渺陸漠柒沙伍洙叁洒。

又額外應徵匠價閏銀貳百肆拾叁兩壹錢柒分玖釐壹毫貳絲肆忽玖微玖纖玖塵玖渺。

年例銀貳錢伍釐捌毫柒絲肆忽。

延、榆貳府，鄜、綏貳州協濟膚施縣廩生月糧充餉銀壹拾貳兩。

共額銀貳百伍拾伍兩叁錢捌分肆釐玖毫玖絲捌忽玖微玖塵玖渺，內除荒銀捌兩捌錢伍釐壹毫捌絲叁忽貳微肆纖叁塵伍渺柒漠貳沙，實徵銀貳百肆拾陸兩伍錢柒分玖釐捌毫壹絲伍忽柒微伍纖陸塵叁渺貳漠捌沙。

以上額內、額外共該起運閏銀陸千陸百捌拾玖兩柒錢陸分伍釐壹毫叁絲貳微壹纖捌塵貳渺玖漠伍沙伍洙叁洒。

又葭州接收吴堡改隷銀壹錢陸毫叁絲肆忽叁微壹纖陸塵壹渺柒漠。

又收請倣以糧載丁案內，通省以糧均丁增銀壹千玖百柒拾陸兩貳錢捌分陸釐叁毫玖絲柒微捌纖叁塵捌渺捌漠。

又收存留內額協裁站閏銀捌拾伍兩壹錢貳分捌毫柒忽玖微壹纖陸塵肆渺。

又收存留內驛遞之差使甚少等事案內，共裁站閏銀貳千柒百玖拾伍兩捌錢柒分玖釐伍毫玖絲捌微壹纖叁塵柒漠叁沙，內撥給隴州、汧陽、寧羌州新增夫馬閏月銀壹百叁拾伍兩壹錢陸分叁釐壹毫捌絲捌忽捌微玖纖捌塵柒渺，又在於題明請將驛站等事案內，留支新增夫馬工料銀玖拾叁兩肆分陸釐肆毫叁微壹纖肆渺貳漠，止實收銀貳千伍百陸拾柒兩陸錢柒分壹忽陸微叁塵玖渺伍漠叁沙。

又收咸寧、醴泉貳縣，遇閏照依無閏減數，少減銀壹百貳拾叁兩陸錢貳分捌釐柒毫伍忽叁微肆塵陸渺，內節次抵補屯更丁銀，遇閏照依無閏增數，少徵銀叁拾玖兩伍錢貳分肆釐肆毫陸絲伍忽陸微壹纖叁塵貳渺壹涯陸洒，止實收銀捌拾肆兩壹錢肆釐貳毫叁絲玖忽陸微玖纖壹塵叁渺玖漠玖沙玖洙捌涯肆洒。

又收咸寧、醴泉貳縣乾隆元、陸兩年編審案內，撥補屯更丁增銀肆分玖釐伍毫貳絲伍忽肆纖肆塵。

又收三原改隸臨潼丁增銀柒分叁釐肆毫壹忽玖纖貳塵柒渺。

又收付送原文事案內，裁撥夫馬工料閏銀柒兩陸錢柒分陸釐捌毫玖絲叁忽陸微肆纖。

實該起運閏銀壹萬壹千肆百壹拾兩捌錢肆分柒釐貳絲肆忽叁微陸塵柒渺玖漠捌沙肆洙捌涯柒洒，內除請做以糧載丁等事案內，通省以糧均丁減銀叁千柒拾伍兩玖錢柒分肆釐柒絲肆忽叁微玖纖壹塵肆渺伍漠，內除節次抵補屯更丁銀壹千柒拾柒兩玖錢陸分肆釐壹毫伍絲玖忽壹微伍纖陸塵陸渺伍漠陸沙玖洙壹涯柒洒，內寧羌州節次丁增銀兩，除將均減銀數抵補外，尚該丁增銀貳兩玖錢叁分玖釐陸毫柒絲玖忽貳微玖纖貳渺壹漠玖沙玖洙陸涯，止該減銀貳千兩玖錢肆分玖釐伍毫玖絲肆忽伍微貳纖伍塵壹漠叁沙肆涯叁洒。

又除吴堡縣改隸葭州徵收銀壹錢陸毫叁絲肆忽叁微壹纖陸塵壹渺柒漠。

又除高陵、岐山、汧陽叁縣遇閏照依無閏增數少增銀肆拾伍兩貳錢伍分叁釐伍絲陸忽捌微伍纖玖塵捌渺。

實該起運閏銀玖千叁百陸拾柒兩肆錢捌分叁釐肆毫壹絲柒忽捌微玖纖陸塵叁漠伍沙肆洙肆洒。

又城固、西鄉貳縣在於請做以糧載丁等事案內，通省以糧均丁，遇閏之年照依無閏減數，少減銀壹百壹兩貳錢肆分伍釐貳毫貳絲柒忽捌微叁塵捌渺，又乾隆拾壹、拾陸、貳拾壹、貳拾陸、叁拾壹、叁拾陸等年編審案內，應增抵補屯更（丁），遇閏之年照依無閏少徵銀貳拾陸兩陸錢肆分伍毫伍絲肆忽肆微柒纖肆塵壹渺叁漠叁沙叁洙叁涯肆洒，止實收銀柒拾肆兩陸錢肆釐陸毫柒絲叁忽叁微貳纖玖塵陸渺陸漠陸沙陸洙陸涯陸洒；又城固、西鄉貳縣，乾隆元、陸兩年編審案內，應增抵補屯更丁閏銀柒分貳釐陸毫伍絲柒忽肆微叁纖叁塵。

共該起運閏銀玖千肆百肆拾貳兩壹錢陸分柒毫肆絲捌忽陸微伍纖捌塵柒渺貳沙柒涯，內留支加增撥補俸工、夫馬工料等項共銀壹千肆百伍拾叁兩貳錢捌分伍釐肆毫叁絲陸忽伍微貳纖陸塵陸渺陸漠捌沙叁洙捌涯捌洒，止該起運閏銀柒千玖百捌拾捌兩捌錢柒分伍釐叁毫壹絲貳忽壹微叁纖貳塵叁漠叁沙陸洙捌涯貳洒。

外有各州縣不敷留支銀壹百玖拾貳兩貳分柒釐叁毫柒絲叁微叁纖伍塵貳渺伍漠貳洙陸涯，遇閏之年在於各該州縣上項正銀內留支，理合登明。

一存留項下

原編存留官學驛倉並永豐倉及溢額地畝額徵本色糧玖千壹百陸拾叁石壹斗叁升捌合叁勺捌抄叁撮叁圭陸粟叁粒柒顆陸糠，內除荒粮叁千玖百玖拾石捌斗叁升貳勺壹撮捌圭壹粟捌粒伍顆叁糠叁粃陸粺，實徵糧伍千壹百柒拾貳石叁斗捌合壹勺捌抄壹撮伍圭肆粟伍粒貳顆貳糠陸粃肆粺。

原編存留驛倉草貳千捌百柒拾捌束捌觔玖兩肆錢捌分，內除荒草貳千玖束伍觔叁兩柒錢玖分陸釐陸毫肆絲，實徵草捌百陸拾玖束叁觔伍兩陸錢捌分叁釐叁毫陸絲。

原編存留銀伍拾叁萬陸千玖百捌拾捌兩壹錢玖分柒毫伍絲玖忽肆微玖纖肆塵柒渺肆漠伍沙陸涯，內除不敷銀壹千貳百貳拾壹兩玖錢肆分玖釐玖毫柒忽伍纖陸塵肆渺；又除扶風、郿陽貳縣裁縣丞、民壯俸工銀壹百兩。止該銀伍拾叁萬伍千陸百陸拾陸兩貳錢肆分捌毫伍絲貳忽肆微叁纖捌塵叁渺肆漠伍沙陸涯，內除荒銀壹拾陸萬陸千貳拾玖兩玖錢貳分陸釐玖毫壹絲玖忽陸微壹纖肆塵陸漠柒沙玖洙柒涯貳洒。實徵銀叁拾陸萬玖千陸百叁拾陸兩叁錢壹分叁釐玖毫叁絲貳忽捌微貳纖肆塵貳渺柒漠柒沙捌涯捌洒。

又收起運內受協各州縣驛站兌留兵餉應支銀捌萬伍千叁百叁拾玖兩肆錢玖分肆釐貳毫伍絲叁忽叁微貳纖伍塵柒渺肆漠，內因寧羌、沔縣貳州縣免除不敷，除去受協並甘泉縣包賠缺額，共除銀伍百玖拾叁兩柒錢壹分肆毫柒絲叁忽捌微伍纖玖塵叁渺玖漠，止實收銀捌萬肆千柒百肆拾伍兩柒錢捌分叁釐柒毫柒絲玖忽肆微陸纖陸塵叁渺伍漠。

又收起運內受協靈臺縣驛站兑留兵餉銀壹兩玖錢陸分貳釐玖毫伍絲伍忽貳微叁纖。

又收請移驛歸縣等事案內、店張驛夫馬工料並清澗縣驛遞奉裁歸縣等事貳案內，共銀肆千貳百玖兩捌錢捌分伍釐肆毫捌絲陸忽捌微壹纖伍塵玖渺叁漠肆沙伍洙。

又收鄜州、鳳翔、寶雞、城固、洋縣、西鄉、略陽等州縣撥支甘泉、寧羌等州縣新增夫馬工料銀叁千肆百伍兩伍錢伍分捌釐貳毫捌絲叁忽伍微叁纖柒塵叁渺壹漠玖沙。

又收請更府縣等事案內，新添夫馬工料銀壹百陸拾捌兩。

共該銀肆拾陸萬貳千壹百陸拾柒兩伍錢肆釐肆毫叁絲柒忽捌微柒纖叁塵捌渺捌漠伍洙捌涯捌洒，內除額協驛站抵餉銀捌萬叁千玖百陸兩捌錢玖分肆釐柒毫伍絲伍忽柒微捌渺捌漠捌沙玖洙貳涯，內同州府屬韓城縣，因豁免不敷除去銀叁百玖拾玖兩捌錢柒釐柒毫伍絲捌忽壹微陸纖貳塵捌渺，止除受協銀捌萬叁千伍百柒兩捌分陸釐玖毫玖絲柒忽伍微叁纖捌塵捌漠捌沙玖洙貳涯。

又除額協臨洮、鞏昌、平涼等府屬站支抵餉銀肆萬捌千捌百伍拾兩柒錢柒釐玖毫伍絲壹微玖纖捌塵陸渺陸漠。

又除欽奉上諭並驛遞之差使甚少及題明等事叁案內，共裁站銀玖萬伍千玖百玖拾伍兩陸錢柒分伍釐柒絲玖忽陸微叁纖貳塵壹渺肆漠捌沙，內在於題明請將驛站等事案內，留支夫馬工料銀壹萬壹千柒百壹拾貳兩陸錢柒分伍釐叁毫肆絲肆微柒纖貳塵伍渺壹漠伍沙；又除撥甘泉、寧羌等州縣新增夫馬工料銀叁千肆百伍兩伍錢伍分捌釐貳毫捌絲叁忽伍微叁纖柒塵叁渺壹漠玖沙；又除略陽、西鄉貳縣詳請委勘水災及請免無著浮糧等事貳案內，留抵解府供驛共銀叁百陸拾兩伍分柒釐叁毫伍微捌纖貳塵肆渺柒漠。實裁銀捌萬伍百壹拾柒兩叁錢捌分肆釐壹毫伍絲伍忽叁纖玖塵捌渺肆漠肆沙。

又除付送原文事案內，裁站夫馬工料銀肆百肆拾捌兩貳分肆釐玖毫柒絲肆忽柒微玖纖肆塵伍渺叁漠貳沙。

又除驛站奉裁歸縣等事案內、協帮石嘴驛夫馬工料並西安府屬興平縣請移歸縣等事貳案內、店張驛改歸醴泉縣夫馬工料，共銀肆千貳百玖兩捌錢捌分伍釐肆毫捌絲陸忽捌微壹纖伍塵玖渺叁漠肆沙伍洙。

實該銀貳拾肆萬壹千貳百貳拾捌兩捌錢伍分陸釐伍毫捌絲玖忽玖微肆纖玖塵伍渺貳沙壹洙陸涯捌洒，內除興安府屬安康縣額協洵陽等縣驛站抵餉銀玖拾兩壹錢叁分伍毫陸絲捌忽，止實該銀貳拾肆萬壹千壹百叁拾捌兩柒錢貳分陸釐貳絲壹忽玖微肆纖玖塵伍渺貳沙壹洙陸涯捌洒，內除延、漢、興叁府屬甘泉、寧羌、沔縣、白河等州縣在於請做以糧均丁案內，因起運不敷在於存留內減銀貳千貳百柒兩陸錢柒分貳釐伍毫陸絲壹忽貳微玖纖陸塵伍渺肆漠伍沙，撥補足數訖，仍該銀貳拾肆萬壹千壹百叁拾捌兩柒錢貳分陸釐貳絲壹忽玖微肆纖玖塵伍渺貳沙壹洙陸涯捌洒。

外加增撥補俸工並夫馬工料，除正印各官攤俸留抵外，實該銀叁萬伍千壹百伍拾捌兩陸錢貳分陸釐壹毫陸絲貳忽肆微捌纖肆塵壹漠玖沙玖洙玖涯伍洒，內漢中府屬南鄭縣減給洋縣加給本府禁卒工食銀伍兩柒錢玖分叁釐伍毫陸絲壹忽，洋縣照數收支訖，仍該銀叁萬伍千壹百伍拾捌兩陸錢貳分陸釐壹毫陸絲貳忽肆微捌纖肆塵壹漠玖沙玖洙玖涯伍洒，內除興安府屬之平利縣在於移明事案內，建蓋衙署營汎豁免留支不敷銀陸拾柒兩玖錢柒分壹釐陸毫玖絲壹忽叁微貳纖壹塵貳沙，止實撥補留支銀叁萬伍千玖拾兩陸錢伍分肆釐肆毫柒絲壹忽壹微陸纖叁塵壹漠柒沙玖洙玖涯伍洒。

共該存留銀貳拾柒萬陸千貳百貳拾玖兩叁錢捌分肆毫玖絲叁忽壹微壹纖貳塵伍渺貳漠壹洙陸涯叁洒。

外於西安司庫撥補西、延、漢、鄜、綏、興、商等府州屬領支撥補俸工、夫馬工料及庫大使按品不敷俸工共銀壹萬玖百壹拾叁兩柒錢肆分伍釐柒毫玖絲叁忽伍微陸塵玖渺貳漠玖沙伍洙玖涯陸洒，內遇閏之年，興安府屬白河縣新增夫馬工料較比無閏少領銀貳兩壹錢陸分陸釐貳毫伍忽柒纖壹塵玖渺，係將該縣實徵閏銀在縣留支訖上項撥補銀兩，係在於司庫起運銀內領支。

又於西安布政司庫撥補各屬領支春秋文廟祭祀銀貳千壹百柒拾陸兩捌錢玖分玖毫肆絲貳忽柒微捌纖伍塵貳渺捌漠叁沙壹洙肆涯係各州縣在於司庫耗羨銀內領支。

又於西安布政司庫撥補留壩廳斗級、損夫工食銀捌百捌拾捌兩係在於司庫耗羨銀內領支。

又於西安布政司庫留壩、長、朝、華肆廳州縣並興安改府添設縣佐各官役俸工等項領支銀壹千玖百壹拾肆兩貳錢肆分玖釐係在司庫各屬解到缺官銀內領支，今已改動驛站銀兩。

又於西安布政司庫定遠廳領支新設同知司獄、巡檢暨洋縣、華陽縣丞等官役俸工、遞馬共銀捌百捌拾肆兩捌錢肆分叁釐係在於司庫請領，動支驛站裁存支剩銀兩。

又於西安布政司庫寧陝廳領支通判改為同知加增俸薪銀壹拾壹兩壹錢玖分柒釐係動支缺官銀兩，改動驛站。

又於西安布政司庫驛站裁存支剩銀內領支宜君縣新設馬欄鎮巡檢俸工銀陸拾柒兩伍錢貳分。

又於西安布政司庫扣貯屯存留缺官銀內領支新設甘泉縣臨鎮縣丞俸工改動驛站銀柒拾陸兩。

又於西安布政司庫驛站裁存支剩銀內領支新設郿陽縣黑河縣丞俸工銀柒拾陸兩。

又於西安布政司庫驛站裁存支剩銀內領支磚坪廳新設通判官役俸工、夫馬工料並平利鎮坪縣丞各役工食及豁免不敷留支官役俸工共銀陸百柒拾叁兩捌錢壹分壹釐。

又於西安布政司庫驛站裁存支剩銀內領支佛坪廳新設官役俸工、遞馬工料共銀壹千壹百叁拾伍兩伍錢貳分叁釐。

遇閏原加銀壹萬陸千玖百玖拾兩肆錢叁分壹釐玖毫伍絲壹忽玖微，內除扶風、郿陽貳縣裁縣丞、民壯工食銀伍兩；又除各官閏俸銀壹千壹百玖拾玖兩捌錢肆分柒釐玖毫伍絲柒忽伍微入起運外，止該銀壹萬伍千柒百玖拾兩伍錢捌分叁釐玖毫玖絲肆忽肆微，內除荒銀伍千柒百柒拾貳兩伍錢肆分貳釐壹毫壹絲柒忽捌微叁纖柒塵伍渺壹漠伍沙捌涯陸洒，實徵銀壹萬壹拾捌兩肆分壹釐捌毫柒絲陸忽伍微陸纖貳塵肆渺捌漠肆沙玖洙壹涯肆洒，內除驛遞之差使甚少並題明請將驛站等事案內，共裁站銀貳千捌百捌拾玖兩貳錢捌分貳釐玖毫伍絲伍微叁纖叁塵陸渺伍漠叁沙，內留支夫馬工料閏月銀壹百壹兩叁錢貳分捌釐玖毫叁絲肆忽壹微壹纖肆塵陸渺；內同州府屬韓城縣因豁免不敷除去銀貳兩貳錢肆分陸釐貳絲叁忽柒微貳纖壹塵，又撥給鳳、漢貳府屬隴州、汧陽、寧羌等州縣夫馬閏月銀壹百叁拾伍兩壹錢陸分叁釐壹毫捌絲捌忽玖纖捌塵柒渺。實裁銀貳千陸百伍拾兩伍錢肆分肆釐捌毫肆忽伍微玖纖玖塵叁渺伍漠叁沙。

又除付送原文事案內，裁撥夫馬工料銀伍兩玖分貳釐伍毫肆絲壹忽陸微肆纖。

止實該銀柒千貳百貳拾柒兩貳錢肆分壹釐叁毫肆絲貳忽貳微貳纖肆塵肆渺叁漠壹沙玖洙壹涯肆洒。

又收城固縣撥給寧羌州新增夫馬閏月銀玖兩陸分捌釐陸毫玖絲捌忽捌微玖纖捌塵柒渺。

共該銀柒千貳百叁拾陸兩叁錢壹分肆絲壹忽壹微貳纖叁塵壹渺叁漠壹沙玖洙壹涯肆洒，內漢、興貳府屬寧羌、沔縣、白河叁州縣請做以糧載丁等事案內，通省以糧載丁減銀捌拾捌兩陸錢玖分叁釐玖毫陸絲捌忽貳微壹纖捌塵叁渺捌漠，撥補足數訖，仍該銀柒千貳百叁拾陸兩叁錢壹分肆絲壹忽壹微貳纖叁塵壹渺叁漠壹沙玖洙壹涯肆洒。

查延安府屬甘泉縣均丁，遇閏之年比無閏少減銀貳分壹釐陸毫玖絲肆忽柒微捌纖肆塵陸渺貳漠，其少減銀數，遇閏應在起運閏銀內減除，理合登明。

外加增撥補廩膳、舖司、孤貧並新增夫馬工料閏月等項銀壹千肆百伍拾叁兩貳錢捌分伍釐肆毫叁絲陸忽伍微貳纖陸塵陸渺陸漠捌沙叁洙捌涯捌洒，內除興安府屬之平利縣在於移明事案內，建蓋衙署營汎豁免留支不敷銀貳兩肆錢捌分陸釐，止實撥補留支銀壹千肆百伍拾兩柒錢玖分玖釐肆毫叁絲陸忽伍微貳纖陸塵陸渺陸漠捌沙叁洙捌涯捌洒。

又除隴州撥給平利縣夫馬閏月銀肆兩捌錢。

實該銀捌千陸百捌拾貳兩叁錢玖釐肆毫柒絲柒忽陸微肆纖玖塵捌渺叁洙貳洒。

外隴州、汧陽收寶雞、鳳翔貳縣撥給夫馬閏月銀壹百貳拾陸兩玖分肆釐肆毫玖絲。

外於西安布政司庫撥補領支各役工食、夫馬工料等項閏銀捌千壹百肆拾兩玖錢壹分伍釐捌絲捌忽柒微伍纖柒塵捌渺捌漠貳沙捌洙柒涯係各州縣在於司庫起運銀內領支。

又於西安布政司庫撥補留壩廳斗級工食閏銀貳兩係在於司庫耗羨銀內領支。

又於西安布政司庫留壩、長、朝、華肆廳州縣並興安改府添設縣佐各役工食閏銀捌拾柒兩叁錢壹分係動支缺官銀兩，改動驛站。

又於西安布政司庫定遠、洋縣貳廳縣領支新設司獄、巡檢、縣丞等役工食、遞馬閏銀肆拾肆兩玖錢伍分係動支司庫驛站銀兩。

又於西安布政司庫驛站裁存支剩銀內領支宜君縣新設馬欄鎮巡檢各役工食閏銀壹兩。

又於西安布政司庫扣貯屯存留缺官銀內改動領支新設甘泉縣臨鎮縣丞各役工食閏銀叁兩。

又於西安布政司庫驛站裁存支剩銀內領支新設郃陽縣黑河縣丞、門、皂、馬夫工食閏銀叁兩。

又於西安布政司庫驛站裁存支剩銀內領支磚坪廳新設通判並平利、鎮坪縣丞各役及豁免不敷留支官役俸工、夫馬工料閏銀叁拾伍兩肆錢捌分陸釐。

又於西安布政司庫驛站裁存支剩銀內領支佛坪廳新設官役俸工、夫馬閏月銀陸拾伍兩貳錢。

以上存留項下應支官役俸工扣解陸分減平及奉裁鄉飲、紙劄各銀兩，緣由在於各廳州縣全書內分晰聲登訖。

西、邠、乾叁府州屬咸陽、高陵、興平、長武、武功等伍縣本色存留官學倉糧壹千叁百肆拾壹石陸斗捌升貳合貳勺玖抄陸撮貳圭伍粟，內除荒糧陸百貳拾肆石捌斗陸升捌合壹抄壹撮捌圭貳粒玖顆伍糠伍粃伍粺，實徵糧柒百壹拾陸石捌斗壹升肆合貳勺捌抄肆撮肆圭肆粟柒粒肆糠肆粃伍粺，內除撥給加增孤貧糧陸拾柒石伍斗伍升肆合捌勺捌抄伍撮肆粟貳粒肆顆捌糠捌粃貳粺，存歸常平糧陸百肆拾玖石貳斗伍升玖合叁勺玖抄玖撮肆圭肆粒伍顆伍糠陸粃叁粺，遇閏又撥給加增孤貧糧肆拾壹石柒斗，實存歸常平糧陸百柒石伍斗伍升玖合叁勺玖抄玖撮肆圭肆粒伍顆伍糠陸粃叁粺。

一額外

協濟膚施縣額解本府廩生月糧銀柒拾貳兩，內除荒銀伍拾貳兩伍錢捌分貳釐貳毫捌絲貳忽叁微陸纖柒塵叁渺叁漠捌沙，實徵銀壹拾玖兩肆錢壹分柒釐柒毫壹絲柒忽陸微叁纖貳塵陸渺陸漠貳沙。遇閏加銀陸兩，內除荒銀肆兩叁錢陸分玖釐伍絲玖忽柒微玖纖壹塵叁渺柒漠，實徵銀壹兩陸錢叁分玖毫肆絲貳微捌塵陸渺叁漠。

課程銀壹千捌百陸拾叁兩肆錢貳分壹釐壹毫陸絲，遇閏加銀壹百伍拾伍兩貳錢捌分叁釐叁毫叁絲陸微陸纖叁塵貳渺。

西安省騾馬市滿稅銀貳百肆拾柒兩伍錢玖分。

西安府

商稅銀貳千叁百肆拾貳兩玖錢。

畜稅銀伍百貳兩柒錢柒分。

同州府大慶關

商稅並歸併加增銀壹千柒百壹拾叁兩陸錢叁分伍釐。

潼商道

商稅並歸併加增銀壹萬陸百貳兩叁釐。

延安府稅顆司

商稅銀叁百陸拾捌兩捌錢柒分。

畜稅銀壹百陸拾玖兩肆錢捌分柒釐。

鳳翔府

商稅銀捌百壹拾陸兩叁錢叁分叁釐。

畜稅銀壹千貳百肆拾捌兩捌錢柒分叁釐。

房壕租銀叁拾貳兩玖錢貳分叁釐。

漢中府

商稅銀伍百陸拾兩肆錢壹分。

商州龍駒寨

商稅並歸併銀叁千玖百貳拾貳兩玖錢陸分。

榆林府

商稅銀壹千貳百肆拾柒兩捌錢陸釐。

畜稅銀叁拾陸兩捌錢肆釐。

興安府

畜稅銀壹百伍拾叁兩伍錢捌分捌釐。

各州縣

畜税銀陸千肆百伍拾柒兩柒錢貳釐係買騾馬出辦，原無定額，儘收儘解。

牙税銀壹千陸百肆拾壹兩伍分係牙行出辦。

當税銀伍千捌百伍兩係典舖出辦，共典當鋪壹千壹百陸拾壹座，每座每年當税銀伍兩。

地税銀伍千叁百柒拾貳兩柒錢柒釐係買房地業主出辦，原無定額，儘收儘解。

商税銀壹千柒百玖拾叁兩壹錢係過往客商量貨物多寡輸納，屬鳳翔府隴州。

磨課銀玖拾壹兩壹錢伍分柒釐係磨戶出辦，屬鳳翔府隴州、郿縣、汧陽、岐山、鳳翔、寶雞等陸州縣。遇閏加銀柒兩貳錢陸分伍釐。

鹽課銀柒千陸拾柒兩柒錢陸分。

茶課銀伍百叁拾叁兩叁錢貳分柒釐係茶商出辦，屬興、漢貳府。

礬税銀貳兩肆錢係西安府同官縣。

筏税銀捌百肆拾陸兩叁錢壹分陸釐係西安府咸陽縣。

鐵課銀柒拾兩係鉄戶出辦，屬西、漢貳府。

租穀改折租銀壹千柒百壹拾玖兩壹錢肆分肆釐係同州府韓城縣。

西安府屬民總壹拾捌廳州縣：長安、咸寧、寧陝、孝義、富平、三原、渭南、臨潼、高陵、盩厔、藍田、醴泉、興平、鄠縣、耀州、同官、涇陽、咸陽

原額並太府各等共地壹拾壹萬伍千壹百壹拾壹頃柒拾陸畝玖分伍毫壹忽叁微伍纖，每畝起科不等，共額徵本折並藍田縣新收糧肆拾壹萬捌千捌百捌拾玖石玖斗貳升捌合捌勺玖抄肆撮捌圭貳粟肆粒，內除長安縣概縣通抬山場、暗門等里沙壓、河崩、義塚並高陵河崩、無主共地叁百肆拾頃壹拾肆畝叁分壹釐柒毫玖絲叁忽叁微肆纖，該除糧壹百陸拾肆石壹斗叁升柒合伍勺捌抄玖撮陸圭陸粟柒粒。

又除藍田縣折正小麥糧壹百陸拾陸石柒斗柒升伍勺肆抄捌撮捌圭。

止實在地壹拾壹萬肆千柒百柒拾壹頃陸拾貳畝伍分捌釐柒毫捌忽壹纖，該徵本折糧肆拾壹萬捌千伍百伍拾玖石貳升柒勺伍抄陸撮叁圭伍粟柒粒，內除鄠縣拋荒招佃減納折色糧壹百叁拾肆石叁斗陸升柒勺捌抄，止該額徵本折糧肆拾壹萬捌千肆百貳拾肆石陸斗伍升玖合玖勺柒抄陸撮叁圭伍粟柒粒，內本色糧陸千玖百貳拾肆石肆斗柒升柒合壹勺壹抄叁撮柒圭陸粟，折色糧肆拾壹萬壹千伍百石壹斗捌升貳合捌勺陸抄貳撮伍圭玖粟柒粒，各徵銀不等，共徵銀伍拾叁萬柒千陸百伍拾叁兩捌錢玖分陸釐壹毫玖絲玖忽陸微柒纖陸塵，內除高陵、富平、三原免派站支鋪陳銀捌百壹拾兩捌錢叁分玖釐壹毫陸絲，止該額徵銀伍拾叁萬陸千捌百肆拾叁兩伍分柒釐叁絲玖忽陸微柒纖陸塵，內：

於順治柒、捌並雍正拾壹、貳等年，及乾隆元、貳、叁、肆、伍；拾；拾伍、陸；貳拾、貳拾壹、貳、柒、玖；叁拾柒；肆拾貳、柒等年題明豁免過共

地壹萬伍千伍百陸拾叁頃肆拾玖畝壹分柒釐柒毫叁忽玖微伍纖伍塵，該除糧叁萬柒千伍百壹拾肆石玖斗伍升肆合玖勺陸抄伍撮肆圭伍粟壹粒肆顆叁糠捌粃柒秕。

又富平縣乾隆伍拾叁年在於欽奉上諭事案內，題明豁免過地壹頃肆拾柒畝壹分，應免糧壹拾石貳升捌合玖勺壹抄玖撮玖圭，該除銀壹拾貳兩貳錢柒分捌釐壹毫伍絲伍忽伍微玖纖叁渺玖漠。

又藍田、興平、盩厔、咸陽肆縣，嘉慶拾玖年在於欽奉恩詔事案內，豁免冲坍地玖拾叁頃玖拾玖畝貳分柒毫伍絲，應免本色糧捌石陸斗玖升陸合陸勺叁抄肆撮叁圭肆粟捌粒柒顆壹糠伍粃叁秕，該免折色糧叁百肆拾貳石玖斗陸升捌合壹勺捌抄玖撮肆圭柒粟伍粒叁顆叁糠壹粃柒秕，該除銀肆百伍拾捌兩壹錢壹分陸釐玖毫叁絲叁忽壹微捌纖捌塵肆渺捌漠壹沙壹洙柒涯。

又長安、藍田、盩厔、臨潼肆縣，嘉慶貳拾壹年並道光元、貳、叁、肆等年在於報明被水及遵批行知等事各案內，豁免冲坍地肆拾叁頃陸拾貳畝伍分捌毫伍絲，應免本色糧貳拾壹石玖斗捌升伍合壹勺肆抄叁撮叁圭捌粟陸粒貳顆玖秕，該免折色糧壹百捌拾捌石柒斗柒升貳合叁勺肆抄叁撮捌圭叁粟柒粒玖顆柒糠玖粃壹秕，該除銀貳百伍拾陸兩叁錢玖分陸釐肆毫捌絲捌忽叁微柒纖伍塵壹渺玖漠玖洙叁涯貳洒。

又寧陝、咸寧、長安、盩厔等肆廳縣，道光伍年並拾叁年在於欽奉恩詔及據咨行知移明等事各案內，豁免冲坍地叁拾伍頃玖拾叁畝捌分伍釐叁毫柒絲，應免本色糧柒石貳斗叁升陸抄柒撮捌圭肆粟肆粒叁顆叁糠柒粃貳秕，該免折色糧壹百叁拾叁石伍斗伍升陸合陸抄陸撮柒圭伍粒柒顆壹糠貳粃柒秕，該除銀壹百捌拾伍兩貳錢貳分玖釐叁毫柒絲伍忽玖微叁纖叁塵壹漠伍沙伍洙陸涯貳洒。

又盩厔、藍田、咸陽等叁縣，道光拾伍、拾柒、拾捌等年在於勘明並報明等事叁案內，豁免冲坍地柒頃叁拾陸畝玖分，應免本色糧貳斗肆升叁合叁勺捌抄肆撮陸圭玖粒貳顆壹糠肆粃，該免折色糧貳拾伍石伍斗玖合陸勺陸抄玖撮陸圭柒粟壹粒玖顆捌糠陸粃，該除銀叁拾肆兩肆錢陸分玖釐柒毫伍絲壹纖捌塵伍沙玖洙。

以上共免過荒地壹萬伍千柒百肆拾伍頃捌拾捌畝柒分肆釐陸毫柒絲叁忽玖微伍纖伍塵，該除糧叁萬捌千貳百伍拾叁石玖斗肆升伍合叁勺捌抄伍撮貳圭叁粟玖顆壹糠伍粃陸秕，內前墾並興屯、節年開墾、清查丈首共地叁千捌百柒拾頃伍拾貳畝陸分叁釐肆毫壹絲伍忽捌微陸纖，該糧捌千陸百陸拾伍石捌斗伍升捌合肆勺柒抄捌圭伍粟壹顆肆糠捌粃肆粺。

又咸陽、盩厔、富平、咸寧肆縣，乾隆拾叁、肆、伍、玖並貳拾、貳拾叁等年開墾共地叁拾頃貳拾畝伍分肆釐捌絲，該糧捌拾壹石叁斗陸升叁合肆抄陸圭伍顆伍糠壹粃。

實豁免荒地壹萬壹千捌百肆拾伍頃壹拾伍畝伍分柒釐壹毫柒絲捌忽玖纖伍塵，該除本折糧貳萬玖千伍百陸石柒斗貳升叁合捌勺柒抄叁撮柒圭捌粟貳顆壹糠陸粃貳粺，實免本色起運糧壹百肆拾肆石柒斗捌升叁合叁勺貳撮伍圭捌粟叁粒捌顆貳糠玖粃叁粺，實免本色存留糧柒拾伍石伍升玖合捌勺壹抄肆撮玖圭柒粟柒粒壹顆叁粃肆粺，實免折色糧貳萬玖千貳百捌拾陸石捌斗捌升柒勺伍抄陸撮貳圭壹粟玖粒貳顆捌糠叁粃伍粺，實免折色銀叁萬伍千壹百兩捌錢柒釐陸毫肆絲壹忽肆微柒纖肆塵捌漠陸沙捌洙壹涯肆洒。

實在地壹拾萬貳千玖百貳拾陸頃肆拾柒畝壹釐伍毫貳絲玖忽玖微壹纖伍塵，並鄠縣山坡太府草堂，共該本折糧叁拾捌萬玖千伍拾貳石貳斗玖升陸合捌勺捌抄貳撮伍圭柒粟陸粒柒顆捌糠叁粃捌粺，實徵本色起運糧叁千伍百壹拾叁石貳升叁合捌勺叁抄玖撮壹圭柒粟陸粒壹顆柒糠柒粺，實徵本色存留糧叁千壹百玖拾壹石陸斗壹升壹勺伍抄柒撮貳粟貳粒捌顆玖糠陸粃陸粺，實徵折色糧叁拾捌萬貳千叁百肆拾柒石陸斗陸升貳合捌勺捌抄陸撮叁圭柒粟柒粒柒顆壹糠陸粃伍粺，實徵折色銀伍拾萬壹千柒百肆拾貳兩貳錢肆分玖釐叁毫玖絲捌忽貳微壹塵玖渺壹漠叁沙壹洙捌涯陸洒。

又藍田縣，康熙捌年在於秦屬蠲免事案內，豁免過河崩、荒蕪地壹百柒拾陸頃伍拾貳畝玖分壹釐捌毫陸絲，應免糧貳百柒拾玖石捌斗玖升玖合陸勺陸抄柒撮，應免折色銀叁百陸拾玖兩捌釐貳毫叁絲肆忽伍微玖纖貳渺，內清查自首地壹拾壹頃貳拾壹畝捌分肆釐貳毫伍絲，該折色糧壹拾伍石柒斗壹升貳合肆勺肆抄，該徵銀貳拾兩柒錢壹分肆釐陸毫叁絲陸忽玖纖陸塵柒渺，實免地壹百陸拾伍頃叁拾壹畝柒釐陸毫壹絲，該免糧貳百陸拾肆石壹斗捌升柒合貳勺貳抄柒撮，該免銀叁百肆拾捌兩貳錢玖分叁釐伍毫玖絲捌忽肆微玖纖叁塵伍渺。

又乾隆拾叁年在於請理寄莊寄糧等事案內，三原縣壹則旱地改隷臨潼縣，其收除地、丁銀糧細數，在於各該縣全書內分晰登明外。

又乾隆伍拾年在於遵旨會核酌議等事案內，咸寧、長安、盩厔、藍田肆縣分撥新設孝義、寧陝貳廳地畝並收除地、丁銀糧細數，在於各該廳縣全書內分晰登明外。

又孝義、寧陝貳廳接收洋縣、石泉、鎮安叁縣分撥地叁拾伍頃壹拾玖畝貳釐肆毫柒絲貳忽陸微伍纖，該糧叁拾石柒斗貳升肆合柒勺肆抄貳撮貳圭壹粟捌粒，該銀伍拾伍兩壹錢伍分伍釐壹毫柒絲捌忽叁微捌纖柒渺捌漠貳沙叁洙玖涯柒洒。

又孝義廳移駐舊縣關城內，丈出官地，自嘉慶拾貳年起科地伍拾捌畝玖分貳釐玖毫，該折色糧肆斗叁升叁合柒勺貳抄肆撮叁圭玖粟叁粒陸顆貳糠貳粃，該折色銀伍錢柒分貳釐伍毫陸絲伍忽捌微伍塵肆渺貳漠叁沙玖洙伍涯。

又道光伍年在於知照事案內，盩厔縣分撥佛坪廳地捌頃柒拾叁畝伍分肆釐伍毫玖絲捌忽，該本色糧叁斗伍升捌合貳勺，該折色糧貳拾伍石柒斗玖升肆合伍勺，該折色銀叁拾伍兩壹錢叁釐伍毫陸絲柒纖柒塵伍渺玖漠陸沙叁洙柒涯。

止實在地壹拾萬貳千柒百捌拾捌頃貳拾畝叁分肆釐陸毫玖絲肆忽伍微陸纖伍塵，止實在本折糧叁拾捌萬捌千柒百玖拾叁石壹斗壹升伍合肆勺貳抄貳撮壹圭捌粟捌粒肆顆伍粃捌粃，止實徵銀伍拾萬壹千肆百壹拾肆兩伍錢柒分玖釐玖毫捌絲叁忽捌微壹纖柒塵貳漠叁沙壹洙陸涯叁洒，內除孝義廳兌撥鎮安縣地肆拾肆頃貳拾肆畝伍分壹釐捌毫柒絲伍忽，本折糧壹拾柒石陸斗玖升捌合柒抄伍撮，該折色銀貳拾叁兩陸錢捌分肆釐捌毫柒絲捌忽柒微壹纖柒渺肆漠陸沙伍洙陸涯叁洒。

又孝義廳嘉慶拾伍年接收鎮安縣各等共地叁頃叁拾叁畝叁分肆釐，該本色糧貳升壹合，折色糧壹石玖斗捌升貳合肆勺，該折徵銀叁兩肆錢陸分。

止實在地壹拾萬貳千柒百肆拾柒頃貳拾玖畝壹分陸釐捌毫壹絲玖忽伍微陸纖伍塵，本折糧叁拾捌萬捌千柒百柒拾柒石肆斗貳升柒勺肆抄柒撮壹圭捌粟捌粒肆顆伍粃捌粃，內實徵本色起運糧叁千伍百壹拾貳石壹斗肆升玖合柒勺玖抄玖撮肆粟貳粒陸顆柒糠柒粃，實徵本色存留糧叁千壹百玖拾壹石陸斗壹升壹勺伍抄柒撮貳粟貳粒捌顆玖糠陸粃陸粃，實徵折色糧叁拾捌萬貳千柒拾叁石陸斗陸升柒勺玖抄壹撮壹圭貳粟貳粒捌顆叁糠貳粃貳粃，實徵折色銀伍拾萬壹千叁百玖拾肆兩叁錢伍分伍釐壹毫伍忽壹微陸塵貳渺柒漠陸沙陸洙。

又經地新收、續收山谷租糧、白世賢等隱糧共地陸拾壹頃叁拾壹畝貳分陸釐捌絲，該糧玖百玖拾壹石叁斗捌升柒合肆勺壹抄貳撮壹圭伍粟柒粒，該銀捌百玖拾肆兩玖錢壹分陸釐陸毫捌絲玖忽柒微肆纖肆塵柒渺，內除孝義廳兑撥鎮安縣山谷租糧貳石伍斗捌升玖合伍勺柒抄，該銀陸錢貳分貳釐柒絲玖忽壹微伍纖捌塵叁漠玖沙貳涯，止該糧玖百捌拾捌石柒斗玖升柒合捌勺肆抄貳撮壹圭伍粟柒粒，該銀捌百玖拾肆兩貳錢玖分肆釐陸毫壹絲伍微捌纖陸塵陸渺陸漠玖洙捌涯。

又孝義廳嘉慶拾伍年接收鎮安縣分撥山谷租糧叁斗壹升柒合，該折徵銀柒分柒釐。

貳項共糧玖百捌拾玖石壹斗壹升肆合捌勺肆抄貳撮壹圭伍粟柒粒，該銀捌百玖拾肆兩叁錢柒分壹釐陸毫壹絲伍微捌纖陸塵陸渺陸漠玖洙捌涯。

外長安縣經地本色糧伍斗柒升玖合。

又興平縣乾隆拾陸年開墾河灘折正陸等地壹拾畝，該本折糧柒升貳合，內本色起運糧壹合壹勺伍抄貳撮貳圭叁粟，本色存留糧壹合貳勺玖抄陸撮貳圭伍粟，折色糧陸升玖合伍勺伍抄壹撮伍圭貳粟，該折銀玖分貳釐壹毫肆絲玖忽柒微貳纖叁塵。

又額外咸寧、盩厔、鄠縣新收租地並道人王静安、陳調陽等首墾地壹頃肆畝玖分壹釐陸毫，該本折糧壹拾捌石貳斗伍升陸勺肆抄陸撮壹圭柒粟壹粒捌顆，內本色糧壹升捌合玖勺壹抄壹撮柒圭陸粟伍粒柒顆柒糠玖粃貳粖，折色糧壹拾捌石貳斗叁升壹合柒勺叁抄肆撮肆圭陸粒貳糠捌粖，該銀貳拾兩肆錢柒分玖釐玖毫壹絲捌忽肆微叁纖壹塵貳渺伍漠肆沙。

又順治拾肆年、康熙拾陸、貳拾肆兩年、雍正柒年丈首並澇池、河灘共地肆百柒頃柒拾伍畝捌分貳釐玖絲伍忽，該本折糧伍百柒拾陸石伍斗陸升伍合伍抄柒撮捌圭玖粟捌粒，內本色起運糧壹拾柒石伍斗貳合貳抄叁撮玖圭玖粟貳粒柒顆，本色存留糧柒斗壹升捌合叁勺伍抄叁撮貳圭柒粟捌粒，折色糧伍百伍拾捌石叁斗肆升肆合陸勺捌抄陸圭貳粟柒粒叁顆，折色銀柒百肆拾壹兩捌錢壹分捌釐貳毫肆絲陸忽貳微玖纖捌塵伍渺貳漠。

以上額內、額外共實熟地壹拾萬叁千貳百壹拾柒頃伍拾壹畝壹分陸釐伍毫玖絲肆忽伍微陸纖伍塵，實徵本色起運糧叁千伍百叁拾石貳斗伍升捌勺捌抄柒撮叁粟壹粒壹顆伍糠陸粃貳粖，實徵本色存留糧叁千壹百玖拾貳石叁斗貳升玖合捌勺陸撮伍圭伍粟捌顆玖糠陸粃陸粖，實徵折色糧叁拾捌萬叁千陸百叁拾玖石肆斗貳升壹合伍勺玖抄玖撮捌圭叁粟叁粒壹顆伍糠叁粃，實徵折色銀伍拾萬叁千伍拾壹兩壹錢壹分柒釐叁絲壹微肆纖伍塵柒渺壹漠壹沙伍洙捌涯。

接收石泉縣額外本色祿米叁石玖斗柒升玖合玖勺壹抄伍撮捌圭捌粟陸粒伍顆叁糠肆粃。

原額人丁叁門玖則不等，共折下下人丁壹百柒萬貳千柒百柒拾柒丁，各徵銀不等，共銀陸萬捌千玖百肆拾柒兩玖分捌釐貳毫壹絲叁忽叁微伍纖捌塵伍渺，內除優免丁壹萬柒千捌百貳拾玖丁，應免銀壹千叁百貳拾叁兩陸錢柒分貳釐陸毫叁絲陸忽陸纖陸塵陸渺。

實行差丁壹百伍萬肆千玖百肆拾捌丁，共銀陸萬柒千陸百貳拾叁兩肆錢貳分伍釐伍毫柒絲柒忽貳微玖纖壹塵玖渺。

順治柒年題明免過逃亡丁玖萬捌千捌百柒拾伍丁，該免銀柒千貳百貳拾兩捌錢陸分肆釐貳毫叁忽伍微捌纖，前招回並節年編審新增自首共丁陸萬肆千肆百肆拾柒丁，共銀叁千玖百陸拾兩捌錢肆分貳釐玖毫陸忽叁微伍塵貳渺，實豁免丁叁萬肆千肆百貳拾捌丁，該免銀叁千貳百陸拾兩貳分壹釐貳毫玖絲柒忽貳微柒纖肆塵捌渺。

以上實行差並節年招回、編審抵補豁免共丁壹百貳萬伍百貳拾丁，該銀陸萬肆千叁百陸拾叁兩肆錢肆釐貳毫捌絲壹纖柒塵壹渺。

順治拾肆年並康熙元、陸、貳拾伍、叁拾伍、肆拾、肆拾伍等年編審出溢額丁壹萬陸千陸百貳拾叁丁，共銀壹千陸百壹拾壹兩玖錢陸分伍釐捌毫陸絲陸忽玖纖玖渺，內除咸陽縣在於轉行事案內，奉旨豁免太監王忠孝壹丁，該差銀伍分伍釐貳毫柒絲壹忽陸微捌纖伍塵貳渺，止該丁壹萬陸千陸百貳拾貳丁，該銀壹千陸百壹拾壹兩玖錢壹分伍毫玖絲肆忽肆微伍塵柒渺。

又孝義、寧陝貳廳接收洋縣、石泉、鎮安叁縣載丁銀壹拾伍兩貳錢叁分玖釐陸毫柒絲肆忽玖微玖纖叁塵柒渺肆漠伍洙伍涯肆洒，內除兌撥鎮安縣銀肆兩肆錢陸釐陸毫伍絲叁纖玖塵柒渺伍漠伍沙叁涯伍洒，止該銀壹拾兩捌錢叁分叁釐貳絲肆忽玖微伍纖叁塵玖渺捌漠伍沙伍洙壹涯玖洒。

又盩厔縣分撥佛坪廳均載丁銀伍兩陸錢貳分伍釐貳毫肆絲伍微陸纖伍渺叁漠柒沙伍洙貳涯。

以上實行差並溢額丁壹百叁萬柒千壹百肆拾貳丁，該銀陸萬伍千玖百捌拾兩伍錢貳分貳釐陸毫伍絲捌忽捌微壹纖陸塵貳渺肆漠貳沙玖洙玖涯玖洒。

康熙伍拾伍年起，至乾隆叁拾陸年止，共編審出丁陸千肆百貳拾柒丁，欽

遵康熙伍拾貳年叁月拾捌日恩詔，後遇編審之期，但據康熙伍拾年丁冊定為常額，永不加賦，

原額均徭銀伍萬陸千叁百玖拾陸兩柒錢伍分叁釐叁毫肆絲肆微壹纖肆塵肆渺，內除荒銀叁千壹百玖拾兩壹錢玖分柒釐伍毫柒絲捌忽捌微玖漠玖沙壹洙柒涯捌洒，實徵銀伍萬叁千貳百陸兩伍錢伍分伍釐柒毫陸絲壹忽陸微壹纖肆塵叁渺捌洙貳涯貳洒。

順治拾肆年並康熙拾陸、貳拾肆及雍正柒年清查自首額徵均徭銀壹百壹拾捌兩陸錢柒分叁釐捌毫捌絲柒忽貳微貳纖壹塵陸渺柒漠壹沙伍洙陸涯。

又孝義、寧陝貳廳接收洋縣、石泉、鎮安叁縣均徭銀柒拾兩肆錢玖分玖釐壹毫肆絲貳忽壹微捌纖貳塵肆渺玖漠壹沙伍洙叁涯伍洒，內除兌撥鎮安縣銀肆兩捌分玖釐陸毫柒絲捌忽壹微壹纖柒塵肆渺玖漠肆沙肆洙叁涯柒洒，止該接收銀陸拾陸兩肆錢玖釐肆毫陸絲肆忽陸纖肆塵玖渺玖漠柒沙玖涯捌洒。

又盩厔縣分撥佛坪廳均徭銀壹兩貳錢柒分捌毫柒忽玖微陸纖玖塵玖渺叁漠貳沙肆洙柒涯壹洒。

以上共實徵均徭銀伍萬叁千叁百玖拾兩叁錢陸分捌釐叁毫肆忽玖微叁纖壹塵叁漠柒沙玖洒。

外遇閏加徵銀陸千玖百捌拾貳兩玖錢貳分肆釐貳毫肆絲貳忽，內除荒銀叁百捌拾伍兩玖錢叁分叁釐柒毫柒忽陸微貳纖壹塵叁渺柒漠玖沙捌洙叁涯貳洒，實徵銀陸千伍百玖拾陸兩玖錢玖分伍毫叁絲肆忽叁微柒纖捌塵陸渺貳漠壹洙陸涯捌洒。

又孝義、寧陝貳廳接收洋縣、石泉、鎮安叁縣均徭閏銀伍兩陸錢玖分肆釐貳毫伍絲玖忽捌微肆纖伍塵捌漠叁沙陸洙叁涯陸洒，內除兌撥鎮安縣銀叁錢陸分捌釐肆毫捌絲玖忽壹微捌纖貳塵肆渺玖沙肆洙柒涯柒洒，止該接收銀伍兩叁錢貳分伍釐柒毫柒絲陸微陸纖貳塵陸渺柒漠肆沙壹洙伍涯玖洒。

又盩厔縣分撥佛坪廳閏銀貳錢柒分柒釐捌毫玖忽玖塵柒渺叁漠壹沙玖洙捌涯肆洒。

實該銀陸千陸百貳兩叁分捌釐肆毫玖絲陸忽叁纖壹塵伍渺陸漠貳沙叁洙肆涯叁洒。

額外三原縣年例、盤纏銀壹拾貳兩。

富平、咸陽鞘價銀貳兩肆錢壹分壹釐貳毫。

臨潼陵租祿糧銀捌拾陸兩。

匠價並盤纏銀壹千壹百陸拾貳兩貳錢陸分，又孝義、寧陝貳廳接收洋縣、鎮安貳縣匠價銀伍分貳釐壹毫玖絲貳忽玖微伍纖肆塵伍渺，又盩厔縣分撥佛坪廳匠價銀柒分壹釐柒毫陸絲肆忽伍微陸纖貳塵捌渺叁漠捌洙伍涯，止該銀壹千壹百陸拾貳兩貳錢肆分肆毫貳絲捌忽叁微玖纖壹塵陸渺陸漠玖沙壹洙伍涯，內除孝義廳兑撥鎮安縣銀貳錢叁分陸釐陸毫伍絲叁忽肆微肆纖柒塵伍渺肆漠壹沙壹洙玖涯陸洒，止實該銀壹千壹百陸拾貳兩叁釐柒毫柒絲肆忽玖微肆纖肆塵壹渺貳漠柒沙玖洙伍涯肆洒。遇閏原加銀玖拾陸兩捌錢捌分貳釐，又孝義、寧陝貳廳接收洋縣、鎮安貳縣匠價閏銀伍釐玖絲玖忽壹纖貳塵貳渺，又盩厔縣分撥佛坪廳閏銀肆絲柒忽叁微玖纖肆塵伍渺伍漠玖沙壹洙貳涯玖洒，止該銀玖拾陸兩捌錢捌分柒釐伍絲壹忽陸微壹纖柒塵陸渺肆漠捌洙柒涯壹洒，內除兑撥鎮安縣銀壹分玖釐柒毫貳絲壹忽壹微貳纖陸渺貳漠捌沙肆洙叁涯叁洒，止實該銀玖拾陸兩捌錢陸分柒釐叁毫叁絲肆微玖纖柒塵壹漠貳沙肆洙叁涯捌洒。

停免銀叁千叁百伍拾叁兩叁錢柒分捌釐叁毫柒絲肆忽柒微玖渺，又孝義、寧陝貳廳接收洋縣、鎮安貳縣停免銀貳兩捌分伍毫柒絲捌忽壹微肆纖伍塵玖渺壹漠壹洙捌涯肆洒，內除兑撥鎮安縣銀肆錢肆釐伍毫捌絲玖忽柒微捌纖貳塵貳渺伍漠貳沙陸洙玖涯柒洒，止該接收銀壹兩陸錢柒分伍釐玖毫捌絲捌忽叁微陸纖叁塵陸渺伍漠柒沙肆洙捌涯柒洒，又盩厔縣分撥佛坪廳停免銀壹錢柒分壹釐叁毫伍絲肆忽玖微壹纖貳塵陸渺貳漠伍沙叁洙柒涯貳洒，實該銀叁千叁百伍拾肆兩捌錢捌分叁釐捌忽壹微伍纖壹塵玖渺叁漠貳沙壹洙壹涯伍洒。

新增軍籍丁粮銀貳萬玖千伍百伍拾玖兩陸錢伍分叁釐肆毫捌絲壹忽玖微壹纖陸塵陸渺，內除孝義廳兑撥鎮安縣銀叁分壹釐肆毫壹絲伍忽捌微壹纖捌塵陸渺叁漠肆沙陸洙貳涯壹洒，又盩厔縣分撥佛坪廳軍籍銀叁兩陸錢陸分柒釐柒毫陸絲捌忽陸微柒塵貳渺壹漠捌沙玖洙玖涯捌洒，又接收鎮安縣分撥銀壹分，實該銀貳萬玖千伍百伍拾伍兩玖錢肆分肆釐貳毫玖絲柒忽肆微玖纖柒渺肆漠陸沙叁洙捌涯壹洒。

茅香、細辛、地骨皮共銀貳拾捌兩壹錢伍釐壹毫玖絲陸忽捌微肆塵陸渺，內除孝義廳兑撥鎮安縣銀貳毫壹絲貳忽柒微捌纖肆塵玖渺叁漠伍沙捌洙壹涯捌洒，又接收鎮安縣分撥銀壹毫，實該銀貳拾捌兩壹錢伍釐捌絲肆忽壹纖玖塵陸渺陸漠肆沙壹洙捌涯貳洒。

耀州增協鞏昌各驛浮額甘站銀肆兩玖錢柒釐伍毫壹絲貳忽伍微肆纖伍渺。

以上地、丁貳項、均徭、清查自首並額外匠價、停免、軍籍、年例、鞘價、茅香、細辛、地骨皮、甘站等項，除優免丁銀外，共銀陸拾玖萬捌千肆百伍拾玖兩捌錢玖分捌釐肆毫捌絲捌微伍纖肆塵玖渺肆漠伍沙伍洙陸涯，內除荒銀肆萬壹千捌百玖拾捌兩捌錢貳釐捌毫貳絲壹忽玖微貳纖貳塵貳渺陸漠貳沙肆涯貳洒，實徵銀陸拾伍萬陸千伍百陸拾壹兩玖分伍釐陸毫伍絲捌忽玖微叁纖貳塵陸渺捌漠叁沙伍洙壹涯捌洒。

又孝義、寧陝貳廳接收洋縣、鎮安石泉叁、縣地、丁等項銀壹百肆拾柒兩柒分肆釐捌毫陸絲陸忽陸微伍纖柒塵肆渺貳漠肆沙陸洙柒涯，內除兌撥鎮安縣銀叁拾叁兩肆錢柒分陸釐壹毫伍絲柒忽捌微伍纖玖塵叁渺玖漠玖沙叁洙捌涯柒洒，止該接收銀壹百壹拾叁兩伍錢玖分捌釐柒毫捌忽柒微玖纖捌塵貳漠伍沙貳洙捌涯叁洒。

又盩厔縣分撥佛坪廳地、丁貳項、均徭並額外停免、匠價、軍籍等項銀肆拾伍兩玖錢壹分肆毫玖絲陸忽陸微玖纖柒渺肆漠壹沙伍洙捌涯壹洒，

實該銀陸拾伍萬陸千陸百貳拾捌兩柒錢捌分叁釐捌毫柒絲壹忽叁纖玖塵玖渺陸漠柒沙貳洙貳涯。

遇閏額徵銀陸千玖百捌拾貳兩玖錢貳分肆釐貳毫肆絲貳忽，內除荒銀叁百捌拾伍兩玖錢叁分叁釐柒毫柒忽陸微貳纖壹塵叁渺柒漠玖沙捌洙叁涯貳洒，實徵銀陸千伍百玖拾陸兩玖錢玖分伍毫叁絲肆忽叁微柒纖捌塵陸渺貳漠壹洙陸涯捌洒。

又孝義、寧陝貳廳接收洋縣、石泉、鎮安叁縣均徭閏銀伍兩陸錢玖分肆釐貳毫伍絲玖忽捌微肆纖伍塵捌漠叁沙陸洙叁涯陸洒，內除兌撥鎮安縣銀叁錢陸分捌釐肆毫捌絲玖忽壹微捌纖貳塵肆渺玖沙肆洙柒涯柒洒，止該接收銀伍兩叁錢貳分伍釐柒毫柒絲陸微陸纖貳塵陸渺柒漠肆沙壹洙伍涯玖洒。

又盩厔縣分撥佛坪廳閏銀貳錢柒分柒釐捌毫玖忽玖塵柒渺叁漠壹沙玖洙捌涯肆洒。

實該銀陸千陸百貳兩叁分捌釐肆毫玖絲陸忽叁纖壹塵伍渺陸漠貳沙叁洙肆涯叁洒。

匠價閏銀玖拾陸兩捌錢捌分貳釐。

又孝義、寧陝貳廳接收洋縣、石泉、鎮安叁縣匠價閏銀伍釐玖絲玖忽壹纖

貳塵貳渺。

貳項共銀玖拾陸兩捌錢捌分柒釐玖絲玖忽壹纖貳塵貳渺，內除兑撥鎮安縣銀壹分玖釐柒毫貳絲壹忽壹微貳纖陸渺貳漠捌沙肆洙叁涯叁洒。

又盩厔縣分撥佛坪廳匠價閏銀肆絲柒忽叁微玖纖肆塵伍渺伍漠玖沙壹洙貳涯玖洒，止該銀玖拾陸兩捌錢陸分柒釐叁毫叁絲肆微玖纖柒塵壹漠貳沙肆洙叁涯捌洒。

貳項共銀陸千陸百玖拾捌兩玖錢伍釐捌毫貳絲陸忽伍微貳纖捌塵伍渺柒漠肆沙柒洙捌涯壹洒。

額徵並額外共本色粮陸千玖百肆拾叁石貳斗玖升柒合捌勺伍抄壹撮貳圭柒粟陸粒肆顆柒糠玖粃貳粄，內除荒粮貳百壹拾玖石捌斗肆升叁合壹勺壹抄柒撮伍圭陸粟玖顆叁糠貳粃柒粄，實徵糧陸千柒百貳拾叁石肆斗伍升肆合柒勺叁抄叁撮柒圭壹粟伍粒伍顆肆糠陸粃伍粄，內除孝義廳兑撥鎮安縣起運糧伍斗叁升陸合捌勺肆抄壹圭叁粟叁粒肆顆玖糠叁粃柒粄。

又盩厔縣分撥佛坪廳本色起運糧叁斗伍升捌合貳勺。

又孝義廳接收鎮安縣分撥本色起運糧貳升壹合，止該糧陸千柒百貳拾貳石伍斗捌升陸勺玖抄叁撮伍圭捌粟貳粒伍糠貳粃捌粄。

接收石泉縣額外本色祿米叁石玖斗柒升玖合玖勺壹抄伍撮捌圭捌粟陸粒伍顆叁糠肆粃。

壹起運項下

原編起運並額外共糧叁千陸百柒拾伍石玖斗捌合貳勺貳抄玖撮柒圭肆粟捌粒肆顆柒糠玖粃貳粄，內除荒糧壹百肆拾肆石柒斗捌升叁合叁勺貳撮伍圭捌粟叁粒捌顆貳糠玖粃叁粄，實徵糧叁千伍百叁拾壹石壹斗貳升肆合玖勺貳抄柒撮壹圭陸粟肆粒陸顆肆糠玖粃玖粄，內除孝義廳兑撥鎮安縣糧伍斗叁升陸合捌勺肆抄壹圭叁粟叁粒肆顆玖糠叁粃柒粄，又盩厔縣分撥佛坪廳本色起運糧叁斗伍升捌合貳勺，止該糧叁千伍百叁拾石貳斗貳升玖合捌勺捌抄柒撮叁粟壹粒壹顆伍糠陸粃貳粄。

又孝義廳接收鎮安縣分撥起運本色糧貳升壹合。

接收石泉縣額外本色祿米叁石玖斗柒升玖合玖勺壹抄伍撮捌圭捌粟陸粒伍顆叁糠肆粄。

原編起運糧石、草束、布疋等項折價共銀肆拾萬柒兩叁錢叁分伍釐貳毫柒絲伍忽貳微柒纖叁塵貳渺，內除荒銀貳萬柒千玖百捌拾陸兩貳錢玖分壹釐柒毫叁絲捌忽肆微肆纖貳塵陸渺伍漠叁沙壹涯叁洒，實起運銀叁拾柒萬貳千貳拾壹兩肆分叁釐伍毫叁絲陸忽捌微叁纖伍渺肆漠陸沙玖洙捌涯柒洒。

節裁藥味、軍器、毛襖等項共銀貳萬肆千伍百肆拾壹兩肆錢肆毫肆絲叁忽柒微伍纖，內除荒銀壹千貳百壹拾兩陸錢肆毫叁絲玖忽伍微玖纖叁塵捌渺玖漠壹沙叁洙貳涯捌洒，實徵銀貳萬叁千叁百叁拾兩捌錢肆忽壹微伍纖陸塵壹渺捌沙陸洙柒涯貳洒。

舊編存留，內順治玖年裁各役工食銀肆千陸百玖拾肆兩肆錢；拾貳年裁修宅、傢伙、棹圍、傘扇銀壹千柒百肆拾柒兩貳錢；拾叁年裁金鎖巡檢、冗員俸工銀肆拾玖兩伍錢貳分；拾肆年裁官生俸廩等項，除奉復孤貧口糧、布花並奉文復加總督及陝甘貳撫俸銀外，實裁銀壹萬貳千玖百壹拾捌兩貳錢玖分叁釐貳毫叁絲；拾伍年裁冗員銀陸百肆拾柒兩肆分；拾陸年裁大使俸食銀肆拾玖兩伍錢貳分；拾柒年裁官銀壹百玖拾捌兩捌分，裁陝甘貳撫操賞銀貳千兩，裁站銀壹千陸百柒拾肆兩肆錢伍分叁釐叁毫貳絲捌忽肆微陸纖柒塵捌渺，遞馬、損轎夫叁分裁壹，銀貳千陸百柒拾陸兩貳錢肆分壹毫陸絲捌微伍塵陸渺。康熙元年裁延撫等官俸食銀貳千柒百叁拾貳兩，又裁吏書工食銀叁千捌百陸兩肆錢；叁年裁教官、門斗、齋夫銀壹千壹百玖拾伍兩陸錢捌分；肆年裁寧撫俸食銀肆拾肆兩柒錢肆分；伍年裁官銀肆拾叁兩伍錢貳分；陸年裁官銀壹千柒拾玖兩，雜費丁銀叁千玖百叁拾玖兩玖錢陸分玖釐捌毫貳絲叁忽；拾伍年裁心紅紙張、修理監倉等項銀肆千玖百陸拾叁兩玖錢玖釐肆毫陸忽；拾陸年裁官銀貳百壹拾柒兩陸錢；貳拾伍年裁官俸食銀柒拾陸兩；貳拾柒年裁舉貢盤纏等項銀壹千貳百柒拾陸兩叁錢陸分陸釐柒毫叁絲叁忽叁微叁纖；叁拾玖年裁官俸食銀壹百柒拾肆兩捌分；肆拾肆年裁官俸食銀肆拾叁兩伍錢貳分；伍拾陸年裁表箋銀伍兩伍錢。雍正伍年裁官俸食銀陸拾柒兩伍錢貳分；陸年裁燈夫工食銀肆百伍拾陸兩；拾貳年裁民壯工食銀壹千貳百柒拾貳兩。乾隆柒年裁民壯工食銀陸百陸拾陸兩，裁均攤祭祀銀肆百捌兩柒錢壹分玖釐壹毫壹絲陸忽柒微壹纖叁塵柒渺伍漠肆沙玖洙肆涯；玖年裁舖司工食銀陸百陸拾叁兩伍錢柒分玖釐；拾玖年裁店張驛驛丞及皂隸俸食銀肆拾叁兩伍錢貳分，又舊編裁剩解部銀壹萬伍千肆百柒拾陸兩叁錢貳分肆釐捌毫壹絲壹微肆纖貳塵捌渺；貳拾伍年裁督粮道按品俸薪銀壹拾叁兩肆錢柒分陸釐貳毫伍忽肆微柒纖柒塵伍渺，又裁榆、葭道並門、皂等各役俸工銀叁百叁拾玖兩，又裁照磨俸工銀陸拾柒兩伍錢貳分，又裁操賞銀貳千兩，又裁斗級銀壹拾貳兩，又久缺檢校、門、皂、馬夫俸工銀陸拾玖兩壹錢壹分肆釐；又貳拾玖年裁甘撫俸工銀叁百捌拾叁兩。

共裁歸起運銀陸萬捌千壹百玖拾兩捌錢伍釐捌毫壹絲叁忽玖微叁纖柒塵肆渺伍漠肆沙玖洙肆涯，內除荒銀叁千壹百壹拾玖兩伍錢柒分壹釐伍毫陸忽貳微壹纖貳塵陸渺捌漠叁洙肆涯捌洒，實起運銀陸萬伍千柒拾壹兩貳錢叁分肆釐叁毫柒忽柒微貳纖肆塵柒渺柒漠肆沙伍洙玖涯貳洒。

額外溢額地、丁、均傜、匠價、軍籍、停免、茅香、細辛、地骨皮、陵租、祿粮、租谷、軍器、年例、盤纏等項共銀叁萬陸千柒百壹兩陸錢伍分叁釐陸毫捌絲肆忽肆塵玖渺肆漠伍沙伍洙陸涯，內除在於轉行事案內，奉旨豁免太監王忠孝家丁差銀伍分伍釐貳毫柒絲壹忽陸微捌纖伍塵貳渺，實起運銀叁萬陸千柒百壹兩伍錢玖分捌釐肆毫壹絲貳忽叁微壹纖玖塵柒渺肆漠伍沙伍洙陸涯。

以上共該實起運銀肆拾玖萬柒千壹百貳拾肆兩陸錢柒分陸釐貳毫陸絲壹忽叁纖壹塵壹渺柒漠伍沙捌洙壹涯壹洒。

又孝義、寧陝貳廳接收洋縣、石泉、鎮安叁縣起運銀柒拾玖兩陸錢陸分伍釐捌毫陸絲陸忽陸微伍纖柒塵肆渺貳漠肆沙陸洙柒涯，內除孝義廳兑撥鎮安縣銀叁拾叁兩肆錢柒分陸釐壹毫伍絲柒忽捌微伍纖玖塵叁渺玖漠玖沙叁洙捌涯柒洒，止該接收銀肆拾陸兩壹錢捌分玖釐柒毫捌忽柒微玖纖捌塵貳漠伍沙貳洙捌涯叁洒。

又盩厔縣分撥佛坪廳起運銀肆拾伍兩玖錢壹分肆毫玖絲陸忽陸微玖纖柒渺肆漠壹沙伍洙捌涯壹洒。

止該實起運銀肆拾玖萬柒千壹百貳拾肆兩玖錢伍分伍釐肆毫柒絲叁忽壹微叁纖捌塵肆渺伍漠玖沙伍洙壹涯叁洒。

又收存留內各州縣額協抵餉銀叁萬捌千陸拾肆兩肆錢貳分肆釐肆毫肆絲玖微壹纖捌塵玖渺伍漠捌沙玖洙貳涯。

又收受協臨、鞏等府驛站抵餉銀叁萬叁千玖百捌拾肆兩柒錢陸分捌釐捌毫伍絲玖忽肆微貳纖捌塵陸渺陸漠。

又收驛遞之差使甚少並題明請將驛站等事貳案內，共裁站銀叁萬貳千陸百肆拾肆兩叁錢貳釐壹毫肆忽伍微玖塵肆渺柒漠肆沙，內在於題明請將驛站等事案內，留支各州縣新增夫馬工料銀貳千壹百叁拾肆兩玖錢捌分肆毫柒絲叁忽柒塵捌渺陸漠。

止實收銀叁萬伍百玖兩叁錢貳分壹釐陸毫叁絲壹忽伍微壹塵陸渺壹漠肆沙。

又收在於請做以糧載丁等事案內，通省以糧均丁增銀貳萬捌千壹百柒兩捌錢貳分肆釐柒絲叁忽陸微貳纖捌塵叁渺。

又收興平縣存留內請移驛歸縣等事案內，店張驛夫馬改歸醴泉縣管理，扣存夫馬工料等項銀肆千肆兩肆錢陸分伍釐陸毫貳絲玖忽伍微伍纖伍塵肆渺叁漠肆沙伍洙。

又收付送原文事案內，裁撥夫馬工料銀壹百叁拾叁兩陸錢玖分柒釐壹毫陸絲陸忽叁微貳纖。

又寗陝廳接收石泉縣分撥地畝，因起運不敷動撥，留支俸工銀陸拾陸兩玖錢捌釐，仍在於該廳原接收銀內，全數留支石泉縣撥補不敷俸工銀兩訖。

以上共該起運銀陸拾叁萬壹千玖百貳拾玖兩肆錢伍分柒釐貳毫柒絲肆忽肆微玖纖壹塵肆渺貳漠陸沙玖洙叁涯叁洒，內除受協站支兌留兵餉銀壹萬陸千玖百柒拾兩伍錢玖分陸毫伍絲叁忽貳微叁纖捌渺捌漠。

又除醴泉縣請移驛歸縣等事案內，店張驛夫馬工料銀肆千肆兩肆錢陸分伍釐陸毫貳絲玖忽伍微伍纖伍塵肆渺叁漠肆沙伍洙。

又在於請做以糧載丁等事案內，通省以糧均丁減銀貳萬叁千叁百玖拾捌兩柒錢貳分貳釐壹毫玖絲捌忽伍微捌塵伍渺貳漠，內乾隆元、陸、拾壹、拾陸、貳拾壹、貳拾陸、叁拾壹、叁拾陸等年編審案內，共增抵補屯更丁銀陸千捌百伍拾柒兩玖錢伍分捌釐柒毫柒絲陸忽捌微柒纖陸塵捌渺玖漠玖沙玖洙柒涯肆洒；又除三原縣節次丁增改隸臨潼縣外，止該丁增銀捌百肆拾兩伍錢壹分陸釐陸毫貳絲肆忽陸微柒塵陸渺捌漠。止該減銀壹萬伍千柒百兩貳錢肆分陸釐柒毫玖絲柒忽貳纖叁塵玖渺肆漠貳涯陸洒。

又臨潼縣接收三原縣改隸編審案內，抵補屯更丁增銀壹兩捌錢叁分玖釐叁毫叁絲伍忽陸微叁纖玖塵捌渺貳漠。

又孝義、寗陝貳廳接收洋縣、石泉、鎮安叁縣抵補屯更丁增銀柒兩玖錢壹分柒釐柒絲捌忽。

外遇閏，順治玖年裁扣銀叁百陸拾叁兩柒錢；拾叁年裁冗員銀肆兩壹錢貳分陸釐陸毫陸絲陸忽；拾肆年裁銀玖百陸拾貳兩伍錢壹分玖釐陸毫壹絲肆忽；拾伍年裁銀伍拾叁兩玖錢壹分玖釐玖毫玖絲貳忽伍微；拾陸年裁銀肆兩壹錢貳分陸釐陸毫陸絲陸忽；拾柒年裁銀壹拾陸兩伍錢陸釐陸毫陸絲肆忽。康熙元年裁官俸食銀壹百肆拾肆兩叁錢叁分叁釐壹毫，又裁吏書銀叁百壹拾柒兩貳錢；叁年裁銀玖拾玖兩陸錢叁分玖釐玖毫玖絲肆忽；肆年裁銀叁兩柒錢貳分捌釐叁毫肆絲；伍年裁銀叁兩陸錢貳分陸釐陸毫；陸年裁銀捌拾玖兩玖錢壹分陸釐伍毫貳絲陸忽；拾伍年裁銀壹百陸拾柒兩玖錢壹分陸釐貳毫捌絲肆忽；拾陸年裁銀壹拾捌兩壹錢叁分叁釐叁毫叁絲；貳拾伍年裁銀陸兩叁錢叁分叁釐叁毫；叁拾玖年裁銀壹拾肆兩伍錢陸釐陸毫陸絲肆忽；肆拾肆年裁銀叁兩陸錢貳分陸釐陸毫陸絲陸忽。雍正伍年裁銀伍兩陸錢貳分陸釐陸毫；陸年裁銀叁拾捌兩；拾貳年裁銀壹百陸兩。乾隆柒年裁銀伍拾伍兩伍錢；又玖年裁銀伍拾伍兩貳錢玖分捌釐；拾玖年裁銀叁兩陸錢貳分陸釐陸毫陸絲陸忽；又貳拾伍年裁榆、葭道門、皂、快手、轎傘扇夫等項銀壹拾玖兩伍錢，又裁照磨俸食銀伍兩陸錢貳分陸釐陸毫陸絲陸忽，又裁斗級工食銀壹兩，又久缺檢校、門、皂、馬夫工食銀叁兩；貳拾玖年裁甘撫俸工銀叁拾壹兩玖錢壹分陸釐陸毫叁絲叁忽，又裁各官閏銀叁百捌拾陸兩肆錢貳分肆釐伍毫叁絲肆忽伍微。

共裁歸起運銀貳千玖百捌拾伍兩叁錢柒分玖釐伍毫陸忽，內除荒銀壹百叁拾肆兩肆分柒釐貳毫貳絲肆忽玖微伍纖壹塵柒渺捌漠柒沙陸洙玖涯肆洒，實起運銀貳千捌百伍拾壹兩叁錢叁分貳釐貳毫捌絲壹忽肆纖捌塵貳渺壹漠貳沙叁洙陸洒。

又孝義、寧陝貳廳接收洋縣、石泉、鎮安叁縣裁扣閏銀伍兩陸錢玖分肆釐貳毫伍絲玖忽捌微肆纖伍塵捌漠叁沙陸洙叁涯陸洒，內除孝義廳兑撥鎮安縣銀叁錢陸分捌釐肆毫捌絲玖忽壹微捌纖貳塵肆渺玖沙肆洙柒涯柒洒，止該接收銀伍兩叁錢貳分伍釐柒毫柒絲陸微陸纖貳塵陸渺柒漠肆沙壹洙伍涯玖洒。

又盩厔縣分撥佛坪廳閏銀貳錢柒分柒釐捌毫玖忽玖塵柒渺叁漠壹沙玖洙捌涯肆洒。

又匠價閏銀玖拾陸兩捌錢捌分貳釐。

又孝義、寧陝貳廳接收洋縣、鎮安貳縣匠價閏銀伍釐玖絲玖忽壹纖貳塵貳渺。

貳項共銀玖拾陸兩捌錢捌分柒釐玖絲玖忽壹纖貳塵貳渺，內除兑撥鎮安縣銀壹分玖釐柒毫貳絲壹忽壹微貳纖陸渺貳漠捌沙肆洙叁涯叁洒；又盩厔縣分撥佛坪廳匠價閏銀肆絲柒忽叁微玖纖肆塵伍渺伍漠玖沙壹洙貳涯玖洒。止該銀玖拾陸兩捌錢陸分柒釐叁毫叁絲肆微玖纖柒塵壹漠貳沙肆洙叁涯捌洒。

又收存留內驛遞之差使甚少並題明請將驛站等事案內，共裁站閏月銀壹千伍拾捌兩肆錢壹分肆釐柒毫伍絲陸忽柒微柒纖捌渺，內在於題明請將驛站等事案內，留支各該縣夫馬工料銀肆拾叁兩肆錢捌分陸釐貳忽貳纖貳渺，止實收銀壹千壹拾肆兩玖錢貳分捌釐柒毫伍絲肆忽柒微伍纖陸渺。

又收請做以糧載丁等事案內，通省以糧均丁增銀壹千陸拾柒兩叁錢玖分捌釐玖毫伍絲叁忽伍微叁纖伍塵伍渺玖漠。

又收咸寧、醴泉貳縣遇閏照依無閏減數，少減銀壹百貳拾叁兩陸錢貳分捌釐柒毫伍忽叁微肆塵陸渺，內節次抵補屯更丁銀，遇閏照依無閏增數，少徵銀叁拾玖兩伍錢貳分肆釐肆毫陸絲伍忽陸微壹纖叁塵貳渺壹涯陸洒，止實收銀捌拾肆兩壹錢肆釐貳毫叁絲玖忽陸微玖纖壹塵叁渺玖漠玖沙玖洙捌涯肆洒。

又收咸寧、醴泉乾隆元、陸兩年編審案內，抵補屯更丁增銀肆分玖釐伍毫貳絲伍忽肆纖肆塵。

又收三原改隸臨潼丁增銀柒分叁釐肆毫壹忽玖纖貳塵柒渺。

又收富平縣付送原文事案內，裁撥夫馬工料銀伍兩玖分貳釐伍毫肆絲壹忽陸微肆纖。

共該起運銀伍千壹百貳拾肆兩捌錢玖分肆釐玖毫捌絲捌忽玖微伍纖貳塵肆渺伍漠陸沙玖洙叁洒。

雍正伍年在於請做以糧載丁等事案內，通省以糧均丁減銀柒百玖兩伍分壹釐壹毫柒絲叁忽陸纖肆塵壹渺捌漠，內節次抵補屯更丁增銀貳百肆拾陸兩陸錢柒分玖毫叁絲伍忽柒微壹纖肆塵柒渺壹漠柒沙貳洙柒涯柒洒，止該減銀肆百陸拾貳兩叁錢捌分貳毫叁絲柒忽叁微肆纖玖塵肆渺陸漠貳沙柒洙貳涯叁洒。

又孝義、寧陝貳廳接收洋縣、石泉、鎮安叁縣抵補屯更（丁）閏銀貳錢玖分柒釐伍毫貳絲伍忽伍微壹塵玖渺柒漠玖沙陸洙陸涯貳洒，內除兑撥鎮安縣銀伍分肆毫柒絲叁忽捌微貳塵肆渺壹漠壹沙柒洙壹涯捌洒，止該接收銀貳錢肆分柒釐伍絲壹忽陸微玖纖玖塵伍渺陸漠柒沙玖洙肆涯肆洒。

又除高陵縣遇閏照依無閏增數，少增銀叁兩壹錢貳分柒釐肆毫玖絲肆忽肆纖壹塵捌渺。

實該起運銀肆千陸百伍拾玖兩陸錢叁分肆釐叁毫玖忽貳微陸纖柒渺陸漠貳沙壹洙貳涯肆洒，內留支撥補舖司、廩膳、孤老等項銀貳百叁拾伍兩柒分陸釐玖毫柒絲陸忽柒微肆纖叁塵壹渺伍漠捌沙伍洙玖涯伍洒；又留支夫馬工料銀壹百叁拾捌兩捌錢貳分捌釐貳毫柒絲捌忽陸微叁纖叁塵陸渺叁漠叁沙。止該起運銀肆千貳百捌拾伍兩柒錢貳分玖釐伍絲叁忽捌微捌纖叁塵玖渺柒漠伍洙貳涯玖洒。

一存留項下

永豐倉糧貳千貳百捌拾伍石捌斗柒升伍合壹勺柒抄貳撮，內除荒糧叁拾玖石玖合叁勺貳抄伍撮壹粟伍顆捌糠玖粃叁粄，實徵糧貳千貳百肆拾陸石捌斗陸升伍合捌勺肆抄陸撮玖圭捌粟玖粒肆顆壹糠柒粄。

存留官學倉並額外共粮玖百捌拾壹石伍斗壹升肆合肆勺肆抄玖撮伍圭貳粟捌粒，內除荒糧叁拾叁石陸斗捌合玖勺叁抄陸撮貳圭叁粟陸粒玖顆貳糠陸粃壹粄，實徵粮玖百肆拾柒石玖斗伍合伍勺壹抄叁撮貳圭玖粟壹粒柒糠叁粃玖粄。

原編存留銀壹拾陸萬玖千壹拾捌兩柒錢叁釐貳毫陸絲叁忽捌微捌纖玖塵叁渺肆漠伍沙陸涯，內除荒銀玖千伍百捌拾柒兩叁錢肆釐陸毫陸絲貳忽玖微玖纖玖塵貳渺貳漠玖沙伍洙柒涯肆洒，實存留銀壹拾伍萬玖千肆百叁拾壹兩叁錢玖分捌釐陸毫捌微玖纖壹渺壹漠伍沙肆洙捌涯陸洒。

又收起運內各州縣受協驛站兑留兵餉應支銀壹萬陸千玖百柒拾兩伍錢玖分陸毫伍絲叁忽貳微叁纖捌渺捌漠。

又收請移驛歸縣等事案內，店張驛夫馬工料等項銀肆千肆兩肆錢陸分伍釐陸毫貳絲玖忽伍微伍纖伍塵肆渺叁漠肆沙伍洙。

叁項共銀壹拾捌萬肆百陸兩肆錢伍分肆釐捌毫捌絲叁忽陸微柒纖陸塵肆渺貳漠玖沙玖洙捌涯陸洒，內除各州縣額協抵餉銀叁萬捌千陸拾肆兩肆錢貳分肆釐肆毫肆絲玖微壹纖捌塵玖渺伍漠捌沙玖洙貳涯；又除額協臨、鞏等府屬驛站抵餉銀叁萬叁千玖百捌拾肆兩柒錢陸分捌釐捌毫伍絲玖忽肆微貳纖捌塵陸渺陸漠；又除驛遞之差使甚少並題明請將驛站等事案內，共裁站銀叁萬貳千陸百肆拾肆兩叁錢貳釐壹毫肆忽伍微玖塵肆渺柒漠肆沙，內在於題明請將驛站等事案內，留支新增夫馬工料銀貳千壹百叁拾肆兩玖錢捌分肆毫柒絲叁忽柒塵捌渺陸漠，實裁銀叁萬伍百玖兩叁錢貳分壹釐陸毫叁絲壹忽伍微壹塵陸渺壹漠肆沙；又除付送原文事案內，裁撥夫馬工料銀壹百叁拾叁兩陸錢玖分柒釐壹毫陸絲陸忽叁微貳纖；又除興平縣請移驛歸縣等事案內，店張驛夫馬改歸醴泉縣管理，扣存夫馬工料銀肆千肆兩肆錢陸分伍釐陸毫貳絲玖忽伍微伍纖伍塵肆渺叁漠肆沙伍洙。實該銀柒萬叁千柒百玖兩柒錢柒分柒釐壹毫伍絲伍忽玖微伍纖壹塵柒渺陸漠貳沙伍洙陸涯陸洒。

外加增撥補，除正印各官攤俸留抵外，實該銀貳千捌百壹拾捌兩捌錢叁分伍釐玖絲叁忽伍纖壹塵柒渺陸漠玖沙壹洙叁洒。

又留支撥補豁免不敷夫馬工料銀貳千玖兩肆錢肆釐捌毫捌絲捌忽柒微陸纖壹塵柒渺肆漠叁沙捌洙貳涯捌洒，

共該銀柒萬捌千伍百叁拾捌兩壹分柒釐壹毫叁絲柒忽柒微陸纖伍塵貳渺柒漠伍沙肆洙玖涯柒洒。

外富平縣於西安布政司庫撥補庫大使按品不敷俸銀捌兩肆錢捌分。

又耀州於西安布政司庫領支均攤祭祀銀貳拾兩壹錢陸分伍釐伍毫伍絲陸忽貳微捌纖陸塵貳渺肆漠伍沙陸涯。

又寧陝廳留支江口主簿官役俸工銀肆拾伍兩壹錢壹分肆釐。

又孝義、寧陝貳廳領支官役俸工銀陸百貳拾壹兩肆錢肆分叁釐。

又寧陝廳領支通判改為同知加增俸薪銀壹拾壹兩壹錢玖分柒釐。

遇閏原加銀肆千叁百捌拾叁兩玖錢陸分玖釐貳毫柒絲伍微，內除各官閏俸銀叁百捌拾陸兩肆錢貳分肆釐伍毫叁絲肆忽伍微，止該銀叁千玖百玖拾柒兩伍錢肆分肆釐柒毫叁絲陸忽，內除荒銀貳百伍拾壹兩柒錢叁分伍釐叁毫壹絲肆忽玖微捌纖柒塵肆渺捌漠陸涯捌洒，實徵銀叁千柒百肆拾伍兩捌錢玖釐肆毫貳絲壹忽壹纖貳塵伍渺壹漠玖沙玖洙叁涯貳洒，內除驛遞之差使甚少並題明請將驛站等事案內，共裁站銀壹千伍拾捌兩肆錢壹分肆釐柒毫伍絲陸忽柒微柒纖捌渺，內在於題明請將驛站等事案內，留支夫馬工料銀肆拾叁兩肆錢捌分陸釐貳忽貳纖貳渺，實裁銀壹千壹拾肆兩玖錢貳分捌釐柒毫伍絲肆忽柒微伍纖陸渺；又除付送原文事案內，裁撥夫馬工料銀伍兩玖分貳釐伍毫肆絲壹忽陸微肆纖。

止該銀貳千柒百貳拾伍兩柒錢捌分捌釐壹毫貳絲肆忽陸微貳纖壹塵玖渺壹

漠玖沙玖洙叁涯貳洒。

外加增撥補留支廩膳、舖司、孤老銀貳百叁拾伍兩柒分陸釐玖毫柒絲陸忽柒微肆纖叁塵壹渺伍漠捌沙伍洙玖涯伍洒。

又留支撥補豁免不敷夫馬工料銀壹百叁拾捌兩捌錢貳分捌釐貳毫柒絲捌忽陸微叁纖叁塵陸渺叁漠叁沙。

共該銀叁千玖拾玖兩陸錢玖分叁釐叁毫柒絲玖忽玖微玖纖捌塵柒渺壹漠壹沙伍洙貳涯柒洒。

外於西安布政司庫領支撥補增給所夫並夫馬閏月銀貳千玖百肆拾伍兩壹錢壹分陸釐陸毫捌絲。

又寧陝廳領支主簿、門子、夫馬閏月銀壹兩。

又孝義、寧陝貳廳領支各役工食閏月銀貳拾玖兩。

咸陽、高陵、興平叁縣本色存留官學倉粮貳百伍拾柒石貳斗壹合貳勺玖抄陸撮貳圭伍粟，內除荒粮壹拾伍石壹斗陸升玖勺叁抄叁撮玖粟伍粒叁顆壹糠壹粃伍秕，實徵粮貳百肆拾貳石肆升叁勺陸抄叁撮壹圭伍粟肆粒陸顆捌糠捌粃伍秕，除撥給加增孤貧糧壹拾柒石叁斗貳升玖合伍勺柒撮壹圭柒粟貳粒捌糠捌粃貳秕，實存留粮貳百貳拾肆石柒斗壹升捌勺伍抄伍撮玖圭捌粟貳粒陸顆叁秕，內遇閏撥給加增孤貧粮叁拾石叁斗，止該存留粮壹百玖拾肆石肆斗壹升捌勺伍抄伍撮玖圭捌粟貳粒陸顆叁秕。

一額外

課程銀肆百玖拾貳兩陸錢柒分陸毫。遇閏加徵銀肆拾壹兩伍分肆釐壹毫肆絲叁忽叁微壹纖玖塵玖渺。

畜稅銀貳千肆百貳拾陸兩柒錢陸分叁釐。

牙稅銀陸百柒拾叁兩壹錢玖分。

當稅銀貳千伍拾伍兩。

地稅銀壹千捌百玖拾陸兩柒分捌釐。

筏稅銀捌百肆拾陸兩叁錢壹分陸釐。

礬稅銀貳兩肆錢。

鐵課銀壹拾兩。

西安府商稅銀貳千叁百肆拾貳兩玖錢。

畜稅銀伍百貳兩柒錢柒分。

西安在省騾馬市滿稅銀貳百肆拾柒兩伍錢玖分。

長安縣

原額體、國、經、野肆等共地柒千叁百壹拾貳頃叁拾伍畝伍分叁釐玖毫叁絲肆忽叁微肆纖，每畝起科不等，共額徵本折糧貳萬陸千捌百陸拾壹石貳斗玖升貳合叁勺玖撮陸圭陸粟貳粒，內除概縣通抬山塲並=（書中原字是：貝+音）門等里沙壓、河崩、義塚等地叁百貳拾捌頃貳拾柒畝伍分壹釐柒毫玖絲叁忽叁微肆纖，該糧壹百陸拾肆石壹斗叁升柒合伍勺捌抄玖撮陸圭陸粟柒粒。實在地陸千玖百捌拾肆頃捌畝貳釐壹毫肆絲壹忽，實徵本折糧貳萬陸千陸百玖拾柒石壹斗伍升肆合柒勺壹抄玖撮玖圭玖粟伍粒，每糧壹石，科本色糧壹斗壹升捌合玖勺伍抄叁撮壹圭叁粟，共本色糧叁千壹百柒拾伍石柒斗壹升壹勺叁抄貳撮，科折色糧捌斗捌升壹合肆抄陸撮捌圭柒粟，共折色糧貳萬叁千伍百貳拾壹石肆斗肆升肆合伍勺捌抄柒撮玖圭玖粟伍粒，每石折徵銀壹兩叁錢肆釐捌毫肆絲捌忽伍微柒纖貳塵捌渺，共額徵銀叁萬陸百玖拾壹兩玖錢叁分玖毫貳絲壹忽伍微叁纖叁塵陸渺。

體字號地壹百捌拾叁頃玖畝壹分玖釐，每畝科本折糧伍升伍合，內本色糧壹升壹合捌勺玖撮肆圭叁粒，折色糧肆升叁合壹勺玖抄伍圭玖粟柒粒，共糧壹千柒石伍合肆勺伍抄。乾隆拾年陸月內題明奏聞秋禾情形等事案內,豁免地伍頃肆拾玖畝伍分捌釐，應免糧叁拾石貳斗貳升陸合玖勺；又道光元、貳兩年在於遵批並行知等事貳案內，題明豁免地壹拾叁頃貳拾柒畝貳分玖毫陸絲，應免本折糧柒拾貳石玖斗玖升陸合伍勺貳抄捌撮；又道光伍年在於欽奉恩詔事案內，豁免地壹頃叁拾柒畝叁分捌釐陸毫伍絲，應免本折糧柒石伍斗伍升陸合貳勺叁抄。實在地壹百陸拾貳頃玖拾伍畝壹釐叁毫玖絲，實徵糧捌百玖拾陸石貳斗貳升伍合柒勺玖抄貳撮。

國字號地伍千貳百伍拾頃壹拾貳畝玖分叁釐叁毫捌絲柒忽，每畝科本折糧肆升肆合叁勺貳抄柒撮貳圭，內本色糧伍合捌勺貳撮叁圭肆粟玖粒，折色糧叁升捌合伍勺貳抄肆撮捌圭伍粟壹粒。又山坡國地每畝科本折糧叁合，內本色糧叁勺捌抄玖撮陸圭貳粟，折色糧貳合陸勺壹抄叁圭捌粟，共糧貳萬叁千貳百柒拾貳石叁斗伍升叁合叁勺貳抄貳撮貳圭肆粟貳粒。順治柒、捌兩年題明免過無主、有主、山坡國地壹千貳拾伍頃叁拾叁畝柒分陸釐，應免糧叁百柒石陸斗壹合叁勺。以上貳項原係山坡國地，每畝科本折糧叁合，其照規則，少除糧石在於國地項下，內有莊、墳、場、園等地，通融派徵，內興屯墾過並節年開墾共地肆百貳拾壹頃肆拾壹畝捌釐伍毫，該本折糧貳百陸拾肆石貳斗肆升捌合捌勺玖抄陸撮壹圭捌粒捌顆；又乾隆拾年題明奏聞秋禾情形等事案內，豁免地伍頃壹拾柒畝肆分伍釐，應免糧貳拾貳石玖斗叁升柒合壹勺玖撮陸圭肆粟；又道光元、貳兩年在於遵批並行知等事貳案內，題明豁免地壹拾頃壹拾壹畝貳分叁釐捌毫玖絲，應免本折糧肆拾肆石捌斗貳升伍合叁勺捌抄捌撮玖圭陸粟捌粒捌糠；又道光伍年在於欽奉恩詔事案內，豁免地伍頃陸拾肆畝柒分叁釐叁毫貳絲柒忽，應免本折糧貳拾伍石叁升叁合肆抄肆撮陸圭伍粒玖顆肆糠肆粃。實在地肆千陸百貳拾伍頃貳拾陸畝捌分叁釐陸毫柒絲，實徵糧貳萬叁千壹百叁拾陸石貳斗伍合叁勺柒抄伍撮壹圭叁粟陸粒柒顆柒糠陸粃。

經字號地貳百捌拾頃肆拾玖畝柒分貳釐叁毫玖絲柒忽，每畝科本折糧貳升捌合，內本色糧叁合貳勺貳抄叁撮捌圭叁粟貳粒，折色糧貳升肆合柒勺柒抄陸撮壹圭陸粟捌粒，共糧柒百捌拾伍石叁斗玖升貳合貳勺柒抄壹撮柒圭貳粟。又乾隆拾年並拾陸年題明為奏聞秋禾情形並報明被水事貳案內，豁免地壹頃陸拾伍畝伍釐，應免糧肆石陸斗貳升壹合肆勺；又道光元年在於遵批等事案內，題明豁免地貳拾叁畝，應免本折糧陸斗肆升肆合。實在地貳百柒拾捌頃陸拾壹畝陸分柒釐叁毫玖絲柒忽，實徵糧柒百捌拾石壹斗貳升陸合捌勺柒抄壹撮柒圭貳粟。

野字號地壹千貳百陸拾柒頃玖拾貳畝陸分壹釐壹毫肆絲柒忽，每畝科本折糧壹升貳合捌勺貳抄伍撮捌圭伍粟捌粒，內本色糧壹合肆勺伍抄柒撮貳圭捌粟玖粒，折色糧壹升壹合叁勺陸抄捌撮伍圭陸粟玖粒，共糧壹千陸百貳拾伍石伍斗捌升肆合肆勺玖抄陸撮伍圭叁粟叁粒。順治柒、捌兩年題明免過無主、有主、山坡野地肆百貳拾伍頃伍拾壹畝柒分伍釐，應免糧伍百肆拾伍石柒斗陸升貳合陸勺，內興屯及節年開墾共地貳百柒拾柒頃肆拾捌畝玖釐壹毫，該本折糧叁百叁拾捌石叁斗壹合柒勺捌撮陸圭肆粟叁粒；又道光伍年在於欽奉恩詔事案內，豁免地捌拾柒畝陸釐肆毫玖絲叁忽，應免本折糧壹石壹斗壹升陸合陸勺捌抄貳撮肆圭貳粟捌粒玖顆伍糠玖粃玖粺。實在地壹千壹百壹拾玖頃壹畝捌分捌釐柒毫伍絲肆忽，該徵糧壹千肆百壹拾柒石陸合玖勺貳抄貳撮柒圭肆粟柒粒肆糠壹粺，內乾隆伍拾年在於遵旨會核酌議等事案內，分撥寧陝廳地柒拾肆頃柒拾陸畝壹分陸釐叁毫柒絲柒忽，該本折糧玖拾伍石捌斗捌升捌合貳勺壹抄肆撮捌圭玖粟捌粒柒顆陸糠肆粃陸粺，止實在地壹千肆拾肆頃貳拾伍畝柒分貳釐叁毫柒絲柒忽，該徵糧壹千叁百貳拾壹石壹斗壹升捌合柒勺柒撮捌圭肆粟捌粒貳顆柒糠伍粃伍粺；又民間首報並墾過經地貳頃肆拾叁畝伍分陸釐貳毫壹絲，該糧陸石捌斗壹升玖合壹勺柒抄玖撮伍圭。

以上共免過荒地壹千肆百玖拾肆頃陸拾捌畝貳分貳釐叁毫貳絲，應免本折糧壹千陸拾叁石叁斗貳升壹合壹勺捌抄叁撮陸圭肆粟貳粒玖顆捌糠叁粃玖粺，內興屯並節年開墾共地陸百玖拾捌頃捌拾玖畝壹分柒釐陸毫，該糧陸百貳石伍斗伍升陸勺肆撮柒圭伍粟壹粒捌顆，實應免本色起運廣豐倉糧叁拾石壹升捌合肆勺捌抄貳撮玖圭壹粟肆粒捌顆捌粃柒粺，實應免本色存留永豐倉糧叁拾陸石陸斗柒升壹合柒勺壹撮伍圭捌粟柒粒叁顆柒糠捌粃叁粺，實應免折色糧叁百玖拾肆石捌升叁勺玖抄肆撮叁圭捌粟捌粒玖顆玖糠陸粃玖粺，應免銀伍百貳拾陸兩伍錢伍分陸釐柒毫貳絲陸忽叁微玖纖陸渺柒漠伍沙陸洙壹涯貳洒。

以上實在地陸千壹百捌拾捌頃貳拾捌畝玖分柒釐肆毫貳絲壹忽，該本折糧貳萬陸千貳百叁拾陸石叁斗捌升肆合壹勺肆抄壹撮壹圭叁粒捌顆壹糠陸粃壹粺。內乾隆伍拾年在於遵旨會核酌議等事案內，分撥寧陝廳地柒拾肆頃柒拾陸畝壹分陸釐叁毫柒絲柒忽，共本折糧玖拾伍石捌斗捌升捌合貳勺壹抄肆撮捌圭玖粟捌粒柒顆陸糠肆粃陸粺，實徵分撥寧陝廳本色起運廣豐倉糧貳石玖斗柒合柒勺柒抄壹撮叁圭陸粟肆粒貳顆壹糠玖粃伍粺，實徵分撥寧陝廳本色存留永豐倉糧柒石玖斗捌升柒合壹勺伍抄玖撮捌圭陸粟，實徵分撥寧陝廳折色糧捌拾肆石玖斗玖升叁合貳勺捌抄叁撮陸圭柒粟肆粒伍顆肆糠伍粃壹粺，該折徵銀壹百玖兩貳錢伍分陸釐貳毫玖絲壹忽柒微伍纖叁渺柒漠壹沙陸洙肆涯柒洒。

以上止實在地陸千壹百壹拾叁頃伍拾貳畝捌分壹釐肆絲肆忽，該本折糧貳萬陸千壹百肆拾石肆斗玖升伍合玖勺貳抄陸撮貳圭伍粒伍糠壹粃伍粺，實徵本色起運廣豐倉糧玖百玖拾壹石玖斗陸升叁合壹勺伍撮柒圭貳粟玖顆柒糠壹粃捌粺，實徵本色存留永豐倉糧貳千壹百陸石壹斗陸升壹合玖勺壹抄伍圭伍粟貳粒陸顆貳糠壹粃柒粺，實徵折色糧貳萬叁千肆拾貳石叁斗柒升玖勺玖撮玖圭叁粟壹粒肆顆伍糠捌粃，該折徵銀叁萬伍拾陸兩壹錢壹分柒釐玖毫叁忽叁微玖纖貳塵伍渺伍漠貳沙柒洙肆涯壹洒遵照乾隆伍拾玖年奉准部咨令，將康熙年間易知由單內載：壹等體地每畝折徵銀伍分陸釐叁毫伍絲柒忽壹微捌纖伍塵陸渺；貳等國地每畝徵折色銀伍分捌釐壹毫玖絲肆微壹纖叁塵柒渺，又山坡國地每畝徵折色銀叁釐玖毫柒忽叁微貳纖玖塵肆漠；叁等經地每畝徵折色銀叁分貳釐叁毫貳絲玖忽壹微肆纖柒塵壹渺；肆等野地每畝徵折色銀壹分肆釐陸毫壹絲叁忽玖微伍纖壹塵壹渺，逐壹纂入書內，嗣後遇有懇豁，以便按畝增除。

外經地壹頃捌拾畝，無荒，每畝科本折糧貳升捌合，內本色糧叁合貳勺貳抄叁撮捌圭叁粟貳粒，折色糧貳升肆合柒勺柒抄陸撮壹圭陸粟捌粒，共該糧伍石肆升，內本色糧伍斗柒升玖合，折色糧肆石肆斗陸升壹合，每畝徵折色銀叁分柒釐肆毫叁絲伍忽伍微，共應徵銀陸兩柒錢叁分捌釐肆毫。

又首報、澇池、河灘並沙地伍拾玖畝叁分玖釐柒毫捌絲，內首報地伍拾叁畝玖分玖釐柒毫捌絲，每畝徵小麥壹斗，粟米壹斗；又首報澇池地壹畝肆分，每畝科本折糧肆升肆合貳勺捌抄玖撮貳圭捌粟，內本色糧伍合，折色糧叁升玖合貳勺捌抄玖撮貳圭捌粟；又首報河灘、沙地肆畝，每畝科本折糧貳升捌合，內本色糧叁合叁勺叁抄陸圭捌粟柒粒陸顆伍糠，折色糧貳升肆合陸勺陸抄玖撮叁圭壹粟貳粒叁顆伍糠。共額徵本折糧壹拾石玖斗柒升貳合伍撮，內本色起運糧壹升伍合壹勺貳抄貳撮柒圭伍粟陸顆，本色存留糧伍合貳勺，永豐倉糧壹拾石柒斗玖升捌合，實徵折色糧壹斗伍升叁合陸勺捌抄貳撮貳圭肆粟玖粒肆顆。內首報澇池地每畝徵折色銀伍分捌釐玖毫貳絲捌忽伍微柒纖壹塵肆渺，又首報河灘、沙地每畝徵折色銀叁分捌釐壹毫肆絲壹忽伍微陸纖貳塵貳漠貳沙伍洙，共折徵銀貳錢叁分伍釐陸絲陸忽貳微肆纖捌塵玖漠。

原額人丁叁等玖則不等，共折下下人丁壹拾萬柒千叁拾丁，每丁徵銀伍分捌釐肆絲肆忽陸微，共徵銀陸千貳百壹拾貳兩伍錢壹分肆釐陸毫，內除優免丁壹千壹百叁拾捌丁，共銀陸拾陸兩伍分伍釐。

行差丁壹拾萬伍千捌百玖拾貳丁，共額徵銀陸千壹百肆拾陸兩肆錢伍分玖釐陸毫。

又康熙陸年起，至肆拾年止，共編審出溢額丁壹百壹拾捌丁，該徵銀陸兩捌錢肆分玖釐貳毫陸絲貳忽捌微。

又康熙伍拾伍年起，至乾隆貳拾陸年止，共編審出丁貳百肆拾肆丁；乾隆叁拾壹年編審出丁壹拾柒丁；乾隆叁拾陸年編審出丁壹拾伍丁。共編審出丁貳百柒拾陸丁，欽遵康熙伍拾貳年叁月拾捌日恩詔，後遇編審之期，但據康熙伍拾年丁冊定為常額，續生人丁，永不加賦。

以上實在行差並查出溢額丁壹拾萬陸千壹拾丁，實徵丁銀陸千壹百伍拾叁兩叁錢捌釐捌毫陸絲貳忽捌微，內乾隆伍拾年在於遵旨會核酌議等事案內，分撥寧陝廳實徵均載丁銀壹拾伍兩玖錢捌分肆釐捌毫壹絲壹忽叁纖叁塵肆渺柒漠柒沙陸洙伍涯捌洒，止實徵丁銀陸千壹百叁拾柒兩叁錢貳分肆釐伍絲壹忽柒微陸纖陸塵伍渺貳漠貳沙叁洙肆涯貳洒於雍正伍年攤入前項地糧內徵解。

原額均徭銀伍千陸百柒拾肆兩玖錢肆釐陸毫，內除荒銀壹百壹兩伍錢陸分柒釐捌絲玖忽貳微陸纖捌塵伍渺肆漠貳沙玖洙伍洒，實徵銀伍千伍百柒拾叁兩叁錢叁分柒釐伍毫壹絲柒微叁纖壹塵肆渺伍漠柒沙玖涯伍洒，內乾隆伍拾年在於遵旨會核酌議等事案內，分撥寧陝廳均徭銀貳拾兩壹錢玖釐叁毫叁絲柒微叁纖貳塵伍渺伍漠肆洙柒涯玖洒，止實徵均徭銀伍千伍百伍拾叁兩貳錢貳分捌釐壹毫柒絲玖忽玖微玖纖捌塵玖渺陸沙陸洙壹涯陸洒係按前項體、國、經、野肆等地畝科徵，壹等體地每畝徵均徭銀壹分壹釐陸毫捌絲捌忽貳微陸纖陸塵壹渺；貳等國地每畝徵均徭銀壹分柒毫玖忽陸微玖纖貳渺，又山坡國地每畝徵均徭銀柒毫貳絲肆忽捌微壹纖陸塵貳渺；叁等經地每畝徵均徭銀伍釐玖毫伍絲叁微捌纖貳塵捌渺；肆等野地每畝徵均徭銀貳釐陸毫捌絲玖忽柒微玖纖貳塵柒渺。

外遇閏加銀伍百肆拾玖兩玖錢肆分伍釐捌毫玖絲陸忽，內除荒銀陸兩壹錢玖分貳釐貳毫叁絲叁忽貳微柒纖伍渺貳漠貳沙叁洙捌涯叁洒，實徵銀伍百肆拾叁兩柒錢伍分叁釐陸毫陸絲貳忽柒微貳纖玖塵肆渺柒漠柒沙陸洙壹涯柒洒，除分撥寧陝廳遇閏加銀壹兩玖錢陸分柒釐玖毫玖絲叁忽柒微玖纖肆塵叁渺叁漠柒沙肆洙玖涯貳洒，止實徵銀伍百肆拾壹兩柒錢捌分伍釐陸毫陸絲捌忽玖微叁纖伍塵壹渺肆漠壹洙貳涯伍洒。

額外徵收匠價銀壹百肆兩肆錢肆分伍釐，內除分撥寧陝廳匠價銀叁錢捌分壹釐陸毫捌絲捌忽伍微壹塵貳渺柒漠叁沙貳洙肆涯玖洒，止實徵收匠價銀壹百肆兩陸分叁釐叁毫壹絲壹忽肆微玖纖捌塵柒渺貳漠陸沙柒洙伍涯壹洒。遇閏加銀捌兩柒錢叁分柒毫伍絲，內除分撥寧陝廳匠價閏銀叁分壹釐玖毫陸忽肆纖陸塵捌渺捌漠柒沙玖洙柒涯柒洒，止實徵收匠價閏銀捌兩陸錢玖分捌釐捌毫肆絲叁忽玖微伍纖叁塵壹渺壹漠貳沙貳涯叁洒。

停免銀貳百伍拾兩伍錢叁分陸釐肆毫，內除分撥寧陝廳停免銀貳兩玖錢壹分壹毫壹絲貳忽捌微叁纖貳塵貳漠捌沙貳洙捌洒，止實徵停免银貳百肆拾柒兩陸錢貳分陸釐貳毫捌絲柒忽壹微陸纖柒塵玖渺柒漠壹沙柒洙玖涯貳洒。

軍籍丁銀壹千陸百叁拾叁兩陸錢肆分捌釐捌毫肆絲壹忽陸微柒塵陸渺，內除分撥寧陝廳軍籍丁銀陸兩叁分貳釐陸毫陸絲肆忽肆微伍纖肆塵叁漠叁沙柒洙柒涯肆洒，止實徵軍籍丁銀壹千陸百貳拾柒兩陸錢壹分陸釐壹毫柒絲柒忽壹微伍纖叁塵伍渺陸漠陸沙貳洙貳涯陸洒。

以上額外正閏肆項攤入前項地糧內徵解。

地、丁貳項並均徭、匠價、停免、軍籍共額徵銀肆萬肆千伍百壹拾伍兩柒錢肆分捌釐玖絲貳忽壹微捌纖玖塵貳渺玖漠，內除荒銀陸百貳拾捌兩壹錢貳分叁釐捌毫壹絲伍忽陸微伍纖玖塵貳渺壹漠捌沙伍洙壹涯柒洒，實徵銀肆萬叁千捌百捌拾柒兩陸錢貳分肆釐貳毫柒絲陸忽伍微叁纖柒漠壹沙肆洙捌涯叁洒，內除分撥寧陝廳地、丁貳項並均徭、匠價、停免、軍籍等項共銀壹百伍拾肆兩陸錢柒分肆釐捌毫玖絲玖忽叁微叁塵柒渺叁漠伍沙壹涯伍洒，止實徵地、丁等項銀肆萬叁千柒百叁拾貳兩玖錢肆分玖釐叁毫柒絲柒忽貳微貳纖陸塵叁渺叁漠陸沙肆洙陸涯捌洒。

遇閏加徵銀伍百肆拾玖兩玖錢肆分伍釐捌毫玖絲陸忽，內除荒銀陸兩壹錢玖分貳釐貳毫叁絲叁忽貳微柒纖伍渺貳漠貳沙叁洙捌涯叁洒，實徵银伍百肆拾叁两柒钱伍分叁釐陸毫陸絲貳忽柒微貳纖玖塵肆渺柒漠貳沙陸洙壹涯柒洒，除分撥寧陝廳閏銀壹兩玖錢陸分柒釐玖毫玖絲叁忽柒微玖纖肆塵叁渺叁漠柒沙肆洙玖涯貳洒，止實徵閏銀伍百肆拾壹兩柒錢捌分伍釐陸毫陸絲捌忽玖微叁纖伍塵壹渺肆漠壹洙貳涯伍洒。

又遇閏加徵匠價銀捌兩柒錢叁分柒毫伍絲，內除分撥寧陝廳匠價閏銀叁分壹釐玖毫陸忽肆纖陸塵捌渺捌漠柒沙玖洙柒涯柒洒，止實徵匠價閏銀捌兩陸錢玖分捌釐捌毫肆絲叁忽玖微伍纖叁塵壹渺壹漠貳沙貳涯叁洒。

額徵本色糧叁千壹百柒拾伍石柒斗壹升壹勺叁抄貳撮，內除荒糧陸拾陸石陸斗玖升壹勺捌抄肆撮伍圭貳粒壹顆捌糠柒粃，實徵糧叁千壹百玖石壹升玖合玖勺肆抄柒撮肆圭玖粟柒粒捌顆壹糠叁粃，內除分撥寧陝廳本色糧壹拾石捌斗玖升肆合玖勺叁抄壹撮貳圭貳粟肆粒貳顆壹糠玖粃伍粄，止實徵糧叁千玖拾捌石壹斗貳升伍合壹抄陸撮貳圭柒粟叁粒伍顆玖糠叁粃伍粄。

又額外經地並澇池等項額徵本色糧壹拾壹石叁斗玖升柒合叁勺貳抄貳撮柒圭伍粟陸顆，無荒。

壹起運項下

原編起運糧壹千叁拾陸石貳斗捌升壹合肆勺捌抄貳撮柒圭伍粟陸顆，內除荒糧叁拾石壹升捌合肆勺捌抄貳撮玖圭壹粟肆粒捌顆捌粃柒粺，實起運糧壹千陸石貳斗陸升貳合玖勺玖抄玖撮捌圭參粟伍粒柒顆玖糠壹粃叁粺，除分撥寧陝廳起運糧貳石玖斗柒合柒勺柒抄壹撮叁圭陸粟肆粒貳顆壹糠玖粃伍粺，止實起運糧壹千叁石叁斗伍升伍合貳勺貳抄捌撮肆圭柒粟壹粒伍顆柒糠壹粃捌粺。

原編糧石折價銀貳萬柒百柒拾叁兩壹錢柒分伍釐叁毫玖絲玖忽玖微陸纖捌塵捌渺，內除荒銀叁百肆拾壹兩貳錢捌分柒釐伍毫陸絲玖忽貳微叁纖壹塵柒渺壹漠陸沙貳洙壹涯捌洒，實起運銀貳萬肆百叁拾壹兩捌錢捌分柒釐捌毫叁絲柒微叁纖柒塵捌漠叁沙柒洙捌涯貳洒。

藥味、鹽鈔折價銀貳千伍百玖兩肆錢玖釐肆毫叁絲，內除荒銀壹拾伍兩伍錢陸分貳釐玖毫叁絲捌忽肆微貳纖柒塵肆渺叁漠貳沙貳洙貳涯玖洒，實徵銀貳千肆百玖拾叁兩捌錢肆分陸釐肆毫玖絲壹忽伍微柒纖貳塵伍渺陸漠柒沙柒洙柒涯壹洒。

舊編存留，內順治玖年裁扣家人口糧並各役工食銀肆百捌拾玖兩貳錢；拾貳年裁扣案衣、家伙、傘扇銀壹百貳拾捌兩；拾肆年裁扣，除奉復孤貧並奉文復扣陝甘貳撫俸銀外，止實裁銀貳千叁百伍拾壹兩玖錢陸分貳釐捌毫肆絲，裁陝甘貳撫操賞銀貳千兩，裁收頭工食、紙劄、抵濟京兆驛站銀壹百柒拾陸兩肆錢。康熙元年裁扣吏書工食銀叁百肆拾叁兩貳錢；叁年裁訓導、齋夫俸食銀玖拾叁兩玖錢貳分；肆年裁寧撫薪銀肆拾肆兩柒錢肆分，雜費丁銀玖百柒拾壹兩陸錢玖分壹釐肆毫叁絲；拾伍年裁扣心紅紙張、芒神土牛等項銀陸百貳拾陸兩柒錢肆分玖釐捌毫叁絲；貳拾柒年裁扣歲貢、舉人盤纏、進士坊價等項銀壹百捌兩玖錢叁分貳釐。雍正陸年裁扣燈夫工食銀貳拾肆兩；拾貳年裁扣民壯工食銀肆拾捌兩。乾隆柒年裁扣民壯工食銀貳拾肆兩；玖年裁扣舖司工食銀肆拾捌兩；乾隆貳拾玖年裁甘撫俸工銀叁百捌拾叁兩，舊編冗員裁剩解部銀壹百伍拾柒兩貳錢叁分貳釐貳毫捌絲壹忽伍微陸纖肆塵捌渺。

裁扣歸入起運共銀捌千壹拾玖兩貳分捌釐叁毫捌絲壹忽伍微陸纖肆塵捌渺，內除荒銀玖拾肆兩壹錢叁分捌釐壹毫玖絲伍纖叁塵叁渺壹漠伍沙壹涯，實徵起運銀柒千玖百貳拾肆兩捌錢玖分壹毫玖絲壹忽伍微壹纖壹塵肆渺捌漠肆沙玖洙玖涯。

又額外地、丁應徵丁糧、匠價、停免等項共銀壹千玖百玖拾伍兩柒錢壹分肆釐伍毫柒絲陸微伍纖伍塵陸渺玖漠。

以上起運共銀叁萬貳千捌百肆拾陸兩叁錢叁分玖釐捌絲肆忽肆微柒纖陸塵捌渺貳漠陸沙伍洙肆涯叁洒，除分撥寧陝廳起運銀壹百伍拾肆兩陸錢柒分肆釐捌毫玖絲玖忽叁微叁塵柒渺叁漠伍沙壹涯伍洒；又除撥支新設捌旗廪生廪膳銀叁兩伍錢叁分叁釐。止該實起運銀叁萬貳千陸百捌拾捌兩壹錢叁分壹釐壹毫捌絲伍忽壹微柒纖叁塵玖漠壹沙伍洙貳涯捌洒。

又收存留內額協抵餉銀壹千玖百壹拾伍兩伍錢貳分陸釐壹毫貳絲貳忽壹渺。

又收協狄道、渭源各驛所站銀伍拾壹兩伍錢貳分壹釐玖忽叁微捌纖叁塵。

又收存留內驛遞之差使甚少等事案內，共裁站銀叁千捌百貳拾捌兩肆錢壹分貳釐玖毫玖絲叁微肆纖柒塵捌渺捌漠，內在於題明請將驛站等事案內，留支本縣新增夫馬工料銀陸百貳拾叁兩玖錢壹分壹釐貳毫玖絲捌忽捌微柒塵伍渺捌漠，實收銀叁千貳百肆兩伍錢壹釐陸毫玖絲壹忽伍微肆纖叁渺。

肆項共銀叁萬柒千捌百伍拾玖兩陸錢捌分捌忽玖纖陸塵肆渺玖漠壹沙伍洙貳涯捌洒，內除受協藍田、臨潼、白水等縣驛站兑留兵餉應支銀貳千陸百捌拾貳兩陸錢陸分玖釐伍毫肆絲伍忽伍微叁纖捌塵陸渺；又除請做以糧載丁等事案內，通省以糧均丁減銀壹千柒百柒拾叁兩壹錢壹分陸釐玖毫伍絲壹忽伍微柒纖玖塵肆渺，內乾隆元、陸、拾壹、拾陸、貳拾壹、貳拾陸等年編審案內，共增抵補屯更丁銀叁百玖拾兩貳錢肆分玖釐肆毫壹絲壹忽肆微捌纖陸渺陸漠陸沙陸洙陸涯肆洒，又乾隆叁拾壹、叁拾陸兩年共增抵補屯更丁銀壹百玖拾叁兩貳錢陸分柒釐肆毫捌絲叁忽伍微肆纖叁渺叁漠叁沙叁洙叁涯貳洒，內除分撥寧陝廳節次編審共增抵補屯更丁銀貳兩壹錢叁分貳釐肆毫壹絲伍微玖塵伍渺叁沙壹洙叁涯玖洒，止該丁增銀伍百捌拾壹兩叁錢捌分肆釐肆毫捌絲肆忽伍微壹纖壹塵肆渺玖漠陸沙捌洙伍涯柒洒，止該減銀壹千壹百捌拾玖兩陸錢伍絲陸忽伍微伍纖捌塵肆渺肆洒。

實該銀叁萬叁千玖百捌拾伍兩貳錢柒分柒釐玖毫玖絲伍忽肆微捌纖玖塵玖渺捌漠捌沙叁洙捌涯伍洒，內除留支加增撥補俸工銀陸拾貳兩肆錢伍分壹釐肆毫陸絲捌渺陸漠叁沙貳洙陸涯；又除高陵、大荔貳縣撥協留抵夫馬工料銀伍百叁拾玖兩玖分捌釐捌毫伍絲。止該銀叁萬叁千叁百捌拾叁兩柒錢貳分柒釐陸毫捌絲伍忽肆微捌纖玖塵壹渺貳漠伍沙壹洙貳涯伍洒。

外遇閏裁扣，內順治玖年裁扣銀叁拾玖兩壹錢；拾肆年裁扣，除奉文復加陝甘貳撫閏銀外，止實裁銀壹百捌拾柒兩玖錢玖釐捌毫陸絲陸忽。康熙元年裁扣吏書銀貳拾捌兩陸錢；叁年裁訓導、齋夫銀柒兩捌錢貳分陸釐陸毫陸絲陸忽；肆年裁寧撫銀叁兩柒錢貳分捌釐叁毫肆絲；拾伍年裁心紅紙張、喂馬草料銀叁拾捌兩陸錢陸分陸釐陸毫柒絲。雍正陸年裁燈夫工食銀貳兩；拾貳年裁民壯工食銀肆兩。乾隆柒年裁民壯工食銀貳兩；玖年裁舖司工食銀肆兩；貳拾玖年裁甘撫俸工銀叁拾壹兩玖錢壹分陸釐陸毫叁絲叁忽，又各官閏俸銀貳拾伍兩貳錢伍分叁釐貳毫玖絲伍忽。

共銀叁百柒拾伍兩壹釐肆毫柒絲，內除荒銀肆兩壹錢柒分貳釐柒毫捌絲玖忽捌微玖纖肆塵捌渺玖漠貳沙伍洙叁涯壹洒，實徵銀叁百柒拾兩捌錢貳分捌釐陸毫捌絲壹微伍塵壹渺柒沙肆洙陸涯玖洒。

又應徵匠價閏銀捌兩柒錢叁分柒毫伍絲。

貳項共銀叁百柒拾玖兩伍錢伍分玖釐肆毫叁絲壹微伍塵壹渺柒沙肆洙陸涯玖洒，內除分撥寧陝廳閏銀壹兩玖錢玖分玖釐捌毫玖絲玖忽捌微肆纖壹塵貳渺貳漠伍沙肆洙陸涯玖洒；又除撥支新設捌旗廩生廩膳銀貳錢玖分肆釐。止該閏銀叁百柒拾柒兩貳錢陸分伍釐伍毫叁絲貳微陸纖叁塵捌渺捌漠貳沙。

又收存留內驛遞之差使甚少等事案內，裁站銀叁拾兩捌錢陸分壹釐叁毫肆絲，內在題明請將驛站等事案內，留支本縣新增夫馬工料銀貳拾兩陸錢捌毫貳忽貳纖貳渺，實收銀壹拾兩貳錢陸分伍毫叁絲柒忽玖微柒纖玖塵捌渺。

貳項共銀叁百捌拾柒兩伍錢貳分陸釐陸絲捌忽貳微肆纖叁塵陸渺捌漠貳沙，內除請做以糧載丁等事案內，通省以糧均丁減銀叁兩叁錢陸釐叁毫叁忽陸微叁纖陸塵伍渺，內除節次抵補屯更丁增閏銀貳兩貳分柒釐陸毫捌絲玖忽壹微伍纖肆塵柒渺玖漠玖沙玖洙玖涯陸洒，內除分撥寧陝廳節次抵補屯更丁增銀柒釐肆毫壹絲柒纖玖塵玖渺肆漠壹沙捌洙陸涯陸洒，止該丁增銀貳兩貳分貳毫柒絲玖忽柒纖肆塵捌渺伍漠捌沙壹洙叁涯，止該減銀壹兩貳錢柒分捌釐陸毫壹絲肆忽肆微捌纖壹塵柒渺肆洒。

止该銀叁百捌拾陸兩貳錢肆分肆絲叁忽陸微捌纖貳塵肆漠壹洙叁涯，內除留支加增撥補役廩閏月糧銀叁拾貳兩伍錢捌分玖釐柒毫壹絲叁忽捌微玖纖捌塵玖渺肆漠壹沙壹洙貳涯；又除留支夫馬工料閏銀貳拾肆兩柒錢捌釐貳毫。止該銀叁百貳拾捌兩玖錢肆分貳釐壹毫貳絲玖忽柒微捌纖叁塵玖漠玖沙壹涯。

壹存留項下

永豐倉本色糧貳千壹百伍拾石捌斗貳升伍合玖勺柒抄貳撮，內除額支孤貧口糧外，止該糧壹千柒百玖拾石捌斗貳升伍合玖勺柒抄貳撮，內除荒糧叁拾石肆斗貳升陸合伍勺壹抄叁圭壹粟柒粒貳顆陸粃叁粺，實徵糧壹千柒百陸拾石叁斗玖升玖合肆勺陸抄壹撮陸圭捌粟貳粒柒顆玖糠叁粃柒粺,內除分撥寧陝廳永豐倉存留糧柒石玖斗捌升柒合壹勺伍抄玖撮捌圭陸粟，內有長安縣徵支孤貧糧壹石壹斗玖合貳勺，寧陝廳無項開支，應遵照原奏壹併歸入道倉內運交該縣，孤貧口糧即在應運交道倉糧內抵留，以免往返接運，理合登明。止實徵糧壹千柒百伍拾貳石肆斗壹升貳合叁勺壹撮捌圭貳粟貳粒柒顆玖糠叁粃柒粺。

原編存留銀壹萬壹千貳百壹拾捌兩肆錢貳分叁毫壹絲，內除荒銀壹百柒拾柒兩壹錢叁分伍釐壹毫壹絲柒忽玖微肆纖陸塵柒渺伍漠伍沙陸涯，實徵銀壹萬壹千肆拾壹兩貳錢捌分伍釐壹毫玖絲貳忽伍纖叁塵貳渺肆漠肆沙玖洙肆涯。

又收撥支新設捌旗廪生廪膳銀叁兩伍錢叁分叁釐。

貳項共銀壹萬壹千肆拾肆兩捌錢壹分捌釐壹毫玖絲貳忽伍纖叁塵貳渺肆漠肆沙玖洙肆涯。

壹俸工項下

本縣修理龍亭儀仗銀貳兩，內除荒銀貳分肆釐肆毫柒絲柒忽捌微柒纖陸塵，實徵銀壹兩玖錢柒分伍釐伍毫貳絲貳忽壹微貳纖肆塵。

陝撫壹員，額支俸薪銀壹百伍拾伍兩，內除荒銀壹兩捌錢柒分柒毫柒絲伍忽捌微捌纖捌塵，實徵銀壹百伍拾叁兩壹錢貳分玖釐貳毫貳絲肆忽壹微壹纖貳塵，在於均攤俸工案內，減銀柒拾兩叁錢肆釐玖毫伍絲叁忽叁微叁纖玖塵伍渺，仍留支該縣各官役俸工銀兩訖。

知縣壹員，額支俸薪銀肆拾伍兩，內除荒銀伍錢伍分柒毫柒絲捌微柒纖陸塵，實徵銀肆拾肆兩肆錢肆分玖釐貳毫貳絲玖忽壹微貳纖肆塵，內在於均攤俸工案內，減銀貳拾兩肆錢叁釐肆毫柒絲肆忽壹微肆纖伍渺，仍留支該縣各官役俸工銀兩訖。

縣丞壹員，額支俸薪銀肆拾兩，內除荒撥補銀肆錢捌分玖釐伍毫叁絲陸忽玖微捌纖肆塵，實徵支銀叁拾玖兩伍錢壹分肆毫陸絲叁忽壹纖陸塵。

典史壹員，額支俸薪銀叁拾壹兩伍錢貳分，內除荒撥補銀叁錢捌分伍釐柒毫捌絲壹忽肆微玖繊叁塵肆渺肆漠，實徵支銀叁拾壹兩壹錢叁分肆釐貳毫壹絲捌忽伍微陸塵伍渺陸漠。

教諭、訓導貳員，額支俸薪銀叁拾壹兩伍錢貳分，內除荒撥補銀叁錢捌分伍釐柒毫捌絲壹忽肆微玖繊叁塵肆渺肆漠，實徵支銀叁拾壹兩壹錢叁分肆釐貳毫壹絲捌忽伍微陸塵伍渺陸漠。加增銀肆拾捌兩肆錢捌分。

陝撫衙門

門子肆名，每名歲支銀陸兩，共支銀貳拾肆兩，內除荒撥補銀貳錢玖分叁釐柒毫肆絲叁忽壹微玖繊肆渺，實徵支銀貳拾叁兩柒錢陸釐貳毫伍絲陸忽捌微玖塵陸渺。遇閏加銀貳兩，內除荒銀貳分貳釐壹毫貳絲壹微肆塵，實徵支銀壹兩玖錢柒分柒釐捌毫柒絲玖忽捌微玖繊陸塵。

皂隸壹拾陸名，每名歲支銀陸兩，共支銀玖拾陸兩，內除荒撥補銀壹兩壹錢柒分伍釐叁絲叁忽壹微陸繊壹塵陸渺，實徵支銀玖拾肆兩捌錢貳分肆釐玖毫陸絲陸忽捌微叁繊捌塵肆渺。遇閏加銀捌兩，內除荒銀捌分捌釐肆毫捌絲壹忽叁微玖繊陸塵，實徵支銀柒兩玖錢壹分壹釐伍毫壹絲捌忽陸微肆塵。

轎夫捌名，扇夫肆名，每名歲支銀陸兩，共支銀柒拾貳兩，內除荒撥補銀捌錢捌分壹釐貳毫叁絲伍微柒繊壹塵貳渺，實徵支銀柒拾壹兩壹錢壹分捌釐柒毫陸絲玖忽肆微貳繊捌塵捌渺。遇閏加銀陸兩，內除荒銀陸分陸釐叁毫陸絲叁微貳塵，實徵支銀伍兩玖錢叁分叁釐陸毫叁絲玖忽陸微玖繊捌塵。

傳報舍人肆名，每名歲支銀陸兩，共支銀貳拾肆兩，內除荒撥補銀貳錢玖分叁釐柒毫肆絲叁忽壹微玖繊肆渺，實徵支銀貳拾叁兩柒錢陸釐貳毫伍絲陸忽捌微玖塵陸渺。遇閏加銀貳兩，內除荒銀貳分貳釐壹毫貳絲壹微肆塵，實徵支銀壹兩玖錢柒分柒釐捌毫柒絲玖忽捌微玖繊陸塵。

舖兵貳名，每名歲支銀陸兩，共支銀壹拾貳兩，內除荒撥補銀壹錢肆分陸釐捌毫柒絲貳忽玖繊伍塵貳渺，實徵支銀壹拾壹兩捌錢伍分叁釐壹毫貳絲柒忽玖微肆塵捌渺。遇閏加銀壹兩，內除荒撥補銀壹分壹釐陸絲伍微伍繊貳塵，實徵支銀玖錢捌分捌釐玖毫叁絲玖忽肆微肆繊捌塵。

西安府府學廩生貳拾名，每名歲支月糧銀叁兩貳錢，共銀陸拾肆兩，內除荒撥補銀柒錢捌分陸絲玖忽陸微柒繊肆塵肆渺，實徵支銀陸拾叁兩貳錢壹分玖釐玖毫叁絲叁微貳繊伍塵陸渺。遇閏加銀伍兩叁錢叁分叁釐叁毫叁絲，內除荒撥補銀陸分貳釐壹毫柒絲壹忽捌微壹纖玖塵壹渺伍漠壹沙肆洙陸涯，實徵支銀伍兩貳錢柒分壹釐壹毫伍絲捌忽壹微捌纖捌渺肆漠捌沙伍洙肆涯。

新設捌旗廩生壹名，歲支月糧銀叁兩貳錢。遇閏加銀貳錢陸分陸釐。

新設膳夫工食銀叁錢叁分叁釐。遇閏加銀貳分捌釐。

知縣衙門

門子貳名，每名歲支銀陸兩，共支銀壹拾貳兩，內除荒撥補銀壹錢肆分陸釐捌毫柒絲貳忽玖纖伍塵貳渺，實徵支銀壹拾壹兩捌錢伍分叁釐壹毫貳絲柒忽玖微肆塵捌渺。遇閏加銀壹兩，內除荒銀壹分壹釐陸絲伍微陸纖貳塵，實徵支銀玖錢捌分捌釐玖毫叁絲玖忽肆微叁纖捌塵。

皂隸、仵作壹拾陸名，每名歲支銀陸兩，共支銀玖拾陸兩，內除荒撥補銀壹兩壹錢柒分伍釐叁毫捌絲貳忽玖微陸纖貳塵肆渺捌漠，實徵支銀玖拾肆兩捌錢貳分肆釐陸毫壹絲柒忽叁纖柒塵伍渺貳漠。遇閏加銀捌兩，內除荒銀捌分捌釐肆毫捌絲壹忽叁微玖纖陸塵，實徵支銀柒兩玖錢壹分壹釐伍毫壹絲捌忽陸微肆塵。

馬快捌名，歲支工食草料銀壹百叁拾肆兩肆錢，內除荒撥補銀壹兩陸錢肆分叁釐柒毫貳絲叁忽叁微肆纖柒塵貳渺，實徵支銀壹百叁拾貳兩柒錢伍分陸釐貳毫柒絲陸忽陸微伍纖貳塵捌渺。遇閏加銀壹拾壹兩貳錢，內除荒銀壹錢貳分叁釐捌毫柒絲肆忽玖纖肆塵肆渺，實徵支銀壹拾壹兩柒分陸釐壹毫貳絲伍忽玖微伍塵陸渺。

民壯叁拾捌名，每名歲支銀陸兩，共支銀貳百貳拾捌兩，內撥支寧陝廳主簿、民壯貳名，應支工食銀兩由該縣按季解司支領除荒撥補銀貳兩柒錢捌分捌釐壹絲柒忽叁纖壹塵陸渺，實徵支銀貳百貳拾伍兩貳錢壹分壹釐玖毫捌絲貳忽玖微陸纖捌塵肆渺。遇閏加銀壹拾玖兩，內除荒銀貳錢壹分壹毫陸絲陸微柒纖捌塵，實徵支銀壹拾捌兩柒錢捌分玖釐捌毫叁絲玖忽叁微貳纖貳塵。

看監禁卒捌名，額支銀肆拾捌兩，內除荒撥補銀伍錢捌分柒釐肆毫肆絲陸忽叁微捌纖捌渺，實徵支銀肆拾柒兩肆錢壹分貳釐伍毫伍絲叁忽陸微壹纖玖塵貳渺。外加給銀肆拾柒兩陸錢叁分捌釐貳絲壹忽。遇閏加銀肆兩，內除荒銀肆分肆釐貳毫肆絲貳微捌塵，實徵支銀叁兩玖錢伍分伍釐柒毫伍絲玖忽柒微玖纖貳塵。

轎傘扇夫柒名，每名歲支銀陸兩，共支銀肆拾貳兩，內除荒撥補銀伍錢壹分肆釐伍絲貳忽捌纖叁塵貳渺，實徵支銀肆拾壹兩肆錢捌分伍釐玖毫肆絲柒忽玖微壹纖陸塵捌渺。遇閏加銀叁兩伍錢，內除荒銀叁分捌釐柒毫捌忽玖微陸纖柒塵，實徵支銀叁兩肆錢陸分壹釐貳毫玖絲壹忽叁纖叁塵。

庫子肆名，每名歲支銀陸兩，共支銀貳拾肆兩，內除荒撥補銀貳錢玖分叁釐柒毫肆絲叁忽壹微玖纖肆渺，實徵支銀貳拾叁兩柒錢陸釐貳毫伍絲陸忽捌微玖塵陸渺。遇閏加銀貳兩，內除荒銀貳分貳釐壹毫貳絲壹微肆塵，實徵支銀壹兩玖錢柒分柒釐捌毫柒絲玖忽捌微玖纖陸塵。

斗級肆名，每名歲支銀陸兩，共支銀貳拾肆兩，內除荒撥補銀貳錢玖分叁釐柒毫肆絲叁忽壹微玖纖肆渺，實徵支銀貳拾叁兩柒錢陸釐貳毫伍絲陸忽捌微玖塵陸渺。遇閏加銀貳兩，內除荒銀貳分貳釐壹毫貳絲壹微肆塵，實徵支銀壹兩玖錢柒分柒釐捌毫柒絲玖忽捌微玖纖陸塵。

府前鋪司兵陸名，每名歲支銀肆兩捌錢，共支銀貳拾捌兩捌錢，內除荒撥補銀叁錢叁分肆釐叁絲捌忽叁微捌纖伍塵陸渺，實徵支銀貳拾捌兩肆錢陸分伍釐玖毫陸絲壹忽陸微壹纖肆塵肆渺。外加增銀柒兩貳錢。遇閏加銀貳兩肆錢，內除荒撥補銀貳分柒釐貳毫貳絲叁忽貳微肆纖捌塵捌渺，實徵支銀貳兩叁錢柒分貳釐柒毫柒絲陸忽柒微伍纖壹塵貳渺。外加增銀陸錢。

金勝等鋪司兵壹拾柒名，每名歲支銀肆兩捌錢，共支銀捌拾壹兩陸錢，內除荒撥補銀玖錢肆分叁釐陸微伍纖貳塵貳渺，實徵支銀捌拾兩陸錢伍分陸釐玖毫玖絲玖忽叁微肆纖柒塵捌渺。外加增銀貳拾兩肆錢。遇閏加銀陸兩捌錢，內除荒撥補銀壹錢貳分貳釐肆毫壹絲肆忽柒微貳纖壹塵陸渺，實徵支銀陸兩陸錢柒分柒釐伍毫捌絲伍忽貳微柒纖捌塵肆渺。外加增銀壹兩柒錢。

鐘鼓夫陸名，每名歲支銀貳兩陸錢陸分陸釐陸毫，共支銀壹拾陸兩，內除荒撥補銀貳錢叁釐肆毫肆絲貳忽柒微玖纖叁塵陸渺，實徵支銀壹拾伍兩柒錢玖分陸釐伍毫伍絲柒忽貳微陸塵肆渺。遇閏加銀壹兩叁錢叁分叁釐叁毫叁絲叁忽，內除荒銀壹分肆釐玖毫玖絲肆忽捌纖壹塵伍渺壹漠伍沙壹洙肆涯陸洒，實徵支銀壹兩叁錢壹分捌釐叁毫叁絲捌忽玖微壹纖捌塵肆渺捌漠肆沙捌洙伍涯肆洒。

貢院看守家伙老人壹名，歲支銀柒兩貳錢，內除荒撥補銀捌分玖釐玖毫肆絲肆忽柒微伍纖柒塵壹渺，實徵支銀柒兩壹錢壹分伍絲伍忽貳微肆纖貳塵玖渺。遇閏加銀陸錢，內除荒銀陸釐柒毫肆絲伍忽柒微叁纖柒塵貳渺，實徵支銀伍錢玖分叁釐貳毫伍絲肆忽貳微陸纖貳塵捌渺。

通濟、龍首貳渠水夫叁拾名，共支銀貳拾陸兩陸錢陸分陸釐陸毫，內除荒撥補銀叁錢叁分伍釐柒毫肆絲肆忽肆微貳纖柒塵叁渺貳漠玖沙貳洙，實徵支銀貳拾陸兩叁錢叁分捌毫伍絲伍忽伍微柒纖貳塵陸渺柒漠捌洙。遇閏加銀貳兩貳錢貳分貳釐貳毫貳絲貳忽，內除荒銀貳分肆釐玖毫玖絲肆忽捌微叁塵陸渺柒漠陸沙柒洙陸涯肆洒，實徵支銀貳兩壹錢玖分柒釐貳毫貳絲柒忽壹微玖纖陸塵叁渺貳漠叁沙貳洙叁涯陸洒。

浐灞河渡口水夫壹名，歲支銀壹兩叁錢叁分叁釐叁毫，內除荒撥補銀壹分陸釐貳毫捌絲陸忽玖微壹纖捌塵伍渺壹漠肆沙陸洙，實徵支銀壹兩叁錢壹分柒釐壹絲叁忽捌纖壹塵肆渺捌漠伍沙肆洙。遇閏加銀壹錢壹分壹釐壹毫壹絲壹忽，內除荒銀壹釐貳毫肆絲捌忽伍微壹纖壹塵捌渺叁漠捌沙叁洙捌涯貳洒，實徵支銀壹錢玖釐捌毫陸絲貳忽肆微捌纖捌塵壹渺陸漠壹沙陸洙壹涯捌洒。

募夫、聽支房車水、泥水、鐵、裱褙、印刷、牮匠、銅皮、油畫、圜箍、搭彩、刻字、鎖子、穗子、拴轎繩、裁縫、磋磨、毛襖等項，各色行匠陸拾名，共支銀肆百叁拾貳兩，內除荒撥補銀伍兩叁錢叁釐柒毫伍忽捌微捌纖壹塵壹渺，實徵支銀肆百貳拾陸兩陸錢玖分陸釐貳毫玖絲肆忽壹微壹纖捌塵玖渺。

吹手鼓陸名，每名歲支銀陸兩，共支銀叁拾陸兩，內除荒撥補銀肆錢伍分貳釐柒毫肆絲柒忽柒微捌纖伍塵陸渺，實徵支銀叁拾伍兩伍錢肆分柒釐貳毫伍絲貳忽貳微壹纖肆塵肆渺。遇閏加銀叁兩，內除荒銀叁分叁釐柒毫肆絲貳忽陸微捌纖陸塵，實徵支銀貳兩玖錢陸分陸釐貳毫伍絲柒忽叁微壹纖肆塵。

布政司刻字匠壹名，歲支銀肆兩捌錢，內除荒撥補銀伍分捌釐陸毫叁絲貳忽捌微叁纖捌塵壹渺，實徵支銀肆兩柒錢肆分壹釐叁毫陸絲柒忽壹微陸纖壹塵玖渺。遇閏加銀肆錢，內除荒銀肆釐肆毫玖絲捌忽捌微壹纖肆塵捌渺，實徵支銀叁錢玖分伍釐伍毫壹忽壹微捌纖伍塵貳渺。

布政司刷印匠陸名，每名歲支銀肆兩捌錢，共支銀貳拾捌兩捌錢，內除荒撥補銀叁錢陸分壹釐柒毫玖絲捌忽貳纖捌塵伍渺，實徵支銀貳拾捌兩肆錢叁分捌釐貳毫壹忽玖微柒纖壹塵伍渺。遇閏加銀貳兩肆錢，內除荒銀貳分陸釐玖毫玖絲叁忽玖微壹纖捌塵捌渺，實徵支銀貳兩叁錢柒分叁釐陸忽捌纖壹塵貳渺。

布政司裁時憲書匠役壹名，歲支銀肆兩捌錢，內除荒撥補銀伍分捌釐陸毫叁絲陸忽捌微叁纖捌塵壹渺，實徵支銀肆兩柒錢肆分壹釐叁毫陸絲叁忽壹微陸纖壹塵玖渺。遇閏加銀肆錢，內除荒銀肆釐肆毫玖絲捌忽捌微壹纖肆塵捌渺，實徵支銀叁錢玖分伍釐伍毫壹忽壹微捌纖伍塵貳渺。

縣丞衙門

門子壹名，歲支銀陸兩，內除荒撥補銀柒分叁釐肆毫叁絲陸忽貳微玖纖柒塵陸渺，實徵支銀伍兩玖錢貳分陸釐伍毫陸絲叁忽柒微貳塵肆渺。遇閏加銀伍錢，內除荒銀伍釐伍毫貳絲玖忽柒微捌纖壹塵，實徵支銀肆錢玖分肆釐肆毫柒絲貳微壹纖玖塵。

皂隸肆名，每名歲支銀陸兩，共支銀貳拾肆兩， 內除荒撥補銀貳錢玖分叁釐柒毫肆絲叁忽壹微玖纖肆渺，實徵支銀貳拾叁兩柒錢陸釐貳毫伍絲陸忽捌微玖塵陸渺。遇閏加銀貳兩，內除荒銀貳分貳釐壹毫貳絲壹微肆塵，實徵支銀壹兩玖錢柒分柒釐捌毫柒絲玖忽捌微玖纖陸塵。

馬夫壹名，歲支銀陸兩，內除荒撥補銀柒分叁釐肆毫叁絲陸忽貳微玖纖柒塵陸渺，實徵支銀伍兩玖錢貳分陸釐伍毫陸絲叁忽柒微貳塵肆渺。遇閏加銀伍錢，內除荒銀伍釐伍毫貳絲玖忽柒微捌纖壹塵，實徵支銀肆錢玖分肆釐肆毫柒絲貳微壹纖玖塵。

典史衙門

門子壹名，歲支銀陸兩，內除荒撥補銀柒分叁釐肆毫叁絲陸忽貳微玖纖柒塵陸渺，實徵支銀伍兩玖錢貳分陸釐伍毫陸絲叁忽柒微貳塵肆渺。遇閏加銀伍錢，內除荒銀伍釐伍毫貳絲玖忽柒微捌纖壹塵，實徵支銀肆錢玖分肆釐肆毫柒絲貳微壹纖玖塵。

皂隸肆名，每名歲支銀陸兩，共支銀貳拾肆兩，內除荒撥補銀貳錢玖分叁釐柒毫肆絲叁忽壹微玖纖肆渺，實徵支銀貳拾叁兩柒錢陸釐貳毫伍絲陸忽捌微玖塵陸渺。遇閏加銀貳兩，內除荒銀貳分貳釐壹毫貳絲壹微肆塵，實徵支銀壹兩玖錢柒分柒釐捌毫柒絲玖忽捌微玖纖陸塵。

馬夫壹名，歲支銀陸兩，內除荒撥補銀柒分叁釐肆毫叁絲陸忽貳微玖纖柒塵陸渺，實徵支銀伍兩玖錢貳分陸釐伍毫陸絲叁忽柒微貳塵肆渺。遇閏加銀伍錢，內除荒銀伍釐伍毫貳絲玖忽柒微捌纖壹塵，實徵支銀肆錢玖分肆釐肆毫柒絲貳微壹纖玖塵。

教職衙門

齋夫叁名，每名歲支銀壹拾貳兩，共支銀叁拾陸兩，內除荒撥補銀肆錢肆分陸毫伍忽柒微捌纖伍塵陸渺，實徵支銀叁拾伍兩伍錢伍分玖釐叁毫玖絲肆忽貳微壹纖肆塵肆渺。遇閏加銀叁兩，內除荒銀叁分叁釐壹毫柒絲玖忽陸微捌纖陸塵，實徵支銀貳兩玖錢陸分陸釐捌毫貳絲叁微壹纖肆塵。

膳夫貳名，共支銀壹拾叁兩叁錢叁分叁釐叁毫叁絲，內除荒撥補銀壹錢陸分肆釐肆毫柒絲柒忽柒微捌纖伍塵柒渺柒漠壹沙肆洙陸涯，實徵支銀壹拾叁兩壹錢陸分捌釐捌毫伍絲貳忽貳微壹纖肆塵貳渺貳漠捌沙伍洙肆涯。遇閏加銀壹兩壹錢壹分壹釐壹毫，內除荒撥補銀壹分貳釐貳毫柒絲柒忽柒微貳纖捌塵貳渺叁漠捌沙貳洙，實徵支銀壹兩玖分捌釐捌毫貳絲貳忽貳微柒纖壹塵柒渺陸漠壹沙捌洙。

門斗叁名，每名歲支銀柒兩貳錢，共支銀貳拾壹兩陸錢，內除荒撥補銀貳錢陸分肆釐叁毫陸絲捌忽貳微柒纖壹塵肆渺，實徵支銀貳拾壹兩叁錢叁分伍釐陸毫叁絲壹忽柒微貳纖捌塵陸渺。遇閏加銀壹兩捌錢，內除荒銀壹分玖釐玖毫捌忽貳微壹纖壹塵陸渺，實徵支銀壹兩柒錢捌分玖絲壹忽柒微捌纖捌塵肆渺。

廩生貳拾名，每名歲支月糧銀叁兩貳錢，共支銀陸拾肆兩，內除荒撥補銀柒錢捌分壹絲貳微柒纖肆塵肆渺，實徵支銀陸拾叁兩貳錢壹分玖釐玖毫捌絲玖忽柒微貳纖伍塵陸渺。遇閏加銀伍兩叁錢叁分叁釐叁毫叁絲，內除荒撥補銀陸分貳釐壹毫柒絲壹忽捌微壹纖玖塵壹渺伍漠壹沙肆洙陸涯，實徵支銀伍兩貳錢柒分壹釐壹毫伍絲捌忽壹微捌纖捌渺肆漠捌沙伍洙肆涯。

以上俸工項下，除廩生、膳夫貳欵照常支發外，其餘官役俸工於道光貳拾叁年奉文，均以貳兩平支放，每兩減平銀陸分，其減平銀兩，每年批解部庫交納，理合登明。

壹雜支祭祀項下

春秋貳丁致祭文廟併各壇祠及無祀鬼魂品物等項共銀陸拾柒兩伍錢，內除荒銀捌錢肆釐陸毫叁絲捌忽壹微肆纖肆塵壹渺，實徵支銀陸拾陸兩陸錢玖分伍釐叁毫陸絲壹忽捌微伍纖伍塵玖渺。

撥補銀貳錢叁分叁釐壹毫捌絲叁忽貳微叁纖伍塵。

祭旗纛火神併天地壇銀貳兩伍錢，內除荒銀叁分伍毫叁絲柒忽柒微陸纖陸塵捌渺，實徵支銀貳兩肆錢陸分玖釐肆毫陸絲貳忽貳微叁纖叁塵貳渺。

鄉飲銀叁兩，內除荒銀叁分陸釐陸毫肆絲陸忽叁微肆纖捌塵捌渺，實徵支銀貳兩玖錢陸分叁釐叁毫伍絲叁忽陸微伍纖壹塵貳渺於道光貳拾叁年奉文裁汰，其徵收銀兩，每年批解部庫交納，理合登明。

壹孤貧口糧項下

孤貧壹百名口，共支月糧叁百陸拾石，內除荒糧陸石貳斗肆升伍合壹勺玖抄壹撮貳圭柒粟壹顆柒糠貳粃，實徵支糧叁百伍拾叁石柒斗伍升肆合捌勺捌撮柒圭貳粟玖粒捌顆貳糠捌粃。又加增口糧不敷折價銀陸兩貳錢肆分伍釐壹毫玖絲壹忽貳微柒纖壹渺柒漠貳沙。遇閏又加增折價銀叁拾兩。

孤貧布花銀伍拾兩，內除荒銀伍錢伍分玖釐叁毫叁絲壹忽肆微肆纖叁塵，實徵支銀肆拾玖兩肆錢肆分陸毫陸絲捌忽伍微伍纖柒塵。

壹驛站項下

西安府站銀叁千壹百壹拾捌兩伍錢肆分玖釐陸毫；京兆驛站銀肆千肆百柒拾陸兩玖錢柒分柒釐陸毫玖絲；京兆驛塘馬銀貳拾兩；京兆驛支直銀貳拾柒兩肆錢貳分玖釐柒毫玖絲；宜祿驛改兌臨洮府站銀貳拾兩柒錢，裁織造局快手、門子工食抵宜祿改兌臨洮府站銀壹拾玖兩叁錢玖分。共額銀柒千陸百捌拾叁兩肆分柒釐捌絲，內除荒銀壹百叁拾叁兩玖錢貳分伍釐肆毫壹絲玖忽壹微叁纖叁塵玖漠陸沙捌洙，實徵銀柒千伍百肆拾玖兩壹錢貳分壹釐陸毫陸絲捌微陸纖陸塵玖渺叁沙貳洙。

又收起運內受協藍田、臨潼、白水等縣兌留兵餉應支銀貳千陸百捌拾貳兩陸錢陸分玖釐伍毫肆絲伍忽伍微叁纖捌塵陸渺。

貳項共銀壹萬貳百叁拾壹兩柒錢玖分壹釐貳毫陸忽肆微伍塵伍渺叁沙貳洙，內除額協順政等驛站支抵餉銀壹千玖百壹拾伍兩伍錢貳分陸釐壹毫貳絲貳忽壹渺；又除額協狄道、渭源各驛所站銀伍拾壹兩伍錢貳分壹釐玖忽叁微捌纖叁塵；又除驛遞之差使甚少等事案內，共裁銀叁千叁百伍拾陸兩叁錢伍分壹釐柒毫壹絲柒忽叁微玖纖叁塵玖渺捌漠，內在於題明請將驛站等事案內，留支本縣新增夫馬工料銀陸百貳拾叁兩玖錢壹分壹釐貳毫玖絲捌忽捌微柒塵伍渺捌漠，實裁銀貳千柒百叁拾貳兩肆錢肆分肆毫壹絲捌忽伍微捌纖陸塵肆渺入起運外，止該銀伍千伍百叁拾貳兩叁錢叁釐陸毫伍絲陸忽肆微叁纖陸塵叁沙貳洙。

又於抽撥等事案內，高陵、大荔貳縣撥協夫馬工料銀伍百叁拾玖兩玖分捌釐捌毫伍絲，內乾隆伍拾年在於遵旨會核酌議等事案內，撥給寧陝廳夫馬工料銀柒拾兩肆錢，由高陵、大荔貳縣解司訖，止實撥協銀肆百陸拾捌兩陸錢玖分捌釐捌毫伍絲。

實徵支銀陸千壹兩貳釐伍毫陸忽肆微叁纖陸塵叁沙貳洙。

壹走遞項下

壹走遞夫馬叁拾伍匹，草料工食銀柒百伍拾陸兩；新增京兆驛募夫銀貳百伍拾陸兩；京兆驛募夫銀叁百貳拾兩。共銀壹千叁百叁拾貳兩，內除荒銀壹拾陸兩叁錢陸分玖釐柒絲伍忽叁微肆纖壹塵肆渺捌漠叁沙，實徵銀壹千叁百壹拾伍兩陸錢叁分玖毫貳絲肆忽陸微伍纖捌塵伍渺壹漠柒沙，內除驛遞之差使甚少等事案內，裁銀肆百柒拾貳兩陸分壹釐貳毫柒絲貳忽玖微伍纖叁塵玖渺入起運外，實徵支銀捌百肆拾叁兩伍錢陸分玖釐陸毫伍絲壹忽柒微肆塵陸渺壹漠柒沙。

遇閏加銀陸拾叁兩，內除荒銀柒錢柒釐伍毫玖絲玖忽肆微貳纖陸塵貳渺，實徵銀陸拾貳兩貳錢玖分貳釐肆毫伍微柒纖叁塵捌渺，內於驛遞之差使甚少等事案內，裁站銀叁拾兩捌錢陸分壹釐叁毫肆絲，內在於題明請將驛站等事案內，留支夫馬工料銀貳拾兩陸錢捌毫貳忽貳纖貳渺，實裁銀壹拾兩貳錢陸分伍毫叁絲柒忽玖微柒纖玖塵捌渺，止該銀伍拾貳兩叁分壹釐捌毫陸絲貳忽伍微玖纖肆塵。

又於抽撥等事案內，撥協留支夫馬閏月銀貳拾肆兩柒錢捌釐貳毫，內乾隆伍拾年在於遵旨會核酌議等事案內，撥給寧陝廳夫馬工料閏月銀貳兩玖分，止收撥協銀貳拾貳兩陸錢壹分捌釐貳毫。

又於備陳下情等事案內，增給所夫閏月銀貳百捌拾玖兩捌錢。

又於奏聞事案內，增給夫馬工料銀壹百玖拾貳兩叁錢。

肆項實支銀伍百伍拾陸兩柒錢伍分陸絲貳忽伍微玖纖肆塵。

以上存留實徵銀壹萬壹千肆拾壹兩貳錢捌分伍釐壹毫玖絲貳忽伍纖叁塵貳渺肆漠肆沙玖洙肆涯。

又收起運內受協藍田、臨潼、白水等縣驛站兌留兵餉應支銀貳千陸百捌拾貳兩陸錢陸分玖釐伍毫肆絲伍忽伍微叁纖捌塵陸渺。

貳項共銀壹萬叁千柒百貳拾叁兩玖錢伍分肆釐柒毫叁絲柒忽伍微玖纖壹塵捌渺肆漠肆沙玖洙肆涯，內除額協順政等驛站支銀壹千玖百壹拾伍兩伍錢貳分陸釐壹毫貳絲貳忽壹渺；又除協狄道、渭源各驛所站銀伍拾壹兩伍錢貳分壹釐玖忽叁微捌纖叁塵；又除驛遞之差使甚少等事案內，共裁站銀叁千捌百貳拾捌兩肆錢壹分貳釐玖毫玖絲叁微肆纖柒塵捌渺捌漠，內在於題明請將驛站等事案內，留支新增夫馬工料銀陸百貳拾叁兩玖錢壹分壹釐貳毫玖絲捌忽捌微柒塵伍渺捌漠，實裁銀叁千貳百肆兩伍錢壹釐陸毫玖絲壹忽伍微肆纖叁渺入起運外，止該銀捌千伍百伍拾貳兩肆錢伍釐玖毫壹絲肆忽陸微陸纖捌塵肆渺肆漠肆沙玖洙肆涯。

又收加增撥補留支俸工銀陸拾貳兩肆錢伍分壹釐肆毫陸絲捌渺陸漠叁沙貳洙陸涯。

又收高陵、大荔貳縣撥協留抵夫馬工料銀伍百叁拾玖兩玖分捌釐捌毫伍絲，內乾隆伍拾年在於遵旨會核酌議等事案內，撥給寗陝廳夫馬工料銀柒拾兩肆錢，由高陵、大荔貳縣解司訖，止收撥協銀肆百陸拾捌兩陸錢玖分捌釐捌毫伍絲。

叁項共銀玖千捌拾叁兩伍錢伍分陸釐貳毫貳絲肆忽陸微陸纖玖塵叁渺捌沙貳洙於乾隆伍拾貳年奉文，全數解司，一切支欵，俱由司按季領支，嗣于嘉慶伍年奉文，照舊在縣留支，並不解司，按季請領。

遇閏加銀貳百兩壹錢玖分柒釐柒毫貳絲壹忽，內除裁扣閏俸銀貳拾伍兩貳錢伍分叁釐貳毫玖絲伍忽入起運外，止該銀壹百柒拾肆兩玖錢肆分肆釐肆毫貳絲陸忽，內除荒銀貳兩壹釐玖毫叁絲壹忽玖微叁纖貳塵柒渺柒漠壹沙肆洙壹涯貳洒，實徵銀壹百柒拾貳兩玖錢肆分貳釐肆毫玖絲肆忽陸纖柒塵貳渺貳漠捌沙伍洙捌涯捌洒，內於驛遞之差使甚少等事案內，裁站銀叁拾兩捌錢陸分壹釐叁毫肆絲，內在於題明請將驛站等事案內，留支本縣夫馬工料銀貳拾兩陸錢捌毫貳忽貳纖貳渺，實裁站銀壹拾兩貳錢陸分伍毫叁絲柒忽玖微柒纖玖塵捌渺。止該銀壹百陸拾貳兩陸錢捌分壹釐玖毫伍絲陸忽捌纖柒塵肆渺貳漠捌沙伍洙捌涯捌洒。

又留支加增撥補役廩閏月工糧銀叁拾貳兩伍錢捌分玖釐柒毫壹絲叁忽捌微玖纖捌塵玖渺肆漠壹沙壹洙貳涯。

又收撥補留支夫馬工料閏月銀貳拾肆兩柒錢捌釐貳毫，內乾隆伍拾年在於遵旨會核酌議等事案內，撥給寗陝廳夫馬工料閏月銀貳兩玖分，止收撥協銀貳拾貳兩陸錢壹分捌釐貳毫。

叁項共銀貳百壹拾柒兩捌錢捌分玖釐捌毫陸絲玖忽玖微捌纖陸塵叁渺陸漠玖沙柒洙捌洒於乾隆伍拾貳年奉文，全數解司，一切支欵，俱由司按季領支，嗣于嘉慶伍年奉文，照舊在縣留支，並不解司，按季請領。

又於西安布政司庫領支加增所夫、夫馬工料閏銀肆百捌拾貳兩壹錢係動支起運銀兩。

壹額外

課程銀貳拾兩玖錢貳分。外遇閏加銀壹兩柒錢肆分叁釐叁毫叁絲叁忽叁微叁纖。

牙稅銀肆拾柒兩壹錢壹分共牙行叁拾捌戶，內上則叁戶，每戶稅銀叁兩叁錢柒分，以至貳兩肆錢、貳兩不等；中則貳拾伍戶，每戶稅銀壹兩捌錢，以至壹兩伍錢、壹兩貳錢、壹兩壹錢、壹兩不等；下則壹拾戶，每戶稅銀玖錢，以至捌錢、陸錢壹分、陸錢、伍錢不等，理合登明。

當稅銀壹百壹拾兩當商貳拾貳名，每名歲徵銀伍兩。

畜稅銀肆拾貳兩玖錢玖分係買騾馬出辦，原無定額，儘收儘解。

地稅銀壹百叁拾玖兩捌錢陸分係買房地業主出辦，原無定額，儘收儘解。

咸寧縣

原額體、國、經、野四等共地壹萬貳千肆百伍拾叁頃肆畝叁分捌釐伍毫，每畝起科不等，共額徵本折糧貳萬貳千捌百伍拾貳石陸斗玖升捌合壹勺玖抄，內每糧壹石，科本色糧叁升叁勺叁抄叁撮貳圭叁粟玖粒，共糧陸百玖拾叁石壹斗玖升陸合叁勺肆抄壹圭陸粟，科折色糧玖斗陸升玖合陸勺陸抄陸撮柒圭陸粟壹粒，共折色糧貳萬貳千壹百伍拾玖石伍斗壹合捌勺肆抄玖撮捌圭肆粟，每石折徵銀壹兩叁錢捌分壹毫叁絲捌忽貳微玖纖壹塵，共額徵銀叁萬伍百捌拾叁兩壹錢柒分柒釐壹絲壹忽柒微柒纖伍塵。內：

體字號地捌百伍拾陸頃玖拾柒畝陸分貳釐伍毫，每畝科本折糧肆升，內本色糧壹合貳勺壹抄叁撮叁圭貳粟肆粒柒顆，折色糧叁升捌合柒勺捌抄陸撮陸圭柒粟伍粒叁顆，共本折糧叁千肆百貳拾柒石玖斗伍合。乾隆貳年在於報明事并乾隆伍年遵旨詳查議奏事、乾隆拾年在於奏聞秋禾情形等事叁案內，題明免過河衝地壹拾柒頃伍拾叁畝柒分叁釐，應免糧柒拾石壹斗肆升玖合貳勺；又乾隆肆拾柒年在於欽奉恩詔事案內，題明免過坍沒地伍頃捌拾畝叁分，應免糧貳拾叁石貳斗壹升貳合；又道光伍年在於據咨等事案內，豁免地貳頃玖拾貳畝捌釐，應免糧壹拾壹石陸斗捌升叁合貳勺。實在地捌百叁拾頃柒拾壹畝伍分壹釐伍毫，該徵糧叁千叁百貳拾貳石捌斗陸升陸勺。

國字號地叁千陸百貳拾柒頃肆拾壹畝貳分陸釐，每畝科本折糧叁升壹合伍勺，內本色糧玖勺伍抄伍撮肆圭玖粟柒粒，折色糧叁升伍勺肆抄肆撮伍圭叁粒，共本折糧壹萬壹千肆百貳拾陸石叁斗肆升玖合陸勺玖抄。乾隆貳年在於報明事並乾隆伍年遵旨詳查議奏事、乾隆拾年在於奏聞秋禾情形及報明被水等事肆案內，題明免過河衝地伍拾頃陸拾叁畝捌分捌釐，應免糧壹百伍拾玖石伍斗壹升貳合貳勺貳抄；乾隆貳拾叁年開墾地伍頃柒拾捌畝伍釐伍毫，該糧壹拾捌石貳斗捌合柒勺叁抄貳撮伍圭；又乾隆肆拾柒年在於欽奉恩詔事案內，題明免過坍沒地壹拾捌頃玖拾貳畝玖分，應免糧伍拾玖石陸斗貳升陸合叁勺伍抄；又道光伍年在於據咨等事案內，豁免地陸頃肆拾肆畝貳分叁釐，應免糧貳拾石貳斗玖升叁合貳勺肆抄伍撮。實在地叁千伍百伍拾柒頃壹拾捌畝叁分伍毫，該徵糧壹萬壹千貳百伍石壹斗貳升陸合陸勺柒撮伍圭。

經字號地貳千貳百伍拾伍頃伍拾畝，每畝科本折糧貳升伍合叁勺叁抄，內本色糧柒勺陸抄捌撮叁圭肆粟貳粒貳顆，折色糧貳升肆合伍勺陸抄壹撮陸圭伍粟柒粒捌顆，共本折糧伍千柒百壹拾叁石壹斗捌升壹合伍勺。乾隆貳年在於報明事並乾隆伍年遵旨詳查議奏事貳案內，題明免過河衝地肆頃柒拾畝陸分叁釐，應免糧壹拾壹石玖斗貳升壹合伍抄柒撮玖圭。實在地貳千貳百伍拾頃柒拾玖畝叁分柒釐，該徵糧伍千柒百壹石貳斗陸升肆勺肆抄貳撮壹圭。

野字號地伍千柒百壹拾叁頃壹拾伍畝伍分，每畝科本折糧肆合，內本色糧壹勺貳抄壹撮叁圭叁粟叁粒，折色糧叁合捌勺柒抄捌撮陸圭陸粟柒粒，共本折糧貳千貳百捌拾伍石貳斗陸升貳合。乾隆貳、叁兩年在於報明事並乾隆伍年遵旨詳查議奏事叁案內，題明免過河衝地壹拾貳頃捌拾叁畝柒分伍釐，應免糧伍石壹斗叁升伍合；乾隆貳拾、貳拾叁兩年開墾地伍頃貳拾伍畝伍分，該糧貳石壹斗貳合。實在地伍千柒百伍頃伍拾柒畝貳分伍釐，該徵糧貳千貳百捌拾貳石貳斗貳升玖合，內乾隆伍拾年在遵旨會核酌議等事案內，分撥孝義廳地叁百叁拾壹頃貳拾捌畝壹分玖釐捌毫玖絲肆忽伍微柒纖伍塵，該本折糧壹百叁拾貳石伍斗壹升貳合柒勺玖抄伍撮柒圭捌粟叁粒，止實地伍千叁百柒拾肆頃貳拾玖畝伍釐壹毫伍忽肆微貳纖伍塵，該本折糧貳千壹百肆拾玖石柒斗壹升陸合貳勺肆撮貳圭壹粟柒粒。

各等原免共地壹百壹拾玖頃捌拾壹畝伍分，共免本折糧叁百陸拾壹石伍斗叁升貳合貳勺柒抄貳撮玖圭，乾隆貳拾、貳拾叁兩年開墾過地壹拾壹頃叁畝伍分伍釐伍毫，該本折糧貳拾石叁斗壹升柒勺叁抄貳撮伍圭以增抵除。實豁免地壹百捌頃柒拾柒畝玖分肆釐伍毫，應免本折糧叁百肆拾壹石貳斗貳升壹合伍勺肆抄肆圭，實免本色起運糧壹拾石叁斗伍升叁勺肆抄貳撮壹圭玖粟捌粒叁顆捌糠捌粃，實免折色糧叁百叁拾石捌斗柒升壹合壹勺玖抄捌撮貳圭壹粒陸顆壹糠貳粃，該除銀肆百伍拾陸兩陸錢肆分柒釐柒毫陸絲柒忽陸微伍纖壹塵捌渺伍漠捌沙玖洙。

實熟地壹萬貳千叁百肆拾肆頃貳拾陸畝肆分肆釐，該本折糧貳萬貳千伍百壹拾壹石肆斗柒升陸合陸勺肆抄玖撮陸圭，內乾隆伍拾年在於遵旨會核酌議等事案內，分撥孝義廳地叁百叁拾壹頃貳拾捌畝壹分玖釐捌毫玖絲肆忽伍微柒纖伍塵，該本折糧壹百叁拾貳石伍斗壹升貳合柒勺玖抄伍撮柒圭捌粟叁粒，內本色糧肆石壹升玖合伍勺肆抄叁撮柒圭陸粟貳粒陸顆捌糠肆粃柒粺，折色糧壹百貳拾捌石肆斗玖升叁合貳勺伍抄貳撮貳粟叁顆壹糠伍粃叁粺，折色銀壹百柒拾柒兩叁錢叁分捌釐肆毫陸絲柒忽叁微陸纖壹塵壹渺貳漠柒沙叁洙貳涯玖洒。

止實熟地壹萬貳千壹拾貳頃玖拾捌畝貳分肆釐壹毫伍忽肆微貳纖伍塵，該本折糧貳萬貳千叁百柒拾捌石玖斗陸升叁合捌勺伍抄叁撮捌圭壹粟柒粒，止實徵本色起運糧陸百柒拾捌石捌斗貳升陸合肆勺伍抄肆撮壹圭玖粟捌粒玖顆貳糠柒粃叁粄，止實徵折色糧貳萬壹千柒百石壹斗叁升柒合叁勺玖抄玖撮陸圭壹粟捌粒柒糠貳粃柒粄，折徵銀貳萬玖千玖百肆拾玖兩壹錢玖分柒毫柒絲陸忽柒微陸纖貳塵壹漠叁沙柒洙柒涯壹洒。

外山谷租糧伍百肆拾肆石玖斗貳合貳勺捌抄柒撮壹圭柒粟柒粒，每年止額徵銀壹百叁拾兩玖錢。內乾隆伍拾年在於遵旨會核酌議等事案內，分撥孝義廳糧叁拾伍石陸升玖合捌勺壹抄，折徵銀捌兩肆錢貳分肆釐陸毫肆絲壹忽壹微玖塵貳渺玖漠壹沙陸洙陸涯，止該糧伍百玖石捌斗叁升貳合肆勺柒抄柒撮壹圭柒粟柒粒，每年徵銀壹百貳拾貳兩肆錢柒分伍釐叁毫伍絲捌忽捌微玖纖柒渺捌沙叁洙肆涯。

又新收首報山谷租糧貳石捌斗玖升，每石每年徵銀肆錢陸分，共銀壹兩叁錢貳分玖釐肆毫。

新收首報租地伍拾捌畝捌分，每畝科租糧壹斗貳升伍合，共糧柒石叁斗伍升，每石每年止徵銀捌錢，共銀伍兩捌錢捌分。康熙拾陸年丈首民共地肆拾壹畝壹分，共徵本折糧壹石壹斗陸升伍合捌抄，內本色糧叁升伍合叁勺肆抄陸圭伍粟，折色糧壹石壹斗貳升玖合柒勺叁抄玖撮叁圭伍粟，應徵折色銀壹兩伍錢伍分玖釐壹毫玖絲陸忽伍微叁纖伍塵捌渺。

以上實熟民地並山谷丈首出民地，共地壹萬貳千壹拾叁頃玖拾捌畝壹分肆釐壹毫伍忽肆微貳纖伍塵，實徵本色起運糧陸百柒拾捌石捌斗陸升壹合柒勺玖抄肆撮捌圭肆粟捌粒玖顆貳糠柒粃叁粄，實徵折色糧並山谷租糧，共折徵銀叁萬捌拾兩肆錢叁分肆釐柒毫叁絲貳忽壹微捌纖捌塵伍渺貳漠貳沙壹洙壹涯壹洒於乾隆伍拾玖年奉准部咨令，將康熙年間易知由單內載：體字號地每畝折徵銀伍分叁釐伍毫叁絲捌微捌纖叁塵柒渺肆漠；國字號地每畝折徵銀肆分貳釐壹毫伍絲伍忽陸微叁纖伍塵伍渺；經字號地每畝折徵銀叁分叁釐捌毫玖絲捌忽伍微貳纖貳塵貳渺伍漠；野字號地每畝折徵銀伍釐叁毫伍絲叁忽玖纖柒塵壹渺伍漠；山谷租糧每石折徵銀貳錢肆分貳毫貳絲肆忽捌微捌纖陸塵；首報山谷租糧每石折徵銀肆錢陸分；首報租地每石折徵銀捌錢，纂入書內，遇有墾豁，按地增除。

原額人丁叁門玖則不等，共折下下丁壹拾陸萬貳千伍拾柒丁，每丁徵銀肆分肆釐玖毫叁絲伍微捌纖，共銀柒千貳百捌拾壹兩叁錢壹分陸釐陸毫叁忽，內除優免丁壹千伍百貳拾叁丁，共銀陸拾捌兩肆錢貳分玖釐貳毫捌絲。

實行差丁壹拾陸萬伍百叁拾肆丁，共額徵銀柒千貳百壹拾貳兩捌錢捌分柒釐叁毫貳絲叁忽。

順治柒年題明免過逃亡丁壹萬玖千柒百肆拾捌丁，應除銀捌百玖拾柒兩貳錢貳分壹釐玖絲肆忽陸微，內前招回並節年編審出丁壹萬肆千貳百壹拾貳丁，該銀陸百叁拾捌兩伍錢伍分陸毫伍絲壹忽捌微柒纖以增抵除，實免丁伍千伍百叁拾陸丁，該除銀貳百伍拾捌兩陸錢柒分肆毫肆絲貳忽柒微叁纖。

以上實在行差應徵人丁壹拾伍萬肆千玖百玖拾捌丁，共徵銀陸千玖百伍拾肆兩貳錢壹分陸釐捌毫捌絲貳微柒纖，內乾隆伍拾年在於遵旨會核酌議等事案內，分撥孝義廳均載丁銀貳拾玖兩叁錢貳分捌釐伍毫壹絲陸忽捌塵柒渺伍漠伍沙壹洙貳涯貳洒，止該丁銀陸千玖百貳拾肆兩捌錢捌分捌釐叁毫陸絲肆忽貳微陸纖壹塵貳渺肆漠肆沙捌洙柒涯捌洒於雍正伍年攤入前項地糧內徵解。外

康熙伍拾伍年起，至乾隆貳拾陸年止，編審出丁壹百伍拾玖丁；乾隆叁拾壹年編審出丁壹拾肆丁；乾隆叁拾陸年編審出丁壹拾伍丁。共編審出丁壹百捌拾捌丁，欽遵康熙伍拾貳年叁月拾捌日恩詔，後遇編審之期，但據康熙伍拾年丁冊定為常額，續生人丁，永不加賦。

原額均徭銀伍千貳百捌拾兩捌錢壹分肆毫陸絲玖忽柒微，內除荒銀柒拾捌兩捌錢肆分玖釐陸毫柒忽伍微肆纖壹塵貳渺捌漠柒沙壹洙，實徵銀伍千貳百壹兩玖錢陸分捌毫陸絲貳忽壹微伍纖捌塵柒渺壹漠貳沙玖洙。

又康熙拾陸年丈首民地，應徵均徭銀貳錢陸分玖釐貳毫貳絲柒忽壹微肆纖叁塵捌渺。

以上實徵均徭銀伍千貳百貳兩貳錢叁分捌絲玖忽叁微貳塵伍渺壹漠貳沙玖洙，內乾隆伍拾年在於遵旨會核酌議等事案內，分撥孝義廳銀叁拾兩陸錢貳分壹釐壹毫捌忽捌微陸纖捌渺柒沙玖洙捌涯伍洒，止實徵均徭銀伍千壹百柒拾壹兩陸錢捌釐玖毫捌絲肆微肆纖壹塵柒渺肆沙玖洙壹涯伍洒係按前項體、國、經、野肆等地畝科徵，體字號地每畝徵銀玖釐貳毫肆絲叁忽貳微壹纖伍塵柒渺叁漠；國字號地每畝徵銀柒釐貳毫柒絲玖忽叁纖貳塵叁渺陸漠；經字號地每畝徵銀伍釐捌毫伍絲叁忽貳微陸纖陸塵叁渺伍漠；野字號地每畝徵銀玖毫貳絲肆忽叁微貳纖壹塵伍渺柒漠。

外遇閏原額加徵銀肆百柒拾肆兩伍錢玖分貳釐陸毫玖絲柒忽，內除荒銀壹拾貳兩壹錢陸分柒釐貳毫柒絲貳忽伍纖柒塵壹渺肆漠捌沙壹洙捌涯，實徵銀肆百陸拾貳兩肆錢貳分伍釐肆毫貳絲肆忽玖微肆纖貳塵捌渺伍漠壹沙捌洙貳涯，內除分撥孝義廳銀貳兩柒錢叁分壹釐陸毫壹絲壹忽玖微玖纖伍塵捌渺玖漠陸沙伍洙捌涯叁洒，止實徵銀肆百伍拾玖兩陸錢玖分叁釐捌毫壹絲貳忽玖微肆纖陸塵玖渺伍漠伍沙貳洙叁涯柒洒。

額外徵收匠價銀貳百陸拾壹兩叁錢陸分，內除分撥孝義廳銀壹兩玖錢柒釐玖毫肆絲柒忽伍微肆纖柒塵貳渺陸漠叁沙肆洙柒涯叁洒，止實徵匠價銀貳百伍拾玖兩肆錢伍分貳釐伍絲貳忽肆微伍纖貳塵柒渺叁漠陸沙伍洙貳涯柒洒。遇閏加銀貳拾壹兩柒錢捌分，內除分撥孝義廳銀壹錢伍分捌釐玖毫玖絲伍忽陸微貳纖捌塵玖渺叁漠捌沙陸洙貳涯叁洒，止實徵匠價閏銀貳拾壹兩陸錢貳分壹釐肆忽叁微柒纖壹塵陸漠壹沙叁洙柒涯柒洒。

停免银肆百伍拾壹两壹錢捌分陸釐肆毫肆絲，內除分撥孝義廳銀叁兩貳錢伍分肆釐捌毫玖絲陸忽叁微陸纖伍塵壹渺壹漠伍沙叁洙貳涯柒洒，止實徵停免銀肆百肆拾柒兩玖錢叁分壹釐伍毫肆絲叁忽陸微叁纖肆塵捌渺捌漠肆沙陸洙柒涯叁洒。

新增軍籍銀捌百肆拾壹兩陸錢伍釐陸毫捌絲叁忽陸微捌纖捌塵玖渺，內除分撥孝義廳銀伍兩壹錢叁分肆釐肆毫柒絲肆忽柒纖叁塵玖渺壹漠捌沙捌涯伍洒，止實徵軍籍銀捌百叁拾陸兩肆錢柒分壹釐貳毫玖忽陸微壹纖肆塵玖渺捌漠壹沙玖洙壹涯伍洒。

地骨皮照時折價銀貳錢叁分伍釐，內除分撥孝義廳銀壹釐柒毫壹絲伍忽伍微壹纖肆塵捌渺壹漠玖沙陸洙玖涯肆洒，止實徵銀貳錢叁分叁釐貳毫捌絲肆忽肆微捌纖伍塵壹渺捌漠叁洙陸洒。

以上額外正閏伍項攤入前項地糧內徵解。

地、丁貳項並均徭、額外匠價等項，除優免丁銀外，額徵銀肆萬肆千柒百柒拾壹兩壹錢玖分玖釐柒毫伍絲壹忽捌微肆纖叁塵伍渺，內除荒並缺丁銀柒百玖拾肆兩壹錢陸分柒釐捌毫壹絲柒忽玖微貳纖叁塵壹渺肆漠陸沙，實徵銀肆萬叁千玖百柒拾柒兩叁分壹釐玖毫叁絲叁忽玖微貳纖叁渺伍漠肆沙，內除分撥孝義廳銀貳百伍拾陸兩壹分壹釐柒毫陸絲陸忽捌微肆纖壹塵玖漠捌沙陸洙柒涯伍洒，止實（徵）銀肆萬叁千柒百貳拾壹兩貳分壹毫陸絲柒忽柒纖玖塵貳渺伍漠伍沙叁洙貳涯伍洒。

本色起運糧陸百玖拾叁石貳斗叁升壹合陸勺捌抄捌圭壹粟，內除荒糧壹拾石叁斗伍升叁勺肆抄貳撮壹圭玖粟捌粒叁顆捌糠捌粃，實徵糧陸百捌拾貳石捌斗捌升壹合叁勺叁抄捌撮陸圭壹粟壹粒陸顆壹糠貳粃，內除分撥孝義廳糧肆石壹升玖合伍勺肆抄叁撮柒圭陸粟貳粒陸顆捌糠肆粃柒粺，止實徵糧陸百柒拾捌石捌斗陸升壹合柒勺玖抄肆撮捌圭肆粟捌粒玖顆貳糠柒粃叁粺。

外遇閏加徵銀肆百柒拾肆兩伍錢玖分貳釐陸毫玖絲柒忽，除荒銀壹拾貳兩壹錢陸分柒釐貳毫柒絲貳忽伍纖柒塵壹渺肆漠捌沙壹洙捌涯，實徵銀肆百陸拾貳兩肆錢貳分伍釐肆毫貳絲肆忽玖微肆纖貳塵捌渺伍漠壹沙捌洙貳涯，內除分撥孝義廳銀貳兩柒錢叁分壹釐陸毫壹絲壹忽玖微玖纖伍塵捌渺玖漠陸沙伍洙捌涯叁洒，止實徵銀肆百伍拾玖兩陸錢玖分叁釐捌毫壹絲貳忽玖微肆纖陸塵玖渺伍漠伍沙貳洙叁涯柒洒。

又額外徵收匠價閏月銀貳拾壹兩柒錢捌分，內除分撥孝義廳銀壹錢伍分捌釐玖毫玖絲伍忽陸微貳纖捌塵玖渺叁漠捌沙陸洙貳涯叁洒，止實徵銀貳拾壹兩陸錢貳分壹釐肆忽叁微柒纖壹塵陸漠壹沙叁洙柒涯柒洒。

貳項共該閏月銀肆百捌拾壹兩叁錢壹分肆釐捌毫壹絲柒忽叁微壹纖捌塵壹漠陸沙陸洙壹涯肆洒。

壹起運項下

本色起運糧陸百玖拾叁石貳斗叁升壹合陸勺捌抄捌圭壹粟，內除荒糧壹拾石叁斗伍升叁勺肆抄貳撮壹圭玖粟捌粒叁顆捌糠捌粃，實徵糧陸百捌拾貳石捌斗捌升壹合叁勺叁抄捌撮陸圭壹粟壹粒陸顆壹糠貳粃，內除分撥孝義廳糧肆石壹升玖合伍勺肆抄叁撮柒圭陸粟貳粒陸顆捌糠肆粃柒粺，止實徵糧陸百柒拾捌石捌斗陸升壹合柒勺玖抄肆撮捌圭肆粟捌粒玖顆貳糠柒粃叁粺。

原編起運糧石折價銀貳萬貳千肆百肆拾玖兩玖錢叁分肆釐柒毫陸忽捌微柒纖柒塵，內除荒銀叁百叁拾叁兩柒錢柒分捌釐伍毫玖絲叁忽玖纖貳塵肆渺伍漠壹沙伍洙叁涯貳洒，實起運銀貳萬貳千壹百壹拾陸兩壹錢伍分陸釐壹毫壹絲叁忽柒微捌纖肆塵伍渺肆漠捌沙肆洙陸涯捌洒。

節裁藥味、軍器等項銀貳千叁百叁拾伍兩肆錢玖釐陸毫，內除荒銀陸拾壹兩捌錢捌分陸釐伍毫肆絲陸忽柒微叁纖捌塵陸渺玖沙肆洙玖涯肆洒，實起運銀貳千貳百柒拾叁兩伍錢貳分叁釐伍絲叁忽貳微陸纖壹塵叁渺玖漠伍洙陸洒。

舊編存留，內順治玖年裁扣家人口糧並各役工食銀叁百叁拾捌兩；拾貳年裁扣脩宅、傢伙、傘扇銀壹百伍拾捌兩；拾肆年裁扣官生俸廩等項銀壹千陸百叁拾兩伍錢柒分伍釐陸毫柒絲。康熙元年裁吏書工食銀叁百壹拾玖兩貳錢；叁年裁訓導俸食並齋夫叁名工食共銀玖拾叁兩玖錢貳分，雜費丁銀柒百捌拾叁兩柒錢捌分壹釐捌毫；拾伍年裁心紅紙張、修理倉廒、喂馬草料、芒神土牛、生員卷價、花紅、講書、筆墨、鋪墊、板席棗茨、歲貢盤纏、謄録書手、科舉花紅等項共銀伍百玖拾肆兩伍錢叁分叁釐；貳拾柒年裁府縣歲貢、舉人、進士盤纏、旗匾、花紅、牌坊等項銀壹百叁拾玖兩叁錢肆分陸釐叁忽。雍正陸年裁燈夫工食銀貳拾肆兩；拾貳年裁民壯工食銀肆拾捌兩。乾隆柒年裁民壯工食銀貳拾肆兩；玖年裁舖司工食銀伍拾伍兩伍錢柒分玖釐，又俸裁操賞銀貳千兩，又舊編冗費裁剩銀壹千壹拾壹兩貳錢陸釐叁毫陸絲肆忽伍微玖纖捌塵。

共裁扣歸入起運銀柒千貳百貳拾兩壹錢肆分壹釐捌毫叁絲柒忽伍微玖纖捌塵，內除荒銀壹百捌拾貳兩肆錢捌分肆釐肆毫捌絲叁忽柒微陸纖伍塵玖渺玖漠叁沙肆涯壹洒，實徵銀柒千叁拾柒兩陸錢伍分柒釐叁毫伍絲叁忽捌微叁纖貳塵陸沙玖洙伍涯玖洒。

又溢額丈首地畝、折色均徭並新收山谷租糧及額外匠價、停免、軍籍、地骨皮折價等項銀壹千伍百陸拾叁兩肆錢貳分肆釐玖毫肆絲柒忽叁微陸纖捌塵伍渺。

共該實起運銀叁萬貳千玖百玖拾兩柒錢陸分壹釐肆毫陸絲捌忽貳微肆纖陸塵肆渺肆漠伍沙玖洙叁涯叁洒，內除分撥孝義廳銀貳百伍拾陸兩壹分壹釐柒毫陸絲陸忽捌微肆纖壹塵玖漠捌沙陸洙柒涯伍洒；又除撥支新設八旗廩生廩膳銀叁兩伍錢叁分叁釐。止該實起運銀叁萬貳千柒百叁拾壹兩貳錢壹分陸釐柒毫壹忽肆微伍塵叁渺肆漠柒沙貳洙伍涯捌洒。

又收存留內額協草凉、順政等驛站抵餉銀壹千捌百捌拾柒兩貳錢貳分叁毫陸忽肆微玖纖玖塵肆渺。

又收額協臨屬狄道縣驛站抵餉銀壹拾玖兩捌錢叁分陸釐玖毫捌忽。

又收存留內驛遞之差使甚少等事案內，共裁站銀叁千陸拾兩壹錢貳分叁釐陸毫伍絲玖忽玖纖叁塵貳渺捌漠，內在於題明請將驛站等事案內，留支本縣新增夫馬工料銀陸百壹拾柒兩壹錢肆分伍釐壹毫貳絲壹忽伍微叁纖，止實收銀貳千肆百肆拾貳兩玖錢柒分捌釐伍毫叁絲柒忽伍微陸纖叁塵貳渺捌漠。

共該起運銀叁萬柒千捌拾壹兩貳錢伍分貳釐肆毫伍絲叁忽肆微陸纖捌塵貳漠柒沙貳洙伍涯捌洒，內除受協驛站兑留兵餉應支銀壹千陸百貳拾玖兩陸錢玖分貳釐玖絲捌忽叁微陸纖叁塵貳渺捌漠；又在於請倣以糧載丁等事案內，通省均丁減銀貳千柒拾貳兩柒錢肆分玖釐伍毫貳絲柒忽壹微伍纖捌塵叁渺，內除乾隆元、陸、拾壹、拾陸、貳拾壹、貳拾陸、叁拾壹、叁拾陸等年編審案內，共增抵補屯更丁銀陸百捌拾貳兩壹錢貳分叁釐柒毫陸絲玖忽壹微貳塵肆渺玖漠玖沙玖洙玖涯陸洒，內除分撥孝義廳抵補屯更丁銀肆兩玖錢柒分玖釐伍毫伍絲肆忽伍微伍纖肆塵陸渺叁漠陸沙叁洙玖洒，止該抵補屯更丁銀陸百柒拾柒兩壹錢肆分肆釐貳毫壹絲肆忽伍微肆纖柒塵捌渺陸漠叁沙陸洙捌涯柒洒，止實該減銀壹千叁百玖拾兩陸錢貳分伍釐柒毫伍絲捌忽伍纖伍塵捌渺肆洒。

實該銀叁萬肆千伍拾伍兩玖錢伍分伍釐肆絲貳忽肆微玖纖肆塵叁渺壹漠玖洙肆涯伍洒，內留支加增撥補俸工銀壹百肆拾柒兩柒錢玖分柒釐伍毫壹絲叁忽壹微捌纖叁塵貳渺叁漠伍沙伍洙柒涯肆洒，又除涇陽、富平貳縣撥協夫馬工料銀伍百伍拾陸兩玖分柒釐壹毫陸絲陸忽叁微貳纖，止該銀叁萬叁千叁百伍拾貳兩陸分叁毫陸絲貳忽玖微玖纖壹塵柒漠伍沙叁洙柒涯壹洒。

外遇閏裁扣，內順治玖年裁扣銀貳拾陸兩伍錢；拾肆年裁扣銀壹百貳拾肆兩捌錢柒分陸釐柒毫叁絲玖忽。康熙元年裁吏書工食銀貳拾陸兩陸錢；叁年裁訓導俸食並齋夫工食銀柒兩捌錢貳分陸釐陸毫陸絲陸忽；拾伍年裁心紅紙張等項銀叁拾兩捌錢叁分叁釐貳毫柒絲；雍正陸年裁燈夫銀貳兩；拾貳年裁民壯銀肆兩。乾隆柒年裁民壯銀貳兩；玖年裁舖司銀肆兩陸錢叁分貳釐，又裁扣閏俸銀叁拾陸兩捌分陸釐陸毫陸絲貳忽。

共銀貳百陸拾伍兩叁錢伍分伍釐叁毫叁絲柒忽，內除荒銀陸兩壹錢柒分壹毫柒絲玖忽貳微玖塵壹渺柒沙貳洙肆洒，實徵銀貳百伍拾玖兩壹錢捌分伍釐壹毫伍絲柒忽柒微玖纖捌渺玖漠貳沙柒洙玖涯陸洒，內除分撥孝義廳閏銀貳兩柒錢叁分壹釐陸毫壹絲壹忽玖微玖纖伍塵捌渺玖漠陸沙伍洙捌涯叁洒，止實徵銀貳百伍拾陸兩肆錢伍分叁釐伍毫肆絲伍忽柒微玖纖肆塵玖渺玖漠陸沙貳洙壹涯叁洒。

又匠價閏銀貳拾壹兩柒錢捌分，內除分撥孝義廳閏銀壹錢伍分捌釐玖毫玖絲伍忽陸微貳纖捌塵玖渺叁漠捌沙陸洙貳涯叁洒，止實徵閏銀貳拾壹兩陸錢貳分壹釐肆忽叁微柒纖壹塵陸漠壹沙叁洙柒涯柒洒。

又除撥支新設八旗廩生廩膳銀貳錢玖分肆釐。

共起運閏月銀貳百柒拾柒兩柒錢捌分伍毫伍絲壹微陸纖陸塵伍漠柒沙伍洙玖涯。

又收存留內驛遞之差使甚少等事案內，裁站閏月銀貳拾玖兩叁錢陸分肆釐叁毫，內在於題明請將驛站等事案內，留支本縣夫馬工料閏月銀貳拾貳兩捌錢捌分伍釐貳毫，止實收銀陸兩肆錢柒分玖釐壹毫。

貳項共銀貳百捌拾肆兩貳錢伍分玖釐陸毫伍絲壹微陸纖陸塵伍漠柒沙伍洙玖涯。

又收請倣以糧載丁等事案內，通省均丁，遇閏之年照依無閏之年減數，少減銀捌拾壹兩伍錢壹分陸釐叁毫叁絲壹忽叁微捌纖肆塵壹渺，內乾隆拾壹、拾陸、貳拾壹、貳拾陸、叁拾壹、叁拾陸等年抵補屯更丁銀，遇閏之年照依無閏增數，少徵銀貳拾伍兩柒錢玖分伍釐柒毫玖忽肆微柒纖柒塵陸渺壹涯陸洒，止實收銀伍拾伍兩柒錢貳分陸毫貳絲壹忽玖微陸塵肆渺玖漠玖沙玖洙捌涯肆洒，內除分撥孝義廳抵補屯更丁銀肆錢陸釐玖毫貳絲玖忽玖微壹纖伍塵玖渺叁漠陸涯叁洒，止該銀伍拾伍兩叁錢壹分叁釐陸毫玖絲壹忽玖微玖纖伍渺陸漠玖沙玖洙貳涯壹洒。

又收乾隆元、陸兩年編審案內，抵補屯更丁增閏月銀貳分貳釐陸毫叁絲柒微捌纖伍塵陸渺。

共該銀叁百叁拾玖兩伍錢玖分伍釐玖毫柒絲貳忽玖微肆纖貳塵貳渺貳漠柒沙伍洙壹涯壹洒，內留支加增撥補役廩閏月銀肆拾兩壹錢叁分貳釐貳毫貳忽肆微肆纖捌塵柒渺柒漠貳沙肆洙壹涯陸洒，又除留支夫馬工料閏月銀柒拾壹兩伍錢貳分叁釐貳忽，止該銀貳百貳拾柒兩玖錢肆分柒毫陸絲捌忽肆微玖纖叁塵肆渺伍漠伍沙玖涯伍洒。

壹存留項下

原編存留銀壹萬叁千貳百貳兩貳錢捌分捌釐陸毫陸絲，內除奉裁操賞銀貳千兩歸入起運外，止該存留銀壹萬壹千貳百貳兩貳錢捌分捌釐陸毫陸絲，內除荒銀貳百壹拾陸兩壹分捌釐壹毫玖絲肆忽叁微貳纖陸塵玖漠壹沙玖洙叁涯叁洒，實存留銀壹萬玖百捌拾陸兩貳錢柒分肆毫陸絲伍忽陸微柒纖叁塵玖渺捌沙陸涯柒洒。

又收撥支新設八旗廩生廩膳銀叁兩伍錢叁分叁釐。

貳項共銀壹萬玖百捌拾玖兩捌錢叁釐肆毫陸絲伍忽陸微柒纖叁塵玖渺捌沙陸涯柒洒。

壹俸工項下

本縣修理龍亭儀仗銀貳兩，內除荒銀伍分柒釐伍毫肆絲玖忽捌微陸纖叁塵貳渺，實徵支銀壹兩玖錢肆分貳釐肆毫伍絲壹微叁纖陸塵捌渺。

總督俸薪銀壹百捌拾兩，內除荒銀伍兩壹錢柒分玖釐陸毫壹絲伍忽柒微壹纖捌塵，實徵支銀壹百柒拾肆兩捌錢貳分叁毫捌絲肆忽貳微捌纖貳塵，內均攤俸工銀柒拾玖兩伍錢肆分玖釐貳毫肆忽伍微陸纖貳塵，即留抵撥補各員役俸工訖。

督學院俸薪銀壹百伍兩，內除荒銀叁兩貳分壹釐肆毫肆絲叁忽叁微肆纖叁塵，實徵銀壹百壹兩玖錢柒分捌釐伍毫伍絲陸忽陸微伍纖柒塵，內均攤俸工銀肆拾陸兩肆錢叁釐柒毫陸忽玖微玖纖肆塵伍渺，即留抵撥補各員役俸工訖。

知縣俸薪銀肆拾伍兩，內除荒銀壹兩貳錢玖分肆釐玖毫捌忽肆微叁纖柒塵叁漠玖沙陸洙貳洒，實徵支銀肆拾叁兩柒錢伍釐玖絲壹忽伍微陸纖貳塵玖渺陸漠叁洙玖涯捌洒，內均攤俸工銀壹拾玖兩捌錢捌分柒釐貳毫玖絲玖忽壹微肆纖伍渺，即留抵撥補各員役俸工訖。

縣丞壹員，額支俸薪銀肆拾兩，內除荒撥補銀壹兩壹錢伍分壹釐貳絲柒忽貳微柒纖肆塵，實徵支銀叁拾捌兩捌錢肆分捌釐玖毫柒絲貳忽柒微貳纖陸塵。

典史壹員，額支俸薪銀叁拾壹兩伍錢貳分，內除荒撥補銀玖錢柒釐壹絲伍忽叁微叁纖伍塵陸渺叁漠貳沙，實徵支銀叁拾兩陸錢壹分貳釐玖毫捌絲肆忽陸微陸纖肆塵叁渺陸漠捌沙。

教諭、訓導貳員，額支俸薪銀叁拾壹兩伍錢貳分，內除荒撥補銀玖錢柒釐壹絲伍忽叁微叁纖伍塵陸渺叁漠貳沙，實徵支銀叁拾兩陸錢壹分貳釐玖毫捌絲肆忽陸微陸纖肆塵叁渺陸漠捌沙。撥補全俸銀肆拾捌兩肆錢捌分。

總督衙門

門子肆名，每名歲支銀陸兩，共銀貳拾肆兩，內除荒撥補銀陸錢玖分陸毫壹絲叁忽叁微陸纖捌塵肆渺，實徵支銀貳拾叁兩叁錢玖釐叁毫捌絲陸忽陸微叁纖壹塵陸渺。遇閏加銀貳兩，內除荒銀叁分貳釐柒毫捌絲捌忽柒纖伍塵貳渺，實徵支銀壹兩玖錢陸分柒釐貳毫壹絲壹忽玖微貳纖肆塵捌渺。

皂隸壹拾陸名，每名歲支銀陸兩，共支銀玖拾陸兩，內除荒撥補銀貳兩柒錢陸分貳釐肆毫陸絲捌忽肆微肆纖叁塵陸渺，實徵支銀玖拾叁兩貳錢叁分柒釐伍毫叁絲壹忽伍微伍纖陸塵肆渺。遇閏加銀捌兩，內除荒銀壹錢叁分壹釐肆毫叁絲陸忽玖纖捌渺，實徵支銀柒兩捌錢陸分捌釐伍毫陸絲叁忽玖微玖塵貳渺。

轎夫捌名，傘扇夫肆名，每名歲支銀陸兩，共銀柒拾貳兩，內除荒撥補銀貳兩柒分壹釐捌毫肆絲肆忽玖纖伍塵貳渺，實徵支銀陸拾玖兩玖錢貳分捌釐壹毫伍絲伍忽玖微肆塵捌渺。遇閏加銀陸兩，內除荒銀玖分捌釐柒毫伍絲壹忽玖微肆纖伍塵陸渺，實徵支銀伍兩玖錢壹釐貳毫肆絲捌忽伍纖肆塵肆渺。

傳報舍人肆名，每名歲支銀陸兩，共支銀貳拾肆兩，內除荒撥補銀陸錢玖分陸毫壹絲叁忽叁微陸纖捌塵肆渺，實徵支銀貳拾叁兩叁錢玖釐叁毫捌絲陸忽陸微叁纖壹塵陸渺。遇閏加銀貳兩，內除荒銀叁分貳釐柒毫捌絲捌忽柒纖伍塵貳渺，實徵支銀壹兩玖錢陸分柒釐貳毫壹絲壹忽玖微貳纖肆塵捌渺。

舖兵貳名，每名歲支銀陸兩，共支銀壹拾貳兩，內除荒撥補銀叁錢肆分伍釐叁毫壹絲壹忽壹微柒纖玖塵貳渺，實徵支銀壹拾壹兩陸錢伍分肆釐陸毫捌絲捌忽捌微貳纖捌渺。遇閏加銀壹兩，內除荒銀壹分陸釐叁毫玖絲叁忽柒微捌纖柒塵陸渺，實徵支銀玖錢捌分叁釐陸毫陸忽貳微壹纖貳塵肆渺。

督學院衙門

門子肆名，每名歲支銀陸兩，共銀貳拾肆兩，內除荒撥補銀陸錢玖分陸毫壹絲叁忽叁微陸纖捌塵肆渺，實徵支銀貳拾叁兩叁錢玖釐叁毫捌絲陸忽陸微叁纖壹塵陸渺。遇閏加銀貳兩，內除荒銀叁分貳釐柒毫捌絲捌忽柒纖伍塵貳渺，實徵支銀壹兩玖錢陸分柒釐貳毫壹絲壹忽玖微貳纖肆塵捌渺。

快手壹拾貳名，每名歲支銀陸兩，共支銀柒拾貳兩，內除荒撥補銀貳兩柒分壹釐捌毫肆絲肆忽玖纖伍塵貳渺，實徵支銀陸拾玖兩玖錢貳分捌釐壹毫伍絲伍忽玖微肆塵捌渺。遇閏加銀陸兩，內除荒銀玖分捌釐柒毫伍絲壹忽玖微肆纖伍塵陸渺，實徵支銀伍兩玖錢壹釐貳毫肆絲捌忽伍纖肆塵肆渺。

皂隸壹拾貳名，每名歲支銀陸兩，共銀柒拾貳兩，內除荒撥補銀貳兩柒分壹釐捌毫肆絲肆忽玖纖伍塵貳渺，實徵支銀陸拾玖兩玖錢貳分捌釐壹毫伍絲伍忽玖微肆塵捌渺。遇閏加銀陸兩，內除荒銀玖分捌釐柒毫伍絲壹忽玖微肆纖伍塵陸渺，實徵支銀伍兩玖錢壹釐貳毫肆絲捌忽伍纖肆塵肆渺。

轎傘扇夫柒名，每名歲支銀陸兩，共銀肆拾貳兩，內除荒撥補銀壹兩貳錢捌釐伍毫柒絲捌忽壹微叁纖柒塵貳渺，實徵支銀肆拾兩柒錢玖分壹釐肆毫貳絲壹忽捌微陸纖貳塵捌渺。遇閏加銀叁兩伍錢，內除荒銀伍分柒釐叁毫壹絲捌忽伍微伍纖捌塵壹渺，實徵支銀叁兩肆錢肆分貳釐陸毫捌絲壹忽肆微肆纖壹塵玖渺。

聽事吏貳名，每名歲支銀陸兩，共銀壹拾貳兩，內除荒撥補銀叁錢肆分伍釐叁毫壹絲壹忽壹微柒纖玖塵貳渺，實徵支銀壹拾壹兩陸錢伍分肆釐陸毫捌絲捌忽捌微貳纖捌渺。遇閏加銀壹兩，內除荒銀壹分陸釐叁毫玖絲叁忽柒微捌纖柒塵陸渺，實徵支銀玖錢捌分叁釐陸毫陸忽貳微壹纖貳塵肆渺。

舖兵貳名，每名歲支銀陸兩，共銀壹拾貳兩，內除荒撥補銀叁錢肆分伍釐叁毫壹絲壹忽壹微柒纖玖塵貳渺，實徵支銀壹拾壹兩陸錢伍分肆釐陸毫捌絲捌忽捌微貳纖捌渺。遇閏加銀壹兩，內除荒銀壹分陸釐叁毫玖絲叁忽柒微捌纖柒塵陸渺，實徵支銀玖錢捌分叁釐陸毫陸忽貳微壹纖貳塵肆渺。

布政司衙門

刻字匠伍名，每名歲支銀伍兩肆錢肆分，共銀貳拾柒兩貳錢，內除荒撥補銀陸錢叁分玖釐柒毫貳絲壹忽叁微貳纖伍塵伍渺貳漠，實徵支銀貳拾陸兩伍錢陸分貳毫柒絲捌忽陸微柒纖肆塵肆渺捌漠。遇閏加銀貳兩貳錢陸分陸釐陸毫，內除荒銀玖分肆釐伍毫壹絲叁忽貳微柒纖柒塵玖渺壹漠叁沙伍洙陸涯，實徵支銀貳兩壹錢柒分貳釐捌絲陸忽柒微貳纖貳塵捌漠陸沙肆洙肆涯。

刷印匠捌名，每名歲支銀肆兩捌錢，共銀叁拾捌兩肆錢，內除荒撥補銀玖錢叁釐壹毫肆絲貳忽伍塵肆渺肆洙，實徵支銀叁拾柒兩肆錢玖分陸釐捌毫伍絲柒忽玖微玖纖肆塵伍渺玖漠玖沙陸洙。遇閏加銀叁兩貳錢，內除荒銀壹錢叁分叁釐肆毫叁絲叁忽伍微陸纖肆塵叁渺貳漠，實徵支銀叁兩陸分陸釐伍毫陸絲陸忽肆微叁纖伍塵陸渺捌漠。

表背匠叁名，每名歲支銀肆兩捌錢，共銀壹拾肆兩肆錢，內除荒撥補銀叁錢叁分捌釐陸毫柒絲伍忽伍微柒塵肆漠，實徵支銀壹拾肆兩陸分壹釐叁毫貳絲肆忽肆微玖纖貳塵玖渺陸漠。遇閏加銀壹兩貳錢，內除荒銀伍分叁絲伍忽貳微捌纖柒塵玖渺貳漠，實徵支銀壹兩壹錢肆分玖釐玖毫陸絲肆忽柒微壹纖貳塵捌漠。

西安府教職衙門

儒學廩生貳拾名，每名歲支銀叁兩貳錢，共銀陸拾肆兩，內除荒撥補銀壹兩肆錢貳分叁毫柒絲捌忽陸微柒纖貳塵肆渺，實徵支銀陸拾貳兩伍錢柒分玖釐陸毫貳絲壹忽叁微貳纖柒塵陸渺。遇閏加銀伍兩叁錢叁分叁釐叁毫叁絲，內除荒撥補銀壹錢叁分陸釐玖毫壹絲伍忽貳微壹纖叁渺玖漠捌沙壹洙柒涯捌洒，實徵支銀伍兩壹錢玖分陸釐肆毫壹絲肆忽柒微捌纖玖塵陸渺壹沙捌洙貳涯貳洒。

新設八旗廩生壹名，歲支月糧銀叁兩貳錢。遇閏加銀貳錢陸分陸釐。

新設膳夫工食銀叁錢叁分叁釐。遇閏加銀貳分捌釐。

知縣衙門

門子貳名，每名歲支銀陸兩，共銀壹拾貳兩，內除荒撥補銀叁錢肆分伍釐叁毫壹絲壹忽壹微柒纖玖塵貳渺，實徵支銀壹拾壹兩陸錢伍分肆釐陸毫捌絲捌忽捌微貳纖捌渺。遇閏加銀壹兩，內除荒銀壹分陸釐叁毫玖絲叁忽柒微捌纖柒塵陸渺，實徵支銀玖錢捌分叁釐陸毫陸忽貳微壹纖貳塵肆渺。

皂隸、仵作壹拾陸名，每名歲支銀陸兩，共銀玖拾陸兩，內除荒撥補銀貳兩柒錢陸分貳釐肆毫陸絲捌忽肆微肆纖叁塵陸渺，實徵支銀玖拾叁兩貳錢叁分柒釐伍毫叁絲壹忽伍微伍纖陸塵肆渺。遇閏加銀捌兩，內除荒銀壹錢叁分壹釐肆毫叁絲陸忽玖纖捌渺，實徵支銀柒兩捌錢陸分捌釐伍毫陸絲叁忽玖微玖塵貳渺。

馬快捌名，每名歲支銀壹拾陸兩捌錢，共銀壹百叁拾肆兩肆錢，內除荒撥補銀叁兩捌錢陸分柒釐肆毫伍絲壹忽肆微貳纖玖塵肆漠，實徵支銀壹百叁拾兩伍錢叁分貳釐伍毫肆絲捌忽伍微柒纖玖渺陸漠。遇閏加銀壹拾壹兩貳錢，內除荒銀壹錢捌分肆釐叁毫叁絲伍忽壹微陸纖叁塵壹渺貳漠，實徵支銀壹拾壹兩壹分伍釐陸毫陸絲肆忽捌微叁纖陸塵捌渺捌漠。

民壯叁拾捌名，每名歲支銀陸兩，共銀貳百貳拾捌兩，內除荒撥補銀陸兩陸錢陸分叁釐肆毫貳忽玖微柒纖貳塵，實徵支銀貳百貳拾壹兩叁錢叁分陸釐伍毫玖絲柒忽貳纖捌塵 。遇閏加銀壹拾玖兩，內除荒銀叁錢壹分壹釐肆毫捌絲玖忽伍微伍纖肆塵肆渺，實徵支銀壹拾捌兩陸錢捌分捌釐伍毫壹絲肆微肆纖伍塵陸渺。遇閏之年抵支撥補民壯不敷正銀陸兩捌分叁釐伍毫陸絲柒微陸纖肆塵，扣解充餉銀壹拾貳兩陸錢壹分柒釐捌毫陸絲叁忽伍微貳纖伍塵陸渺。

看監禁卒捌名，每名歲支銀陸兩，共銀肆拾捌兩，內除荒撥補銀壹兩叁錢捌分壹釐貳毫貳絲玖忽柒微貳纖陸塵捌渺，實徵支銀肆拾陸兩陸錢壹分捌釐柒毫柒絲貳微柒纖叁塵貳渺，每名加增銀伍兩捌錢捌分伍釐玖毫叁絲，共增銀肆拾柒兩捌分柒釐肆毫肆絲。遇閏加銀肆兩，內除荒銀陸分伍釐伍毫柒絲捌忽伍纖肆渺，實徵支銀叁兩玖錢叁分肆釐肆毫貳絲壹忽玖微肆纖玖塵陸渺。

轎傘扇夫柒名，每名歲支銀陸兩，共銀肆拾貳兩，內除荒撥補銀壹兩貳錢捌釐伍毫柒絲捌忽壹微叁纖柒塵貳渺，實徵支銀肆拾兩柒錢玖分壹釐肆毫貳絲壹忽捌微陸纖貳塵捌渺。遇閏加銀叁兩伍錢，內除荒銀伍分柒釐叁毫壹絲捌忽伍微伍纖捌塵壹渺，實徵支銀叁兩肆錢肆分貳釐陸毫捌絲壹忽肆微肆纖壹塵玖渺。

庫子肆名，每名歲支銀陸兩，共銀貳拾肆兩，內除荒撥補銀陸錢玖分陸毫壹絲叁忽叁微陸纖捌塵肆渺，實徵支銀貳拾叁兩叁錢玖釐叁毫捌絲陸忽陸微叁纖壹塵陸渺。遇閏加銀貳兩，內除荒銀叁分貳釐柒毫捌絲捌忽柒纖伍塵貳渺，實徵支銀壹兩玖錢陸分柒釐貳毫壹絲壹忽玖微貳纖肆塵捌渺。

斗級肆名，每名歲支銀陸兩，共銀貳拾肆兩，內除荒撥補銀陸錢玖分陸毫壹絲叁忽叁微陸纖捌塵肆渺，實徵支銀貳拾叁兩叁錢玖釐叁毫捌絲陸忽陸微叁纖壹塵陸渺。遇閏加銀貳兩，內除荒銀叁分貳釐柒毫捌絲捌忽柒纖伍塵貳渺，實徵支銀壹兩玖錢陸分柒釐貳毫壹絲壹忽玖微貳纖肆塵捌渺。

各舖司兵肆拾陸名，額支銀貳百叁拾貳兩肆錢貳分壹釐，內除荒銀伍兩肆錢陸分陸釐肆毫伍忽捌微叁纖陸塵叁渺壹漠捌沙陸洙，實徵支銀貳百貳拾陸兩玖錢伍分肆釐伍毫玖絲肆忽壹微陸纖叁塵陸渺捌漠壹沙肆洙。外加增銀肆拾捌兩捌錢捌分柒釐肆毫叁絲肆忽捌微陸纖柒渺貳漠貳沙陸洙。遇閏加銀壹拾玖兩叁錢陸分捌釐，內除荒銀捌錢柒釐伍毫捌絲伍微肆纖陸塵伍渺肆漠捌沙捌洙，實徵支銀壹拾捌兩伍錢陸分肆毫壹絲玖忽肆微伍纖叁塵肆渺伍漠壹沙貳洙。外加增銀肆兩肆錢貳分陸釐肆毫壹絲陸忽伍微捌纖壹塵柒渺捌漠捌洙。

鐘鼓楼更夫壹拾貳名，每名歲支銀貳兩陸錢陸分陸釐陸毫，共銀叁拾貳兩，內除荒撥補銀柒錢伍分貳釐陸毫貳絲玖忽壹微玖纖柒塵貳渺，實徵支銀叁拾壹兩貳錢肆分柒釐叁毫柒絲捌微貳塵捌渺。遇閏加銀貳兩陸錢陸分，內除荒銀壹錢壹分玖毫壹絲叁忽陸微叁纖貳塵玖渺伍漠陸沙，實徵支銀貳兩伍錢肆分玖釐捌絲陸忽叁微陸纖柒塵肆漠肆沙。

募夫匠役額支銀肆百叁拾貳兩係各項匠役陸拾名，每名歲支工食銀柒兩貳錢，按數支給，專壹伺候各衙門修理等項應用，內除荒撥補銀壹拾兩壹錢陸分叁毫捌絲叁忽捌纖壹塵貳渺，實徵支銀肆百貳拾壹兩捌錢叁分玖釐陸毫壹絲陸忽玖微壹纖捌塵捌渺。

吹鼓手陸名，每名歲支銀陸兩，共銀叁拾陸兩，內除荒撥補銀捌錢肆分陸釐柒毫壹忽貳微伍纖柒塵陸渺，實徵支銀叁拾伍兩壹錢伍分叁釐貳毫玖絲捌忽柒微肆纖貳塵肆渺。遇閏加銀叁兩，內除荒銀壹錢貳分伍釐捌絲捌忽貳微伍纖柒塵捌渺，實徵支銀貳兩捌錢柒分肆釐玖毫壹絲壹忽柒微肆纖貳塵貳渺。

看守貢院老人壹名，歲支銀柒兩貳錢，內除荒撥補銀壹錢陸分玖釐叁毫肆絲貳忽陸微伍纖叁塵伍渺貳漠，實徵支銀柒兩叁分陸毫伍絲柒忽叁微肆纖陸塵肆渺捌漠。遇閏加銀陸錢，內除荒銀貳分伍釐壹絲陸忽陸微捌纖玖塵伍渺陸漠，實徵支銀伍錢柒分肆釐玖毫捌絲叁忽叁微壹纖肆渺肆漠。

龍首、通濟貳渠水夫壹拾叁名，老人、總小甲壹拾玖名，額支銀貳拾肆兩陸錢陸分陸釐陸毫柒絲，內除荒撥補銀伍錢捌分壹毫肆絲叁忽叁微叁纖柒塵柒渺壹沙捌洙貳涯貳洒，實徵支銀貳拾肆兩捌分陸釐伍毫貳絲陸忽陸微陸纖貳塵貳渺玖漠捌沙壹洙柒涯捌洒。遇閏加銀貳兩伍分伍釐，內除荒銀捌分伍釐陸毫捌絲叁忽玖微玖纖伍塵貳渺陸漠叁沙，實徵支銀壹兩玖錢陸分玖釐叁毫壹絲陸忽肆塵陸渺叁漠柒沙。

滻灞河水手壹名，歲支銀壹兩叁錢叁分叁釐叁毫伍絲，內除荒撥補銀叁分壹釐叁毫陸絲貳忽玖微柒纖叁塵陸渺玖沙壹洙壹涯，實徵支銀壹兩叁錢壹釐玖毫捌絲柒忽貳纖陸塵叁渺玖漠捌洙玖涯。遇閏加銀壹錢壹分，內除荒銀肆釐伍毫捌絲捌忽捌微貳纖玖塵壹渺貳漠陸沙，實徵支銀壹錢伍釐肆毫壹絲壹忽壹微柒纖捌渺柒漠肆沙。

縣丞衙門

門子壹名，歲支銀陸兩，內除荒撥補銀壹錢柒分貳釐陸毫肆絲玖忽柒微陸纖玖塵陸渺，實徵支銀伍兩捌錢貳分柒釐叁毫伍絲貳微叁纖肆渺。遇閏加銀伍錢，內除荒銀捌釐壹毫玖絲玖忽貳微叁纖伍塵捌渺，實徵支銀肆錢玖分壹釐捌毫柒微陸纖肆塵貳渺。

皂隸肆名，每名歲支銀陸兩，共銀貳拾肆兩，內除荒撥補銀陸錢玖分陸毫壹絲叁忽叁微陸纖捌塵肆渺，實徵支銀貳拾叁兩叁錢玖釐叁毫捌絲陸忽陸微叁纖壹塵陸渺。遇閏加銀貳兩，內除荒銀叁分貳釐柒毫捌絲捌忽柒纖伍塵貳渺，實徵支銀壹兩玖錢陸分柒釐貳毫壹絲壹忽玖微貳纖肆塵捌渺。

馬夫壹名，歲支銀陸兩，內除荒撥補銀壹錢柒分貳釐陸毫肆絲玖忽柒微陸纖玖塵陸渺，實徵支銀伍兩捌錢貳分柒釐叁毫伍絲貳微叁纖肆渺。遇閏加銀伍錢，內除荒銀捌釐壹毫玖絲玖忽貳微叁纖伍塵捌渺，實徵支銀肆錢玖分壹釐捌毫柒微陸纖肆塵貳渺。

典史衙門

門子壹名，歲支銀陸兩，內除荒撥補銀壹錢柒分貳釐陸毫肆絲玖忽柒微陸纖玖塵陸渺，實徵支銀伍兩捌錢貳分柒釐叁毫伍絲貳微叁纖肆渺。遇閏加銀伍錢，內除荒銀捌釐壹毫玖絲玖忽貳微叁纖伍塵捌渺，實徵支銀肆錢玖分壹釐捌毫柒微陸纖肆塵貳渺。

皂隸肆名，每名歲支銀陸兩，共銀貳拾肆兩，內除荒撥補銀陸錢玖分陸毫壹絲叁忽叁微陸纖捌塵肆渺，實徵支銀貳拾叁兩叁錢玖釐叁毫捌絲陸忽陸微叁纖壹塵陸渺。遇閏加銀貳兩，內除荒銀叁分貳釐柒毫捌絲捌忽柒纖伍塵貳渺，實徵支銀壹兩玖錢陸分柒釐貳毫壹絲壹忽玖微貳纖肆塵捌渺。

馬夫壹名，歲支銀陸兩，內除荒撥補銀壹錢柒分貳釐陸毫肆絲玖忽柒微陸纖玖塵陸渺，實徵支銀伍兩捌錢貳分柒釐叁毫伍絲貳微叁纖肆渺。遇閏加銀伍錢，內除荒銀捌釐壹毫玖絲玖忽貳微叁纖伍塵捌渺，實徵支銀肆錢玖分壹釐捌毫柒微陸纖肆塵貳渺。

教職衙門

齋夫叁名，每名歲支銀壹拾貳兩，共銀叁拾陸兩，內除荒撥補銀壹兩叁分伍釐玖毫伍絲陸忽伍微肆塵，實徵支銀叁拾肆兩玖錢陸分肆釐肆絲叁忽肆微玖纖陸塵。遇閏加銀叁兩，內除荒銀肆分玖釐叁毫玖絲壹忽壹微叁纖肆塵捌渺，實徵支銀貳兩玖錢伍分陸毫捌忽捌微陸纖伍塵貳渺。

膳夫貳名，額支銀壹拾叁兩叁錢叁分叁釐叁毫肆絲，內除荒撥補銀叁錢捌分叁釐柒毫叁忽玖微肆纖伍塵捌渺玖漠叁沙陸洙肆涯貳洒，實徵支銀壹拾貳兩玖錢肆分玖釐陸毫叁絲陸忽伍纖肆塵壹渺陸沙叁洙伍涯捌洒。遇閏加銀壹兩壹錢壹分壹釐壹毫，內除荒撥補銀壹分柒釐肆毫叁絲貳忽壹微貳纖玖塵肆渺貳漠柒沙貳洙陸涯，實徵支銀壹兩玖分叁釐陸毫陸絲柒忽捌微柒纖伍渺柒漠貳沙柒洙肆涯。

門斗叁名，每名歲支銀柒兩貳錢，共銀貳拾壹兩陸錢，內除荒撥補銀陸錢貳分壹釐伍毫伍絲捌忽貳微玖纖伍渺陸漠，實徵支銀貳拾兩玖錢柒分捌釐肆毫肆絲壹忽柒微玖塵肆渺肆漠。遇閏加銀壹兩捌錢，內除荒銀貳分玖釐陸毫叁絲叁忽柒纖陸塵陸渺捌漠，實徵支銀壹兩柒錢柒分叁毫陸絲柒忽玖微貳纖叁塵叁渺貳漠。

廩生貳拾名，每名歲支銀叁兩貳錢，共銀陸拾肆兩，內除荒撥補銀壹兩肆錢貳分叁毫柒絲捌忽陸微柒纖貳塵肆渺，實徵支銀陸拾貳兩伍錢柒分玖釐陸毫貳絲壹忽叁微貳纖柒塵陸渺。遇閏加銀伍兩叁錢叁分叁釐叁毫叁絲，內除荒撥補銀壹錢叁分陸釐玖毫壹絲伍忽貳微壹纖叁渺玖漠捌沙壹洙柒涯捌洒，實徵支銀伍兩壹錢玖分陸釐肆毫壹絲肆忽柒微捌纖玖塵陸渺壹沙捌洙貳涯貳洒。

以上俸工項下，除廩生、膳夫貳欵照常支發外，其餘官役俸工，於道光貳拾叁年奉文，均以貳兩平支放，每兩減平銀陸分，其減平銀兩，每年批解部庫交納，理合登明。

壹雜支項下

春秋貳丁並清明、柒月拾伍等節祭文廟並各壇祠及無祀鬼魂品物等項價銀柒拾兩陸錢伍分，內除荒銀壹兩陸錢陸分壹釐陸毫伍絲貳忽壹纖貳塵肆渺玖漠，實徵支銀陸拾捌兩玖錢捌分捌釐叁毫肆絲柒忽玖微捌纖柒塵伍渺壹漠。

書院春秋祭祀銀柒兩肆錢柒分肆釐，內除荒銀壹錢柒分伍釐柒毫柒絲玖忽柒微伍纖伍渺捌漠捌沙肆洙，實徵支銀柒兩貳錢玖分捌釐貳毫貳絲貳微肆纖玖塵肆渺壹漠壹沙陸洙。

旗纛、火神、文帝、龍王、社子各祀銀壹拾陸兩壹分玖釐，內除荒銀叁錢柒分陸釐柒毫伍絲伍忽貳微叁纖柒塵伍渺捌漠伍沙肆洙，實徵支銀壹拾伍兩陸錢肆分貳釐貳毫肆絲肆忽柒微陸纖貳塵肆渺壹漠肆沙陸洙。

鄉飲額支銀叁兩，內除荒銀柒分伍毫伍絲柒忽壹微捌纖玖塵捌渺，實徵支銀貳兩玖錢貳分玖釐肆毫肆絲貳忽捌微壹纖貳渺，於道光貳拾叁年奉文裁汰，其徵收銀兩，每年批解部庫交納，理合登明。

壹孤貧項下

孤貧壹百壹拾捌名口，共月糧銀叁百叁拾玖兩捌錢肆分，內除荒銀捌兩柒錢陸分陸釐柒毫玖絲陸忽柒微壹纖柒塵柒渺肆漠肆沙，實徵支銀叁百叁拾壹兩柒分叁釐貳毫叁忽貳微捌纖貳塵貳渺伍漠陸沙。外加增銀玖拾叁兩肆錢玖分伍釐捌毫壹絲伍忽陸微貳纖伍塵玖渺肆沙。遇閏加增銀叁拾伍兩肆錢。

孤貧布花銀伍拾兩，內除荒銀壹兩貳錢捌分玖釐捌毫貳絲捌忽叁微貳纖，實徵支銀肆拾捌兩柒錢壹分壹毫柒絲壹忽陸微捌纖。

壹驛站項下

京兆驛站額銀肆千柒百壹拾柒兩捌錢叁分玖釐陸毫陸絲；灞橋所站額銀貳千貳百陸拾捌兩柒錢柒分壹釐陸毫肆絲；宜祿驛改兌臨洮府站額銀貳拾兩柒錢。共額銀柒千柒兩叁錢壹分壹釐叁毫，內除荒銀壹百肆兩壹錢捌分叁釐壹毫伍絲陸忽捌微肆纖捌渺柒漠玖沙捌洙伍涯柒洒，實徵銀陸千玖百叁兩壹錢貳分捌釐壹毫肆絲叁忽壹微伍纖玖塵壹渺貳漠壹洙肆涯叁洒。

外收受協銀壹千陸百貳拾玖兩陸錢玖分貳釐玖絲捌忽叁微陸纖叁塵貳渺捌漠。

共銀捌千伍百叁拾貳兩捌錢貳分貳毫肆絲壹忽伍微貳纖貳塵肆渺壹洙肆涯叁洒，除額協抵餉並裁站銀叁千柒百陸拾柒兩玖錢貳分叁釐伍毫叁絲柒忽玖微肆纖貳塵陸渺捌漠，實支銀肆千柒百陸拾肆兩捌錢玖分陸釐柒毫叁忽伍微柒纖玖塵柒渺貳漠壹洙肆涯叁洒。

外又於抽撥驛馬等事案內，涇陽、富平貳縣撥協夫馬工料銀伍百伍拾陸兩玖分柒釐壹毫陸絲陸忽叁微貳纖，內乾隆伍拾年在於遵旨會核酌議等事案內，撥給孝義廳夫馬工料銀柒拾兩肆錢，由涇陽、富平解司訖，止收撥協銀肆百捌拾伍兩陸錢玖分柒釐壹毫陸絲陸忽叁微貳纖。

實徵支銀伍千貳百伍拾兩伍錢玖分叁釐捌毫陸絲玖忽捌微玖纖玖塵柒渺貳漠壹洙肆涯叁洒。

撥補增給所夫並夫馬閏月銀叁百捌拾伍兩伍錢；走遞京兆驛募夫額銀叁百

叁拾兩；本縣馬叁拾伍匹，草料工食額銀柒百伍拾陸兩。共銀壹千捌拾陸兩，內除荒銀貳拾玖兩貳錢貳分捌釐柒毫陸絲貳忽柒微肆纖壹塵玖漠柒沙壹洙，實徵銀壹千伍拾陸兩柒錢柒分壹釐貳毫叁絲柒忽貳微伍纖捌塵玖渺貳沙玖洙，內除額協抵餉並奉裁銀伍百捌拾貳兩壹錢壹分貳釐貳毫壹絲肆忽壹微貳纖，實支銀肆百柒拾肆兩陸錢伍分玖釐貳絲叁忽壹微叁纖捌塵玖渺貳沙玖洙。

遇閏縣馬加銀陸拾叁兩，內除荒銀貳兩陸錢貳分陸釐捌毫玖絲陸忽陸微捌纖貳塵肆渺，實徵銀陸拾兩叁錢柒分叁釐壹毫叁忽叁微壹纖柒塵陸渺，內除奉裁銀陸兩肆錢柒分玖釐壹毫，實支銀伍拾叁兩捌錢玖分肆釐叁忽叁微壹纖柒塵陸渺。

又於抽撥等事案內，撥協留支夫馬閏月銀柒拾壹兩伍錢貳分叁釐貳毫貳忽，內撥給孝義廳夫馬閏月銀玖兩壹錢柒分貳釐，止該受協銀陸拾貳兩叁錢伍分壹釐貳毫貳忽。

貳項實支銀壹百壹拾陸兩貳錢肆分伍釐貳毫伍忽叁微壹纖柒塵陸渺。

以上存留實徵銀壹萬玖百捌拾陸兩貳錢柒分肆毫陸絲伍忽陸微柒纖叁塵玖渺捌沙陸涯柒洒。

又收起運內受協驛站兑留兵餉應支銀壹千陸百貳拾玖兩陸錢玖分貳釐玖絲捌忽叁微陸纖叁塵貳渺捌漠。

共該銀壹萬貳千陸百壹拾伍兩玖錢陸分貳釐伍毫陸絲肆忽叁纖柒塵壹渺捌漠捌沙陸涯柒洒，內除額協草凉、順政等驛站抵餉銀壹千捌百捌拾柒兩貳錢貳分叁毫陸忽肆微玖纖玖塵肆渺；又除額協臨屬狄道縣驛站抵餉銀壹拾玖兩捌錢叁分陸釐玖毫捌忽；又除驛遞之差使甚少等事案內，共裁站銀叁千陸拾兩壹錢貳分叁釐陸毫伍絲玖忽玖纖叁塵貳渺捌漠，內在於題明請將驛站等事案內，留支本縣新增夫馬工料銀陸百壹拾柒兩壹錢肆分伍釐壹毫貳絲壹忽伍微叁纖，實裁銀貳千肆百肆拾貳兩玖錢柒分捌釐伍毫叁絲柒忽伍微陸纖叁塵貳渺捌漠。實該銀捌千貳百陸拾伍兩玖錢貳分陸釐捌毫壹絲壹忽玖微柒纖肆塵伍渺捌沙陸涯柒洒。

外加增撥補俸工，除總督、學院、知縣攤俸留抵外，實該銀壹百肆拾柒兩柒錢玖分柒釐伍毫壹絲叁忽壹微捌纖叁塵貳渺叁漠伍沙伍洙柒涯肆洒。

又收涇陽、富平貳縣撥協夫馬工料銀伍百伍拾陸兩玖分柒釐壹毫陸絲陸忽叁微貳纖，內撥給孝義廳夫馬工料銀柒拾兩肆錢，由該貳縣解司訖，止收撥協銀肆百捌拾伍兩陸錢玖分柒釐壹毫陸絲陸忽叁微貳纖。

新設八旗廩膳銀叁兩伍錢叁分叁釐。

肆項共銀捌千玖百貳兩玖錢伍分肆釐肆毫玖絲壹忽肆微柒纖柒塵柒渺肆漠叁沙陸洙肆涯壹洒乾隆伍拾貳年奉文，全數解司，壹切支欵，俱由司庫按季領支，嗣於嘉慶伍年奉文，在縣留支，並不解司，按季請領。

遇閏原加銀貳百肆拾伍兩叁錢貳分肆釐貳絲貳忽，內除裁扣閏俸銀叁拾陸兩捌分陸釐陸毫陸絲貳忽，實該銀貳百玖兩貳錢叁分柒釐叁毫陸絲，內除荒銀伍兩玖錢玖分柒釐玖絲貳忽捌微肆纖捌塵肆漠玖洙柒涯陸洒，實徵銀貳百叁兩貳錢肆分貳毫陸絲柒忽壹微伍纖壹塵玖渺伍漠玖沙貳涯肆洒；內除驛遞之差使甚少等事案內，裁站閏月銀貳拾玖兩叁錢陸分肆釐叁毫，內在於題明請將驛站等事案內，留支本縣夫馬工料閏月銀貳拾貳兩捌錢捌分伍釐貳毫，實裁銀陸兩肆錢柒分玖釐壹毫。實該銀壹百玖拾陸兩柒錢陸分壹釐壹毫陸絲柒忽壹微伍纖壹塵玖渺伍漠玖沙貳涯肆洒。

外加增撥補留支銀肆拾兩壹錢叁分貳釐貳毫貳忽肆微肆纖捌塵柒渺柒漠貳沙肆洙壹涯陸洒。

又收撥協留支夫馬工料閏月銀柒拾壹兩伍錢貳分叁釐貳毫貳忽，內撥給孝義廳夫馬工料閏月銀玖兩壹錢柒分貳釐，止收撥協銀陸拾貳兩叁錢伍分壹釐貳毫貳忽。

新設八旗廩膳閏銀貳錢玖分肆釐。

肆項共銀貳百玖拾玖兩伍錢叁分捌釐伍毫柒絲壹忽陸微柒渺叁漠壹沙肆洙肆涯乾隆伍拾貳年奉文，全數解司，壹切支欵，俱由司庫按季領支，嗣於嘉慶伍年奉文，在縣留支，並不解司，按季請領。

外於西安布政司庫撥補領支所夫並夫馬閏月銀叁百捌拾伍兩伍錢係動支司庫收貯起運銀兩。

壹額外

課程銀叁拾柒兩陸錢伍分係鋪戶出辦。遇閏加銀叁兩壹錢叁分柒釐伍毫。

畜稅銀陸拾兩玖錢陸分係買騾馬出辦，原無定額，儘收儘解。

牙稅銀捌拾伍兩捌錢共牙人玖拾叁名，每名各納稅銀壹錢至貳兩伍錢參差不齊，俱係按年照帖收報，理合登明。

當稅銀貳百兩係典舖出辦，共典舖肆拾座，每座每年當稅銀伍兩。

地稅銀捌拾伍兩伍錢叁分係買房地業主出辦，原無定額，儘收儘解。

寧陝廳

原接收長安、盩厔、洋縣、石泉、鎮安等伍縣分撥各等共民地玖拾玖頃肆拾柒畝叁分陸釐陸毫肆絲玖忽陸微伍纖，每畝各起科不等，共額徵本折糧壹百貳拾陸石玖斗貳升柒合伍勺壹抄壹撮伍圭陸粟壹粒陸顆陸糠肆粃陸秕，內本色糧壹拾壹石壹升伍合叁勺肆抄玖撮伍圭捌粟肆粒伍粃壹秕，折色糧壹百壹拾伍石玖斗壹升貳合壹勺陸抄壹撮玖圭柒粟柒粒陸顆伍糠玖粃伍秕，每畝各徵銀不等，共額徵折色銀壹百陸拾伍兩貳分壹釐叁毫叁絲叁忽貳微壹纖肆塵壹渺伍漠壹沙肆涯肆洒。

內原接收長安縣分撥野字號地柒拾肆頃柒拾陸畝壹分陸釐叁毫柒絲柒忽，每畝科本折糧壹升貳合捌勺貳抄伍撮捌圭伍粟捌粒，共徵本折糧玖拾伍石捌斗捌升捌合貳勺壹抄肆撮捌圭玖粟捌粒柒顆陸糠肆粃陸秕，內每畝科本色糧壹合肆勺伍抄柒撮貳圭捌粟玖粒，共徵本色糧壹拾石捌斗玖升肆合玖勺叁抄壹撮貳圭貳粟肆粒貳顆壹糠玖粃伍秕，每畝該折色糧壹升壹合叁勺陸抄捌撮伍圭陸粟玖粒，共徵折色糧捌拾肆石玖斗玖升叁合貳勺捌抄叁撮陸圭柒粟肆粒伍顆肆糠伍粃壹秕，每畝徵折色銀壹分肆釐陸毫壹絲叁忽玖微伍纖壹塵壹渺，共徵折色銀壹百玖兩貳錢伍分陸釐貳毫玖絲壹忽柒微伍纖叁渺柒漠壹沙陸洙肆涯柒洒；內於道光拾叁年在於移明事案內，建修武職衙署佔用民地壹頃陸拾畝柒分叁釐貳毫，應免本色糧貳斗叁升肆合貳勺叁抄貳撮玖圭柒粟伍粒伍顆肆糠捌粃，折色糧壹石捌斗貳升柒合貳勺玖抄貳撮捌圭叁粟貳粒伍顆捌粃，應免折色銀貳兩叁錢肆分捌釐玖毫貳絲玖忽伍微捌纖捌塵貳渺伍沙貳洙。

又接收盩厔縣分撥下下等山地貳頃玖拾叁畝陸分叁釐捌毫，每畝科本折糧貳升玖合玖勺叁抄捌撮伍圭伍粟，共徵本折糧捌石柒斗玖升壹合玖抄伍撮玖圭肆粟肆粒玖顆，內每畝科本色糧肆勺壹抄玖粟壹粒貳顆，共徵本色糧壹斗貳升肆勺壹抄捌撮叁圭伍粟玖粒柒顆捌糠伍粃陸秕，每畝科折色糧貳升玖合伍勺貳抄捌撮肆圭伍粟捌粒捌顆，共徵折色糧捌石陸斗柒升陸勺柒抄柒撮伍圭捌粟伍粒壹顆壹糠肆粃肆秕，每畝徵折色銀肆分壹毫捌絲伍忽壹微叁纖壹塵伍渺，共徵折色銀壹拾壹兩柒錢玖分玖釐捌毫捌絲壹忽陸微肆纖叁塵叁渺玖漠柒沙；內於道光拾叁年在於移明事案內，建修武職衙署佔用民地肆拾畝玖分伍釐陸毫，應免本色糧壹升陸合柒勺玖抄伍撮陸圭玖粟伍粒壹顆捌糠柒粃貳粄，折色糧壹石貳斗玖合叁勺陸抄柒撮伍圭伍粟捌粒陸顆壹糠貳粃捌粄，應免折色銀壹兩陸錢肆分伍釐捌毫貳絲貳忽貳微肆纖伍塵柒渺壹漠肆沙。

又接收洋縣分撥折正壹等地壹頃伍拾畝柒分肆毫，每畝科折色糧壹升柒合叁勺玖抄伍撮叁圭貳粟壹粒，共徵折色糧貳石陸斗貳升壹合伍勺肆抄，每畝徵折色銀肆分叁釐貳毫陸絲柒忽柒微叁纖柒塵貳渺叁漠，共徵折色銀陸兩伍錢貳分陸毫貳絲壹忽柒纖壹塵伍渺壹漠。

又接收石泉縣分撥中地壹拾壹頃伍拾壹畝貳分柒釐壹毫柒絲貳忽陸微伍纖，每畝科折色糧壹升貳合，共徵折色糧壹拾叁石捌斗壹升伍合貳勺陸抄柒圭壹粟捌粒，每畝徵折色銀貳分伍釐捌毫肆絲陸忽伍微玖纖壹塵陸渺，共徵折色銀貳拾玖兩柒錢伍分陸釐肆毫伍絲壹微叁纖伍塵肆渺柒漠貳沙叁洙玖涯柒洒。

又接收鎮安縣分撥中等地肆頃伍拾柒畝玖分玖毫，每畝科折色糧柒合叁勺陸抄壹圭壹粟捌粒，共徵折色糧叁石叁斗柒升壹合陸勺，每畝徵折色銀玖釐柒毫壹絲陸忽壹微玖纖柒塵伍渺伍漠，共徵折色銀肆兩肆錢肆分玖釐壹毫叁絲肆忽叁微叁塵玖渺。

又接收鎮安縣分撥下等地肆頃壹拾柒畝陸分捌釐，每畝科折色糧伍合捌勺柒抄肆撮貳圭，共徵折色糧貳石肆斗叁升玖合捌勺，每畝徵折色銀柒釐柒毫伍絲肆忽陸微叁纖壹塵捌漠，共徵折色銀叁兩貳錢叁分捌釐玖毫伍絲肆忽叁微玖塵伍渺；內於道光拾叁年在於移明事案內，建修武職衙署佔用民地貳拾畝，應免折色糧壹斗壹升柒合肆勺捌抄肆撮，應免折色銀壹錢伍分伍釐玖絲貳忽陸微貳纖壹塵陸渺。

以上共接收民地玖拾玖頃肆拾柒畝叁分陸釐陸毫肆絲玖忽陸微伍纖，共本折糧壹百貳拾陸石玖斗貳升柒合伍勺壹抄壹撮伍圭陸粟壹粒陸顆陸糠肆粃陸粄，內本色糧壹拾壹石壹升伍合叁勺肆抄玖撮伍圭捌粟肆粒伍粃壹粄，內在於行知等事案內，豁免誉田地玖拾肆畝肆分叁釐，應免銀捌分伍釐伍毫肆絲陸忽叁微。

又於道光拾叁年在於移明事案內，建修武職衙署佔用民地貳頃貳拾壹畝陸分捌釐捌毫，應免本色糧貳斗伍升壹合貳抄捌撮陸圭柒粟柒顆叁糠伍粃貳粃，折色糧叁石壹斗伍升肆合壹勺肆抄肆撮叁圭玖粟壹粒壹顆貳糠捌粃，應免折色銀肆兩壹錢肆分玖釐捌毫肆絲肆忽肆微伍纖伍塵伍渺壹漠玖沙貳洙。

止實熟地玖拾陸頃叁拾壹畝貳分肆釐捌毫肆絲玖忽陸微伍纖，應徵本折糧壹百貳拾叁石伍斗貳升貳合叁勺叁抄捌撮肆圭玖粟玖粒捌顆捌粃陸粃，內本色糧壹拾石柒斗陸升肆合叁勺貳抄玖圭壹粟叁粒貳顆陸糠玖粃玖粃，內接收長安縣本色起運廣豐倉糧貳石捌斗肆升叁合玖勺貳抄捌撮捌粟貳顆柒糠伍粃，接收長安縣本色存留永豐倉糧柒石捌斗壹升陸合柒勺柒抄壹圭陸粟捌粒肆顆壹粃，接收盩厔縣本色起運稻米壹斗叁合陸勺貳抄貳撮陸圭陸粟肆粒伍顆玖糠捌粃肆粃，實徵折色糧壹百壹拾貳石柒斗伍升捌合壹抄柒撮伍圭捌粟陸粒伍顆叁糠捌粃柒粃，共徵折色銀壹百陸拾兩柒錢捌分伍釐玖毫肆絲貳忽肆微伍纖捌塵陸渺叁漠壹沙捌洙肆涯肆洒。

接收石泉縣額外本色祿米叁石玖斗柒升玖合玖勺壹抄伍撮捌圭捌粟陸粒伍顆叁糠肆粃。

接收長安、盩厔、洋縣、石泉、鎮安等伍縣均載丁銀叁拾兩捌錢肆分柒毫叁絲玖忽肆微柒纖陸塵壹漠捌沙貳洙壹涯貳洒。

接收長安、盩厔、洋縣、石泉、鎮安等伍縣均徭銀柒拾肆兩壹錢肆分伍釐陸毫貳絲陸忽捌微捌纖貳塵肆渺叁漠玖沙陸洙伍涯肆洒每畝徵銀法則，在於原分撥各該縣全書內分晰登明。

外遇閏接收長安、盩厔、洋縣、石泉、鎮安等伍縣閏銀陸兩陸錢叁分玖釐玖毫叁絲壹忽伍纖伍塵貳渺貳漠壹沙壹洙貳涯捌洒，內除荒銀壹錢壹分肆釐陸毫玖絲叁忽壹纖陸塵伍渺叁洙伍涯肆洒，實徵銀陸兩伍錢貳分伍釐貳毫叁絲捌忽叁纖捌塵柒渺貳漠柒洙柒涯肆洒。

額外接收長安、盩厔、洋縣、鎮安等肆縣匠價銀肆錢貳分陸釐貳毫肆絲玖忽玖微貳纖貳塵壹渺柒漠叁沙貳洙肆涯玖洒。遇閏加徵匠價閏銀叁分伍釐陸毫壹絲柒忽叁微捌纖叁塵貳渺捌漠柒沙玖洙柒涯柒洒。

接收長安、盩厔、洋縣、石泉、鎮安等伍縣停免銀肆兩陸錢伍分捌釐叁毫玖絲玖微柒纖柒塵玖渺叁漠捌沙叁洙玖涯貳洒。

接收長安、盩厔兩縣軍籍丁銀柒兩貳錢陸分伍釐伍毫陸絲肆忽肆微伍纖肆塵叁漠叁沙柒洙柒涯肆洒。

以上額外正閏肆項銀兩俱攤入前項地糧內徵解。

地、丁貳項並均徭、額外匠價、停免、軍籍共額徵銀貳百柒拾捌兩壹錢貳分貳釐伍毫壹絲肆忽壹微柒纖壹塵貳渺叁漠伍沙壹洙貳涯伍洒。

接收長安、盩厔貳縣本色起運糧貳石玖斗肆升柒合伍勺伍抄柒圭肆粟肆粒捌顆陸糠捌秕玖粃。

接收長安縣本色存留糧柒石捌斗壹升陸合柒勺柒抄壹圭陸粟捌粒肆顆壹秕。

接收石泉縣額外本色祿米叁石玖斗柒升玖合玖勺壹抄伍撮捌圭捌粟陸粒伍顆叁糠肆粃。

接收長安、盩厔、洋縣、石泉、鎮安等伍縣遇閏加徵銀陸兩伍錢貳分伍釐貳毫叁絲捌忽叁纖捌塵柒渺貳漠柒洙柒涯肆洒。

接收長安、盩厔、洋縣、鎮安等肆縣匠價閏銀叁分伍釐陸毫壹絲柒忽叁微捌纖叁塵貳渺捌漠柒沙玖洙柒涯柒洒。

貳項共閏銀陸兩伍錢陸分捌毫伍絲伍忽肆微貳纖貳塵捌沙柒洙伍涯壹洒。

壹起運項下

實接收長安縣分撥起運糧貳石捌斗肆升叁合玖勺貳抄捌撮捌粟貳顆柒糠伍粃。

實接收盩厔縣分撥起運稻米壹斗叁合陸勺貳抄貳撮陸圭陸粟肆粒伍顆玖糠捌秕肆粃。

原接收石泉縣分撥額外本色祿米叁石玖斗柒升玖合玖勺壹抄伍撮捌圭捌粟陸粒伍顆叁糠肆粃。

實接收長安、盩厔、洋縣、石泉、鎮安等伍縣分撥起運銀貳百壹拾壹兩貳錢壹分肆釐伍毫壹絲肆忽壹微柒纖壹塵貳渺叁漠伍沙壹洙貳涯伍洒。

原接收長安、洋縣、石泉、鎮安等肆縣分撥抵補屯更丁銀陸兩伍錢壹分肆毫捌絲玖忽貳微肆纖叁渺壹漠陸沙叁洙陸涯叁洒。

又接收石泉縣分撥地畝，因起運不敷動撥，該縣無閏之年留支俸工銀陸拾陸兩玖錢捌釐。

以上共銀貳百捌拾肆兩陸錢叁分叁釐叁忽肆微壹纖壹塵伍渺伍漠壹沙肆洙捌涯捌洒，內除留支石泉縣撥補不敷俸工銀陸拾陸兩玖錢捌釐，再查有閏之年較無閏之年少留銀捌兩壹錢肆釐，遇閏之年仍歸起運造報，其留支正閏銀兩，係該廳按年徵解司庫，仍由該縣按季領支，理合一併登明，止該起運銀貳百壹拾柒兩柒錢貳分伍釐叁忽肆微壹纖壹塵伍渺伍漠壹沙肆洙捌涯捌洒。

原接收長安、盩厔、洋縣、石泉、鎮安等伍縣外遇閏加徵銀陸兩伍錢貳分伍釐貳毫叁絲捌忽叁纖捌塵柒渺貳漠柒洙柒涯肆洒。

原接收長安、盩厔、洋縣、 鎮安等肆縣匠價閏銀叁分伍釐陸毫壹絲柒忽叁微捌纖叁塵貳渺捌漠柒沙玖洙柒涯柒洒。

原接收長安、洋縣、石泉、鎮安等肆縣抵補屯更丁閏銀壹錢肆分玖釐肆絲伍忽捌微肆纖壹塵玖渺貳漠壹沙伍洙貳涯捌洒。

叁項共起運閏銀陸兩柒錢玖釐玖毫壹忽貳微陸纖叁塵玖渺叁漠貳洙柒涯玖洒。

壹存留項下

原接收長安縣分撥永豐倉存留本色糧柒石捌斗壹升陸合柒勺柒抄壹圭陸粟捌粒肆顆壹粃，內有長安縣徵支該縣孤貧糧壹石壹斗玖合貳勺，該廳無項開支，應遵照原奏一併歸入道倉糧內運交，而長安縣孤貧口糧即在該縣應運交道倉糧內抵留支給，以免往返接運，理合登明。

壹俸工項下

通判額支俸薪並各役工食，原坐派渭南並撥支宜君、宜川叁縣徵解司庫存留俸工實支銀叁百伍拾伍兩貳錢陸釐捌毫貳絲玖忽叁微壹纖陸塵。遇閏額支共銀壹拾肆兩貳錢貳分伍釐肆毫伍絲貳忽肆微肆纖叁塵叁渺。

原請添設通判、舖司、斗級、庫子並新設巡檢俸薪、皂隸、民壯等項，請動司庫缺官共銀壹百貳拾柒兩伍錢貳分。遇閏加銀陸兩。

通判壹員，額支俸薪銀叁拾壹兩貳錢陸釐捌毫貳絲玖忽叁微壹纖陸塵係在於原坐派渭南縣徵解司庫存留銀內領支，嘉慶伍年在於詳請等事案內，奉文通判改為同知，加增俸薪銀壹拾壹兩壹錢玖分。

新設江口主簿壹員，額支俸薪銀叁拾叁兩壹錢壹分肆釐。

巡檢壹員，額支俸薪銀叁拾壹兩伍錢貳釐以上叁項原請在於司庫缺官銀內領支，因缺官不敷動用，於道光伍年奉文改動裁汰夫馬工料銀兩訖。

同知衙門

門子貳名，每名歲支工食銀陸兩，共支銀壹拾貳兩。遇閏加銀玖錢捌分壹釐陸絲陸忽壹微陸纖柒塵捌渺。

步快捌名，每名歲支工食銀陸兩，共支銀肆拾捌兩。遇閏加銀叁兩玖錢貳分肆釐貳毫陸絲貳忽陸微柒纖壹塵貳渺。

皂隸壹拾名，每名歲支工食銀陸兩，共支銀陸拾兩。遇閏加銀肆兩玖錢伍釐叁毫貳絲柒忽叁微肆纖玖塵貳渺。

禁卒貳名，每名歲支工食銀陸兩，共支銀壹拾貳兩。遇閏加銀玖錢捌分壹釐陸絲陸忽壹微陸纖柒塵捌渺。

轎傘扇夫柒名，每名歲支工食銀陸兩，共支銀肆拾貳兩。遇閏加銀叁兩肆錢叁分叁釐柒毫叁絲捌纖柒塵叁渺以上正閏各項俱在於原坐派渭南縣徵解司庫存留銀內領支，其額荒撥各細數，俱在於該縣全書內登明。

民壯貳拾名，每名歲支工食銀陸兩，共支銀壹百貳拾兩。

仵作壹名，歲支工食銀陸兩係民壯撥補，原未請閏。

鐘鼓夫肆名，每名歲支工食銀陸兩，共支銀貳拾肆兩係民壯撥補，原未請閏。以上叁項俱在於原撥支宜君、宜川貳縣徵解司庫存留銀內領支，其額荒撥補各細數，俱在於各該縣全書內登明。

添設舖司兵陸名，每名歲支工食銀陸兩，共支銀叁拾陸兩。遇閏加銀叁兩。

添設斗級貳名，每名歲支工食銀陸兩，共支銀壹拾貳兩。遇閏加銀壹兩。

添設庫子貳名，每名歲支工食銀陸兩，共支銀壹拾貳兩。遇閏加銀壹兩以上正閏陸項，原請在於司庫缺官銀內領支，因缺官不敷動用，已于道光伍年奉文改動裁汰夫馬工料銀兩訖。

主簿衙門

門子壹名，歲支銀陸兩，遇閏加銀伍錢。

馬夫壹名，歲支銀陸兩，遇閏加銀伍錢以上肆項動支缺官，因缺官不敷動用，于道光伍年奉文改動裁汰夫馬工料銀兩訖。

皂隸肆名，每名歲支工食銀陸兩，共支銀貳拾肆兩。遇閏加銀玖錢叁分壹釐。

民壯肆名，每名歲支工食銀陸兩，共支銀貳拾肆兩原未請閏，以上正閏叁項俱在於原撥支耀州、同官、長安三州縣徵解司庫存留銀內領支，其額荒撥補各細數，俱在於各該州縣全書內登明。

巡檢衙門

新設皂隸貳名，每名歲支工食銀陸兩，共支銀壹拾貳兩。遇閏加銀壹兩。

新設民壯肆名，每名歲支工食銀陸兩，共支銀貳拾肆兩原未請閏，以上正閏叁項原請在於司庫缺官銀內領支，因缺官不敷動用，於道光伍年奉文改動裁汰夫馬工料銀兩訖。

以上俸工項下各欵，於道光貳拾叁年奉文，均以貳兩平支放，每兩減平銀陸分，其減平銀兩，每年批解部庫交納，理合登明。

壹祭祀項下

新設春秋貳季致祭文廟並各壇祠祭品銀柒拾叁兩叁錢伍分壹釐係嘉慶拾玖年奉文，請定在于司庫耗羨銀內動支。

壹驛站項下

原接收長安縣撥給原受高陵縣撥協遞馬貳匹，草料銀伍拾柒兩陸錢。

馬夫一名，歲支工食銀壹拾兩捌錢，又修理等項銀貳兩，共銀柒拾兩肆錢。遇閏加銀貳兩玖分。

以上正閏銀兩，係在於原撥協之高陵縣徵解司庫，由司按季移領支發。

壹額外

畜稅銀伍兩玖錢柒分係買騾馬出辦，原無定額，儘收儘解。

地稅銀柒兩陸錢伍分係買房地業主出辦，原無定額，儘收儘解。

鐵課銀壹拾兩鐵廠壹座，歲額銀壹拾兩。

孝義廳

原接收咸寧、藍田、鎮安叁縣分撥各等共地叁百肆拾陸頃玖拾叁畝叁分肆釐陸毫肆絲肆忽伍微柒纖伍塵，每畝各起科不等，共額徵本折糧壹百肆拾伍石柒斗柒升捌合捌勺叁抄柒撮貳圭捌粟叁粒，內本色糧肆石壹升玖合伍勺肆抄叁撮柒圭陸粟貳粒陸顆捌糠肆粃柒粄，折色糧壹百叁拾捌石柒斗伍升玖合貳勺玖抄叁撮伍圭貳粟叁顆壹糠伍粃叁粄，每畝各徵銀不等，共徵銀壹百玖拾兩捌錢捌分柒釐陸毫捌絲玖忽貳微陸纖貳塵伍渺伍漠貳沙叁洙貳涯玖洒。

內原接收咸寧縣分撥野字號地叁百叁拾壹頃貳拾捌畝壹分玖釐捌毫玖絲肆忽伍微柒纖伍塵，每畝科本折糧肆合，共徵本折糧壹百叁拾貳石伍斗壹升貳合柒勺玖抄伍撮柒圭捌粟叁粒，內每畝科本色糧壹勺貳抄壹撮叁圭叁粟叁粒，共徵本色糧肆石壹升玖合伍勺肆抄叁撮柒圭陸粟貳粒陸顆捌糠肆粃柒粄，每畝科折色糧叁合捌勺柒抄捌撮陸圭陸粟柒粒，共徵折色糧壹百貳拾捌石肆斗玖升叁合貳勺伍抄貳撮貳粟叁顆壹糠伍粃叁粄，每畝折徵銀伍釐叁毫伍絲叁忽玖纖柒塵壹渺伍漠，共徵折色銀壹百柒拾柒兩叁錢叁分捌釐肆毫陸絲柒忽叁微陸纖壹塵壹渺貳漠柒沙叁洙貳涯玖洒，內除兌撥鎮安縣地肆拾肆頃貳拾肆畝伍分壹釐捌毫柒絲伍忽，共本折糧壹拾柒石陸斗玖升捌合柒抄伍撮，內本色糧伍斗叁升陸合捌勺肆抄壹圭叁粟叁粒肆顆玖糠叁粃柒粄，折色糧壹拾柒石壹斗陸升壹合貳勺叁抄肆撮捌圭陸粟陸粒伍顆陸粃叁粄，折徵銀貳拾叁兩陸錢捌分肆釐捌毫柒絲捌忽柒微壹纖柒渺肆漠陸沙伍洙陸涯叁洒。

止實地貳百捌拾柒頃叁畝陸分捌釐壹絲玖忽伍微柒纖伍塵，該本折糧壹百壹拾肆石捌斗壹升肆合柒勺貳抄柒圭捌粟叁粒，該本色糧叁石肆斗捌升貳合柒勺叁撮陸圭貳粟玖粒壹顆玖糠壹粃，該折色糧壹百壹拾壹石叁斗叁升貳合壹抄柒撮壹圭伍粟叁粒捌顆玖粃，該折色銀壹百伍拾叁兩陸錢伍分叁釐伍毫捌絲捌忽陸微伍纖叁渺捌漠柒洙陸涯陸洒。

又接收藍田縣分撥和字號地貳頃貳拾叁畝陸分捌釐柒毫伍絲，每畝科糧捌合，共徵折色糧壹石柒斗捌升玖合伍勺，每畝科折色銀壹分伍毫肆絲陸忽捌微柒纖壹塵陸渺，共徵折色銀貳兩叁錢伍分玖釐貳毫叁忽叁微肆纖壹塵貳漠伍沙。

原接收鎮安縣分撥中等地肆頃壹畝肆分陸釐，每畝科糧柒合叁勺陸抄壹圭壹粟捌粒，共徵折色糧貳石玖斗伍升肆合柒勺玖抄叁撮伍圭，每畝折徵銀玖釐柒毫壹絲陸忽壹微玖纖柒塵伍渺伍漠，共徵折色銀叁兩玖錢陸毫陸絲肆忽陸微陸纖捌塵肆渺。又嘉慶拾貳年在於遵旨等事案內，奉文該廳移駐鎮安舊縣關，查明城內陞科官地伍拾捌畝玖分貳釐玖毫，應徵折色糧肆斗叁升叁合柒勺貳抄肆撮叁圭玖粟叁粒陸顆貳糠貳粃，應徵折色銀伍錢柒分貳釐伍毫陸絲伍忽捌微伍塵肆渺貳漠叁沙玖洙伍涯。

原接收下等地玖頃肆拾畝，每畝科糧伍合捌勺柒抄肆撮貳圭，共折色糧伍石伍斗貳升壹合柒勺肆抄捌撮，每畝科折色銀柒釐柒毫伍絲肆忽陸微叁纖壹塵捌漠，共銀柒兩貳錢捌分玖釐叁毫伍絲叁忽捌微玖纖貳塵。又嘉慶拾柒年在於遵旨等事案內，接收鎮安縣分撥下等地壹頃貳拾陸畝伍分貳釐，共徵折色糧柒斗肆升叁合貳勺，折色銀玖錢捌分壹釐。

又接收鎮安縣分撥上等地叁拾叁畝玖分柒釐，每畝科折色糧壹升陸合柒勺肆抄肆撮陸粟，共糧伍斗陸升捌合捌勺，每畝徵折色銀肆分伍釐柒毫肆絲壹忽肆微玖纖玖塵玖渺貳漠，共徵折色銀壹兩伍錢伍分肆釐。

又接收鎮安縣分撥野字號地壹頃柒拾貳畝捌分伍釐，每畝科折色糧肆合，共糧陸斗玖升壹合肆勺，每畝科本色糧壹勺貳抄壹撮叁圭叁粟叁粒，共本色糧貳升壹合，每畝科折色糧叁合捌勺柒抄捌撮陸圭陸粟柒粒，共折色糧陸斗柒升肆勺，每畝折徵銀伍釐叁毫伍絲叁忽玖纖柒塵壹渺伍漠，共折徵銀玖錢貳分伍釐。

以上止實接收共地叁百陸頃陸拾壹畝玖釐陸毫陸絲玖忽伍微柒纖伍塵，共本折糧壹百貳拾柒石伍斗壹升柒合捌勺捌抄陸撮陸圭柒粟陸粒陸顆貳糠貳粃，內共本色糧叁石伍斗叁合柒勺叁抄陸圭貳粟玖粒壹顆玖糠壹粃，共折色糧壹百貳拾肆石壹升肆合壹勺捌抄叁撮肆粟柒粒肆顆叁糠壹粃，共折色銀壹百柒拾壹兩貳錢叁分伍釐叁毫柒絲陸忽叁微伍纖柒塵貳渺貳漠玖沙柒洙壹涯陸洒。

外接收咸寧縣分撥山谷租粮叁拾伍石陸升玖合捌勺壹抄，每石折徵銀貳錢肆分貳毫貳絲肆忽捌微捌纖陸塵，共折徵銀捌兩肆錢貳分肆釐陸毫肆絲壹忽壹微玖塵貳渺玖漠壹沙陸洙陸涯，內除兌撥鎮安縣山谷租糧貳石伍斗捌升玖合伍勺柒抄，共銀陸錢貳分貳釐柒絲玖忽壹微伍纖捌塵叁漠玖沙貳涯，止該租糧叁拾貳石肆斗捌升貳勺肆抄，該銀柒兩捌錢貳釐伍毫陸絲壹忽玖微伍纖壹塵貳渺伍漠貳沙陸洙肆涯。

又嘉慶拾柒年接收鎮安縣分撥山谷租糧叁斗壹升柒合，該銀柒分柒釐。

貳項共租糧叁拾貳石柒斗玖升柒合貳勺肆抄，共銀柒兩捌錢柒分玖釐伍毫陸絲壹忽玖微伍纖壹塵貳渺伍漠貳沙陸洙肆涯。

實徵起運糧叁石伍斗叁合柒勺叁撮陸圭貳粟玖粒壹顆玖糠壹粃，實徵折色並山谷租糧壹百伍拾陸石捌斗壹升壹合肆勺貳抄叁撮肆粟柒粒肆顆叁糠壹粃，實徵折色並山谷租銀壹百柒拾玖兩壹錢壹分肆釐玖毫叁絲捌忽叁微捌塵肆渺捌漠貳沙叁洙伍涯陸洒。

接收咸寧、藍田、鎮安叁縣均載丁銀叁拾壹兩肆錢伍分玖釐貳毫柒絲壹忽伍微柒塵玖漠壹沙壹洙壹洒，內除兑撥鎮安縣銀肆兩肆錢陸釐陸毫伍絲叁纖玖塵柒渺伍漠伍沙叁涯伍洒，止該銀貳拾柒兩伍分貳釐陸毫貳絲壹忽肆微陸纖柒塵叁渺叁漠陸沙陸涯陸洒。

又收镇安縣分撥銀伍銭陸分壹釐。贰项共銀贰拾柒兩陸銭壹分参釐陸毫贰絲壹忽肆微陸纖柒塵参渺参漠陸沙陸涯陸洒。

原接收咸寧、藍田、鎮安叁縣均徭銀肆拾肆兩壹錢捌分柒釐柒毫陸忽陸微伍纖玖塵柒渺捌漠貳沙玖洙捌涯伍洒，內除兑撥鎮安縣銀肆兩捌分玖釐陸毫柒絲捌忽壹微壹纖柒塵肆渺玖漠肆沙肆洙叁涯柒洒，止該銀肆拾兩玖分捌釐貳絲捌忽伍微肆纖貳塵貳渺捌漠捌沙伍洙肆涯捌洒。

又官地陞科銀陸錢陸分玖釐捌毫壹絲肆忽叁微柒纖玖塵肆渺肆漠玖沙貳洒。

又收鎮安縣分撥銀叁兩壹錢貳分陸釐。

叁項共銀肆拾叁兩捌錢玖分叁釐捌毫肆絲貳忽玖微貳纖壹塵柒渺叁漠柒沙伍洙伍涯每畝徵銀法則，在於原分撥各縣全書內分晰登明。

外遇閏接收咸寧、藍田、鎮安叁縣閏銀叁兩陸錢貳分肆釐肆毫伍絲壹忽陸微貳纖陸塵捌渺伍漠叁沙壹洙叁涯柒洒，內除兑撥鎮安縣銀叁錢陸分捌釐肆毫捌絲玖忽壹微捌纖貳塵肆渺玖沙肆洙柒涯柒洒，止該銀叁兩貳錢伍分伍釐玖毫陸絲貳忽肆微肆纖肆塵肆渺肆漠叁沙陸洙陸涯。

又官地陞科銀伍分肆釐。

又收鎮安縣分撥銀貳錢陸分捌釐。

叁項共銀叁兩伍錢柒分柒釐玖毫陸絲貳忽肆微肆纖肆塵肆渺肆漠叁沙陸洙陸涯。

額外接收咸寧、藍田、鎮安叁縣匠價銀壹兩玖錢貳分柒釐伍毫叁忽玖微陸纖玖塵捌渺貳漠壹沙陸洙貳涯叁洒，內除兑撥鎮安縣銀貳錢叁分陸釐陸毫伍絲叁忽肆微肆纖柒塵伍渺肆漠壹沙壹洙玖涯陸洒，止該銀壹兩陸錢玖分捌毫伍絲伍微貳纖貳塵貳渺捌漠肆洙貳涯柒洒。

又收鎮安縣分撥銀壹分伍釐。

貳項共銀壹兩柒錢伍釐捌毫伍絲伍微貳纖貳塵貳渺捌漠肆洙貳涯柒洒。

遇閏加徵銀壹錢陸分陸毫貳絲肆忽捌微捌纖肆塵柒渺貳漠玖沙捌洙柒涯叁洒，內除兑撥鎮安縣銀壹分玖釐柒毫貳絲壹忽壹微貳纖陸渺貳漠捌沙肆洙叁涯叁洒，止該銀壹錢肆分玖毫叁忽柒微陸纖肆塵壹渺壹沙肆洙肆涯。

又收鎮安縣分撥銀貳釐。

貳項共銀壹錢肆分貳釐玖毫叁忽柒微陸纖肆塵壹渺壹沙肆洙肆涯。

接收咸寧、藍田、鎮安叁縣停免銀叁兩陸錢柒釐捌毫玖絲捌忽貳微貳纖貳塵玖漠貳沙肆洙捌涯伍洒，內除兑撥鎮安縣銀肆錢肆釐伍毫捌絲玖忽柒微捌纖貳塵貳渺伍漠貳沙陸洙玖涯柒洒，止該銀叁兩貳錢叁釐叁毫捌忽肆微叁纖玖塵捌渺叁漠玖沙柒洙捌涯捌洒。

又收鎮安縣分撥銀陸分貳釐玖毫。

貳項共銀叁兩貳錢陸分陸釐貳毫捌忽肆微叁纖玖塵捌渺叁漠玖沙柒洙捌涯捌洒。

接收咸寧、藍田貳縣軍籍銀伍兩叁錢貳分玖釐貳絲貳忽壹微捌塵貳渺壹沙捌洙陸涯伍洒，內除兑撥鎮安縣銀叁分壹釐肆毫壹絲伍忽捌微壹纖捌塵陸渺叁漠肆沙陸洙貳涯壹洒，止該銀伍兩貳錢玖分柒釐陸毫陸忽貳微捌纖玖塵伍渺陸漠柒沙貳洙肆涯肆洒。

又收鎮安縣分撥銀壹分。

貳項共銀伍兩叁錢柒釐陸毫陸忽貳微捌纖玖塵伍渺陸漠柒沙貳洙肆涯肆洒。

接收咸寧、藍田貳縣地骨皮、茅香折價共銀叁釐肆毫陸絲壹忽柒微陸纖伍塵肆渺陸漠柒沙捌洙玖涯肆洒，內除兑撥鎮安縣銀貳毫壹絲貳忽柒微捌纖肆塵玖渺叁漠伍沙捌洙壹涯捌洒，止該銀叁釐貳毫肆絲捌忽玖微捌纖伍渺叁漠貳沙柒涯陸洒。

又收鎮安縣分撥銀壹毫。

貳項共銀叁釐叁毫肆絲捌忽玖微捌纖伍渺叁漠貳沙柒涯陸洒。

以上額外正閏各項銀兩，俱攤入前項地糧內徵解。

地、丁貳項並均徭、額外匠價、停免、軍籍、地骨皮、茅香折價共銀貳百捌拾伍兩捌錢貳分柒釐壹毫玖絲肆忽陸微肆塵叁渺壹沙玖洙肆涯貳洒，內除兑撥鎮安縣各項銀叁拾叁兩肆錢柒分陸釐壹毫伍絲柒忽捌微伍纖玖塵叁渺玖漠玖沙叁洙捌涯柒洒，止該銀貳百伍拾貳兩叁錢伍分壹釐叁絲陸忽柒微肆纖肆塵玖渺貳沙伍洙伍涯伍洒。

又官地陞科並接收鎮安縣分撥各項銀捌兩伍錢伍分肆釐叁毫捌絲壹微捌纖肆塵捌渺柒漠貳沙玖洙伍涯貳洒。

貳項共銀貳百陸拾兩玖錢伍釐肆毫壹絲陸忽玖微貳纖玖塵柒渺柒漠伍沙伍洙柒洒。

實徵起運糧叁石伍斗叁合柒勺叁撮陸圭貳粟玖粒壹顆玖糠壹粃。

外遇閏加徵銀叁兩陸錢貳分肆釐肆毫伍絲壹忽陸微貳纖陸塵捌渺伍漠叁沙壹洙叁涯柒洒，內除兑撥鎮安縣銀叁錢陸分捌釐肆毫捌絲玖忽壹微捌纖貳塵肆渺玖沙肆洙柒涯柒洒，止該銀叁兩貳錢伍分伍釐玖毫陸絲貳忽肆微肆纖肆塵肆渺肆漠叁沙陸洙陸涯。

又官地陞科並接收鎮安縣分撥各項閏銀叁錢貳分貳釐。

貳項共銀叁兩伍錢柒分柒釐玖毫陸絲貳忽肆微肆纖肆塵肆渺肆漠叁沙陸洙陸涯。

匠價閏銀壹錢陸分陸毫貳絲肆忽捌微捌纖肆塵柒渺貳漠玖沙捌洙柒涯叁洒，內除兑撥鎮安縣銀壹分玖釐柒毫貳絲壹忽壹微貳纖陸渺貳漠捌沙肆洙叁涯叁洒，止該銀壹錢肆分玖毫叁忽柒微陸纖肆塵壹渺壹沙肆洙肆涯。

又收鎮安縣分撥銀貳釐。

貳項共銀壹錢肆分貳釐玖毫叁忽柒微陸纖肆塵壹渺壹沙肆洙肆涯。

貳項共該閏月銀叁兩柒錢貳分捌毫陸絲陸忽貳微捌塵伍渺肆漠伍沙壹洙。

壹起運項下

實徵起運糧叁石伍斗叁合柒勺叁撮陸圭貳粟玖粒壹顆玖糠壹粃。

原接收各項起運銀貳百捌拾伍兩捌錢貳分柒釐壹毫玖絲肆忽陸微肆塵叁渺壹沙玖洙肆涯貳洒，內除兑撥鎮安縣銀叁拾叁兩肆錢柒分陸釐壹毫伍絲柒忽捌微伍纖玖塵叁渺玖漠玖沙叁洙捌涯柒洒，止該銀貳百伍拾貳兩叁錢伍分壹釐叁絲陸忽柒微肆纖肆塵玖渺貳沙伍洙伍涯伍洒。

又官地陞科並鎮安縣分撥銀捌兩伍錢伍分肆釐叁毫捌絲壹微捌纖肆塵捌渺柒漠貳沙玖洙伍涯貳洒。

貳項共銀貳百陸拾兩玖錢伍釐肆毫壹絲陸忽玖微貳纖玖塵柒渺柒漠伍沙伍洙柒洒。

接收咸寧、藍田、鎮安叁縣抵補屯更丁銀捌兩壹錢叁分玖釐貳毫陸絲陸忽壹微肆塵肆渺壹沙伍洙玖洒，內除兑撥鎮安縣銀陸錢壹分柒釐陸毫肆絲貳忽壹微壹纖壹塵玖渺肆漠陸沙柒涯陸洒，止該銀柒兩伍錢貳分壹釐陸毫貳絲叁忽玖微玖纖貳塵肆渺伍漠伍沙肆洙叁涯叁洒。

又收鎮安縣分撥銀伍錢壹釐。

貳項共銀捌兩貳分貳釐陸毫貳絲叁忽玖微玖纖貳塵肆渺伍漠伍沙肆洙叁涯叁洒。

貳項共起運銀貳百陸拾捌兩玖錢貳分捌釐肆絲玖微貳纖貳塵貳渺叁漠玖洙肆涯。

外遇閏加徵銀叁兩陸錢貳分肆釐肆毫伍絲壹忽陸微貳纖陸塵捌渺伍漠叁沙壹洙叁涯柒洒，內除兑撥鎮安縣銀陸錢陸分捌釐肆毫捌絲玖忽壹微捌纖貳塵肆渺玖沙肆洙柒涯柒洒，止該銀叁兩貳錢伍分伍釐玖毫陸絲貳忽肆微肆纖肆塵肆渺肆漠叁沙陸洙陸涯。

又官地陞科並接收鎮安縣分撥銀叁錢貳分貳釐。

貳項共銀叁兩伍錢柒分柒釐玖毫陸絲貳忽肆微肆纖肆塵肆渺肆漠叁沙陸洙陸涯。

匠價閏月銀壹錢陸分陸毫貳絲肆忽捌微捌纖肆塵柒渺貳漠玖沙捌洙柒涯叁洒，內除兑撥鎮安縣銀壹分玖釐柒毫貳絲壹忽壹微貳纖陸渺貳漠捌沙肆洙叁涯叁洒，止該銀壹錢肆分玖毫叁忽柒微陸纖肆塵壹渺壹沙肆洙肆涯。

又收鎮安縣分撥銀貳釐。

貳項共銀壹錢肆分貳釐玖毫叁忽柒微陸纖肆塵壹渺壹沙肆洙肆涯。

接收抵補屯更（丁）閏銀伍錢肆分柒釐貳毫柒絲陸忽肆微叁纖柒塵壹渺柒漠伍沙貳洙陸涯叁洒，內除兑撥鎮安縣銀伍分肆毫柒絲叁忽捌微貳塵肆渺壹漠壹沙柒洙壹涯捌洒，止該銀肆錢玖分陸釐捌毫貳忽陸微叁纖肆塵柒渺陸漠叁沙伍洙肆涯伍洒。

又收鎮安縣分撥銀貳分。

貳項共銀伍錢壹分陸釐捌毫貳忽陸微叁纖肆塵柒渺陸漠叁沙伍洙肆涯伍洒。

叁項共起運閏銀肆兩貳錢叁分柒釐陸毫陸絲捌忽捌微肆纖叁塵叁渺捌沙陸洙肆涯伍洒

壹俸工項下

同知額支俸薪銀肆拾貳兩肆錢叁釐。

巡檢額支俸薪銀叁拾壹兩伍錢貳分。

同知衙門

門子貳名，每名歲支銀陸兩，共銀壹拾貳兩。遇閏加銀壹兩。

皂隸壹拾名，每名歲支銀陸兩，共銀陸拾兩。遇閏加銀伍兩。

仵作壹名，歲支銀陸兩。遇閏加銀伍錢。

步快捌名，每名歲支銀陸兩，共銀肆拾捌兩。遇閏加銀肆兩。

民壯貳拾名，每名歲支銀陸兩，共銀壹百貳拾兩。

禁卒貳名，每名歲支銀陸兩，共銀壹拾貳兩。遇閏加銀壹兩。

轎傘扇夫柒名，每名歲支銀陸兩，共銀肆拾貳兩。遇閏加銀叁兩伍錢。

庫子貳名，每名歲支銀陸兩，共銀壹拾貳兩。遇閏加銀壹兩。

斗級貳名，每名歲支銀陸兩，共銀壹拾貳兩。遇閏加銀壹兩。

舖司陸名，每名歲支銀陸兩，共銀叁拾陸兩。遇閏加銀叁兩。

鐘鼓夫肆名，每名歲支銀陸兩，共銀貳拾肆兩。遇閏加銀貳兩。

巡檢衙門

皂隸貳名，每名歲支銀陸兩，共銀壹拾貳兩。遇閏加銀壹兩。

民壯肆名，每名歲支銀陸兩，共銀貳拾肆兩。

以上官役俸工共銀肆百玖拾叁兩玖錢貳分叁釐係動支司庫缺官銀兩，前因缺官不敷動用，於道光伍年奉文改動裁汰夫馬工料支剩銀兩訖。遇閏加銀貳拾叁兩。

以上官役俸工銀兩，於道光貳拾叁年奉文，均以貳兩平支放，每兩減平銀陸分，其減平銀兩，每年批解部庫交納，理合登明。

壹祭祀項下

新設文廟及各壇祠祭品銀柒拾叁兩叁錢伍分壹釐係嘉慶拾玖年奉文，請定在於司庫耗羨銀內動支訖。

壹驛站項下

接收咸寧縣撥給原受涇陽縣協濟遞馬貳匹，草料銀伍拾柒兩陸錢。

馬夫壹名，歲支工食銀壹拾兩捌錢，又歲修鞍屜銀貳兩，共銀柒拾兩肆錢。遇閏加銀玖兩壹錢柒分貳釐。

以上正閏銀兩係在於原撥協之涇陽縣徵解司庫，由臬司按季移領支發。

壹額外

畜稅銀壹拾兩叁錢伍分係買騾馬出辦，原無定額，儘收儘解。

地稅銀壹拾捌兩捌錢柒分係買房地業主出辦，原無定額，儘收儘解。

富平縣

原額金、銀、銅、錫、鐵伍等地，共壹萬貳千陸百捌拾貳頃柒拾壹畝柒分陸釐貳絲，每畝起科不等，共額徵折色糧伍萬玖千玖百肆拾叁石玖斗陸升柒合肆勺捌抄貳撮，每石折徵銀壹兩貳錢貳分肆釐貳毫柒絲肆忽玖微柒纖，共徵銀柒萬叁千肆百貳拾捌兩貳錢柒釐捌毫捌絲玖忽肆微陸纖柒塵玖渺，內除免派鋪陳抵站銀肆拾兩叁錢捌釐伍毫貳絲，實徵銀柒萬叁千叁百捌拾柒兩捌錢玖分玖釐叁毫陸絲玖忽肆微陸纖柒塵玖渺。

壹等金地捌拾陸頃伍拾陸畝伍分玖釐叁毫捌絲，每畝科糧柒升柒合捌勺陸抄叁撮柒圭，共糧陸百柒拾肆石叁升肆合肆勺貳抄貳撮，共銀捌百貳拾伍兩貳錢叁釐肆毫柒絲壹忽柒微捌纖貳塵伍渺。內乾隆元、伍兩年在於田沒糧賠並遵旨詳查議奏事貳案內，題明豁免地共壹拾陸頃叁拾柒畝肆分壹釐陸絲，共免糧壹百貳拾柒石肆斗玖升肆合捌勺肆抄柒撮柒圭叁粟伍粒貳顆貳糠，該除銀壹百伍拾陸兩捌分叁釐伍毫伍絲玖忽叁微叁纖捌塵捌渺伍漠伍沙貳洙捌涯；又乾隆伍拾叁年在於欽奉上諭事案內，題明豁免石壓地貳拾柒畝，應免糧貳石壹斗貳合叁勺壹抄玖撮玖圭，該除銀貳兩伍錢柒分叁釐捌毫壹絲柒忽陸微貳纖柒塵陸渺。實在地陸拾玖頃玖拾貳畝壹分捌釐叁毫貳絲，實徵折色糧伍百肆拾肆石肆斗叁升柒合貳勺伍抄肆撮叁圭陸粟肆粒柒顆捌糠，該折徵銀陸百陸拾陸兩伍錢肆分陸釐玖絲肆忽捌微壹纖陸塵肆漠肆沙柒洙貳涯。

貳等銀地壹千伍百捌拾壹頃捌拾畝壹分捌釐伍毫伍絲，每畝科糧陸升陸合，共糧壹萬肆百叁拾玖石捌斗玖升貳合貳勺肆抄，共銀壹萬貳千柒百捌拾壹兩貳錢玖分捌釐柒毫伍絲捌忽玖微貳纖玖塵貳渺。內乾隆元、伍兩年在于田沒糧賠並遵旨詳查議奏事貳案內，題明豁免地共壹拾肆頃壹拾玖畝壹分叁釐壹毫捌絲，應免糧玖拾叁石陸斗陸升貳合陸勺玖抄捌撮捌圭，該除銀壹百壹拾肆兩陸錢陸分捌釐捌毫玖絲柒忽伍微玖纖叁塵壹渺玖漠叁沙貳洙貳涯；又乾隆伍拾叁年在於欽奉上諭事案內，題明豁免地壹頃貳拾畝壹分，應免糧柒石玖斗貳升陸合陸勺，該除銀玖兩柒錢肆釐叁毫叁絲柒忽玖微陸纖貳塵柒渺玖漠。實在地壹千伍百陸拾陸頃肆拾畝玖分伍釐叁毫柒絲，實徵折色糧壹萬叁百叁拾捌石叁斗貳合玖勺肆抄壹撮貳圭，該折徵銀壹萬貳千陸百伍拾陸兩玖錢貳分伍釐伍毫貳絲叁忽叁微柒纖叁塵貳渺壹漠陸沙柒洙捌涯。

叁等銅地肆千捌百捌拾陸頃壹拾肆畝貳分玖釐肆毫伍忽，每畝科糧伍升肆合壹勺，共糧貳萬陸千肆百叁拾肆石叁升叁合叁勺，共銀叁萬貳千叁百陸拾貳兩伍錢貳分叁釐伍毫貳絲伍忽叁微叁纖柒塵伍渺。內乾隆伍年在於遵旨詳查議奏事案內，題明豁免過河崩地伍畝伍分，應免糧貳斗玖升柒合伍勺伍抄，該除銀叁錢陸分肆釐貳毫捌絲貳忽玖微玖纖陸塵伍渺伍漠。實在地肆千捌百捌拾陸頃捌畝柒分玖釐肆毫伍忽，實徵折色糧貳萬陸千肆百叁拾叁石柒斗叁升伍合柒勺伍抄，該折徵銀叁萬貳千叁百陸拾貳兩壹錢伍分玖釐貳毫肆絲貳忽叁微肆纖玖渺伍漠。

肆等錫地叁千捌百玖拾玖頃捌拾玖畝玖分叁釐壹毫陸絲伍忽，每畝科糧肆升貳合，共糧壹萬陸千叁百柒拾玖石伍斗柒升柒合壹勺叁抄，共銀貳萬伍拾叁兩壹錢陸釐陸毫壹絲捌忽捌微捌塵肆渺。

伍等鐵地貳千貳百貳拾捌頃叁拾畝柒分伍釐伍毫貳絲，每畝科糧貳升柒合，共糧陸千壹拾陸石肆斗叁升叁勺玖抄，共銀柒千叁百陸拾伍兩柒錢陸分陸釐玖毫玖絲肆忽陸微壹纖叁渺。內順治柒年題明免過無主荒地並乾隆伍年在於遵旨詳查議奏事貳案內，豁免地共貳百捌拾柒頃伍拾叁畝捌分捌毫捌絲壹忽柒微，應免糧柒百柒拾陸石叁斗伍升貳合捌勺叁抄捌撮伍粟玖粒，該除銀玖百伍拾兩伍錢玖釐柒毫貳絲壹忽壹微貳纖壹渺捌沙叁洙伍涯，內前墾並興屯墾過地共貳百伍拾頃肆拾叁畝陸分柒釐貳毫，應徵糧陸百柒拾陸石壹斗柒升玖合壹勺肆抄肆撮，該徵銀捌百貳拾柒兩捌錢陸分玖釐伍毫肆絲肆忽；又乾隆拾伍、拾玖兩年開墾過地共貳頃柒拾陸畝陸分肆釐伍毫，應徵糧柒石肆斗陸升玖合肆勺壹抄伍撮，該徵銀玖兩壹錢肆分肆釐陸毫貳絲壹微貳纖叁塵玖渺陸漠貳沙伍洙。實在地貳千壹百玖拾叁頃玖拾柒畝貳分陸釐叁毫叁絲捌忽叁微，實徵折色糧伍千玖百貳拾叁石柒斗貳升陸合壹勺壹撮玖圭肆粟壹粒，該折徵銀柒千貳百伍拾貳兩貳錢柒分壹釐肆毫叁絲柒忽陸微壹纖肆塵壹渺伍漠肆沙壹洙伍涯。

以上肆項共免過荒地叁百壹拾玖頃陸拾貳畝玖分伍釐壹毫貳絲壹忽柒微，應免糧壹千柒石捌斗叁升陸合捌勺伍抄肆撮肆圭玖粟肆粒貳顆貳糠，該除銀壹千貳百叁拾叁兩玖錢肆釐陸毫壹絲陸忽陸微叁纖玖塵玖漠陸沙捌洙伍涯，內前墾並興屯墾過地共貳百伍拾頃肆拾叁畝陸分柒釐貳毫，應徵糧陸百柒拾陸石壹斗柒升玖合壹勺肆抄肆撮，該徵銀捌百貳拾柒兩捌錢陸分玖釐伍毫肆絲肆忽；又乾隆拾伍、拾玖兩年開墾過地共貳頃柒拾陸畝陸分肆釐伍毫，應徵糧柒石肆斗陸升玖合肆勺壹抄伍撮，該徵銀玖兩壹錢肆分肆釐陸毫貳絲壹微貳纖叁塵玖渺陸漠貳沙伍洙，以增抵除。實豁免地陸拾陸頃肆拾貳畝陸分叁釐肆毫貳絲壹忽柒微，實免折色糧叁百貳拾肆石壹斗捌升捌合貳勺玖抄伍撮肆圭玖粟肆粒貳顆貳糠，實免銀叁百玖拾陸兩捌錢玖分肆毫伍絲貳忽伍微壹纖伍塵壹渺叁漠肆沙叁洙伍涯。

實熟地壹萬貳千陸百壹拾陸頃貳拾玖畝壹分貳釐伍毫玖絲捌忽叁微，實徵折色糧伍萬玖千陸百壹拾玖石柒斗柒升玖合壹勺捌抄陸撮伍圭伍粒柒顆捌糠，該折徵銀柒萬貳千玖百玖拾壹兩捌釐玖毫壹絲陸忽玖微伍纖貳塵柒渺陸漠伍沙陸洙伍涯。

又續收地柒頃捌拾伍畝伍分捌釐叁毫捌絲，該糧叁拾貳石玖斗玖升伍合壹勺，止額徵銀肆拾兩叁錢玖分伍釐柒絲捌忽貳微伍纖陸塵貳渺。康熙拾陸年清查自首出額外灘地貳拾貳頃壹拾玖畝陸分玖釐叁毫，共徵折色糧伍拾玖石玖斗叁升壹合柒勺壹抄壹撮，共徵折色銀柒拾叁兩叁錢柒分貳釐玖毫。

以上實熟民地並續收首出額外灘地共壹萬貳千陸百肆拾陸頃叁拾肆畝肆分貳毫柒絲捌忽叁微，實徵折色糧伍萬玖千柒百壹拾貳石柒斗伍合玖勺玖抄柒撮伍圭伍粒柒顆捌糠，共折徵銀柒萬叁千壹百肆兩柒錢柒分陸釐捌毫玖絲伍忽貳微捌塵玖渺陸漠伍沙陸洙伍涯遵照乾隆伍拾玖年奉准部咨令，將康熙年間易知由單內載：壹等金地每畝折徵銀玖分伍釐叁毫貳絲陸忽伍微柒纖捌塵捌渺；貳等銀地每畝折徵銀捌分捌毫貳忽壹微肆纖柒塵玖渺；叁等銅地每畝折徵銀陸分陸釐貳毫叁絲叁忽貳微柒纖貳塵壹渺；肆等錫地每畝折徵銀伍分壹釐肆毫壹絲玖忽伍微肆纖玖塵伍渺；伍等鐵地每畝折徵銀叁分叁釐伍絲伍忽肆微叁纖貳塵伍渺；又續收地每畝折徵銀伍分壹釐肆毫貳絲肆微伍纖柒塵叁渺，逐一纂入書內，嗣後遇有墾豁，以便按畝增除。

原額人丁叁等玖則不等，共折下下丁捌萬貳千叁百捌拾叁丁，每丁徵銀肆分，共該銀叁千貳百玖拾伍兩叁錢貳分，內除優免丁貳千貳百陸拾肆丁，共銀玖拾兩伍錢陸分。

實行差並節年招回、編審抵補豁免共丁捌萬壹百壹拾玖丁，該徵銀叁千貳百肆兩柒錢陸分，於雍正伍年攤入地糧內徵解。

外康熙伍拾伍年起，至乾隆貳拾陸年止，編審出丁貳百貳拾丁；乾隆叁拾壹年編審出丁貳拾壹丁；乾隆叁拾陸年編審出丁貳拾貳丁。共編審出丁貳百陸拾叁丁，欽遵康熙伍拾貳年叁月拾捌日恩詔，后遇編審之期，但據康熙伍拾年丁冊定為常額，永不加賦。

原額均徭銀柒千肆百捌拾肆兩柒錢貳分陸釐叁毫壹絲柒忽，內除荒銀肆拾兩肆錢伍分陸釐伍毫肆絲肆忽貳微玖纖肆塵柒渺伍漠陸沙柒洙壹涯，實徵銀柒千肆百肆拾肆兩貳錢陸分玖釐柒毫柒絲貳忽柒微伍塵貳渺肆漠叁沙貳洙玖涯。

康熙拾陸年清查自首出額外灘地，額徵均徭銀捌兩捌錢陸分貳釐貳毫。

以上實徵均徭共銀柒千肆百伍拾叁兩壹錢叁分壹釐玖毫柒絲貳忽柒微伍塵貳渺肆漠叁沙貳洙玖涯係按前項伍等地畝徵收，壹等金地每畝徵銀玖釐柒毫壹絲陸忽捌微柒纖貳塵貳渺；貳等銀地每畝徵銀捌釐貳毫叁絲陸忽叁微陸纖壹塵叁渺；叁等銅地每畝徵銀陸釐柒毫伍絲壹忽叁微貳纖肆渺；肆等錫地每畝徵銀伍釐貳毫肆絲壹忽叁微貳纖玖渺；伍等鐵地每畝徵銀叁釐叁毫陸絲玖忽肆微貳纖伍渺；又續收地每畝徵銀伍釐貳毫肆絲壹忽叁微玖纖肆塵玖渺。

外遇閏原額加徵銀柒百柒拾陸兩貳錢叁分陸毫陸絲捌忽，內除荒銀叁兩貳錢柒分伍釐伍毫叁絲伍忽壹微捌纖貳塵壹渺伍漠，實徵銀柒百柒拾貳兩玖錢伍分伍釐壹毫叁絲貳忽捌微壹纖柒塵捌渺伍漠。

額外徵收匠價銀壹百壹拾壹兩捌錢柒分。遇閏加銀玖兩叁錢貳分貳釐伍毫。

軍器鞘價銀貳兩貳錢肆分柒釐肆毫。

停免銀叁百壹拾陸兩伍錢貳分陸釐肆毫。

新增軍籍丁糧銀壹千肆百伍兩貳分陸毫玖絲捌微壹纖捌塵叁渺。

以上額外正閏伍項，前項地糧內徵解。

地、丁貳項並均徭及額外匠價等項，除優免丁銀外，額徵銀捌萬陸千叁拾伍兩陸錢捌分叁毫伍絲伍忽伍微肆纖貳塵肆渺，內除荒銀肆百叁拾柒兩叁錢肆分陸釐玖毫玖絲陸忽捌微玖塵捌渺玖漠壹沙陸涯，實徵銀捌萬伍千伍百玖拾捌兩叁錢叁分叁釐叁毫伍絲捌忽柒微叁纖貳塵伍渺捌沙玖洙肆涯。

外遇閏加徵銀柒百柒拾陸兩貳錢叁分陸毫陸絲捌忽，內除荒銀叁兩貳錢柒分伍釐伍毫叁絲伍忽壹微捌纖貳塵壹渺伍漠，實徵銀柒百柒拾貳兩玖錢伍分伍釐壹毫叁絲貳忽捌微壹纖柒塵捌渺伍漠。

又額外徵收匠價閏月銀玖兩叁錢貳分貳釐伍毫。

貳項共該銀柒百捌拾貳兩貳錢柒分柒釐陸毫叁絲貳忽捌微壹纖柒塵捌渺伍漠。

壹起運項下

原編起運糧石折價銀伍萬肆千玖拾壹兩壹錢肆分柒釐叁毫柒絲叁忽肆微肆纖肆塵玖渺，內除荒銀貳百玖拾貳兩叁錢柒分貳毫柒絲壹忽壹微玖纖貳渺貳漠柒沙陸洙肆涯陸洒，實徵起運銀伍萬叁千柒百玖拾捌兩柒錢柒分柒釐壹毫貳忽貳微伍纖肆塵陸渺柒漠貳沙叁洙伍涯肆洒。

節裁鹽鈔、抵祿、文職柴薪、藥味、牲口、軍器、鐵料、脚價壹動壹解、毛襖等項共銀壹千玖百捌拾壹兩貳錢伍分貳釐壹毫，內除荒銀柒兩肆錢玖分捌釐貳毫玖絲貳忽柒微叁纖捌塵陸渺陸漠捌沙貳洙柒涯貳洒，實起運銀壹千玖百柒拾叁兩柒錢伍分叁釐捌毫柒忽貳微陸纖壹塵叁渺叁漠壹沙柒洙貳涯捌洒。

舊編存留，內順治玖年裁扣各役工食銀貳百叁拾兩；拾貳年裁扣修宅、傢伙、傘扇銀叁百肆拾玖兩陸錢；拾肆年裁扣官生俸廩等項共銀壹千陸百玖拾叁兩柒錢捌分玖釐玖毫柒絲，原裁站銀肆百柒拾柒兩肆錢玖分肆釐玖忽捌微肆塵捌渺，原裁遞馬、損轎夫叁分裁壹，銀玖百貳拾玖兩陸錢叁分叁釐伍絲陸忽壹微肆纖伍塵肆渺。康熙元年裁吏書工食銀柒百叁拾叁兩貳錢，又裁靖邊道官俸食共銀叁百捌拾玖兩；叁年裁訓導、齋夫、門斗俸食共銀玖拾叁兩玖錢貳分；伍年裁司獄俸食共銀肆拾叁兩伍錢貳分；陸年裁河西道官俸食共銀肆百壹拾肆兩，雜費丁銀壹百捌拾肆兩柒錢肆分伍釐貳毫；拾伍年裁心紅紙張、都事俸食、修理監倉、喂馬草料、芒神土牛、歲季考生員花紅、各院司謁廟、倉廒、板蓆、紙劄、科舉盤纏、對讀生員、謄録書手等項共銀柒百柒拾叁兩柒錢貳分伍釐陸毫；貳拾柒年裁舉貢盤纏、舉人、進士牌花坊價等項共銀伍拾玖兩肆錢叁分捌釐捌毫柒絲柒忽。雍正陸年裁燈夫工食銀貳拾肆兩；拾貳年裁民壯工食銀壹百貳兩。乾隆柒年裁民壯工食銀伍拾肆兩；乾隆玖年奉裁均攤祭祀銀貳拾玖兩陸分伍釐；又玖年裁舖司銀玖拾壹兩貳錢，又舊編冗費裁剩解部銀伍百柒拾兩叁錢肆分叁釐貳毫叁絲玖忽陸微玖塵貳渺，又久缺檢校、門、皂、馬夫俸工銀陸拾玖兩壹錢壹分肆釐。

共裁歸起運銀柒千叁百壹拾壹兩柒錢捌分捌釐玖毫伍絲貳忽伍微伍纖玖塵肆渺，內除荒銀柒拾捌兩叁錢叁分柒釐肆毫捌絲捌忽柒微肆纖叁塵壹渺貳漠壹洙壹涯玖洒，實起運銀柒千貳百叁拾叁兩肆錢伍分壹釐肆毫陸絲叁忽捌微壹纖陸塵貳渺柒漠玖沙捌洙捌涯壹洒。

又溢額地並均徭及匠價、軍器、停免、新增軍籍丁糧等項共銀壹千玖百壹拾柒兩捌錢玖分玖釐伍毫玖絲捌微壹纖捌塵叁渺。

共該起運銀陸萬肆千玖百貳拾叁兩捌錢捌分壹釐玖毫陸絲肆忽壹微伍纖伍渺捌漠叁沙玖泆陸涯叁洒。

又收西、延、漢、興等府州，咸陽、石泉、褒城等州縣驛站抵餉銀貳千柒百捌拾伍兩捌錢叁分伍釐叁毫伍絲貳忽壹微貳纖貳塵壹渺。

又收額協臨、鞏貳府屬河州、會寧等州縣驛站抵餉銀壹萬貳千玖百壹拾壹兩玖錢陸分叁毫壹絲伍忽叁微捌纖伍塵。

又收存留內驛遞之差使甚少並題明請將驛站等事貳案內，共裁站銀壹千叁百貳拾叁兩壹錢柒分捌毫肆絲柒忽玖微玖纖貳塵肆渺捌漠。

又在於請做以糧載丁等事案內，通省以糧均丁增銀捌千壹百貳拾陸兩叁錢貳分叁毫玖絲壹忽叁微柒纖貳塵玖渺。

又收付送原文事案內，裁撥夫馬工料銀陸拾叁兩貳錢玖分柒釐壹毫陸絲陸忽叁微貳纖。

共該起運銀玖萬壹百叁拾肆兩肆錢陸分貳釐叁絲柒忽叁微肆纖叁塵陸漠叁沙玖泆陸涯叁洒，内除受協西、漢貳府屬白水、鳳縣站支兑留兵餉銀陸百叁拾捌兩伍錢捌分捌釐陸毫柒絲壹忽柒纖捌塵壹渺，實該銀捌萬玖千肆百玖拾伍兩捌錢柒分柒釐叁毫陸絲陸忽貳微陸纖肆塵玖渺陸漠叁沙玖泆陸涯叁洒，內留支加增撥補俸工銀捌錢叁分貳釐貳毫貳絲貳忽壹微捌纖捌塵陸渺壹漠捌沙捌涯叁洒，止該實起運銀捌萬玖千肆百玖拾伍兩肆分伍釐壹毫肆絲肆忽柒纖陸塵叁渺肆漠伍沙捌泆捌涯。

外遇閏存留，內玖年裁扣銀壹拾柒兩伍錢；拾肆年裁扣銀壹百叁拾叁兩貳分貳釐柒毫柒絲玖忽。康熙元年裁扣銀陸拾壹兩壹錢，又裁銀叁拾貳兩肆錢壹分陸釐陸毫；叁年裁扣銀柒兩捌錢貳分陸釐陸毫陸絲陸忽；伍年裁扣銀叁兩陸錢貳分陸釐陸毫；陸年裁扣銀叁拾肆兩肆錢玖分玖釐玖毫叁絲；拾伍年裁心紅紙張、喂馬草料銀貳拾貳兩柒錢肆分玖釐玖毫柒絲。雍正陸年裁燈夫工食銀貳兩；拾貳年裁民壯工食銀捌兩伍錢。乾隆柒年裁民壯工食銀肆兩伍錢；玖年裁舖司工食銀柒兩陸錢，又久缺檢校、門、皂、馬夫工食銀叁兩，又各官閏俸銀伍拾玖兩伍錢壹分伍釐玖毫貳絲叁忽。

共裁歸起運銀叁百玖拾柒兩捌錢伍分捌釐肆毫陸絲捌忽，內除荒銀壹兩陸錢玖分壹釐肆毫貳絲玖忽伍微貳纖叁塵肆漠貳沙貳泆伍涯叁洒，實徵銀叁百玖拾陸兩壹錢陸分柒釐叁絲捌忽肆微柒纖陸塵玖渺伍漠柒沙柒洙肆涯柒洒。

又額外匠價銀玖兩叁錢貳分貳釐伍毫。

貳項共銀肆百伍兩肆錢捌分玖釐伍毫叁絲捌忽肆微柒纖陸塵玖渺伍漠柒沙柒洙肆涯柒洒。

又收存留內驛遞之差使甚少並題明請將驛站等事貳案內，共裁站銀壹百貳兩壹錢。

又於請做以糧載丁等事案內，通省以糧均丁增銀貳百玖拾伍兩陸錢伍分叁釐貳毫肆忽捌微叁纖伍塵捌渺。

又收付送原文事案內，裁撥夫馬工料銀伍兩玖分貳釐伍毫肆絲壹忽陸微肆纖。

以上共該起運閏月銀捌百捌兩叁錢叁分伍釐貳毫捌絲肆忽玖微伍纖貳塵柒渺伍漠柒沙柒洙肆涯柒洒，內留支加增撥補廩膳、鋪司、孤貧銀壹拾貳兩陸錢柒分壹釐伍絲陸忽壹微肆纖陸塵捌渺貳漠；又除留支撥補俸工不敷銀捌釐壹毫柒絲肆忽捌微肆纖柒塵叁渺貳漠貳沙柒洙玖涯玖洒。止該銀柒百玖拾伍兩陸錢伍分陸釐伍絲叁忽玖微伍纖捌塵陸渺壹漠肆沙玖洙肆涯捌洒。

壹存留項下

原編存留銀貳萬柒百叁拾叁兩伍錢玖分貳釐叁毫叁絲捌忽柒微壹纖玖塵捌渺，內除荒銀伍拾玖兩壹錢肆分玖毫肆絲肆忽壹微叁纖柒塵捌渺柒漠伍沙貳涯叁洒，實存留銀貳萬陸百柒拾肆兩肆錢伍分壹釐叁毫玖絲肆忽伍微捌纖壹塵玖渺貳漠肆沙玖洙柒涯柒洒。

壹俸工項下

西安布政使俸薪銀壹百伍拾伍兩，內除荒銀陸錢伍分貳釐伍毫貳絲捌忽叁微壹纖伍塵伍渺，實徵支銀壹百伍拾肆兩叁錢肆分柒釐肆毫柒絲壹忽陸微捌纖肆塵伍渺，內均攤俸工銀柒拾壹兩壹錢陸分柒釐玖毫肆絲貳忽陸纖壹塵伍渺即留抵各員役俸工訖。

蘭州布政使俸薪銀壹百伍拾伍兩，內除荒銀陸錢伍分貳釐伍毫貳絲捌忽叁微壹纖伍塵伍渺，實徵支銀壹百伍拾肆兩叁錢肆分柒釐肆毫柒絲壹忽陸微捌纖肆塵伍渺，內均攤俸工銀柒拾壹兩壹錢陸分柒釐玖毫肆絲貳忽陸纖壹塵伍渺即留抵各員役俸工訖。

經歷壹員，額支俸薪銀陸拾兩，內除荒撥補銀貳錢捌分貳釐伍毫玖絲壹忽陸微陸塵，實徵支銀伍拾玖兩柒錢壹分柒釐肆毫捌忽叁微玖纖肆塵。

理問壹員，額支俸薪銀陸拾兩，內除荒撥補銀貳錢捌分貳釐伍毫玖絲壹忽陸微陸塵，實徵支銀伍拾玖兩柒錢壹分柒釐肆毫捌忽叁微玖纖肆塵。

蘭州布政司照磨壹員，額支俸薪銀肆拾兩，內除荒撥補銀壹錢玖分捌釐叁毫玖絲肆忽肆微肆塵，實徵支銀叁拾玖兩捌錢壹釐陸毫伍忽伍微玖纖陸塵。

廣積庫大使壹員，額支俸薪銀叁拾壹兩伍錢貳分，內除荒撥補銀壹錢叁分貳釐陸毫玖絲肆忽柒微玖纖叁渺柒漠貳沙，實徵支銀叁拾壹兩叁錢捌分柒釐叁毫伍忽貳微玖塵陸渺貳漠捌沙。外撥補按品不敷俸薪銀捌兩肆錢捌分。

蘭州布政司庫大使壹員，額支俸薪銀叁拾壹兩伍錢貳分，內除荒撥補銀壹錢叁分貳釐陸毫玖絲肆忽柒微玖纖叁渺柒漠貳沙，實徵支銀叁拾壹兩叁錢捌分柒釐叁毫伍忽貳微玖塵陸渺貳漠捌渺。

知縣俸薪銀肆拾伍兩，內除荒銀壹錢捌分玖釐肆毫肆絲叁忽肆微肆纖陸塵貳渺，實徵支銀肆拾肆兩捌錢壹分伍毫伍絲陸忽伍微伍纖叁塵捌渺，內均攤俸工銀貳拾兩陸錢陸分壹釐陸毫陸絲伍微玖纖捌塵伍渺即留抵各員役俸工訖。

縣丞壹員，額支俸薪銀肆拾兩，內除荒撥補銀壹錢玖分捌釐叁毫玖絲肆忽肆微肆塵，實徵支銀叁拾玖兩捌錢壹釐陸毫伍忽伍微玖纖陸塵。

典史壹員，額支俸薪銀叁拾壹兩伍錢貳分，內除荒撥補銀壹錢叁分貳釐陸毫玖絲肆忽柒微玖纖柒渺柒漠貳沙，實徵支銀叁拾壹兩叁錢捌分柒釐叁毫伍忽貳微玖塵貳渺貳漠捌沙。

教諭、訓導貳員，額支俸薪銀叁拾壹兩伍錢貳分，內除荒撥補銀壹錢叁分貳釐陸毫玖絲肆忽柒微玖纖柒渺柒漠貳沙，實徵支銀叁拾壹兩叁錢捌分柒釐叁毫伍忽貳微玖塵貳渺貳漠捌沙，外撥補全俸銀肆拾捌兩肆錢捌分。

西安布政司衙門

門子肆名，每名歲支工食銀陸兩，共支銀貳拾肆兩，內除荒撥補銀壹錢壹釐叁絲陸忽捌微肆纖貳塵肆渺，實徵支銀貳拾叁兩捌錢玖分捌釐玖毫陸絲叁忽壹微伍纖柒塵陸渺。遇閏加銀貳兩，內除荒銀捌釐肆毫壹絲玖忽柒微貳纖貳渺，實徵支銀壹兩玖錢玖分壹釐伍毫捌絲貳微柒纖玖塵捌渺。

皂隸壹拾貳名，每名歲支工食銀陸兩，共支銀柒拾貳兩，内除荒撥補銀叁錢叁釐壹毫玖忽玖微貳纖柒塵貳渺，實徵支銀柒拾壹兩陸錢玖分陸釐捌毫玖絲柒纖貳塵捌渺。遇閏加銀陸兩，内除荒銀貳分伍釐貳毫伍絲玖忽壹微陸纖陸渺，實徵支銀伍兩玖錢柒分肆釐柒毫肆絲捌微叁纖玖塵肆渺。

轎傘扇夫柒名，每名歲支工食銀陸兩，共支銀肆拾貳兩，内除荒撥補銀壹錢柒分陸釐捌毫壹絲肆忽壹微貳纖肆塵貳渺，實徵支銀肆拾壹兩捌錢貳分叁釐壹毫捌絲伍忽捌微柒纖伍塵捌渺。遇閏加銀叁兩伍錢，内除荒銀壹分肆釐柒毫叁絲肆忽伍微壹纖肆渺，實徵支銀叁兩肆錢捌分伍釐貳毫陸絲伍忽肆微捌纖玖塵陸渺。

快手壹拾貳名，每名歲支工食銀陸兩，共支銀柒拾貳兩，内除荒撥補銀叁錢叁釐壹毫玖忽玖微貳纖柒塵貳渺，實徵支銀柒拾壹兩陸錢玖分陸釐捌毫玖絲柒纖貳塵捌渺。遇閏加銀陸兩，内除荒銀貳分伍釐貳毫伍絲玖忽壹微陸纖陸渺，實徵支銀伍兩玖錢柒分肆釐柒毫肆絲捌微叁纖玖塵肆渺。

聽事吏肆名，每名歲支工食銀陸兩，共支銀貳拾肆兩，内除荒撥補銀壹錢壹釐叁絲陸忽陸微肆纖貳塵肆渺，實徵支銀貳拾叁兩捌錢玖分捌釐玖毫陸絲叁忽叁微伍纖柒塵陸渺。遇閏加銀貳兩，内除荒銀捌釐肆毫壹絲玖忽柒微貳纖貳渺，實徵支銀壹兩玖錢玖分壹釐伍毫捌絲貳微柒纖玖塵捌渺。

舖兵貳名，每名歲支工食銀陸兩，共支銀壹拾貳兩，内除荒撥補銀伍分伍毫壹絲捌忽伍微柒纖壹塵貳渺，實徵支銀壹拾壹兩玖錢肆分玖釐肆毫捌絲壹忽肆微貳纖捌塵捌渺。遇閏加銀壹兩，内除荒銀肆釐貳毫玖忽捌微陸纖壹渺，實徵支銀玖錢玖分伍釐柒毫玖絲壹微叁纖玖塵玖渺 。

庫子壹拾名，每名歲支工食銀陸兩，共支銀陸拾兩，内除荒撥補銀貳錢伍分貳釐伍毫玖絲壹忽陸微陸塵，實徵支銀伍拾玖兩柒錢肆分柒釐肆毫捌忽叁微玖纖肆塵。遇閏加銀伍兩，内除荒銀貳分壹釐柒毫肆微肆纖叁塵，實徵支銀肆兩玖錢柒分捌釐貳毫玖絲玖忽伍微伍纖柒塵。

蘭州布政司衙門

門子貳名，每名歲支工食銀陸兩，共支銀壹拾貳兩，内除荒撥補銀伍分伍毫壹絲捌忽叁微貳纖壹塵貳渺，實徵支銀壹拾壹兩玖錢肆分玖釐肆毫捌絲壹忽陸微柒纖捌塵捌渺。遇閏加銀壹兩，内除荒銀肆釐貳毫玖忽捌微陸纖壹渺，實徵支銀玖錢玖分伍釐柒毫玖絲壹微叁纖玖塵玖渺。

快手陸名，每名歲支工食銀陸兩，共支銀叁拾陸兩，內除荒撥補銀壹錢伍分壹釐伍毫伍絲肆忽玖微陸纖叁塵陸渺，實徵支銀叁拾伍兩捌錢肆分捌釐肆毫肆絲伍忽叁纖陸塵肆渺。遇閏加銀叁兩，內除荒銀壹分貳釐陸毫貳絲玖忽伍微捌纖叁渺，實徵支銀貳兩玖錢捌分柒釐叁毫柒絲肆微壹纖玖塵柒渺。

皂隸壹拾貳名，每名歲支工食銀陸兩，共支銀柒拾貳兩，內除荒撥補銀叁錢叁釐壹毫玖忽玖微貳纖柒塵貳渺，實徵支銀柒拾壹兩陸錢玖分陸釐捌毫玖絲柒纖貳塵捌渺。遇閏加銀陸兩，內除荒銀貳分伍釐貳毫伍絲玖忽壹微陸纖陸渺，實徵支銀伍兩玖錢柒分肆釐柒毫肆絲捌微叁纖玖塵肆渺。

轎傘扇夫柒名，每名歲支工食銀陸兩，共支銀肆拾貳兩，內除荒撥補銀壹錢柒分陸釐捌毫壹絲肆忽壹微貳纖肆塵貳渺，實徵支銀肆拾壹兩捌錢貳分叁釐壹毫捌絲伍忽捌微柒纖伍塵捌渺。遇閏加銀叁兩伍錢，內除荒銀壹分肆釐柒毫叁絲肆忽伍微壹纖肆渺，實徵支銀叁兩肆錢捌分伍釐貳毫陸絲伍忽肆微捌纖玖塵陸渺。

聽事吏貳名，每名歲支工食銀陸兩，共支銀壹拾貳兩，內除荒撥補銀伍分伍毫壹絲捌忽叁微貳纖壹塵貳渺，實徵支銀壹拾壹兩玖錢肆分玖釐肆毫捌絲壹忽陸微柒纖捌塵捌渺。遇閏加銀壹兩，內除荒銀肆釐貳毫玖忽捌微陸纖壹渺，實徵支銀玖錢玖分伍釐柒毫玖絲壹微叁纖玖塵玖渺。

舖司貳名，每名歲支工食銀陸兩，共支銀壹拾貳兩，內除荒撥補銀伍分伍毫壹絲捌忽伍微柒纖壹塵貳渺，實徵支銀壹拾壹兩玖錢肆分玖釐肆毫捌絲壹忽肆微貳纖捌塵捌渺。遇閏加銀壹兩，內除荒銀肆釐貳毫玖忽捌微陸纖壹渺，實徵支銀玖錢玖分伍釐柒毫玖絲壹微叁纖玖塵玖渺。

經歷衙門

門子壹名，歲支工食銀陸兩，內除荒撥補銀貳分伍釐貳毫伍絲玖忽壹微陸纖陸渺，實徵支銀伍兩玖錢柒分肆釐柒毫肆絲捌微叁纖玖塵肆渺。遇閏加銀伍錢，內除荒銀貳釐壹毫肆忽玖微叁纖壹渺，實徵支銀肆錢玖分柒釐捌毫玖絲伍忽陸纖玖塵玖渺。

皂隸肆名，每名歲支工食銀陸兩，共支銀貳拾肆兩，內除荒撥補銀壹錢壹釐叁絲陸忽陸微肆纖貳塵肆渺，實徵支銀貳拾叁兩捌錢玖分捌釐玖毫陸絲叁忽叁微伍纖柒塵陸渺。遇閏加銀貳兩，內除荒銀捌釐肆毫壹絲玖忽柒微貳纖貳渺，實徵支銀壹兩玖錢玖分壹釐伍毫捌絲貳微柒纖玖塵捌渺。

馬夫壹名，歲支工食銀陸兩，內除荒撥補銀貳分伍釐貳毫伍絲玖忽壹微陸纖陸渺，實徵支銀伍兩玖錢柒分肆釐柒毫肆絲捌微叁纖玖塵肆渺。遇閏加銀伍錢，內除荒銀貳釐壹毫肆忽玖微叁纖壹渺，實徵支銀肆錢玖分柒釐捌毫玖絲伍忽陸纖玖塵玖渺。

理問衙門

門子壹名，歲支工食銀陸兩，內除荒撥補銀貳分伍釐貳毫伍絲玖忽壹微陸纖陸渺，實徵支銀伍兩玖錢柒分肆釐柒毫肆絲捌微叁纖玖塵肆渺。遇閏加銀伍錢，內除荒銀貳釐壹毫肆忽玖微叁纖壹渺，實徵支銀肆錢玖分柒釐捌毫玖絲伍忽陸纖玖塵玖渺。

皂隸肆名，每名歲支工食銀陸兩，共支銀貳拾肆兩，內除荒撥補銀壹錢壹釐叁絲陸忽陸微肆纖貳塵肆渺，實徵支銀貳拾叁兩捌錢玖分捌釐玖毫陸絲叁忽叁微伍纖柒塵陸渺。遇閏加銀貳兩，內除荒銀捌釐肆毫壹絲玖忽柒微貳纖貳渺，實徵支銀壹兩玖錢玖分壹釐伍毫捌絲貳微柒纖玖塵捌渺。

馬夫壹名，歲支工食銀陸兩，內除荒撥補銀貳分伍釐貳毫伍絲玖忽壹微陸纖陸渺，實徵支銀伍兩玖錢柒分肆釐柒毫肆絲捌微叁纖玖塵肆渺。遇閏加銀伍錢，內除荒銀貳釐壹毫肆忽玖微叁纖壹渺，實徵支銀肆錢玖分柒釐捌毫玖絲伍忽陸纖玖塵玖渺。

藩司照磨衙門

門子壹名，歲支工食銀陸兩，內除荒撥補銀貳分伍釐貳毫伍絲玖忽壹微陸纖陸渺，實徵支銀伍兩玖錢柒分肆釐柒毫肆絲捌微叁纖玖塵肆渺。遇閏加銀伍錢，內除荒銀貳釐壹毫肆忽玖微叁纖壹渺，實徵支銀肆錢玖分柒釐捌毫玖絲伍忽陸纖玖塵玖渺。

皂隸肆名，每名歲支工食銀陸兩，共支銀貳拾肆兩，內除荒撥補銀壹錢壹釐叁絲陸忽陸微肆纖貳塵肆渺，實徵支銀貳拾叁兩捌錢玖分捌釐玖毫陸絲叁忽叁微伍纖柒塵陸渺。遇閏加銀貳兩，內除荒銀捌釐肆毫壹絲玖忽柒微貳纖貳渺，實徵支銀壹兩玖錢玖分壹釐伍毫捌絲貳微柒纖玖塵捌渺。

馬夫壹名，歲支工食銀陸兩，內除荒撥補銀貳分伍釐貳毫伍絲玖忽壹微陸纖陸纖陸渺，實徵支銀伍兩玖錢柒分肆釐柒毫肆絲捌微叁纖玖塵肆渺。遇閏加銀伍錢，內除荒銀貳釐壹毫肆忽玖微叁纖壹渺，實徵支銀肆錢玖分柒釐捌毫玖絲伍忽陸纖玖塵玖渺。

廣積庫大使衙門

皂隸壹名，歲支工食銀陸兩，內除荒撥補銀貳分柒釐伍毫玖絲壹忽玖微伍纖柒塵伍渺伍漠，實徵支銀伍兩玖錢柒分貳釐肆毫捌忽肆纖貳塵肆渺伍漠。遇閏加銀伍錢，內除荒銀貳釐壹毫肆忽玖微叁纖壹渺，實徵支銀肆錢玖分柒釐捌毫玖絲伍忽陸纖玖塵玖渺。

蘭司庫大使衙門

皂隸壹名，歲支工食銀陸兩，內除荒撥補銀貳分柒釐伍毫玖絲壹忽玖微伍纖柒塵伍渺伍漠，實徵支銀伍兩玖錢柒分貳釐肆毫捌忽肆纖貳塵肆渺伍漠。遇閏加銀伍錢，內除荒銀貳釐壹毫肆忽玖微叁纖壹渺，實徵支銀肆錢玖分柒釐捌毫玖絲伍忽陸纖玖塵玖渺。

知縣衙門

門子貳名。每名歲支工食銀陸兩，共支銀壹拾貳兩，內除荒撥補銀伍分伍毫壹絲捌忽叁微貳纖壹塵貳渺，實徵支銀壹拾壹兩玖錢肆分玖釐肆毫捌絲壹忽陸微柒纖捌塵捌渺。遇閏加銀壹兩，內除荒銀肆釐貳毫玖忽捌微陸纖貳渺，實徵支銀玖錢玖分伍釐柒毫玖絲壹微叁纖玖塵玖渺。

皂隸、仵作壹拾陸名，每名歲支工食銀陸兩，共支銀玖拾陸兩，內除荒撥補銀肆錢肆釐壹毫肆絲陸忽伍微陸纖玖塵陸渺，實徵支銀玖拾伍兩伍錢玖分伍釐捌毫伍絲叁忽肆微叁纖肆渺。遇閏加銀捌兩，內除荒銀叁分叁釐捌毫柒絲肆忽貳微貳纖叁塵柒渺，實徵支銀柒兩玖錢陸分陸釐壹毫貳絲肆忽柒微柒纖陸塵叁渺。

馬快捌名，每名歲支工食草料銀壹拾陸兩捌錢，共支銀壹百叁拾肆兩肆錢，內除荒撥補銀伍錢陸分伍釐捌毫伍忽壹微玖纖柒塵肆渺肆漠，實徵支銀壹百叁拾叁兩捌錢叁分肆釐壹毫玖絲肆忽玖微貳塵伍渺陸漠。遇閏加銀壹拾壹兩貳錢，內除荒銀肆分柒釐壹毫伍絲肆微叁纖叁塵貳漠，實徵支銀壹拾壹兩壹錢伍分貳釐捌毫肆絲玖忽伍微陸纖陸塵玖渺捌漠。

民壯貳拾肆名，每名歲支工食銀陸兩，共支銀壹百肆拾肆兩，內除荒撥補銀陸錢陸釐貳毫柒絲壹忽玖微肆纖伍塵捌渺肆漠，實徵支銀壹百肆拾叁兩叁錢玖分叁釐柒毫貳絲捌忽伍纖肆塵壹渺陸漠。遇閏加銀壹拾貳兩，內除荒銀伍分伍毫壹絲捌忽叁微貳纖壹塵捌渺，實徵支銀壹拾壹兩玖錢肆分玖釐肆毫捌絲壹忽陸微柒纖捌塵貳渺遇閏之年扣解充餉。

看監禁卒捌名，每名歲支工食銀陸兩，共支銀肆拾捌兩，內除荒撥補銀貳錢貳釐柒絲叁忽貳微捌纖肆塵捌渺，實徵支銀肆拾柒兩柒錢玖分柒釐玖毫貳絲陸忽柒微壹纖伍塵貳渺。外每名加增銀貳兩，共增銀壹拾陸两。遇閏加銀肆兩，內除荒銀壹分壹釐捌毫叁絲玖忽肆微肆纖肆渺，實徵支銀叁兩玖錢捌分叁釐壹毫陸絲伍微伍纖玖塵陸渺。

轎傘扇夫柒名，每名歲支工食銀陸兩，共支銀肆拾貳兩，內除荒撥補銀壹錢柒分陸釐捌毫壹絲肆忽壹微貳纖肆塵貳渺，實徵支銀肆拾壹兩捌錢貳分叁釐壹毫捌絲伍忽捌微柒纖伍塵捌渺。遇閏加銀叁兩伍錢，內除荒銀壹分肆釐柒毫叁絲肆忽伍微壹纖伍渺，實徵支銀叁兩肆錢捌分伍釐貳毫陸絲伍忽肆微捌纖玖塵伍渺。

庫子肆名，每名歲支工食銀陸兩，共支銀貳拾肆兩，內除荒撥補銀壹錢壹釐叁絲陸忽陸微肆纖貳塵肆渺，實徵支銀貳拾叁兩捌錢玖分捌釐玖毫陸絲叁忽叁微伍纖柒塵陸渺。遇閏加銀貳兩，內除荒銀捌釐肆毫壹絲玖忽柒微貳纖貳渺，實徵支銀壹兩玖錢玖分壹釐伍毫捌絲貳微柒纖玖塵捌渺。

斗級肆名，每名歲支工食銀陸兩，共支銀貳拾肆兩，內除荒撥補銀壹錢壹釐叁絲陸忽陸微肆纖貳塵肆渺，實徵支銀貳拾叁兩捌錢玖分捌釐玖毫陸絲叁忽叁微伍纖柒塵陸渺。遇閏加銀貳兩，內除荒銀捌釐肆毫壹絲玖忽柒微貳纖貳渺，實徵支銀壹兩玖錢玖分壹釐伍毫捌絲貳微柒纖玖塵捌渺。

永豐倉斗級貳名，每名歲支工食銀壹拾兩陸錢陸分陸釐陸毫伍絲，共銀貳拾壹兩叁錢叁分叁釐叁毫，內除荒撥補銀捌分玖釐捌毫叁忽貳微叁纖伍塵捌渺貳漠叁沙捌洙，實徵支銀貳拾壹兩貳錢肆分叁釐肆毫玖絲陸忽柒微陸纖肆塵壹渺柒漠陸沙貳洙。遇閏加銀壹兩柒錢柒分柒釐柒毫柒絲，內除荒銀柒釐伍毫玖絲伍忽貳微壹纖捌塵貳渺玖漠捌沙貳洙貳涯貳洒，實徵支銀壹兩柒錢柒分壹毫柒絲肆忽柒微捌纖壹塵柒渺壹沙柒洙柒涯捌洒。

舖兵貳拾壹名，每名歲支工食銀肆兩捌錢，共支銀壹百兩捌錢，內除荒銀肆錢貳分肆釐叁毫伍絲叁忽捌微玖纖捌塵壹渺貳漠，實徵支銀壹百兩叁錢柒分伍釐陸毫肆絲陸忽壹微壹塵捌渺捌漠，外加增撥補銀貳拾伍兩陸錢貳分肆釐叁毫伍絲叁忽捌微玖纖捌塵壹渺貳漠。遇閏加銀捌兩肆錢，內除荒銀肆分伍釐捌毫陸絲貳忽捌微貳纖肆塵捌渺陸漠，實徵支銀捌兩叁錢伍分肆釐壹毫叁絲柒忽壹微柒纖伍塵壹渺肆漠。外加增撥補銀貳兩壹錢肆分伍釐捌毫陸絲貳忽捌微貳纖肆塵捌渺陸漠。

鐘鼓夫伍名，每名歲支工食銀貳兩肆錢，共支銀壹拾貳兩，內除荒撥補銀伍分肆毫伍絲叁忽陸微捌纖肆塵貳渺，實徵支銀壹拾壹兩玖錢肆分玖釐伍毫肆絲陸忽叁微壹纖伍塵捌渺。遇閏加銀壹兩，內除荒銀肆釐壹毫肆絲肆忽柒微肆纖伍塵捌渺，實徵支銀玖錢玖分伍釐捌毫伍絲伍忽貳微伍纖肆塵貳渺。

縣丞衙門

門子壹名，歲支工食銀陸兩，內除荒撥補銀貳分伍釐貳毫伍絲玖忽壹微陸纖陸渺，實徵支銀伍兩玖錢柒分肆釐柒毫肆絲捌微叁纖玖塵肆渺。遇閏加銀伍錢，內除荒銀貳釐壹毫肆忽玖微叁纖壹渺，實徵支銀肆錢玖分柒釐捌毫玖絲伍忽陸纖玖塵玖渺。

皂隸肆名，每名歲支工食銀陸兩，共支銀貳拾肆兩，內除荒撥補銀壹錢壹釐叁絲陸忽陸微肆纖貳塵肆渺，實徵支銀貳拾叁兩捌錢玖分捌釐玖毫陸絲叁忽叁微伍纖柒塵陸渺。遇閏加銀貳兩，內除荒銀捌釐肆毫壹絲玖忽柒微貳纖貳渺，實徵支銀壹兩玖錢玖分壹釐伍毫捌絲貳微柒纖玖塵捌渺。

馬夫壹名，歲支工食銀陸兩，內除荒撥補銀貳分伍釐貳毫伍絲玖忽壹微陸纖陸渺，實徵支銀伍兩玖錢柒分肆釐柒毫肆絲捌微叁纖玖塵肆渺。遇閏加銀伍錢，內除荒銀貳釐壹毫肆忽玖微叁纖壹渺，實徵支銀肆錢玖分柒釐捌毫玖絲伍忽陸纖玖塵玖渺。

典史衙門

門子壹名，歲支工食銀陸兩，內除荒撥補銀貳分伍釐貳毫伍絲玖忽壹微陸纖陸渺，實徵支銀伍兩玖錢柒分肆釐柒毫肆絲捌微叁纖玖塵肆渺。遇閏加銀伍錢，內除荒銀貳釐壹毫肆忽玖微叁纖壹渺，實徵支銀肆錢玖分柒釐捌毫玖絲伍忽陸纖玖塵玖渺。

皂隸肆名，每名歲支工食銀陸兩，共支銀貳拾肆兩，內除荒撥補銀壹錢壹釐叁絲陸忽陸微肆纖貳塵肆渺，實徵支銀貳拾叁兩捌錢玖分捌釐玖毫陸絲叁忽叁微伍纖柒塵陸渺。遇閏加銀貳兩，內除荒銀捌釐肆毫壹絲玖忽柒微貳纖貳渺，實徵支銀壹兩玖錢玖分壹釐伍毫捌絲貳微柒纖玖塵捌渺。

馬夫壹名，歲支工食銀陸兩，內除荒撥補銀貳分伍釐貳毫伍絲玖忽壹微陸纖陸渺，實徵支銀伍兩玖錢柒分肆釐柒毫肆絲捌微叁纖玖塵肆渺。遇閏加銀伍錢，內除荒銀貳釐壹毫肆忽玖微叁纖壹渺，實徵支銀肆錢玖分柒釐捌毫玖絲伍忽陸纖玖塵玖渺。

教職衙門

齋夫叁名，每名歲支工食銀壹拾貳兩，共支銀叁拾陸兩，內除荒撥補銀壹錢伍分壹釐伍毫伍絲肆忽玖微陸纖叁塵陸渺，實徵支銀叁拾伍兩捌錢肆分捌釐肆毫肆絲伍忽叁纖陸塵肆渺。遇閏加銀叁兩，內除荒銀壹分貳釐陸毫貳絲玖忽伍微捌纖叁渺，實徵支銀貳兩玖錢捌分柒釐叁毫柒絲肆微壹纖玖塵柒渺。

膳夫貳名，額支工食銀壹拾叁兩叁錢叁分叁釐叁毫叁絲，內除荒撥補銀伍分陸釐壹毫貳絲柒忽陸微捌纖陸塵伍渺貳漠叁沙捌洙，實徵支銀壹拾叁兩貳錢柒分柒釐貳毫貳忽叁微壹纖叁塵肆渺柒漠陸沙貳洙係廩生支領。遇閏加銀壹兩壹錢壹分壹釐壹毫，內除荒撥補銀肆釐陸毫柒絲叁忽玖微捌纖柒渺玖漠柒沙肆洙陸涯，實徵支銀壹兩壹錢陸釐肆毫貳絲陸忽壹纖貳塵貳渺貳沙伍洙肆涯係廩生支領。

門斗叁名，每名歲支工食銀柒兩貳錢，共支銀貳拾壹兩陸錢，內除荒撥補銀玖分玖毫叁絲貳忽玖微陸纖柒塵貳渺陸漠，實徵支銀貳拾壹兩伍錢玖釐陸絲柒忽叁纖貳塵柒渺肆漠。遇閏加銀壹兩捌錢，內除荒銀柒釐伍毫柒絲柒忽陸微捌纖壹塵捌漠，實徵支銀壹兩柒錢玖分貳釐肆毫貳絲貳忽叁微壹纖捌塵玖渺貳漠。

廩生貳拾名，每名歲支月糧銀叁兩貳錢，共支銀陸拾肆兩，內除荒撥補銀貳錢陸分玖釐肆毫叁絲壹忽肆纖陸塵肆渺，實徵支銀陸拾叁兩柒錢叁分伍毫陸絲捌忽玖微伍纖叁塵陸渺。遇閏加銀伍兩叁錢叁分叁釐叁毫叁絲，內除荒撥補銀貳分貳釐肆毫伍絲貳忽伍微叁塵肆渺玖漠玖沙貳洙叁涯捌洒，實徵支銀伍兩叁錢壹分捌毫柒絲柒忽肆微玖纖陸塵伍渺柒洙陸涯貳洒。

以上俸工項下，除廪生、膳夫貳欵照常支發外，其餘官役俸工於道光貳拾叁年奉文，均以貳兩平支放，每兩減平銀陸分，其減平銀兩，每年批解部庫交納，理合登明。

壹雜支項下

春秋貳季致祭文廟及各壇祠並無祀鬼魂品物等項共銀柒拾叁兩伍錢叁分伍釐，內除荒銀壹錢捌分陸釐壹毫柒絲肆忽捌微叁纖貳渺伍漠伍沙玖洙肆涯，實徵支銀柒拾叁兩叁錢肆分捌釐貳絲伍忽壹微陸纖玖塵柒渺肆漠肆沙陸涯。

外撥補不敷銀貳釐伍毫柒絲陸忽叁微陸纖壹渺壹沙。

祭旗纛并犒賞民壯銀叁兩，內除荒銀壹分貳釐陸毫貳絲玖忽陸微伍纖叁渺，實徵支銀貳兩玖錢捌分柒釐叁毫柒絲叁微肆纖玖塵柒渺。

鄉飲銀伍兩，內除荒銀貳分壹釐肆絲玖忽叁微伍渺，實徵支銀肆兩玖錢柒分捌釐玖毫伍絲陸微玖纖玖塵伍渺。

解布政司紙劄銀壹錢柒分，內除荒銀伍毫肆絲肆忽陸微叁纖伍塵捌渺陸漠貳沙，實徵支銀壹錢陸分玖釐肆毫伍絲伍忽叁微陸纖肆塵壹渺叁漠捌沙。

以上鄉飲、紙劄貳欵於道光貳拾叁年奉文裁汰，其徵收銀兩，每年批解部庫交納，理合登明。

壹孤貧項下

孤貧叁拾伍名口，每名歲支月糧銀貳兩捌錢柒分柒釐柒毫，共支銀壹百兩柒錢貳分，內除荒銀肆錢貳分肆釐捌毫陸絲肆微捌纖陸塵捌渺貳漠，實徵支銀壹百兩貳錢玖分伍釐壹毫叁絲玖忽伍微壹纖叁塵壹渺捌漠。外加增銀貳拾伍兩柒錢肆釐捌毫陸絲肆微捌纖陸塵捌渺貳漠。孤貧布花銀壹拾柒兩伍錢，內除荒銀柒分叁釐陸毫柒絲貳忽肆微陸纖，肆塵貳渺。遇閏加增銀壹拾兩伍錢，實徵支銀壹拾柒兩肆錢貳分陸釐叁毫貳絲柒忽伍微叁纖伍塵捌渺。

壹驛站項下

鞏昌府站銀叁千陸百肆拾壹兩伍錢伍釐玖毫玖絲壹微玖纖伍塵貳渺；臨洮府站銀壹萬陸百玖拾柒兩肆錢；宜祿所站銀壹千貳百叁拾叁兩捌錢貳分伍釐伍毫伍絲柒忽柒微；宜祿驛支直銀壹百貳拾陸兩柒錢捌分叁釐伍毫陸絲；漆水驛站銀壹百玖拾叁兩壹錢伍分壹釐壹毫肆絲貳忽叁微；白渠驛支直銀肆拾肆兩肆錢壹分壹釐壹毫伍絲肆忽陸微柒纖；永安驛支直銀壹百肆拾兩壹錢壹分壹釐壹

毫捌絲；郚城驛支直銀壹百捌兩壹錢壹分壹釐肆毫；京兆驛支直銀柒兩壹錢柒分叁毫；咸陽所驛站銀貳拾捌兩伍錢捌分叁釐肆毫捌絲；宜祿驛改兌臨洮府站銀貳拾兩柒錢。共銀壹萬陸千貳百肆拾壹兩柒錢伍分叁釐柒毫陸絲肆忽捌微陸纖伍塵貳渺，內除荒銀肆拾兩貳錢貳分玖釐肆毫叁絲叁忽伍微肆纖陸塵貳渺捌漠壹沙貳洒，實徵銀壹萬陸千貳百壹兩伍錢貳分肆釐叁毫叁絲壹忽叁微壹纖捌塵玖渺壹漠捌沙玖洙玖涯捌洒，內除額協並裁站銀壹萬伍千陸百壹拾壹兩陸錢叁分捌釐陸絲肆忽捌微陸纖伍塵貳渺；又除田沒糧賠並遵旨詳查議奏等事貳案內，撥補豁免不敷驛站夫馬工料銀捌兩玖錢壹分貳毫陸絲肆忽玖微叁纖肆塵貳渺。實支銀伍百捌拾兩玖錢柒分陸釐壹忽伍微壹纖玖塵伍渺壹漠捌沙玖洙玖涯捌洒。

外撥補不敷銀陸錢玖分肆釐捌毫叁絲貳微貳塵伍渺捌漠壹沙貳洒。

貳項共銀伍百捌拾壹兩陸錢柒分捌毫叁絲壹忽柒微貳纖貳塵壹渺。

外遇閏又除撥補豁免不敷驛站夫馬工料銀壹兩肆分伍釐玖毫貳絲叁忽捌纖玖塵叁渺。

走遞馬叁拾陸匹，額支工食草料銀柒百貳拾叁兩柒分貳釐陸毫陸絲肆忽壹微叁塵貳渺；走遞腳力叁拾頭，額支工食草料銀捌百貳拾捌兩；損轎夫陸拾捌名，額支工食銀肆百捌兩捌錢玖分肆釐貳毫柒絲玖忽柒微伍纖壹塵肆渺，原增損轎夫壹拾柒名，額支工食銀壹百柒拾叁兩肆錢。共銀貳千壹百叁拾叁兩叁錢陸分陸釐玖毫肆絲叁忽捌微伍纖肆塵陸渺，內除荒銀捌兩玖錢捌分柒毫伍絲柒忽壹微伍纖貳塵陸漠肆洙捌涯壹洒，實徵銀貳千壹百貳拾肆兩叁錢捌分陸釐壹毫捌絲陸忽柒微貳塵伍渺叁漠玖沙伍洙壹涯玖洒。

又收受協銀陸百叁拾捌兩伍錢捌分捌釐陸毫柒絲壹忽柒纖捌塵壹渺。

又收田沒糧賠並遵旨詳查議奏事貳案內，撥補豁免不敷夫馬工料銀捌兩玖錢壹分貳毫陸絲肆忽玖微叁纖肆塵貳渺

叁項共銀貳千柒百柒拾壹兩捌錢捌分伍釐壹毫貳絲貳忽柒微壹纖肆塵捌渺叁漠玖沙伍洙壹涯玖洒，內除額協並裁站裁撥銀壹千肆百柒拾貳兩陸錢貳分伍釐陸毫壹絲陸忽玖微伍纖肆塵叁渺捌漠，實支銀壹千貳百玖拾玖兩貳錢伍分玖釐伍毫伍忽柒微陸纖肆渺伍漠玖沙伍洙壹涯玖洒。

外撥補不敷銀陸分玖釐玖毫貳絲玖忽柒微伍纖柒塵玖渺陸漠肆洙捌涯壹洒。

貳項共銀壹千貳百玖拾玖兩叁錢貳分玖釐肆毫叁絲伍忽伍微壹纖捌塵肆渺貳漠。

外遇閏加走遞馬銀壹百壹拾肆兩；走遞脚力銀陸拾玖兩；損轎夫銀伍拾柒兩捌錢，原增損轎夫銀壹拾肆兩肆錢伍分。共銀貳百伍拾伍兩貳錢伍分，內除荒銀壹兩伍分肆釐叁毫捌絲玖忽柒微叁纖貳塵叁渺貳漠貳沙柒洙貳涯柒洒，實徵銀貳百伍拾肆兩壹錢玖分伍釐陸毫壹絲貳微陸纖柒塵陸渺柒漠柒沙貳洙柒涯叁洒。

又收撥補豁免不敷驛站夫馬工料銀壹兩肆分伍釐玖毫貳絲叁忽捌纖玖塵叁渺。

又收撥補豁免不敷夫馬工料銀捌釐壹毫柒絲肆忽捌微肆纖柒塵叁渺貳漠貳沙柒洙玖涯玖洒。

叁項共銀貳百伍拾伍兩貳錢肆分玖釐柒毫捌忽貳微肆塵叁渺柒涯貳洒，內除裁站並裁撥銀壹百柒兩壹錢玖分貳釐伍毫肆絲壹忽陸微肆纖，實支銀壹百肆拾捌兩伍分柒釐壹毫陸絲陸忽伍微陸纖肆塵叁渺柒涯貳洒。

以上存留實徵銀貳萬陸百柒拾肆兩肆錢伍分壹釐叁毫玖絲肆忽伍微捌纖壹塵玖渺貳漠肆沙玖洙柒涯柒洒。

又收受協西、漢貳府屬白水、鳳縣站支兑留兵餉應支銀陸百叁拾捌兩伍錢捌分捌釐陸毫柒絲壹忽柒纖捌塵壹渺。

貳項共銀貳萬壹千叁百壹拾叁兩肆分陸絲伍忽陸微陸纖貳漠肆沙玖洙柒涯柒洒，內除額協西、延、漢、興等府州，咸陽、石泉、褒城等州縣驛站抵餉銀貳千柒百捌拾伍兩捌錢叁分伍釐叁毫伍絲貳忽壹微貳纖貳塵壹渺；又除額協臨、鞏貳府屬河州、會寧等州縣驛站抵餉銀壹萬貳千玖百壹拾壹兩玖錢陸分叁毫壹絲伍忽叁微捌纖伍塵；又除驛遞之差使甚少並題明請將驛站等事貳案內，共裁站銀壹千叁百貳拾叁兩壹錢柒分捌釐肆絲柒忽玖微玖纖貳塵肆渺捌漠；又除付送原文事案內，裁撥夫馬工料銀陸拾叁兩貳錢玖分柒釐壹毫陸絲陸忽叁微貳纖。

止該銀肆千貳百貳拾捌兩柒錢柒分陸釐叁毫捌絲叁忽捌微叁纖肆渺肆漠肆沙玖洙柒涯柒洒。

外應留支加增撥補俸工銀壹百貳拾貳兩捌錢伍分叁釐貳毫玖絲陸忽陸微壹纖叁塵貳渺肆漠，全數在於正印各官俸銀內留抵訖。

又收加增撥補不敷俸工銀捌錢叁分貳釐貳毫貳絲貳忽壹微捌纖捌塵陸渺壹漠捌沙捌涯叁洒。

共該銀肆千叁百伍拾伍兩柒錢陸分貳釐陸毫玖絲捌忽陸微玖纖叁塵柒渺捌漠叁沙壹洙肆涯叁洒於乾隆伍拾貳年奉文，全數解司，壹切支欵，俱由司按季領支，嗣於嘉慶伍年奉文，在縣留支，並不解司，按季請領。

外於西安布政司庫撥補庫大使按品不敷俸銀捌兩肆錢捌分係動支各屬解到地、丁銀兩。

遇閏原加銀肆百叁拾柒兩捌錢捌分捌釐壹毫貳絲叁忽，內除各官閏俸銀伍拾玖兩伍錢壹分伍釐玖毫貳絲叁忽，止該銀叁百柒拾捌兩叁錢柒分貳釐貳毫，內除荒銀壹兩伍錢捌分肆釐壹毫伍忽陸微伍纖玖塵壹渺柒沙陸洙肆涯柒洒，實徵銀叁百柒拾陸兩柒錢捌分捌釐玖絲肆忽叁微肆纖捌渺玖漠貳沙叁洙伍涯叁洒，內除驛遞之差使甚少並題明請將驛站等事貳案內，共裁站銀壹百貳兩壹錢；又除付送原文事案內，裁撥夫馬工料銀伍兩玖分貳釐伍毫肆絲壹忽陸微肆纖。止該銀貳百陸拾玖兩伍錢玖分伍釐伍毫伍絲貳忽柒微捌渺玖漠貳沙貳洙伍涯叁洒於乾隆伍拾貳年奉文，全數解司，壹切支欵，俱由司庫按季領支，嗣於嘉慶伍年奉文，照舊在縣留支，並不解司，按季請領。

外加增撥補、廩膳、舖司、孤貧銀壹拾貳兩陸錢柒分壹釐伍絲陸忽壹微肆纖陸塵捌渺貳漠。

又收撥補不敷銀捌釐壹毫柒絲肆忽捌微肆纖柒塵叁渺貳漠貳沙柒洙玖涯玖洒。

共該銀貳百捌拾貳兩貳錢柒分肆釐柒毫捌絲叁忽陸微玖纖伍塵叁漠伍沙伍涯貳洒。

壹額外

課程銀伍拾伍兩叁錢柒分係舖戶出辦。遇閏加銀肆兩陸錢壹分肆釐壹毫陸絲陸忽陸微陸纖陸塵陸渺。

畜稅銀捌拾伍兩伍分係買騾馬出辦，原無定額，儘收儘解。

牙稅銀伍拾貳兩玖錢壹釐共牙人壹百肆拾伍戶，該稅額叁拾伍等，各等稅銀自伍、陸錢至肆、伍分參差不齊，俱係按年收報，理合登明。

當稅銀貳百捌拾兩係典舖出辦，共典舖伍拾陸座，每座每年當稅銀伍兩。

地稅銀壹百叁兩貳分陸釐係買房地業主出辦，原無定額，儘收儘解。

三原縣

原額陸則共地伍千貳百玖拾叁頃玖拾玖畝肆分壹釐伍毫貳絲玖微，每畝起科不等，並租糧共額徵本折糧貳萬柒千捌拾捌石捌升捌合玖抄柒撮柒圭捌粟捌粒，每糧壹石，科本色糧貳升玖合伍勺叁抄叁撮貳圭陸粟，共糧捌百石，科折色糧玖斗柒升肆勺陸抄陸撮柒圭肆粟，共折色糧貳萬陸千貳百捌拾捌石捌升捌合玖抄柒撮柒圭捌粟捌粒，每石徵銀壹兩叁錢捌分肆釐壹毫玖絲柒忽玖微，共額徵銀叁萬陸千叁百捌拾柒兩玖錢壹分陸釐肆毫貳絲肆微叁纖壹塵叁渺，內奉文免派加增站銀貳百伍拾壹兩陸錢壹分玖釐陸毫肆絲，共額徵銀叁萬陸千壹百叁拾陸兩貳錢玖分陸釐柒毫捌絲肆微叁纖壹塵叁渺。

上等壹則水地陸百陸拾捌頃陸拾捌畝玖分肆釐柒毫肆絲叁忽，每畝科本折糧柒升叁合陸勺陸抄柒撮陸圭，內本色糧貳合壹勺柒抄伍撮柒圭肆粟伍粒，折色糧柒升壹合肆勺玖抄壹撮捌圭伍粟伍粒，共糧肆千玖百貳拾陸石柒升陸合柒勺貳抄肆撮柒粟玖粒。

貳則水地伍拾頃捌拾玖畝貳分柒釐玖絲陸忽，每畝科本折糧陸升伍合壹勺柒抄，內本色糧壹合玖勺貳抄肆撮陸圭玖粟捌粒，折色糧陸升叁合貳勺肆抄伍撮叁圭貳粒，共糧叁百叁拾壹石陸斗柒升叁勺肆抄。

中等壹則旱平地貳千叁百陸拾肆頃玖拾叁畝捌分壹釐伍毫陸絲伍忽柒微，每畝科本折糧伍升陸合陸勺柒抄，內本色糧壹合陸勺柒抄叁撮陸圭伍粟，折色糧伍升肆合玖勺玖抄陸撮叁圭伍粟，共糧壹萬叁千肆百貳石壹斗肆合伍勺叁抄叁撮。

貳等浮原地柒百壹拾頃陸拾貳畝陸分玖釐叁毫肆絲壹忽，每畝科本折糧肆升伍合叁勺叁抄陸撮，內本色糧壹合叁勺叁抄捌撮玖圭貳粟，折色糧肆升叁合玖勺玖抄柒撮捌粟，共糧叁千貳百貳拾壹石陸斗玖升捌合貳勺陸抄捌撮。

下等壹則趄坡地壹千捌拾伍頃捌拾叁畝叁分捌釐肆毫伍絲捌忽貳微，每畝科本折糧叁升肆合貳撮，內本色糧壹合肆撮壹圭玖粟，折色糧叁升貳合玖勺玖抄柒撮捌圭壹粟，共糧叁千陸百玖拾貳石伍升貳合貳勺肆抄叁撮。

貳則山坡陸地肆百壹拾叁頃壹畝叁分叁毫壹絲柒忽，每畝科本色糧貳升貳合陸勺陸抄捌撮，內本色糧陸勺陸抄玖撮肆圭伍粟玖粒，折色糧貳升壹合玖勺玖抄捌撮伍圭肆粟壹粒，共糧玖百叁拾陸石貳斗壹升柒合玖勺肆抄。

實徵本折租糧伍百柒拾捌石貳斗陸升捌合肆抄玖撮柒圭玖粒。

以上實在地伍千貳百玖拾叁頃玖拾玖畝肆分壹釐伍毫貳絲玖微，實徵並租糧本折糧貳萬柒千捌拾捌石捌升捌合玖抄柒撮柒圭捌粟捌粒，實徵本色起運糧捌百石，實徵折色糧貳萬陸千貳百捌拾捌石捌升捌合玖抄柒撮柒圭捌粟捌粒，共折徵銀叁萬陸千壹百叁拾陸兩貳錢玖分陸釐柒毫捌絲肆微叁纖壹塵叁渺。內乾隆拾叁年在於敬陳清理寄莊寄糧等事案內，改隸臨潼中等壹則旱平地壹拾頃柒拾玖畝壹分柒釐捌絲，該本折共糧陸拾貳石玖斗陸升貳合柒勺陸抄叁撮肆圭肆粟伍粒肆顆貳糠，該本色糧壹石捌斗陸合壹勺伍抄肆撮貳圭玖粒肆顆貳糠，該折色糧陸拾壹石壹斗伍升陸合陸勺玖撮貳圭叁粟陸粒，該折徵銀捌拾壹兩伍錢捌分叁釐叁毫貳絲貳忽捌微壹纖貳塵柒渺玖漠陸沙肆涯。

止實地伍千貳百捌拾叁頃貳拾畝貳分肆釐肆毫肆絲玖微，實徵並租糧本折糧貳萬柒千貳拾伍石壹斗貳升伍合叁勺叁抄肆撮叁圭肆粟貳粒伍顆捌糠，實徵本色起運糧柒百玖拾捌石壹斗玖升叁合捌勺肆抄伍撮柒圭玖粟伍顆捌糠，實徵折色糧貳萬陸千貳百貳拾陸石玖斗叁升壹合肆勺捌抄捌撮伍圭伍粟貳粒，該徵銀叁萬陸千伍拾肆兩柒錢壹分叁釐肆毫伍絲柒忽陸微壹纖捌塵伍渺叁沙玖洙陸涯遵照乾隆伍拾玖年奉准部咨令，將康熙年間易知由單內載：上等壹則水地每畝折徵銀玖分捌釐貳毫柒絲玖忽貳微陸纖肆塵；貳則水地每畝折徵銀捌分陸釐玖毫叁絲玖忽壹微捌纖壹塵壹渺；中等壹則旱平地每畝折徵銀柒分伍釐伍毫玖絲捌忽壹微伍纖陸塵叁渺；貳則浮原地每畝折徵銀陸分肆毫柒絲玖忽伍微肆纖叁塵叁渺；下等壹則趄坡地每畝折徵銀肆分伍釐叁毫伍絲玖忽陸微陸纖壹塵玖渺；貳則山坡陡地每畝折徵銀叁分貳毫叁絲玖忽柒微陸纖，逐一纂入書內，嗣後遇有墾豁，以便按畝增除。

外爵地貳拾頃，內上地捌頃伍拾貳畝陸分陸釐陸毫，每畝徵銀捌分；下地壹拾壹頃肆拾柒畝叁分叁釐肆毫，每畝徵銀陸分，通共銀壹百叁拾柒兩伍分叁釐叁毫貳絲。

原額人丁叁等玖則不等，共折下下丁陸萬叁千叁百壹拾肆丁，每丁徵銀壹錢肆釐貳毫肆絲壹忽陸微玖纖陸塵肆渺，共銀陸千伍百玖拾玖兩玖錢伍分捌釐柒毫陸絲伍忽捌微陸纖玖塵陸渺，內除優免丁貳千叁百伍拾叁丁，共銀貳百肆拾伍兩貳錢捌分柒毫壹絲壹忽捌微肆塵。

實行差並前招回、審出抵補豁免共丁陸萬玖百陸拾壹丁，共徵銀陸千叁百伍拾肆兩陸錢柒分捌釐伍絲肆忽陸纖伍塵陸渺，內乾隆拾叁年於敬陳清理寄莊寄糧等事案內，改隸臨潼銀壹拾叁兩伍錢叁分伍釐壹毫貳絲壹忽玖微貳纖玖塵陸渺，止該銀陸千叁百肆拾壹兩壹錢肆分貳釐玖毫叁絲貳忽壹微叁纖陸塵。

順治拾肆年審出溢額丁肆千叁百肆丁，共徵銀肆百肆拾捌兩陸錢伍分陸釐。

以上實在行差並溢額丁陸萬伍千貳百陸拾伍丁，共銀陸千柒百捌拾玖兩柒錢玖分捌釐玖毫叁絲貳忽壹微叁纖陸塵。

康熙伍拾伍年起，至乾隆貳拾陸年止，編審出丁叁百壹拾伍丁；乾隆叁拾壹年編審出丁叁拾伍丁；乾隆叁拾陸年編審出丁叁拾陸丁。共編審出丁叁百捌拾陸丁，欽遵康熙伍拾貳年叁月拾捌日恩詔，後遇編審之期，但據康熙伍拾年丁冊定為常額，永不加賦。

原額均徭銀貳千貳百壹拾貳兩壹錢柒釐貳毫陸絲叁忽叁微捌纖肆塵捌渺，無荒，內乾隆拾叁年在於敬陳清理寄莊寄糧等事案內，改隸臨潼銀肆兩玖錢玖分肆釐貳毫陸絲捌微柒纖伍塵壹渺玖漠壹沙肆涯，止該銀貳千貳百柒兩壹錢壹分叁釐貳忽伍微玖塵陸渺捌沙玖洙陸涯係按前項陸等地畝徵收，上等壹則水地每畝徵銀陸釐壹絲伍忽玖微伍纖肆塵捌漠；貳則水地每畝徵銀伍釐叁毫貳絲貳忽肆纖玖塵貳渺；中等壹則旱平地每畝徵銀肆釐陸毫貳絲柒忽捌微陸纖捌塵捌渺；貳則浮原地每畝徵銀叁釐柒毫貳忽貳微玖纖伍塵；下等壹則趄坡地每畝徵銀貳釐柒毫柒絲陸忽柒微貳纖壹塵貳渺玖漠；貳則山坡陡地每畝徵銀壹兩捌毫伍絲壹忽壹微肆纖柒塵伍渺。

遇閏加徵銀伍百捌拾伍兩叁分玖釐叁毫壹絲陸忽，內除改隸臨潼銀壹兩壹錢貳分壹釐玖毫捌絲陸忽柒微陸纖陸塵柒沙柒洙陸涯，止該銀伍百捌拾叁兩玖錢壹分柒釐叁毫貳絲玖忽貳微叁纖叁塵玖渺玖漠貳沙貳洙陸涯。

額外年例、盤纏銀壹拾貳兩。

停免銀叁百肆拾肆兩捌錢柒分肆釐伍毫捌絲，內除改隸臨潼銀柒錢肆分肆釐陸毫肆絲柒忽捌微伍纖貳塵肆渺，止該銀叁百肆拾肆兩壹錢貳分玖釐玖毫叁絲貳忽壹微肆纖柒塵陸渺。

匠價銀壹百叁拾貳兩陸錢陸分，內除改隸臨潼銀叁錢捌釐陸毫貳絲貳微肆纖壹塵玖渺肆漠貳沙陸洙陸涯，止該銀壹百叁拾貳兩叁錢伍分壹釐叁毫柒絲玖忽柒微伍纖捌塵伍漠柒沙叁洙肆涯。遇閏加銀壹拾壹兩伍分伍釐，內除改隸臨潼銀貳分伍釐柒毫壹絲捌忽伍微貳纖伍塵陸渺，止該銀壹拾壹兩貳分玖釐貳毫捌絲壹忽肆微柒纖肆塵肆渺。

軍籍丁糧銀叁千壹拾捌兩捌錢壹分伍釐陸毫玖絲捌忽玖微壹纖貳塵柒渺，內除改隸臨潼銀叁兩玖錢柒分貳釐玖毫叁忽肆微叁塵叁渺捌漠玖沙肆洙壹涯，止該銀叁千壹拾肆兩捌錢肆分貳釐柒毫玖絲伍忽伍微玖塵叁渺壹漠伍洙玖涯。

以上額外正閏伍項攤入前項地糧內徵解。

以上地、丁貳項並租糧、均徭、額外租銀及年例、盤纏、停免、匠價、軍籍，除優免丁銀外，共額徵銀肆萬捌千柒百玖拾柒兩壹錢肆分壹釐陸毫玖絲陸忽柒微玖纖肆塵肆渺，內除改隸臨潼銀壹百伍兩壹錢叁分捌釐捌毫柒絲柒忽壹微壹纖伍塵叁渺壹漠玖沙壹洙伍涯，止該銀肆萬捌千陸百玖拾貳兩貳釐捌毫壹絲玖忽陸微柒纖玖塵捌漠捌洙伍涯。

本色起運糧捌百石，內除改隸臨潼糧壹石捌斗陸合壹勺伍抄肆撮貳圭玖粒肆顆貳糠，止該糧柒百玖拾捌石壹斗玖升叁合捌勺肆抄伍撮柒圭玖粟伍顆捌糠。

外遇閏加徵銀伍百捌拾伍兩叁分玖釐叁毫壹絲陸忽，內除改隸臨潼銀壹兩壹錢貳分壹釐玖毫捌絲陸忽柒微陸纖陸塵柒沙柒洙肆涯，止該銀伍百捌拾叁兩玖錢壹分柒釐叁毫貳絲玖忽貳微叁纖叁塵玖渺玖漠貳沙貳洙陸涯。

又匠價閏銀壹拾壹兩伍分伍釐，內除改隸臨潼銀貳分伍釐柒毫壹絲捌忽伍微貳纖伍塵陸渺，止該銀壹拾壹兩貳分玖釐貳毫捌絲壹忽肆微柒纖肆塵肆渺。

貳項共銀伍百玖拾肆兩玖錢肆分陸釐陸毫壹絲柒微捌塵叁渺玖漠貳沙貳洙陸涯。

壹起運項下

本色起運糧捌百石，內除改隸臨潼糧壹石捌斗陸合壹勺伍抄肆撮貳圭玖粒肆顆貳糠，止該糧柒百玖拾捌石壹斗玖升叁合捌勺肆抄伍撮柒圭玖粟伍顆捌糠。

原編起運糧石、草束折價等項銀貳萬陸千伍百壹拾壹兩肆錢肆分柒釐陸毫陸絲肆微叁纖貳塵叁渺。

節裁藥味、牲口、軍器、毛襖、年例等項共銀壹千伍百玖拾伍兩伍分玖釐壹毫伍絲陸忽貳微伍纖。

舊編存留，内順治玖年裁扣家人口糧並各役工食銀叁百貳拾叁兩陸錢；拾貳年裁扣修宅、傢伙、傘扇銀壹百伍拾捌兩；拾肆年裁官生俸廪等項銀壹千肆百陸拾貳兩玖錢玖分貳釐肆毫肆絲；拾陸年裁大使俸食銀肆拾玖兩伍錢貳分；拾柒年裁驛丞俸食銀肆拾玖兩伍錢貳分，裁損轎夫充餉銀壹拾伍兩貳錢玖分叁釐伍毫叁絲壹忽柒微玖纖陸塵。康熙元年裁延撫俸食銀壹千陸百玖拾肆兩，又裁吏書工食銀壹百玖拾玖兩貳錢；叁年裁訓導、齋夫俸食銀玖拾叁兩玖錢貳分，雜費丁銀壹百捌拾柒兩捌錢貳分貳釐貳毫叁絲；拾伍年裁心紅紙張、修理監倉、喂馬草料、芒神土牛、察院等謁廟、講書、生員歲季考試卷、倉厫板席、紙劄、生員盤纏及對讀生員、謄録書手共銀貳百貳兩肆錢伍分壹釐；貳拾柒年裁歲貢、舉人盤纏、進士坊價、舉人旗牌、花紅、酒席共銀壹百叁拾壹兩貳錢柒分貳釐伍毫陸絲。雍正陸年裁燈夫工食銀貳拾肆兩；拾貳年裁民壯工食銀壹百貳兩。乾隆柒年裁民壯工食銀伍拾肆兩；玖年裁均攤祭祀銀伍拾伍兩捌錢肆分捌釐柒毫壹絲陸忽柒微壹纖叁塵柒渺伍漠肆沙玖洙肆涯，又裁舖司工食銀肆拾叁兩貳錢，舊編裁剩解部銀壹百捌拾玖兩貳錢柒分伍釐肆毫壹忽壹微玖纖玖塵肆渺；又貳拾伍年奉裁督糧道按品俸薪銀壹拾叁兩肆錢柒分陸釐貳毫伍忽肆微柒纖柒塵伍渺。

共裁歸起運銀伍千肆拾玖兩叁錢玖分貳釐捌絲伍忽壹微捌纖陸塵陸渺伍漠肆沙玖洙肆涯。

又額外溢額丁並年例、盤纏、停免、匠價、軍籍丁等項銀叁千玖百伍拾柒兩陸釐貳毫柒絲捌忽玖微壹纖貳塵柒渺。

以上共該起運銀叁萬柒千壹百壹拾貳兩玖錢伍釐壹毫捌絲柒微捌纖壹塵陸渺伍漠肆沙玖洙肆涯，内除改隸臨潼銀壹百伍兩壹錢叁分捌釐捌毫柒絲柒忽壹微壹纖伍塵叁渺壹漠玖沙壹洙伍涯，止該實起運銀叁萬柒千柒兩柒錢陸分陸釐叁毫叁忽陸微陸纖陸塵叁渺叁漠伍沙柒洙玖涯。

又收額協梁山等驛站支抵餉銀肆千柒拾柒兩柒錢肆分肆釐陸忽陸微伍纖貳渺。

又收額協平凉、臨洮貳府屬狄道等縣站支抵餉銀壹千玖百肆拾肆兩肆錢玖分捌釐捌毫貳絲肆忽伍微捌纖叁塵壹渺。

又收驛遞之差使甚少並題明請將驛站等事貳案内，共裁站銀貳千貳百陸拾貳兩捌錢柒分捌釐陸毫柒絲陸忽玖微柒纖柒渺。

又收付送原文事案內，裁撥夫馬工料銀柒拾兩肆錢。

共該起運銀肆萬伍千叁百陸拾叁兩貳錢捌分柒釐捌毫壹絲壹忽捌微柒纖叁渺叁漠伍沙柒洙玖涯，內除受協商州、城固貳州縣站支兌留兵餉銀肆百叁拾貳兩；又於雍正伍年請做以糧載丁之例等事案內，通省以糧均丁減銀貳千伍百伍拾玖兩陸錢肆分貳釐叁毫玖絲伍忽叁微玖纖伍塵伍渺，內除乾隆元、陸、拾壹、拾陸、貳拾壹、貳拾陸等年編審案內，共增抵補屯更丁銀伍百陸拾肆兩柒分貳釐肆毫肆絲捌微柒纖捌塵陸渺，乾隆叁拾壹、叁拾陸兩年共增抵補屯更丁銀貳百柒拾捌兩貳錢捌分叁釐伍毫壹絲玖忽叁微陸纖捌塵玖渺，內除改隷臨潼、節次編審抵補屯更丁增銀壹兩捌錢叁分玖釐叁毫叁絲伍忽陸微叁纖玖塵捌渺貳漠，止該丁增銀捌百肆拾兩伍錢壹分陸釐陸毫貳絲肆忽陸微柒塵陸渺捌漠，止該減銀壹千柒百壹拾玖兩壹錢貳分伍釐柒毫柒絲柒微捌纖柒塵捌渺貳漠。

實該起運銀肆萬叁千貳百壹拾貳兩壹錢陸分貳釐肆絲壹忽捌纖貳塵伍渺壹漠伍沙柒洙玖涯，內留支加增撥補俸工銀壹拾貳兩陸錢壹分叁釐肆毫叁絲捌忽叁微肆纖貳塵伍渺，實該起運銀肆萬叁千壹百玖拾玖兩伍錢肆分捌釐陸毫貳忽柒微肆纖壹漠伍沙柒洙玖涯。

外遇閏，順治玖年裁扣銀貳拾伍兩叁錢；拾肆年裁扣銀壹百壹拾伍兩壹錢捌分玖釐肆毫陸絲玖忽；拾陸年裁大使俸食銀肆兩壹錢貳分陸釐陸毫陸絲陸忽；拾柒年裁驛丞俸食銀肆兩壹錢貳分陸釐陸毫陸絲陸忽。康熙元年裁延撫銀伍拾柒兩捌錢叁分叁釐叁毫，又裁吏書工食銀壹拾陸兩陸錢；叁年裁訓導、齋夫銀柒兩捌錢貳分陸釐陸毫陸絲陸忽；拾伍年裁心紅紙張、喂馬草料銀陸兩捌錢叁分叁釐貳毫柒絲。雍正陸年裁燈夫工食銀貳兩；拾貳年裁民壯工食銀捌兩伍錢。乾隆柒年裁民壯工食銀肆兩伍錢；又玖年裁舖司工食銀叁兩陸錢，又裁各官閏俸銀貳拾叁兩壹錢陸分玖釐玖毫陸絲貳忽。

共裁歸起運銀貳百柒拾玖兩陸錢伍釐玖毫玖絲玖忽。

又匠價閏銀壹拾壹兩伍分伍釐。

共該起運銀貳百玖拾兩陸錢陸分玖毫玖絲玖忽，內除改隷臨潼銀壹兩壹錢肆分柒釐柒毫伍忽貳微玖纖壹塵陸渺柒沙柒洙肆涯，止該銀貳百捌拾玖兩伍錢壹分叁釐貳毫玖絲叁忽柒微捌塵叁渺玖漠貳沙貳洙陸涯。

又收驛遞之差使甚少並題明請將驛站等事貳案內，共裁站銀捌拾肆兩叁錢叁分伍釐叁毫叁絲貳忽。

共該起運銀叁百柒拾叁兩捌錢肆分捌釐陸毫貳絲伍忽柒微捌塵叁渺玖漠貳沙貳洙陸涯，又在于請倣以糧載丁之例等事案內，通省以糧載丁減銀玖拾叁兩肆錢叁分捌釐捌毫壹絲捌忽捌微壹纖柒塵捌渺，內節次抵補屯更丁增銀叁拾貳兩壹錢伍分叁釐貳毫貳絲捌忽肆微貳纖貳塵貳渺玖漠玖沙玖洙玖涯陸洒，內除改隸臨潼、節次編審抵補屯更丁增銀柒分叁釐肆毫壹忽玖纖貳塵柒渺，止該丁增銀叁拾貳兩柒分玖釐捌毫貳絲柒忽叁微貳纖玖塵伍渺玖漠玖沙玖洙玖涯陸洒，止該減銀陸拾壹兩叁錢伍分捌釐玖毫玖絲壹忽肆微捌纖捌塵貳渺肆洒。

實起運銀叁百壹拾貳兩肆錢捌分玖釐陸毫叁絲肆忽貳微貳纖壹渺玖漠貳沙貳洙伍涯陸洒，內留支加增舖司、孤貧銀壹拾肆兩肆錢；又留支閏月不敷夫馬工料銀壹拾柒兩陸錢貳毫伍絲捌忽伍微。實該起運銀貳百捌拾兩肆錢捌分玖釐叁毫柒絲伍忽柒微貳纖壹渺玖漠貳沙貳洙伍涯陸洒。

壹存留項下

原編存留銀壹萬壹千陸百捌拾肆兩貳錢叁分陸釐伍毫壹絲陸忽壹纖貳塵柒渺肆漠伍沙陸涯。

壹俸工項下

督糧道俸薪銀壹百壹拾陸兩伍錢貳分叁釐柒毫玖絲肆忽伍微貳纖貳塵伍渺，內均攤銀伍拾玖兩玖錢貳分叁釐柒毫叁絲壹忽伍微壹纖柒塵，即留抵撥補各官役俸工訖。

知縣俸薪銀肆拾伍兩，內均攤銀貳拾兩柒錢肆分貳釐捌毫叁絲壹微肆纖伍渺，即留抵撥補各官役俸工訖。

縣丞壹員，俸薪銀肆拾兩。

典史壹員，俸薪銀叁拾壹兩伍錢貳分。

教諭、訓導貳員，俸薪銀叁拾壹兩伍錢貳分。外撥補全俸銀肆拾捌兩肆錢捌分。

督糧道衙門

門子肆名，每名歲支工食銀陸兩，共支銀貳拾肆兩。遇閏加銀貳兩。

快手壹拾貳名，每名歲支工食銀陸兩，共支銀柒拾貳兩，遇閏加銀陸兩。

皂隸壹拾貳名，每名歲支工食銀陸兩，共支銀柒拾貳兩。遇閏加銀陸兩。

轎傘扇夫柒名，每名歲支工食銀陸兩，共支銀肆拾貳兩。遇閏加銀叁兩伍錢。

聽事吏貳名，每名歲支工食銀陸兩，共支銀壹拾貳兩。遇閏加銀壹兩。

舖兵貳名，每名歲支工食銀陸兩，共支銀壹拾貳兩。遇閏加銀壹兩。

知縣衙門

門子貳名，每名歲支工食銀陸兩，共支銀壹拾貳兩。遇閏加銀壹兩。

皂隸、仵作壹拾陸名，每名歲支工食銀陸兩，共支銀玖拾陸兩。遇閏加銀捌兩。

馬快捌名，每名歲支工食草料銀壹拾陸兩捌錢，共支銀壹百叁拾肆兩肆錢。遇閏加銀壹拾壹兩貳錢。

民壯貳拾肆名，每名歲支工食銀陸兩，共支銀壹百肆拾肆兩。遇閏加銀壹拾貳兩遇閏之年扣解充餉。

看監禁子捌名，每名歲支工食銀陸兩，共支銀肆拾捌兩。外每名加銀貳兩，共加銀壹拾陸兩。遇閏加銀肆兩。

轎傘扇夫柒名，每名歲支工食銀陸兩，共支銀肆拾貳兩。遇閏加銀叁兩伍錢。

庫子肆名，每名歲支工食銀陸兩，共支銀貳拾肆兩。遇閏加銀貳兩。

斗級肆名，每名歲支工食銀陸兩，共支銀貳拾肆兩。遇閏加銀貳兩。

鐘鼓夫伍名，每名歲支工食銀貳兩肆錢，共支銀壹拾貳兩。遇閏加銀壹兩。

舖司兵貳拾肆名，每名歲支工食銀肆兩捌錢，共支銀壹百壹拾伍兩貳錢。外加增銀貳拾捌兩捌錢。遇閏加銀玖兩陸錢。外加增銀貳兩肆錢。

永豐倉斗級貳名；敬祿倉斗級貳名，每名歲支工食銀壹拾兩陸錢陸分陸釐陸毫伍絲，共銀肆拾貳兩陸錢陸分陸釐陸毫。遇閏加銀叁兩伍錢伍分伍釐伍毫伍絲伍忽。

縣丞衙門

門子壹名，歲支工食銀陸兩。遇閏加銀伍錢。

皂隸肆名，每名歲支工食銀陸兩，共支銀貳拾肆兩。遇閏加銀貳兩。

馬夫壹名，歲支工食銀陸兩。遇閏加銀伍錢。

典史衙門

門子壹名，歲支工食銀陸兩。遇閏加銀伍錢。

皂隸肆名，每名歲支工食銀陸兩，共支銀貳拾肆兩。遇閏加銀貳兩。

馬夫壹名，歲支工食銀陸兩。遇閏加銀伍錢。

教諭訓導衙門

齋夫叁名，每名歲支工食銀壹拾貳兩，共支銀叁拾陸兩。遇閏加銀叁兩。

膳夫貳名，額支工食銀壹拾叁兩叁錢叁分叁釐叁毫叁絲係廩生支領。遇閏加銀壹兩壹錢壹分壹釐壹毫係廩生支領。

門斗叁名，每名歲支工食銀柒兩貳錢，共支銀貳拾壹兩陸錢。遇閏加銀壹兩捌錢。

本縣廩生貳拾名，每名歲支月糧銀叁兩貳錢，共支銀陸拾肆兩。遇閏加銀伍兩叁錢叁分叁釐叁毫叁絲。

以上俸工項下，除廩生、膳夫貳欵照常支發外，其餘官役俸工於道光貳拾叁年奉文，均以貳兩平支放，每兩減平銀陸分，其減平銀兩，每年批解部庫交納，理合登明。

壹雜支項下

春秋貳季祭祀文廟及各壇祠並無祀鬼魂品物等項共銀柒拾叁兩叁錢伍分壹釐貳毫捌絲叁忽貳微捌纖陸塵貳渺肆漠伍沙陸涯。

祭旗纛並犒賞民壯銀伍兩捌錢。

鄉飲銀伍兩。

布政司紙劄銀肆兩貳錢。

以上鄉飲、紙劄貳欵於道光貳拾叁年奉文裁汰，其徵收銀兩，每年批解部庫交納，理合登明。

壹孤貧項下

孤貧肆拾名口，共支月糧銀壹百肆拾肆兩。遇閏加增銀壹拾貳兩。

布花銀貳拾兩。

壹驛站項下

建忠驛站銀貳千伍拾伍兩陸錢柒分玖釐陸毫捌絲；建忠驛支直銀貳百壹拾肆兩貳錢；臨洮府站銀肆百陸拾兩貳錢陸釐；宜祿驛站銀壹千陸百陸拾玖兩玖錢叁分壹釐捌毫；臨洮府改抵宜祿驛站銀捌百壹拾肆兩捌錢叁釐；宜祿所站銀叁百伍拾貳兩捌錢貳分伍釐叁毫陸絲；停口所站銀壹千捌百捌拾伍兩壹錢貳分貳釐肆毫；宜祿驛支直銀陸拾壹兩肆錢伍分叁釐捌毫；京兆驛支直銀叁兩壹錢玖分叁釐。共銀柒千伍百壹拾柒兩肆錢壹分伍釐肆絲。

又收受協商州、城固貳州縣站支兑留兵餉銀肆百叁拾貳兩。

貳項共銀柒千玖百肆拾玖兩肆錢壹分伍釐肆絲，内除額協梁山等驛站支抵餉銀叁千陸百伍拾壹兩陸錢肆分陸釐捌毫肆絲捌忽肆微肆纖陸塵貳渺；又除額協平涼府屬站支抵餉銀壹千玖百叁拾兩貳錢陸分捌釐伍毫壹絲肆忽伍微捌纖叁塵壹渺；又除驛遞之差使甚少並題明請將驛站等事貳案内，共裁銀壹千貳百捌拾壹兩玖錢貳分柒釐柒絲陸忽玖微柒纖柒渺；又于付送原文事案内，裁撥夫馬工料銀柒拾兩肆錢。

實徵支銀壹千壹拾伍兩壹錢柒分貳釐陸毫。

損轎夫壹百伍拾叁名，額支銀壹千叁百伍拾肆兩柒錢陸釐肆毫陸絲捌忽貳微肆塵；走遞馬貳拾伍匹，工食草料銀壹千兩；又新增損夫銀壹百陸拾兩。共銀貳千伍百壹拾肆兩柒錢陸釐肆毫陸絲捌忽貳微肆塵，内除額協漢屬駟馬橋等驛協站抵餉銀肆百貳拾陸兩玖分柒釐壹毫伍絲捌忽貳微肆塵；又除額協平涼、臨洮貳府屬站支抵餉銀壹拾肆兩貳錢叁分叁毫壹絲；又除驛遞之差使甚少並題明請將驛站等事貳案内，共裁銀玖百捌拾兩玖錢伍分壹釐陸毫。

實徵支銀壹千玖拾叁兩肆錢貳分柒釐肆毫。

遇閏加銀貳百壹拾兩捌錢叁分叁釐叁毫叁絲貳忽，内除驛遞之差使甚少並題明請將驛站等事貳案内，共裁銀捌拾肆兩叁錢叁分伍釐叁毫叁絲貳忽，實徵支銀壹百貳拾陸兩肆錢玖分捌釐，外撥補閏月不敷夫馬工料銀壹拾柒兩陸錢貳毫伍絲捌忽伍微，共該銀壹百肆拾肆兩玖分捌釐貳毫伍絲捌忽伍微。

以上存留實徵銀壹萬壹千陸百捌拾肆兩貳錢叁分陸釐伍毫壹絲陸忽壹纖貳塵柒渺肆漠伍沙陸涯。

又收受協商州、城固貳州縣站支兑留兵餉銀肆百叁拾貳兩。

貳項共銀壹萬貳千壹百壹拾陸兩貳錢叁分陸釐伍毫壹絲陸忽壹纖貳塵柒渺肆漠伍沙陸涯，內除額協梁山等驛站支抵餉銀肆千柒拾柒兩柒錢肆分肆釐陸忽陸微伍纖貳渺；又除額協平涼、臨洮貳府屬狄道等縣站支抵餉銀壹千玖百肆拾肆兩肆錢玖分捌釐捌毫貳絲肆忽伍微捌纖叁塵壹渺；又除驛遞之差使甚少並題明請將驛站等事貳案內，共裁站銀貳千貳百陸拾貳兩捌錢柒分捌釐陸毫柒絲陸忽玖微柒纖柒渺；又除付送原文事案內，裁撥夫馬工料銀柒拾兩肆錢。

實該銀叁千柒百陸拾兩柒錢壹分伍釐柒忽捌微捌塵柒渺肆漠伍沙陸涯。

外加增撥補俸工，除督糧道知縣攤俸留抵外，實該銀壹拾貳兩陸錢壹分叁釐肆毫叁絲捌忽叁微肆纖貳塵伍渺。

共該銀叁千柒百柒拾叁兩叁錢貳分捌釐肆毫肆絲陸忽壹微伍纖壹塵貳渺肆漠伍沙陸涯於乾隆伍拾貳年奉文，全數解司，一切支欵俱由司按季領支，嗣於嘉慶伍年奉文，照舊在縣留支，並不解司，按季請領。

遇閏原加銀叁百貳拾捌兩陸錢叁釐貳毫柒絲玖忽，內除各官閏俸銀貳拾叁兩壹錢陸分玖釐玖毫陸絲貳忽，實徵銀叁百伍兩肆錢叁分叁釐叁毫壹絲柒忽，內除驛遞之差使甚少並題明請將驛站等事貳案內，共裁站銀捌拾肆兩叁錢叁分伍釐叁毫叁絲貳忽，實該銀貳百貳拾壹兩玖分柒釐玖毫捌絲伍忽。

外加增撥補舖司、孤貧等項銀壹拾肆兩肆錢。

又撥補閏月不敷夫馬工料銀壹拾柒兩陸錢貳毫伍絲捌忽伍微。

共該銀貳百伍拾叁兩玖分捌釐貳毫肆絲叁忽伍微於乾隆伍拾貳年奉文，全數解司，一切支欵俱由司按季領支，嗣於嘉慶伍年奉文，照舊在縣留支，並不解司，按季請領。

壹額外

課程銀叁拾肆兩貳錢柒分係舖戶出辦。遇閏加銀貳兩捌錢伍分伍釐捌毫叁絲叁忽叁微叁纖。

畜稅銀肆百貳拾捌兩肆錢玖釐係買騾馬出辦，原無定額，儘收儘解。

牙稅銀肆拾壹兩壹錢查牙行玖拾叁戶，內上則肆拾肆戶，每戶納稅銀陸錢，共銀貳拾陸兩肆錢；下則肆拾玖戶，每戶納稅銀叁錢，共銀壹拾肆兩柒錢。

當稅銀壹百伍兩係典舖出辦，共典舖貳拾肆座，每座每年納稅銀伍兩。

地稅銀貳百壹拾貳兩叁錢壹分玖釐係買房地業主出辦，原無定額，儘收儘解。

渭南縣

原額伍等并首報地共壹萬貳千陸百陸拾貳頃肆拾捌畝叁分叁絲，每畝起科不等，共額徵糧陸萬壹千柒百伍拾伍石叁斗肆升肆合叁勺伍抄，每石折徵銀壹兩貳錢玖分陸釐貳毫玖絲壹忽陸微伍纖壹塵，共額徵銀捌萬伍拾貳兩玖錢叁分柒釐肆絲壹忽陸微叁纖伍塵捌渺。內：

上上地壹百叁頃捌拾肆畝捌分貳釐柒毫叁絲，每畝科糧柒升伍合，共糧柒百柒拾捌石捌斗陸升貳合伍抄，共銀壹千玖兩陸錢叁分貳釐叁毫柒絲貳忽陸纖伍塵柒渺。

上地壹萬柒百壹拾柒頃玖拾捌畝，每畝科糧伍升捌勺貳抄，共糧伍萬肆千肆百陸拾捌石柒斗柒升肆合叁勺陸抄，共銀柒萬陸百柒兩肆錢壹分柒釐肆毫伍絲壹忽玖微柒纖捌渺。乾隆伍年詳查議奏並乾隆拾伍年移駐縣佐以資彈壓等事貳案內，題明豁免河冲並建蓋縣丞衙署共地玖拾壹頃陸拾玖畝肆分捌釐叁毫壹絲，應免糧肆百陸拾伍石玖斗玖升叁合壹勺叁抄壹撮壹圭肆粟貳粒，該除銀陸百肆兩陸分叁釐伍忽貳微捌纖柒塵陸渺玖漠伍沙貳洙柒涯；乾隆肆拾貳年在於遵旨議奏事案內，題明豁免過河沖地壹拾壹頃陸拾伍畝陸分，應免糧伍拾玖石貳斗叁升伍合柒勺玖抄貳撮，該除銀柒拾陸兩柒錢捌分陸釐捌毫陸絲貳忽陸微伍塵伍渺。實在地壹萬陸百壹拾肆頃陸拾貳畝玖分壹釐陸毫玖絲，科折色糧伍萬叁千玖百肆拾叁石伍斗肆升伍合肆勺叁抄陸撮捌圭伍粟捌粒，折徵銀陸萬玖千玖百貳拾陸兩伍錢陸分柒釐伍毫捌絲肆忽柒纖柒塵陸渺肆沙柒洙叁涯。

中地壹千柒拾肆頃壹拾玖畝，每畝科糧叁升玖合，共糧肆千壹百捌拾玖石叁斗肆升陸合伍抄，共銀伍千肆百叁拾兩陸錢壹分肆釐叁毫捌忽壹微陸纖肆塵捌渺。乾隆伍年在於詳查議奏事案內，題明豁免河冲地伍拾伍頃貳畝肆分伍釐伍毫肆絲，應免糧貳百壹拾肆石伍斗玖升伍合柒勺陸抄陸圭，該除銀貳百柒拾捌兩壹錢柒分玖釐貳絲柒忽玖微陸纖伍塵捌渺叁漠伍沙陸洙貳涯；乾隆肆拾貳年在於遵旨議奏事案內，題明豁免過河沖地貳百肆頃伍拾肆畝伍分陸毫，應免糧柒百玖拾柒石柒斗貳升伍合柒勺叁抄肆撮，該除銀壹千叁拾肆兩捌分陸釐肆毫伍絲肆忽陸微柒纖陸塵肆渺陸漠壹沙捌洙。實在地捌百壹拾肆頃陸拾貳畝叁釐捌毫陸絲，科折色糧叁千壹百柒拾柒石貳升肆合伍勺伍抄伍撮肆圭，折徵銀肆千壹百壹拾捌兩叁錢肆分捌釐捌毫貳絲伍忽伍微貳纖貳塵伍渺貳沙伍洙捌涯。

下地柒百壹拾貳頃壹拾肆畝壹分柒釐叁毫，每畝科糧叁升，共糧貳千壹百叁拾陸石肆斗貳升伍合壹勺玖抄，共銀貳千柒百陸拾玖兩肆錢叁分壹毫叁絲陸忽叁微叁纖玖塵叁渺。乾隆伍年在於詳查議奏事案內，題明豁免河沖地貳拾陸頃肆畝玖釐柒毫伍絲，應免糧柒拾捌石壹斗貳升貳合玖勺貳抄伍撮，該除銀壹百壹兩貳錢柒分玖絲肆忽捌微叁纖貳渺伍漠陸沙柒洙伍涯；乾隆肆拾貳年在於遵旨議奏事案內，題明豁免過河沖地壹頃貳拾貳畝貳分，應免糧叁石陸斗陸升陸合，該除銀肆兩柒錢伍分貳釐貳毫伍忽壹微陸纖肆塵肆渺。實在地陸百捌拾肆頃捌拾柒畝捌分柒釐伍毫伍絲，科折色糧貳千伍拾肆石陸斗叁升陸合貳勺陸抄伍撮，折徵銀貳千陸百陸拾叁兩肆錢柒釐捌毫叁絲陸忽叁微肆纖肆塵陸渺肆漠叁沙貳洙伍涯。

下下地叁拾貳頃貳拾叁畝，每畝科糧貳升，共糧陸拾肆石肆斗陸升，共銀捌拾叁兩伍錢伍分捌釐玖毫伍絲玖忽捌微貳纖叁塵肆渺。乾隆伍年在於詳查議奏事案內，題明豁免河沖地壹拾貳頃伍拾伍畝叁分陸毫壹絲，應免糧貳拾伍石壹斗陸合壹勺貳抄貳撮，該除銀叁拾貳兩伍錢肆分肆釐捌毫伍絲陸忽伍微陸纖叁塵伍渺肆漠貳沙伍洙貳涯。實在地壹拾玖頃陸拾柒畝陸分玖釐叁毫玖絲，科折色糧叁拾玖石叁斗伍升叁合捌勺柒抄捌撮，折徵銀伍拾壹兩壹分肆釐壹毫叁忽貳微伍纖玖塵捌渺伍漠柒沙肆洙捌涯。

首報地貳拾貳頃玖畝叁分，每畝科糧伍升叁合壹勺柒抄叁撮柒圭，共糧壹百壹拾柒石肆斗柒升陸合柒勺，徵銀壹百伍拾貳兩貳錢捌分叁釐捌毫壹絲叁忽貳微柒纖壹塵捌渺。

以上實免過荒地肆百貳頃柒拾叁畝陸分肆釐捌毫壹絲，實免糧壹千陸百肆拾肆石肆斗肆升伍合肆勺陸抄肆撮柒圭肆粟貳粒，實免銀貳千壹百叁拾壹兩陸錢捌分貳釐伍毫柒忽玖纖叁塵陸渺玖漠壹沙玖洙陸涯。

以上實在地壹萬貳千貳百伍拾玖頃柒拾肆畝陸分伍釐貳毫貳絲，實徵糧陸萬壹百壹拾石捌斗玖升捌合捌勺捌抄伍撮貳圭伍粟捌粒，折徵銀柒萬柒千玖百貳拾壹兩貳錢伍分肆釐伍毫叁絲肆忽伍微肆纖貳塵壹渺捌沙肆涯遵照乾隆伍拾玖年奉准部咨令，將康熙年間易知由單內載：上上地每畝徵銀玖分柒釐貳毫貳絲壹忽捌微柒纖肆塵；上地每畝徵銀陸分伍釐捌毫柒絲柒忽伍微肆纖壹塵柒渺；中地每畝徵銀伍分伍毫伍絲伍忽肆微叁纖伍塵叁渺；下地每畝徵銀叁分捌釐捌毫捌絲捌忽柒微肆纖玖塵叁渺；下下地每畝徵銀貳分伍釐玖毫貳絲伍忽捌微叁纖叁塵貳渺；首報地每畝徵銀陸分捌釐玖毫貳絲捌忽伍微叁纖伍塵肆渺，逐一纂入書內，遇有墾豁，以便按畝增除。

又康熙拾陸年清查自首民地伍頃叁拾捌畝捌分柒釐壹毫，該折色糧貳拾柒石叁斗捌升伍合肆勺貳抄肆撮貳圭貳粟，該徵銀叁拾伍兩肆錢玖分玖釐肆毫玖絲陸忽柒微柒纖伍塵伍渺遵照乾隆伍拾玖年奉准部咨令，將康熙年間易知由單內載：每畝科折色糧伍升捌勺貳抄，每畝折徵銀陸分陸釐捌毫柒絲柒忽伍微壹纖壹塵柒渺，逐一纂入書內，遇有墾豁，以便按畝增除。

以上實熟民地並清查自首民共地壹萬貳千貳百陸拾伍頃壹拾叁畝伍分貳釐叁毫貳絲，實徵折色糧折銀柒萬柒千玖百伍拾陸兩柒錢伍分肆釐叁絲壹忽叁微壹纖柒塵陸渺捌沙肆涯。

原額人丁叁等玖則不等，共折下下丁壹拾叁萬壹千肆拾壹丁，每丁徵銀貳分捌釐伍毫柒絲叁忽叁微陸纖捌塵叁渺，共銀叁千柒百肆拾肆兩玖錢壹分捌釐捌毫，內除優免丁壹千肆百玖拾捌丁，共銀肆拾貳兩捌錢叁釐。

行差並節年招回、編審抵補豁免共丁壹拾貳萬玖千伍百肆拾叁丁，共徵銀叁千柒百貳兩壹錢壹分伍釐捌毫，於雍正伍年攤入地糧徵解。

康熙伍拾伍年起，至乾隆貳拾陸年止，編審出丁叁百貳拾貳丁；乾隆叁拾壹年編審出丁伍拾貳丁；乾隆叁拾陸年編審出丁伍拾丁。共編審出丁肆百貳拾肆丁，欽遵康熙伍拾貳年叁月拾捌日恩詔，后遇編審之期，但據康熙伍拾年丁冊定為常額，續生人丁，永不加賦。

原額均徭銀肆千肆百陸拾貳兩捌錢捌分柒釐玖毫捌絲壹忽壹渺，內除荒銀壹百壹拾捌兩捌錢叁分玖釐陸毫玖忽叁微伍纖捌塵肆渺捌漠伍沙伍洙壹洒，實徵銀肆千叁百肆拾肆兩肆分捌釐叁毫柒絲壹忽陸微肆纖壹塵陸渺壹漠肆沙肆洙玖涯玖洒係按前項上上、上、中、下、下下、首報地畝科徵，內上上地每畝徵銀伍釐肆毫貳絲肆纖貳塵壹渺玖漠；上地每畝徵銀叁釐陸毫柒絲貳忽陸微貳纖柒渺；中地每畝徵銀貳釐捌毫壹絲捌忽肆微貳纖伍塵肆渺叁漠；下地每畝徵銀貳釐壹毫陸絲捌忽壹纖陸塵玖渺伍漠；下下地每畝徵銀壹釐肆毫肆絲伍忽叁微肆纖肆塵陸渺肆漠；首報地每畝徵銀叁釐捌毫肆絲貳忽捌微肆塵柒渺。

又康熙拾陸年清查自首民地額徵均徭銀壹兩玖錢柒分玖釐陸絲捌忽捌微捌纖柒塵柒渺係按前項地畝，每畝徵銀叁釐陸毫柒絲貳忽陸微貳纖捌渺。

以上實徵均徭銀肆千叁百肆拾陸兩貳分柒釐肆毫肆絲伍微貳纖玖塵叁渺

壹漠肆沙肆洙玖涯玖洒。

外遇閏，地、丁、均徭加徵銀伍百柒拾壹兩壹錢叁分肆釐肆毫捌絲陸忽，內除荒銀壹拾兩陸錢壹分肆釐伍絲叁忽貳微肆塵玖渺，實徵銀伍百陸拾兩伍錢貳分肆毫叁絲貳忽柒微玖纖伍塵壹渺。

額外徵收匠價銀捌拾叁兩壹錢陸分。遇閏加徵銀陸兩玖錢叁分。

停免銀壹百伍兩叁錢陸分叁毫伍絲。

軍籍增銀玖百玖拾伍兩伍錢捌分玖釐捌毫叁忽捌微陸纖陸塵貳渺。

細辛折價增銀壹兩陸錢伍分。

以上額外正閏伍項俱攤入前項地糧徵解。

以上地、丁貳項並均徭、額外自首地畝、匠價、停免、軍籍、細辛等項，除優免丁銀外，共徵銀捌萬玖千肆百肆拾壹兩壹錢柒分玖釐伍毫肆絲貳忽壹微陸纖伍塵叁渺，內除荒銀貳千貳百伍拾兩伍錢貳分貳釐壹毫壹絲陸忽肆微伍纖貳塵壹渺柒漠柒沙肆洙陸涯壹洒，實徵銀捌萬柒千壹百玖拾兩陸錢伍分柒釐肆毫貳絲伍忽柒微壹纖叁塵壹渺貳漠貳沙伍洙叁涯玖洒。

外遇閏加徵銀伍百柒拾壹兩壹錢叁分肆釐肆毫捌絲陸忽，內除荒銀壹拾兩陸錢壹分肆釐伍絲叁忽貳微肆塵玖渺，實徵銀伍百陸拾兩伍錢貳分肆毫叁絲貳忽柒微玖纖伍塵壹渺。

又額外匠價閏銀陸兩玖錢叁分。

貳項實徵閏銀伍百陸拾柒兩肆錢伍分肆毫叁絲貳忽柒微玖纖伍塵壹渺。

壹起運項下

原編起運糧石折價銀伍萬玖千陸百陸兩貳錢柒分陸釐玖絲柒忽陸微叁纖伍塵玖渺，內除荒銀壹千陸百貳拾肆兩陸錢貳分伍釐肆毫貳絲壹忽貳微貳纖柒塵貳渺陸漠貳沙玖洙叁涯，實徵銀伍萬柒千玖百捌拾壹兩陸錢伍分陸毫柒絲陸忽肆微捌塵陸渺叁漠柒沙柒涯。

節裁藥味、軍器、毛襖、年例等項銀壹千玖百玖拾肆兩伍錢壹分貳釐壹毫，內除荒銀叁拾兩捌錢柒分捌釐叁毫肆絲捌忽陸微伍纖伍塵肆渺捌漠壹沙捌洙肆涯，實徵銀壹千玖百陸拾叁兩陸錢叁分叁釐柒毫伍絲壹忽叁微肆纖肆塵伍渺壹漠捌沙壹洙陸涯。

舊編存留內裁扣，順治玖年裁扣各役工食銀柒百捌拾兩捌錢；拾貳年裁扣修宅、傢伙、傘扇銀壹百肆拾陸兩；拾肆年裁扣官生俸廩等項銀肆百伍拾陸兩柒錢壹分陸釐壹毫叁絲；拾伍年裁扣冗員銀玖拾叁兩肆分；拾柒年奉裁豐塬驛驛丞俸食銀肆拾玖兩伍錢貳分。康熙元年奉裁吏書工食銀肆百捌拾貳兩肆錢；叁年奉裁府縣訓導貳員俸食並齋夫工食共銀壹百玖拾玖兩捌錢肆分；陸年裁推官俸食銀貳百伍拾壹兩，雜費丁銀叁百壹拾伍兩叁錢貳釐貳毫；拾伍年裁扣心紅紙張、修理刑具等項共銀伍拾肆兩陸錢叁分貳釐叁毫；拾陸年裁所大使叁員俸食共銀壹百叁拾兩伍錢陸分，又裁冗費解部銀壹千伍百肆拾兩壹錢叁分叁釐伍絲柒忽；貳拾柒年裁扣舉貢盤纏銀壹百叁拾捌兩捌錢陸分伍釐；叁拾玖年裁扣京兆驛俸食銀肆拾叁兩伍錢貳分，肆拾肆年裁稅課司俸食銀肆拾叁兩伍錢貳分。雍正陸年裁燈夫工食銀玖拾陸兩；拾貳年裁民壯工食銀肆拾捌兩。乾隆柒年裁民壯工食銀貳拾肆兩；玖年裁均攤祭祀銀貳拾叁兩玖錢捌分，又裁舖司工食銀肆拾叁兩貳錢，又裁斗級工食銀壹拾貳兩；貳拾伍年裁照磨俸工銀陸拾柒兩伍錢貳分。

共銀伍千肆拾兩伍錢肆分捌釐陸毫捌絲柒忽，內除荒銀壹百肆拾壹兩柒錢捌分壹釐叁毫肆絲伍忽陸微玖纖陸塵伍渺柒漠貳沙柒洙伍涯壹洒，實徵銀肆千捌百玖拾捌兩柒錢陸分柒釐叁毫肆絲壹忽叁微叁塵肆渺貳漠柒沙貳洙肆涯玖洒。

又額外自首地畝應徵均徭等項銀叁拾柒兩肆錢柒分捌釐伍毫陸絲伍忽陸微陸纖叁塵貳渺。

又額外匠價、軍籍、細辛等項銀壹千壹百捌拾伍兩柒錢陸分壹毫伍絲叁忽捌微陸纖陸塵貳渺。

共該實起運銀陸萬陸千陸拾柒兩貳錢玖分肆毫捌絲捌忽伍微捌纖伍塵玖渺捌漠貳沙肆洙柒涯玖洒。

又收存留內額協梁山等驛站抵餉銀伍千陸百肆拾捌兩叁錢伍分陸釐柒毫肆絲玖忽陸微捌纖伍塵柒渺。

又收額協臨洮、平涼貳府屬渭源、涇州等州縣驛站抵餉銀貳千捌百肆拾壹兩伍錢伍分柒釐壹毫叁絲肆忽貳微叁纖玖塵伍渺。

叁項共銀柒萬肆千伍百伍拾柒兩貳錢肆釐叁毫柒絲貳忽伍微壹纖壹塵壹渺捌漠貳沙肆洙柒涯玖洒。

又收驛遞之差使甚少等事案內，共裁站銀叁千捌百柒拾陸兩柒分玖釐貳毫玖絲伍忽肆微捌纖陸塵肆渺捌漠，內在於題明請將驛站等事案內，留支本縣新增夫馬工料銀肆百貳拾柒兩叁錢肆分柒釐柒毫玖絲陸忽柒微柒纖貳渺捌漠，止實裁銀叁千肆百肆拾捌兩柒錢叁分壹釐肆毫玖絲捌忽柒微壹纖陸塵貳渺。

以上共銀柒萬捌千伍兩玖錢叁分伍釐捌毫柒絲壹忽貳微貳纖柒塵叁渺捌漠貳沙肆洙柒涯玖洒。

又收在于請做以糧載丁等事案內，通省以糧均丁增銀捌千陸百陸拾柒兩叁錢陸分柒釐伍毫叁忽柒纖伍塵伍渺。

貳項共銀捌萬陸千陸百柒拾叁兩叁錢叁釐叁毫柒絲肆忽叁微貳塵捌渺捌漠貳沙肆洙柒涯玖洒，內留支加增撥補俸工銀柒拾柒兩肆錢叁釐柒毫伍絲壹忽壹微玖塵玖渺陸漠；又留支撥補驛站不敷銀叁百陸拾柒兩柒錢叁分捌釐玖毫捌絲壹忽貳微壹纖玖塵柒渺捌漠叁沙。止實該銀捌萬陸千貳百貳拾捌兩壹錢陸分陸毫肆絲壹忽玖微柒纖叁塵壹渺叁漠玖沙肆洙柒涯玖洒。

外遇閏，順治玖年裁扣各役工食銀陸拾叁兩肆錢；拾肆年裁銀叁拾兩伍錢叁分陸釐壹毫貳絲肆忽；拾伍年裁銀柒兩柒錢伍分叁釐叁毫叁絲貳忽；拾柒年裁驛丞俸食銀肆兩壹錢貳分陸釐陸毫陸絲陸忽。康熙元年裁吏書工食銀肆拾兩貳錢；叁年裁訓導俸食並齋夫工食銀壹拾陸兩陸錢伍分叁釐叁毫叁絲貳忽；陸年裁銀貳拾兩玖錢壹分陸釐陸毫陸絲陸忽；拾陸年裁銀壹拾兩捌錢柒分玖釐玖毫玖絲捌忽；拾伍年裁心紅紙張、喂馬草料銀壹拾貳兩捌錢叁分叁釐叁毫叁絲肆忽；叁拾玖年裁京兆驛俸食銀叁兩陸錢貳分陸釐陸毫陸絲陸忽；肆拾肆年裁稅調司俸食銀叁兩陸錢貳分陸釐陸毫陸絲陸忽。雍正陸年裁燈夫工食銀捌兩；拾貳年裁民壯工食銀肆兩。乾隆柒年裁民壯工食銀貳兩；玖年裁舖司工食銀叁兩陸錢，又裁斗級工食銀壹兩；貳拾伍年裁照磨俸食銀伍兩陸錢貳分陸釐陸毫陸絲陸忽，又各官閏俸銀陸拾兩伍分玖釐肆毫玖絲叁忽。共銀貳百玖拾捌兩捌錢叁分捌釐玖毫肆絲叁忽，內除荒銀伍兩肆錢伍分捌釐貳毫玖絲壹忽貳微叁纖捌塵伍渺，實徵銀貳百玖拾叁兩叁錢捌分陸毫伍絲壹忽柒微陸纖壹塵伍渺。

又收額外匠價閏銀陸兩玖錢叁分。

貳項共銀叁百兩叁錢壹分陸毫伍絲壹忽柒微陸纖壹塵伍渺。

又收驛遞之差使甚少等事案內，裁站銀肆拾叁兩壹錢玖分貳釐陸毫伍絲。

又收請做以糧載丁等事案內，通省以糧均丁增銀叁百兩陸錢陸分捌釐陸毫叁絲陸忽叁微壹纖捌塵叁渺。

以上共閏銀陸百肆拾肆兩壹錢柒分壹釐玖毫叁絲捌忽柒纖玖塵捌渺，內留支加增撥補工食銀玖兩叁錢陸分肆釐伍毫陸絲柒忽玖微捌纖貳塵叁渺；又留支撥補驛站不敷工料銀陸錢叁分伍釐壹毫貳絲貳微捌纖貳塵壹渺。實該起運閏銀陸百叁拾肆兩壹錢柒分貳釐貳毫肆絲玖忽捌微壹纖伍塵肆渺。

壹存留項下

原編存留銀貳萬壹千伍百柒拾陸兩陸錢叁釐玖毫叁絲捌忽，內除荒銀肆百伍拾叁兩貳錢叁分柒釐捌微柒纖貳塵捌渺伍漠玖沙玖洙肆涯，實徵銀貳萬壹千壹百貳拾叁兩叁錢陸分陸釐玖毫叁絲柒忽壹微貳纖柒塵壹渺肆漠陸涯。

壹俸工項下

西安府知府壹員，額支俸薪銀壹百伍兩，內除荒銀壹兩玖錢捌分捌釐壹毫壹絲貳忽貳微壹纖壹塵，實徵支銀壹百叁兩壹分壹釐捌毫捌絲柒忽柒微捌纖玖塵，內均攤銀肆拾捌兩叁錢玖分玖釐玖毫叁絲陸忽玖微玖纖肆塵伍渺。

理事同知壹員，額支俸薪銀捌拾兩，內除荒銀壹兩伍錢壹分肆釐柒毫伍絲壹忽肆微肆纖，實徵支銀柒拾捌兩肆錢捌分伍釐貳毫肆絲捌忽伍微陸纖，內均攤銀叁拾陸兩捌錢柒分陸釐壹毫肆絲貳忽肆微柒纖貳塵。

清軍同知壹員，額支俸薪銀捌拾兩，內除荒銀壹兩伍錢壹分肆釐柒毫伍絲壹忽肆微肆纖，實徵支銀柒拾捌兩肆錢捌分伍釐貳毫肆絲捌忽伍微陸纖，內均攤銀叁拾陸兩捌錢柒分陸釐壹毫肆絲貳忽肆微柒纖貳塵。

潼關撫民同知壹員，額支俸薪銀捌拾兩，內除荒銀壹兩伍錢壹分肆釐柒毫伍絲壹忽肆微肆纖，實徵支銀柒拾捌兩肆錢捌分伍釐貳毫肆絲捌忽伍微陸纖，內均攤銀叁拾陸兩捌錢柒分陸釐壹毫肆絲貳忽肆微柒纖貳塵。

寧陝同知壹員，額支俸薪銀陸拾兩，內除荒銀壹兩壹錢叁分陸釐陸絲叁忽捌微叁纖，實徵支銀伍拾捌兩捌錢陸分叁釐玖毫叁絲陸忽壹微柒纖，內均攤銀貳拾柒兩陸錢伍分柒釐壹毫陸忽捌微伍纖肆塵。外加增同知俸薪銀壹拾壹兩壹錢玖分柒釐原請動支缺官銀兩。

經歷壹員，額支俸薪銀肆拾兩，內除荒撥補銀柒錢伍分柒釐叁毫柒絲伍忽貳微貳纖，實徵支銀叁拾玖兩貳錢肆分貳釐陸毫貳絲肆忽柒微捌纖。

紫陽貳州埡主簿壹員，額支俸薪銀叁拾叁兩壹錢壹分肆釐，內除荒撥補銀陸錢貳分陸釐玖毫玖絲叁忽伍微貳纖壹塵，實徵支銀叁拾貳兩肆錢捌分柒釐陸忽肆微柒纖玖塵。

司獄壹員，額支俸薪銀叁拾壹兩伍錢貳分，內除荒撥補銀伍錢玖分陸釐捌毫壹絲壹忽肆微陸纖叁塵，實徵支銀叁拾兩玖錢貳分叁釐壹毫捌絲捌忽伍微叁纖柒塵。

永豐倉大使壹員，額支俸薪銀叁拾壹兩伍錢貳分，內除荒撥補銀伍錢玖分陸釐捌毫壹絲壹忽肆微陸纖叁塵，實徵支銀叁拾兩玖錢貳分叁釐壹毫捌絲捌忽伍微叁纖柒塵。

府教授訓導貳員，每員額支俸薪銀叁拾壹兩伍錢貳分，內除荒撥補銀伍錢玖分陸釐捌毫壹絲壹忽肆微陸纖叁塵，實徵支銀叁拾兩玖錢貳分叁釐壹毫捌絲捌忽伍微叁纖柒塵。外撥補全俸銀伍拾叁兩肆錢捌分。

知縣壹員，額支俸薪銀肆拾伍兩，內除荒銀捌錢伍分貳釐肆絲捌忽肆微肆纖貳塵，實徵支銀肆拾肆兩壹錢肆分柒釐玖毫伍絲壹忽伍微伍纖捌塵，內均攤銀貳拾兩柒錢肆分貳釐捌毫叁絲壹微肆纖伍渺。

縣丞壹員，額支俸薪銀肆拾兩，內除荒撥補銀柒錢伍分柒釐叁毫柒絲伍忽貳微貳纖，實徵支銀叁拾玖兩貳錢肆分貳釐陸毫貳絲肆忽柒微捌纖。

典史壹員，額支俸薪銀叁拾壹兩伍錢貳分，內除荒撥補銀伍錢玖分陸釐捌毫壹絲壹忽肆微陸纖叁塵，實徵支銀叁拾兩玖錢貳分叁釐壹毫捌絲捌忽伍微叁纖柒塵。

教諭、訓導貳員，每員額支俸薪銀叁拾壹兩伍錢貳分，內除荒撥補銀伍錢玖分陸釐捌毫壹絲壹忽肆微陸纖叁塵，實徵支銀叁拾兩玖錢貳分叁釐壹毫捌絲捌忽伍微叁纖柒塵。外撥補全俸銀肆拾捌兩肆錢捌分。

知府衙門

新設更夫拾名，每名歲支工食銀陸兩，共支銀陸拾兩原未請閏。

門子貳名，每名歲支工食銀陸兩，共支銀壹拾貳兩，內除荒撥補銀貳錢貳分柒釐貳毫壹絲貳忽玖微陸纖陸塵，實徵支銀壹拾壹兩柒錢柒分貳釐柒毫捌絲柒忽叁纖肆塵。遇閏加銀壹兩，內除荒銀壹分捌釐玖毫叁絲叁忽捌微叁纖貳塵貳渺，實徵支銀玖錢捌分壹釐陸絲陸忽壹微陸纖柒塵捌渺。

馬拾快名，每名歲支工食草料銀壹拾陸兩捌錢，共支銀壹百陸拾捌兩，內除荒撥補銀叁兩壹錢捌分捌毫柒絲玖忽柒微貳纖肆塵，實徵支銀壹百陸拾肆兩捌錢壹分玖釐壹毫貳絲貳微柒纖陸塵。遇閏加銀壹拾肆兩，內除荒銀貳錢陸分伍釐捌絲壹忽陸微貳纖柒塵，實徵支銀壹拾叁兩柒錢叁分肆釐玖毫壹絲捌忽叁微柒纖叁塵。

步快壹拾陸名，每名歲支工食銀陸兩，共支銀玖拾陸兩，內除荒撥補銀壹兩捌錢壹分柒釐柒毫貳忽捌微貳纖捌塵，實徵支銀玖拾肆兩壹錢捌分貳釐貳毫玖絲柒忽壹微柒纖貳塵。遇閏加銀捌兩，內除荒銀壹錢伍分壹釐肆毫柒絲肆忽陸微伍纖柒塵陸渺，實徵支銀柒兩捌錢肆分捌釐伍毫貳絲伍忽叁微肆纖貳塵肆渺。

皂隸壹拾陸名，每名歲支工食銀陸兩，共支銀玖拾陸兩，內除荒撥補銀壹兩捌錢壹分柒釐柒毫貳忽捌微貳纖捌塵，實徵支銀玖拾肆兩壹錢捌分貳釐貳毫玖絲柒忽壹微柒纖貳塵。遇閏加銀捌兩，內除荒銀壹錢伍分壹釐肆毫柒絲肆忽陸微伍纖柒塵陸渺，實徵支銀柒兩捌錢肆分捌釐伍毫貳絲伍忽叁微肆纖貳塵肆渺。

轎傘扇夫柒名，每名歲支工食銀陸兩，共支銀肆拾貳兩，內除荒撥補銀柒錢玖分伍釐貳毫肆絲肆忽玖微捌纖壹塵，實徵支銀肆拾壹兩貳錢肆釐柒毫伍絲伍忽壹纖玖塵。遇閏加銀叁兩伍錢，內除荒銀陸分陸釐貳毫陸絲玖忽玖微壹纖貳塵柒渺，實徵支銀叁兩肆錢叁分叁釐柒毫叁絲捌纖柒塵叁渺。

看監禁子壹拾貳名，每名歲支工食銀陸兩，共支銀柒拾貳兩，內除荒撥補銀壹兩叁錢陸分貳釐玖毫壹絲柒忽捌微玖纖陸塵，實徵支銀柒拾兩陸錢叁分柒釐捌絲貳忽壹微肆塵。遇閏加銀陸兩，內除荒銀壹錢壹分叁釐陸毫陸忽肆微捌纖叁塵，實徵支銀伍兩捌錢捌分陸釐叁毫玖絲叁忽伍微壹纖柒塵。

庫子肆名，每名歲支工食銀陸兩，共支銀貳拾肆兩，內除荒撥補銀肆錢伍分肆釐肆毫貳絲伍忽玖微叁纖貳塵，實徵支銀貳拾叁兩伍錢肆分伍釐伍毫柒絲肆忽陸纖捌塵。遇閏加銀貳兩，內除荒銀叁分柒釐捌毫陸絲捌忽陸微陸纖肆塵肆渺，實徵支銀壹兩玖錢陸分貳釐壹毫叁絲壹忽叁微叁纖伍塵陸渺。

斗級肆名，每名歲支工食銀陸兩，共支銀貳拾肆兩，內除荒撥補銀肆錢伍分肆釐肆毫貳絲伍忽玖微叁纖貳塵，實徵支銀貳拾叁兩伍錢肆分伍釐伍毫柒絲肆忽陸纖捌塵。遇閏加銀貳兩，內除荒銀叁分柒釐捌毫陸絲捌忽陸微陸纖肆塵肆渺，實徵支銀壹兩玖錢陸分貳釐壹毫叁絲壹忽叁微叁纖伍塵陸渺。

理事同知衙門

門子貳名，每名歲支工食銀陸兩，共支銀壹拾貳兩，內除荒撥補銀貳錢貳分柒釐貳毫壹絲貳忽玖微陸纖陸塵，實徵支銀壹拾壹兩柒錢柒分貳釐柒毫捌絲柒忽叁纖肆塵。遇閏加銀壹兩，內除荒銀壹分捌釐玖毫叁絲叁忽捌微叁纖貳塵貳渺，實徵支銀玖錢捌分壹釐陸絲陸忽壹微陸纖柒塵捌渺。

步快捌名，每名歲支工食銀陸兩，共支銀肆拾捌兩，內除荒撥補銀玖錢捌釐捌毫伍絲肆忽玖微陸纖肆塵，實徵支銀肆拾柒兩玖分壹釐壹毫肆絲伍忽叁纖陸塵。遇閏加銀肆兩，內除荒銀柒分伍釐柒毫叁絲柒忽叁微貳纖捌塵捌渺，實徵支銀叁兩玖錢貳分肆釐貳毫陸絲貳忽陸微柒纖壹塵貳渺。

皂隸壹拾貳名，每名歲支工食銀陸兩，共支銀柒拾貳兩，內除荒撥補銀壹兩叁錢陸分貳釐玖毫壹絲柒忽捌微玖纖陸塵，實徵支銀柒拾兩陸錢叁分柒釐捌絲貳忽壹微肆塵。遇閏加銀陸兩，內除荒銀壹錢壹分叁釐陸毫陸忽肆微捌纖叁塵，實徵支銀伍兩捌錢捌分陸釐叁毫玖絲叁忽伍微壹纖柒塵。

轎傘扇夫柒名，每名歲支工食銀陸兩，共銀肆拾貳兩，內除荒撥補銀柒錢玖分伍釐貳毫肆絲肆忽玖微捌纖壹塵，實徵支銀肆拾壹兩貳錢肆釐柒毫伍絲伍忽壹纖玖塵。遇閏加銀叁兩伍錢，內除荒銀陸分陸釐貳毫陸絲玖忽玖微壹纖貳塵柒渺，實徵支銀叁兩肆錢叁分叁釐柒毫叁絲捌纖柒塵叁渺。

清軍同知衙門

門子貳名，每名歲支工食銀陸兩，共支銀壹拾貳兩，內除荒撥補銀貳錢貳分柒釐貳毫壹絲貳忽玖微陸纖陸塵，實徵支銀壹拾壹兩柒錢柒分貳釐柒毫捌絲柒忽叁纖肆塵。遇閏加銀壹兩，內除荒銀壹分捌釐玖毫叁絲叁忽捌微叁纖貳塵貳渺，實徵支銀玖錢捌分壹釐陸絲陸忽壹微陸纖柒塵捌渺。

步快捌名，每名歲支工食銀陸兩，共支銀肆拾捌兩，內除荒撥補銀玖錢捌釐捌毫伍絲肆忽玖微陸纖肆塵，實徵支銀肆拾柒兩玖分壹釐壹毫肆絲伍忽叁纖陸塵。遇閏加銀肆兩，內除荒銀柒分伍釐柒毫叁絲柒忽叁微貳纖捌塵捌渺，實徵支銀叁兩玖錢貳分肆釐貳毫陸絲貳忽陸微柒纖壹塵貳渺。

皂隸壹拾貳名，每名歲支工食銀陸兩，共支銀柒拾貳兩，內除荒撥補銀壹兩叁錢陸分貳釐玖毫壹絲柒忽捌微玖纖陸塵，實徵支銀柒拾兩陸錢叁分柒釐捌絲貳忽壹微肆塵。遇閏加銀陸兩，內除荒銀壹錢壹分叁釐陸毫陸忽肆微捌纖叁塵，實徵支銀伍兩捌錢捌分陸釐叁毫玖絲叁忽伍微壹纖柒塵。

轎傘扇夫柒名，每名歲支工食銀陸兩，共支銀肆拾貳兩，內除荒撥補銀柒錢玖分伍釐貳毫肆絲肆忽玖微捌纖壹塵，實徵支銀肆拾壹兩貳錢肆釐柒毫伍絲伍忽壹纖玖塵。遇閏加銀叁兩伍錢，內除荒銀陸分陸釐貳毫陸絲玖忽玖微壹纖貳塵柒渺，實徵支銀叁兩肆錢叁分叁釐柒毫叁絲捌纖柒塵叁渺。

潼關撫民同知衙門

門子貳名，每名歲支工食銀陸兩，共支銀壹拾貳兩，內除荒撥補銀貳錢貳分柒釐貳毫壹絲貳忽玖微陸纖陸塵，實徵支銀壹拾壹兩柒錢柒分貳釐柒毫捌絲柒忽叁纖肆塵。遇閏加銀壹兩，內除荒銀壹分捌釐玖毫叁絲叁忽捌微叁纖貳塵貳渺，實徵支銀玖錢捌分壹釐陸絲陸忽壹微陸纖柒塵捌渺。

步快捌名，每名歲支工食銀陸兩，共支銀肆拾捌兩，內除荒撥補銀玖錢捌釐捌毫伍絲肆忽玖微陸纖肆塵，實徵支銀肆拾柒兩玖分壹釐壹毫肆絲伍忽叁纖陸塵。遇閏加銀肆兩，內除荒銀柒分伍釐柒毫叁絲柒忽叁微貳纖捌塵捌渺，實徵支銀叁兩玖錢貳分肆釐貳毫陸絲貳忽陸微柒纖壹塵貳渺。

皂隸壹拾貳名，每名歲支工食銀陸兩，共支銀柒拾貳兩，內除荒撥補銀壹兩叁錢陸分貳釐玖毫壹絲柒忽捌微玖纖陸塵，實徵支銀柒拾兩陸錢叁分柒釐捌絲貳忽壹微肆塵。遇閏加銀陸兩，內除荒銀壹錢壹分叁釐陸毫陸忽肆微捌纖叁塵，實徵支銀伍兩捌錢捌分陸釐叁毫玖絲叁忽伍微壹纖柒塵。

轎傘扇夫柒名，每名歲支工食銀陸兩，共支銀肆拾貳兩，內除荒撥補銀柒錢玖分伍釐貳毫肆絲肆忽玖微捌纖壹塵，實徵支銀肆拾壹兩貳錢肆釐柒毫伍絲伍忽壹纖玖塵。遇閏加銀叁兩伍錢，內除荒銀陸分陸釐貳毫陸絲玖忽玖微壹纖貳塵柒渺，實徵支銀叁兩肆錢叁分叁釐柒毫叁絲捌纖柒塵叁渺。

寧陝同知衙門

門子貳名，每名歲支工食銀陸兩，共支銀壹拾貳兩，內除荒撥補銀貳錢貳分柒釐貳毫壹絲貳忽玖微陸纖陸塵，實徵支銀壹拾壹兩柒錢柒分貳釐柒毫捌絲柒忽叁纖肆塵。遇閏加銀壹兩，內除荒銀壹分捌釐玖毫叁絲叁忽捌微叁纖貳塵貳渺，實徵支銀玖錢捌分壹釐陸絲陸忽壹微陸纖柒塵捌渺。

步快捌名，每名歲支工食銀陸兩，共支銀肆拾捌兩，內除荒撥補銀玖錢捌釐捌毫伍絲肆忽玖微陸纖肆塵，實徵支銀肆拾柒兩玖分壹釐壹毫肆絲伍忽叁纖陸塵。遇閏加銀肆兩，內除荒銀柒分伍釐柒毫叁絲柒忽叁微貳纖捌塵捌渺，實徵支銀叁兩玖錢貳分肆釐貳毫陸絲貳忽陸微柒纖壹塵貳渺。

皂隸壹拾名，每名歲支工食銀陸兩，共支銀陸拾兩，內除荒撥補銀壹兩壹錢叁分伍釐柒毫肆忽玖微叁纖，實徵支銀伍拾捌兩捌錢陸分肆釐貳毫玖絲伍忽柒纖。遇閏加銀伍兩，內除荒銀玖分肆釐陸毫柒絲貳忽陸微伍纖捌渺，實徵支銀肆兩玖錢伍釐叁毫貳絲柒忽叁微肆纖玖塵貳渺。

仵作貳名，每名歲支工食銀陸兩，共支銀壹拾貳兩，內除荒撥補銀貳錢貳分柒釐貳毫壹絲貳忽玖微陸纖陸塵，實徵支銀壹拾壹兩柒錢柒分貳釐柒毫捌絲柒忽叁纖肆塵。遇閏加銀壹兩，內除荒銀壹分捌釐玖毫叁絲叁忽捌微叁纖貳塵貳渺，實徵支銀玖錢捌分壹釐陸絲陸忽壹微陸纖柒塵捌渺。

轎傘扇夫柒名，每名歲支工食銀陸兩，共支銀肆拾貳兩，內除荒撥補銀柒錢玖分伍釐貳毫肆絲肆忽玖微捌纖壹塵，實徵支銀肆拾壹兩貳錢肆釐柒毫伍絲伍忽壹纖玖塵。遇閏加銀叁兩伍錢，內除荒銀陸分陸釐貳毫陸絲玖忽玖微壹纖貳塵柒渺，實徵支銀叁兩肆錢叁分叁釐柒毫叁絲捌纖柒塵叁渺。

經歷衙門

門子壹名，歲支工食銀陸兩，內除荒撥補銀壹錢壹分叁釐陸毫陸忽肆微捌纖叁塵，實徵支銀伍兩捌錢捌分陸釐叁毫玖絲叁忽伍微壹纖柒塵。遇閏加銀伍錢，內除荒銀玖釐肆毫陸絲陸忽肆微壹纖伍塵貳渺。實徵支銀肆錢玖分伍毫叁絲叁忽伍微捌纖肆塵捌渺。

皂隸肆名，每名歲支工食銀陸兩，共支銀貳拾肆兩，內除荒撥補銀肆錢伍分肆釐肆毫貳絲伍忽玖微叁纖貳塵，實徵支銀貳拾叁兩伍錢肆分伍釐伍毫柒絲肆忽陸纖捌塵。遇閏加銀貳兩，內除荒銀叁分柒釐捌毫陸絲捌忽陸微陸纖壹塵，實徵支銀壹兩玖錢陸分貳釐壹毫叁絲壹忽叁微叁纖玖塵。

馬夫壹名，歲支工食銀陸兩，內除荒撥補銀壹錢壹分叁釐陸毫陸忽肆微捌纖叁塵，實徵支銀伍兩捌錢捌分陸釐叁毫玖絲叁忽伍微壹纖柒塵。遇閏加銀伍錢，內除荒銀玖釐肆毫陸絲陸忽肆微壹纖伍塵貳渺，實徵支銀肆錢玖分伍毫叁絲叁忽伍微捌纖肆塵捌渺。

紫陽貳州埡主簿衙門

門子壹名，歲支工食銀陸兩，內除荒撥補銀壹錢壹分叁釐陸毫陸忽肆微捌纖叁塵，實徵支銀伍兩捌錢捌分陸釐叁毫玖絲叁忽伍微壹纖柒塵。遇閏加銀伍錢，內除荒銀玖釐肆毫陸絲陸忽肆微壹纖伍塵貳渺，實徵支銀肆錢玖分伍毫叁絲叁忽伍微捌纖肆塵捌渺。

皂隸肆名，每名歲支工食銀陸兩，共支銀貳拾肆兩，內除荒撥補銀肆錢伍分肆釐肆毫貳絲伍忽玖微叁纖貳塵，實徵支銀貳拾叁兩伍錢肆分伍釐伍毫柒絲肆忽陸纖捌塵。遇閏加銀貳兩，內除荒銀叁分柒釐捌毫陸絲捌忽陸微陸纖壹塵，實徵支銀壹兩玖錢陸分貳釐壹毫叁絲壹忽叁微叁纖玖塵。

馬夫壹名，歲支銀陸兩，內除荒撥補銀壹錢壹分叁釐陸毫陸忽肆微捌纖叁塵，實徵支銀伍兩捌錢捌分陸釐叁毫玖絲叁忽伍微壹纖柒塵。遇閏加銀伍錢，內除荒銀玖釐肆毫陸絲陸忽肆微壹纖伍塵貳渺，實徵支銀肆錢玖分伍毫叁絲叁忽伍微捌纖肆塵捌渺。

司獄衙門

皂隸貳名，每名歲支工食銀陸兩，共支銀壹拾貳兩，內除荒撥補銀貳錢貳分柒釐貳毫壹絲貳忽玖微陸纖陸塵，實徵支銀壹拾壹兩柒錢柒分貳釐柒毫捌絲柒忽叁纖肆塵。遇閏加銀壹兩，內除荒銀壹分捌釐玖毫叁絲叁忽捌微叁纖貳塵貳渺，實徵支銀玖錢捌分壹釐陸絲陸忽壹微陸纖柒塵捌渺。

永豐倉大使衙門

皂隸貳名，每名歲支工食銀陸兩，共支銀壹拾貳兩，內除荒撥補銀貳錢貳分柒釐貳毫壹絲貳忽玖微陸纖陸塵，實徵支銀壹拾壹兩柒錢柒分貳釐柒毫捌絲柒忽叁纖肆塵。遇閏加銀壹兩，內除荒銀壹分捌釐玖毫叁絲叁忽捌微叁纖貳塵貳渺，實徵支銀玖錢捌分壹釐陸絲陸忽壹微陸纖柒塵捌渺。

府教授訓導衙門

齋夫貳名，每名歲支工食銀壹拾貳兩，共支銀貳拾肆兩，內除荒撥補銀肆錢伍分肆釐肆毫貳絲伍忽玖微叁纖貳塵，實徵支銀貳拾叁兩伍錢肆分伍釐伍毫柒絲肆忽陸纖捌塵。遇閏加銀貳兩，內除荒銀叁分柒釐捌毫陸絲捌忽陸微陸纖壹塵，實徵支銀壹兩玖錢陸分貳釐壹毫叁絲壹忽叁微叁纖玖塵。

膳夫貳名，每名歲支工食銀陸兩陸錢陸分陸釐陸毫柒絲，共支銀壹拾叁兩叁錢叁分叁釐叁毫肆絲，內除荒撥補銀貳錢伍分貳釐肆毫伍絲捌忽壹微叁纖玖塵，實徵支銀壹拾叁兩捌分捌毫捌絲壹忽捌微陸纖壹塵。遇閏加銀壹兩壹錢壹分壹釐壹毫壹絲壹忽，內除荒撥補銀貳分壹釐伍毫貳絲肆微肆纖捌塵肆渺，實徵支銀壹兩捌分玖釐伍毫玖絲伍微伍纖壹塵陸渺。

門斗叁名，每名歲支工食銀柒兩貳錢，共支銀貳拾壹兩陸錢，內除荒撥補銀肆錢玖釐捌毫捌絲玖忽玖纖捌塵肆渺伍漠，實徵支銀貳拾壹兩壹錢玖分壹毫壹絲玖微壹塵伍渺伍漠。遇閏加銀壹兩捌錢，內除荒銀叁分肆釐捌絲貳忽叁纖肆塵玖渺，實徵支銀壹兩柒錢陸分伍釐玖毫壹絲柒忽玖微陸纖伍塵壹渺。

知縣衙門

門子貳名，每名歲支工食銀陸兩，共支銀壹拾貳兩，內除荒撥補銀貳錢貳分柒釐貳毫壹絲貳忽玖微陸纖陸塵，實徵支銀壹拾壹兩柒錢柒分貳釐柒毫捌絲柒忽叁纖肆塵。遇閏加銀壹兩，內除荒銀壹分捌釐玖毫叁絲叁忽捌微叁纖貳塵貳渺，實徵支銀玖錢捌分壹釐陸絲陸忽壹微陸纖柒塵捌渺。

皂隸、仵作壹拾陸名，每名歲支工食銀陸兩，共支銀玖拾陸兩，內除荒撥補銀壹兩捌錢壹分柒釐柒毫貳忽捌微貳纖捌塵，實徵支銀玖拾肆兩壹錢捌分貳釐貳毫玖絲柒忽壹微柒纖貳塵。遇閏加銀捌兩，內除荒銀壹錢伍分壹釐肆毫柒絲肆忽陸微伍纖柒塵陸渺，實徵支銀柒兩捌錢肆分捌釐伍毫貳絲伍忽叁微肆纖貳塵肆渺。

馬快捌名，每名歲支工食草料銀壹拾陸兩捌錢，共支銀壹百叁拾肆兩肆錢，內除荒撥補銀貳兩伍錢肆分肆釐柒毫捌絲叁忽陸微叁纖玖塵，實徵支銀壹百叁拾壹兩捌錢伍分伍釐貳毫壹絲陸忽叁微陸纖壹塵。遇閏加銀壹拾壹兩貳錢，內除荒銀貳錢壹分壹釐壹毫貳絲柒忽柒微壹纖壹塵陸渺，實徵支銀壹拾兩玖錢捌分捌釐捌毫柒絲貳忽貳微捌纖捌塵肆渺。

民壯叁拾捌名，每名歲支工食銀陸兩，共支銀貳百貳拾捌兩，內除荒撥補銀肆兩叁錢壹分柒釐玖絲肆忽叁纖玖塵陸渺，實徵支銀貳百貳拾叁兩陸錢捌分貳釐玖毫伍忽玖微陸纖肆渺。遇閏加銀壹拾玖兩，內除荒銀叁錢伍分玖釐柒毫伍絲叁忽柒微柒纖玖塵伍渺，實徵支銀壹拾捌兩陸錢肆分貳毫肆絲陸忽貳微貳纖伍渺。

看監禁子捌名，每名歲支工食銀陸兩，共支銀肆拾捌兩，內除荒撥補銀玖錢捌釐捌毫伍絲肆忽玖微陸纖肆塵，實徵支銀肆拾柒兩玖分壹釐壹毫肆絲伍忽叁纖陸塵。外加增銀叁拾貳兩。遇閏加銀肆兩，內除荒銀柒分伍釐柒毫叁絲柒忽叁微貳纖捌塵捌渺，實徵支銀叁兩玖錢貳分肆釐貳毫陸絲貳忽陸微柒纖壹塵貳渺。

轎傘扇夫柒名，每名歲支工食銀陸兩，共支銀肆拾貳兩，內除荒撥補銀柒錢玖分伍釐貳毫肆絲肆忽玖微捌纖壹塵，實徵支銀肆拾壹兩貳錢肆釐柒毫伍絲伍忽壹纖玖塵。遇閏加銀叁兩伍錢，內除荒銀陸分陸釐貳毫陸絲玖忽玖微壹纖貳塵柒渺，實徵支銀叁兩肆錢叁分叁釐柒毫叁絲捌纖柒塵叁渺。

庫子肆名，每名歲支工食銀陸兩，共支銀貳拾肆兩，內除荒撥補銀肆錢伍分肆釐肆毫貳絲伍忽玖微叁纖貳塵，實徵支銀貳拾叁兩伍錢肆分伍釐伍毫柒絲肆忽陸纖捌塵。遇閏加銀貳兩，內除荒銀叁分柒釐捌毫陸絲捌忽陸微陸纖壹塵，實徵支銀壹兩玖錢陸分貳釐壹毫叁絲壹忽叁微叁纖玖塵。

斗級肆名，每名歲支工食銀陸兩，共支銀貳拾肆兩，內除荒撥補銀肆錢伍分肆釐肆毫貳絲伍忽玖微叁纖貳塵，實徵支銀貳拾叁兩伍錢肆分伍釐伍毫柒絲肆忽陸纖捌塵。遇閏加銀貳兩，內除荒銀叁分柒釐捌毫陸絲捌忽陸微陸纖壹塵，實徵支銀壹兩玖錢陸分貳釐壹毫叁絲壹忽叁微叁纖玖塵。

永豐倉庫子壹名，歲支工食銀壹拾兩陸錢陸分陸釐陸毫，內除荒撥補銀貳錢壹釐玖毫陸絲伍忽壹微玖纖柒塵，實徵支銀壹拾兩肆錢陸分肆釐陸毫叁絲肆忽捌微叁塵。遇閏加銀捌錢捌分，內除荒銀壹分陸釐陸毫陸絲貳忽貳微玖纖貳塵叁渺，實徵支銀捌錢陸分叁釐叁毫叁絲柒忽柒微柒塵柒渺。

永豐倉稱子壹名，歲支工食銀捌兩，內除荒撥補銀壹錢伍分壹釐肆毫柒絲肆忽陸微肆纖肆塵，實徵支銀柒兩捌錢肆分捌釐伍毫貳絲伍忽叁微伍纖陸塵。遇閏加銀陸錢陸分，內除荒銀壹分貳釐肆毫玖絲陸忽肆微陸纖玖塵壹渺，實徵支銀陸錢肆分柒釐伍毫叁忽伍微叁纖玖渺。

鐘鼓夫伍名，每名歲支工食銀貳兩肆錢，共支銀壹拾貳兩，內除荒撥補銀貳錢貳分柒釐貳毫壹絲伍忽玖微陸纖陸塵，實徵支銀壹拾壹兩柒錢柒分貳釐柒毫捌絲肆忽叁纖肆塵。遇閏加銀壹兩，內除荒銀壹分捌釐玖毫叁絲叁忽捌微叁纖貳塵貳渺，實徵支銀玖錢捌分壹釐陸絲陸忽壹微陸纖柒塵捌渺。

渭河渡口水夫貳拾名，每名歲支工食銀貳兩肆錢，共支銀肆拾捌兩，內除荒撥補銀玖錢捌釐捌毫伍絲肆忽玖微陸纖肆塵，實徵支銀肆拾柒兩玖分壹釐壹毫肆絲伍忽叁纖陸塵。遇閏加銀肆兩，內除荒銀柒分伍釐柒毫叁絲柒忽叁微貳纖捌塵捌渺，實徵支銀叁兩玖錢貳分肆釐貳毫陸絲貳忽陸微柒纖壹塵貳渺。

各舖司叁拾名，每名歲支工食銀肆兩捌錢，共支銀壹百肆拾肆兩，內除荒撥補銀貳兩柒錢貳分陸釐伍毫柒絲捌忽伍微玖纖貳塵，實徵支銀壹百肆拾壹兩貳錢柒分叁釐肆毫貳絲壹忽肆微捌塵。外加增銀叁拾陸兩。遇閏加銀壹拾貳兩，內除荒撥補銀貳錢貳分柒釐貳毫壹絲肆忽叁微陸纖陸塵，實徵支銀壹拾壹兩柒錢柒分貳釐柒毫捌絲伍忽陸微叁纖肆塵。外加增銀叁兩。

縣丞衙門

門子壹名，歲支工食銀陸兩，內除荒撥補銀壹錢壹分叁釐陸毫陸忽肆微捌纖叁塵，實徵支銀伍兩捌錢捌分陸釐叁毫玖絲叁忽伍微壹纖柒塵。遇閏加銀伍錢，內除荒銀玖釐肆毫陸絲陸忽肆微壹纖伍塵貳渺，實徵支銀肆錢玖分伍毫叁絲叁忽伍微捌纖肆塵捌渺。

皂隸肆名，每名歲支工食銀陸兩，共支銀貳拾肆兩，內除荒撥補銀肆錢伍分肆釐肆毫貳絲伍忽玖微叁纖貳塵，實徵支銀貳拾叁兩伍錢肆分伍釐伍毫柒絲肆忽陸纖捌塵。遇閏加銀貳兩，內除荒銀叁分柒釐捌毫陸絲捌忽陸微陸纖壹塵，實徵支銀壹兩玖錢陸分貳釐壹毫叁絲壹忽叁微叁纖玖塵。

馬夫壹名，歲支工食銀陸兩，內除荒撥補銀壹錢壹分叁釐陸毫陸忽肆微捌纖叁塵，實徵支銀伍兩捌錢捌分陸釐叁毫玖絲叁忽伍微壹纖柒塵。遇閏加銀伍錢，內除荒銀玖釐肆毫陸絲陸忽肆微壹纖伍塵貳渺，實徵支銀肆錢玖分伍毫叁絲叁忽伍微捌纖肆塵捌渺。

典史衙門

門子壹名，歲支工食銀陸兩，內除荒撥補銀壹錢壹分叁釐陸毫陸忽肆微捌纖叁塵，實徵支銀伍兩捌錢捌分陸釐叁毫玖絲叁忽伍微壹纖柒塵。遇閏加銀伍錢，內除荒銀玖釐肆毫陸絲陸忽肆微壹纖伍塵貳渺，實徵支銀肆錢玖分伍毫叁絲叁忽伍微捌纖肆塵捌渺。

皂隸肆名，每名歲支工食銀陸兩，共支銀貳拾肆兩，內除荒撥補銀肆錢伍分肆釐肆毫貳絲伍忽玖微叁纖貳塵，實徵支銀貳拾叁兩伍錢肆分伍釐伍毫柒絲肆忽陸纖捌塵。遇閏加銀貳兩，內除荒銀叁分柒釐捌毫陸絲捌忽陸微陸纖壹塵，實徵支銀壹兩玖錢陸分貳釐壹毫叁絲壹忽叁微叁纖玖塵。

馬夫壹名，歲支工食銀陸兩，內除荒撥補銀壹錢壹分叁釐陸毫陸忽肆微捌纖叁塵，實徵支銀伍兩捌錢捌分陸釐叁毫玖絲叁忽伍微壹纖柒塵。遇閏加銀伍錢，內除荒銀玖釐肆毫陸絲陸忽肆微壹纖伍塵貳渺，實徵支銀肆錢玖分伍毫叁絲叁忽伍微捌纖肆塵捌渺。

教職衙門

齋夫叁名，每名歲支工食銀壹拾貳兩，共支銀叁拾陸兩，內除荒撥補銀陸錢捌分壹釐陸毫叁絲柒忽玖微伍纖捌塵，實徵支銀叁拾伍兩叁錢壹分捌釐叁毫陸絲貳忽肆纖貳塵。遇閏加銀叁兩，內除荒銀伍分陸釐捌毫貳忽柒微肆纖壹塵伍渺，實徵支銀貳兩玖錢肆分叁釐壹毫玖絲柒忽貳微伍纖捌塵伍渺。

膳夫貳名，每名歲支工食銀陸兩陸錢陸分陸釐陸毫陸絲伍忽，共支銀壹拾叁兩叁錢叁分叁釐叁毫叁絲，內除荒撥補銀貳錢伍分貳釐肆毫伍絲捌忽壹微叁纖玖塵，實徵支銀壹拾叁兩捌分捌毫柒絲壹忽捌微陸纖壹塵係廩生支領。遇閏加銀壹兩壹錢壹分壹釐壹毫，內除荒撥補銀貳分壹釐伍毫貳絲肆微肆纖捌塵肆渺，實徵支銀壹兩捌分玖釐伍毫柒絲玖忽伍微伍纖壹塵陸渺。

門斗叁名，每名歲支工食銀柒兩貳錢，共支銀貳拾壹兩陸錢，內除荒撥補銀肆錢玖釐捌毫玖絲貳忽捌微壹塵伍漠，實徵支銀貳拾壹兩壹錢玖分壹毫柒忽壹微玖纖捌塵玖渺伍漠。遇閏加銀壹兩捌錢，內除荒銀叁分肆釐捌絲貳忽叁纖肆塵玖渺，實徵支銀壹兩柒錢陸分伍釐玖毫壹絲柒忽玖微陸纖伍塵壹渺。

廩生貳拾名，每名歲支月糧銀叁兩貳錢，共支銀陸拾肆兩，內除荒撥補銀壹兩貳錢壹分壹釐捌毫貳絲伍忽壹微伍纖貳塵，實徵支銀陸拾貳兩柒錢捌分捌釐壹毫柒絲肆忽捌微肆纖捌塵。遇閏加銀伍兩叁錢叁分叁釐叁毫叁絲，內除荒撥補銀壹錢玖毫捌絲柒微壹纖玖塵伍渺，實徵支銀伍兩貳錢叁分貳釐叁毫肆絲玖忽貳微捌纖伍渺。

以上俸工項下，除廩生、膳夫貳欵照常支發外，其餘官役俸工於道光貳拾叁年奉文，均以貳兩平支放，每兩減平銀陸分，其減平銀兩，每年批解部庫交納，理合登明。

壹雜支祭祀項下

春秋丁并清明、柒月拾伍等節祭文廟并各壇祠及無祀鬼魂品物等項銀柒拾肆兩貳分，內除荒銀壹兩肆錢貳釐肆毫陸絲肆忽伍微伍纖叁塵叁渺伍漠肆沙玖洙肆涯，實徵支銀柒拾貳兩陸錢壹分柒釐伍毫叁絲伍忽肆微肆纖陸塵陸渺肆漠伍沙陸涯。

外撥補銀柒錢叁分叁釐柒毫肆絲柒忽捌微叁纖玖塵陸渺。

霜降祭旗纛、犒賞民壯銀伍兩捌錢，內除荒銀壹錢玖釐捌毫壹絲玖忽肆微貳纖陸塵玖渺，實徵支銀伍兩陸錢玖分壹毫捌絲伍微柒纖叁塵壹渺。

鄉飲銀伍兩，內除荒銀玖分肆釐陸毫柒絲壹忽壹微伍纖貳塵伍渺，實徵支銀肆兩玖錢伍釐叁毫貳絲捌忽捌微肆纖柒塵伍渺於道光貳拾叁年奉文裁汰，其徵收銀兩，每年批解部庫交納，理合登明。

孤老肆拾肆名口，共月糧銀壹百陸拾伍兩陸錢陸釐陸毫陸絲捌忽，內除荒撥補銀叁兩壹錢叁分伍釐陸毫陸絲叁忽陸微陸塵貳渺陸漠，實徵支銀壹百陸拾貳兩肆錢柒分壹釐肆忽叁微玖纖叁塵柒渺肆漠。外加撥補閏月銀伍兩玖錢玖分叁釐叁毫叁絲貳忽。

孤老布花銀貳拾兩玖錢壹分伍釐，內除荒銀叁錢玖分陸釐壹絲叁忽陸纖伍塵伍渺，實徵支銀貳拾兩伍錢壹分捌釐玖毫捌絲陸忽玖微叁纖肆塵伍渺。

壹驛站項下

豐塬驛站銀陸千玖拾兩肆錢；渭南所站銀叁千伍百伍拾貳兩壹錢；渭水驛站銀柒百肆拾貳兩壹錢柒分玖釐玖毫捌絲；白渠驛站銀柒百柒兩陸錢貳釐壹毫捌絲壹忽捌微玖纖；威勝驛站銀貳百捌拾伍兩貳錢肆分貳釐捌絲肆忽貳微陸纖；乾州所站銀貳百肆拾柒兩伍錢肆分柒釐貳毫肆絲；永安驛站銀貳千柒百伍拾兩壹分肆毫捌絲伍忽壹微貳纖；蒿店所站銀貳千柒拾貳兩捌錢叁分壹釐貳毫伍絲；店張驛站銀壹百叁拾捌兩貳錢伍分壹釐柒絲；宜祿驛站銀伍拾玖兩陸錢捌分陸毫肆絲捌忽壹微壹纖；豐塬驛支直銀陸百壹拾貳兩；新豐驛支直銀柒兩陸錢叁分叁釐陸絲陸微貳纖；京兆驛支直銀柒兩肆錢叁分柒釐；宜祿驛改兌臨洮府站銀貳拾兩柒錢，議裁織造局水夫工食抵宜祿改兌臨洮府站銀貳拾叁兩貳錢。

以上共額銀壹萬柒千叁百壹拾陸兩捌錢壹分伍釐，內除荒銀叁百柒拾貳兩伍錢柒分玖釐肆毫陸絲捌忽伍微貳塵壹渺肆漠伍沙，實徵銀壹萬陸千玖百肆拾肆兩貳錢叁分伍釐伍毫叁絲壹忽肆微玖纖柒塵捌渺伍漠伍沙。

又收撥補豁免驛站不敷銀叁百陸拾兩壹錢壹分柒釐伍毫伍絲肆忽壹微陸纖

肆塵叁渺捌漠叁沙。

貳項共銀壹萬柒千叁百肆兩叁錢伍分叁釐捌絲伍忽陸微陸纖貳塵貳渺叁漠捌沙，內除額協裁站共銀壹萬壹千貳百叁拾兩貳錢伍分陸釐陸毫捌絲貳忽陸微肆纖壹塵肆渺，止該支銀陸千柒拾肆兩玖分陸釐肆毫叁忽貳纖捌渺叁漠捌沙。

外收增給所夫閏月工食銀壹百玖拾叁兩貳錢。

又外收新增夫馬閏月工料銀貳百捌拾壹兩柒錢。

以上共支銀陸千伍百肆拾捌兩玖錢玖分陸釐肆毫叁忽貳纖捌渺叁漠捌沙。

壹走遞項下

走遞縣馬貳拾肆匹，工食草料銀捌百肆拾肆兩捌錢，內除荒銀壹拾伍兩玖錢玖分伍釐柒毫捌絲柒微捌纖肆塵壹渺，實徵銀捌百貳拾捌兩捌錢肆釐貳毫壹絲玖忽貳微壹纖伍塵玖渺。

又收撥補豁免驛站不敷銀柒兩陸錢貳分壹釐肆毫貳絲柒忽伍纖伍塵肆渺。

貳項共銀捌百叁拾陸兩肆錢貳分伍釐陸毫肆絲陸忽貳微柒纖壹塵叁渺，內除額協裁站銀柒百捌兩叁錢捌分捌釐柒毫，實支銀壹百貳拾捌兩叁分陸釐玖毫肆絲陸忽貳微柒纖壹塵叁渺。

遇閏加銀柒拾兩肆錢，內除荒銀壹兩叁錢叁分貳釐玖毫捌絲叁忽陸微捌纖玖塵叁渺，實徵銀陸拾玖兩陸分柒釐壹絲陸忽叁微壹纖柒渺。

又收撥補驛站不敷銀陸錢叁分伍釐壹毫貳絲貳微捌纖貳塵壹渺。

貳項共銀陸拾玖兩柒錢貳釐壹毫叁絲陸忽伍微玖纖貳塵捌渺，內除裁站銀肆拾叁兩壹錢玖分貳釐陸毫伍絲，止實支銀貳拾陸兩伍錢玖釐肆毫捌絲陸忽伍微玖纖貳塵捌渺。

以上存留實徵銀貳萬壹千壹百貳拾叁兩叁錢陸分陸釐玖毫叁絲柒忽壹微貳纖柒塵壹渺肆漠陸涯，內除額協梁山驛驛站抵餉銀伍千陸百肆拾捌兩叁錢伍分陸釐柒毫肆絲玖忽陸微捌纖伍塵柒渺；又除額協臨洮、平涼貳府屬渭源、涇州等州縣驛站抵餉銀貳千捌百肆拾壹兩伍錢伍分柒釐壹毫叁絲肆忽貳微叁纖玖塵伍渺。

止該銀壹萬貳千陸百叁拾叁兩肆錢伍分叁釐伍絲叁忽貳微壹塵玖渺肆漠陸涯，內除驛遞之差使甚少等事案內，共裁站銀叁千捌百柒拾陸兩柒分玖釐貳毫玖絲伍忽肆微捌纖陸塵肆渺捌漠，內在於題明請將驛站等事案內，留支本縣新增夫馬工料銀肆百貳拾柒兩叁錢肆分柒釐柒毫玖絲陸忽柒微柒纖貳渺捌漠，實裁銀叁千肆百肆拾捌兩柒錢叁分壹釐肆毫玖絲捌忽柒微壹纖陸塵貳渺。止該銀玖千壹百捌拾肆兩柒錢貳分壹釐伍毫伍絲肆忽肆微捌纖伍塵柒渺肆漠陸涯。

外加增撥補俸工，除知府等各官攤俸留抵外，實該銀柒拾柒兩肆錢叁釐柒毫伍絲壹忽壹纖玖塵玖渺陸漠。

又加增撥補驛站豁免不敷銀叁百陸拾柒兩柒錢叁分捌釐玖毫捌絲壹忽貳微壹纖玖塵柒渺捌漠叁沙。

實該銀玖千陸百貳拾玖兩捌錢陸分肆釐貳毫捌絲陸忽柒微貳纖伍塵肆渺捌漠叁沙陸涯於乾隆伍拾貳年奉文，全數解司，壹切支欵，俱由司按季領支，嗣於嘉慶伍年奉文，照舊在縣留支，並不解司，按季請領。

外於西安布政司庫缺官銀內領支寧陝通判改為同知加增俸薪銀壹拾壹兩壹錢玖分柒釐。

遇閏加銀叁百叁拾貳兩叁錢伍分伍釐叁絲陸忽，內除各官閏俸銀陸拾兩伍分玖釐肆毫玖絲叁忽入起運外，實該銀貳百柒拾貳兩貳錢玖分伍釐伍毫肆絲叁忽，內除荒銀伍兩壹錢伍分伍釐柒毫陸絲壹忽玖微陸纖陸塵肆渺，實徵銀貳百陸拾柒兩壹錢叁分玖釐柒毫捌絲壹忽叁纖叁塵陸沙，內除驛遞之差使甚少等事案內，共裁站銀肆拾叁兩壹錢玖分貳釐陸毫伍絲，止該銀貳百貳拾叁兩玖錢肆分柒釐壹毫叁絲壹忽叁纖叁塵陸渺。

外加增撥補銀玖兩叁錢陸分肆釐伍毫陸絲柒忽玖微捌纖貳塵叁渺。

又加增驛站不敷工料銀陸錢叁分伍釐壹毫貳絲貳微捌纖貳塵壹渺。

以上實支銀貳百叁拾叁兩玖錢肆分陸釐捌毫壹絲玖忽貳微玖纖捌塵於乾隆伍拾貳年奉文，全數解司，壹切支欵，俱由司按季領支，嗣於嘉慶伍年奉文，照舊在縣留支，並不解司，按季請領。

外於西安布政司庫撥補領支所夫並夫馬閏月銀肆百柒拾肆兩玖錢係動支司庫收貯起運銀兩。

壹額外

課程銀玖拾陸兩壹錢係行人出辦。遇閏加銀捌兩捌釐叁毫叁絲叁忽叁微叁纖叁塵叁渺。

牙帖銀陸拾兩陸錢牙行壹百壹拾柒戶，每戶納稅銀捌錢至伍錢、叁、肆錢不等，係按行市多寡納稅。

當稅銀叁百叁拾伍兩當舖陸拾柒座，每座納稅銀伍兩。

畜稅銀肆百伍拾肆兩伍錢玖分係買騾馬出辦，每價銀壹兩納稅銀叁分，原無定額，儘收儘解。

地稅銀壹百玖拾伍兩玖錢玖釐係買房地業主出辦，每價銀壹兩納稅銀叁分，儘收儘解。

臨潼縣

原額折正壹等地玖千伍百伍拾壹頃壹拾陸畝伍分玖釐，共額徵本折糧肆萬陸千玖百肆拾壹石捌斗捌升捌合陸勺貳抄壹撮玖圭肆粟柒粒，內每畝科本色糧壹勺陸抄柒撮伍圭貳粟壹粒，共本色糧壹百陸拾石，每畝科折色糧肆升捌合玖勺捌抄貳圭玖粟，共折色糧肆萬陸千柒百捌拾壹石捌斗捌升捌合陸勺貳抄壹撮玖圭肆粟柒粒，每石折徵銀壹兩叁錢壹分玖釐玖毫伍絲柒忽叁微柒塵，共額徵銀陸萬壹千柒百伍拾兩玖分伍釐柒毫壹絲貳忽柒微玖塵陸渺，內：

乾隆伍年、拾年在於詳查議奏並報明被水事貳案內，題明豁免荒地共貳百伍頃陸拾壹畝貳分叁釐伍毫，共免本折糧壹千壹拾石伍斗叁升玖合陸勺玖抄壹撮柒圭陸粒伍顆捌糠伍粃，內免本色糧叁石肆斗肆升肆合肆勺叁抄捌撮陸圭肆粟捌粒肆顆叁糠伍粃，折色糧壹千柒石玖升伍合貳勺伍抄叁撮伍粟捌粒壹顆伍糠，應免折色銀壹千叁百貳拾玖兩叁錢貳分貳釐柒毫陸絲捌忽肆纖陸塵肆渺貳漠柒沙玖洙；又於乾隆貳拾玖年在於欽奉恩詔事案內，題明豁免地伍拾肆頃捌拾貳畝貳分，應免本折糧貳百陸拾玖石肆斗叁升捌合壹勺貳抄玖撮肆圭陸粟肆粒貳顆，本色糧玖斗壹升捌合叁勺捌抄叁撮陸圭貳粟陸粒貳顆，折色糧貳百陸拾捌石伍斗壹升玖合柒勺肆抄伍撮捌圭叁粟捌粒，應免折色銀叁百伍拾肆兩肆錢叁分肆釐陸毫捌忽伍微柒纖貳塵壹渺捌沙；又於乾隆肆拾貳年在於遵旨議奏事案內，題明豁免地肆拾頃玖拾玖畝玖分，應免本折糧貳百壹拾石伍斗壹合壹勺壹抄叁圭壹粟捌粒玖顆，本色糧陸斗捌升陸合捌勺壹抄玖撮叁圭肆粟柒粒玖顆，折色糧貳百石捌斗壹升肆合貳勺玖抄玖圭柒粟壹粒，應免折色銀貳百陸拾伍兩陸分陸釐貳毫玖絲玖微陸纖柒塵壹渺玖漠玖洙陸涯；又於嘉慶貳拾壹年在於報明被水事案內，題明豁免地柒頃壹拾伍畝柒分，應免本折糧叁拾伍石壹斗柒升伍合捌抄捌撮叁圭叁粟貳粒柒顆，本色糧壹斗壹升玖合捌勺玖抄肆撮柒圭柒粟玖粒柒顆，折色糧叁拾伍石伍升伍合壹勺玖抄叁撮伍圭伍粟叁粒，應免折色銀肆拾陸兩貳錢柒分壹釐叁毫伍絲捌忽捌微柒纖捌塵伍渺捌漠壹沙陸洙肆涯貳洒。

以上共豁免荒地叁百捌頃伍拾玖畝叁釐伍毫，共免本折糧壹千伍百壹拾陸石陸斗伍升肆合壹抄玖撮捌圭貳粟貳粒叁顆捌糠伍粃，內本色糧伍石壹斗陸升玖合伍勺叁抄陸撮肆圭貳粒貳顆叁糠伍粃，折色糧壹千伍百壹拾壹石肆斗捌升肆合肆勺捌抄叁撮肆圭貳粟壹顆伍糠，共免折色銀壹千玖百玖拾伍兩玖分伍釐貳絲陸忽肆微陸纖肆塵叁渺捌沙伍洙貳洒。

實在地玖千貳百肆拾貳頃伍拾柒畝伍分伍釐伍毫，應徵本折糧肆萬伍千肆百貳拾伍石貳斗叁升肆合陸勺貳撮壹圭貳粟陸粒陸顆壹糠伍粃，實徵本色糧壹百伍拾肆石捌斗叁升肆勺陸抄叁撮伍圭玖粟柒粒柒顆陸糠伍粃，實徵折色糧肆萬伍千貳百柒拾石肆斗肆合壹勺叁抄捌撮伍圭貳粟陸粒捌顆伍糠，折徵銀伍萬玖千柒百伍拾伍兩陸毫捌絲陸忽貳微肆纖伍塵貳渺玖漠壹沙肆洙玖涯捌洒。

又額外清丈出地肆拾玖畝壹分柒釐伍毫柒絲伍忽，該本折糧貳石肆斗壹升陸合捌勺捌抄伍圭柒粟，内本色起運廣豐倉糧捌合貳勺叁抄捌撮柒粟，折色糧貳石肆斗捌合陸勺肆抄貳撮伍圭，該折徵銀叁兩壹錢玖分玖釐叁毫貳忽。

外於乾隆拾叁年在於敬陳清理寄庄寄糧等事案内，改收三原縣中等壹則平旱地壹拾頃柒拾玖畝壹分柒釐捌絲，該本折共糧陸拾貳石玖斗陸升貳合柒勺陸抄叁撮肆圭肆粟伍粒，該徵本色糧壹石捌斗陸合壹勺伍抄肆撮貳圭玖粒肆顆貳糠，該折色糧陸拾壹石壹斗伍升陸合陸勺玖撮貳圭叁粟陸粒，該折徵銀捌拾壹兩伍錢捌分叁釐叁毫貳絲貳忽捌微壹纖貳塵柒渺玖漠陸沙肆涯。

以上實熟並三原縣改隸及清丈出民地共玖千貳百伍拾叁頃捌拾伍畝玖分壹毫伍絲伍忽，實徵本色糧壹百伍拾陸石陸斗肆升肆合捌勺伍抄伍撮捌圭柒粟柒粒壹顆捌糠伍粃，實徵折色糧折銀伍萬玖千捌百叁拾玖兩柒錢捌分叁釐叁毫壹絲壹忽伍纖捌塵捌漠柒沙伍洙叁涯捌洒遵照乾隆伍拾玖年奉准部咨令，将康熙年间易知由单内載每畝徵折色銀陸分肆釐陸毫伍絲壹忽捌微玖纖叁塵壹渺肆漠，纂入書内，嗣後遇有豤豁增減，以便按畝增除。

原額人丁叁等玖則不等，共折下下丁肆萬捌千捌百柒拾貳丁，每丁徵銀肆分柒釐伍絲叁忽柒微，共銀貳千貳百玖拾玖兩陸錢柒釐玖毫肆絲柒忽壹微，内除優免丁壹千叁百捌拾叁丁，共銀陸拾伍兩柒分伍釐貳毫陸絲柒忽壹微。

實行差並節年招回、編審抵補豁免，除優免丁外，共丁肆萬柒千肆百捌拾玖丁，共該徵銀貳千貳百叁拾肆兩伍錢叁分貳釐陸毫捌絲。

外收三原縣改隸應徵銀壹拾叁兩伍錢叁分伍釐壹毫貳絲壹忽玖微貳纖玖塵陸渺。

以上實在行差丁肆萬柒千肆百捌拾玖丁，實徵並三原縣改隸應徵共銀貳千貳百肆拾捌兩陸分柒釐捌毫壹忽玖微貳纖玖塵陸渺。

康熙伍拾伍年起，至乾隆貳拾陸年止，編審出丁叁百壹拾壹丁；乾隆叁拾壹年編審出丁肆拾丁；乾隆叁拾陸年編審出丁肆拾壹丁。共編審出丁叁百玖拾貳丁，欽遵康熙伍拾貳年叁月拾捌日恩詔，後遇編審之期，但據康熙伍拾年丁冊定為常額，永不加賦。

原額均徭銀伍千貳百壹拾叁兩玖錢玖釐陸毫玖忽玖微玖纖壹塵叁渺，內除荒銀壹百壹拾貳兩貳錢肆分貳釐貳毫叁絲叁忽陸微肆塵肆沙伍洙；又除在於欽奉恩詔事案內，豁免銀貳拾玖兩玖錢貳分陸釐玖毫壹絲陸忽玖微玖纖叁渺肆漠；又在于遵旨議奏事案內，豁免銀貳拾貳兩叁錢捌分壹釐肆絲肆忽玖微陸纖柒塵伍渺肆漠；又在於報明被水事案內，豁免銀叁兩玖錢陸釐玖毫伍絲肆忽叁微肆纖壹渺捌漠。實徵銀伍千肆拾伍兩肆錢伍分貳釐肆毫陸絲捌纖玖塵貳渺叁漠伍沙伍洙係按前項壹等地畝科徵，每畝徵均徭銀伍釐肆毫伍絲捌忽玖微貳纖柒塵肆渺。

額外應徵均徭銀貳錢陸分捌釐肆毫叁絲玖忽。

外收三原縣改隸銀肆兩玖錢玖分肆釐貳毫陸絲捌微柒纖伍塵壹渺玖漠壹沙肆涯。

以上實徵均徭並改隸共銀伍千伍拾兩柒錢壹分伍釐壹毫伍絲玖忽玖微陸纖肆塵肆渺貳漠陸沙伍洙肆涯。

遇閏加徵額銀叁百柒拾柒兩伍錢肆分玖釐陸毫貳絲玖忽，內除荒銀壹拾兩貳分叁釐肆毫叁絲貳忽柒微肆纖陸塵叁渺陸漠伍沙叁涯，實徵銀叁百陸拾柒兩伍錢貳分陸釐壹毫玖絲陸忽貳微伍纖叁塵陸渺叁漠肆沙玖洙柒涯。

外收三原縣改隸銀壹兩壹錢貳分壹釐玖毫捌絲陸忽柒微陸纖陸塵柒渺柒洙肆涯。

又額外停免銀壹百肆拾貳兩伍錢伍釐伍絲。外收三原縣改隸銀柒錢肆分肆釐陸毫肆絲柒忽捌微伍纖貳塵肆渺。

匠價銀柒拾玖兩陸錢玖分伍釐。外收三原縣改隸銀叁錢捌釐陸毫貳絲貳微肆纖壹塵玖渺肆漠貳沙陸洙陸涯。遇閏加銀陸兩陸錢肆分壹釐貳毫伍絲。外收三原縣改隷閏銀貳分伍釐柒毫壹絲捌忽伍微貳纖伍塵陸渺。

新增軍籍丁糧銀貳千捌百壹拾玖兩捌錢伍釐伍毫肆絲叁忽捌微肆纖肆塵。外收三原縣改隷銀叁兩玖錢柒分貳釐玖毫叁忽肆微叁塵叁渺捌漠玖沙肆洙壹涯。

細辛折價銀壹兩壹錢貳分貳釐貳毫貳絲伍忽。

陵租祿糧銀捌拾陸兩。

以上額外停免、匠價、軍籍、細辛、陵租共銀叁千壹百貳拾玖兩壹錢貳分柒釐捌毫壹絲捌忽捌微肆纖肆塵。外三原縣改隷共銀伍兩貳分陸釐壹毫柒絲壹忽肆微玖纖柒塵柒渺叁漠貳沙柒涯。

地、丁貳項並均徭及額外停免、匠價、軍籍、細辛、陵租祿銀，除優免丁銀外，共應徵銀柒萬貳千叁百叁拾壹兩壹錢叁分叁釐伍毫陸絲貳忽伍微肆纖肆塵玖渺，內除荒銀貳千壹百陸拾叁兩伍錢伍分貳釐壹毫柒絲陸忽叁微陸纖陸塵叁渺柒漠叁沙貳洒，實徵銀柒萬壹百陸拾柒兩伍錢捌分壹釐叁毫捌絲陸忽壹微柒纖捌塵伍渺貳漠陸沙玖洙玖涯捌洒。

外收三原縣改隷地、丁並均徭應徵銀壹百伍兩壹錢叁分捌釐捌毫柒絲柒忽壹微壹纖伍塵叁渺壹漠玖沙壹洙伍涯。

貳項共銀柒萬叁百貳拾貳兩捌錢玖分捌釐伍毫柒絲陸忽伍微壹纖貳塵陸渺柒沙柒洙玖涯。

本色起運糧壹百陸拾石，內除荒糧伍石壹斗陸升玖合伍勺叁抄陸撮肆圭貳粒貳顆叁糠伍粃，實徵糧壹百伍拾肆石捌斗叁升肆勺陸抄叁撮伍圭玖粟柒粒柒顆陸糠伍粃。又額外請丈出本色起運糧捌合貳勺叁抄捌撮柒粟。

外收三原縣改隷地畝應徵本色糧壹石捌斗陸合壹勺伍抄肆撮貳圭玖粒肆顆貳糠。

貳項共糧壹百伍拾陸石陸斗肆升肆合捌勺伍抄伍撮捌圭柒粟柒粒壹顆捌糠伍粃。

遇閏加徵銀叁百柒拾柒兩伍錢肆分玖釐陸毫貳絲玖忽，內除荒銀壹拾兩貳分叁釐肆毫叁絲貳忽柒微肆纖陸塵叁渺陸漠伍沙叁涯，實徵銀叁百陸拾柒兩伍錢貳分陸釐壹毫玖絲陸忽貳微伍纖叁塵陸渺叁漠肆沙玖洙柒涯。

外收三原縣改隷銀壹兩壹錢貳分壹釐玖毫捌絲陸忽柒微陸纖陸塵柒渺柒洙肆涯。

又匠價閏銀陸兩陸錢肆分壹釐貳毫伍絲。外收三原縣改隷閏銀貳分伍釐柒毫壹絲捌忽伍微貳纖伍塵陸渺。

叁項共銀叁百柒拾肆兩壹錢玖分叁釐壹毫陸絲肆忽柒微柒纖玖塵貳渺叁漠肆沙玖浂柒涯。

壹起運項下

本色起運糧壹百陸拾石，內除荒糧伍石壹斗陸升玖合伍勺叁抄陸撮肆圭貳粒貳顆叁糠伍粃，實起運糧壹百伍拾肆石捌斗叁升肆勺陸抄叁撮伍圭玖粟柒粒柒顆陸糠伍粃。

又額外清丈出本色糧捌合貳勺叁抄捌撮柒粟。外收三原縣改隷本色糧壹石捌斗陸合壹勺伍抄肆撮貳圭玖粒肆顆貳糠。

貳項共糧壹百伍拾陸石陸斗肆升肆合捌勺伍抄伍撮捌圭柒粟柒粒壹顆捌糠伍粃。

原編起運糧石折價等項銀肆萬叁千玖百伍拾陸兩柒錢叁釐玖毫叁絲貳忽柒微玖塵陸渺，內除荒銀壹千肆百貳拾陸兩貳錢玖分叁毫陸絲伍忽捌微貳塵玖渺貳漠捌沙捌浂壹涯肆洒，實徵起運銀肆萬貳千伍百叁拾兩肆錢壹分叁釐伍毫陸絲陸忽玖微陸塵陸渺柒漠壹沙壹浂捌涯陸洒。

節裁藥味、軍器、毛襖、年例並盤纏等項歸入起運銀壹千捌百伍拾柒兩叁分柒釐肆毫柒絲，內除荒銀肆拾貳兩肆分貳毫柒絲肆忽壹微叁纖肆塵玖漠肆沙，實起運銀壹千捌百壹拾肆兩玖錢玖分柒釐壹毫玖絲伍忽捌微陸纖伍塵玖渺陸沙。

舊編存留，內順治玖年裁扣各役工食銀貳百叁拾柒兩貳錢；拾貳年裁扣銀壹百捌拾捌兩；拾肆年裁官生俸廩銀柒百玖拾玖兩伍錢伍分肆釐肆毫柒絲，里馬裁壹，撥協興安州站銀伍百貳拾叁兩貳錢柒釐陸毫肆絲肆忽陸微陸纖陸塵。康熙元年裁吏書工食銀叁百柒兩貳錢，又裁分巡關南道俸食銀叁百捌拾玖兩；叁年奉裁訓導俸食、齋夫銀玖拾叁兩玖錢貳分，裁雜費丁銀貳百伍拾玖兩壹錢貳釐貳毫；拾伍年裁新紅紙張、修理監倉等項銀壹百玖拾陸兩玖錢玖分玖釐柒毫；拾陸年奉裁新豐遞運所大使俸食銀肆拾叁兩伍錢貳分；貳拾柒年裁歲貢、舉人、進士盤纏、坊價銀壹百壹拾壹兩玖錢壹分貳釐叁毫陸絲；叁拾叁年奉裁新豐驛驛丞俸食銀肆拾叁兩伍錢貳分。雍正陸年裁燈夫銀貳拾肆兩；拾貳年裁民壯銀貳拾肆兩。乾隆柒年裁民壯銀貳拾肆兩；玖年裁減祭祀銀貳拾叁兩叁錢陸分，又裁舖司工食銀叁拾捌兩肆錢，舊編冗費裁剩解部銀叁千柒百肆拾兩捌錢肆分貳釐肆毫伍絲玖忽玖微玖纖壹塵叁渺。

共該銀柒千陸拾柒兩柒錢叁分捌釐捌毫叁絲肆忽陸微伍纖柒塵叁渺，內除荒銀壹百捌拾捌兩伍錢玖分捌釐壹毫柒絲玖忽玖纖陸塵玖渺壹漠陸沙肆泆肆涯壹洒，實起運銀陸千捌百柒拾玖兩壹錢肆分陸毫伍絲伍忽伍微陸纖叁渺捌漠叁沙叁泆伍涯玖洒。

又額外折色、均徭、停免、匠價、軍籍、細辛、陵租祿共銀叁千壹百叁拾貳兩伍錢玖分伍釐伍毫伍絲玖忽捌微肆纖肆塵。

以上共該實起運銀伍萬肆千叁百伍拾柒兩壹錢肆分陸釐玖毫柒絲捌忽壹微柒纖陸塵玖渺陸漠伍泆肆涯伍洒。

又收存留內額協抵餉銀叁千玖百壹拾貳兩壹錢叁分捌釐捌毫壹絲柒忽肆微陸纖貳塵捌渺。

又收平涼等府、涇州等州縣各驛所站支抵餉銀玖百貳拾柒兩叁錢玖分貳釐伍毫伍絲伍忽玖微玖纖貳塵。

又收存留內驛遞之差使甚少等事案內，裁站銀叁千捌百肆拾玖兩玖錢貳分陸釐肆毫貳絲貳忽肆微伍纖玖塵貳渺，內在於題明請將驛站等事案內，留支本縣新增夫馬工料銀肆百陸拾陸兩伍錢柒分陸釐貳毫伍絲伍忽玖微，止實收銀叁千叁百捌拾叁兩叁錢伍分壹毫陸絲陸忽伍微伍纖玖塵貳渺。

又收在於請做以糧載丁等事案內，通省以糧均丁增銀柒千伍百壹拾壹兩伍錢伍分捌毫玖絲陸忽陸微柒纖柒塵陸渺。

外收三原縣改隸地畝並丁徭應徵銀壹百伍兩壹錢叁分捌釐捌毫柒絲柒忽壹微壹纖伍塵叁渺壹漠玖沙壹泆伍涯。

又收三原縣改隸、節次編審抵補屯更丁增銀壹兩捌錢叁分玖釐叁毫叁絲伍忽陸微叁纖玖塵捌渺貳漠。

以上共該起運銀柒萬壹百玖拾捌兩伍錢伍分柒釐陸毫貳絲柒忽陸微貳纖叁塵陸渺玖漠玖沙陸泆玖涯伍洒，内留支加增撥補俸工銀壹百兩貳錢捌分壹毫柒絲肆忽貳微貳纖壹塵捌渺叁漠陸沙叁泆；又留支撥補豁免不敷夫馬工料銀叁百壹拾叁兩柒錢伍分捌釐陸絲貳忽貳微捌纖貳塵柒漠玖沙玖泆貳涯捌洒。實該起運銀陸萬玖千柒百捌拾肆兩伍錢壹分玖釐叁毫玖絲壹忽壹微壹纖玖塵柒渺捌漠叁沙肆洙陸涯柒洒。

外遇閏裁扣，內順治玖年裁扣銀壹拾捌兩壹錢；拾肆年裁扣銀伍拾捌兩伍錢貳分捌釐陸毫陸絲陸忽。康熙元年裁吏書工食銀貳拾伍兩陸錢，又裁扣銀叁拾貳兩肆錢壹分陸釐陸毫；叁年裁扣銀柒兩捌錢貳分陸釐陸毫陸絲陸忽；拾伍年裁扣銀陸兩捌錢叁分叁釐貳毫柒絲；拾陸年裁扣銀叁兩陸錢貳分陸釐陸毫陸絲陸忽；叁拾玖年裁扣銀叁兩陸錢貳分陸釐陸毫陸絲陸忽。雍正陸年裁扣銀貳兩；拾貳年裁扣銀貳兩。乾隆柒年裁扣銀貳兩；又玖年裁扣銀叁兩貳錢；貳拾玖年裁扣各官閏俸銀貳拾壹兩捌分陸釐陸毫陸絲伍忽。

共額銀壹百捌拾陸兩捌錢肆分伍釐壹毫玖絲玖忽，內除荒銀肆兩玖錢陸分柒毫捌絲肆忽陸微伍纖貳塵叁漠伍沙壹洙叁涯，實徵銀壹百捌拾壹兩捌錢捌分肆釐肆毫壹絲肆忽叁微肆纖柒塵玖渺陸漠肆沙捌洙柒涯。

又應徵匠價銀陸兩陸錢陸分陸釐玖毫陸絲捌忽伍微貳纖伍塵陸渺。

又收驛遞之差使甚少並題明請將驛站等事案內，共裁站銀伍拾柒兩捌錢柒分伍釐貳毫伍絲。

又收在於請做以糧載丁等事案內，通省以糧均丁增銀叁百柒兩捌錢玖分玖釐叁毫陸絲叁忽壹微陸纖肆塵叁渺。

外收三原縣改隸地畝應徵閏銀壹兩壹錢貳分壹釐玖毫捌絲陸忽柒微陸纖陸塵柒沙柒洙肆涯。

又外收三原縣改隸、節年編審抵補屯更丁增銀柒分叁釐肆毫壹忽玖纖貳塵柒渺。

以上共該起運銀伍百伍拾伍兩伍錢貳分壹釐叁毫捌絲叁忽捌微玖纖陸塵伍渺柒漠貳沙陸洙壹涯，內留支撥補舖司、孤老、廩膳銀壹拾壹兩貳分玖釐伍毫叁微肆纖陸塵捌渺貳漠玖沙玖洙；又留支撥補豁免不敷夫馬工料閏月銀壹兩肆錢玖分捌釐肆毫叁絲伍忽叁微陸纖捌渺。實該起運銀伍百肆拾貳兩玖錢玖分叁釐肆毫肆絲捌忽壹微捌纖捌塵玖渺肆漠貳沙柒洙壹涯。

壹存留項下

原編存留銀壹萬陸千叁百壹拾柒兩伍分柒釐柒毫陸絲伍忽叁微叁纖肆塵，內除荒銀伍百壹拾壹兩陸錢肆分肆釐壹毫伍絲肆忽叁微肆纖叁塵捌渺壹漠伍沙柒洙陸涯捌洒，實徵銀壹萬伍千捌百伍兩肆錢壹分叁釐陸毫壹絲玖微玖纖壹渺捌漠肆沙貳洙叁涯貳洒。

壹俸工項下

固原兵備道即今平慶道壹員，額支俸薪銀壹百伍兩，內除荒銀貳兩柒錢捌分柒釐叁毫壹絲伍微叁纖柒塵，實徵支銀壹百貳兩貳錢壹分貳釐陸毫捌絲玖忽肆微陸纖叁塵，內均攤銀肆拾捌兩叁錢玖分玖釐玖毫叁絲陸忽玖微玖纖肆塵伍渺，即留抵撥補各官役俸工訖。

知縣壹員，額支俸薪銀肆拾伍兩，內除荒銀壹兩壹錢玖分肆釐貳毫玖絲陸忽壹微柒纖玖塵，實徵支銀肆拾叁兩捌錢伍釐柒毫叁忽捌微貳纖壹塵，內均攤銀貳拾兩柒錢肆分貳釐捌毫叁絲壹微肆纖伍渺，即留抵撥補各官役俸工訖。

縣丞壹員，額支俸薪銀肆拾兩，內除荒撥補銀壹兩陸分貳釐玖忽伍微貳纖肆塵，實徵支銀叁拾捌兩玖錢叁分柒釐玖毫玖絲肆微柒纖陸塵。

典史壹員，額支俸薪銀叁拾壹兩伍錢貳分，內除荒撥補銀捌錢叁分陸釐捌毫陸絲叁忽伍微陸纖陸渺，實徵支銀叁拾兩陸錢捌分叁釐壹毫叁絲陸忽肆微叁纖玖塵肆渺。

教諭、訓導貳員，額支俸薪銀叁拾壹兩伍錢貳分，內除荒撥補銀捌錢叁分陸釐捌毫陸絲叁忽伍微陸纖陸渺，實徵支銀叁拾兩陸錢捌分叁釐壹毫叁絲陸忽肆微叁纖玖塵肆渺。外加增全俸銀肆拾捌兩肆錢捌分。

壹道員衙門

門子肆名，每名歲支工食銀陸兩，共支銀貳拾肆兩，內除荒撥補銀陸錢叁分柒釐貳毫伍忽柒微叁纖肆塵肆渺，實徵支銀貳拾叁兩叁錢陸分貳釐柒毫玖絲肆忽貳微陸纖伍塵陸渺。遇閏加銀貳兩，內除荒銀伍分叁釐壹毫肆微捌纖陸塵貳渺，實徵支銀壹兩玖錢肆分陸釐捌毫玖絲玖忽伍微壹纖叁塵捌渺。

快手壹拾貳名，每名歲支工食銀陸兩，共支銀柒拾貳兩，內除荒撥補銀壹兩玖錢壹分壹釐陸毫壹絲柒忽貳微叁塵貳渺，實徵支銀柒拾兩捌分捌釐叁毫捌絲貳忽柒微玖纖陸塵捌渺。遇閏加銀陸兩，內除荒銀壹錢伍分玖釐叁毫壹忽肆微伍纖捌塵陸渺，實徵支銀伍兩捌錢肆分陸毫玖絲捌忽伍微肆纖壹塵肆渺。

皂隸壹拾貳名，每名歲支工食銀陸兩，共支銀柒拾貳兩，內除荒撥補銀壹兩玖錢壹分壹釐陸毫壹絲柒忽貳微叁塵貳渺，實徵支銀柒拾兩捌分捌釐叁毫捌絲貳忽柒微玖纖陸塵捌渺。遇閏加銀陸兩，內除荒銀壹錢伍分玖釐叁毫壹忽肆微伍纖捌塵陸渺，實徵支銀伍兩捌錢肆分陸毫玖絲捌忽伍微肆纖壹塵肆渺。

轎傘扇夫柒名，每名歲支工食銀陸兩，共支銀肆拾貳兩，內除荒撥補銀壹兩壹錢壹分伍釐壹毫壹絲壹纖貳渺，實徵支銀肆拾兩捌錢捌分肆釐捌毫捌絲玖忽玖微捌纖玖塵捌渺。遇閏加銀叁兩伍錢，內除荒銀玖分貳釐玖毫貳絲伍忽捌微伍纖玖渺，實徵支銀叁兩肆錢柒釐柒絲肆忽壹微肆纖玖塵壹渺。

聽事吏貳名，每名歲支工食銀陸兩，共支銀壹拾貳兩，內除荒撥補銀叁錢壹分捌釐陸毫貳忽捌微壹纖柒塵貳渺，實徵支銀壹拾壹兩陸錢捌分壹釐叁毫玖絲柒忽壹微捌纖貳塵捌渺。遇閏加銀壹兩，內除荒銀貳分陸釐伍毫伍絲貳微肆纖叁塵壹渺，實徵支銀玖錢柒分叁釐肆毫肆絲玖忽柒微伍纖陸塵玖渺。

舖兵貳名，每名歲支工食銀陸兩，共支銀壹拾貳兩，內除荒撥補銀叁錢壹分捌釐陸毫貳忽捌微壹纖柒塵貳渺，實徵支銀壹拾壹兩陸錢捌分壹釐叁毫玖絲柒忽壹微捌纖貳塵捌渺。遇閏加銀壹兩，內除荒銀貳分陸釐伍毫伍絲貳微肆纖叁塵壹渺，實徵支銀玖錢柒分叁釐肆毫肆絲玖忽柒微伍纖陸塵玖渺。

壹知縣衙門

門子貳名，每名歲支工食銀陸兩，共支銀壹拾貳兩，內除荒撥補銀叁錢壹分捌釐陸毫貳忽捌微壹纖柒塵貳渺，實徵支銀壹拾壹兩陸錢捌分壹釐叁毫玖絲柒忽壹微捌纖貳塵捌渺。遇閏加銀壹兩，內除荒銀貳分陸釐伍毫伍絲貳微肆纖叁塵壹渺，實徵支銀玖錢柒分叁釐肆毫肆絲玖忽柒微伍纖陸塵玖渺。

皂隷、仵作壹拾陸名，每名歲支工食銀陸兩，共支銀玖拾陸兩，內除荒撥補銀貳兩伍錢肆分捌釐捌毫貳絲貳忽壹微陸纖伍塵貳渺，實徵支銀玖拾叁兩肆錢伍分壹釐壹毫柒絲柒忽捌微叁纖肆塵捌渺。遇閏加銀捌兩，內除荒銀貳錢壹分貳釐肆毫陸忽玖微肆纖肆塵伍渺，實徵支銀柒兩柒錢捌分柒釐伍毫玖絲叁忽伍纖伍塵伍渺。

馬快捌名，每名歲支工食草料銀壹拾陸兩捌錢，共支銀壹百叁拾肆兩肆錢，內除荒撥補銀叁兩伍錢陸分捌釐叁毫伍絲壹忽肆微貳纖叁塵貳渺，實徵支銀壹百叁拾兩捌錢叁分壹釐陸毫肆絲捌忽伍微柒纖陸塵捌渺。遇閏加銀壹拾壹兩貳錢，內除荒銀貳錢玖分柒釐叁毫陸絲貳忽陸微肆纖肆塵柒渺，實徵支銀壹拾兩玖錢貳釐陸毫叁絲柒忽叁微伍纖伍塵叁渺。

民壯肆拾貳名，每名歲支工食銀陸兩，共支銀貳百伍拾貳兩，內除荒撥補銀陸兩陸錢玖分壹釐壹毫貳絲叁忽玖微伍纖柒渺，實徵支銀貳百肆拾伍兩叁錢捌釐捌毫柒絲陸忽肆纖玖塵叁渺。遇閏加銀貳拾壹兩，內除荒銀伍錢伍分柒釐伍毫伍絲陸忽伍塵壹渺，實徵支銀貳拾兩肆錢肆分貳釐肆毫肆絲叁忽玖微玖纖肆塵玖渺遇閏之年扣解充餉。

看監禁子捌名，每名歲支工食銀陸兩，共支銀肆拾捌兩，內除荒撥補銀壹兩貳錢柒分肆釐肆毫壹絲壹忽叁微柒纖柒塵陸渺，實徵支銀肆拾陸兩柒錢貳分伍釐伍毫捌絲捌忽陸微貳纖貳塵肆渺，每名加銀肆兩，共加銀叁拾貳兩。遇閏加銀肆兩，除荒銀壹錢陸釐貳毫玖微柒纖貳塵肆渺，實徵支銀叁兩捌錢玖分叁釐柒毫玖絲玖忽貳纖柒塵陸渺。

轎傘扇夫柒名，每名歲支工食銀陸兩，共支銀肆拾貳兩，內除荒撥補銀壹兩壹錢壹分伍釐壹毫壹絲壹纖貳渺，實徵支銀肆拾兩捌錢捌分肆釐捌毫捌絲玖忽玖微捌纖玖塵捌渺。遇閏加銀叁兩伍錢，內除荒銀玖分貳釐玖毫貳絲伍忽捌微伍纖玖渺，實徵支銀叁兩肆錢柒釐柒絲肆忽壹微肆纖玖塵壹渺。

庫子肆名，每名歲支工食銀陸兩，共支銀貳拾肆兩，內除荒撥補銀陸錢叁分柒釐貳毫伍忽柒微叁纖肆塵肆渺，實徵支銀貳拾叁兩叁錢陸分貳釐柒毫玖絲肆忽貳微陸纖伍塵陸渺。遇閏加銀貳兩，內除荒銀伍分叁釐壹毫肆微捌纖陸塵貳渺，實徵支銀壹兩玖錢肆分陸釐捌毫玖絲玖忽伍微壹纖叁塵捌渺。

斗級肆名，每名歲支工食銀陸兩，共支銀貳拾肆兩，內除荒撥補銀陸錢叁分柒厘貳毫伍忽柒微叁纖肆塵肆渺，實徵支銀貳拾叁兩叁錢陸分貳釐柒毫玖絲肆忽貳微陸纖伍塵陸渺。遇閏加銀貳兩，內除荒銀伍分叁釐壹毫肆微捌纖陸塵貳渺，實徵支銀壹兩玖錢肆分陸釐捌毫玖絲玖忽伍微壹纖叁塵捌渺。

原額舖司兵貳拾伍名，每名歲支工食銀肆兩捌錢，共支銀壹百貳拾兩，內除荒銀叁兩壹錢捌分陸釐貳絲捌忽柒微壹纖陸塵壹漠貳沙，實徵支銀壹百壹拾陸兩捌錢壹分叁釐玖毫柒絲壹忽貳微捌纖叁塵玖渺捌漠捌沙。外加增銀叁拾叁兩壹錢捌分陸釐貳絲捌忽柒微壹纖陸塵壹漠貳沙。遇閏加銀壹拾兩，內除荒銀貳錢陸分伍釐伍毫貳忽叁微玖纖貳塵玖渺陸漠捌沙，實徵支銀玖兩柒錢叁分肆釐肆毫玖絲柒忽陸微柒塵叁漠貳沙。外加增銀貳兩柒錢陸分伍釐伍毫貳忽叁微玖纖貳塵玖渺陸漠捌沙。

鐘鼓夫伍名，每名歲支工食銀肆兩，共支銀貳拾兩，內除荒撥補銀伍錢叁分壹釐肆忽柒微捌纖陸塵，實徵支銀壹拾玖兩肆錢陸分捌釐玖毫玖絲伍忽貳微壹纖肆塵。遇閏加銀壹兩陸錢陸分，內除荒銀肆分肆釐柒絲叁忽叁微叁纖叁塵壹渺，實徵支銀壹兩陸錢壹分伍釐玖毫貳絲陸忽陸微陸纖陸塵玖渺。

原額肆渡水夫貳拾捌名，每名歲支工食銀貳兩肆錢，共支銀陸拾柒兩貳錢，內除荒撥補銀壹兩柒錢捌分肆釐貳毫柒絲陸忽柒纖貳塵玖渺，實徵支銀陸拾伍兩肆錢壹分伍釐柒毫貳絲叁忽玖微貳纖柒塵壹渺。遇閏加銀伍兩陸錢，內除荒銀壹錢肆分捌釐陸毫捌絲壹忽叁微壹纖柒塵叁渺，實徵支銀伍兩肆錢伍分壹釐叁毫壹絲捌忽陸微捌纖貳塵柒渺。

縣丞衙門

門子壹名，歲支工食銀陸兩，內除荒撥補銀壹錢伍分玖釐叁毫捌微玖塵肆渺，實徵支銀伍兩捌錢肆分陸毫玖絲玖忽壹微玖纖陸渺。遇閏加銀伍錢，內除荒銀壹分叁釐貳毫柒絲伍忽壹微貳纖壹塵伍渺，實徵支銀肆錢捌分陸釐柒毫貳絲肆忽捌微柒纖捌塵伍渺。

皂隸肆名，每名歲支工食銀陸兩，共支銀貳拾肆兩，內除荒撥補銀陸錢叁分柒釐貳毫伍忽柒微叁纖肆塵肆渺，實徵支銀貳拾叁兩叁錢陸分貳釐柒毫玖絲肆忽貳微陸纖伍塵陸渺。遇閏加銀貳兩，內除荒銀伍分叁釐壹毫肆微捌纖陸塵貳渺，實徵支銀壹兩玖錢肆分陸釐捌毫玖絲玖忽伍微壹纖叁塵捌渺。

馬夫壹名，歲支工食銀陸兩，內除荒撥補銀壹錢伍分玖釐叁毫捌微玖塵肆渺，實徵支銀伍兩捌錢肆分陸毫玖絲玖忽壹微玖纖陸渺。遇閏加銀伍錢，內除荒銀壹分叁釐貳毫柒絲伍忽壹微貳纖壹塵伍渺，實徵支銀肆錢捌分陸釐柒毫貳絲肆忽捌微柒纖捌塵伍渺。

典史衙門

門子壹名，歲支工食銀陸兩，內除荒撥補銀壹錢伍分玖釐叁毫捌微玖塵肆渺，實徵支銀伍兩捌錢肆分陸毫玖絲壹忽壹微玖纖陸塵。遇閏加銀伍錢，內除荒銀壹分叁釐貳毫柒絲伍忽壹微貳纖壹塵伍渺，實徵支銀肆錢捌分陸釐柒毫貳絲肆忽捌微柒纖捌塵伍渺。

皂隸肆名，每名歲支工食銀陸兩，共支銀貳拾肆兩，內除荒撥補銀陸錢叁分柒釐貳毫伍忽柒微叁纖肆塵肆渺，實徵支銀貳拾叁兩叁錢陸分貳釐柒毫玖絲肆忽貳微陸纖伍塵陸渺。遇閏加銀貳兩，內除荒銀伍分叁釐壹毫肆微捌纖陸塵貳渺，實徵支銀壹兩玖錢肆分陸釐捌毫玖絲玖忽伍微壹纖叁塵捌渺。

馬夫壹名，歲支工食銀陸兩，內除荒撥補銀壹錢伍分玖釐叁毫捌微玖塵肆渺，實徵支銀伍兩捌錢肆分陸毫玖絲壹忽壹微玖纖陸渺。遇閏加銀伍錢，內除荒銀壹分叁釐貳毫柒絲伍忽壹微貳纖壹塵伍渺，實徵支銀肆錢捌分陸釐柒毫貳絲肆忽捌微柒纖捌塵伍渺。

教職衙門

齋夫叁名，每名歲支工食銀壹拾貳兩，共支銀叁拾陸兩，內除荒撥補銀玖錢伍分伍釐捌毫捌忽伍微陸纖叁塵貳渺，實徵支銀叁拾伍兩肆分肆釐壹毫玖絲壹忽肆微肆纖陸塵捌渺。遇閏加銀叁兩，內除荒銀柒分玖釐陸毫伍絲柒微貳纖玖塵叁渺，實徵支銀貳兩玖錢貳分叁毫肆絲玖忽貳微柒纖柒渺。

膳夫貳名，額支銀壹拾叁兩叁錢叁分叁釐叁毫叁絲，內除荒撥補銀叁錢伍分肆釐玖忽貳微柒纖柒渺壹漠貳沙叁洙，實徵支銀壹拾貳兩玖錢柒分玖釐叁毫貳絲柒微貳纖玖塵貳渺捌漠柒沙柒洙係廩生支領。遇閏加銀壹兩壹錢壹分壹釐壹毫，內除荒撥補銀貳分玖釐伍毫柒纖叁渺陸漠叁沙，實徵支銀壹兩捌分壹釐伍毫玖絲玖忽玖微貳纖玖塵陸渺叁漠柒沙。

門斗叁名，每名歲支工食銀柒兩貳錢，共支銀貳拾壹兩陸錢，內除荒撥補銀伍錢柒分叁釐肆毫捌絲伍忽壹微陸塵玖渺，實徵支銀貳拾壹兩貳分陸釐伍毫壹絲肆忽捌微玖纖叁塵壹渺。遇閏加銀壹兩捌錢，內除荒銀肆分柒釐壹毫捌絲肆忽貳微陸纖柒塵叁渺，實徵支銀壹兩柒錢伍分貳釐捌毫壹絲伍忽柒微叁纖貳塵柒渺。

本縣廩生貳拾名，每名歲支月糧銀叁兩貳錢，共支銀陸拾肆兩，內除荒撥補銀壹兩陸錢玖分玖釐陸毫柒絲玖忽捌微伍纖伍塵玖渺，實徵支銀陸拾貳兩叁錢叁毫貳絲壹微肆纖肆塵壹渺。遇閏加銀伍兩叁錢叁分叁釐叁毫叁絲，內除荒撥補銀壹錢肆分壹釐陸毫壹忽壹微壹纖叁塵肆渺玖漠捌沙玖洙，實徵支銀伍兩壹錢玖分壹釐柒毫貳絲捌忽捌微捌纖陸塵伍渺壹沙壹洙。

以上俸工項下，除廩生、膳夫貳欵照常支發外，其餘官役俸工於道光貳拾叁年奉文，均以貳兩平支放，每兩減平銀陸分，其減平銀兩，每年批解部庫交納，理合登明。

壹雜支項下

春秋貳季祭祀文廟並各壇祠及無祀鬼魂品物等項共銀柒拾肆兩陸錢肆分，內除荒銀壹兩玖錢玖分壹釐捌毫柒絲捌忽柒微伍纖壹塵伍渺伍漠肆沙玖洙肆涯，實徵支銀柒拾貳兩陸錢肆分捌釐壹毫貳絲壹忽貳微肆纖捌塵肆渺肆漠伍沙陸涯。

撥補豁免銀柒錢叁釐壹毫陸絲貳忽叁纖柒塵捌渺。

霜降祭旗纛并犒賞民壯銀肆兩，內除荒銀壹錢陸釐壹毫玖微伍纖柒塵貳渺，實徵支銀叁兩捌錢玖分叁釐捌毫玖絲玖忽肆纖貳塵捌渺。

鄉飲銀伍兩，內除荒銀壹錢叁分貳釐柒毫伍絲壹忽壹微玖纖陸塵伍渺，實徵支銀肆兩捌錢陸分柒釐貳毫肆絲捌忽捌微叁塵伍渺。

解布政司紙劄銀壹兩柒錢貳分伍釐，內除荒銀肆分伍釐玖毫肆絲伍忽陸微貳纖伍塵叁渺伍漠，實徵支銀壹兩陸錢柒分玖釐伍絲肆忽叁微柒纖肆塵陸渺伍漠。

以上鄉飲、紙劄貳項於道光貳拾叁年奉文裁汰，其徵收銀兩，每年批解部庫交納，理合登明。

壹孤貧項下

孤貧貳拾柒名，口糧銀柒拾柒兩柒錢陸分，內除荒銀貳兩陸分肆釐伍毫肆絲陸忽陸微柒塵伍渺壹漠貳沙，實徵支銀柒拾伍兩陸錢玖分伍釐肆毫伍絲叁忽叁微玖纖貳塵肆渺捌漠捌沙。外加增銀貳拾壹兩伍錢肆釐伍毫肆絲陸忽陸微柒塵伍渺壹漠貳沙。遇閏加銀捌兩壹錢

孤貧冬衣布花銀壹拾叁兩伍錢，內除荒銀叁錢伍分捌釐叁毫捌絲壹忽柒微柒纖壹塵陸渺，實徵支銀壹拾叁兩壹錢肆分壹釐陸毫壹絲捌忽貳微貳纖捌塵肆渺。

壹驛站項下

新豐驛站額銀柒千叁百叁拾貳兩肆錢；新豐驛支直額銀肆百柒拾捌兩叁錢叁分貳釐；新豐所站額銀叁千伍百伍拾貳兩壹錢；店張驛站額銀伍百壹拾叁兩叁分壹釐陸毫；低害所額銀壹千肆拾兩陸錢壹分柒釐肆毫；灞橋所站額銀玖百柒拾肆兩玖錢壹分柒釐肆毫；蒿店所站額銀壹百陸拾玖兩玖錢叁分貳釐陸毫；西安所站額銀叁拾肆兩肆錢肆釐捌絲；京兆驛支直額銀伍兩陸錢叁分貳釐；宜

禄驛改抵臨洮府站額銀貳拾兩柒錢。共額銀壹萬肆千壹百貳拾貳兩陸分柒釐捌絲，內除荒銀肆百伍拾肆兩叁錢壹分肆釐壹毫玖絲壹忽陸微貳纖捌塵捌渺叁漠伍沙伍洙陸洒，實徵支銀壹萬叁千陸百陸拾柒兩柒錢伍分貳釐捌毫捌絲捌忽叁微柒纖壹塵壹渺陸漠肆沙肆洙玖涯肆洒。

又收撥補豁免不敷馬夫工料銀叁百伍兩壹錢壹分捌絲伍忽玖微玖纖柒塵陸渺壹漠伍沙伍洙陸洒。

共銀壹萬叁千玖百柒拾貳兩捌錢陸分貳釐玖毫柒絲肆忽叁微陸纖捌塵柒渺捌漠，內除額協西安府屬、臨、平二府屬驛站抵餉並裁站夫馬工料銀柒千玖百肆兩叁錢伍分叁釐陸毫捌絲肆忽陸微捌纖，實支銀陸千陸拾捌兩伍錢玖釐貳毫捌絲玖忽陸微捌纖捌塵柒渺捌漠。

外增給所夫並夫馬閏月銀肆百柒拾肆兩玖錢。

壹走遞項下

走遞馬貳拾捌匹，草料銀肆百捌拾肆兩柒錢玖分貳釐叁毫伍絲伍忽叁微叁纖肆塵，內除荒銀壹拾壹兩玖錢壹分叁釐伍毫壹絲捌忽叁微柒纖柒塵柒渺叁漠玖沙貳涯貳洒，實徵銀肆百柒拾貳兩捌錢柒分捌釐捌毫叁絲陸忽玖微伍纖陸塵貳渺陸漠玖洙柒涯捌洒。

又收撥補並豁免不敷夫馬工料銀捌兩陸錢肆分柒釐玖毫柒絲陸忽貳微捌纖肆塵肆渺陸漠肆沙肆洙貳涯貳洒。

共銀肆百捌拾壹兩伍錢貳分陸釐捌毫壹絲叁忽貳微肆纖柒渺貳漠伍沙肆洙，內除額協驛站並奉裁縣馬銀叁百壹拾捌兩伍錢貳分柒釐捌毫伍絲伍忽叁微叁纖肆塵，實支銀壹百陸拾貳兩玖錢玖分捌釐玖毫伍絲柒忽玖微陸塵柒渺貳漠伍沙肆洙。

遇閏加銀捌拾肆兩，內除荒銀貳兩貳錢叁分貳毫貳絲叁纖捌塵伍渺，實徵銀捌拾壹兩柒錢陸分玖釐柒毫柒絲玖忽玖微陸纖壹塵伍渺。

又收撥補豁免不敷夫馬工料閏月銀壹兩肆錢玖分捌釐肆毫叁絲伍忽叁微陸纖捌渺。

共銀捌拾叁兩貳錢陸分捌釐貳毫壹絲伍忽叁微貳纖貳塵叁渺，內除奉裁縣馬閏月銀伍拾柒兩捌錢柒分伍釐貳毫伍絲，實支銀貳拾伍兩叁錢玖分貳釐玖毫陸絲伍忽叁微貳纖貳塵叁渺。

以上存留實該銀壹萬伍千捌百伍兩肆錢壹分叁釐陸毫壹絲玖微玖纖壹渺捌漠肆沙貳洙叁涯貳洒，內除額協壽等州縣站支抵餉銀叁千玖百壹拾貳兩壹錢叁分捌釐捌毫壹絲柒忽肆微陸纖貳塵捌渺；又除臨、平貳府各州縣驛所站抵兵餉銀玖百貳拾柒兩叁錢玖分貳釐伍毫伍絲伍忽玖微玖纖貳塵；又除驛遞之差使甚少等事案內，裁站銀叁千捌百肆拾玖兩玖錢貳分陸釐肆毫貳絲貳忽肆微伍纖玖塵貳渺，內在於題明請將驛站等事案內，留支本縣所增夫馬工料銀肆百陸拾陸兩伍錢柒分陸釐貳毫伍絲伍忽玖微，實裁銀叁千叁百捌拾叁兩叁錢伍分壹毫陸絲陸忽伍微伍纖玖塵貳渺。

實該銀柒千伍百捌拾貳兩伍錢叁分貳釐柒絲玖微柒纖陸塵壹渺捌漠肆沙貳洙叁涯貳洒。

外加增撥補俸工，除道員、知縣均攤留抵外，實該銀壹百兩貳錢捌分壹毫柒絲肆忽貳微貳纖壹塵捌渺叁漠陸沙叁洙。

又留支撥補豁免不敷夫馬工料銀叁百壹拾叁兩柒錢伍分捌釐陸絲貳忽貳微捌纖貳塵柒漠玖沙玖洙貳涯捌洒。

共該銀柒千玖百玖拾陸兩伍錢柒分叁毫柒忽肆微捌纖壹塵壹渺肆洙陸涯於乾隆伍拾貳年奉文，全數解司，壹切支欵，俱由司庫按季領支，嗣於嘉慶伍年奉文，照舊在縣留支，並不解司，按季請領。

遇閏原加銀貳百壹拾壹兩柒錢玖分壹釐玖絲伍忽，內除平慶道並各官閏俸共銀貳拾壹兩捌分陸釐陸毫陸絲伍忽，實該銀壹百玖拾兩柒錢肆釐肆毫叁絲，內除荒銀伍兩陸分貳釐陸毫肆絲捌忽玖纖肆塵叁渺貳漠玖沙玖洙，實徵銀壹百捌拾伍兩陸錢肆分壹釐柒毫捌絲壹忽玖微伍塵陸渺柒漠壹洙，內除驛遞之差使甚少並題明請將驛站等事貳案內，裁站夫馬閏月銀伍拾柒兩捌錢柒分伍釐貳毫伍絲，止該銀壹百貳拾柒兩柒錢陸分陸釐伍毫叁絲壹忽玖微伍塵陸渺柒漠壹洙。

外加增撥補廩膳、舖司、孤老銀壹拾壹兩貳分玖釐伍毫叁微肆纖陸塵捌渺貳漠玖沙玖洙。

又撥補豁免不敷夫馬工料閏月銀壹兩肆錢玖分捌釐肆毫叁絲伍忽叁微陸纖捌渺。

共銀壹百肆拾兩貳錢玖分肆釐肆毫陸絲柒忽陸微壹纖叁塵叁渺於乾隆伍拾貳年奉文，全數解司，一切支欵，俱由司按季領支，嗣於嘉慶伍年奉文，照舊在縣留支，並不解司，按季請領。

又於西安布政司庫增給所夫並夫馬閏月工料銀肆百柒拾肆兩玖錢。

一額外

課程銀叁拾捌兩肆錢肆分係舖戶出辦。遇閏加銀叁兩貳錢叁釐叁毫叁絲。

畜稅銀壹百貳拾肆兩柒錢壹分係買騾馬出辦，原無定額，儘收儘解。

地稅銀壹百肆拾玖兩壹分係買田房業主出辦，原無定額，儘收儘解。

當稅銀貳百柒拾伍兩係典舖出辦，共典舖伍拾伍座，每座歲徵銀伍兩。

牙稅銀肆拾肆兩捌錢陸分壹釐牙行壹百伍拾叁名，內上則共陸拾陸名，每名納稅銀陸、柒錢不等，共納稅銀貳拾玖兩叁錢陸分壹釐；中則共叁拾叁名，每名納稅銀貳、叁錢不等，共納稅銀柒兩玖錢肆分；下則伍拾肆名，每名納稅銀壹、貳錢不等，共納稅銀柒兩伍錢陸分。

高陵縣

原額折正壹等地貳千捌百壹拾伍頃捌拾陸畝捌分，內除河崩、無主地壹拾壹頃捌拾陸畝捌分，其糧未曾豁免，在闔縣通融均派。

實在地貳千捌百肆頃，共額徵本折糧壹萬陸千叁百肆拾石陸斗玖升柒合玖勺伍抄，每畝科本色糧貳合捌勺壹抄陸撮捌圭陸粟伍粒，共本色糧柒百捌拾玖石捌斗肆升玖合貳勺，科折色糧伍升伍合肆勺伍抄玖撮伍圭伍粒，共折色糧壹萬伍千伍百伍拾石捌斗肆升捌合柒勺伍抄，每石折徵銀壹兩貳錢叁分壹釐叁毫叁絲柒忽陸微，共徵銀壹萬玖千陸百陸拾柒兩貳錢伍分陸釐叁毫壹絲壹忽捌微伍纖陸渺，內除免派加增站馬工食舖陳銀伍百壹拾捌兩玖錢壹分壹釐，實徵銀壹萬玖千壹百肆拾捌兩叁錢肆分伍釐叁毫壹絲壹忽捌微伍纖陸渺，內於順治柒、捌兩年並康熙捌年及乾隆伍年題明免過衝崩無存地肆拾貳頃陸拾陸畝捌分陸釐肆毫伍絲，應免本折糧貳百肆拾捌石陸斗伍升柒合叁勺柒抄肆撮叁圭貳粟玖粒。

又乾隆貳拾年在於奏聞事案內，豁免河崩地貳頃伍拾陸畝貳分，應免本折糧壹拾肆石玖斗叁升肆勺伍撮玖圭玖粟肆粒。

貳項共免過荒地肆拾伍頃貳拾叁畝陸釐肆毫伍絲，共免糧貳百陸拾叁石伍斗捌升柒合柒勺捌抄叁圭貳粟叁粒，內清查、首報地陸拾壹畝，該糧叁石伍斗伍升肆合捌勺伍抄捌撮伍圭柒粟以增抵除，實應免地肆拾肆頃陸拾貳畝陸釐肆毫伍絲，免糧貳百陸拾石叁升貳合玖勺貳抄壹撮柒圭伍粟叁粒，內實免本色起運糧壹石玖斗玖合伍勺捌抄肆撮玖圭貳粟叁粒，實免本色存留永豐倉糧柒石捌斗柒升柒合柒勺貳抄柒粟貳粒，實免本色官學倉糧貳石柒斗捌升壹合柒勺貳抄捌撮叁圭壹粟，實免折色糧貳百肆拾柒石肆斗陸升叁合捌勺捌抄捌撮肆圭肆粟捌粒，實免折色銀叁百肆兩柒錢壹分壹釐陸毫叁絲貳忽壹微伍纖玖塵捌渺肆漠。

實熟地貳千柒百伍拾玖頃叁拾柒畝玖分叁釐伍毫伍絲，該本折糧壹萬陸千捌拾石陸斗陸升伍合貳抄捌撮貳圭肆粟柒粒，實徵本色起運糧壹百壹拾捌石玖升肆勺壹抄伍撮柒粟柒粒遵照乾隆伍拾玖年奉准部咨令，將康熙年間易知由單內載：每畝科本色起運糧肆勺貳抄柒撮玖圭陸粟，實徵存留永豐倉糧肆百捌拾柒石壹斗柒升壹合肆勺柒抄玖撮玖圭貳粟捌粒每畝科本色永豐倉糧壹合柒勺陸抄伍撮伍圭壹粟壹粒，實徵本色官學倉糧壹百柒拾貳石壹升捌合貳勺柒抄壹撮陸圭玖粟每畝科本色官學倉糧陸勺貳抄叁撮叁圭玖粟肆粒，實徵折色糧壹萬伍千叁百叁石叁斗捌升肆合捌勺陸抄壹撮伍圭伍粟貳粒，該折徵銀壹萬捌千捌百肆拾叁兩陸錢叁分叁釐陸毫柒絲玖忽陸微玖纖柒渺陸漠遵照乾隆伍拾玖年奉准部咨令，將康熙年間易知由單內載：每畝折徵銀陸分捌釐貳毫捌絲玖忽叁微玖纖壹塵貳渺陸漠，纂入書內，嗣後遇有墾豁，以便按畝增除。

原額人丁叁門玖則不等，共折下下人丁貳萬壹千陸百伍拾玖丁，每丁徵銀壹錢貳分叁釐玖毫陸絲柒忽叁微，共銀貳千陸百捌拾伍兩柒釐，內除優免丁壹千柒拾貳丁，共銀壹百叁拾貳兩捌錢玖分叁釐。

實行差並節年招回、審出抵補豁免共丁貳萬伍百捌拾柒丁，該徵銀貳千伍百伍拾貳兩壹錢壹分肆釐。

順治拾肆年至康熙貳拾伍年編審溢額丁壹千肆百柒拾柒丁，共徵銀壹百捌拾叁兩玖分玖釐柒毫貳忽壹微。

以上實行差丁、溢額丁貳萬貳千陸拾肆丁，共銀貳千柒百叁拾伍兩貳錢壹分叁釐柒毫貳忽壹微，於雍正伍年攤入地糧內徵收。

康熙伍拾伍年起，至乾隆貳拾陸年止，編審出丁壹百陸拾玖丁；乾隆叁拾壹年編審出丁壹拾陸丁；乾隆叁拾陸年編審出丁壹拾伍丁。共編審出丁貳百丁，欽遵康熙伍拾貳年叁月拾捌日恩詔，后遇編審之期，但據康熙伍拾年丁冊定為常額，永不加賦。

原額均徭銀叁千叁百捌拾貳兩肆錢玖分柒釐陸絲貳忽柒微，內除荒銀伍拾叁兩捌錢貳分陸釐叁毫捌絲肆忽伍微壹纖叁塵叁渺，實徵銀叁千叁百貳拾捌兩陸錢柒分陸毫柒絲捌忽壹微捌纖陸塵柒渺係按前項壹等地每畝徵銀壹分貳釐陸絲叁忽壹微壹纖叁塵陸渺。

外遇閏原額加徵銀叁百柒拾壹兩柒分叁釐陸毫叁絲壹忽，內除荒銀叁兩伍錢捌釐柒毫貳絲伍微壹纖貳塵肆渺，實徵銀叁百陸拾柒兩伍錢陸分肆釐玖毫壹絲肆微捌纖柒塵陸渺。

額外徵收停免銀貳百捌拾捌兩柒錢壹分肆釐。

匠價並盤纏銀壹拾陸兩叁錢叁分伍釐。遇閏加銀壹兩叁錢陸分壹釐貳毫伍絲。

軍籍丁糧銀壹千貳百貳拾兩叁錢貳釐貳毫捌絲壹忽捌微壹纖陸塵陸渺。

以上正閏肆項攤入地糧內徵收。

以上地、丁貳項並均徭、停免、匠價、軍籍，除優免丁銀外，共額徵銀貳萬陸千柒百玖拾壹兩肆錢柒釐叁毫伍絲捌忽肆微陸纖柒塵貳渺，內除荒銀叁百伍拾捌兩伍錢叁分捌釐壹絲陸忽陸微柒纖叁塵壹渺肆漠，實徵銀貳萬陸千肆百叁拾貳兩捌錢陸分玖釐叁毫肆絲壹忽柒微玖纖肆塵陸漠。

本色起運糧壹百貳拾石，內除荒糧壹石玖斗玖合伍勺捌抄肆撮玖圭貳粟叁粒，實徵糧壹百壹拾捌石玖升肆勺壹抄伍撮柒粟柒粒，本色存留永豐倉糧肆百玖拾伍石肆升玖合貳勺，內除荒糧柒石捌斗柒升柒合柒勺貳抄柒粟貳粒，實徵糧肆百捌拾柒石壹斗柒升壹合肆勺柒抄玖撮玖圭貳粟捌粒，本色本縣官倉糧壹百柒拾肆石捌斗，內除荒糧貳石柒斗捌升壹合柒勺貳抄捌撮叁圭壹粟，實徵糧壹百柒拾貳石壹升捌合貳勺柒抄壹撮陸圭玖粟。

外遇閏加銀叁百柒拾壹兩柒分叁釐陸毫叁絲壹忽，內除荒銀叁兩伍錢捌釐柒毫貳絲伍微壹纖貳塵肆渺，實徵銀叁百陸拾柒兩伍錢陸分肆釐玖毫壹絲肆微捌纖柒塵陸渺。

又額外匠價閏銀壹兩叁錢陸分壹釐貳毫伍絲。

貳項共銀叁百陸拾捌兩玖錢貳分陸釐壹毫陸絲肆微捌纖柒塵陸渺。

壹起運項下

原編起運本色糧壹百貳拾石，內除荒糧壹石玖斗玖合伍勺捌抄肆撮玖圭貳粟叁粒，實徵糧壹百壹拾捌石玖升肆勺壹抄伍撮柒粟柒粒。

原編起運糧草折價銀壹萬肆千叁百伍兩捌錢壹分肆釐玖毫伍絲壹忽捌微伍纖陸渺，內除荒銀貳百貳拾柒兩肆錢柒分壹釐貳毫柒絲柒微陸纖捌塵捌沙，實起運銀壹萬肆千柒拾捌兩叁錢肆分叁釐陸毫捌絲壹忽捌纖貳塵伍渺玖漠貳沙。

節裁藥味、軍器、毛襖等項銀捌百貳拾捌兩伍錢柒分肆釐陸毫伍絲，內除荒銀柒兩伍錢壹分伍釐壹毫貳絲貳忽玖微貳纖玖塵肆渺，實起運銀捌百貳拾壹兩伍分玖釐伍毫貳絲柒忽柒纖陸渺。

舊編存留，內順治玖年裁扣各役工食銀貳百貳拾壹兩陸錢；拾貳年裁扣修宅、傢伙、傘扇銀玖拾捌兩；拾肆年裁扣官生俸廩等項銀陸百叁拾壹兩伍錢捌分肆毫柒絲；拾伍年裁冗員銀伍拾柒兩玖錢貳分，遞馬叁分裁壹，銀玖拾捌兩叁錢陸分柒釐玖毫捌絲壹微肆纖叁塵陸渺。康熙元年裁吏書工食銀壹百玖拾叁兩貳錢；叁年裁門斗、齋夫共銀肆拾叁兩貳錢；陸年裁道官俸食等項銀肆百壹拾肆兩，雜費丁銀壹百叁拾捌兩陸錢貳分捌釐貳毫；拾伍年裁心紅紙張、修理監倉、喂馬草料、芒神土牛、紙張、歲季考生員試卷、渭橋造船、倉厫板薦、科舉盤纏、謄録書手、對讀生員等項共銀壹百伍拾叁兩伍錢柒分柒釐柒毫；貳拾柒年裁舉貢盤纏、進士坊價等項共銀柒拾叁兩肆錢壹分陸釐陸毫。雍正陸年裁燈夫工食銀貳拾肆兩；拾貳年裁民壯工食銀壹百貳拾陸兩。乾隆柒年裁民壯工食銀肆拾貳兩；玖年裁均攤祭祀銀叁拾伍兩玖錢捌分陸釐，又裁舖司工食銀貳拾捌兩捌錢，又舊編冗費裁剩解部銀貳百叁拾貳兩捌錢陸分肆釐捌毫柒絲貳忽柒微。

共裁歸入起運銀貳千陸百壹拾叁兩壹錢肆分壹釐捌毫貳絲貳忽捌微肆纖叁塵陸渺，內除荒銀貳拾肆兩柒錢伍釐玖毫玖絲玖忽玖微玖纖玖渺柒漠柒沙陸涯，實起運銀貳千伍百捌拾捌兩肆錢叁分伍釐捌毫貳絲貳忽捌微伍纖貳塵陸渺貳漠貳沙玖洡肆涯。

又額外停免銀貳百捌拾捌兩柒錢壹分肆釐。

匠價並盤纏銀壹拾陸兩叁錢叁分伍釐。

軍籍丁糧銀壹千貳百貳拾兩叁錢貳釐貳毫捌絲壹忽捌微壹纖陸塵陸渺。

溢額丁銀壹百捌拾叁兩玖分玖釐柒毫貳忽壹微。

共該實起運銀壹萬玖千壹百玖拾陸兩貳錢玖分壹絲肆忽玖微貳纖貳塵肆渺壹漠肆沙玖洡肆涯。

又收額協西、漢貳府屬京兆、黃沙等驛站支抵餉銀貳千貳百貳拾玖兩叁錢柒分柒釐貳毫肆絲捌忽柒微玖纖貳塵壹渺肆漠。

又收臨洮府屬渭源等縣驛站抵餉銀貳百陸拾伍兩貳錢壹分肆釐玖毫陸絲肆忽柒微柒纖陸渺陸漠。

又收驛遞之差使甚少並題明請將驛站等事貳案內，共裁站銀貳千壹百捌拾捌兩伍錢叁釐柒毫肆絲玖忽陸微捌纖陸塵壹渺。

又在於請做以糧載丁等事案內，通省以糧均丁增銀壹百壹拾玖兩肆錢陸分叁釐叁毫肆絲玖忽伍微壹纖捌塵叁渺。

共該起運銀貳萬叁千玖百玖拾捌兩捌錢肆分玖釐叁毫貳絲柒忽陸微捌纖玖塵陸渺壹漠肆沙玖洡肆涯，內除受協西、漢貳府屬淳化、西鄉等驛站支兌留兵餉應支銀肆百貳拾叁兩貳分陸釐陸毫肆絲肆忽壹微肆纖叁塵陸渺，實該起運銀貳萬叁千伍百柒拾伍兩捌錢貳分貳釐陸毫捌絲叁忽伍微肆纖陸塵壹漠肆沙玖洡肆涯，內留支加增撥補俸工銀陸拾柒兩貳分玖釐柒毫壹絲肆忽壹纖陸塵柒渺；又留支撥補驛站不敷銀肆拾貳兩貳錢捌分肆釐柒毫伍絲捌忽陸微壹塵貳渺。

止該起運銀貳萬叁千肆百陸拾陸兩伍錢捌釐貳毫壹絲玖微貳纖捌塵壹渺壹漠肆沙玖洙肆涯。

遇閏存留，內順治玖年裁扣銀壹拾陸兩捌錢；拾肆年裁扣銀肆拾肆兩貳錢柒分貳釐陸毫叁忽；拾伍年裁扣銀肆兩捌錢貳分陸釐陸毫陸絲陸忽。康熙元年裁銀壹拾陸兩壹錢；叁年裁銀叁兩陸錢；陸年裁銀叁拾肆兩肆錢玖分玖釐玖毫叁絲；拾伍年裁心紅紙張、喂馬草料銀貳兩陸錢陸分陸釐陸毫柒絲。雍正陸年裁燈夫工食銀貳兩；拾貳年裁民壯工食銀壹拾兩伍錢。乾隆柒年裁民壯工食銀叁兩伍錢；玖年裁舖司工食銀貳兩肆錢，又裁各官閏俸銀玖兩叁釐叁毫叁絲貳忽。

共裁歸起運銀壹百伍拾兩壹錢陸分玖釐貳毫壹忽，內除荒銀壹兩肆錢壹分玖釐玖毫柒絲陸忽肆微玖渺，實徵銀壹百肆拾捌兩柒錢肆分玖釐貳毫貳絲肆忽伍微玖纖玖塵壹渺。

又額外匠價閏銀壹兩叁錢陸分壹釐貳毫伍絲。

貳項共銀壹百伍拾兩壹錢壹分肆毫柒絲肆忽伍微玖纖玖塵壹渺。

又收存留內驛遞之差使甚少並題明請將驛站等事貳案，共裁站銀伍拾玖兩陸錢捌分捌釐柒毫伍絲伍忽柒微。

共該起運銀貳百玖兩柒錢玖分玖釐貳毫叁絲貳微玖纖玖塵壹渺，內於請做以糧載丁等事案內，通省以糧均丁，遇閏之年照依無閏增數，少增銀叁兩壹錢貳分柒釐肆毫玖絲肆忽肆纖壹塵捌渺，實該起運銀貳百陸兩陸錢柒分壹釐柒毫叁絲陸忽貳微伍纖柒塵叁渺，內留支加增撥補舖司、廩膳銀壹兩叁錢陸釐貳毫玖絲柒忽叁微陸纖柒塵壹渺；又留支撥補夫馬閏月並豁免不敷夫馬工料銀壹拾陸兩玖錢壹分陸釐柒毫壹絲肆忽柒微柒纖伍塵伍渺。止該起運銀壹百捌拾捌兩肆錢肆分捌釐柒毫貳絲肆忽壹微壹纖肆塵柒渺。

壹存留項下

原編存留永豐倉糧肆百玖拾伍石肆升玖合貳勺，內除荒糧柒石捌斗柒升柒合柒勺貳抄柒粟貳粒，實徵糧肆百捌拾柒石壹斗柒升壹合肆勺柒抄玖撮玖圭貳粟捌粒，應解運永豐倉支兵馬用。

原編審存留官學倉糧壹百柒拾肆石捌斗，內除荒糧貳石柒斗捌升壹合柒勺貳抄捌撮叁圭壹粟，實徵糧壹百柒拾貳石壹升捌合貳勺柒抄壹撮陸圭玖粟，聽支孤貧并歸入常平倉壹體辦理。

原編存留銀柒千叁百叁拾伍兩肆錢貳分肆釐玖毫肆絲玖忽捌微伍纖陸塵肆渺，內除荒銀玖拾捌兩捌錢肆分伍釐陸毫貳絲貳忽玖微捌纖肆塵柒渺伍漠肆沙玖洙肆涯，實存留銀柒千貳百叁拾陸兩伍錢柒分玖釐叁毫貳絲陸忽捌微柒纖壹塵陸渺肆漠伍沙陸涯。

壹俸工項下

知縣俸薪銀肆拾伍兩，內除荒銀肆錢貳分伍釐伍毫肆忽壹微貳纖陸塵伍渺，實徵銀肆拾肆兩伍錢柒分肆釐肆毫玖絲伍忽捌微柒纖叁塵伍渺，內均攤俸工銀貳拾兩伍錢肆分叁釐捌毫陸絲壹微肆纖伍渺，即留抵各員役俸工訖。

典史壹員，額支俸薪銀叁拾壹兩伍錢貳分，內除荒撥補銀貳錢玖分捌釐肆絲肆忽伍微柒纖叁渺，實徵支銀叁拾壹兩貳錢貳分壹釐玖毫伍絲伍忽肆微貳纖玖塵柒渺。

教諭、訓導貳員，額支俸薪銀叁拾壹兩伍錢貳分，內除荒撥補銀貳錢玖分捌釐肆絲肆忽伍微柒纖叁渺，實徵支銀叁拾壹兩貳錢貳分壹釐玖毫伍絲伍忽肆微貳纖玖塵柒渺。外撥補全俸銀肆拾捌兩肆錢捌分。

知縣衙門

門子貳名，每名歲支工食銀陸兩，共支銀壹拾貳兩，內除荒撥補銀壹錢壹分叁釐肆毫陸絲玖忽壹微肆渺，實徵支銀壹拾壹兩捌錢捌分陸釐伍毫叁絲捌微玖纖玖塵陸渺。遇閏加銀壹兩，內除荒銀玖釐肆毫伍絲肆忽玖纖壹塵柒渺，實徵支銀玖錢玖分伍毫肆絲伍忽玖微捌塵叁渺。

皂隸、仵作壹拾陸名，每名歲支工食銀陸兩，共支銀玖拾陸兩，內除荒撥補銀玖錢柒釐柒毫肆絲貳忽捌微叁塵叁渺，實徵支銀玖拾伍兩玖分貳釐貳毫伍絲柒忽壹微玖纖陸塵柒渺。遇閏加銀捌兩，內除荒銀柒分伍釐陸毫肆絲貳忽柒微叁纖叁塵伍渺，實徵支銀柒兩玖錢貳分肆釐叁毫伍絲柒忽貳微陸纖陸塵伍渺。

馬快捌名，每名歲支工食草料銀壹拾陸兩捌錢，共支銀壹百叁拾肆兩肆錢，內除荒撥補銀壹兩貳錢柒分捌毫貳絲壹忽玖微貳纖肆塵伍渺，實徵支銀壹百叁拾叁兩壹錢貳分玖釐壹毫柒絲捌忽柒纖伍塵伍渺。遇閏加銀壹拾壹兩貳錢，內除荒銀壹錢伍釐玖毫壹忽捌微貳纖柒塵，實徵支銀壹拾壹兩玖分肆釐玖絲捌忽壹微柒纖叁塵。

民壯貳拾貳名，每名歲支工食銀陸兩，共支銀壹百叁拾貳兩，內除荒撥補銀壹兩貳錢肆分捌釐壹毫肆絲壹微肆塵肆渺，實徵支銀壹百叁拾兩柒錢伍分壹釐捌毫伍絲玖忽捌微玖纖伍塵陸渺。遇閏加銀壹拾壹兩，內除荒銀壹錢叁釐玖毫玖絲伍忽捌塵柒渺，實徵支銀壹拾兩捌錢玖分陸釐肆忽玖微玖纖壹塵叁渺。

看監禁卒捌名，每名歲支工食銀陸兩，共支銀肆拾捌兩，內除荒撥補銀肆錢伍分叁釐捌毫陸絲陸忽肆微壹塵陸渺，實徵支銀肆拾柒兩伍錢肆分陸釐壹毫叁絲叁忽伍微玖纖捌塵肆渺。外加增銀壹拾陸兩。遇閏加銀肆兩，內除荒銀叁分柒釐捌毫貳絲陸忽叁微陸纖陸塵捌渺，實徵支銀叁兩玖錢陸分貳釐壹毫柒絲叁忽陸微叁纖叁塵貳渺。

轎傘扇夫柒名，每名歲支工食銀陸兩，共支銀肆拾貳兩，內除荒撥補銀叁錢玖分柒釐壹毫叁絲壹忽捌微伍纖壹塵肆渺，實徵支銀肆拾壹兩陸錢貳釐捌毫陸絲捌忽壹微肆纖捌塵陸渺。遇閏加銀叁兩伍錢，內除荒銀叁分叁釐捌絲玖忽叁微貳纖玖渺，實徵支銀叁兩肆錢陸分陸釐玖毫壹絲陸微柒纖玖塵壹渺。

庫子肆名，每名歲支工食銀陸兩，共支銀貳拾肆兩，內除荒撥補銀貳錢貳分陸釐玖毫叁絲捌忽貳微捌渺，實徵支銀貳拾叁兩柒錢柒分叁釐陸絲壹忽柒微玖纖玖塵貳渺。遇閏加銀貳兩，內除荒銀壹分捌釐玖毫捌忽壹微捌纖叁塵肆渺，實徵支銀壹兩玖錢捌分壹釐玖絲壹忽捌微壹纖陸塵陸渺。

斗級肆名，每名歲支工食銀陸兩，共支銀貳拾肆兩，內除荒撥補銀貳錢貳分陸釐玖毫叁絲捌忽貳微捌渺，實徵支銀貳拾叁兩柒錢柒分叁釐陸絲壹忽柒微玖纖玖塵貳渺。遇閏加銀貳兩，內除荒銀壹分捌釐玖毫捌忽壹微捌纖叁塵肆渺，實徵支銀壹兩玖錢捌分壹釐玖絲壹忽捌微壹纖陸塵陸渺。

鐘鼓夫伍名，每名歲支工食銀肆兩，共支銀貳拾兩，內除荒撥補銀壹錢捌分玖釐壹毫壹絲壹忽捌微叁纖肆塵，實徵支銀壹拾玖兩捌錢壹分捌毫捌絲捌忽壹微陸纖陸塵。遇閏加銀壹兩陸錢陸分，內除荒銀壹分伍釐陸毫玖絲陸忽伍微玖纖貳塵貳渺，實徵支銀壹兩陸錢肆分肆釐叁毫叁忽肆微柒塵捌渺。

渭橋等渡水夫肆拾壹名，每名歲支工食銀貳兩肆錢，共支銀玖拾捌兩肆錢，內除荒撥補銀玖錢叁分肆毫叁絲肆忽陸微貳纖叁塵叁渺，實徵支銀玖拾柒兩肆錢陸分玖釐伍毫陸絲伍忽叁微柒纖陸塵柒渺。遇閏加銀捌兩貳錢，內除荒銀柒分柒釐伍毫叁絲玖忽伍微伍纖貳塵，實徵支銀捌兩壹錢貳分貳釐肆毫陸絲肆微肆纖捌塵。

各舖司兵壹拾貳名，每名歲支工食銀肆兩捌錢，共支銀伍拾柒兩陸錢，內撥支西鄉縣舖司壹名，其工食銀兩由該縣按季解司支領除荒撥補銀伍錢肆分肆釐陸毫叁絲柒忽柒微陸塵伍渺，實徵支銀伍拾柒兩伍分伍釐叁毫陸絲貳忽貳微玖纖叁塵伍渺。外加增銀壹拾肆兩玖錢肆分肆釐陸毫叁絲柒忽柒微陸塵伍渺。遇閏加銀肆兩捌錢，內除荒銀肆分伍釐叁毫捌絲肆忽柒微柒纖捌塵肆渺，實徵支銀肆兩柒錢伍分肆釐陸毫壹絲伍忽貳微貳纖壹塵陸渺。外加增銀壹兩貳錢肆分伍釐叁毫捌絲肆忽柒微柒纖捌塵肆渺。

典史衙門

門子壹名，歲支工食銀陸兩，內除荒撥補銀伍分陸釐柒毫叁絲肆忽伍微伍纖貳渺，實徵支銀伍兩玖錢肆分叁釐貳毫陸絲伍忽肆微肆纖玖塵捌渺。遇閏加銀伍錢，內除荒銀肆釐柒毫貳絲柒忽肆纖伍塵捌渺，實徵支銀肆錢玖分伍釐貳毫柒絲貳忽玖微伍纖肆塵貳渺。

皂隸肆名，每名歲支工食銀陸兩，共支銀貳拾肆兩，內除荒撥補銀貳錢貳分陸釐玖毫叁絲捌忽貳微捌渺，實徵支銀貳拾叁兩柒錢柒分叁釐陸絲壹忽柒微玖纖玖塵貳渺。遇閏加銀貳兩，內除荒銀壹分捌釐玖毫捌忽壹微捌纖叁塵肆渺，實徵支銀壹兩玖錢捌分壹釐玖絲壹忽捌微壹纖陸塵陸渺。

馬夫壹名，歲支工食銀陸兩，內除荒撥補銀伍分陸釐柒毫叁絲肆忽伍微伍纖貳渺，實徵支銀伍兩玖錢肆分叁釐貳毫陸絲伍忽肆微肆纖玖塵捌渺。遇閏加銀伍錢，內除荒銀肆釐柒毫貳絲柒忽肆纖伍塵捌渺，實徵支銀肆錢玖分伍釐貳毫柒絲貳忽玖微伍纖肆塵貳渺。

教職衙門

齋夫叁名，每名歲支工食銀壹拾貳兩，共支銀叁拾陸兩，內除荒撥補銀叁錢肆分肆毫柒忽叁微壹塵貳渺，實徵支銀叁拾伍兩陸錢伍分玖釐伍毫玖絲貳忽陸微玖纖捌塵捌渺。遇閏加銀叁兩，內除荒銀貳分捌釐叁毫柒絲貳忽貳微柒纖伍塵壹渺，實徵支銀貳兩玖錢柒分壹釐陸毫貳絲柒忽柒微貳纖肆塵玖渺。

膳夫貳名，歲支工食銀壹拾叁兩叁錢叁分叁釐叁毫叁絲，內除荒撥補銀壹錢貳分陸釐柒絲叁忽肆微陸纖貳塵捌渺，實徵支銀壹拾叁兩貳錢柒釐貳毫伍絲陸忽伍微叁纖柒塵貳渺係廩生支領。遇閏加銀壹兩壹錢壹分壹釐壹毫，內除荒撥補銀壹分肆毫玖絲玖忽柒纖捌塵肆渺，實徵支銀壹兩壹錢陸毫玖微貳纖壹塵陸渺係廩生支領。

門斗貳名，每名歲支工食銀柒兩貳錢，共支銀壹拾肆兩肆錢，內除荒撥補銀壹錢叁分陸釐壹毫陸絲玖微貳纖伍渺，實徵支銀壹拾肆兩貳錢陸分叁釐捌毫叁絲玖忽柒纖玖塵伍渺。遇閏加銀壹兩貳錢，內除荒銀壹分壹釐叁毫伍絲玖微壹纖壹渺，實徵支銀壹兩壹錢捌分捌釐陸毫肆絲玖忽捌纖玖塵玖渺。

廩生貳拾名，每名歲支月糧銀叁兩貳錢，共支銀陸拾肆兩，內除荒撥補銀陸錢伍釐壹毫陸絲壹忽捌微陸纖捌塵捌渺，實徵支銀陸拾叁兩叁錢玖分肆釐捌毫叁絲捌忽壹微叁纖壹塵貳渺。遇閏加銀伍兩叁錢叁分叁釐叁毫叁絲，內除荒撥補銀伍分肆毫壹絲叁忽伍微壹纖叁渺，實徵支銀伍兩貳錢捌分貳釐玖毫壹絲陸忽肆微捌纖玖塵柒渺。

以上俸工項下，除廩生、膳夫貳欵照常支發外，其餘官役俸工於道光貳拾叁年奉文，均以貳两平支放，每雨減平銀陸分，其減平銀两，每年批解部庫交納，理合登明。

壹雜支項下

春秋貳季致祭文廟並各壇祠及無祀鬼魂品物等項共銀柒拾肆兩壹分肆釐，內除荒銀柒錢貳釐柒毫伍絲捌忽壹微貳纖肆塵捌渺伍漠肆沙玖洙肆涯，實徵支銀柒拾叁兩叁錢壹分壹釐貳毫肆絲壹忽捌微柒纖伍塵壹渺肆漠伍沙陸涯。

外撥補豁免不敷銀肆分肆絲壹忽肆微壹纖壹塵壹渺。

祭旗纛並犒賞民壯銀肆兩，內除荒銀叁分柒釐捌毫貳絲陸忽叁微陸纖陸塵捌渺，實徵支銀叁兩玖錢陸分貳釐壹毫柒絲叁忽陸微叁纖叁塵貳渺。

鄉飲銀陸兩，內除荒銀伍分陸釐柒毫叁絲肆忽伍微伍纖貳渺，實徵支銀伍兩玖錢肆分叁釐貳毫陸絲伍忽肆微肆纖玖塵捌渺。

布政司紙劄銀肆兩叁錢柒分，內除荒銀肆分壹釐叁毫壹絲捌忽玖微捌纖柒渺，實徵支銀肆兩叁錢貳分捌釐陸毫捌絲壹忽壹纖玖塵叁渺。

以上鄉飲、紙劄貳欵於道光貳拾叁年奉文裁汰，其徵收銀兩，每年批解部庫交納，理合登明。

修補祭器銀伍兩，內除荒銀肆分柒釐貳毫捌絲肆微伍纖捌塵伍渺，實徵支銀肆兩玖錢伍分貳釐柒毫壹絲玖忽伍微肆纖壹塵伍渺。

壹孤貧項下

孤老叁拾貳名口，每名歲支月糧麥叁石陸斗，共糧壹百壹拾伍石貳斗，內除荒糧壹石捌斗叁升叁合叁勺壹撮柒粟柒粒，實徵糧壹百壹拾叁石叁斗陸升陸合陸勺玖抄捌撮玖圭貳粟叁粒。外加增撥補糧壹石捌斗叁升叁合叁勺壹撮柒粟柒粒。遇閏加增糧玖石陸斗。

孤老布花銀壹拾陸兩，內除荒銀壹錢伍分壹釐貳毫玖絲壹微叁纖捌渺，實徵支銀壹拾伍兩捌錢肆分捌釐柒毫玖忽捌微陸纖玖塵貳渺。

壹驛站項下

本縣驛站銀叁千貳兩貳錢；本縣站夫銀壹千伍百肆拾陸兩捌錢貳分伍釐伍毫；京兆驛支直銀貳兩壹分壹毫；議裁織造局快手、水夫工食改兑臨洮府站銀壹拾肆兩肆錢。共站銀肆千伍百陸拾伍兩肆錢叁分伍釐陸毫，內除荒銀柒拾貳兩陸錢伍分柒毫壹絲捌微陸纖肆塵叁渺，實徵銀肆千肆百玖拾貳兩柒錢捌分肆釐捌毫捌絲玖忽壹微叁纖伍塵柒渺。

又收受協西、漢貳府屬淳化、西鄉等驛站支兑留兵餉應支銀肆百貳拾叁兩貳分陸釐陸毫肆絲肆忽壹微肆纖叁塵陸渺。

又收遵旨詳查議奏事案內，撥補豁免驛站不敷銀叁拾肆兩陸錢肆分肆釐伍毫伍絲柒忽捌微陸纖肆塵柒渺。

叁項共銀肆千玖百伍拾兩肆錢伍分陸釐玖絲壹忽壹微肆纖肆塵，內除額協西、漢貳府屬京兆、黃沙等驛站支抵餉銀壹千柒百貳拾肆兩伍錢玖分壹釐玖毫肆絲伍忽貳微陸纖玖塵叁渺肆漠；又除額協臨洮府屬渭源等縣站銀捌拾壹兩叁錢陸分肆釐捌毫叁絲肆忽伍微肆纖玖塵玖渺陸漠；又除驛遞之差使甚少並題明請將驛站等事貳案內，共裁站銀壹千陸百捌拾貳兩貳錢叁分伍釐伍毫伍絲肆忽捌微柒纖伍塵柒渺肆漠。實支銀壹千肆百陸拾貳兩貳錢陸分叁釐柒毫伍絲陸忽肆微肆纖捌塵玖渺陸漠。

走遞夫馬貳拾匹，額支工食草料銀柒百肆拾壹兩陸錢叁分貳釐壹絲玖忽捌微伍纖陸塵肆渺；損轎夫玖拾肆名，額支工食銀玖百伍拾捌兩捌錢。共銀壹千柒百兩肆錢叁分貳釐壹絲玖忽捌微伍纖陸塵肆渺，內除荒銀壹拾陸兩柒分捌釐陸毫陸絲陸忽陸微叁纖陸塵，實徵銀壹千陸百捌拾肆兩叁錢伍分叁釐叁毫伍絲叁忽貳微貳纖肆渺。

又收遵旨詳查議奏事案內，撥補豁免驛站不敷銀柒兩陸錢肆分貳毫柒微叁纖陸塵伍渺。

貳項共銀壹千陸百玖拾壹兩玖錢玖分叁釐伍毫伍絲叁忽玖微伍纖陸塵玖渺，內除額協西、漢貳府屬黃沙等驛站支抵餉銀伍百肆兩柒錢捌分伍釐叁毫叁忽伍微貳纖貳塵捌渺；又除額協臨洮府屬渭源等縣驛站抵餉銀壹百捌拾叁兩捌錢伍分壹毫叁絲貳微貳纖柒渺；又除驛遞之差使甚少並題明請將驛站等事貳案內，共裁站銀伍百陸兩貳錢陸分捌釐壹毫玖絲肆忽捌微壹纖叁渺陸漠。實支銀肆百玖拾柒兩捌分玖釐玖毫貳絲伍忽肆微叁塵肆漠。

遇閏加銀壹百肆拾玖兩玖錢，內除荒銀壹兩肆錢壹分伍釐叁毫玖絲玖忽肆微貳纖肆塵陸渺，實徵銀壹百肆拾捌兩肆錢捌分貳釐陸毫伍微柒纖伍塵肆渺。

又收遵旨詳查議奏事案內，撥補豁免驛站不敷銀陸錢柒分叁釐伍毫壹絲肆忽柒微柒纖伍塵伍渺。

貳項共銀壹百肆拾玖兩壹錢伍分陸釐壹毫壹絲伍忽叁微伍纖玖渺，內除驛遞之差使甚少並題明請將驛站等事貳案內，共裁站銀伍拾玖兩陸錢捌分捌釐柒毫伍絲伍忽柒微，實支銀捌拾玖兩肆錢陸分柒釐叁毫伍絲玖忽陸微伍纖玖渺。

外撥補增給夫馬閏月銀壹拾陸兩貳錢肆分叁釐貳毫。

以上實該存留銀柒千貳百叁拾陸兩伍錢柒分玖釐叁毫貳絲陸忽捌微柒纖壹塵陸渺肆漠伍沙陸涯。

又收受協西、漢貳府屬淳化、西鄉等驛站支兌留兵餉應支銀肆百貳拾叁兩貳分陸釐陸毫肆絲肆忽壹微肆纖叁塵陸渺。

貳項共銀柒千陸百伍拾玖兩陸錢伍釐玖毫柒絲壹忽壹纖伍塵貳渺肆漠伍沙陸涯，內除額協西、漢貳府屬京兆、黃沙等驛站支抵餉銀貳千貳百貳拾玖兩叁錢柒分柒釐貳毫肆絲捌忽柒微玖纖貳塵壹渺肆漠；又除額協臨洮府屬渭源等縣驛站抵餉銀貳百陸拾伍兩貳錢壹分肆釐玖毫陸絲肆忽柒微柒纖陸渺陸漠；又除驛遞之差使甚少並題明請將驛站等事貳案內，共裁站銀貳千壹百捌拾捌兩伍錢叁釐柒毫肆絲玖忽陸微捌纖陸塵壹渺。

實該銀貳千玖百柒拾陸兩伍錢壹分柒忽柒微陸纖陸塵叁渺肆漠伍沙陸涯。

外加增撥補俸工，除知縣攤俸留抵外，實該銀陸拾柒兩貳分玖釐柒毫壹絲肆忽壹纖陸塵柒渺。

又撥補豁免驛站不敷銀肆拾貳兩貳錢捌分肆釐柒毫伍絲捌忽陸微壹塵貳渺。

共該銀叁千捌拾伍兩捌錢貳分肆釐肆毫捌絲叁微捌纖肆塵貳渺肆漠伍沙陸涯於乾隆伍拾貳年奉文，全數解司，壹切支欵，俱由司庫按季領支，嗣於嘉慶伍年奉文，照舊在縣留支，並不解司，按季請領。

遇閏加徵銀貳百貳拾玖兩玖錢柒分柒毫陸絲貳忽，內除各官閏俸銀玖兩叁釐叁毫叁絲貳忽入起運外，止該銀貳百貳拾兩玖錢肆釐肆毫叁絲，內除荒銀貳兩捌分捌釐柒毫肆絲肆忽壹微壹纖壹塵伍渺，實該銀貳百壹拾捌兩捌錢壹分伍釐陸毫捌絲伍忽捌微捌纖捌塵伍渺，內除驛遞之差使甚少並題明請將驛站等事貳案內，共裁站銀伍拾玖兩陸錢捌分捌釐柒毫伍絲伍忽柒微，實支銀壹百伍拾玖兩壹錢貳分陸釐玖毫叁絲壹微捌纖捌塵伍渺。

外加增撥補舖司廩膳銀壹兩叁錢陸釐貳毫玖絲柒忽叁微陸纖柒塵壹渺。

又留支撥補夫馬閏月並豁免不敷工料銀壹拾陸兩玖錢壹分陸釐柒毫壹絲肆忽柒微柒纖伍塵伍渺。

共該銀壹百柒拾柒兩叁錢肆分玖釐玖毫肆絲貳忽叁微叁纖壹塵壹渺於乾隆伍拾貳年奉文，全數解司，壹切支欵，俱由司按季領支，嗣於嘉慶伍年奉文，照舊解司，按季請領。

本色存留官學倉糧伍拾玖石陸斗，內除荒糧玖斗肆升捌合肆勺貳抄柒撮貳圭叁粟叁粒，實徵糧伍拾捌石陸斗伍升壹合伍勺柒抄貳撮柒圭陸粟柒粒，內除撥給加增孤貧糧壹石捌斗叁升叁合叁勺壹撮柒粟柒粒，實存撥糧伍拾陸石捌斗壹升捌合貳勺柒抄壹撮陸圭玖粟，內遇閏撥給加增孤貧糧玖石陸斗，止實存撥糧肆拾柒石貳斗壹升捌合貳勺柒抄壹撮陸圭玖粟聽候撥餉。

壹額外

課程銀貳拾陸兩貳錢捌分係鋪戶出辦。遇閏加銀貳兩壹錢玖分。

畜税銀貳拾叁兩玖錢肆分係買騾馬出辦，原無定額，儘收儘解。

牙稅銀貳拾貳兩捌錢柒分共牙人柒拾陸戶，每戶納稅銀肆錢伍分至叁錢壹分、貳錢柒分、壹錢捌分，參差不齊，俱係按年收報，理合登明。

當稅銀貳拾伍兩係典舖出辦，共典舖伍座，每年每座當稅銀伍兩。

地稅銀陸拾捌兩肆錢玖分係買房地業主出辦，原無定額，儘收儘解。

盩厔縣

原額伍等共地伍千伍百柒拾壹頃貳拾貳畝叁分伍釐陸毫，各地起科不等，共額徵本折糧貳萬伍千肆百叁拾玖石捌升壹合貳勺伍抄陸撮，每糧壹石，科本色糧壹升肆合叁勺貳抄肆撮貳圭叁粟，共本色糧叁百陸拾肆石叁斗玖升貳勺肆抄壹撮陸圭，科折色糧玖斗捌升伍合陸勺柒抄伍撮柒圭柒粟，共折色糧貳萬伍千柒拾肆石陸斗玖升壹合壹抄肆撮肆圭，每石折徵銀壹兩叁錢陸分貳釐壹毫叁絲捌忽玖纖柒塵柒渺，共額徵銀叁萬肆千壹百伍拾伍兩壹錢捌分捌釐壹毫伍纖肆塵。內：

上上等稻地貳百壹拾肆頃柒拾伍畝壹分肆釐，每畝科本折糧玖升貳合柒勺叁抄叁撮壹圭肆粟，內本色糧壹合貳勺柒抄壹撮叁圭柒粟捌粒柒顆，折色糧玖升壹合肆勺陸抄壹撮柒圭陸粟壹粒叁顆，共該糧壹千玖百玖拾壹石肆斗伍升柒合壹勺貳抄。內雍正拾貳年及乾隆伍年在於報明並詳查議奏等事案內，題明豁免河崩地壹拾陸頃柒拾叁畝玖分伍釐柒毫，應免糧壹百伍拾伍石貳斗叁升壹合貳勺捌抄捌撮捌圭叁粟肆粒玖顆捌糠，內於雍正拾叁年開墾地壹畝，該糧玖升貳合柒勺叁抄叁撮壹圭肆粟；又乾隆肆拾柒年捌月內蒙陝撫具題在於欽奉恩詔事案內，豁免地陸拾叁畝貳分捌釐，應免糧伍石捌斗陸升捌合壹勺伍抄叁撮玖粟玖粒貳顆；又於嘉慶拾玖年在於欽奉恩詔事案內，豁免地壹頃壹拾捌畝叁釐，應免糧壹拾石玖斗肆升伍合貳勺玖抄貳撮伍圭壹粟肆粒貳顆；又嘉慶貳拾壹並道光肆年在於各行知事案內，豁免地伍拾陸畝伍分貳釐，應免糧伍石貳斗肆升壹合貳勺柒抄柒撮柒粟貳粒捌顆；又於道光伍年在於欽奉恩詔事案內，豁免地伍拾壹畝伍分伍釐，應免糧肆石柒斗捌升叁勺玖抄叁撮叁圭陸粟柒粒；又於道光拾伍年在於勘明事案內，豁免地捌畝玖分柒釐，應免糧捌斗叁升壹合捌勺壹抄陸撮貳圭陸粟伍粒捌顆。實在地壹百玖拾伍頃叁畝捌分叁釐叁毫，實徵糧壹千捌百捌石陸斗伍升壹合陸勺叁抄壹撮玖圭捌粟陸粒貳糠。

上等水灌地玖拾肆頃捌拾貳畝壹分陸釐，每畝科本折糧陸升肆合玖勺玖抄陸圭捌粟，內本色糧捌勺玖抄壹撮貳粟伍粒伍顆，折色糧陸升肆合玖抄玖撮陸圭伍粟肆粒伍顆，共該糧陸百壹拾陸石貳斗伍升玖勺伍抄玖撮。內順治柒、捌兩年及雍正拾貳年、乾隆伍年在於報明並詳查議奏等事肆案內，題明豁免過無主、有主、河崩共地貳拾頃柒拾柒畝伍分叁釐，應免糧壹百叁拾伍石貳升玖抄肆撮捌圭伍粟叁粒壹顆陸糠，內興屯及節年開墾并清丈自首過地肆頃肆拾陸畝肆分伍釐肆毫，該糧貳拾玖石壹升伍合叁勺肆抄捌撮陸圭肆粟捌顆；又嘉慶貳拾壹並道光肆年在於各行知事案內，豁免地叁拾伍畝壹分捌釐，應免糧貳石貳斗捌升陸合叁勺柒抄貳撮壹圭貳粟貳粒肆顆；又於道光拾伍年在於勘明事案內，豁免地叁拾捌畝叁分捌釐，應免糧貳石肆斗玖升肆合叁勺肆抄貳撮貳圭玖粟捌粒肆顆。實在地柒拾柒頃柒拾柒畝伍分貳釐肆毫，實徵糧伍百伍石肆斗陸升伍合肆勺玖抄捌撮叁圭陸粟陸粒捌顆肆糠。

中等旱地肆千叁百壹拾頃捌拾柒畝壹分玖釐陸毫，每畝科本折糧肆升陸合伍抄捌撮肆圭柒粟，內本色糧陸勺叁抄壹撮肆圭陸粟肆粒柒顆，折色糧肆升伍合肆勺貳抄柒撮伍粒叁顆，共該糧壹萬玖千捌百伍拾伍石貳斗壹升捌合陸勺柒抄捌撮。內順治柒年及雍正拾貳年、乾隆叁年、伍年、拾伍、拾陸等年在於報明行查、詳查、議奏、清查庫項、移駐縣佐、報明被水等事各案內，題明豁免無主、河崩等項共地伍百捌拾肆頃捌拾壹畝叁分叁釐捌毫伍絲，應免糧貳千陸百玖拾叁石伍斗陸升柒勺捌抄壹撮陸圭叁粟陸顆貳糠伍秕；又乾隆貳拾壹、貳拾柒兩年在於奏聞、報明河水泛漲等事兩案，題明豁免河崩地肆頃叁拾叁畝肆分柒釐，應免糧貳拾石捌斗捌升陸合壹勺叁抄肆撮叁圭玖粟玖顆，內節年開墾并清丈自首南山貇抵共地壹百捌拾玖頃貳拾貳畝捌分玖釐肆毫柒絲肆忽陸微，該糧捌百柒拾壹石伍斗叁升玖合叁勺貳抄柒圭柒粟玖粒肆顆伍糠；又乾隆拾肆年開墾地捌拾貳畝陸釐叁毫叁絲，該徵糧叁石柒斗柒升玖合柒勺壹抄肆粟壹粒壹顆伍糠壹秕；又乾隆肆拾柒年捌月內蒙陝撫具題在於欽奉恩詔事案內，豁免地壹拾叁頃叁拾伍畝陸分陸釐，應免糧陸拾壹石伍斗壹升捌合肆勺伍抄陸撮肆粟貳顆；又於嘉慶拾玖年在於欽奉恩詔事案內，豁免地貳拾壹頃壹拾叁畝伍分伍釐，應免糧玖拾柒石叁斗肆升陸合捌勺柒抄玖撮貳圭陸粟捌粒伍顆；又嘉慶貳拾壹並道光肆年在於各行知事案內，豁免地壹頃玖拾畝捌分陸釐，應免糧捌石柒斗玖升柒勺壹抄玖撮伍圭捌粟肆粒貳顆；又於道光伍年在於欽奉恩詔事案內，豁免地壹拾肆頃叁分貳毫，應免糧陸拾肆石肆斗玖升伍合柒勺陸抄柒撮陸圭伍粟柒粒玖顆肆糠；又於道光拾伍年在於勘明事案內，豁免地壹頃伍拾捌畝伍分伍釐，應免糧柒石叁斗貳合伍勺柒抄肆圭壹粟捌粒伍顆。實在地叁千捌百伍拾玖頃柒拾捌畝肆分貳釐叁毫伍絲肆忽陸微，實徵糧壹萬柒千柒百柒拾陸石陸斗叁升陸合叁勺玖抄玖撮捌圭貳粟玖粒柒顆叁糠陸粃。

下等沙地貳百壹拾捌頃陸拾貳畝柒分玖釐，每畝科本折糧叁升伍合捌勺陸抄玖撮壹圭陸粟，內本色糧肆勺玖抄壹撮柒圭陸粟玖粒，折色糧叁升伍合叁勺柒抄柒撮叁圭玖粟壹粒，共該糧柒百捌拾肆石貳斗叁勺伍抄肆撮。內雍正拾貳年及乾隆叁、伍兩年在於報明行查、詳查、議奏等事各案內，題明豁免河崩共地貳拾捌頃玖拾陸畝叁分肆釐，應免糧壹百叁石捌斗捌升玖合貳勺捌抄貳撮捌圭柒粟肆粒肆顆，內節年開墾并清查自首南山慇抵共地貳頃柒拾叁畝捌分叁釐貳毫，該糧玖石捌斗貳升貳合壹勺貳抄叁撮捌圭貳粟壹粒壹顆貳糠；又乾隆拾肆年開墾地玖頃捌畝貳釐柒毫伍絲，該糧叁拾貳石伍斗柒升壹勺捌抄叁撮陸圭捌粟壹粒玖顆；又於乾隆肆拾柒年捌月內蒙陝撫具題在於欽奉恩詔事案內，豁免地叁畝陸分，應免糧壹斗貳升玖合壹勺貳抄捌撮玖圭柒粟陸粒；又於嘉慶拾玖年在於欽奉恩詔事案內，豁免地壹拾柒畝，應免糧陸斗玖合柒勺柒抄伍撮柒圭貳粟；又嘉慶貳拾壹並道光肆年在於各行知事案內，豁免地伍拾叁畝肆分，應免糧壹石玖斗壹升伍合肆勺壹抄叁撮壹圭肆粟肆粒；又於道光伍年在於欽奉恩詔事案內，豁免地伍拾肆畝捌分柒釐，應免糧壹石玖斗陸升捌合壹勺肆抄捌圭玖粒貳顆；又於道光拾伍年在於勘明事案內，豁免地陸畝柒分伍釐，應免糧貳斗肆升貳合壹勺壹抄陸撮捌圭叁粟。實在地貳百頃壹拾貳畝陸分捌釐玖毫伍絲，實徵糧柒百壹拾柒石捌斗叁升捌合捌勺叁撮壹圭肆粟玖粒肆顆貳糠。

下下等山地柒百叁拾貳頃壹拾伍畝柒釐，每畝科本折糧貳升玖合玖勺叁抄捌撮伍圭伍粟，內本色糧肆勺壹抄玖粟壹粒貳顆，折色糧貳升玖合伍勺貳抄捌撮肆圭伍粟捌粒捌顆，共該糧貳千壹百玖拾壹石玖斗伍升肆合壹勺肆抄伍撮。內順治柒年及乾隆伍年在於詳查議奏等事各案內，題明豁免無主荒地及河崩共地陸百叁拾頃捌拾伍畝肆分柒毫，應免糧壹千捌百捌拾捌石陸斗伍升肆合捌勺壹抄壹撮壹圭伍粟，內節年開墾並自首南山慇抵共地壹百捌頃陸拾壹畝伍分捌釐玖毫陸絲伍忽肆微，該糧叁百貳拾肆石玖斗柒升叁合柒勺伍抄陸撮壹圭壹粒柒顆伍糠；乾隆拾肆年開墾地肆頃陸拾叁畝貳分伍釐，該糧壹拾叁石捌斗陸升玖合肆抄叁撮貳圭捌粟柒粒伍顆。實在地貳百壹拾肆頃伍拾肆畝伍分貳毫陸絲伍忽肆微，實徵糧陸百肆拾貳石壹斗肆升貳合壹勺叁抄叁撮貳圭叁粟玖粒貳顆伍糠，內乾隆伍拾年在於遵旨會核酌議等事案內，分撥寧陝廳地貳頃玖拾叁畝陸分叁釐捌毫，該本折糧捌石柒斗玖升壹合玖抄伍撮玖圭肆粟肆粒玖顆；又道光伍年在於知照事案內，分撥佛坪廳地捌頃柒拾叁畝伍分肆釐伍毫玖絲捌忽，該本折糧貳拾陸石壹斗伍升貳合柒勺；又道光拾叁年在於移明事案內，建修武職衙署佔用民地肆拾伍畝伍分壹釐玖毫，應免糧肆斗伍升肆合貳勺伍抄柒撮陸圭壹粟玖粒壹顆伍糠。止實在地貳百貳頃肆拾壹畝柒分玖釐玖毫陸絲柒忽肆微，實徵糧陸百陸石柒斗肆升肆合柒抄玖撮陸圭柒粟伍粒貳顆。

以上各等原免共地壹千貳百捌拾陸頃肆拾捌畝肆釐貳毫伍絲，應免本折糧肆千玖百玖拾柒石貳斗肆升貳合叁勺玖抄叁撮柒圭叁粟肆粒陸糠伍粃，內興屯墾過及節年開墾并清查自首南山懇抵共地叁百伍頃伍畝柒分柒釐肆絲，該本折糧壹千貳百叁拾伍石肆斗肆升叁合貳勺捌抄貳撮肆圭捌粟叁粒壹顆貳糠，又乾隆拾肆年開墾共地壹拾肆頃伍拾叁畝叁分肆釐捌絲，該徵本折糧伍拾石貳斗壹升捌合玖勺叁抄柒撮壹粟伍顆伍糠壹粃；又乾隆肆拾柒年捌月內蒙陝撫具題在於欽奉恩詔事案內，共豁免地壹拾肆頃貳畝伍分肆釐，共應免糧陸拾柒石伍斗壹升伍合柒勺叁抄捌撮壹圭壹粟伍粒肆顆。

實豁免地玖百捌拾頃玖拾壹畝肆分柒釐壹毫叁絲，共應免本折糧叁千柒百柒拾玖石玖升伍合玖勺壹抄貳撮叁圭伍粟伍粒柒顆玖糠肆粃，內實免本色糧陸拾柒石肆斗柒升壹合捌勺柒抄伍撮叁圭壹粟貳粒壹糠柒粺，實免折色糧叁千柒百壹拾壹石陸斗貳升肆合叁抄柒撮肆粟叁粒柒顆捌糠叁粃叁粺，該銀伍千伍拾伍兩玖錢捌分伍釐玖毫伍絲叁忽貳微玖塵柒渺捌漠陸沙叁洙叁涯。

實熟地肆千伍百玖拾頃叁拾畝捌分捌釐肆毫柒絲，該本折糧貳萬壹千陸百伍拾玖石玖斗捌升伍合叁勺肆抄叁撮陸圭肆粟肆粒貳顆陸粃。內乾隆伍拾年在於遵旨會核酌議等事案內，分撥寧陝廳地貳頃玖拾叁畝陸分叁釐捌毫，該本折糧捌石柒斗玖升壹合玖抄伍撮玖圭肆粟肆粒玖顆，內實徵分撥寧陝廳本色糧壹斗貳升肆勺壹抄捌撮叁圭伍粟玖粒柒顆捌糠伍粃陸粺，實徵分撥寧陝廳折色糧捌石陸斗柒升陸勺柒抄柒撮伍圭捌粟伍粒壹顆壹糠肆粃肆粺，該折徵銀壹拾壹兩柒錢玖分玖釐捌毫捌絲壹忽陸微肆纖叁塵叁渺玖漠柒沙。

又道光伍年在于知照事案內，分撥佛坪廳地捌頃柒拾叁畝伍分肆釐伍毫玖絲捌忽，該本折糧貳拾陸石壹斗伍升貳合柒勺，內實徵分撥佛坪廳本色糧叁斗伍升捌合貳勺，實徵分撥佛坪廳折色糧貳拾伍石柒斗玖升肆合伍勺，該折徵銀叁拾伍兩壹錢叁釐伍毫陸絲柒纖柒塵伍渺玖漠陸沙叁洙柒涯。

止該實熟地肆千伍百柒拾捌頃陸拾叁畝柒分柒絲貳忽，實該本折糧貳萬壹千陸百貳拾伍石肆升壹合伍勺肆抄柒撮陸圭玖粟玖粒叁顆陸粃。

又於嘉慶拾玖年在於欽奉恩詔事案內，豁免地貳拾貳頃肆拾捌畝伍分捌釐，應免本折糧壹百捌石玖斗壹合玖勺肆抄柒撮伍圭貳粒柒顆，內應免本色糧壹石肆斗玖升叁合伍抄叁撮壹圭壹粟柒粒陸顆肆糠陸粃，應免折色糧壹百柒石肆斗捌合捌勺玖抄肆撮叁圭捌粟伍粒伍糠肆粃，應免折色銀壹百肆拾陸兩叁錢伍釐肆毫捌絲捌忽陸微陸纖捌塵肆渺玖漠捌沙柒洙。

又嘉慶貳拾壹並道光肆年在於各行知事案內，豁免地叁頃叁拾伍畝玖分陸釐，應免本折糧壹拾捌石貳斗叁升叁合柒勺捌抄壹撮玖圭貳粟叁粒肆顆，內應免本色糧貳斗肆升玖合玖勺捌抄陸撮肆圭壹粟捌粒肆顆伍糠陸粃，應免折色糧壹拾柒石玖斗捌升叁合柒勺玖抄伍撮伍圭肆粒玖顆肆糠肆粃，應免折色銀貳拾肆兩肆錢玖分陸釐叁毫捌絲貳忽伍微叁纖柒渺捌漠壹沙陸洙。

又於道光伍年在於欽奉恩詔事案內，豁免地壹拾伍頃陸畝柒分貳釐貳毫，應免本折糧柒拾壹石貳斗肆升肆合叁勺壹撮捌圭叁粟肆粒壹顆肆糠，內應免本色糧玖斗柒升陸合柒勺陸抄肆撮貳圭壹粟玖粒叁顆伍糠肆粃肆粺，應免折色糧柒拾石貳斗陸升柒合伍勺叁抄柒撮陸圭壹粟肆粒柒顆捌糠伍粃陸粺，應免折色銀玖拾伍兩柒錢壹分叁釐玖毫壹絲伍忽玖微陸纖壹塵捌渺貳漠捌沙柒洙肆涯。

又道光拾叁年在於移明事案內，建修武職衙署佔用民地肆拾伍畝伍分壹釐玖毫，應免本折糧肆斗伍升肆合貳勺伍抄柒撮陸圭壹粟玖粒壹顆伍糠，內應免本色糧陸合貳勺貳抄貳撮叁圭壹粟叁粒柒顆柒糠柒粃陸粺，應免折色糧肆斗肆升捌合叁抄伍撮叁圭伍粒叁顆柒糠貳粃肆粺，應免折色銀陸錢玖釐柒毫貳絲玖忽貳渺肆漠玖沙伍洙。

又道光拾伍年在於勘明事案內，豁免地貳頃壹拾貳畝陸分伍釐，應免本折糧壹拾石捌斗柒升捌勺肆抄伍撮捌圭壹粟貳粒柒顆，內應免本色糧壹斗肆升玖合叁抄玖撮玖圭玖粟肆粒伍顆陸糠肆粃，應免折色糧壹拾石柒斗貳升壹合捌勺伍撮捌圭壹粟捌粒壹顆叁糠陸粃，應免折色銀壹拾肆兩陸錢肆釐伍毫伍絲陸忽貳微伍纖貳塵柒渺玖漠伍沙玖洙。

止該實熟地肆千伍百叁拾伍頃壹拾肆畝貳分陸釐玖毫柒絲貳忽，實該本折糧貳萬壹千肆百壹拾伍石叁斗叁升陸合肆勺壹抄叁撮柒粒貳顆壹糠陸粃，止該實徵本色糧貳百玖拾叁石伍斗陸升肆合陸勺捌抄壹撮捌圭陸粟肆粒肆顆伍粃柒粺，止該實徵折色糧貳萬壹千壹百貳拾壹石柒斗柒升壹合柒勺叁抄壹撮壹圭肆粟貳粒捌顆壹糠叁粺，實該徵銀貳萬捌千柒百柒拾兩伍錢陸分捌釐陸毫叁絲貳忽柒微玖塵伍漠伍沙捌洙伍涯遵照乾隆伍拾玖年奉准部咨令，將康熙年間易知由單內載：壹等上上等稻地每畝徵折色銀壹錢貳分肆釐伍毫捌絲叁忽伍微伍纖捌渺肆漠；貳等上等水灌地每畝徵折色銀捌分柒釐叁毫壹絲貳忽肆微柒纖貳塵貳渺柒漠；叁等中等旱地每畝徵折色銀陸分壹釐捌毫柒絲柒忽柒微叁纖貳塵柒渺柒漠；肆等下等沙地每畝徵折色銀肆分捌釐壹毫捌絲捌忽捌微貳纖柒塵肆渺陸漠；伍等下下等山地每畝徵折色銀肆分壹毫捌絲伍忽壹微叁纖壹塵伍渺，逐壹纂入書內，嗣後遇有墾豁，以便按畝增除。

又額外道人王靜安報懇過南山吾老洞山地壹頃叁拾捌畝叁分伍釐，每叁畝折下下等地壹畝，共折下下等山地肆拾陸畝壹分壹釐陸毫，該本折糧壹石叁斗捌升陸勺肆抄陸撮壹圭柒粟壹粒捌顆，內本色糧壹升捌合玖勺壹抄壹撮柒圭陸粟伍粒柒顆柒糠玖粃貳粺，折色糧壹石叁斗陸升壹合柒勺叁抄肆撮肆圭陸粒貳糠捌粺，該徵銀壹兩捌錢伍分叁釐壹毫柒絲柒忽伍微貳纖肆塵貳渺伍漠肆沙。

原額上中下叁門玖則不等，俱折下下人丁陸萬貳千玖百肆拾丁，每丁徵銀柒分柒釐陸毫叁絲陸忽捌微貳纖陸塵，共徵銀肆千捌百捌拾陸兩肆錢壹分伍釐伍絲，內除優免丁壹千肆拾丁，該除銀捌拾兩柒錢肆分壹釐伍毫貳絲伍忽。

行差丁陸萬壹千玖百丁，共額徵銀肆千捌百伍兩陸錢柒分叁釐伍毫貳絲伍忽。

順治柒年題明免過逃亡丁捌千貳百壹拾丁，應除銀陸百叁拾柒兩叁錢伍分貳釐貳毫貳絲玖忽陸微捌纖，內新增招回並編審出丁壹拾肆丁，該徵銀壹兩捌分陸釐玖毫壹絲伍忽伍微陸纖肆塵，實豁免丁捌千壹百玖拾陸丁，應免銀陸百叁拾陸兩貳錢陸分伍釐叁毫壹絲肆忽壹微壹纖陸塵。

以上實行差應徵人丁伍萬叁千柒百肆丁，應徵丁銀肆千壹百陸拾玖兩肆錢捌釐貳毫壹絲捌微捌纖肆塵，內乾隆伍拾年在於遵旨會核酌議等事案內，分撥寧陝廳均載丁銀壹兩捌錢玖分捌毫玖絲柒忽肆微捌纖捌塵；又道光伍年在於知照事案內，分撥佛坪廳均載丁銀伍兩陸錢貳分伍釐貳毫肆絲伍微陸纖伍渺叁漠柒沙伍洙貳涯。止該應徵丁銀肆千壹百陸拾壹兩捌錢玖分貳釐柒絲貳忽捌微叁纖伍塵肆渺陸漠貳沙肆洙捌涯於雍正伍年攤入地糧內徵解。

康熙伍拾伍年起，至乾隆貳拾陸年止，編審出丁貳百柒丁；乾隆叁拾壹年編審出丁貳拾丁；乾隆叁拾陸年編審出丁貳拾貳丁。共編審出丁貳百肆拾玖丁，欽遵康熙伍拾貳年叁月拾捌日恩詔，後遇編審之期，但據康熙伍拾年丁冊定為常額，永不加賦。

原額均徭銀壹千貳百貳拾捌兩柒錢捌分玖釐貳毫，內除荒銀壹百柒拾貳兩陸分壹釐肆毫柒絲捌忽叁微捌纖叁塵陸渺壹漠壹沙貳洙。

又於乾隆肆拾柒年捌月內蒙陜撫具題在於欽奉恩詔事案內，豁免銀叁兩貳錢捌分叁釐陸毫伍絲伍忽陸微伍纖柒漠貳沙，實徵銀壹千伍拾叁兩肆錢肆分肆釐陸絲伍忽玖微陸纖陸塵叁渺壹漠陸沙捌洙，內乾隆伍拾年在於遵旨會核酌議等事案內，分撥寧陝廳均徭銀肆錢貳分柒釐壹毫柒絲伍忽伍微捌纖。

又於嘉慶拾玖年在於欽奉恩詔事案內，豁免銀伍兩貳錢玖分陸釐肆毫玖絲壹忽肆纖壹塵捌渺叁漠伍沙。

又嘉慶貳拾壹並道光肆年在於各行知事案內，豁免銀捌錢捌分陸釐捌毫柒忽陸微玖纖肆塵陸渺陸漠柒沙。

又道光伍年在於欽奉恩詔事案內，豁免銀叁兩肆錢陸分肆釐玖毫玖絲伍忽玖微肆纖壹塵陸渺肆漠捌沙肆洙，又於知照事案內，分撥佛坪廳均徭銀壹兩貳錢柒分捌毫柒忽玖微陸纖玖塵玖渺叁漠貳沙肆洙柒涯壹洒。

又道光拾叁年在於移明事案內，豁免銀貳分貳釐柒絲叁忽貳微壹纖陸塵貳渺伍漠柒沙玖洙叁涯。

又道光拾伍年，在於勘明事案內，豁免銀伍錢貳分捌釐陸毫柒絲柒忽玖微伍纖捌塵叁渺伍漠壹沙。

止實徵銀壹千肆拾壹兩伍錢肆分柒釐叁絲陸忽伍微陸纖叁塵陸渺貳漠肆沙玖洙玖涯玖洒係按前項伍等地畝科徵，壹等上上等稻地每畝徵均徭銀肆釐伍毫壹絲壹微壹纖捌塵伍渺；貳等上等水灌地每畝徵均徭銀叁釐壹毫陸絲捌微肆纖伍塵肆渺伍漠；叁等中等旱地每畝徵均徭銀貳釐貳毫肆絲柒纖貳塵肆渺；肆等下等沙地每畝徵均徭銀壹釐柒毫肆絲肆忽伍微壹纖叁塵柒渺捌漠；伍等下下等山地每畝徵均徭銀壹釐肆毫伍絲肆忽柒微陸纖玖塵肆渺壹漠。

又額外均徭銀陸分柒釐捌絲捌忽壹微肆纖陸塵壹渺壹漠壹沙伍洙陸涯。

外遇閏加徵銀貳百貳拾叁兩伍錢叁分貳釐陸毫貳絲玖忽，內除荒銀叁拾兩柒錢捌分肆釐伍毫陸絲玖忽肆微玖纖玖塵捌渺叁漠肆沙柒洙貳涯肆洒，實徵銀壹百玖拾貳兩柒錢肆分捌釐伍絲玖忽伍微壹渺陸漠伍沙貳洙柒涯陸洒，內除分撥寧陝廳閏銀玖分壹釐叁毫玖絲壹忽捌微玖纖壹塵陸渺；又除分撥佛坪廳閏銀貳錢柒分柒釐捌毫玖忽玖塵柒渺叁漠壹沙玖洙捌涯肆洒。止該實徵閏銀壹百玖拾貳兩叁錢柒分捌釐捌毫伍絲捌忽伍微玖纖捌塵捌渺叁漠叁沙貳洙玖涯貳洒。

額外徵收匠價銀伍拾玖兩捌錢玖分伍釐，內除分撥寧陝廳匠價銀貳分肆釐壹毫貳絲叁忽貳微叁纖肆渺；又除分撥佛坪廳匠價銀柒分壹釐柒毫陸絲肆忽伍微陸纖貳塵捌渺叁漠捌洙伍涯。止該匠價銀伍拾玖兩柒錢玖分玖釐壹毫壹絲貳忽貳微陸塵柒渺陸漠玖沙壹洙伍涯。遇閏加銀肆兩玖錢玖分壹釐貳毫伍絲，內除分撥寧陝廳閏銀貳釐捌忽壹微捌塵肆渺；又除分撥佛坪廳閏銀肆絲柒忽叁微玖纖肆塵伍渺伍漠玖沙壹洙貳涯玖洒。止該閏銀肆兩玖錢捌分玖釐壹毫玖絲肆忽肆微玖纖柒塵肆漠捌洙柒涯壹洒。

停免銀壹百壹拾壹兩肆分柒釐壹毫，內除分撥寧陝廳停免銀伍分柒釐陸毫；又除分撥佛坪廳停免銀壹錢柒分壹釐叁毫伍絲肆忽玖微壹纖貳塵陸渺貳漠伍沙叁洙柒涯貳洒。止該停免銀壹百壹拾兩捌錢壹分捌釐壹毫肆絲伍忽捌纖柒塵叁渺柒漠肆沙陸洙貳涯捌洒。

軍籍銀貳千叁百柒拾伍兩玖錢肆分陸釐伍毫伍絲捌忽陸微叁纖捌塵陸渺，內除分撥寧陝廳軍籍銀壹兩貳錢叁分貳釐玖毫；又除分撥佛坪廳軍籍銀叁兩陸錢陸分柒釐柒毫陸絲捌忽陸微柒塵貳渺壹漠捌沙玖洙玖涯捌洒。止該軍籍銀貳千叁百柒拾壹兩肆分伍釐捌毫玖絲叁纖壹塵叁渺捌漠壹沙貳洒。

地骨皮增折價銀肆錢貳釐玖毫柒絲壹忽捌微肆塵陸渺。

以上伍項正閏銀兩攤入前項地糧內徵解。

地、丁貳項、均徭並額外停免、匠價、軍籍、折價等項，除優免丁銀外，共銀肆萬貳千柒百叁拾捌兩捌錢陸分貳釐柒毫貳絲壹忽壹微陸纖柒塵伍渺陸漠伍沙伍洙陸涯，內除荒銀陸千壹百伍拾玖兩伍錢貳分伍釐伍毫壹絲玖忽陸微貳纖陸塵叁渺玖漠叁沙叁洙，實徵銀叁萬陸千伍百柒拾玖兩叁錢叁分柒釐貳毫壹忽伍微肆纖壹塵壹渺柒漠貳沙貳洙陸涯，內除分撥寧陝廳地、丁貳項、均徭並額外停免、匠價、軍籍等項銀壹拾伍兩肆錢叁分貳釐伍毫柒絲柒忽玖微肆纖壹塵柒渺玖漠柒沙；又除分撥佛坪廳地、丁貳項、均徭並額外停免、匠價、軍籍等項銀肆拾伍兩玖錢壹分肆毫玖絲陸忽陸微玖纖柒渺肆漠壹沙伍洙捌涯壹洒。止實徵地、丁等項銀叁萬陸千伍百壹拾柒兩玖錢玖分肆釐壹毫貳絲陸忽玖微捌塵陸渺叁漠叁沙陸洙柒涯玖洒。

外遇閏加徵銀貳百貳拾叁兩伍錢叁分貳釐陸毫貳絲玖忽，內除荒銀叁拾兩柒錢捌分肆釐伍毫陸絲玖忽肆微玖纖玖塵捌渺叁漠肆沙柒洙貳涯肆洒，實徵銀壹百玖拾貳兩柒錢肆分捌釐伍絲玖忽伍微壹渺陸漠伍沙貳洙柒涯陸洒，內除分撥寧陝廳閏銀玖分壹釐叁毫玖絲壹忽捌微玖纖壹塵陸渺；又除分撥佛坪廳閏銀貳錢柒分柒釐捌毫玖忽玖塵柒渺叁漠壹沙玖洙捌涯肆洒。止實徵閏銀壹百玖拾貳兩叁錢柒分捌釐捌毫伍絲捌忽伍微玖纖捌塵捌渺叁漠叁沙貳洙玖涯貳洒。

又匠價閏銀肆兩玖錢玖分壹釐貳毫伍絲，內除分撥寧陝廳匠價閏銀貳釐捌忽壹微捌塵肆渺；又除分撥佛坪廳匠價閏銀肆絲柒忽叁微玖纖肆塵伍渺伍漠玖沙壹洙貳涯玖洒。止實徵閏銀肆兩玖錢捌分玖釐壹毫玖絲肆忽肆微玖纖柒塵肆漠捌洙柒涯壹洒。

額徵本色稻米叁百陸拾肆石叁斗玖升貳勺肆抄壹撮陸圭，內除荒米柒拾石叁斗肆升陸合玖勺肆抄壹撮叁圭柒粟伍粒捌顆捌粃柒糠，實徵米貳百玖拾肆石肆升叁合叁勺貳圭貳粟肆粒壹顆玖糠壹粃叁糠，內除分撥寧陝廳米壹斗貳升肆勺壹抄捌撮叁圭伍粟玖粒柒顆捌糠伍粃陸糠；又除分撥佛坪廳米叁斗伍升捌合貳勺。止實徵米貳百玖拾叁石伍斗陸升肆合陸勺捌抄壹撮捌圭陸粟肆粒肆顆伍粃柒糠。

又收額外本色糧壹升捌合玖勺壹抄壹撮柒圭陸粟伍粒柒顆柒糠玖粃貳糠。

壹起運項下

額徵本色稻米叁百陸拾肆石叁斗玖升貳勺肆抄壹撮陸圭，內除荒米柒拾石叁斗肆升陸合玖勺肆抄壹撮叁圭柒粟伍粒捌顆捌粃柒糠，實徵米貳百玖拾肆石肆升叁合叁勺貳圭貳粟肆粒壹顆玖糠壹粃叁糠，內除分撥寧陝廳米壹斗貳升肆勺壹抄捌撮叁圭伍粟玖粒柒顆捌糠伍粃陸糠；又除分撥佛坪廳米叁斗伍升捌合貳勺。止實徵米貳百玖拾叁石伍斗陸升肆合陸勺捌抄壹撮捌圭陸粟肆粒肆顆伍粃柒糠。

又額外本色糧壹升捌合玖勺壹抄壹撮柒圭陸粟伍粒柒顆柒糠玖粃貳糠。

原編起運糧石折價銀貳萬陸千柒百柒拾捌兩柒錢柒分叁釐陸毫肆絲捌忽捌纖肆塵，內除荒銀肆千壹百捌拾壹兩肆錢伍分捌釐貳毫柒纖玖塵捌沙壹洙玖涯捌洒，實徵起運銀貳萬貳千伍百玖拾柒兩叁錢壹分伍釐肆毫肆絲捌忽肆塵玖渺玖漠壹沙捌洙貳洒。

藥味、軍器等項折價銀壹千壹百伍拾壹兩貳錢肆分玖釐伍毫柒絲伍忽壹微，內除荒銀壹百陸拾貳兩貳錢叁分伍釐貳毫貳絲陸忽肆微捌纖陸渺陸漠貳沙伍洙貳涯壹洒，實徵起運銀玖百捌拾玖兩壹分肆釐叁毫肆絲捌忽陸微壹纖玖塵叁渺叁漠柒沙肆洙柒涯玖洒。

舊編存留，內順治玖年裁扣各役工食銀貳百叁拾柒兩貳錢；拾貳年裁扣傘扇銀捌兩；拾肆年裁扣官生俸廩等項銀貳百肆拾玖兩叁錢貳分捌釐肆毫柒絲；拾伍年裁扣冗員銀玖拾玖兩肆分，又裁站充餉銀貳百壹拾陸兩肆錢陸分柒釐陸毫伍絲捌忽玖微捌纖，又裁里馬叁分裁壹，銀壹百玖拾柒兩伍錢伍分陸釐柒毫肆絲玖忽叁微叁纖叁塵叁渺。康熙元年裁扣吏書銀壹百叁兩貳錢；叁年裁扣訓導、俸齋、門斗工食共銀玖拾叁兩玖錢貳分，又裁雜費丁銀陸拾貳兩貳錢貳分貳釐貳毫；拾伍年裁扣心紅紙張、修理倉厫、喂馬草料、芒神土牛、鋪墊板蓆、季考科舉、對讀生員、謄録書手工食等項共銀伍百貳拾捌兩叁分肆釐壹毫；貳拾柒年裁扣歲貢、舉人、進士坊價、盤纏、花紅共銀伍拾伍兩叁錢貳分陸釐。雍正陸年裁扣燈夫工食銀貳拾肆兩；拾貳年裁扣民壯工食銀壹百伍拾兩。乾隆柒年裁扣民壯工食銀叁拾陸兩；玖年裁祭祀銀貳拾陸兩壹錢陸分柒釐，又裁舖司工食銀叁拾貳兩，舊編冗員裁剩解部銀壹千陸百兩柒錢肆分柒釐伍毫壹忽玖微柒纖。

共裁扣歸入起運銀叁千柒百壹拾玖兩貳錢玖釐陸毫捌絲貳微捌纖叁塵叁渺，內除荒銀肆百陸拾捌兩柒錢玖分貳釐玖毫貳絲陸忽陸微捌纖玖塵柒渺貳漠陸洙叁涯伍洒，實起運銀叁千貳百伍拾兩肆錢壹分陸釐柒毫伍絲叁忽伍微玖纖叁塵伍渺柒漠玖沙叁洙陸涯伍洒。

又收額外地糧、均徭、停免、匠價、軍籍等項折價銀貳千伍百肆拾玖兩貳錢壹分壹釐捌毫玖絲陸忽壹微壹纖叁塵伍渺陸漠伍沙伍洙陸涯。

共該起運銀貳萬玖千叁百捌拾伍兩玖錢伍分捌釐肆毫肆絲陸忽叁微叁纖壹塵肆渺柒漠肆沙貳洙陸洒，內除分撥寧陝廳起運銀壹拾伍兩肆錢叁分貳釐伍毫柒絲柒忽玖微肆纖壹塵柒渺玖漠柒沙；又除分撥佛坪廳起運銀肆拾伍兩玖錢壹分肆毫玖絲陸忽陸微玖纖柒渺肆漠壹沙伍洙捌涯壹洒。止該起運銀貳萬玖千叁百貳拾肆兩陸錢壹分伍釐叁毫柒絲壹忽陸微玖纖捌塵玖渺叁漠伍沙陸洙貳涯伍洒。

又收存留內額協抵餉銀叁千捌拾捌兩伍錢叁分柒毫貳絲陸忽叁微伍纖陸塵叁渺壹漠捌沙玖洙貳涯。

又收存留內協秦州、會寧等州縣驛站抵餉銀貳千玖百壹兩捌分貳釐肆絲玖忽玖纖壹塵捌渺。

又收存留內驛遞之差使甚少等事案內，共裁銀壹百肆拾柒兩玖錢捌分叁毫捌絲捌忽貳微陸纖陸塵柒渺。

又在於請做以糧載丁等事案內，通省以糧均丁增銀壹千壹百陸拾伍兩柒錢壹分伍釐壹毫柒絲柒忽叁微貳纖玖塵伍渺。

共起運銀叁萬陸千陸百貳拾柒兩玖錢貳分叁釐柒毫壹絲貳忽柒微肆纖叁塵貳渺伍漠肆沙伍洙肆涯伍洒，內留支撥補加增共銀貳百伍拾伍兩伍錢肆分柒釐陸毫叁絲壹忽玖微伍纖叁塵壹渺柒漠貳沙玖洙陸涯伍洒，止該起運銀叁萬陸千叁百柒拾貳兩叁錢柒分陸釐捌絲柒微玖纖捌漠壹沙伍洙捌涯。

外遇閏裁扣，內順治玖年裁扣銀壹拾捌兩壹錢；拾肆年裁扣銀壹拾伍兩玖錢伍分肆釐捌毫陸絲玖忽；拾伍年裁扣銀捌兩貳錢伍分叁釐叁毫叁絲貳忽。康熙元年裁扣銀捌兩陸錢；叁年裁扣銀柒兩捌錢貳分陸釐陸毫陸絲陸忽；拾伍年裁扣銀貳兩陸錢陸分陸釐陸毫柒絲。雍正陸年裁扣銀貳兩；拾貳年裁扣銀壹拾貳兩伍錢。乾隆柒年裁扣銀叁兩；玖年裁扣銀貳兩陸錢陸分陸釐，又各官閏俸銀壹拾貳兩叁錢叁分陸釐陸毫陸絲貳忽。

共銀玖拾叁兩玖錢肆釐壹毫玖絲玖忽，內除荒銀壹拾貳兩玖錢叁分壹釐柒毫貳絲玖忽叁微叁塵柒渺叁漠柒沙柒洙陸涯捌洒，實徵銀捌拾兩玖錢柒分貳釐肆毫陸絲玖忽陸微玖纖陸塵貳渺陸漠貳沙貳洙叁涯貳洒。

又額外匠價閏銀肆兩玖錢玖分壹釐貳毫伍絲。

貳項起運閏銀捌拾伍兩玖錢陸分叁釐柒毫壹絲玖忽陸微玖纖陸塵貳渺陸漠貳沙貳洙叁涯貳洒，除分撥寧陝廳閏銀玖分叁釐肆毫；除分撥佛坪廳閏銀貳錢柒分柒釐捌毫伍絲陸忽肆微肆塵貳渺玖漠壹沙壹洙壹涯叁洒。止該起運銀捌拾伍兩伍錢玖分貳釐肆毫陸絲叁忽貳微玖纖壹塵玖渺柒漠壹沙壹洙壹涯玖洒。

又收存留內驛遞之差使甚少並題明請將驛站等事貳案內，共裁站銀貳拾貳兩陸錢貳分伍釐壹絲。

又雍正伍年在於請做以糧載丁等事案內，通省以糧均丁增銀叁拾壹兩柒錢伍分肆忽陸微陸纖捌塵貳渺。

共該閏銀壹百叁拾玖兩玖錢陸分柒釐肆毫柒絲柒忽玖微陸纖壹渺柒漠壹沙壹洙壹涯玖洒，內留支加增撥補役廩閏月銀柒兩捌錢玖分捌釐玖毫貳絲伍忽伍微柒纖伍塵叁渺肆漠叁沙壹洙叁洒，止該起運閏銀壹百叁拾貳兩陸分捌釐伍毫伍絲貳忽叁微捌纖肆塵捌渺貳漠捌沙壹涯陸洒。

壹存留項下

原編存留銀捌千伍百肆拾兩肆錢壹分柒釐玖毫貳絲壹忽陸微捌纖陸塵柒渺，內除荒銀壹千叁百肆拾陸兩柒錢叁分貳釐陸毫壹絲玖忽伍微玖塵叁渺貳漠捌沙柒洙貳涯叁洒，實徵銀柒千壹百玖拾叁兩陸錢捌分伍釐叁毫貳忽壹微柒纖柒塵叁渺柒漠壹沙貳洙柒涯柒洒。

壹俸工項下

知縣壹員，額支俸薪銀肆拾伍兩，內除荒銀陸兩貳錢壹分肆釐捌毫玖絲捌忽柒微叁塵貳渺柒漠伍沙捌洙肆涯伍洒，實徵支銀叁拾捌兩柒錢捌分伍釐壹毫壹忽貳微玖纖陸塵柒渺貳漠肆沙壹洙伍涯伍洒，內除均攤俸工銀壹拾肆兩柒錢伍釐柒毫壹絲肆忽叁纖陸塵陸渺，即留抵撥補各員役俸工訖。

縣丞壹員，額支俸薪銀肆拾兩，內除荒撥補銀伍兩伍錢肆分陸釐貳毫柒絲叁忽壹微柒纖捌塵伍渺捌漠玖沙陸洙肆涯，實徵支銀叁拾肆兩肆錢伍分叁釐柒毫貳絲陸忽捌微貳纖壹塵肆渺壹漠叁洙陸涯。

典史壹員，額支俸薪銀叁拾壹兩伍錢貳分，內除荒撥補銀肆兩叁錢柒分壹釐叁毫肆絲壹忽叁微肆塵陸渺玖漠壹沙肆洙叁涯陸洒，實徵支銀貳拾柒兩壹錢肆分捌釐陸毫伍絲捌忽陸微玖纖伍塵叁渺捌沙伍洙陸涯肆洒。

教諭、訓導貳員，額支俸薪銀叁拾壹兩伍錢貳分，內除荒撥補銀肆兩叁錢柒分壹釐叁毫肆絲壹忽叁微肆塵陸渺玖漠壹沙肆洙叁涯陸洒，實徵支銀貳拾柒兩壹錢肆分捌釐陸毫伍絲捌忽陸微玖纖伍塵叁渺捌沙伍洙陸涯肆洒。外加增撥補全俸銀肆拾捌兩肆錢捌分。

知縣衙門

門子貳名，每名歲支銀陸兩，共支銀壹拾貳兩，內除荒撥補銀壹兩陸錢陸分肆釐叁絲貳忽柒微貳纖叁塵伍渺陸沙捌洙玖涯貳洒，實徵支銀壹拾兩叁錢叁分伍釐玖毫陸絲柒忽貳微柒纖陸塵肆渺玖漠叁沙壹洙捌洒。遇閏加銀壹兩，內除荒銀壹錢叁分柒釐伍毫陸絲陸忽陸微壹纖伍塵玖渺壹漠柒沙貳洙肆涯壹洒，實徵支銀捌錢陸分貳釐肆毫叁絲叁忽叁微捌纖肆塵捌漠貳沙柒洙伍涯玖洒。

皂隸仵作壹拾陸名，每名歲支銀陸兩，共支銀玖拾陸兩，內除荒撥補銀壹拾叁兩叁钱壹分伍釐捌毫貳絲玖忽玖微貳纖捌塵伍渺伍漠伍沙壹洙叁涯陸洒，實徵支銀捌拾貳兩陸錢捌分肆釐壹毫柒絲柒纖壹塵肆渺肆漠肆沙捌洙陸涯肆洒。遇閏加銀捌兩，內除荒銀壹兩壹錢伍毫捌絲壹忽伍微陸纖伍塵陸渺叁漠柒沙玖洙貳涯捌洒，實徵支銀陸兩捌錢玖分玖釐肆毫壹絲捌忽肆微叁纖肆塵叁渺陸漠貳沙柒涯貳洒。

馬快捌名，每名歲支銀壹拾陸兩捌錢，共支銀壹百叁拾肆兩肆錢，內除荒撥補銀壹拾捌兩陸錢伍分捌釐玖毫壹絲柒忽陸微陸纖壹渺柒漠柒沙壹洙玖涯壹洒，實徵支銀壹百壹拾伍兩柒錢肆分壹釐捌絲貳忽叁微叁纖玖塵捌渺貳漠貳沙捌洙玖洒。遇閏加銀壹拾壹兩貳錢，內除荒銀壹兩伍錢肆分捌毫壹絲壹忽伍微陸纖玖塵玖渺柒漠叁沙玖涯玖洒，實徵支銀玖兩陸錢伍分玖釐壹毫捌絲捌忽肆微叁纖貳漠陸沙玖洙壹洒。

民壯壹拾玖名，每名歲支銀陸兩，共支銀壹百壹拾肆兩，內除荒撥補銀壹拾伍兩捌錢捌釐柒毫柒絲伍忽伍微肆纖柒塵壹渺陸漠伍沙肆洙柒涯肆洒，實徵支銀玖拾捌兩壹錢玖分壹釐貳毫貳絲肆忽肆微伍纖貳塵捌渺叁漠肆沙伍洙貳涯陸洒。遇閏加銀玖兩伍錢，內除荒銀壹兩叁錢陸釐玖毫肆絲貳忽伍微伍纖貳塵玖渺陸漠叁沙柒洙捌涯玖洒，實徵支銀捌兩壹錢玖分叁釐伍絲柒忽肆微肆纖柒塵叁漠陸沙貳洙壹涯壹洒。

看監禁卒捌名，每名歲支銀陸兩，共支銀肆拾捌兩，內除荒撥補銀陸兩陸錢伍分陸釐壹毫貳忽捌微玖纖肆塵叁渺貳漠柒沙伍洙陸涯捌洒，實徵支銀肆拾壹兩叁錢肆分叁釐捌毫玖絲柒忽壹微伍塵陸渺柒漠貳沙肆洙叁涯貳洒。每名加增銀貳兩，共銀壹拾陸兩。遇閏加銀肆兩，內除荒銀伍錢伍分貳毫玖絲柒微伍纖壹塵捌渺陸漠捌沙玖洙陸涯肆洒，實徵支銀叁兩肆錢肆分玖釐柒毫玖忽貳微肆纖捌塵壹渺叁漠壹沙叁涯陸洒。

轎傘扇夫柒名，每名歲支銀陸兩，共支銀肆拾貳兩，內除荒撥補銀伍兩捌錢貳分肆釐玖絲貳忽肆微捌纖貳塵伍渺貳漠肆沙壹洙貳涯貳洒，實徵支銀叁拾陸兩壹錢柒分伍釐玖毫柒忽伍微壹纖柒塵肆渺柒漠伍沙捌洙柒涯捌洒。遇閏加銀叁兩伍錢，內除荒銀肆錢捌分壹釐伍毫叁忽陸微捌纖壹塵柒渺陸漠叁洙肆涯肆洒，實徵支銀叁兩壹分捌釐肆毫玖絲陸忽叁微壹纖捌塵貳渺叁漠玖沙陸洙伍涯陸洒。

庫子肆名，每名歲支銀陸兩，共支銀貳拾肆兩，內除荒撥補銀叁兩叁錢貳分捌釐伍絲壹忽壹微伍纖伍塵捌渺壹漠叁沙柒洙捌涯肆洒，實徵支銀貳拾兩陸錢柒分壹釐玖毫肆絲捌忽捌微肆纖肆塵壹渺捌漠陸沙貳洙壹涯陸洒。遇閏加銀貳兩，內除荒銀貳錢柒分伍釐壹毫肆絲肆忽叁微捌纖叁塵玖渺叁漠肆沙肆洙捌涯貳洒，實徵支銀壹兩柒錢貳分肆釐捌毫伍絲伍忽陸微壹纖陸塵陸漠伍沙伍洙壹涯捌洒。

斗級肆名，每名歲支銀陸兩，共支銀貳拾肆兩，內除荒撥補銀叁兩叁錢貳分捌釐伍絲壹忽壹微伍纖伍塵捌渺壹漠叁沙柒洙捌涯肆洒，實徵支銀貳拾兩陸錢柒分壹釐玖毫肆絲捌忽捌微肆纖肆塵壹渺捌漠陸沙貳洙壹涯陸洒。遇閏加銀貳兩，內除荒銀貳錢柒分伍釐壹毫肆絲肆忽叁微捌纖叁塵玖渺叁漠肆沙肆洙捌涯貳洒，實徵支銀壹兩柒錢貳分肆釐捌毫伍絲伍忽陸微壹纖陸塵陸漠伍沙伍洙壹涯捌洒。

各舖司兵壹拾陸名，每名歲支銀肆兩，共支銀陸拾肆兩，內除荒撥補銀玖兩陸分貳釐捌毫壹絲肆忽叁微肆纖肆渺叁沙肆洙貳涯肆洒，實徵支銀伍拾肆兩玖錢叁分柒釐壹毫捌絲伍忽陸微伍纖玖塵伍渺玖漠陸沙伍洙柒涯陸洒。外加增撥補銀肆拾壹兩陸分貳釐捌毫壹絲肆忽叁微肆纖肆渺叁沙肆洙貳涯肆洒。遇閏加銀伍兩叁錢叁分肆釐，內除荒撥補銀柒錢叁分伍釐壹毫伍絲玖忽肆微肆纖伍塵陸渺叁漠叁沙伍洙陸涯叁洒，實徵支銀肆兩伍錢玖分捌釐捌毫肆絲伍微伍纖肆塵叁渺陸漠陸沙肆洙叁涯柒洒。外加增撥補銀叁兩肆錢壹釐壹毫伍絲玖忽肆微肆纖伍塵陸渺叁漠叁沙伍洙陸涯叁洒。

鐘鼓夫叁名，每名歲支銀貳兩肆錢，共支銀柒兩貳錢，內除荒撥補銀玖錢玖分柒釐柒毫陸絲陸微伍塵叁渺肆沙壹洙叁涯伍洒，實徵支銀陸兩貳錢貳釐貳毫叁絲玖忽叁微玖纖肆塵陸渺玖漠伍沙捌洙陸涯伍洒。遇閏加銀陸錢，內除荒銀捌分貳釐叁毫柒絲柒忽叁微貳纖伍塵壹渺伍漠叁洙肆涯肆洒，實徵支銀伍錢壹分柒釐陸毫貳絲貳忽陸微柒纖肆塵捌渺肆漠玖沙陸洙伍涯陸洒。

縣丞衙門

門子壹名，歲支銀陸兩，內除荒撥補銀捌錢叁分貳釐壹絲陸微壹纖壹塵捌渺叁沙肆洙肆涯陸洒，實徵支銀伍兩壹錢陸分柒釐玖毫捌絲玖忽叁微捌纖捌塵壹渺玖漠陸沙伍洙伍涯肆洒。遇閏加銀伍錢，內除荒銀陸分捌釐柒毫捌絲陸忽玖纖捌塵玖渺捌沙陸洙貳涯壹洒，實徵支銀肆錢叁分壹釐貳毫壹絲叁忽玖微壹塵玖漠壹沙叁洙柒涯玖洒。

皂隸肆名，每名歲支銀陸兩，共支銀貳拾肆兩，內除荒撥補銀叁兩叁錢貳分捌釐伍絲壹忽壹微伍纖伍塵捌渺壹漠叁沙柒洙捌涯肆洒，實徵支銀貳拾兩陸錢柒分壹釐玖毫肆絲捌忽捌微肆纖肆塵壹渺捌漠陸沙貳洙壹涯陸洒。遇閏加銀貳兩，內除荒銀貳錢柒分伍釐壹毫肆絲肆忽叁微捌纖叁塵玖渺叁漠肆沙肆洙捌涯貳洒，實徵支銀壹兩柒錢貳分肆釐捌毫伍絲伍忽陸微壹纖陸塵陸漠伍沙伍洙壹涯捌洒。

馬夫壹名，歲支銀陸兩，內除荒撥補銀捌錢叁分貳釐壹絲陸微壹纖壹塵捌渺叁沙肆洙肆涯陸洒，實徵支銀伍兩壹錢陸分柒釐玖毫捌絲玖忽叁微捌纖捌塵壹渺玖漠陸沙伍洙伍涯肆洒。遇閏加銀伍錢，內除荒銀陸分捌釐柒毫捌絲陸忽玖纖捌塵玖渺捌沙陸洙貳涯壹洒，實徵支銀肆錢叁分壹釐貳毫壹絲叁忽玖微壹塵玖漠壹沙叁洙柒涯玖洒。

典史衙門

門子壹名，歲支銀陸兩，內除荒撥補銀捌錢叁分貳釐壹絲陸微壹纖壹塵捌渺叁沙肆洙肆涯陸洒，實徵支銀伍兩壹錢陸分柒釐玖毫捌絲玖忽叁微捌纖捌塵壹渺玖漠陸沙伍洙伍涯肆洒。遇閏加銀伍錢，內除荒銀陸分捌釐柒毫捌絲陸忽玖纖捌塵玖渺捌沙陸洙貳涯壹洒，實徵支銀肆錢叁分壹釐貳毫壹絲叁忽玖微壹塵玖漠壹沙叁洙柒涯玖洒。

皂隸肆名，每名歲支銀陸兩，共支銀貳拾肆兩，內除荒撥補銀叁兩叁錢貳分捌釐伍絲壹忽壹微伍纖伍塵捌渺壹漠叁沙柒洙捌涯肆洒，實徵支銀貳拾兩陸錢柒分壹釐玖毫肆絲捌忽捌微肆纖肆塵壹渺捌漠陸沙貳洙壹涯陸洒。遇閏加銀貳兩，內除荒銀貳錢柒分伍釐壹毫肆絲肆忽叁微捌纖叁塵玖渺叁漠肆沙肆洙捌涯貳洒，實徵支銀壹兩柒錢貳分肆釐捌毫伍絲伍忽陸微壹纖陸塵陸漠伍沙伍洙壹涯捌洒。

馬夫壹名，歲支銀陸兩，內除荒撥補銀捌錢叁分貳釐壹絲陸微壹纖壹塵捌渺叁沙肆洙肆涯陸洒，實徵支銀伍兩壹錢陸分柒釐玖毫捌絲玖忽叁微捌纖捌塵壹渺玖漠陸沙伍洙伍涯肆洒。遇閏加銀伍錢，內除荒銀陸分捌釐柒毫捌絲陸忽玖纖捌塵玖渺捌沙陸洙貳涯壹洒，實徵支銀肆錢叁分壹釐貳毫壹絲叁忽玖微壹塵玖漠壹沙叁洙柒涯玖洒。

教職衙門

齋夫叁名，每名歲支銀壹拾貳兩，共支銀叁拾陸兩，內除荒撥補銀肆兩玖錢玖分貳釐柒絲玖忽玖微柒纖柒渺貳漠陸洙柒涯陸洒，實徵支銀叁拾壹兩柒釐玖毫貳絲貳纖玖塵貳渺柒漠玖沙叁洙貳涯肆洒。遇閏加銀叁兩，內除荒銀肆錢壹分貳釐柒毫壹絲伍忽陸微壹纖叁塵捌渺伍漠壹沙柒洙貳涯叁洒，實徵支銀貳兩伍錢捌分柒釐貳毫捌絲肆忽叁微捌纖陸塵壹渺肆漠捌沙貳洙柒涯柒洒。

膳夫貳名，歲支銀壹拾叁兩叁錢叁分叁釐叁毫叁絲，內除荒撥補銀壹兩捌錢肆分貳釐柒毫叁絲貳忽捌微伍纖肆塵陸渺貳漠捌沙壹洙柒涯貳洒，實徵支銀壹拾壹兩肆錢玖分伍毫玖絲柒忽壹微肆纖伍塵叁渺柒漠壹沙捌洙貳涯捌洒係廩生支領。遇閏加銀壹兩壹錢壹分壹釐壹毫，內除荒撥補銀壹錢伍分貳釐捌毫柒絲柒微捌纖陸塵捌渺壹漠壹沙柒洙玖涯陸洒，實徵支銀玖錢伍分捌釐貳毫貳絲玖忽貳微壹纖叁塵壹渺捌漠捌沙貳洙肆洒。

門斗叁名，每名歲支銀柒兩貳錢，共支銀貳拾壹兩陸錢，內除荒撥補銀貳兩玖錢玖分肆釐陸毫柒絲貳忽壹微貳纖貳塵肆渺壹漠貳沙肆洙陸洒，實徵支銀壹拾捌兩陸錢伍釐叁毫貳絲柒忽捌微柒纖柒塵伍渺捌漠柒沙伍洙玖涯肆洒。遇閏加銀壹兩捌錢，內除荒銀貳錢肆分柒釐陸毫貳絲伍忽玖微伍纖捌塵叁渺伍漠壹沙叁涯肆洒，實徵支銀壹兩伍錢伍分貳釐叁毫柒絲肆忽肆纖壹塵陸渺肆漠捌沙玖洙陸涯陸洒。

廩生貳拾名，每名歲支銀叁兩貳錢，共支銀陸拾肆兩，內除荒撥補銀捌兩捌錢捌分陸釐捌毫伍絲叁忽肆微叁纖捌塵陸渺叁沙肆洙貳涯肆洒，實徵支銀伍拾伍兩壹錢壹分叁釐壹毫肆絲陸忽伍微陸纖壹塵叁渺玖漠陸沙伍洙柒涯陸洒。遇閏加銀伍兩叁錢叁分叁釐叁毫叁絲，內除荒撥補銀柒錢叁分叁釐玖毫陸忽玖微叁纖柒塵貳渺柒漠玖沙柒洙肆涯肆洒，實徵支銀肆兩伍錢玖分玖釐肆毫貳絲叁忽陸纖貳塵柒渺貳漠貳洙伍涯陸洒。

以上俸工項下，除廩生、膳夫貳欵照常支發外，其餘官役俸工於道光貳拾叁年奉文，均以貳兩平支放，每兩減平銀陸分，其減平銀兩，每年批解部庫交納，理合登明。

壹祭祀項下

春秋貳丁致祭文廟并各壇祠及無祀鬼魂品物等項共銀捌拾肆兩捌錢叁分叁釐，內除荒銀壹拾壹兩柒錢伍分伍釐貳絲玖忽肆微肆纖玖渺玖漠陸沙柒洙肆涯陸洒，實徵支銀柒拾叁兩柒分柒釐玖毫柒絲伍微伍纖玖塵叁沙貳洙伍涯肆洒。

外撥補銀貳錢柒分叁釐貳絲玖忽肆微肆纖玖渺玖漠陸沙柒洙肆涯陸洒。

祭旗纛并犒賞民壯銀肆兩，內除荒銀伍錢伍分肆釐貳毫柒絲叁忽陸微玖纖壹塵捌渺陸漠捌沙玖洙陸涯肆洒，實徵支銀叁兩肆錢肆分伍釐柒毫貳絲陸忽叁微捌塵壹渺叁漠壹沙叁涯陸洒。

鄉飲銀伍兩，內除荒銀陸錢玖分貳釐捌毫叁絲捌忽陸微叁纖玖塵柒渺捌漠陸沙貳洙伍洒，實徵支銀肆兩叁錢柒釐壹毫陸絲壹忽叁微陸纖貳渺壹漠叁沙柒洙玖涯伍洒於道光貳拾叁年奉文裁汰，其徵收銀兩，每年批解部庫交納，理合登明。

壹孤貧口糧項下

孤貧壹拾貳名口，共支月糧銀叁拾肆兩伍錢陸分，內除荒銀肆兩陸錢玖分貳釐壹毫玖忽叁微叁纖伍塵叁渺玖漠捌沙叁洙肆涯玖洒，實徵支銀貳拾玖兩捌錢陸分柒釐捌毫玖絲陸微陸纖肆塵陸渺壹沙陸洙伍涯壹洒。外加增銀壹拾叁兩叁錢叁分貳釐壹毫玖忽叁微叁纖伍塵叁渺玖漠捌沙叁洙肆涯玖洒。遇閏加銀叁兩陸錢。

孤貧布花銀壹拾肆兩陸錢肆分，內除荒銀壹兩玖錢捌分柒釐貳毫肆絲肆忽叁微壹纖玖塵玖渺壹漠伍沙玖洙捌洒，實徵支銀壹拾貳兩陸錢伍分貳釐柒毫伍絲肆忽陸微捌纖捌漠肆沙玖涯貳洒。

壹驛站項下

鞏昌府站銀肆千叁百貳拾叁兩捌錢柒分貳釐，渭水驛支直銀貳百伍拾陸兩陸錢肆分捌釐；咸陽所站銀壹千玖百伍拾肆兩玖錢柒分肆釐叁毫肆絲壹忽貳纖；京兆驛支直銀貳兩玖錢柒分肆釐；宜祿驛改兑臨洮府站銀貳拾兩柒錢；議裁里馬草料并皂隸工食抵兌臨洮府站銀捌拾柒兩貳錢。共額銀陸千陸百肆拾陸兩叁錢陸分捌釐叁毫肆絲壹忽貳纖，內除荒銀壹千叁拾貳兩伍錢捌分陸釐伍毫捌絲肆忽叁微柒纖捌塵捌渺陸漠玖沙伍洙捌涯貳洒，實徵銀伍千陸百壹拾叁兩柒錢捌分壹釐柒毫伍絲陸忽陸微肆纖壹塵壹渺叁漠肆洙壹涯捌洒。

又收行知事各案內，撥補銀貳拾陸兩貳錢叁分叁釐柒毫肆絲捌忽陸微伍塵肆渺肆漠陸沙壹涯貳洒。

貳項共銀伍千陸百肆拾兩壹分伍釐伍毫伍忽貳微肆纖陸塵伍渺柒漠陸沙肆洙叁涯，內額協咸陽等驛站支抵餉銀貳千柒百伍拾兩肆錢柒分玖釐肆毫叁絲貳忽捌塵壹渺肆漠柒沙柒洙叁涯；又除額協秦州、會寧等州縣站支抵餉銀貳千捌百捌拾玖兩伍錢叁分陸釐柒絲叁忽貳微叁纖捌塵肆渺貳漠捌沙柒洙，收入起運訖。

壹走遞項下

協濟東河橋募夫銀貳百肆拾伍兩；損轎夫壹拾肆名，工食銀肆拾肆兩捌錢壹分陸釐捌毫陸絲陸忽陸微陸纖陸塵柒渺；走遞夫馬貳拾匹，工食草料銀伍百肆拾兩陸錢貳分陸釐叁毫捌絲肆忽。共銀捌百叁拾兩肆錢肆分叁釐貳毫伍絲陸微陸纖陸塵柒渺，內除荒銀壹百陸拾陸兩陸錢壹分伍釐叁毫柒絲壹忽捌微肆纖肆塵肆渺肆漠柒沙柒涯貳洒，實徵銀陸百陸拾叁兩捌錢貳分柒釐捌毫柒絲捌忽捌微貳纖貳塵貳渺伍漠貳沙玖洙貳涯捌洒，內除額協漢中府屬南鄭等縣站支抵餉銀叁百叁拾捌兩伍分壹釐貳毫玖絲肆忽叁微肆纖捌塵壹渺柒漠壹沙壹洙玖涯；又除額解秦州、會寧等州縣站支抵餉銀壹拾壹兩伍錢肆分伍釐玖毫柒絲伍忽捌微伍纖叁塵叁渺柒漠壹沙叁洙；又除驛遞之差使甚少等事案內，裁銀壹百肆拾柒兩玖錢捌分叁毫捌絲捌忽貳微陸纖陸塵柒渺。實徵支銀壹百陸拾陸兩貳錢伍分貳毫貳絲叁微伍纖肆塵壹漠肆洙叁涯捌洒。

又收報明事案內，撥補夫馬不敷工料銀叁兩貳錢捌分貳釐貳毫玖絲壹忽叁微陸纖捌塵叁渺伍漠叁洙捌涯。

又收欽奉恩詔事案內，撥補夫馬不敷工料銀捌兩捌錢壹分捌釐壹毫捌絲貳忽叁微叁塵叁渺伍漠壹沙伍涯柒洒。

又收各行知並勘明事案內，撥補夫馬不敷工料銀貳錢捌分捌釐壹毫叁絲伍忽玖微壹纖玖塵叁渺捌漠叁沙柒洙玖洒。

肆項共支銀壹百柒拾捌兩陸錢叁分玖釐捌毫貳絲玖忽玖微肆纖伍塵玖漠伍沙伍洙捌涯肆洒。

遇閏加銀陸拾伍兩貳錢伍分，内除荒銀捌兩玖錢柒分捌釐肆毫肆絲叁忽伍微叁纖陸塵貳渺伍漠肆沙玖洙柒涯伍洒，實徵銀伍拾陸兩貳錢柒分壹釐伍毫伍絲陸忽肆微陸纖叁塵柒渺肆漠伍沙貳涯伍洒，内除驛遞之差使甚少並題明請將驛站等事貳案内，共裁站銀貳拾貳兩陸錢貳分伍釐壹絲，實徵支銀叁拾叁兩陸錢肆分陸釐伍毫肆絲陸忽肆微陸纖叁塵柒渺肆漠伍沙貳涯伍洒。

又收報明事案内，撥補夫馬閏月不敷工料銀伍錢陸分叁釐捌毫捌絲陸忽伍微。

又收行知事案内，撥補夫馬閏月不敷工料銀叁釐陸毫貳絲玖忽貳微伍塵。

叁項共支銀叁拾肆兩貳錢壹分肆釐陸絲貳忽壹微陸纖捌塵柒渺肆漠伍沙貳涯伍洒。

以上存留實徵共銀柒千壹百玖拾叁兩陸錢捌分伍釐叁毫貳忽壹微柒纖柒塵叁渺柒漠壹沙貳洙柒涯柒洒，内除額協鳳翔、寶雞、南鄭等縣驛站抵餉銀叁千捌拾捌兩伍錢叁分柒毫貳絲陸忽叁微伍纖陸塵叁渺壹漠捌沙玖洙貳涯；又除協秦州、會寧等州縣驛站銀貳千玖百壹兩捌分貳釐肆絲玖忽玖纖壹塵捌渺；又除驛遞之差使甚少等事案内，共裁銀壹百肆拾柒兩玖錢捌分叁毫捌絲捌忽貳微陸纖陸塵柒渺。實該銀壹千伍拾陸兩玖分貳釐壹毫叁絲捌忽肆微陸纖貳塵伍渺伍漠貳沙叁洙伍涯柒洒。

外加增撥補俸工銀貳百伍拾伍兩伍錢肆分柒釐陸毫叁絲壹忽玖微伍纖叁塵壹渺柒漠貳沙玖洙陸涯伍洒。

共該存留銀壹千叁百壹拾壹兩陸錢叁分玖釐柒毫柒絲肆微壹纖伍塵柒渺貳漠伍沙叁洙貳涯貳洒於乾隆伍拾貳年奉文，全數解司，一切支欵，俱由司按季領支，嗣於嘉慶伍年奉文，照舊在縣留支，並不解司，按季請領。

遇閏加銀壹百肆拾壹兩玖錢陸分伍釐玖絲貳忽，内除裁扣閏俸銀壹拾貳兩叁錢叁分陸釐陸毫陸絲貳忽入起運外，實該銀壹百貳拾玖兩陸錢貳分捌釐肆毫叁絲，内除荒銀壹拾柒兩捌錢叁分陸釐伍毫貳絲貳微伍纖叁塵貳漠陸沙玖洙伍涯陸洒，實徵銀壹百壹拾壹兩柒錢玖分壹釐玖毫玖忽柒微肆纖陸塵玖渺柒漠叁沙肆涯肆洒，内除驛遞之差使甚少并題明請將驛站等事貳案内，共裁銀貳拾貳兩陸錢貳分伍釐壹絲，止該銀捌拾玖兩壹錢陸分陸釐捌毫玖絲玖忽柒微肆纖陸塵玖渺柒漠叁沙肆涯肆洒。

外加增撥補留支閏月銀柒兩捌錢玖分捌釐玖毫貳絲伍忽伍微柒纖伍塵叁渺肆漠叁沙壹洙叁洒，共該存留閏銀玖拾柒兩陸分伍釐捌毫貳絲伍忽叁微貳纖貳塵叁渺壹漠陸沙壹洙肆涯柒洒於乾隆伍拾貳年奉文，全數解司，一切支欵，俱由司按季領支，嗣於嘉慶伍年奉文，照舊在縣留支，並不解司，按季請領。

壹額外

課程銀叁拾壹兩捌錢陸分，遇閏加銀貳兩陸錢伍分伍釐。

畜稅銀陸拾叁兩捌錢壹分係買騾馬出辦，原無定額，儘收儘解。

牙稅銀叁拾貳兩叁錢玖分伍釐共牙行壹百柒拾貳戶，內上則玖拾玖戶，共稅銀貳拾伍兩伍分，內壹拾肆戶，每戶稅銀陸錢；叁戶，每戶稅銀叁錢陸分柒釐；貳戶，每戶稅銀叁錢伍分；叁戶，每戶稅銀叁錢；貳戶，每戶稅銀貳錢伍分；捌戶，每戶稅銀貳錢肆分肆釐；拾戶，每戶稅銀貳錢貳分；捌戶，每戶稅銀貳錢；玖戶，每戶稅銀壹錢柒分伍釐；伍戶，每戶稅銀壹錢柒分；拾肆戶，每戶稅銀壹錢陸分貳釐；拾陸戶，每戶稅銀壹錢伍分；伍戶，每戶稅銀壹錢貳分。中則柒拾貳戶，共稅銀柒兩貳錢玖分伍釐，內玖戶，每戶稅銀壹錢叁分；伍拾叁戶，每戶稅銀壹錢；貳戶，每戶稅銀捌分柒釐；捌戶，每戶稅銀捌分壹釐。下則壹戶，稅銀伍分。理合登明。

當稅銀壹百柒拾兩共當商叁拾肆名，每名歲徵銀伍兩。

地稅銀壹百貳拾兩肆錢伍分係買房地業主出辦，原無定額，儘收儘解。

藍田縣

原額天、時、地、利、人、和陸等共地肆千柒百肆拾陸頃伍拾畝，每畝起科不等，共額徵夏秋糧壹萬壹千貳百肆拾叁石壹斗伍升柒合陸勺，每石折徵銀壹兩叁錢壹分捌釐叁毫伍絲捌忽玖微陸纖貳塵伍渺，共額徵銀壹萬肆千捌百貳拾貳兩伍錢壹分陸釐伍毫捌絲捌忽貳微肆纖伍塵貳渺。

新收糧壹百陸拾陸石柒斗柒升伍勺肆抄捌撮捌圭，每石折徵銀壹兩叁錢壹分捌釐叁毫伍絲捌忽玖微陸纖貳塵伍渺，共額徵銀貳百壹拾玖兩捌錢陸分肆釐肆毫肆絲柒忽伍微玖纖。

貳項共糧壹萬壹千肆百玖石玖斗貳升捌合壹勺肆抄捌撮捌圭，共銀壹萬伍千肆拾貳兩叁錢捌分壹釐叁絲伍忽捌微叁纖伍塵貳渺，內有大麥糧叁百叁拾叁石伍斗肆升壹合玖抄柒撮陸圭，每大麥貳石折小麥壹石，該折小麥壹百陸拾陸石柒斗柒升伍勺肆抄捌撮捌圭。

以上共實徵夏秋糧壹萬壹千貳百肆拾叁石壹斗伍升柒合陸勺。內：

天字號水地捌拾頃伍拾柒畝柒分，每畝科糧伍升陸合，共糧肆百伍拾壹石貳斗叁升壹合貳勺，共銀伍百玖拾肆兩捌錢捌分肆釐陸毫玖絲柒忽玖微，內除道光三年在於遵批等事案內，豁免地叁拾捌畝玖分，應免糧貳石壹斗柒升捌合肆勺，應免銀貳兩捌錢柒分壹釐玖毫壹絲叁忽壹微陸纖玖塵柒渺肆漠伍沙；又除道光拾柒年在於勘明事案內，豁免地叁拾捌畝柒分，應免糧貳石壹斗陸升柒合貳勺，應免銀貳兩捌錢伍分柒釐壹毫肆絲柒忽伍微肆纖玖塵叁渺叁漠伍沙。實在熟地柒拾玖頃捌拾畝壹分，實徵糧肆百肆拾陸石捌斗捌升伍合陸勺，實徵銀伍百捌拾玖兩壹錢伍分伍釐陸毫叁絲柒忽壹微捌纖玖渺貳漠。

時字號退灘水地壹百伍拾玖頃肆拾陸畝伍分，每畝科糧肆升陸合，共糧柒百叁拾叁石伍斗叁升玖合，共銀玖百陸拾柒兩陸分陸釐柒毫壹絲伍忽，內除道光叁、肆等年在於遵批並行知等事貳案內，豁免地叁頃玖拾貳畝陸分叁釐，應免糧壹拾捌石陸升玖勺捌抄，應免銀貳拾叁兩捌錢壹分捌毫叁絲貳微柒塵壹渺捌漠伍沙。實熟地壹百伍拾伍頃伍拾叁畝捌分柒釐，實徵糧柒百壹拾伍石肆斗柒升捌合貳抄，實徵銀玖百肆拾叁兩貳錢伍分伍釐捌毫捌絲肆忽柒微玖纖貳塵捌渺壹漠伍沙。

地字號庄基地壹千陸頃柒拾柒畝玖分，每畝科糧肆升伍合，共糧肆千伍百叁拾石伍斗伍合伍勺，共銀伍千玖百柒拾貳兩捌錢叁分貳釐伍毫叁絲伍微捌纖。

利字號平地伍百捌拾叁頃壹拾陸畝柒分，每畝科糧叁升陸合，共糧貳千玖拾玖石肆斗壹合貳勺，共銀貳千柒百陸拾柒兩柒錢陸分肆釐叁毫玖絲肆忽陸微貳纖伍塵貳渺。內順治柒年、乾隆貳年題明免過無主、河崩共地伍拾頃叁拾伍畝肆分肆毫捌絲，應免糧壹百捌拾壹石貳斗柒升肆合伍勺柒抄貳撮捌圭，該免銀貳百肆拾壹兩肆分伍釐貳毫肆絲捌忽壹微玖纖玖塵陸渺玖漠壹沙伍洙貳涯，內節年墾過地肆拾捌頃肆拾捌畝伍釐玖毫，該糧壹百柒拾肆石伍斗叁升壹勺貳抄伍撮，該銀貳百叁拾兩玖分叁釐陸毫壹絲叁微貳纖柒塵肆渺。實在地伍百捌拾壹頃貳拾玖畝叁分伍釐肆毫貳絲，實徵糧貳千玖拾貳石陸斗伍升陸合柒勺伍抄貳撮貳圭，實徵銀貳千柒百伍拾陸兩捌錢壹分貳釐柒毫伍絲陸忽柒微伍纖貳塵玖渺捌沙肆洙捌涯；內於嘉慶拾玖年在於欽奉恩詔事案內，題明免過坍沒地捌頃肆拾柒畝柒釐伍毫，應免糧叁拾石肆斗玖升肆合柒勺，該免銀肆拾兩壹錢柒分貳釐玖毫貳絲伍忽陸微捌纖壹渺陸漠柒沙伍洙；又除道光叁、肆等年在於遵批並行知等事貳案內，豁免地伍頃壹拾柒畝捌分柒釐，應免糧壹拾捌石陸斗肆升叁合叁勺貳抄，應免銀貳拾肆兩伍錢陸分貳毫貳絲伍忽伍微柒塵柒渺陸漠叁沙；又除道光拾柒年在於勘明事案內，豁免地貳頃貳拾壹畝，應免糧柒石玖斗伍升陸合，應免銀壹拾兩肆錢捌分壹釐貳絲柒忽柒微肆纖貳塵玖渺。實在地伍百陸拾伍頃肆拾叁畝肆分玖毫貳絲，實徵糧貳千叁拾伍石伍斗陸升貳合柒勺叁抄貳撮貳圭，實徵銀貳千陸百捌拾壹兩伍錢玖分捌釐伍毫柒絲柒忽捌微貳纖貳塵柒漠柒沙玖洙捌涯。

人字號半平地壹千伍百陸拾肆頃陸拾柒畝叁分，每畝科糧壹升伍合，共糧貳千叁百肆拾柒石玖合伍勺，共銀叁千玖拾肆兩貳錢壹釐玖微肆纖。內題明免過無主並衝崩共地叁百壹拾捌頃叁拾陸畝玖分陸釐陸毫貳絲，應免糧肆百柒拾柒石伍斗陸升伍合貳勺玖抄叁撮，該除銀陸百叁拾伍兩叁分柒釐貳毫柒絲伍忽陸微玖纖陸塵陸渺伍漠陸洙肆涯，內興屯並節年墾過共地壹百捌拾壹頃貳拾捌畝壹分肆毫，該糧貳百伍拾伍石壹斗肆升肆合柒勺捌抄玖撮捌圭，該銀叁百叁拾肆兩陸錢貳分玖釐貳毫捌絲捌忽柒微壹纖捌塵壹渺。實在地壹千肆百貳拾柒頃伍拾捌畝肆分叁釐柒毫捌絲，實徵糧貳千壹百貳拾肆石伍斗捌升捌合玖勺玖抄陸撮捌圭，實徵銀貳千柒百玖拾叁兩柒錢玖分叁釐壹絲肆忽肆纖捌塵肆渺肆漠玖沙叁洙陸涯。

和字號坡地壹千叁百伍拾壹頃捌拾叁畝玖分，每畝科糧捌合，共糧壹千捌拾壹石肆斗柒升壹合貳勺，共銀壹千肆百貳拾伍兩柒錢陸分柒釐貳毫肆絲玖忽貳微。內順治柒年玖月內督撫具題奉旨免過無主荒地壹百玖拾頃壹拾肆畝捌分陸毫，應免糧壹百伍拾貳石壹斗壹升貳合陸勺捌抄陸撮貳圭，該除銀貳百貳兩貳錢捌分貳釐貳毫柒絲伍忽叁微陸纖，內興屯並節年開墾共地壹百玖拾頃壹拾肆畝捌分陸毫，該糧壹百伍拾貳石壹斗壹升貳合陸勺捌抄陸撮貳圭，該銀貳百貳兩貳錢捌分貳釐貳毫柒絲伍忽叁微陸纖。實在地壹千叁百伍拾壹頃捌拾叁畝玖分，實徵糧壹千捌拾壹石肆斗柒升壹合貳勺，實徵銀壹千肆百貳拾伍兩柒錢陸分柒釐貳毫肆絲玖忽貳微；內乾隆伍拾年在於遵旨會核酌議等事案內，分撥孝義廳地貳頃貳拾叁畝陸分捌釐柒毫伍絲，該折色糧壹石柒斗捌升玖合伍勺，該折色銀貳兩叁錢伍分玖釐貳毫叁忽叁微肆纖壹塵貳漠伍沙。止實地壹千叁百肆拾玖頃陸拾畝貳分壹釐貳毫伍絲，實徵糧壹百柒拾玖石陸斗捌升壹合柒勺，實徵銀壹千肆百貳拾叁兩肆錢捌釐肆絲伍忽捌微伍纖捌塵玖渺柒漠伍沙。

以上共免過荒地伍百伍拾捌頃捌拾柒畝壹分柒釐柒毫，應免糧捌百壹拾石玖斗伍升貳合伍勺伍抄貳撮，該除銀壹千貳百玖拾捌兩貳錢貳分玖釐貳毫肆絲陸忽柒微伍纖玖塵叁渺肆漠貳沙壹洙陸涯，內節年並興屯開墾共地肆百壹拾玖頃玖拾畝玖分陸釐玖毫，該糧伍百捌拾壹石柒斗捌升柒合陸勺壹撮，該銀柒百陸拾柒兩伍釐壹毫柒絲肆忽肆微伍塵伍渺，實應免地壹百叁拾捌頃玖拾陸畝貳分捌毫，實應免糧貳百貳拾玖石壹斗陸升肆合玖勺伍抄壹撮，實應免銀伍百叁拾壹兩貳錢貳分肆釐柒絲貳忽叁微伍纖叁塵捌渺肆漠貳沙壹洙陸涯。

實在地肆千陸百柒頃伍拾叁畝柒分玖釐貳毫，該糧壹萬壹千壹拾叁石玖斗玖升貳合陸勺肆抄玖撮，實徵銀壹萬肆千伍百壹拾壹兩壹錢伍分陸釐玖毫陸絲叁忽肆微捌纖壹塵叁渺伍漠柒沙捌洙肆涯。內於康熙捌年在於秦屬蠲免事案內，豁免過山野、河崩、荒蕪共地壹百柒拾陸頃伍拾貳畝玖分壹釐捌毫陸絲，應免糧貳百柒拾玖石捌斗玖升玖合陸勺陸抄柒撮，應免折色銀叁百陸拾玖兩捌釐貳毫叁絲肆忽伍微玖纖貳渺，內奉文清查自首出地壹拾壹頃貳拾壹畝捌分肆釐貳毫伍絲，該折色糧壹拾伍石柒斗壹升貳合肆勺肆抄，實徵銀貳拾兩柒錢壹分肆釐陸毫叁絲陸忽玖纖陸塵柒渺。

實在地肆千肆百肆拾貳頃貳拾貳畝柒分壹釐伍毫玖絲，實徵折色糧壹萬柒百肆拾玖石捌斗伍合肆勺貳抄貳撮，實徵銀壹萬肆千壹百陸拾貳兩捌錢陸分叁釐叁毫陸絲肆忽玖微捌纖柒塵捌渺伍漠柒沙捌洙肆涯。內乾隆伍拾年在於遵旨會核酌議等事案內，分撥孝義廳和字號地貳頃貳拾叁畝陸分捌釐柒毫伍絲，該折色糧壹石柒斗捌升玖合伍勺，該折色銀貳兩叁錢伍分玖釐貳毫叁忽叁微肆纖壹塵貳漠伍沙；又於嘉慶拾玖年在於欽奉恩詔事案內，免過坍沒地捌頃肆拾柒畝柒釐伍毫，應免糧叁拾石肆斗玖升肆合柒勺，該免銀肆拾兩壹錢柒分貳釐玖毫貳絲伍忽陸微捌纖壹渺陸漠柒沙伍洙；又於道光叁、肆等年在於遵批並行知等事貳案內，免過地玖頃肆拾玖畝肆分，應免糧叁拾捌石捌斗捌升貳合柒勺，該免銀伍拾壹兩貳錢肆分貳釐玖毫陸絲捌忽捌微捌纖肆塵陸渺玖漠叁沙；又於道光拾柒年在於勘明事案內，免過地貳頃伍拾玖畝柒分，應免糧壹拾石壹斗貳升叁合貳勺，該免銀壹拾叁兩叁錢叁分捌釐壹毫柒絲伍忽貳微玖纖貳塵貳渺叁漠伍沙。

止實在地肆千肆百壹拾玖頃肆拾貳畝捌分伍釐叁毫肆絲，實徵糧壹萬陸百陸拾捌石伍斗壹升伍合叁勺貳抄貳撮，實徵銀壹萬肆千伍拾伍兩柒錢伍分玖絲壹忽柒微捌纖玖塵柒渺叁漠柒沙叁洙肆涯於乾隆伍拾玖年奉准部咨令，將康熙年間易知由單內載：天字地每畝折徵銀柒分叁釐捌毫貳絲捌忽壹微貳塵伍漠；時字地每畝折徵銀陸分陸毫肆絲肆忽肆微肆纖玖塵伍渺；地字地每畝折徵銀伍分玖釐叁毫貳絲陸忽壹微伍纖叁塵叁渺；利字地每畝折徵銀肆分柒釐肆毫貳絲伍忽肆微陸纖肆塵玖渺；人字地每畝折徵銀壹分玖釐伍毫陸絲玖忽伍微玖纖伍塵柒渺；和字地每畝折徵銀壹分伍毫肆絲陸忽捌微柒纖壹塵陸渺，纂入書內，嗣後遇有墾豁，按畝增除。

原額人丁叁門玖則不等，共折下下人丁玖萬伍千玖百玖拾柒丁，每丁徵銀肆分玖釐陸毫，共銀肆千柒百陸拾壹兩肆錢伍分壹釐貳毫，內除優免丁陸百陸拾陸丁，共銀叁拾叁兩叁分叁釐陸毫。

行差丁玖萬伍千叁百叁拾壹丁，共額徵銀肆千柒百貳拾捌兩肆錢壹分柒釐陸毫。

順治柒年題明免過逃亡丁陸萬貳千玖百貳拾貳丁，應除銀叁千壹百貳拾兩玖錢叁分壹釐貳毫，內節年編審出丁肆萬捌千柒百玖拾壹丁，該徵銀叁千壹百壹拾捌兩伍錢陸分肆釐捌毫陸絲陸忽，實應免丁壹萬肆千壹百叁拾壹丁，應免銀貳兩叁錢陸分陸釐叁毫叁絲肆忽。

實在丁捌萬壹千貳百丁，共徵銀肆千柒百貳拾陸兩伍分壹釐貳毫陸絲陸忽，內乾隆伍拾年在於遵旨會核酌議等事案內，分撥孝義廳載丁銀肆錢壹分柒釐壹毫壹絲壹忽肆微伍纖玖塵壹渺叁漠伍沙玖洙柒涯玖洒，止實在丁共徵銀肆千柒百貳拾伍兩陸錢叁分肆釐壹毫伍絲肆忽伍微肆纖捌渺陸漠肆沙貳涯壹洒。

康熙伍拾伍年起，至乾隆貳拾陸年止，編審出丁壹千肆百捌拾伍丁；乾隆叁拾壹年編審出丁柒拾肆丁；乾隆叁拾陸年編審出丁陸拾陸丁。共編審出丁壹千陸百貳拾伍丁，欽遵康熙伍拾貳年叁月拾捌日恩詔，後遇編審之期，但據康熙伍拾年丁冊定為常額，續生人丁，永不加賦。

原額均徭銀貳千玖百肆拾伍兩陸錢玖分貳釐捌毫玖絲壹忽伍微，內除荒銀壹百柒兩玖錢捌分貳釐玖毫叁絲柒忽壹微柒纖陸塵貳渺柒漠柒洙貳涯，實徵銀貳千捌百叁拾柒兩柒錢玖釐玖毫伍絲肆忽叁微貳纖叁塵柒渺貳漠玖沙貳洙捌涯，內乾隆伍拾年在於遵旨會核酌議等事案內，分撥孝義廳均徭銀肆錢柒分伍釐玖毫貳絲玖忽叁微捌纖玖塵叁渺捌漠伍沙，止該徵均徭銀貳千捌百叁拾柒兩貳錢叁分肆釐貳絲肆忽玖微叁纖肆塵叁渺肆漠肆沙貳洙捌涯係按前項天、時、地、利、人、和陸等地畝科徵，天字號地每畝徵銀壹分肆釐捌毫玖絲叁忽伍微柒纖壹塵叁渺；時字號地每畝徵銀壹分貳釐貳毫叁絲肆忽伍纖叁渺；地字號地每畝徵銀壹分壹釐玖毫陸絲捌忽肆纖捌塵叁渺；利字號地每畝徵銀玖釐伍毫柒絲肆忽肆微叁纖陸塵玖渺；人字號地每畝徵銀叁釐玖毫伍絲捌忽貳纖伍渺；和字號地每畝徵銀貳釐壹毫貳絲柒忽陸微伍纖叁塵肆漠。

遇閏額徵銀叁百陸拾柒兩壹錢伍分肆釐壹毫叁絲壹忽，內除荒銀柒兩捌錢陸釐貳毫肆絲陸忽貳微肆纖捌塵貳漠玖沙貳涯柒洒，實徵銀叁百伍拾玖兩叁錢肆分柒釐捌毫捌絲肆忽柒微伍纖壹塵玖渺柒漠玖洙柒涯叁洒，分撥孝義廳銀肆分柒釐壹毫貳絲伍忽壹微伍纖伍塵壹渺伍漠陸沙伍洙伍涯肆洒，止該银叁百伍拾玖兩叁錢柒毫伍絲玖忽伍微玖纖陸塵捌渺壹漠肆沙肆洙壹涯玖洒。

額外匠價銀壹拾陸兩捌錢叁分，內除分撥孝義廳銀貳釐捌毫壹忽陸微伍纖捌塵伍渺伍漠捌沙壹洙伍涯，止該匠價銀壹拾陸兩捌錢貳分柒釐壹毫玖絲捌忽叁微肆纖壹塵肆渺肆漠壹沙捌洙伍涯。遇閏加銀壹兩肆錢貳釐伍毫，內除分撥孝義廳銀貳毫叁絲叁忽肆微柒纖壹塵伍渺玖漠壹沙貳洙伍涯，止實徵閏銀壹兩肆錢貳釐貳毫陸絲陸忽伍微貳纖捌塵肆渺捌沙柒洙伍涯。

停免銀壹百伍拾陸兩壹錢捌分柒釐伍毫，內除分撥孝義廳銀貳分陸釐壹忽捌微伍纖陸塵玖渺柒漠柒沙壹洙伍涯捌洒，止該停免銀壹百伍拾陸兩壹錢陸分壹釐肆毫玖絲捌忽壹微肆纖叁塵貳漠貳沙捌洙肆涯貳洒。

軍籍銀壹千壹百陸拾捌兩伍錢伍分貳釐壹絲壹忽叁微貳纖柒塵柒渺，內除分撥孝義廳銀壹錢玖分肆釐伍毫肆絲捌忽叁纖肆塵貳渺捌漠叁沙柒洙捌涯，止該軍籍銀壹千壹百陸拾捌兩叁錢伍分柒釐肆毫陸絲叁忽貳微玖纖叁塵肆渺壹漠陸沙貳洙貳涯。

茅香折價銀壹拾兩肆錢玖分，內除分撥孝義廳銀壹釐柒毫肆絲陸忽貳微伍纖陸渺肆漠捌沙貳洙，止該銀壹拾兩肆錢捌分捌釐貳毫伍絲叁忽柒微肆纖玖塵叁渺伍漠壹沙捌洙以上正閏各項俱攤入前項地糧內徵解。

地、丁貳項並均徭、匠價、停免、軍籍、茅香折價等項共銀貳萬肆千陸拾捌兩伍錢伍分壹釐叁絲捌忽陸微陸纖貳塵玖渺，內除荒銀壹千玖拾肆兩陸錢貳分壹釐壹絲壹忽捌微捌纖柒渺捌沙叁洙捌涯，實徵銀貳萬貳千玖百柒拾叁兩玖錢叁分貳絲陸忽柒微捌纖貳塵壹渺玖漠壹沙陸洙貳涯，內除分撥孝義廳銀叁兩肆錢柒分柒釐叁毫肆絲壹忽玖微玖纖壹漠叁沙貳洙陸涯柒洒，止實徵銀貳萬貳千玖百柒拾兩肆錢伍分貳釐陸毫捌絲肆忽柒微玖纖貳塵壹渺柒漠捌沙叁洙伍涯叁洒。

遇閏額徵銀叁百陸拾柒兩壹錢伍分肆釐壹毫叁絲壹忽，內除荒銀柒兩捌錢陸釐貳毫肆絲陸忽貳微肆纖捌塵貳漠玖沙貳涯柒洒，實徵銀叁百伍拾玖兩叁錢肆分柒釐捌毫捌絲肆忽柒微伍纖壹塵玖渺柒漠玖洙柒涯叁洒，分撥孝義廳閏銀肆分柒釐壹毫貳絲伍忽壹微伍纖伍塵壹渺伍漠陸沙伍洙伍涯肆洒，止該徵銀叁百伍拾玖兩叁錢柒毫伍絲玖忽伍微玖纖陸塵捌渺壹漠肆沙肆洙壹涯玖洒。

匠價閏徵銀壹兩肆錢貳釐伍毫，內除分撥孝義廳銀貳毫叁絲叁忽肆微柒纖壹塵伍渺玖漠壹沙貳洙伍涯，止實徵銀壹兩肆錢貳釐貳毫陸絲陸忽伍微貳纖捌塵肆渺捌沙柒洙伍涯。

貳項共銀叁百陸拾兩柒錢叁釐貳絲陸忽壹微貳纖伍塵貳渺貳漠叁沙壹洙陸涯玖洒。

壹起運項下

原編起運糧石折價銀壹萬陸百陸拾壹兩壹錢伍分叁釐柒絲貳忽捌微捌纖伍塵貳渺，內除荒銀陸百捌拾捌兩叁錢陸分肆釐柒毫伍絲陸忽陸微叁纖壹塵貳渺捌漠貳沙伍洙捌涯壹洒，實徵銀玖千玖百柒拾貳兩柒錢捌分捌釐叁毫壹絲陸忽貳微伍纖叁塵玖渺壹漠柒沙肆洙壹涯玖洒。

節裁鹽鈔、抵祿、藥味、軍器、毛襖等項銀貳千貳百捌拾陸兩伍錢叁分陸釐捌毫肆絲，內除荒銀陸拾柒兩捌錢貳分叁釐壹毫玖絲捌忽柒微伍纖叁塵伍漠柒沙玖洙貳涯貳洒，實徵銀貳千貳百壹拾捌兩柒錢壹分叁釐陸毫肆絲壹忽貳微肆纖陸塵玖渺肆漠貳沙柒涯捌洒。

舊編存留，內順治玖年裁扣修宅、傢伙各役工食銀貳百貳拾壹兩陸錢；拾貳年裁傘扇銀捌兩；拾肆年裁扣官生俸廩等項銀貳百貳拾陸兩肆錢肆分玖毫肆絲；拾伍年裁冗員俸薪等項銀伍拾柒兩玖錢貳分，遞馬、損轎夫叁分裁壹，銀肆百陸拾貳兩柒錢玖釐捌毫玖忽柒微玖纖陸塵。康熙元年裁吏書工食銀玖拾柒兩貳錢；叁年裁門斗、齋夫工食銀肆拾叁兩貳錢，雜費丁銀壹百陸兩貳錢貳分貳釐貳毫叁絲；拾伍年裁心紅紙張、修理監倉等項共銀壹百肆拾陸兩肆錢伍分柒毫；貳拾柒年裁歲貢盤纏銀肆拾柒兩叁錢叁分陸釐。雍正陸年裁燈夫銀貳拾肆兩；拾貳年裁民壯銀壹百貳拾陸兩。乾隆柒年又裁民壯銀肆拾貳兩；玖年裁祭祀銀貳拾壹兩伍錢貳分，玖年裁舖司銀柒拾陸兩捌錢，又舊編裁剩解部銀壹千伍百陸拾捌兩貳錢壹分叁釐陸毫肆絲貳忽肆微伍纖。

共裁歸入起運銀叁千貳百柒拾伍兩陸錢壹分叁釐叁毫貳絲貳忽貳微肆纖陸塵，內除荒銀陸拾伍兩伍錢玖分柒毫陸忽壹微壹纖叁塵貳渺捌漠貳沙壹洙，實起運銀叁千貳百壹拾兩貳分貳釐陸毫壹絲陸忽壹微叁纖貳塵柒渺壹漠柒沙玖洙。

又額外匠價、停免、軍籍、茅香折價等項共銀壹千叁百伍拾貳兩伍分玖釐伍毫壹絲壹忽叁微貳纖柒塵柒渺。

以上共該起運銀壹萬陸千柒百伍拾叁兩伍錢捌分肆釐捌絲肆忽玖微陸纖壹塵貳渺柒漠柒沙叁洙玖涯柒洒，分撥孝義廳銀叁兩肆錢柒分柒釐叁毫肆絲壹忽玖微玖纖壹漠叁沙貳洙陸涯柒洒，止實該起運銀壹萬陸千柒百伍拾兩壹錢陸釐柒毫肆絲貳忽玖微柒纖壹塵貳渺陸漠肆沙壹洙叁涯。

又收存留內額協長安等縣驛站抵餉銀叁千叁百柒拾捌兩捌錢伍分陸釐壹毫玖絲陸微叁纖陸塵貳渺。

又收臨洮府屬金縣驛站兌充兵餉銀玖拾陸兩捌分玖釐壹毫伍絲貳忽伍微玖纖。

又收驛遞之差使甚少並題明請將驛站等事貳案內，共裁站銀捌百肆拾兩叁分壹釐玖毫柒忽陸微捌纖伍塵柒渺。

共該起運銀貳萬壹千陸拾伍兩捌分叁釐玖毫玖絲叁忽捌微捌纖叁塵壹渺陸漠肆沙壹洙叁涯。

又於請倣以糧載丁等事案內，通省均丁減銀貳千貳百貳拾壹兩陸錢玖分肆釐肆毫柒絲叁忽捌微叁纖貳塵肆渺，內除乾隆元、陸、拾壹、拾陸、貳拾壹、貳拾陸、叁拾壹、叁拾陸等年編審案內，共增抵補屯更丁銀柒百叁拾壹兩壹錢肆分貳毫伍絲叁微玖纖壹塵壹渺玖漠玖沙玖洙玖涯捌洒，內除分撥孝義廳抵補屯更丁銀壹錢貳分壹釐柒毫壹絲壹忽伍微肆纖玖塵柒渺陸漠伍沙貳洙，止實該抵補屯更丁銀柒百叁拾壹兩壹分捌釐伍毫叁絲捌忽捌微肆纖壹塵肆渺叁漠肆沙柒洙玖涯捌洒，止該減銀壹千肆百玖拾兩伍錢伍分肆釐貳毫貳絲叁忽肆微肆纖壹塵貳渺貳洒。

實該銀壹萬玖千伍百柒拾肆兩肆錢捌釐伍絲捌忽捌微玖纖貳塵壹渺玖漠捌沙玖洙貳涯捌洒，內留支加增撥補俸工銀壹百伍拾伍兩貳錢伍分肆釐貳毫貳絲壹忽叁微壹纖伍塵叁渺貳漠肆洙玖涯壹洒，止實該銀壹萬玖千肆百壹拾玖兩壹錢伍分叁釐捌毫叁絲柒忽伍微柒纖陸塵捌渺柒漠捌沙肆洙叁涯柒洒。

遇閏，玖年裁扣銀壹拾陸兩捌錢；拾肆年裁扣銀壹拾伍兩肆錢陸分叁釐貳絲叁忽；拾伍年裁扣銀肆兩捌錢貳分陸釐陸毫陸絲陸忽。康熙元年裁吏書銀捌兩壹錢；叁年裁扣門斗、齋夫工食銀叁兩陸錢；拾伍年裁心紅紙張、喂馬草料銀貳兩陸錢陸分陸釐陸毫柒絲。雍正陸年裁燈夫銀貳兩；拾貳年裁民壯銀壹拾兩伍錢。乾隆柒年裁民壯銀叁兩伍錢；玖年裁舖司銀陸兩肆錢，又裁各官閏俸銀玖兩叁釐叁毫叁絲貳忽。共裁歸起運銀捌拾貳兩捌錢伍分玖釐陸毫玖絲壹忽，內除荒銀壹兩柒錢肆分伍釐壹毫捌絲捌忽貳微伍纖玖塵柒渺壹沙伍洙，實起運銀捌拾壹兩壹錢壹分肆釐伍毫貳忽柒微肆纖貳渺玖漠捌沙伍洙，內除分撥孝義廳閏銀肆分柒釐壹毫貳絲伍忽壹微伍纖伍塵壹渺伍漠陸沙伍洙伍涯肆洒，止實徵銀捌拾壹兩陸分柒釐叁毫柒絲柒忽伍微捌纖伍塵壹渺肆漠壹沙玖洙肆涯陸洒。

又額外匠價閏銀壹兩肆錢貳釐伍毫，內除分撥孝義廳銀貳毫叁絲叁忽肆微柒纖壹塵伍渺玖漠壹沙貳洙伍涯，止實徵閏銀壹兩肆錢貳釐貳毫陸絲陸忽伍微貳纖捌塵肆渺捌沙柒洙伍涯。

貳項共起運閏銀捌拾貳兩肆錢陸分玖釐陸毫肆絲肆忽壹微壹纖叁塵伍渺伍漠陸洙玖涯陸洒。

又收驛遞之差使甚少並題明請將驛站等事貳案內，共裁站閏銀捌拾貳兩伍分貳釐柒毫捌絲肆忽捌微陸纖壹塵捌渺。

貳項共起運閏銀壹百陸拾肆兩伍錢貳分貳釐肆毫貳絲捌忽玖微柒纖伍塵叁渺伍漠陸洙玖涯陸洒。

又於请倣以糧載丁等事案內，通省均丁減銀柒拾柒兩陸錢伍分柒釐叁毫玖絲陸忽捌纖捌塵柒渺，節次抵補屯更丁增銀貳拾陸兩柒錢柒分貳釐伍毫柒絲玖忽玖微柒纖伍渺玖漠玖沙玖洙陸涯，內除分撥孝義廳抵補屯更丁閏銀肆釐肆毫伍絲陸忽柒微捌纖壹塵貳渺肆漠伍沙貳洙，止該抵補屯更丁銀貳拾陸兩柒錢陸分捌釐壹毫貳絲叁忽壹微捌纖玖塵叁渺伍漠肆沙柒洙陸涯，止該減銀伍拾兩捌錢捌分肆釐捌毫壹絲陸忽壹微壹纖捌塵壹渺肆涯。

實該銀壹百壹拾叁兩陸錢叁分叁釐壹毫伍絲陸忽柒纖陸塵伍沙肆洙伍涯陸洒，內留支加增撥補銀壹拾伍兩伍錢肆分貳釐肆毫貳絲貳微肆纖捌塵貳渺肆漠玖沙伍洙玖涯柒洒，止該起運銀玖拾捌兩玖分柒毫叁絲伍忽捌微貳纖柒塵柒渺伍漠伍沙捌洙伍涯玖洒。

壹存留项下

原編存留銀陸千肆百玖拾叁两壹錢捌分捌釐貳毫玖絲貳忽貳微肆塵，內除荒銀貳百柒拾貳兩捌錢肆分貳釐叁毫伍絲叁微捌纖叁塵捌漠伍沙柒洙柒涯柒洒，實徵銀陸千貳百貳拾兩叁錢肆分伍釐玖毫肆絲壹忽捌微貳纖玖渺壹漠肆沙貳洙貳涯叁洒。

壹俸工項下

知縣俸薪銀肆拾伍兩，內除荒銀玖錢柒分貳釐玖忽柒微柒纖玖塵壹渺貳漠伍沙，實支銀肆拾肆兩貳分柒釐玖毫玖絲貳微貳纖捌渺柒漠伍沙，內均攤銀壹拾玖兩玖錢肆分壹毫貳忽壹微肆纖伍渺，既留抵各員役俸工訖。

典史俸薪銀叁拾壹兩伍錢貳分，內除荒撥補銀陸錢捌分捌毫貳絲玖忽肆微捌纖叁塵柒漠陸沙，實支銀叁拾兩捌錢叁分玖釐壹毫柒絲伍微壹纖陸塵玖渺貳漠肆沙。

教諭、訓導貳員，額支俸薪銀叁拾壹兩伍錢貳分，內除荒撥補銀陸錢捌分捌毫貳絲玖忽肆微捌纖叁塵柒漠陸沙，實支銀叁拾兩捌錢叁分玖釐壹毫柒絲伍微壹纖陸塵玖渺貳漠肆沙。外撥補全俸銀肆拾捌兩肆錢捌分。

知縣衙門

門子貳名，每名歲支銀陸兩，共支銀壹拾貳兩，內除荒撥補銀貳錢伍分玖釐貳毫叁忽捌微捌塵壹渺，實支銀壹拾壹兩柒錢肆分柒毫玖絲陸忽壹微玖纖壹塵玖渺。遇閏加銀壹兩，內除荒銀貳分壹釐貳毫肆絲捌忽捌微壹纖柒塵叁渺貳漠伍沙，實支銀玖錢柒分捌釐柒毫伍絲壹忽壹微捌纖貳塵陸渺柒漠伍沙。

皂隸、仵作壹拾陸名，每名歲支銀陸兩，共支銀玖拾陸兩，內除荒撥補銀貳兩柒分叁釐陸毫壹絲叁忽肆微陸纖肆塵捌渺，實支銀玖拾叁兩玖錢貳分陸釐叁毫捌絲陸忽伍微叁纖伍塵貳渺。遇閏加銀捌兩，內除荒銀壹錢陸分玖釐玖毫柒絲貳忽伍微叁纖捌塵陸渺，實支銀柒兩捌錢叁分貳絲柒忽肆微陸纖壹塵肆渺。

馬快捌名，每名歲支銀壹拾陸兩捌錢，共支銀壹百叁拾肆兩肆錢，內除荒撥補銀貳兩玖錢叁釐伍絲陸忽貳微肆纖陸塵柒渺貳漠，實支銀壹百叁拾壹兩肆錢玖分陸釐玖毫肆絲叁忽柒微伍纖叁塵貳渺捌漠。遇閏加銀壹拾壹兩貳錢，內除荒銀貳錢叁分柒釐玖毫伍絲叁忽叁微伍纖肆塵陸漠，實支銀壹拾兩玖錢陸分貳釐肆絲陸忽陸微肆纖伍塵玖渺肆漠。

民壯貳拾貳名，每名歲支銀陸兩，共支銀壹百叁拾貳兩，內除荒撥補銀貳兩捌錢伍分壹釐貳毫貳絲壹忽肆微壹塵壹渺，實支銀壹百貳拾玖兩壹錢肆分捌釐柒毫柒絲捌忽伍微玖纖柒塵玖渺。遇閏加銀壹拾壹兩，內除荒銀貳錢叁分叁釐柒毫玖忽玖微玖纖伍渺柒漠伍沙，實支銀壹拾兩柒錢陸分陸釐貳毫玖絲玖塵肆渺貳漠伍沙。

看監禁子捌名，每名歲支銀陸兩，共支銀肆拾捌兩，內除荒撥補銀壹兩叁分陸釐捌毫陸忽貳微叁纖貳塵肆渺，實支銀肆拾陸兩玖錢陸分叁釐壹毫玖絲叁忽柒微陸纖柒塵陸渺。外每名加銀貳兩，共銀壹拾陸兩。遇閏加銀肆兩，內除荒銀捌分肆釐玖毫柒絲陸忽貳微陸纖玖塵叁渺，實支銀叁兩玖錢壹分伍釐貳絲叁忽柒微叁纖柒渺。

轎傘扇夫柒名，每名歲支銀陸兩，共支銀肆拾貳兩，內除荒撥補銀玖錢柒釐貳毫貳忽叁微壹纖伍塵捌渺伍漠，實支銀肆拾壹兩玖分貳釐柒毫玖絲柒忽陸微捌纖肆塵壹渺伍漠。遇閏加銀叁兩伍錢，內除荒銀柒分肆釐叁毫陸絲壹忽叁微陸纖伍渺捌漠柒沙伍洙，實支銀叁兩肆錢貳分伍釐陸毫叁絲捌忽陸微叁纖玖塵肆渺壹漠貳沙伍洙。

庫丁肆名，每名歲支工食銀陸兩 ，共支銀貳拾肆兩，內除荒撥補銀伍錢壹分捌釐肆毫柒忽陸微壹纖陸塵貳渺，實支銀貳拾叁兩肆錢捌分壹釐伍毫玖絲貳忽叁微捌纖叁塵捌渺。遇閏加銀貳兩，內除荒銀肆分貳釐肆毫捌絲捌忽陸微叁纖肆塵陸渺伍漠，實支銀壹兩玖錢伍分柒釐伍毫壹絲壹忽叁微陸纖伍塵叁渺伍漠。

斗級肆名，每名歲支銀陸兩，共支銀貳拾肆兩，內除荒撥補銀伍錢壹分捌釐肆毫柒忽陸微壹纖陸塵貳渺，實支銀貳拾叁兩肆錢捌分壹釐伍毫玖絲貳忽叁微捌纖叁塵捌渺。遇閏加銀貳兩，內除荒銀肆分貳釐肆毫捌絲捌忽陸微叁纖肆塵陸渺伍漠，實支銀壹兩玖錢伍分柒釐伍毫壹絲壹忽叁微陸纖伍塵叁渺伍漠。

各舖司兵貳拾伍名，每名歲支銀肆兩捌錢，共支銀壹百貳拾兩，內撥支西鄉縣壹名，其正閏工食銀兩俱由該縣解司支領，內除荒銀貳兩貳錢伍分柒釐陸毫柒絲伍忽柒微伍纖伍塵柒渺，實支銀壹百壹拾柒兩柒錢肆分貳釐叁毫貳絲肆忽貳微肆纖肆塵叁渺。外加增銀叁拾壹兩玖錢玖分叁釐柒毫肆絲叁忽陸微貳纖肆塵柒渺。遇閏加銀壹拾兩，內除荒撥補銀貳錢壹分貳釐捌毫壹絲叁微捌纖陸塵肆渺伍漠，實支銀玖兩柒錢捌分柒釐壹毫捌絲玖忽陸微壹纖叁塵伍渺伍漠。外加增銀貳兩陸錢玖分捌毫壹絲陸忽肆纖貳塵貳渺。

鐘鼓夫伍名，每名歲支銀貳兩肆錢，共支銀壹拾貳兩，內除荒撥補銀貳錢貳分伍釐柒毫陸絲捌忽捌微叁塵壹渺，實支銀壹拾壹兩柒錢柒分肆釐貳毫叁絲壹忽壹微玖纖陸塵玖渺。遇閏加銀壹兩，內除荒銀貳分壹釐貳毫肆絲捌忽捌微壹纖柒塵叁渺貳漠伍沙，實支銀玖錢柒分捌釐柒毫伍絲壹忽壹微捌纖貳塵陸渺柒漠伍沙。

灞河水夫貳名，每名歲支銀壹兩貳錢，共銀貳兩肆錢，內除荒撥補銀肆分伍釐壹毫伍絲陸忽叁微陸纖貳塵陸渺貳漠，實支銀貳兩叁錢伍分肆釐捌毫肆絲叁忽陸微叁纖柒塵叁渺捌漠。遇閏加銀貳錢，內除荒銀肆釐貳毫伍絲肆忽叁微陸纖叁塵叁渺捌漠伍沙，實支銀壹錢玖分伍釐柒毫肆絲伍忽陸微叁纖陸塵陸渺壹漠伍沙。

典史衙門

門子壹名，歲支銀陸兩，內除荒撥補銀壹錢貳分玖釐陸毫肆忽玖微陸塵伍渺伍漠，實支銀伍兩捌錢柒分叁毫玖絲伍忽玖纖叁塵肆渺伍漠。遇閏加銀伍錢，內除荒銀壹分陸毫貳絲肆忽玖微捌塵陸渺壹漠貳沙伍洙，實支銀肆錢捌分玖釐叁毫柒絲伍忽玖纖壹塵叁渺捌漠柒沙伍洙。

皂隷肆名，每名歲支銀陸兩，共銀貳拾肆兩，內除荒撥補銀伍錢壹分捌釐肆毫柒忽陸微壹纖陸塵貳渺，實支銀貳拾叁兩肆錢捌分壹釐伍毫玖絲貳忽叁微捌纖叁塵捌渺。遇閏加銀貳兩，內除荒銀肆分貳釐肆毫捌絲捌忽陸微叁纖肆塵陸渺伍漠，實支銀壹兩玖錢伍分柒釐伍毫壹絲壹忽叁微陸纖伍塵叁渺伍漠。

馬夫壹名，歲支銀陸兩，內除荒撥補銀壹錢貳分玖釐陸毫肆忽玖微陸塵伍渺伍漠，實支銀伍兩捌錢柒分叁毫玖絲伍忽玖纖叁塵肆渺伍漠。遇閏加銀伍錢，內除荒銀壹分陸毫貳絲肆忽玖微捌塵陸渺壹漠貳沙伍洙，實支銀肆錢捌分玖釐叁毫柒絲伍忽玖纖壹塵叁渺捌漠柒沙伍洙。

教職衙門

齋夫叁名，每名歲支銀壹拾貳兩，共銀叁拾陸兩，內除荒撥補銀柒錢柒分柒釐陸毫柒忽肆微壹纖玖塵叁渺，實支銀叁拾伍兩貳錢貳分貳釐叁毫玖絲貳忽伍微捌纖柒渺。遇閏加銀叁兩，內除荒銀陸分叁釐柒毫叁絲柒忽肆微伍纖叁塵壹渺柒漠伍沙，實支銀貳兩玖錢叁分陸釐貳毫陸絲貳忽伍微肆纖陸塵捌渺貳漠伍沙。

膳夫貳名，每名歲支銀陸兩陸錢陸分陸釐陸毫陸絲伍忽，共支銀壹拾叁兩叁錢叁分叁釐叁毫叁絲，內除荒撥補銀貳錢捌分捌釐貳忽柒微壹纖壹塵肆渺肆漠壹沙捌洙捌涯伍洒，實支銀壹拾叁兩肆分伍釐叁毫貳絲柒忽貳微捌纖捌塵伍渺伍漠捌沙壹洙壹涯伍洒係廩生支領。遇閏加銀壹兩壹錢壹分壹釐壹毫，內除荒撥補銀貳分叁釐陸毫玖忽捌微柒纖貳塵叁渺捌漠玖沙陸洙壹涯柒洒，實支銀壹兩捌分柒釐肆毫玖絲壹微貳纖柒塵陸渺壹漠叁洙捌涯叁洒。

門斗貳名，每名歲支銀柒兩貳錢，共銀壹拾肆兩肆錢，內除荒撥補銀叁錢壹分壹釐肆絲陸忽壹微陸纖伍塵柒渺貳漠，實支銀壹拾肆兩捌分捌釐玖毫伍絲叁忽捌微叁纖肆塵貳渺捌漠。遇閏加銀壹兩貳錢，內除荒銀貳分伍釐肆毫玖絲叁忽壹微捌纖柒渺壹漠，實支銀壹兩壹錢柒分肆釐伍毫陸忽捌微壹纖玖塵貳渺玖漠。

廩生貳拾名，每名歲支銀叁兩貳錢，共銀陸拾肆兩，內除荒撥補銀壹兩叁錢柒分肆毫肆絲貳忽叁微叁塵貳渺，實支銀陸拾貳兩陸錢貳分玖釐伍毫伍絲柒忽陸微玖纖陸塵捌渺。遇閏加銀伍兩叁錢叁分叁釐叁毫肆絲，內除荒撥補銀壹錢壹分叁釐叁毫玖絲貳忽伍纖玖渺壹漠陸沙貳洙叁涯，實支銀伍兩貳錢壹分玖釐玖毫肆絲柒忽玖微肆纖玖塵捌漠叁沙柒洙柒涯。

以上俸工項下，除廩生、膳夫貳欵照常支發外，其餘官役俸工於道光貳拾叁年奉文，均以貳兩平支放，每兩減平銀陸分，其減平銀兩，每年批解部庫交納，理合登明。

壹祭祀項下

雜支春秋貳季祭祀文廟並各壇祠及無祀鬼魂品物等項價銀柒拾肆兩肆錢捌分，內除荒銀壹兩肆錢叁毫柒絲柒忽陸微貳纖玖塵柒渺貳漠捌沙玖洙肆涯，實徵銀柒拾叁兩柒分玖釐陸毫貳絲貳忽叁微柒纖貳渺柒漠壹沙陸涯，

鄉飲銀伍兩，內除荒銀玖分肆釐陸絲伍忽柒纖貳塵壹渺貳漠伍沙，實徵銀肆兩玖錢伍釐玖毫叁絲肆忽玖微貳纖柒塵捌渺柒漠伍沙於道光貳拾叁年奉文裁汰，其徵收銀兩，每年批解部庫交納，理合登明。

祭旗纛並民壯操練犒賞銀伍兩捌錢，內除荒銀壹錢玖釐壹毫貳絲伍微叁纖玖塵陸渺陸漠伍沙，實徵銀伍兩陸錢玖分捌毫柒絲玖忽肆微陸纖叁渺叁漠伍沙。

孤貧肆拾貳名口，支月糧並鹽菜銀玖拾伍兩柒錢貳分陸毫柒絲伍忽，內除荒銀貳兩叁分捌釐捌毫玖絲陸忽玖微肆纖陸塵叁渺柒漠玖沙貳洙叁涯陸洒，實徵銀玖拾叁兩陸錢捌分壹釐柒毫柒絲捌忽伍纖叁塵陸渺貳漠柒洙陸涯肆洒。外加增銀伍拾柒兩叁錢柒釐陸毫玖絲伍微玖纖捌塵陸渺。遇閏加銀壹拾貳兩陸錢。

孤老布花每年銀貳拾壹兩，內除荒銀肆錢肆分陸釐捌毫玖忽壹微貳纖伍塵叁渺貳漠伍沙，實徵銀貳拾兩伍錢伍分叁釐壹毫玖絲捌微柒纖肆塵陸渺柒漠伍沙。

壹驛站項下

西安所站銀壹千捌百叁拾叁兩陸錢捌分捌釐玖毫貳絲肆忽；店張所站銀玖百兩叁錢伍分陸釐；京兆驛支直銀貳百柒拾壹兩壹錢捌分捌釐壹毫玖絲陸忽；宜祿驛禁子工食銀壹拾肆兩伍錢柒分陸釐陸毫柒絲壹忽；西安所站銀壹百玖拾壹兩叁錢壹分肆釐貳毫柒絲；宜祿驛改兑臨洮府站銀壹拾陸兩叁絲陸忽；議裁織造局木（水）夫工食改兑臨洮府站銀柒兩貳錢。共額銀叁千貳百叁拾肆兩叁錢貳分肆釐玖絲柒忽，內除荒銀壹百玖拾柒兩玖錢伍分捌釐捌毫叁絲貳忽肆纖捌塵貳渺壹漠陸沙伍洙玖洒，實徵銀叁千叁拾陸兩叁錢陸分伍釐貳毫陸絲肆忽玖微伍纖壹塵柒渺捌漠叁沙肆洙玖涯壹洒，內除額協長安等縣驛站抵餉銀貳千玖百叁拾壹兩捌錢叁分陸釐叁毫貳絲肆忽肆纖柒塵捌渺；又除臨洮府金縣抵餉銀捌拾兩玖錢柒分肆釐柒毫肆絲伍忽伍微玖纖入起運外，實支銀貳拾叁兩伍錢伍分肆釐壹毫玖絲伍忽叁微壹纖叁塵玖渺捌漠叁沙肆洙玖涯壹洒。

損轎夫額銀捌百壹兩；走遞馬肆拾匹，草料銀貳千陸百壹兩，內除叁分裁壹，銀肆百陸拾貳兩柒錢玖釐捌毫玖忽柒微玖纖陸塵。止該銀貳千壹百叁拾捌兩貳錢玖分壹毫玖絲貳微肆塵，內除荒銀伍拾壹兩叁錢叁分玖釐叁毫肆絲玖忽陸微壹纖捌塵陸渺壹漠柒沙貳洙柒洒，實徵銀貳千捌拾陸兩玖錢伍分捌毫肆絲伍微捌纖伍塵叁渺捌漠貳沙柒洙玖涯叁洒，內除額協驛站抵餉並裁站銀壹千叁百貳兩壹錢陸分陸釐壹毫捌絲壹忽貳微柒纖肆塵壹渺入起運外，實支銀柒百捌拾肆兩柒錢捌分肆釐陸毫伍絲玖忽叁微壹纖壹塵貳渺捌漠貳沙柒洙玖涯叁洒。

遇閏加銀貳百壹拾陸兩柒錢伍分，內除荒銀肆兩陸錢玖釐陸毫壹絲捌忽叁微玖塵玖渺壹漠捌沙柒洙伍涯，實徵銀貳百壹拾貳兩壹錢肆分叁毫捌絲壹忽陸微玖纖捌漠壹沙貳洙伍涯，內除裁站閏月銀捌拾貳兩伍分貳釐柒毫捌絲肆忽捌微陸纖壹塵捌渺入起運外，實支銀壹百叁拾兩捌分柒釐伍毫玖絲陸忽捌微貳纖捌塵貳渺捌漠壹沙貳洙伍涯。

以上存留實徵銀陸千貳百貳拾兩叁錢肆分伍釐玖毫肆絲壹忽捌微貳纖玖渺壹漠肆沙貳洙貳涯叁洒，內除額協長安、永壽等縣驛站抵餉銀叁千叁百柒拾捌兩捌錢伍分陸釐壹毫玖絲陸微叁纖陸塵貳渺；又除臨洮府屬金縣驛站抵餉銀玖拾陸兩捌分玖釐壹毫伍絲貳忽伍微玖纖；又除驛遞之差使甚少並題明請將驛站等事貳案內，共裁銀捌百肆拾兩叁分壹釐玖毫柒忽陸微捌纖伍塵柒渺。實該銀壹千玖百伍兩叁錢陸分捌釐陸毫玖絲玖微玖塵壹漠肆沙貳洙貳涯叁洒。

外加增撥補俸工，除知縣攤俸留抵外，實該銀壹百伍拾伍兩貳錢伍分肆釐貳毫貳絲壹忽叁微壹纖伍塵叁渺貳漠肆洙玖涯壹洒。

共該銀貳千陸拾兩陸錢貳分貳釐玖毫壹絲貳忽貳微貳纖肆塵叁渺叁漠肆沙柒洙壹涯肆洒於乾隆伍拾貳年奉文，全數解司，壹切支欵，俱由司庫按季領支，嗣於嘉慶伍年奉文，照舊在縣留支，並不解司，按季請領。

遇閏原加銀貳百玖拾叁兩貳錢玖分柒釐柒毫柒絲貳忽，內除裁扣閏俸銀玖兩叁釐叁毫叁絲貳忽，實該銀貳百捌拾肆兩貳錢玖分肆釐肆毫肆絲，內除荒銀陸兩肆分伍釐壹毫貳忽肆微捌纖伍塵捌渺玖漠貳沙玖涯柒洒，實徵銀貳百柒拾捌兩貳錢肆分玖釐叁毫叁絲柒忽伍微壹纖肆塵壹渺柒沙玖洙叁洒，內除驛遞之差使甚少並題明請將驛站等事貳案內，共裁閏銀捌拾貳兩伍分貳釐柒毫捌絲肆忽捌微陸纖壹塵捌渺，實該銀壹百玖拾陸兩壹錢玖分陸釐伍毫伍絲貳忽陸微伍纖貳塵叁渺柒沙玖洙叁洒。

外加增撥補舖司、廩膳、孤老等項閏銀壹拾伍兩伍錢肆分貳釐肆毫貳絲貳微肆纖捌塵貳渺肆漠玖沙伍洙玖涯柒洒。

共該銀貳百壹拾壹兩柒錢叁分捌釐玖毫柒絲貳忽玖微伍渺伍漠柒沙伍洙於乾隆伍拾貳年奉文，全數解司，一切支欵，俱由司庫按季領支，嗣於嘉慶伍年奉文，照舊在縣留支，並不解司，按季請領。

壹額外

課程銀捌兩伍錢貳分係舖戶出辦。遇閏加銀柒錢壹分係舖戶出辦。

牙稅銀壹拾貳兩捌錢貳分貳釐查牙行伍拾肆名，每名各徵銀不等。

當稅銀玖拾兩係典舖出辦，共典舖壹拾捌座，每座每年納銀伍兩。

畜稅銀陸拾叁兩肆錢伍分係買騾馬出辦，原無定額，儘收儘解。

地稅銀壹百伍兩柒錢伍分係買房地業主出辦，原無定額，儘收儘解。

醴泉縣

原額玖等并太府共地柒千玖百玖拾玖頃叁拾捌畝叁分貳釐伍毫，每畝科糧不等，共額徵本折糧貳萬肆百貳拾肆石壹斗柒升貳合貳勺貳抄柒撮陸圭伍粟，內每糧壹石科本色糧壹升玖勺叁抄肆撮陸圭伍粟壹粒，共本色糧貳百貳拾叁石叁斗叁升壹合貳勺，科折色糧玖斗捌升玖合陸抄伍撮叁圭肆粟玖粒，共折色糧貳萬貳百石捌斗肆升壹合貳抄柒撮陸圭伍粟，每石折徵銀壹兩貳錢叁分貳釐伍毫壹絲柒忽叁微玖纖捌塵陸渺，共額徵銀貳萬肆千捌百玖拾柒兩捌錢捌分捌釐壹毫壹忽肆微伍塵肆渺。內：

壹等地叁拾叁頃陸畝捌分壹毫，每畝科糧陸升貳勺壹抄，共糧壹百玖拾玖石壹斗貳合肆勺捌抄捌撮。乾隆肆年題明免過浮糧地肆拾畝捌分貳釐肆毫，應免糧貳石肆斗伍升捌合壹抄叁撮肆粟。實在地叁拾貳頃陸拾伍畝玖分柒釐柒毫，實徵糧壹百玖拾陸石陸斗肆升肆合肆勺柒抄肆撮玖圭陸粟。

貳等地叁拾肆頃肆分，每畝科糧叁升玖合伍勺叁抄，共糧壹百叁拾肆石肆斗壹升柒合捌勺壹抄貳撮。乾隆肆年題明免過浮糧地肆拾貳畝柒毫，應免糧壹石陸斗陸升伍勺叁抄陸撮柒圭壹粟。實在地叁拾叁頃伍拾捌畝叁分玖釐叁毫，實徵糧壹百叁拾貳石柒斗伍升柒合貳勺柒抄伍撮貳圭玖粟。

叁等地肆千壹百壹拾柒頃叁拾伍畝捌分，每畝科糧叁升肆合叁勺貳抄玖撮叁粟貳粒，共糧壹萬肆千壹百叁拾肆石陸斗壹升玖抄叁撮陸圭伍粟。乾隆肆年題明免過浮糧地伍拾壹頃玖拾柒畝叁分伍釐柒毫，應免糧壹百柒拾捌石肆斗貳升貳勺叁抄肆撮柒圭陸粟捌粒肆顆貳糠肆粃；又乾隆貳拾貳年於詳報秋禾偏災情形事案內，題明免過沙壅地伍拾壹畝陸分陸釐，應免糧壹石柒斗柒升叁合肆勺叁抄柒撮柒圭玖粟叁粒壹顆貳糠。實在地肆千陸拾肆頃捌拾陸畝柒分捌釐叁毫，實徵糧壹萬叁千玖百伍拾肆石肆斗壹升陸合肆勺貳抄壹撮捌粟捌粒肆顆伍糠陸粃。

肆等地壹百捌拾壹頃柒拾壹畝陸分肆釐，每畝科糧貳升捌合貳勺伍抄叁撮，共糧伍百壹拾叁石肆斗叁合叁勺肆抄伍撮。順治柒年及乾隆肆年題明免過無主浮糧地捌拾壹頃玖拾壹畝捌釐玖毫，應免糧貳百叁拾壹石肆斗貳升貳合捌勺叁抄柒撮伍圭壹粟柒粒，內前開墾并節年開墾共地伍拾壹頃陸拾肆畝捌分柒釐壹毫壹絲，該糧壹百肆拾伍石玖斗壹升肆合貳抄捌撮貳圭。實在地壹百伍拾壹頃肆拾伍畝肆分貳釐貳毫壹絲，實徵糧肆百貳拾柒石捌斗玖升肆合伍勺叁抄伍撮陸圭捌粟叁粒。

伍等地捌百貳拾玖頃玖拾捌畝伍釐叁毫，每畝科糧貳升肆合陸勺壹抄叁撮，共糧貳千肆拾貳石捌斗叁升壹合貳勺貳撮。順治柒年及乾隆肆年題明免過無主浮糧荒地壹百壹拾玖頃肆拾貳畝肆分肆釐陸毫，應免糧貳百玖拾叁石玖斗叁升玖合肆勺貳抄叁撮叁圭玖粟捌粒，內前開墾並興屯及節年共地壹百伍頃肆拾捌畝肆分貳釐肆毫，該糧貳百伍拾玖石陸斗捌升柒合玖勺陸抄叁撮玖圭。實在地捌百壹拾陸頃肆畝叁釐壹毫，實徵糧貳千捌石伍斗柒升玖合柒勺肆抄貳撮伍圭貳粒。

陸等地伍百柒拾陸頃貳拾壹畝玖分肆釐肆毫，每畝科糧壹升陸合叁勺壹抄伍撮，共糧玖百肆拾石壹斗貳合壹勺陸撮。乾隆肆年題明免過浮糧地柒頃貳拾柒畝捌分柒釐伍毫，應免糧壹拾壹石捌斗柒升伍合貳勺捌抄陸圭貳粟伍粒。實在地伍百陸拾捌頃玖拾肆畝陸釐玖毫，實徵糧玖百貳拾捌石貳斗貳升陸合捌勺貳抄伍撮叁圭柒粟伍粒。

柒等地壹千陸百肆拾玖頃陸拾伍畝伍分陸釐叁毫，每畝科糧壹升叁合貳勺壹抄叁撮捌圭，共糧貳千壹百柒拾玖石捌斗貳升貳合貳抄叁撮。順治柒年及乾隆肆年題明免過無主浮糧荒地叁百叁拾頃玖拾伍畝伍分壹釐陸毫，應免糧肆百叁拾柒石叁斗壹升柒合伍抄柒撮肆圭伍粟肆粒捌顆，內興屯墾過並節年共地叁百壹拾頃壹拾貳畝叁分貳釐，該糧肆百柒石伍斗叁升伍合伍抄捌撮壹圭伍粒肆顆；又乾隆貳拾貳年詳報秋禾偏災情形事案內，題明免過沙壅地壹拾伍頃捌拾伍畝，應免糧貳拾石玖斗肆升叁合捌勺柒抄叁撮。實在地壹千陸百壹拾貳頃玖拾柒畝叁分陸釐柒毫，實徵糧貳千壹百貳拾玖石玖升陸合壹勺伍抄陸圭伍粟陸顆。

捌等地伍百伍拾貳頃叁拾伍畝陸分壹釐肆毫，每畝科糧肆合伍勺貳抄叁撮，共糧貳百肆拾玖石捌斗叁升陸勺伍抄。順治柒年及乾隆肆年題明免過無主浮糧荒地玖拾陸頃貳拾柒畝陸分壹釐捌毫，應免糧肆拾叁石伍斗肆升肆合柒勺壹抄陸撮貳圭壹粟肆粒，內節年開墾地伍拾貳頃貳拾壹畝柒分捌釐玖絲，該糧貳拾叁石陸斗壹升捌合壹勺壹抄伍撮壹粟壹粒；又乾隆貳拾貳年詳報秋禾偏災情形事案內，題明免過沙壅地壹拾頃捌拾叁畝，應免糧肆石捌斗玖升捌合肆勺玖撮。實在地肆百玖拾柒頃肆拾陸畝柒分柒釐陸毫玖絲，實徵糧貳百貳拾伍石伍合陸勺叁抄玖撮柒圭玖粟柒粒。

玖等地壹拾玖頃捌拾貳畝貳分柒釐，每畝科糧叁合陸勺壹抄叁撮，共糧柒石壹斗陸升壹合玖勺肆抄捌撮。順治柒年及乾隆肆年題明免過無主浮糧荒地肆頃叁拾畝叁分壹釐柒毫，應免糧壹石伍斗伍升肆合柒勺肆撮肆圭柒粟壹粒，内節年開墾地叁頃伍拾陸畝貳分，該糧壹石貳斗捌升陸合玖勺伍抄陸圭。實在地壹拾玖頃捌畝壹分伍釐叁毫，實徵糧陸石捌斗玖升肆合壹勺玖抄肆撮壹圭貳粟玖粒。

太府地伍頃貳拾畝貳分肆釐，每畝科糧肆升肆合，共糧貳拾貳石捌斗玖升伍勺陸抄。乾隆肆年題明免過浮糧地陸畝肆釐貳毫柒絲叁微肆纖伍塵，應免糧貳斗陸升伍合捌勺柒抄捌撮玖圭伍粟壹粒捌顆。實在地伍頃壹拾肆畝壹分玖釐柒毫貳絲玖忽陸微伍纖伍塵，實徵糧貳拾貳石陸斗貳升肆合陸勺捌抄壹撮肆粟捌粒貳顆。

以上拾項共免過荒地陸百玖拾叁頃壹畝玖釐壹毫柒絲叁微肆纖伍塵，應免折色糧壹千貳百貳石肆斗伍升捌合陸勺捌抄叁撮壹圭伍粟貳糠肆粃，内前開墾並興屯及節年開墾共地伍百貳拾叁頃叁畝伍分玖釐陸毫，該糧捌百叁拾捌石肆升貳合壹勺壹抄伍撮捌圭壹粟陸粒肆顆；又乾隆貳拾貳年詳報秋禾偏災情形事案内，題明免過沙壅地貳拾柒頃壹拾玖畝陸分陸釐，應免糧貳拾柒石陸斗壹升伍合柒勺壹抄玖撮柒圭玖粟叁粒壹顆貳糠。實應免本色起運糧肆石貳斗玖升伍合肆勺捌抄叁圭玖粒壹顆玖糠貳粃柒秕，實應免折色糧叁百捌拾柒石柒斗叁升陸合捌勺陸撮捌圭壹粟柒粒伍顆伍糠壹粃叁秕，該除銀肆百柒拾柒兩捌錢叁分陸釐貳毫叁絲伍忽陸微貳纖壹塵陸渺叁漠伍沙捌洙柒涯。

以上實在共地柒千捌百貳頃貳拾壹畝壹分陸釐玖毫貳絲玖忽陸微伍纖伍塵，該本折糧貳萬叁拾貳石壹斗叁升玖合玖勺肆抄伍圭貳粟叁粒貳顆伍糠陸粃，内實徵本色起運糧貳百壹拾玖石叁升伍合柒勺壹抄玖撮陸圭玖粟捌顆柒粃叁秕，實徵折色糧壹萬玖千捌百壹拾叁石壹斗肆合貳勺貳抄捌圭叁粟貳粒肆顆肆糠捌粃柒秕，該折徵銀貳萬肆千肆百貳拾兩伍分壹釐捌毫陸絲伍忽柒微捌纖叁塵柒渺陸漠肆沙壹洙叁涯。康熙拾陸年清查自首出額外地貳拾捌頃玖拾玖畝肆分伍釐柒毫，共本折糧玖拾壹石伍斗玖升叁合玖勺捌抄貳撮肆圭叁粟肆粒，内本色糧壹石壹合伍勺肆抄捌撮貳圭叁粟肆粒，折色糧玖拾石伍斗玖升貳合肆勺叁抄肆撮貳圭，折色銀壹百壹拾壹兩陸錢伍分陸釐柒毫伍絲壹忽叁微叁纖伍塵捌渺。

以上實熟民地並額外首出民地共柒千捌百叁拾壹頃貳拾畝陸分貳釐陸毫貳絲玖忽陸微伍纖伍塵，實徵本折糧貳萬壹百貳拾叁石柒斗叁升叁合玖勺貳抄貳撮玖圭伍粟柒粒貳顆伍糠陸秕，實徵本色糧貳百貳拾石叁升柒合貳勺陸抄柒撮玖圭貳粟肆粒捌顆柒秕叁粃，實徵折色糧壹萬玖千玖百叁石陸斗玖升陸合陸勺伍抄伍撮叁粟貳粒肆顆肆糠捌秕柒粃，實徵折色銀貳萬肆千伍百叁拾壹兩柒錢捌釐陸毫壹絲柒忽壹微壹纖玖塵伍渺陸漠肆沙壹洙叁涯遵照乾隆伍拾玖年奉准部咨令，將康熙年間易知由單內載：壹等地每畝折徵銀柒分叁釐叁毫玖絲捌忽肆微壹纖叁塵肆渺；貳等地每畝折徵銀肆分捌釐壹毫捌絲捌忽陸微陸纖壹塵壹渺；叁等地每畝折徵銀肆分壹釐捌毫肆絲捌忽捌微貳纖叁塵；肆等地每畝折徵銀叁分肆釐肆毫肆絲玖微壹纖柒塵陸渺；伍等地每畝折徵銀叁分伍忽壹微貳纖肆塵捌渺；陸等地每畝折徵銀壹分玖釐捌毫捌絲捌忽捌微肆纖壹塵玖渺；柒等地每畝折徵銀壹分陸釐玖絲壹忽肆微陸纖玖塵捌渺；捌等地每畝折徵銀伍釐伍毫壹絲叁忽柒微壹纖叁塵伍渺；玖等地每畝折徵銀肆釐肆毫肆忽肆微貳纖壹塵肆渺；又太原府地每畝折徵銀伍分叁釐陸毫叁絲柒忽柒微柒纖壹塵捌渺，逐一纂入書內，嗣後遇有墾豁，以便按畝增除。

原額人丁叁門玖則不等，共折下下人丁貳萬貳千捌百肆拾肆丁，每丁徵銀壹錢貳分肆釐柒毫叁絲柒忽玖微伍纖捌塵伍渺，共銀貳千捌百肆拾玖兩伍錢壹分肆釐捌毫陸絲壹忽肆微陸纖捌塵，內除優免丁捌百捌丁，共銀壹百兩柒錢捌分捌釐貳毫柒絲肆微陸纖捌塵。

實行差並節年招回抵補豁免共丁貳萬貳千叁拾陸丁，共徵銀貳千柒百肆拾捌兩柒錢貳分陸釐伍毫玖絲壹忽。

順治肆年至康熙肆拾伍年編審出溢額丁壹千玖百叁拾捌丁，共徵銀貳百肆拾壹兩柒錢肆分貳釐貳毫叁絲捌忽捌微玖纖伍塵伍渺。

康熙伍拾伍年起，至乾隆貳拾陸年止，編審出丁壹百叁拾壹丁；乾隆叁拾壹年編審出丁伍丁；乾隆叁拾陸年編審出丁柒丁。共編審出丁壹百肆拾叁丁，欽遵康熙伍拾貳年叁月拾捌日恩詔，後遇編審之期，但據康熙伍拾年丁冊定為常額，永不加賦。

以上實在行差並查出溢額應徵人丁，共人丁貳萬叁千玖百柒拾肆丁，實徵丁銀貳千玖百玖拾兩肆錢陸分捌釐捌毫貳絲玖忽捌微玖纖伍塵伍渺。

原額均徭銀壹千玖百陸拾玖兩壹錢貳分陸釐捌毫伍絲，內除荒銀叁拾肆兩玖錢貳釐玖毫柒絲陸忽肆微貳纖叁塵貳渺貳漠壹沙貳洙柒涯，實徵銀壹千玖百叁拾肆兩貳錢貳分叁釐捌毫柒絲叁忽伍微柒纖陸塵柒渺柒漠捌沙柒洙叁涯。內於乾隆貳拾貳年詳報秋禾偏災情形事案內，題明免過沙壅地糧銀貳兩陸錢陸分柒毫叁忽貳微肆纖柒渺玖漠捌沙，實徵銀壹千玖百叁拾壹兩伍錢陸分叁釐壹毫柒絲叁微叁纖伍塵玖渺捌漠柒洙叁涯。

康熙拾陸年清查自首出溢額民地額徵均徭銀捌兩捌錢叁分柒毫貳絲壹忽叁微陸纖陸塵壹渺。

以上實徵均徭銀壹千玖百肆拾兩叁錢玖分叁釐捌毫玖絲壹忽柒微貳塵捌漠柒洙叁涯係按前項玖等地畝科徵，壹等地每畝徵銀伍釐捌毫伍忽陸微貳纖柒塵陸渺；貳等地每畝徵銀叁釐捌毫壹絲壹忽陸微叁渺；叁等地每畝徵銀叁釐叁毫壹絲壹微叁纖伍塵叁渺；肆等地每畝徵銀貳釐柒毫貳絲肆忽壹微捌纖捌渺；伍等地每畝徵銀貳釐叁毫柒絲叁忽叁微貳纖捌塵陸渺；陸等地每畝徵銀壹釐伍毫柒絲叁忽壹微肆纖壹塵玖渺；柒等地每畝徵銀壹釐貳毫柒絲貳忽柒微玖纖伍塵叁渺；捌等地每畝徵銀肆毫叁絲陸忽壹微貳纖貳塵玖渺；玖等地每畝徵銀叁毫肆絲捌忽叁微柒纖柒塵捌渺；又太原府地每畝徵銀肆釐貳毫肆絲貳忽陸微壹纖壹塵壹渺。

外遇閏加徵銀貳百貳兩貳錢肆分捌釐肆毫叁絲壹忽，內除荒銀貳兩伍錢柒分柒釐壹毫貳絲捌忽陸微柒纖陸渺，實徵銀壹百玖拾玖兩陸錢柒分壹釐叁毫貳忽叁微貳纖玖塵肆渺。

額外停免銀壹百叁拾兩肆錢叁分伍毫壹絲肆忽玖微玖塵叁渺。

又匠價並盤纏共銀貳拾兩柒錢玖分。遇閏加銀壹兩柒錢叁分貳釐伍毫。

又軍籍銀貳千柒百捌拾肆兩捌錢玖分柒釐貳毫壹忽玖纖玖塵壹渺以上共閏肆項攤入前項地糧徵解。

地、丁貳項並均徭及額外匠價等項，除優免丁銀外，共額徵銀叁萬貳千玖百壹拾肆兩捌分捌釐玖毫柒絲壹纖壹塵貳渺，內除荒銀伍百壹拾伍兩叁錢玖分玖釐玖毫壹絲伍忽貳微捌纖伍塵陸渺伍漠伍沙壹洙肆涯，實徵銀叁萬貳千叁百玖拾捌兩陸錢捌分玖釐伍絲肆忽柒微貳纖伍塵伍渺肆漠肆沙捌洙陸涯。

額徵本色起運糧貳百貳拾叁石叁斗叁升壹合貳勺，內除荒糧肆石貳斗玖升伍合肆勺捌抄叁圭玖粒壹顆玖糠貳粃柒秕，實徵糧貳百壹拾玖石叁升伍合柒勺壹抄玖撮陸圭玖粟捌顆柒粃叁秕。

又額外本色起運糧壹石壹合伍勺肆抄捌撮貳圭叁粟肆粒。

貳項共糧貳百貳拾石叁升柒合貳勺陸抄柒撮玖圭貳粟肆粒捌顆柒粃叁秕。

外遇閏加徵銀貳百貳兩貳錢肆分捌釐肆毫叁絲壹忽，內除荒銀貳兩伍錢柒分柒釐壹毫貳絲捌忽陸微柒纖陸渺，實徵銀壹百玖拾玖兩陸錢柒分壹釐叁毫貳忽叁微貳纖玖塵肆渺。

又額外匠價閏銀壹兩柒錢叁分貳釐伍毫攤入前項地糧徵解。

貳項共銀貳百壹兩肆錢叁釐捌毫貳忽叁微貳纖玖塵肆渺。

壹起運項下

本色起運糧貳百貳拾叁石叁斗叁升壹合貳勺，內除荒糧肆石貳斗玖升伍合肆勺捌抄叁圭玖粒壹顆玖糠貳粃柒粄，實徵糧貳百壹拾玖石叁升伍合柒勺壹抄玖撮陸圭玖粟捌顆柒粃叁粄。

又額外本色起運糧壹石壹合伍勺肆抄捌撮貳圭叁粟肆粒。

貳項共糧貳百貳拾石叁升柒合貳勺陸抄柒撮玖圭貳粟肆粒捌顆柒粃叁粄。

原編起運糧石折價等項共銀壹萬玖千叁拾玖兩肆分肆釐肆毫捌絲壹忽伍塵肆渺，內除荒銀叁百柒拾兩伍分捌釐柒毫捌絲肆忽肆微壹纖壹塵陸渺捌漠，實徵銀壹萬捌千陸百陸拾捌兩玖錢捌分伍釐陸毫玖絲陸忽伍微玖纖叁塵柒渺貳漠。

節裁藥味、軍器、毛襖、年例等項起運銀壹千壹百壹兩貳錢陸分柒釐貳毫玖絲，內除荒銀陸兩捌錢玖分貳釐貳毫玖絲玖忽玖微伍纖捌塵陸渺玖漠捌沙柒洙，實徵起運銀壹千玖拾肆兩叁錢柒分肆釐玖毫玖絲肆纖壹塵叁渺壹沙叁洙。

舊編存留內裁扣，順治玖年裁扣各役工食銀貳百貳拾壹兩陸錢；拾貳年裁扣傘扇銀捌兩；拾肆年裁扣官生俸廩等項實裁銀貳百叁拾捌兩伍錢叁分肆釐肆毫柒絲；拾伍年裁扣冗員銀伍拾柒兩玖錢貳分，原裁協站並撥補夫馬站叁分裁壹，銀陸百伍拾肆兩貳錢陸分柒釐貳毫陸忽玖微伍纖壹塵壹渺。康熙元年裁吏書工食銀玖拾柒兩貳錢；叁年裁門斗、齋夫工食銀肆拾叁兩貳錢，雜費丁銀壹百貳拾兩貳錢貳分貳釐貳毫；拾伍年裁心紅紙張、修理監倉、喂馬草料、芒神土牛、歲季考卷、倉厫板蓆、修橋船、生員舉人盤纏、丕盤、對讀、謄録、修理貢院、夫役泥水匠等項共銀壹百叁拾柒兩捌錢陸分叁釐肆毫陸絲；貳拾柒年裁歲貢、舉人盤纏、花紅、進士坊價等項共銀伍拾肆兩玖錢玖分玖釐。雍正陸年裁燈夫工食銀貳拾肆兩；拾貳年裁民壯工食銀貳拾肆兩。乾隆柒年裁民壯工食銀伍拾肆兩；玖年裁均攤祭祀銀叁拾叁兩陸錢肆釐；又玖年裁舖司工食銀壹拾肆兩肆錢，舊編冗費裁剩解部銀壹千玖拾捌兩壹分伍釐柒毫叁絲柒忽。

共裁歸起運銀貳千捌百捌拾壹兩捌錢貳分陸釐柒絲叁忽玖微伍纖壹塵壹渺，內除荒銀貳拾柒兩陸分陸釐貳毫叁絲壹忽壹微柒纖壹塵貳渺叁漠肆沙，實徵起運銀貳千捌百伍拾肆兩柒錢伍分玖釐捌毫肆絲貳忽柒微柒纖玖塵捌渺陸漠陸沙。

又額外停免、匠價、軍籍、均徭並溢額地、丁等項共銀叁千貳百玖拾捌兩叁錢肆分柒釐肆毫貳絲柒忽陸微伍塵捌渺。

以上共該起運銀貳萬伍千玖百壹拾陸兩肆錢陸分柒釐玖毫伍絲柒忽貳纖陸渺捌漠柒沙叁洙。

又收存留內額協西、漢貳府屬褒城縣驛站抵餉銀捌百壹拾伍兩捌錢叁分肆釐伍毫肆絲陸忽貳微捌纖肆塵肆渺。

又收存留內額協解臨洮、鞏昌貳府屬站支抵餉銀肆千壹百叁拾肆兩肆錢柒釐壹忽玖微肆纖玖塵捌渺。

又收存留內驛遞之差使甚少等事案內，裁遞馬銀壹百叁拾壹兩玖錢柒分伍毫。

共該起運銀叁萬玖百玖拾捌兩陸錢捌分伍忽貳微伍纖肆塵捌渺捌漠柒沙叁洙，內除請移驛歸縣等事案內，店張驛夫馬工料等項銀肆千肆兩肆錢陸分伍釐陸毫貳絲玖忽伍微伍纖伍塵肆渺叁漠肆沙伍洙；又在於請做以糧載丁等事案內，通省以糧均丁減銀叁百叁拾捌兩捌錢肆分伍釐叁毫肆絲柒忽玖微柒纖捌塵玖渺，內乾隆元、陸、拾壹、拾陸、貳拾壹、貳拾陸等年編審案內，共應徵抵補屯更丁銀柒拾肆兩伍錢玖分壹毫柒絲貳忽陸微壹纖捌塵捌渺陸漠陸沙陸洙陸涯肆洒，又乾隆叁拾壹、叁拾陸兩年編審案內，共應徵抵補屯更丁銀叁拾陸兩玖錢貳分捌毫柒絲貳忽肆微叁纖叁塵玖渺叁漠叁沙叁洙叁涯貳洒，止該減銀貳百貳拾柒兩叁錢叁分肆釐叁毫貳忽玖微貳纖陸塵壹渺肆洒。

實該起運銀貳萬陸千柒百陸拾陸兩捌錢捌分柒絲貳忽柒微柒纖叁塵叁渺伍漠貳沙柒洙玖涯陸洒，內留支加增撥補俸工銀捌拾貳兩叁錢陸分肆釐柒毫壹絲玖微捌渺捌漠柒沙伍洙，止該起運銀貳萬陸千陸百捌拾肆兩伍錢壹分伍釐叁毫陸絲壹忽捌微柒纖貳塵肆渺陸漠伍沙貳洙玖涯陸洒。

外遇閏裁扣，內順治玖年裁扣銀壹拾陸兩捌錢；拾肆年裁扣銀壹拾伍兩陸錢陸分叁釐叁絲叁忽；拾伍年奉裁銀肆兩捌錢貳分陸釐陸毫陸絲陸忽。康熙元年裁吏書工食銀捌兩壹錢；叁年裁齋夫、門斗工食銀叁兩陸錢；拾伍年裁心紅紙張、喂馬草料銀貳兩陸錢陸分陸釐陸毫柒絲。雍正陸年裁燈夫工食銀貳兩；拾貳年裁民壯工食銀貳兩。乾隆柒年裁民壯工食銀肆兩伍錢；玖年裁舖司工食銀壹兩貳錢，又各官閏俸銀玖兩叁釐叁毫叁絲貳忽。

共裁歸起運銀柒拾兩叁錢伍分玖釐柒毫壹忽，內除荒銀捌錢玖分壹釐肆毫陸絲柒忽伍塵伍渺壹漠貳沙伍洙，實徵起運銀陸拾玖兩肆錢陸分捌釐貳毫叁絲叁忽玖微玖纖肆塵肆渺捌漠柒沙伍洙。

又收額外匠價閏銀壹兩柒錢叁分貳釐伍毫。

貳項共起運銀柒拾壹兩貳錢柒毫叁絲叁忽玖微玖纖肆塵肆渺捌漠柒沙伍洙。

又收存留內驛遞之差使甚少等事案內，裁站銀貳拾貳兩捌錢肆分陸釐壹毫玖絲伍忽貳微玖塵。

共該起運閏銀玖拾肆兩肆分陸釐玖毫貳絲玖忽貳微叁塵肆渺捌漠柒沙伍洙，內在於請倣以糧載丁等事案內，通省以糧均丁減銀，遇閏之年照依無閏少減銀肆拾貳兩壹錢壹分貳釐叁毫柒絲叁忽玖微貳纖伍渺，又乾隆拾壹、拾陸、貳拾壹、貳拾陸、叁拾壹、叁拾陸等年編審案內，應徵抵補屯更（丁），遇閏之年照依無閏徵銀壹拾叁兩柒錢貳分捌釐柒毫伍絲陸忽壹微叁纖伍塵陸渺，止實收銀貳拾捌兩叁錢捌分叁釐陸毫壹絲柒忽柒微捌纖肆塵玖渺；又乾隆元、陸兩年編審案內，應增抵補屯更（丁）閏銀貳分陸釐捌毫玖絲肆忽貳微伍纖捌塵肆渺。

共該銀壹百貳拾貳兩肆錢伍分柒釐肆毫肆絲壹忽貳微肆纖陸塵柒渺捌漠柒沙伍洙，內留支加增撥補工食閏銀伍兩陸錢伍分叁釐柒毫玖絲叁忽貳微柒纖貳塵壹渺捌漠柒沙伍洙，止該起運閏銀壹百壹拾陸兩捌錢叁釐陸毫肆絲柒忽玖微柒纖肆塵陸渺。

壹存留項下

原編存留銀陸千伍百玖拾叁兩陸錢叁釐陸毫玖絲柒忽肆微肆纖捌塵玖渺，內除荒銀壹百壹拾壹兩叁錢捌分貳釐伍毫玖絲玖忽柒微肆纖肆塵肆漠貳沙肆洙肆涯，實存留銀陸千肆百捌拾貳兩貳錢貳分壹釐玖絲柒忽柒微肆塵捌渺伍漠柒沙伍洙陸涯。

壹俸工項下

知縣壹員，額支俸薪銀肆拾伍兩，內除荒銀陸錢柒釐貳毫貳絲柒忽柒微伍纖肆塵，實徵支銀肆拾肆兩叁錢玖分貳釐柒毫柒絲貳忽貳微肆纖陸塵，內均攤銀貳拾兩肆錢壹分柒釐陸毫陸絲叁忽肆微玖纖肆塵伍渺，即留抵各員役俸工訖。

典史壹員，額支俸薪銀叁拾壹兩伍錢貳分，內除荒撥補銀肆錢貳分伍釐叁毫陸絲叁微柒纖壹塵伍渺，實徵支銀叁拾壹兩玖分肆釐陸毫叁絲玖忽陸微貳纖捌塵伍渺。

教諭、訓導貳員，額支俸薪銀叁拾壹兩伍錢貳分，內除荒撥補銀肆錢貳分伍釐叁毫陸絲叁微柒纖壹塵伍渺，實徵支銀叁拾壹兩玖分肆釐陸毫叁絲玖忽陸微貳纖捌塵伍渺。又撥補全俸銀肆拾捌兩肆錢捌分。

知縣衙門

門子貳名，每名歲支工食銀陸兩，共銀壹拾貳兩，內除荒撥補銀壹錢陸分壹釐玖毫貳絲捌忽貳塵肆渺，實徵支銀壹拾壹兩捌錢叁分捌釐柒絲壹忽玖微玖纖柒塵陸渺。遇閏加銀壹兩，內除荒銀壹分貳釐柒毫壹絲叁忽玖微捌纖捌塵捌渺，實徵支銀玖錢捌分柒釐貳毫捌絲陸忽壹纖壹塵貳渺。

皂隸、仵作壹拾陸名，每名歲支工食銀陸兩，共支銀玖拾陸兩，內除荒撥補銀壹兩貳錢玖分伍釐伍毫壹絲陸忽柒微叁纖捌塵貳渺，實徵支銀玖拾肆兩柒錢肆釐肆毫捌絲叁忽貳微陸纖壹塵捌渺。遇閏加銀捌兩，內除荒銀壹錢壹釐柒毫壹絲玖忽柒微叁纖伍渺，實徵支銀柒兩捌錢玖分捌釐貳毫捌絲貳微陸纖玖塵伍渺。

馬快捌名，每名歲支工食草料銀壹拾陸兩捌錢，共支銀壹百叁拾肆兩肆錢，內除荒撥補銀壹兩捌錢壹分叁釐陸毫玖絲玖忽貳微玖纖捌渺，實徵支銀壹百叁拾貳兩伍錢捌分陸釐叁毫柒微玖塵貳渺。遇閏加銀壹拾壹兩貳錢，內除荒銀壹錢肆分貳釐肆毫壹忽玖微玖纖貳塵伍渺，實徵支銀壹拾壹兩伍分柒釐伍毫玖絲捌忽柒塵伍渺。

民壯叁拾柒名，每名歲支工食銀陸兩，共支銀貳百貳拾貳兩，內除荒撥補銀貳兩玖錢玖分伍釐捌毫捌絲陸忽貳微伍纖肆塵肆渺，實徵支銀貳百壹拾玖兩肆釐壹毫壹絲叁忽柒微肆纖伍塵陸渺。遇閏加銀壹拾捌兩伍錢，內除荒銀貳錢叁分陸釐貳毫壹絲貳忽伍纖貳塵捌渺，實徵支銀壹拾捌兩貳錢陸分叁釐柒毫捌絲柒忽玖微肆纖柒塵貳渺。

看監禁子捌名，每名歲支工食銀陸兩，共支銀肆拾捌兩，內除荒撥補銀陸錢肆分柒釐柒毫伍絲玖忽壹微玖塵陸渺，實徵支銀肆拾柒兩叁錢伍分貳釐貳毫肆絲捌微玖纖肆渺。外加增銀壹拾陸兩。遇閏加銀肆兩，內除荒銀伍分捌毫伍絲壹纖伍塵貳渺，實徵支銀叁兩玖錢肆分玖釐壹毫肆絲玖忽玖微捌纖肆塵捌渺。

轎傘扇夫柒名，每名歲支工食銀陸兩，共銀肆拾貳兩，內除荒撥補銀伍錢陸分陸釐柒毫捌絲玖忽貳微壹纖捌塵肆渺，實徵支銀肆拾壹兩肆錢叁分叁釐貳毫壹絲柒微捌纖壹塵陸渺。遇閏加銀叁兩伍錢，內除荒銀肆分肆釐肆毫玖絲玖忽肆微捌渺，實徵支銀叁兩肆錢伍分伍釐伍毫伍微玖纖玖塵貳渺。

庫子肆名，每名歲支工食銀陸兩，共支銀貳拾肆兩，內除荒撥補銀叁錢貳分叁釐捌毫柒絲玖忽陸微肆塵捌渺，實徵支銀貳拾叁兩陸錢柒分陸釐壹毫貳絲叁微玖纖伍塵貳渺。遇閏加銀貳兩，內除荒銀貳分伍釐肆毫貳絲柒忽玖微柒纖柒塵陸渺，實徵支銀壹兩玖錢柒分肆釐伍毫柒絲貳忽貳纖貳塵肆渺。

斗級肆名，每名歲支工食銀陸兩，共支銀貳拾肆兩，內除荒撥補銀叁錢貳分叁釐捌毫柒絲玖忽陸微肆塵捌渺，實徵支銀貳拾叁兩陸錢柒分陸釐壹毫貳絲叁微玖纖伍塵貳渺。遇閏加銀貳兩，內除荒銀貳分伍釐肆毫貳絲柒忽玖微柒纖柒塵陸渺，實徵支銀壹兩玖錢柒分肆釐伍毫柒絲貳忽貳纖貳塵肆渺。

本府永豐倉斗級壹名，歲支工食銀壹拾兩陸錢陸分陸釐陸毫，內除荒撥補銀壹錢壹分壹釐捌毫貳絲陸忽玖微柒纖貳塵貳渺，實徵支銀壹拾兩伍錢伍分肆釐柒毫柒絲叁忽貳纖柒塵捌渺。遇閏加銀捌錢捌分捌釐捌毫，內除荒銀壹分壹釐叁毫肆絲壹忽肆微玖纖柒塵玖渺，實徵支銀捌錢柒分柒釐肆毫伍絲捌忽伍微貳塵壹渺。

狄道河渡口水夫貳名，每名歲支工食銀貳兩肆錢，共支銀肆兩捌錢，內除荒撥補銀伍分叁毫貳絲貳忽壹微壹纖捌塵玖渺，實徵支銀肆兩柒錢肆分玖釐陸毫柒絲柒忽捌微捌纖壹塵壹渺。遇閏加銀肆錢，內除荒銀伍釐壹毫叁忽陸微壹塵肆渺，實徵支銀叁錢玖分肆釐捌毫玖絲陸忽叁微玖纖捌塵陸渺。

舖司兵壹拾叁名，每名歲支工食銀肆兩捌錢，共支銀陸拾貳兩肆錢，內除荒銀陸錢伍分肆釐壹毫捌絲捌忽貳微貳纖壹塵伍渺捌漠柒沙伍洙，實徵支銀陸拾壹兩柒錢肆分伍釐捌毫壹絲壹忽柒微柒纖捌塵肆渺壹漠貳沙伍洙，外加增撥補銀壹拾陸兩陸錢伍分肆釐壹毫捌絲捌忽貳微貳纖壹塵伍渺捌漠柒沙伍洙。遇閏加銀伍兩貳錢，內除荒銀陸分陸釐壹毫陸絲壹微叁纖玖塵陸渺捌漠柒沙伍洙，實徵支銀伍兩壹錢叁分叁釐捌毫叁絲玖忽捌微陸纖叁渺壹漠貳沙伍洙，外加增銀壹兩叁錢陸分陸釐壹毫陸絲壹微叁纖玖塵陸渺捌漠柒沙伍洙。

鐘鼓夫伍名，每名歲支工食銀叁兩柒錢叁分叁釐叁毫貳絲，共銀壹拾捌兩陸錢陸分陸釐陸毫，內除荒撥補銀壹錢玖分伍釐陸毫陸絲叁忽貳微肆塵，實徵支銀壹拾捌兩肆錢柒分玖毫叁絲陸忽柒微玖纖陸塵。遇閏加銀壹兩伍錢伍分伍釐伍毫，內除荒銀貳分伍毫柒忽肆微壹纖壹塵陸渺，實徵支銀壹兩伍錢叁分肆釐玖毫玖絲貳忽伍微捌纖捌塵肆渺。

典史衙門

門子壹名，歲支工食銀陸兩，內除荒撥補銀捌分玖毫陸絲玖忽玖微壹塵貳渺，實徵支銀伍兩玖錢壹分玖釐叁絲玖纖捌塵捌渺。遇閏加銀伍錢，內除荒銀陸釐叁毫壹絲肆忽肆微玖纖肆塵肆渺，實徵支銀肆錢玖分叁釐陸毫捌絲伍忽伍微伍塵陸渺。

皂隸肆名，每名歲支工食銀陸兩，共支銀貳拾肆兩，內除荒撥補銀叁錢貳分叁釐捌毫柒絲玖忽陸微肆塵捌渺，實徵支銀貳拾叁兩陸錢柒分陸釐壹毫貳絲叁微玖纖伍塵貳渺。遇閏加銀貳兩，內除荒銀貳分伍釐肆毫貳絲柒忽玖微柒纖柒塵陸渺，實徵支銀壹兩玖錢柒分肆釐伍毫柒絲貳忽貳纖貳塵肆渺。

馬夫壹名，歲支工食銀陸兩，內除荒撥補銀捌分玖毫陸絲玖忽玖微壹塵貳渺，實徵支銀伍兩玖錢壹分玖釐叁絲玖纖捌塵捌渺。遇閏加銀伍錢，內除荒銀伍釐叁毫壹絲肆忽肆微玖纖肆塵肆渺，實徵支銀肆錢玖分肆釐陸毫捌絲伍忽伍微伍塵陸渺。

教諭訓導衙門

齋夫叁名，每名歲支工食銀壹拾貳兩，共支銀叁拾陸兩，內除荒撥補銀肆錢捌分伍釐捌毫壹絲玖忽貳微玖塵貳渺，實徵支銀叁拾伍兩伍錢壹分肆釐壹毫捌絲柒微玖纖捌渺。遇閏加銀叁兩，內除荒銀叁分捌釐壹毫肆絲壹忽壹微肆纖陸塵肆渺，實徵支銀貳兩玖錢陸分壹釐捌毫伍絲捌忽捌微伍纖叁塵陸渺。

膳夫貳名，每名歲支工食銀陸兩陸錢陸分陸釐陸毫陸絲伍忽，共支銀壹拾叁兩叁錢叁分叁釐叁毫叁絲，內除荒撥補銀壹錢柒分玖釐玖毫捌絲玖忽叁纖肆塵陸渺，實徵支銀壹拾叁兩壹錢伍分叁釐叁毫肆絲玖微陸纖伍塵肆渺。遇閏加銀壹兩壹錢壹分壹釐壹毫，內除荒撥補銀壹分肆釐壹毫貳絲陸忽肆微玖纖壹塵肆渺，實徵支銀壹兩玖分陸釐玖毫柒絲叁忽伍微捌塵陸渺。

門斗貳名，每名歲支工食銀柒兩貳錢，共支銀壹拾肆兩肆錢，內除荒撥補銀壹錢玖分肆釐叁毫貳絲柒忽叁微伍纖陸塵捌渺，實徵支銀壹拾肆兩貳錢伍釐陸毫柒絲貳忽陸微肆纖叁塵貳渺。遇閏加銀壹兩貳錢，內除荒銀壹分伍釐貳毫伍絲伍忽柒微捌纖肆塵伍渺，實徵支銀壹兩壹錢捌分肆釐柒毫肆絲肆忽貳微壹纖伍塵伍渺。

本縣廪生貳拾名，每名歲支月糧銀叁兩貳錢，共支銀陸拾肆兩，內除荒撥補銀柒錢伍分玖釐肆毫肆絲壹忽捌微伍纖貳塵捌渺，實徵支銀陸拾叁兩貳錢肆分伍毫伍絲捌忽壹微肆纖柒塵貳渺。遇閏加銀伍兩叁錢叁分叁釐叁毫叁絲，內除荒撥補銀柒分叁釐伍毫陸忽陸微肆纖壹塵壹渺，實徵支銀伍兩貳錢伍分玖釐捌毫貳絲叁忽叁微伍纖捌塵玖渺。

以上俸工項下，除廪生、膳夫貳欵照常支發外，其餘官役俸工於道光貳拾叁年奉文，均以貳兩平支放，每兩減平銀陸分，其減平銀兩，每年批解部庫交納，理合登明。

壹雜支項下

春秋貳季祭祀文廟並各壇祠及無祀鬼魂品物等項共銀柒拾肆兩玖分陸釐，內除荒銀柒錢玖分貳釐柒毫貳絲貳忽肆微壹纖伍塵陸渺伍漠肆沙玖洙肆涯，實徵支銀柒拾叁兩叁錢叁釐貳毫柒絲柒忽伍微捌纖肆塵叁渺肆漠伍沙陸涯。

外撥補豁免不敷銀肆分捌釐伍忽柒微壹塵玖渺。

祭旗纛並犒賞民壯銀叁兩伍錢，內除荒銀叁分陸釐陸毫玖絲肆忽肆微叁纖捌塵貳渺，實徵支銀叁兩肆錢陸分叁釐叁毫伍忽伍微陸纖壹塵捌渺。

鄉飲銀伍兩，內除荒銀伍分貳釐肆毫壹絲玖忽玖微叁纖陸塵，實徵支銀肆兩玖錢肆分柒釐伍毫捌絲陸纖陸塵於道光貳拾叁年奉文裁汰，其徵收銀兩，每年批解部庫交納，理合登明。

壹孤貧項下

孤貧壹拾肆名，共支月糧銀肆拾兩叁錢貳分，內除荒銀肆錢柒分陸釐玖毫壹絲貳忽柒微肆纖玖塵捌渺，實徵支銀叁拾玖兩捌錢肆分叁釐捌絲柒忽貳微伍纖貳渺。外加增撥補銀壹拾兩伍錢伍分陸釐玖毫壹絲貳忽柒微肆纖玖塵捌渺。遇閏加增銀肆兩貳錢。

孤貧花布銀柒兩，內除荒銀捌分貳釐柒毫玖絲柒忽叁微伍纖貳塵肆渺，實徵支銀陸兩玖錢壹分柒釐貳毫貳忽陸微肆纖柒塵陸渺。

壹驛站項下

鞏昌府站銀肆千肆百貳拾捌兩柒錢叁分肆毫伍絲叁忽肆纖捌塵玖渺；永安驛站銀柒拾貳兩貳錢陸分貳釐捌毫；永安驛支直銀壹百伍拾兩伍錢伍分柒釐陸毫壹絲肆忽肆微；新平驛支直銀捌拾玖兩玖錢伍分；京兆驛支直銀貳兩肆錢伍分柒釐叁毫；宜祿驛改兌臨洮府站銀貳拾玖兩貳分叁釐。共銀肆千柒百柒拾貳兩玖錢捌分壹釐壹毫陸絲柒忽肆微肆纖捌塵玖渺，內除荒銀捌拾玖兩陸錢捌分捌釐玖忽叁微捌纖捌塵叁渺，實徵銀肆千陸百捌拾叁兩貳錢玖分叁釐壹毫伍絲捌忽陸纖陸渺，內除額協西、漢貳府屬永壽、褒城等縣驛站抵餉銀肆百陸拾壹兩叁錢玖分陸釐伍毫伍絲肆忽貳微捌纖肆塵肆渺；又除額協臨、鞏貳府屬站支抵餉銀肆千壹百貳拾捌兩壹分叁釐伍毫貳絲叁忽柒微貳纖肆塵伍渺入起運外，止該銀玖拾叁兩捌錢捌分叁釐捌絲伍纖壹塵柒渺。

又收請移驛歸縣等事案內，店張驛夫馬工料等項銀肆千肆兩肆錢陸分伍釐陸毫貳絲玖忽伍微伍纖伍塵肆渺叁漠肆沙伍洙，實支銀肆千玖拾捌兩叁錢肆分捌釐柒毫玖忽陸微柒塵壹渺叁漠肆沙伍洙。

又撥補增給所夫並夫馬工料閏月銀貳百陸拾陸兩玖錢叁分叁釐叁毫肆絲。

壹走遞項下

走遞馬壹拾捌匹，工食草料銀柒百貳拾兩，內除荒銀柒兩伍錢肆分捌釐叁毫伍絲玖忽柒微陸纖陸塵，實徵銀柒百壹拾貳兩肆錢伍分壹釐陸毫肆絲貳微叁纖肆塵，內除額協西、漢貳府屬永壽、褒城等縣站支抵餉銀叁百伍拾肆兩肆錢叁分柒釐玖毫玖絲貳忽；又除額協臨屬定遠所驛站抵餉銀陸兩叁錢玖分叁釐肆毫柒絲捌忽貳微貳纖伍塵叁渺；又除驛遞之差使甚少並題明請將驛站等事貳案內，共裁站銀壹百叁拾壹兩玖錢柒分伍毫入起運外，實該銀貳百壹拾玖兩陸錢肆分玖釐陸毫柒絲捌塵柒渺。

遇閏加銀陸拾兩，內除荒銀柒錢陸分伍釐貳毫捌忽捌微肆纖捌塵玖渺，實徵銀伍拾玖兩貳錢叁分肆釐柒毫玖絲壹忽壹微伍纖壹塵壹渺，內除驛遞之差使甚少並題明請將驛站等事貳案內，共裁站銀貳拾貳兩捌錢肆分陸釐壹毫玖絲伍忽貳微玖塵，實支銀叁拾陸兩叁錢捌分捌釐伍毫玖絲伍忽玖微肆纖貳塵壹渺。

以上存留實徵銀陸千肆百捌拾貳兩貳錢貳分壹釐玖絲柒忽柒微肆塵捌渺伍漠柒沙伍洙陸涯，內除額協西、漢貳府屬永壽、褒城等州縣驛站抵餉銀捌百壹拾伍兩捌錢叁分肆釐伍毫肆絲陸忽貳微捌纖肆塵肆渺；又除額協解臨洮、鞏昌貳府屬站支抵餉銀肆千壹百叁拾肆兩肆錢柒釐壹忽玖微肆纖玖塵捌渺；又除驛遞之差使甚少等事案內，共裁站銀壹百叁拾壹兩玖錢柒分伍毫。止該銀壹千肆百兩玖釐肆絲玖忽肆微柒纖陸渺伍漠柒沙伍洙陸涯。

又收請移驛歸縣等事案內，店張驛夫馬工料等項銀肆千肆兩肆錢陸分伍釐陸毫貳絲玖忽伍微伍纖伍塵肆渺叁漠肆沙伍洙。

實該銀伍千肆百肆兩肆錢柒分肆釐陸毫柒絲玖忽貳纖陸塵玖漠貳沙陸涯。

外加增撥補俸工，除知縣攤俸留抵外，實該銀捌拾貳兩叁錢陸分肆釐柒毫壹絲玖微捌渺捌漠柒沙伍洙。

共該銀伍千肆百捌拾陸兩捌錢叁分玖釐叁毫捌絲玖忽玖微貳纖陸塵玖渺柒漠玖沙伍洙陸涯於乾隆伍拾貳年奉文，全數解司，一切支欵，俱由司按季領支，嗣於嘉慶伍年奉文，在縣留支，並不解司，按季請領。

遇閏原加銀壹百肆拾兩捌錢玖分貳釐陸絲貳忽，內除各官閏俸銀玖兩叁釐叁毫叁絲貳忽入起運外，實該銀壹百叁拾壹兩捌錢捌分捌釐柒毫叁絲，內除荒銀壹兩陸錢捌分伍釐陸毫陸絲壹忽陸微陸纖伍塵捌漠柒沙伍洙，實徵銀壹百叁拾兩貳錢叁釐陸絲捌忽叁微叁纖肆塵玖渺壹漠貳沙伍洙，內除驛遞之差使甚少並題明請將驛站等事貳案內，共裁站銀貳拾貳兩捌錢肆分陸釐壹毫玖絲伍忽貳微玖塵，止該銀壹百柒兩叁錢伍分陸釐捌毫柒絲叁忽壹微貳纖伍塵玖渺壹漠貳沙伍洙。

外加增撥補工食銀伍兩陸錢伍分叁釐柒毫玖絲叁忽貳微柒纖貳塵壹渺捌漠柒沙伍洙。

共該銀壹百壹拾叁兩壹分陸毫陸絲陸忽叁微玖纖捌塵壹渺於乾隆伍拾貳年奉文，全數解司，壹切支欵，俱由司按季領支，嗣於嘉慶伍年奉文，在縣留支，並不解司，按季請領。

外於西安布政司庫領支增給所夫並夫馬工料銀貳百陸拾陸兩玖錢叁分叁

釐叁毫肆絲係動支各屬解到耗羡銀兩。

壹額外

課程銀壹拾壹兩叁錢貳分係鋪戶出辦。遇閏加銀玖錢肆分叁釐叁毫叁絲叁忽叁微叁纖。

畜稅銀伍拾柒兩玖錢叁分係買騾馬出辦，原無定額，儘收儘解。

牙稅銀伍拾叁兩陸錢查牙人陸拾柒名，並無上中下之分，每名原額銀捌錢。

當稅銀肆拾兩係典鋪出辦，共典舖捌座，每座每年當稅銀伍兩。

地稅銀肆拾玖兩伍錢玖分係買房地業主出辦，每價銀壹兩收稅銀叁分，原無定額，儘收儘解。

興平縣

原額陸等共地伍千肆百叁拾捌頃陸拾柒畝玖分伍釐柒毫柒絲，每畝起科不等，共額徵本折糧壹萬陸千玖百陸拾肆石肆斗伍升肆合玖勺肆抄，內每糧壹石，科本色糧叁升肆合柒抄壹撮肆圭叁粟，共糧伍百柒拾捌石，科折色糧玖斗陸升伍合玖勺貳抄捌撮伍圭柒粟，共折色糧壹萬陸千叁百捌拾陸石肆斗伍升肆合玖勺肆抄，每石折徵銀壹兩叁錢貳分玖釐壹毫陸絲陸忽陸微叁纖捌塵，共額徵銀貳萬壹千柒百捌拾兩叁錢貳分玖釐陸毫玖絲捌忽肆微肆纖肆塵貳渺。內：

壹等地叁頃伍拾玖畝肆分壹毫，每畝科夏糧伍升伍合，秋糧叁升貳合，貳共糧捌升柒合，內本色糧貳合玖勺伍抄捌撮陸圭肆粟伍粒，折色糧捌升肆合肆抄壹撮叁圭伍粟伍粒，共該本折糧叁拾壹石貳斗陸升柒合捌勺捌抄柒撮。

貳等地貳拾貳頃肆拾伍畝柒分陸釐叁毫，每畝科夏糧肆升貳合肆勺肆抄，秋糧貳升伍合叁勺柒撮，貳共糧陸升柒合柒勺肆抄柒撮，內本色糧貳合叁勺叁撮叁圭玖粟叁粒，折色糧陸升伍合肆勺肆抄叁撮陸圭柒粒，共該本折糧壹百伍拾貳石壹斗肆升叁合柒勺伍撮玖圭陸粟壹粒。內於順治捌年及乾隆拾年在於奏聞秋禾情形等事案內，題明豁免有主、河崩荒地柒頃貳拾玖畝叁分陸釐，應免本折糧肆拾玖石肆斗壹升壹合玖勺伍抄壹撮玖圭貳粟，內興屯墾過并節年自首開墾共地貳頃叁拾肆畝柒分肆釐伍毫，應徵本折糧壹拾伍石玖斗貳合玖勺伍抄壹撮貳圭。實在地壹拾柒頃伍拾壹畝壹分肆釐捌毫，實徵糧壹百壹拾捌石陸斗叁升肆合柒勺伍撮貳圭肆粟壹粒。

叁等地貳千玖百陸拾貳頃叁畝貳分陸釐叁毫，每畝科夏糧貳升壹合壹勺貳抄玖撮肆圭玖粟，秋糧壹升貳合陸勺壹抄玖撮，貳共糧叁升叁合柒勺肆抄捌撮肆圭玖粟，內本色糧壹合壹勺肆抄陸撮肆圭玖粟陸粒，折色糧叁升貳合陸勺壹撮玖圭玖粟肆粒，共該本折糧玖千玖百玖拾陸石肆斗壹升貳合捌勺伍抄玖撮叁圭貳粟貳粒捌顆柒糠。內於順治捌年及乾隆叁拾陸等年在於行查並奏聞秋禾情形及報明被水等事案內，題明豁免地叁百捌拾玖頃捌拾壹畝伍分肆釐肆毫，應免本折糧壹千叁百壹拾伍石伍斗陸升叁合捌勺捌抄伍撮壹圭貳粟貳粒伍顆，內興屯墾過及節年開墾共地伍拾叁頃貳畝柒分柒毫，應徵本折糧壹百柒拾捌石玖斗伍升柒合陸勺柒撮叁圭陸粒伍顆；又乾隆貳拾壹年在於奏聞事案內，題明豁免地伍頃貳拾捌畝壹分，應免本折糧壹拾柒石捌斗貳升貳合伍勺柒抄柒撮伍圭陸粟玖粒；又乾隆叁拾柒年在於報明被水情形事案內，題明豁免地叁頃捌拾捌畝肆分壹釐，應免本折糧壹拾叁石壹斗捌合貳勺伍抄壹撮玖顆；又嘉慶拾捌年在於欽奉恩詔事案內，題明豁免地陸拾貳頃柒拾叁畝玖分陸毫陸絲，應免本折糧貳百壹拾壹石柒斗叁升肆合捌勺柒抄肆撮壹圭伍粟壹粒叁糠肆粃。實在地貳千伍百伍拾叁頃叁拾肆畝玖毫肆絲，實徵糧捌千陸百壹拾柒石壹斗壹升玖合肆勺貳抄捌撮肆圭陸粟叁粒陸糠陸粃。

肆等地壹千捌百貳拾肆頃陸拾玖畝叁分貳釐叁毫貳絲，每畝科夏糧壹升玖合伍勺柒撮壹圭肆粟，秋糧壹升壹合柒勺肆抄，貳共糧叁升壹合貳勺肆抄柒撮壹圭肆粟，內本色糧壹合柒抄貳撮捌圭玖粟叁粒，折色糧叁升壹勺柒抄肆撮貳圭肆粟柒粒，共該本折糧伍千柒百壹石陸斗肆升肆合肆勺捌抄柒撮柒圭叁粟伍粒陸顆肆糠捌粃。

伍等地肆百陸拾陸頃柒拾捌畝貳分壹毫伍絲，每畝科夏糧壹升叁合肆抄，秋糧柒合柒勺柒撮，貳共糧貳升柒勺肆抄柒撮，內本色糧陸勺玖抄柒撮玖圭捌粟貳粒，折色糧貳升肆抄玖撮壹粟捌粒，共該本折糧玖百陸拾捌石肆斗叁升貳合陸勺肆抄陸撮伍圭貳粟伍顆。

陸等地壹百伍拾玖頃壹拾貳畝陸毫，每畝科夏糧肆合伍勺，秋糧貳合柒勺，貳共糧柒合貳勺，內本色糧貳勺肆抄肆撮捌圭肆粟捌粒，折色糧陸合玖勺伍抄伍撮壹圭伍粟貳粒，共該本折糧壹百壹拾肆石伍斗陸升陸合肆勺肆抄叁撮貳圭。

以上共免過荒地肆百陸拾玖頃壹畝叁分貳釐陸絲，共免本折糧壹千陸百柒石陸斗肆升壹合伍勺叁抄玖撮柒圭陸粟叁粒肆顆叁糠肆粃，內興屯墾過及節年開墾並自首共地伍拾伍頃叁拾柒畝肆分伍釐貳毫，應徵本折糧壹百玖拾肆石捌斗陸升伍勺伍抄捌撮伍圭陸粒伍顆。實豁免地肆百壹拾叁頃陸拾叁畝捌分陸釐捌毫陸絲，本折糧壹千肆百壹拾貳石柒斗捌升玖勺捌抄壹撮貳圭伍粟陸粒玖顆叁糠肆粃，實應免本色起運糧貳拾貳石陸斗壹升貳合貳勺玖抄伍撮肆圭捌粟壹粒貳顆陸糠，實應免官學存留糧貳拾伍石貳斗肆升叁合貳勺壹抄壹撮叁圭伍粟壹粒玖顆柒糠叁粃陸粰，實應免折色糧壹千叁百陸拾肆石玖斗貳升伍合肆勺柒抄肆撮肆圭貳粟叁粒柒顆肆粰，該免折色銀壹千捌百捌兩陸錢叁分叁釐壹毫叁絲玖忽壹微陸纖玖塵陸渺陸漠肆洙貳涯。

實熟地伍千貳拾伍頃肆畝捌釐玖毫壹絲，該本折糧壹萬伍千伍百伍拾壹石陸斗柒升叁合玖勺伍抄捌撮柒圭肆粟叁粒陸糠陸粃，實徵本色起運糧貳百肆拾玖石叁斗捌升柒合柒勺肆撮伍圭壹粟捌粒柒顆肆糠，實徵官學存留糧貳百捌拾石柒斗伍升陸合柒勺捌抄捌撮陸圭肆粟捌粒貳糠陸粃肆粺，實徵折色糧壹萬伍千貳拾壹石伍斗貳升玖合肆勺陸抄伍撮伍圭柒粟陸粒貳顆玖糠玖粃陸粺，該徵折色銀壹萬玖千玖百柒拾壹兩陸錢玖分陸釐伍毫伍絲玖忽貳微柒纖肆塵伍渺叁漠玖沙伍洙捌涯。

又乾隆拾陸年開墾河灘折正陸等地壹拾畝，該本折糧柒升貳合，內本色起運糧壹合壹勺伍抄貳撮貳圭叁粟，本色存留糧壹合貳勺玖抄陸撮貳圭伍粟，折色糧陸升玖合伍勺伍抄壹撮伍圭貳粟，該折徵銀玖分貳釐壹毫肆絲玖忽柒微貳纖叁塵。

外新收租地叁拾壹頃陸拾伍畝陸分柒釐柒毫，每畝科糧叁斗壹升叁合捌勺柒抄柒撮柒圭肆粟柒粒玖糠捌粃，該糧玖拾玖石叁斗陸升叁合伍勺伍抄陸撮肆圭捌粟，該折徵銀壹百叁拾貳兩柒分柒毫壹絲伍忽。

又收額外康熙拾陸、貳拾肆兩年首報開墾過陸等民地貳百叁拾頃陸畝叁分，該本折糧壹百陸拾伍石陸斗肆升伍合叁勺陸抄，內本色起運糧伍石陸斗肆升叁合柒勺柒抄肆撮貳圭捌粟捌粒壹顆，折色糧壹百陸拾石壹合伍勺捌抄伍撮柒圭壹粟壹粒玖顆，折徵銀貳百壹拾貳兩陸錢陸分捌釐柒毫陸絲玖忽柒微伍纖伍塵叁渺肆漠。

以上實熟民地并新收租地及額外首報出陸等民地共伍千貳百捌拾陸頃捌拾陸畝陸釐陸毫壹絲，實徵本色起運糧貳百伍拾伍石叁升貳合陸勺叁抄壹撮叁粟陸粒捌顆肆糠，實徵官學存留糧貳百捌拾石柒斗伍升捌合捌抄肆撮捌圭玖粟捌粒貳糠陸粃肆粺，實徵折色糧壹萬伍千貳百捌拾石玖斗陸升肆合壹勺伍抄玖撮貳圭捌粟捌粒壹顆玖糠玖粃陸粺，該折徵銀貳萬叁百壹拾陸兩伍錢貳分捌釐壹毫玖絲叁忽柒微伍纖貳塵捌渺柒漠玖沙伍洙捌涯遵照乾隆伍拾玖年奉准部咨令，將康熙年間易知由單內載：壹等地每畝徵折色銀壹錢壹分壹釐叁毫肆絲玖忽伍微貳纖肆渺；貳等地每畝徵折色銀捌分陸釐陸毫捌絲玖忽肆微玖纖伍塵叁渺；叁等地每畝徵折色銀肆分叁釐壹毫柒絲玖忽玖微陸纖捌塵柒渺；肆等地每畝徵折色銀肆分叁毫柒絲捌忽柒微陸纖伍塵玖渺；伍等地每畝徵折色銀貳分陸釐伍毫肆絲柒忽玖微貳纖柒塵貳渺；陸等地每畝徵折色銀玖釐貳毫壹絲肆忽玖微柒纖貳塵叁渺；外新收租地每畝徵銀肆分壹釐柒毫壹絲玖忽伍微捌纖，逐一纂入書內，以便遇有墾豁，按畝增除。

原額人丁叁門玖則不等，共折下下人丁叁萬柒千柒百捌拾貳丁，每丁徵銀捌分捌釐陸絲陸忽柒微陸纖玖塵，共該銀叁千叁百貳拾柒兩叁錢叁分捌釐陸毫玖絲壹忽，內除優免丁陸百貳拾陸丁，共除銀伍拾伍兩壹錢貳分玖釐柒毫玖絲捌忽。

行差丁叁萬柒千壹百伍拾陸丁，共該徵銀叁千貳百柒拾貳兩貳錢捌釐捌毫玖絲叁忽。

外溢額丁銀陸拾兩叁錢叁分貳釐柒絲壹忽玖微，康熙元年起，至肆拾年止，奉文審出溢額丁柒百叁拾肆丁，共該徵銀陸拾肆兩陸錢肆分壹釐捌忽肆微肆纖陸塵。

康熙伍拾伍年起，至乾隆貳拾陸年止，編審出丁肆百捌拾玖丁；乾隆叁拾壹年編審出丁伍拾丁；乾隆叁拾陸年編審出丁肆拾伍丁。共編審出丁伍百捌拾肆丁，欽遵康熙伍拾貳年叁月拾捌日恩詔，後遇編審之期，但據康熙伍拾年丁冊定為常額，永不加賦。

以上實在行差並查出溢額人丁共叁萬柒千捌百玖拾丁，實徵銀叁千叁百玖拾柒兩壹錢捌分壹釐玖毫柒絲叁忽叁微肆纖陸塵攤入地糧內徵解。

原額均徭銀貳千柒百柒拾貳兩肆錢陸分肆釐貳毫捌絲玖忽，內除荒銀壹百玖拾貳兩陸錢貳分捌釐叁毫伍絲肆忽肆纖陸塵伍渺柒漠，又於乾隆叁拾柒年在於報明被水情形事案內，豁免銀貳兩壹錢叁分捌絲伍忽叁微柒纖玖塵叁漠柒沙；又於嘉慶拾玖年在於欽奉恩詔事案內，豁免銀叁拾肆兩肆錢陸釐捌毫貳絲玖忽陸微捌纖伍塵叁渺玖漠叁沙陸洙貳涯。實徵銀貳千伍百肆拾叁兩貳錢玖分玖釐壹絲玖忽捌微捌纖捌塵玖渺玖漠玖沙叁洙捌涯遵照由單內載：壹等地每畝徵均徭銀壹分肆釐壹毫叁絲柒忽肆微玖纖陸塵捌渺；貳等地每畝徵均徭銀壹分壹釐捌忽捌微伍纖玖渺；叁等地每畝徵均徭銀伍釐肆毫捌絲肆忽壹微壹纖伍塵柒渺；肆等地每畝徵均徭銀伍釐柒絲柒忽陸微伍纖柒塵叁渺；伍等地每畝徵均徭銀叁釐叁毫柒絲壹忽肆微玖塵柒渺；陸等地每畝徵均徭銀壹釐壹毫陸絲玖忽玖微玖纖玖釐壹渺；新收租地每畝徵均徭銀伍釐壹毫伍微捌塵陸渺。

又收額外首報出康熙拾陸、貳拾肆兩年開墾過陸等民地，額徵均徭銀貳拾陸兩玖錢壹分叁釐肆毫貳絲柒忽陸微玖纖壹塵貳渺陸漠。

以上額內、額外均徭共銀貳千伍百柒拾兩貳錢壹分貳釐肆毫肆絲柒忽伍微捌纖貳渺伍漠玖沙叁洙捌涯。

外遇閏加徵銀叁百柒拾肆兩叁錢叁分壹釐肆毫柒絲陸忽，內除荒銀壹拾陸兩肆錢玖毫捌絲陸忽捌微玖纖柒塵玖渺肆漠捌沙壹洙柒涯陸洒，實徵銀叁百伍拾柒兩玖錢叁分肆毫捌絲玖忽壹微貳塵伍漠壹沙捌洙貳涯肆洒。

又額外匠價銀壹拾捌兩捌錢壹分。遇閏加銀壹兩伍錢陸分柒釐伍毫。

停免銀壹百貳拾兩肆錢玖分柒毫叁絲貳忽捌微捌纖。

軍籍丁糧銀壹千陸百叁拾肆兩陸錢壹分陸釐貳毫柒絲叁忽陸微捌纖貳塵肆渺以上正閏肆項俱攤入前項地糧內徵解。

地、丁貳項並均徭、地租、匠價、停免、軍籍及溢額地、丁，除優免丁銀外，共額徵銀叁萬玖拾伍兩陸錢叁分捌釐貳絲玖忽伍微貳纖貳塵貳渺，內除荒銀貳千叁拾柒兩柒錢玖分捌釐肆毫捌忽貳微捌纖陸渺陸漠壹沙肆涯，實徵銀貳萬捌千伍拾柒兩捌錢叁分玖釐陸毫貳絲壹忽貳微肆纖壹塵伍渺叁漠捌沙玖洙陸涯。

外遇閏加徵銀叁百柒拾肆兩叁錢叁分壹釐肆毫柒絲陸忽，內除荒銀壹拾陸兩肆錢玖毫捌絲陸忽捌微玖纖柒塵玖渺肆漠捌沙壹洙柒涯陸洒，實徵銀叁百伍拾柒兩玖錢叁分肆毫捌絲玖忽壹微貳塵伍漠壹沙捌洙貳涯肆洒。

又額外徵收匠價閏銀壹兩伍錢陸分柒釐伍毫。

貳項共該閏銀叁百伍拾玖兩肆錢玖分柒釐玖毫捌絲玖忽壹微貳塵伍漠壹沙捌洙貳涯肆洒。

額徵本色糧伍百柒拾捌石，內除荒糧肆拾柒石捌斗伍升伍合伍勺陸撮捌圭叁粟叁粒貳顆叁糠叁粃陸粄，實徵糧伍百叁拾石壹斗肆升肆合肆勺玖抄叁撮壹圭陸粟陸粒柒顆陸糠陸粃肆粄。

又額外本色糧伍石陸斗肆升陸合貳勺貳抄貳撮柒圭陸粟捌粒壹顆。

貳項共糧伍百叁拾伍石柒斗玖升柒勺壹抄伍撮玖圭叁粟肆粒捌顆陸糠陸粃肆粄。

壹起運項下

原額起運本色糧貳百柒拾貳石，內除荒糧貳拾貳石陸斗壹升貳合貳勺玖抄伍撮肆圭捌粟壹粒貳顆陸糠，實徵糧貳百肆拾玖石叁斗捌升柒合柒勺肆撮伍圭壹粟捌粒柒顆肆糠。

又額外本色糧伍石陸斗肆升肆合玖勺貳抄陸撮伍圭壹粟捌粒壹顆。

貳項共糧貳百伍拾伍石叁升貳合陸勺叁抄壹撮叁粟陸粒捌顆肆糠。

原編起運糧石折價等項銀壹萬陸千肆百伍拾貳兩貳錢伍分捌釐壹毫陸絲貳忽貳微陸纖柒塵貳渺，內除荒銀壹千叁百陸拾兩貳錢玖分玖釐伍毫肆絲玖忽肆微柒纖壹塵肆漠玖沙陸洙肆涯，實徵銀壹萬伍千玖拾壹兩玖錢伍分捌釐陸毫壹絲貳忽柒微玖纖陸塵壹渺伍漠叁洙陸涯。

節裁藥味、軍器、年例並盤纏、鹽抄、抵祿等項共銀玖百叁拾貳兩壹錢陸分陸釐貳毫，內除荒銀叁拾玖兩肆分貳釐貳毫壹絲叁忽陸微壹纖貳塵伍渺捌漠捌沙柒洙，實徵起運銀捌百玖拾叁兩壹錢貳分叁釐玖毫捌絲陸忽叁微捌纖柒塵肆渺壹漠壹沙叁洙。

舊編存留，內順治玖年裁扣各役工食等項銀貳百肆拾兩捌錢；拾貳年裁扣傘扇銀捌兩；拾肆年裁扣官生奉廩等項銀貳百叁拾陸兩捌分陸釐肆毫柒絲；拾伍年裁扣訓導俸薪等項銀伍拾柒兩玖錢貳分。康熙元年裁吏書工食銀壹百貳拾壹兩貳錢；叁年裁齋夫、門斗工食銀肆拾叁兩貳錢，褋費丁銀壹百壹拾兩捌錢肆分捌釐捌毫柒絲叁忽；拾伍年裁心紅紙張、修理監倉、喂馬草料、芒神土牛、歲季考生員試卷、修理倉厫、鋪墊板蓆、科舉、對讀、生員盤纏、花紅等項銀壹百貳拾玖兩捌錢貳分叁釐捌毫；拾陸年裁白渠驛驛丞俸工銀肆拾叁兩伍錢貳分；貳拾柒年裁歲貢、舉人盤纏、進士坊價銀貳拾叁兩柒分柒釐柒毫捌絲；叁拾玖年裁店張所大使俸工銀肆拾叁兩伍錢貳分。雍正陸年裁燈夫工食銀貳拾肆兩；拾貳年裁民壯工食銀肆拾捌兩。乾隆柒年裁民壯工食銀肆拾捌兩；玖年均攤祭祀裁減銀壹拾玖兩伍錢貳分伍釐，又裁舖司工食銀柒拾陸兩捌錢；乾隆拾玖年裁店張驛驛丞俸工銀肆拾叁兩伍錢貳分，舊編冗費裁剩解部銀柒百貳拾陸兩伍錢貳分伍毫貳絲玖忽玖微。

共裁扣歸入起運銀貳千肆拾肆兩叁錢陸分貳釐肆毫伍絲貳忽玖微，內除荒銀柒拾伍兩柒分肆釐陸毫貳絲陸忽捌微貳纖貳渺柒漠陸涯，實徵起運銀壹千玖百陸拾玖兩貳錢捌分柒釐捌毫貳絲陸忽柒纖玖塵柒渺貳漠玖沙玖洙肆涯。

又收額外溢額地、丁並均徭、軍籍、停免、匠價等項共銀貳千壹百叁拾捌兩肆錢柒分貳釐貳毫捌絲肆忽叁微伍纖伍塵。

以上共該實起運銀貳萬玖拾貳兩捌錢肆分貳釐柒毫玖忽陸微壹纖捌塵貳渺玖漠壹沙陸洙。

又收存留內額協抵餉銀壹兩玖錢伍分叁釐陸毫陸忽貳微壹纖。

又收協狄道縣沙泥所站抵餉銀貳拾玖兩貳錢柒分貳釐捌毫壹絲貳忽貳微陸纖。

又收存留內驛遞之差使甚少並題明請將驛站等事貳案內，共裁站銀叁千壹百柒拾玖兩陸分貳釐肆絲伍忽柒微玖纖玖塵貳渺伍漠肆沙。

又收存留內請移驛歸縣等事案內，店張驛夫馬改歸醴泉縣管理，扣存夫馬工料等項銀肆千肆兩肆錢陸分伍釐陸毫貳絲玖忽伍微伍纖伍塵肆渺叁漠肆沙伍洙。

共該起運銀貳萬柒千叁百柒兩伍錢玖分陸釐捌毫叁忽肆微肆纖貳塵玖渺捌漠壹洙，內除受協驛站兌留兵餉應支銀叁千陸百捌拾叁兩陸錢壹分捌釐捌毫叁絲壹忽肆微陸纖肆塵玖渺；又在於請倣以糧載丁等事案內，通省以糧均丁減銀柒百貳拾陸兩肆錢伍分玖釐壹毫壹絲叁忽玖微叁纖伍塵，內除乾隆元、陸、拾壹、拾陸及貳拾壹、貳拾陸等年編審案內，共增抵補屯更丁銀壹百陸拾壹兩肆錢叁分伍釐柒毫玖絲壹忽陸微柒纖壹塵貳渺，又乾隆叁拾壹、叁拾陸兩年編審案內，共增抵補屯更丁銀柒拾柒兩陸錢叁分伍釐伍毫伍絲捌忽玖微貳纖陸渺，止該減銀肆百捌拾柒兩叁錢捌分柒釐柒毫陸絲叁忽叁微肆纖叁塵貳渺。

實該起運銀貳萬叁千壹百叁拾陸兩伍錢玖分貳毫捌忽陸微叁纖肆塵捌渺捌漠壹洙，內留支加增撥補俸工銀壹百叁拾捌兩叁錢捌分伍釐柒絲捌忽玖微肆漠伍沙壹洙；又留支不敷夫馬工料銀壹百伍拾陸兩柒錢叁分捌釐貳絲貳微貳纖壹塵捌漠玖洙。止該起運銀貳萬貳千捌百肆拾壹兩肆錢陸分柒釐壹毫玖忽伍微壹纖叁塵柒渺伍漠肆沙壹洙。

外遇閏裁扣，內順治玖年裁扣銀壹拾捌兩肆錢；拾肆年裁銀壹拾伍兩玖錢伍分肆釐捌毫陸絲玖忽；拾伍年裁銀肆兩捌錢貳分陸釐陸毫陸絲陸忽伍微。康熙元年裁銀壹拾兩壹錢；叁年裁銀叁兩陸錢；拾伍年裁銀貳兩陸錢陸分陸釐陸毫柒絲；拾陸年裁銀叁兩陸錢貳分陸釐陸毫陸絲陸忽；叁拾玖年裁銀叁兩陸錢貳分陸釐陸毫陸絲陸忽。雍正陸年裁銀貳兩；拾貳年裁銀肆兩。乾隆柒年裁銀肆兩；玖年裁銀陸兩肆錢；拾玖年裁銀叁兩陸錢貳分陸釐陸毫陸絲陸忽，又各官閏俸銀壹拾貳兩叁錢叁分陸釐陸毫陸絲貳忽伍微。

共銀玖拾伍兩壹錢陸分肆釐捌毫陸絲陸忽，內除荒銀肆兩壹錢陸分貳釐玖毫捌絲壹忽玖纖玖塵捌渺捌漠伍沙伍涯陸洒，實徵起運閏銀玖拾壹兩壹釐捌毫捌絲肆忽玖微壹渺壹漠肆沙玖洙肆涯肆洒。

又收額外匠價銀壹兩伍錢陸分柒釐伍毫。

貳項共起運銀玖拾貳兩伍錢陸分玖釐叁毫捌絲肆忽玖微壹渺壹漠肆沙玖洙肆涯肆洒。

又收存留内驛遞之差使甚少並題明請將驛站等事貳案內，共裁站閏月銀壹百貳拾陸兩伍錢捌分貳釐叁毫。

共該實起運閏銀貳百壹拾玖兩壹錢伍分壹釐陸毫捌絲肆忽玖微壹渺壹漠肆沙玖洙肆涯肆洒，在於請做以糧載丁等事案內，通省以糧均丁減銀叁拾肆兩玖錢叁分柒釐叁毫玖絲壹微伍纖貳塵柒渺，內除乾隆元、陸、拾壹、拾陸及貳拾壹、貳拾陸等年編審案內，共增抵補屯更丁增閏銀玖兩玖錢柒分肆釐肆毫貳絲陸忽肆微叁纖柒塵陸渺陸漠陸沙陸洙陸涯伍洒，又乾隆叁拾壹、叁拾陸兩年共增抵補屯更丁增閏銀叁兩捌錢伍分壹釐柒毫捌絲陸忽伍微柒纖伍塵陸漠陸沙陸洙陸涯陸洒，止該減銀貳拾壹兩壹錢壹分壹釐壹毫柒絲柒忽壹微叁纖玖塵玖渺陸漠陸沙陸洙陸涯玖洒。

實該起運閏銀壹百玖拾捌兩肆分伍毫柒忽柒微陸纖壹渺肆漠捌沙貳洙柒涯伍洒，內留支加增撥補工食閏月銀叁兩貳錢壹分柒釐玖毫壹絲貳忽叁微叁塵貳渺壹漠叁沙陸洙；又留支不敷夫馬閏月工料銀伍兩叁錢柒分柒釐柒毫壹絲伍忽柒微壹纖玖塵壹渺陸漠叁沙。止該起運閏銀壹百捌拾玖兩肆錢肆分肆釐捌毫柒絲玖忽柒微叁纖柒塵柒渺柒漠壹沙陸洙柒涯伍洒。

壹存留項下

原編存留官學倉糧叁百陸石，內除荒糧貳拾伍石貳斗肆升叁合貳勺壹抄壹撮叁圭伍粟壹粒玖顆柒糠叁粃陸粄，實徵糧貳百捌拾石柒斗伍升陸合柒勺捌抄捌撮陸圭肆粟捌粒貳糠陸粃肆粄。

又額外存留糧壹合貳勺玖抄陸撮貳圭伍粟。

貳項共糧貳百捌拾石柒斗伍升捌合捌抄肆撮捌圭玖粟捌粒貳糠陸粃肆粄聽支孤貧並歸入常平倉內壹體辦理。

原編存留銀捌千伍百貳拾捌兩叁錢柒分捌釐玖毫叁絲，內除荒銀伍百陸拾叁兩叁錢捌分貳釐壹絲捌忽叁微柒纖陸塵柒渺伍漠貳沙陸洙肆涯，實存留銀柒千玖百陸拾肆兩玖錢玖分陸釐玖毫壹絲壹忽陸微貳纖叁塵貳渺肆漠柒沙叁洙陸涯。

壹俸工項下

知縣壹員，額支俸薪銀肆拾伍兩，內除荒銀壹兩玖錢柒分陸釐柒毫壹絲柒忽肆微貳纖叁塵伍渺，實徵支銀肆拾叁兩貳分叁釐貳毫捌絲貳忽伍微柒纖陸塵伍渺，內均攤銀貳拾兩叁錢玖分陸釐陸毫伍絲伍忽壹微肆纖伍渺，即留抵撥補各員役俸工訖。

縣丞壹員，額支俸薪銀肆拾兩，內除荒撥補銀壹兩柒錢伍分柒釐玖毫陸絲壹忽貳微柒纖貳塵，實徵支銀叁拾捌兩貳錢肆分貳釐叁絲捌忽柒微貳纖捌塵。

典史壹員，額支俸薪銀叁拾壹兩伍錢貳分，內除荒撥補銀壹兩叁錢捌分陸釐陸絲壹忽壹微壹纖肆塵肆渺，實徵支銀叁拾兩壹錢叁分叁釐玖毫叁絲捌忽捌微捌纖伍塵陸渺。

教諭、訓導貳員，額支俸薪銀叁拾壹兩伍錢貳分，內除荒撥補銀壹兩叁錢捌分陸釐陸絲壹忽壹微壹纖肆塵肆渺，實徵支銀叁拾兩壹錢叁分叁釐玖毫叁絲捌忽捌微捌纖伍塵陸渺。又撥補全俸銀肆拾捌兩肆錢捌分。

知縣衙門

門子貳名，每名歲支銀陸兩，共支銀壹拾貳兩，內除荒撥補銀伍錢貳分柒釐陸毫捌絲捌忽柒微，實徵支銀壹拾壹兩肆錢柒分貳釐叁毫壹絲壹忽叁微。遇閏加銀壹兩，內除荒銀肆分叁釐柒毫柒絲壹忽柒微貳纖柒塵貳渺，實徵支銀玖錢伍分陸釐貳毫貳絲捌忽貳微柒纖貳塵捌渺。

皂隸、仵作壹拾陸名，每名歲支銀陸兩，共支銀玖拾陸兩，內除荒撥補銀肆兩貳錢叁分叁釐壹毫肆絲貳忽伍微肆纖，實徵支銀玖拾壹兩柒錢陸分陸釐捌毫伍絲柒忽肆微陸纖。遇閏加銀捌兩，內除荒銀叁錢肆分捌釐捌毫壹絲肆忽伍微壹纖柒塵陸渺。實徵支銀柒兩陸錢伍分壹釐壹毫捌絲伍忽肆微捌纖貳釐肆渺。

馬快捌名，每名歲支銀壹拾陸兩捌錢，共支銀壹百叁拾肆兩肆錢，內除荒撥補銀伍兩捌錢玖分伍釐玖毫伍絲伍忽柒微貳纖捌塵，實徵支銀壹百貳拾捌兩伍錢肆釐肆絲肆忽貳微柒纖貳塵。遇閏加銀壹拾壹兩貳錢，內除荒銀肆錢捌分玖釐柒毫叁絲捌忽伍微柒纖陸渺陸漠，實徵支銀壹拾兩柒錢壹分貳毫陸絲壹忽肆微貳纖玖塵叁渺肆漠。

民壯叁拾肆名，每名歲支銀陸兩，共支銀貳百肆兩，內除荒撥補銀捌兩玖錢捌分玖釐柒毫肆絲伍忽貳微玖纖叁塵陸渺，實徵支銀壹百玖拾伍兩壹分貳毫伍絲肆忽柒微陸塵肆渺。遇閏加銀壹拾柒兩，內除荒銀柒錢肆分肆釐捌毫伍忽叁微陸纖貳塵肆渺，實支銀壹拾陸兩貳錢伍分伍釐壹毫玖絲肆忽陸微叁纖柒塵陸渺。

看監禁子捌名，每名歲支銀陸兩，共支銀肆拾捌兩，內除荒撥補銀貳兩壹錢壹分柒毫伍絲叁忽叁微玖纖，實徵支銀肆拾伍兩捌錢捌分玖釐貳毫肆絲陸忽陸微壹纖。每名加增銀肆兩，共銀叁拾貳兩。遇閏加銀肆兩，內除荒銀壹錢柒分伍釐捌絲捌忽玖微柒塵捌渺，實支銀叁兩捌錢貳分肆釐玖毫壹絲壹忽玖纖貳塵貳渺。

轎傘扇夫柒名，每名歲支銀陸兩，共支銀肆拾貳兩，內除荒撥補銀壹兩捌錢肆分陸釐玖毫肆絲陸微叁纖，實徵支銀肆拾兩壹錢伍分叁釐伍絲玖忽叁微柒纖。遇閏加銀叁兩伍錢，內除荒銀壹錢伍分叁釐貳毫玖絲柒忽壹微肆纖伍塵壹渺伍漠，實支銀叁兩叁錢肆分陸釐柒毫貳忽捌微伍纖肆塵捌渺伍漠。

庫子肆名，每名歲支銀陸兩，共支銀貳拾肆兩，內除荒撥補銀壹兩伍分伍釐叁毫柒絲捌忽肆微玖纖，實徵支銀貳拾貳兩玖錢肆分肆釐陸毫貳絲壹忽伍微壹纖。遇閏加銀貳兩，內除荒銀捌分柒釐陸毫肆絲捌忽肆微伍纖肆塵肆渺，實支銀壹兩玖錢壹分貳釐叁毫伍絲壹忽伍微肆纖伍塵陸渺。

斗級肆名，每名歲支銀陸兩，共支銀貳拾肆兩，內除荒撥補銀壹兩伍分伍釐叁毫柒絲捌忽肆微玖纖，實徵支銀貳拾貳兩玖錢肆分肆釐陸毫貳絲壹忽伍微壹纖。遇閏加銀貳兩，內除荒銀捌分柒釐陸毫肆絲捌忽肆微伍纖肆塵肆渺，實支銀壹兩玖錢壹分貳釐叁毫伍絲壹忽伍微肆纖伍塵陸渺。

永豐倉斗級壹名，歲支銀壹拾兩陸錢陸分陸釐陸毫，內除荒撥補銀肆錢陸分伍釐肆毫貳絲玖忽貳微伍纖壹塵肆渺叁漠貳沙，實徵支銀壹拾兩貳錢壹釐壹毫柒絲柒微肆纖捌塵伍渺陸漠捌沙。遇閏加銀捌錢捌分捌釐捌毫捌絲，內除荒銀叁分玖釐壹絲壹忽伍微捌纖捌塵柒漠伍沙柒洙捌涯壹洒，實支銀捌錢肆分玖釐捌毫陸絲捌忽肆微壹纖壹塵玖渺貳漠肆沙貳洙壹涯玖洒。

各舖司兵貳拾伍名，每名額支銀肆兩捌錢，共支銀壹百貳拾兩，內除荒銀陸兩陸錢伍分壹釐玖毫玖絲捌忽捌微玖纖捌塵肆渺壹漠，實徵支銀壹百壹拾叁兩叁錢肆分捌釐壹忽壹微壹塵伍渺玖漠。加增銀叁拾陸兩陸錢肆釐柒毫叁絲捌忽叁微柒纖捌塵肆渺壹漠。遇閏加銀壹拾兩，內除荒銀肆錢肆分壹釐肆毫陸絲柒微貳纖伍塵叁渺，實徵支銀玖兩伍錢伍分捌釐伍毫叁絲玖忽貳微柒纖肆塵柒渺。加增銀貳兩玖錢叁分柒釐伍毫壹絲伍忽陸微伍纖叁塵叁渺。

鐘鼓夫叁名，每名歲支銀貳兩肆錢，共支銀柒兩貳錢，內除荒撥補銀叁錢壹分壹釐捌毫肆絲柒忽叁微捌纖肆塵，實徵支銀陸兩捌錢捌分捌釐壹毫伍絲貳忽陸微壹纖陸塵。遇閏加銀陸錢，內除荒銀叁分叁釐叁毫陸絲捌忽柒微叁纖伍塵捌渺捌漠，實支銀伍錢陸分陸釐陸毫叁絲壹忽貳微陸纖肆塵壹渺貳漠。

縣丞衙門

門子壹名，額支銀陸兩，內除荒撥補銀貳錢陸分叁釐柒毫玖絲玖忽伍纖，實徵支銀伍兩柒錢叁分陸釐貳毫玖微伍纖。遇閏加銀伍錢，內除荒銀貳分壹釐捌毫捌絲伍忽捌微陸纖叁塵伍渺伍漠，實支銀肆錢柒分捌釐壹毫壹絲肆忽壹微叁纖陸塵肆渺伍漠。

皂隸肆名，每名歲支銀陸兩，共支銀貳拾肆兩，內除荒撥補銀壹兩伍分伍釐叁毫伍絲壹忽肆微玖纖，實徵支銀貳拾貳兩玖錢肆分肆釐陸毫肆絲捌忽伍微壹纖。遇閏加銀貳兩，內除荒銀捌分柒釐陸毫肆絲捌忽肆微伍纖肆塵肆渺，實支銀壹兩玖錢壹分貳釐叁毫伍絲壹忽伍微肆纖伍塵陸渺。

馬夫壹名，歲支銀陸兩，內除荒撥補銀貳錢陸分叁釐柒毫玖絲玖忽伍纖，實徵支銀伍兩柒錢叁分陸釐貳毫玖微伍纖。遇閏加銀伍錢，內除荒銀貳分壹釐捌毫捌絲伍忽捌微陸纖叁塵伍渺伍漠，實支銀肆錢柒分捌釐壹毫壹絲肆忽壹微叁纖陸塵肆渺伍漠。

典史衙門

門子壹名，歲支銀陸兩，內除荒撥補銀貳錢陸分叁釐柒毫玖絲玖忽伍纖，實徵支銀伍兩柒錢叁分陸釐貳毫玖微伍纖。遇閏加銀伍錢，內除荒銀貳分壹釐捌毫捌絲伍忽捌微陸纖叁塵伍渺伍漠，實支銀肆錢柒分捌釐壹毫壹絲肆忽壹微叁纖陸塵肆渺伍漠。

皂隸肆名，每名歲支銀陸兩，共支銀貳拾肆兩，內除荒撥補銀壹兩伍分伍釐叁毫伍絲壹忽肆微玖纖，實徵支銀貳拾貳兩玖錢肆分肆釐陸毫肆絲捌忽伍微壹纖。遇閏加銀貳兩，內除荒銀捌分柒釐陸毫肆絲捌忽肆微伍纖肆塵肆渺，實支銀壹兩玖錢壹分貳釐叁毫伍絲壹忽伍微肆纖伍塵陸渺。

馬夫壹名，歲支銀陸兩，內除荒撥補銀貳錢陸分叁釐柒毫玖絲玖忽伍纖，實支銀伍兩柒錢叁分陸釐貳毫玖微伍纖。遇閏加銀伍錢，內除荒銀貳分壹釐捌毫捌絲伍忽捌微陸纖叁塵伍渺伍漠，實支銀肆錢柒分捌釐壹毫壹絲肆忽壹微叁纖陸塵肆渺伍漠。

教職衙門

齋夫叁名，每名歲支銀壹拾貳兩，共支銀叁拾陸兩，內除荒撥補銀壹兩伍錢捌分叁釐叁毫玖絲柒忽柒微捌纖，實支銀叁拾肆兩肆錢壹分陸釐陸毫貳忽貳微貳纖。遇閏加銀叁兩，內除荒銀壹錢叁分貳釐肆毫壹忽貳微壹纖壹塵陸渺，實支銀貳兩捌錢陸分柒釐伍毫玖絲捌忽柒微捌纖捌塵肆渺。

膳夫貳名，每名歲支銀壹拾叁兩叁錢叁分叁釐叁毫叁絲，內除荒撥補銀伍錢陸分柒釐貳毫壹絲肆忽肆纖壹塵捌渺陸漠捌沙叁洙，實徵支銀壹拾貳兩柒錢陸分陸釐壹毫壹絲伍忽玖微伍纖捌塵壹渺叁漠壹沙柒洙係廩生支領。遇閏加銀壹兩壹錢壹分壹釐壹毫，內除荒撥補銀肆分肆釐伍毫玖絲柒微捌纖壹塵捌渺陸漠肆沙柒洙叁涯，實徵支銀壹兩陸分陸釐伍毫玖忽貳微壹纖捌塵壹渺叁漠伍沙貳洙柒涯。

門斗貳名，每名歲支銀柒兩貳錢，共支銀壹拾肆兩肆錢，內除荒撥補銀陸錢叁分叁釐伍毫伍忽貳微壹纖捌塵，實徵支銀壹拾叁兩柒錢陸分陸釐肆毫玖絲肆忽柒微捌纖貳塵。遇閏加銀壹兩貳錢，內除荒銀伍分貳釐叁毫玖絲伍忽叁微柒纖貳塵伍渺陸漠，實支銀壹兩壹錢肆分柒釐陸毫肆忽陸微貳纖柒塵肆渺肆漠。

廩生貳拾名，每名歲支銀叁兩貳錢，共支銀陸拾肆兩，內除荒撥補銀貳兩柒錢玖分捌釐捌毫捌絲貳忽肆微伍塵伍渺陸漠捌沙伍洙，實徵支銀陸拾壹兩貳錢壹釐壹毫壹絲柒忽伍微玖纖肆塵肆渺叁漠壹沙伍洙。遇閏加銀伍兩叁錢叁分叁釐叁毫叁絲，內除荒撥補銀貳錢叁分壹釐捌毫貳絲柒忽壹微伍纖伍塵陸渺柒漠捌沙肆洙壹涯玖洒，實徵支銀伍兩壹錢壹釐伍毫貳忽捌微肆纖肆塵叁渺貳漠壹沙伍洙捌涯壹洒。

以上俸工項下，除廩生、膳夫貳欵照常支發外，其餘官役俸工於道光貳拾叁年奉文，均以貳兩平支放，每兩減平銀陸分，其減平銀兩，每年批解部庫交納，理合登明。

壹祭祀項下

雜支春秋貳季祭祀文廟並各壇祠及無祀鬼魂品物等項銀柒拾肆兩柒錢柒分伍釐，內除荒銀叁兩貳錢捌分柒釐伍毫陸絲貳忽捌微貳塵陸渺伍漠貳沙肆洙肆涯，實支銀柒拾壹兩肆錢捌分柒釐肆毫叁絲柒忽壹微玖纖柒塵叁渺肆漠柒沙伍洙陸涯。

撥補銀壹兩捌錢陸分叁釐捌毫肆絲柒忽伍微叁纖叁塵壹渺壹漠肆沙伍洙。

祭旗纛並犒賞民壯銀肆兩，內除荒銀壹錢柒分陸釐伍毫捌絲玖忽伍微玖纖柒塵貳渺，實支銀叁兩捌錢貳分叁釐肆毫壹絲肆微貳塵捌渺。

鄉飲額支銀伍兩，內除荒銀貳錢貳分叁釐玖毫柒絲陸忽捌微柒纖壹塵伍渺，實支銀肆兩柒錢柒分陸釐貳絲叁忽壹微貳纖捌塵伍渺。

布政司紙劄銀貳兩壹錢捌分伍釐，內除荒銀玖分陸釐壹毫伍絲貳忽玖纖陸塵叁渺伍漠，實支銀貳兩捌分捌釐捌毫肆絲柒忽玖微叁塵陸渺伍漠。

以上鄉飲、紙劄貳欵，於道光貳拾叁年奉文裁汰，其徵收銀兩，每年批解部庫交納，理合登明。

壹孤貧口糧項下

孤貧肆拾捌名口，共支月糧壹百柒拾貳石捌斗，內除荒糧壹拾肆石貳斗伍升壹合柒勺捌抄陸圭陸粟捌粒叁顆壹糠肆粃肆秕，實徵支糧壹百伍拾捌石伍斗肆升捌合貳勺壹抄玖撮叁圭叁粟壹粒陸顆捌糠伍粃陸秕。又增加撥補糧壹拾肆石貳斗伍升壹合柒勺捌抄陸圭陸粟捌粒叁顆壹糠肆粃肆秕。遇閏加增糧壹拾肆石肆斗。

孤貧布花銀貳拾肆兩，內除荒銀壹兩伍分肆釐肆毫肆絲壹忽陸微肆漠，實支銀貳拾貳兩玖錢肆分伍釐伍毫伍絲捌忽叁微玖纖玖塵玖渺陸漠。

壹驛站項下

白渠驛站額支銀壹千肆百肆拾陸兩肆錢陸分伍釐貳毫肆絲；店張驛站額支銀壹千捌百叁拾捌兩捌錢柒分；店張所站額支銀壹千叁百伍拾叁兩陸錢壹分叁釐陸絲；白渠驛支直額支銀捌拾捌兩叁錢叁分玖釐叁毫伍絲；店張驛支直額支銀捌拾捌兩叁錢叁分玖釐叁毫伍絲；京兆驛支直額支銀貳兩伍分貳釐；宜祿驛改兑臨洮府站額支銀貳拾兩柒錢；議裁織造局皂隸並燈夫工食抵兑臨洮府站額支銀壹拾兩。共銀肆千捌百肆拾捌兩叁錢柒分玖釐，內除荒銀肆百兩壹錢壹分捌釐伍毫伍絲捌忽叁微壹纖壹塵柒渺伍沙玖洙，實徵銀肆千肆百肆拾捌兩貳錢陸分肆毫肆絲壹忽陸微捌纖捌塵貳渺玖漠肆沙壹洙。

又收受協驛站兑留兵餉銀叁千陸百柒拾玖兩肆分伍釐捌毫捌絲肆忽貳纖壹塵捌渺。

又收奏聞秋禾情形並報明被水及報明被水情形並欽奉恩詔等事各案內，留支豁免不敷驛站夫馬工料銀壹百肆拾兩柒錢貳分肆釐捌毫柒絲貳微貳纖壹塵捌漠玖洙。

共該銀捌千貳百陸拾捌兩叁分壹釐壹毫玖絲伍忽玖微叁纖壹塵壹渺柒漠伍沙，內除額協京兆驛站支抵餉銀壹兩玖錢伍分叁釐陸毫陸忽貳微壹纖；又除額協狄道縣沙泥所站支抵餉銀貳拾玖兩貳錢柒分貳釐捌毫壹絲貳忽貳微陸纖；又除驛遞之差使甚少並題明請將驛站等事貳案內，共裁站銀貳千叁拾壹兩貳錢捌分貳釐叁毫柒絲玖忽陸纖壹塵玖渺壹漠；又除請移驛歸縣等事案內，店張驛夫馬改歸醴泉縣管理，扣存夫馬工料等項銀肆千肆兩肆錢陸分伍釐陸毫貳絲玖忽伍微伍纖伍塵肆渺叁漠肆沙伍洙。實支銀貳千貳百壹兩伍分陸釐柒毫陸絲捌忽捌微肆纖叁塵捌渺叁漠伍洙。

外增給所夫閏月工食銀陸拾伍兩柒錢。

又增給夫馬閏月工料銀叁百柒拾柒兩壹錢捌分叁釐叁毫肆絲。

以上正閏共實支銀貳千陸百肆拾叁兩玖錢肆分壹毫捌忽捌微肆纖叁塵捌渺叁漠伍洙。

壹走遞項下

擡轎夫壹百柒拾捌名，每名歲支銀壹拾兩，共額支銀壹千柒百捌拾兩；走遞騾馬壹拾捌匹頭，額支工食草料銀陸百肆拾捌兩；走遞車壹拾輛，每輛歲支工食銀柒兩貳錢，共額支銀柒拾貳兩。共銀貳千伍百兩，內除荒銀壹百壹拾兩貳分肆釐伍毫陸絲伍忽捌微捌纖叁塵陸渺玖漠壹沙伍洙，實徵銀貳千叁百捌拾玖兩玖錢柒分伍釐肆毫叁絲肆忽壹微壹纖陸塵叁渺捌沙伍洙。

又收受協站支兑留兵餉銀肆兩伍錢柒分貳釐玖毫肆絲柒忽肆微肆纖叁塵壹渺。

又收欽奉恩詔事案內，不敷夫馬工料銀壹拾陸兩壹分叁釐壹毫伍絲。

共該銀貳千肆百壹拾兩伍錢陸分壹釐伍毫叁絲壹忽伍微伍纖玖塵肆渺捌沙

伍洙，內除裁站夫馬工料銀壹千壹百肆拾柒兩柒錢柒分玖釐陸毫陸絲陸忽柒微叁纖柒塵叁渺肆漠肆沙，實支銀壹千貳百陸拾貳兩柒錢捌分壹釐捌毫陸絲肆忽捌微貳纖貳塵陸漠肆沙伍洙。

遇閏加銀貳百貳兩叁錢叁分叁釐叁毫，內除荒銀捌兩捌錢陸分玖釐貳毫玖絲捌忽玖微貳纖肆塵肆渺玖漠肆沙壹洙玖涯，實徵銀壹百玖拾叁兩肆錢陸分肆釐壹忽柒纖伍塵伍渺伍沙捌洙壹涯。

又收請旨並欽奉恩詔等事各案內，撥補夫馬閏月不敷工料銀伍兩壹錢玖分肆釐玖毫玖絲柒忽叁微玖纖叁塵壹渺伍漠捌沙。

共該銀壹百玖拾捌兩陸錢伍分捌釐玖毫玖絲捌忽肆微陸纖捌塵陸渺陸漠叁沙捌洙壹涯，內除額協裁站閏月銀壹百貳拾陸兩伍錢捌分貳釐叁毫，實支銀柒拾貳兩柒分陸釐陸毫玖絲捌忽肆微陸纖捌塵陸渺陸漠叁沙捌洙壹涯。

以上存留實徵銀柒千玖百陸拾肆兩玖錢玖分陸釐玖毫壹絲壹忽陸微貳纖叁塵貳渺肆漠柒沙叁洙陸涯。

又收起運內受協驛站兑留兵餉銀叁千陸百捌拾叁兩陸錢壹分捌釐捌毫叁絲壹忽肆微陸纖肆塵玖渺。

共該銀壹萬壹千陸百肆拾捌兩陸錢壹分伍釐柒毫肆絲叁忽捌纖捌塵壹渺肆漠柒沙叁洙陸涯，內除額協抵餉銀壹兩玖錢伍分叁釐陸毫陸忽貳微壹纖；又除額協狄道縣沙泥所站抵餉銀貳拾玖兩貳錢柒分貳釐捌毫壹絲貳忽貳微陸纖；又除驛遞之差使甚少並題明請將驛站等事貳案內，共裁站銀叁千壹百柒拾玖兩陸分貳釐肆絲伍忽柒微玖纖玖塵貳渺伍漠肆沙；又除請移驛歸縣等事案內，店張驛夫馬改歸醴泉縣管理，扣存夫馬工料銀肆千肆兩肆錢陸分伍釐陸毫貳絲玖忽伍微伍纖伍塵肆渺叁漠肆沙伍洙。實該銀肆千肆百叁拾叁兩捌錢陸分壹釐陸毫肆絲玖忽貳微陸纖叁塵肆渺伍漠捌沙捌洙陸涯。

又收加增撥補俸工，除知縣攤俸留抵外，實該銀壹百叁拾捌兩叁錢捌分伍釐柒絲捌忽玖微肆漠伍沙壹洙。

又撥補夫馬工料銀壹百伍拾陸兩柒錢叁分捌釐貳絲貳微貳纖壹塵捌漠玖洙。

叁項共該銀肆千柒百貳拾捌兩玖錢捌分肆釐柒毫肆絲捌忽叁微捌纖肆塵伍渺捌漠肆沙捌洙陸涯乾隆伍拾貳年奉文，全數解司，壹切支欵，俱由司庫按季領支，嗣於嘉慶伍年奉文，留支，並不請領。

遇閏原加銀貳百玖拾壹兩伍錢叁釐貳毫柒絲貳忽伍微，內除裁扣閏俸銀壹拾貳兩叁錢叁分陸釐陸毫陸絲貳忽伍微入起運外，實該銀貳百柒拾玖兩壹錢陸分陸釐陸毫壹絲，內除荒銀壹拾貳兩貳錢叁分捌釐伍忽柒微玖纖捌塵陸漠叁沙壹洙貳涯，實徵銀貳百陸拾陸兩玖錢貳分捌釐陸毫肆忽貳微壹塵玖渺叁漠陸沙捌洙捌涯，內除驛遞之差使甚少並題明請將驛站等事貳案內，共裁站銀壹百貳拾陸兩伍錢捌分貳釐叁毫，止該銀壹百肆拾兩叁錢肆分陸釐叁毫肆忽貳微壹塵玖渺叁漠陸沙捌洙捌涯。

外加增撥補工食銀叁兩貳錢壹分柒釐玖毫壹絲貳忽叁微叁塵貳渺壹漠叁沙陸洙。

又撥補豁免不敷夫馬閏月工料銀伍兩叁錢柒分柒釐柒毫壹絲伍忽柒微壹纖玖塵壹渺陸漠叁沙。

以上實支銀壹百肆拾捌兩玖錢肆分壹釐玖毫叁絲貳忽貳微貳纖肆塵叁渺壹漠叁沙肆洙捌涯於乾隆伍拾貳年奉文，全數解司，壹切支放，俱由司庫按季領支，嗣於嘉慶伍年奉文，留支，並不請領。

外於西安布政司庫領支增給所夫、夫馬工料銀肆百肆拾貳兩捌錢捌分叁釐叁毫肆絲係動支司庫地、丁銀兩。

本色存留官學倉糧壹百叁拾叁石貳斗壹合貳勺玖抄陸撮貳圭伍粟，內除荒糧壹拾叁石壹斗肆升壹合捌勺陸抄柒撮叁圭貳粟肆粒玖顆叁糠貳粃捌秕，實徵糧壹百貳拾石伍升玖合肆勺貳抄捌撮玖圭貳粟伍粒陸糠柒粃貳秕，內除撥給加增孤貧糧壹拾肆石貳斗伍升壹合柒勺捌抄陸圭陸粟捌粒叁顆壹糠肆粃肆秕，實存撥糧壹百伍石捌斗柒合陸勺肆抄捌撮貳圭伍粟陸粒柒顆伍糠貳粃捌秕，內遇閏又撥給加增孤貧糧壹拾肆石肆斗。止實存糧玖拾壹石肆斗柒合陸勺肆抄捌撮貳圭伍粟陸粒柒顆伍糠貳粃捌秕撥入常平倉內，統於採買案內辦理。

壹額外

課程銀叁拾肆兩伍錢。遇閏加銀貳兩捌錢柒分伍釐。

畜稅銀叁百肆拾兩壹錢壹分係買騾馬出辦，原無定額，儘收儘解。

牙稅銀貳拾肆兩捌錢柒分柒釐共牙行肆拾玖戶，內上則納稅銀肆兩至貳兩以及壹兩，共陸戶，共稅銀壹拾肆兩陸錢壹分；中則納稅銀陸錢伍分以及肆錢，共捌戶，共稅銀肆兩貳錢貳分捌釐；下則納稅銀叁錢、貳錢、壹錢以及伍分，共叁拾肆戶，共納稅銀陸兩叁分玖釐。

當稅銀陸拾伍兩當商壹拾叁名，每名歲徵銀伍兩。

地稅銀柒拾陸兩捌錢陸分係買房地業主出辦，原無定額，儘收儘解。

鄠縣

原額共柒等地貳千肆百伍拾陸頃柒拾玖畝陸分玖毫，每畝起科不等，共額徵夏秋等糧壹萬貳千捌百肆拾玖石肆斗柒合肆勺伍抄伍撮捌圭柒粟，內除拋荒召佃減納糧壹百叁拾肆石叁斗陸升柒勺捌抄，止該折正糧壹萬貳千柒百壹拾伍石肆升陸合陸勺柒抄伍撮捌圭柒粟，每石徵銀壹兩肆錢玖分捌釐柒毫肆絲叁忽玖微柒纖貳塵柒渺，共額徵銀壹萬玖千伍拾陸兩伍錢玖分玖釐伍毫陸忽捌微叁纖玖塵貳渺，內：

壹等上水地壹百陸拾頃玖拾伍畝柒分壹釐，每畝科糧壹斗壹合陸勺叁抄玖撮肆圭柒粟，共糧壹千陸百叁拾伍石玖斗伍升玖合伍勺貳抄，每石徵銀壹兩肆錢捌分叁釐柒絲貳忽伍微叁纖伍塵，共銀貳千肆百貳拾陸兩貳錢肆分陸釐貳毫陸絲肆忽壹纖貳塵貳渺。乾隆拾年奏聞秋禾情形事案內，題明豁免過地捌拾肆畝柒分伍釐，應免糧捌石陸斗壹升叁合玖勺肆抄伍撮捌粟貳粒伍顆，該除銀壹拾貳兩柒錢柒分伍釐壹毫肆忽壹微叁塵柒渺柒漠柒沙伍洙。止實在地壹百陸拾頃壹拾畝玖分陸釐，實徵糧壹千陸百貳拾柒石叁斗肆升伍合伍勺柒抄肆撮玖圭壹粟柒粒伍顆，實徵銀貳千肆百壹拾叁兩肆錢柒分壹釐壹毫伍絲玖忽玖微捌塵肆渺貳漠貳沙伍洙。

貳等中水地壹拾捌頃肆拾壹畝捌分玖釐，每畝科糧玖升捌勺柒抄伍撮壹圭捌粟，共糧壹百陸拾柒石叁斗捌升叁合壹抄，每石徵銀壹兩肆錢捌分叁釐柒絲貳忽伍微叁纖伍塵，共銀貳百肆拾捌兩貳錢肆分壹釐壹毫肆絲肆忽玖微伍纖陸塵陸渺。乾隆貳年及乾隆拾年報明並奏聞秋禾情形等事貳案內，題明豁免過地貳拾柒畝陸分，共免糧貳石伍斗捌合壹勺伍抄肆撮玖圭陸粟捌粒，該除銀叁兩柒錢壹分玖釐柒毫玖絲陸忽貳微玖纖伍塵伍渺陸漠。止實在地壹拾捌頃壹拾肆畝貳分玖釐，實徵糧壹百陸拾肆石捌斗柒升肆合捌勺伍抄伍撮叁粟貳粒，實徵銀貳百肆拾肆兩伍錢貳分壹釐叁毫肆絲捌忽陸微陸纖壹塵肆漠。

叁等下水地壹拾叁頃肆拾柒畝伍分叁釐叁毫，每畝科糧柒升玖合玖勺陸抄柒撮陸圭，共糧壹百柒石柒斗伍升捌合柒勺壹抄陸撮，每石徵銀壹兩肆錢捌分叁釐柒纖貳忽伍微叁纖伍塵，共銀壹百伍拾玖兩捌錢壹分叁釐玖毫玖絲貳忽陸塵肆渺。乾隆拾年奏聞秋禾情形事案內，題明免過地壹拾肆畝伍分，應免糧壹石壹斗伍升玖合伍勺叁抄貳圭，該除銀壹兩柒錢壹分玖釐陸毫陸絲叁忽壹微柒纖捌塵柒渺。止實在地壹拾叁頃叁拾叁畝叁釐叁毫，實徵糧壹百陸石伍斗玖升玖合壹勺捌抄伍撮捌圭，實徵銀壹百伍拾捌兩玖分肆釐叁毫貳絲捌忽捌微貳纖柒塵柒渺。

上等旱地貳千壹拾肆頃叁拾陸畝貳分伍釐玖毫，每畝科糧肆升捌合貳勺柒抄柒撮壹圭貳粟，共糧玖千柒百貳拾肆石柒斗陸升叁合玖勺貳抄壹圭陸粟，每石徵銀壹兩肆錢捌分叁釐柒絲貳忽伍微叁纖伍塵，共銀壹萬肆千肆百貳拾貳兩伍錢叁分貳絲陸忽玖微叁纖肆塵捌渺。乾隆貳年及乾隆拾年報明並奏聞秋禾情形等事貳案內，題明免過地共貳頃陸分陸釐，應免糧玖石陸斗捌升柒合貳勺捌抄陸撮捌圭玖粟玖粒貳顆，該除銀壹拾肆兩叁錢陸分陸釐玖毫伍絲壹忽壹微壹纖柒塵壹渺玖漠陸沙。止實在地貳千壹拾貳頃叁拾伍畝伍分玖釐玖毫，實徵糧玖千柒百壹拾伍石柒升陸合陸勺叁抄叁撮貳圭陸粟捌顆，實徵銀壹萬肆千肆百捌兩壹錢陸分叁釐柒絲伍忽捌微壹纖柒塵陸渺肆沙。

中等旱地壹百貳拾捌頃叁拾叁畝叁分玖釐陸毫，每畝科糧肆升捌勺壹抄伍撮肆粟，共糧伍百貳拾叁石柒斗玖升伍合柒勺玖撮，每石徵銀壹兩肆錢捌分叁釐柒絲貳忽伍微叁纖伍塵，共銀柒百柒拾陸兩捌錢貳分柒釐貳絲玖忽玖微陸纖捌塵貳渺。乾隆貳年及乾隆拾年報明並奏聞秋禾情形等事貳案內，題明免過地共壹頃壹拾畝，應免糧肆石肆斗捌升玖合陸勺伍抄肆撮肆圭，該除銀陸兩陸錢伍分捌釐肆毫捌絲肆忽捌微柒纖柒塵。止實在地壹百貳拾柒頃貳拾叁畝叁分玖釐陸毫，實徵糧伍百壹拾玖石叁斗陸合伍抄肆撮陸圭，實徵銀柒百柒拾兩壹錢陸分捌釐伍毫肆絲伍忽玖纖壹塵貳渺。

下等旱地壹百貳拾壹頃貳拾肆畝捌分貳釐壹毫，每畝科糧叁升貳合捌勺玖抄肆撮壹圭叁粟，共糧叁百玖拾捌石捌斗叁升肆合柒勺柒抄，每石徵銀壹兩肆錢捌分叁釐柒絲貳忽伍微叁纖伍塵，共銀伍百玖拾壹兩伍錢捌毫玖絲叁忽叁微玖纖。乾隆貳年及乾隆拾年報明並奏聞秋禾情形等事貳案內，題明免過地共貳頃陸拾陸畝壹分伍釐，應免糧捌石柒斗伍升肆合柒勺柒抄貳撮陸圭玖粟玖粒伍顆，該除銀壹拾貳兩玖錢捌分叁釐玖毫肆絲壹忽壹微柒纖捌塵捌渺伍漠。止實在地壹百壹拾捌頃伍拾捌畝陸分柒釐壹毫，實徵糧叁百玖拾石柒升玖合玖勺玖抄柒撮叁圭伍顆，實徵銀伍百柒拾捌兩伍錢壹分陸釐玖毫伍絲貳忽貳微壹纖壹塵壹渺伍漠。

各等共豁免過地柒頃叁畝陸分陸釐，應免糧叁拾伍石貳斗壹升叁合叁勺肆抄肆撮貳圭肆粟玖粒貳顆，該除銀伍拾貳兩貳錢貳分叁釐玖毫肆絲柒微伍纖壹塵捌漠叁沙伍洙。

實熟地貳千肆百肆拾玖頃柒拾伍畝玖分肆釐玖毫，實徵糧壹萬貳千伍百貳拾叁石貳斗捌升貳合叁勺玖圭壹粟捌顆，實徵銀壹萬捌千伍百柒拾貳兩玖錢叁分伍釐肆毫壹絲伍微壹纖柒塵壹渺壹漠陸沙伍洙。

山坡種籽壹百肆拾肆石肆升伍合，每斗科糧陸升肆合捌勺叁抄捌撮壹圭，共糧玖拾叁石叁斗玖升陸合玖勺，每石徵銀壹兩肆錢捌分叁釐柒絲貳忽伍微叁纖伍塵，共銀壹百叁拾捌兩伍錢壹分肆釐叁毫柒絲陸忽貳微肆纖肆塵壹渺。

又遺留並拋荒等糧壹百叁拾肆石叁斗伍升柒合肆抄伍撮捌圭柒粟，每石徵銀壹兩肆錢捌分叁釐柒絲貳忽伍微叁纖伍塵，共額徵銀壹百玖拾玖兩貳錢陸分壹釐捌絲肆忽陸微壹纖叁塵伍渺。

又草堂寺承舉等僧人無儀租糧陸拾叁石壹斗伍升柒合捌勺陸抄肆撮捌圭肆粟，每石徵銀壹兩肆錢捌分叁釐柒絲貳忽伍微叁纖伍塵，共銀玖拾叁兩陸錢陸分肆釐陸毫玖絲肆忽柒微壹纖叁塵肆渺。

又額外陳調陽自首旱地、自修稻地外增糧陸石陸斗叁升，應徵折色共銀壹拾壹兩肆錢壹分柒釐叁毫肆絲玖微柒塵。

又順治拾肆年清丈並自首及雍正柒年焦爾壁等自首中下貳等旱地捌拾畝叁分捌釐陸毫肆絲，每畝各科糧不等，共應折色糧叁石柒斗壹升捌合伍勺伍抄壹撮捌圭叁粟貳粒，每畝各科銀不等，共應徵折色共銀伍兩伍錢伍分伍釐壹絲肆微貳纖捌塵玖渺玖漠。

以上實熟並清丈自首民地，共地貳千肆百伍拾頃伍拾陸畝叁分叁釐伍毫肆絲，實徵並山坡、種籽、太府遺留、草堂寺無儀租糧共糧壹萬貳千捌百貳拾肆石伍斗肆升貳合陸勺陸抄叁撮肆圭伍粟貳粒捌顆，共徵折色銀壹萬玖千貳拾壹兩叁錢肆分柒釐玖毫壹絲柒忽肆微貳纖肆塵壹渺陸沙伍洙遵照乾隆伍拾玖年奉准部咨令，將康熙年間易知由單內載：上水地每畝徵銀壹錢伍分柒毫叁絲捌忽陸微玖纖壹塵肆渺玖漠；中水地每畝徵銀壹錢叁分肆釐柒毫柒絲伍忽貳微貳纖捌塵壹渺；下水地每畝徵銀壹錢壹分捌釐伍毫玖絲柒忽肆微陸纖陸渺；上旱地每畝徵銀柒分壹釐伍毫玖絲捌忽肆微捌纖陸渺；中旱地每畝徵銀陸分伍毫叁絲壹忽陸微捌纖柒渺；下旱地每畝徵銀肆分捌釐柒毫捌絲肆忽貳微玖纖玖塵；額外自首地每畝科糧肆升捌合貳勺玖抄陸撮叁圭肆粒貳顆伍糠陸粃，每畝徵銀柒分貳釐柒毫肆絲伍忽玖微肆纖貳塵柒渺；又陳調陽自首地糧每石徵銀壹兩肆錢捌分叁釐柒絲貳忽伍微叁纖肆塵玖渺陸漠壹沙叁洙，逐壹纂入書內，嗣後遇有墾豁，以便按畝增除。

原額上中下人丁叁門玖則不等，共折下下人丁共肆萬肆千陸百叁拾柒丁，每丁徵銀貳分玖釐陸毫玖絲玖微貳纖壹塵叁渺，共銀壹千叁百貳拾伍兩叁錢壹分叁釐陸毫伍絲肆忽陸纖捌塵壹渺，內除優免丁肆百捌拾叁丁，共銀壹拾肆兩叁錢肆分柒毫壹絲壹忽叁微伍纖壹渺。

實行差並清查招回抵補豁免共丁肆萬肆千壹百伍拾肆丁，共徵銀壹千叁百壹拾兩玖錢柒分貳釐玖毫肆絲貳忽柒微壹纖捌塵。

又額外招回及康熙元年、貳拾伍年共編審出溢額丁玖百貳拾伍丁，應徵銀貳拾柒兩肆錢壹分玖釐捌毫柒絲玖微玖纖壹塵柒渺。

以上實在行差並查出溢額應徵人丁肆萬伍千柒拾玖丁，共徵銀壹千叁百叁拾捌兩叁錢玖分貳釐捌毫壹絲叁忽柒微玖塵柒渺於雍正伍年攤入前項地糧內徵解。

外康熙伍拾伍年起，至乾隆貳拾陸年止，編審出丁伍百壹拾丁；乾隆叁拾壹年編審出丁肆拾肆丁；乾隆叁拾陸年編審出丁肆拾壹丁。共編審出丁伍百玖拾伍丁，欽遵康熙伍拾貳年叁月拾捌日恩詔，后遇編審之期，但據康熙伍拾年丁冊定為常額，續生人丁，永不加賦。

原額均徭銀叁千叁拾捌兩陸錢貳釐玖毫陸絲陸微壹纖貳塵，乾隆貳年及乾隆拾叁年報明並奏聞秋禾等事貳案內，題明豁免過銀捌兩叁錢貳分柒釐壹毫捌絲叁忽貳微玖渺柒漠肆沙，實徵銀叁千叁拾兩貳錢柒分伍釐柒毫柒絲柒忽肆微壹纖壹塵貳漠陸沙。

又順治拾肆年清丈自首及雍正柒年自首民地應徵均徭銀捌錢玖分貳釐陸毫柒絲叁忽玖纖玖塵貳渺。

以上實徵均徭銀叁千叁拾壹兩壹錢陸分捌釐肆毫伍絲伍微壹纖貳渺貳漠陸沙按照前項各等地畝：上水地每畝徵銀貳分肆釐叁絲伍忽伍微陸塵；中水地每畝徵銀貳分壹釐肆毫玖絲壹微伍塵；下水地每畝徵銀壹分捌釐玖毫壹絲伍微叁纖陸塵陸渺；上旱地每畝徵銀壹分壹釐肆毫壹絲陸忽肆微捌纖壹塵肆渺；中旱地每畝徵銀玖釐陸毫伍絲壹忽捌微陸纖肆塵；下旱地每畝徵銀柒釐柒毫柒絲捌忽柒微貳纖柒塵。山坡、籽種並太府遺留及草堂寺各糧每石徵銀貳錢叁分陸釐肆毫柒絲捌忽陸纖壹塵；額外自首地每畝徵銀壹分壹釐柒毫玖絲貳忽貳微叁纖捌塵捌渺；又陳調陽自首地糧每石徵銀貳錢叁分捌釐玖毫玖絲玖忽陸微陸纖叁塵。

遇閏徵銀貳百玖拾玖兩柒錢伍釐貳毫叁絲壹忽，內除荒銀陸錢肆分柒釐貳毫伍忽陸微柒纖叁塵叁渺，實徵銀貳百玖拾玖兩伍分捌釐貳絲伍忽叁微貳纖陸塵柒渺。

額外徵收停免銀壹百伍拾伍兩伍錢玖釐陸毫柒絲。

軍籍丁糧銀玖百肆拾柒兩捌分捌釐壹毫捌絲伍忽柒微捌纖叁塵。

匠價並盤纏銀貳拾陸兩貳錢叁分伍釐。遇閏加銀貳兩壹錢捌分陸釐貳毫伍絲。

以上正閏肆項攤入前項地糧內徵解。

地、丁貳項並均徭、額外停免、匠價等項，除優丁銀外，額徵銀貳萬肆千伍百捌拾兩貳錢玖分叁釐壹毫陸絲壹忽叁微柒纖玖塵玖漠，內除荒銀陸拾兩伍錢伍分壹釐壹毫貳絲叁忽玖微伍纖貳塵伍漠柒沙伍洙，實徵銀貳萬肆千伍百壹拾玖兩柒錢肆分貳釐叁絲柒忽肆微貳纖柒塵叁漠貳沙伍洙。

遇閏加徵銀貳百玖拾玖兩柒錢伍釐貳毫叁絲壹忽，內除荒銀陸錢肆分柒釐貳毫伍忽陸微柒纖叁塵叁渺，實徵銀貳百玖拾玖兩伍分捌釐貳絲伍忽叁微貳纖陸塵柒渺。

又額外徵收匠價閏銀貳兩壹錢捌分陸釐貳毫伍絲。

貳項共銀叁百壹兩貳錢肆分肆釐貳毫柒絲伍忽叁微貳纖陸塵柒渺。

壹起運項下

原編起運糧石折價銀壹萬叁千捌百貳拾伍兩叁錢壹分壹釐肆毫肆絲陸忽捌微叁纖玖塵貳渺，內除荒銀叁拾柒兩玖錢捌分伍釐叁毫貳絲捌忽貳微陸纖陸塵柒渺柒沙伍洙，實起運銀壹萬叁千柒百捌拾柒兩叁錢貳分陸釐壹毫壹絲捌忽伍微柒纖貳塵肆渺玖漠貳沙伍洙。

節裁鹽鈔、抵祿、藥味、軍器、毛襖等項銀柒百捌拾肆兩柒錢肆釐，內除荒銀壹兩伍錢貳釐叁毫貳忽肆微伍纖叁塵捌渺，實起運銀柒百捌拾叁兩貳錢壹釐陸毫玖絲柒忽伍微肆纖陸塵貳渺。

舊編裁扣，內順治玖年裁扣銀貳百貳拾壹兩陸錢；拾貳年裁扣修宅、傢伙、傘扇銀貳百柒拾捌兩；拾肆年裁扣官生俸廩等銀陸百叁拾貳兩玖錢捌分柒釐柒毫柒絲；拾伍年裁教諭俸薪等項銀伍拾柒兩玖錢貳分，又遞馬、損轎夫叁分裁壹，銀壹百貳拾肆兩捌錢捌分肆釐叁毫貳絲伍忽叁微叁纖叁塵叁渺。康熙元年裁吏書工食銀玖拾柒兩貳錢，又裁莊浪河東貳道俸紅銀貳百陸拾兩；叁年裁門斗、齋夫工食銀肆拾叁兩貳錢，雜費丁銀伍拾捌兩柒錢柒分貳釐貳毫；拾伍年裁心紅紙張、修理監倉、喂馬草料等項共銀肆百玖拾肆兩玖錢玖分捌釐柒毫；貳拾柒年裁進士、舉貢坊價、盤纏等項共銀叁拾貳兩玖錢陸分捌釐伍毫伍絲叁忽叁微叁纖。雍正陸年裁燈夫工食銀貳拾肆兩；拾貳年裁民壯工食銀壹百貳拾陸兩。乾隆柒年裁民壯工食銀肆拾貳兩；玖年裁春秋祭祀銀叁拾陸兩伍錢捌分，又裁舖司工食銀壹拾肆兩肆錢，又舊編裁剩解部銀肆百壹拾伍兩伍錢捌分壹釐肆毫壹絲。共裁歸入起運銀貳千玖百陸拾壹兩玖分貳釐玖毫伍絲捌忽陸微陸纖叁塵叁渺，內除荒銀陸兩貳錢玖分伍釐玖毫壹忽陸微伍纖肆塵柒渺玖漠伍沙陸涯，實起運銀貳千玖百伍拾肆兩柒錢玖分柒釐伍絲柒忽捌塵伍渺肆沙玖洙肆涯。

又額外清丈自首地畝、折色均徭及招回出溢額丁並額外徵收停免、軍籍、匠價並盤纏等項共銀壹千壹百柒拾肆兩壹錢壹分柒釐柒毫伍絲壹忽貳微玖塵捌渺玖漠。

共該實起運銀壹萬捌千陸百玖拾玖兩肆錢肆分貳釐陸毫貳絲肆忽叁微叁纖柒塵捌漠柒沙肆洙肆涯。

又收存留內額協黃沙等驛站抵餉銀叁千玖百伍拾玖兩貳錢貳分貳釐玖毫肆忽柒微陸纖壹塵陸渺。

又收存留內驛遞之差使甚少等事案內，裁遞馬、損夫銀壹百捌拾伍兩陸錢玖分肆釐叁毫肆絲叁忽伍微伍塵壹渺。

又收請倣以糧載丁等事案內，通省以糧均丁增銀壹千壹百壹拾叁兩陸分肆釐叁毫柒絲玖忽貳微柒纖陸渺。

共該起運銀貳萬叁千玖百伍拾柒兩肆錢貳分肆釐貳毫伍絲壹忽捌微柒纖肆塵叁渺捌漠柒沙肆洙肆涯。

遇閏裁扣，內順治玖年裁扣銀壹拾陸兩捌錢；拾肆年裁扣銀肆拾伍兩叁錢捌分玖釐叁毫叁絲叁忽；拾伍年奉裁銀肆兩捌錢貳分陸釐陸毫陸絲陸忽。康熙元年奉裁銀捌兩壹錢，又裁銀貳拾壹兩陸錢陸分陸釐陸毫；叁年裁扣銀叁兩陸錢；拾伍年裁心紅紙張、喂馬草料銀壹拾兩玖錢玖分玖釐捌毫柒絲。雍正陸年裁燈夫銀貳兩；拾貳年裁民壯銀壹拾兩伍錢。乾隆柒年裁民壯銀叁兩伍錢；乾隆玖年裁舖司銀壹兩貳錢，又裁各官閏俸銀叁拾伍兩貳錢伍分叁釐叁毫叁絲貳忽。

共銀壹百陸拾叁兩捌錢叁分伍釐捌毫壹忽，內除荒銀叁錢伍分叁釐捌毫伍絲壹忽貳微捌塵玖渺，實起運閏銀壹百陸拾叁兩肆錢捌分壹釐玖毫肆絲玖忽柒微玖纖壹塵壹渺。

又額外徵收匠價閏銀貳兩壹錢捌分陸釐貳毫伍絲。

貳共起運閏銀壹百陸拾伍兩陸錢陸分捌釐壹毫玖絲玖忽柒微玖纖壹塵壹渺。

又收存留内驛遞之差使甚少等事案內，裁站閏月銀貳拾柒兩陸錢。

又收請做以糧載丁等事案內，通省以糧均丁增銀柒拾捌兩肆錢伍分叁釐貳絲叁忽肆微肆纖伍塵捌渺。

共該銀貳百柒拾壹兩柒錢貳分壹釐貳毫貳絲叁忽貳微叁纖陸塵玖渺，內留支加增撥補工食銀玖兩肆錢貳分貳釐肆毫玖絲捌忽伍微柒纖陸塵，止該實起運閏銀貳百陸拾貳兩貳錢玖分捌釐柒毫貳絲肆忽陸微陸纖玖渺。

壹存留項下

原編存留銀伍千捌百叁拾伍兩陸分柒釐肆忽陸微陸纖陸塵柒渺，內除荒銀壹拾肆兩柒錢陸分柒釐伍毫玖絲壹忽伍微柒纖陸塵柒渺伍漠肆沙玖洙肆涯，實徵存留銀伍千捌百貳拾兩貳錢玖分玖釐肆毫壹絲叁忽捌纖玖塵玖渺肆漠伍沙陸涯。

壹俸工項下

西寧兵備道俸薪銀壹百伍兩，內除荒銀貳錢貳分陸釐柒毫肆絲叁忽壹微玖纖伍塵，實徵支銀壹百肆兩柒錢柒分叁釐貳毫伍絲陸忽捌微伍塵，內均攤銀肆拾捌兩叁錢玖分玖釐玖毫叁絲陸忽玖微玖纖肆塵伍渺，即留抵各員役俸工訖。

肅州兵備道俸薪銀壹百伍兩，內除荒銀貳錢貳分陸釐柒毫肆絲叁忽壹微玖纖伍塵，實徵支銀壹百肆兩柒錢柒分叁釐貳毫伍絲陸忽捌微伍塵，內均攤銀肆拾捌兩叁錢玖分玖釐玖毫叁絲陸忽玖微玖纖肆塵伍渺，即留抵各員役俸工訖。

寧夏河西道俸薪銀壹百伍兩，內除荒銀貳錢貳分陸釐柒毫肆絲叁忽壹微玖纖伍塵，實徵支銀壹百肆兩柒錢柒分叁釐貳毫伍絲陸忽捌微伍塵，內均攤銀肆拾捌兩叁錢玖分玖釐玖毫叁絲陸忽玖微玖纖肆塵伍渺，即留抵各員役俸工訖。

知縣俸薪銀肆拾伍兩，內除荒銀玖分柒釐壹毫柒絲伍忽陸微伍纖伍塵，實徵支銀肆拾肆兩玖錢貳釐捌毫貳絲肆忽叁微肆纖伍塵，內均攤銀貳拾兩柒錢肆分貳釐捌毫叁絲壹微肆纖伍渺，卽留抵各員役俸工訖。

典史壹員，額支俸薪銀叁拾壹兩伍錢貳分，內除荒撥補銀陸分捌釐陸絲伍忽陸微伍纖壹塵柒渺，實徵支銀叁拾壹兩肆錢伍分壹釐玖毫叁絲肆忽叁微肆纖捌塵叁渺。

教諭、訓導貳員，額支俸薪銀叁拾壹兩伍錢貳分，內除荒撥補銀陸分捌釐陸絲伍忽陸微伍纖壹塵柒渺，實徵支銀叁拾壹兩肆錢伍分壹釐玖毫叁絲肆忽叁微肆纖捌塵叁渺。外撥補全俸銀肆拾捌兩肆錢捌分。

知縣衙門

門子貳名，每名歲支工食銀陸兩，共支銀壹拾貳兩，內除荒撥補銀貳分伍釐玖毫壹絲叁忽玖微捌塵，實徵支銀壹拾壹兩玖錢柒分肆釐捌絲陸忽玖纖貳塵。遇閏加銀壹兩，內除荒銀貳釐壹毫伍絲玖忽肆微伍纖玖塵，實徵支銀玖錢玖分柒釐捌毫肆絲伍微肆纖壹塵。

皂隸、仵作壹拾陸名，每名歲支工食銀陸兩，共支銀玖拾陸兩，內除荒撥補銀貳錢柒釐叁毫捌忽貳微陸纖肆塵，實徵支銀玖拾伍兩柒錢玖分貳釐陸毫玖絲壹忽柒微叁纖陸塵。遇閏加銀捌兩，內除荒銀壹分柒釐貳毫柒絲陸忽陸纖玖塵，實徵支銀柒兩玖錢捌分貳釐柒毫貳絲叁忽玖微叁纖壹塵。

馬快捌名，每名歲支工食草料銀壹拾陸兩捌錢，共支銀壹百叁拾肆兩肆錢，內除荒撥補銀貳錢玖分貳毫叁絲壹忽壹微陸纖玖塵陸渺，實徵支銀壹百叁拾肆兩壹錢玖釐柒毫陸絲捌忽捌微叁纖肆渺。遇閏加銀壹拾壹兩貳錢，內除荒銀貳分肆釐壹毫捌絲陸忽伍微捌纖，實徵支銀壹拾壹兩壹錢柒分伍釐捌毫壹絲叁忽肆微貳纖。

民壯貳拾貳名，每名歲支工食銀陸兩，共支銀壹百叁拾貳兩，內除荒撥補銀貳錢捌分伍釐肆絲捌忽玖微捌纖捌塵，實徵支銀壹百叁拾壹兩柒錢壹分肆釐玖毫伍絲壹忽壹纖貳塵。遇閏加銀壹拾壹兩，內除荒銀貳分叁釐柒毫伍絲肆忽貳微伍纖，實徵支銀壹拾兩玖錢柒分陸釐貳毫肆絲伍忽柒微伍纖，

看監禁子捌名，每名歲支工食銀陸兩，共支銀肆拾捌兩，內除荒撥補銀壹錢叁釐陸毫伍絲叁忽陸微叁纖貳塵，實徵支銀肆拾柒兩捌錢玖分陸釐叁毫肆絲陸忽叁微陸纖捌塵。外每名加增銀貳兩，共銀壹拾陸兩。遇閏加銀肆兩，內除荒銀捌釐陸毫叁絲柒忽捌微肆纖，實徵支銀叁兩玖錢玖分壹釐叁毫陸絲貳忽壹

微陸纖。

轎傘扇夫柒名，每名歲支工食銀陸兩，共支銀肆拾貳兩，內除荒撥補銀玖分陸毫玖絲柒忽陸微柒纖捌塵，實徵支銀肆拾壹兩玖錢玖釐叁毫貳忽叁微貳纖貳塵。遇閏加銀叁兩伍錢，內除荒銀柒釐伍毫伍絲捌忽叁微，實徵支銀叁兩肆錢玖分貳釐肆毫肆絲壹忽柒微。

庫子肆名，每名歲支工食銀陸兩，共支銀貳拾肆兩，內除荒撥補銀伍分壹釐捌毫貳絲陸忽捌微壹纖陸塵，實徵支銀貳拾叁兩玖錢肆分捌釐壹毫柒絲叁忽壹微捌纖肆塵。遇閏加銀貳兩，內除荒銀肆釐叁毫壹絲捌忽玖微貳纖，實徵支銀壹兩玖錢玖分伍釐陸毫捌絲壹忽捌纖。

斗級肆名，每名歲支工食銀陸兩，共支銀貳拾肆兩，內除荒撥補銀伍分壹釐捌毫貳絲陸忽捌微壹纖陸塵，實徵支銀貳拾叁兩玖錢肆分捌釐壹毫柒絲叁忽壹微捌纖肆塵。遇閏加銀貳兩，內除荒銀肆釐叁毫壹絲捌忽玖微貳纖，實徵支銀壹兩玖錢玖分伍釐陸毫捌絲壹忽捌纖。

鐘鼓夫伍名，每名歲支工食銀貳兩肆錢，共支銀壹拾貳兩，內除荒撥補銀貳分伍釐玖毫壹絲叁忽玖微捌塵，實徵支銀壹拾壹兩玖錢柒分肆釐捌絲陸忽玖纖貳塵。遇閏加銀壹兩，內除荒銀貳釐壹毫伍絲玖忽肆微伍纖玖塵，實徵支銀玖錢玖分柒釐捌毫肆絲伍微肆纖壹塵。

舖司兵壹拾名，每名歲支工食銀肆兩捌錢，共支銀肆拾捌兩，內除荒銀壹錢叁釐陸毫伍絲叁忽伍微壹纖貳塵，實徵支銀肆拾柒兩捌錢玖分陸釐叁毫肆絲陸忽肆微捌纖捌塵。外加增銀壹拾貳兩壹錢叁釐陸毫伍絲叁忽伍微壹纖貳塵。遇閏加銀肆兩，內除荒銀捌釐陸毫叁絲捌忽捌微玖纖，實徵支銀叁兩玖錢玖分壹釐叁毫陸絲壹忽壹微壹纖。外加增銀壹兩捌釐陸毫叁絲捌忽捌微玖纖。

協濟咸陽水夫壹拾叁名，每名歲支工食銀伍兩壹錢，共支銀陸拾陸兩叁錢，內除荒撥補銀壹錢肆分叁釐壹毫柒絲貳忽叁微玖纖壹塵柒渺，實徵支銀陸拾陸兩壹錢伍分陸釐捌毫貳絲柒忽陸微捌塵叁渺。遇閏加銀伍兩伍錢貳分伍釐，內除荒銀壹分壹釐玖毫叁絲壹忽叁微壹纖，實徵支銀伍兩伍錢壹分叁釐陸絲捌忽陸微玖纖。

典史衙門

門子壹名，歲支銀陸兩，內除荒撥補銀壹分貳釐玖毫伍絲陸忽玖微伍纖肆塵，實徵支銀伍兩玖錢捌分柒釐肆絲叁忽肆纖陸塵。遇閏加銀伍錢，內除荒銀壹釐柒絲玖忽柒微叁纖，實徵支銀肆錢玖分捌釐玖毫貳絲貳微柒纖。

皂隸肆名，每名歲支工食銀陸兩，共支銀貳拾肆兩，內除荒撥補銀伍分壹釐捌毫貳絲陸忽捌微壹纖陸塵，實徵支銀貳拾叁兩玖錢肆分捌釐壹毫柒絲叁忽壹微捌纖肆塵。遇閏加銀貳兩，內除荒銀肆釐叁毫壹絲捌忽玖微貳纖，實徵支銀壹兩玖錢玖分伍釐陸毫捌絲壹忽捌纖。

馬夫壹名，歲支銀陸兩，內除荒撥補銀壹分貳釐玖毫伍絲陸忽玖微伍纖肆塵，實徵支銀伍兩玖錢捌分柒釐肆絲叁忽肆纖陸塵。遇閏加銀伍錢，內除荒銀壹釐柒絲玖忽柒微叁纖，實徵支銀肆錢玖分捌釐玖毫貳絲貳微柒纖。

教諭衙門

齋夫叁名，每名歲支工食銀壹拾貳兩，共支銀叁拾陸兩，內除荒撥補銀柒分柒釐柒毫肆絲柒微貳纖肆塵，實徵支銀叁拾伍兩玖錢貳分貳釐貳毫伍絲玖忽貳微柒纖陸塵。遇閏加銀叁兩，內除荒銀陸釐肆毫柒絲捌忽叁微捌纖，實徵支銀貳兩玖錢玖分叁釐伍毫貳絲壹忽陸微貳纖。

膳夫貳名，額支銀壹拾叁兩叁錢叁分叁釐叁毫叁絲，內除荒撥補銀貳分捌釐柒毫玖絲叁忽貳微壹纖壹塵肆渺，實徵支銀壹拾叁兩叁錢肆釐伍毫叁絲陸忽柒微捌纖捌塵陸渺係廩生支領。遇閏加銀壹兩壹錢壹分壹釐壹毫，內除荒撥補銀貳釐叁毫玖絲叁忽貳微捌纖壹塵，實徵支銀壹兩壹錢捌釐柒毫陸忽柒微壹纖玖塵。

門斗肆名，每名歲支工食銀叁兩陸錢，共支銀壹拾肆兩肆錢，內除荒撥補銀叁分壹釐玖絲陸忽捌纖玖塵陸渺，實徵支銀壹拾肆兩叁錢陸分捌釐玖毫叁忽玖微壹纖肆渺。遇閏加銀壹兩貳錢，內除荒銀貳釐伍毫玖絲壹忽叁微玖纖，實徵支銀壹兩壹錢玖分柒釐肆毫捌忽陸微壹纖。

廩生貳拾名，額支銀陸拾肆兩，內除荒撥補銀壹錢叁分捌釐貳毫伍忽壹微柒纖陸塵，實徵支銀陸拾叁兩捌錢陸分壹釐柒毫玖絲肆忽捌微貳纖肆塵。遇閏加銀伍兩叁錢叁分叁釐叁毫叁絲，內除荒撥補銀壹分壹釐肆毫陸絲陸忽肆微伍塵，實徵支銀伍兩叁錢貳分壹釐捌毫陸絲叁忽伍微玖纖伍塵。

以上俸工項下，除廩生、膳夫貳欵照常支發外，其餘官役俸工於道光貳拾叁年奉文，均以貳兩平支放，每兩減平銀陸分，其減平銀兩，每年批解部庫交納，理合登明。

壹雜支項下

春秋貳丁並清明、柒月拾伍等節祭文廟並各壇祠及無祀鬼魂品物等項銀柒拾叁兩肆錢貳分，內除荒銀壹錢伍分玖釐柒毫肆絲貳忽柒微壹纖叁塵柒渺伍漠肆沙玖洙肆涯，實徵支銀柒拾叁兩貳錢陸分貳毫伍絲柒忽貳微捌纖陸塵貳渺肆漠伍沙陸涯。

祭旗纛并犒賞民壯銀肆兩，內除荒銀捌釐陸毫叁絲柒忽陸微叁纖陸塵，實徵支銀叁兩玖錢玖分壹釐叁毫陸絲貳忽叁微陸纖肆塵。

鄉飲銀伍兩，內除荒銀壹分柒毫玖絲柒忽貳微玖纖伍塵，實徵支銀肆兩玖錢捌分玖釐貳毫貳忽柒微伍塵。

布政司紙劄銀壹兩柒錢貳分伍釐，內除荒銀叁釐柒毫貳絲伍忽肆微壹纖壹塵捌渺，實徵支銀壹兩柒錢貳分壹釐貳毫柒絲肆忽伍微捌纖捌塵貳渺。

以上鄉飲、紙劄貳欵於道光貳拾叁年奉文裁汰，其徵收銀兩，每年批解部庫交納，理合登明。

壹孤貧項下

孤貧貳拾捌名口，共支月糧銀捌拾兩陸錢肆分，內除荒銀壹錢柒分貳釐柒毫貳絲肆忽叁微貳纖伍塵柒渺，實徵支銀捌拾兩肆錢陸分柒釐貳毫柒絲伍忽陸微柒纖肆塵叁渺。外加增銀貳拾兩叁錢叁分貳釐柒毫貳絲肆忽叁微貳纖伍塵柒渺。遇閏加增銀捌兩肆錢。

孤貧布花銀壹拾肆兩，內除荒銀叁分貳毫叁絲貳忽肆微貳纖陸塵，實徵支銀壹拾叁兩玖錢陸分玖釐柒毫陸絲柒忽伍微柒纖肆塵。

壹驛站項下

渭水驛站銀叁千叁百柒拾肆兩叁錢柒分肆釐陸毫；威勝驛站銀柒拾肆兩貳錢肆分壹毫；薪平驛站銀柒拾捌兩壹錢叁分捌釐叁毫；宜祿驛改兌臨洮府站銀貳拾兩柒錢；渭水驛支直銀壹百叁拾壹兩伍錢壹分伍釐；京兆驛支直銀壹兩伍錢貳分伍釐；該縣徑支銀肆拾兩；議裁織造局皂隸工食改兌臨洮府站銀柒兩貳錢。共銀叁千柒百貳拾柒兩陸錢玖分叁釐，內除荒銀壹拾兩貳錢壹分伍釐陸毫捌忽肆微陸纖陸塵貳渺，實徵銀叁千柒百壹拾柒兩肆錢柒分柒釐叁毫玖絲壹忽伍微叁纖叁塵捌渺，內除額協抵餉並裁站銀叁千陸百柒拾伍兩柒錢玖分叁釐，實支銀肆拾壹兩陸錢捌分肆釐叁毫玖絲壹忽伍微叁纖叁塵捌渺。

走遞馬額銀陸百叁拾壹兩柒分貳絲陸忽陸微陸纖陸塵柒渺；損轎夫壹拾貳名，額銀柒拾貳兩肆分伍釐陸毫肆絲捌忽。共銀柒百叁兩壹錢壹分伍釐陸毫柒絲肆忽陸微陸纖陸塵柒渺，內除荒銀壹兩伍錢壹分玖釐柒毫陸絲叁忽柒微伍纖陸渺，實徵支銀柒百壹兩伍錢玖分伍釐玖毫壹絲玖微壹纖陸塵壹渺，內除額協站抵餉並裁站銀肆百陸拾玖兩壹錢貳分肆釐貳毫肆絲捌忽貳微陸纖陸塵柒渺，實支銀貳百叁拾貳兩肆錢柒分壹釐陸毫陸絲貳忽陸微肆纖玖塵肆渺。

遇閏走遞馬加銀陸拾兩，損轎夫加銀玖兩，共銀陸拾玖兩，內除荒銀壹錢肆分玖釐陸忽陸微叁纖壹塵肆渺，實徵銀陸拾捌兩捌錢伍分玖毫玖絲叁忽叁微陸纖捌塵陸渺，內除裁站銀貳拾柒兩陸錢，實支銀肆拾壹兩貳錢玖分伍毫玖絲叁忽叁微陸纖捌塵陸渺。

以上存留實徵共銀伍千捌百貳拾兩貳錢玖分玖釐肆毫壹絲叁忽捌纖玖塵玖渺肆漠伍沙陸涯，內除額協黃沙等驛站支抵餉銀叁千玖百伍拾玖兩貳錢貳分貳釐玖毫肆忽柒微陸纖壹塵陸渺；又除驛遞之差使甚少等事案內，裁遞馬、損夫銀壹百捌拾伍兩陸錢玖分肆釐叁毫肆絲叁忽伍微伍塵壹渺入起運外，實該銀壹千陸百柒拾伍兩叁錢捌分貳釐壹毫陸絲肆忽捌微貳纖叁塵貳渺肆漠伍沙陸涯，外加增撥補俸工銀玖拾捌兩陸錢捌分壹釐陸毫柒絲捌忽陸微叁纖柒塵肆渺，全數在于正印各官均攤俸銀內留抵訖，共該銀壹千柒百柒拾肆兩陸分叁釐捌毫肆絲叁忽肆微陸纖陸渺肆漠伍沙陸涯於乾隆伍拾貳年奉文，全數解司，一切支欵，俱由司庫按季領支，嗣于嘉慶伍年奉文，在縣留支，並不解司，按季請領。

遇閏原加銀壹百柒拾壹兩壹錢貳分貳釐柒毫陸絲貳忽，內除裁扣閏俸銀叁拾伍兩貳錢伍分叁釐叁毫叁絲貳忽入起運外，止該銀壹百叁拾伍兩捌錢陸分玖釐肆毫叁絲，內除荒銀貳錢玖分叁釐叁毫伍絲肆忽肆微陸纖肆塵肆渺，實徵銀壹百叁拾伍兩伍錢柒分陸釐柒絲伍忽伍微叁纖伍塵陸渺，內除驛遞之差使甚少等事案內，裁站閏月銀貳拾柒兩陸錢，實該銀壹百柒兩玖錢柒分陸釐柒絲伍忽伍微叁纖伍塵陸渺。

外加增撥補舖司等役工食閏月銀玖兩肆錢貳分貳釐肆毫玖絲捌忽伍微柒纖陸塵。

共該存留閏銀壹百壹拾柒兩叁錢玖分捌釐伍毫柒絲肆忽壹微壹纖壹塵陸渺於乾隆伍拾貳年奉文，全數解司，一切支欵，俱由司庫按季領支，嗣于嘉慶伍年奉文，在縣留支，並不解司，按季請領。

壹額外

課程銀壹拾玖兩玖錢叁分係行戶出辦。遇閏加銀壹兩陸錢陸分捌毫叁絲叁忽叁微叁纖。

畜稅銀壹百貳拾伍兩肆分係買騾馬人出辦，原無定額，儘收儘解。

牙稅銀肆拾壹兩壹錢共牙人捌拾玖名，上則陸拾壹名，每名稅銀伍錢，共銀叁拾兩伍錢；中則貳拾貳名，每名稅銀肆錢，共銀捌兩捌錢；下則陸名，每名稅銀叁錢，共銀壹兩捌錢。

當稅銀壹百兩係典舖出辦，共典舖貳拾座，每座每年當稅銀伍兩。

地稅銀柒拾玖兩陸錢貳分係買房地業主出辦，原無定額，儘收儘解。

耀州

原額壹、貳、叁、肆、伍、陸等共地陸千玖百玖拾頃玖拾畝玖分叁釐伍毫伍絲，每畝起科不等，共徵折色糧壹萬柒千玖百叁拾叁石陸斗壹升玖合貳勺伍抄壹撮，每石折徵銀壹兩壹錢肆分壹釐叁毫貳絲肆忽柒微玖纖貳塵，共額徵銀貳萬肆百陸拾捌兩捌分肆釐貳毫陸絲玖微叁纖陸塵壹渺。內：

壹等地叁拾頃壹拾伍畝柒分貳釐肆毫伍絲，每畝科糧玖升叁合貳勺肆抄貳撮肆圭，共糧貳百捌拾壹石壹斗捌升陸合壹勺伍抄，共銀叁百貳拾兩玖錢貳分肆釐柒毫貳絲肆忽壹微陸纖貳塵。內順治柒年題明豁免無主荒地壹拾頃，應免糧玖拾叁石貳斗肆升，該除銀壹百陸兩肆錢壹分柒釐壹毫，內興屯墾過、又節年並丈首出共地肆拾柒畝捌分捌釐陸毫肆絲陸忽陸微，該糧肆石肆斗陸升伍合肆抄捌撮捌圭叁粟叁粒，該徵銀伍兩玖分陸釐陸絲玖忽柒微伍纖捌塵陸渺。實在地貳拾頃陸拾叁畝陸分壹釐玖絲陸忽陸微，該糧壹百玖拾貳石肆斗壹升壹合壹勺玖抄捌撮捌圭叁粟叁粒，該徵銀貳百壹拾玖兩陸錢叁釐陸毫玖絲叁忽玖微貳纖陸渺。

貳等地貳百捌拾玖頃柒拾伍畝柒分陸毫肆絲，每畝科糧陸升陸合，共糧壹千玖百壹拾貳石叁斗玖升陸合貳抄，該徵銀貳千壹百捌拾貳兩陸錢陸分肆釐玖毫捌絲玖忽柒微肆纖捌塵。順治柒年題明免過無主荒地柒拾伍頃，應免糧肆百玖拾伍石，該除銀伍百陸拾肆兩玖錢伍分伍釐捌毫，內興屯墾過、又節年開墾並丈首出共地伍頃叁拾壹畝伍釐肆毫捌忽玖微，該糧叁拾伍石肆升玖合叁勺貳抄陸撮捌圭柒粟肆粒，該徵銀肆拾兩貳釐柒毫貳絲伍忽伍微壹纖壹塵玖渺。實在地貳百貳拾頃陸畝柒分伍釐陸毫捌絲捌忽玖微，該糧壹千肆百伍拾貳石肆斗肆升伍合叁勺肆抄陸撮捌圭柒粟肆粒，該徵銀壹千陸百伍拾柒兩柒錢壹分壹釐玖毫壹絲伍忽貳微伍纖玖塵玖渺。

叁等地玖百柒拾捌頃叁畝壹分玖釐柒毫貳絲，每畝科糧肆升捌合，共糧肆千陸百玖拾肆石伍斗伍升叁合肆勺陸抄，該徵銀伍千叁百伍拾捌兩壹分貳毫伍絲壹忽貳微陸纖柒塵叁渺。順治柒年題明免過無主荒地伍百貳拾頃，應免糧貳千肆百玖拾陸石，該除銀貳千捌百肆拾捌兩柒錢肆分柒釐貳毫，內前墾、又興屯墾過、又節年開墾並丈首出地叁拾捌頃玖拾肆畝玖分貳毫伍絲壹忽肆微，共該糧壹百捌拾陸石玖斗伍升伍合捌勺陸圭柒粟貳粒，共該徵銀貳百壹拾叁兩叁錢柒分柒釐貳毫柒絲伍忽玖纖叁塵玖渺肆漠。實在地肆百玖拾陸頃玖拾捌畝玖釐玖毫柒絲壹忽肆微，該糧貳千叁百捌拾伍石伍斗玖合貳勺陸抄陸圭柒粟貳粒，該徵銀貳千柒百貳拾貳兩陸錢肆分叁毫貳絲陸忽叁微陸纖壹塵貳渺肆漠。

肆等地壹千伍百叁頃貳拾伍畝柒分貳釐肆絲，每畝科糧叁升叁合伍勺，共糧伍千叁拾伍石玖斗壹升壹合柒勺陸抄，該徵銀伍千柒百肆拾柒兩陸錢壹分玖毫肆絲壹忽肆微捌纖肆塵。順治柒年題明免過無主荒地陸百肆拾玖頃捌拾伍畝，應免糧貳千壹百柒拾陸石玖斗玖升柒合伍勺，該除銀貳千肆百捌拾肆兩陸錢陸分肆釐伍毫，內前墾、又興屯墾過、又節年並丈首出共地壹百壹拾陸頃玖拾玖畝柒毫肆絲壹忽，共該糧叁百玖拾壹石捌斗壹合叁勺玖抄捌撮玖圭伍粟伍粒，該徵銀肆百肆拾柒兩壹錢柒分壹釐陸毫伍絲叁微陸塵柒渺。實在地玖百柒拾頃叁拾玖畝柒分貳釐柒毫捌絲壹忽，該糧叁千貳百伍拾石柒斗壹升伍合陸勺伍抄捌撮玖圭伍粟伍粒，該徵銀叁千柒百壹拾兩壹錢壹分捌釐玖絲壹忽柒微玖纖柒渺。

伍等地壹千陸百伍拾頃壹拾叁畝叁分肆釐肆毫，每畝科糧貳升叁合伍勺，共糧叁千捌百柒拾柒石捌斗壹升叁合玖勺捌抄壹撮，該徵銀肆千肆百貳拾伍兩捌錢肆分伍釐貳毫叁絲伍忽貳微捌纖玖塵伍渺。內順治柒年並拾陸年題明免過無主及續荒地壹千肆百貳拾伍頃柒拾壹畝玖分捌釐陸毫，應免糧叁千叁百陸拾叁石捌斗捌升壹合伍勺貳抄玖撮，該除銀叁千捌百叁拾玖兩貳錢捌分貳釐捌毫陸絲玖微陸纖陸塵叁渺，內前墾、又興屯墾過、又節年開墾並丈首、自首出共地叁百壹拾叁頃貳拾貳畝伍分肆釐伍絲捌忽柒微柒纖，共該糧柒百叁拾陸石壹斗叁升貳合捌勺壹抄壹撮伍圭玖粟壹粒，共該徵銀捌百肆拾兩壹錢陸分陸釐伍毫貳絲伍忽玖微伍纖玖塵叁渺貳漠。實在地伍百叁拾柒頃陸拾叁畝捌分玖釐捌毫伍絲捌忽柒微柒纖，該糧壹千貳百伍拾石陸升伍合貳勺陸抄叁撮伍圭玖粟壹粒，該徵銀壹千肆百貳拾陸兩柒錢貳分捌釐玖毫貳微捌纖貳塵伍渺貳漠。

陸等地貳千伍百叁拾玖頃伍拾柒畝貳分肆釐叁毫，每畝科糧捌合叁勺玖抄肆撮，共糧貳千壹百叁拾壹石柒斗伍升柒合捌勺捌抄，該徵銀貳千肆百叁拾叁兩貳分捌釐壹毫壹絲捌忽玖微捌纖伍塵叁渺。順治柒年題明免過無主荒地壹千壹百壹拾柒頃貳拾壹畝伍分玖釐，應免糧玖百叁拾柒石柒斗玖升陸合陸勺肆抄，該除銀壹千柒拾兩叁錢貳分陸釐伍毫，內興屯墾過、又節年開墾並丈首、自首出地叁百叁拾頃叁拾畝叁毫柒絲陸忽肆微叁纖，該糧貳百柒拾柒石貳斗伍升叁合捌勺伍抄柒圭叁粟捌粒，該徵銀叁百壹拾陸兩肆錢叁分陸釐柒毫叁絲貳忽伍纖叁塵貳渺貳漠。實在地壹千柒百伍拾貳頃陸拾伍畝陸分伍釐陸毫柒絲陸忽肆微叁纖，該糧壹千肆百柒拾壹石貳斗壹升伍合玖抄柒圭叁粟捌粒，該銀壹千陸百柒拾玖兩壹錢叁分捌釐叁毫伍絲壹忽叁纖捌塵伍渺貳漠。

共原免地叁千柒百玖拾柒頃柒拾捌畝伍分柒釐陸毫，應免糧玖千伍百陸拾貳石玖斗壹升伍合陸勺陸抄玖撮，應免銀壹萬玖百壹拾肆兩叁錢玖分叁釐玖毫陸絲玖微陸纖陸塵叁渺，內前墾過、又興屯墾過、又節年開墾並丈首、自首出地捌百伍頃貳拾伍畝叁分玖釐壹毫貳絲叁忽壹微，該糧壹千陸百叁拾壹石陸斗伍升捌合貳勺叁抄柒撮陸圭陸粟叁粒，該徵銀壹千捌百陸拾貳兩貳錢伍分玖毫柒絲捌忽陸微捌纖叁塵陸渺捌漠。實豁免地貳千玖百玖拾貳頃伍拾叁畝壹分捌釐肆毫柒絲陸忽玖微，應免糧柒千玖百叁拾壹石貳斗伍升柒合肆勺叁抄壹撮叁圭叁粟柒粒，應免銀玖千伍拾貳兩壹錢肆分貳釐玖毫捌絲貳忽貳微捌纖貳塵陸渺貳漠。

實在地叁千玖百玖拾捌頃叁拾柒畝柒分伍釐柒絲叁忽壹微，該糧壹萬貳石叁斗陸升壹合捌勺壹抄玖撮陸圭陸粟叁粒，該折徵銀壹萬壹千肆百壹拾伍兩玖錢肆分壹釐貳毫柒絲捌忽陸微伍纖叁塵肆渺捌漠。外收民白世賢等隱糧壹石陸斗陸升伍合肆勺陸抄捌撮伍圭，止徵銀壹兩玖錢捌毫肆絲肆微捌纖捌塵伍渺遵照乾隆伍拾玖年奉准部咨令，將康熙年間易知由單內載：壹等地每畝徵折色銀壹錢陸釐肆毫壹絲柒忽壹微陸纖壹塵陸漠；貳等地每畝徵折色銀柒分伍釐叁毫貳絲柒忽肆微陸塵；叁等地每畝徵折色銀伍分肆釐柒毫捌絲叁忽伍微玖纖壹塵柒渺；肆等地每畝徵折色銀叁分捌釐貳毫叁絲貳忽玖微壹塵叁渺；伍等地每畝徵折色銀貳分陸釐捌毫貳絲貳忽叁微捌纖陸塵叁渺；陸等地每畝徵折色銀玖釐伍毫捌絲伍微陸纖伍塵肆渺，逐壹纂入書內，嗣後遇有墾豁，以便按畝增除。

原額人丁叁門玖則不等，共折下下丁肆千陸百壹拾柒丁，每丁徵銀壹錢壹分柒釐柒毫貳絲肆忽玖微壹纖，共徵銀伍百肆拾叁兩伍錢叁分叁釐貳毫伍絲伍忽玖微，內除優免丁貳百柒拾壹丁，共銀叁拾壹兩玖錢叁釐肆毫伍絲陸微。

行差丁肆千叁百肆拾陸丁，應徵銀伍百壹拾壹兩陸錢貳分玖釐捌毫伍忽叁微。

順治柒年題明免過逃亡丁壹千叁百壹拾壹丁，應免銀壹百伍拾肆兩叁錢叁分叁釐玖毫叁絲伍忽叁微，前招回又編審出丁壹千叁百壹拾壹丁，該徵銀壹百伍拾肆兩叁錢叁分叁釐玖毫叁絲伍忽叁微。

以上實在行差丁肆千叁百肆拾陸丁，共徵銀伍百壹拾壹兩陸錢貳分玖釐捌毫伍忽叁微於雍正伍年攤入地糧內徵解。

康熙伍拾伍年起，至乾隆貳拾陸年止，編審出丁貳百壹拾壹丁；乾隆叁拾壹年編審出丁叁拾陸丁；乾隆叁拾陸年編審出丁叁拾陸丁。共編審共丁貳百捌拾叁丁，欽遵康熙伍拾貳年叁月拾捌日恩詔，後遇編審之期，但據康熙伍拾年丁冊定為常額，續生人丁，永不加賦。

原額均徭銀貳千陸百捌拾陸兩伍錢玖分壹釐伍毫肆忽柒微壹纖陸塵，內除荒銀壹千壹百捌拾捌兩叁分貳釐肆毫伍絲柒忽玖微肆纖貳塵伍渺柒漠，止實徵銀壹千肆百玖拾捌兩伍錢伍分玖釐肆絲陸忽柒微柒纖叁塵肆渺叁漠遵照由單內載：壹等地每畝徵均徭銀壹分叁釐玖毫陸絲玖忽叁微肆纖捌塵貳渺；貳等地每畝徵均徭銀玖釐捌毫捌絲捌忽貳微伍塵壹渺；叁等地每畝徵均徭銀柒釐壹毫玖絲壹忽肆微貳纖陸塵陸渺；肆等地每畝徵均徭銀伍釐壹絲捌忽捌微貳纖柒塵叁渺；伍等地每畝徵均徭銀叁釐伍毫貳絲玖微柒纖壹塵壹渺；陸等地每畝徵均徭銀壹釐貳毫伍絲柒忽陸微叁纖肆塵叁渺。

外遇閏加徵銀貳百壹拾叁兩捌錢肆分貳毫玖絲柒忽，內除荒銀捌拾兩玖錢叁分肆釐叁毫伍絲柒忽貳微玖塵壹渺，實徵銀壹百叁拾貳兩玖錢伍釐玖毫叁絲玖忽柒微玖纖玖渺。

額外匠價銀叁拾叁兩壹錢陸分伍釐。遇閏加銀貳兩柒錢陸分叁釐柒毫伍絲。

停免銀壹百兩玖錢捌分陸釐叁毫玖忽陸微捌纖。

軍籍丁糧銀伍百肆拾肆兩壹錢陸分肆釐捌毫柒絲肆忽貳微柒纖。

增協蘭州各驛浮額甘站銀肆兩玖錢柒釐伍毫壹絲貳忽伍微肆纖伍渺以上伍項正閏俱攤入前項地糧內徵解。

地、丁貳項並均徭、匠價、停免、軍籍、增協蘭州各驛浮額甘站，除優免丁銀外，共應徵銀貳萬肆千叁百伍拾壹兩肆錢叁分壹毫柒忽玖微叁纖壹塵壹渺，內除荒銀壹萬貳百肆拾兩壹錢柒分伍釐肆毫肆絲貳微貳纖伍塵壹渺玖漠，實徵銀壹萬肆千壹百壹拾壹兩貳錢伍分肆釐陸毫陸絲柒忽柒微伍塵玖渺壹漠。

外遇閏加銀貳百壹拾叁兩捌錢肆分貳毫玖絲柒忽，內除荒銀捌拾兩玖錢叁分肆釐叁毫伍絲柒忽貳微玖塵壹渺，實徵銀壹百叁拾貳兩玖錢伍釐玖毫叁絲玖忽柒微玖纖玖渺。

又匠價銀貳兩柒錢陸分叁釐柒毫伍絲。

壹起運項下

原編起運糧石折價等項銀壹萬伍千陸百貳拾兩壹錢陸分玖釐肆毫伍絲貳忽壹微肆纖肆塵陸渺，內除荒銀陸千玖百陸兩伍錢肆分壹釐叁毫壹絲肆忽捌微肆纖，實徵銀捌千柒百壹拾叁兩陸錢貳分捌釐壹毫叁絲柒忽叁微肆塵陸渺。

藥味等項折價銀肆百柒拾兩捌錢，內除荒銀壹百柒拾壹兩壹錢壹分叁釐叁毫貳絲貳忽伍微玖纖玖塵玖渺肆漠，實徵銀貳百玖拾玖兩陸錢捌分陸釐陸毫柒絲柒忽肆微陸漠。

舊編存留，內順治玖年裁扣各役工食銀貳百叁拾兩貳錢；拾貳年裁扣傘扇、旗幟銀捌兩；拾肆年裁扣官生俸廪等項，除奉復孤貧外，止實裁銀貳百捌拾肆兩捌錢肆毫肆絲；拾伍年裁訓導俸食銀伍拾柒兩玖錢貳分；拾柒年裁冗員銀肆拾玖兩伍錢貳分。康熙元年裁吏書銀玖拾柒兩貳錢；叁年裁齋夫銀叁拾陸兩，雜費丁銀玖拾貳兩柒錢柒分貳釐貳毫叁絲；拾伍年裁扣心紅紙張、修理監倉等項銀壹百壹拾兩捌錢玖分柒釐；貳拾柒年裁扣歲貢、舉人盤費、旗牌、進士坊價銀伍拾貳兩捌錢叁分肆釐；伍拾陸年裁扣表箋銀伍兩伍錢肆釐。雍正陸年裁扣燈夫工食銀貳拾肆兩；拾貳年裁扣民壯工食銀貳拾肆兩。乾隆柒年裁民壯工食銀柒拾捌兩；玖年裁舖司工食銀壹拾玖兩貳錢，舊編冗費裁剩解部銀貳百捌兩貳錢玖分捌釐肆毫捌絲肆忽貳微玖纖陸塵。

共裁扣歸入起運銀壹千叁百柒拾玖兩壹錢肆分貳釐壹毫伍絲肆忽貳微玖纖陸塵，內除荒銀伍百叁拾壹兩叁錢叁分肆釐伍毫叁絲肆忽壹微陸纖陸塵伍渺捌漠，實徵銀捌百肆拾柒兩捌錢柒釐陸毫貳絲壹微貳纖玖塵肆渺貳漠。

額外匠價並停免、軍籍丁糧等項共銀陸百捌拾叁兩貳錢貳分叁釐陸毫玖絲陸忽肆微玖纖伍渺。

以上實該起運銀壹萬伍百肆拾肆兩叁錢肆分陸釐壹毫叁絲壹忽叁微貳纖肆塵伍渺捌漠。

又收存留內額協抵餉銀叁百柒拾兩肆錢肆分伍釐伍毫肆絲陸忽伍纖肆塵柒渺。

又收存留內額協臨站抵餉銀壹千貳拾壹兩玖錢玖分伍釐柒絲壹忽肆微肆纖

肆塵壹渺。

又收存留內驛遞之差使甚少等事叁案內，共裁站銀柒百貳拾肆兩貳釐陸毫玖絲壹微陸纖陸塵捌渺。

又收在於請做以糧載丁等事案內，通省均丁增銀壹千肆百肆兩叁錢肆分貳釐叁毫柒絲陸忽叁微捌纖叁塵玖渺。

伍項共銀壹萬肆千陸拾伍兩壹錢叁分壹釐捌毫壹絲伍忽叁微柒纖肆塵捌漠，內除受協驛站兑留兵餉應支銀貳百貳拾捌兩捌錢叁分捌釐柒毫柒絲捌忽肆微壹纖陸塵捌渺，止該銀壹萬叁千捌百叁拾陸兩貳錢玖分叁釐叁絲陸忽玖微伍纖柒塵貳渺捌漠，內留支加增撥補俸工銀肆百陸拾壹兩壹錢玖分柒釐伍毫玖絲柒忽伍微貳纖肆塵陸渺，止起運銀壹萬叁千叁百柒拾伍兩玖分伍釐肆毫叁絲玖忽肆微叁纖貳塵陸渺捌漠。

外遇閏裁扣，內順治玖年裁扣銀壹拾柒兩壹錢；拾肆年裁扣銀壹拾玖兩伍錢貳分玖釐貳毫叁忽；拾伍年裁扣銀肆兩捌錢貳分陸釐陸毫陸絲陸忽；拾柒年裁扣銀肆兩壹錢貳分陸釐陸毫陸絲陸忽。康熙元年裁扣銀捌兩壹錢；叁年裁扣銀叁兩；拾伍年裁扣銀貳兩陸錢陸分陸釐陸毫柒絲。雍正陸年裁扣銀貳兩；拾貳年裁扣銀貳兩；乾隆柒年裁扣銀陸兩伍錢；玖年裁扣銀壹兩陸錢，又各官閏俸銀壹拾壹兩玖錢壹分玖釐玖毫玖絲貳忽。

共銀捌拾叁兩叁錢陸分玖釐壹毫玖絲柒忽，內除荒銀叁拾壹兩伍錢叁分壹釐貳毫壹絲捌忽伍微玖纖陸渺，實徵銀伍拾壹兩捌錢叁分柒釐玖毫柒絲捌忽肆微玖塵肆渺。

又額外應徵匠價閏銀貳兩柒錢陸分叁釐柒毫伍絲。

又收存留內裁站銀叁拾貳兩玖錢捌分伍釐柒毫叁絲。

又收在於以糧載丁等事案內，通省以糧均丁增銀伍拾貳兩玖錢柒分肆釐柒毫貳絲壹忽壹微叁塵壹渺玖漠。

肆項共銀壹百肆拾兩伍錢陸分貳釐壹毫柒絲玖忽伍微壹纖貳塵伍渺玖漠，內留支加增撥補役廩銀壹拾叁兩柒錢貳釐柒毫玖絲肆忽陸微捌纖壹塵貳渺，實該起運銀壹百貳拾陸兩捌錢伍分玖釐叁毫捌絲肆忽捌微叁纖壹塵叁渺玖漠。

壹存留項下

原編存留銀陸千壹百玖拾捌兩玖分肆釐捌毫伍忽，內除荒銀貳千陸百叁拾壹兩壹錢捌分陸釐貳毫陸絲捌忽陸微壹纖捌塵陸渺柒漠，實徵銀叁千伍百陸拾陸兩玖錢捌釐伍毫叁絲陸忽叁微捌纖壹塵叁渺叁漠。

壹俸工項下

知州壹員，額支俸薪銀捌拾兩，內除荒銀叁拾壹兩柒分陸毫捌絲貳忽，實徵銀肆拾捌兩玖錢貳分玖釐叁毫壹絲捌忽，內均攤俸工銀伍兩捌錢伍釐肆毫陸絲肆微柒纖貳塵，即留抵撥補各員役俸工訖。

吏目壹員，額支俸薪銀叁拾壹兩伍錢貳分，內除荒撥補銀壹拾貳兩貳錢肆分壹釐捌毫肆絲玖忽，實徵支銀壹拾玖兩貳錢柒分捌釐壹毫伍絲壹忽。

教諭、訓導貳員，額支俸薪銀叁拾壹兩伍錢貳分，內除荒銀壹拾貳兩貳錢肆分壹釐捌毫肆絲玖忽，實徵支銀壹拾玖兩貳錢柒分捌釐壹毫伍絲壹忽。外撥補全俸銀肆拾捌兩肆錢捌分。

知州衙門

門子貳名，每名歲支銀陸兩，共支銀壹拾貳兩，內除荒撥補銀肆兩陸錢陸分陸毫叁忽，實徵支銀柒兩叁錢叁分玖釐叁毫玖絲柒忽。遇閏加銀壹兩，內除荒銀叁錢柒分捌釐伍毫叁忽伍微，實徵支銀陸錢貳分壹釐肆毫玖絲陸忽伍微。

皂隸、仵作壹拾陸名，每名歲支銀陸兩，共支銀玖拾陸兩，內撥支長安縣主簿、皂隸貳名，其正閏工食銀兩，俱由該州解司支領，內除荒撥補銀叁拾柒兩貳錢捌分肆釐捌毫壹絲玖忽，實徵支銀伍拾捌兩柒錢壹分伍釐壹毫捌絲壹忽。遇閏加銀捌兩，內除荒銀叁兩貳分捌釐叁絲，實徵支銀肆兩玖錢柒分壹釐玖毫柒絲。

馬快捌名，每名歲支銀壹拾陸兩捌錢，共支銀壹百叁拾肆兩肆錢，內除荒撥補銀伍拾貳兩壹錢玖分捌釐柒毫肆絲柒忽，實徵支銀捌拾貳兩貳錢壹釐貳毫伍絲叁忽。遇閏加銀壹拾壹兩貳錢，內除荒銀肆兩貳錢叁分玖釐貳毫肆絲叁忽，實徵支銀陸兩玖錢陸分柒毫伍絲柒忽。

民壯叁拾叁名，每名歲支銀陸兩，共支銀壹百玖拾捌兩，內除荒撥補銀柒拾陸兩捌錢玖分玖釐玖毫叁絲捌忽柒微叁纖玖塵叁渺，實徵支銀壹百貳拾壹兩壹錢陸絲壹忽貳微陸纖柒渺。遇閏加銀壹拾陸兩伍錢，內除荒銀陸兩貳錢肆分伍釐叁毫壹絲貳忽，實徵支銀壹拾兩貳錢伍分肆釐陸毫捌絲捌忽。

看監禁卒捌名，每名歲支銀陸兩，共支銀肆拾捌兩，內除荒撥補銀壹拾捌兩陸錢肆分貳釐肆毫壹絲壹忽，實徵支銀貳拾玖兩叁錢伍分柒釐伍毫捌絲玖忽，每名加增銀貳兩，共增銀壹拾陸兩。遇閏加銀肆兩，內除荒銀壹兩伍錢壹分肆釐壹絲伍忽，實徵支銀貳兩肆錢捌分伍釐玖毫捌絲伍忽。

轎傘扇夫柒名，每名歲支銀陸兩，共支銀肆拾貳兩，內除荒撥補銀壹拾陸兩叁錢壹分貳釐壹毫捌忽，實徵支銀貳拾伍兩陸錢捌分柒釐捌毫玖絲貳忽。遇閏加銀叁兩伍錢，內除荒銀壹兩叁錢貳分肆釐柒毫陸絲叁忽，實徵支銀貳兩壹錢柒分伍釐貳毫叁絲柒忽。

庫子肆名，每名歲支銀陸兩，共支銀貳拾肆兩，內除荒撥補銀玖兩叁錢貳分壹釐貳毫伍忽，實徵支銀壹拾肆兩陸錢柒分捌釐柒毫玖絲伍忽。遇閏加銀貳兩，內除荒銀柒錢伍分柒釐捌忽，實徵支銀壹兩貳錢肆分貳釐玖毫玖絲貳忽。

斗級肆名，每名歲支銀陸兩，共支銀貳拾肆兩，內除荒撥補銀玖兩叁錢貳分壹釐貳毫伍忽，實徵支銀壹拾肆兩陸錢柒分捌釐柒毫玖絲伍忽。遇閏加銀貳兩，內除荒銀柒錢伍分柒釐捌忽，實徵支銀壹兩貳錢肆分貳釐玖毫玖絲貳忽。

舖司兵伍名，每名歲支銀肆兩捌錢，共支銀貳拾肆兩，內除荒銀玖兩肆錢玖分肆釐捌毫壹忽陸微，實徵支銀壹拾肆兩伍錢伍釐壹毫玖絲捌忽肆微。外加增銀壹拾伍兩肆錢玖分肆釐捌毫壹忽陸微。遇閏加銀貳兩，內除荒銀柒錢伍分柒釐柒毫陸忽，實徵支銀壹兩貳錢肆分貳釐貳毫玖絲肆忽。外加增銀壹兩貳錢伍分柒釐柒毫陸忽。

鐘鼓夫伍名，每名歲支銀貳兩陸錢陸分陸釐陸毫陸絲，共支銀壹拾叁兩叁錢叁分叁釐叁毫，內除荒撥補銀伍兩貳錢柒分肆釐捌毫柒絲伍忽玖微肆纖捌塵肆渺，實徵支銀捌兩伍分捌釐肆毫貳絲肆忽伍纖壹塵陸渺。遇閏加銀壹兩壹錢壹分，內除荒銀肆錢貳分伍毫叁絲壹忽壹微壹纖叁塵玖渺，實徵支銀陸錢捌分玖釐肆毫陸絲捌忽捌微捌纖陸塵壹渺。

吏目衙門

門子壹名，歲支銀陸兩，內除荒撥補銀貳兩叁錢叁分叁毫壹忽伍微，實徵支銀叁兩陸錢陸分玖釐陸毫玖絲捌忽伍微。遇閏加銀伍錢，內除荒銀壹錢捌分玖釐貳毫伍絲壹忽柒微伍纖，實徵支銀叁錢壹分柒毫肆絲捌忽貳微伍纖。

皂隸肆名，每名歲支銀陸兩，共支銀貳拾肆兩，內除荒撥補銀玖兩叁錢貳分壹釐貳毫伍忽，實徵支銀壹拾肆兩陸錢柒分捌釐柒毫玖絲伍忽。遇閏加銀貳兩，內除荒銀柒錢伍分柒釐捌忽，實徵支銀壹兩貳錢肆分貳釐玖毫玖絲貳忽。

馬夫壹名，歲支銀陸兩，內除荒撥補銀貳兩叁錢叁分叁毫壹忽伍微，實徵支銀叁兩陸錢陸分玖釐陸毫玖絲捌忽伍微。遇閏加銀伍錢，內除荒銀壹錢捌分玖釐貳毫伍絲壹忽柒微伍纖，實徵支銀叁錢壹分柒毫肆絲捌忽貳微伍纖。

教職衙門

齋夫叁名，每名歲支銀壹拾貳兩，共支銀叁拾陸兩，內除荒撥補銀壹拾叁兩玖錢捌分壹釐捌毫捌忽，實徵支銀貳拾貳兩壹分捌釐壹毫玖絲貳忽。遇閏加銀叁兩，內除荒銀壹兩壹錢叁分伍釐伍毫壹絲壹忽伍微，實徵支銀壹兩捌錢陸分肆釐肆毫捌絲捌忽伍微。

膳夫貳名，共支銀壹拾叁兩叁錢叁分叁釐叁毫叁絲，內抽撥寧陝廳膳夫正閏銀兩，由該州按季解司支領除荒撥補銀伍兩壹錢柒分捌釐肆毫肆絲壹忽肆微叁纖壹塵陸渺，實徵支銀捌兩壹錢伍分肆釐捌毫捌絲捌忽伍微陸纖捌塵肆渺係廩生支領。遇閏加銀壹兩壹錢壹分壹釐壹毫，內除荒撥補銀肆錢貳分伍毫柒絲陸微捌纖壹塵貳渺，實徵支銀陸錢玖分伍毫貳絲玖忽叁微壹纖捌塵捌渺。

門斗叁名，每名歲支銀柒兩貳錢，共支銀貳拾壹兩陸錢，內除荒撥補銀捌兩叁錢捌分玖釐捌絲肆忽，實徵支銀壹拾叁兩貳錢壹分玖毫壹絲陸忽。遇閏加銀壹兩捌錢，內除荒銀陸錢捌分壹釐叁毫捌忽，實徵支銀壹兩壹錢壹分捌釐陸毫玖絲貳忽。

廩生叁拾名，每名歲支銀叁兩貳錢，共支銀玖拾陸兩，內抽撥寧陝廳廩生貳名，其應支正閏銀兩，俱由該州按季解司支領除荒撥補銀叁拾陸兩捌錢壹分壹釐伍毫柒絲伍忽，實徵支銀伍拾玖兩壹錢捌分捌釐肆毫貳絲伍忽。遇閏加銀捌兩，內除荒撥補銀叁兩貳分肆釐伍毫壹絲捌忽，實徵支銀肆兩玖錢柒分伍釐肆毫捌絲貳忽。

以上俸工項下，除廩生、膳夫貳欵照常支發外，其餘官役俸工於道光貳拾叁年奉文，均以貳兩平支放，每兩減平銀陸分，其減平銀兩，每年批解部庫交納，理合登明。

壹祭祀項下

春秋貳季致祭文廟及各壇祠並無祀鬼魂品物等項銀捌拾捌兩，內除荒銀叁拾肆兩捌錢壹分肆釐貳毫柒絲叁忽，實徵支銀伍拾叁兩壹錢捌分伍釐柒毫貳絲柒忽。

外加增均攤撥補銀貳拾兩壹錢陸分伍釐伍毫伍絲陸忽貳微捌纖陸塵貳渺肆漠伍沙陸涯。

鄉飲銀伍兩，內除荒銀壹兩玖錢柒分捌釐捌絲伍忽，實徵支銀叁兩貳分壹釐玖毫壹絲伍忽。

布政司紙劄銀壹兩柒錢貳分伍釐，內除荒銀陸錢捌分貳釐肆毫叁絲玖忽，實徵支銀壹兩肆分貳釐伍毫陸絲壹忽。

公會鄉飲銀壹兩，內除荒銀叁錢玖分伍釐陸毫壹絲陸忽肆微，實徵支銀陸錢肆釐叁毫捌絲叁忽陸微

以上鄉飲、紙劄叁欵，於道光貳拾叁年奉文裁汰，其徵收銀兩，每年批解部庫交納，理合登明。

霜降祭旗纛銀叁兩，內除荒銀壹兩壹錢捌分陸釐捌毫伍絲肆微，實徵支銀壹兩捌錢壹分叁釐壹毫肆絲玖忽陸微。

壹孤貧口糧項下

孤貧叁拾名，歲支月糧銀捌拾陸兩肆錢，內除荒銀叁拾貳兩陸錢捌分伍釐玖毫貳絲玖忽貳微柒纖柒塵叁渺，實徵支銀伍拾叁兩柒錢壹分肆釐柒絲柒微貳纖貳塵柒渺。外加增銀伍拾肆兩貳錢捌分伍釐玖毫貳絲玖忽貳微柒纖柒塵叁渺。加增閏銀玖兩。

孤貧布花銀壹拾伍兩，內除荒銀伍兩陸錢柒分肆釐陸毫伍絲叁忽壹微伍纖叁塵陸渺，實徵支銀玖兩叁錢貳分伍釐叁毫肆絲陸忽捌微肆纖陸塵肆渺。

壹驛站項下

蘭州府站銀壹千壹百伍拾伍兩；鳳翔府幫解平涼府支直銀柒百叁拾兩；京兆驛支直銀伍拾玖兩壹錢肆分壹釐叁毫叁絲；京兆驛站銀叁百柒拾柒兩叁錢貳分伍釐捌毫陸絲；順義驛站銀壹千肆百叁拾兩；順義驛支直銀壹百捌兩肆錢；咸陽所站銀捌拾肆兩壹錢貳釐壹毫叁絲肆忽；邠州所站銀捌拾玖兩肆錢陸分貳釐伍毫陸絲壹忽；宜祿所站銀壹百伍拾捌兩柒錢貳分玖釐陸毫肆絲；建忠驛支直銀柒兩壹錢壹釐陸毫伍絲。共銀肆千壹百玖拾玖兩貳錢陸分叁釐壹毫柒絲伍忽，內除荒銀壹千捌百伍拾柒兩肆絲柒忽肆微肆纖柒塵，實徵支銀貳千叁百肆拾貳兩貳錢陸分叁釐壹毫貳絲柒忽伍微伍纖叁塵。

又收受協銀貳百貳拾捌兩捌錢叁分捌釐柒毫柒絲捌忽肆微壹纖陸塵捌渺。

貳項共銀貳千伍百柒拾壹兩壹錢壹釐玖毫伍忽玖微陸纖玖塵捌渺，內除額協裁站銀壹千捌百貳兩伍錢叁分壹釐叁毫捌絲柒忽陸微陸纖伍塵陸渺，實徵支銀柒百陸拾捌兩伍錢柒分伍毫壹絲捌忽叁微肆塵貳渺。外撥補增給夫馬閏月銀貳拾壹兩陸錢。

壹走遞項下

損轎夫伍拾叁名，支銀肆百柒拾柒兩；忙差腳力銀玖拾兩；走遞馬玖匹，工食草料銀貳百柒拾兩。共銀捌百叁拾柒兩，內除荒銀叁百貳拾叁兩肆錢陸分伍毫陸絲肆忽貳微貳纖壹塵肆渺柒漠，實徵支銀伍百壹拾叁兩伍錢叁分玖釐肆毫叁絲伍忽柒微柒纖捌塵伍渺叁漠。

遇閏加銀陸拾貳兩貳錢伍分，內除荒銀貳拾叁兩伍錢捌分叁釐伍毫玖絲玖忽叁微貳纖叁塵肆渺，實徵銀叁拾捌兩陸錢陸分陸釐肆毫陸微柒纖陸塵陸渺，內除奉裁閏月銀叁拾貳兩玖錢捌分伍釐柒毫叁絲壹忽，實徵支銀伍兩陸錢捌分陸毫陸絲玖忽陸微柒纖陸塵陸渺。

以上存留實徵銀叁千伍百陸拾陸兩玖錢捌釐伍毫叁絲陸忽叁微捌纖壹塵叁渺叁漠。

又收受協驛站兑留兵餉應支銀貳百貳拾捌兩捌錢叁分捌釐柒毫柒絲捌忽肆微壹纖陸塵捌渺。

共該銀叁千柒百玖拾伍兩柒錢肆分柒釐叁毫壹絲肆忽柒微玖纖捌塵壹渺叁漠，內除額協抵餉銀叁百柒拾兩肆錢肆分伍釐伍毫肆絲陸忽伍纖肆塵柒渺；又除額協臨站抵餉銀壹千貳拾壹兩玖錢玖分伍釐柒絲壹忽肆微肆纖肆塵壹渺；又除驛遞之差使甚少及題明請將驛站等事案內，共裁站銀柒百貳拾肆兩貳釐陸毫玖絲壹微陸纖陸塵捌渺。實該銀壹千陸百柒拾玖兩叁錢肆釐柒忽壹微叁纖貳塵伍渺叁漠。

又加增撥補俸工銀肆百陸拾壹兩壹錢玖分柒釐伍毫玖絲柒忽伍微貳纖肆塵陸渺。

共該存留銀貳千壹百肆拾兩伍錢壹釐陸毫肆忽陸微伍纖柒塵壹渺叁漠乾隆伍拾貳年奉文，全數解司，壹切支欵，俱由司庫按季領支，嗣於嘉慶伍年奉文，留支，並不請領。

外於西安布政司庫領支均攤祭祀銀貳拾兩壹錢陸分伍釐伍毫伍絲陸忽貳

微捌纖陸塵貳渺肆漠伍沙陸涯係動支耗羡銀兩。

遇閏原加銀壹百肆拾貳兩叁錢玖分壹釐玖絲貳忽，內除裁扣閏俸銀壹拾壹兩玖錢壹分玖釐玖毫玖絲貳忽入起運外，實該銀壹百叁拾兩肆錢柒分壹釐壹毫，內除荒銀肆拾玖兩肆錢叁釐壹毫叁絲捌忽陸微壹纖捌塵伍渺，實徵銀捌拾壹兩陸分柒釐玖毫陸絲壹忽叁微捌纖壹塵伍渺，內除奉裁站閏月銀叁拾貳兩玖錢捌分伍釐柒毫叁絲，止該銀肆拾捌兩捌分貳釐貳毫叁絲壹忽叁微捌纖壹塵伍渺。

又加增撥補役廩閏銀壹拾叁兩柒錢貳釐柒毫玖絲肆忽陸微捌纖壹塵貳渺。

共該存留閏銀陸拾壹兩柒錢捌分伍釐貳絲陸忽陸纖貳塵柒渺乾隆伍拾貳年奉文，全數解司，壹切支欵，俱由司庫按季領支，嗣於嘉慶伍年奉文，留支，並不請領。

外於西安布政司庫領支撥補夫馬閏月銀貳拾壹兩陸錢係動支起運銀兩。

壹額外

課程銀壹拾壹兩陸分。遇閏加銀玖錢貳分壹釐陸毫陸絲。

畜稅銀壹拾叁兩伍錢玖分係買騾馬出辦，原無定額，儘收儘解。

牙稅銀玖兩貳錢共牙行拾壹戶，內上則叁戶，每戶稅銀壹兩；中則肆戶，每戶稅銀捌錢；下則肆戶，每戶稅銀陸錢。

當稅銀貳拾伍兩共當商伍名，每名歲徵銀伍兩。

地稅銀玖兩陸分陸釐係買房地業主出辦，原無定額，儘收儘解。

同官縣

原額折正壹等地陸千陸百陸拾貳頃柒拾壹畝伍分，每畝科糧貳升，共徵糧壹萬叁千叁百貳拾伍石肆斗貳升玖合玖勺肆抄，每石折徵銀壹兩伍分玖釐陸毫捌絲肆忽陸微柒纖玖塵伍渺，共額徵銀壹萬肆千壹百貳拾兩柒錢伍分肆釐壹絲陸忽陸微壹纖陸塵，內於順治柒、捌兩年題明免過無主、有主荒地伍千陸拾柒頃貳拾柒畝肆分，應免糧壹萬壹百叁拾肆石伍斗肆升柒合叁勺肆抄，該除銀壹萬柒百叁拾玖兩肆錢貳分肆釐叁毫叁絲肆忽陸微肆纖玖塵捌渺，內前墾並興屯及節年開墾、自首過地壹百貳拾玖頃壹拾柒畝捌分柒釐，該糧貳百伍拾捌石叁斗伍升柒合肆勺，該徵銀貳百柒拾叁兩柒錢柒分陸釐捌毫壹絲捌忽壹微肆塵肆渺陸漠捌沙，實應免糧玖千捌百柒拾陸石壹斗捌升玖合玖勺肆抄，應免銀壹萬肆百陸拾伍兩陸錢肆分柒釐伍毫壹絲陸忽伍微肆纖伍塵叁渺叁漠貳沙。

實在地壹千柒百貳拾肆頃陸拾壹畝玖分柒釐，該糧叁千肆百肆拾玖石貳斗肆升，該折徵銀叁千陸百伍拾伍兩壹錢陸釐伍毫柒纖陸渺陸漠捌沙遵照乾隆伍拾玖年奉准部咨令，將康熙年間易知由單內載：每畝折徵銀貳分壹釐壹毫玖絲叁忽陸微玖纖伍塵陸渺叁漠，纂入書內，嗣後遇有墾豁，以便按畝增除。

原額人丁叁門玖則不等，共折下下丁玖千肆百肆拾陸丁，每丁徵銀叁錢捌分貳釐壹毫陸絲陸忽陸微捌纖肆塵肆渺，共該銀叁千陸百玖兩玖錢肆分陸釐伍毫捌微肆纖貳塵肆渺，內除優免丁壹百柒拾柒丁，共銀陸拾柒兩陸錢肆分叁釐伍毫叁忽陸微叁纖肆塵壹渺。

行差丁玖千貳百陸拾玖丁，共額徵銀叁千伍百肆拾貳兩叁錢貳釐玖毫玖絲柒忽貳微捌塵叁渺。內順治柒年題明免過逃亡丁陸千陸百捌拾肆丁，應除銀貳千肆百壹拾壹兩貳分伍釐柒毫肆絲肆忽，內節年招回並審出自首丁壹百壹拾玖丁，共銀肆拾捌兩叁錢陸釐伍毫叁絲柒忽伍微柒纖壹塵貳渺，實應免丁陸千伍百陸拾伍丁，應免銀貳千叁百陸拾貳兩柒錢壹分玖釐貳毫陸忽肆微貳纖捌塵捌渺。

實在行差丁貳千柒百肆丁，該徵銀壹千壹百柒拾玖兩伍錢捌分叁釐柒毫玖絲柒微柒纖玖塵伍渺，於雍正伍年攤入地糧徵解。

康熙伍拾伍年起，至乾隆貳拾陸年止，編審出丁貳百陸拾壹丁；乾隆叁拾壹年編審出丁陸丁；乾隆叁拾陸年編審出丁壹拾伍丁。共編審共丁貳百捌拾貳丁，欽遵康熙伍拾貳年叁月拾捌日恩詔，后遇編審之期，但據康熙伍拾年丁冊定為常額，永不加賦。

原額均徭銀玖百肆拾肆兩貳錢玖分玖釐伍毫貳忽柒微玖纖壹塵柒渺，內除荒銀陸百玖拾玖兩捌錢柒分壹釐貳毫肆絲伍忽伍微肆纖柒渺肆沙，實徵銀貳百肆拾肆兩肆錢貳分捌釐貳毫伍絲柒忽貳微伍纖玖渺玖漠陸沙遵照康熙年間由單內載：每畝徵均徭銀壹釐肆毫壹絲柒忽貳微捌纖柒塵捌渺陸漠。

遇閏額徵銀貳百柒拾柒兩貳錢肆分壹釐柒毫玖絲柒忽，內除荒銀壹百玖拾壹兩陸錢貳釐肆毫壹忽柒微叁纖叁渺，實徵銀捌拾伍兩陸錢叁分玖釐叁毫玖絲伍忽貳微陸纖玖塵柒渺。

又額外應徵停免銀捌拾陸兩柒錢柒分叁釐伍毫叁絲叁忽柒纖壹塵陸渺。

新增軍籍丁糧銀捌拾兩陸錢伍分肆釐貳毫柒絲捌忽肆微壹纖陸塵叁渺。

匠價銀壹百壹拾伍兩捌錢叁分。遇閏加銀玖兩陸錢伍分貳釐伍毫。

以上額外正閏肆項攤入前項地糧內徵解。

地、丁貳項並均徭、停免、軍籍、匠價，除優免丁銀外，共該額徵銀壹萬捌千捌百玖拾兩陸錢壹分肆釐叁毫貳絲捌忽壹微叁塵玖渺，內除荒銀壹萬叁千伍百貳拾捌兩貳錢叁分柒釐玖毫陸絲捌忽伍微壹纖肆塵捌渺叁漠陸沙，實徵銀伍千叁百陸拾貳兩叁錢柒分陸釐叁毫伍絲玖忽伍微捌纖玖塵陸漠肆沙。

外遇閏加徵銀貳百柒拾柒兩貳錢肆分壹釐柒毫玖絲柒忽，內除荒銀壹百玖拾壹兩陸錢貳釐肆毫壹忽柒微叁纖叁渺，實徵銀捌拾伍兩陸錢叁分玖釐叁毫玖絲伍忽貳微陸纖玖塵柒渺。

又匠價銀玖兩陸錢伍分貳釐伍毫。

貳共銀玖拾伍兩貳錢玖分壹釐捌毫玖絲伍忽貳微陸纖玖塵柒渺。

壹起運項下

原編起運糧石折價銀壹萬貳千貳百壹拾叁兩伍錢壹分玖毫貳絲陸忽貳微伍纖陸塵，內除荒銀玖千肆拾肆兩玖錢陸釐柒毫叁絲叁忽貳微柒塵貳渺，實起運銀叁千壹百陸拾捌兩陸錢肆釐壹毫玖絲叁忽肆纖捌塵捌渺。

節裁藥味等項歸入起運銀柒百陸拾貳兩叁錢柒分壹釐陸毫，內除荒銀伍百貳拾柒兩壹錢肆分陸釐叁毫伍絲肆忽叁微壹纖叁塵柒渺，實起運銀貳百叁拾伍兩貳錢貳分伍釐貳毫肆絲伍忽陸微捌纖陸塵叁渺。

舊編存留，內順治玖年裁扣各役工食銀貳百叁拾叁兩捌錢；拾貳年裁扣傘扇銀捌兩；拾捌年裁汰金鎖關巡檢冗員俸食銀肆拾玖兩伍錢貳分；拾肆年裁扣官生俸廩等項銀貳百貳拾柒兩玖分陸釐玖毫柒絲；拾柒年裁汰漆水驛驛丞冗員俸食銀肆拾玖兩伍錢貳分。康熙元年裁吏書工食銀玖拾柒兩貳錢；叁年裁門斗、齋夫工食銀肆拾叁兩貳錢，裁雜費丁銀玖拾伍兩壹錢玖分貳釐貳毫；拾伍年裁扣心紅紙張、修理監倉、喂馬草料、芒神土牛、紙劄歲考等項銀玖拾柒兩捌錢捌分柒釐伍毫；貳拾柒年裁扣歲貢、進士、舉人坊價、盤纏、彩旗銀叁拾陸兩陸錢柒分叁釐貳毫。雍正陸年裁扣燈夫銀貳拾肆兩；拾貳年裁扣民壯銀壹百貳拾陸兩。乾隆柒年裁扣民壯銀肆拾貳兩；玖年裁扣舖司銀肆兩捌錢，舊編裁剩解部銀伍百捌拾捌兩貳分陸釐柒毫玖絲叁微陸纖。

共銀壹千柒百貳拾貳兩玖錢壹分陸釐陸毫陸絲叁微陸纖，內除荒銀壹千壹百捌拾玖兩伍錢玖分玖釐壹毫伍絲壹忽柒微壹纖玖塵陸渺陸漠陸沙，實起運銀伍百叁拾叁兩叁錢壹分柒釐伍毫捌忽陸微肆纖叁渺叁漠肆沙。

又額外應徵匠價、停免、軍籍共銀貳百捌拾叁兩貳錢伍分柒釐捌毫壹絲壹忽肆微捌纖柒塵玖渺。

共該實起運銀肆千貳百貳拾兩肆錢肆釐柒毫伍絲捌忽捌微陸纖叁塵叁渺叁漠肆沙。

又收存留內額協邠州等州縣站支抵餉銀壹百貳拾兩肆分捌釐壹毫貳絲玖忽肆微陸纖。

又收協臨洮府渭源縣固原州驛站抵餉銀伍拾兩肆分陸釐貳毫玖絲肆忽叁微貳纖叁塵叁渺。

又收存留內驛遞之差使甚少並題明請將驛站等事貳案內，共裁站銀捌百陸拾玖兩叁錢叁分柒釐叁毫貳絲伍忽壹微柒纖叁渺。

共該起運銀伍千貳百伍拾玖兩捌錢叁分陸釐伍毫柒忽捌微壹纖陸塵玖渺叁漠肆沙，內除受協郃陽等縣站支兑留兵餉應支銀玖百肆拾玖兩伍錢捌分玖釐叁毫捌絲玖忽陸微陸纖貳塵叁渺；又在於請倣以糧載丁等事案內，通省均丁減銀陸百捌拾貳兩陸錢肆分壹釐捌毫柒絲捌微叁纖壹渺貳漠，內除乾隆元、陸、拾壹、拾陸、貳拾壹、貳拾陸等年編審案內，共增抵補屯更丁銀壹百伍拾壹兩捌錢伍釐捌毫柒絲肆忽陸微陸纖叁塵肆渺陸漠陸沙陸洙陸涯肆洒，又乾隆叁拾壹、叁拾陸兩年編審案內，共增抵補屯更丁銀柒拾貳兩捌錢肆分伍釐陸毫叁忽捌微伍纖陸塵伍渺叁漠叁沙叁洙叁涯貳洒，止該減銀肆百伍拾柒兩玖錢玖分叁毫玖絲貳忽叁微壹纖壹渺貳漠肆洒。

實該銀叁千捌百伍拾貳兩貳錢伍分陸釐柒毫貳絲伍忽捌微肆纖肆塵伍渺壹漠叁沙玖洙玖涯陸洒，內留支加增撥補俸工銀柒百貳拾陸兩肆錢捌分伍釐壹毫捌絲肆忽柒微肆纖陸塵陸渺柒漠，止實該起運銀叁千壹百貳拾伍兩柒錢柒分壹釐伍毫肆絲壹忽玖纖柒塵捌渺肆漠叁沙玖洙玖涯陸洒。

遇閏裁扣，內順治玖年裁扣銀壹拾柒兩肆錢；拾叁年裁扣冗員銀肆兩壹錢貳分陸釐陸毫陸絲陸忽；拾肆年裁扣銀壹拾伍兩貳錢陸分叁釐叁絲叁忽；拾柒年裁扣冗員銀肆兩壹錢貳分陸釐陸毫陸絲陸忽。康熙元年裁吏書工食銀捌兩壹錢；叁年裁門斗、齋夫銀叁兩陸錢；拾伍年裁扣心紅紙張、喂馬草料銀貳兩陸錢陸分陸釐陸毫柒絲。雍正陸年裁扣燈夫銀貳兩；拾貳年裁扣民壯銀壹拾兩伍錢。乾隆柒年裁扣民壯銀叁兩伍錢；玖年裁扣鋪司銀肆錢，又閏俸銀玖兩叁釐叁毫叁絲貳忽。

共銀捌拾兩陸錢捌分陸釐叁毫陸絲柒忽，內除荒銀伍拾伍兩柒錢伍分捌釐叁毫肆絲貳忽捌纖玖塵肆渺，實徵銀貳拾肆兩玖錢貳分捌釐貳絲肆忽玖微壹纖陸渺。

又應徵匠價銀玖兩陸錢伍分貳釐伍毫。

又收驛遞之差使甚少並題明請將驛站等事貳案內，共裁站銀叁拾柒兩肆錢捌分貳釐伍毫貳絲貳忽。

貳項共銀柒拾貳兩陸分叁釐肆絲陸忽玖微壹纖陸渺，內除請倣以糧載丁等事案內，通省以糧均丁減銀叁拾玖兩玖錢叁分伍釐叁毫柒絲伍忽叁微叁纖柒塵陸渺捌漠，節次抵補屯更丁增銀壹拾叁兩伍錢貳分肆釐伍毫柒絲肆忽壹微壹纖柒塵貳渺捌漠肆沙，止該減銀貳拾陸兩肆錢壹分捌毫壹忽貳微貳纖叁渺玖漠陸沙。

實該銀肆拾伍兩陸錢伍分貳釐貳毫肆絲伍忽陸微玖纖貳渺肆沙，內留支加增撥補廩膳、鋪司、孤老工食銀貳拾壹兩叁錢柒分柒毫貳絲捌忽柒微玖纖伍塵，止實該起運銀貳拾肆兩貳錢捌分壹釐伍毫壹絲陸忽捌微玖纖伍塵貳渺肆沙。

壹存留項下

原編存留銀叁千玖百捌兩伍錢伍分柒釐叁毫叁絲，內除荒銀貳千柒百陸拾陸兩伍錢捌分伍釐柒毫貳絲玖忽貳微柒纖肆塵貳渺柒漠，實存留銀壹千壹百肆拾壹兩玖錢柒分壹釐陸毫柒微貳纖伍塵柒渺叁漠。

壹俸工項下

知縣壹員，額支俸薪銀肆拾伍兩，內除荒銀叁拾壹兩壹錢玖釐玖毫捌絲柒忽伍微玖纖，實徵支銀壹拾叁兩捌錢玖分壹絲貳忽肆微壹纖。外收均攤俸薪銀壹拾兩叁錢陸分柒釐壹毫伍絲柒忽肆微肆纖玖塵伍渺。

典史壹員，額支俸薪銀叁拾壹兩伍錢貳分，內除荒撥補銀貳拾壹兩柒錢玖分捌毫壹絲柒忽貳微陸纖壹塵肆渺，實徵支銀玖兩柒錢貳分玖釐壹毫捌絲貳忽柒微叁纖捌塵陸渺。

訓導壹員，額支俸薪銀叁拾壹兩伍錢貳分，內除荒撥補銀貳拾壹兩柒錢玖分捌毫壹絲柒忽貳微陸纖壹塵肆渺，實徵支銀玖兩柒錢貳分玖釐壹毫捌絲貳忽柒微叁纖捌塵陸渺。外加增全俸銀捌兩肆錢捌分。

知縣衙門

門子貳名，每名歲支銀陸兩，共支銀壹拾貳兩，內除荒撥補銀捌兩貳錢玖分伍釐玖毫玖絲陸忽貳微貳纖陸釐肆渺，實徵支銀叁兩柒錢肆釐叁忽柒微柒纖叁塵陸渺。遇閏加銀壹兩，內除荒銀陸錢玖分壹釐陸絲貳忽壹微貳塵貳渺，實徵支銀叁錢捌釐玖毫叁絲柒忽捌微玖纖柒塵捌渺。

皂隸、仵作壹拾陸名，每名歲支銀陸兩，共支銀玖拾陸兩，內撥支寧陝主簿、皂隸貳名，其正閏工食銀兩由該縣按季解司支領除荒撥補銀陸拾陸兩叁錢陸分柒釐玖毫柒絲貳忽捌微壹纖壹塵貳渺，實徵支銀貳拾玖兩陸錢叁分貳釐貳絲柒忽壹微捌纖捌塵捌渺。遇閏加銀捌兩，內除荒銀伍兩伍錢貳分捌釐肆毫玖絲伍忽捌微壹纖柒塵陸渺，實徵支銀貳兩肆錢柒分壹釐伍毫肆忽壹微捌纖貳塵肆渺。

馬快手捌名，每名歲支銀壹拾陸兩捌錢，共支銀壹百叁拾肆兩肆錢，內除荒撥補銀玖拾貳兩玖錢壹分伍釐壹毫陸絲壹忽伍微叁纖伍塵柒渺，實徵支銀肆拾壹兩肆錢捌分肆釐捌毫叁絲捌忽肆微陸纖肆塵叁渺。遇閏加銀壹拾壹兩貳錢，內除荒銀柒兩柒錢叁分玖釐捌毫玖絲叁忽伍微肆纖肆塵柒渺，實徵支銀叁兩肆錢陸分壹毫陸忽肆微伍纖伍塵叁渺。

民壯貳拾貳名，每名歲支銀陸兩，共支銀壹百叁拾貳兩，內除荒撥補銀玖拾壹兩貳錢伍分伍釐玖毫陸絲貳忽貳微壹塵肆渺，實徵支銀肆拾兩柒錢肆分肆釐叁絲柒忽柒微捌纖玖塵陸渺。遇閏加銀壹拾壹兩，內除荒銀柒兩陸錢壹釐陸毫捌絲壹忽捌微肆塵貳渺，實徵支銀叁兩叁錢玖分捌釐叁毫壹絲捌忽壹微玖纖伍塵捌渺。

看監禁子捌名，每名歲支銀陸兩，共支銀肆拾捌兩，內除荒撥補銀叁拾叁兩壹錢捌分叁釐玖毫捌絲伍忽玖微伍塵陸渺，實徵支銀壹拾肆兩捌錢壹分陸釐壹絲肆忽玖纖肆塵肆渺。遇閏加銀肆兩，內除荒銀貳兩柒錢陸分肆釐貳毫肆絲柒忽肆微捌塵捌渺，實徵支銀壹兩貳錢叁分伍釐柒毫伍絲貳忽伍微玖纖壹塵貳渺。

轎傘扇夫柒名，每名歲支銀陸兩，共支銀肆拾貳兩，內除荒撥補銀貳拾玖兩叁分伍釐玖毫捌絲捌忽貳微玖纖貳塵肆渺，實徵支銀壹拾貳兩玖錢陸分肆釐壹絲壹忽柒微柒塵陸渺。遇閏加銀叁兩伍錢，內除荒銀貳兩肆錢壹分捌釐柒毫壹絲陸忽叁微伍纖柒塵柒渺，實徵支銀壹兩捌分壹釐貳毫捌絲叁忽陸微肆纖貳塵叁渺。

庫子肆名，每名歲支銀陸兩，共支銀貳拾肆兩，內除荒撥補銀壹拾陸兩伍錢玖分壹釐玖毫玖絲叁忽肆微伍纖貳塵捌渺，實徵支銀柒兩肆錢捌釐陸忽伍微肆纖柒塵貳渺。遇閏加銀貳兩，內除荒銀壹兩叁錢捌分貳釐壹毫貳絲肆忽貳微肆塵肆渺，實徵支銀陸錢壹分柒釐捌毫柒絲伍忽柒微玖纖伍塵陸渺。

斗級肆名，每名歲支銀陸兩，共支銀貳拾肆兩，內除荒撥補銀壹拾陸兩伍錢玖分壹釐玖毫玖絲叁忽肆微伍纖貳塵捌渺，實徵支銀柒兩肆錢捌釐陸忽伍微肆纖柒塵貳渺。遇閏加銀貳兩，內除荒銀壹兩叁錢捌分貳釐壹毫貳絲肆忽貳微肆塵肆渺，實徵支銀陸錢壹分柒釐捌毫柒絲伍忽柒微玖纖伍塵陸渺。

舖司兵貳拾玖名，每名歲支銀肆兩捌錢，共支銀壹百叁拾玖兩貳錢，內除荒銀玖拾陸兩貳錢捌分玖釐玖毫捌忽伍纖玖塵伍渺柒漠，實徵支銀肆拾貳兩玖錢壹分玖絲壹忽玖微肆纖肆渺叁漠。外加增銀壹百叁拾壹兩捌分玖釐玖毫捌忽伍纖玖塵伍渺柒漠。遇閏加銀壹拾壹兩陸錢，內除荒銀捌兩壹分柒釐叁毫貳絲陸忽陸微陸纖伍塵伍渺，實徵支銀叁兩伍錢捌分貳釐陸毫柒絲叁忽叁微叁纖肆塵伍渺。外加增銀壹拾兩玖錢壹分柒釐叁毫貳絲陸忽陸微陸纖伍塵伍渺。

鐘鼓夫伍名，每名歲支銀貳兩陸錢陸分陸釐陸毫，共支銀壹拾叁兩叁錢叁分叁釐，內除荒撥補銀玖兩貳錢貳分貳釐玖毫肆絲柒微貳纖捌塵柒渺，實徵支銀肆兩壹錢壹分伍絲玖忽貳微柒纖壹塵叁渺。遇閏加銀壹兩壹錢壹分壹釐，內除荒銀柒錢陸分柒釐捌毫陸絲陸忽貳微叁纖伍塵陸渺，實徵支銀叁錢肆分叁釐壹毫叁絲叁忽柒微陸纖肆塵肆渺。

典史衙門

門子壹名，額支銀陸兩，內除荒撥補銀肆兩壹錢肆分柒釐玖毫玖絲捌忽陸微壹纖叁塵貳渺，實徵支銀壹兩捌錢伍分貳釐壹忽叁微捌纖陸塵捌渺。遇閏加銀伍錢，內除荒銀叁錢肆分伍釐伍毫叁絲壹忽伍纖壹塵壹渺，實徵支銀壹錢伍分肆釐肆毫陸絲捌忽玖微肆纖捌塵玖渺。

皂隸肆名，每名歲支銀陸兩，共支銀貳拾肆兩，內除荒撥補銀壹拾陸兩伍錢玖分壹釐玖毫玖絲叁忽肆微伍纖貳塵捌渺，實徵支銀柒兩肆錢捌釐陸忽伍微肆纖柒塵貳渺。遇閏加銀貳兩，內除荒銀壹兩叁錢捌分貳釐壹毫貳絲肆忽貳微肆塵肆渺，實徵支銀陸錢壹分柒釐捌毫柒絲伍忽柒微玖纖伍塵陸渺。

馬夫壹名，額支銀陸兩，內除荒撥補銀肆兩壹錢肆分柒釐玖毫玖絲捌忽陸微壹纖叁塵貳渺，實徵支銀壹兩捌錢伍分貳釐壹忽叁微捌纖陸塵捌渺。遇閏加銀伍錢，內除荒銀叁錢肆分伍釐伍毫叁絲壹忽伍纖壹塵壹渺，實徵支銀壹錢伍分肆釐肆毫陸絲捌忽玖微肆纖捌塵玖渺。

教職衙門

齋夫叁名，每名歲支銀壹拾貳兩，共支銀叁拾陸兩，內除荒撥補銀貳拾肆兩捌錢捌分柒釐玖毫捌絲玖忽陸微柒纖玖塵貳渺，實徵支銀壹拾壹兩壹錢壹分貳釐壹絲叁微貳纖捌渺。遇閏加銀叁兩，內除荒銀貳兩柒分叁釐壹毫捌絲陸忽叁微陸塵陸渺，實徵支銀玖錢貳分陸釐捌毫壹絲叁忽陸微玖纖叁塵肆渺。

膳夫貳名，每名歲支銀陸兩陸錢陸分陸釐陸毫陸絲伍忽，共支銀壹拾叁兩叁錢叁分叁釐叁毫叁絲，內除荒撥補銀玖兩貳錢壹分柒釐柒毫柒絲壹忽叁微肆纖，實徵支銀肆兩壹錢壹分伍釐伍毫伍絲捌忽陸微陸纖係廩生支領。遇閏加銀壹兩壹錢壹分壹釐壹毫，內除荒撥補銀柒錢陸分柒釐捌毫叁絲玖忽貳微伍纖柒渺，實徵支銀叁錢肆分叁釐貳毫陸絲柒微肆纖玖塵叁渺。

門斗貳名，每名歲支銀柒兩貳錢，共支銀壹拾肆兩肆錢，內除荒撥補銀玖兩玖錢伍分伍釐壹毫玖絲陸忽貳微柒纖壹塵柒渺，實徵支銀肆兩肆錢肆分肆釐捌毫叁忽柒微貳纖捌塵叁渺。遇閏加銀壹兩貳錢，內除荒銀捌錢貳分玖釐貳毫柒絲肆忽伍微貳纖貳塵柒渺，實徵支銀叁錢柒分柒毫貳絲伍忽肆微柒纖柒塵叁渺。

本縣廪生貳拾名，每名歲支月糧銀叁兩貳錢，共支銀陸拾肆兩，內除荒撥補銀肆拾肆兩壹錢柒分肆釐貳毫叁絲柒忽伍微肆纖捌渺，實徵支銀壹拾玖兩捌錢貳分伍釐柒毫陸絲貳忽肆微伍纖玖塵貳渺。遇閏加銀伍兩叁錢叁分叁釐叁毫叁絲，內除荒撥補銀叁兩陸錢捌分伍釐伍毫陸絲貳忽捌微柒纖捌塵捌渺，實徵支銀壹兩陸錢肆分柒釐柒毫陸絲柒忽壹微貳纖壹塵貳渺。

以上俸工項下，除廪生、膳夫貳欵照常支發外，其餘官役俸工於道光貳拾叁年奉文，均以貳兩平支放，每兩減平銀陸分，其減平銀兩，每年批解部庫交納，理合登明。

壹祭祀項下

雜支春秋貳季祭祀文廟並各壇祠及無祀鬼魂品物等項銀捌拾伍兩，內除荒銀伍拾捌兩柒錢玖分柒釐柒毫壹絲陸忽陸微捌纖柒塵，實徵支銀貳拾陸兩貳錢貳釐貳毫捌絲叁忽叁微壹纖叁塵。

外撥補均攤祭祀銀肆拾柒兩壹錢肆分捌釐玖毫玖絲玖忽玖微柒纖叁塵貳渺肆漠伍沙陸涯係動支公用銀兩。

鄉飲銀伍兩，內除荒銀叁兩肆錢伍分捌釐陸毫捌絲玖忽伍微壹纖壹塵，實徵支銀壹兩伍錢肆分壹釐叁毫壹絲肆微捌纖玖塵。

解布政司紙劄銀壹兩柒錢貳分伍釐，內除荒銀壹兩壹錢玖分叁釐貳毫肆絲柒忽陸微貳纖陸塵叁渺，實徵支銀伍錢叁分壹釐柒毫伍絲貳忽叁微柒纖叁塵柒渺。

以上鄉飲、紙劄貳欵於道光貳拾叁年奉文裁汰，其徵收銀兩，每年批解部庫交納，理合登明。

祭旗纛並犒賞民壯銀伍兩捌錢，內除荒銀肆兩壹分貳釐柒絲玖忽壹微玖纖貳塵捌渺，實徵支銀壹兩柒錢捌分柒釐玖毫貳絲捌微柒塵貳渺。

壹孤貧項下

孤貧貳拾名口，共支口糧銀伍拾兩肆錢，內除荒銀叁拾肆兩柒錢捌分壹釐叁毫肆忽伍微捌纖柒塵玖渺，實徵支銀壹拾伍兩陸錢壹分捌釐陸毫玖絲伍忽肆微壹纖貳塵壹渺。外加增銀伍拾陸兩叁錢捌分壹釐叁毫肆忽伍微捌纖柒塵玖渺。外遇閏加銀陸兩。

孤貧布花銀壹拾兩，內除荒銀陸兩玖錢壹分叁釐陸毫貳絲捌忽貳纖叁塵，實徵支銀叁兩捌分陸釐叁毫柒絲壹忽玖微柒纖柒塵。

壹驛站項下

漆水驛站銀肆百陸拾伍兩壹錢捌分玖釐；漆水驛支直銀壹百捌兩肆錢；京兆驛支直銀壹兩叁錢叁分柒釐；漢中府站銀伍百兩；鎮戎下馬關站銀貳百兩；裁門子、舖司工食銀改兌臨洮府站銀玖兩。共額銀壹千貳百捌拾叁兩玖錢貳分陸釐，內除荒銀玖百伍拾壹兩伍錢叁釐肆毫肆絲捌忽柒微肆塵，實徵銀叁百叁拾貳兩肆錢貳分貳釐伍毫伍絲壹忽貳微玖纖陸塵。

外收受協銀玖百肆拾玖兩伍錢捌分玖釐叁毫捌絲玖忽陸微陸纖貳塵叁渺。

共銀壹千貳百捌拾貳兩壹分壹釐玖毫肆絲玖微伍纖捌塵叁渺，內除額協裁站銀柒百貳拾兩陸錢叁分叁釐壹毫壹絲捌忽玖微伍纖叁塵陸渺，實支銀伍百陸拾壹兩叁錢柒分捌釐捌毫貳絲貳忽肆塵柒渺。

又撥補增給夫馬閏月銀貳拾壹兩陸錢。

壹走遞項下

本縣走遞馬拾伍匹，草料工食銀肆百伍拾兩；損轎夫壹百貳拾名，每名歲支工食銀玖兩，該銀壹千捌拾兩。共額銀壹千伍百叁拾兩，內除荒銀壹千伍拾捌兩叁錢伍分捌釐玖毫肆忽陸微肆纖叁塵，實徵銀肆百柒拾壹兩陸錢肆分壹釐玖絲伍忽叁微伍纖柒塵，內除奉裁銀叁百壹拾捌兩柒錢玖分捌釐陸毫叁絲，實支銀壹百伍拾貳兩捌錢肆分貳釐肆毫陸絲伍忽叁微伍纖柒塵。

遇閏加銀壹百貳拾柒兩伍錢，內除荒銀捌拾捌兩壹錢貳分壹釐肆毫柒絲貳忽叁纖肆渺，實徵銀叁拾玖兩叁錢柒分捌釐伍毫貳絲柒忽玖微陸纖玖塵陸渺，內除奉裁閏月銀叁拾柒兩肆錢捌分貳釐伍毫貳絲貳忽，實支銀壹兩捌錢玖分陸釐伍忽玖微陸纖玖塵陸渺。

以上存留實該銀壹千壹百肆拾壹兩玖錢柒分壹釐陸毫柒微貳纖伍塵柒渺叁漠。

又收郃陽等縣站支兌留兵餉應支銀玖百肆拾玖兩伍錢捌分玖釐叁毫捌絲

玖忽陸微陸纖貳塵叁渺。

共該銀貳千玖拾壹兩伍錢陸分玖毫玖絲叁微捌纖捌塵叁漠，內除額協邠州等州縣站支抵餉銀壹百貳拾兩肆分捌釐壹毫貳絲玖忽肆微陸纖；又除協臨洮府渭源縣固原州站支抵餉銀伍拾兩肆分陸釐貳毫玖絲肆忽叁微貳纖叁塵叁渺；又除驛遞之差使甚少並題明請將驛站等事貳案內，共裁站銀捌百陸拾玖兩叁錢叁分柒釐叁毫貳絲伍忽壹微柒纖叁渺。實該銀壹千伍拾貳兩壹錢貳分玖釐貳毫肆絲壹忽肆微叁纖肆塵肆渺叁漠。

外加增撥補俸工銀柒百貳拾陸兩肆錢捌分伍釐壹毫捌絲肆忽柒微肆纖陸塵陸渺柒漠。

共該存留銀壹千柒百柒拾捌兩陸錢壹分肆釐肆毫貳絲陸忽壹微捌纖壹塵壹渺於乾隆伍拾貳年奉文，全數解司，壹切支欵，俱由司庫按季領支，嗣于嘉慶伍年奉文，照舊在縣留支，並不解司，按季請領。

遇閏原加銀貳百伍兩伍錢伍分捌釐柒毫陸絲貳忽，內除閏俸銀玖兩叁釐叁毫叁絲貳忽入起運外，實該銀壹百玖拾陸兩伍錢伍分伍釐肆毫叁絲，內除荒銀壹百叁拾伍兩捌錢肆分肆釐伍絲玖忽陸微肆纖玖渺，實徵銀陸拾兩柒錢壹分壹釐叁毫柒絲叁微伍纖玖塵壹渺，內除驛遞之差使甚少並題明將驛站等事貳案內，共裁站銀叁拾柒兩肆錢捌分貳釐伍毫貳絲貳忽，止該銀貳拾叁兩貳錢貳分捌釐捌毫肆絲捌忽叁微伍纖玖塵壹渺。

外加增撥補廩膳、舖司、孤老銀貳拾壹兩叁錢柒分柒毫貳絲捌忽柒微玖纖伍塵。

共該銀肆拾肆兩伍錢玖分玖釐伍毫柒絲柒忽壹微伍纖肆塵壹渺於乾隆伍拾貳年奉文，全數解司，壹切支欵，俱由司按季領支，嗣于嘉慶伍年奉文，留支，並不赴司請領。

外於西安布政司庫撥給夫馬閏月銀貳拾壹兩陸錢。

壹額外

課程銀貳拾貳兩捌錢柒分係舖戶出辦。遇閏加銀壹兩玖錢伍釐捌毫叁絲。

畜稅銀貳拾玖兩陸錢肆分叁釐係買騾馬出辦，原無定額，儘收儘解。

牙稅銀壹拾玖兩伍錢牙行共貳拾柒戶，內上則玖名，每名原額銀壹兩，共銀玖兩；中則壹拾伍名，每名原額銀陸錢，共銀玖兩；下則叁名，每名原額銀伍錢，共銀壹兩伍錢。

當稅銀叁拾兩係典舖出辦，共典舖陸座，每座每年稅銀伍兩。

地稅銀壹拾玖兩貳錢玖分叁釐係買房地業主出辦，原無定額，儘收儘解。

礬稅銀貳兩肆錢係礬行出辦。

涇陽縣

原額上水、中水、下水、平川、平原、高原、灘坡柒等共地捌千伍百肆拾捌頃貳拾貳畝伍分伍釐玖毫肆絲肆忽肆微，每畝起科不等，共額徵折色糧叁萬壹千陸百玖拾柒石捌斗柒升叁合肆勺壹抄壹撮肆圭伍粟，每石折徵銀壹兩肆錢肆分柒釐伍毫玖絲貳忽，共額徵銀肆萬伍千捌百捌拾伍兩伍錢捌分玖毫貳絲捌忽陸微。內：

上水地肆百貳拾陸頃陸拾陸畝貳釐陸毫捌絲，每畝起科糧伍升捌合伍勺叁圭肆粟，共糧貳千肆百玖拾伍石玖斗柒升捌合玖勺肆抄柒撮捌圭伍粒，該銀叁千陸百壹拾叁兩壹錢伍分捌釐壹毫伍絲柒忽壹纖玖渺。順治柒、捌兩年題明免過無主、有主荒地壹拾頃柒拾伍畝叁分玖釐柒毫陸絲伍忽陸微，應免糧陸拾貳石玖斗玖合捌勺玖抄壹撮柒圭伍粟，該除銀玖拾壹兩陸分玖釐伍毫，內前墾並興屯、節年開墾、丈首共地玖頃貳拾畝壹分壹釐叁毫陸絲玖忽貳微陸纖，該糧伍拾叁石捌斗貳升陸合柒勺柒抄捌撮柒圭玖粟叁粒肆顆貳糠捌粃肆粃，該徵銀柒拾柒兩玖錢壹分玖釐捌絲柒忽陸微叁纖捌塵貳渺叁漠肆沙壹洙肆涯。實在地肆百貳拾伍頃壹拾畝柒分肆釐貳毫捌絲叁忽陸微陸纖，實徵糧貳千肆百捌拾陸石捌斗玖升伍合捌勺叁抄肆撮捌圭肆粟捌粒肆顆貳糠捌粃肆粃，該徵銀叁千陸百兩柒釐柒毫肆絲肆忽陸微肆纖玖塵壹渺叁漠肆沙壹洙肆涯。

中水地肆百玖頃叁拾伍畝玖分柒釐捌毫肆絲，每畝科糧伍升伍合伍勺，共糧貳千貳百柒拾壹石玖斗肆升陸合捌勺壹撮貳圭，該銀叁千貳百捌拾捌兩捌錢伍分貳釐壹絲叁忽捌微肆纖貳塵柒渺。順治柒、捌兩年題明免過無主、有主荒地壹拾貳頃叁拾畝玖分壹毫柒絲伍忽，應免糧陸拾捌石叁斗壹升伍合肆抄柒撮壹圭貳粟伍粒，該除銀玖拾捌兩捌錢玖分貳釐捌毫，內前墾並興屯開墾及節年丈首共地壹拾壹頃壹畝肆分肆釐玖毫肆絲伍忽，該糧陸拾壹石壹斗叁升肆勺肆抄肆撮肆圭柒粟伍粒，該徵銀捌拾捌兩肆錢玖分壹釐捌毫陸絲叁忽壹微肆纖陸塵貳渺陸漠玖洙陸涯。實在地肆百捌頃陸畝伍分貳釐陸毫壹絲，實徵糧貳千貳百陸拾肆石柒斗陸升貳合壹勺玖抄捌撮伍圭伍粟，該徵銀叁千貳百柒拾捌兩肆錢伍分壹釐柒絲陸忽玖微捌纖捌塵玖渺陸漠玖洙陸涯。

下水地柒百肆拾伍頃壹拾貳畝叁分陸釐貳毫叁絲，每畝科糧伍升貳合伍勺，共糧叁千玖百壹拾壹石捌斗玖升玖合貳抄柒圭伍粟，該銀伍千陸百陸拾貳兩捌錢叁分貳釐柒毫貳絲貳忽貳微肆纖伍塵伍渺。順治柒、捌兩年題明免過無主、有主荒地貳百伍拾柒頃柒畝玖分肆毫柒絲肆忽，應免糧壹千叁百肆拾玖石陸斗陸升肆合玖勺玖抄捌撮捌圭伍粟，該除銀壹千玖百伍拾叁兩柒錢陸分伍釐玖毫，內前墾並興屯及節年丈首共地貳百伍拾貳頃陸畝柒分陸釐捌毫肆絲叁忽陸微，該糧壹千叁百貳拾叁石叁斗伍升伍合叁勺肆抄貳撮捌圭玖粟，該徵銀壹千玖百壹拾伍兩陸錢捌分壹釐壹毫叁絲壹忽叁微陸纖壹塵柒渺伍漠壹沙。實在地柒百肆拾頃壹拾壹畝貳分貳釐伍毫玖絲玖忽陸微，實徵糧叁千捌百捌拾伍石伍斗捌升玖合叁勺陸抄肆撮柒圭玖粟，該徵銀伍千陸百貳拾肆兩柒錢肆分柒釐玖毫伍絲叁忽陸微柒塵貳渺伍漠壹沙。

平川地叁千捌百伍拾壹頃柒拾陸畝陸分捌釐陸毫捌絲，每畝科糧肆升壹合陸勺，共糧壹萬陸千貳拾叁石叁斗伍升壹勺柒抄捌圭捌粟，該銀貳萬叁千壹百玖拾伍兩貳錢柒分壹釐壹毫捌絲陸忽柒微叁纖陸塵。順治柒、捌兩年題明免過無主、有主並雍正拾壹年在於請旨改設水利通判等事案內，王橋鎮建修水利通判衙署共地壹百玖拾伍頃貳拾畝叁分陸釐玖毫陸絲陸忽，應免糧捌百壹拾貳石肆升柒合叁勺柒抄捌撮捌粟，該除銀壹千壹百柒拾伍兩伍錢伍分壹毫叁絲壹忽陸微肆纖貳塵貳渺貳漠伍沙，內興屯開墾並節年丈首共地壹百伍拾伍頃柒拾貳畝叁釐玖毫壹絲叁忽陸微，該糧陸百肆拾柒石柒斗玖升陸合捌勺貳抄捌撮伍粟柒粒陸顆，該徵銀玖百叁拾柒兩柒錢肆分伍釐貳毫壹絲柒忽柒微柒纖肆塵捌渺伍漠伍沙玖洙；又乾隆貳拾玖年在於欽奉恩詔事案內，題明免過坍沒地伍頃柒拾肆畝陸分陸釐伍毫，應免糧貳拾叁石玖斗陸合陸抄肆撮，該除銀叁拾肆兩陸錢陸釐壹毫陸絲陸忽捌微叁纖肆渺陸漠貳沙伍洙。實在地叁千捌百陸頃伍拾叁畝陸分玖釐壹毫貳絲柒忽陸微，實徵糧壹萬伍千捌百叁拾伍石壹斗玖升叁合伍勺伍抄陸撮捌圭伍粟柒粒陸顆，實徵銀貳萬貳千玖百貳拾貳兩捌錢陸分壹毫陸忽叁纖捌塵壹渺陸漠捌沙肆洙。

平原地壹千肆百貳拾肆頃柒拾柒畝壹分伍釐柒毫捌絲，每畝科糧貳升玖合伍勺，共糧肆千貳百叁石柒升陸合壹勺伍抄伍撮壹圭，該銀陸千捌拾肆兩叁錢叁分捌釐肆毫壹絲柒忽伍微壹纖叁塵伍渺。順治柒、捌兩年題明免過無主、有主荒地貳百壹拾叁頃陸拾叁畝捌分叁釐伍毫柒絲，應免糧陸百叁拾石貳斗叁升叁合貳勺壹抄陸粟柒粒，該除銀玖百壹拾貳兩叁錢肆分伍釐貳毫肆絲，內前墾並節年開墾、丈首共地玖拾頃捌拾玖畝肆分捌釐陸毫叁絲柒忽柒微，該糧貳百陸拾捌石壹斗叁升玖合捌勺肆抄捌撮壹圭貳粟壹粒，該徵銀叁百捌拾捌兩壹錢伍分捌釐壹毫肆絲肆微叁纖壹塵貳渺。實在地壹千叁百貳頃貳畝捌分捌毫肆絲柒忽柒微，實徵糧叁千捌百肆拾石玖斗捌升貳合柒勺玖抄叁撮壹圭伍粟肆粒，該徵銀伍千伍百陸拾兩壹錢伍分壹釐叁毫壹絲柒忽玖微肆纖肆塵柒渺。

高原地陸百捌拾壹頃陸拾肆畝叁分陸釐叁毫肆絲，每畝科糧貳升伍合肆勺，共糧壹千柒百叁拾壹石叁斗柒升肆合捌勺叁抄叁圭陸粟，該銀貳千伍百陸兩叁錢貳分叁釐叁毫伍絲叁忽肆微叁纖肆渺。順治捌年題明免過無主、有主荒地壹百柒拾肆頃玖拾肆畝玖分肆釐叁絲，應免糧肆百肆拾肆石叁斗柒升壹合肆勺捌抄叁撮陸圭貳粟，該除銀陸百肆拾叁兩貳錢玖分陸釐肆毫陸絲，內節年開墾並首報地柒拾貳頃陸拾伍畝肆釐肆絲叁忽陸微，該糧壹百捌拾肆石伍斗叁升貳合貳抄柒撮柒粟肆粒，該徵銀貳百陸拾柒兩壹錢貳分柒釐肆毫伍忽柒微伍纖陸塵壹渺。實在地伍百柒拾玖頃叁拾肆畝肆分陸釐叁毫伍絲叁忽陸微，實徵糧壹千肆百柒拾壹石伍斗叁升伍合叁勺柒抄叁撮捌圭壹粟肆粒，該徵銀貳千壹百叁拾兩壹錢伍分肆釐貳毫玖絲玖忽壹微捌纖陸塵伍渺。

灘坡地壹千捌頃捌拾玖畝玖分捌釐叁毫玖絲肆忽肆微，每畝科糧壹升伍勺玖撮，共糧壹千陸拾石貳斗肆升柒合肆勺捌抄伍撮叁圭伍粟伍粒，該銀壹千伍百叁拾肆兩捌錢伍釐柒絲柒忽捌微貳纖壹塵。順治柒、捌兩年題明免過無主、有主荒地壹百貳拾壹頃捌拾肆畝陸分玖毫捌絲，應免糧壹百貳拾捌石伍升捌合伍勺叁抄陸撮陸圭捌粟肆粒，該除銀壹百捌拾伍兩叁錢柒分叁釐伍絲柒微，內前墾並興屯、節年開墾、丈首共地捌拾貳頃貳拾肆畝玖分陸釐，該糧捌拾陸石肆斗叁升捌合叁勺玖抄玖撮叁圭陸粒，該徵銀壹百貳拾伍兩壹錢貳分捌釐柒毫貳忽貳微玖塵玖渺。實在地玖百陸拾玖頃叁拾畝叁分叁釐肆毫壹絲肆忽肆微，實徵糧壹千壹拾捌石陸斗貳升柒合叁勺肆抄柒撮玖圭柒粟柒粒，該徵銀壹千肆百柒拾肆兩伍錢陸分柒毫貳絲玖忽叁微叁纖玖渺。

以上共免過荒地玖百玖拾壹頃伍拾貳畝陸分貳釐肆毫陸絲陸微，應免折色糧叁千伍百壹拾玖石伍斗陸合陸勺壹抄壹圭柒粟陸粒，應除銀伍千玖拾肆兩捌錢玖分玖釐貳毫肆絲玖忽壹微柒纖貳塵陸渺捌漠柒沙伍洙，內前墾並興屯、開墾、節年丈首共地陸百柒拾叁頃柒拾玖畝捌分伍釐柒毫伍絲貳忽柒微陸纖，該糧貳千陸百貳拾伍石貳斗壹升玖合陸勺陸抄捌撮柒圭壹粟柒粒貳糠捌粃肆粄，該徵銀叁千捌百兩貳錢伍分壹釐伍毫肆絲捌忽叁微壹纖捌塵叁渺貳沙。實應免荒地叁百壹拾柒頃柒拾貳畝柒分陸釐柒毫柒忽捌微肆纖，應除糧捌百玖拾肆石貳斗捌升陸合玖勺肆抄壹撮肆圭伍粟捌粒玖顆柒糠壹粃陸粄，應除銀壹千貳百玖拾肆兩陸錢肆分柒釐柒毫捌微伍纖肆塵叁渺捌漠伍沙伍洙。

實熟地捌千貳百叁拾頃肆拾玖畝柒分玖釐貳毫叁絲陸忽伍微陸纖，實徵折色糧叁萬捌百叁石伍斗捌升陸合肆勺陸抄玖撮玖圭玖粟壹粒貳糠捌粃肆粄，實折徵銀肆萬肆千伍百玖拾兩玖錢叁分叁釐貳毫貳絲柒忽柒微肆纖伍塵陸渺壹漠肆沙伍洙。

又保安府所遺庄地糧叁百捌石，止額徵銀肆百肆拾伍兩捌錢伍分捌釐叁毫叁絲陸忽。

以上實熟並保安府庄地捌千貳百叁拾頃肆拾玖畝柒分玖釐貳毫叁絲陸忽伍微陸纖於乾隆伍拾玖年奉准部咨令，將康熙年間易知由單內載：上水地每畝折徵銀捌分肆釐陸毫捌絲肆忽陸微伍纖捌塵陸渺；中水地每畝折徵銀捌分叁毫肆絲壹忽叁微肆纖貳塵壹渺；下水地每畝折徵銀柒分伍釐玖毫玖絲捌忽伍微柒纖捌塵叁渺；平川地每畝折徵銀陸分貳毫壹絲玖忽柒微貳纖貳塵伍渺；平原地每畝折徵銀肆分貳釐柒毫叁忽柒微陸纖玖塵柒渺；高原地每畝折徵銀叁分陸釐柒毫陸絲捌忽貳微柒纖陸塵陸渺；灘坡地每畝折徵銀壹分伍釐貳毫壹絲貳忽伍微柒纖柒塵伍渺；保安府遺庄地糧每石折徵銀壹兩肆錢肆分柒釐伍毫玖絲貳忽，逐壹纂入書內，嗣後遇有墾豁，以便按畝增除。實徵折色糧叁萬壹千壹百壹拾壹石伍斗捌升陸合肆勺陸抄玖撮玖圭玖粟壹粒貳糠捌粃肆粄，實徵折色銀肆萬伍千叁拾陸兩柒錢玖分壹釐伍毫陸絲叁忽柒微肆纖伍塵陸渺壹漠肆沙伍洙。

原額人丁叁等玖則不等，共折下下丁壹拾壹萬伍千玖百玖拾肆丁，每丁徵銀壹錢肆釐貳毫壹絲陸忽叁微貳纖陸塵壹渺，共銀壹萬貳千捌拾捌兩肆錢陸分捌釐伍毫叁絲貳忽壹微，內除優免丁壹千捌百貳拾伍丁，共銀壹百玖拾兩壹錢玖分肆釐柒毫玖絲伍忽壹微。

實行差並節年招回、編審抵補豁免共丁壹拾壹萬肆千壹百陸拾玖丁，共徵銀壹萬壹千捌百玖拾捌兩貳錢柒分叁釐柒毫叁絲柒忽。

順治拾肆年至康熙貳拾伍年編審出溢額丁叁千柒百捌拾陸丁，共徵銀叁百玖拾肆兩伍錢陸分叁釐壹絲柒微肆塵伍渺。

康熙伍拾伍年起，至乾隆貳拾陸年至，編審出丁壹百捌拾肆丁；乾隆叁拾壹年編審出丁壹拾貳丁；乾隆叁拾陸年編審出丁壹拾叁丁。共編審出丁貳百玖丁，欽遵康熙伍拾貳年叁月捌日恩詔，后遇編審之期，但據康熙伍拾年丁冊定為常額，永不加賦。

以上實行差並查出溢額應徵人丁共壹拾壹萬柒千玖百伍拾伍丁，實徵丁銀壹萬貳千貳百玖拾貳兩捌錢叁分陸釐柒毫肆絲柒忽柒微肆塵伍渺於雍正伍年攤入地糧內徵解。

原額均徭銀肆千柒百陸拾陸兩玖錢陸分肆釐肆絲壹忽壹纖捌塵伍渺，內除荒銀壹百叁拾叁兩壹錢肆分貳釐叁絲叁忽肆微叁纖伍塵壹漠叁沙貳洙捌涯，實徵銀肆千陸百叁拾叁兩捌錢貳分貳釐柒忽伍微捌纖叁塵肆渺捌漠陸沙柒洙貳涯按照前項各等地畝，上水地每畝徵銀捌釐柒毫壹絲叁忽壹微陸纖玖塵柒渺；中水地每畝徵銀捌釐貳毫陸絲陸忽貳微捌纖貳塵陸渺；下水地每畝徵銀柒釐捌毫壹絲玖忽肆微伍纖陸塵陸渺；平川地每畝徵銀陸釐壹毫玖絲伍忽玖微捌纖捌塵肆渺；平原地每畝徵銀肆釐叁毫玖絲叁忽柒微捌纖壹塵玖渺；高原地每畝徵銀叁釐柒毫捌絲叁忽壹微貳纖壹渺；灘坡地每畝徵銀壹釐伍毫陸絲伍忽貳微貳纖玖渺；保安府遺庄地每石徵銀壹錢肆分捌釐玖毫肆絲貳忽叁纖陸渺。

遇閏加銀玖百捌拾伍兩捌錢陸分壹釐貳毫玖絲捌忽，內除荒銀陸兩捌錢肆分壹釐捌毫肆絲伍忽壹微肆纖捌塵肆渺，實徵銀玖百柒拾玖兩壹分玖釐肆毫伍絲貳忽捌微伍纖壹塵陸渺。

又應徵匠價銀柒拾貳兩柒錢陸分伍釐，遇閏加銀陸兩陸分叁釐柒毫伍絲。

停免銀叁百伍拾肆兩玖錢陸分陸毫玖絲貳忽玖微。

軍籍丁糧銀伍千玖百壹拾壹兩伍錢叁分玖釐壹絲肆忽陸微陸纖玖塵伍渺。

茅香折價銀壹拾叁兩壹錢肆分。

以上地、丁貳項並均徭、庄地、匠價、停免、軍籍、茅香折價等項，除優免丁銀外，共該銀陸萬玖千柒百肆拾叁兩陸錢肆分肆釐柒毫陸絲捌微玖纖貳塵伍渺，內除荒銀壹千肆百貳拾柒兩柒錢捌分玖釐柒毫叁絲肆忽貳微捌纖玖塵叁渺玖漠捌沙柒洙捌涯，實徵銀陸萬捌千叁百壹拾伍兩捌錢伍分伍釐貳絲陸忽陸微叁塵壹渺壹沙貳洙貳涯。

遇閏額徵銀玖百捌拾伍兩捌錢陸分壹釐貳毫玖絲捌忽，內除荒銀陸兩捌錢肆分壹釐捌毫肆絲伍忽壹微肆纖捌塵肆渺，實徵銀玖百柒拾玖兩壹分玖釐肆毫伍絲貳忽捌微伍纖壹塵陸渺。

又匠價閏徵銀陸兩陸分叁釐柒毫伍絲。

貳項共徵銀玖百捌拾伍兩捌分叁釐貳毫貳忽捌微伍纖壹塵陸渺。

壹起運項下

原編起運糧石折價銀叁萬陸千肆百柒拾貳兩柒錢叁分陸毫叁絲壹纖捌塵伍渺，內除荒銀壹千壹拾伍兩貳錢陸釐肆毫柒絲柒忽叁纖伍塵玖渺，實徵銀叁萬伍千肆百伍拾柒兩伍錢貳分肆釐壹毫伍絲貳忽玖微捌纖貳塵陸渺。

節裁藥味、牲口、軍器、毛襖、年例等項銀貳千玖百壹拾柒兩柒錢陸分叁釐柒毫伍絲貳忽伍微，內除荒銀陸拾伍兩陸分柒釐捌毫叁絲叁忽叁微叁纖壹塵陸渺捌漠玖沙玖洙貳涯，實徵銀貳千捌百伍拾貳兩陸錢玖分伍釐玖毫壹絲玖忽壹微陸纖捌塵叁渺壹漠捌涯。

壹舊編項下

舊編存留，內順治玖年裁扣各役工食銀貳百叁拾兩；拾貳年裁扣修宅、傢伙、傘扇銀壹百捌拾柒兩陸錢；拾肆年裁扣官生俸廩等項銀壹千貳百壹拾伍兩玖錢壹分貳釐肆毫柒絲，裁站銀壹百肆拾玖兩捌錢貳分肆釐肆毫伍絲貳忽柒微叁纖壹塵玖渺，遞馬、損轎夫叁分裁壹，銀叁百貳拾肆兩伍錢捌分柒釐陸絲叁忽伍微玖纖貳塵。康熙元年裁吏書工食銀肆百玖兩貳錢；叁年裁訓導、門斗、齋夫俸食銀玖拾叁兩玖錢貳分，雜費丁銀貳百柒拾貳兩貳錢貳分貳釐貳毫；拾伍年裁心紅紙張、備辦刑具、修理監倉等項銀肆百柒拾柒兩捌分貳釐柒毫壹絲陸忽；貳拾伍年裁知事俸工銀柒拾陸兩；貳拾柒年裁歲貢、舉人盤纏等項銀壹百伍拾肆兩。雍正伍年裁檢校俸工銀陸拾柒兩伍錢貳分；陸年裁燈夫工食銀貳拾肆兩；拾貳年裁民壯工食銀壹百貳兩。乾隆柒年裁民壯工食銀伍拾肆兩；玖年裁祭祀銀肆拾玖兩肆錢伍釐肆毫；玖年裁舖司工食銀伍拾貳兩捌錢，舊編冗費裁剩解部銀壹千叁百伍拾壹兩玖錢玖分陸釐壹毫捌絲貳忽捌微壹纖陸塵；貳拾伍年裁榆葭道並門、皂、快手、轎傘扇夫、聽事吏、舖兵俸工銀叁百叁拾玖兩。

共裁歸起運銀伍千陸百叁拾壹兩柒分肆毫捌絲伍忽壹微叁纖玖塵玖渺，內除荒銀叁拾捌兩玖分伍釐叁毫貳絲肆忽捌微捌纖陸渺柒漠捌沙貳洙柒涯，實起運銀伍千伍百玖拾貳兩玖錢柒分伍釐壹毫陸絲貳微伍纖玖塵貳渺貳漠壹沙柒洙叁涯。

又額外匠價、停免、軍籍、茅香折價等項銀陸千叁百伍拾貳兩肆錢肆釐柒毫柒忽伍微陸纖玖塵伍渺。

又溢額丁銀叁百玖拾肆兩伍錢陸分叁釐壹絲柒微肆塵伍渺。

以上共該起運銀伍萬陸百伍拾兩壹錢陸分貳釐玖毫伍絲陸微捌纖肆塵壹渺叁漠壹沙捌洙壹涯。

又收存留內額協西、延、漢叁府屬邠州、洛川、鳳縣等州縣站支抵餉銀叁千捌百陸拾柒兩肆錢伍分玖毫捌絲玖忽伍微叁纖玖塵貳渺。

又收平涼、臨洮、鞏昌叁府屬固原、狄道、隴西等州縣驛站抵餉銀陸千柒百陸拾玖兩叁錢貳分肆釐伍毫捌絲陸忽柒微肆纖伍塵壹渺。

又收存留內驛遞之差使甚少並題明請將驛站等事貳案內，共裁銀貳千叁百捌拾玖兩壹錢柒分柒釐柒毫柒絲貳忽伍微肆纖壹塵壹渺，

共該起運銀陸萬叁千陸百柒拾陸兩壹錢壹分陸釐貳毫玖絲玖忽伍微玖塵伍渺叁漠壹沙捌洙壹涯，內額協西、漢貳府屬商州、略陽等州縣驛站兌留兵餉銀捌百玖拾壹兩肆錢壹分玖釐壹毫柒絲玖忽柒微叁纖捌塵叁渺；又在於請倣以糧載丁等事案內，通省均丁減銀玖千壹百捌拾伍兩伍錢陸分陸釐貳毫陸絲伍忽肆微陸纖陸塵伍渺，內除乾隆元、陸、拾壹、拾陸、貳拾壹、貳拾陸等年編審案內，共增抵補屯更丁銀貳千壹拾柒兩壹錢叁分伍釐陸毫伍絲柒忽捌微叁纖貳塵捌渺陸漠陸沙陸洙陸涯肆洒，又乾隆叁拾壹、叁拾陸兩年編審案內，共增抵補屯更丁銀壹千伍兩柒錢伍分叁釐玖毫捌絲捌忽壹微壹纖壹塵柒渺叁漠叁沙叁洙叁涯貳洒，止該減銀陸千壹百陸拾貳兩陸錢柒分陸釐陸毫壹絲玖忽伍微貳纖壹塵玖渺肆洒。

實該起運銀伍萬陸千陸百貳拾貳兩貳分伍毫貳微肆纖玖塵叁渺叁漠壹沙捌洙陸洒，內留支加增撥補俸工銀貳百壹拾柒兩伍錢陸分肆釐柒毫玖絲叁忽捌微肆纖伍渺柒漠伍沙陸洙伍涯，實該起運銀伍萬陸千肆百肆兩肆錢伍分伍釐柒毫陸忽肆微捌塵柒渺伍漠陸沙壹洙伍涯陸洒。

外遇閏，順治玖年裁扣各役工食銀壹拾柒兩伍錢；拾肆年裁官生俸廩等項銀捌拾肆兩玖錢壹分壹釐壹毫叁絲陸忽。康熙元年裁吏書工食銀叁拾肆兩壹錢；叁年裁訓導、門斗、齋夫俸食銀柒兩捌錢貳分陸釐陸毫陸絲陸忽；拾伍年裁心紅紙張、喂馬草料等項銀壹拾陸兩捌錢叁分叁釐貳毫柒絲；貳拾伍年裁知事俸工銀陸兩叁錢叁分叁釐叁毫。雍正伍年裁檢校俸工銀伍兩陸錢貳分陸釐陸

毫；陸年裁燈夫工食銀貳兩；拾貳年裁民壯工食銀捌兩伍錢。乾隆柒年裁民壯工食銀肆兩伍錢；玖年裁舖司工食銀肆兩肆錢。共裁銀壹百玖拾貳兩伍錢叁分玖毫柒絲貳忽，又裁各官閏俸銀肆拾壹兩伍分伍釐捌毫玖絲陸忽；又貳拾伍年裁榆葭道、門、皂、快手、轎傘扇夫、聽事吏、舖兵工食銀壹拾玖兩伍錢。

共裁歸起運銀貳百伍拾叁兩捌分陸釐捌毫陸絲捌忽，內除荒銀壹兩玖錢捌分貳釐壹絲肆忽玖微陸纖玖塵伍渺，實徵銀貳百伍拾壹兩壹錢肆釐捌毫伍絲叁忽叁纖伍渺。

又收存留內驛遞之差使甚少並題明請將驛站等事案內，共裁站閏月銀貳百叁拾捌兩貳錢伍分伍釐捌毫。

又額外匠價閏月銀陸兩陸分叁釐柒毫伍絲。

叁項共該銀肆百玖拾伍兩肆錢貳分肆釐肆毫叁忽叁纖伍渺，內除請倣以糧載丁等事案內，通省以糧均丁減銀叁百陸拾貳兩柒錢捌分叁釐柒毫捌絲伍忽叁微壹纖壹塵叁渺，節次抵補屯更丁增銀壹百貳拾肆兩肆錢叁分玖釐肆毫叁絲柒忽陸纖貳塵陸渺玖漠玖沙玖洙玖涯陸洒，止該減銀貳百叁拾捌兩叁錢肆分肆釐叁毫肆絲捌忽貳微肆纖捌塵陸渺肆洒。

實該銀貳百伍拾柒兩捌分伍絲肆忽柒微捌纖壹塵捌渺玖漠玖沙玖洙玖涯陸洒，內留支加增撥補銀叁拾肆兩叁分肆釐柒毫叁忽肆纖柒塵捌渺，止該銀貳百貳拾叁兩肆分伍釐叁毫伍絲壹忽柒微叁纖肆塵玖漠玖沙玖洙玖涯陸洒。

壹存留項下

原編存留銀壹萬柒千玖百柒拾伍兩壹錢壹分貳釐壹毫柒絲肆忽玖微陸纖壹渺，內除荒銀叁百玖兩肆錢貳分玖絲玖忽肆纖壹塵壹渺叁漠伍洙玖涯，實存留銀壹萬柒千陸百陸拾伍兩陸錢玖分貳釐柒絲伍忽玖微壹纖捌塵玖渺陸漠玖沙肆洙壹涯。

壹俸工項下

按察司俸薪銀壹百叁拾兩，內除荒銀玖錢肆分叁釐叁毫肆絲肆忽陸微壹纖陸塵，實支銀壹百貳拾玖兩伍分陸釐陸毫伍絲伍忽叁微捌纖肆塵，內均攤銀伍拾捌兩叁錢叁分壹釐壹毫肆絲伍忽肆微壹纖柒塵，即留抵撥補各員役俸工訖。

經歷俸薪銀肆拾伍兩，內除荒撥補銀叁錢貳分陸釐肆毫叁絲捌忽柒微肆纖肆塵，實支銀肆拾肆兩陸錢柒分叁釐伍毫陸絲壹忽貳微伍纖陸塵。

司獄俸薪銀叁拾壹兩伍錢貳分，內除荒撥補銀貳錢貳分捌釐柒毫貳絲肆忽捌微肆纖肆塵叁渺，實支銀叁拾壹兩貳錢玖分壹釐貳毫柒絲伍忽壹微伍纖伍塵柒渺。

鞏昌按察司照磨俸薪銀叁拾叁兩壹錢壹分肆釐，內除荒撥補銀貳錢肆分貳毫柒絲玖忽伍微壹纖肆塵陸渺，實支銀叁拾貳兩捌錢柒分叁釐柒毫貳絲肆微捌纖伍塵肆渺。

知縣俸薪銀肆拾伍兩，內除荒銀叁錢貳分陸釐肆毫叁絲捌忽柒微肆纖叁塵捌渺，實支銀肆拾肆兩陸錢柒分叁釐伍毫陸絲壹忽貳微伍纖陸塵貳渺，內均攤銀貳拾兩壹錢玖分壹釐陸毫伍絲叁忽玖微肆纖伍渺，即留抵撥補各員役俸工訖。

縣丞壹員，額支俸薪銀肆拾兩，內除荒撥補銀貳錢叁分貳毫伍絲陸忽柒微貳纖捌塵，實支銀叁拾玖兩柒錢陸分玖釐柒毫肆絲叁忽貳微柒纖貳塵。

典史壹員，額支俸薪銀叁拾壹兩伍錢貳分，內除荒撥補銀壹錢玖分壹釐肆毫貳絲肆忽捌微肆纖肆塵叁渺，實支銀叁拾壹兩叁錢貳分捌釐伍毫柒絲伍忽壹微伍纖伍塵柒渺。

教諭、訓導貳員，額支俸薪銀叁拾壹兩伍錢貳分，內除荒撥補銀壹錢玖分壹釐肆毫貳絲肆忽捌微肆纖肆塵叁渺。實支銀叁拾壹兩叁錢貳分捌釐伍毫柒絲伍忽壹微伍纖伍塵柒渺。外撥補銀肆拾捌兩肆錢捌分。

按察司衙門

門子肆名，每名歲支銀陸兩，共銀貳拾肆兩，內除荒撥補銀壹錢柒分肆釐壹毫伍絲肆忽壹纖陸塵捌渺，實支銀貳拾叁兩捌錢貳分伍釐捌毫肆絲伍忽玖微捌纖叁塵貳渺。遇閏加銀貳兩，內除荒銀壹分肆釐陸毫叁絲肆忽肆微陸纖玖塵肆渺，實支銀壹兩玖錢捌分伍釐叁毫陸絲伍忽伍微叁纖陸渺。

快手壹拾貳名，每名歲支銀陸兩，共支銀柒拾貳兩，內除荒撥補銀伍錢貳分貳釐肆毫陸絲貳忽壹微伍纖肆渺，實支銀柒拾壹兩肆錢柒分柒釐伍毫叁絲柒忽捌微肆纖玖塵陸渺。遇閏加銀陸兩，內除荒銀肆分叁釐玖毫貳忽玖微捌塵貳渺，實支銀伍兩玖錢伍分陸釐玖絲柒忽玖纖壹塵捌渺。

皂隸壹拾貳名，每名歲支銀陸兩，共銀柒拾貳兩，內除荒撥補銀伍錢貳分貳釐肆毫陸絲貳忽壹微伍纖肆渺，實支銀柒拾壹兩肆錢柒分柒釐伍毫叁絲柒忽捌微肆纖玖塵陸渺。遇閏加銀陸兩，內除荒銀肆分叁釐玖毫貳忽玖微捌塵貳渺，實支銀伍兩玖錢伍分陸釐玖絲柒忽玖纖壹塵捌渺。

轎傘扇夫柒名，每名歲支銀陸兩，共銀肆拾貳兩，內除荒撥補銀叁錢肆釐柒毫陸絲玖忽伍微伍纖肆塵叁渺，實支銀肆拾壹兩陸錢玖分伍釐貳毫叁絲肆微肆纖伍塵柒渺。遇閏加銀叁兩伍錢，內除荒銀貳分伍釐陸毫伍忽陸微叁纖叁渺，實支銀叁兩肆錢柒分肆釐叁毫玖絲肆忽叁微陸纖玖塵柒渺。

聽事吏肆名，每名歲支銀陸兩，共銀貳拾肆兩，內除荒撥補銀壹錢柒分肆釐壹毫伍絲叁忽玖微壹纖陸塵捌渺，實支銀貳拾叁兩捌錢貳分伍釐捌毫肆絲陸忽捌纖叁塵貳渺。遇閏加銀貳兩，內除荒銀壹分肆釐陸毫叁絲肆忽肆微陸纖玖塵肆渺，實支銀壹兩玖錢捌分伍釐叁毫陸絲伍忽伍微叁纖陸渺。

舖兵貳名，每名歲支銀陸兩，共銀壹拾貳兩，內除荒撥補銀捌分柒釐柒絲陸忽柒微捌塵肆渺，實支銀壹拾壹兩玖錢壹分貳釐玖毫貳絲叁忽貳微玖纖壹塵陸渺。遇閏加銀壹兩，內除荒銀柒釐叁毫壹絲柒忽貳微叁纖叁塵貳渺，實支銀玖錢玖分貳釐陸毫捌絲貳忽柒微陸纖陸塵捌渺。

禁子壹拾陸名，每名歲支銀陸兩，共銀玖拾陸兩，內除荒撥補銀陸錢玖分陸釐陸毫壹絲陸忽貳微陸纖柒塵貳渺，實支銀玖拾伍兩叁錢叁釐叁毫捌絲叁忽柒微叁纖貳塵捌渺。遇閏加銀捌兩，內除荒銀伍分捌釐伍毫叁絲柒忽叁微柒纖柒塵陸渺，實支銀柒兩玖錢肆分壹釐肆毫陸絲貳忽陸微貳纖貳塵肆渺。

更夫壹拾名，每名歲支銀陸兩，共銀陸拾兩原請在於起運銀內動支，並無閏額銀兩。

經歷衙門

門子壹名，額支銀陸兩，內除荒撥補銀肆分叁釐陸毫貳絲捌忽壹微柒纖玖塵貳渺，實支銀伍兩玖錢伍分陸釐叁毫柒絲壹忽捌微貳纖捌渺。遇閏加銀伍錢，內除荒銀叁釐陸毫伍絲捌忽柒微壹纖陸塵柒渺，實支銀肆錢玖分陸釐叁毫肆絲壹忽貳微捌纖叁塵叁渺。

皂隸肆名，每名歲支銀陸兩，共銀貳拾肆兩，內除荒撥補銀壹錢柒分肆釐壹毫伍絲肆忽壹纖陸塵捌渺，實支銀貳拾叁兩捌錢貳分伍釐捌毫肆絲伍忽玖微捌纖叁塵貳渺。遇閏加銀貳兩，內除荒銀壹分肆釐陸毫叁絲肆忽肆微陸纖玖塵肆渺，實支銀壹兩玖錢捌分伍釐叁毫陸絲伍忽伍微叁纖陸渺。

馬夫壹名，額支銀陸兩，內除荒撥補銀肆分叁釐陸毫貳絲捌忽壹微柒纖玖塵貳渺，實支銀伍兩玖錢伍分陸釐叁毫柒絲壹忽捌微貳纖捌渺。遇閏加銀伍錢，內除荒銀叁釐陸毫伍絲捌忽柒微壹纖陸塵柒渺，實支銀肆錢玖分陸釐叁毫肆絲壹忽貳微捌纖叁塵叁渺。

鞏昌布政司照磨衙門

門子壹名，額支銀陸兩，內除荒撥補銀肆分叁釐陸毫貳絲捌忽壹微柒纖玖塵貳渺，實支銀伍兩玖錢伍分陸釐叁毫柒絲壹忽捌微貳纖捌渺。遇閏加銀伍錢，內除荒銀叁釐陸毫伍絲捌忽柒微壹纖陸塵柒渺，實支銀肆錢玖分陸釐叁毫肆絲壹忽貳微捌纖叁塵叁渺。

皂隸肆名，每名歲支銀陸兩，共銀貳拾肆兩，內除荒撥補銀壹錢柒分肆釐壹毫伍絲肆忽壹纖陸塵捌渺，實支銀貳拾叁兩捌錢貳分伍釐捌毫肆絲伍忽玖微捌纖叁塵貳渺。遇閏加銀貳兩，內除荒銀壹分肆釐陸毫叁絲肆忽肆微陸纖玖塵肆渺，實支銀壹兩玖錢捌分伍釐叁毫陸絲伍忽伍微叁纖陸渺。

馬夫壹名，額支銀陸兩，內除荒撥補銀肆分叁釐陸毫貳絲捌忽壹微柒纖玖塵貳渺，實支銀伍兩玖錢伍分陸釐叁毫柒絲壹忽捌微貳纖捌渺。遇閏加銀伍錢，內除荒銀叁釐陸毫伍絲捌忽柒微壹纖陸塵柒渺，實支銀肆錢玖分陸釐叁毫肆絲壹忽貳微捌纖叁塵叁渺。

按察司司獄衙門

皂隸貳名，每名歲支銀陸兩，共銀壹拾貳兩，內除荒撥補銀捌分柒釐柒絲陸忽玖微捌塵肆渺，實支銀壹拾壹兩玖錢壹分貳釐玖毫貳絲叁忽玖纖壹塵陸渺。遇閏加銀壹兩，內除荒銀柒釐叁毫壹絲柒忽貳微叁纖叁塵貳渺，實支銀玖錢玖分貳釐陸毫捌絲貳忽柒微陸纖陸塵捌渺。

知縣衙門

門子貳名，每名歲支銀陸兩，共銀壹拾貳兩，內除荒撥補銀陸分柒釐肆毫柒絲陸忽玖微捌塵肆渺，實支銀壹拾壹兩玖錢叁分貳釐伍毫貳絲叁忽玖纖壹塵陸渺。遇閏加銀壹兩，內除荒銀柒釐叁毫壹絲柒忽貳微叁纖叁塵貳渺，實支銀玖錢玖分貳釐陸毫捌絲貳忽柒微陸纖陸塵捌渺。

皂隸、仵作壹拾陸名，每名歲支銀陸兩，共銀玖拾陸兩，內除荒撥補銀伍錢肆分叁釐陸毫壹絲陸忽貳微陸纖柒塵貳渺，實支銀玖拾伍兩肆錢伍分陸釐叁毫捌絲叁忽柒微叁纖貳塵捌渺。遇閏加銀捌兩，內除荒銀伍分捌釐伍毫叁絲柒忽叁微柒纖柒塵陸渺，實支銀柒兩玖錢肆分壹釐肆毫陸絲貳忽陸微貳纖貳塵肆渺。

馬快捌名，每名歲支銀壹拾陸兩捌錢，共銀壹百叁拾肆兩肆錢，內除荒撥補銀柒錢陸分叁釐肆絲肆忽壹微叁纖肆塵貳渺，實支銀壹百叁拾叁兩陸錢叁分陸釐玖毫伍絲伍忽捌微陸纖伍塵捌渺。遇閏加銀壹拾壹兩貳錢，內除荒銀捌分壹釐陸毫伍絲捌忽捌微捌纖貳塵伍渺，實支銀壹拾壹兩壹錢壹分捌釐叁毫肆絲壹忽壹微壹纖柒塵伍渺。

民壯貳拾肆名，每名歲支銀陸兩，共銀壹百肆拾肆兩，內除荒撥補銀伍錢伍分陸釐肆毫伍絲肆忽捌微陸纖叁塵肆渺，實支銀壹百肆拾叁兩肆錢肆分叁釐伍毫肆絲伍忽壹微叁纖陸塵陸渺。遇閏加銀壹拾貳兩，內除荒銀陸釐伍毫柒絲玖忽叁纖壹塵肆渺，實支銀壹拾壹兩玖錢玖分叁釐肆毫貳絲玖微陸纖捌塵陸渺。

看監禁子捌名，每名歲支銀陸兩，共銀肆拾捌兩，內除荒撥補銀貳錢柒分陸釐叁毫捌忽壹微叁纖叁塵陸渺，實支銀肆拾柒兩柒錢貳分叁釐陸毫玖絲壹忽捌微陸纖陸塵肆渺，外每名加增銀貳兩，共銀壹拾陸兩。遇閏加銀肆兩，內除荒銀貳分玖釐叁毫陸絲捌忽柒微叁纖捌塵捌渺，實支銀叁兩玖錢柒分陸毫叁絲壹忽貳微陸纖壹塵貳渺。

轎傘扇夫柒名，每名歲支銀陸兩，共銀肆拾貳兩，內除荒撥補銀貳錢肆分壹釐柒毫陸絲玖忽伍微伍纖肆塵叁渺，實支銀肆拾壹兩柒錢伍分捌釐貳毫叁絲肆微肆纖伍塵柒渺。遇閏加銀叁兩伍錢，內除荒銀貳分伍釐陸毫伍忽陸微叁纖叁渺，實支銀叁兩肆錢柒分肆釐叁毫玖絲肆忽叁微陸纖玖塵柒渺。

庫子肆名，每名歲支銀陸兩，共銀貳拾肆兩，內除荒撥補銀壹錢叁分捌釐壹毫伍絲肆忽壹纖陸塵捌渺，實支銀貳拾叁兩捌錢陸分壹釐捌毫肆絲伍忽玖微捌纖叁塵貳渺。遇閏加銀貳兩，內除荒銀壹分肆釐陸毫叁絲肆忽肆微陸纖玖塵肆渺，實支銀壹兩玖錢捌分伍釐叁毫陸絲伍忽伍微叁纖陸渺。

本縣斗級肆名，每名歲支銀陸兩，共銀貳拾肆兩，內除荒撥補銀壹錢叁分捌釐壹毫伍絲肆忽壹纖陸塵捌渺，實支銀貳拾叁兩捌錢陸分壹釐捌毫肆絲伍忽玖微捌纖叁塵貳渺。遇閏加銀貳兩，內除荒銀壹分肆釐陸毫叁絲肆忽肆微陸纖玖塵肆渺，實支銀壹兩玖錢捌分伍釐叁毫陸絲伍忽伍微叁纖陸渺。

永豐倉斗級壹名，敬録倉斗級壹名，每名歲支銀壹拾兩陸錢陸分陸釐陸毫伍絲，共銀貳拾壹兩叁錢叁分叁釐叁毫，內除荒撥補銀壹錢伍分伍釐伍毫貳絲捌忽陸微陸纖玖塵柒渺，實支銀貳拾壹兩壹錢柒分柒釐柒毫柒絲壹忽叁微叁纖叁渺。遇閏加銀壹兩柒錢柒分，內除荒銀壹分貳釐玖毫壹絲陸忽叁微貳纖柒塵肆渺，實支銀壹兩柒錢伍分柒釐捌絲叁忽陸微柒纖貳塵陸渺。

常平倉斗級壹名，額支銀捌兩，內除荒撥補銀伍分捌釐叁毫貳絲肆忽陸微伍塵陸渺，實支銀柒兩玖錢肆分壹釐陸毫柒絲伍忽叁微玖纖肆塵肆渺。遇閏加銀陸錢陸分，內除荒銀肆釐捌毫壹絲陸忽壹微伍纖肆渺，實支銀陸錢伍分伍釐壹毫捌絲叁忽捌微肆纖玖塵陸渺。

各舗司兵叁拾名，每名歲支銀肆兩捌錢，共銀壹百肆拾肆兩，內撥支孝義廳三名，其正閏工食銀兩俱由縣解司支領內除荒撥補銀壹兩肆分玖釐玖毫貳絲肆微壹纖柒塵玖渺柒漠伍沙陸洙伍涯，實支銀壹百肆拾貳兩玖錢伍分柒絲玖忽伍微捌纖貳塵貳漠肆沙叁洙伍涯。外加增銀叁拾柒兩肆分玖釐玖毫貳絲肆微壹纖柒塵玖渺柒漠伍沙陸洙伍涯。遇閏加銀壹拾貳兩，內除荒銀捌分柒釐伍毫陸絲捌忽貳微叁纖玖塵，實支銀壹拾壹兩玖錢壹分貳釐肆毫叁絲壹忽柒微陸纖壹塵。外加增銀叁兩捌分柒釐伍毫陸絲捌忽貳微叁纖玖塵。

鐘鼓夫伍名，每名歲支銀肆兩，共銀貳拾兩，內除荒撥補銀壹錢肆分陸釐捌毫壹絲壹忽肆微陸纖肆塵，實支銀壹拾玖兩捌錢伍分叁釐壹毫捌絲捌忽伍微叁纖陸塵。遇閏加銀壹兩陸錢陸分，內除荒銀壹分貳釐玖絲叁忽陸微捌纖肆塵陸渺，實支銀壹兩陸錢肆分柒釐玖毫陸忽叁微壹纖伍塵肆渺。

各河渡口水夫伍拾名，每名歲支銀貳兩陸錢捌分捌釐，共銀壹百叁拾肆兩肆錢，內除荒撥補銀玖錢柒分玖釐貳毫叁絲肆忽柒微伍纖肆塵壹渺，實支銀壹百叁拾叁兩肆錢貳分柒毫陸絲伍忽貳微肆纖伍塵玖渺。遇閏加銀壹拾壹兩貳錢，內除荒銀柒分玖釐玖毫叁忽叁微陸纖柒塵伍渺，實支銀壹拾壹兩壹錢貳分玖絲陸忽陸微叁纖貳塵伍渺。

縣丞衙門

門子壹名，額支銀陸兩，內除荒撥補銀叁分肆釐陸毫貳絲捌忽壹微柒纖玖塵貳渺，實支銀伍兩玖錢陸分伍釐叁毫柒絲壹忽捌微貳纖捌渺。遇閏加銀伍錢，內除荒銀叁釐陸毫伍絲捌忽柒微壹纖陸塵柒渺，實支銀肆錢玖分陸釐叁毫肆絲壹忽貳微捌纖叁塵叁渺。

皂隸肆名，每名歲支銀陸兩，共銀貳拾肆兩，內除荒撥補銀壹錢叁分捌釐壹毫伍絲肆忽壹纖陸塵捌渺，實支銀貳拾叁兩捌錢陸分壹釐捌毫肆絲伍忽玖微捌纖叁塵貳渺。遇閏加銀貳兩，內除荒銀壹分肆釐陸毫叁絲肆忽肆微陸纖玖塵肆渺，實支銀壹兩玖錢捌分伍釐叁毫陸絲伍忽伍微叁纖陸渺。

馬夫壹名，額支銀陸兩，內除荒撥補銀叁分肆釐陸毫貳絲捌忽壹微柒纖玖塵貳渺，實支銀伍兩玖錢陸分伍釐叁毫柒絲壹忽捌微貳纖捌渺。遇閏加銀伍錢，內除荒銀叁釐陸毫伍絲捌忽柒微壹纖陸塵柒渺，實支銀肆錢玖分陸釐叁毫肆絲壹忽貳微捌纖叁塵叁渺。

典史衙門

門子壹名，額支銀陸兩，內除荒撥補銀叁分肆釐陸毫貳絲捌忽壹微柒纖玖塵貳渺，實支銀伍兩玖錢陸分伍釐叁毫柒絲壹忽捌微貳纖捌渺。遇閏加銀伍錢，內除荒銀叁釐陸毫伍絲捌忽柒微壹纖陸塵柒渺，實支銀肆錢玖分陸釐叁毫肆絲壹忽貳微捌纖叁塵叁渺。

皂隸肆名，每名歲支銀陸兩，共銀貳拾肆兩，內除荒撥補銀壹錢叁分捌釐壹毫伍絲肆忽壹纖陸塵捌渺，實支銀貳拾叁兩捌錢陸分壹釐捌毫肆絲伍忽玖微捌纖叁塵貳渺。遇閏加銀貳兩，內除荒銀壹分肆釐陸毫叁絲肆忽肆微陸纖玖塵肆渺，實支銀壹兩玖錢捌分伍釐叁毫陸絲伍忽伍微叁纖陸渺。

馬夫壹名，額支銀陸兩，內除荒撥補銀叁分肆釐陸毫貳絲捌忽壹微柒纖玖塵貳渺，實支銀伍兩玖錢陸分伍釐叁毫柒絲壹忽捌微貳纖捌渺。遇閏加銀伍錢，內除荒銀叁釐陸毫伍絲捌忽柒微壹纖陸塵柒渺，實支銀肆錢玖分陸釐叁毫肆絲壹忽貳微捌纖叁塵叁渺。

教職衙門

齋夫叁名，每名歲支銀壹拾貳兩，共銀叁拾陸兩，內除荒撥補銀貳錢捌釐肆毫伍絲貳忽柒微陸纖玖渺，實支銀叁拾伍兩柒錢玖分壹釐伍毫肆絲柒忽貳微叁纖玖塵壹渺。遇閏加銀叁兩，內除荒銀貳分壹釐玖毫貳絲玖忽陸微伍纖肆塵玖渺，實支銀貳兩玖錢柒分捌釐柒絲叁微肆纖伍塵壹渺。

膳夫貳名，每名歲支銀陸兩陸錢陸分陸釐陸毫陸絲伍忽，共銀壹拾叁兩叁錢叁分叁釐叁毫叁絲，內除荒撥補銀柒分捌釐柒毫肆絲玖忽肆微柒塵，實支銀壹拾叁兩貳錢伍分肆釐伍毫捌絲伍微玖纖叁塵。遇閏加銀壹兩壹錢壹分壹釐壹毫，內除荒撥補銀捌釐壹毫捌絲伍忽捌纖壹塵肆渺，實支銀壹兩壹錢貳釐玖毫壹絲肆忽玖微壹纖捌塵陸渺。

門斗叁名，每名歲支銀柒兩貳錢，共銀貳拾壹兩陸錢，內除荒撥補銀壹錢貳分肆釐叁毫叁絲捌忽陸微貳纖肆塵伍渺，實支銀貳拾壹兩肆錢柒分伍釐陸毫陸絲壹忽叁微柒纖伍塵伍渺。遇閏加銀壹兩捌錢，內除荒銀壹分貳釐玖毫玖絲陸忽伍微肆纖貳塵玖渺，實支銀壹兩柒錢捌分柒釐叁忽肆微伍纖柒塵壹渺。

廩生貳拾名，每名歲支銀叁兩貳錢，共銀陸拾肆兩，內除荒撥補銀叁錢柒分壹釐貳毫柒絲肆忽貳微肆塵捌渺，實支銀陸拾叁兩陸錢貳分捌釐柒毫貳絲伍忽柒微玖纖伍塵貳渺。遇閏加銀伍兩叁錢叁分叁釐叁毫叁絲，內除荒撥補銀叁分捌釐玖毫肆絲玖忽柒微貳纖柒塵肆渺，實支銀伍兩貳錢玖分肆釐叁毫捌絲貳微柒纖貳塵陸渺。

以上俸工項下，除廩生、膳夫貳欵照常支發外，其餘官役俸工於道光貳拾叁年奉文，均以貳兩平支放，每兩減平銀陸分，其減平銀兩，每年批解部庫交納，理合登明。

壹雜支項下

春秋貳季並清明等節祭文廟並各壇祠及無祀鬼魂品物等項銀柒拾肆兩伍錢玖分肆釐陸毫，內除荒銀伍分玖釐叁毫貳忽捌微柒纖肆塵伍漠肆沙玖洙肆涯，實支銀柒拾肆兩伍錢叁分伍釐貳毫玖絲柒忽壹微貳纖伍塵玖渺肆漠伍沙陸涯，內除均攤祭祀銀壹兩壹錢捌分肆釐壹絲叁忽捌微叁纖玖塵柒渺，奉裁充餉訖。

祭旂纛、犒賞民壯銀陸兩，內除荒銀壹錢貳釐叁絲玖忽壹微肆纖伍塵捌渺，實支銀伍兩捌錢玖分柒釐玖毫陸絲捌微伍纖肆塵貳渺。

鄉飲銀伍兩，內除荒銀捌分伍釐肆絲柒忽伍微柒纖壹塵伍渺，實支銀肆兩玖錢壹分肆釐玖毫伍絲貳忽肆微貳纖捌塵伍渺於道光貳拾叁年奉文裁汰，其徵收銀兩，每年批解部庫交納，理合登明。

西鞏時憲書銀肆百叁拾壹兩捌錢，內除荒銀貳兩柒錢柒分柒釐貳毫伍微柒纖叁塵，實支銀肆百貳拾玖兩貳分貳釐柒毫玖絲玖忽肆微貳纖柒塵，內除節年新增銀肆兩伍錢陸分玖釐貳毫壹忽叁微柒纖肆塵貳渺，解司撥餉訖。

壹孤貧項下

孤貧壹百叁名，共支銀貳百肆拾柒兩捌錢壹分肆釐陸毫捌絲，內除荒銀壹兩捌錢壹分玖毫貳絲伍忽貳微貳纖貳塵貳渺，實支銀貳百肆拾陸兩叁釐柒毫伍絲肆忽捌微柒纖柒塵捌渺。外加增並撥補銀壹百貳拾肆兩柒錢玖分伍釐壹絲柒忽柒微壹塵捌渺。遇閏加增銀叁拾兩玖錢。

孤貧冬衣布花銀伍拾壹兩伍錢，內除荒銀叁錢柒分陸釐叁毫貳絲陸忽叁微伍纖伍塵貳渺，實支銀伍拾壹兩壹錢貳分叁釐陸毫柒絲叁忽陸微肆纖肆塵捌渺。

壹驛站項下

鞏昌府站銀柒千陸百肆拾兩貳錢伍分叁釐柒毫柒絲貳忽貳微陸纖捌塵壹渺；鎮戎、平遠、下馬關站銀玖拾陸兩；宜祿驛站銀壹百陸拾兩貳錢壹分貳釐陸毫叁絲柒忽；京兆驛支直銀貳百伍拾柒兩壹分柒釐貳毫柒絲伍忽；新平驛支直銀壹百貳拾兩叁錢陸分伍釐陸毫肆絲肆忽貳微捌纖肆塵；建忠驛支直銀玖兩玖錢玖分柒釐捌毫肆絲貳忽叁微；宜祿驛改兌臨洮府站銀壹拾兩柒錢貳釐壹毫伍絲柒忽柒微；織造局民壯工食改兌臨洮府站銀柒兩貳錢。共銀捌千叁百壹兩柒錢肆分玖釐叁毫貳絲捌忽伍微伍纖貳塵壹渺，內除荒銀貳百叁拾柒兩陸錢貳分肆釐柒毫肆絲壹忽壹微壹纖叁塵肆渺，實徵銀捌千陸拾肆兩壹錢貳分肆釐伍毫捌絲柒忽肆微叁纖捌塵柒渺，內除額協並裁站銀柒千陸百伍拾陸兩伍錢柒分捌毫柒絲貳忽捌微柒纖肆渺貳漠，實支銀肆百柒兩伍錢伍分叁釐柒毫壹絲肆忽伍微陸纖捌塵貳渺捌漠。

走遞馬玖拾貳匹，工食草料銀肆千捌拾兩；損轎夫貳百肆拾伍名，工食銀貳千壹百壹拾肆兩肆錢壹分貳釐玖毫叁絲陸忽肆微捌塵，增損夫銀柒百捌拾玖兩伍錢。共銀陸千玖百捌拾叁兩玖錢壹分貳釐玖毫叁絲陸忽肆微捌塵，內除荒銀伍拾肆兩伍錢貳釐壹毫伍絲柒忽肆微貳纖玖塵玖渺，實徵銀陸千玖百貳拾玖兩肆錢壹分柒毫柒絲捌忽玖微柒纖捌塵壹渺。

又收受協銀捌百玖拾壹兩肆錢壹分玖釐壹毫柒絲玖忽柒微叁纖捌塵叁渺。

共該銀柒千捌百貳拾兩捌錢貳分玖釐玖毫伍絲捌忽柒微壹纖陸塵肆渺，內除額協並裁站銀伍千叁百陸拾玖兩叁錢捌分貳釐肆毫柒絲伍忽玖微伍纖肆塵玖渺捌漠，實支銀貳千肆百伍拾壹兩肆錢肆分柒釐肆毫捌絲貳忽柒微陸纖壹塵肆渺貳漠。

走遞馬閏額銀叁百伍拾玖兩伍錢；損轎夫銀壹百捌拾叁兩柒錢伍分，增損夫銀陸拾伍兩柒錢玖分。共銀陸百玖兩肆分，內除荒銀肆兩叁分捌釐肆毫柒絲伍忽柒微叁纖壹渺，實支銀陸百伍兩壹釐伍毫貳絲肆忽貳微陸纖玖塵玖渺，內除驛遞之差使甚少並題明請將驛站等事貳案內，共裁銀貳百叁拾捌兩貳錢伍分伍釐捌毫，止實支銀叁百陸拾陸兩柒錢肆分伍釐柒毫貳絲肆忽貳微陸纖玖塵玖渺。

以上存留實徵銀壹萬柒千陸百陸拾伍兩陸錢玖分貳釐柒絲伍忽玖微壹纖捌塵玖渺陸漠玖沙肆洙壹涯。

又收受協西、漢貳府屬商州、略陽等州縣站支兌留兵餉銀捌百玖拾壹兩肆錢壹分玖釐壹毫柒絲玖忽柒微叁纖捌塵叁渺。

共該銀壹萬捌千伍百伍拾柒兩壹錢壹分壹釐貳毫伍絲伍忽陸微伍纖柒塵貳渺陸漠玖沙肆洙壹涯，內除額協西、延、漢叁府屬邠州、洛川、鳳縣等州縣驛站抵餉銀叁千捌百陸拾柒兩肆錢伍分玖毫捌絲玖忽伍微叁纖玖塵貳渺；又除額協平涼、臨洮、鞏昌叁府屬固原、狄道、隴西等州縣驛站抵餉銀陸千柒百陸拾玖兩叁錢貳分肆釐伍毫捌絲陸忽柒微肆纖伍塵壹渺；又除驛遞之差使甚少並題明請將驛站等事貳案內，共裁銀貳千叁百捌拾玖兩壹錢柒分柒釐柒毫柒絲貳忽伍微肆纖壹塵壹渺。實該銀伍千伍百叁拾壹兩壹錢伍分柒釐玖毫陸忽捌微叁纖壹塵捌渺陸漠玖沙肆洙壹涯。

外加增撥補俸工，除按察司榆葭道並知縣攤俸留抵外，實該銀貳百壹拾柒兩伍錢陸分肆釐柒毫玖絲叁忽捌微肆纖伍渺柒漠伍沙陸洙伍涯。

共銀伍千柒百肆拾捌兩柒錢貳分貳釐柒毫陸微柒纖貳塵肆渺肆漠伍沙陸涯於乾隆伍拾貳年奉文，全數解司，一切支欵，俱由司庫按季領支，嗣于嘉慶伍年奉文，在縣留支，並不解司，按季請領。

遇閏原加銀柒百柒拾叁兩捌錢叁分叁毫貳絲陸忽，內除各官閏俸銀肆拾壹兩伍分伍釐捌毫玖絲陸忽，止該銀柒百叁拾貳兩柒錢柒分肆釐肆毫叁絲，內除荒銀肆兩捌錢伍分玖釐捌毫叁絲壹微柒纖捌塵玖渺，實徵銀柒百貳拾柒兩玖錢壹分肆釐伍毫玖絲玖忽捌微貳纖壹塵壹渺，內除驛遞之差使甚少並題明請將驛站等事貳案內，共裁站銀貳百叁拾捌兩貳錢伍分伍釐捌毫。止該銀肆百捌拾玖兩陸錢伍分捌釐柒毫玖絲玖忽捌微貳纖壹塵壹渺。

外加增撥補銀叁拾肆兩叁分肆釐柒毫叁忽肆纖柒塵捌渺。

共銀伍百貳拾叁兩陸錢玖分叁釐伍毫貳忽捌微陸纖捌塵玖渺於乾隆伍拾貳年奉文，全數解司，一切支欵，俱由司按季領支，嗣于嘉慶伍年奉文，在縣留支，並不解司，按季請領。

壹額外

課程銀貳拾貳兩壹錢陸分舖戶出辦。遇閏加銀壹兩捌錢肆分陸釐陸毫陸絲舖戶出辦。

牙帖銀玖拾柒兩叁錢共牙人壹百伍拾柒名，每名納稅銀肆兩以至柒錢、伍錢、叁錢不等，俱係按年徵解。

當稅銀壹百貳拾伍兩共典舖貳拾伍座，每座歲徵銀伍兩，俱係典舖出辦。

畜稅銀肆百肆拾兩捌錢捌分係買騾馬出辦，原無定額，儘收儘解。

地稅銀叁百柒兩柒錢陸分肆釐係買房地業主出辦，原無定額，儘收儘解。

咸陽縣

原額折正壹等共地叁千玖百貳拾伍頃柒拾畝捌分柒釐貳毫叁絲壹忽柒微壹纖，共額徵本折糧柒千陸拾壹石玖斗捌升伍合貳勺陸抄貳撮陸圭伍粟柒粒，每畝科本色糧叁勺伍抄陸撮陸圭貳粟叁粒，共本色糧壹百肆拾石，每畝科折色糧壹升柒合陸勺叁抄貳撮肆圭肆粟柒粒，共折色糧陸千玖百貳拾壹石玖斗捌升伍合貳勺陸抄貳撮陸圭伍粟柒粒，每石折徵銀壹兩叁錢玖分玖釐貳毫肆絲柒忽叁微柒塵伍渺，共額徵銀玖千陸百捌拾伍兩伍錢陸分玖釐貳毫肆絲壹忽伍微肆纖貳塵壹渺。

順治捌年並康熙捌年及乾隆貳、叁等年題明免過有主、河崩荒地並河崩無存共地柒拾貳頃捌拾貳畝叁分壹釐貳毫肆絲壹忽叁微壹纖，應免糧壹百叁拾叁石伍升伍合玖圭叁粟貳粒叁顆貳糠肆粃柒粄，内前墾並墾過河崩及自首共地捌頃玖拾柒畝捌分捌釐，該徵糧壹拾捌石貳斗肆合玖勺玖抄玖撮叁圭肆粟貳粒叁顆；又乾隆拾叁年開墾地壹頃捌拾柒畝，該徵糧叁石叁斗陸升叁合玖勺伍抄陸撮玖粟以增抵除。實應免地陸拾壹頃玖拾柒畝肆分叁釐貳毫肆絲壹忽叁微壹纖，應免本折糧壹百壹拾壹石肆斗捌升陸合肆抄伍撮伍圭貳糠肆粃柒粄，實免本色糧貳石貳斗壹升壹勺肆抄陸撮玖圭叁粟玖粒柒顆陸粃捌粄，實免折色糧壹百玖石貳斗柒升伍合捌勺玖抄捌撮伍圭陸粟叁顆壹糠柒粃玖粄，該免折色銀壹百伍拾貳兩玖錢肆釐捌忽陸微捌纖伍塵叁渺捌漠陸沙貳涯。

實熟地叁千捌百陸拾叁頃柒拾叁畝肆分叁釐玖毫玖絲肆微，共徵本折糧陸千玖百伍拾石肆斗玖升玖合貳勺壹抄柒撮壹圭伍粟陸粒玖顆柒糠伍粃叁粄。實徵本色糧壹百叁拾柒石柒斗捌升玖合捌勺伍抄叁撮陸粟貳顆玖糠叁粃貳粄，實徵折色糧陸千捌百壹拾貳石柒斗玖合叁勺陸抄肆撮玖粟陸粒陸顆捌糠貳粃壹粄，折徵銀玖千伍百叁拾貳兩陸錢陸分伍釐貳毫叁絲貳忽捌微伍纖陸塵柒渺壹漠叁沙玖洙捌涯。

順治拾肆年並康熙拾陸年，清查首出溢額民地壹百壹拾捌頃捌拾壹畝肆分肆釐，共本折糧貳百壹拾叁石柒斗叁升陸合陸抄貳撮捌圭肆粟貳粒，內本色糧柒斗壹升叁合壹勺伍抄叁撮貳圭柒粟捌粒，折色糧貳百壹拾叁石貳升貳合玖勺玖撮伍圭陸粟肆粒，共徵銀貳百玖拾捌兩柒分壹釐柒毫伍絲叁忽貳微壹纖玖塵。

又於嘉慶拾玖年在于欽奉恩詔事案內，題明豁免地貳拾玖畝陸分肆釐伍毫玖絲，應免本折糧伍斗叁升叁合叁勺貳撮壹圭柒粟叁顆壹糠叁粃，本色糧壹升伍勺柒抄貳撮肆圭玖粒柒顆玖糠伍粃柒粺，折色糧伍斗貳升貳合柒勺貳抄玖撮柒圭陸粟伍顆壹糠柒粃叁粺，應免折色銀柒錢叁分壹釐肆毫貳絲捌忽貳微貳纖伍塵玖漠壹沙伍洙伍涯。

又於道光拾捌年在於報明事案內，題明豁免地貳頃陸拾肆畝伍分伍厘，應免本折粮肆石柒斗伍升玖合捌撮肆圭陸粟捌粒伍颗，本色粮玖升肆合叁勺肆抄肆撮陸圭壹粟肆粒陸颗伍糠，折色粮肆石陸斗陸升肆合陸勺陸抄叁撮捌圭伍粟叁粒捌颗伍糠，應免折色銀陸兩伍錢貳分柒厘壹絲捌忽肆微柒纖貳塵玖渺柒漠伍沙。

以上實熟民地並清查首出溢額民地叁千玖百柒拾玖頃陸拾畝陸分捌釐肆毫肆微，實徵本折糧柒千壹百伍拾捌石玖斗肆升貳合玖勺陸抄玖撮叁圭陸粟壹顆陸糠貳粃叁粺，內實徵本色糧壹百叁拾捌石叁斗玖升捌合捌抄玖撮叁圭壹粟叁粒捌顆肆糠柒粃伍粺，實徵折色糧柒千貳拾石伍斗肆升肆合捌勺捌抄肆粟陸粒叁顆壹糠肆粃捌粺，折色銀玖千捌百貳拾叁兩肆錢柒分捌釐伍毫叁絲玖忽叁微柒纖柒塵陸渺肆漠柒沙肆洙叁涯遵照乾隆伍拾玖年奉准部咨令，將康熙年間易知由單內載：每畝折徵銀貳分肆釐陸毫柒絲貳忽壹微伍纖肆塵伍渺，逐一纂入書內，嗣後遇有墾豁，以便按畝增除。

原額人丁叁等玖則不等，共折下下人丁陸萬貳千壹百陸拾肆丁，每丁徵銀伍分伍釐貳毫柒絲壹忽陸微捌纖伍塵貳渺，共銀叁千肆百叁拾陸兩肆錢柒分貳釐柒毫伍絲貳忽壹纖肆渺，內除優免丁柒百貳丁，共銀叁拾捌兩捌錢柒毫貳絲叁忽壹纖肆渺。

實行差并招回抵補豁免共丁陸萬壹千肆百陸拾貳丁，共額徵銀叁千叁百玖拾柒兩陸錢柒分貳釐貳絲玖忽。

順治拾肆年并康熙元年至叁拾伍年編審出溢額共丁叁千叁百肆拾壹丁，共徵銀壹百捌拾肆兩陸錢陸分貳釐柒毫貳微伍纖叁塵貳渺，內除在於轉行事案內，奉旨豁免太監王忠孝家丁差銀伍分伍釐貳毫柒絲壹忽陸微捌纖伍塵貳渺，止該丁叁千叁百肆拾丁，該銀壹百捌拾肆兩陸錢柒釐肆毫貳絲捌忽伍微陸纖捌塵。

以上實行差并溢額丁陸萬肆千捌百貳丁，共銀叁千伍百捌拾貳兩貳錢柒分玖釐肆毫伍絲柒忽伍微陸纖捌塵，於雍正伍年攤入地糧內徵收。

康熙伍拾伍年起，至乾隆貳拾陸年編審出丁貳百捌拾陸丁；乾隆叁拾壹年編審出丁叁拾丁；乾隆叁拾陸年編審出丁叁拾丁。共編審出丁叁百肆拾陸丁，欽遵康熙伍拾貳年叁月拾捌日恩詔，後遇編審之期，但據康熙伍拾年丁冊定為常額，永不加賦。

原額均徭銀貳千叁百叁拾貳兩叁錢柒分捌釐柒毫玖絲柒忽，內除荒銀叁拾捌兩伍錢陸分捌釐陸毫陸絲玖忽壹微肆纖壹塵壹渺肆沙陸洙捌涯肆洒，實徵銀貳千貳百玖拾叁兩捌錢壹分壹毫貳絲柒忽捌微伍纖捌塵捌渺玖漠伍沙叁洙壹涯陸洒。

顺治拾肆年並康熙拾陸年，清查首出溢額民地應徵均徭銀柒拾兩伍錢玖分壹釐肆絲壹忽捌微捌纖柒塵伍渺。

以上實徵均徭銀貳千叁百陸拾肆兩肆錢壹釐壹毫陸絲玖忽柒微肆纖陸塵叁渺玖漠伍沙叁洙壹涯陸洒係按前項壹等地科徵，每畝徵銀伍釐玖毫肆絲壹忽貳微玖纖叁塵伍渺陸漠。

外遇閏加銀叁百叁拾叁兩肆錢肆分貳釐陸毫貳絲玖忽，內除荒銀貳兩陸錢陸釐捌毫壹絲陸忽肆微陸纖壹塵捌渺玖漠柒洙柒涯捌洒，實徵銀叁百叁拾兩捌錢叁分伍釐捌毫壹絲貳忽伍微叁纖捌塵壹渺玖沙貳洙貳涯貳洒。

額外停免銀貳百叁拾柒兩貳錢捌分玖釐壹毫壹忽貳微陸纖。

匠價并盤纏銀捌兩肆錢壹分伍釐。遇閏加銀柒錢壹釐貳毫伍絲。

軍籍丁糧銀貳千壹百柒拾柒兩肆錢陸釐伍毫叁絲玖忽肆微柒纖伍塵柒渺。

外茅香拾觔，除原額價銀載入前項地、丁內徵解外，今應增折價銀壹兩陸分伍釐，

外備鞘價銀壹錢陸分叁釐捌毫。

以上正閏陸項攤入前項地糧內徵解。

以上地、丁貳項并均徭、額外停免、匠價、軍籍、茅香折價等項，除優免丁銀外，共應徵銀壹萬捌千叁百玖拾叁兩貳錢捌分伍釐叁忽陸微叁纖柒塵伍渺，內除荒銀壹百玖拾捌兩柒錢捌分陸釐叁毫玖絲陸忽貳微玖塵柒渺伍漠柒沙貳洙伍涯肆洒，實徵銀壹萬捌千壹百玖拾肆兩肆錢玖分捌釐陸毫柒忽肆微貳纖柒塵柒渺肆漠貳沙柒洙肆涯陸洒。

本色本縣官倉並溢額本色糧壹百肆拾石柒斗壹升叁合壹勺伍抄叁撮貳圭柒粟捌粒，內除荒糧貳石叁斗壹升伍合陸抄叁撮玖圭陸粟肆粒壹顆伍糠貳粃伍粺，實徵糧壹百叁拾捌石叁斗玖升捌合捌抄玖撮叁圭壹粟叁粒捌顆肆糠柒粃伍粺。

外遇閏加銀叁百叁拾叁兩肆錢肆分貳釐陸毫貳絲玖忽，內除荒銀貳兩陸錢陸釐捌毫壹絲陸忽肆微陸纖壹塵捌渺玖漠柒洙柒涯捌洒，實徵銀叁百叁拾兩捌錢叁分伍釐捌毫壹絲貳忽伍微叁纖捌塵壹渺玖沙貳洙貳涯貳洒。

額外匠價閏銀柒錢壹釐貳毫伍絲。

貳項共銀叁百叁拾壹兩伍錢叁分柒釐陸絲貳忽伍微叁纖捌塵壹渺玖沙貳洙貳涯貳洒。

壹起運項下

原編起運糧石、草束、布疋折價銀柒千貳百肆拾玖兩捌錢捌分叁釐叁毫叁絲貳忽捌微伍纖肆塵，內除荒銀壹百壹拾玖兩貳錢叁分捌釐陸毫柒絲捌忽玖微壹纖叁塵柒渺叁漠伍沙肆洒，實起運銀柒千壹百叁拾兩陸錢肆分陸釐陸毫伍絲叁忽玖微肆纖貳渺陸漠肆沙玖洙玖涯陸洒。

節裁鹽鈔、抵祿、藥味、軍器等項共銀壹千叁拾叁兩貳錢捌分陸釐陸毫捌絲，內除荒銀陸兩玖錢壹分叁釐陸毫玖絲叁微陸纖玖塵捌渺捌漠貳沙肆洙捌涯，實起運銀壹千貳拾陸兩叁錢柒分貳釐玖毫捌絲玖忽陸微叁纖壹渺壹漠柒沙伍洙貳涯。

舊編存留，內順治玖年裁扣各役工食銀貳百叁拾柒兩貳錢；拾貳年裁扣傘扇銀捌兩；拾肆年裁扣官生俸廪等項銀伍百柒拾玖兩玖錢叁分叁釐貳毫肆絲；拾伍年奉裁冗員銀壹百柒兩肆錢肆分。康熙元年裁吏書工食銀壹百玖兩貳錢；叁年裁門斗、齋夫工食銀肆拾叁兩貳錢，襍費丁銀壹百捌拾兩肆錢貳分貳釐貳毫叁絲；康熙拾伍年裁扣心紅紙張、修理監倉、喂馬草科、芒神土牛、歲季考試、修理倉厫、鋪墊板蓆、補造船隻、搭橋、賢否、抵（紙）劄筆墨、科舉盤纏、對讀、生員、謄録書手盤纏等項共銀貳百叁拾捌兩貳錢貳釐叁毫；貳拾柒年裁扣歲貢盤纏、進士坊價、舉人坊牌、盤纏、旂牌、花紅酒席等項共銀伍拾伍兩玖錢陸分捌釐捌毫；叁拾玖年裁渭水驛驛丞俸工銀肆拾叁兩伍錢貳分。雍正陸年裁燈夫工食銀貳拾肆兩；拾貳年裁民壯工食銀肆拾捌兩。乾隆柒年裁民壯工食銀貳拾肆兩；玖年裁均攤祭祀銀伍拾叁兩陸錢柒分捌釐；玖年裁舖司工食銀貳拾肆兩，又舊編冗費裁剩解部銀肆百柒拾柒兩貳分陸釐捌毫伍絲肆忽陸微捌纖捌塵壹渺。

共裁歸起運銀貳千貳百伍拾叁兩柒錢玖分壹釐肆毫貳絲肆忽陸微捌纖捌塵壹渺，內除荒銀壹拾柒兩伍錢玖分肆釐肆毫叁忽叁微柒纖柒塵捌渺玖漠柒沙玖洙柒涯，實徵起運銀貳千貳百叁拾陸兩壹錢玖分柒釐貳絲壹忽叁微壹纖貳渺貳沙叁涯，

又溢額地、丁並均徭及額外停免、匠價、軍籍、丁糧、外茅香折價、外備鞘價等項共銀貳千玖百柒拾柒兩陸錢陸分肆釐玖毫叁絲陸忽玖纖伍塵肆渺，內除在於轉行事案內，奉旨豁免太監王忠孝家丁差銀伍分伍釐貳毫柒絲壹忽陸微捌纖伍塵貳渺，實起運銀貳千玖百柒拾柒兩陸錢玖釐陸毫陸絲肆忽肆微壹纖貳渺。

以上共該起運銀壹萬叁千叁百柒拾兩捌錢貳分肆釐叁毫貳絲玖忽貳微玖纖柒渺捌漠肆沙伍洙肆涯陸洒。

又收額協西安、興安貳府州興平、洵陽等縣驛站抵餉銀伍兩捌錢捌分叁釐壹毫玖絲捌忽肆微肆塵壹渺。

又收額協臨洮府屬狄道縣站支抵餉銀貳拾兩伍錢柒分壹毫柒絲捌忽陸微柒纖壹塵叁渺。

又收驛遞之差使甚少并題明請將驛站等事貳案內，共裁站銀叁千柒百捌拾柒兩玖錢肆分玖釐肆毫捌絲玖忽叁微叁纖捌塵肆渺。

共該起運銀壹萬柒千壹百捌拾伍兩貳錢貳分柒釐壹毫玖絲伍忽柒微肆塵伍渺捌漠肆沙伍洙肆涯陸洒，內除受協西安府屬、澄城等州縣站支兑留兵餉銀伍千肆百壹拾壹兩壹錢肆分柒釐伍毫壹絲肆忽捌微貳纖伍塵；又在於請倣以糧載丁等事案內，通省以糧均丁減銀叁千捌百叁拾捌兩陸釐貳毫伍絲貳忽叁微叁纖貳塵肆渺，內除乾隆元、陸、拾壹、拾陸、貳拾壹、貳拾陸等年編審案內，共增抵補屯更丁銀捌百肆拾叁兩壹錢肆分壹釐陸毫陸絲壹忽捌微柒纖貳塵陸渺陸漠陸沙陸洙陸涯肆洒，又乾隆叁拾壹、叁拾陸兩年編審案內，共增抵補屯更丁銀肆百壹拾玖兩玖錢壹分貳釐陸毫捌絲叁微捌纖叁渺叁漠叁沙叁洙叁涯貳洒，止該減銀貳千伍百柒拾肆兩玖錢伍分壹釐玖毫壹絲柒纖玖塵肆渺肆洒。

實該銀玖千壹百玖拾玖兩壹錢貳分柒釐柒毫柒絲捌微壹渺捌漠肆沙伍洙肆

涯貳洒，內留支加增撥補俸工銀壹百壹兩陸錢壹分玖釐貳毫肆絲伍忽柒微壹纖叁塵貳渺叁漠陸沙壹洙陸涯；又留支撥補豁免不敷夫馬工料銀貳拾柒兩肆錢貳分貳釐捌毫伍絲玖微貳纖捌塵玖渺叁漠。

止該起運銀玖千柒拾兩捌分伍釐陸毫柒絲肆忽壹微伍纖捌塵壹漠捌沙叁洙捌涯貳洒。

外遇閏存留，內順治玖年裁扣銀壹拾捌兩壹錢；拾肆年裁扣銀肆拾兩伍分肆釐捌毫陸絲玖忽；拾伍年裁銀捌兩玖錢伍分叁釐叁毫叁絲貳忽。康熙元年裁吏書工食銀玖兩壹錢；叁年裁門斗、齋夫銀叁兩陸錢；拾伍年裁心紅紙張、喂馬草料銀貳兩陸錢陸分陸釐陸毫柒絲；叁拾玖年裁渭水驛驛丞俸工銀叁兩陸錢貳分陸釐陸毫陸絲陸忽。雍正陸年裁燈夫工食銀貳兩；拾貳年裁民壯工食銀肆兩。乾隆柒年裁民壯工食銀貳兩；玖年裁舖司工食銀貳兩，又奉裁各官閏俸銀壹拾貳兩叁錢叁分陸釐陸毫陸絲貳忽。共裁歸起運銀壹百捌兩肆錢叁分捌釐壹毫玖絲玖忽，內除荒銀捌錢肆分柒釐柒毫伍絲捌忽肆微伍纖肆塵伍渺壹漠貳沙貳洙壹涯捌洒，實徵銀壹百柒兩伍錢玖分肆毫肆絲伍微肆纖伍塵肆渺捌漠柒沙柒洙捌涯貳洒。

額外匠價閏銀柒錢壹厘貳毫伍絲。

貳項共銀壹百捌兩貳錢玖分壹厘陸毫玖絲伍微肆纖伍塵肆渺捌漠柒沙柒洙捌涯貳洒。

又收驛遞之差使甚少并題明請將驛站等事案內，共裁站銀陸拾兩伍錢陸分陸釐柒毫捌絲柒忽。

共該起運銀壹百陸拾捌兩捌錢伍分捌釐肆毫柒絲柒忽伍微肆纖伍塵肆渺捌漠柒沙柒洙捌涯貳洒，內除請做以糧載丁等事案內，通省以糧均丁減銀玖拾陸兩玖錢玖分貳釐壹毫叁忽柒微壹纖玖塵伍渺，內節次抵補屯更丁增銀叁拾肆兩陸毫壹絲伍忽陸纖陸塵玖渺玖漠玖沙玖洙玖涯捌洒，止該減銀陸拾貳兩玖錢玖分壹釐肆毫捌絲捌忽陸微伍纖貳塵伍渺貳洒。

實該銀壹百伍兩捌錢陸分陸厘玖毫捌絲捌忽捌微玖纖貳塵玖渺捌漠柒沙柒洙捌涯，內留支加增撥補銀貳兩柒錢叁分壹釐陸毫捌絲柒忽貳微柒纖陸塵柒漠捌沙伍洙陸涯；又留支撥補豁免不敷夫馬工料銀伍錢陸分捌釐陸毫叁絲壹忽玖微玖纖陸塵柒漠。

止該起運銀壹百貳兩伍錢陸分陸釐陸毫陸絲玖忽陸微貳纖捌渺叁漠玖沙貳

洙貳涯。

壹存留項下

原編存留官倉糧壹百肆拾石，內除荒糧貳石叁斗壹升伍合陸抄叁撮玖圭陸粟肆粒壹顆伍糠貳粃伍秕，實存留糧壹百叁拾柒石陸斗捌升肆合玖勺叁抄陸撮叁粟伍粒捌顆肆糠柒粃伍秕聽支孤貧並歸入常平倉壹體辦理。

又溢額地畝本色糧柒斗壹升叁合壹勺伍抄叁撮貳圭柒粟捌粒歸入常平倉壹體辦理。

原編存留銀肆千捌百柒拾捌兩陸錢伍分捌釐陸毫叁絲，內除荒銀伍拾肆兩玖錢捌分肆釐叁毫伍絲壹忽捌微陸纖叁塵肆漠壹沙捌洙，實存留銀肆千捌百貳拾叁兩陸錢柒分肆釐貳毫柒絲捌忽壹微叁纖陸塵玖渺伍漠捌沙貳洙。

壹俸工項下

知縣俸薪銀肆拾伍兩，內除荒銀叁錢伍分壹釐捌毫肆忽捌微伍纖叁塵，實徵銀肆拾肆兩陸錢肆分捌釐壹毫玖絲伍忽壹微肆纖柒塵，內均攤俸工銀貳拾兩陸錢陸釐玖毫貳絲玖忽捌纖貳塵，即留抵撥補各官役俸工訖。

縣丞壹員，額支俸薪銀肆拾兩，內除荒撥補銀叁錢壹分貳釐柒毫壹絲伍忽壹微玖纖壹塵陸渺，實徵支銀叁拾玖兩陸錢捌分柒釐貳毫捌絲肆忽捌微捌塵肆渺。

典史壹員，額支俸薪銀叁拾壹兩伍錢貳分，內除荒撥補銀貳錢肆分陸釐肆毫壹絲玖忽捌微捌塵貳渺肆漠，實徵支銀叁拾壹兩貳錢柒分叁釐伍毫捌絲壹微玖纖壹塵柒渺陸漠，

教諭、訓導貳員，額支俸薪銀叁拾壹兩伍錢貳分，內除荒撥補銀貳錢肆分陸釐肆毫壹絲玖忽捌微捌塵貳渺肆漠，實徵支銀叁拾壹兩貳錢柒分叁釐伍毫捌絲壹微玖纖壹塵柒渺陸漠。外補全俸銀肆拾捌兩肆錢捌分。

知縣衙門

門子貳名，每名歲支工食銀陸兩，共支銀壹拾貳兩，內除荒撥補銀玖分叁厘捌毫壹絲肆忽陸微貳纖柒塵伍渺，實徵支銀壹拾壹兩玖錢陸釐壹毫捌絲伍忽叁微柒纖貳塵伍渺。遇閏加銀壹兩，內除荒銀柒釐捌毫壹絲捌忽伍微肆纖捌塵貳渺玖漠，實徵支銀玖錢玖分貳釐壹毫捌絲壹忽肆微伍纖壹塵柒渺壹漠

皂隸、仵作壹拾陸名，每名歲支工食銀陸兩，共支銀玖拾陸兩，內除荒

撥補銀柒錢伍分伍毫壹絲柒忽壹纖玖塵捌渺，實徵支銀玖拾伍兩貳錢肆分玖釐肆毫捌絲貳忽玖微捌纖貳渺。遇閏加銀捌兩，內除荒銀陸分貳厘伍毫玖絲貳忽玖微肆纖叁塵柒渺貳漠，實徵支銀柒兩玖錢叁分柒釐肆毫柒忽伍纖陸塵貳渺捌漠。

馬快手捌名，每名歲支工食草料銀壹拾陸兩捌錢，共支銀壹百叁拾肆兩肆錢，內除荒撥補銀壹兩伍分柒毫貳絲叁忽貳微貳纖柒塵伍渺，實徵支銀壹百叁拾叁兩叁錢肆分玖釐貳毫柒絲陸忽柒微柒纖貳塵伍渺。遇閏加銀壹拾壹兩貳錢，內除荒銀捌分柒釐伍毫伍絲玖忽伍微捌纖伍塵捌渺叁漠，實徵支銀壹拾壹兩壹錢壹分貳釐肆毫肆絲肆微壹纖肆塵壹渺柒漠。

民壯叁拾捌名，每名歲支工食銀陸兩，共支銀貳百貳拾捌兩，內除荒撥補銀壹兩柒錢捌分貳釐肆毫柒絲貳忽玖微貳纖貳塵壹渺，實徵支銀貳百貳拾陸兩貳錢壹分柒釐伍毫貳絲柒忽柒纖柒塵玖渺。遇閏加銀壹拾玖兩，內除荒銀壹錢肆分捌釐伍毫叁絲捌忽肆微玖纖貳塵玖渺壹漠，實徵支銀壹拾捌兩捌錢伍分壹釐肆毫陸絲壹忽伍微柒塵玖漠。

看監禁子捌名，每名歲支工食銀陸兩，共支銀肆拾捌兩，內除荒撥補銀叁錢柒分伍釐貳毫伍絲捌忽伍微玖塵玖渺，實徵支銀肆拾柒兩陸錢貳分肆釐柒毫肆絲壹忽肆微玖纖壹渺，外加增銀叁拾貳兩。遇閏加銀肆兩，內除荒銀叁分壹釐貳毫柒絲壹忽貳微玖塵伍渺陸漠，實徵支銀叁兩玖錢陸分捌釐柒毫貳絲捌忽柒微玖纖肆渺肆漠。

轎傘扇夫柒名，每名歲支工食銀陸兩，共支銀肆拾貳兩，內除荒撥補銀叁錢貳分捌釐叁毫伍絲壹忽壹微玖纖陸塵貳渺，實徵支銀肆拾壹兩陸錢柒分壹釐陸毫肆絲捌忽捌微叁塵捌渺。遇閏加銀叁兩伍錢，內除荒銀貳分柒釐叁毫陸絲壹忽捌微叁纖貳塵陸渺柒漠，實徵支銀叁兩肆錢柒分貳釐陸毫叁絲捌忽壹微陸纖柒塵叁渺叁漠。

庫子肆名，每名歲支工食銀陸兩，共支銀貳拾肆兩，內除荒撥補銀壹錢捌分柒釐陸毫貳絲玖忽貳微伍纖伍塵，實徵支銀貳拾叁兩捌錢壹分貳釐叁毫柒絲柒微肆纖伍塵。遇閏加銀貳兩，內除荒銀壹分伍釐陸毫叁絲陸忽壹微肆塵柒渺捌漠，實徵支銀壹兩玖錢捌分肆釐叁毫陸絲叁忽捌微玖纖伍塵貳渺貳漠。

斗級肆名，每名歲支工食銀陸兩，共支銀貳拾肆兩，內除荒撥補銀壹錢捌分柒釐陸毫貳絲玖忽貳微伍纖伍塵，實徵支銀貳拾叁兩捌錢壹分貳釐叁毫柒絲柒微肆纖伍塵。遇閏加銀貳兩，內除荒銀壹分伍釐陸毫叁絲陸忽壹微肆塵柒渺捌漠，實徵支銀壹兩玖錢捌分肆釐叁毫陸絲叁忽捌微玖纖伍塵貳渺貳漠。

各舖司兵貳拾陸名，每名歲支工食銀肆兩捌錢，共支銀壹百貳拾肆兩捌錢，內除荒銀玖錢柒分伍釐陸毫柒絲柒忽捌微貳纖玖塵陸漠肆沙伍洙，實徵支銀壹百貳拾叁兩捌錢貳分肆釐叁毫貳絲貳忽壹微柒纖玖渺叁漠伍沙伍洙。外加增銀叁拾貳兩壹錢叁分叁釐叁毫捌絲伍忽叁微伍纖伍塵肆渺陸漠肆沙伍洙。遇閏加銀壹拾兩肆錢，內除荒銀捌分壹釐叁毫陸忽叁微陸纖陸塵陸渺貳漠壹沙叁洙，實徵支銀壹拾兩叁錢壹分捌釐陸毫玖絲叁忽陸微叁纖叁塵叁渺柒漠捌沙柒洙，加增銀貳兩陸錢柒分柒釐柒毫捌絲壹忽陸微玖纖叁塵捌渺貳漠壹沙叁洙。

鐘鼓夫伍名，每名歲支工食銀肆兩，共支銀貳拾兩，內除荒撥補銀壹錢伍分陸釐叁毫伍絲捌忽肆纖伍塵捌渺，實徵支銀壹拾玖兩捌錢肆分叁釐陸毫肆絲壹忽玖微伍纖肆塵貳渺。遇閏加銀壹兩陸錢陸分，內除荒銀壹分貳釐玖毫柒絲柒忽陸微壹纖陸塵肆渺肆漠，實徵支銀壹兩陸錢肆分柒釐貳絲貳忽叁微捌纖叁塵伍渺陸漠。

渭水、中橋、遷家叁渡口水夫柒拾玖名，每名歲支工食銀叁兩陸錢，共支銀貳百捌拾肆兩肆錢，內除荒撥補銀貳兩貳錢貳分叁釐肆毫壹絲伍忽柒纖壹塵叁渺，實徵支銀貳百捌拾貳兩壹錢柒分陸釐伍毫捌絲肆忽玖微貳纖捌塵柒渺。遇閏加銀貳拾叁兩柒錢，內除荒銀壹錢捌分伍釐叁毫壹絲陸微壹纖貳塵捌渺壹漠，實徵支銀貳拾叁兩伍錢壹分肆釐陸毫捌絲玖忽叁微捌纖柒塵壹渺玖漠。

三里橋水夫貳名，每名歲支工食銀貳兩捌錢陸分陸釐陸毫伍絲，共支銀伍兩柒錢叁分叁釐叁毫，內除荒撥補銀肆分肆釐捌毫貳絲肆忽叁微叁纖玖塵玖渺柒漠陸洙，實徵支銀伍兩陸錢捌分捌釐肆毫柒絲伍忽陸微陸纖貳漠玖沙肆洙。遇閏加銀肆兩，內除荒銀叁釐壹毫壹絲肆忽伍微捌纖壹塵叁渺捌漠，實徵支銀叁錢玖分陸釐捌毫捌絲伍忽肆微壹纖捌塵陸渺貳漠。

縣丞衙門

門子壹名，歲支工食銀陸兩，內除荒撥補銀肆分陸釐玖毫柒忽叁微壹纖叁塵柒渺，實徵支銀伍兩玖錢伍分叁釐玖絲貳忽陸微捌纖陸塵叁渺。遇閏加銀伍錢，內除荒銀叁釐捌毫玖絲叁忽壹微柒纖陸塵肆渺伍漠，實徵支銀肆錢玖分陸釐壹毫陸忽捌微貳纖叁塵伍渺伍漠。

皂隷肆名，每名歲支工食銀陸兩，共支銀貳拾肆兩，內除荒撥補銀壹錢捌分柒釐陸毫貳絲玖忽貳微伍纖伍塵，實徵支銀貳拾叁兩捌錢壹分貳釐叁毫柒絲柒微肆纖伍塵。遇閏加銀貳兩，內除荒銀壹分伍釐陸毫叁絲陸忽壹微肆塵柒渺捌漠，實徵支銀壹兩玖錢捌分肆釐叁毫陸絲叁忽捌微玖纖伍塵貳渺貳漠，

馬夫壹名，歲支工食銀陸兩，內除荒撥補銀肆分陸釐玖毫柒忽叁微壹纖叁塵柒渺，實徵支銀伍兩玖錢伍分叁釐玖絲貳忽陸微捌纖陸塵叁渺。遇閏加銀伍錢，內除荒銀叁釐捌毫玖絲叁忽壹微柒纖陸塵肆渺伍漠，實徵支銀肆錢玖分陸釐壹毫陸忽捌微貳纖叁塵伍渺伍漠。

典史衙門

門子壹名，歲支工食銀陸兩，內除荒撥補銀肆分陸釐玖毫柒忽叁微壹纖叁塵柒渺，實徵支銀伍兩玖錢伍分叁釐玖絲貳忽陸微捌纖陸塵叁渺。遇閏加銀伍錢，內除荒銀叁釐捌毫玖絲叁忽壹微柒纖陸塵肆渺伍漠，實徵支銀肆錢玖分陸釐壹毫陸忽捌微貳纖叁塵伍渺伍漠。

皂隷肆名，每名歲支工食銀陸兩，共支銀貳拾肆兩，內除荒撥補銀壹錢捌分柒釐陸毫貳絲玖忽貳微伍纖伍塵，實徵支銀貳拾叁兩捌錢壹分貳釐叁毫柒絲柒微肆纖伍塵。遇閏加銀貳兩，內除荒銀壹分伍釐陸毫叁絲陸忽壹微肆塵柒渺捌漠，實徵支銀壹兩玖錢捌分肆釐叁毫陸絲叁忽捌微玖纖伍塵貳渺貳漠。

馬夫壹名，歲支工食銀陸兩，內除荒撥補銀肆分陸釐玖毫柒忽叁微壹纖叁塵柒渺，實徵支銀伍兩玖錢伍分叁釐玖絲貳忽陸微捌纖陸塵叁渺。遇閏加銀伍錢，內除荒銀叁釐捌毫玖絲叁忽壹微柒纖陸塵肆渺伍漠，實徵支銀肆錢玖分陸釐壹毫陸忽捌微貳纖叁塵伍渺伍漠。

教職衙門

齋夫叁名，每名歲支工食銀壹拾貳兩，共支銀叁拾陸兩，內除荒撥補銀貳錢捌分壹釐肆毫肆絲叁忽捌微伍纖叁塵叁渺，實徵支銀叁拾伍兩柒錢壹分捌釐伍毫伍絲陸忽壹微肆纖陸塵柒渺。遇閏加銀叁兩，內除荒銀貳分叁釐肆毫伍絲叁忽陸微伍纖陸塵陸渺柒漠，實徵支銀貳兩玖錢柒分陸釐伍毫肆絲陸忽叁微肆纖叁渺叁漠。

膳夫貳名，額支工食銀壹拾叁兩叁錢叁分叁釐叁毫叁絲，內除荒撥補銀壹錢肆釐貳毫叁絲玖忽壹微柒纖貳塵陸渺叁漠柒沙陸涯，實徵支銀壹拾叁兩

貳錢貳分玖釐玖絲捌微貳纖柒塵叁渺陸漠貳沙玖洙肆涯係廪生支領。遇閏加銀壹兩壹錢壹分壹釐壹毫，內除荒撥補銀捌釐陸毫捌絲伍忽陸微伍纖陸塵柒渺柒漠貳洙，實徵支銀壹兩壹錢貳釐肆毫壹絲肆忽叁微肆纖叁塵貳渺貳漠玖沙捌洙。

門斗貳名，每名歲支工食銀柒兩貳錢，共支銀壹拾肆兩肆錢，內除荒撥補銀壹錢壹分貳釐伍毫柒絲柒忽玖微伍纖貳塵玖渺，實徵支銀壹拾肆兩貳錢捌分柒釐肆毫貳絲貳忽肆纖柒塵壹渺。遇閏加銀壹兩貳錢，內除荒銀玖釐叁毫捌絲壹忽陸微陸纖貳塵玖渺叁漠，實徵支銀壹兩壹錢玖分陸毫壹絲捌忽叁微叁纖柒塵柒漠。

本縣廪生貳拾名，每名歲支月糧銀叁兩貳錢，共支銀陸拾肆兩，內除荒撥補銀伍錢叁毫肆絲肆忽伍微壹纖陸渺，實徵支銀陸拾叁兩肆錢玖分玖釐陸毫伍絲伍忽肆微捌纖玖塵肆渺。遇閏加銀伍兩叁錢叁分叁釐叁毫叁絲，內除荒撥補銀肆分壹釐陸毫玖絲伍忽貳微伍纖貳塵陸渺捌漠柒沙陸涯，實徵支銀伍兩貳錢玖分壹釐陸毫叁絲肆忽柒微肆纖柒塵叁渺壹漠貳沙玖洙肆涯。

以上俸工項下，除廪生、膳夫貳欵照常支發外，其餘官役俸工於道光貳拾叁年奉文，均以貳兩平支放，每兩減平銀陸分，其減平銀兩，每年批解部庫交納，理合登明。

壹祭祀項下

春秋貳丁致祭文廟及各壇祠并無祀鬼魂品物等項共銀柒拾叁兩玖錢貳分貳釐，內除荒銀伍錢柒分捌釐肆毫伍絲陸忽貳纖捌塵陸渺叁漠捌沙玖洙肆涯，實徵支銀柒拾叁兩叁錢肆分叁釐伍毫肆絲叁忽玖微柒纖壹塵叁渺陸漠壹沙陸涯。

祭旂纛等銀叁兩，內除荒銀貳分肆釐叁毫肆絲捌忽叁微貳纖陸塵玖渺，實徵支銀貳兩玖錢柒分伍釐陸毫伍絲壹忽陸微柒纖叁塵壹渺。

鄉飲銀叁兩，內除荒銀貳分肆釐叁毫肆絲捌忽叁微貳纖陸塵玖渺，實徵支銀貳兩玖錢柒分伍釐陸毫伍絲壹忽陸微柒纖叁塵壹渺於道光貳拾叁年奉文裁汰，其徵收銀兩，每年批解部庫交納，理合登明。

壹孤貧口糧項下

孤貧貳拾壹名口，共支月糧柒拾伍石陸斗，內除荒撥補糧壹石貳斗肆升肆合肆勺貳抄伍撮肆圭貳粟陸粒柒顆柒糠叁粃捌粄，實徵糧柒拾肆石叁斗伍升伍合伍勺柒抄肆撮伍圭柒粟叁粒貳顆貳糠陸粃貳粄。外加增糧壹石壹斗玖升叁合肆勺柒抄玖撮叁圭叁粟肆粒捌顆陸糠叁粃。遇閏加增糧陸石叁斗。

孤貧冬月布花銀壹拾捌兩，内除荒銀壹錢叁分捌釐柒毫壹絲捌忽肆微貳纖捌塵玖渺，實徵銀壹拾柒兩捌錢陸分壹釐貳毫捌絲壹忽伍微柒纖壹塵壹渺。

壹驛站項下

渭水驛站銀壹千柒拾玖兩陸錢伍分叁釐陸絲；渭水驛支直銀捌拾貳兩捌錢叁分捌釐陸毫捌絲玖忽壹微伍纖伍塵；咸陽所站銀柒百肆拾柒兩伍錢捌分捌釐貳毫伍絲捌微肆纖伍塵；京兆驛支直銀捌錢伍分；宜禄驛改兌臨洮府站銀貳拾兩柒錢。共銀壹千玖百叁拾壹兩陸錢叁分，内除荒銀叁拾壹兩玖錢肆分貳釐玖毫玖忽陸微陸纖捌渺叁漠，實徵銀壹千捌百玖拾玖兩陸錢捌分柒釐玖絲叁微叁纖玖塵壹渺柒漠。

又收受協澄城等縣站支兌留兵餉銀伍千肆百壹拾壹兩壹錢肆分柒釐伍毫壹絲肆忽捌微貳纖伍塵。

又收報明并行查事貳案内，撥補豁免不敷夫馬工料銀壹拾捌兩捌錢伍分壹釐玖毫肆忽伍微伍纖叁釐叁渺。

叁項共銀柒千叁百貳拾玖兩陸錢捌分陸釐伍毫玖忽柒微壹纖柒塵肆渺柒漠，内除額協洵陽等縣站支抵餉銀壹兩叁錢壹分貳毫伍絲玖微陸纖壹塵；又除額協臨洮府屬抵餉銀貳拾兩伍錢柒分壹毫柒絲捌忽陸微柒纖壹塵叁渺；又除驛遞之差使甚少並題明請將驛站等事貳案内，共裁銀叁千壹百柒拾叁兩柒錢玖分貳釐伍毫捌絲肆忽柒微伍纖壹塵壹漠捌沙。實支銀肆千壹百叁拾肆兩壹分叁釐肆毫玖絲伍忽叁微叁纖肆塵壹渺伍漠貳沙。

外於西安布政司庫領支撥補增給夫馬閏月工料銀叁百柒拾肆兩柒錢係動支各屬解到地、丁銀兩。

走遞馬肆拾伍匹，工食草料銀壹千肆百伍拾捌兩，内除荒銀壹拾壹兩肆錢壹釐肆絲捌忽陸微叁纖貳渺，實徵銀壹千肆百肆拾陸兩伍錢玖分捌釐玖毫伍絲壹忽叁微陸纖玖塵捌渺。

又收報明並行查事貳案内，撥補豁免不敷夫馬工料銀陸兩捌錢貳分陸釐壹毫肆絲伍忽伍微陸纖肆塵叁渺。

貳項共銀壹千肆百伍拾叁兩肆錢貳分伍釐玖絲陸忽玖微叁纖肆塵壹渺，內除額協興平縣站支抵餉銀肆兩伍錢柒分貳釐玖毫肆絲柒忽肆微肆纖叁塵壹渺；又除驛遞之差使甚少並題明請將驛站等事貳案內，共裁銀陸百壹拾肆兩壹錢伍分陸釐玖毫肆忽伍微捌纖柒塵叁渺捌漠貳沙。實支銀捌百叁拾肆兩陸錢玖分伍釐貳毫肆絲肆忽玖微叁塵陸渺壹漠捌沙。

遇閏加銀壹百貳拾壹兩伍錢，內除荒銀玖錢肆分玖釐捌毫柒絲貳忽捌微陸纖叁塵壹渺柒漠，實徵銀壹百貳拾兩伍錢伍分壹毫貳絲柒忽壹微叁纖陸塵捌渺叁漠。

又收報明並行查事貳案內，撥補豁免不敷夫馬工料銀伍錢陸分捌釐陸毫叁絲壹忽玖微玖纖陸塵柒漠。

貳項共銀壹百貳拾壹兩壹錢壹分捌釐柒毫伍絲玖忽壹微叁纖貳塵玖渺，內除驛遞之差使甚少並題明請將驛站等事貳案內，共裁銀陸拾兩伍錢陸分陸釐柒毫捌絲柒忽，實支銀陸拾兩伍錢伍分壹釐玖毫柒絲貳忽壹微叁纖貳塵玖渺。

以上存留實徵銀肆千捌百貳拾叁兩陸錢柒分肆釐貳毫柒絲捌忽壹微叁纖陸塵玖渺伍漠捌沙貳洙。

又收受協澄城等縣站支兑留兵餉銀伍千肆百壹拾壹兩壹錢肆分柒釐伍毫壹絲肆忽捌微貳纖伍塵。

貳項共銀壹萬貳百叁拾肆兩捌錢貳分壹釐柒毫玖絲貳忽玖微陸纖壹塵玖渺伍漠捌沙貳洙，內除額協洵陽、興平等縣驛站抵餉銀伍兩捌錢捌分叁釐壹毫玖絲捌忽肆微肆塵壹渺；又除額協臨洮府屬抵餉銀貳拾兩伍錢柒分壹毫柒絲捌忽陸微柒纖壹塵叁渺；又除驛遞之差使甚少並題明請將驛站等事貳案內，共裁銀叁千柒百捌拾柒兩玖錢肆分玖釐肆毫捌絲玖忽叁微叁纖捌塵肆渺。實該銀陸千肆百貳拾兩肆錢壹分捌釐玖毫貳絲陸忽伍微肆纖捌塵壹渺伍漠捌沙貳洙。

外加增撥補俸工，除知縣攤俸留抵外，實該銀壹百壹兩陸錢壹分玖釐貳毫肆絲伍忽柒微壹纖叁塵貳渺叁漠陸沙壹洙陸涯。

又留支撥補豁免不敷夫馬工料銀貳拾柒兩肆錢貳分貳釐捌毫伍絲玖微貳纖捌塵玖渺叁漠。

共該銀陸千伍百肆拾玖兩肆錢陸分壹釐貳絲叁忽壹微玖纖叁渺貳漠肆沙

叁洙陸涯於乾隆伍拾貳年奉文，全數解司，一切支欵，俱由司按季領支，嗣於嘉慶伍年奉文，照舊在縣留支，並不解司，按季請領。

遇閏加徵銀貳百叁拾柒兩叁錢肆分壹釐玖絲貳忽，內除奉裁各官閏俸銀壹拾貳兩叁錢叁分陸釐陸毫陸絲貳忽，實該銀貳百貳拾伍兩肆釐肆毫叁絲，內除荒銀壹兩柒錢伍分玖釐伍絲捌忽柒塵叁渺柒漠捌沙伍洙陸涯，實徵銀貳百貳拾叁兩貳錢肆分伍釐叁毫柒絲壹忽玖微玖纖貳塵陸渺貳漠壹沙肆洙肆涯，內除驛遞之差使甚少並題明請將驛站等事貳案內，共裁銀陸拾兩伍錢陸分陸釐柒毫捌絲柒忽。實該銀壹百陸拾貳兩陸錢柒分捌釐伍毫捌絲肆忽玖微玖纖貳塵陸渺貳漠壹沙肆洙肆涯。

外加增撥補廩膳、舖司工食銀貳兩柒錢叁分壹釐陸毫捌絲柒忽貳微柒纖陸塵柒漠捌沙伍洙陸涯。

又留支撥補豁免不敷夫馬工料銀伍錢陸分捌釐陸毫叁絲壹忽玖微玖纖陸塵柒漠。

共該銀壹百陸拾伍兩玖錢柒分捌釐玖毫肆忽貳微陸纖肆塵柒渺柒漠於乾隆伍拾貳年奉文，全數解司，壹切支欵，俱由司按季領支，嗣於嘉慶伍年奉文，照舊在縣留支，並不解司，按季請領。

外於西安布政司庫領支撥補增給夫馬閏月銀叁百柒拾肆兩柒錢係動支各屬解到地、丁銀兩。

本色存留官學倉糧陸拾肆石肆斗，內除荒糧壹石柒升陸勺叁抄捌撮伍圭叁粟柒粒叁顆柒糠捌粃柒粺，實徵糧陸拾叁石叁斗貳升玖合叁勺陸抄壹撮肆圭陸粟貳粒陸顆貳糠壹粃叁粺，內除撥給加增孤貧糧壹石貳斗肆升肆合肆勺貳抄伍撮肆圭貳粟陸粒柒顆柒糠叁粃捌粺，實存撥糧陸拾貳石捌升肆合玖勺叁抄陸撮叁粟伍粒捌顆肆糠柒粃伍粺，內遇閏撥給加增孤貧糧陸石叁斗，止實存撥糧伍拾伍石柒斗捌升肆合玖勺叁抄陸撮叁粟伍粒捌顆肆糠柒粃伍粺聽候撥餉。

壹額外

課程銀貳拾壹兩肆錢貳分陸毫係舖戶出辦，遇閏加銀壹兩柒錢捌分叁釐叁毫叁絲。

畜稅銀陸拾肆兩叁錢壹分壹釐係買騾馬出辦，原無定額，儘收儘解。

牙稅銀貳拾柒兩壹錢伍分肆釐共牙人叁拾壹戶，每戶納稅銀貳錢貳分至貳兩壹錢伍分不等，俱係按年收報，理合登明。

當稅銀陸拾伍兩係典舖出辦，共典舖壹拾叁座，每座每年當稅銀伍兩。

地稅銀壹百肆拾捌兩柒錢壹分係買房地業主出辦，原無定額，儘收儘解。

筏稅銀捌百肆拾陸兩叁錢壹分陸厘係販木客商出辦，原無定額，儘收儘解。

延安府屬：膚施縣、安塞縣、甘泉縣、安定縣、延川縣、延長縣、保安縣、宜川縣

原額壹等地並安塞縣原無頃畝，因荒殘查糧無規，奉延撫清查通共地壹萬貳千捌百伍拾捌頃貳拾壹畝柒分捌釐叁毫柒絲伍忽肆微，各地徵糧不等，共額徵本折糧陸萬捌千伍百伍拾肆石肆升壹合柒勺貳抄伍撮伍圭，內本色糧肆萬捌千伍百伍拾叁石玖斗陸升壹合陸勺伍抄肆撮叁圭，內除拋荒召佃減納糧肆千陸拾陸石貳斗伍升玖合叁勺捌抄捌撮柒圭，止該折徵本色糧肆萬肆千肆百捌拾柒石柒斗貳合貳勺陸抄伍撮陸圭，折色糧貳萬石捌升柒抄壹撮貳圭，各徵銀不等，共額徵銀肆萬叁千肆百玖拾叁兩陸分陸釐壹毫叁絲捌忽柒微壹纖貳塵。

內順治柒、捌、拾壹、拾陸等年題明豁免過有主、無主並續荒地及乾隆肆年在於欽遵聖訓等事各案內，共豁免過地壹萬壹千柒百伍拾頃陸拾捌畝柒分壹釐肆毫柒絲伍忽肆微，應免本折糧伍萬捌千叁百捌拾石叁斗玖升肆合玖勺玖抄肆撮伍圭陸粟柒粒，內前開墾並興屯墾過及節年開墾、丈首共地貳千壹百肆拾伍頃叁拾貳畝貳分柒釐捌絲貳忽，該徵本折糧壹萬貳千陸百貳拾柒石肆斗陸升陸合陸撮貳圭柒粟壹粒柒顆，以增抵除，內於順治拾陸年及康熙柒年膚施、甘泉、延川、宜川肆縣秦地折正等事貳案內，奉旨俞允准令地畝折正，應在前項前墾並興屯、丈首、節年開墾地內應除虛報溢額地壹千肆百柒拾頃叁畝貳分伍釐陸毫陸絲叁忽，共應除本折糧捌千玖百玖拾貳石玖斗貳升叁合柒勺壹抄捌撮玖粟貳粒，止該興屯墾過並清丈地陸百柒拾伍頃貳拾玖畝壹釐肆毫壹絲玖忽，止該本折糧叁千陸百叁拾肆石伍斗肆升貳合貳勺捌抄捌撮壹圭柒粟玖粒柒顆；又肆縣續墾並清丈自首及節年開墾共地叁拾玖頃叁拾柒畝貳分肆釐貳毫壹絲，應徵本折糧壹百伍拾叁石捌斗捌升陸合叁勺玖抄陸撮伍圭叁粟柒顆捌糠伍粃叁粺。

實豁免地壹萬壹千叁拾陸頃貳畝肆分伍釐捌毫肆絲陸忽肆微，應免本折糧伍萬肆千伍百玖拾壹石玖斗陸升陸合叁勺玖撮捌圭伍粟陸粒伍顆壹糠肆粃柒粺，實免本色起運糧叁萬貳千肆百貳拾捌石肆斗貳合捌勺肆抄肆圭陸粒叁顆肆糠叁粃壹粺，實免本色存留驛倉糧壹千伍百陸拾肆石肆合肆勺肆抄貳撮貳圭陸粟貳粒玖顆貳糠叁粃，實免本色存留官學倉糧叁千壹百壹拾捌石肆斗捌升柒勺叁抄叁撮玖圭貳粟伍粒捌顆玖糠肆粃陸粺，各折銀不等，該除銀貳千叁百叁拾捌兩貳錢貳分捌釐捌毫柒絲捌忽陸微柒纖玖塵玖渺伍漠柒沙貳洙，實免折色糧壹萬柒千肆百捌拾壹石柒升捌合貳勺玖抄叁撮貳圭陸粟壹粒叁顆伍糠肆粃，該除銀叁萬陸千玖百壹拾貳兩捌錢壹分肆釐伍毫壹絲叁忽叁微捌纖肆塵壹渺貳漠肆沙壹洙。

實熟地壹千捌百貳拾貳頃壹拾玖畝叁分貳釐伍毫貳絲玖忽，該徵本折糧玖千捌百玖拾伍石捌斗壹升陸合貳抄陸撮玖圭肆粟叁粒肆顆捌糠伍粃叁粺，實徵起運本色糧陸千肆百壹拾柒石伍斗伍升捌合貳抄貳撮貳圭玖粟叁粒陸顆伍糠陸粃玖粺，實徵存留本色驛倉糧叁百肆拾壹石柒斗貳升貳合伍勺玖抄伍撮伍圭捌粟柒粒柒糠柒粃，實徵本色官學倉糧陸百壹拾柒石伍斗叁升叁合陸勺叁抄壹撮壹圭貳粟肆粒壹顆伍粃肆粺，折徵銀肆百陸拾陸兩伍錢伍分壹釐伍毫捌忽捌微陸纖肆漠貳沙捌洙，實徵折色糧貳千伍百壹拾玖石壹合柒勺柒抄柒撮玖圭叁粟捌粒陸顆肆糠陸粃，折徵銀陸千伍百捌拾兩貳錢伍分壹釐陸毫貳絲伍忽叁微貳纖柒塵捌渺柒漠伍沙玖洙。

原額人丁叁門玖則不等，共折下下人丁陸萬陸千叁百玖拾丁，各徵銀不等，共銀貳萬柒千壹百貳拾兩玖錢伍分貳釐貳毫陸絲貳忽陸微玖纖，內除優免丁貳千叁百叁拾陸丁，共銀壹千肆拾兩玖錢玖分伍釐叁毫陸絲貳忽陸微玖纖。

行差丁陸萬肆千伍拾肆丁，共額徵銀貳萬陸千柒拾玖兩玖錢伍分陸釐玖毫。

順治柒年及拾壹年並康熙元年、拾陸、貳拾貳等年題明免過逃亡並續逃亡及洪水灘漂包賠人丁肆萬肆千貳百伍拾丁，應免銀壹萬捌千壹百柒拾陸兩捌錢壹分貳釐玖毫玖絲陸忽柒微叁纖伍塵肆渺，內前招回又招回及節年招回並編審出丁貳千壹百肆拾玖丁，該徵銀壹千壹百伍拾伍兩伍錢玖分陸毫陸絲肆忽壹微肆纖伍塵，實豁免丁肆萬貳千壹百壹丁，該除銀壹萬柒千貳拾壹兩貳錢貳分貳釐叁毫叁絲貳忽伍微玖纖肆渺；又於安塞縣康熙捌年秦屬蠲免事案內，題明豁免頂補不足銀陸百肆拾壹兩捌錢捌分壹釐伍毫陸絲叁忽叁微。

實在行差人丁貳萬壹千玖百伍拾叁丁，該徵銀捌千肆百壹拾陸兩捌錢伍分叁釐肆忽壹微玖塵陸渺。

康熙伍拾伍年起，至乾隆貳拾陸年止，編審出丁陸百捌拾肆丁；乾隆叁拾壹年編審出丁壹百壹拾壹丁；乾隆叁拾陸年編審出丁壹百叁丁。共編審出丁捌百玖拾捌丁，欽遵康熙伍拾貳年叁月拾捌日恩詔，後遇編審之期，但據康熙伍拾年丁冊定為常額，續生人丁，永不加賦。

原額均徭銀壹千壹百捌拾貳兩肆錢肆分捌釐肆毫，內除荒銀玖百柒拾壹兩肆錢玖分玖釐陸毫叁忽肆微玖纖陸塵，實徵銀貳百壹拾兩玖錢肆分捌釐柒毫玖絲陸忽伍微肆塵。

外遇閏加徵銀壹千柒百玖拾柒兩叁錢貳分陸釐肆毫玖絲玖忽，內除荒銀壹千貳百玖拾陸兩貳錢叁分捌毫貳絲柒忽捌微叁纖壹塵伍漠，實徵銀伍百壹兩玖分伍釐陸毫柒絲壹忽壹微陸纖捌塵玖渺伍漠。

額外協濟膚施縣額徵本府儒學廩生月糧裁充兵餉銀伍拾玖兩伍錢貳分，內除荒銀肆拾捌兩貳錢壹分叁毫陸絲柒忽伍微伍纖柒塵叁渺叁漠捌沙，實徵銀壹拾壹兩叁錢玖釐陸毫叁絲貳忽肆微肆纖貳塵陸渺陸漠貳沙。外遇閏又裁銀肆兩玖錢陸分，內除荒銀叁兩玖錢柒分捌釐玖毫貳絲壹忽柒微貳纖壹塵貳渺玖漠，實徵銀玖錢捌分壹釐柒絲捌忽貳微柒纖捌塵柒渺壹漠。

舉人坊價銀壹拾叁兩柒錢柒分貳釐肆毫叁絲，每年徵銀肆兩伍錢玖分捌毫壹絲，內除荒銀叁兩柒錢柒分壹釐叁毫玖絲叁忽玖微柒纖玖塵叁渺肆漠，實徵銀捌錢壹分玖釐肆毫壹絲陸忽貳纖陸渺陸漠。

藥味撥餉折色銀伍錢肆分捌釐玖毫叁絲柒忽捌微捌纖壹塵肆渺。

停免銀壹百捌拾伍兩玖分肆釐陸毫貳絲肆忽貳微叁纖捌渺。

匠價銀貳百肆拾陸兩伍錢壹分。遇閏加銀貳拾兩伍錢肆分貳釐伍毫。

以上額外正閏伍項攤入前項地糧內徵解。

以上地、丁貳項並均徭及額外廩糧、藥味、舉人坊價等項，除優免丁銀外，共額徵銀柒萬肆千伍拾陸兩伍錢壹分陸釐壹毫玖絲捌忽叁微陸纖肆塵貳渺，內除荒亡缺額銀伍萬柒千玖百叁拾柒兩陸錢貳分捌釐陸毫伍絲貳忽玖微捌纖柒塵壹渺伍漠玖沙叁洙，實徵銀壹萬陸千壹百壹拾捌兩捌錢捌分柒釐伍毫肆絲伍忽叁微柒纖柒塵肆漠柒洙。

額徵本色糧肆萬柒百伍拾壹石陸斗捌升柒合玖勺伍圭伍粟，內除荒糧叁萬叁千玖百玖拾貳石肆斗柒合貳勺捌抄貳撮陸圭陸粟玖粒貳顆陸糠陸粃壹粄，實徵糧陸千柒百伍拾玖石貳斗捌升陸勺壹抄柒撮捌圭捌粟柒顆叁糠叁粃玖粄。

外遇閏額徵銀壹千柒百玖拾柒兩叁錢貳分陸釐肆毫玖絲玖忽，內除荒銀壹千貳百玖拾陸兩貳錢叁分捌毫貳絲柒忽捌微叁纖壹塵伍漠，實徵銀伍百壹兩玖分伍釐陸毫柒絲壹忽壹微陸纖捌塵玖渺伍漠。

又額外奉裁廩生月糧充餉閏月銀肆兩玖錢陸分，內除荒銀叁兩玖錢柒分捌釐玖毫貳絲壹忽柒微貳纖壹塵貳渺玖漠，實徵銀玖錢捌分壹釐柒絲捌忽貳微柒纖捌塵柒渺壹漠。

又匠價閏銀貳拾兩伍錢肆分貳釐伍毫。

叁項共銀伍百貳拾貳兩陸錢壹分玖釐貳毫肆絲玖忽肆微肆纖柒塵陸渺陸漠。

壹起運項下

本色起運糧叁萬捌千捌百肆拾伍石玖斗陸升捌勺陸抄貳撮柒圭，內除荒糧叁萬貳千肆百貳拾捌石肆斗貳合捌勺肆抄肆圭陸粒叁顆肆糠叁粃壹粄，實徵糧陸千肆百壹拾柒石伍斗伍升捌合貳抄貳撮貳圭玖粟叁粒陸顆伍糠陸粃玖粄。

原編起運糧草折價銀貳萬玖千貳百肆拾陸兩伍錢貳分貳釐柒毫壹絲伍忽陸微壹纖貳塵，內除荒銀貳萬肆千玖百叁拾玖兩捌錢肆分陸釐捌毫捌絲柒忽肆微捌纖柒塵壹渺壹漠叁沙陸洙，實徵起運銀肆千叁百陸兩陸錢柒分伍釐捌毫貳絲捌忽壹微貳纖肆塵捌渺捌漠陸沙肆洙。

節裁藥味、牲口、軍器、毛襖、慶府文職柴薪、齋郎、民校、盤纏等項歸入起運銀肆千玖百陸拾肆兩陸錢陸釐叁毫，內除荒銀叁千貳百玖拾捌兩陸錢叁分叁釐貳毫伍絲壹忽貳微柒纖柒渺，實徵起運銀壹千陸百陸拾伍兩玖錢柒分叁釐肆絲捌忽柒微貳纖玖塵叁渺。

舊編存留裁扣，內順治玖年裁扣各役工食銀壹千捌百貳拾貳兩，除甘泉、延川、保安叁縣不敷銀壹百柒兩壹錢肆分玖釐壹毫，實裁銀壹千柒百壹拾肆兩捌錢伍分玖毫；拾貳年裁扣修宅、傢伙、傘扇等銀壹百伍拾肆兩，除不敷銀貳兩柒錢伍釐叁毫，實裁銀壹百伍拾壹兩貳錢玖分肆釐柒毫；拾肆年裁扣官生俸廩等項，除奉復孤貧口糧、布花外，實裁銀壹千柒百捌拾柒兩玖錢玖分貳釐貳毫玖絲，內除不敷銀伍拾柒兩捌錢玖分柒釐肆毫柒絲貳忽叁微陸纖柒塵，止實裁銀壹千柒百叁拾兩玖分肆釐捌毫壹絲柒忽陸微叁纖叁塵；拾伍年裁汰冗員銀壹百捌拾壹兩肆分，除不敷銀肆兩伍錢叁分貳釐柒毫，實裁銀壹百柒拾陸兩伍錢柒釐叁毫；拾陸年裁汰冗員銀肆拾玖兩伍錢貳分，除不敷銀玖兩玖錢伍釐貳毫，實裁銀叁拾玖兩陸錢壹分肆釐捌毫，裁站充餉銀玖錢壹分柒毫肆絲捌忽貳微壹纖柒塵，里馬掮轎夫叁分裁壹，銀壹百玖拾伍兩貳錢貳分陸釐叁毫捌絲柒忽捌微肆纖叁塵叁渺。康熙元年裁吏書工食銀玖百壹拾伍兩陸錢，除不敷銀叁拾叁兩壹錢伍分壹釐陸毫，實裁銀捌百捌拾貳兩肆錢肆分捌釐肆毫；叁年裁教諭、齋夫、門斗等項銀伍百壹拾玖兩叁錢陸分，除不敷銀壹拾柒兩叁錢壹分肆釐貳毫柒絲陸忽陸微陸纖陸塵陸渺，實裁銀伍百貳兩肆分伍釐柒毫貳絲叁忽叁微叁纖叁塵肆渺；伍年裁本府司獄俸食銀肆拾叁兩伍錢貳分；陸年裁河西道各役工食銀壹百捌拾兩，襍費丁銀壹千叁百玖兩叁錢貳分捌釐柒毫，除不敷銀柒拾肆兩肆錢叁分肆毫，實裁銀壹千貳百叁拾肆兩捌錢玖分捌釐叁毫；拾伍年裁心紅紙張、修理監倉等項銀伍百肆拾陸兩陸錢肆釐伍毫，除不敷銀貳拾兩叁錢肆分叁釐伍毫柒絲，實裁銀伍百貳拾陸兩貳錢陸分玖毫叁絲；拾陸年裁驛丞俸食銀肆拾叁兩伍錢貳分；貳拾柒年裁舉貢盤纏等項銀叁百陸兩叁錢玖分壹釐柒毫捌絲，除不敷銀壹拾叁兩貳錢叁分陸釐壹毫，實裁銀貳百玖拾叁兩壹錢伍分伍釐陸毫捌絲。雍正陸年裁燈夫工食銀壹百玖拾貳兩，除不敷銀捌兩壹錢壹分陸釐陸毫，實裁銀壹百捌拾叁兩捌錢捌分叁釐肆毫；捌年裁驛丞俸食銀捌拾柒兩肆分，除不敷銀貳兩貳分玖釐肆毫，實裁銀捌拾伍兩壹分陸毫；拾壹年裁縣丞、巡檢俸食銀壹百壹拾玖兩伍錢貳分；拾貳年裁民壯工食銀捌百叁拾肆兩，除不敷銀肆拾叁兩伍錢叁分伍釐貳毫貳絲，實裁銀柒百玖拾兩肆錢陸分肆釐柒毫捌絲。乾隆玖年裁舖司工食銀壹百叁拾柒兩捌錢肆分柒釐伍毫玖絲伍忽，除不敷銀陸兩捌錢柒分貳釐貳毫伍絲，實裁銀壹百叁拾兩玖錢柒分伍釐叁毫肆絲伍忽，又舊編冗費裁剩解部銀壹千貳百捌拾伍兩捌釐陸毫捌絲玖忽叁微。

共銀壹萬叁百玖兩貳錢壹分壹釐伍毫壹忽叁微貳纖陸塵柒渺，內除荒銀陸千玖百玖拾壹兩叁錢肆分玖釐玖毫捌絲貳忽玖纖肆塵肆渺陸沙貳洙，實起運銀叁千叁百壹拾柒兩捌錢陸分壹釐伍毫壹絲玖忽貳微叁纖貳塵貳渺玖漠叁沙捌洙。

協濟膚施縣額解本府儒學廩生月糧裁充兵餉銀伍拾玖兩伍錢貳分，內除荒銀肆拾捌兩貳錢壹分叁毫陸絲柒忽伍微伍纖柒塵叁渺叁漠捌沙，實徵銀壹拾壹兩叁錢玖釐陸毫叁絲貳忽肆微肆纖貳塵陸渺陸漠貳沙。

舉人牌坊共銀壹拾叁兩柒錢柒分貳釐肆毫叁絲，每年徵銀肆兩伍錢玖分捌毫壹絲，内除荒銀叁兩柒錢柒分壹釐叁毫玖絲叁忽玖微柒纖玖塵叁渺肆漠，實徵銀捌錢壹分玖釐肆毫壹絲陸忽貳纖陸渺陸漠。

又額外徵收停免、匠價、藥味、撥餉銀肆百叁拾貳兩壹錢伍分叁釐伍毫陸絲貳忽壹微壹纖貳塵貳渺。

以上共該起運銀玖千柒百叁拾肆兩柒錢玖分叁釐陸忽陸微陸纖貳塵貳沙貳洙。

又收存留內額協各州縣驛站抵餉銀壹千肆百壹拾壹兩壹錢壹分貳釐陸毫柒絲玖微柒塵。

又收存留內驛遞之差使甚少及題明請將驛站等事叁案內，共裁站銀貳千捌百柒拾陸兩玖錢陸分陸釐捌毫肆忽伍微壹纖玖塵捌渺，內除題明請將驛站等事案內，留支各州縣新增夫馬工料銀玖百陸拾肆兩玖錢柒分貳釐玖絲壹忽壹微肆纖肆塵，止實收銀壹千玖百壹拾壹兩玖錢玖分肆釐柒毫壹絲叁忽叁微柒纖伍塵捌渺。

又收存留內驛遞奉裁歸縣等事案內，協幫石嘴驛夫馬工料銀貳百伍兩肆錢壹分玖釐捌毫伍絲柒忽貳微陸纖伍渺。

共該起運銀壹萬叁千貳百陸拾叁兩叁錢貳分貳毫肆絲捌忽貳微伍塵叁渺貳沙貳洙，内除受協各州縣兌留兵餉應支銀貳千貳百捌拾肆兩叁錢玖分叁釐陸毫陸絲玖忽肆微貳塵叁渺，內甘泉縣包賠丁缺額銀壹百肆拾陸兩叁錢叁分壹釐玖毫貳絲玖忽壹微捌纖捌塵伍渺玖漠，止除受協銀貳千壹百叁拾捌兩陸分壹釐柒毫肆絲貳微壹纖叁塵柒渺壹漠；又除請更府縣等事案內，新添夫馬工料銀壹百陸拾捌兩。

又除在於請做以糧載丁等事案內，通省以糧均丁減銀陸千肆百貳拾玖兩陸錢陸分捌釐玖毫壹絲肆忽貳微陸纖叁塵捌渺貳漠，內除（乾隆）元、陸、拾壹、拾陸、貳拾壹、貳拾陸等年共增抵補屯更丁增銀壹千肆百貳拾玖兩玖分捌釐柒毫玖絲玖微伍纖貳塵壹渺叁漠叁沙叁洙貳涯；又乾隆叁拾壹、叁拾陸兩年抵補屯更丁增銀陸百玖拾伍兩陸錢玖分柒釐陸忽肆微伍纖陸塵陸漠陸沙陸洙陸涯。止該減銀肆千叁百肆兩捌錢柒分叁釐壹毫壹絲陸忽捌微伍纖伍塵陸渺貳漠貳涯。

實該銀陸千陸百伍拾貳兩叁錢捌分伍釐叁毫玖絲壹忽壹微叁纖伍塵玖渺柒漠貳沙壹洙捌涯，內留支加增撥補俸工並夫馬工料銀貳千柒百捌拾捌兩柒錢壹分壹釐叁毫伍絲玖忽捌微貳纖肆塵陸渺叁漠陸沙，止該起運銀叁千捌百陸拾叁兩陸錢柒分肆釐叁絲壹忽叁微壹纖壹塵叁渺叁漠陸沙壹洙捌涯。

外遇閏裁扣，順治玖年裁扣銀壹百叁拾捌兩伍錢；拾肆年裁扣銀壹百肆拾兩肆分玖毫貳絲陸忽；拾伍年裁汰銀壹拾伍兩捌分陸釐陸毫伍絲陸忽；拾陸年裁汰銀肆兩壹錢貳分陸釐陸毫陸絲陸忽。康熙元年裁吏書工食銀柒拾陸兩叁錢；叁年裁教諭、齋夫、門斗銀肆拾叁兩貳錢柒分玖釐玖毫玖絲捌忽；伍年裁司獄銀叁兩陸錢貳分陸釐陸毫陸絲陸忽；陸年裁道官各役銀壹拾伍兩；拾伍年裁心紅紙張、喂馬草料銀貳拾伍兩肆錢玖分玖釐玖毫陸絲；拾陸年裁驛丞銀叁兩陸錢貳分陸釐陸毫陸絲陸忽。雍正陸年裁燈夫銀壹拾陸兩；捌年裁驛丞銀柒兩貳錢伍分叁釐叁毫叁絲貳忽；拾壹年裁縣丞、巡檢銀玖兩玖錢伍分玖釐玖毫玖絲陸忽；拾貳年裁民壯銀陸拾玖兩伍錢。乾隆玖年裁舖司銀壹拾壹兩肆錢捌分柒釐貳毫伍絲伍忽，又裁各官閏俸銀捌拾叁兩肆錢叁釐叁毫壹絲叁忽。

共裁銀陸百陸拾貳兩陸錢玖分壹釐肆毫叁絲肆忽，內除荒銀肆百柒拾肆兩肆錢玖分叁釐壹毫玖絲柒忽貳微叁塵玖渺伍漠捌沙柒洙壹涯，實徵起運銀壹百捌拾捌兩壹錢玖分捌釐貳毫叁絲陸忽柒微玖纖陸塵肆漠壹沙貳洙玖涯。

又額外奉裁廩生月糧充餉銀肆兩玖錢陸分，內除荒銀叁兩玖錢柒分捌釐玖毫貳絲壹忽柒微貳纖壹塵貳渺玖漠，實徵銀玖錢捌分壹釐柒絲捌忽貳微柒纖捌塵柒渺壹漠。

又匠價閏銀貳拾兩伍錢肆分貳釐伍毫。

以上共該起運閏銀貳百玖兩柒錢貳分壹釐捌毫壹絲伍忽柒纖肆塵柒渺伍漠壹沙貳洙玖涯。

又收存留內驛遞之差使甚少，共裁站銀壹百肆拾捌兩叁錢捌分叁釐玖毫肆絲叁忽伍微叁纖捌塵捌渺伍漠。

貳項共銀叁百伍拾捌兩壹錢伍釐柒毫伍絲捌忽陸微壹纖叁塵陸渺壹沙貳洙玖涯，內除請做以糧載丁等事案內，通省以糧均丁減銀叁百柒拾貳兩陸錢壹分叁釐伍毫陸絲玖忽伍微貳纖玖塵玖渺貳漠，內除節次抵補屯更丁增閏銀壹百貳拾陸兩貳錢貳分捌釐玖毫壹絲叁微叁纖伍塵柒渺玖漠玖沙捌洙壹涯貳洒，止該减銀貳百肆拾陸兩叁錢捌分肆釐陸毫伍絲玖忽壹微玖纖肆塵壹渺貳漠壹洙捌涯捌洒。

實該銀壹百壹拾壹兩柒錢貳分壹釐玖絲玖忽肆微壹纖玖塵肆渺捌漠壹沙壹洙貳洒，全數內安塞、延長、延川、宜川肆縣留支撥補俸工銀伍拾壹兩伍錢玖分柒釐伍絲柒忽伍微玖纖壹塵陸漠，又膚施、安定、保安叁縣留支撥補俸工銀貳拾捌兩柒分貳釐壹毫柒忽玖微陸纖貳塵捌渺柒漠貳沙壹洙貳涯貳洒，在於各該縣全數留支訖，尚不敷留支銀柒兩肆錢陸分肆釐陸毫伍絲肆忽壹微壹纖捌渺陸漠柒沙捌洙柒涯捌洒，遇閏之年在於各縣起運正銀內留支，理合登明。

止該起運閏銀叁拾貳兩伍分壹釐玖毫叁絲叁忽捌微陸纖伍塵伍渺肆漠捌沙玖洙捌涯。

壹存留項下

本色存留驛倉夏秋糧壹千玖百伍石柒斗貳升柒合叁抄柒撮捌圭伍粟，內除荒糧壹千伍百陸拾肆石肆合肆勺肆抄貳撮貳圭陸粟貳粒玖顆貳糠叁粃，實徵糧叁百肆拾壹石柒斗貳升貳合伍勺玖抄伍撮伍圭捌粟柒粒柒糠柒粃。

原編存留銀貳萬玖千陸百捌拾陸兩玖錢伍分伍釐肆毫捌絲陸忽柒微柒纖玖塵柒渺，內除延川、保安、甘泉叁縣不敷銀陸百肆拾柒兩肆分肆釐壹毫柒絲柒忽肆微陸纖陸塵肆渺，止該銀貳萬玖千叁拾玖兩玖錢壹分壹釐叁毫玖忽叁微壹纖叁塵叁渺，內除荒銀貳萬貳千陸百伍拾伍兩捌錢壹分陸釐柒毫柒絲伍微玖纖捌塵貳渺陸漠壹沙伍洙，實徵銀陸千叁百捌拾肆兩玖分肆釐伍毫叁絲捌忽柒微壹纖伍塵叁漠捌沙伍洙。

又收起運內受協各州縣站支抵餉銀貳千伍百貳拾陸兩柒錢叁分捌釐陸毫叁絲壹忽貳微陸纖壹塵玖渺，內除甘泉縣包丁缺額銀壹百肆拾陸兩叁錢叁分壹釐玖毫貳絲玖忽壹微捌纖捌塵伍渺玖漠，應聽撥補，理合登明，止實收受協銀貳千叁百捌拾兩肆錢陸釐柒毫貳忽柒纖叁塵叁渺壹漠。

又收請更府縣等事案內，新添夫馬工料銀壹百陸拾捌兩。

又外收起運鄜州撥支甘泉縣新增夫馬工料銀伍拾壹兩柒錢玖分柒釐壹毫陸忽肆微伍纖玖塵玖渺玖漠。

叁項共銀捌千玖百捌拾肆兩貳錢玖分捌釐叁毫肆絲柒忽貳微肆纖捌塵叁渺叁漠捌沙伍洙，內除各縣驛抵餉銀壹千叁百玖拾捌兩陸錢壹分肆釐貳毫伍絲貳忽柒塵；又除驛遞之差使甚少並題明請將驛站等事案內，共裁站銀貳千捌百柒拾陸兩玖錢陸分陸釐捌毫肆忽伍微壹纖玖塵捌渺，內在於題明請將驛站等事案內，留支各縣新增夫馬工料銀玖百陸拾肆兩玖錢柒分貳釐玖絲壹忽壹微肆纖肆塵，實裁銀壹千玖百壹拾壹兩玖錢玖分肆釐柒毫壹絲叁忽叁微柒纖伍塵捌渺；又除驛站奉裁歸縣等事案內，協帮石嘴驛夫馬工料銀貳百伍兩肆錢壹分玖釐捌毫伍絲柒忽貳微陸纖伍渺。

實該銀伍千肆百陸拾捌兩貳錢陸分玖釐伍毫貳絲肆忽陸微伍塵叁漠捌沙伍洙，內除甘泉縣請倣以糧載丁等事案內，通省以糧均丁，因起運不敷，減除在於存留內減銀貳拾陸兩捌錢捌分伍釐捌毫陸絲玖忽叁微陸塵壹渺捌漠，在於司庫地、丁銀內照數撥補訖，仍該銀伍千肆百陸拾捌兩貳錢陸分玖釐伍毫貳絲肆忽陸微伍塵叁漠捌沙伍洙。

外加增撥補留支俸工銀貳千柒百柒拾柒兩壹錢玖分玖絲叁忽陸微玖纖柒塵叁渺捌漠陸沙。

共該存留銀捌千貳百肆拾伍兩肆錢伍分玖釐陸毫壹絲捌忽叁微貳塵肆渺貳漠肆沙伍洙。

外於西安布政司庫撥補領支各縣俸工並夫馬工料銀叁千肆百兩玖錢玖釐捌毫肆絲伍忽肆微伍纖伍塵貳渺肆漠伍沙。

外於西安布政司庫扣貯屯存留缺官銀內領支新設甘泉縣臨鎮縣丞俸工銀柒拾陸兩。

又於西安布政司庫領支文廟春秋祭祀銀肆百壹拾玖兩捌錢柒釐壹毫伍絲玖忽肆微陸纖叁塵肆渺陸漠肆洙捌涯。

外遇閏加徵銀壹千貳百壹拾捌兩叁分捌釐叁毫柒絲捌忽，內除各官閏俸銀捌拾叁兩肆錢叁釐叁毫壹絲叁忽入起運外，止該銀壹千壹百叁拾肆兩陸錢叁分伍釐陸絲伍忽，內除荒銀捌百貳拾壹兩柒錢叁分柒釐陸毫叁絲陸微貳纖柒塵玖漠壹沙貳洙玖涯，實徵存留閏銀叁百壹拾貳兩捌錢玖分柒釐肆毫叁絲肆忽叁微柒纖貳塵玖渺捌沙柒洙壹涯，內除驛遞之差使甚少並題明請將驛站等事叁案內，共裁站銀壹百肆拾捌兩叁錢捌分叁釐玖毫肆絲叁忽伍微叁纖捌塵捌渺伍漠，止該銀壹百陸拾肆兩伍錢壹分叁釐肆毫玖絲捌微叁纖肆塵伍漠捌沙柒洙壹涯。

查甘泉縣均丁遇閏年比無閏少減銀貳分壹釐陸毫玖絲肆忽柒微捌纖肆塵陸渺貳漠，其少減之數，遇閏應在起運閏月內減除，理合登明。

外加增撥補留支銀捌拾陸兩壹錢柒分壹釐肆毫捌絲肆忽柒微貳纖玖塵玖渺陸漠。

共該存留閏月銀貳百伍拾兩陸錢捌分肆釐玖毫柒絲伍忽伍微陸纖肆塵壹漠捌沙柒洙壹涯。

外於西安布政司庫各縣領支廩膳、舖司等項銀壹百陸拾叁兩陸錢玖分柒釐玖毫玖絲壹忽捌微捌纖玖塵貳渺玖漠壹沙貳洙玖涯。

外於西安布政司庫扣貯屯存留缺官銀內領支新設甘泉臨鎮縣丞各役工食閏銀叁兩。

壹額外

協濟膚施縣額解本府廩生月糧銀貳拾玖兩柒錢陸分，內除荒撥補銀貳拾肆兩壹錢伍釐壹毫捌絲叁忽柒微柒纖捌塵捌渺伍漠肆沙，實徵支銀伍兩陸錢伍分肆釐捌毫壹絲陸忽貳微貳纖壹塵壹渺肆漠陸沙。遇閏加銀貳兩肆錢捌分，內除荒銀壹兩玖錢捌分玖釐肆毫陸絲捌微陸纖捌渺柒漠，實徵支銀肆錢玖分伍毫叁絲玖忽壹微叁纖玖塵壹渺叁漠。

課程銀陸拾兩貳錢捌釐壹毫壹絲。遇閏加銀伍兩壹分柒釐叁毫肆絲貳忽肆微捌纖。

本府稅課司並=（羊+占）羊皮課程共銀壹百伍拾兩貳錢叁分捌釐貳毫捌絲伍忽。遇閏加銀壹拾貳兩伍錢壹分玖釐捌毫伍絲柒忽捌微。

各州縣

鹽課銀壹千玖百玖拾兩陸錢伍分陸釐。

畜稅銀捌拾壹兩柒錢壹分壹釐。

當稅銀肆百壹拾兩。

牙稅銀壹拾叁兩肆錢肆分。

地稅銀柒拾伍兩壹錢叁釐。

本府稅課司

商稅銀叁百陸拾捌兩捌錢柒分。

畜稅銀壹百陸拾玖兩肆錢捌分柒釐。

膚施縣

原額折正山坡陡凹地壹千肆拾玖頃肆拾陸畝伍分叁釐，共額徵本折糧捌千壹百伍拾捌石玖升貳合柒抄叁撮，每畝科本色糧肆升玖忽肆勺貳抄柒撮肆圭叁粟貳粒，共本色糧伍千壹百捌拾柒石貳斗叁升柒合伍勺壹抄捌撮伍圭，內除抛荒召佃減納糧柒百陸拾壹石玖升肆合柒抄柒撮玖圭，每畝科折正本色糧肆升貳合壹勺柒抄伍撮柒圭叁粟叁粒柒顆，內本色起運糧叁升肆合陸勺貳抄伍撮貳粟肆粒陸顆壹糠，本色驛倉糧壹合柒抄貳撮肆圭叁粟陸粒肆顆叁糠，本色官學倉糧陸合肆勺柒抄捌撮貳圭柒粟貳粒陸顆陸糠，共該糧肆千肆百貳拾陸石壹斗肆升叁合肆勺肆抄陸圭；每畝科折色糧貳升捌合叁勺捌撮貳圭陸粟捌粒，共折色糧貳千玖百柒拾石捌斗伍升肆合伍勺伍抄肆撮伍圭，每石折徵銀壹兩柒錢伍分肆釐壹毫玖絲玖忽肆微，共額徵銀伍千貳百壹拾壹兩肆錢柒分壹釐貳毫叁忽。

除無主、有主並續荒地壹千柒頃壹拾玖畝肆分叁釐，應免折正本折糧柒千玖拾玖石伍升柒合叁勺捌抄捌撮壹圭肆粟，前舊熟地並續墾原折正地肆拾玖頃柒拾伍畝柒分捌釐，該本折糧叁百伍拾石柒斗壹升肆勺壹抄玖撮伍圭貳粟；又興屯開墾並清丈出地伍百叁拾玖頃貳拾壹畝玖分捌釐，該折正本折糧叁千捌百石陸斗玖合壹勺，內有興屯、道廳不查地畝折正丈出溢額地肆百貳拾叁頃陸拾捌畝伍分玖釐伍毫；又興屯開墾地壹百壹拾伍頃伍拾叁畝叁分捌釐伍毫，俱按畝起科；合縣士民控告各部院牌委各廳荒熟通融丈量，共丈出地伍千捌百捌拾壹頃貳拾畝叁分伍釐壹絲貳忽，與全書原額折正地壹千肆拾玖頃肆拾陸畝伍分叁釐滿盤合算，應該伍畝陸分肆毫折正壹畝，通詳各部院會題，部覆於拾陸年柒月內奉旨俞允准令折正，應將前項丈出並興屯開墾及舊熟地通共止該折正熟地壹百壹拾貳頃陸拾肆畝伍分壹釐壹毫捌絲柒忽，應征本折糧柒百玖拾叁石玖斗陸升捌合貳勺肆抄柒撮肆粟肆粒，今應删除丈出溢額地肆百貳拾叁頃陸拾捌畝伍分玖釐伍毫，興屯溢額地玖拾肆頃玖拾壹畝柒分伍釐叁毫壹絲叁忽，貳項共除本折糧叁千陸百伍拾伍石貳斗玖升壹合捌勺柒抄玖撮肆圭叁粟陸粒；又續墾過折正熟地叁拾陸畝，該折正本折糧貳石伍斗叁升柒合肆勺；又分巡河西道丈出自首折正熟地陸頃壹拾玖畝伍分，該本折糧肆拾叁石陸斗陸升肆合伍勺壹抄捌撮玖圭伍粟柒粒伍顆；又節年開墾地叁頃陸拾畝壹分壹釐壹毫壹絲，該本折糧貳拾伍石叁斗捌升壹合捌勺柒抄柒撮伍圭肆粒。

實荒地玖百貳拾陸頃陸拾陸畝肆分柒毫叁忽，該折正本折糧陸千伍百叁拾壹石肆斗肆升伍合玖勺伍抄壹撮伍圭玖粟肆粒伍顆，內實免起運本色糧叁千貳百捌石陸斗伍合捌勺伍抄叁撮壹圭陸粟伍粒，實免存留本色驛倉糧玖拾玖石叁斗捌升玖合玖勺陸抄玖撮陸圭貳粟捌粒，實免存留本色官學倉糧陸百石貳斗貳升肆合伍勺貳抄玖撮貳圭叁粟叁粒捌顆，每石折銀捌錢，共除銀肆百捌拾兩壹錢捌分柒釐柒毫肆絲陸忽貳微捌纖伍塵陸渺，實免折色糧貳千陸百貳拾叁石貳斗貳升伍合伍勺玖抄玖撮伍圭陸粟柒粒柒顆，共除銀肆千陸百壹兩陸錢陸分肆毫壹絲伍微壹纖叁塵叁渺。

以上實在連前折正並續墾及自首共熟地壹百貳拾貳頃捌拾畝壹分貳釐貳毫玖絲柒忽，該折正本折糧捌百陸拾伍石伍斗伍升貳合肆抄叁撮伍圭伍粒伍顆，實徵起運本色糧肆百貳拾伍石壹斗玖升玖合肆勺伍抄貳撮叁圭叁粟伍粒，實徵存留本色驛倉糧壹拾叁石壹斗陸升玖合陸勺伍抄壹撮貳圭貳粟貳粒，實徵存留本色官學倉糧柒拾玖石伍斗伍升叁合玖勺捌抄伍撮壹粟陸粒貳顆，舊例每石折徵銀捌錢，今奉文每畝折徵銀伍釐壹毫捌絲壹忽玖微伍纖柒塵貳渺，該折正熟銀陸拾叁兩陸錢叁分伍釐陸絲伍忽壹微壹纖肆塵肆渺，實徵折色糧叁百肆拾柒石陸斗貳升捌合玖勺伍抄肆撮玖圭叁粟貳粒叁顆，該折正熟銀陸百玖兩捌錢壹分柒毫玖絲貳忽肆微捌纖陸塵柒渺於乾隆伍拾玖年奉准部咨令，將康熙年間易知由單內載：每畝折徵銀肆分玖釐陸毫伍絲捌忽叁微陸纖伍塵柒渺，纂入書內，嗣後遇有墾豁，按畝增除。

原額人丁叁門玖則不等，共折下下人丁叁千玖百陸拾壹丁，每丁徵銀伍錢柒分陸釐玖毫伍絲伍忽叁微，共銀貳千貳百捌拾伍兩叁錢壹分玖釐玖毫柒絲陸微，內除優免丁貳百貳丁，共銀壹百壹拾陸兩伍錢肆分肆釐玖毫柒絲陸微。

行差丁叁千柒百伍拾玖丁，共額徵銀貳千壹百陸拾捌兩柒錢柒分伍釐。

順治柒年及順治拾壹年題明豁免過續逃亡丁叁千肆百玖拾陸丁，應除銀壹千玖百肆拾肆兩貳錢肆釐陸毫柒絲，前招回又招回並編審出丁玖百貳拾陸丁，該銀柒百叁拾陸兩貳錢貳分陸釐貳毫貳絲玖忽叁微，實豁免丁貳千伍百柒拾丁，該除銀壹千貳百柒兩玖錢柒分捌釐肆毫肆絲柒微。

實在應征人丁壹千壹百捌拾玖丁，該徵銀玖百陸拾兩柒錢玖分陸釐伍毫伍絲玖忽叁微於雍正伍年攤入地糧徵收。

康熙伍拾伍年起，至乾隆貳拾陸年止，編審出丁肆拾叁丁；乾隆叁拾壹年編審出丁叁丁；叁拾陸年編審出丁肆丁。共編審出丁伍拾丁，欽遵康熙伍拾貳年叁月拾捌日恩詔，後遇編審之期，但據康熙伍拾年丁冊定為常額，續生人丁，永不加賦。

原額均徭銀陸百陸拾玖兩伍分肆釐，內除荒銀伍百玖拾兩柒錢柒分叁毫玖絲壹忽叁微玖纖捌塵肆渺，實徵銀柒拾捌兩貳錢捌分叁釐陸毫捌忽陸微壹塵陸渺係按照前項地畝科徵，每畝徵銀陸釐叁毫柒絲肆忽捌微壹纖玖塵。

外遇閏原額加徵銀壹百捌拾玖兩捌錢貳分玖釐貳毫玖絲捌忽，內除荒銀壹百叁拾兩肆錢貳分叁釐貳毫柒絲柒忽柒微肆纖柒塵貳渺，實徵銀伍拾玖兩肆錢陸釐貳絲貳微伍纖貳塵捌渺。

額外徵收匠價銀捌拾陸兩陸錢貳分伍釐。遇閏加銀柒兩貳錢壹分捌釐柒毫伍絲。

以上正閏貳項攤入前項地糧內徵解。

地、丁貳項並均徭、匠價，除優免丁銀外，額徵銀捌千陸百柒拾玖兩柒錢肆分捌釐壹絲肆忽肆微，內除荒銀陸千捌百捌拾兩伍錢玖分陸釐玖毫捌絲捌忽捌微玖纖柒塵叁渺，實徵銀壹千柒百玖拾玖兩壹錢伍分壹釐貳絲伍忽伍微貳塵柒渺。

本色起運糧叁千陸百叁拾叁石捌斗伍合叁勺伍撮伍圭，內除荒糧叁千貳百捌石陸斗伍合捌勺伍抄叁撮壹圭陸粟伍粒，實徵糧肆百貳拾伍石壹斗玖升玖合肆勺伍抄貳撮叁圭叁粟伍粒。

本色存留驛倉糧壹百壹拾貳石伍斗伍升玖合陸勺貳抄捌圭伍粟，內除荒糧玖拾玖石叁斗捌升玖合玖勺陸抄玖撮陸圭貳粟捌粒，實徵糧壹拾叁石壹斗陸升玖合陸勺伍抄壹撮貳圭貳粟貳粒。

外遇閏加徵銀壹百捌拾玖兩捌錢貳分玖釐貳毫玖絲捌忽，內除荒銀壹百叁拾兩肆錢貳分叁釐貳毫柒絲柒忽柒微肆纖柒塵貳渺，實徵銀伍拾玖兩肆錢陸釐貳絲貳微伍纖貳塵捌渺。

又匠價閏銀柒兩貳錢壹分捌釐柒毫伍絲。

貳項共徵閏銀陸拾陸兩陸錢貳分肆釐柒毫柒絲貳微伍纖貳塵捌渺攤入前項地糧內徵解。

壹起運項下

原額本色起運糧叁千陸百叁拾叁石捌斗伍合叁勺伍撮伍圭，內除荒糧叁千貳百捌石陸斗伍合捌勺伍抄叁撮壹圭陸粟伍粒，實徵糧肆百貳拾伍石壹斗玖升玖合肆勺伍抄貳撮叁圭叁粟伍粒。

原編起運糧石折價銀叁千捌百壹拾陸兩貳分捌釐貳毫叁忽，內除荒銀叁千叁百陸拾肆兩叁錢壹分肆釐柒毫陸絲叁忽，實起運銀肆百伍拾壹兩柒錢壹分叁釐肆毫肆絲。

節裁軍器、毛襖共銀伍百伍拾陸兩貳錢壹分，內除荒銀叁百陸拾叁兩玖錢柒分伍釐伍毫伍絲叁忽柒微伍纖叁塵玖渺，實徵銀壹百玖拾貳兩貳錢叁分肆釐肆毫肆絲陸忽貳微肆纖陸塵壹渺。

舊編存留，內順治玖年裁扣各役工食銀貳百叁拾兩；拾貳年裁扣傘扇銀捌兩；拾肆年裁扣官生俸廩等項銀貳百壹拾壹兩捌錢叁分陸釐肆毫柒絲；拾伍年裁汰冗員銀捌拾貳兩。康熙元年裁扣吏書工食銀玖拾柒兩貳錢；叁年裁教諭俸食並齋夫工食等項共銀壹百壹兩壹錢貳分，雜費丁銀貳百貳拾貳兩貳錢陸分叁釐貳毫；拾伍年裁心紅紙張、修理監倉等項銀伍拾玖兩伍錢捌分陸釐；貳拾柒年裁舉貢盤纏銀叁拾陸兩。雍正陸年裁燈夫工食銀貳拾肆兩；拾貳年裁民壯工食銀柒拾捌兩。乾隆玖年裁舖司工食銀壹拾肆兩肆錢，又舊編冗費裁剩解部銀壹百肆拾肆兩玖錢壹分玖釐捌毫壹絲壹忽肆微。

共裁扣歸入起運銀壹千叁百玖兩叁錢貳分伍釐肆毫捌絲壹忽肆微，內除荒銀捌百柒拾肆兩叁錢陸分捌毫叁絲叁忽壹微陸塵貳渺，實起運銀肆百叁拾肆兩玖錢陸分肆釐陸毫肆絲捌忽貳微玖纖叁塵捌渺。

又額外徵收匠價銀捌拾陸兩陸錢貳分伍釐。

共該實起運銀壹千壹百陸拾伍兩伍錢叁分柒釐伍毫叁絲肆忽伍微叁纖玖塵玖渺。

又收存留內額協抵餉銀陸拾伍兩陸錢玖釐壹毫伍絲壹忽陸微肆纖。

又收存留內驛遞之差使甚少等事案內，共裁站銀叁百肆兩肆錢貳分壹釐玖毫捌忽壹微陸纖壹塵捌渺，內除在於題明請將驛站等事案內，留支本縣新增夫馬工料銀貳百捌拾捌兩陸錢肆分壹釐捌毫叁絲，止實收銀壹拾伍兩柒錢捌分柒絲捌忽壹微陸纖壹塵捌渺。

共該起運銀壹千貳百肆拾陸兩玖錢貳分陸釐柒毫陸絲肆忽叁微肆纖壹塵柒渺，內受協宜川等州縣驛站兊留兵餉應支銀貳百玖拾貳兩玖錢捌分叁釐柒毫叁絲伍忽捌微壹塵捌渺；又在於請倣以糧載丁等事案內，通省均丁減銀柒百柒拾捌兩伍錢肆分肆釐叁毫柒絲伍忽肆微叁纖肆塵伍渺，內除乾隆元、陸、拾壹、拾陸、貳拾壹、貳拾陸等年編審案內，共增抵補屯更丁銀壹百柒拾貳兩叁錢肆分陸釐陸毫伍絲壹忽壹纖壹塵壹渺叁漠叁沙叁洙貳涯捌洒，又乾隆叁拾壹、叁拾陸兩年編審案內，共增抵補屯更丁銀捌拾叁兩捌錢陸分伍釐伍毫肆忽叁微伍塵伍渺陸漠陸沙陸洙陸涯肆洒，止該減銀伍百貳拾貳兩叁錢叁分貳釐貳毫貳絲壹微壹纖柒塵捌渺捌洒。

實該銀肆百叁拾壹兩陸錢壹分捌毫捌忽肆微貳纖貳塵玖漠玖沙玖洙玖涯貳洒，內留支加增撥補俸工銀玖拾兩叁錢叁釐捌毫叁絲柒忽捌微捌纖伍塵伍渺，止該起運銀叁百肆拾壹兩叁錢陸釐玖毫柒絲伍微叁纖陸塵伍渺玖漠玖沙玖洙玖涯貳洒。

外遇閏裁扣，內順治玖年裁扣銀壹拾柒兩伍錢；拾肆年裁扣銀壹拾陸兩柒錢伍分肆釐陸毫伍絲玖忽；拾伍年裁汰冗員銀陸兩捌錢叁分叁釐叁毫叁絲。康熙元年裁扣銀捌兩壹錢；叁年裁教諭俸食並齋夫工食銀捌兩肆錢貳分陸釐陸毫陸絲陸忽；拾伍年裁心紅紙張、喂馬草料銀貳兩陸錢陸分陸釐陸毫柒絲。雍正陸年裁燈夫工食銀貳兩；拾貳年裁民壯工食銀陸兩伍錢。乾隆玖年裁舖司工食銀壹兩貳錢，又閏俸銀玖兩叁釐叁毫叁絲叁忽。

共裁銀柒拾捌兩玖錢捌分肆釐陸毫伍絲捌忽，內除荒銀伍拾肆兩叁錢玖分貳釐伍毫壹絲玖忽捌纖陸塵肆渺，實徵銀貳拾肆兩伍錢玖分貳釐壹毫叁絲捌忽玖微壹纖叁塵陸渺。

又額外匠價閏銀柒兩貳錢壹分捌釐柒毫伍絲。

貳共起運閏銀叁拾壹兩捌錢壹分捌毫捌絲捌忽玖微壹纖叁塵陸渺。

又收存留內驛遞之差使甚少等事貳案內，共裁站銀壹拾壹兩陸錢壹分玖釐貳毫。

貳項共銀肆拾叁兩肆錢叁分捌絲捌忽玖微壹纖叁塵陸渺，內除請倣以糧載丁等事案內，通省以糧均丁減銀肆拾肆兩貳錢叁分肆釐伍毫捌忽玖微陸纖陸塵壹渺，節次抵補屯更丁銀壹拾肆兩玖錢玖分貳釐叁毫捌絲柒忽陸微陸纖伍塵柒渺玖漠玖沙玖洙捌涯，止該減銀貳拾玖兩貳錢肆分貳釐壹毫貳絲壹忽叁微叁渺貳涯。

實該起運閏月銀壹拾肆兩壹錢捌分柒釐玖毫陸絲柒忽陸微壹纖叁塵貳渺玖漠玖沙玖洙捌涯，全數留支加增撥補役廪並夫馬閏月銀兩訖，尚不敷留支銀壹兩貳分捌釐柒毫玖絲伍忽玖微柒塵肆渺貳涯，遇閏之年在於上項起運正銀內留支，理合登明。

壹存留項下

原額存留本色驛倉糧壹百壹拾貳石伍斗伍升玖合陸勺貳抄捌圭伍粟，內除荒糧玖拾玖石叁斗捌升玖合玖勺陸抄玖撮陸圭貳粟捌粒，實徵糧壹拾叁石壹斗陸升玖合陸勺伍抄壹撮貳圭貳粟貳粒。

原編存留銀貳千玖百壹拾壹兩伍錢伍分玖釐叁毫叁絲，內除荒銀貳千貳百柒拾柒兩玖錢肆分伍釐捌毫叁絲玖忽叁纖柒塵貳渺，實徵銀陸百叁拾叁兩陸錢壹分叁釐肆毫玖絲玖微陸纖貳塵捌渺。

壹俸工項下

延安府儒學廪生月糧銀肆兩捌錢，內除荒撥補銀叁兩壹錢陸分玖釐陸毫貳絲玖忽，實徵支銀壹兩陸錢叁分叁毫柒絲壹忽。遇閏加銀肆錢，內除荒撥補銀貳錢柒分伍釐玖毫肆絲壹忽柒微，實徵支銀壹錢貳分肆釐伍絲捌忽叁微。

知縣俸薪銀肆拾伍兩，內除荒銀叁拾壹兩柒錢柒分玖釐壹絲，實徵支銀壹拾叁兩貳錢貳分玖毫玖絲，外撥補銀壹拾壹兩叁分陸釐壹毫柒絲玖忽捌微伍纖玖塵伍渺。

典史壹員，額支俸薪銀叁拾壹兩伍錢貳分，內除荒撥補銀貳拾貳兩貳錢伍分玖釐肆毫叁絲，實徵支銀玖兩貳錢陸分伍毫柒絲。

訓導壹員，額支俸薪銀叁拾壹兩伍錢貳分，內除荒撥補銀貳拾貳兩貳錢伍分玖釐肆毫叁絲，實徵支銀玖兩貳錢陸分伍毫柒絲。外撥補全俸銀捌兩肆錢捌分。

知縣衙門

門子貳名，每名歲支銀陸兩，共銀壹拾貳兩，內除荒撥補銀捌兩肆錢柒分肆釐肆毫，實徵支銀叁兩伍錢貳分伍釐陸毫。遇閏加銀壹兩，內除荒銀陸錢捌分伍釐叁毫捌絲，實徵支銀叁錢壹分肆釐陸毫貳絲。

皂隸、仵作壹拾陸名，每名歲支銀陸兩，共銀玖拾陸兩，內除荒撥補銀陸拾柒兩柒錢玖分伍釐貳毫壹絲，實徵支銀貳拾捌兩貳錢肆釐柒毫玖絲。遇閏加銀捌兩，內除荒銀伍兩肆錢捌分叁釐壹絲，實徵支銀貳兩伍錢壹分陸釐玖毫玖絲。

馬快捌名，每名歲支銀壹拾陸兩捌錢，共支銀壹百叁拾肆兩肆錢，內除荒撥補銀玖拾伍兩叁錢叁分伍釐捌毫，實徵支銀叁拾玖兩陸分肆釐貳毫。遇閏加銀壹拾壹兩貳錢，內除荒銀柒兩陸錢柒分陸釐貳毫壹絲，實徵支銀叁兩伍錢貳分叁釐柒毫玖絲。

民壯叁拾柒名，每名歲支銀陸兩，共銀貳百貳拾貳兩，內除荒撥補銀壹百伍拾柒兩陸錢玖分伍釐陸毫伍絲，實徵支銀陸拾肆兩叁錢肆釐叁毫伍絲。遇閏加銀壹拾捌兩伍錢，內除荒銀壹拾貳兩陸錢柒分玖釐肆毫叁絲，實徵支銀伍兩捌錢貳分伍毫柒絲遇閏之年抵支撥補不敷工食正銀訖。

看監禁卒捌名，每名歲支銀陸兩，共銀肆拾捌兩，內除荒撥補銀叁拾叁兩捌錢玖分柒釐陸毫壹絲，實徵支銀壹拾肆兩壹錢貳釐叁毫玖絲。每名加增銀肆兩，共銀叁拾貳兩。遇閏加銀肆兩，內除荒銀貳兩柒錢肆分壹釐伍毫壹絲，實徵支銀壹兩貳錢伍分捌釐肆毫玖絲。

轎傘扇夫柒名，每名歲支銀陸兩，共銀肆拾貳兩，內除荒撥補銀貳拾玖兩陸錢陸分肆毫，實徵支銀壹拾貳兩叁錢叁分玖釐陸毫。遇閏加銀叁兩伍錢，內除荒銀貳兩叁錢玖分捌釐捌毫貳絲，實徵支銀壹兩壹錢壹釐壹毫捌絲。

庫子肆名，每名歲支銀陸兩，共銀貳拾肆兩，內除荒撥補銀壹拾陸兩玖錢肆分捌釐捌毫，實徵支銀柒兩伍分壹釐貳毫。遇閏加銀貳兩，內除荒銀壹兩叁錢柒分柒毫伍絲，實徵支銀陸錢貳分玖釐貳毫伍絲。

斗級肆名，每名歲支銀陸兩，共銀貳拾肆兩，內除荒撥補銀壹拾陸兩玖錢肆分捌釐捌毫，實徵支銀柒兩伍分壹釐貳毫。遇閏加銀貳兩，內除荒銀壹兩叁錢柒分柒毫伍絲，實徵支銀陸錢貳分玖釐貳毫伍絲。

鐘鼓夫伍名，每名歲支銀貳兩肆錢，共銀壹拾貳兩，內除荒撥補銀捌兩肆錢捌分貳釐伍毫玖絲，實徵支銀叁兩伍錢壹分柒釐肆毫壹絲。遇閏加銀壹兩，內除荒銀陸錢捌分陸釐壹毫壹絲，實徵支銀叁錢壹分叁釐捌毫玖絲。

各舖司兵肆拾名，額支銀伍拾柒兩陸錢，內撥支西鄉縣舖司貳名，應支工食銀兩由該縣按季解司支領除荒撥補銀肆拾兩柒錢壹分陸釐肆毫壹絲陸忽，實徵支銀壹拾陸兩捌錢捌分叁釐伍毫捌絲肆忽。外加增銀壹百捌拾貳兩肆錢。遇閏加銀肆兩捌錢，內除荒撥補銀叁兩貳錢玖分玖毫捌絲肆忽，實徵支銀壹兩伍錢玖釐壹絲陸忽。外加增銀壹拾伍兩貳錢。

更夫肆名，每名歲支銀貳兩肆錢，共銀玖兩陸錢，內除荒撥補銀陸兩柒錢捌分陸釐柒絲，實徵支銀貳兩捌錢壹分叁釐玖毫叁絲。遇閏加銀捌錢，內除荒銀伍錢肆分捌釐壹絲，實徵支銀貳錢伍分壹釐玖毫玖絲。

典史衙門

門子壹名，歲支工食銀陸兩，內除荒撥補銀肆兩貳錢叁分柒釐貳毫，實徵支銀壹兩柒錢陸分貳釐捌毫。遇閏加銀伍錢，內除荒銀叁錢肆分貳釐陸毫玖絲，實徵支銀壹錢伍分柒釐叁毫壹絲。

皂隸肆名，每名歲支工食銀陸兩，共銀貳拾肆兩，內除荒撥補銀壹拾陸兩玖錢肆分捌釐捌毫，實徵支銀柒兩伍分壹釐貳毫。遇閏加銀貳兩，內除荒銀壹兩叁錢柒分柒毫伍絲，實徵支銀陸錢貳分玖釐貳毫伍絲。

馬夫壹名，額支工食銀陸兩，內除荒撥補銀肆兩貳錢叁分柒釐貳毫，實徵支銀壹兩柒錢陸分貳釐捌毫。遇閏加銀伍錢，內除荒銀叁錢肆分貳釐陸毫玖絲，實徵支銀壹錢伍分柒釐叁毫壹絲。

訓導衙門

齋夫叁名，每名歲支工食銀壹拾貳兩，共銀叁拾陸兩，內除荒撥補銀貳拾伍兩肆錢貳分叁釐貳毫，實徵支銀壹拾兩伍錢柒分陸釐捌毫。遇閏加銀叁兩，內除荒銀貳兩伍分陸釐壹毫叁絲，實徵支銀玖錢肆分叁釐捌毫柒絲。

膳夫貳名，每名歲支工食銀陸兩陸錢陸分陸釐陸毫陸絲伍忽，共銀壹拾叁兩叁錢叁分叁釐叁毫叁絲，內除荒撥補銀玖兩肆錢壹分伍釐玖毫捌絲捌忽陸微壹纖伍塵伍渺，實徵支銀叁兩玖錢壹分柒釐叁毫肆絲壹忽叁微捌纖肆塵伍渺係廩生支領。遇閏加銀壹兩壹錢壹分壹釐叁毫，內除荒撥補銀柒錢陸分壹釐伍毫玖絲叁忽伍微貳纖柒渺，實徵支銀叁錢肆分玖釐柒毫陸忽肆微柒纖玖塵叁渺。

門斗貳名，每名歲支工食銀柒兩貳錢，共銀壹拾肆兩肆錢，內除荒撥補銀壹拾兩壹錢陸分玖釐貳毫捌絲，實徵支銀肆兩貳錢叁分柒毫貳絲。遇閏加銀壹兩貳錢，內除荒銀捌錢貳分貳釐肆毫伍絲，實徵支銀叁錢柒分柒釐伍毫伍絲。

廩生貳拾名，每名歲支銀叁兩貳錢，共銀陸拾肆兩，內除荒撥補銀肆拾貳兩貳錢陸分壹釐柒毫叁絲壹忽，實徵支銀貳拾壹兩柒錢叁分捌釐貳毫陸絲玖忽。遇閏加銀伍兩叁錢叁分叁釐叁毫肆絲，內除荒撥補銀叁兩陸錢柒分玖釐貳毫貳絲捌忽叁微，實徵支銀壹兩陸錢伍分肆釐壹毫壹絲壹忽柒微。

以上俸工項下，除廩生、膳夫貳欵照常支發外，其餘官役俸工於道光貳拾叁年奉文，均以貳兩平支放，每兩減平銀陸分，其減平銀兩，每年批解部庫交納，理合登明。

壹雜支項下

春秋貳季致祭文廟及各壇祠并無祀鬼魂品物等項共銀肆拾伍兩，內除荒銀叁拾壹兩捌錢玖毫貳絲，實徵支銀壹拾叁兩壹錢玖分玖釐捌絲。

外撥補均攤不敷銀肆拾捌兩玖錢伍分陸毫玖絲陸忽叁微伍纖玖塵柒渺肆漠伍沙陸涯。

虮蜡神春秋祭祀銀叁兩，內除荒銀貳兩壹錢貳分陸絲，實徵支銀捌錢柒分玖釐玖毫肆絲。

鄉飲額支銀伍兩，內除荒銀叁兩伍錢肆分叁釐陸毫捌絲，實徵支銀壹兩肆錢伍分陸釐叁毫貳絲。

布政司紙劄銀貳兩伍錢捌分陸釐，內除荒銀壹兩捌錢貳分柒釐玖毫玖絲伍忽，實徵支銀柒錢伍分捌釐伍忽。

以上鄉飲、紙劄貳欵於道光貳拾叁年奉文裁汰，共徵收銀兩，每年批解部庫交納，理合登明。

壹孤貧項下

孤貧壹拾名，口糧銀貳拾捌兩捌錢，內除荒銀壹拾捌兩捌錢叁分伍釐陸毫玖絲玖忽貳微柒纖，實徵支銀玖兩玖錢陸分肆釐叁毫柒微叁纖。外加增銀貳拾陸兩叁分伍釐陸毫玖絲玖忽貳微柒纖。遇閏加銀叁兩。

孤貧布花銀貳拾柒兩，內除荒銀壹拾柒兩陸錢伍分玖釐貳毫玖絲叁微叁纖伍塵柒渺，實徵支銀玖兩叁錢肆分柒毫玖忽陸微陸纖肆塵叁渺。

壹驛站項下

本府金明驛站銀壹千貳百陸兩肆錢；本驛廩給支直銀壹百伍拾伍兩陸錢。共銀壹千叁百陸拾貳兩，內除荒銀壹千壹百捌拾柒兩玖錢伍分貳釐柒絲捌忽壹微叁纖陸塵，實徵支銀壹百柒拾肆兩肆分柒釐玖毫貳絲壹忽捌微陸纖肆塵，外收受協銀貳百玖拾貳兩玖錢捌分叁釐柒毫叁絲伍忽捌微壹塵捌渺，實支銀肆百陸拾柒兩叁分壹釐陸毫伍絲柒忽陸微陸纖伍塵捌渺。

外又撥補增給夫馬閏月銀玖兩肆錢伍分。

走遞召募馬貳拾匹，工食草料銀肆百捌拾兩，內除荒銀叁百叁拾玖兩叁錢叁釐肆毫柒絲壹忽陸微捌纖，實徵銀壹百肆拾兩陸錢玖分陸釐伍毫貳絲捌忽叁微貳纖，內除額協抵餉并奉裁銀捌拾壹兩叁錢捌分玖釐貳毫貳絲玖忽捌微壹塵捌渺，實支銀伍拾玖兩叁錢柒釐貳毫玖絲捌忽伍微壹纖捌塵貳渺。

遇閏加銀肆拾兩，內除荒銀貳拾柒兩肆錢肆分捌釐叁毫貳絲壹忽壹微肆纖壹渺，實徵銀壹拾貳兩伍錢伍分壹釐陸毫柒絲捌忽捌微伍纖玖塵玖渺，內除奉裁銀壹拾壹兩陸錢壹分玖釐貳毫，實支銀玖錢叁分貳釐肆毫柒絲捌忽捌微伍纖玖塵玖渺。

外撥補夫馬閏月銀柒兩伍錢。

以上存留實徵共銀陸百叁拾叁兩陸錢壹分叁釐肆毫玖絲玖微陸纖貳塵捌渺。

又收起運內受協宜川等州縣驛站兌留兵餉應支銀貳百玖拾貳兩玖錢捌分叁釐柒毫叁絲伍忽捌微壹塵捌渺。

共該銀玖百貳拾陸兩伍錢玖分柒釐貳毫貳絲陸忽柒微陸纖肆塵陸渺，內除額協歸德等驛站支抵餉銀陸拾伍兩陸錢玖釐壹毫伍絲壹忽陸微肆纖；又除驛遞之差使甚少并題明請將驛站等事貳案內，共裁站銀叁百肆兩肆錢貳分壹釐玖毫捌忽壹微陸纖壹塵捌渺，內在于題明請將驛站等事案內，留支本縣新增夫馬工料銀貳百捌拾捌兩陸錢肆分壹釐捌毫叁絲，實裁站銀壹拾伍兩柒錢捌分柒絲捌忽壹微陸纖壹塵捌渺。實該銀捌百肆拾伍兩貳錢柒釐玖毫玖絲陸忽玖微陸纖貳塵捌渺。

外加增撥補俸工留支銀玖拾兩叁錢叁釐捌毫叁絲柒忽捌微捌纖伍塵伍渺。

共該存留銀玖百叁拾伍兩伍錢壹分壹釐捌毫叁絲肆忽捌微肆纖捌塵叁渺於乾隆伍拾貳年奉文，全數解司，壹切支欵，俱由司按季領支，嗣於嘉慶伍年奉文，照舊在縣留支，並不解司，按季請領。

外于西安布政司庫撥補領支舖司、民壯、均攤各役等項銀捌百壹拾貳兩柒錢柒分壹釐陸毫柒絲伍忽捌微伍纖玖塵伍渺係動支起運銀兩。

又于布政司庫領支均攤祭祀銀肆拾捌兩玖錢伍分陸毫玖絲陸忽叁微伍纖玖塵柒渺肆漠伍沙陸涯係動支耗羨銀兩。

遇閏原加銀壹百壹拾玖兩捌錢肆分柒釐玖毫柒絲叁忽，內除各官閏俸銀玖兩叁釐叁毫叁絲叁忽入起運外，止該銀壹百壹拾兩捌錢肆分肆釐陸毫肆絲，內除荒銀柒拾陸兩叁分柒毫伍絲捌忽陸微陸纖捌渺，實徵銀叁拾肆兩捌錢壹分叁釐捌毫捌絲壹忽叁微叁纖玖塵貳渺，內除驛遞之差使甚少等事貳案內，共裁站閏月銀壹拾壹兩陸錢壹分玖釐貳毫。止該銀貳拾叁兩壹錢玖分肆釐陸毫捌絲壹忽叁微叁纖玖塵貳渺。

外加增撥補役廩并夫馬閏月留支銀壹拾伍兩貳錢壹分陸釐柒毫陸絲叁忽伍微貳纖柒渺。

共該存留閏銀叁拾捌兩肆錢壹分壹釐肆毫肆絲肆忽捌微伍纖玖塵玖渺於乾隆伍拾貳年奉文，全數解司，壹切支欵，俱由司按季領支，嗣於嘉慶伍年奉文，照舊在縣留支，並不解司，按季請領。

外於西安布政司庫領支舖司並增補夫馬閏月銀貳拾柒兩玖錢肆分玖毫捌絲肆忽係動支起運銀兩。

壹額外

課程銀叁兩柒錢肆分玖釐肆絲係鋪戶出辦。遇閏加銀叁錢壹分貳釐肆毫貳絲。

當稅銀捌拾伍兩係典當鋪出辦，共典鋪壹拾柒座，每座每年當稅銀伍兩。

牙稅銀叁兩陸錢共牙人陸名，每名納稅銀陸錢。

地稅銀伍兩叁錢柒分係買房地業主出辦，原無定額，儘收儘解。

青花砭叁行牙稅銀叁兩共牙人叁名，每名納稅銀壹兩。

鹽課銀貳百貳拾壹兩壹錢捌分肆釐於嘉慶拾玖年攤入前項地、丁銀內徵收，每正銀壹兩，攤徵銀壹錢陸分叁釐玖毫伍忽，遇閏無增，永不加耗，凡遇蠲豁蠲免之年，亦不增減蠲免。

安塞縣

原額地土俱係山坡險嶺，難以丈量，自古原無頃畝，因遭荒殘，查糧無規，奉延撫清查，共地伍百貳拾柒頃貳拾畝陸分叁釐叁毫柒絲伍忽肆微，共額徵本折糧叁千陸百玖拾石肆斗肆升捌合叁勺柒抄伍撮肆圭，每畝科本色糧陸升柒合肆勺叁抄肆撮柒圭叁粟貳粒，共本色糧叁千伍百伍拾伍石貳斗壹合捌勺貳抄柒撮伍圭，內除拋荒召佃減納糧貳百壹拾陸石玖斗壹升肆勺柒抄叁撮柒圭，止該折徵本色糧叁千叁百叁拾捌石貳斗玖升壹合叁勺伍抄叁撮捌圭，每畝科折色糧貳合伍勺陸抄伍撮叁圭肆粟叁粒，共折色糧壹百叁拾伍石貳斗肆升陸合伍勺肆抄柒撮玖圭，每畝徵銀伍分壹釐玖毫貳絲伍忽玖微柒纖玖塵叁渺伍漠，共額徵銀貳千柒百叁拾柒兩伍錢陸分陸釐柒毫貳絲叁忽玖纖。

內順治柒、捌兩年題明免過無主、有主荒地並順治拾陸年免過續荒共地肆百陸拾捌頃柒拾畝貳分叁釐叁毫柒絲伍忽肆微，應免本折糧叁千捌拾捌石捌升叁勺貳抄柒撮柒圭，內前開墾並興屯及節年開墾共地柒拾肆頃玖拾叁畝貳分貳釐伍毫，該本折糧伍百壹拾貳石壹斗貳升玖勺柒抄叁撮柒圭貳粟玖粒，以增抵除。實荒地叁百玖拾叁頃柒拾柒畝捌毫柒絲伍忽肆微，該免本折糧貳千伍百柒拾伍石玖斗伍升玖合叁勺伍抄叁撮玖圭柒粟壹粒，內本色起運糧貳千玖拾陸石肆斗柒升捌合陸勺叁抄陸撮伍圭玖粟伍粒，本色存留官學倉糧叁百柒拾玖石壹斗捌升壹合捌勺陸抄捌撮肆圭伍粟，每石折銀捌錢，該除銀叁百叁兩叁錢肆分伍釐肆毫玖絲肆忽柒微陸纖，折色糧壹百石貳斗玖升捌合捌勺肆抄捌撮玖圭貳粟陸粒，除銀貳千貳拾玖兩伍錢伍分叁釐捌毫捌絲柒忽叁微肆纖貳塵陸渺。

實在熟地壹百叁拾叁頃肆拾叁畝陸分貳釐伍毫，該徵本折糧捌百玖拾柒石伍斗柒升捌合伍勺肆抄柒撮柒圭貳粟玖粒，內實徵起運本色糧柒百叁拾石伍斗壹升貳勺柒抄叁撮肆圭伍粒遵照乾隆伍拾玖年奉准部咨令，將康熙年間易知由單內載：每畝徵本色起運糧伍升肆合柒勺陸抄肆撮陸粒，實徵存留官學倉本色糧壹百叁拾貳石壹斗貳升伍勺柒抄伍撮叁圭伍粟，該折徵銀壹百伍兩陸錢玖分陸釐肆毫陸絲貳微捌纖每畝徵本色官學倉糧玖合玖勺肆撮陸圭伍粟伍粒，每畝徵折色銀柒釐玖毫貳絲叁忽柒微貳纖壹塵肆渺，實徵折色糧叁拾肆石玖斗肆升柒合陸勺玖抄捌撮玖圭柒粟肆粒，該折徵銀柒百捌兩壹分貳釐捌毫叁絲伍忽柒微肆纖柒塵肆渺遵照乾隆伍拾玖年奉准部咨令，將康熙年間易知由單內載：折正壹等地每畝折徵銀伍分叁釐柒絲捌忽壹微陸纖伍塵柒渺，逐一纂入書內，嗣後遇有墾豁，以便按畝增除。

原額人丁叁等玖則不等，共折下下人丁陸千柒百丁，除匠價外，每丁徵銀伍錢玖分肆釐肆絲貳忽陸微，應徵銀叁千玖百捌拾兩捌分伍釐捌毫柒絲，內除優免丁叁百貳丁，共銀壹百柒拾玖兩肆錢捌毫柒絲。

行差丁陸千叁百玖拾捌丁，共額徵銀叁千捌百兩陸錢捌分伍釐。

順治柒年並拾壹年題明豁免過逃亡並續亡丁陸千貳百叁拾捌丁，應除銀貳千柒百柒拾陸兩壹錢肆分柒釐貳毫肆忽，內前招回並節年招回、審出丁伍百柒拾捌丁，該銀伍拾伍兩柒錢肆分柒釐貳毫陸忽貳微，實免丁伍千陸百陸拾丁，除銀貳千柒百貳拾兩叁錢玖分玖釐玖毫玖絲柒忽捌微。

實在丁柒百叁拾捌丁，共徵銀壹千捌拾兩貳錢捌分伍釐貳忽貳微，內於康熙陸年秦屬蠲免案內，題明豁免頂補不足銀陸百肆拾壹兩捌錢捌分壹釐伍毫陸絲叁忽叁微，實在丁柒百叁拾捌丁，該徵銀肆百叁拾捌兩肆錢叁釐肆毫叁絲捌忽玖微。

康熙伍拾伍年起，至乾隆貳拾陸年止，編審出丁捌拾伍丁；乾隆叁拾壹年編審出丁壹拾伍丁；乾隆叁拾陸年編審出丁壹拾伍丁。共編審出丁壹百壹拾伍丁，欽遵康熙伍拾貳年叁月拾捌日恩詔，後遇編審之期，但據康熙伍拾年丁冊定為常額，續生人丁，永不加賦。

原額均徭銀伍百壹拾叁兩叁錢玖分肆釐肆毫，內除荒銀叁百捌拾兩柒錢貳分玖釐貳毫壹絲貳忽玖纖柒塵陸渺，實徵銀壹百叁拾貳兩陸錢陸分伍釐壹毫捌絲柒忽玖微貳塵肆渺係按前項折正，壹等地每畝徵銀玖釐玖毫肆絲伍忽肆微柒纖陸塵捌渺。

外遇閏加徵銀貳百陸拾貳兩貳錢叁分柒釐壹毫叁絲壹忽，內除荒銀貳百貳拾叁兩玖錢柒釐壹毫伍絲捌忽叁微貳纖壹塵壹渺，實徵銀叁拾捌兩叁錢貳分玖釐玖毫柒絲貳忽陸微柒纖捌塵玖渺。

額外協濟膚施縣額解本府儒學廩生月糧裁充兵餉銀玖兩陸錢，內除荒銀柒兩陸分貳釐捌毫叁絲捌忽伍微貳纖伍塵叁渺，實徵銀貳兩伍錢叁分柒釐壹毫陸絲壹忽肆微柒纖肆塵柒渺。遇閏又裁銀捌錢，內除荒銀伍錢玖分叁釐玖絲柒忽柒纖柒塵，實徵銀貳錢陸釐玖毫貳忽玖微貳纖叁塵。

匠價銀叁拾捌兩壹錢壹分伍釐。遇閏加銀叁兩壹錢柒分陸釐貳毫伍絲。

以上肆項俱攤入地糧內徵解。

以上地、丁貳項並均徭、額外協濟膚施縣、匠價等項，除優免丁銀外，應徵銀柒千伍百捌兩肆錢叁釐柒絲捌忽壹微叁纖，內除荒銀陸千捌拾貳兩玖錢柒分貳釐玖毫玖絲叁忽捌微貳纖伍塵伍渺，實徵銀壹千肆百貳拾伍兩肆錢叁分捌絲肆忽叁微肆塵伍渺。

外遇閏加徵銀貳百陸拾貳兩貳錢叁分柒釐壹毫叁絲壹忽，內除荒銀貳百貳拾叁兩玖錢柒釐壹毫伍絲捌忽叁微貳纖壹塵壹渺，實徵銀叁拾捌兩叁錢貳分玖釐玖毫柒絲貳忽陸微柒纖捌塵玖渺。

額外協濟膚施縣閏月又裁銀捌錢，內除荒銀伍錢玖分叁釐玖絲柒忽柒微柒塵，實徵銀貳錢陸釐玖毫貳忽玖微貳纖叁塵。

又匠價閏銀叁兩壹錢柒分陸釐貳毫伍絲。

叁項實徵閏銀肆拾壹兩柒錢壹分叁釐壹毫貳絲伍忽陸微壹塵玖渺。

額徵本色糧貳千捌百貳拾陸石玖斗捌升捌合玖勺壹抄，內除荒糧貳千玖拾陸石肆斗柒升捌合陸勺叁抄陸撮伍圭玖粟伍粒，實徵糧柒百叁拾石伍斗壹升貳勺柒抄叁撮肆圭伍粒。

壹起運項下

本色起運糧貳千捌百貳拾陸石玖斗捌升捌合玖勺壹抄，內除荒糧貳千玖拾陸石肆斗柒升捌合陸勺叁抄陸撮伍圭玖粟伍粒，實起運糧柒百叁拾石伍斗壹升貳勺柒抄叁撮肆圭伍粒。

原編起運糧石、草束折價銀壹千捌百伍拾貳兩陸錢伍分捌釐玖毫貳絲叁微玖纖，內除荒銀壹千叁百柒拾叁兩伍錢叁釐壹毫捌絲叁微玖纖，實起運銀肆百柒拾玖兩壹錢伍分伍釐柒毫肆絲。

節裁民校、牲口、盤纏、軍器、毛襖共銀柒百玖拾兩陸錢壹分捌釐壹毫，內除荒銀陸百捌拾伍兩玖錢伍分柒釐陸毫陸絲捌忽玖微捌纖貳塵伍渺，實起運銀壹百肆兩陸錢陸分肆毫叁絲壹忽壹纖柒塵伍渺。

舊編存留，內順治玖年裁各役工食銀貳百貳拾伍兩貳錢；拾貳年裁扣傘扇銀捌兩；拾肆年裁扣官生俸廩等項，除奉復孤貧口糧、布花外，實裁銀壹百玖拾壹兩玖錢叁分肆釐伍毫，里馬損轎夫叁分裁壹，銀玖拾壹兩捌錢肆分捌釐伍毫柒絲叁忽肆微陸纖。康熙元年奉裁吏書工食銀壹百叁兩貳錢；叁年奉裁門斗、齋夫銀肆拾叁兩貳錢，奉裁雜費丁銀壹百壹拾玖兩柒錢陸分貳釐貳毫；拾伍年裁心紅紙張、喂馬草料、修監倉厫、芒神土牛等項共銀陸拾兩玖錢伍分；貳拾柒年裁歲貢、舉人坊價、盤纏等項共銀肆拾貳兩壹錢柒分壹釐玖毫。雍正陸年裁燈夫銀貳拾肆兩；拾貳年裁民壯銀玖拾兩，舊編裁剩解部銀叁百陸兩陸錢玖分壹釐叁毫伍絲柒忽柒微肆纖。

共銀壹千叁百陸兩玖錢伍分捌釐伍毫叁絲壹忽貳微，內除荒銀壹千肆拾陸兩玖錢陸釐叁毫貳絲壹忽捌微陸纖伍塵玖渺，實起運銀貳百陸拾兩伍分貳釐貳毫玖忽叁微叁纖肆塵壹渺。

額外協濟膚施縣額解本府廩生月糧充餉銀玖兩陸錢，內除荒銀柒兩陸分貳釐捌毫叁絲捌忽伍微貳纖伍塵叁渺，實起運銀貳兩伍錢叁分柒釐壹毫陸絲壹忽肆微柒纖肆塵柒渺。

又額外徵收匠價銀叁拾捌兩壹錢壹分伍釐。

共該實起運銀捌百捌拾肆兩伍錢貳分伍毫肆絲壹忽捌微貳纖陸塵叁渺。

又收存留內額協撥餉銀貳百壹拾貳兩叁錢陸分貳釐陸毫陸絲肆忽叁微肆纖叁塵壹渺。

又收存留內欽奉上諭並驛遞之差使甚少等事貳案內，共裁銀玖拾玖兩壹錢伍分捌毫壹絲柒忽捌微貳纖陸塵柒渺伍漠，內在于題明請將驛站等事案內，留支本縣新增夫馬工料銀陸拾捌兩陸錢玖釐，實收銀叁拾兩伍錢肆分壹釐捌毫壹絲柒忽捌微貳纖陸塵柒渺伍漠。

又收存留內驛遞已奉裁歸德縣等事案內，裁撥協石嘴驛夫馬工料銀壹拾柒兩陸錢陸分柒釐貳毫陸絲叁忽肆微伍塵貳渺伍漠。

共該起運銀壹千壹百肆拾伍兩玖分貳釐貳毫捌絲柒忽肆微壹塵肆渺，內除石嘴驛站兑留兵餉應支銀壹拾陸兩柒錢貳分；又除請更府縣等事案內，新添夫馬工料銀壹百陸拾捌兩；又除請做以糧載丁等事案內，通省以糧均丁減銀壹百捌拾壹兩貳分壹釐捌毫伍忽叁微柒纖壹塵柒渺，內除乾隆元、陸、拾壹、拾陸、貳拾壹、貳拾陸等年編審案內，共增抵補屯更丁銀肆拾壹兩貳錢玖分玖釐貳毫肆絲叁忽捌微肆纖玖塵玖渺叁漠叁沙叁洙叁涯貳洒，又乾隆叁拾壹、叁拾陸兩年編審案內，共增抵補屯更丁銀壹拾捌兩貳錢柒分叁釐肆毫伍絲壹忽伍微貳纖肆塵玖渺陸漠陸沙陸洙陸涯陸洒，止该减银壹百貳拾壹兩肆錢肆分玖釐壹毫玖忽玖微玖纖陸塵捌渺貳洒。

實該银捌百叁拾捌兩玖錢貳分叁釐壹毫柒絲柒忽肆微肆塵伍渺玖漠玖沙玖洙玖涯捌洒，內留支加增撥補俸工銀陸百叁拾叁兩肆錢肆分壹釐玖絲肆忽壹微玖纖叁塵柒渺；又留支撥補額外廩糧銀叁兩伍錢叁分壹釐肆毫壹絲玖忽貳微陸纖貳塵柒渺。止實該銀貳百壹兩玖錢伍分陸毫陸絲叁忽玖微肆纖捌塵壹渺玖漠玖沙玖洙玖涯捌洒。

遇閏裁扣，順治玖年裁各役工食銀壹拾柒兩壹錢；拾肆年裁扣銀壹拾伍兩貳錢陸分貳釐捌毫貳絲叁忽。康熙元年裁吏書工食銀捌兩陸錢；叁年裁門斗、齋夫銀叁兩陸錢；拾伍年裁心紅紙張、喂馬草料共銀貳兩陸錢陸分陸釐陸毫柒絲。雍正陸年裁燈夫銀貳兩；拾貳年裁民壯銀柒兩伍錢，又各官閏俸銀壹拾壹兩陸錢貳分玖釐玖毫玖絲捌忽。

共銀陸拾捌兩叁錢伍分玖釐肆毫玖絲壹忽，內除荒銀伍拾捌兩叁錢柒分柒釐貳毫肆絲捌忽肆纖捌塵貳渺，實徵銀玖兩玖錢捌分貳釐貳毫肆絲貳忽玖微伍纖壹塵捌渺。

額外協濟膚施縣額解延安府廩糧充餉銀捌錢，內除荒銀伍錢玖分叁釐玖絲柒忽柒纖柒塵，實徵銀貳錢陸釐玖毫貳忽玖微貳纖叁塵。

匠價閏銀叁兩壹錢柒分陸釐貳毫伍絲。

叁項共起運閏銀壹拾叁兩叁錢陸分伍釐叁毫玖絲伍忽捌微柒纖肆塵捌渺。

又收欽奉上諭並驛遞之差使甚少及題明請將驛站等事叁案內，共裁站銀壹拾柒兩玖錢貳分壹釐伍毫陸絲伍忽捌纖貳塵肆渺。

貳項共銀叁拾壹兩貳錢捌分陸釐玖毫陸絲玖微伍纖柒塵貳渺，內除請做以糧載丁等事案內，減銀壹拾叁兩肆錢叁分貳毫貳絲叁忽柒微伍纖捌塵伍渺，內除節次抵補屯更丁增銀肆兩伍錢貳分貳釐陸毫貳絲壹忽玖微陸纖壹渺玖漠玖沙玖洙陸涯，止應減銀捌兩玖錢柒釐陸毫壹忽柒微玖纖捌塵叁渺肆涯。

實該銀貳拾貳兩叁錢柒分玖釐叁毫伍絲玖忽壹微伍纖捌塵捌渺玖漠玖沙玖洙陸涯，內留支加增撥補各役工食銀壹拾貳兩玖錢壹分玖釐伍毫肆忽陸纖捌塵柒渺；又留支額外廩糧閏銀貳錢玖分陸釐伍毫肆絲捌忽伍微叁纖捌塵伍渺。止該起運閏銀玖兩壹錢陸分叁釐叁毫陸忽伍微伍纖壹塵陸渺玖漠玖沙玖洙陸涯。

壹存留項下

原編存留銀叁千伍百壹拾兩肆錢伍分貳釐伍毫貳絲陸忽伍微肆纖，內除荒銀貳千玖百陸拾玖兩伍錢肆分貳釐玖毫捌絲肆忽陸纖壹塵捌渺，實存留銀伍百肆拾兩玖錢玖釐伍毫肆絲貳忽肆微柒纖捌塵貳渺。

壹俸工項下

知縣俸薪銀肆拾伍兩，內除荒銀叁拾捌兩伍錢貳分壹釐捌毫貳絲，實徵支銀陸兩肆錢柒分捌釐壹毫捌絲。外撥補銀壹拾柒兩柒錢柒分捌釐玖毫捌絲玖忽捌微伍纖玖塵伍渺。

典史壹員，額支俸薪銀叁拾壹兩伍錢貳分，內除荒撥補銀貳拾陸兩玖錢捌分貳釐叁毫玖絲，實徵支銀肆兩伍錢叁分柒釐陸毫壹絲。

訓導壹員，額支俸薪銀叁拾壹兩伍錢貳分，內除荒撥補銀貳拾陸兩玖錢捌分貳釐叁毫玖絲，實徵支銀肆兩伍錢叁分柒釐陸毫壹絲。外撥補全俸銀捌兩肆錢捌分。

久缺敷正巡檢壹員，額支俸薪銀叁拾壹兩伍錢貳分，內除荒銀貳拾陸兩玖錢捌分貳釐叁毫玖絲，實徵銀肆兩伍錢叁分柒釐陸毫壹絲。

知縣衙門

門子貳名，每名歲支工食銀陸兩，該支銀壹拾貳兩，內除荒撥補銀壹拾兩貳錢柒分貳釐肆毫捌絲，實徵支銀壹兩柒錢貳分柒釐伍毫貳絲。遇閏加銀壹兩，內除荒銀捌錢伍分叁釐陸毫叁絲，實徵支銀壹錢肆分陸釐叁毫柒絲。

皂隸、仵作壹拾陸名，每名歲支工食銀陸兩，該支銀玖拾陸兩，內除荒撥補銀捌拾貳兩壹錢柒分玖釐捌毫柒絲，實徵支銀壹拾叁兩捌錢貳分壹毫叁絲。遇閏加銀捌兩，內除荒銀陸兩捌錢貳分玖釐柒絲，實徵支銀壹兩壹錢柒分玖毫叁絲。

馬快捌名，每名歲支工食草料銀壹拾陸兩捌錢，該支銀壹百叁拾肆兩肆錢，內除荒撥補銀壹百壹拾伍兩伍分壹釐捌毫貳絲，實徵支銀壹拾玖兩叁錢肆分捌釐壹毫捌絲。遇閏加銀壹拾壹兩貳錢，內除荒銀玖兩伍錢陸分柒毫，實徵支銀壹兩陸錢叁分玖釐叁毫。

民壯叁拾伍名，每名歲支工食銀陸兩，該支銀貳百壹拾兩，內除荒撥補銀壹百柒拾玖兩柒錢陸分捌釐肆毫柒絲，實徵支銀叁拾兩貳錢叁分壹釐伍毫叁絲。遇閏加銀壹拾柒兩伍錢，內除荒銀壹拾肆兩玖錢叁分捌釐伍毫玖絲，實徵支銀貳兩伍錢陸分壹釐肆毫壹絲。

看監禁子捌名，每名歲支工食銀陸兩，該支銀肆拾捌兩，內除荒撥補銀肆拾壹兩捌分玖釐玖毫肆絲，實徵支銀陸兩玖錢壹分陸絲。遇閏加銀肆兩，內除荒銀叁兩肆錢壹分肆釐伍毫肆絲，實徵支銀伍錢捌分伍釐肆毫陸絲。

轎傘扇夫柒名，每名歲支工食銀陸兩，該支銀肆拾貳兩，內除荒撥補銀叁拾伍兩玖錢伍分叁釐柒毫，實徵支銀陸兩肆分陸釐叁毫。遇閏加銀叁兩伍錢，內除荒銀貳兩玖錢捌分柒釐柒毫貳絲，實徵支銀伍錢壹分貳釐貳毫捌絲。

庫子肆名，每名歲支工食銀陸兩，該支銀貳拾肆兩，內除荒撥補銀貳拾兩伍錢肆分肆釐玖毫柒絲，實徵支銀叁兩肆錢伍分伍釐叁絲。遇閏加銀貳兩，內除荒銀壹兩柒錢柒釐貳毫柒絲，實徵支銀貳錢玖分貳釐柒毫叁絲。

斗級肆名，每名歲支工食銀陸兩，該支銀貳拾肆兩，內除荒撥補銀貳拾兩伍錢肆分肆釐玖毫柒絲，實徵支銀叁兩肆錢伍分伍釐叁絲。遇閏加銀貳兩，內除荒銀壹兩柒錢柒釐貳毫柒絲，實徵支銀貳錢玖分貳釐柒毫叁絲。

各舖司兵壹拾名，每名歲支工食銀肆兩捌錢，該支銀肆拾捌兩，內除荒撥補銀肆拾壹兩肆分柒毫，實徵支銀陸兩玖錢伍分玖釐叁毫。外加增銀壹拾貳兩。遇閏加銀肆兩，內除荒撥補銀叁兩肆錢壹分伍釐叁毫伍絲，實徵支銀伍錢捌分肆釐陸毫伍絲。外加增銀壹兩。

鐘鼓夫伍名，每名歲支工食銀貳兩肆錢，該支銀壹拾貳兩，內除荒撥補銀壹拾兩貳錢陸分壹毫柒絲，實徵支銀壹兩柒錢叁分玖釐捌毫叁絲。遇閏加銀壹兩，內除荒銀捌錢伍分叁釐捌毫肆絲，實徵支銀壹錢肆分陸釐壹毫陸絲。

更鼓夫壹拾伍名，每名歲支工食銀貳兩肆錢，該支銀叁拾陸兩，內除荒撥補銀叁拾兩柒錢捌分伍毫貳絲，實徵支銀伍兩貳錢壹分玖釐肆毫捌絲。

典史衙門

門子壹名，額支工食銀陸兩，內除荒撥補銀伍兩壹錢叁分陸釐貳毫肆絲，實徵支銀捌錢陸分叁釐柒毫陸絲。遇閏加銀伍錢，內除荒銀肆錢貳分陸釐捌毫貳絲，實徵支銀柒分叁釐壹毫捌絲。

皂隸肆名，每名歲支工食銀陸兩，該支銀貳拾肆兩，內除荒撥補銀貳拾兩伍錢肆分肆釐玖毫柒絲，實徵支銀叁兩肆錢伍分伍釐叁絲。遇閏加銀貳兩，內除荒銀壹兩柒錢柒釐貳毫柒絲，實徵支銀貳錢玖分貳釐柒毫叁絲。

馬夫壹名，額支工食銀陸兩，內除荒撥補銀伍兩壹錢叁分陸釐貳毫肆絲，實徵支銀捌錢陸分叁釐柒毫陸絲。遇閏加銀伍錢，內除荒銀肆錢貳分陸釐捌毫貳絲，實徵支銀柒分叁釐壹毫捌絲。

訓導衙門

齋夫叁名，每名歲支工食銀壹拾貳兩，該支銀叁拾陸兩，內除荒撥補銀叁拾兩捌錢壹分柒釐肆毫伍絲，實徵支銀伍兩壹錢捌分貳釐伍毫伍絲。遇閏加銀叁兩，內除荒銀貳兩伍錢陸分玖毫壹絲，實徵支銀肆錢叁分玖釐玖絲。

膳夫貳名，每名歲支工食銀陸兩陸錢陸分陸釐陸毫伍絲，該支銀壹拾叁兩叁錢叁分叁釐叁毫，內除荒撥補銀壹拾壹兩肆錢壹分叁釐捌毫叁絲陸忽陸微肆纖貳塵，實徵支銀壹兩玖錢壹分玖釐肆毫陸絲叁忽叁微伍纖捌塵係廩生支領。遇閏加銀壹兩壹錢壹分壹釐叁毫，內除荒撥補銀玖錢肆分捌釐陸毫肆絲肆忽陸纖捌塵柒渺，實徵支銀壹錢陸分貳釐陸毫伍絲伍忽玖微叁纖壹塵叁渺。

門斗貳名，每名歲支工食銀柒兩貳錢，該支銀壹拾肆兩肆錢，內除荒撥補銀壹拾貳兩叁錢貳分陸釐玖毫捌絲，實徵支銀貳兩柒分叁釐貳絲。遇閏加銀壹兩貳錢，內除荒銀壹兩貳分肆釐叁毫伍絲，實徵支銀壹錢柒分伍釐陸毫伍絲。

廩生貳拾名，每名歲支銀叁兩貳錢，該支銀陸拾肆兩，內除荒撥補銀伍拾肆兩肆錢叁分捌釐捌毫叁絲，實徵支銀玖兩伍錢陸分壹釐壹毫柒絲。遇閏加銀伍兩叁錢叁分叁釐叁毫肆絲，內除荒撥補銀肆兩伍錢伍分伍釐伍毫壹絲，實徵支銀柒錢柒分柒釐捌毫叁絲。

巡檢衙門

皂隸貳名，每名歲支工食銀陸兩，該支銀壹拾貳兩，內除荒銀壹拾兩貳錢柒分貳釐肆毫捌絲，實徵銀壹兩柒錢貳分柒釐伍毫貳絲。遇閏加銀壹兩，內除荒銀捌錢伍分叁釐陸毫叁絲，實徵支銀壹錢肆分陸釐叁毫柒絲。

以上俸工項下，除廩生、膳夫貳欵照常支發外，其餘官役俸工於道光貳拾叁年奉文，均以貳兩平支放，每兩減平銀陸分，其減平銀兩，每年批解部庫交納，理合登明。

壹雜支項下

春秋丁并清明、柒月拾伍日等節祭文廟及各壇祠並無祀鬼魂品物等項共銀柒拾捌兩貳錢，內除荒銀陸拾陸兩捌錢陸分貳釐壹毫叁絲，實徵支銀壹拾壹兩叁錢叁分柒釐捌毫柒絲。

外撥補均攤銀陸拾貳兩壹分叁釐肆毫壹絲叁忽貳微捌纖陸塵貳渺肆漠伍沙陸涯。

鄉飲銀叁兩，內除荒銀貳兩伍錢陸分伍釐肆絲，實徵支銀肆錢叁分肆釐玖毫陸絲。

布政司紙劄該支銀壹兩玖錢伍分，內除荒銀壹兩陸錢陸分柒釐貳毫捌絲，實徵支銀貳錢捌分貳釐柒毫貳絲。

以上鄉飲、紙劄貳欵於道光貳拾叁年奉文裁汰，其徵收銀兩，每年批解部庫交納，理合登明。

壹孤貧項下

孤老貳拾名，口糧銀叁拾玖兩肆分，內除荒銀叁拾叁兩叁錢玖分壹釐壹毫陸絲伍忽壹微肆纖陸塵陸渺，實徵支銀伍兩陸錢肆分捌釐捌毫叁絲肆忽捌微伍纖叁塵肆渺。外加增銀叁拾兩叁錢伍分壹釐壹毫陸絲伍忽壹微肆纖陸塵陸渺。遇閏加增銀叁兩。

孤老布花銀捌兩，內除荒銀陸兩捌錢肆分貳釐叁毫玖絲伍忽貳微玖纖柒塵貳渺，實徵支銀壹兩壹錢伍分柒釐陸毫肆忽柒微貳塵捌渺。

壹驛站項下

歸德驛站價銀叁拾壹兩肆錢陸分肆釐叁毫；石嘴驛站價銀壹百柒拾貳兩貳錢陸分壹釐陸毫；金明驛站價銀壹拾兩陸錢壹分壹釐玖毫；榆林驛站價銀壹百伍兩叁錢，支直銀捌拾壹兩伍錢；園林驛站價銀貳百肆拾捌兩捌錢捌分；義合驛站價銀貳百貳拾兩。共額銀捌百柒拾兩壹分柒釐捌毫，內除荒銀陸百肆拾伍兩肆釐肆毫伍絲陸忽陸微叁纖，實徵銀貳百貳拾伍兩壹分叁釐叁毫肆絲叁忽叁微柒纖。

又收受協石嘴驛站支抵餉銀壹拾陸兩柒錢貳分。

又收請更府縣等事案內，新添夫馬工料銀壹百陸拾捌兩。

叁項共銀肆百玖兩柒錢叁分叁釐叁毫肆絲叁忽叁微柒纖，內除額協並裁站共銀貳百兩肆錢肆分壹釐伍毫陸絲壹忽肆微入起運外，止實該支銀貳百玖兩貳錢玖分壹釐柒毫捌絲壹忽玖微柒纖。

外又增給夫馬工料閏月銀壹拾捌兩。

壹走遞項下

協濟膚施縣募夫銀壹百兩；損轎夫肆拾肆名半，共支銀貳百捌拾肆兩貳錢肆分陸毫柒絲叁忽捌微；走遞馬騾叁拾匹頭，工食草料銀壹千壹百貳拾肆兩叁錢壹分柒毫伍絲貳忽柒微肆纖。共額銀壹千伍百捌兩伍錢伍分壹釐肆毫貳絲陸忽伍微肆纖，內除荒銀壹千叁百伍拾陸兩壹錢陸分陸釐捌毫玖絲叁微肆纖陸塵，實徵銀壹百伍拾貳兩叁錢捌分肆釐伍毫叁絲陸忽壹微玖纖肆塵，內除額協裁站共銀陸拾兩壹錢叁分壹毫捌絲肆忽壹微柒纖伍塵壹渺入起運外，止該實支銀玖拾貳兩貳錢伍分肆釐叁毫伍絲貳忽壹纖捌塵玖渺。

遇閏加銀壹百貳拾伍兩叁分叁釐，內除荒銀壹百陸兩柒錢伍分柒釐玖毫柒絲陸忽貳微肆塵貳渺，實徵銀壹拾捌兩貳錢柒分伍釐貳絲叁忽柒微玖纖伍塵捌渺，內除裁站銀壹拾柒兩玖錢貳分壹釐伍毫陸絲伍忽捌纖貳塵肆渺，止實支銀叁錢伍分叁釐肆毫伍絲捌忽柒微壹纖叁塵肆渺。

以上存留實徵銀伍百肆拾兩玖錢玖釐伍毫肆絲貳忽肆微柒纖捌塵貳渺。

又收起運內受協石嘴驛站兌留兵餉應支銀壹拾陸兩柒錢貳分。

又收請更府縣等事案內，新添夫馬工料銀壹百陸拾捌兩。

貳項共銀柒百貳拾伍兩陸錢貳分玖釐伍毫肆絲貳忽肆微柒纖捌塵貳渺，內除額協義合等驛站支抵餉銀貳百壹拾貳兩叁錢陸分貳釐陸毫陸絲肆忽叁纖肆纖叁塵壹渺，止該銀伍百壹拾叁兩貳錢陸分陸釐捌毫柒絲捌忽壹微叁纖伍塵壹渺，內除欽奉上諭並驛遞之差使甚少等事貳案內，共裁銀玖拾玖兩壹錢伍分捌毫壹絲柒忽捌微貳纖陸塵柒渺伍漠，內在於題明請將驛站等事案內，留支本縣新增夫馬工料銀陸拾捌兩陸錢玖釐，實裁銀叁拾兩伍錢肆分壹釐捌毫壹絲柒忽捌微貳纖陸塵柒渺伍漠；又除驛遞已奉裁歸縣等事案內，裁撥協石嘴驛夫馬工料銀壹拾柒兩陸錢陸分柒釐貳毫陸絲叁忽肆微伍塵貳渺伍漠。實該存留銀肆百伍拾伍兩伍分柒釐柒毫玖絲陸忽玖微叁塵壹渺。

外加增撥補俸工銀陸百叁拾叁兩肆錢肆分壹釐玖絲肆忽壹微玖纖叁塵柒渺。

共該銀壹千玖拾捌兩肆錢玖分捌釐捌毫玖絲壹忽玖纖陸塵捌渺於乾隆伍拾貳年奉文，全數解司，壹切支欵，俱由司按季領支，嗣於嘉慶伍年奉文，照舊在縣留支，並不解司，按季請領。

外于西安布政司庫撥補領支各役工食銀貳百壹拾陸兩肆錢叁分伍釐玖毫玖絲柒忽肆微伍纖肆塵肆渺係動支各屬解到地、丁起運銀兩。

又于西安布政司庫領支文廟祭祀銀陸拾貳兩壹錢叁釐肆毫壹絲叁忽貳微捌纖陸塵貳渺肆漠伍沙陸涯係動支耗羨公用銀兩。

外遇閏加銀貳百伍兩伍錢柒釐陸毫叁絲捌忽，內除各官閏俸銀壹拾壹兩陸錢貳分玖釐玖毫玖絲捌忽入起運外，實該銀壹百玖拾叁兩捌錢柒分柒釐陸毫肆絲，內除荒銀壹百陸拾伍兩伍錢貳分玖釐玖毫壹絲貳微柒纖貳塵玖渺，實徵銀貳拾捌兩叁錢肆分柒釐柒毫貳絲玖忽柒微貳纖柒塵壹渺，內除欽奉上諭並驛遞之差使甚少及題明請將驛站等事叁案內，共裁站銀壹拾柒兩玖錢貳分壹釐伍毫陸絲伍忽捌纖貳塵肆渺。止實該銀壹拾兩肆錢貳分陸釐壹毫陸絲肆忽陸微肆纖肆塵柒渺。

外撥補加增工食銀壹拾貳兩玖錢壹分玖釐伍毫肆忽陸纖捌塵柒渺。

貳項共銀貳拾叁兩叁錢肆分伍釐陸毫陸絲捌忽柒微壹纖叁塵肆渺於乾隆伍拾貳年奉文，全數解司，壹切支欵，俱由司按季領支，嗣於嘉慶伍年奉文，照舊在縣留支，並不解司，按季請領。

外于西安布政司庫撥補加增夫馬閏月工料銀壹拾捌兩係動支地、丁銀兩。

額外協濟膚施縣額解延安府廩生月糧叁分復壹，銀肆兩捌錢，內除荒撥補銀叁兩伍錢叁分壹釐肆毫壹絲玖忽貳微陸纖貳塵柒渺，實徵支銀壹兩貳錢陸分捌釐伍毫捌絲柒微叁纖柒塵叁渺。遇閏加銀肆錢，內除荒撥補銀貳錢玖分陸釐伍毫肆絲捌忽伍微叁纖捌塵伍渺，實徵支銀壹錢叁釐肆毫伍絲壹忽肆微陸纖壹塵伍渺。

又額外

課程銀肆兩肆錢肆分陸釐係各舖戶出辦。遇閏加銀叁錢柒分伍毫。

畜税銀壹拾貳兩叁錢陸分係買騾馬出辦，每價銀壹兩，納税銀叁分，原無定額，儘收儘解。

牙税銀貳錢柒分牙行壹戶，係按行市多寡納税。

地税銀壹兩玖錢捌分陸釐係買房地業主出辦，每價銀壹兩，納税銀叁分，儘收儘解。

當税銀伍兩當鋪壹座，每座納税銀伍兩。

鹽課銀貳百伍拾捌兩肆分捌釐乾隆伍拾玖年按照前項地、丁銀兩攤徵，每正銀壹兩攤徵銀陸分陸釐捌毫叁絲柒忽貳微柒纖，永為定額，遇閏無增，免其加耗，凡遇墾豁蠲免之年，亦不增減蠲免。

甘泉縣

原額山坡陡凹地叁千陸百叁拾伍頃叁拾柒畝叁分，共額徵本折糧玖千捌拾捌石叁斗肆升玖勺貳抄，每畝科本色糧壹升肆合柒勺陸抄貳撮叁圭叁粟，共本色糧伍千叁百陸拾陸石陸斗伍升玖合玖勺叁抄玖撮伍圭，內除拋荒召佃減納糧壹千捌拾石貳斗叁升伍合伍勺捌抄玖撮伍圭，止該折徵本色糧肆千貳百捌拾陸石肆斗貳升肆合叁勺伍抄，科折色糧壹升貳勺叁抄柒撮肆圭壹粟，共折色糧叁千柒百貳拾壹石陸斗捌升玖勺捌抄伍圭，每石徵銀壹兩肆錢叁分柒釐壹忽捌微叁纖，共額徵銀伍千叁百肆拾捌兩陸分貳釐肆毫壹忽。

內除有主、無主并續荒地叁千肆百陸拾陸頃貳拾肆畝叁分，應免折徵本折糧柒千陸百叁拾伍石陸斗玖升叁合肆抄捌撮陸圭，內前開墾地捌頃，應徵折徵本折糧貳拾石；又興屯墾過地肆百叁頃陸畝，該本折糧捌百捌拾柒石捌斗柒升壹合肆勺伍抄陸圭貳粟；又續丈出地壹拾伍頃陸拾玖畝叁分，應徵本折糧叁拾肆石伍斗陸升玖合陸勺陸抄。實荒地叁千叁拾玖頃肆拾玖畝，該除折徵本折糧陸千陸百玖拾叁石貳斗伍升壹合玖勺叁抄柒撮玖圭捌粟。

實在并興屯及續丈出共地伍百玖拾伍頃捌拾捌畝叁分，該徵本折糧壹千叁百壹拾肆石捌斗伍升叁合叁勺玖抄貳撮伍圭貳粟，內有舊熟地壹百柒拾柒頃壹拾叁畝，該本折糧叁百玖拾石壹斗捌升柒合壹勺壹抄叁撮肆圭捌粟叁粒；被興屯道廳不查地，係折徵以官尺丈量，多丈出溢額地叁百伍拾柒頃貳拾貳畝叁分；又將興屯開墾地陸拾頃叁拾陸畝，俱按畝起科；闔縣士民控告各部院牌委各廳荒熟通融丈量，共丈出壹萬叁千陸百叁拾伍頃叁拾柒畝叁分，與全書原額折正地叁千陸百叁拾伍頃叁拾柒畝叁分合算，應該叁畝壹釐陸毫柒絲貳忽捌微折正壹畝，通詳各院會題，部覆於拾陸年柒月內奉旨俞允准令折正，應將前項舊熟并興屯開墾止該折正熟地壹百玖拾捌頃叁拾畝捌分肆釐肆毫，應徵本折糧肆百叁拾陸石捌斗叁升玖合伍勺捌抄壹撮柒圭柒粟柒粒，應刪除前項折正丈出并興屯開墾溢額地叁百玖拾柒頃伍拾柒畝肆分伍釐陸毫，該除起存本色糧肆百柒拾壹石肆勺叁抄叁撮捌圭壹粟肆粒壹顆，折色糧肆百柒石壹升叁合叁勺柒抄柒撮陸圭貳粟捌粒玖顆，該除折色銀伍百捌拾肆兩捌錢柒分捌釐玖毫陸絲捌忽肆微捌纖柒塵貳渺；又拾伍年蒙分巡河西道清丈自首地折正地柒頃玖拾玖畝叁分，應徵本折糧壹拾柒石陸斗柒合貳勺壹抄貳撮玖圭玖粟陸粒；又節年開墾及續墾地貳頃肆拾叁畝，該折正本折糧伍石叁斗伍升貳合捌勺柒抄肆撮捌圭捌粟柒粒。

實荒地叁千肆百貳拾陸頃陸拾肆畝壹分伍釐陸毫，該本折糧柒千伍百肆拾捌石叁斗伍合陸勺陸抄壹撮伍圭肆粟，內實免起運本色糧叁千貳百壹拾玖石貳斗貳升玖合柒勺陸抄伍撮叁圭柒粟肆粒伍顆，實免存留本色驛倉糧叁百玖拾石叁斗柒合伍勺伍抄叁撮陸粟壹粒柒顆，實免存留本色官學倉糧肆百叁拾石柒斗柒升肆合貳勺玖抄陸撮壹圭貳粟捌顆，每石折銀陸錢，共除銀貳百伍拾捌兩肆錢陸分伍釐柒毫柒絲柒忽貳微伍纖貳塵肆渺捌漠，實免折色糧叁千伍百柒石玖斗玖升肆合肆抄陸撮玖圭捌粟叁粒，該除銀伍千肆拾捌兩叁分壹釐玖毫陸絲柒忽捌微捌纖肆塵玖渺壹漠。

以上實在熟地貳百捌頃柒拾叁畝壹分肆釐肆毫，該徵本折糧肆百伍拾玖石柒斗玖升玖合陸勺陸抄捌撮玖圭陸粟，內實徵起運本色糧壹百玖拾陸石玖升肆合玖勺玖抄玖撮陸圭貳粟伍粒伍顆遵照乾隆伍拾玖年奉准部咨令，將康熙年間易知由單內載：每畝徵本色起運糧玖合叁勺玖抄肆撮陸圭柒粒柒顆，實徵存留本色驛倉糧貳拾叁石柒斗柒升伍合叁勺壹撮玖圭叁粟捌粒叁顆每畝徵本色驛倉糧壹合壹勺叁抄玖撮叁粟柒粒玖顆，實徵存留本色官學倉糧貳拾陸石貳斗肆升貳合肆勺叁抄叁撮捌圭柒粟玖粒貳顆，每石折銀陸錢，該折正熟銀壹拾伍兩柒錢肆分肆釐貳毫陸絲柒微肆纖柒塵伍渺貳漠每畝徵本色官學倉糧壹合貳勺伍抄柒撮貳圭叁粟肆粒叁顆，每畝折徵銀柒毫伍絲肆忽貳微捌纖叁塵壹渺，實徵折色糧貳百壹拾叁石陸斗捌升陸合玖勺叁抄叁撮伍圭壹粟柒粒，該折徵熟銀叁百兩叁分肆毫叁絲叁忽壹微壹纖伍塵玖漠遵照乾隆伍拾玖年奉准部咨令，將康熙年間易知由單內載：折正壹等地每畝折徵銀壹分肆釐叁毫柒絲壹忽壹纖壹塵，逐一纂入書內，嗣後遇有墾豁，以便按畝增除。

原額人丁叁門玖則不等，共折下下丁貳千肆百玖拾壹丁，每丁徵銀玖錢肆釐伍毫玖絲壹忽柒微貳纖伍塵，共銀貳千貳百伍拾叁兩叁錢叁分柒釐玖毫捌絲玖忽伍纖，內除優免丁玖拾捌丁，共銀捌拾捌兩陸錢肆分玖釐玖毫捌絲玖忽伍纖。

行差丁貳千叁百玖拾叁丁，共額徵銀貳千壹百陸拾肆兩陸錢捌分捌釐。

順治柒年并拾壹年題明免過逃亡並續逃亡丁及康熙拾陸年在於經國之要務等事叁案內，共豁免丁貳千叁百肆拾叁丁，應除銀壹千陸百陸兩貳錢貳分陸釐柒毫陸絲玖忽柒微，內前招回並清查招回共丁捌拾叁丁，該銀伍拾肆兩捌錢陸分玖釐壹忽肆微，實豁免丁貳千貳百陸拾丁，該除銀壹千伍百伍拾壹兩叁錢伍分柒釐柒毫陸絲捌忽叁微。

實在丁壹百叁拾叁丁，該銀陸百壹拾叁兩叁錢叁分貳毫叁絲壹忽柒微，內於康熙貳拾貳年題明豁免過包賠浮銀肆百玖拾叁兩壹分玖釐伍毫叁絲貳忽貳微柒纖伍塵，實在應徵人丁壹百叁拾叁丁，該徵銀壹百貳拾兩叁錢壹分陸毫玖絲玖忽肆微貳纖伍塵於雍正伍年攤入地糧徵收。

康熙伍拾伍年起，至乾隆貳拾陸年止，編審出丁壹拾肆丁；乾隆叁拾壹年編審出丁貳丁；叁拾陸年編審出丁貳丁。共編審出丁壹拾捌丁，欽遵康熙伍拾貳年叁月拾捌日恩詔，後遇編審之期，但據康熙伍拾年丁冊定為常額，續生人丁，永不加賦。

外地、丁遇閏原額加徵銀壹百捌拾兩叁錢玖分貳釐玖毫玖絲壹忽，內除荒銀壹百柒拾兩叁錢貳分壹釐玖毫肆絲貳忽捌微肆纖陸塵肆渺，實徵銀壹拾兩柒分壹釐肆絲捌忽壹微伍纖叁塵陸渺。

額外協濟膚施縣額解本府儒學廩糧裁扣充餉銀玖兩陸錢，內除荒銀捌兩壹分柒釐叁毫玖絲肆忽伍微壹纖肆渺，實徵銀壹兩伍錢捌分貳釐陸毫伍忽肆微捌纖玖塵陸渺。外遇閏加銀捌錢，內除荒銀陸錢柒分壹釐陸毫玖絲柒忽貳微玖纖叁渺叁漠，實徵銀壹錢貳分捌釐叁毫貳忽柒微玖塵陸渺柒漠。

奉裁舉人坊價銀肆兩玖錢壹分伍釐陸毫伍絲，每年徵銀壹兩陸錢叁分捌釐伍毫伍絲，內除荒銀壹兩叁錢陸分貳釐伍毫捌絲伍微叁纖柒塵壹渺，實徵銀貳錢柒分伍釐玖毫陸絲玖忽肆微陸纖貳塵玖渺。

藥味撥餉折色銀伍錢肆分捌釐玖毫叁絲柒忽捌微捌纖壹塵肆渺。

匠價銀貳拾玖兩柒錢。遇閏加徵銀貳兩肆錢柒分伍釐。

以上正閏各項攤入地糧徵收，理合登明。

以上地、丁貳項并額外廩糧、藥味、舉人坊價、匠價等項，除優免丁銀外，額徵銀柒千捌百貳拾捌兩肆錢肆分柒釐玖毫貳絲陸忽捌微捌纖壹塵肆渺，內除荒銀柒千叁百陸拾兩貳錢伍分伍釐貳絲柒微伍纖玖塵捌渺玖漠，實徵銀肆百陸拾捌兩壹錢玖分貳釐玖毫陸忽壹微貳纖壹塵伍渺壹漠。

額徵本色糧叁千捌百貳拾玖石肆斗柒合陸勺貳抄，內除荒糧叁千陸百玖石伍斗叁升柒合叁勺壹抄捌撮肆圭叁粟陸粒貳顆，實徵糧貳百壹拾玖石捌斗柒升叁勺壹撮伍圭陸粟叁粒捌顆。

外遇閏加徵銀壹百捌拾兩叁錢玖分貳釐玖毫玖絲壹忽，內除荒銀壹百柒拾兩叁錢貳分壹釐玖毫肆絲貳忽捌微肆纖陸塵肆渺，實徵銀壹拾兩柒分壹釐肆絲捌忽壹微伍纖叁塵陸渺。

額外協濟膚施縣額解延安府廩生月糧充餉閏月銀捌錢，內除荒銀陸錢柒分壹釐陸毫玖絲柒忽貳微玖纖叁渺叁漠，實徵銀壹錢貳分捌釐叁毫貳忽柒微玖塵陸渺柒漠。

又額外匠價閏銀貳兩肆錢柒分伍釐。

叁項共閏銀壹拾貳兩陸錢柒分肆釐叁毫伍絲捌微陸纖叁塵貳渺柒漠。

壹起運項下

原額本色起運糧叁千肆百壹拾伍石叁斗貳升肆合柒勺陸抄伍撮，內除荒糧叁千貳百壹拾玖石貳斗貳升玖合柒勺陸抄伍撮叁圭柒粟肆粒伍顆，實徵糧壹百玖拾陸石玖升肆合玖勺玖抄玖撮陸圭貳粟伍粒伍顆。

原編糧草折價銀肆千肆百捌兩柒錢捌分柒毫壹忽，內除荒銀肆千壹百陸拾壹兩肆錢肆分玖釐玖毫肆絲肆忽叁微伍纖陸漠，實徵銀貳百肆拾柒兩叁錢叁分柒毫伍絲陸忽陸微肆纖玖塵玖渺肆漠。

節裁藥味、軍器、毛襖共銀叁百柒拾叁兩伍錢陸分叁釐叁毫，內除荒銀叁百伍拾貳兩捌錢壹釐貳忽伍微玖纖柒塵貳渺，實徵銀貳拾兩柒錢陸分貳釐貳毫玖絲柒忽肆微貳塵捌渺。

舊編存留，內順治玖年裁扣各役工食銀貳百貳拾伍兩貳錢，除不敷銀陸拾玖兩貳錢玖分，實裁銀壹百伍拾伍兩玖錢壹分；拾貳年裁扣傘扇銀捌兩，除不敷銀壹兩陸錢，實裁銀陸兩肆錢；拾肆年裁扣官生俸廩等項，除奉復孤貧外，實裁銀壹百伍拾玖兩玖錢叁分肆釐肆毫柒絲，除不敷銀叁拾壹兩玖錢玖分壹釐伍毫壹絲叁忽叁微肆纖伍塵，止實裁銀壹百貳拾柒兩玖錢肆分貳釐玖毫伍絲陸忽陸微伍纖伍塵；拾陸年為始裁汰冗員銀肆拾玖兩伍錢貳分，除不敷銀玖兩玖錢伍釐貳毫，實裁銀叁拾玖兩陸錢壹分肆釐捌毫，裁站充餉銀玖錢壹分柒毫肆絲捌忽貳微壹纖柒塵。康熙元年裁吏書工食銀玖拾柒兩貳錢，除不敷銀壹拾玖兩肆錢肆分貳釐，實裁銀柒拾柒兩柒錢伍分捌釐；叁年裁門斗、齋夫工食銀肆拾叁兩貳錢，除不敷銀捌兩陸錢肆分玖毫壹絲陸忽陸微陸纖陸塵陸渺，該支銀叁拾肆兩伍錢伍分玖釐捌絲叁忽叁微叁纖叁塵肆渺，雜費丁銀貳百叁拾壹兩貳錢貳分貳釐貳毫，除不敷銀肆拾陸兩貳錢肆分玖釐叁毫，該支銀壹百捌拾肆兩玖錢柒分貳釐玖毫；拾伍年裁心紅紙張、修理監倉、喂馬草料等項銀陸拾兩玖錢伍分，除不敷銀壹拾貳兩壹錢玖分壹釐肆毫柒絲，實裁銀肆拾捌兩柒錢伍分捌釐伍毫叁絲；貳拾柒年裁舉貢盤纏、牌坊銀肆拾貳兩，除不敷銀捌兩肆錢貳釐，實裁銀叁拾叁兩伍錢玖分捌釐。雍正陸年裁燈夫銀貳拾肆兩，除不敷銀肆兩捌錢陸毫，實裁銀壹拾玖兩壹錢玖分玖釐肆毫；拾貳年裁民壯銀壹百叁拾貳兩，除不敷銀貳拾陸兩肆錢叁釐叁絲陸忽，實裁銀壹百伍兩伍錢玖分陸釐玖毫陸絲肆忽。乾隆玖年裁舖司銀貳拾叁兩叁錢叁分叁釐叁毫壹絲，除不敷銀肆兩陸錢陸分柒釐壹毫，實裁銀壹拾捌兩陸錢陸分陸釐貳毫壹絲。

共裁銀捌百伍拾叁兩捌錢捌分柒釐伍毫玖絲貳忽貳微伍塵肆渺，內除荒銀捌百伍兩陸錢陸分貳釐壹毫肆絲肆忽肆微玖纖叁塵貳渺壹漠，實徵銀肆拾捌兩貳錢貳分伍釐肆毫肆絲柒忽柒微壹纖貳塵壹渺玖漠。

額外協濟膚施縣額解延安府儒學廩糧裁扣充餉銀玖兩陸錢，內除荒銀捌兩壹分柒釐叁毫玖絲肆忽伍微壹纖肆渺，實徵銀壹兩伍錢捌分貳釐陸毫伍忽肆微捌纖玖塵陸渺。

奉裁舉人坊價銀肆兩玖錢壹分伍釐陸毫伍絲，每年徵銀壹兩陸錢叁分捌釐伍毫伍絲，內除荒銀壹兩叁錢陸分貳釐伍毫捌絲伍微叁纖柒塵壹渺，實徵銀貳錢柒分伍釐玖毫陸絲玖忽肆微陸纖貳塵玖渺。

又匠價並藥味撥餉銀叁拾兩貳錢肆分捌釐玖毫叁絲柒忽捌微捌纖壹塵肆渺。

共實起運銀叁百肆拾捌兩肆錢貳分陸釐壹絲肆忽伍微玖纖捌塵捌渺叁漠，內除受協宜川等州縣驛站兌留兵餉銀肆百肆拾伍兩捌錢陸分陸釐捌毫伍絲貳忽伍微陸纖肆塵伍渺，內除包丁缺額銀壹百肆拾陸兩叁錢叁分壹釐玖毫貳絲玖忽壹微捌纖捌塵伍渺玖漠，止受協銀貳百玖拾玖兩伍錢叁分肆釐玖毫貳絲叁忽叁微柒纖伍塵玖渺壹漠，止該銀肆拾捌兩捌錢玖分壹釐玖絲壹忽貳微貳纖貳塵玖渺貳漠。

內在於請做以糧載丁等事案內，通省以糧均丁減銀壹拾兩玖錢陸釐陸絲柒忽伍微肆纖肆塵肆渺貳漠，內除乾隆元、陸、拾壹、拾陸、貳拾壹、貳拾陸等年編審案內，抵補屯更丁增銀捌兩捌錢玖分肆釐叁毫玖絲貳忽捌纖貳塵玖渺叁漠叁沙叁洙叁涯貳洒，又乾隆叁拾壹、叁拾陸兩年編審案內，抵補屯更丁增銀叁兩伍錢肆分貳釐陸毫肆忽叁微壹纖陸塵肆渺陸漠陸沙陸洙陸涯陸洒，節年抵補丁增銀兩，除將上項均丁案內減銀全數抵補外，尚該收丁增銀壹兩伍錢叁分玖毫貳絲捌微伍纖肆塵玖渺柒漠玖沙玖洙玖涯捌洒。

共該起運銀伍拾兩肆錢貳分貳釐貳絲柒纖柒塵捌渺玖漠玖沙玖洙玖涯捌洒，內留支撥補教職全俸銀壹拾肆兩柒錢捌分肆釐捌毫，止該起運銀叁拾伍兩陸錢叁分柒釐貳毫貳絲柒纖柒塵捌渺玖漠玖沙玖洙玖涯捌洒。

遇閏裁扣，順治玖年裁銀壹拾柒兩壹錢；拾肆年裁扣銀壹拾貳兩伍錢玖分陸釐叁毫陸絲叁忽；拾陸年裁汰冗員銀肆兩壹錢貳分陸釐陸毫陸絲陸忽。康熙元年裁吏書銀捌兩壹錢；叁年裁齋夫、門斗銀叁兩陸錢；拾伍年裁心紅、喂馬草料銀貳兩陸錢陸分陸釐陸毫柒絲。雍正陸年裁燈夫銀貳兩；拾貳年裁民壯銀壹拾壹兩。乾隆玖年裁舖司銀壹兩玖錢肆分肆釐肆毫，又裁各官閏俸銀玖兩叁釐叁毫叁絲貳忽。

共銀柒拾貳兩壹錢叁分柒釐肆毫叁絲壹忽，內除荒銀陸拾柒兩伍錢壹分陸釐貳毫陸絲壹忽貳微伍纖捌塵肆渺，實徵銀肆兩陸錢貳分壹釐壹毫陸絲玖忽柒微肆纖壹塵陸渺。

額外協濟膚施縣額解延安府廪生閏月充餉銀捌錢，內除荒銀陸錢柒分壹釐陸毫玖絲柒忽貳微玖纖叁渺叁漠，實徵銀壹錢貳分捌釐叁毫貳忽柒微玖塵陸渺柒漠。

又額外匠價閏銀貳兩肆錢柒分伍釐。

叁項共起運閏銀柒兩貳錢貳分肆釐肆毫柒絲貳忽肆微伍纖壹塵貳渺柒漠。

又收存留內驛遞之差使甚少並題明請將驛站等事案內，裁站閏月銀貳兩壹錢捌分捌釐伍毫叁絲伍忽捌微玖纖陸塵肆渺伍漠。

貳項共銀玖兩肆錢壹分叁釐捌忽叁微肆纖柒塵柒渺貳漠，內在於請倣以糧載丁等事案內，通省以糧均丁減銀伍兩柒錢肆分捌釐伍毫玖絲捌忽叁微捌纖叁塵柒渺貳漠，內除節次抵補屯更丁增閏銀壹兩玖錢柒釐陸毫玖絲貳忽陸微貳纖捌塵貳渺玖漠玖沙玖洙陸涯，止該減銀叁兩捌錢肆分玖毫伍忽柒微伍纖伍塵肆渺貳漠肆涯。

實該起運閏銀伍兩伍錢柒分貳釐壹毫叁忽伍微玖纖貳塵貳渺玖漠玖沙玖洙陸涯。

壹存留項下

本色驛倉糧肆百壹拾肆石捌升貳合捌勺伍抄伍撮，內除荒糧叁百玖拾石叁斗柒合伍勺伍抄叁撮陸粟壹粒柒顆，實徵糧貳拾叁石柒斗柒升伍合叁勺壹撮玖圭叁粟捌粒叁顆。

原編存留銀貳千肆百伍拾捌兩陸錢壹分伍釐捌毫柒絲壹忽柒微捌纖叁塵，內除不敷銀叁百柒兩捌錢捌分柒釐貳絲伍忽玖微捌纖捌塵肆渺，止該銀貳千壹百伍拾兩柒錢貳分捌釐捌毫肆絲伍忽柒微玖纖肆塵陸渺，內除荒銀貳千叁拾兩玖錢陸分壹釐玖毫伍絲肆忽貳微柒纖壹塵玖渺貳漠，實徵銀壹百壹拾玖兩柒錢陸分陸釐捌毫玖絲壹忽伍微貳纖貳塵陸渺捌漠。

壹俸工項下

知縣壹員，額支俸薪銀肆拾伍兩，除不敷銀玖兩壹釐，止支銀叁拾伍兩玖錢玖分玖釐，內除荒銀叁拾叁兩玖錢捌分玖釐叁毫叁絲壹忽，實徵支銀貳兩玖釐陸毫陸絲玖忽。外撥補銀壹拾柒兩叁錢玖分伍釐伍毫貳絲柒忽捌微叁纖玖塵肆渺。

新設臨鎮縣丞壹員，額支俸薪銀肆拾兩，原請動支屯存留扣貯缺官銀兩。

典史壹員，額支俸薪銀叁拾壹兩伍錢貳分，除不敷銀陸兩叁錢肆釐捌毫，止支銀貳拾伍兩貳錢壹分伍釐貳毫，內除荒撥補銀貳拾叁兩捌錢貳毫玖絲，實徵支銀壹兩肆錢壹分肆釐玖毫壹絲。

訓導壹員，額支俸薪銀叁拾壹兩伍錢貳分，除不敷銀陸兩叁錢肆釐捌毫，止支銀貳拾伍兩貳錢壹分伍釐貳毫，內除荒撥補銀貳拾叁兩捌錢貳毫玖絲，實徵支銀壹兩肆錢壹分肆釐玖毫壹絲。外撥補全俸銀壹拾肆兩柒錢捌分肆釐捌毫。

知縣衙門

門子貳名，每名歲支工食銀陸兩，共銀壹拾貳兩，內除不敷銀貳兩肆錢叁毫，該支銀玖兩伍錢玖分玖釐柒毫，內除荒撥補銀玖兩陸分叁釐柒毫柒絲肆忽，實徵支銀伍錢叁分伍釐玖毫貳絲陸忽。遇閏加銀壹兩，內除荒銀玖錢伍分柒毫壹絲叁忽，實徵支銀肆分玖釐貳毫捌絲柒忽。

皂隸、仵作壹拾陸名，每名歲支工食銀陸兩，共支銀玖拾陸兩，除不敷銀壹拾玖兩貳錢貳釐貳毫，止支銀柒拾陸兩柒錢玖分柒釐捌毫，內除荒撥補銀柒拾貳兩伍錢叁分叁毫貳絲捌忽，實徵支銀肆兩貳錢捌分柒釐肆毫柒絲貳忽。遇閏加銀捌兩，內除荒銀柒兩陸錢伍釐柒毫叁絲肆忽，實徵支銀叁錢玖分肆釐貳毫陸絲陸忽。

馬快捌名，每名歲支工食草料銀壹拾陸兩捌錢，共支銀壹百叁拾肆兩肆錢，除不敷銀貳拾陸兩捌錢捌分叁釐壹毫，止支銀壹百柒兩伍錢壹分陸釐玖毫，內除荒撥補銀壹百壹兩伍錢壹分肆釐肆毫捌絲叁忽，實徵支銀陸兩貳釐肆毫壹絲柒忽。遇閏加銀壹拾壹兩貳錢，內除荒銀壹拾兩陸錢肆分捌釐貳絲貳忽，實徵支銀伍錢伍分壹釐玖毫柒絲捌忽。

民壯貳拾捌名，每名歲支工食銀陸兩，共支銀壹百陸拾捌兩，內除不敷銀叁拾叁兩陸錢叁釐捌毫陸絲肆忽，止支銀壹百叁拾肆兩叁錢玖分陸釐壹毫叁絲陸忽，內除荒撥補銀壹百貳拾陸兩捌錢玖分叁釐壹毫壹絲玖忽玖微貳纖，實徵支銀柒兩伍錢叁釐壹絲陸忽捌纖。外撥補銀叁拾叁兩陸錢叁釐捌毫陸絲肆忽。遇閏加銀壹拾肆兩，內除荒銀壹拾叁兩叁錢壹分貳絲柒忽玖微貳纖，實徵支銀陸錢捌分玖釐玖毫柒絲貳忽捌纖。

看監禁子捌名，每名歲支工食銀陸兩，共支銀肆拾捌兩，內除不敷銀玖兩陸錢壹釐壹毫，該支銀叁拾捌兩叁錢玖分捌釐玖毫，內除荒撥補銀叁拾陸兩貳錢伍分伍釐壹毫柒絲肆忽，實徵支銀貳兩壹錢肆分叁釐柒毫貳絲陸忽。外加增銀壹拾陸兩。遇閏加銀肆兩，內除荒銀叁兩捌錢貳釐捌毫陸絲貳忽，實徵支銀壹錢玖分柒釐壹毫叁絲捌忽。

轎傘扇夫柒名，每名歲支工食銀陸兩，共支銀肆拾貳兩，除不敷銀捌兩肆錢壹釐，止支銀叁拾叁兩伍錢玖分玖釐，內除荒撥補銀叁拾壹兩柒錢貳分叁釐貳毫肆絲柒忽，實徵支銀壹兩捌錢柒分伍釐柒毫伍絲叁忽。遇閏加銀叁兩伍錢，內除荒銀叁兩叁錢貳分柒釐伍毫壹絲伍微，實徵支銀壹錢柒分貳釐肆毫捌絲玖忽伍微。

庫子肆名，每名歲支工食銀陸兩，共支銀貳拾肆兩，內除不敷銀肆兩捌錢陸毫，該支銀壹拾玖兩壹錢玖分玖釐肆毫，內除荒撥補銀壹拾捌兩壹錢貳分柒釐伍毫肆絲柒忽，實徵支銀壹兩柒分壹釐捌毫伍絲叁忽。遇閏加銀貳兩，內除荒銀壹兩玖錢壹釐肆毫叁絲陸忽，實徵支銀玖分捌釐伍毫陸絲肆忽。

斗級肆名，每名歲支工食銀陸兩，共支銀貳拾肆兩，除不敷銀肆兩捌錢陸毫，該支銀壹拾玖兩壹錢玖分玖釐肆毫，內除荒撥補銀壹拾捌兩壹錢貳分柒釐伍毫肆絲柒忽，實徵支銀壹兩柒分壹釐捌毫伍絲叁忽。遇閏加銀貳兩，內除荒銀壹兩玖錢壹釐肆毫叁絲陸忽，實徵支銀玖分捌釐伍毫陸絲肆忽。

鐘鼓夫肆名，每名歲支工食銀貳兩肆錢，共支銀玖兩陸錢，除不敷銀壹兩玖錢貳分貳毫，止支銀柒兩陸錢柒分玖釐捌毫，內除荒撥補銀柒兩貳錢伍分壹釐肆絲玖忽，實徵支銀肆錢貳分捌釐柒毫伍絲壹忽。遇閏加銀捌錢，內除荒銀柒錢陸分叁毫捌絲肆忽，實徵支銀叁分玖釐陸毫壹絲陸忽。

本縣各舖司兵伍名，每名歲支工食銀貳兩陸錢陸分陸釐陸毫陸絲，共銀壹拾叁兩叁錢叁分叁釐叁毫，除不敷銀貳兩陸錢陸分陸釐玖毫，止支銀壹拾兩陸錢陸分陸釐肆毫，內除荒撥補銀壹拾兩柒分捌毫玖絲叁忽貳微，實徵支銀伍錢玖分伍釐伍毫陸忽捌微。外加增銀壹拾玖兩叁錢叁分叁釐陸毫。遇閏加銀壹兩壹錢壹分壹釐壹毫陸絲，內除荒撥補銀壹兩伍分陸釐壹毫肆絲叁忽肆微，實徵支銀伍分伍釐壹絲陸忽陸微。外加增銀壹兩叁錢捌分捌釐捌毫肆絲。

各路舖司兵壹拾貳名，每名歲支工食銀叁兩叁錢叁分叁釐叁毫叁絲，共支銀叁拾玖兩玖錢玖分玖釐玖毫玖絲，除不敷銀捌兩壹釐，止支銀叁拾壹兩玖錢玖分捌釐玖毫玖絲，內除荒撥補銀叁拾兩貳錢壹分貳釐伍毫玖絲壹忽肆微肆纖捌塵壹渺，實徵支銀壹兩柒錢捌分陸釐叁毫玖絲捌忽伍微伍纖壹塵玖渺。外加增銀肆拾兩壹釐壹絲。遇閏加銀叁兩叁錢叁分叁釐叁毫，內除荒撥補銀叁兩壹錢伍分叁釐叁毫壹絲壹忽肆微柒纖柒渺伍漠，實徵支銀壹錢柒分玖釐玖毫捌絲捌忽伍微貳纖玖塵貳渺伍漠。外加增銀貳兩陸錢陸分陸釐柒毫。

縣丞衙門

新設門子壹名，工食銀陸兩，遇閏加銀伍錢。

新設皂隸肆名，工食銀貳拾肆兩。遇閏加銀貳兩。

新設馬夫壹名，工食銀陸兩，遇閏加銀伍錢。

以上正閏銀兩，原請動支屯存留扣貯缺官銀兩。

典史衙門

門子壹名，歲支工食銀陸兩，除不敷銀壹兩貳錢壹毫，止支銀肆兩柒錢玖分玖釐玖毫，內除荒撥補銀肆兩伍錢叁分貳釐叁毫叁絲柒忽，實徵支銀貳錢陸分柒釐伍毫陸絲叁忽。遇閏加銀伍錢，內除荒銀肆錢柒分伍釐叁毫陸絲壹忽伍微，實徵支銀貳分肆釐陸毫叁絲捌忽伍微。

皂隸肆名，每名歲支工食銀陸兩，共支銀貳拾肆兩，除不敷銀肆兩捌錢陸毫，該支銀壹拾玖兩壹錢玖分玖釐肆毫，內除荒撥補銀壹拾捌兩壹錢貳分柒釐伍毫肆絲柒忽，實徵支銀壹兩柒分壹釐捌毫伍絲叁忽。遇閏加銀貳兩，內除荒銀壹兩玖錢壹釐肆毫叁絲陸忽，實徵支銀玖分捌釐伍毫陸絲肆忽。

馬夫壹名，歲支工食銀陸兩，除不敷銀壹兩貳錢壹毫，該支銀肆兩柒錢玖分玖釐玖毫，內除荒撥補銀肆兩伍錢叁分貳釐叁毫叁絲柒忽，實徵支銀貳錢陸分柒釐伍毫陸絲叁忽。遇閏加銀伍錢，內除荒銀肆錢柒分伍釐叁毫陸絲壹忽伍微，實徵支銀貳分肆釐陸毫叁絲捌忽伍微。

訓導衙門

齋夫叁名，每名歲支工食銀壹拾貳兩，共銀叁拾陸兩，除不敷銀柒兩貳錢柒毫伍絲，止支銀貳拾捌兩柒錢玖分玖釐貳毫伍絲，內除荒撥補銀貳拾柒兩壹錢玖分壹釐肆毫伍絲，實徵支銀壹兩陸錢柒釐捌毫。遇閏加銀叁兩，內除荒銀貳兩捌錢伍分貳釐壹毫肆絲玖忽，實徵支銀壹錢肆分柒釐捌毫伍絲壹忽。

膳夫貳名，每名歲支工食銀陸兩陸錢陸分陸釐陸毫陸絲伍忽，共支銀壹拾叁兩叁錢叁分叁釐叁毫叁絲，除不敷銀貳兩陸錢陸分陸釐玖毫，止支銀壹拾兩陸錢陸分陸釐肆毫叁絲，內除荒撥補銀壹拾兩玖分壹釐柒毫陸絲叁忽伍微捌纖壹塵叁渺，實徵支銀伍錢柒分肆釐陸毫陸絲陸忽肆微壹纖捌塵柒渺係廩生支領。遇閏加銀壹兩壹錢壹分壹釐壹毫，內除荒撥補銀壹兩伍分陸釐壹毫貳絲捌忽肆微壹纖捌塵柒渺，實徵支銀伍分肆釐玖毫柒絲壹忽伍微捌纖壹塵叁渺。

門斗貳名，每名歲支工食銀柒兩貳錢，共支銀壹拾肆兩肆錢，除不敷銀貳兩捌錢捌分叁毫叁絲叁忽叁微叁纖叁塵肆渺，該支銀壹拾壹兩伍錢壹分玖釐陸毫陸絲陸忽陸微陸纖陸塵陸渺，內除荒撥補銀壹拾兩捌錢柒分陸釐伍毫叁絲陸忽柒微伍纖貳塵玖渺，實徵支銀陸錢肆分叁釐壹毫貳絲玖忽玖微壹纖叁塵柒渺。遇閏加銀壹兩貳錢，內除荒銀壹兩壹錢肆分壹釐伍絲伍忽捌微貳纖捌塵柒渺，實徵支銀伍分捌釐玖毫肆絲肆忽壹微柒纖壹塵叁渺。

廩生貳拾名，每名歲支月糧銀貳兩肆錢，共支銀肆拾捌兩，除不敷銀玖兩陸錢壹釐壹毫，該支銀叁拾捌兩叁錢玖分捌釐玖毫，內除荒撥補銀叁拾陸兩貳錢伍分伍釐壹毫肆絲，實徵支銀貳兩壹錢肆分叁釐柒毫陸絲。遇閏加銀肆兩，內除荒撥補銀叁兩陸錢玖分壹釐貳毫陸忽貳微，實徵支銀叁錢捌釐柒毫玖絲叁忽捌微。

以上俸工項下，除廩生、膳夫貳欵照常支發外，其餘官役俸工於道光貳拾叁年奉文，均以貳兩平支放，每兩減平銀陸分，其減平銀兩，每年批解部庫交納，理合登明。

壹雜支項下

春秋丁并清明、柒月拾伍日等節祭文廟及各壇祠並無祀鬼魂品物等項銀柒拾捌兩，除不敷銀壹拾伍兩陸錢壹釐捌毫，該支銀陸拾貳兩叁錢玖分捌釐貳毫，內除荒銀伍拾捌兩玖錢壹分肆釐陸毫伍絲，實徵支銀叁兩肆錢捌分叁釐伍毫伍絲。

外撥補均攤祭祀銀陸拾玖兩捌錢陸分柒釐柒毫叁絲叁忽貳微捌纖陸塵貳渺肆漠伍沙陸涯。

鄉飲銀叁兩，除不敷銀陸錢壹毫，該支銀貳兩叁錢玖分玖釐玖毫，內除荒銀貳兩貳錢陸分伍釐玖毫壹絲叁忽伍微，實徵支銀壹錢叁分叁釐玖毫捌絲陸忽伍微。

布政司紙劄銀壹兩玖錢伍分，除不敷銀叁錢玖分伍絲，該支銀壹兩伍錢伍分玖釐玖毫伍絲，內除荒銀壹兩肆錢柒分貳釐捌毫伍絲捌忽叁微，實徵支銀捌分柒釐玖絲壹忽柒微。

以上鄉飲、紙劄貳欵於道光貳拾叁年奉文裁汰，其徵收銀兩，每年批解部庫交納，理合登明。

孤老貳拾名，口糧銀肆拾叁兩貳錢，除不敷銀捌兩陸錢肆分壹釐貳毫貳絲捌忽陸微伍纖伍塵，該支銀叁拾肆兩伍錢伍分捌釐柒毫柒絲壹忽叁微肆纖伍塵，內除荒銀叁拾貳兩陸錢貳分玖釐叁毫玖絲玖忽壹微肆塵貳渺貳漠，實徵支銀壹兩玖錢貳分玖釐叁毫柒絲貳忽叁微叁纖柒渺捌漠。外加增銀柒拾兩柒分陸毫貳絲柒忽陸微陸纖玖塵貳渺貳漠，遇閏加增銀陸兩。

孤老冬衣布花銀陸兩，除不敷銀壹兩貳錢壹毫，該支銀肆兩柒錢玖分玖釐玖毫，內除荒銀肆兩貳錢壹分玖釐肆毫叁絲貳忽叁微壹纖叁塵陸渺，實徵支銀伍錢捌分肆毫陸絲柒忽陸微捌纖陸塵肆渺。

壹驛站項下

撫安驛站銀柒百捌拾兩伍錢捌分玖釐貳毫伍絲壹忽柒微捌纖叁塵，應支銀壹百貳拾貳兩肆錢；園林驛站銀壹拾陸兩叁錢柒分。共額銀玖百壹拾玖兩叁錢伍分玖釐貳毫伍絲壹忽柒微捌纖叁塵，內除荒銀捌百陸拾捌兩陸錢肆分貳釐壹毫肆絲伍忽肆微伍纖貳塵肆渺，實徵銀伍拾兩柒錢壹分柒釐壹毫陸忽叁微叁纖陸渺。

又收起運內受協宜川縣驛站兌留兵餉應支銀肆百肆拾伍兩捌錢陸分陸釐捌毫伍絲貳忽伍微陸纖肆塵伍渺，內除浮丁缺額銀壹百肆拾陸兩叁錢叁分壹釐玖毫貳絲玖忽壹微捌纖捌塵伍渺玖漠，止收受協銀貳百玖拾玖兩伍錢叁分肆釐玖毫貳絲叁忽叁微柒纖伍塵玖渺壹漠。

又受鄜州撥支本縣新增夫馬工料銀伍拾壹兩柒錢玖分柒釐壹毫陸忽肆微伍纖玖塵玖渺玖漠。

叁項共實支銀肆百貳兩肆分玖釐壹毫叁絲陸忽壹微陸纖陸塵伍渺。

壹走遞夫馬項下

本縣招募損夫柒拾伍名，每名歲支工食銀柒兩貳錢，共銀伍百肆拾兩，除不敷銀壹百捌兩壹分貳釐肆毫，該支銀肆百叁拾壹兩玖錢捌分柒釐陸毫，內除荒銀肆百柒兩捌錢柒分柒毫柒絲玖忽柒微捌纖玖塵肆渺，實徵銀貳拾肆兩壹錢壹分陸釐捌毫貳絲貳微壹纖陸渺。遇閏加銀肆拾伍兩，內除荒銀肆拾貳兩柒錢玖分伍釐肆毫貳忽捌微肆纖玖塵捌渺伍漠，實徵銀貳兩貳錢肆釐伍毫玖絲柒忽壹微伍纖壹渺伍漠，內除驛遞之差使甚少并題明請將驛站等事案內，裁損夫閏月銀貳兩壹錢捌分捌釐伍毫叁絲伍忽捌微玖纖陸塵肆渺伍漠入起運外，止該支銀壹分陸釐陸絲壹忽貳微伍纖叁塵柒渺。

外撥補增給夫馬閏月銀貳拾兩柒錢。

以上存留實徵銀壹百壹拾玖兩柒錢陸分陸釐捌毫玖絲壹忽伍微貳纖貳塵陸渺捌漠。

又應收起運內受協宜川等州縣驛站兌留兵餉應支銀肆百肆拾伍兩捌錢陸分陸釐捌毫伍絲貳忽伍微陸纖肆塵伍渺，因除包丁缺額銀壹百肆拾陸兩叁錢叁分壹釐玖毫貳絲玖忽壹微捌纖捌塵伍渺玖漠，應聽撥補，理合登明，止受協銀貳百玖拾玖兩伍錢叁分肆釐玖毫貳絲叁忽叁微柒纖伍塵玖渺壹漠。

貳項共銀肆百壹拾玖兩叁錢壹釐捌毫壹絲肆忽捌微玖纖捌塵伍渺玖漠。

又外收鄜州撥支本縣新增夫馬工料銀伍拾壹兩柒錢玖分柒釐壹毫陸忽肆微伍纖玖塵玖渺玖漠。

貳項共銀肆百柒拾壹兩玖分捌釐玖毫貳絲壹忽叁微伍纖捌塵伍渺捌漠，內除請倣以糧載丁等事案內，通省以糧均丁，因起運不敷，減除在於存留內減銀貳拾陸兩捌錢捌分伍釐捌毫陸絲玖忽叁微陸塵壹渺捌漠，在於司庫地、丁銀內照數撥補訖，仍該銀肆百柒拾壹兩玖分捌釐玖毫貳絲壹忽叁微伍纖捌塵伍渺捌漠。

外留支撥補教職全俸銀壹拾肆兩柒錢捌分肆釐捌毫。

實該銀肆百捌拾伍兩捌錢捌分叁釐柒毫貳絲壹忽叁微伍纖捌塵伍渺捌漠，於乾隆伍拾貳年奉文，全數解司，一切支欵，俱由司按季領支，嗣于嘉慶五年奉文，照舊在縣留支，並不解司，按季請領。

又於西安布政司庫撥補領支俸工銀捌百壹拾柒兩叁錢陸分貳釐柒絲肆忽肆微壹纖玖渺貳漠係動支地、丁銀兩。

又於西安布政司庫扣留屯存留缺官改動驛站銀內領支新設臨鎮縣丞俸工銀柒拾陸兩。

共該銀壹千叁百柒拾玖兩貳錢肆分伍釐柒毫玖絲伍忽柒微陸纖玖塵伍渺。

又於西安布政司庫撥補領支均攤祭祀銀陸拾玖兩捌錢陸分柒釐柒毫叁絲叁忽貳微捌纖陸塵貳渺肆漠伍沙陸涯係動支耗羨公用銀兩。

外遇閏原加銀壹百壹拾柒兩貳錢伍分捌釐捌毫玖絲貳忽，內除各官閏俸銀玖兩叁釐叁毫叁絲貳忽，止該閏銀壹百捌兩貳錢伍分伍釐伍毫陸絲，內除荒銀壹百貳兩捌錢伍釐陸毫捌絲壹忽伍微捌纖捌塵，實徵銀伍兩肆錢肆分玖釐捌毫柒絲捌忽肆微壹纖貳塵，內除驛遞之差使甚少並題明請將驛站等事叁案內，共裁站銀貳兩壹錢捌分捌釐伍毫叁絲伍忽捌微玖纖陸塵肆渺伍漠。止該銀叁兩貳錢陸分壹釐叁毫肆絲貳忽伍微壹纖伍塵伍渺伍漠，查本縣以糧均丁遇閏年比無閏少減銀貳分壹釐陸毫玖絲肆忽柒微捌纖肆塵陸渺貳漠，其少減之數，遇閏應在起運閏月內減除，理合登明於乾隆伍拾貳年奉文，全數解司，一切支欵，俱由司按季領支，嗣于嘉慶五年奉文，照舊在縣留支，並不解司，按季請領。

又於西安布政司庫撥補各役工食銀壹拾捌兩叁錢貳分貳釐叁毫伍絲柒忽

肆微玖塵肆渺伍漠。

又於西安布政司庫撥補增給夫馬閏月工料銀貳拾兩柒錢。

又於西安布政司庫扣貯屯存留候官改動裁汰馹站銀內領支新設臨鎮縣丞各役工食閏銀叁兩。

共該銀肆拾伍兩貳錢捌分叁釐陸毫玖絲玖忽玖微貳纖伍塵。

壹額外

協濟膚施縣額解延安府廩生月糧叁分復壹，銀肆兩捌錢，內除荒撥補銀肆兩捌釐陸毫玖絲柒忽貳微伍纖伍塵貳渺在司庫地、丁銀內領支，實徵支銀柒錢玖分壹釐叁毫貳忽柒微肆纖肆塵捌渺。遇閏加銀肆錢，內除荒撥補銀叁錢叁分伍釐捌毫肆絲捌忽陸微肆纖伍塵壹渺柒漠，實徵支銀陸分肆釐壹毫伍絲壹忽叁微伍纖肆塵捌渺叁漠。

課程銀壹拾貳兩玖錢玖分玖釐陸毫係鋪戶出辦。遇閏加銀壹兩捌分叁釐叁毫。

畜稅銀貳兩玖錢叁分壹釐係買騾馬出辦，每價銀壹兩，納稅銀叁分，原無定額，儘收儘解。

地稅銀伍兩玖錢陸分壹釐係買房地業主出辦，每價銀壹兩，納稅銀叁分，儘收儘解。

牙稅銀柒錢伍分牙行肆戶，係按行市多寡納稅。

當稅銀肆拾伍兩當鋪玖座，每座納銀伍兩。

鹽課銀壹百捌拾肆兩叁錢貳分於嘉慶拾玖年按照前項地、丁銀內攤徵，每正銀壹兩，攤徵銀肆錢壹分伍釐肆毫捌絲肆微零，永為定額，遇閏無增，免其加耗，凡遇壑豁蠲免之年，亦不增減蠲免。

安定縣

原額壹等地玖百貳拾肆頃肆拾陸畝玖分，共額徵本折糧捌千捌拾肆石伍斗伍升捌合伍撮。每畝科本色糧叁升壹合貳勺捌抄玖撮肆圭玖粟，共糧貳千捌百玖拾貳石陸斗壹升貳合叁勺玖抄玖撮柒圭，內除抛荒召佃減納糧柒百壹拾陸石貳斗貳升肆合壹勺陸抄伍撮，止該折正本色糧貳千壹百柒拾陸石叁斗捌升捌合貳勺叁抄肆撮柒圭，科折色糧伍升陸合壹勺陸抄壹撮叁圭捌粟，共折色糧伍千壹百玖拾壹石玖斗肆升伍合陸勺伍撮叁圭，每石折徵銀壹兩壹錢捌分叁釐玖毫柒絲陸忽，共額徵銀陸千壹百肆拾柒兩壹錢肆分玖毫陸絲肆忽貳微。

順治柒年題明免過無主及乾隆肆年在於欽遵聖訓等事貳案內，共豁免過地捌百壹拾捌頃捌拾貳畝玖分捌釐壹毫，應免糧陸千伍百叁拾叁石陸斗肆升肆合陸勺陸抄玖撮玖圭壹粟玖粒，內前墾並興屯、節年及首報共地貳拾頃陸拾玖畝玖分柒毫捌絲貳忽，該糧壹百柒拾貳石貳斗陸升捌合伍勺伍抄玖撮陸圭柒粟肆粒伍顆。實應免地柒百玖拾捌頃壹拾叁畝柒釐叁毫壹絲捌忽，應免本折糧陸千叁百陸拾壹石叁斗柒升陸合壹勺壹抄貳圭肆粟肆粒伍顆，實應免本色起運糧壹千貳百伍拾壹石柒斗叁升伍合陸勺陸抄玖撮壹圭柒粟壹粒肆顆，實應免本色存留延豐官學倉糧陸百貳拾柒石貳斗貳升陸合伍勺陸抄伍撮貳圭伍粟玖粒壹顆，每石折徵銀捌錢，該除銀伍百壹兩柒錢捌分壹釐貳毫伍絲貳忽貳微陸纖陸塵柒渺，實應免折色糧肆千肆百捌拾貳石肆斗壹升叁合捌勺柒抄伍撮捌圭壹粟肆粒，該除銀伍千叁百柒兩柒分貳釐貳毫肆絲玖忽伍微伍纖陸塵壹渺。

實在地壹百貳拾陸頃叁拾叁畝捌分貳釐陸毫捌絲貳忽，該徵本折糧壹千陸石玖斗伍升柒合柒勺貳抄玖撮柒圭伍粟伍粒伍顆，實徵本色起運糧壹百玖拾捌石壹斗肆升陸勺捌抄伍撮伍圭貳粟捌粒陸顆遵照乾隆伍拾玖年奉准部咨令，將康熙年間易知由單內載：每畝徵本色糧壹升伍合陸勺捌抄叁撮叁圭肆粟壹粒貳顆，實徵本色存留延豐官學倉糧玖拾玖石貳斗捌升伍合叁勺壹抄肆撮柒圭肆粟玖顆，該徵銀柒拾玖兩肆錢貳分捌釐貳毫伍絲壹忽柒微叁纖叁塵叁渺每畝科本色糧柒合捌勺伍抄捌撮陸圭玖粟叁粒捌顆，每畝折徵銀陸釐貳毫捌絲陸忽玖微伍纖壹塵，實徵折色糧柒百玖石伍斗叁升壹合柒勺貳抄玖撮肆圭捌粟陸粒，該折徵銀捌百肆拾兩陸分捌釐柒毫壹絲肆忽陸微肆纖叁塵玖渺遵照乾隆伍拾玖年奉准部咨令，將康熙年間易知由單內載：每畝折徵銀陸分陸釐肆毫玖絲叁忽陸微陸塵，纂入書內，嗣後遇有墾豁，以便按畝增除。

原額人丁叁等玖則不等，共折下下人丁壹萬壹拾肆丁，每丁徵銀貳錢陸分玖釐伍毫肆絲伍忽，共銀貳千陸百玖拾玖兩貳錢貳分叁釐陸毫肆絲，內除優免丁叁百伍拾貳丁，共銀玖拾肆兩捌錢柒分玖釐捌毫肆絲。

行差丁玖千陸百陸拾貳丁，共額徵銀貳千陸百肆兩叁錢肆分叁釐捌毫。

順治柒年並拾壹等年題明豁免過逃亡並續逃亡共丁肆千肆百貳拾叁丁，應除銀壹千伍百玖拾壹兩伍錢柒分壹毫捌絲捌忽伍微壹纖貳塵，前招回並查出及節年招回審出共丁陸拾伍丁，該銀捌拾柒兩捌錢叁分玖釐玖毫柒絲，實豁免丁肆千叁百伍拾捌丁，該除銀壹千伍百叁兩柒錢叁分貳毫壹絲捌忽伍微壹纖貳塵。

實在行差丁伍千叁百肆丁，共徵銀壹千壹百兩陸錢壹分叁釐伍毫捌絲壹忽肆微捌纖捌塵。

康熙伍拾伍年起，至乾隆貳拾陸年止，編審出丁柒拾伍丁；乾隆叁拾壹年編審出丁壹拾伍丁；乾隆叁拾陸年編審出丁玖丁。共編審出丁玖拾玖丁，欽遵康熙伍拾貳年叁月拾捌日恩詔，後遇編審之期，但據康熙伍拾年丁冊定為常額，永不加賦。

外遇閏額徵銀壹百柒拾伍兩肆錢肆釐壹毫叁絲貳忽，內除荒銀壹百壹拾肆兩壹錢陸分伍釐伍毫貳絲玖忽捌微伍纖柒塵捌渺，實徵銀陸拾壹兩貳錢叁分捌釐陸毫貳忽壹微肆纖貳塵貳渺。

又額外協濟膚施縣額解本府廩生月糧奉裁充餉銀玖兩陸錢，內除荒銀捌兩貳錢捌分捌釐貳毫玖絲肆忽陸微肆纖壹塵壹渺貳漠，實徵銀壹兩叁錢壹分壹釐柒毫伍忽叁微伍纖捌塵捌渺捌漠。遇閏加銀捌錢，除荒銀陸錢玖分陸毫叁絲叁忽肆微捌纖肆塵伍渺陸漠，實徵銀壹錢玖釐叁毫陸絲陸忽伍微壹纖伍塵肆渺肆漠。

匠價銀壹拾陸兩捌錢叁分。遇閏加銀壹兩肆錢貳釐伍毫以上額外正閏攤入前項地糧內徵收。

以上地、丁貳項並額外奉裁協濟廩生月糧及匠價，除優免外，共該額徵銀玖千叁百伍拾玖兩壹錢貳分肆釐貳毫陸絲捌忽貳微，內除荒銀柒千叁百貳拾兩捌錢柒分貳釐壹絲肆忽玖微柒纖伍塵玖渺貳漠，實徵銀貳千叁拾捌兩貳錢伍分貳釐貳毫伍絲叁忽貳微貳纖肆塵捌漠。

本色起運糧壹千肆百肆拾玖石捌斗柒升陸合叁勺伍抄肆撮柒圭，內除荒糧壹千貳百伍拾壹石柒斗叁升伍合陸勺陸抄玖撮壹圭柒粟壹粒肆顆，實徵糧壹百玖拾捌石壹斗肆升陸勺捌抄伍撮伍圭貳粟捌粒陸顆。

遇閏加銀壹百柒拾伍兩肆錢肆釐壹毫叁絲貳忽，內除荒銀壹百壹拾肆兩壹錢陸分伍釐伍毫貳絲玖忽捌微伍纖柒塵捌渺，實徵銀陸拾壹兩貳錢叁分捌釐陸毫貳忽壹微肆纖貳塵貳渺。

又額外奉裁廩生閏月充餉銀捌錢，內除荒銀陸錢玖分陸毫叁絲叁忽捌微捌纖肆塵伍渺陸漠，實徵銀壹錢玖釐叁毫陸絲陸忽伍微壹纖伍塵肆渺肆漠。

又匠價閏銀壹兩肆錢貳釐伍毫。

叁項共銀陸拾貳兩柒錢伍分肆毫陸絲捌忽陸微伍纖柒塵陸渺肆漠。

壹起運項下

原編起運本色糧壹千肆百肆拾玖石捌斗柒升陸合叁勺伍抄肆撮柒圭，內除荒糧壹千貳百伍拾壹石柒斗叁升伍合陸勺陸抄玖撮壹圭柒粟壹粒肆顆，實徵糧壹百玖拾捌石壹斗肆升陸勺捌抄伍撮伍圭貳粟捌粒陸顆。

原編起運糧草、土馬折價銀肆千陸百貳拾陸兩肆錢壹分肆釐玖毫伍絲貳忽貳微，內除荒銀叁千玖百玖拾叁兩伍錢玖分伍釐玖毫壹絲貳忽貳微捌纖陸塵柒渺，實徵銀陸百叁拾貳兩捌錢壹分玖釐叁絲玖忽玖微壹纖叁塵叁渺。

節裁牲口、軍器、毛襖等項銀伍百肆拾肆兩叁錢叁分叁釐叁毫，內除荒銀叁百壹拾肆兩貳錢玖分肆釐貳毫壹絲柒微貳纖叁塵玖渺，實徵銀貳百叁拾兩叁分玖釐捌絲玖忽貳微柒纖陸塵壹渺。

舊編存留，內順治玖年裁各役工食銀貳百貳拾壹兩陸錢；拾貳年裁傘扇銀捌兩；拾肆年裁官生俸廩等項，除奉復孤貧外，止實裁銀壹百玖拾壹兩玖錢叁分肆釐肆毫柒絲，遞馬、損轎夫叁分裁壹，銀陸拾肆兩陸錢柒分壹釐貳毫陸絲壹忽柒纖。康熙元年裁吏書工食銀玖拾柒兩貳錢；叁年裁教諭、門斗、齋夫俸食銀壹百壹兩壹錢貳分，雜費丁銀壹百柒拾壹兩柒錢貳分陸釐貳毫；拾伍年裁心紅紙張、修理監倉、喂馬草料、土牛倉厫等項共銀伍拾玖兩；貳拾柒年裁解府、歲貢、舉人盤纏、花盤、坊價，科舉、鹿角、坊禄等項銀叁拾兩伍錢壹釐捌毫捌絲。雍正陸年裁燈夫工食銀貳拾肆兩；拾貳年裁民壯工食銀壹百叁拾貳兩。乾隆玖年裁舖司工食銀壹拾叁兩柒錢壹分肆釐貳毫捌絲伍忽，冗費裁剩解部銀貳百貳拾伍兩捌錢貳分陸釐貳毫肆忽。

共裁歸起運銀壹千叁百肆拾壹兩貳錢玖分肆釐叁毫柒纖，內除荒銀捌百壹拾伍兩伍錢柒分壹釐叁毫柒絲叁忽伍微肆纖柒塵伍渺，實徵銀伍百貳拾伍兩柒錢貳分貳釐玖毫貳絲陸忽伍微貳纖貳塵伍渺。

又額外協濟廩生月糧奉裁充餉銀玖兩陸錢，內除荒銀捌兩貳錢捌分捌釐貳毫玖絲肆忽陸微肆纖壹塵壹渺貳漠，實徵銀壹兩叁錢壹分壹釐柒毫伍忽叁微伍纖捌塵捌渺捌漠。

又匠價銀壹拾陸兩捌錢叁分。

以上共該實起運銀壹千肆百陸兩柒錢貳分貳釐柒毫陸絲壹忽柒纖柒渺捌漠。

又收存留內額協吴堡等縣站支抵餉銀肆拾玖兩貳錢捌分肆釐柒毫貳絲伍微貳塵叁渺。

又收驛遞之差使甚少及題明請將驛站等事各案內，共裁銀捌百壹拾貳兩柒錢伍分肆釐伍毫叁絲貳忽壹微伍纖陸塵柒渺，內在於題明請將驛站等事案內，留支本縣新增夫馬工料銀壹百伍拾捌兩柒錢肆分肆釐捌毫，實裁銀陸百伍拾肆兩玖釐柒毫叁絲貳忽壹微伍纖陸塵柒渺。

又收驛遞奉裁歸縣等事案內，協帮石嘴驛馬夫工料銀玖拾壹兩貳錢貳釐肆毫肆絲柒忽叁微叁纖叁塵貳渺。

共該起運銀貳千貳百壹兩貳錢壹分玖釐陸毫陸絲壹忽陸纖貳塵玖渺捌漠，內除受協涇陽等縣站支兑留兵餉銀壹千叁拾壹兩捌錢玖釐柒毫肆絲玖忽陸纖貳塵貳渺，止該起運銀壹千壹百陸拾玖兩肆錢玖釐玖毫壹絲貳忽柒渺捌漠。

又在於請倣以糧載丁等事案內，通省以糧均丁減銀玖百貳拾玖兩壹錢伍分陸釐柒毫柒絲玖忽柒微叁塵肆渺，內除乾隆元、陸、拾壹、拾陸、貳拾壹、貳拾陸等年編審案內，共增抵補屯更丁銀貳百伍兩柒錢叁分捌釐肆毫叁忽貳微貳纖伍塵玖渺叁漠叁沙叁洙叁涯貳洒；又乾隆叁拾壹、叁拾陸等年編審案內，共增抵補屯更丁銀壹百兩叁分捌釐玖毫柒絲玖忽壹微壹纖貳塵玖渺陸漠陸沙陸洙陸涯陸洒。止該減銀陸百貳拾叁兩叁錢柒分玖釐叁毫玖絲柒忽叁微陸纖肆塵伍渺貳洒。

實起運銀伍百肆拾陸兩叁分伍毫壹絲肆忽陸微叁纖陸塵貳渺柒漠玖沙玖洙玖涯捌洒，內除留支加增撥補俸工並額外廩糧银貳百肆拾叁兩貳錢貳分柒釐壹毫柒忽捌纖伍塵柒渺捌漠；又留支新增夫馬工料銀陸拾壹兩伍錢貳分柒釐捌毫捌忽肆微柒纖肆塵伍渺叁漠貳沙。止該起運銀貳百肆拾壹兩貳錢柒分伍釐伍毫玖絲玖忽柒纖伍塵玖渺陸漠柒沙玖洙玖涯捌洒。

遇閏，順治玖年裁銀壹拾陸兩捌錢；拾肆年裁銀壹拾伍兩貳錢陸分叁釐陸絲叁忽。康熙元年裁吏書工食銀捌兩壹錢；叁年裁教諭、門斗、齋夫銀捌兩肆錢貳分陸釐陸毫陸絲陸忽；拾伍年裁心紅紙張、喂馬草料銀貳兩陸錢陸分陸釐陸毫柒絲。雍正陸年裁燈夫工食銀貳兩；拾貳年裁民壯工食銀壹拾壹兩。乾隆玖年裁舖司工食銀壹兩壹錢肆分貳釐捌毫伍絲伍忽，又各官閏俸銀玖兩叁釐叁毫叁絲叁忽。

共裁起運銀柒拾肆兩肆錢貳釐伍毫捌絲柒忽，內除荒銀肆拾捌兩肆錢壹分伍釐陸毫柒絲肆忽伍纖伍塵柒渺肆漠貳沙捌洙伍涯，實徵銀貳拾伍兩玖錢捌分陸釐玖毫壹絲貳忽玖微肆纖肆塵貳渺伍漠柒沙壹洙伍涯。

又額外協濟廩生月糧奉裁充餉銀捌錢，內除荒銀陸錢玖分陸毫叁絲叁忽肆微捌纖肆塵伍渺陸漠，實徵銀壹錢玖釐叁毫陸絲陸忽伍微壹纖伍塵肆渺肆漠。

又匠價銀壹兩肆錢貳釐伍毫以上額外攤入地糧內徵收。

以上共該起運閏銀貳拾柒兩肆錢玖分捌釐柒毫柒絲玖忽肆微伍纖玖塵陸渺玖漠柒沙壹洙伍涯。

又收驛遞之差使甚少及題明請將驛站等事案內，共裁站銀壹拾貳兩柒錢玖分叁釐捌毫。

貳項共銀肆拾兩貳錢玖分貳釐伍毫柒絲玖忽肆微伍纖玖塵陸渺玖漠柒沙壹洙伍涯，內在於請倣以糧載丁之例等事案內，通省以糧均丁減銀伍拾兩肆錢陸分捌釐伍毫陸絲玖忽壹微玖纖貳渺，內除乾隆元、陸、拾壹、拾陸、貳拾壹、貳拾陸等年編審案內，共增抵補屯更丁銀壹拾壹兩肆錢玖分貳釐陸毫伍忽玖微叁纖叁渺陸漠陸沙陸洙陸涯肆洒，又乾隆叁拾壹、叁拾陸等年編審案內，共增抵補屯更丁銀伍兩陸錢叁分肆釐叁毫壹絲柒忽肆微貳纖伍塵肆渺叁漠叁沙叁洙叁涯貳洒，止該減銀叁拾叁兩叁錢肆分壹釐陸毫肆絲伍忽捌微叁纖肆塵肆渺肆洒。

止該起運銀陸兩玖錢伍分玖毫叁絲叁忽陸微貳纖伍塵貳渺玖漠柒沙壹洙肆涯陸洒，儘數留支加增撥補工食並額外廩生訖，尚不敷留支銀叁兩陸錢捌分肆釐叁毫叁絲叁忽捌纖捌塵壹渺肆漠貳沙捌洙伍涯肆洒，又不敷留支新添夫馬工料銀貳兩陸錢壹分柒毫叁絲陸忽陸微伍纖捌塵，在於上項正銀內留支，理合登明。

壹存留項下

原編存留銀貳千捌百貳拾兩陸钱伍分壹釐柒毫壹絲伍忽玖微叁纖，內除荒銀貳千壹百捌拾玖兩壹錢貳分貳釐貳毫貳絲叁忽柒微柒纖陸塵柒渺，實徵銀陸百叁拾壹兩伍錢貳分玖釐肆毫玖絲貳忽壹微伍纖叁塵叁渺。

壹俸工項下

知縣壹員，額支俸薪銀肆拾伍兩，內除荒銀貳拾玖兩貳錢捌分玖釐陸毫伍絲陸忽陸微，實徵支銀壹拾伍兩柒錢壹分叁毫肆絲叁忽肆微。外撥補銀捌兩伍錢貳分叁釐貳毫肆絲捌忽捌微貳纖玖塵貳渺。

典史壹員，額支俸薪銀叁拾壹兩伍錢貳分，內除荒撥補銀貳拾兩伍錢壹分伍釐柒毫柒絲柒忽叁微伍纖陸塵，實徵支銀壹拾壹兩肆釐貳毫貳絲貳忽陸微肆纖肆塵。

訓導壹員，額支俸薪銀叁拾壹兩伍錢貳分，內除荒撥補銀貳拾兩伍錢壹分伍釐柒毫柒絲柒忽叁微伍纖陸塵，實徵支銀壹拾壹兩肆釐貳毫貳絲貳忽陸微肆纖肆塵。外撥補全俸銀捌兩肆錢捌分。

知縣衙門

門子貳名，每名歲支工食銀陸兩，共支銀壹拾貳兩，內除荒撥補銀柒兩捌錢壹分伍毫柒絲肆忽捌微壹纖，實徵支銀肆兩壹錢捌分玖釐肆毫貳絲伍忽壹微玖纖。遇閏加銀壹兩，內除荒銀陸錢伍分捌毫伍絲伍忽貳微壹纖，實徵支銀叁錢肆分玖釐壹毫肆絲肆忽柒微玖纖。

皂隸、仵作壹拾陸名，每名歲支工食銀陸兩，共支銀玖拾陸兩，內除荒撥補銀陸拾貳兩肆錢捌分肆釐陸毫貳微捌纖，實徵支銀叁拾叁兩伍錢壹分伍釐叁毫玖絲玖忽柒微貳纖。遇閏加銀捌兩，內除荒銀伍兩貳錢陸釐捌毫叁絲壹忽玖微，實徵支銀貳兩柒錢玖分叁釐壹毫陸絲捌忽壹微。

馬快捌名，每名歲支工食草料銀壹拾陸兩捌錢，共支銀壹百叁拾肆兩肆錢，内除荒撥補銀捌拾柒兩肆錢柒分捌釐肆毫肆絲壹忽壹微玖纖，實徵支銀肆拾陸兩玖錢貳分壹釐伍毫伍絲捌忽捌微壹纖。遇閏加銀壹拾壹兩貳錢，内除荒銀柒兩貳錢捌分玖釐伍毫陸絲肆忽肆微，實徵支銀叁兩玖錢壹分肆毫叁絲伍忽陸微。

民壯貳拾捌名，每名歲支工食銀陸兩，共銀壹百陸拾捌兩，内除荒撥補銀壹百玖兩叁錢肆分捌釐伍絲壹微叁纖，實徵支銀伍拾捌兩陸錢伍分壹釐玖毫肆絲玖忽捌微柒纖。遇閏加銀壹拾肆兩，内除荒銀玖兩壹錢壹分壹釐玖毫伍絲叁忽貳微玖纖，實徵支銀肆兩捌錢捌分捌釐肆絲陸忽柒微壹纖。

看監禁子捌名，每名歲支工食銀陸兩，共支銀肆拾捌兩，内除荒撥補銀叁拾壹兩貳錢肆分貳釐叁毫壹忽壹微肆纖，實徵支銀壹拾陸兩柒錢伍分柒釐陸毫玖絲捌忽捌微陸纖。遇閏加銀肆兩，内除荒銀貳兩陸錢叁釐肆毫壹絲伍忽玖微，實徵支銀壹兩叁錢玖分陸釐伍毫捌絲肆忽壹微。

轎傘扇夫柒名，每名歲支工食銀陸兩，共支銀肆拾貳兩，内除荒撥補銀貳拾柒兩叁錢叁分柒釐壹絲貳忽柒微捌纖，實徵支銀壹拾肆兩陸錢陸分貳釐玖毫捌絲柒忽貳微貳纖。遇閏加銀叁兩伍錢，内除荒銀貳兩貳錢柒分柒釐玖毫捌絲捌忽叁微，實徵支銀壹兩貳錢貳分貳釐壹絲壹忽柒微。

庫子肆名，每名歲支工食銀陸兩，共支銀貳拾肆兩，内除荒撥補銀壹拾伍兩陸錢貳分壹釐壹毫肆絲玖忽陸微貳纖，實徵支銀捌兩叁錢柒分捌釐捌毫伍絲叁微捌纖。遇閏加銀貳兩，内除荒銀壹兩叁錢壹釐柒毫壹絲肆微，實徵支銀陸錢玖分捌釐貳毫捌絲玖忽陸微。

斗級肆名，每名歲支工食銀陸兩，共支銀貳拾肆兩，内除荒撥補銀壹拾伍兩陸錢貳分壹釐壹毫肆絲玖忽陸微貳纖，實徵支銀捌兩叁錢柒分捌釐捌毫伍絲叁微捌纖。遇閏加銀貳兩，内除荒銀壹兩叁錢壹釐柒毫壹絲肆微，實徵支銀陸錢玖分捌釐貳毫捌絲玖忽陸微。

鐘鼓夫肆名，每名歲支工食銀貳兩肆錢，共支銀玖兩陸錢，内除荒撥補銀陸兩貳錢肆分玖釐陸絲叁忽貳微叁纖，實徵支銀叁兩叁錢伍分玖毫叁絲陸忽柒微柒纖。遇閏加銀捌錢，内除荒銀伍錢貳分陸毫玖絲柒忽貳微，實徵支銀貳錢柒分玖釐叁毫貳忽捌微。

各舖司兵壹拾陸名，每名歲支工食銀貳兩柒錢肆分貳釐捌毫伍絲柒忽，共支銀肆拾叁兩捌錢捌分伍釐柒毫壹絲伍忽，内除荒銀貳拾捌兩伍錢陸分柒釐壹毫肆絲捌忽肆微貳纖肆塵，實徵支銀壹拾伍兩叁錢壹分捌釐伍毫陸絲陸忽伍微柒纖陸塵。外加增銀捌拾兩陸錢捌分壹釐肆毫叁絲叁忽肆微貳纖肆塵。遇閏加銀叁兩陸錢伍分柒釐壹毫肆絲伍忽，內除荒銀貳兩叁錢肆分叁釐壹毫壹絲柒忽捌微捌纖叁塵陸渺伍漠柒沙壹洙伍涯，實徵支銀壹兩叁錢壹分肆釐貳絲柒忽壹微壹纖陸塵叁渺肆漠貳沙捌洙伍涯。外加增銀陸兩陸錢捌分伍釐玖毫柒絲貳忽捌微捌纖叁塵陸渺伍漠柒沙壹洙伍涯。

典史衙門

門子壹名，歲支工食銀陸兩，內除荒撥補銀叁兩玖錢伍釐貳毫玖絲壹忽叁微陸纖，實徵支銀貳兩玖分肆釐柒毫捌忽陸微肆纖。遇閏加銀伍錢，內除荒銀叁錢貳分伍釐肆毫貳絲柒忽陸微，實徵支銀壹錢柒分肆釐伍毫柒絲貳忽肆微。

皂隸肆名，每名歲支工食銀陸兩，共支銀貳拾肆兩，內除荒撥補銀壹拾伍兩陸錢貳分壹釐壹毫肆絲玖忽陸微貳纖，實徵支銀捌兩叁錢柒分捌釐捌毫伍絲叁微捌纖。遇閏加銀貳兩，內除荒銀壹兩叁錢壹釐柒毫壹絲肆微，實徵支銀陸錢玖分捌釐貳毫捌絲玖忽陸微。

馬夫壹名，歲支工食銀陸兩，內除荒撥補銀叁兩玖錢伍釐貳毫玖絲壹忽叁微陸纖，實徵支銀貳兩玖分肆釐柒毫捌忽陸微肆纖。遇閏加銀伍錢，內除荒銀叁錢貳分伍釐肆毫貳絲柒忽陸微，實徵支銀壹錢柒分肆釐伍毫柒絲貳忽肆微。

教職衙門

齋夫叁名，每名歲支工食銀壹拾貳兩，共支銀叁拾陸兩，內除荒撥補銀貳拾叁兩肆錢叁分壹釐柒毫貳絲捌忽肆微叁纖，實徵支銀壹拾貳兩伍錢陸分捌釐貳毫柒絲壹忽伍微柒纖。遇閏加銀叁兩，內除荒銀壹兩玖錢伍分貳釐伍毫陸絲伍忽柒微，實徵支銀壹兩肆分柒釐肆毫叁絲肆忽叁微。

膳夫貳名，每名歲支工食銀陸兩陸錢陸分陸釐陸毫陸絲伍忽，共支銀壹拾叁兩叁錢叁分叁釐叁毫叁絲，內除荒撥補銀捌兩陸錢柒分捌釐叁毫玖絲捌忽叁微壹纖陸塵貳渺，實徵支銀肆兩陸錢伍分肆釐玖毫叁絲壹忽陸微捌纖叁塵捌渺係廪生支領。遇閏加銀壹兩壹錢壹分壹釐壹毫，內除荒撥補銀柒錢貳分叁釐壹毫陸絲陸忽伍微壹纖壹塵肆渺，實徵支銀叁錢捌分柒釐玖毫叁絲叁忽肆微捌纖捌塵陸渺。

門斗貳名，每名歲支工食銀柒兩貳錢，共支銀壹拾肆兩肆錢，內除荒撥補銀玖兩叁錢柒分貳釐陸毫玖絲叁微玖纖，實徵支銀伍兩貳分柒釐叁毫玖忽陸微壹纖。遇閏加銀壹兩貳錢，内除荒銀柒錢捌分壹釐貳絲伍忽叁微，實徵支銀肆錢壹分捌釐玖毫柒絲肆忽柒微。

廩生貳拾名，每名歲支銀叁兩貳錢，共支銀陸拾肆兩，内除荒撥補銀肆拾兩陸錢玖分伍毫叁絲肆忽捌微捌纖柒塵叁渺，實徵支銀貳拾叁兩叁錢玖釐肆毫陸絲伍忽壹微壹纖貳塵柒渺。遇閏加銀伍兩叁錢叁分叁釐叁毫，内除荒撥補銀叁兩肆錢柒分壹釐肆毫貳絲玖忽壹微壹纖柒塵玖渺，實徵支銀壹兩捌錢陸分壹釐捌毫柒絲捌微捌纖貳塵壹渺。

以上俸工項下，除廩生、膳夫貳欵照常支發外，其餘官役俸工於道光貳拾叁年奉文，均以貳兩平支放，每兩減平銀陸分，其減平銀兩，每年批解部庫交納，理合登明。

壹雜支項下

春秋貳季祭文廟并各壇祀及無祀鬼魂品物等項銀柒拾捌兩，内除荒銀伍拾兩柒錢柒分叁釐陸毫肆絲貳忽壹微，實徵支銀貳拾柒兩貳錢貳分陸釐叁毫伍絲柒忽玖微。

外均攤撥補銀肆拾陸兩壹錢貳分肆釐玖毫貳絲伍忽叁微捌纖陸塵貳渺肆漠伍沙陸涯。

鄉飲銀叁兩，内除荒銀壹兩玖錢伍分貳釐捌毫叁絲貳忽柒微叁纖，實徵支銀壹兩肆分柒釐壹毫陸絲柒忽貳微柒纖於道光貳拾叁年奉文裁汰，其徵收銀兩，每年批解部庫交納，理合登明。

壹孤貧項下

孤老肆名，口糧銀壹拾壹兩伍錢貳分，内除荒銀柒兩肆錢玖分叁釐捌毫肆絲叁忽柒纖玖塵，實徵支銀肆兩貳分陸釐壹毫伍絲陸忽玖微貳纖壹塵。外加增銀壹拾兩叁錢柒分叁釐捌毫肆絲叁忽柒纖玖塵。外遇閏加增銀壹兩貳錢。

孤老布花銀肆兩，内除荒銀貳兩陸錢貳釐壹絲壹忽伍微貳纖陸塵壹渺，實徵支銀壹兩叁錢玖分柒釐玖毫捌絲捌忽肆微柒纖叁塵玖渺。

壹驛站項下

河西驛站價銀玖兩，支直銀壹拾捌兩叁錢；石嘴驛站銀捌百肆拾玖兩壹錢貳分伍釐，支直銀壹百伍兩壹錢；金明驛站銀貳拾兩伍分伍釐貳毫貳絲；榆林驛站銀壹百兩；魚河驛站銀壹百伍拾柒兩柒錢；歸德驛站銀貳百玖兩肆錢陸分叁釐柒毫壹絲貳忽。共銀壹千肆百陸拾捌兩柒錢肆分叁釐玖毫叁絲貳忽，內除荒銀壹千貳百陸拾捌兩貳分伍釐壹毫捌忽叁微貳纖壹塵壹渺，實徵銀貳百兩柒錢壹分捌釐捌毫貳絲叁忽陸微柒纖捌塵玖渺。

又收受協涇陽等縣站支兌留兵餉銀壹千叁拾壹兩捌錢玖釐柒毫肆絲玖忽陸纖貳塵貳渺。

共實徵銀壹千貳百叁拾貳兩伍錢貳分捌釐伍毫柒絲貳忽柒微肆纖壹塵壹渺，內除驛遞之差使甚少及題明請將驛站等事案內，裁站銀柒百貳拾叁兩玖錢捌釐貳毫玖絲叁忽貳微貳纖陸塵柒渺，內在於題明請將驛站等事案內，留支本縣新增夫馬工料銀壹百伍拾捌兩柒錢肆分肆釐捌毫，實裁銀伍百陸拾伍兩壹錢陸分叁釐肆毫玖絲叁忽貳微貳纖陸塵柒渺；又除驛遞奉裁歸縣等事案內，裁協帮石嘴驛夫馬工料銀玖拾壹兩貳錢貳釐肆毫肆絲柒忽叁微叁纖叁塵貳渺；又除額協吴堡等縣站支抵餉銀肆拾玖兩貳錢捌分肆釐柒毫貳絲伍微貳塵叁渺。實徵支銀伍百貳拾陸兩捌錢柒分柒釐玖毫壹絲壹忽陸微柒纖捌塵玖渺。

外撥補新添夫馬工料銀陸拾壹兩伍錢貳分柒釐捌毫捌忽肆微柒纖肆塵伍渺叁漠貳沙。

共銀伍百捌拾捌兩肆錢伍釐柒毫貳絲壹微伍纖叁塵肆渺叁漠貳沙。

遇閏撥補夫馬閏月工料銀貳兩陸錢壹分柒毫叁絲陸忽陸微伍纖捌塵。

外於西安布政司庫領支撥補銀貳兩叁錢壹分玖釐貳毫陸絲肆微貳纖貳塵。

壹走遞項下

走遞夫壹拾貳名，額支銀柒拾叁兩捌錢捌分貳釐玖毫捌絲壹忽柒微叁纖；又馬騾壹拾匹，草料工食銀叁百柒兩捌錢肆分伍釐柒毫伍絲柒忽貳微。共銀叁百捌拾壹兩柒錢貳分捌釐柒毫叁絲捌忽玖微叁纖，內除荒銀貳百玖拾兩伍錢捌分捌釐玖毫玖絲玖忽壹微貳纖壹塵，實徵銀玖拾壹兩壹錢叁分玖釐柒毫叁絲玖忽捌微玖塵，內除驛遞之差使甚少及題明請將驛站等事案內，共裁站銀捌拾捌兩捌錢肆分陸釐貳毫叁絲捌忽玖微叁纖，實徵支銀貳兩貳錢玖分叁釐伍毫捌微柒纖玖塵。

遇閏加銀叁拾柒兩貳錢，內除荒銀貳拾肆兩貳錢陸分壹釐貳毫伍絲捌忽陸微捌纖玖塵壹渺，實徵銀壹拾貳兩玖錢叁分捌釐柒毫肆絲壹忽叁微壹纖玖渺，內除驛遞之差使甚少及題明請將驛站等事案內，共裁銀壹拾貳兩柒錢玖分叁釐捌毫，實徵支銀壹錢肆分肆釐玖毫肆絲壹忽叁微壹纖玖渺。

以上存留實徵銀陸百叁拾壹兩伍錢貳分玖釐肆毫玖絲貳忽壹微伍纖叁塵叁渺。

又收受協涇陽等縣站支兌留兵餉銀壹千叁拾壹兩捌錢玖釐柒毫肆絲玖忽陸纖貳塵貳渺。

貳項共銀壹千陸百陸拾叁兩叁錢叁分玖釐貳毫肆絲壹忽貳微壹纖伍塵伍渺，內除額協吴堡等縣站支抵餉銀肆拾玖兩貳錢捌分肆釐柒毫貳絲伍微貳塵叁渺；又除驛遞之差使甚少及題明請將驛站等事案內，共裁站銀捌百壹拾貳兩柒錢伍分肆釐伍毫叁絲貳忽壹微伍纖陸塵柒渺，內在於題明請將驛站等事案內，留支本縣新增夫馬工料銀壹百伍拾捌兩柒錢肆分肆釐捌毫，實裁銀陸百伍拾肆兩玖釐柒毫叁絲貳忽壹微伍纖陸塵柒渺；又除驛遞奉裁歸縣等事案內，裁協帮石嘴驛夫馬工料銀玖拾壹兩貳錢貳釐肆毫肆絲柒忽叁微叁纖叁塵貳渺。實該銀捌百陸拾捌兩捌錢肆分貳釐叁毫肆絲壹忽貳微貳纖叁塵叁渺。

外加增撥補俸工銀貳百叁拾玖兩捌分貳釐玖毫伍絲玖忽柒微陸纖伍塵壹渺。

又撥補不敷留支新添夫馬工料銀陸拾壹兩伍錢貳分柒釐捌毫捌忽肆微柒纖肆塵伍渺叁漠貳沙。

共該銀壹千壹百陸拾玖兩肆錢伍分叁釐壹毫玖忽肆微陸纖貳塵玖渺叁漠貳沙於乾隆伍拾貳年奉文，全數解司，壹切支欵，俱由司按季領支，嗣於嘉慶伍年奉文，在縣留支，並不解司，按季請領。

外於西安布政司庫領支撥補各役舖司工食不敷銀叁百柒拾捌兩捌錢肆釐伍毫肆絲柒忽肆微肆纖貳塵陸渺係動支各屬解到地、丁銀兩。

又於西安布政司庫領支撥補均攤祭祀銀肆拾陸兩壹錢貳分肆釐玖毫貳絲伍忽叁微捌纖陸塵貳渺肆漠伍沙陸涯係動支各屬解到耗羨銀兩。

遇閏加銀壹百壹拾兩肆釐捌毫柒絲捌忽，內除各官閏俸銀玖兩叁釐叁毫叁絲叁忽，止該銀壹百壹兩壹釐伍毫肆絲伍忽，內除荒銀陸拾伍兩柒錢肆分玖釐捌毫伍絲伍忽捌微貳塵伍漠柒沙壹洙伍涯，實徵銀叁拾伍兩貳錢伍分壹釐陸毫捌絲玖忽壹微玖纖柒塵玖渺肆漠貳沙捌洙伍涯，內除驛遞之差使甚少及題明請將驛站等事案內，共裁銀壹拾貳兩柒錢玖分叁釐捌毫，止該銀貳拾貳兩肆錢伍分柒釐捌毫捌絲玖忽壹微玖纖柒塵玖渺肆漠貳沙捌洙伍涯。

外加增撥補銀壹拾兩貳錢捌分玖釐玖毫肆絲玖忽玖微柒纖壹塵壹渺。

又撥補不敷留支新添夫馬工料銀貳兩陸錢壹分柒毫叁絲陸忽陸微伍纖捌塵。

共銀叁拾伍兩叁錢伍分捌釐伍毫柒絲伍忽捌微貳纖柒塵肆漠貳沙捌洙伍涯於乾隆伍拾貳年奉文，全數解司，壹切支欵，俱由司按季領支，嗣於嘉慶伍年奉文，在縣留支，並不解司，按季請領。

外於西安布政司庫領支加增舖司銀壹兩柒錢玖分陸毫壹絲捌忽伍微肆纖壹塵捌渺伍漠柒沙壹洙伍涯。

又於西安布政司庫領支新添夫馬工料銀貳兩叁錢壹分玖釐貳毫陸絲肆微貳纖貳塵。

壹額外

協濟膚施縣額解本府廪生月糧叁分復壹，银肆兩捌錢，內除荒撥補銀肆兩壹錢肆分肆釐壹毫肆絲柒忽叁微貳纖陸渺捌漠，實徵支銀陸錢伍分伍釐捌毫伍絲貳忽陸微柒纖玖塵叁渺貳漠。遇閏加銀肆錢，內除荒撥補銀叁錢肆分伍釐叁毫壹絲陸忽柒微肆纖貳塵叁渺肆漠，實徵銀伍分肆釐陸毫捌絲叁忽貳微伍纖柒塵陸渺陸漠。

課程銀叁兩肆錢捌分伍釐捌毫。遇閏加銀貳錢玖分肆毫捌絲叁忽叁微叁纖。

畜稅銀捌兩陸錢壹分係買騾馬出辦，原無定額，儘收儘解。

牙稅銀壹兩捌分牙行肆名，並無上中下之分，每名每年納稅銀貳錢柒分。

當稅銀叁拾兩係典舖出辦，共典舖陸座，每座每年納稅銀伍兩。

地稅銀壹拾肆兩柒錢肆分係買房地業主出辦，原無定額，儘收儘解。

鹽課銀貳百貳拾壹兩壹錢捌分肆釐於嘉慶拾玖年攤入前項地、丁銀內徵收，每正銀壹兩攤徵銀壹錢伍分陸釐貳毫伍絲肆微，遇閏無增，永不加耗，凡遇蠲豁蠲免之年，亦不增減蠲免。

延川縣

原額折正壹等地玖百伍拾伍頃貳畝叁分，共額徵本折糧柒千柒百貳拾捌石伍斗柒升玖合壹勺，每畝科本色糧柒升陸合伍勺玖抄捌撮伍圭柒粟壹粒，共本色糧柒千叁百壹拾伍石叁斗叁升玖合柒勺玖撮伍圭，內除拋荒召佃減納糧肆百貳拾壹石貳斗捌升肆合伍勺叁抄壹撮，止該折正本色糧陸千捌百玖拾肆石伍升伍合壹勺柒抄捌撮伍圭，科折色糧肆合叁勺貳抄柒撮玖粒，共折色糧肆百壹拾叁石貳斗叁升玖合叁勺玖抄伍圭，每畝徵銀肆分壹釐柒毫貳絲肆忽玖微伍纖柒塵，共額徵銀叁千玖百捌拾肆兩捌錢貳分捌釐玖毫陸絲叁忽貳微，內：

順治柒、捌、拾等年題明免過無主、有主荒地柒百柒拾玖頃陸畝捌分捌釐，應免折正本折糧伍千捌百玖拾貳石陸斗叁升叁合伍勺叁抄壹撮，內前開墾並興屯及節年開墾、捏報共地壹百柒拾捌頃肆畝伍分，應徵折正本折糧壹千叁百伍拾石壹斗壹升柒合壹勺伍抄柒圭陸粒，於康熙柒年拾壹月內蒙督撫會題為秦地折正等事案內，奉旨俞允准令折正，照依古額肆畝折正壹畝，該折正地肆拾肆頃伍拾壹畝壹分貳釐伍毫，該折正本折糧叁百肆拾石伍斗柒升肆合捌勺伍抄壹撮伍圭柒粟貳粒，應除虛報溢額地壹百叁拾叁頃伍拾叁畝叁分柒釐伍毫，應除本折糧壹千玖石伍斗肆升貳合貳勺玖抄玖撮壹圭叁粟肆粒；又開墾並自首折正地壹頃柒拾叁畝壹分柒釐肆毫，該折正本折糧壹拾叁石叁斗伍升叁合柒勺玖抄貳撮貳圭伍粟捌粒陸顆玖糠捌粃捌粺，以增抵除。實荒地柒百叁拾貳頃捌拾貳畝伍分捌釐壹毫，該除本折糧伍千伍百叁拾捌石柒斗肆合捌勺捌抄柒撮壹圭陸粟玖粒叁顆壹粃貳粺，實應免本色起運糧肆千叁百叁拾捌石肆斗伍升肆合陸勺捌抄叁撮柒圭捌粟陸粒伍顆肆糠玖粃陸粺，實應免本色存留驛倉糧伍百叁拾伍石玖斗柒升壹合肆勺貳抄叁撮捌圭貳粟伍粒貳顆貳糠叁粃，實應免本色存留官學倉糧叁百伍拾壹石肆升肆合陸勺捌抄壹撮陸圭陸粟捌粒伍顆玖糠肆粃陸粺，每石折銀陸錢，該除銀貳百壹拾兩陸錢貳分陸釐捌毫玖忽伍塵叁渺叁漠柒沙貳洙，實應免折色糧叁百壹拾叁石貳斗叁升肆合玖抄柒撮捌圭捌粟捌粒玖顆叁糠肆粃，該除銀叁千貳拾兩肆錢貳分捌釐伍毫壹絲捌忽叁微肆纖柒塵伍渺伍漠叁沙貳洙。

實在熟地貳百貳拾貳頃壹拾玖畝柒分壹釐玖毫，該本折糧壹千柒百陸拾捌石伍斗捌升玖合陸勺捌抄壹撮捌圭叁粟陸顆玖糠捌粃捌粄，實徵本色起運糧壹千叁百捌拾伍石叁斗肆升伍合叁勺壹抄陸撮貳圭壹粟叁粒肆顆伍糠肆粄遵照乾隆伍拾玖年奉准部咨令，將康熙年間易知由單內載：每畝科徵本色起運糧陸升貳合叁勺肆抄柒撮伍圭陸粟貳粒玖顆，纂入書內，嗣後遇有墾豁，以便按畝增除，實徵本色存留驛倉糧壹百柒拾壹石壹斗肆升肆合玖勺陸抄貳撮壹圭柒粟肆粒柒顆柒糠柒粃每畝科徵本色存留驛倉糧柒合柒勺貳撮叁圭玖粟玖顆，實徵本色存留官學倉糧壹百壹拾貳石玖升肆合壹勺壹抄捌圭叁粟壹粒肆顆伍粃肆粄每畝科徵本色官學倉糧肆合玖勺肆抄玖撮柒圭捌粟柒粒壹顆，該折徵銀陸拾柒兩貳錢伍分陸釐肆毫陸絲陸忽肆微玖纖肆塵陸渺陸漠貳沙捌洙遵照康熙年間易知由單內載：每畝徵銀貳釐玖毫陸絲玖忽捌微柒纖貳塵貳渺，實徵折色糧壹百石伍合貳勺玖抄貳撮陸圭壹粟壹粒陸糠陸粃，該折徵銀玖百陸拾肆兩肆錢肆毫肆絲肆忽捌微伍纖貳塵肆渺肆漠陸沙捌洙遵照康熙年間易知由單內載：每畝徵銀肆分貳釐伍毫捌絲陸忽貳微捌纖捌塵貳渺。

原額人丁叁門玖則不等，共折下下人丁壹萬貳千叁百伍拾肆丁，每丁徵銀貳錢玖分玖毫柒絲陸忽肆微伍塵，共銀叁千伍百玖拾肆兩柒錢貳分貳釐伍毫伍絲柒忽肆纖，內除優免丁叁百陸拾捌丁，共銀壹百柒兩柒分玖釐叁毫伍絲柒忽肆纖。

行差丁壹萬壹千玖百捌拾陸丁，共額徵銀叁千肆百捌拾柒兩陸錢肆分叁釐貳毫。內：

順治柒年及拾壹年題明免過逃亡並續逃亡人丁陸千玖百陸拾肆丁，應免銀壹千玖百柒拾壹兩肆錢肆分捌釐陸毫肆絲壹忽陸微肆纖，內前招回及節年招回並編審出丁壹百叁拾陸丁，應徵銀叁拾捌兩陸錢貳分陸釐貳絲肆纖伍塵，以增抵除，實免丁陸千捌百貳拾捌丁，應免銀壹千玖百叁拾貳兩捌錢貳分貳釐陸毫貳絲壹忽伍微玖纖伍塵。

以上實在行差人丁伍千壹百伍拾捌丁，該徵銀壹千伍百伍拾肆兩捌錢貳分伍毫柒絲捌忽肆微伍塵。

康熙伍拾伍年起，至乾隆貳拾陸年止，編審出丁陸拾貳丁；乾隆叁拾壹年編審出丁伍丁；乾隆叁拾陸年編審出丁捌丁。共編審出丁柒拾伍丁，欽遵康熙伍拾貳年叁月拾捌日恩詔，後遇編審之期，但據康熙伍拾年丁冊定為常額，續生人丁，永不加賦。

額外奉裁舉人牌坊銀陸兩叁錢肆分陸釐玖毫捌絲每年徵銀貳兩壹錢壹分伍釐陸毫

陸絲，內除荒銀壹兩柒錢叁分捌釐肆毫捌絲叁忽柒塵肆漠，實徵銀叁錢柒分柒釐壹毫柒絲陸忽玖微玖纖貳塵玖渺陸漠。

額外協濟盾施縣額解本府廩糧裁充兵餉銀玖兩陸錢，內除荒銀柒兩貳錢捌分貳釐叁毫捌絲貳忽柒微肆纖貳塵柒渺肆漠，實徵銀貳兩叁錢壹分柒釐陸毫壹絲柒忽貳微伍纖柒塵貳渺陸漠。遇閏又裁銀捌錢，內除荒銀伍錢陸分貳毫陸忽柒微壹纖柒塵叁渺，實徵銀貳錢叁分玖釐柒毫玖絲叁忽貳微捌纖貳塵柒渺。

外遇閏加銀貳百肆拾貳兩貳錢叁分柒毫玖絲捌忽，內除荒銀壹百叁拾玖兩陸錢肆分捌釐叁毫貳絲叁微肆纖柒塵肆渺，實徵銀壹百貳兩伍錢捌分貳釐肆毫柒絲柒忽陸微伍纖貳塵陸渺。

又額外匠價銀壹拾伍兩捌錢肆分。遇閏加銀壹兩叁錢貳分。

停免銀叁拾捌兩玖錢壹分捌釐壹毫玖絲肆忽肆微柒纖以上正閏俱攤入前項地糧內徵解。

以上地、丁貳項並匠價、停免及協濟等項，除優免丁銀外，共額徵銀柒千捌百壹拾陸兩捌錢貳分玖釐貳毫玖絲叁忽壹微柒纖，內除荒銀伍千壹百柒拾貳兩捌錢玖分捌釐捌毫壹絲肆忽陸微玖纖柒釐陸渺柒漠肆洙，實徵銀貳千陸百肆拾叁兩玖錢叁分肆毫柒絲捌忽肆微柒纖貳塵叁渺貳漠玖沙陸洙。

額徵本色糧陸千肆百叁拾石玖斗壹升陸合叁勺捌抄陸撮，內除荒糧肆千捌百柒拾肆石肆斗貳升陸合壹勺柒撮陸圭壹粟壹粒柒顆柒糠貳粃陸秕，實徵糧壹千伍百伍拾陸石肆斗玖升貳勺柒抄捌撮叁圭捌粟捌粒貳顆貳糠柒粃肆秕。

外遇閏加徵銀貳百肆拾貳兩貳錢叁分柒毫玖絲捌忽，內除荒銀壹百叁拾玖兩陸錢肆分捌釐叁毫貳絲叁微肆纖柒塵肆渺，實徵銀壹百貳兩伍錢捌分貳釐肆毫柒絲柒忽陸微伍纖貳塵陸渺。

額外協濟盾施縣額解本府廩糧閏月充餉銀捌錢，內除荒銀伍錢陸分貳毫陸忽柒微壹纖柒塵叁渺，實徵銀貳錢叁分玖釐柒毫玖絲叁忽貳微捌纖貳塵柒渺。

又匠價閏銀壹兩叁錢貳分。

叁項共閏銀壹百肆兩壹錢肆分貳釐貳毫柒絲玖微叁纖伍塵叁渺。

壹起運項下

本色起運糧伍千柒百貳拾叁石捌斗，內除荒糧肆千叁百叁拾捌石肆斗伍升肆合陸勺捌抄叁撮柒圭捌粟陸粒伍顆肆糠玖粃陸秕，實徵起運糧壹千叁百捌拾伍石叁斗肆升伍合叁勺壹抄陸撮貳圭壹粟叁粒肆顆伍糠肆粃。

原編起運糧石折價銀貳千肆百柒拾伍兩捌錢柒分伍釐柒毫陸絲叁忽貳微，內除荒銀壹千捌百柒拾陸兩貳錢柒分柒毫柒忽伍纖壹塵陸渺，實起運銀伍百玖拾玖兩陸錢伍釐伍絲陸忽壹微肆纖捌塵肆渺。

民校、節裁藥味、牲口、盤纏、軍器、毛襖等項共銀陸百壹拾陸兩捌錢陸分壹釐柒毫，內除荒銀叁百肆拾壹兩柒錢陸分壹釐陸毫玖絲柒忽貳微壹纖叁塵貳渺，實起運銀貳百柒拾伍兩壹錢貳忽柒微捌纖陸塵捌渺。

舊編存留，內順治玖年裁扣各役工食銀貳百壹拾伍兩捌錢叁分壹釐；拾貳年裁傘扇銀柒兩陸錢貳分陸釐玖毫；拾肆年裁銀壹百伍拾貳兩肆錢柒分陸釐貳毫壹絲玖微柒纖捌塵。康熙元年裁吏書工食銀玖拾捌兩叁錢捌分柒釐伍毫；叁年裁教諭俸食等項並門斗、齋夫工食銀玖拾陸兩肆錢肆釐肆毫柒絲，雜費丁銀貳百肆拾壹兩伍分玖釐肆毫；拾伍年裁心紅紙張、修理監倉、喂馬草料等項銀伍拾陸兩貳錢肆分捌釐肆毫；貳拾柒年裁舉貢盤纏銀叁拾壹兩肆錢陸分壹釐壹毫。雍正陸年裁燈夫工食銀貳拾貳兩捌錢捌分捌毫；捌年裁驛丞俸食銀肆拾壹兩肆錢玖分陸毫；拾貳年裁民壯工食銀壹百壹拾肆兩肆錢壹釐壹毫。乾隆玖年裁舖司工食銀玖兩壹錢伍分貳釐叁毫。

共裁扣歸入起運銀壹千捌拾柒兩肆錢壹分玖釐柒毫捌絲玖微柒纖捌塵，內除荒銀陸百貳拾叁兩陸分叁釐貳毫捌絲伍忽陸纖貳塵陸渺玖漠肆洙，實起運銀肆百陸拾肆兩叁錢伍分陸釐肆毫玖絲伍忽玖微壹纖伍塵叁渺玖沙陸洙。

額外奉裁舉人牌坊銀陸兩叁錢肆分陸釐玖毫捌絲每年徵銀貳兩壹錢壹分伍釐陸毫陸絲，內除荒銀壹兩柒錢叁分捌釐肆毫捌絲叁忽柒塵肆漠，實徵銀叁錢柒分柒釐壹毫柒絲陸忽玖微玖纖貳塵玖渺陸漠。

協濟膚施縣額解本府廩糧充餉銀玖兩陸錢，內除荒銀柒兩貳錢捌分貳釐叁毫捌絲貳忽柒微肆纖貳塵柒渺肆漠，實起運銀貳兩叁錢壹分柒釐陸毫壹絲柒忽貳微伍纖柒塵貳渺陸漠。

又額外徵收停免、匠價銀伍拾肆兩柒錢伍分捌釐壹毫玖絲肆忽肆微柒纖。

共該實起運銀壹千叁百玖拾陸兩伍錢壹分肆釐伍毫肆絲叁忽伍微柒纖柒渺貳漠玖沙陸洙。

又收存留內額協魚河等驛站抵餉銀壹百陸拾捌兩貳錢貳分柒釐貳毫肆絲

玖忽捌微貳纖壹塵陸渺。

又收存留内驛遞之差使甚少等事貳案内，共裁站銀肆百伍拾捌兩肆分伍釐伍毫陸絲貳忽叁微玖纖叁塵捌渺伍漠，内在於題明請將驛站等事案内，留支本縣新增夫馬工料銀壹百陸拾兩肆錢叁分伍釐捌毫叁絲，止實收銀貳百玖拾柒兩陸錢玖釐柒毫叁絲貳忽叁微玖纖叁塵捌渺伍漠。

又收存留内驛遞奉裁歸縣等事案内，協帮石嘴驛夫馬工料銀伍拾玖兩捌錢肆分捌釐柒毫捌忽捌微壹纖捌塵陸渺伍漠。

共該起運銀壹千玖百貳拾貳兩貳錢貳毫叁絲肆忽陸微肆塵捌渺貳漠玖沙陸洙，内除受協涇陽等縣驛站兑留兵餉應支銀壹百貳拾柒兩柒錢捌分貳釐陸毫捌絲肆忽叁微捌纖；又在於請做以糧載丁等事案内，通省均丁減銀壹千壹百玖拾捌兩壹分捌釐肆毫捌絲捌忽壹微壹纖肆渺，内除乾隆元、陸及拾壹、拾陸、貳拾壹、貳拾陸等年編審案内，共增抵補屯更丁銀貳百陸拾叁兩捌錢捌釐貳毫叁忽壹微柒纖柒塵壹渺叁漠叁沙叁洙叁涯貳洒，又乾隆叁拾壹、叁拾陸兩年編審案内，共增抵補屯更丁銀壹百叁拾兩肆錢肆分玖釐貳毫壹絲玖忽伍微陸纖叁塵伍渺陸漠陸沙陸洙陸涯陸洒，止該減銀捌百叁兩柒錢陸分壹釐陸絲伍忽叁微陸纖玖塵柒渺貳沙。

實該銀玖百玖拾兩陸錢伍分陸釐肆毫捌絲肆忽捌微伍纖伍塵壹渺貳漠玖沙伍洙玖涯捌洒，内留支加增撥補俸工銀陸百兩伍錢捌分叁釐捌毫壹絲伍忽貳微叁纖柒塵壹渺捌漠，止實該起運銀叁百玖拾兩柒分貳釐陸毫陸絲玖忽陸微壹纖柒塵玖渺肆漠玖沙伍洙玖涯捌洒。

遇閏裁扣，内順治玖年裁銀壹拾柒兩壹錢；拾肆年裁銀壹拾貳兩伍錢玖分陸釐叁毫陸絲叁忽。康熙元年裁吏書工食銀捌兩陸錢；叁年裁教諭、門斗、齋夫俸食銀捌兩肆錢貳分陸釐陸毫陸絲陸忽；拾伍年裁心紅紙張、喂馬草料銀貳兩陸錢陸分陸釐陸毫柒絲。雍正陸年裁燈夫銀貳兩；捌年裁驛丞俸食銀叁兩陸錢貳分陸釐陸毫陸絲陸忽；拾貳年裁民壯銀壹拾兩。乾隆玖年裁舖司銀捌錢，又裁各官閏俸銀玖兩叁釐叁毫叁絲叁忽。

共銀柒拾肆兩捌錢壹分玖釐陸毫玖絲捌忽，内除荒銀肆拾叁兩壹錢叁分伍釐伍毫貳絲壹忽伍微肆纖陸塵壹渺，實起運閏銀叁拾壹兩陸錢捌分肆釐壹毫柒絲陸忽肆微伍纖叁塵玖渺。

額外協濟膚施縣額解本府廩糧裁充兵餉閏月銀捌錢，内除荒銀伍錢陸分貳毫陸忽柒微壹纖柒塵叁渺，實徵起運銀貳錢叁分玖釐柒毫玖絲叁忽貳微捌纖貳塵柒渺。

又匠價閏銀壹兩叁錢貳分。

叁項共起運閏銀叁拾叁兩貳錢肆分叁釐玖毫陸絲玖忽柒微叁纖陸塵陸渺。

又收存留內驛遞之差使甚少貳案內，共裁站閏月銀肆拾兩玖錢肆分捌釐玖毫肆絲柒忽。

貳項共閏銀柒拾肆兩壹錢玖分貳釐玖毫壹絲陸忽柒微叁纖陸塵陸渺，在於請倣以糧均丁案內，減銀捌拾貳兩陸錢叁分壹釐柒毫柒絲柒忽玖微伍纖壹塵，節次抵補屯更丁增閏銀貳拾柒兩捌錢柒分柒毫柒絲捌忽伍纖捌塵肆渺玖漠玖沙玖洙陸涯，止該減銀伍拾肆兩柒錢陸分玖毫玖絲玖忽捌微玖纖貳塵伍渺肆涯。

實該銀壹拾玖兩肆錢叁分壹釐玖毫壹絲陸忽捌微肆纖肆塵玖漠玖沙玖洙陸涯，內留支加增撥補工食閏月銀壹拾肆兩陸錢陸分玖釐玖毫伍絲伍忽叁纖捌塵肆渺陸漠，止實該起運閏銀肆兩柒錢陸分壹釐玖毫陸絲壹忽捌微伍塵陸渺叁漠玖沙玖洙陸涯。

壹存留項下

本色存留驛倉糧柒百柒石壹斗壹升陸合叁勺捌抄陸撮，內除荒糧伍百叁拾伍石玖斗柒升壹合肆勺貳抄叁撮捌圭貳粟伍粒貳顆貳糠叁粃，實徵存留糧壹百柒拾壹石壹斗肆升肆合玖勺陸抄貳撮壹圭柒粟肆粒柒顆柒糠柒粃。

原編存留銀叁千陸百柒拾肆兩伍錢叁分叁釐叁毫叁絲，除不敷銀壹百肆兩叁錢叁分伍釐壹毫叁絲伍忽肆微柒纖捌塵，該支銀叁千伍百柒拾兩壹錢玖分捌釐壹毫玖絲肆忽伍微貳纖貳塵，內除荒銀貳千叁百貳拾貳兩柒錢捌分貳釐貳毫伍絲玖忽陸微貳纖肆渺，實徵存留銀壹千貳百肆拾柒兩肆錢壹分伍釐玖毫叁絲肆忽玖微壹塵陸渺。

壹俸工項下

知縣俸薪銀肆拾伍兩，除不敷銀貳兩玖分捌釐捌毫，止支銀肆拾貳兩玖錢壹釐貳毫，內除荒銀貳拾肆兩柒錢玖分壹釐貳絲叁微，實徵支銀壹拾捌兩壹錢壹分壹毫柒絲玖忽柒微。外撥補銀伍兩壹分伍釐陸毫叁絲伍忽柒微伍纖柒塵貳渺。

典史壹員，額支俸薪銀叁拾壹兩伍錢貳分，除不敷銀壹兩肆錢陸分玖釐捌毫，止支銀叁拾兩伍分貳毫，內除荒撥補銀壹拾柒兩叁錢陸分肆釐玖毫玖忽，實徵支銀壹拾貳兩陸錢捌分伍釐貳毫玖絲壹忽。

訓導壹員，額支俸薪銀叁拾壹兩伍錢貳分，除不敷銀壹兩肆錢陸分玖釐玖毫，止支銀叁拾兩伍分壹毫，內除荒撥補銀壹拾柒兩叁錢陸分肆釐捌毫玖忽，實徵支銀壹拾貳兩陸錢捌分伍釐貳毫玖絲壹忽。外加增全俸銀玖兩玖錢肆分玖釐玖毫。

知縣衙門

門子貳名，每名歲支銀陸兩，共支銀壹拾貳兩，除不敷銀伍錢伍分玖釐陸毫，止支銀壹拾壹兩肆錢肆分肆毫，內除荒撥補銀陸兩陸錢壹分玖毫捌絲玖忽壹微，實徵支銀肆兩捌錢貳分玖釐肆毫壹絲玖微。遇閏加銀壹兩，內除荒銀伍錢柒分陸釐肆毫陸絲陸忽，實徵支銀肆錢貳分叁釐伍毫叁絲肆忽。

皂隸、仵作壹拾陸名，每名歲支銀陸兩，共銀玖拾陸兩，除不敷銀肆兩肆錢柒分玖釐柒毫，止支銀玖拾壹兩伍錢貳分叁毫，內除荒撥補銀伍拾貳兩捌錢捌分陸釐貳毫壹絲伍忽，實徵支銀叁拾捌兩陸錢叁分肆釐捌絲伍忽。遇閏加銀捌兩，內除荒銀肆兩陸錢壹分壹釐陸毫捌絲伍忽，實徵支銀叁兩叁錢捌分捌釐叁毫壹絲伍忽。

馬快捌名，每名歲支工食草料銀壹拾陸兩捌錢，共銀壹百叁拾肆兩肆錢，除不敷銀陸兩貳錢陸分柒釐肆毫，止支銀壹百貳拾捌兩壹錢叁分貳釐陸毫，內除荒撥補銀柒拾肆兩肆分叁釐壹毫壹絲壹忽，實徵支銀伍拾肆兩捌分玖釐肆毫捌絲玖忽。遇閏加銀壹拾壹兩貳錢，內除荒銀陸兩肆錢伍分陸釐叁毫伍絲壹忽，實徵支銀肆兩柒錢肆分叁釐陸毫肆絲玖忽。

民壯叁拾名，每名歲支銀陸兩，共銀壹百捌拾兩，除不敷銀捌兩叁錢捌分柒釐壹毫，止支銀壹百柒拾壹兩陸錢壹分貳釐玖毫，內除荒撥補銀玖拾玖兩壹錢陸分捌釐柒毫柒絲陸忽玖微，實徵支銀柒拾貳兩肆錢肆分肆釐壹毫貳絲叁忽壹微。外加增銀捌兩叁錢捌分柒釐壹毫。遇閏加銀壹拾伍兩，內除荒銀捌兩陸錢肆分陸釐捌毫玖絲捌忽，實徵支銀陸兩叁錢伍分叁釐壹毫貳忽。

看監禁子捌名，每名歲支工食銀陸兩，共銀肆拾捌兩，除不敷銀貳兩貳錢叁分捌釐肆毫，止支銀肆拾伍兩柒錢陸分壹釐陸毫，內除荒撥補銀貳拾陸兩肆錢肆分叁釐玖毫肆絲柒忽叁微，實徵支銀壹拾玖兩叁錢壹分柒釐陸毫伍絲貳忽柒微。外每名加增銀貳兩，共銀壹拾陸兩。遇閏加銀肆兩，內除荒銀貳兩叁錢伍釐捌毫肆絲肆忽，實徵支銀壹兩陸錢玖分肆釐壹毫伍絲陸忽。

轎傘扇夫柒名，每名歲支銀陸兩，共銀肆拾貳兩，除不敷銀壹兩玖錢伍分捌釐伍毫，止支銀肆拾兩肆分壹釐伍毫，內除荒撥補銀貳拾叁兩壹錢叁分捌釐伍毫壹絲叁忽貳微，實徵支銀壹拾陸兩玖錢貳釐玖毫捌絲陸忽捌微。遇閏加銀叁兩伍錢，內除荒銀貳兩壹分柒釐陸毫壹絲，實徵支銀壹兩肆錢捌分貳釐叁毫玖絲。

庫子肆名，每名歲支銀陸兩，共支銀貳拾肆兩，除不敷銀壹兩壹錢壹分玖釐貳毫，止支銀貳拾貳兩捌錢捌分捌毫，內除荒撥補銀壹拾叁兩貳錢貳分壹釐玖毫陸絲玖忽壹微，實徵支銀玖兩陸錢伍分捌釐捌毫叁絲玖微。遇閏加銀貳兩，內除荒銀壹兩壹錢伍分貳釐玖毫貳絲貳忽，實徵支銀捌錢肆分柒釐柒絲捌忽。

斗級肆名，每名歲支銀陸兩，共支銀貳拾肆兩，除不敷銀壹兩壹錢壹分玖釐貳毫，止支銀貳拾貳兩捌錢捌分捌毫，內除荒撥補銀壹拾叁兩貳錢貳分壹釐玖毫陸絲玖忽壹微，實徵支銀玖兩陸錢伍分捌釐捌毫叁絲玖微。遇閏加銀貳兩，內除荒銀壹兩壹錢伍分貳釐玖毫貳絲貳忽，實徵支銀捌錢肆分柒釐柒絲捌忽。

鋪司兵貳拾壹名，每名歲支銀肆兩捌錢，共銀壹百兩捌錢，除不敷銀肆兩柒錢伍毫，止支銀玖拾陸兩玖分玖釐伍毫，內抽撥西鄉縣壹名，其應支正閏工食銀兩，係由該縣解司支領，內除荒銀伍拾伍兩陸錢壹分柒釐壹毫伍絲肆忽陸微，實徵支銀肆拾兩肆錢捌分貳釐叁毫肆絲伍忽肆微。外加增撥補銀捌拾伍兩伍錢壹分柒釐陸毫伍絲肆忽陸微。遇閏加銀捌兩肆錢，內除荒銀肆兩捌錢肆分貳釐柒毫柒絲伍忽玖微玖纖陸塵壹渺，實徵支銀叁兩伍錢伍分柒釐貳毫貳絲肆忽叁塵玖渺。外加增銀陸兩玖錢肆分貳釐柒毫柒絲伍忽玖微玖纖陸塵壹渺。

鐘鼓夫伍名，每名歲支銀貳兩肆錢，共銀壹拾貳兩，除不敷銀伍錢伍分玖釐陸毫，止支銀壹拾壹兩肆錢肆分肆毫，內除荒撥補銀陸兩陸錢貳分壹釐柒絲捌忽叁微陸纖柒塵伍渺，實徵支銀肆兩捌錢壹分玖釐叁毫貳絲壹忽陸微叁纖貳塵伍渺。遇閏加銀壹兩，內除荒銀伍錢柒分陸釐伍毫壹絲陸忽，實徵支銀肆錢貳分叁釐肆毫捌絲肆忽。

典史衙門

門子壹名，歲支銀陸兩，除不敷銀貳錢柒分玖釐捌毫，止支銀伍兩柒錢貳分貳毫，內除荒撥補銀叁兩叁錢伍釐肆毫玖絲伍忽，實徵支銀貳兩肆錢壹分肆釐柒毫伍忽。遇閏加銀伍錢，內除荒銀貳錢捌分捌釐貳毫叁絲叁忽，實徵支銀貳錢壹分壹釐柒毫陸絲柒忽。

皂隸肆名，每名歲支銀陸兩，共支銀貳拾肆兩，除不敷銀壹兩壹錢壹分玖釐貳毫，止支銀貳拾貳兩捌錢捌分捌毫，內除荒撥補銀壹拾叁兩貳錢貳分壹釐玖毫陸絲玖忽壹微，實徵支銀玖兩陸錢伍分捌釐捌毫叁絲玖微。遇閏加銀貳兩，內除荒銀壹兩壹錢伍分貳釐玖毫貳絲貳忽，實徵支銀捌錢肆分柒釐柒絲捌忽。

馬夫壹名，歲支銀陸兩，除不敷銀貳錢柒分玖釐捌毫，止支銀伍兩柒錢貳分貳毫，內除荒撥補銀叁兩叁錢伍釐肆毫玖絲伍忽，實徵支銀貳兩肆錢壹分肆釐柒毫伍忽。遇閏加銀伍錢，內除荒銀貳錢捌分捌釐貳毫叁絲叁忽，實徵支銀貳錢壹分壹釐柒毫陸絲柒忽。

教職衙門

齋夫叁名，每名歲支銀壹拾貳兩，共銀叁拾陸兩，除不敷銀壹兩陸錢柒分捌釐柒毫伍絲，止該銀叁拾肆兩叁錢貳分壹釐貳毫伍絲，內除荒撥補銀壹拾玖兩捌錢叁分叁釐叁絲陸忽貳微，實徵支銀壹拾肆兩肆錢捌分捌釐貳毫壹絲叁忽捌微。遇閏加銀叁兩，內除荒銀壹兩柒錢貳分捌釐玖毫玖絲陸忽肆微柒纖，實徵支銀壹兩貳錢柒分壹釐叁忽伍微叁纖。

膳夫貳名，額支銀壹拾叁兩叁錢叁分叁釐叁毫叁絲，除不敷銀陸錢貳分壹釐柒毫，止支銀壹拾貳兩柒錢壹分壹釐陸毫叁絲，內除荒撥補銀柒兩叁錢肆分伍釐伍毫肆絲玖忽柒微貳纖柒塵伍渺，實徵支銀伍兩叁錢陸分陸釐捌絲貳微柒纖貳塵伍渺。遇閏加銀壹兩壹錢壹分壹釐壹毫，內除荒撥補銀陸錢肆分伍毫貳絲肆忽陸微捌纖叁塵柒渺，實徵支銀肆錢柒分伍毫柒絲伍忽叁微壹纖陸塵叁渺。

門斗貳名，每名歲支銀柒兩貳錢，共銀壹拾肆兩肆錢，除不敷銀陸錢柒分壹釐伍毫貳絲，止該銀壹拾叁兩柒錢貳分捌釐肆毫捌絲，內除荒撥補銀柒兩玖錢叁分叁釐壹毫柒絲玖忽，實徵支銀伍兩柒錢玖分伍釐叁毫壹忽。遇閏加銀壹兩貳錢，內除荒銀陸錢玖分壹釐柒毫伍絲叁忽，實徵支銀伍錢捌釐貳毫肆絲柒忽。

廩生貳拾名，每名歲支月糧銀貳兩肆錢，共銀肆拾捌兩，除不敷銀貳兩貳錢叁分捌釐肆毫，止支銀肆拾伍兩柒錢陸分壹釐陸毫，內除荒撥補銀貳拾陸兩壹錢肆分壹釐捌毫叁絲柒忽叁微，實徵支銀壹拾玖兩陸錢壹分玖釐柒毫陸絲貳忽柒微。遇閏加銀肆兩，內除荒撥補銀貳兩叁錢陸釐伍毫伍絲壹忽，實徵支銀壹兩陸錢玖分叁釐肆毫肆絲玖忽。

以上俸工項下，除廩生、膳夫貳欵照常支發外，其餘官役俸工於道光貳拾叁年奉文，均以貳兩平支放，每兩減平銀陸分，其減平銀兩，每年批解部庫交納，理合登明。

壹雜支項下

春秋貳丁並清明、柒月拾伍等節祭文廟及各壇祠並無祀鬼魂品物等項共銀柒拾柒兩陸錢，除不敷銀叁兩陸錢壹分捌釐伍毫，該支銀柒拾叁兩玖錢捌分壹釐伍毫，內除荒銀肆拾貳兩捌錢壹分陸釐肆毫伍絲貳忽，實徵支銀叁拾壹兩壹錢陸分伍釐肆絲捌忽。

外撥補均攤祭祀不敷銀肆拾貳兩壹錢捌分陸釐貳毫叁絲伍忽貳微捌纖陸塵貳渺肆漠伍沙陸涯。

鄉飲額支銀叁兩，除不敷銀壹錢叁分玖釐玖毫，止支銀貳兩捌錢陸分壹毫，內除荒銀壹兩陸錢伍分伍釐貳毫陸絲柒忽貳微叁纖陸塵捌渺，實徵支銀壹兩貳錢肆釐捌毫叁絲貳忽柒微陸纖叁塵貳渺。

以上鄉飲壹欵於道光貳拾叁年奉文裁汰，其徵收銀兩，每年批解部庫交納，理合登明。

孤貧壹拾伍名口，共支月糧銀叁拾貳兩肆錢，除不敷銀壹兩伍錢壹分玖毫壹絲陸忽叁微貳纖捌塵，止支銀叁拾兩捌錢捌分玖釐捌絲叁忽陸微柒纖貳塵，內除荒銀壹拾柒兩柒錢捌分柒釐捌毫伍絲捌忽柒微捌纖伍塵陸渺，實徵支銀壹拾叁兩壹錢壹釐貳毫貳絲肆忽捌微捌纖陸塵肆渺。外加增銀肆拾兩捌錢玖分捌釐柒毫柒絲伍忽壹微壹纖叁塵陸渺。遇閏加銀肆兩伍錢。

孤貧冬衣布花銀柒兩伍錢，除不敷銀叁錢肆分玖釐柒毫肆絲玖忽壹微伍纖，該支銀柒兩壹錢伍分貳毫伍絲捌微伍纖，內除荒銀肆兩壹錢壹分柒釐伍毫柒絲叁忽玖微陸纖陸塵陸渺，實徵支銀叁兩叁分貳釐陸毫柒絲陸忽捌微捌纖叁塵肆渺。

壹驛站項下

石嘴驛站額銀貳百玖拾陸兩肆錢；文安驛額銀玖百捌拾叁兩貳錢陸分，支直銀壹百貳拾貳兩肆錢；魚河驛站額銀叁拾伍兩。共額銀壹千肆百叁拾柒兩陸分，內除荒銀壹千捌拾玖兩叁錢叁分陸釐捌毫玖絲伍忽貳微伍纖伍塵肆渺，實徵銀叁百肆拾柒兩柒錢貳分叁釐壹毫肆忽柒微肆纖肆塵陸渺。

外收受協銀壹百貳拾柒兩柒錢捌分貳釐陸毫捌絲肆忽叁微捌纖。

共銀肆百柒拾伍兩伍錢伍釐柒毫捌絲玖忽壹微貳纖肆塵陸渺，內除額協並裁站銀壹百玖兩肆錢陸分柒釐叁毫肆絲肆忽叁微柒纖肆塵壹渺，實支銀叁百陸拾陸兩叁分捌釐肆毫肆絲肆忽柒微伍纖伍渺。

外增給夫馬閏月工料銀貳拾兩柒錢。

接遞夫拾名，每名歲支銀壹拾兩捌錢，共銀壹百捌兩，除不敷銀伍兩叁分陸釐叁毫，止支銀壹百貳兩玖錢陸分叁釐柒毫；走遞馬騾貳拾匹，草料銀壹千捌拾兩，除不敷銀伍拾兩叁錢陸分貳釐玖毫，止支銀壹千貳拾玖兩陸錢叁分柒釐壹毫。共額銀壹千壹百叁拾貳兩陸錢捌毫，內除荒銀陸百伍拾伍兩肆錢捌分柒釐壹毫捌絲玖忽捌纖壹塵，實徵銀肆百柒拾柒兩壹錢壹分叁釐陸毫壹絲玖微壹纖玖塵，內除額協並奉裁銀肆百壹拾陸兩貳錢壹分捌釐叁毫肆絲陸忽陸微陸纖，實支銀陸拾兩捌錢玖分伍釐貳毫陸絲肆忽貳微伍纖玖塵。

遇閏加銀玖拾玖兩，內除荒銀伍拾柒兩柒分伍釐伍毫玖絲伍忽陸微伍纖壹塵伍渺，實徵銀肆拾壹兩玖錢貳分肆釐肆毫肆忽叁微肆纖捌塵伍渺，內除奉裁銀肆拾兩玖錢肆分捌釐玖毫肆絲柒忽，實支銀玖錢柒分伍釐肆毫伍絲柒忽叁微肆纖捌塵伍渺。

以上存留實徵銀壹千貳百肆拾柒兩肆錢壹分伍釐玖毫叁絲肆忽玖微壹塵陸渺。

又收起運內受協兑留兵餉應支銀壹百貳拾柒兩柒錢捌分貳釐陸毫捌絲肆忽叁微捌纖。

共該銀壹千叁百柒拾伍兩壹錢玖分捌釐陸毫壹絲玖忽貳微捌纖壹塵陸

渺，內除魚河等驛站抵餉銀壹百陸拾捌兩貳錢貳分柒釐貳毫肆絲玖忽捌微貳纖壹塵陸渺；又除驛遞之差使甚少貳案內，共裁銀肆百伍拾捌兩肆分伍釐伍毫陸絲貳忽叁微玖纖叁塵捌渺伍漠，內在於題明請將驛站等事案內，留支本縣新增夫馬工料銀壹百陸拾兩肆錢叁分伍釐捌毫叁絲，實裁銀貳百玖拾柒兩陸錢玖釐柒毫叁絲貳忽叁微玖纖叁塵捌渺伍漠；又除驛遞奉裁歸縣等事案內，協帮石嘴驛夫馬工料銀伍拾玖兩捌錢肆分捌釐柒毫捌忽捌微壹纖捌塵陸渺伍漠入起運外，實該銀捌百肆拾玖兩伍錢壹分貳釐玖毫貳絲捌忽貳微肆纖柒塵伍渺。

外加增撥補留支，除知縣攤俸留抵外，實該銀陸百兩伍錢捌分叁釐捌毫壹絲伍忽貳微叁纖柒塵壹渺捌漠。

共實該存留銀壹千肆百伍拾兩玖分陸釐柒毫肆絲叁忽肆微捌纖肆塵陸渺捌漠於乾隆伍拾貳年奉文，全數解司，壹切支欵，俱由司按季領支，嗣於嘉慶伍年奉文，在縣留支，並不解司，按季請領。

外於西安司庫撥補領支均攤祭祀銀肆拾貳兩壹錢捌分陸釐貳毫叁絲伍忽貳微捌纖陸塵貳渺肆漠伍沙陸涯。

遇閏加銀壹百柒拾陸兩肆錢壹分肆釐肆毫叁絲叁忽，內除裁扣各官閏俸銀玖兩叁釐叁毫叁絲叁忽，實該銀壹百陸拾柒兩肆錢壹分壹釐壹毫，內除荒銀玖拾陸兩伍錢壹分貳釐柒毫玖絲捌忽捌微壹塵叁渺，實徵銀柒拾兩捌錢玖分捌釐叁毫壹忽壹微玖纖捌塵柒渺，內除驛遞之差使甚少貳案內，共裁站閏月銀肆拾兩玖錢肆分捌釐玖毫肆絲柒忽，實該銀貳拾玖兩玖錢肆分玖釐叁毫伍絲肆忽壹微玖纖捌塵柒渺。

外加增撥補留支閏月銀壹拾肆兩陸錢陸分玖釐玖毫伍絲伍忽叁纖捌塵肆渺陸漠。

共實該存留閏銀肆拾肆兩陸錢壹分玖釐叁毫玖忽貳微叁纖柒塵壹渺陸漠於乾隆伍拾貳年奉文，全數解司，壹切支欵，俱由司按季領支，嗣於嘉慶伍年奉文，在縣留支，並不解司，按季請領。

外於西安司庫撥補領支夫馬工料閏月銀貳拾兩柒錢係動支司庫起運銀兩。

壹額外

協濟膚施縣額解本府廩糧叁分復壹，銀肆兩捌錢，內除荒撥補銀叁兩陸錢肆分壹釐壹毫玖絲壹忽叁微柒纖壹塵叁渺捌漠，實徵支銀壹兩壹錢伍分捌釐捌毫捌忽陸微貳纖捌塵陸渺貳漠。遇閏加銀肆錢，內除荒撥補銀貳錢捌分壹毫叁忽叁微伍纖捌塵陸渺陸漠，實徵支銀壹錢壹分玖釐捌毫玖絲陸忽陸微肆纖壹塵叁渺肆漠。

課程銀陸兩捌錢叁分陸釐玖毫柒絲係舖戶出辦。遇閏加銀伍錢陸分玖釐柒毫肆絲柒忽伍微。

畜稅銀壹拾兩伍錢係買騾馬出辦，原無定額，儘收儘解。

牙稅銀壹兩捌分共牙人貳名，每名納銀伍錢肆分，每年納銀壹兩捌分。

當稅銀肆拾伍兩係典舖出辦，共典舖玖座，每座每年當稅銀伍兩。

地稅銀壹拾貳兩係買房地業主出辦，原無定額，儘收儘解。

鹽課銀貳百玖拾肆兩玖錢壹分貳釐於嘉慶拾玖年攤入前項地、丁銀內徵收，每正銀壹兩，攤徵銀玖分伍釐伍毫肆絲零。遇閏無增，永不加耗，凡遇蠲豁蠲免之年，亦不增減蠲免。

延長縣

原額山坡嶺凹壹等地貳千捌百壹拾玖頃壹畝捌分陸釐，共額徵本折糧陸千玖百柒拾叁石貳斗壹升柒合壹勺伍抄貳撮陸圭，每畝科本色糧貳升叁合叁勺玖抄伍撮叁圭陸粟壹粒，共糧陸千伍百玖拾伍石壹斗玖升伍合玖勺伍抄玖撮陸圭，內除拋荒召佃減納糧肆百貳拾石伍斗壹升伍勺伍抄壹撮陸圭，止該折正本色糧陸千壹百柒拾肆石陸斗捌升伍合肆勺捌撮，科折色糧壹合叁勺肆抄玖圭陸粟柒粒，共折色糧叁百柒拾捌石貳升壹合壹勺玖抄叁撮，每畝徵銀壹分叁釐陸毫捌忽玖微貳纖陸塵，共額徵銀叁千捌百叁拾陸兩叁錢捌分壹釐柒毫捌忽捌微貳纖貳塵。

順治柒、捌兩年並拾壹年題明免過無主、有主并續荒地貳千伍百壹頃柒拾畝柒分伍釐，應免糧伍千捌百伍拾壹石壹斗伍升玖合伍勺伍抄陸圭，內前墾並興屯墾過及節年開墾、丈首共地貳百柒拾貳頃陸拾壹畝叁分捌釐伍毫，該徵糧陸百壹石伍斗捌升貳合捌勺玖抄捌圭貳粟以增抵除。實豁免地貳千貳百貳拾玖頃玖畝叁分陸釐伍毫，應免本折糧伍千貳百肆拾玖石伍斗柒升陸合陸勺伍抄玖撮柒圭捌粟，實應免本色起運糧肆千肆拾捌石陸斗陸升捌合壹勺玖抄玖撮捌圭伍粟叁粒，實應免本色存留驛倉糧伍百叁拾捌石叁斗叁升伍合肆勺玖抄伍撮柒圭肆粟捌粒，實應免本色官學倉糧叁百伍拾玖石柒斗貳升捌合捌勺柒抄壹圭貳粟玖粒，每石折價銀捌錢，該除銀貳百捌拾柒兩柒錢捌分叁釐玖絲柒忽肆微叁纖玖塵貳渺，實應免折色糧叁百貳石捌斗肆升肆合玖抄肆撮伍粟，該除銀叁千柒拾叁兩肆錢肆分叁毫伍絲叁忽叁微柒纖叁塵壹渺。

實在地伍百捌拾玖頃玖拾貳畝肆分玖釐伍毫，該本折糧壹千叁百叁石壹斗貳升玖合玖勺肆抄壹撮貳圭貳粟，實徵本色起運糧壹千伍石貳升貳合肆勺貳抄柒撮陸圭肆粟柒粒遵照乾隆伍拾玖年奉准部咨令，將康熙年間易知由單內載：每畝科徵本色起運糧壹升陸合玖勺陸抄壹撮捌圭陸粟貳粒，實徵本色存留驛倉糧壹百叁拾叁石陸斗叁升貳合陸勺捌抄貳圭伍粟貳粒每畝徵本色驛倉糧貳合貳勺伍抄伍撮叁圭叁粟貳粒，實徵本色存留官學倉糧捌拾玖石貳斗玖升柒合柒勺叁抄肆撮叁圭柒粟壹粒，該折徵銀柒拾壹兩肆錢叁分捌釐壹毫捌絲陸忽壹微陸纖捌渺每畝徵本色官學倉糧壹合伍勺玖抄貳撮捌圭肆粟柒粒，每畝折徵銀壹釐貳毫壹絲陸微伍纖捌塵貳渺，實徵折色糧柒拾伍石壹斗柒升柒合玖抄捌撮玖圭伍粟，該折徵銀柒百陸拾貳兩玖錢肆分壹釐叁毫伍絲伍忽肆微肆纖捌塵玖渺遵照乾隆伍拾玖年奉准部咨令，將康熙年間易知由單內載：每畝折徵銀壹分貳釐玖毫貳絲玖忽伍微貳纖玖渺，纂入書內，嗣後遇有墾豁，以便按畝增除。

原額人丁叁等玖則不等，共折下下人丁捌千叁百捌拾伍丁，每丁徵銀伍錢柒釐貳毫捌絲捌微，共銀肆千貳百伍拾叁兩伍錢肆分玖釐伍毫，內除優免丁貳百柒拾陸丁，共銀壹百肆拾兩玖釐伍毫。

行差丁捌千壹百玖丁，共額徵銀肆千壹百壹拾叁兩伍錢肆分，內順治柒、拾壹兩年並康熙元年題明免過逃亡、荒續逃亡及洪水推漂人丁陸千伍百柒拾伍丁，應除銀叁千肆百肆拾叁兩陸錢叁分肆釐肆毫貳絲陸微捌塵肆渺，內招回丁壹百貳丁，該銀伍拾捌兩貳錢貳分陸釐肆毫以增抵除，實豁免丁陸千肆百柒拾叁丁，該除銀叁千叁百捌拾伍兩肆錢捌釐貳絲陸微捌塵肆渺。

實行差丁壹千陸百叁拾陸丁，該徵銀柒百貳拾捌兩壹錢叁分壹釐玖毫柒絲玖忽叁微玖纖壹塵陸渺，於雍正伍年攤入前項地糧內徵收。

康熙伍拾伍年起，至乾隆貳拾陸年止，編審出丁壹百壹拾柒丁；乾隆叁拾壹年編審出丁肆拾玖丁；乾隆叁拾陸兩編審出丁肆拾玖丁。共編審出丁叁百壹拾伍丁，欽遵康熙伍拾貳年叁月拾捌日恩詔，後遇編審之期，但據康熙伍拾年丁冊定為常額，永不加賦。

遇閏加銀貳百叁拾柒兩捌錢貳分壹釐玖毫伍忽，內除荒銀壹百玖拾陸兩貳錢柒分壹釐肆毫肆絲貳忽伍微捌纖壹塵肆渺，實徵銀肆拾壹兩伍錢伍分肆毫陸絲貳忽肆微壹纖捌塵陸渺。

又額外協濟膚施縣額解本府廩生月糧奉裁充餉銀玖兩陸錢，內除荒銀柒兩陸錢玖分壹釐叁毫玖絲玖忽捌纖柒塵柒渺叁漠，實徵銀壹兩玖錢捌釐陸毫玖微壹纖貳塵貳渺柒漠。遇閏加銀捌錢，內除荒銀陸錢肆分玖毫叁絲玖忽叁微捌塵，實徵銀壹錢伍分玖釐陸絲陸微玖纖貳塵。

停免銀肆拾柒兩壹錢柒分柒釐貳毫伍絲伍忽叁微陸纖捌渺。

匠價銀捌兩玖錢壹分。遇閏加銀柒錢肆分貳釐伍毫。

舉人牌坊銀貳兩伍錢玖釐捌毫，每年徵銀捌錢叁分陸釐陸毫，內除荒銀陸錢柒分叁毫叁絲肆微叁纖伍塵貳渺，實徵銀壹錢陸分陸釐貳毫陸絲玖忽伍微陸纖肆塵捌渺以上額外正閏陸項攤入前項地糧內徵收。

以上地、丁貳項並額外停免、匠價等項，除優免丁銀外，共額銀捌千叁百柒拾伍兩陸錢陸分陸釐捌毫肆絲柒忽柒微捌纖貳塵捌渺，內除荒銀陸千柒百伍拾肆兩玖錢玖分叁釐貳毫玖微肆纖叁塵陸渺叁漠，實徵銀壹千陸百貳拾兩陸錢柒分叁釐陸毫肆絲肆忽捌微叁纖玖塵壹渺柒漠。

本色起運糧伍千伍拾叁石陸斗玖升陸勺貳抄柒撮伍圭，內除荒糧肆千肆拾捌石陸斗陸升捌合壹勺玖抄玖撮捌圭伍粟叁粒，實徵糧壹千伍石貳升貳合肆勺貳抄柒撮陸圭肆粟柒粒，本色存留驛倉糧陸百柒拾壹石玖斗陸升捌合壹勺柒抄陸撮，內除荒糧伍百叁拾捌石叁斗叁升伍合肆勺玖抄伍撮柒圭肆粟捌粒，實徵糧壹百叁拾叁石陸斗叁升貳合陸勺捌抄貳圭伍粟貳粒。

遇閏加銀貳百叁拾柒兩捌錢貳分壹釐玖毫伍忽，內除荒銀壹百玖拾陸兩貳錢柒分壹釐肆毫肆絲貳忽伍微捌纖壹塵肆渺，實徵銀肆拾壹兩伍錢伍分肆毫陸絲貳忽肆微壹纖捌塵陸渺。

又額外奉裁廩生閏月充餉銀捌錢，內除荒銀陸錢肆分玖毫叁絲玖忽叁微捌塵，實徵銀壹錢伍分玖釐陸絲陸微玖纖貳塵。

匠價閏銀柒錢肆分貳釐伍毫。

叁項實徵共銀肆拾貳兩肆錢伍分貳釐貳絲叁忽壹微壹纖陸渺。

壹起運項下

原編起運本色糧伍千伍拾叁石陸斗玖升陸勺貳抄柒撮伍圭，內除荒糧肆千肆拾捌石陸斗陸升捌合壹勺玖抄玖撮捌圭伍粟叁粒，實徵糧壹千伍石貳升貳合肆勺貳抄柒撮陸圭肆粟柒粒。

原編起運糧草折價銀貳千貳百陸拾捌兩貳錢伍分伍釐柒毫捌忽捌微貳纖貳塵，內除荒銀壹千捌百壹拾柒兩叁錢捌分陸釐壹毫陸絲肆微玖纖柒塵壹渺，實起運銀肆百伍拾兩捌錢陸分玖釐伍毫肆絲捌忽叁微貳纖肆塵玖渺。

節裁牲口、軍器、毛襖等項銀柒百壹拾柒兩柒錢捌分叁釐叁毫，內除荒銀伍百玖拾兩柒錢叁分捌毫柒絲陸忽，實起運銀壹百貳拾柒兩伍分貳釐肆毫貳絲肆忽。

舊編存留，內順治玖年裁扣各役工食銀貳百叁拾玖兩陸錢；拾貳年裁扣傘扇銀捌兩；拾肆年裁扣官生俸廩等項銀貳百叁拾兩玖錢叁分肆釐肆毫柒絲；拾伍年裁汰冗員銀肆拾玖兩伍錢貳分。康熙元年裁吏書工食銀壹百貳拾壹兩貳錢；叁年裁門斗、齋夫工食銀肆拾叁兩貳錢；伍年裁冗員銀肆拾叁兩伍錢貳分；陸年裁河西道各役工食銀壹百捌拾兩，雜費丁銀伍拾陸兩貳錢貳分貳釐貳毫；拾伍年裁心紅紙張、修理監倉、喂馬草料、芒神土牛等項銀伍拾玖兩；拾陸年裁金明驛驛丞俸食銀肆拾叁兩伍錢貳分；貳拾柒年裁舉貢盤纏銀叁拾捌兩。雍正陸年裁燈夫工食銀貳拾肆兩；捌年裁干谷驛驛丞俸食銀肆拾叁兩伍錢貳分；拾壹年裁巡檢俸食銀肆拾叁兩伍錢貳分；拾貳年裁民壯工食銀壹百叁拾貳兩。乾隆玖年裁舖司工食銀貳拾捌兩捌錢，又舊編冗費裁剩解部銀壹百貳拾叁兩叁錢捌釐貳毫伍絲叁忽柒微陸纖。

共裁歸起運銀壹千伍百柒兩捌錢陸分肆釐玖毫貳絲叁忽柒微陸纖，內除荒銀壹千貳百貳拾捌兩壹錢捌分壹釐肆毫貳絲陸忽玖微伍纖叁渺，實起運銀貳百柒拾玖兩陸錢捌分叁釐肆毫玖絲陸忽捌微玖塵柒渺。

又額外協濟膚施縣額解本府廩生月糧奉裁充餉銀玖兩陸錢，內除荒銀柒兩陸錢玖分壹釐叁毫玖絲玖忽捌纖柒塵柒渺叁漠，實徵銀壹兩玖錢捌釐陸毫玖微壹纖貳塵貳渺柒漠。

停免銀肆拾柒兩壹錢柒分柒釐貳毫伍絲伍忽叁微陸纖捌渺。

匠價銀捌兩玖錢壹分。

舉人牌坊銀貳兩伍錢玖釐捌毫，每年徵銀捌錢叁分陸釐陸毫，內除荒銀陸錢柒分叁毫叁絲肆微叁纖伍塵貳渺，實徵銀壹錢陸分陸釐貳毫陸絲玖忽伍微陸纖肆塵捌渺。

以上實該起運銀玖百壹拾伍兩柒錢陸分柒釐伍毫玖絲肆忽玖微柒纖貳塵肆渺柒漠。

又收存留內額協吴堡、延川、綏德等州縣驛站支抵餉銀壹拾叁兩捌錢伍分捌釐玖毫壹絲玖忽柒微。

又收欽奉上諭並驛遞之差使甚少等事貳案內，共裁站銀肆百柒拾兩柒錢柒分捌釐伍毫玖絲柒忽捌微柒纖伍塵壹渺，內在於題明請將等事案內，留支新增夫馬工料銀玖拾伍兩捌錢貳分陸釐捌毫叁絲，實收銀叁百柒拾肆兩玖錢伍分壹釐柒毫陸絲柒忽捌微柒纖伍塵壹渺。

又收驛遞奉裁歸縣等事案內，幫協石嘴驛夫馬工料銀叁拾陸兩柒錢壹釐肆毫叁絲柒忽柒微叁塵肆渺。

共該起運銀壹千叁百肆拾壹兩貳錢柒分玖釐柒毫貳絲貳微伍纖玖渺柒漠，內除受協涇陽、澄城等縣站支兊留兵餉銀叁百叁拾陸兩壹錢叁分肆釐陸毫貳絲伍忽貳微柒纖捌塵伍渺，實該起運銀壹千伍兩壹錢肆分伍釐玖絲肆忽玖微柒纖貳塵肆渺柒漠。

又於請做以糧載丁等事案內，通省以糧載丁減銀肆百柒拾貳兩陸錢玖分肆釐玖忽伍微貳纖貳塵玖渺，內除乾隆元、陸、拾壹、拾陸、貳拾壹、貳拾陸等年編審案內，共增抵補屯更丁銀壹百伍兩叁錢玖分柒釐貳毫肆絲玖忽捌微貳纖貳塵叁渺叁漠叁沙叁洙叁涯貳洒；又乾隆叁拾壹、叁拾陸等年編審案內，共增抵補屯更丁銀伍拾兩壹錢陸分貳釐貳毫貳絲玖微壹纖壹塵壹渺陸漠陸沙陸洙陸涯陸洒。止該減銀叁百壹拾柒兩壹錢叁分肆釐伍毫叁絲捌忽柒微捌纖玖塵肆渺貳洒。

實起運銀陸百捌拾捌兩壹分伍毫伍絲陸忽壹微捌纖叁塵陸漠玖沙玖洙玖涯捌洒，內留支撥補均攤俸工銀肆百捌拾壹兩捌錢叁分叁釐壹絲捌忽玖微壹纖玖塵柒漠，止該起運銀貳百陸兩壹錢柒分柒釐伍毫叁絲柒忽貳微陸纖叁塵玖渺玖漠玖沙玖洙玖涯捌洒。

外遇閏，順治玖年裁扣銀壹拾捌兩叁錢；拾肆年裁扣銀壹拾捌兩貳錢陸分叁釐陸絲叁忽；拾伍年裁汰銀肆兩壹錢貳分陸釐陸毫陸絲陸忽。康熙元年裁吏書工食銀壹拾兩壹錢；叁年裁門、齋工食銀叁兩陸錢；伍年裁司獄俸食銀叁兩陸錢貳分陸釐陸毫陸絲陸忽；陸年裁河西道各役工食銀壹拾伍兩；拾伍年裁心紅紙張、喂馬草料銀貳兩陸錢陸分陸釐陸毫柒絲；拾陸年裁驛丞俸食銀叁兩陸錢貳分陸釐陸毫陸絲陸忽。雍正陸年裁燈夫工食銀貳兩；捌年裁驛丞俸食銀叁兩陸錢貳分陸釐陸毫陸絲陸忽；拾壹年裁巡檢俸食銀叁兩陸錢貳分陸釐陸毫陸絲陸忽；拾貳年裁民壯工食銀壹拾壹兩。乾隆玖年裁舖司兵工食銀貳兩肆錢，又裁各官閏俸銀玖兩叁釐叁毫叁絲貳忽。

共裁歸起運銀壹百壹拾兩玖錢陸分陸釐叁毫玖絲伍忽，內除荒銀玖拾壹兩伍錢柒分玖釐伍毫壹絲柒忽叁微貳纖捌塵玖漠捌洙陸涯，實徵銀壹拾玖兩叁錢捌分陸釐捌毫柒絲柒忽陸微柒纖玖塵壹渺玖沙壹洙肆涯。

又額外俸裁廩生閏月充餉銀捌錢，內除荒銀陸錢肆分玖毫叁絲玖忽叁微捌塵，實徵銀壹錢伍分玖釐陸絲陸微玖纖貳塵。

匠價銀柒錢肆分貳釐伍毫。

以上共起運閏銀貳拾兩貳錢捌分捌釐肆毫叁絲捌忽叁微柒纖壹塵壹渺玖沙壹洙肆涯。

又收存留内欽奉上諭並驛遞之差使甚少等事貳案内，共裁站銀壹拾兩肆錢捌分叁釐柒毫壹絲叁忽伍微陸纖。

貳項共銀叁拾兩柒錢柒分貳釐壹毫伍絲壹忽玖微叁纖壹塵壹渺玖沙壹洙肆涯，内在於請倣以糧載丁等事案内，通省以糧均丁減銀貳拾柒兩陸錢玖分捌釐捌毫陸絲玖忽肆微玖纖叁塵貳渺，内除節次抵補屯更丁銀玖兩叁錢捌分壹毫叁絲壹忽陸微柒纖柒塵陸渺，止該減銀壹拾捌兩叁錢壹分捌釐柒毫叁絲柒忽捌微壹纖伍塵陸渺。

實該起運銀壹拾貳兩肆錢伍分叁釐肆毫壹絲肆忽壹微壹纖伍塵伍渺玖沙壹洙肆涯，内留支加增撥補舖司工食等項並額外廩糧銀伍兩玖錢叁分捌釐玖毫伍絲陸微伍纖肆塵，止該起運銀陸兩伍錢壹分肆釐肆毫陸絲叁忽肆微陸纖壹塵伍渺玖沙壹洙肆涯，

壹存留項下

原編本色存留驛倉糧陸百柒拾壹石玖斗陸升捌合壹勺柒抄陸撮，内除荒糧伍百叁拾捌石叁斗叁升伍合肆勺玖抄伍撮柒圭肆粟捌粒，實存留糧壹百叁拾叁石陸斗叁升貳合陸勺捌抄貳圭伍粟貳粒。

原編存留銀叁千捌百壹拾伍兩貳錢叁分玖釐伍絲玖忽捌微肆纖，内除荒銀叁千壹百壹拾兩叁錢叁分叁釐柒忽玖微柒纖叁塵叁渺，實存留銀柒百肆兩玖錢陸釐伍絲壹忽捌微陸纖陸塵柒渺。

壹俸工項下

知縣俸薪銀肆拾伍兩，内除荒銀叁拾柒兩壹錢叁分捌釐肆毫陸絲貳忽，實徵支銀柒兩捌錢陸分壹釐伍毫叁絲捌忽。外均攤撥補銀壹拾陸兩叁錢玖分伍釐陸毫叁絲壹忽捌微伍纖玖塵伍渺。

典史壹員，額支俸薪銀叁拾壹兩伍錢貳分，内除荒撥補銀貳拾陸兩壹分叁釐肆毫叁絲，實徵支銀伍兩伍錢陸釐伍毫柒絲。

訓導壹員，額支俸薪銀叁拾壹兩伍錢貳分，内除荒撥補銀貳拾陸兩壹分叁釐肆毫叁絲，實徵支銀伍兩伍錢陸釐伍毫柒絲。外撥補全俸銀捌兩肆錢捌分。

知縣衙門

門子貳名，每名歲支工食銀陸兩，共支銀壹拾貳兩，内除荒撥補銀玖兩玖錢叁釐伍毫玖絲，實徵支銀貳兩玖分陸釐肆毫壹絲。遇閏加銀壹兩，内除

荒銀捌錢貳分伍釐叁毫壹絲伍忽，實徵支銀壹錢柒分肆釐陸毫捌絲伍忽。

皂隸、仵作壹拾陸名，每名歲支工食銀陸兩，共支銀玖拾陸兩，內除荒撥補銀柒拾玖兩貳錢貳分捌釐柒毫貳絲，實徵支銀壹拾陸兩柒錢柒分壹釐貳毫捌絲。遇閏加銀捌兩，內除荒銀陸兩陸錢貳釐伍毫貳絲壹忽，實徵支銀壹兩叁錢玖分柒釐肆毫柒絲玖忽。

馬快捌名，每名歲支工食草料銀壹拾陸兩捌錢，共支銀壹百叁拾肆兩肆錢，內除荒撥補銀壹百壹拾兩玖錢貳分貳毫捌忽，實徵支銀貳拾叁兩肆錢柒分玖釐柒毫玖絲貳忽。遇閏加銀壹拾壹兩貳錢，內除荒銀玖兩貳錢肆分叁釐伍毫貳絲玖忽肆微，實徵支銀壹兩玖錢伍分陸釐肆毫柒絲陸微。

民壯貳拾捌名，每名歲支工食銀陸兩，共支銀壹百陸拾捌兩，內除荒撥補銀壹百叁拾捌兩陸錢伍分貳毫伍絲玖忽，實徵支銀貳拾玖兩叁錢肆分玖釐柒毫肆絲壹忽。遇閏加銀壹拾肆兩，內除荒銀壹拾壹兩伍錢伍分肆釐肆毫壹絲貳忽，實徵銀貳兩肆錢肆分伍釐伍毫捌絲捌忽遇閏之年扣解充餉。

看監禁子捌名，每名歲支工食銀陸兩，共支銀肆拾捌兩，內除荒撥補銀叁拾玖兩陸錢壹分肆釐叁毫陸絲，實徵支銀捌兩叁錢捌分伍釐陸毫肆絲。遇閏加銀肆兩，內除荒銀叁兩叁錢壹釐貳毫陸絲壹忽，實徵支銀陸錢玖分捌釐柒毫叁絲玖忽。

轎傘扇夫柒名，每名歲支工食銀陸兩，共支銀肆拾貳兩，內除荒撥補銀叁拾肆兩陸錢陸分貳釐伍毫陸絲伍忽，實徵支銀柒兩叁錢叁分柒釐肆毫叁絲伍忽。遇閏加銀叁兩伍錢，內除荒銀貳兩捌錢捌分捌釐陸毫叁忽，實徵支銀陸錢壹分壹釐叁毫玖絲柒忽。

庫子肆名，每名歲支工食銀陸兩，共支銀貳拾肆兩，內除荒撥補銀壹拾玖兩捌錢柒釐壹毫捌絲，實徵支銀肆兩壹錢玖分貳釐捌毫貳絲。遇閏加銀貳兩，內除荒銀壹兩陸錢伍分陸毫叁絲，實徵支銀叁錢肆分玖釐叁毫柒絲。

斗級肆名，每名歲支工食銀陸兩，共支銀貳拾肆兩，內除荒撥補銀壹拾玖兩捌錢柒釐壹毫捌絲，實徵支銀肆兩壹錢玖分貳釐捌毫貳絲。遇閏加銀貳兩，內除荒銀壹兩陸錢伍分陸毫叁絲，實徵支銀叁錢肆分玖釐叁毫柒絲。

鐘鼓夫伍名，每名歲支工食銀貳兩陸錢貳分陸釐陸毫，共支銀壹拾叁兩叁錢叁分叁釐叁毫，內除荒撥補銀壹拾壹兩叁釐捌毫壹絲貳忽，實徵支銀貳兩叁錢貳分玖釐肆毫捌絲捌忽。遇閏加銀壹兩壹錢壹分壹釐壹毫壹絲，內除荒銀玖錢壹分陸釐玖毫伍絲伍忽柒微陸纖玖塵陸渺，實徵支銀壹錢玖分肆釐壹毫伍絲肆忽貳微叁纖肆渺。

各舖司兵壹拾陸名，每名歲支工食銀肆兩捌錢，共支銀柒拾陸兩捌錢，內除荒銀陸拾叁兩叁錢捌分貳釐壹毫貳絲壹忽叁微玖纖柒塵陸渺，實徵支銀壹拾叁兩肆錢壹分壹釐捌毫柒絲捌忽陸微貳塵肆渺。外加增銀捌拾貳兩伍錢捌分貳釐壹毫貳絲壹忽叁微玖纖柒塵陸渺。遇閏加銀陸兩肆錢，內除荒銀伍兩貳錢捌分壹釐陸毫陸絲玖忽玖纖玖渺玖沙壹洙肆涯，實徵銀壹兩壹錢壹分捌釐叁毫叁絲玖微玖塵玖漠捌洙陸涯。外加增銀陸兩捌錢捌分壹釐陸毫陸絲玖忽玖纖玖渺玖沙壹洙肆涯。

典史衙門

門子壹名，歲支工食銀陸兩，內除荒撥補銀肆兩玖錢伍分壹釐柒毫玖絲伍忽，實徵支銀壹兩肆分捌釐貳毫伍忽。遇閏加銀伍錢，內除荒銀肆錢壹分貳釐陸毫伍絲捌忽，實徵支銀捌分柒釐叁毫肆絲貳忽。

皂隸肆名，每名歲支工食銀陸兩，共支銀貳拾肆兩，內除荒撥補銀壹拾玖兩捌錢柒釐壹毫捌絲，實徵支銀肆兩壹錢玖分貳釐捌毫貳絲。遇閏加銀貳兩，內除荒銀壹兩陸錢伍分陸毫叁絲，實徵支銀叁錢肆分玖釐叁毫柒絲。

門子壹名，歲支工食銀陸兩，內除荒撥補銀肆兩玖錢伍分壹釐柒毫玖絲伍忽，實徵支銀壹兩肆分捌釐貳毫伍忽。遇閏加銀伍錢，內除荒銀肆錢壹分貳釐陸毫伍絲捌忽，實徵支銀捌分柒釐叁毫肆絲貳忽。

教職衙門

齋夫叁名，每名歲支工食銀壹拾貳兩，共支銀叁拾陸兩，內除荒撥補銀貳拾玖兩柒錢壹分柒毫柒絲，實徵支銀陸兩貳錢捌分玖釐貳毫叁絲。遇閏加銀叁兩，內除荒銀貳兩肆錢柒分伍釐玖毫肆絲伍忽，實徵支銀伍錢貳分肆釐伍絲伍忽。

膳夫貳名，額支工食銀壹拾叁兩叁錢叁分叁釐叁毫叁絲，內除荒撥補銀壹拾壹兩叁釐玖毫捌絲陸忽，實徵支銀貳兩叁錢貳分玖釐叁毫肆絲肆忽係廩生支領。遇閏加銀壹兩壹錢壹分壹釐壹毫，內除荒撥補銀玖錢壹分柒釐捌忽，實徵支銀壹錢玖分肆釐玖絲貳忽。

門斗貳名，每名歲支工食銀柒兩貳錢，共支銀壹拾肆兩肆錢，內除荒撥補銀壹拾壹兩捌錢捌分肆釐叁毫捌忽，實徵支銀貳兩伍錢壹分伍釐陸毫玖絲貳忽。遇閏加銀壹兩貳錢，內除荒銀玖錢玖分叁毫柒絲捌忽，實徵支銀貳兩玖釐陸毫貳絲貳忽。

廪生貳拾名，每名歲支銀叁兩貳錢，共支銀陸拾肆兩，內除荒撥補銀伍拾壹兩捌錢陸分玖釐叁毫捌絲，實徵支銀壹拾貳兩壹錢叁分陸毫貳絲。遇閏加銀伍兩叁錢叁分叁釐叁毫，內除荒撥補銀肆兩肆錢壹釐肆毫柒絲叁忽，實徵支銀玖錢叁分壹釐捌毫貳絲柒忽。

以上俸食項下，除廪生、膳夫貳欵照常支發外，其餘官役俸工於道光貳拾叁年奉文，均以貳兩平支放，每兩減平銀陸分，其減平銀兩，每年批解部庫交納，理合登明。

壹雜支項下

春秋貳季致祭文廟並各壇祠及無祀鬼魂品物等項共銀柒拾陸兩，內除荒銀陸拾貳兩柒錢貳分壹釐捌毫玖絲貳忽，實徵支銀壹拾叁兩貳錢柒分捌釐壹毫捌忽。

外均攤撥補銀陸拾兩柒分叁釐壹毫柒絲伍忽貳微捌纖陸塵貳渺肆漠伍沙陸涯。

鄉飲銀叁兩，內除荒銀貳兩肆錢柒分伍釐捌毫陸絲肆忽，實徵支銀伍錢貳分肆釐壹毫叁絲陸忽於道光貳拾叁年奉文裁汰，其徵收銀兩，每年批解部庫交納，理合登明。

壹孤貧項下

孤老壹名，口糧銀柒兩伍錢陸釐肆毫貳絲玖忽捌微肆纖，內除荒銀陸兩壹錢玖分肆釐玖毫玖忽柒微柒塵貳渺，實徵支銀壹兩叁錢壹分壹釐伍毫貳絲壹微叁纖貳塵捌渺。外加增銀貳兩貳錢捌分捌釐肆毫柒絲玖忽捌微陸纖柒塵貳渺。又加增閏銀叁錢。

孤老冬衣布花銀捌兩，內除荒銀陸兩陸錢貳釐貳毫肆絲貳忽捌微叁纖，實徵支銀壹兩叁錢玖分柒釐柒毫伍絲柒忽壹微柒纖。

壹驛站項下

石嘴驛站銀貳百伍拾肆兩捌錢；干谷驛站銀壹千壹百肆拾叁兩，支直銀壹百貳拾貳兩肆錢；榆林驛支直銀壹拾肆兩玖錢；河西驛站銀壹拾貳兩玖錢貳分陸釐。共站銀壹千伍百肆拾捌兩貳分陸釐，內除荒銀壹千貳百肆拾兩壹錢陸分玖釐玖毫肆絲陸忽叁微捌塵伍渺，實徵銀叁百柒兩捌錢伍分陸釐伍絲叁忽玖微陸纖壹塵伍渺。

又收受協涇陽、澄城等縣站支兌留兵餉銀叁百叁拾陸兩壹錢叁分肆釐陸毫貳絲伍忽貳微柒纖捌塵伍渺。

貳項共銀陸百肆拾叁兩玖錢玖分陸毫柒絲玖忽貳微肆纖，內除額協吴堡、延川、綏德等州縣站支抵餉銀陸兩貳錢玖分柒釐壹絲玖忽柒微；又除欽奉上論並驛遞之差使甚少等事案內，共裁銀叁百壹拾貳兩陸錢伍分伍釐玖毫肆絲壹忽陸微柒纖伍塵壹渺，內在於題明請將驛站等事案內，留支本縣新增夫馬工料銀玖拾伍兩捌錢貳分陸釐捌毫叁絲，實裁銀貳百壹拾陸兩捌錢貳分玖釐壹毫壹絲壹忽陸微柒纖伍塵壹渺；又除驛遞已奉裁歸縣等事案內，幫協石嘴驛夫馬工料銀叁拾陸兩柒錢壹釐肆毫叁絲柒忽柒微叁塵肆渺。實支銀叁百捌拾肆兩壹錢陸分叁釐壹毫壹絲壹微陸纖壹塵伍渺。

外遇閏增給夫馬工料銀貳拾兩柒錢。

走遞夫叁名，額支工食銀叁拾貳兩肆錢；僱覔轎夫役銀壹拾兩；協濟干谷驛損夫銀伍百兩；走馬騾貳拾匹，工食草料銀柒百貳拾兩。共銀壹千貳百陸拾貳兩肆錢，內除荒銀壹千肆拾壹兩捌錢肆分叁釐陸毫貳絲貳忽，實徵銀貳百貳拾兩伍錢伍分陸釐叁毫柒絲捌忽，內除額協延川、綏德站支抵餉銀柒兩伍錢陸分壹釐玖毫；又除奉上論並驛遞之差使甚少等事案內，共裁銀壹百伍拾捌兩壹錢貳分貳釐陸毫伍絲陸忽貳微。實支銀伍拾肆兩捌錢柒分壹釐捌毫貳絲壹忽捌微。

遇閏加銀陸拾兩，內除荒銀肆拾玖兩伍錢壹分伍釐陸毫肆絲玖忽，實徵銀壹拾兩肆錢捌分肆釐叁毫伍絲壹忽，內除欽奉上論並驛遞之差使甚少等事貳案內，共裁銀壹拾兩肆錢捌分叁釐柒毫壹絲叁忽伍微陸纖，實支銀陸毫叁絲柒忽肆微肆纖。

以上實存留銀柒百肆兩玖錢陸釐伍絲壹忽捌微陸纖陸塵柒渺。

又收受協涇陽、澄城站支兌留兵餉銀叁百叁拾陸兩壹錢叁分肆釐陸毫貳絲伍忽貳微柒纖捌塵伍渺。

貳項共銀壹千肆拾壹兩肆分陸毫柒絲柒忽壹微肆纖伍塵貳渺，內除額協吴堡、延川、綏德等州縣驛站支抵餉銀壹拾叁兩捌錢伍分捌釐玖毫壹絲玖忽柒微；又除欽奉上論並驛遞之差使甚少等事貳案內，共裁站銀肆百柒拾兩柒錢柒分捌釐伍毫玖絲柒忽捌微柒纖伍塵壹渺，內在於題明請將驛站等事案內，留支本縣新增夫馬工料銀玖拾伍兩捌錢貳分陸釐捌毫叁絲，實裁銀叁百柒拾肆兩玖錢伍分壹釐柒毫陸絲柒忽捌微柒纖伍塵壹渺；又除驛遞已奉裁歸縣等事案內，帮協石嘴驛夫馬工料銀叁拾陸兩柒錢壹釐肆毫叁絲柒忽柒微叁塵肆渺。實该銀陸百壹拾伍兩伍錢貳分捌釐伍毫伍絲壹忽捌微陸纖陸塵柒渺。

外撥補均攤俸工銀肆百柒拾柒兩玖錢捌分柒釐叁毫壹絲玖忽叁微柒纖伍塵貳渺。

共該銀壹千玖拾叁兩伍錢壹分伍釐捌毫柒絲壹忽貳微肆纖壹塵玖渺於乾隆伍拾貳年奉文，全數解司，一切支欵，俱由司按季領支，嗣於嘉慶伍年奉文，照舊在縣留支，並不解司，按季請領。

外於西安布政司庫領支加增撥補各役工食不敷銀貳百捌拾壹兩伍錢陸分貳釐捌毫陸絲壹忽柒微肆纖玖塵壹渺係動支各屬解到地、丁銀兩。

又於西安布政司庫領支均攤祭祀銀陸拾兩柒分叁釐壹毫柒絲伍忽貳微捌纖陸塵貳渺肆漠伍沙陸涯係動支各屬解到耗羨銀兩。

遇閏加銀壹百叁拾伍兩捌錢伍分捌釐捌毫肆絲貳忽，內除奉裁各官閏俸銀玖兩叁釐叁毫叁絲貳忽入起運外，止該銀壹百貳拾陸兩捌錢伍分伍釐伍毫壹絲，內除荒銀壹百肆兩陸錢玖分壹釐玖毫貳絲伍忽貳微陸纖伍渺玖沙壹洙肆涯，實徵銀貳拾貳兩壹錢陸分叁釐伍毫捌絲肆忽柒微叁纖玖塵肆渺玖漠捌洙陸涯，內除欽奉上諭並驛遞之差使甚少等事貳案內，共裁銀壹拾兩肆錢捌分叁釐柒毫壹絲叁忽伍微陸纖，實支銀壹拾壹兩陸錢柒分玖釐捌毫柒絲壹忽壹微柒纖玖塵肆渺玖漠捌洙陸涯。

外加增撥補工食銀伍兩陸錢壹分捌釐肆毫捌絲壹忽。

共該銀壹拾柒兩貳錢玖分捌釐叁毫伍絲貳忽壹微柒纖玖塵肆渺玖漠捌洙陸涯於乾隆伍拾貳年奉文，全數解司，一切支欵，俱由司按季領支，嗣於嘉慶伍年奉文，照舊在縣留支，並不解司，按季請領。

外於西安布政司庫領支加增舖司工食銀陸兩捌錢捌分壹釐陸毫陸絲玖忽玖纖玖渺玖沙壹洙肆涯係動支各屬解到地、丁銀兩。

又於西安布政司庫領支增給夫馬閏月工料銀貳拾兩柒錢係動支各屬解到地、丁銀兩。

壹額外

課程銀伍兩捌錢壹分肆釐柒毫係舖戶出辦。遇閏加銀肆錢捌分肆釐伍毫伍絲捌忽叁微陸纖捌渺。

協濟膚施縣額解本府廩生月糧叁分復壹，銀肆兩捌錢，內除荒撥補銀叁兩捌錢肆分伍釐陸毫玖絲玖忽伍微肆纖叁塵捌渺柒漠，實徵支銀玖錢伍分肆釐叁毫肆微伍纖陸塵壹渺叁漠。遇閏加銀肆錢，內除荒撥補銀叁錢貳分肆毫陸絲玖忽陸微伍纖肆塵，實徵支銀柒分玖釐伍毫叁絲叁微肆纖陸塵。

畜稅銀壹拾柒兩伍錢捌分係買騾馬出辦，原無定額，儘收儘解。

牙稅銀壹兩捌分牙行叁名，每名每年納稅銀叁錢陸分。

當稅銀伍拾伍兩係典當出辦，共典舖壹拾壹座，每座每年當稅銀伍兩。

地稅銀玖兩壹錢伍分係買房地業主出辦，原無定額，儘收儘解。

鹽課銀貳百貳拾壹兩壹錢捌分肆釐。

保安縣

原額折正壹等地叁百貳拾貳頃肆拾畝貳分捌釐，共額徵本折糧貳千柒百貳拾陸石叁斗壹升，每畝科本色糧捌升叁勺捌抄柒撮肆圭陸粟，內每畝科起運本色糧捌升貳勺伍抄玖圭壹粟叁粒，存留本色官學倉糧壹勺叁抄陸撮伍圭肆粟柒粒，共糧貳千伍百玖拾壹石柒斗壹升肆合叁勺，科折色糧肆合壹勺柒抄肆撮肆圭柒粟肆粒，共折色糧壹百叁拾肆石伍斗捌升伍合捌勺，每畝徵銀伍分捌釐捌毫貳絲肆忽陸微貳纖伍塵伍渺，共徵銀壹千捌百玖拾陸兩伍錢貳分貳釐肆毫，內：

順治柒年並拾壹年題明免過無主荒地共叁百肆頃貳拾叁畝貳分捌釐，應免本折糧貳千伍百柒拾貳石壹斗伍升貳合貳勺陸抄捌撮陸圭捌粒，內前開墾並興屯及節年自首開墾過共地叁拾捌頃伍拾陸畝柒分貳釐叁毫，應徵本折糧叁百貳拾陸石肆斗肆升壹合伍勺壹抄柒圭捌粟捌粒貳顆。實豁免地貳百陸拾伍頃陸拾陸畝伍分伍釐柒毫，應免本折糧貳千貳百肆拾伍石柒斗壹升柒勺伍抄柒撮捌圭壹粟玖粒捌顆，實應免本色起運糧壹千柒百陸拾肆石伍斗伍升壹合貳勺肆抄玖撮貳圭貳粟伍粒，實應免本色存留官學倉糧叁百柒拾石貳斗玖升玖合玖勺貳抄叁撮陸粟肆粒陸顆，每石折徵銀捌錢，該除銀貳百玖拾陸兩叁分捌釐柒毫壹忽陸微柒纖陸渺肆漠，實應免折色糧壹百壹拾石捌斗伍升玖合伍勺捌抄伍撮伍圭叁粟貳顆，該除銀壹千伍百陸拾貳兩壹錢捌分捌釐肆毫捌絲玖忽捌微捌纖陸塵肆渺貳漠。

實在地伍拾陸頃柒拾叁畝柒分貳釐叁毫，該本折糧肆百捌拾石伍斗捌升玖合叁勺肆抄貳撮壹圭捌粟貳顆，實徵本色起運糧叁百柒拾柒石玖斗貳升叁合陸勺伍抄柒圭柒粟伍粒，實徵本色存留官學倉糧柒拾捌石玖斗叁升玖合肆勺柒抄陸撮玖圭叁粟伍粒肆顆，舊例每石折徵銀捌錢，今照康熙年間由單內載每畝折徵銀壹分壹釐壹毫陸絲陸忽壹微玖纖肆塵捌渺，共折徵銀陸拾叁兩叁錢伍分貳釐捌毫壹絲捌忽叁微貳纖玖塵叁渺陸漠，實徵折色糧貳拾叁石柒斗貳升陸合貳勺壹抄肆撮肆圭陸粟玖粒捌顆，該徵銀叁百叁拾肆兩叁錢叁分叁釐玖毫壹絲壹微壹纖叁塵伍渺捌漠遵照乾隆伍拾玖年奉准部咨令，將康熙年間易知由單內載：每畝折徵銀伍分捌釐玖毫貳絲柒忽柒微伍纖捌塵肆渺，逐一纂入書內，嗣後遇有墾豁，以便按畝增除。

原額人丁上中下叁等玖則不等，俱折下下人丁壹萬貳千捌百伍拾壹丁，每丁徵銀貳錢柒分陸毫貳絲捌忽陸微，共銀叁千肆百柒拾柒兩貳錢壹分壹釐陸毫叁絲陸忽，內除優免丁壹百柒拾肆丁，該除銀肆拾陸兩肆錢伍分壹釐柒毫叁絲陸忽。

行差丁壹萬貳千陸百柒拾柒丁，該銀叁千肆百叁拾兩柒錢伍分玖釐玖毫，內順治柒年、拾壹年及康熙貳拾貳年題明免過逃亡包賠丁壹萬壹千玖百肆拾貳丁，應除銀叁千貳百叁拾貳兩肆釐叁絲，內前招回及節年招回並編審出丁壹拾柒丁，該徵銀肆兩柒錢伍分陸釐捌毫叁絲柒忽貳微，實應免丁壹萬壹千玖百貳拾伍丁，該除銀叁千貳百貳拾柒兩貳錢肆分柒釐壹毫玖絲貳忽捌微。

實在行差丁柒百伍拾貳丁，該徵銀貳百叁兩伍錢壹分貳釐柒毫柒忽貳微。

康熙伍拾伍年起，至乾隆貳拾陸年止，編審出丁肆拾伍丁；乾隆叁拾壹年編審出丁伍丁；乾隆叁拾陸年編審出丁捌丁。共編審出丁伍拾捌丁，欽遵康熙伍拾貳年叁月拾捌日恩詔，後遇編審之期，但據康熙伍拾年丁冊定為常額，續生人丁，永不加賦。

外遇閏加銀貳百叁拾壹兩叁錢肆釐壹毫壹絲叁忽，內除荒銀貳百壹拾肆兩捌錢貳分玖釐壹毫伍絲捌忽陸微肆纖肆塵捌渺伍漠，實徵銀壹拾陸兩肆錢柒分肆釐玖毫伍絲肆忽叁微伍纖伍塵壹渺伍漠。

額外應徵匠價銀壹拾伍兩叁錢肆分伍釐。遇閏加銀壹兩貳錢柒分捌釐柒毫伍絲。

以上正閏貳項攤入前項地糧內徵解。

以上地、丁貳項共額徵銀伍千柒百貳兩壹分捌釐捌毫貳絲，內除荒亡缺額並包賠丁銀伍千捌拾伍兩肆錢柒分肆釐叁毫捌絲肆忽叁微伍纖柒塵陸漠，實徵銀陸百壹拾陸兩伍錢肆分肆釐肆毫叁絲伍忽陸微肆纖貳塵玖渺肆漠。

外遇閏加銀貳百叁拾壹兩叁錢肆釐壹毫壹絲叁忽，內除荒銀貳百壹拾肆兩捌錢貳分玖釐壹毫伍絲捌忽陸微肆纖肆塵捌渺伍漠，實徵銀壹拾陸兩肆錢柒分肆釐玖毫伍絲肆忽叁微伍纖伍塵壹渺伍漠。

又徵收匠價閏銀壹兩貳錢柒分捌釐柒毫伍絲。

貳項共徵閏銀壹拾柒兩柒錢伍分叁釐柒毫肆忽叁微伍纖伍塵壹渺伍漠。

本色起運糧貳千壹百肆拾貳石肆斗柒升肆合玖勺，內除荒糧壹千柒百陸拾肆石伍斗伍升壹合貳勺肆抄玖撮貳圭貳粟伍粒，實徵糧叁百柒拾柒石玖斗貳升叁合陸勺伍抄柒圭柒粟伍粒。

壹起運項下

本色起運糧貳千壹百肆拾貳石肆斗柒升肆合玖勺，內除荒糧壹千柒百陸拾肆石伍斗伍升壹合貳勺肆抄玖撮貳圭貳粟伍粒，實徵糧叁百柒拾柒石玖斗貳升叁合陸勺伍抄柒圭柒粟伍粒。

原編審起運糧石折價銀壹千叁百貳兩肆錢玖分陸釐，內除荒銀壹千柒拾捌兩玖錢陸分肆釐壹毫壹絲肆忽伍微貳纖陸塵玖渺伍漠叁沙陸洙，實徵銀貳百貳拾叁兩伍錢叁分壹釐捌毫捌絲伍忽肆微柒纖叁塵肆漠陸沙肆洙。

節裁牲口、軍器、毛襖等項銀肆百陸拾玖兩壹錢陸分陸釐陸毫，內除荒銀肆百肆拾壹兩叁錢叁分伍釐陸毫叁絲貳忽，實徵起運銀貳拾柒兩捌錢叁分玖毫陸絲捌忽。

舊編存留，內順治玖年裁扣各役工食等項銀貳百貳拾伍兩貳錢，內除不敷銀貳拾捌兩肆錢玖分壹毫，實裁銀壹百玖拾陸兩柒錢玖釐玖毫；拾貳年裁扣傘扇銀捌兩，內除不敷銀柒錢叁分貳釐貳毫，實裁銀柒兩貳錢陸分柒釐捌毫；拾肆年裁扣官生俸廩等項，除奉復孤貧口糧、布花外，止裁銀貳百壹兩伍錢叁分肆釐肆毫柒絲，內除不敷銀壹拾捌兩肆錢肆分柒釐柒毫，實裁銀壹百捌拾叁兩捌分陸釐柒毫柒絲；拾伍年裁汰冗員銀肆拾玖兩伍錢貳分，內除不敷銀肆兩伍錢叁分貳釐柒毫，實裁銀肆拾肆兩玖錢捌分柒釐叁毫。康熙元年裁吏書工食銀玖拾柒兩貳錢，內除不敷銀捌兩捌錢玖分柒釐壹毫，實裁銀捌拾捌兩叁錢貳釐玖毫；叁年裁教諭、門斗、齋夫銀肆拾叁兩貳錢，內除不敷銀叁兩玖錢伍分柒釐捌毫叁絲，實裁銀叁拾玖兩貳錢肆分貳釐壹毫柒絲，裁雜費丁銀壹百柒拾玖兩陸分壹毫，內除不敷銀壹拾陸兩叁錢玖分壹毫，實裁銀壹百陸拾貳兩陸錢柒分；拾伍年裁心紅紙張、修理監倉、喂馬草料、芒神土牛、修理倉厫等項銀伍拾玖兩，內除不敷銀伍兩肆錢伍毫，實裁銀伍拾叁兩伍錢玖分玖釐伍毫；貳拾柒年裁府縣歲貢盤纏銀叁拾陸兩，內除不敷銀叁兩貳錢玖分伍釐貳毫，實裁銀叁拾貳兩柒錢肆釐捌毫。雍正陸年裁燈夫銀貳拾肆兩，內除不敷銀貳兩壹錢玖分陸釐捌毫，實裁銀貳拾壹兩捌錢叁釐貳毫；拾貳年裁民壯銀壹百貳拾陸兩，內除不敷銀壹拾壹兩伍錢叁分叁釐貳毫捌絲肆忽，實裁銀壹百壹拾肆兩肆錢陸分陸釐柒毫壹絲陸忽。乾隆玖年裁舖司銀壹拾玖兩貳錢，內除不敷銀壹兩柒錢伍分柒釐肆毫伍絲，實裁銀壹拾柒兩肆錢肆分貳釐伍毫伍絲。

共裁銀玖百陸拾貳兩貳錢捌分叁釐陸毫陸忽，內除荒銀捌百捌拾捌兩叁錢貳分伍釐伍毫柒絲壹忽玖微貳纖玖塵壹渺伍沙捌洙，實起運銀柒拾叁兩玖錢伍分捌釐叁絲肆忽柒纖捌渺玖漠肆沙貳洙。

額外徵收匠價銀壹拾伍兩叁錢肆分伍釐。

以上肆項共該實起運銀叁百肆拾兩陸錢陸分伍釐捌毫捌絲柒忽伍微肆纖叁塵玖渺肆漠陸洙。

又收存留內額協抵餉銀壹拾貳兩肆錢玖分捌釐肆毫壹絲捌忽玖微。

又收存留內欽奉上諭並驛遞之差使甚少等事貳案內，共裁站銀叁百柒拾捌兩伍錢壹分叁釐貳毫柒絲玖忽肆微柒纖捌塵玖渺，內留支本縣新增夫馬工料銀壹百玖拾貳兩柒錢壹分叁釐捌毫壹忽壹微肆纖肆塵，止實收銀壹百捌拾伍兩柒錢玖分玖釐肆毫柒絲捌忽叁微叁纖肆塵玖渺。

叁項共銀伍百叁拾捌兩玖錢陸分叁釐柒毫捌絲肆忽柒微柒纖捌塵捌渺肆漠陸洙，內除涇陽、乾州等州縣驛站兑留兵餉應支銀壹拾柒兩陸錢伍分捌釐貳毫捌絲貳忽叁微柒纖伍塵叁渺；又在於請倣以糧載丁等事案內，通省均丁減銀捌拾伍兩壹錢伍分肆釐捌毫叁絲貳微柒渺，乾隆元、陸、拾壹、拾陸、貳拾壹、貳拾陸等年編審案內，共增抵補屯更丁銀壹拾玖兩貳錢貳分叁釐柒毫叁絲壹忽貳微叁塵，又乾隆叁拾壹、叁拾陸兩年共增抵補屯更丁銀捌兩柒錢玖分玖釐玖毫柒絲玖忽捌微壹塵伍渺，止該減銀伍拾柒兩壹錢叁分壹釐壹毫壹絲玖忽壹微玖纖陸塵貳渺。

實該起運銀肆百陸拾肆兩壹錢柒分肆釐叁毫捌絲叁忽貳微柒塵叁渺肆漠陸洙，內除留支加增撥補俸工銀柒拾玖兩貳錢壹分玖釐柒毫伍絲柒忽玖微貳纖貳塵壹渺伍漠，止該起運銀叁百捌拾肆兩玖錢伍分肆釐陸毫貳絲伍忽貳微捌纖伍塵壹渺玖漠陸洙。

遇閏裁扣，順治玖年裁銀壹拾柒兩壹錢；拾肆年裁銀壹拾陸兩陸分叁釐叁絲叁忽；拾伍年裁銀肆兩壹錢貳分陸釐陸毫陸絲。康熙元年裁銀捌兩壹錢；叁年裁銀叁兩陸錢；拾伍年裁銀貳兩陸錢陸分陸釐陸毫柒絲。雍正陸年裁銀貳兩；拾貳年裁銀壹拾兩伍錢。乾隆玖年裁銀壹兩陸錢，又各官閏俸銀玖兩叁釐叁毫貳絲。

共銀柒拾肆兩柒錢伍分玖釐陸毫捌絲叁忽，內除荒銀陸拾玖兩伍錢壹分叁釐陸毫肆絲伍忽捌微玖纖陸塵貳渺伍沙，實徵銀伍兩貳錢肆分陸釐叁絲柒忽壹微叁塵玖渺柒漠伍沙。

又徵收匠價閏銀壹兩貳錢柒分捌釐柒毫伍絲。

貳共起運閏銀陸兩伍錢貳分肆釐柒毫捌絲柒忽壹微叁塵玖渺柒漠伍沙。

又收存留內欽奉上諭並驛遞之差使甚少等事貳案內，共裁站閏月銀伍兩柒錢叁分肆釐柒絲壹忽。

叁項共銀壹拾貳兩貳錢伍分伍釐貳毫伍絲捌忽壹微叁塵玖渺柒漠伍沙，內除以糧載丁等事案內，通省以糧均丁減銀捌兩陸釐肆絲柒忽玖微伍纖叁塵叁渺，節裁抵補屯更丁增銀貳兩陸錢捌分叁釐玖毫玖絲陸忽伍微柒纖叁塵伍渺玖漠玖沙玖洙玖涯陸洒，止減銀伍兩叁錢貳分貳釐伍絲壹忽叁微柒纖玖塵柒渺肆洒。實該銀陸兩玖錢叁分叁釐貳毫陸忽柒微貳纖肆塵貳渺柒漠肆沙玖洙玖涯陸洒，全數留支加增撥補各役工食訖，尚不敷銀壹錢肆分柒毫捌絲捌忽肆微伍纖柒塵叁渺貳漠伍沙肆洒，遇閏之年在上項正銀內照數撥補。

壹存留項下

原編存留銀叁千壹百捌拾柒兩伍錢肆分玖釐陸毫叁絲，內除不敷銀貳百叁拾肆兩捌錢貳分貳釐壹絲陸忽，止該銀貳千玖百伍拾貳兩柒錢貳分柒釐陸毫壹絲肆忽，內除荒銀貳千陸百柒拾陸兩捌錢肆分玖釐陸絲伍忽玖微壹塵陸洙，實徵銀貳百柒拾伍兩捌錢柒分捌釐伍毫肆絲捌忽玖纖捌塵玖渺玖漠玖沙肆洙。

壹俸工項下

本府廪生月糧銀肆兩捌錢，內除不敷銀肆錢叁分肆釐玖毫，止支銀肆兩叁錢陸分陸毫，內除荒撥補銀肆兩壹分叁釐陸毫貳絲捌忽柒微叁纖陸塵壹渺，實徵支銀叁錢肆分陸釐玖毫柒絲壹忽貳微陸纖叁塵玖渺。遇閏加銀肆錢，內除荒銀叁錢柒分貳釐叁毫捌絲叁忽陸微肆纖壹塵壹渺，實徵支銀貳分柒釐陸毫壹絲陸忽叁微伍纖捌塵玖渺。

知縣壹員，額支俸薪銀肆拾伍兩，內除不敷銀肆兩壹錢貳分壹毫，止支銀肆拾兩捌錢柒分玖釐玖毫，內除荒銀叁拾捌兩捌釐肆毫肆絲叁忽陸微玖纖貳塵貳渺，實支銀貳兩捌錢柒分壹釐肆毫伍絲陸忽叁微柒塵捌渺。外撥補銀壹拾玖兩壹錢陸分柒釐肆毫柒絲貳忽貳微玖纖貳塵。

典史壹員，額支俸薪銀叁拾壹兩伍錢貳分，內除不敷銀貳兩捌錢捌分伍釐壹毫，止支銀貳拾捌兩陸錢叁分肆釐玖毫，內除荒撥補銀貳拾陸兩陸錢貳分叁釐伍毫肆絲伍忽捌微叁纖伍塵柒渺，實支銀貳兩壹分壹釐叁毫伍絲肆忽壹微陸纖肆塵叁渺。

訓導壹員，額支俸薪銀叁拾壹兩伍錢貳分，內除不敷銀貳兩捌錢捌分伍釐壹毫，止支銀貳拾捌兩陸錢叁分肆釐玖毫，內除荒撥補銀貳拾陸兩陸錢貳分叁釐伍毫肆絲伍忽捌微叁纖伍塵柒渺，實支銀貳兩壹分壹釐叁毫伍絲肆忽壹微陸纖肆塵叁渺。外加增撥補銀壹拾壹兩叁錢陸分伍釐壹毫。

知縣衙門

門子貳名，每名歲支工食銀陸兩，共支銀壹拾貳兩，內除不敷銀壹兩玖分捌釐肆毫，止該銀壹拾兩玖錢壹釐陸毫，內除荒撥補銀壹拾兩壹錢叁分伍釐捌毫伍絲捌忽貳微玖纖捌塵陸渺，實支銀柒錢陸分伍釐柒毫肆絲壹忽柒微壹塵肆渺。遇閏加銀壹兩，內除荒銀玖錢貳分捌釐伍絲陸忽壹微陸纖伍塵伍渺，實支銀柒分壹釐玖毫肆絲叁忽捌微叁纖肆塵伍渺。

皂隸、仵作壹拾陸名，每名歲支工食銀陸兩，共支銀玖拾陸兩，內除不敷銀捌兩柒錢捌分陸釐叁毫，止該銀捌拾柒兩貳錢壹分叁釐柒毫，內除荒撥補銀捌拾壹兩捌分捌釐貳毫叁絲柒忽叁微貳纖玖塵柒渺，實支銀陸兩壹錢貳分伍釐肆毫陸絲貳忽陸微柒纖叁渺。遇閏加銀捌兩，內除荒銀柒兩肆錢貳分肆釐肆毫伍絲柒忽叁微貳纖肆塵，實支銀伍錢柒分伍釐伍毫肆絲貳忽陸微柒纖陸塵。

馬快捌名，每名歲支工食銀壹拾陸兩捌錢，共支銀壹百叁拾肆兩肆錢，內除不敷銀壹拾貳兩叁錢貳釐貳毫，止該銀壹百貳拾貳兩玖分柒釐捌毫，內除荒撥補銀壹百壹拾叁兩伍錢貳分柒釐肆毫玖絲叁忽柒微伍纖貳塵肆渺，實支銀捌兩伍錢柒分叁毫陸忽貳微肆纖柒塵陸渺。遇閏加銀壹拾壹兩貳錢，內除荒銀壹拾兩叁錢玖分肆釐貳毫叁絲玖忽陸微伍纖叁塵陸渺，實支銀捌錢伍釐柒毫陸絲叁微肆纖陸塵肆渺。

民壯貳拾玖名，每名歲支工食銀陸兩，止支銀壹百柒拾肆兩，內除不敷銀壹拾伍兩玖錢貳分陸釐玖毫壹絲陸忽，該支銀壹百伍拾捌兩柒分叁釐捌絲肆忽，內除荒銀壹百肆拾柒兩伍錢肆分肆釐貳絲柒忽壹纖柒塵陸渺，實支銀壹拾兩伍錢貳分玖釐伍絲陸忽玖微捌纖貳塵肆渺。外加增撥補銀壹百陸拾叁兩肆錢柒分玖毫肆絲叁忽壹纖柒塵陸渺。遇閏加銀壹拾肆兩伍錢，內除荒銀壹拾叁兩肆錢叁分陸釐捌毫壹絲捌忽叁微壹纖玖塵捌渺，實支銀壹兩陸分叁釐壹毫捌絲壹忽陸微捌纖貳渺。

看監禁子捌名，每名歲支工食銀陸兩，共支銀肆拾捌兩，內除不敷銀肆兩叁錢玖分叁釐陸毫，止該銀肆拾叁兩陸錢陸釐肆毫，內除荒撥補銀肆拾兩伍錢肆分叁釐肆毫叁絲壹微玖纖肆塵伍渺，實支銀叁兩陸分貳釐玖毫陸絲玖忽捌微伍塵伍渺。遇閏加銀肆兩，內除荒銀叁兩柒錢壹分貳釐貳毫貳絲柒忽陸微陸纖貳塵，實支銀貳錢捌分柒釐柒毫柒絲貳忽叁微叁纖捌塵。

轎傘扇夫柒名，每名歲支工食銀陸兩，共支銀肆拾貳兩，內除不敷銀叁兩捌錢肆分肆釐肆毫，止該銀叁拾捌兩壹錢伍分伍釐陸毫，內除荒撥補銀叁拾伍兩肆錢柒分伍釐伍毫捌忽肆纖伍塵貳渺，實支銀貳兩陸錢捌分玖絲壹忽玖微伍纖肆塵捌渺。遇閏加銀叁兩伍錢，內除荒銀叁兩貳錢肆分捌釐貳毫伍絲玖忽伍微柒纖玖塵叁渺，實支銀貳錢伍分壹釐柒毫肆絲肆微貳纖柒渺。

庫子肆名，每名歲支工食銀陸兩，共支銀貳拾肆兩，內除不敷銀貳兩壹錢玖分陸釐捌毫，止該銀貳拾壹兩捌錢叁釐貳毫，內除荒撥補銀貳拾兩貳錢柒分壹釐柒毫壹絲肆忽伍微玖纖柒塵貳渺，實支銀壹兩伍錢叁分壹釐肆毫捌絲伍忽肆微貳塵捌渺。遇閏加銀貳兩，內除荒銀壹兩捌錢伍分陸釐壹毫壹絲肆忽叁微叁纖壹塵，實支銀壹錢肆分叁釐捌毫捌絲伍忽陸微陸纖玖塵。

斗級肆名，每名歲支工食銀陸兩，共支銀貳拾肆兩，內除不敷銀貳兩壹錢玖分陸釐捌毫，止該銀貳拾壹兩捌錢叁釐貳毫，內除荒撥補銀貳拾兩貳錢柒分壹釐柒毫壹絲肆忽伍微玖纖柒塵貳渺，實支銀壹兩伍錢叁分壹釐肆毫捌絲伍忽肆微貳塵捌渺。遇閏加銀貳兩，內除荒銀壹兩捌錢伍分陸釐壹毫壹絲肆忽叁微叁纖壹塵，實支銀壹錢肆分叁釐捌毫捌絲伍忽陸微陸纖玖塵。

更夫伍名，每名歲支工食銀叁兩陸錢，共支銀壹拾捌兩，內除不敷銀壹兩陸錢肆分柒釐陸毫，止該銀壹拾陸兩叁錢伍分貳釐肆毫，內除荒撥補銀壹拾伍兩壹錢捌分捌釐壹毫玖絲陸忽肆微肆纖柒塵玖渺，實支銀壹兩壹錢陸分肆釐貳毫叁忽伍微伍纖貳塵壹渺。遇閏加銀壹兩伍錢，內除荒銀壹兩叁錢玖分貳釐壹毫玖絲壹忽貳微肆纖捌塵叁渺，實支銀壹錢柒釐捌毫捌忽柒微伍纖壹塵柒渺。

鋪司兵壹拾貳名，每名歲支工食銀肆兩柒錢玖分玖釐玖毫，共支銀伍拾柒兩陸錢，內除不敷銀伍兩貳錢柒分貳釐叁毫伍絲，該支銀伍拾貳兩叁錢貳分柒釐陸毫伍絲，內除荒銀肆拾捌兩陸錢貳釐貳毫壹忽陸微柒纖叁塵陸渺貳漠伍沙，實支銀叁兩柒錢貳分伍釐肆毫肆絲捌忽貳纖陸塵叁渺柒漠伍沙。外加增撥補銀陸拾捌兩貳錢柒分肆釐伍毫伍絲壹忽玖微柒纖叁塵陸渺貳漠伍沙。遇閏加銀肆兩捌錢，內除荒銀肆兩肆錢伍分伍釐壹絲叁忽肆微玖纖玖塵肆渺柒漠伍沙，實支銀叁錢肆分肆釐玖毫捌絲陸忽伍微伍渺貳漠伍沙。外加增銀伍兩陸錢伍分伍釐壹絲叁忽肆微玖纖玖塵肆渺柒漠伍沙。

典史衙門

門子壹名，歲支工食銀陸兩，內除不敷銀伍錢肆分玖釐貳毫，止該銀伍兩肆錢伍分捌毫，內除荒撥補銀伍兩陸分柒釐玖毫貳絲玖忽壹微肆纖玖塵叁渺，實支銀叁錢捌分貳釐捌毫柒絲捌微伍纖柒渺。遇閏加銀伍錢，內除荒銀肆錢陸分肆釐叁絲叁忽捌纖貳塵柒渺伍漠，實支銀叁分伍釐玖毫陸絲陸忽玖微壹纖柒塵貳渺伍漠。

皂隸肆名，每名歲支工食銀陸兩，共支銀貳拾肆兩，內除不敷銀貳兩壹錢玖分陸釐捌毫，止該銀貳拾壹兩捌錢叁釐貳毫，內除荒撥補銀貳拾兩貳錢柒分壹釐柒毫壹絲肆忽伍微玖纖柒塵貳渺，實支銀壹兩伍錢叁分壹釐肆毫捌絲伍忽肆微貳塵捌渺。遇閏加銀貳兩，內除荒銀壹兩捌錢伍分陸釐壹毫壹絲肆忽叁微叁纖壹塵，實支銀壹錢肆分叁釐捌毫捌絲伍忽陸微陸纖玖塵。

馬夫壹名，歲支工食銀陸兩，內除不敷銀伍錢肆分玖釐貳毫，止該銀伍兩肆錢伍分捌毫，內除荒撥補銀伍兩陸分柒釐玖毫貳絲玖忽壹微肆纖玖塵叁渺，實支銀叁錢捌分貳釐捌毫柒絲捌微伍纖柒渺。遇閏加銀伍錢，內除荒銀肆錢陸分肆釐叁絲叁忽捌纖貳塵柒渺伍漠，實支銀叁分伍釐玖毫陸絲陸忽玖微壹纖柒塵貳渺伍漠。

訓導衙門

齋夫叁名，每名歲支工食銀壹拾貳兩，共支銀叁拾陸兩，內除不敷銀叁兩貳錢玖分伍釐貳毫，該支銀叁拾貳兩柒錢肆釐捌毫，內除荒撥補銀叁拾兩肆錢柒釐伍毫柒絲貳忽捌微玖纖伍塵玖渺，實支銀貳兩貳錢玖分柒釐貳毫貳絲柒忽壹微肆塵壹渺。遇閏加銀叁兩，內除荒銀貳兩柒錢捌分伍釐壹毫玖絲捌忽肆微玖纖陸塵伍渺，實支銀貳錢壹分肆釐捌毫壹忽伍微叁塵伍渺。

膳夫貳名，歲支銀壹拾叁兩叁錢叁分叁釐叁毫叁絲，內除不敷銀壹兩貳錢貳分肆毫，止該銀壹拾貳兩壹錢壹分貳釐玖毫叁絲，內除荒撥補銀壹拾兩貳錢陸分伍釐叁毫捌絲玖忽伍微柒纖貳塵柒渺伍漠，實支銀壹兩捌錢肆分柒釐伍毫肆絲肆微貳纖柒塵貳渺伍漠係廪生支領。遇閏加銀壹兩壹錢壹分壹釐壹毫，內除荒撥補銀壹兩肆分陸釐玖毫柒絲貳忽貳微貳纖陸塵玖渺，實支銀陸分肆釐壹毫貳絲柒忽柒微柒纖叁塵壹渺。

門斗貳名，每名歲支工食銀柒兩貳錢，共支銀壹拾肆兩肆錢，內除不敷銀壹兩叁錢貳分伍釐貳毫柒絲，止該銀壹拾叁兩柒分肆釐柒毫叁絲，內除荒撥補銀壹拾貳兩壹錢伍分陸釐叁毫肆絲肆忽貳微叁纖壹塵柒渺，實支銀玖錢壹分捌釐叁毫捌絲伍忽柒微陸纖捌塵叁渺。遇閏加銀壹兩貳錢，內除荒銀壹兩壹錢貳分陸釐陸毫柒絲玖忽玖微玖纖捌塵陸渺，實支銀柒分叁釐叁毫貳絲壹塵肆渺。

廪生貳拾名，每名歲支月糧銀叁兩貳錢，共支銀陸拾肆兩，內除不敷銀伍兩捌錢肆分捌釐貳毫，止該銀伍拾捌兩壹錢伍分壹釐捌毫，內除荒撥補銀伍拾叁兩伍錢貳分伍釐陸毫捌絲陸忽陸微壹纖捌塵捌渺，實支銀肆兩陸錢貳分陸釐壹毫壹絲叁忽叁微捌纖壹塵貳渺。遇閏加銀伍兩叁錢叁分叁釐叁毫叁絲，內除荒撥補銀肆兩玖錢陸分伍釐壹毫壹絲壹忽捌微捌纖叁渺，實支銀叁錢陸分捌釐貳毫壹絲捌忽壹微壹纖玖塵柒渺。

以上俸工項下，除廪生、膳夫貳欵照常支發外，其餘官役俸工於道光貳拾叁年奉文，均以貳兩平支放，每兩減平銀陸分，其減平銀兩，每年批解部庫交納，理合登明。

壹祭祀項下

春秋貳季致祭文廟及各壇祠並無祀鬼魂品物等項共銀柒拾捌兩伍錢，內除不敷銀柒兩壹錢捌分伍釐肆毫，止該銀柒拾壹兩叁錢壹分肆釐陸毫，內除荒銀陸拾陸兩貳錢叁分柒釐叁毫柒絲貳忽叁纖玖塵，實支銀伍兩柒分柒釐貳毫貳絲柒忽玖微陸纖壹塵。

外加增撥補均攤銀陸拾捌兩貳錢柒分捌釐柒毫伍絲貳微捌纖陸塵貳渺肆漠伍沙陸涯。

鄉飲該支銀叁兩，內除不敷銀貳錢柒分肆釐陸毫，止該銀貳兩柒錢貳分伍釐肆毫，內除荒銀貳兩伍錢叁分壹釐叁毫陸絲伍忽伍微柒纖肆塵柒渺，實支銀壹錢玖分肆釐叁絲肆忽肆微貳纖伍塵叁渺。於道光貳拾叁年奉文裁汰，其徵收銀兩，每年批解部庫交納，理合登明。

壹孤貧口糧項下

孤老貳拾名，口糧銀伍拾柒兩叁錢陸分，內除不敷銀伍兩貳錢伍分，止該銀伍拾貳兩壹錢壹分，內除荒銀肆拾捌兩叁錢玖分捌釐玖毫叁絲玖忽貳微玖纖貳塵陸渺，實支銀叁兩柒錢壹分壹釐陸絲柒微柒塵肆渺。外加增銀陸拾捌兩貳錢捌分捌釐玖毫叁絲玖忽貳微玖纖貳塵陸渺。遇閏加銀陸兩。

孤老布花銀壹拾貳兩，內除不敷銀壹兩玖分捌釐肆毫，止該銀壹拾兩玖錢壹釐陸毫，內除荒銀壹拾兩壹錢貳分伍釐壹絲柒忽伍微柒纖貳渺，實支銀柒錢柒分陸釐伍毫捌絲貳忽肆微貳纖玖塵捌渺。

壹驛站項下

驛站原額銀陸百貳拾貳兩壹錢壹分陸釐叁毫，內除荒銀伍百壹拾貳兩肆錢肆分肆釐柒毫肆絲叁忽陸纖伍塵柒渺，實徵銀壹百玖兩陸錢柒分壹釐伍毫伍絲陸忽玖微叁纖肆塵叁渺。

又收受協兌留兵餉銀貳百陸拾兩叁釐貳毫肆絲肆忽貳微叁纖肆塵玖渺。

又收請更府縣等事案內，新添夫馬工料銀壹百壹拾貳兩。

叁項共銀肆百捌拾壹兩陸錢柒分肆釐捌毫壹忽壹微陸纖玖塵貳渺，內除額協裁站共銀壹百壹拾柒兩肆錢肆分柒釐柒毫柒絲柒忽捌微叁纖肆塵玖渺，實徵支銀叁百陸拾肆兩貳錢貳分柒釐貳絲叁忽叁微叁纖肆塵叁渺。

壹走遞項下

損轎夫陸拾名，額支銀肆百貳拾捌兩，內除不敷銀叁拾玖兩壹錢柒分陸釐陸毫，止支銀叁百捌拾捌兩捌錢貳分叁釐肆毫；里馬叁拾匹，工食草料額支銀壹千捌拾兩，內除不敷銀玖拾捌兩捌錢伍分柒釐陸毫捌絲，止支銀玖百捌拾壹兩壹錢肆分貳釐叁毫貳絲。共銀壹千叁百陸拾玖兩玖錢陸分伍釐柒毫貳絲，內除荒銀壹千貳百柒拾貳兩肆錢叁分壹釐伍毫壹絲陸忽玖纖貳渺貳漠伍沙陸洙，實徵銀玖拾柒兩伍錢叁分肆釐貳毫叁忽玖微玖塵柒渺柒漠肆沙肆洙，內除奉裁站銀捌拾兩捌錢伍分壹毫壹絲玖忽肆微，實徵支銀壹拾陸兩陸錢捌分肆釐捌絲肆忽伍微玖塵柒渺柒漠肆沙肆洙。

遇閏加銀玖拾兩，內除荒銀捌拾叁兩伍錢叁分壹釐肆毫玖絲叁忽捌微玖纖肆塵玖渺伍漠，實徵銀陸兩肆錢陸分捌釐伍毫陸忽壹微伍塵伍漠，內除奉裁夫馬工料閏月銀伍兩柒錢叁分肆毫柒絲壹忽，實徵支銀柒錢叁分捌釐叁絲伍忽壹微伍塵伍漠。

以上存留實徵銀貳百柒拾伍兩捌錢柒分捌釐伍毫肆絲捌忽玖纖捌塵玖渺玖漠玖沙肆洙。

又收受協涇陽、乾州等州縣驛站兑留兵餉應支銀貳百陸拾兩叁釐貳毫肆絲肆忽貳微叁纖肆塵玖渺。

共銀伍百叁拾伍兩捌錢捌分壹釐柒毫玖絲貳忽叁微叁纖叁塵捌渺玖漠玖沙肆洙，內除驛遞之差使甚少等事案內，共裁站銀叁百柒拾捌兩伍錢壹分叁釐貳毫柒絲玖忽肆微柒纖捌塵玖渺，內在于題明請將驛站等事案內，留支本縣新增夫馬工料銀壹百玖拾貳兩柒錢壹分叁釐捌毫壹忽壹微肆纖肆塵，實裁銀壹百捌拾伍兩柒錢玖分玖釐肆毫柒絲捌忽叁微叁纖肆塵玖渺，實該銀叁百伍拾兩捌分貳釐叁毫壹絲叁忽玖微玖纖捌塵玖渺玖漠玖沙肆洙。

外加增撥補俸工銀柒拾玖兩貳錢壹分玖釐柒毫伍絲柒忽玖微貳纖貳塵壹渺伍漠。

共該銀肆百貳拾玖兩叁錢貳釐柒絲壹忽玖微貳纖壹塵壹渺肆漠玖沙肆洙於乾隆伍拾貳年奉文，全數解司，一切支欵，俱由司按季領支，嗣於嘉慶伍年奉文，照舊在縣留支，並不解司，按季請領。

外於西安布政司庫領支撥補各役等項銀柒百捌拾壹兩玖錢柒分貳釐陸毫捌絲捌忽伍微叁纖捌塵柒渺貳漠伍沙係動支起運銀兩。

又於西安布政司庫領支新添夫馬工料銀壹百壹拾貳兩係動支起運銀兩。

又於西安布政司庫領支均攤撥補祭祀銀陸拾捌兩貳錢柒分捌釐柒毫伍絲貳微捌纖陸塵貳渺肆漠伍沙陸涯係動支耗羨銀兩。

外遇閏原加銀壹百陸拾伍兩伍錢肆分柒釐柒毫伍絲，內除裁閏俸銀玖兩叁釐叁毫貳絲，止該銀壹百伍拾陸兩伍錢肆分肆釐肆毫叁絲，內除荒銀壹百肆拾伍兩叁錢壹分伍釐伍毫壹絲貳忽柒微肆纖捌塵捌渺貳漠伍沙，實徵銀壹拾壹兩貳錢貳分捌釐玖毫壹絲柒忽貳微伍纖壹塵壹渺柒漠伍沙，內除驛遞之差使甚少等事案內，裁站閏月銀伍兩柒錢叁分肆毫柒絲壹忽，止該銀伍兩肆錢玖分捌釐肆毫肆絲陸忽貳微伍纖壹塵壹渺柒漠伍沙。

外加增役廪等項銀柒兩柒分叁釐玖毫玖絲伍忽壹微捌纖壹塵陸渺。

共該銀壹拾貳兩伍錢柒分貳釐肆毫肆絲壹忽肆微叁纖貳塵柒渺柒漠伍沙於乾隆伍拾貳年奉文，全數解司，一切支欵，俱由司按季領支，嗣於嘉慶伍年奉文，照舊在縣留支，並不解司，按季請領。

外於西安布政司庫領支役廪等項銀壹拾兩伍錢玖分叁釐壹毫貳忽肆微貳纖伍塵柒漠伍沙係動支起運銀兩。

又於西安布政司庫領支夫馬閏月工料銀壹拾伍兩柒錢伍分係動支起運銀兩。

壹額外

課程銀伍兩壹分肆釐肆毫係舖戶出辦。遇閏加徵銀肆錢壹分柒釐捌毫陸絲陸忽陸微陸纖。

畜稅銀玖兩壹錢貳分係買騾馬人戶出辦，原無定額，儘收儘解。

牙稅銀壹兩捌分牙人陸名，並無上中下之分，每名納銀壹錢捌分。

地稅銀壹拾兩伍錢陸分係買田房業主出辦，原無定額，儘收儘解。

當稅銀貳拾伍兩當商伍名徵解。

鹽課銀貳百伍拾捌兩肆分捌釐於乾隆伍拾玖年攤入前項地、丁銀內徵收，每正銀壹兩攤徵銀陸分陸釐捌毫叁絲柒忽貳微柒纖，遇閏無增，永不加耗，凡遇蠲豁蠲免之年，亦不增減蠲免。

宜川縣

原額折正壹等地貳千陸百貳拾伍頃貳拾伍畝玖分捌釐，共額徵本折糧貳萬貳千壹百肆石伍斗伍合玖勺玖抄玖撮伍圭，每畝科本色糧伍升柒合叁勺貳抄柒撮陸圭伍粟，共本色糧壹萬伍千伍拾石，內除拋荒召佃減納糧肆百伍拾石，每畝科折正本色糧伍升陸合伍勺陸抄陸撮貳圭伍粟肆粒伍顆，共糧壹萬肆千陸百石，每畝科折色糧貳升陸合捌勺柒抄壹撮陸圭肆粟，共折色糧柒千伍拾肆石伍斗伍合玖勺玖抄玖撮伍圭，每畝折徵銀貳兩叁分壹釐肆毫捌絲伍微，共徵銀壹萬肆千叁百叁拾壹兩玖分壹釐柒毫柒絲伍忽肆微，內：

順治柒、捌、拾壹等年題明免過無主、有主及續荒地貳千肆百肆頃柒拾畝捌分陸釐，應免折正本折糧壹萬玖千柒百柒石玖斗柒升肆合貳勺壹抄，內節年開墾及興屯墾過共地伍百陸拾頃肆拾貳畝柒分柒釐，該徵折正本折糧肆千陸百伍石柒斗肆升叁合玖勺伍抄肆圭壹粟肆粒，於康熙柒年拾壹月內督撫會題為秦地折正等事案內，奉旨俞允准令折正，照依古額肆畝折正壹畝，該折正地壹百肆拾頃壹拾畝陸分玖釐貳毫伍絲，該折正本折糧壹千壹百伍拾伍石陸斗陸升捌合貳勺貳抄貳撮叁圭叁粟伍粒，應除虛報溢額地肆百貳拾頃叁拾貳畝柒釐柒毫伍絲，應除本折糧叁千肆百伍拾石柒升伍合柒勺貳抄捌撮柒粟玖粒；又開墾地壹頃叁拾陸畝捌分伍釐柒毫，該徵折正本折糧壹拾壹石肆斗壹升玖合伍抄玖撮玖圭貳粟柒粒伍顆捌糠陸粃伍粺，以增抵除。止實荒地貳千貳百陸拾叁頃貳拾叁畝叁分壹釐伍絲，應免折正本折糧壹萬捌千伍百肆拾石捌斗捌升陸合玖勺貳抄柒撮柒圭叁粟柒粒肆顆壹糠叁粃伍粺，實應免起運本色糧壹萬貳千伍百石陸斗柒升捌合柒勺捌抄叁撮貳圭叁粟伍粒捌顆玖糠叁粃伍粺，實應免折色糧陸千肆拾石貳斗捌合壹勺肆抄肆撮伍圭壹粒伍顆貳糠，應免折徵銀壹萬貳千貳百柒拾兩肆錢叁分捌釐陸毫叁絲陸忽肆微捌纖壹渺肆漠玖洙。

實熟地叁百陸拾貳頃貳畝陸分陸釐玖毫伍絲，該折正本折糧叁千壹百壹拾叁石陸斗壹升玖合柒抄壹撮柒圭陸粟貳粒伍顆捌糠陸粃伍粺，實徵起運本色糧貳千玖拾玖石叁斗貳升壹合貳勺壹抄陸撮柒圭陸粟肆粒壹顆陸粃伍粺，實徵折色糧壹千壹拾肆石貳斗玖升柒合捌勺伍抄肆撮玖圭玖粟捌粒肆顆捌糠。該徵銀貳千陸拾兩陸錢伍分叁釐壹毫叁絲捌忽玖微壹纖玖塵捌渺伍漠玖沙壹洙於乾隆五十九年奉准部咨令，將康熙年間易知由單內載：每畝折徵銀伍分伍釐伍毫貳絲肆忽叁微捌纖陸塵叁渺，纂入書內，嗣後遇有墾豁，按畝增除。

原額人丁叁門玖則不等，共折下下人丁玖千陸百叁拾肆丁，每丁徵銀肆錢柒分伍釐壹毫肆絲貳微，共該銀肆千伍百柒拾柒兩伍錢壹釐壹毫，內除優免丁伍百陸拾肆丁，共銀貳百陸拾柒兩玖錢柒分玖釐壹毫。

行差丁玖千柒拾丁，共該徵銀肆千叁百玖兩伍錢貳分貳釐。

順治柒年及拾壹年題明免過逃亡並續亡丁貳千貳百陸拾玖丁，該除銀壹千壹百壹拾捌兩伍錢伍分柒釐伍毫肆絲，內節年招回、編審出丁共貳百肆拾貳丁，該徵銀壹百壹拾玖兩貳錢玖分玖釐以增抵除，實豁免丁貳千貳拾柒丁，應免銀玖百玖拾玖兩貳錢伍分捌釐伍毫肆絲。

實在應徵人丁柒千肆拾叁丁，共徵銀叁千叁百壹拾兩貳錢陸分叁釐肆毫陸絲於雍正伍年攤入前項地糧內徵解。

康熙伍拾伍年起，至乾隆貳拾陸年止，編審出丁壹百肆拾叁丁；乾隆叁拾壹年編審出丁壹拾柒丁；乾隆叁拾陸年編審出丁捌丁。共編審出丁壹百陸拾捌丁，欽遵康熙伍拾貳年叁月拾捌日恩詔，後遇編審之期，但據康熙伍拾年丁冊定為常額，續生人丁，永不加賦。

額外協濟膚施縣額解本府廩生月糧裁充兵餉銀壹拾壹兩伍錢貳分，內除荒銀玖兩捌錢陸分捌釐伍絲捌忽伍纖肆漠捌沙，實徵銀壹兩陸錢伍分壹釐玖毫肆絲壹忽玖微肆纖玖塵玖渺伍漠貳沙。外遇閏又裁銀玖錢陸分，內除荒銀捌錢貳分貳釐叁毫肆絲柒忽捌微肆纖肆塵壹渺，實徵銀壹錢叁分柒釐陸毫伍絲貳忽壹微伍纖伍塵玖渺。外遇閏加徵銀貳百柒拾捌兩壹錢陸釐壹毫叁絲壹忽，內除荒銀壹百陸兩陸錢陸分叁釐玖毫玖絲柒忽肆微捌纖肆塵玖渺。實徵銀壹百柒拾壹兩肆錢肆分貳釐壹毫叁絲叁忽伍微壹纖伍塵壹渺，額外停免銀玖拾捌兩玖錢玖分玖釐壹毫柒絲肆忽肆微。

匠價銀叁拾伍兩壹錢肆分伍釐。遇閏加銀貳兩玖錢貳分捌釐柒毫伍絲以上正閏攤入前項地糧內徵解。

地、丁貳項並停免、匠價、協濟額解本府膚施，除優免丁銀外，共額徵銀壹萬捌千柒百捌拾陸兩貳錢柒分柒釐玖毫肆絲玖忽捌微，內除荒銀壹萬叁千貳百柒拾玖兩伍錢陸分伍釐貳毫叁絲肆忽伍微叁纖壹渺捌漠捌沙玖洙，實徵銀伍千伍百陸兩柒錢壹分貳釐柒毫壹絲伍忽貳微陸纖玖塵捌渺壹漠壹沙壹洙。

額徵本色起運糧壹萬肆千陸百石，內除荒糧壹萬貳千伍百石陸斗柒升捌合柒勺捌抄叁撮貳圭叁粟伍粒捌顆玖糠叁粃伍粄，實徵糧貳千玖拾玖石叁斗貳升壹合貳勺壹抄陸撮柒圭陸粟肆粒壹顆陸粃伍粄。

外遇閏加徵銀貳百柒拾捌兩壹錢陸釐壹毫叁絲壹忽，內除荒銀壹百陸兩陸錢陸分叁釐玖毫玖絲柒忽肆微捌纖肆塵玖渺，實徵銀壹百柒拾壹兩肆錢肆分貳釐壹毫叁絲叁忽伍微壹纖伍塵壹渺，

額外協濟膚施縣額解本府廩糧閏月充餉銀玖錢陸分，內除荒銀捌錢貳分貳釐叁毫肆絲柒忽捌微肆纖肆塵壹渺，實徵銀壹錢叁分柒釐陸毫伍絲貳忽壹微伍纖伍塵玖渺。

又匠價閏銀貳兩玖錢貳分捌釐柒毫伍絲。

叁項共閏銀壹百柒拾肆兩伍錢捌釐伍毫叁絲伍忽陸微柒纖壹塵攤入前項地糧。

壹起運項下

原額本色起運糧壹萬肆千陸百石，內除荒糧壹萬貳千伍百石陸斗柒升捌合柒勺捌抄叁撮貳圭叁粟伍粒捌顆玖糠叁粃伍粄，實徵糧貳千玖拾玖石叁斗貳升壹合貳勺壹抄陸撮柒圭陸粟肆粒壹顆陸粃伍粄。

原編糧石折價銀捌千肆百玖拾陸兩壹分貳釐肆毫陸絲柒忽，內除荒銀柒千貳百柒拾肆兩叁錢陸分貳釐壹毫伍忽叁微捌纖肆塵柒渺，實起運銀壹千貳百貳拾壹兩陸錢伍分叁毫陸絲壹忽陸微壹纖伍塵叁渺。

節裁慶府文職柴薪、齋郎、民校、牲口並盤纏、軍器、毛襖等項歸入起運銀捌百玖拾陸兩柒分，內除荒銀貳百柒兩柒錢柒分陸釐陸毫壹絲，實起運銀陸百捌拾捌兩貳錢玖分叁釐叁毫玖絲。

舊編存留，內順治玖年裁扣各役工食銀貳百叁拾兩；拾貳年裁棹圍、傢伙、傘扇銀玖拾捌兩；拾肆年裁官生俸廩等項銀肆百叁拾玖兩玖錢肆分捌釐玖毫柒絲，損轎夫叁分裁壹，銀叁拾捌兩柒錢陸釐伍毫伍絲叁忽叁微壹纖叁塵叁渺。康熙元年裁吏書工食銀壹百玖拾玖兩貳錢；叁年裁齋夫、門斗工食銀肆拾叁兩貳錢，襍費丁銀柒拾陸兩貳錢貳分貳釐貳毫；拾伍年裁心紅紙張、修監倉厫、生員盤纏、供送草料、芒神、紙劄等項共銀壹百貳拾玖兩壹錢壹分捌釐伍毫；貳拾柒年裁歲貢、舉人盤纏、碑坊等項共銀肆拾捌兩柒錢壹分捌釐。雍正陸年裁燈夫銀貳拾肆兩；拾壹年裁縣丞并各役俸工銀柒拾陸兩；拾貳年裁民壯

銀貳拾肆兩。乾隆玖年裁舖司銀貳拾捌兩捌錢，又舊編冗費裁剩解部銀肆百捌拾肆兩貳錢陸分叁釐陸絲貳忽肆微。

共裁扣歸入起運銀壹千玖百肆拾兩壹錢柒分柒釐貳毫捌絲伍忽柒微壹纖叁塵叁渺，內除荒銀柒百玖兩貳錢柒分玖釐貳絲伍忽壹微叁纖玖塵伍渺，實起運銀壹千貳百叁拾兩捌錢玖分捌釐貳毫陸絲伍微柒纖叁塵捌渺。

又收額外協濟膚施縣額解本府廩糧充餉銀壹拾壹兩伍錢貳分，內除荒銀玖兩捌錢陸分捌釐伍絲捌忽伍纖肆漠捌沙，實起運銀壹兩陸錢伍分壹釐玖毫肆絲壹忽玖微肆纖玖塵玖渺伍漠貳沙。

又停免銀玖拾捌兩玖錢玖分玖釐壹毫柒絲肆忽肆微。

匠價銀叁拾伍兩壹錢肆分伍釐。

共該實起運銀叁千貳百柒拾陸兩陸錢叁分捌釐壹毫貳絲捌忽伍微叁纖玖塵伍漠貳沙。

又收存留內額協抵餉銀捌百捌拾玖兩貳錢柒分壹釐伍毫肆絲陸忽。

又收存留內驛遞之差使甚少並題明請將驛站等事貳案內，共裁站銀叁百伍拾叁兩叁錢貳釐壹毫陸忽陸微貳纖陸塵柒渺。

共該起運銀肆千伍百壹拾玖兩貳錢壹分壹釐柒毫捌絲壹忽壹微陸纖伍塵柒渺伍漠貳沙，內除受協兌留兵餉應支銀壹拾伍兩肆錢叁分柒釐柒毫叁絲玖忽玖微肆纖；又在於請倣以糧載丁等事案內，通省以糧均丁減銀貳千柒百柒拾肆兩壹錢柒分貳釐伍毫伍絲捌忽叁微柒纖伍塵捌渺，內除乾隆元、陸、拾壹、拾陸、貳拾壹、貳拾陸等年編審案內，共增抵補屯更丁銀陸百壹拾貳兩叁錢玖分玖毫壹絲陸忽伍微柒纖玖塵柒渺叁漠叁沙叁洙叁涯貳洒，於乾隆叁拾壹、叁拾陸兩年編審案內，共增抵補屯更丁銀叁百兩伍錢陸分伍釐肆絲陸忽玖微壹纖玖塵捌渺陸漠陸沙陸洙陸涯陸洒，止該減銀壹千捌百陸拾壹兩貳錢壹分陸釐伍毫玖絲肆忽捌微柒纖陸塵貳渺貳洒。

實起運銀貳千陸百肆拾貳兩伍錢伍分柒釐肆毫肆絲陸忽叁微肆纖玖塵伍渺伍漠壹沙玖洙玖涯捌洒，內留支加增撥補俸工銀伍百捌拾兩貳錢伍分捌釐柒毫捌微肆纖肆塵貳漠肆沙，止實該起運銀貳千陸拾貳兩貳錢玖分捌釐柒毫肆絲伍忽伍微伍塵伍渺貳漠柒沙玖洙玖涯捌洒。

遇閏裁扣，內順治玖年裁扣銀壹拾柒兩伍錢；拾肆年裁銀叁拾叁兩貳錢肆分壹釐伍毫伍絲玖忽。康熙元年裁吏書工食銀壹拾陸兩陸錢；叁年裁齋夫、門斗工食銀叁兩陸錢；拾伍年裁心紅紙張、草料銀陸兩捌錢叁分叁釐貳毫柒絲。雍正陸年裁燈夫銀貳兩；拾壹年裁縣丞並各役俸工銀陸兩叁錢叁分叁釐叁毫叁絲；拾貳年裁民壯銀貳兩。乾隆玖年裁銀貳兩肆錢，又裁各官閏俸銀壹拾柒兩柒錢伍分叁釐叁毫叁絲貳忽。

共銀壹百捌兩貳錢陸分壹釐肆毫玖絲壹忽，內除荒銀肆拾壹兩伍錢陸分貳釐捌毫玖忽玖微玖纖貳塵貳渺，實起運閏銀陸拾陸兩陸錢玖分捌釐陸毫捌絲壹忽柒塵捌渺。

又收協濟膚施縣額解本府廩糧充餉銀玖錢陸分，內除荒銀捌錢貳分貳釐叁毫肆絲柒忽捌微肆纖肆塵壹渺，實起運閏銀壹錢叁分柒釐陸毫伍絲貳忽壹微伍纖伍塵玖渺。

又匠價閏銀貳兩玖錢貳分捌釐柒毫伍絲。

共該實起運閏銀陸拾玖兩柒錢陸分伍釐捌絲叁忽壹微陸纖叁塵柒渺。

又收存留內驛遞之差使甚少並題明請將驛站等事貳案內，共裁站閏月銀肆拾陸兩陸錢玖分柒釐柒毫壹絲壹忽。

貳項共起運閏銀壹百壹拾陸兩肆錢陸分貳釐柒毫玖絲肆忽壹微陸纖叁塵柒渺，在於請倣以糧載丁等事案內，通省以糧均丁減銀壹百肆拾兩叁錢玖分肆釐玖毫柒絲叁忽捌微叁纖叁塵玖渺，內除節次抵補屯更丁增閏銀肆拾柒兩柒錢肆分肆厘叁毫柒絲捌忽肆微壹纖伍塵玖渺玖漠玖沙玖洙陸涯，止該減銀玖拾貳兩陸錢伍分伍毫玖絲伍忽肆微壹纖柒塵玖渺肆涯。

實該銀貳拾叁兩捌錢壹分貳釐壹毫玖絲捌忽柒微肆纖伍塵柒渺玖漠玖沙玖洙陸涯，內留支加增撥補工食銀壹拾柒兩柒錢柒分貳釐玖絲玖忽貳微玖纖壹塵肆渺，止該起運銀陸兩肆分玖絲玖忽肆微伍纖肆塵叁渺玖漠玖沙玖洙陸涯。

壹存留項下

原編存留銀柒千叁百捌兩叁錢伍分肆釐貳絲貳忽陸微捌纖陸塵柒渺，內除荒銀伍千柒拾捌兩貳錢柒分玖釐肆毫叁絲伍忽玖微伍纖伍塵玖渺肆漠玖洙，實存留銀貳千貳百叁拾兩柒分肆釐伍毫捌絲陸忽柒微叁纖柒渺伍漠玖沙壹洙。

壹俸工項下

延、榆、綏道俸薪銀壹百伍兩，內除荒銀肆拾壹兩壹錢柒分玖釐捌毫捌絲肆忽伍微，實徵支銀陸拾叁兩捌錢貳分壹毫壹絲伍忽伍微，內均攤銀柒兩貳錢貳分伍絲貳忽肆微玖纖肆塵伍渺，卽留抵撥補各員役俸工銀兩訖。

知縣俸薪銀肆拾伍兩，內除荒銀壹拾柒兩陸錢肆分捌釐伍毫伍絲肆忽，實徵支銀貳拾柒兩叁錢伍分壹釐肆毫肆絲陸忽，內均攤銀叁兩玖分肆釐貳毫柒絲陸忽壹微肆纖伍渺，卽留抵撥補各員役俸工銀兩訖，

典史俸薪銀叁拾壹兩伍錢貳分，內除荒撥補銀壹拾貳兩叁錢陸分壹釐捌毫壹絲，實徵支銀壹拾玖兩壹錢伍分捌釐壹毫玖絲。

訓導俸薪銀叁拾壹兩伍錢貳分，內除荒撥補銀壹拾貳兩叁錢陸分壹釐捌毫壹絲，實徵支銀壹拾玖兩壹錢伍分捌釐壹毫玖絲。外加增撥補全俸銀捌兩肆錢捌分。

延、榆、綏道衙門

門子肆名，每名歲支工食銀陸兩，共支銀貳拾肆兩，內除荒撥補銀玖兩肆錢壹分貳釐伍毫肆絲玖忽，實徵支銀壹拾肆兩伍錢捌分柒釐肆毫伍絲壹忽。遇閏加銀貳兩，內除荒銀柒錢陸分捌釐伍毫肆絲叁忽，實徵支銀壹兩貳錢叁分壹釐肆毫伍絲柒忽。

快手壹拾貳名，每名歲支工食銀陸兩，共支銀柒拾貳兩，內除荒撥補銀貳拾捌兩貳錢叁分柒釐陸毫捌絲伍忽，實徵支銀肆拾叁兩柒錢陸分貳釐叁毫壹絲伍忽。遇閏加銀陸兩，內除荒銀貳兩叁錢伍釐陸毫叁絲柒忽，實徵支銀叁兩陸錢玖分肆釐叁毫陸絲叁忽。

轎傘扇夫柒名，每名歲支工食銀陸兩，共支銀肆拾貳兩，內除荒撥補銀壹拾陸兩肆錢柒分壹釐玖毫陸絲，實徵支銀貳拾伍兩伍錢貳分捌釐肆絲。遇閏加銀叁兩伍錢，內除荒銀壹兩叁錢肆分肆釐玖毫肆絲玖忽，實徵支銀貳兩壹錢伍分伍釐伍絲壹忽。

聽事吏貳名，每名歲支工食銀陸兩，共支銀壹拾貳兩，內除荒撥補銀肆兩柒錢陸釐貳毫柒絲肆忽，實徵支銀柒兩貳錢玖分叁釐柒毫貳絲陸忽。遇閏加銀壹兩，內除荒銀叁錢捌分肆釐貳毫柒絲壹忽，實徵支銀陸錢壹分伍釐柒毫貳絲玖忽。

舖兵貳名，每名歲支工食銀陸兩，共支銀壹拾貳兩，內除荒撥補銀肆兩柒錢陸釐貳毫柒絲肆忽，實徵支銀柒兩貳錢玖分叁釐柒毫貳絲陸忽。遇閏加銀壹兩，內除荒銀叁錢捌分肆釐貳毫柒絲壹忽，實徵支銀陸錢壹分伍釐柒毫貳絲玖忽。

知縣衙門

門子貳名，每名歲支工食銀陸兩，共支銀壹拾貳兩，內除荒撥補銀肆兩柒錢陸釐貳毫柒絲肆忽，實徵支銀柒兩貳錢玖分叁釐柒毫貳絲陸忽。遇閏加銀壹兩，內除荒銀叁錢捌分肆釐貳毫柒絲壹忽，實徵支銀陸錢壹分伍釐柒毫貳絲玖忽。

皂隸、仵作壹拾陸名，每名歲支工食銀陸兩，共支銀玖拾陸兩，內除荒撥補銀叁拾柒兩陸錢伍分壹毫捌絲肆忽，實徵支銀伍拾捌兩叁錢肆分玖釐捌毫壹絲陸忽。遇閏加銀捌兩，內除荒銀叁兩柒分肆釐壹毫捌絲，實徵支銀肆兩玖錢貳分伍釐捌毫貳絲。

馬快捌名，每名歲支工食草料銀壹拾陸兩捌錢，共支銀壹百叁拾肆兩肆錢，內除荒撥補銀伍拾貳兩柒錢壹分貳毫伍絲柒忽，實徵支銀捌拾壹兩陸錢捌分玖釐柒毫肆絲叁忽。遇閏加銀壹拾壹兩貳錢，內除荒銀肆兩叁錢叁釐捌毫肆絲柒忽，實徵支銀陸兩捌錢玖分陸釐壹毫伍絲叁忽。

民壯肆拾陸名，每名歲支工食銀陸兩，共支銀貳百柒拾陸兩，內除荒撥補銀壹百捌兩貳錢肆分肆釐貳毫陸絲柒忽，實徵支銀壹百陸拾柒兩柒錢伍分伍釐柒毫叁絲叁忽。遇閏加銀貳拾叁兩，內除荒銀捌兩捌錢叁分捌釐貳毫伍絲柒忽，實徵支銀壹拾肆兩壹錢陸分壹釐柒毫肆絲叁忽。

看監禁子捌名，每名歲支工食銀陸兩，共支銀肆拾捌兩，內除荒撥補銀壹拾捌兩捌錢貳分伍釐捌絲柒忽，實徵支銀貳拾玖兩壹錢柒分肆釐玖毫壹絲叁忽。外每名加增銀貳兩，共銀壹拾陸兩。遇閏加銀肆兩，內除荒銀壹兩伍錢叁分柒釐玖絲伍忽，實徵支銀貳兩肆錢陸分貳釐玖毫伍忽。

轎傘扇夫柒名，每名歲支工食銀陸兩，共支銀肆拾貳兩，內除荒撥補銀壹拾陸兩肆錢柒分壹釐玖毫陸絲，實徵支銀貳拾伍兩伍錢貳分捌釐肆絲。遇閏加銀叁兩伍錢，內除荒銀壹兩叁錢肆分肆釐玖毫肆絲玖忽，實徵支銀貳兩壹錢伍分伍釐伍絲壹忽。

庫子肆名，每名歲支工食銀陸兩，共支銀貳拾肆兩，內除荒撥補銀玖兩肆錢壹分貳釐伍毫肆絲玖忽，實徵支銀壹拾肆兩伍錢捌分柒釐肆毫伍絲壹忽。遇閏加銀貳兩，內除荒銀柒錢陸分捌釐伍毫肆絲叁忽，實徵支銀壹兩貳錢叁分壹釐肆毫伍絲柒忽。

斗級肆名，每名歲支工食銀陸兩，共支銀貳拾肆兩，內除荒撥補銀玖兩肆錢壹分貳釐伍毫肆絲玖忽，實徵支銀壹拾肆兩伍錢捌分柒釐肆毫伍絲壹忽。遇閏加銀貳兩，內除荒銀柒錢陸分捌釐伍毫肆絲叁忽，實徵支銀壹兩貳錢叁分壹釐肆毫伍絲柒忽。

各舖司兵壹拾伍名，每名歲支工食銀肆兩捌錢，共支銀柒拾貳兩，內除荒銀貳拾柒兩捌錢玖分伍釐貳毫肆忽，實徵支銀肆拾肆兩壹錢肆釐柒毫玖絲陸忽。外加增銀肆拾伍兩捌錢玖分伍釐貳毫肆忽。遇閏加銀陸兩，內除荒銀貳兩貳錢玖分肆釐肆毫玖絲貳忽，實徵支銀叁兩柒錢伍釐伍毫捌忽。外加增銀叁兩柒錢玖分肆釐肆毫玖絲貳忽。

鐘鼓夫伍名，歲支工食銀貳兩肆錢，共支銀壹拾貳兩，內除荒撥補銀肆兩陸錢肆分玖釐貳毫肆忽，實徵支銀柒兩叁錢伍分柒毫玖絲陸忽。遇閏加銀壹兩，內除荒銀叁錢捌分貳釐肆毫捌絲陸忽，實徵支銀陸錢壹分柒釐伍毫壹絲肆忽。

典史衙門

門子壹名，歲支工食銀陸兩，內除荒撥補銀貳兩叁錢伍分叁釐壹毫叁絲柒忽，實徵支銀叁兩陸錢肆分陸釐捌毫陸絲叁忽。遇閏加銀伍錢，內除荒銀壹錢玖分貳釐壹毫叁絲陸忽，實徵支銀叁錢柒釐捌毫陸絲肆忽。

皂隸肆名，每名歲支工食銀陸兩，共支銀貳拾肆兩，內除荒撥補銀玖兩肆錢壹分貳釐伍毫肆絲玖忽，實徵支銀壹拾肆兩伍錢捌分柒釐肆毫伍絲壹忽。遇閏加銀貳兩，內除荒銀柒錢陸分捌釐伍毫肆絲叁忽，實徵支銀壹兩貳錢叁分壹釐肆毫伍絲柒忽。

馬夫壹名，額支工食銀陸兩，內除荒撥補銀貳兩叁錢伍分叁釐壹毫叁絲柒忽，實徵支銀叁兩陸錢肆分陸釐捌毫陸絲叁忽。遇閏加銀伍錢，內除荒銀壹錢玖分貳釐壹毫叁絲陸忽，實徵支銀叁錢柒釐捌毫陸絲肆忽。

訓導衙門

齋夫叁名，每名歲支工食銀壹拾貳兩，共支銀叁拾陸兩，內除荒撥補銀壹拾肆兩壹錢壹分捌釐捌毫貳絲叁忽，實徵支銀貳拾壹兩捌錢捌分壹釐壹毫柒絲柒忽。遇閏加銀叁兩，內除荒銀壹兩壹錢伍分貳釐捌毫貳絲肆忽，實徵支銀壹兩捌錢肆分柒釐壹毫柒絲陸忽。

膳夫貳名，額支銀壹拾叁兩叁錢叁分叁釐叁毫叁絲，內除荒撥補銀伍兩貳錢貳分玖釐柒絲肆忽壹纖肆塵，實徵支銀捌兩壹錢肆釐貳毫伍絲伍忽玖微捌纖陸塵係廪生支領。遇閏加銀壹兩壹錢壹分壹釐叁毫，內除荒撥補銀肆錢貳分柒釐叁絲捌忽柒微貳纖玖塵貳渺，實徵支銀陸錢捌分肆釐貳毫陸絲壹忽貳微柒纖捌渺。

門斗貳名，每名歲支工食銀柒兩貳錢，共支銀壹拾肆兩肆錢，內除荒撥補銀伍兩陸錢肆分柒釐伍毫貳絲伍忽，實徵支銀捌兩柒錢伍分貳釐肆毫柒絲伍忽。遇閏加銀壹兩貳錢，內除荒銀肆錢陸分壹釐壹毫貳絲陸忽，實徵支銀柒錢叁分捌釐捌毫柒絲肆忽。

廪生貳拾名，每名歲支月糧銀叁兩貳錢，共支銀陸拾肆兩，內除荒撥補銀貳拾叁兩伍錢柒分肆釐壹毫伍絲陸忽，實徵支銀肆拾兩肆錢貳分伍釐捌毫肆絲肆忽。遇閏加銀伍兩叁錢叁分叁釐叁毫肆絲，內除荒撥補銀貳兩肆分陸釐捌毫伍絲叁忽，實徵支銀叁兩貳錢捌分陸釐肆毫捌絲柒忽。

以上俸工項下，除廪生、膳夫貳欵照常支發外，其餘官役俸工於道光貳拾叁年奉文，均以貳兩平支放，每兩減平銀陸分，其減平銀兩，每年批解部庫交納，理合登明。

壹祼支項下

春秋貳丁並清明、柒月拾伍等節祭文廟及各壇祠並無祀鬼魂品物等項共銀捌拾叁兩叁錢貳分，內除荒銀叁拾貳兩貳錢捌分玖毫肆絲柒忽，實徵支銀伍拾壹兩叁分玖釐伍絲叁忽。

外撥補均攤祭祀不敷銀貳拾貳兩叁錢壹分貳釐貳毫叁絲貳微捌纖陸塵貳渺肆漠伍沙陸涯。

鄉飲額支銀叁兩，內除荒銀壹兩壹錢陸分壹釐捌毫玖絲柒忽玖微壹纖貳塵叁渺，實徵支銀壹兩捌錢叁分捌釐壹毫貳忽捌纖柒塵柒渺。

布政司紙劄額支銀壹兩玖錢伍分，內除荒銀柒錢伍分伍釐肆毫玖絲肆忽，實徵支銀壹兩壹錢玖分肆釐伍毫陸忽。

以上鄉飲、紙劄貳欵於道光貳拾叁年奉文裁汰，其徵收銀兩，每年批解部庫交納，理合登明。

壹孤貧項下

孤老貳拾名口，共支口糧銀伍拾肆兩肆錢，內除荒銀貳拾壹兩叁錢叁分柒釐伍毫叁絲陸忽壹微貳纖，實徵支銀叁拾叁兩陸分貳釐肆毫陸絲叁忽捌微捌纖。外加增撥補銀叁拾捌兩玖錢叁分柒釐伍毫叁絲陸忽壹微貳纖。遇閏加銀陸兩。

孤老布花銀叁兩伍錢，內除荒銀壹兩叁錢柒分貳釐捌毫壹絲玖忽壹微肆纖玖塵，實徵支銀貳兩壹錢貳分柒釐壹毫捌絲捌微伍纖壹塵。

壹驛站項下

金明驛站銀壹百貳拾壹兩捌分；榆林驛站銀玖百叁拾伍兩貳錢捌分肆釐肆毫壹絲貳忽；魚河驛站銀壹千貳百柒拾貳兩玖錢；歸德驛站銀捌百壹拾肆兩柒錢陸分捌釐捌毫叁絲肆忽；義和驛站銀壹拾柒兩肆錢玖分；青陽驛站銀伍百陸拾兩肆錢玖分肆釐；撫安驛站銀叁百玖拾肆兩伍錢；河西驛站銀陸百貳拾叁兩貳錢。共額銀肆千柒百叁拾玖兩柒錢壹分柒釐貳毫肆絲陸忽，內除荒銀肆千伍拾捌兩貳錢壹分叁釐貳毫陸絲叁忽柒微壹纖玖塵陸渺，實徵銀陸百捌拾壹兩伍錢叁釐玖毫捌絲貳忽貳微捌纖肆渺，內除額協驛站抵餉銀伍百捌拾壹兩叁錢肆分伍釐貳毫肆絲陸忽，實徵支銀壹百兩壹錢伍分捌釐柒毫叁絲陸忽貳微捌纖肆渺。

外加增撥補留支夫馬工料銀陸拾叁兩貳錢玖分柒釐壹毫陸絲陸忽叁微貳纖。遇閏加增留支銀伍兩玖分貳釐伍毫肆絲壹忽陸微肆纖。

走遞協濟甘泉縣夫馬額銀叁拾兩；擡轎夫、皂貳拾肆名，額銀壹百叁拾肆兩玖分叁釐肆毫肆絲陸忽陸微捌纖陸塵柒渺；招募夫頭壹名，額銀柒兩貳錢；走遞馬騾貳拾柒匹，額草料銀玖百柒拾貳兩。共銀壹千壹百肆拾叁兩貳錢玖分叁釐肆毫肆絲陸忽陸微捌纖陸塵柒渺，內除荒銀肆百陸拾叁兩肆錢肆釐柒毫肆絲壹忽伍微肆纖壹塵肆漠玖洙，實徵銀陸百柒拾玖兩捌錢捌分捌釐柒毫伍忽壹微肆纖伍塵陸渺伍漠玖沙壹洙；外收受協驛站兌留兵餉應支銀壹拾伍兩肆錢叁分柒釐柒毫叁絲玖忽玖微肆纖。共銀陸百玖拾伍兩叁錢貳分陸釐肆毫肆絲伍忽捌纖伍塵陸渺伍漠玖沙壹洙，內除額協并裁站銀陸百陸拾壹兩貳錢貳分捌釐肆毫陸忽陸微貳纖陸塵柒渺，實支銀叁拾肆兩玖分捌釐叁絲捌忽肆微伍纖捌塵玖渺伍漠玖沙壹洙。

遇閏加銀捌拾壹兩，內除荒銀叁拾兩玖錢柒分陸釐壹毫玖絲陸忽柒微陸纖叁塵伍渺，實徵銀伍拾兩貳分叁釐捌毫叁忽貳微叁纖陸塵伍渺，內除裁站銀肆拾陸兩陸錢玖分柒釐柒毫壹絲壹忽，實支銀叁兩叁錢貳分陸釐玖絲貳忽貳微叁纖陸塵伍渺。

以上存留實徵共銀貳千貳百叁拾兩柒分肆釐伍毫捌絲陸忽柒微叁纖柒渺伍漠玖沙壹洙。

又收起運內受協驛站兑留兵餉應支銀壹拾伍兩肆錢叁分柒釐柒毫叁絲玖忽玖微肆纖。

共該銀貳千貳百肆拾伍兩伍錢壹分貳釐叁毫貳絲陸忽陸微柒纖柒渺伍漠玖沙壹洙，內除額協驛站抵餉銀捌百捌拾玖兩貳錢柒分壹釐伍毫肆絲陸忽；又除驛遞之差使甚少並題明請將驛站等事貳案內，共裁站銀叁百伍拾叁兩叁錢貳釐壹毫陸忽陸微貳纖陸塵柒渺入起運外，實該銀壹千貳兩玖錢叁分捌釐陸毫柒絲肆忽肆纖肆塵伍漠玖沙壹洙。

外加增撥補俸工，除延、榆、綏道知縣攤俸留抵外，實該銀伍百捌拾兩貳錢伍分捌釐柒毫捌微肆纖肆塵貳漠肆沙。

共實該存留銀壹千伍百捌拾叁兩壹錢玖分柒釐叁毫柒絲肆忽捌微捌纖捌塵捌漠叁沙壹洙於乾隆伍拾貳年奉文，全數解司，壹切支欵，俱由司按季領支。嗣於嘉慶伍年奉文，照舊在縣留支，並不解司，按季請領。

外於西安布政司庫領支撥補均攤祭祀不敷銀貳拾貳兩叁錢壹分貳釐貳毫叁絲貳微捌纖陸塵貳渺肆漠伍沙陸涯係動支司庫耗羨銀兩。

遇閏原加銀壹百捌拾柒兩伍錢玖分柒釐玖毫柒絲貳忽，內除裁扣閏俸銀壹拾柒兩柒錢伍分叁釐叁毫叁絲貳忽入起運外，止該銀壹百陸拾玖兩捌錢肆分肆釐陸毫肆絲，內除荒銀陸拾伍兩壹錢壹釐壹毫捌絲柒忽肆微玖纖貳塵柒渺，實徵銀壹百肆兩柒錢肆分叁釐肆毫伍絲貳忽伍微柒塵叁渺，內除驛遞之差使甚少並題明請將驛站等事叁案內，裁站閏月銀肆拾陸兩陸錢玖分柒釐柒毫壹絲壹忽，止該銀伍拾捌兩肆分伍釐柒毫肆絲壹忽伍微柒塵叁渺。

外加增撥補留支銀壹拾柒兩柒錢柒分貳釐玖絲玖忽貳微玖纖壹塵肆渺。

共實該存留閏月銀柒拾伍兩捌錢壹分柒釐捌毫肆絲柒微玖纖捌塵柒渺於乾隆伍拾貳年奉文，全數解司，壹切支欵，俱由司按季領支。嗣於嘉慶伍年奉文，照舊在縣留支，並不解司，按季請領。

壹額外

協濟膚施縣額解本府廩糧叁分復壹，銀伍兩柒錢陸分，內除荒撥補銀肆兩玖錢叁分肆釐貳絲玖忽貳織伍塵貳漠肆沙，實徵支銀捌錢貳分伍釐玖毫柒絲玖微柒纖肆塵玖渺柒漠陸沙於乾隆伍拾貳年奉文，全數解司，壹切支欵，俱由司按季領支，嗣於嘉慶伍年奉文，照舊在縣留支，並不解司，按季請領。遇閏加銀肆錢捌分，內除荒撥補銀肆錢壹分壹釐壹毫柒絲叁忽玖微貳纖貳塵貳渺，實徵支銀陸分捌釐捌毫貳絲陸忽柒纖柒塵捌渺於乾隆伍拾貳年奉文，全數解司，壹切支欵，俱由司按季領支，嗣於嘉慶伍年奉文，照舊在縣留支，並不解司，按季請領。

課程銀壹拾柒兩捌錢陸分壹釐陸毫係舖戶出辦。遇閏加銀壹兩肆錢捌分捌釐肆毫陸絲陸忽陸微陸纖。

壹雜稅項下

畜稅銀貳拾兩陸錢壹分係買騾馬出辦，原無定額，儘收儘解。

當稅銀壹百貳拾兩係典當鋪出辦，共負舖貳拾肆座，每座每年當稅伍兩。

牙稅銀壹兩伍錢共牙人叁名，每名徵銀伍錢。

地稅銀壹拾伍兩叁錢玖分係買房地業主出辦，原無定額，儘收儘解。

鹽課銀叁百叁拾壹兩柒錢柒分陸釐於嘉慶拾玖年攤入前項地、丁正銀內徵收，每正銀壹兩，攤銀玖分捌毫柒忽零，遇閏無增，永不加耗，凡遇壓豁蠲免之年，亦不增減蠲免。

鳳翔府屬：鳳翔、岐山、寶雞、扶風、隴州、郿縣、麟遊、汧陽

原額各等共地柒萬柒千柒百叁拾捌頃玖拾貳畝捌分叁毫壹絲陸忽，各地徵糧不等，共徵本折糧壹拾玖萬貳千柒百壹拾伍石玖斗貳升肆合叁勺壹抄玖撮壹圭肆粟陸粒伍顆，內本色糧叁百陸拾肆石玖斗壹升玖合，折色糧壹拾玖萬貳千叁百伍拾壹石伍合叁勺壹抄玖撮壹圭肆粟陸粒伍顆，各徵銀不等，共徵銀貳拾伍萬柒百肆拾伍兩叁錢捌分玖毫柒絲貳忽叁微玖纖陸塵陸渺，內除隴州乾隆叁拾叁年在于帖地被覇等事案內，該歸華亭縣地壹頃壹畝玖分陸釐，該除本折糧叁斗玖升玖合叁抄貳撮捌粟叁粒肆顆肆糠，內本色存留糧貳合柒抄肆撮貳圭柒粟肆粒貳顆肆糠，折色糧叁斗玖升陸合玖勺伍抄柒撮捌圭玖粒貳顆，該除折徵銀伍錢貳分捌釐捌毫肆絲陸忽玖微貳纖叁塵貳渺捌漠捌沙。

止實額地柒萬柒千柒百叁拾柒頃玖拾畝捌分肆釐叁毫壹絲陸忽，共該本折糧壹拾玖萬貳千柒百壹拾伍石伍斗貳升伍合貳勺捌抄柒撮陸粟叁粒陸糠，內本色糧叁百陸拾肆石玖斗壹升陸合玖勺貳抄伍撮柒圭貳粟伍粒柒顆陸糠，折色糧壹拾玖萬貳千叁百伍拾石陸斗捌合叁勺陸抄壹撮叁圭叁粟柒粒叁顆，共徵銀貳拾伍萬柒百肆拾肆兩捌錢伍分貳釐壹毫貳絲伍忽肆微柒纖叁塵叁渺壹漠貳沙。

順治柒、捌、拾叁年並康熙捌年、貳拾叁、肆拾伍等年在于山水衝決地、秦屬蠲免、再疏籲請、委勘水災等事各案內，豁免有主、無主及漏報荒地停徵共地肆萬叁千柒百貳拾捌頃伍拾伍畝捌分伍釐玖毫貳絲柒忽，應免本折糧捌萬貳千貳百玖拾貳石叁斗貳升貳合玖勺玖抄伍圭肆顆，內前開墾並興屯、關山屯兵墾過及節年開墾、自首共地壹千陸百捌拾頃壹分貳釐壹毫捌

絲，應徵本折糧肆千伍百肆拾石貳斗陸升貳合肆勺玖抄玖撮肆圭壹粟陸粒柒顆捌粃，又節年丈首及乾隆拾伍、拾柒、貳拾並叁拾貳等年開墾共地叁千玖百貳拾肆頃肆拾壹畝伍分陸釐伍毫柒絲貳忽，該糧陸千肆百玖拾伍石貳升伍合玖抄玖撮肆圭捌粟伍粒捌顆陸糠貳粃，以增抵豁；又乾隆陸、拾、拾玖等年在于清查庫項、奏聞秋禾情形、報明被水，恭請聖訓等事各案內，豁免地叁拾玖頃貳拾玖畝玖釐，應免本折糧壹百捌拾壹石柒斗壹升玖合伍勺陸抄貳圭伍粟叁粒壹顆；又郿縣乾隆貳拾壹年貳月內蒙督撫兩院會題為奏明事案內，豁免過沖地壹拾壹頃伍拾柒畝壹分，應免折色糧肆拾玖石伍斗柒升柒合貳勺伍撮玖圭玖粟捌粒；又郿縣嘉慶拾叁年在于遵批等事案內，豁免地壹拾叁頃叁拾捌畝陸分，應免折色糧伍拾叁石伍斗玖升陸合肆勺伍抄玖撮柒圭叁粟肆粒，應免折色銀柒拾叁兩壹錢伍釐叁毫陸絲壹忽陸微叁纖玖塵捌渺貳漠；又郿縣道光拾叁年在於移明事案內，建修武職衙署佔用民人旱地玖拾貳畝壹分，應免折色粮叁石陸斗捌升柒合陸勺玖撮叁圭玖粟玖粒，應免折色銀伍兩貳分玖釐捌毫捌絲肆忽捌微壹纖貳渺柒漠。

以上原免各等共地肆萬叁千柒百玖拾叁頃柒拾貳畝柒分肆釐玖毫貳絲柒忽，應免本折糧捌萬貳千伍百捌拾石玖斗叁合捌勺貳抄伍撮捌圭捌粟肆粒伍顆，內前開墾並興屯、關山屯兵墾過及節年開墾、自首共地壹千陸百捌拾頃壹分貳釐壹毫捌絲，應徵本折糧肆千伍百肆拾石貳斗陸升貳合肆勺玖抄玖撮肆圭壹粟陸粒柒顆捌粃；又節年丈首及乾隆拾伍、拾柒、貳拾並叁拾貳等年開墾共地叁千玖百貳拾肆頃肆拾壹畝伍分陸釐伍毫柒絲貳忽，該糧陸千肆百玖拾伍石貳升伍合玖抄玖撮肆圭捌粟伍粒捌顆陸糠貳粃；又岐山縣嘉慶叁年起科地捌頃壹拾貳畝伍分，應徵折色糧陸石玖斗陸升叁合玖勺叁抄柒撮伍圭，應徵折色銀玖兩肆錢捌分貳釐玖毫肆絲玖忽貳微陸塵貳渺伍漠。

實荒地叁萬捌千壹百捌拾壹頃壹拾捌畝伍分陸釐壹毫柒絲伍忽，實免本色驛倉糧柒拾陸石玖升柒合柒勺肆抄伍撮柒圭伍粒叁顆柒糠壹粃玖粃，實免官學倉糧壹百柒拾捌石玖斗叁升玖合玖勺壹抄柒撮陸圭捌粟捌粒玖糠玖粃捌粃，每石折銀捌錢，共除銀壹百肆拾貳兩玖錢貳分叁釐壹毫玖絲陸忽柒微陸纖貳塵玖渺肆漠壹沙捌洙，實免折色糧柒萬壹千貳百捌拾叁石陸斗壹升肆合陸勺貳抄陸撮捌粟捌粒肆顆伍糠捌粃叁粃，該免銀玖萬壹千陸百壹拾玖兩肆錢貳分柒釐貳毫柒絲叁忽玖微陸纖貳渺伍漠柒沙叁洙捌涯貳洒。

實熟地叁萬玖千伍百伍拾陸頃柒拾貳畝貳分捌釐壹毫肆絲壹忽，應徵本折糧壹拾貳萬壹千壹百柒拾陸石捌斗柒升貳合玖勺玖抄柒撮伍圭捌粟壹粒壹顆叁糠，實應徵本色驛倉糧柒拾陸石玖斗壹升玖合壹勺捌抄貳粟叁顆捌糠捌粃壹粺，實徵官學倉糧叁拾貳石玖斗陸升捌抄貳撮叁圭壹粟壹粒玖顆貳粺，每石折徵銀捌錢，共折徵銀貳拾陸兩伍錢玖分陸釐捌毫叁忽貳微叁纖柒塵伍漠捌沙貳洙，實徵折色糧壹拾貳萬壹千陸拾陸石玖斗玖升叁合柒勺叁抄伍撮貳圭肆粟捌粒捌顆肆糠壹粃柒粺，該徵折色銀壹拾伍萬玖千壹百貳拾伍兩肆錢貳分肆釐捌毫伍絲壹忽伍微壹纖叁塵伍漠肆沙陸洙壹涯捌洒。

額外退灘地捌頃伍拾陸畝柒分，租糧叁拾叁石捌升肆合肆勺。

原額人丁叁門玖則不等，共折下下人丁叁拾伍萬伍千叁百陸丁，各徵銀不等，共徵銀叁萬捌千壹百玖拾玖兩壹錢壹分玖釐肆毫肆忽叁微陸渺，內除優免丁肆千柒百柒拾捌丁，共銀伍百兩伍錢肆分捌釐捌毫貳絲陸忽叁微陸渺。

行差丁叁拾伍萬伍百貳拾捌丁，共額徵銀叁萬柒千陸百玖拾捌兩伍錢柒分伍毫柒絲捌忽，內除匠價銀肆百捌兩捌錢柒分，止該丁銀叁萬柒千貳百捌拾玖兩柒錢伍毫柒絲捌忽。

順治柒年並康熙拾陸並貳拾叁等年在於經國之要務、再疏籲請等事案內，豁免過殺傷逃亡丁壹拾壹萬貳百陸拾陸丁，該免銀壹萬伍千柒拾柒兩柒錢伍分壹釐伍絲貳微柒纖捌塵叁渺，前招回並節年編審壹萬壹千柒百捌拾肆丁，該徵銀壹千貳百貳拾柒兩玖錢肆分壹釐肆毫玖絲玖忽壹微玖纖玖塵陸渺，實豁免丁玖萬捌千肆百捌拾貳丁，該銀壹萬叁千捌百肆拾玖兩捌錢玖釐伍毫伍絲壹忽柒纖捌塵柒渺。

以上實在行差丁貳拾伍萬貳千肆拾陸丁，該徵銀貳萬叁千肆百叁拾玖兩捌錢玖分壹釐貳絲陸忽玖微貳纖壹塵叁渺。

又岐山縣，順治拾肆年並康熙元年編審出溢額丁捌百肆拾叁丁，共徵銀玖拾肆兩伍錢貳分柒釐玖毫叁絲捌忽貳微陸纖柒塵捌渺。

共實在丁貳拾伍萬貳千捌百捌拾玖丁，共徵銀貳萬叁千伍百叁拾肆兩肆錢壹分捌釐玖毫陸絲伍忽壹微捌纖玖塵壹渺。

康熙伍拾伍年起，至乾隆貳拾陸年止，編審出丁壹千陸百柒拾伍丁；乾隆叁拾壹年編審出丁壹百壹拾貳丁；乾隆叁拾陸年編審出丁壹百叁拾叁丁。

共編審出丁壹千玖百貳拾丁，欽遵康熙伍拾貳年叁月拾捌日恩詔，後遇編審之期，但據康熙伍拾年丁冊定為常額，續生人丁，永不加賦。

原額均徭銀壹萬柒千肆百陸拾兩伍分貳釐玖毫柒絲肆忽陸微，內除改歸華亭縣銀壹錢肆分叁毫壹絲陸忽捌微伍纖柒塵肆渺玖漠肆沙，止實額銀壹萬柒千肆百伍拾玖兩玖錢壹分貳釐陸毫伍絲柒忽柒微肆纖貳塵伍渺陸沙，內除荒銀玖千捌拾壹兩肆錢捌分叁釐伍毫貳絲玖忽陸微伍纖伍塵肆漠壹沙陸洙柒涯，實徵銀捌千叁百柒拾捌兩肆錢貳分玖釐壹毫貳絲捌忽捌纖柒塵肆渺陸漠肆沙叁洙叁涯。

外遇閏額銀叁千肆百貳拾貳兩玖錢伍分柒釐柒毫貳絲壹忽，內除荒銀壹千肆百柒兩玖錢玖分壹毫壹絲捌忽壹纖伍塵肆渺陸漠伍沙陸洙捌涯捌洒，實徵銀貳千壹拾肆兩玖錢陸分柒釐陸毫貳忽玖微捌纖肆塵伍渺叁漠肆沙叁洙壹涯貳洒。

額外匠價銀肆百捌兩捌錢柒分。遇閏加銀叁拾肆兩柒分貳釐伍毫。

停免銀捌百叁兩玖錢玖分捌釐壹毫壹絲叁忽柒微以上叁項攤入前項地糧內徵解，理合登明。

以上地、丁貳项並均徭、匠價、停免等項，除優免丁銀外，共銀叁拾萬陸千玖百柒拾壹兩叁錢捌分壹釐肆毫壹絲叁忽壹微捌纖叁塵陸渺壹漠捌沙，內除荒銀壹拾壹萬肆千陸百玖拾叁兩陸錢肆分叁釐伍毫伍絲壹忽肆微伍纖陸塵玖渺肆漠捌洙伍涯貳洒，實徵銀壹拾玖萬貳千貳百柒拾柒兩柒錢叁分柒釐捌毫陸絲壹忽柒微貳纖陸塵陸渺柒漠柒沙壹洙肆涯捌洒。

額徵驛倉本色糧壹百伍拾叁石壹升陸合玖勺貳抄伍撮柒圭貳粟伍粒柒顆陸糠，內除荒糧柒拾陸石玖升柒合柒勺肆抄伍撮柒圭伍粒叁颗柒糠壹粃玖粄，實徵糧柒拾陸石玖斗壹升玖合壹勺捌抄貳粟叁顆捌糠捌粃壹粄，此項糧石奉文，歸入常平倉內壹體辦理。

額外退灘地租糧叁拾叁石捌升肆合肆勺，外遇閏額徵銀叁千肆百貳拾貳兩玖錢伍分柒釐柒毫貳絲壹忽，內除荒銀壹千肆百柒兩玖錢玖分壹毫壹絲捌忽壹纖伍塵肆渺陸漠伍沙陸洙捌涯捌洒，實徵銀貳千壹拾肆兩玖錢陸分柒釐陸毫貳忽玖微捌纖肆塵伍渺叁漠肆沙叁洙壹涯貳洒。

又額外匠價閏徵銀叁拾肆兩柒分貳釐伍毫。

貳共閏銀貳千肆拾玖兩肆分壹毫貳忽玖微捌纖肆塵伍渺叁漠肆沙叁洙壹

涯貳洒。

壹起運項下

額外退灘地租糧叁拾叁石捌升肆合肆勺。

原編起運糧石等項折價銀壹拾捌萬玖千壹百玖兩貳錢壹分玖釐壹毫柒絲捌微叁纖柒渺，內除荒銀柒萬貳百陸拾貳兩捌錢捌分玖釐陸毫陸絲叁忽肆微伍纖柒塵柒渺肆漠捌沙捌涯陸洒，實徵銀壹拾壹萬捌千捌百肆拾陸兩叁錢貳分玖釐伍毫柒忽叁微柒纖貳塵玖渺伍漠壹沙玖洙壹涯肆洒。

藥味、軍器等項折價銀壹萬叁百陸拾柒兩叁錢陸分柒釐捌絲捌忽捌微壹纖貳塵柒渺，內除荒銀肆千壹百玖拾柒兩伍錢陸分柒釐伍毫玖絲玖微捌纖伍塵捌漠玖沙玖洙貳涯伍洒，實徵銀陸千壹百陸拾玖兩柒錢玖分玖釐肆毫玖絲柒忽捌微貳纖柒塵陸渺壹漠柒涯伍洒。

舊編存留，內順治玖年裁扣各役工食銀貳千貳百肆拾貳兩，內除汧陽縣不敷銀伍兩陸錢玖釐柒毫，實裁銀貳千貳百叁拾陸兩叁錢玖分叁毫；拾貳年裁扣傘扇、傢伙等銀貳百捌拾捌兩，內除不敷銀壹錢捌分陸釐叁毫，實裁銀貳百捌拾柒兩捌錢壹分叁釐柒毫；拾叁年裁汰冗員銀壹百柒拾伍兩陸錢；拾肆年裁扣官生俸廩等項，除奉復孤貧口糧、布花外，止實裁銀貳千捌百陸拾兩捌錢柒分柒釐叁絲，內除不敷銀肆兩伍錢柒分玖釐玖絲伍忽玖微肆纖肆塵伍渺，實裁銀貳千捌百伍拾陸兩貳錢玖分柒釐玖毫叁絲肆忽伍纖伍塵伍渺，又裁遼學俸廩等項銀壹千陸百貳拾捌兩叁錢貳分；拾伍年裁汰冗員銀肆百肆兩叁錢貳分，內除不敷銀壹兩叁錢肆分捌釐壹毫肆絲，實裁銀肆百貳兩玖錢柒分壹釐捌毫陸絲；拾柒年裁汰冗員銀壹百玖拾捌兩捌分，原裁站銀壹千陸拾捌兩伍錢伍分玖毫壹絲肆忽伍微貳纖貳塵貳渺，遞馬、損轎夫叁分裁（壹），銀壹千陸百壹兩捌錢伍分叁釐壹毫伍絲捌忽貳微貳纖叁塵。康熙元年裁吏書工食銀壹千貳百肆拾陸兩捌錢，內除不敷銀貳兩貳錢陸分貳釐伍毫，實裁銀壹千貳百肆拾肆兩伍錢叁分柒釐伍毫；貳年裁苑馬寺監正並主簿俸食銀捌百兩；叁年裁教諭、訓導、門斗、齋夫俸食銀柒百柒拾兩貳錢肆分，內除不敷銀壹兩伍釐肆毫柒絲，實裁銀柒百陸拾玖兩貳錢叁分肆釐伍毫叁絲；陸年裁推官銀貳百伍拾壹兩，雜費丁銀貳千叁百叁拾兩伍錢叁分壹釐陸毫貳絲，內除不敷銀柒兩肆錢肆分玖釐肆毫肆絲肆忽捌微壹塵叁渺，實裁銀貳千叁百貳拾叁兩捌分貳釐壹毫柒絲伍忽壹微玖纖捌塵柒渺；拾伍年裁心紅紙張、喂馬草料等項銀柒百貳拾貳兩捌錢伍分叁釐，內除不敷銀壹兩伍錢柒分壹釐玖毫伍絲，實裁銀柒百貳拾壹兩貳錢捌分壹釐伍絲；拾陸年裁驛丞俸食銀肆拾叁兩伍錢貳分；貳拾壹年裁道官俸食銀肆百壹拾肆兩；貳拾柒年裁歲貢、舉人盤纏、坊價等項銀叁百柒拾肆兩陸錢叁釐肆毫陸絲貳忽陸微，內除不敷銀捌錢貳分陸釐貳毫陸絲，實裁銀叁百柒拾叁兩柒錢柒分柒釐貳毫貳忽陸微；叁拾玖年裁巡檢俸食銀肆拾叁兩伍錢貳分；伍拾陸年裁表箋銀貳拾貳兩壹錢玖分伍釐。雍正陸年裁燈夫銀貳百貳拾捌兩，內除不敷銀伍錢伍分捌釐陸毫，實裁銀貳百貳拾柒兩肆錢肆分壹釐肆毫；拾貳年裁民壯銀伍百肆兩，內除不敷銀伍錢伍分捌釐陸毫，實裁銀伍百叁兩肆錢肆分壹釐肆毫。乾隆柒年裁民壯銀叁百捌拾肆兩，內除不敷銀壹兩貳錢伍分陸釐玖毫，實裁銀叁百捌拾貳兩柒錢肆分叁釐壹毫；玖年裁祭祀銀陸拾肆兩貳錢陸分捌釐；玖年裁舖司銀肆百伍拾壹兩貳錢，內除不敷銀柒錢捌分貳釐伍絲柒忽伍微，實裁銀肆百伍拾兩肆錢壹分柒釐玖毫肆絲貳忽伍微；乾隆貳拾肆年裁隴、寶貳州縣驛丞並皂隸俸工銀捌拾柒兩肆分；又叁拾叁年扶風縣裁縣丞、門、皂、馬夫俸工銀柒拾陸兩，舊編裁剩解部銀肆千陸百貳拾肆兩柒錢玖分陸釐壹毫叁絲陸忽柒微貳纖叁塵。

共裁歸入起運銀貳萬叁千捌百柒拾捌兩壹錢柒分叁釐叁毫叁忽捌微貳纖貳塵肆渺，內除隴州改歸華亭銀伍分捌釐肆微陸纖玖塵貳渺捌漠貳沙，止實歸入起運銀貳萬叁千捌百柒拾捌兩壹錢壹分伍釐叁毫叁忽叁微伍纖叁塵壹渺壹漠捌沙，內除荒銀柒千伍百柒拾陸兩肆錢捌分陸釐捌毫陸絲肆忽肆微叁纖柒塵陸渺伍漠貳沙捌洙陸涯叁洒，實徵銀壹萬陸千叁百壹兩陸錢貳分捌釐肆毫叁絲捌忽玖微壹纖伍塵肆渺陸漠伍沙壹洙叁涯柒洒。

又應徵匠價、停免銀壹千叁百柒兩叁錢玖分陸釐伍絲壹忽玖微陸纖柒塵捌渺。

以上肆項共實該起運銀壹拾肆萬貳千陸百貳拾伍兩壹錢伍分叁釐肆毫玖絲陸忽捌纖叁塵捌渺貳漠柒沙壹洙貳涯陸洒。

又收存留內各州縣額協抵餉銀陸千陸百叁拾伍兩壹錢柒釐肆毫捌絲柒忽捌微捌纖肆塵捌渺。

又收額協平涼府屬平涼等驛所站支抵餉銀伍千捌百伍拾陸兩叁分捌釐伍

毫玖絲叁忽肆微肆纖肆塵柒渺。

又收驛遞之差使甚少並題明請將驛站等事貳案內，共裁站銀壹萬玖百貳拾捌兩伍錢叁分柒釐貳毫陸絲伍忽柒微伍纖玖塵貳渺柒漠，內在于題明請將驛站等事案內，留支本縣新增夫馬工料銀壹千伍百玖拾兩肆錢伍分叁釐伍毫叁絲玖微伍纖壹塵玖渺柒漠，止實收銀玖千叁百叁拾捌兩捌分叁釐柒毫叁絲肆忽捌微柒塵叁渺。

又收寶、岐、郿、汧肆縣在于請做以糧載丁等事案內，通省均丁增銀貳千伍百玖拾貳兩伍錢陸分陸釐貳毫陸絲玖忽伍微貳纖肆塵玖渺。

又收汧陽、隴州貳州縣付送原文事案內，裁撥夫馬工料銀壹百柒拾捌兩捌錢。

陸項共銀壹拾陸萬柒千貳百貳拾伍兩柒錢肆分玖釐伍毫捌絲壹忽柒微肆纖伍塵伍渺貳漠柒沙壹洙貳涯陸洒，內除受協各州縣站支兌留兵餉應支銀捌千伍百貳拾叁兩捌錢叁分叁毫貳絲叁忽肆微貳纖陸塵柒渺；又除寶雞縣受協靈臺縣站支兌留兵餉應支銀壹兩玖錢陸分貳釐玖毫伍絲伍忽貳微叁纖；又除鳳、隴、扶、麟肆州縣均丁案內，減丁銀壹千伍百壹拾壹兩壹錢陸分叁釐叁毫貳絲伍忽柒微伍纖伍塵捌渺，內除乾隆元、陸、拾壹、拾陸、貳拾壹、貳拾陸等年編審案內，共增抵補屯更丁銀叁百叁拾玖兩柒錢玖分壹釐伍毫貳絲柒忽肆微捌纖壹塵伍渺叁漠叁沙叁洙貳涯肆洒，又乾隆叁拾壹、叁拾陸兩年編審案內，共增抵補屯更丁銀壹百伍拾柒兩伍錢壹分玖釐壹毫貳絲陸忽柒微玖纖玖渺陸漠陸沙陸洙陸涯貳洒，止減銀壹千壹拾叁兩捌錢伍分貳釐陸毫柒絲壹忽肆微捌纖叁塵叁渺壹涯肆洒。

實該起運銀壹拾伍萬柒千陸百捌拾陸兩壹錢叁釐陸毫叁絲壹忽陸微伍塵伍渺貳漠柒沙壹洙壹涯貳洒，留支加增俸工銀肆千肆百柒拾玖兩肆錢玖分壹釐捌毫柒忽陸微陸纖柒塵壹渺貳漠肆沙壹洙陸洒；又麟遊縣加增夫馬工料銀伍拾玖兩陸錢。止起運銀壹拾伍萬叁千壹百肆拾柒兩壹分壹釐捌毫貳絲叁忽玖微叁纖捌塵肆渺叁沙陸洒。

外遇閏，玖年裁扣銀壹百柒拾叁兩伍錢；拾叁年裁扣銀壹拾肆兩陸錢叁分叁釐叁毫陸忽；拾肆年裁扣銀貳百貳拾貳兩捌錢貳分捌釐柒毫肆絲伍忽，又裁遼學銀捌拾叁兩捌錢玖分叁釐貳毫；拾伍年裁汰銀叁拾叁兩陸錢玖分叁釐叁毫壹絲肆忽；拾柒年裁汰銀壹拾陸兩伍錢陸釐伍毫玖絲陸忽。康熙元年裁吏書銀壹百叁兩玖錢；貳年裁苑馬寺銀陸拾陸兩陸錢陸分陸釐陸毫；叁年裁教諭、訓導並齋夫、門斗銀陸拾肆兩壹錢捌分陸釐肆毫陸絲肆忽；陸年裁銀貳拾兩玖錢壹分陸釐陸毫；拾伍年裁心紅紙張等項銀貳拾捌兩壹錢陸分陸釐伍毫伍絲；拾陸年裁銀叁兩陸錢貳分陸釐陸毫陸絲陸忽；貳拾壹年裁道官銀叁拾肆兩肆錢玖分玖釐捌毫玖絲；叁拾玖年裁銀叁兩陸錢貳分陸釐陸毫。雍正陸年裁燈夫銀壹拾玖兩；拾貳年裁民壯銀肆拾貳兩。乾隆柒年裁民壯銀叁拾貳兩；玖年裁舖司銀叁拾柒兩陸錢；乾隆貳拾肆年裁驛丞並皂隸俸工銀柒兩貳錢伍分叁釐貳毫陸絲陸忽，又閏俸銀壹百壹拾柒兩伍錢叁分貳釐捌毫柒絲貳忽；又叁拾叁年奉裁縣門、皂、夫馬工食銀叁兩。

共裁歸起運銀壹千壹百貳拾玖兩叁分陸毫柒絲壹忽，內除荒銀叁百捌拾陸兩貳錢伍釐伍毫玖絲玖忽捌微陸塵捌渺玖漠陸沙陸洙伍涯肆洒，實徵銀柒百肆拾貳兩捌錢貳分伍釐柒絲壹忽壹微玖纖叁塵壹渺叁沙叁洙肆涯陸洒。

又收匠價閏銀叁拾肆兩柒分貳釐伍毫；又收存留內驛遞之差使甚少並請題明驛站等事貳案內，裁站閏月銀叁百壹拾叁兩叁分捌釐陸毫陸絲陸忽伍纖伍塵伍渺陸漠，內在於題明請將驛站等事案內，留支新增夫馬工料閏月銀叁拾壹兩叁錢貳分伍釐壹毫貳絲伍忽柒微陸塵貳渺陸漠，又撥支隴州、汧陽新增夫馬工料閏月銀壹百貳拾陸兩玖分肆釐肆毫玖絲，止實收銀壹百伍拾伍兩陸錢壹分玖釐伍絲叁微肆纖玖塵叁渺；又收寶、郿貳縣在于請做以糧載丁等事案內，均丁增銀壹拾肆兩貳錢叁分壹釐壹毫肆絲玖忽陸微柒纖伍渺；又收汧陽縣付送原文等事案內，裁撥夫馬閏月工料銀貳兩伍錢捌分肆釐叁毫伍絲貳忽。

貳項共銀玖百肆拾玖兩叁錢叁分貳釐壹毫貳絲叁忽貳微壹纖貳塵玖渺叁沙叁洙肆涯陸洒，內除鳳、隴、扶、麟肆州縣均丁案內，減銀貳百柒拾叁兩叁錢玖分伍釐壹毫陸忽伍微陸纖玖塵壹渺叁漠，內節次編審案內，抵補屯更（丁）增銀玖拾兩玖錢壹分伍釐捌毫伍絲捌忽陸微叁纖肆塵貳渺玖漠玖沙玖洙玖涯肆洒，止減銀壹百捌拾貳兩肆錢柒分玖釐貳毫肆絲柒忽玖微叁纖肆塵捌渺叁漠陸洒；又除岐、汧貳縣遇閏較比無閏少增銀肆拾貳兩壹錢貳分伍釐伍毫陸絲貳忽捌微壹纖捌塵。

止該起運銀柒百貳拾肆兩柒錢貳分柒釐叁毫壹絲貳忽肆微陸纖柒漠叁沙叁洙肆涯，內除隴、麟、汧叁州縣留支俸工新增夫馬不敷銀陸拾捌兩捌錢貳分柒絲叁忽貳微捌纖捌塵貳渺玖漠叁沙叁洙叁涯陸洒；又隴州留支夫馬閏月不敷銀叁拾捌兩伍錢伍分陸毫壹絲陸忽，遇閏之年，即在前項正銀內留支外，實留支加增撥補俸工閏月銀壹百肆兩陸錢貳分玖釐陸毫貳絲陸微伍纖叁塵肆渺叁漠壹沙伍洙叁涯；又鳳、寶貳縣留支夫馬閏月銀肆兩柒錢玖分捌釐；又郿縣留支撥補俸工閏月銀叁分陸釐捌毫伍絲壹忽伍微肆纖玖塵叁渺捌漠。

止實起運閏銀陸百壹拾伍兩貳錢陸分貳釐捌毫肆絲貳微伍纖柒塵貳渺陸漠壹沙捌洙壹涯。

壹存留項下

原編存留驛倉糧壹百伍拾叁石壹升陸合玖勺貳抄伍撮柒圭貳粟伍粒柒顆陸糠，內除荒糧柒拾陸石玖升柒合柒勺肆抄伍撮柒圭伍粒叁顆柒糠壹粃玖粄，實徵糧柒拾陸石玖斗壹升玖合壹勺捌抄貳粟叁顆捌糠捌粃壹粄，此項糧石奉文，歸入常平倉內壹體辦理。

原編存留銀捌萬貳千叁百捌拾伍兩貳錢捌分叁釐柒毫玖絲捌忽貳微壹纖玖塵叁渺，內除扶風縣裁縣丞俸工銀柒拾陸兩，止該存留銀捌萬貳千叁百玖兩貳錢捌分叁釐柒毫玖絲捌忽貳微壹纖玖塵叁渺，內除荒銀叁萬貳千陸百伍拾陸兩陸錢玖分玖釐肆毫叁絲貳忽伍微柒纖陸塵肆渺肆漠玖沙玖洙柒涯捌洒，實徵銀肆萬玖千陸百伍拾貳兩伍錢捌分肆釐叁毫陸絲伍忽陸微肆纖貳塵捌渺伍漠貳涯貳洒，內除该府通判改為磚坪通判，應支俸工正銀，仍由鳳翔縣徵解司庫，磚坪廳由司按季支領。

又收起運內受協盩厔等州縣站支兌留兵餉應支銀捌千伍百貳拾叁兩捌錢叁分叁毫貳絲叁忽肆微貳纖陸塵柒渺。

又收起運內受協靈臺縣站兌兵餉應支銀壹兩玖錢陸分貳釐玖毫伍絲伍忽貳微叁纖。

叁項共銀伍萬捌千壹百柒拾捌兩叁錢柒分柒釐陸毫肆絲肆忽貳微玖纖玖塵伍渺伍漠貳涯貳洒，內除額協各州縣驛站抵餉銀陸千陸百叁拾伍兩壹錢柒釐肆毫捌絲柒忽捌微捌纖肆塵捌渺；又除額協平涼府屬平涼等驛所站支抵餉銀伍千捌百伍拾陸兩叁分捌釐伍毫玖絲叁忽肆微肆纖肆塵柒渺；又除驛遞之差使並題明請將驛站等事貳案內，共裁站銀壹萬玖百貳拾捌兩伍錢叁分柒釐貳毫陸絲伍忽柒微伍纖玖塵貳渺柒漠，內在于題明請將驛站等事案內，留支本縣新增夫馬工料銀壹千伍百玖拾兩肆錢伍分叁釐伍毫叁絲玖微伍纖壹塵玖渺柒漠，實裁銀玖千叁百叁拾捌兩捌分叁釐柒毫叁絲肆忽捌微柒塵叁渺；又隴州于付送原文事案內，裁站夫馬工料銀壹百壹拾玖兩貳錢。止該銀叁萬陸千貳百貳拾玖兩玖錢肆分柒釐捌毫貳絲捌忽壹微陸纖貳塵柒渺伍漠貳涯貳洏。

又收加增撥補留支俸工銀肆千肆百柒拾玖兩肆錢玖分壹釐捌毫柒忽陸微陸纖柒塵壹渺貳漠肆沙壹洙陸洏。

又收麟遊縣加增夫馬工料銀伍拾玖兩陸錢。

共該存留銀肆萬柒百陸拾玖兩叁分玖釐陸毫叁絲伍忽捌微貳纖玖塵捌渺柒漠肆沙壹洙貳涯捌洏。

外于西安布政司庫领支均攤祭祀銀壹百柒拾叁兩壹錢柒分壹釐捌毫捌絲柒忽伍微肆纖玖塵捌渺貳漠伍沙叁洙。

遇閏原加銀貳千肆百壹拾肆兩肆錢伍分玖釐玖毫貳絲貳忽，內除扶風縣奉裁縣丞銀叁兩，又各官閏俸銀壹百壹拾柒兩伍錢叁分貳釐捌毫柒絲貳忽，止額銀貳千貳百玖拾叁兩玖錢貳分柒釐伍絲，內除荒銀壹千貳拾壹兩柒錢捌分肆釐伍毫壹絲捌忽貳微捌塵伍渺陸漠玖沙叁涯肆洏，實徵銀壹千貳百柒拾貳兩壹錢肆分貳釐伍毫叁絲壹忽柒微玖纖壹塵肆渺叁漠玖洙陸涯陸洏；內除驛遞之差使甚少並題明請將驛站等事貳案內，共裁站閏月銀叁百壹拾叁兩叁分捌釐陸毫陸絲陸忽伍纖伍塵伍渺陸漠，內在于題明請將驛站等事案內，留支本州縣新增夫馬工料閏月銀叁拾壹兩叁錢貳分伍釐壹毫貳絲伍忽柒微陸塵貳渺陸漠，又撥給隴州、汧陽新增夫馬工料閏月銀壹百貳拾陸兩玖分肆釐肆毫玖絲，實裁銀壹百伍拾伍兩陸錢壹分玖釐伍絲叁微肆纖玖塵叁渺。

止該銀玖百玖拾兩肆錢貳分捌釐玖毫玖絲壹忽肆微肆纖貳塵壹渺叁漠玖洙陸涯陸洏，內除該府通判改為磚坪通判，應支俸工閏銀，仍由鳳翔縣徵解司庫，磚坪廳由司案季支領。

又收加增撥補俸工銀壹百叁拾壹兩玖錢陸分柒釐捌毫伍絲貳忽伍微玖纖肆塵叁渺柒漠壹沙伍洙叁涯肆洏。

又收汧陽縣撥補夫馬工料並撤回新塘夫馬閏月銀叁拾叁兩玖分伍釐陸毫。

又收鳳、寶、麟、隴肆州縣留支夫馬閏月銀肆拾捌兩壹錢肆分捌釐陸毫壹絲陸忽，內除隴州撥給平利縣夫馬閏月銀肆兩捌錢。

肆項共該閏銀壹千壹百玖拾捌兩捌錢肆分壹釐陸絲叁纖陸塵伍渺貳沙伍洙。

外隴州收寶雞縣撥給夫馬閏月銀叁拾玖兩貳錢柒分捌釐柒毫玖絲。

外汧陽縣收鳳翔縣撥給夫馬閏月銀捌拾陸兩捌錢壹分伍釐柒毫。

又鳳、寶、岐、麟、隴、扶陸州縣于奏聞事案内，增給夫馬閏月工料銀捌百陸拾陸兩肆錢，遇閏之年，在司庫地、丁項下領支。

壹額外

課程銀壹百叁拾叁兩捌分伍毫陸絲。遇閏加銀壹拾壹兩玖分肆絲陸忽陸微伍纖。

畜稅銀陸百玖拾捌兩捌錢叁分叁釐。

牙稅銀貳百貳拾兩柒錢柒分。

當稅銀肆百貳拾兩。

磨課銀玖拾壹兩壹錢伍分柒釐。遇閏加銀柒兩貳錢陸分伍釐。

地稅銀肆百貳拾貳兩壹錢貳分伍釐。

本府商稅銀捌百壹拾陸兩叁錢叁分叁釐。

畜稅銀壹千貳百肆拾捌兩捌錢柒分叁釐。

房壕租銀叁拾貳兩玖錢貳分叁釐。

隴州商稅銀壹千柒百玖拾叁兩壹錢。

鳳翔縣

原額捌等共地壹萬伍千柒百貳拾頃貳拾伍畝伍分叁釐壹毫，每畝起科不等，共額徵折色糧叁萬肆千壹百壹拾玖石玖斗壹升玖合陸勺叁抄壹撮壹圭肆粟陸粒伍顆，每石徵銀壹兩叁錢叁釐陸絲伍忽捌微，共徵銀肆萬肆千肆百陸拾兩伍錢叁毫柒絲玖繊伍塵伍渺。內：

壹等地肆拾頃叁拾貳畝伍分柒釐叁毫，每畝科糧壹斗，共糧肆百叁石貳斗伍升柒合叁勺。

貳等地壹拾伍頃肆拾叁畝伍分柒釐捌毫，每畝科糧玖升，共糧壹百叁拾捌石玖斗貳升貳合貳抄。

叁等地伍頃叁拾貳畝玖分壹釐，每畝科糧壹斗捌合，共糧伍拾柒石伍斗伍升肆合貳勺捌抄。

肆等地壹萬壹千貳百柒拾頃叁拾捌畝玖分壹釐貳毫，每畝科糧貳升伍合陸勺捌抄陸撮陸圭叁粟，共糧貳萬捌千玖百肆拾玖石捌斗叁升壹合伍勺貳抄捌撮壹圭肆粟陸粒伍顆。順治柒、捌兩年免過無主、有主荒地伍百壹拾壹頃捌拾叁畝壹分伍釐玖毫，應免糧壹千叁百壹拾肆石柒斗貳升貳合捌勺陸抄柒撮肆圭柒粟貳粒貳顆，內前開墾過荒地並興屯及節年開墾、自首、又雍正拾、拾壹、拾貳等年開墾共地叁百肆拾伍頃陸拾柒畝伍分陸釐柒毫捌絲伍忽，應徵糧捌百肆拾陸石貳斗壹升叁合柒勺玖抄壹撮壹圭壹粟玖粒壹糠。實在地壹萬壹千壹百肆頃貳拾叁畝叁分貳釐捌絲伍忽，該糧貳萬捌千肆百捌拾壹石叁斗貳升貳合肆勺伍抄壹撮柒圭玖粟叁粒叁顆壹糠。

伍等高平沙地伍百壹拾陸頃壹拾叁畝捌釐肆毫，每畝科糧貳升壹合，共糧壹千捌拾叁石捌斗柒升肆合柒勺陸抄肆撮。

陸等地壹千叁百伍拾壹頃玖拾壹畝陸分柒釐肆毫，每畝科糧壹升捌合，共糧貳千肆百叁拾叁石肆斗伍升壹勺叁抄貳撮。

柒等地肆拾柒頃玖畝叁分陸毫，每畝科糧壹升叁合伍勺，共糧陸拾叁石伍斗柒升伍合陸勺叁抄壹撮。

捌等地貳千肆百柒拾叁頃陸拾叁畝肆分玖釐肆毫，每畝科糧肆合，共糧玖百捌拾玖石肆斗伍升叁合玖勺柒抄陸撮。

各等原免過荒地伍百壹拾壹頃捌拾叁畝壹分伍釐玖毫，應免糧壹千叁百壹拾肆石柒斗貳升貳合捌勺陸抄柒撮肆圭柒粟貳粒貳顆，内前墾並節年開墾共地叁百肆拾伍頃陸拾柒畝伍分陸釐柒毫捌絲伍忽，應徵糧捌百肆拾陸石貳斗壹升叁合柒勺玖抄壹撮壹圭壹粟玖粒壹糠，以增抵除，實應免糧肆百陸拾捌石伍斗玖合柒抄陸撮叁圭伍粟叁粒壹顆玖糠。

又於康熙捌年奏屬蠲免事案內，題明免過興屯、捏報、清丈自首共地伍百肆拾叁頃玖拾壹畝玖分捌毫柒絲柒忽，應免折色糧壹千伍百貳拾叁石柒斗捌升陸合玖勺叁抄叁撮肆圭伍粟柒粒，應免銀壹千玖百捌拾伍兩伍錢玖分肆釐陸毫叁絲玖忽肆微柒纖肆塵柒渺。

貳共實應免地柒百壹拾頃柒畝肆分玖釐玖毫玖絲貳忽，應免折色糧壹千玖百玖拾貳石貳斗玖升陸合玖撮捌圭壹粟壹顆玖糠，該除銀貳千伍百玖拾陸兩玖分貳釐柒毫玖絲叁忽柒微玖纖柒渺叁漠叁沙叁洙貳涯。

以上實在熟地壹萬伍千壹拾頃壹拾捌畝叁釐壹毫捌忽，實徵糧叁萬貳千壹百貳拾柒石陸斗貳升叁合陸勺貳抄壹撮叁圭叁粟陸粒叁顆壹糠，該徵銀肆萬壹千捌百陸拾肆兩肆錢柒釐伍毫柒絲陸忽叁微肆塵柒渺陸漠陸沙陸洙捌涯遵照乾隆伍拾玖年奉准部咨令，將康熙年間易知由單內載：壹等地每畝折徵銀壹錢叁分叁毫陸忽伍微捌纖玖渺；貳等地每畝折徵銀壹錢壹分柒釐貳毫柒絲伍忽玖微貳纖貳塵；叁等地每畝折徵銀壹錢肆分柒毫叁絲壹忽壹纖玖塵捌渺；肆等地每畝折徵銀叁分叁釐肆毫柒絲壹忽叁微陸纖玖塵；伍等地每畝折徵銀貳分柒釐叁毫陸絲肆忽叁微捌纖壹塵捌渺；陸等地每畝折徵銀貳分叁釐肆毫伍絲伍忽壹微捌纖肆塵捌渺貳漠；柒等地每畝折徵銀壹分柒釐伍毫玖絲壹忽叁微捌纖捌塵貳渺；捌等地每畝折徵銀伍釐貳毫壹絲貳忽貳微陸纖叁塵肆渺伍漠，逐壹纂入書內，嗣後遇有墾豁，以便按畝增除。

額外退灘地柒頃壹拾玖畝伍分，零租糧貳拾捌石玖斗陸升捌合肆勺。

原額人丁叁等玖則不等，俱折下下丁共陸萬叁千肆百肆拾捌丁，每丁徵銀壹錢壹分陸釐貳毫柒絲伍忽柒微，共徵銀柒千叁百柒拾柒兩肆錢捌分陸釐柒毫柒絲肆忽肆微，內除優免丁壹千叁百玖拾貳丁，共該銀壹百陸拾壹兩捌錢伍分伍釐柒毫柒絲肆忽肆微。

行差丁陸萬貳千伍拾陸丁，共額徵銀柒千貳百壹拾伍兩陸錢叁分壹釐。

順治柒年題明豁免過逃亡丁壹千肆百柒拾壹丁，應除銀壹百柒拾壹兩陸分伍釐捌絲陸忽伍微陸纖壹塵，前招回並審出丁陸百柒拾壹丁，該徵銀柒拾捌兩貳分壹釐貳絲陸忽柒微，實豁免丁壹千肆百柒拾壹丁，該除銀壹百柒拾壹兩陸分伍釐捌絲陸忽伍微陸纖壹塵。

實行差並招回抵補豁免共丁陸萬伍百捌拾伍丁，該徵銀柒千肆拾肆兩伍錢陸分伍釐玖毫壹絲叁忽肆微叁纖玖塵。

康熙伍拾伍年起，至乾隆貳拾陸年止，編審出丁陸百玖拾丁；乾隆叁拾壹年編審出丁壹拾陸丁；乾隆叁拾陸年編審出丁貳拾丁。共編審出丁柒百貳拾陸丁，欽遵康熙伍拾貳年叁月拾捌日恩詔，後遇編審之期，但據康熙伍拾年丁冊定為常額，續生人丁，永不加賦。

原額均徭銀壹千捌拾玖兩肆錢叁分柒釐，內除荒銀陸拾叁兩捌錢玖分伍釐陸毫玖絲伍忽貳微壹纖肆塵陸渺貳漠伍沙貳洙貳涯，實徵銀壹千貳拾伍兩伍錢肆分壹釐叁毫肆忽柒微捌纖伍塵叁渺柒漠肆沙柒洙捌涯按照前項捌等地畝：壹等地每畝徵銀叁釐壹毫玖絲叁忽壹微伍塵肆渺；貳等地每畝徵銀貳釐捌毫柒絲叁忽柒微玖纖肆塵捌渺；叁等地每畝徵銀叁釐肆毫肆絲捌忽肆微玖纖柒塵；肆等地每畝徵銀捌毫貳絲壹微陸纖伍塵叁漠壹沙柒洙；伍等地每畝徵銀陸毫柒絲伍微伍纖貳塵壹渺貳漠；陸等地每畝徵銀伍毫柒絲肆忽柒微伍纖捌塵玖渺陸漠伍沙；柒等地每畝徵銀肆毫叁絲壹忽陸纖玖塵柒渺叁漠；捌等地每畝徵銀壹毫貳絲柒忽柒微貳纖肆塵貳渺壹漠。

外遇閏加徵銀陸百捌拾玖兩叁錢貳分貳釐叁毫壹絲叁忽，內除荒銀貳拾陸兩捌錢伍分壹釐伍毫伍絲肆忽伍微柒纖玖渺，實徵銀陸百陸拾貳兩肆錢柒分柒毫伍絲捌忽肆微貳纖玖塵壹渺。

額外徵收匠價銀捌拾肆兩壹錢伍分。遇閏加銀柒兩壹分貳釐伍毫。

停免銀玖拾肆兩伍錢伍分捌毫柒絲以上額外正閏叁項攤入前項地糧內徵解。

以上地、丁、均徭叁項並匠價、停免，除優免丁銀外，額徵銀伍萬貳千玖百肆拾肆兩貳錢陸分玖釐貳毫肆絲玖纖伍塵伍渺，內除荒銀貳千捌百叁拾壹兩伍分叁釐伍毫柒絲伍忽伍微陸纖陸塵叁渺伍漠捌沙伍洙肆涯，實徵銀伍萬壹百壹拾叁兩貳錢壹分伍釐陸毫陸絲肆忽伍微貳纖玖塵壹渺肆漠壹沙肆洙陸涯。

額外退灘地租糧貳拾捌石玖斗陸升捌合肆勺。

外遇閏加徵銀陸百捌拾玖兩叁錢貳分貳釐叁毫壹絲叁忽，內除荒銀貳拾陸兩捌錢伍分壹釐伍毫伍絲肆忽伍微柒纖玖渺，實徵銀陸百陸拾貳兩肆錢柒分柒毫伍絲捌忽肆微貳纖玖塵壹渺。

又匠價閏銀柒兩壹分貳釐伍毫。

貳共該徵閏銀陸百陸拾玖兩肆錢捌分叁釐貳毫伍絲捌忽肆微貳纖玖塵壹渺。

壹起運項下

額徵本色退灘地租糧貳拾捌石玖斗陸升捌合肆勺。

原編起運糧石等項折價銀叁萬陸百壹拾伍兩叁錢柒分捌毫柒絲捌忽玖纖伍塵伍渺，內除荒銀壹千柒百捌拾柒兩伍錢捌分貳釐柒毫柒忽柒微柒纖壹塵壹渺叁漠叁沙，實起運銀貳萬捌千捌百貳拾柒兩柒錢捌分捌釐壹毫柒絲叁微貳纖肆塵叁渺陸漠柒沙。

節裁藥味等項銀壹千肆百壹拾陸兩叁錢陸分玖釐，內除荒銀肆拾兩陸分玖釐柒毫伍絲壹忽肆微肆塵玖漠柒沙貳洙，實起運銀壹千叁百柒拾陸兩貳錢玖分玖釐貳毫肆絲捌忽伍微玖纖伍塵玖渺貳沙捌洙。

舊編存留，內順治玖年裁扣各役工食銀陸百壹拾肆兩；貳年裁扣傘扇銀壹百壹拾兩；拾肆年裁扣官生俸廩等項銀伍百捌拾陸兩玖分玖釐壹毫，又遼學官生俸廩等項銀壹千陸百貳拾捌兩叁錢貳分；順治拾柒年裁冗員銀肆拾玖兩伍錢貳分。康熙元年裁吏書銀叁百柒拾肆兩肆錢；康熙叁年裁訓導、齋夫銀貳百肆拾叁兩叁錢陸分；陸年裁推官銀貳百伍拾壹兩，又襍費丁銀叁百貳拾伍兩肆錢貳分貳釐貳毫；拾伍年裁心紅、紙劄、監倉、喂馬草料、鋪墊板蓆等項銀壹百柒拾捌兩壹錢陸分；拾陸年裁驛丞銀肆拾叁兩伍錢貳分；貳拾柒年裁歲貢、舉人盤纏、坊價銀柒拾柒兩柒錢伍釐；伍拾陸年裁表箋銀壹拾肆兩。雍正陸年裁燈夫銀陸拾兩；拾貳年裁民壯銀肆拾捌兩。乾隆柒年裁民壯銀肆拾捌兩；玖年裁均攤祭祀銀叁拾肆兩貳錢陸分；玖年又裁舖司銀壹百兩捌錢，舊編冗費裁剩解部銀伍百肆拾貳兩玖絲。

共裁扣歸入起運銀伍千叁百貳拾捌兩伍錢陸分陸釐叁毫玖絲，內除荒銀貳百肆兩貳錢貳分柒釐壹毫壹絲陸忽柒微陸纖壹塵貳渺玖漠叁沙肆洙，實起運銀伍千壹百貳拾肆兩叁錢叁分玖釐貳毫柒絲叁忽貳微叁纖捌塵柒渺陸沙陸洙。

又應徵匠價、停免共銀壹百柒拾捌兩柒錢捌毫柒絲。

以上肆項共該實起運銀叁萬伍千伍百柒兩壹錢貳分柒釐伍毫陸絲貳忽壹微伍纖捌塵玖渺柒漠陸沙肆洙。

又收存留內額協汧、隴等州縣站支抵餉銀叁千貳百壹拾伍兩伍錢叁分貳釐叁毫貳絲叁忽壹微叁纖叁塵伍渺。

又收額協靜寧、華亭等州縣站支抵餉銀柒百伍拾壹兩壹錢貳分柒釐玖絲貳忽柒微玖纖陸塵陸渺。

又收存留內驛遞之差使甚少並題明請將驛站等事貳案內，共裁站銀貳千伍百玖拾捌兩貳錢伍分貳釐捌毫捌絲陸忽柒微叁纖玖塵壹渺。

共該起運銀肆萬貳千柒拾貳兩叁分玖釐捌毫陸絲肆忽捌微貳纖捌塵壹渺柒漠陸沙肆洙，內除受協盩厔縣驛站兌留兵餉應支銀貳百伍拾貳兩壹錢柒分陸釐；又在於請放以糧載丁等事案內，通省以糧均丁減銀伍百捌拾壹兩壹錢壹分肆毫壹絲柒忽捌微貳纖貳塵，內除乾隆元、陸、拾壹、拾陸、貳拾壹、貳拾陸等年編審案內，共增抵補屯更丁銀壹百叁拾貳兩肆錢伍分叁釐叁毫叁絲玖忽壹微柒纖貳塵叁渺叁漠叁沙叁洙叁涯貳洒，又乾隆叁拾壹、叁拾陸兩年編審案內，共增抵補屯更丁銀伍拾捌兩柒錢捌分伍釐貳絲肆忽柒微捌纖陸塵壹渺陸漠陸沙陸洙陸涯陸洒，止該減銀叁百捌拾玖兩捌錢柒分貳釐伍絲叁忽捌微陸纖叁塵伍渺貳洒。

實該起運銀肆萬壹千肆百貳拾玖兩玖錢玖分壹釐捌毫壹絲玖微陸纖肆塵陸渺柒漠陸沙叁洙玖涯捌洒，內留支加增撥補俸工銀貳百伍拾壹兩伍錢叁分貳釐捌毫貳絲壹忽貳微叁塵貳渺貳漠，止該起運銀肆萬壹千壹百柒拾捌兩肆錢伍分捌釐玖毫捌絲玖忽柒微陸纖壹塵肆渺伍漠陸沙叁洙玖涯捌洒。

外遇閏裁扣，內順治玖年裁銀肆拾玖兩伍錢；拾肆年裁銀肆拾陸兩壹錢玖釐玖毫玖絲玖忽，又裁遼學閏銀捌拾叁兩捌錢玖分叁釐貳毫；拾柒年裁銀肆兩壹錢貳分陸釐陸毫。康熙元年又裁銀叁拾壹兩貳錢；叁年裁銀貳拾兩貳錢柒分玖釐捌毫陸絲陸忽；陸年裁銀貳拾兩玖錢壹分陸釐陸毫；拾伍年裁銀玖兩肆錢玖分玖釐捌毫柒絲；拾陸年裁銀叁兩陸錢貳分陸釐陸毫陸絲陸忽。雍正陸年裁銀伍兩；拾貳年裁銀肆兩。乾隆柒年裁民壯銀肆兩；玖年裁舖司銀捌兩肆錢，又閏俸銀叁拾柒兩貳錢玖分玖釐柒毫陸絲貳忽。

共銀叁百貳拾柒兩捌錢伍分貳釐伍毫陸絲叁忽，內除荒銀伍兩捌錢陸分柒釐叁絲壹忽肆微捌纖肆塵柒渺，實徵銀叁百貳拾壹兩玖錢捌分伍釐伍毫叁絲壹忽伍微壹纖伍塵叁渺。

又額外匠價閏銀柒兩壹分貳釐伍毫。

貳共起運閏銀叁百貳拾捌兩玖錢玖分捌釐叁絲壹忽伍微壹纖伍塵叁渺。

又收存留內裁站閏月銀壹百叁兩柒錢叁分壹釐捌毫伍絲，內撥給汧陽縣新增夫馬工料銀捌拾陸兩捌錢壹分伍釐柒毫，止實收銀壹拾陸兩玖錢壹分陸釐壹毫伍絲。

貳項共銀叁百肆拾伍兩玖錢壹分肆釐壹毫捌絲壹忽伍微壹纖伍塵叁渺，內除請倣以糧載丁等事案內，通省以糧均丁減銀壹百貳拾玖兩叁錢柒分伍釐壹毫伍絲柒忽捌微壹纖壹塵貳渺，內節次抵補屯更丁增銀肆拾貳兩玖錢伍分貳釐叁絲伍忽柒微捌纖壹塵貳渺玖漠玖沙玖洙玖涯捌洒，止該減銀捌拾陸兩肆錢貳分叁釐壹毫貳絲貳忽貳纖玖塵玖渺貳洒。

實該銀貳百伍拾玖兩肆錢玖分壹釐伍絲玖忽肆微捌纖伍塵叁渺玖漠玖沙玖洙玖涯捌洒，內留支加增撥補役廩閏月銀貳拾貳兩貳錢伍分貳釐捌毫捌忽肆微陸纖伍塵叁渺；又留支夫馬閏月銀貳兩叁錢玖分玖釐。止該起運閏銀貳百叁拾肆兩捌錢叁分玖釐貳毫伍絲壹忽貳纖玖漠玖沙玖洙玖涯捌洒。

壹存留項下

原編存留銀壹萬伍千肆百伍兩貳錢陸分貳釐壹毫貳忽，內除荒銀柒百玖拾玖兩壹錢柒分叁釐玖毫玖絲玖忽陸微貳纖玖塵捌渺叁漠肆沙玖洙肆涯，實存留銀壹萬肆千陸百陸兩捌分捌釐壹毫貳忽叁微柒纖壹渺陸漠伍沙陸涯。

壹俸工項下

本府知府壹員，額支俸薪銀壹百伍兩，內除荒銀肆兩玖分柒釐陸毫伍忽，實徵支銀壹百兩玖錢貳釐叁毫玖絲伍忽，內均攤俸工銀肆拾肆兩貳錢陸分柒釐柒毫伍絲肆忽玖微玖纖肆塵伍渺，即留抵撥補各官員役俸工訖。

裁移磚坪通判壹員，額支俸薪銀陸拾兩，內除荒銀貳兩叁錢肆分壹釐肆毫捌絲柒忽捌微捌纖貳塵，實徵支銀伍拾柒兩陸錢伍分捌釐伍毫壹絲貳忽壹微壹纖捌塵，內均攤俸工銀貳拾伍兩貳錢玖分伍釐捌毫陸絲玖微柒纖貳塵，即留抵撥補各官役俸工訖。上項應支俸薪銀兩撥解司庫，由磚坪通判按季由司支領。

經歷壹員，額支俸薪銀肆拾兩，內除荒撥補銀壹兩伍錢陸分玖毫玖絲叁忽，實徵支銀叁拾捌兩肆錢叁分玖釐柒忽。

司獄司壹員，額支俸薪銀叁拾壹兩伍錢貳分乾隆叁拾捌年奉文裁汰，歸於起運項下解司充餉，除荒撥補銀壹兩貳錢叁分陸絲貳忽，實徵支銀叁拾兩貳錢捌分玖釐玖毫叁絲捌忽。

教授訓導貳員，額支俸薪銀叁拾壹兩伍錢貳分，內除荒撥補銀壹兩貳錢叁分陸絲貳忽，實徵支銀叁拾兩貳錢捌分玖釐玖毫叁絲捌忽。外撥補全俸銀伍拾叁兩肆錢捌分。

稅課司大使壹員，額支俸薪銀叁拾壹兩伍錢貳分，內除荒銀壹兩貳錢叁分陸絲貳忽，實徵支銀叁拾兩貳錢捌分玖釐玖毫叁絲捌忽。

本縣知縣壹員，額支俸薪銀肆拾伍兩，內除荒銀壹兩柒錢伍分陸釐壹毫壹絲肆忽，實徵支銀肆拾叁兩貳錢肆分叁釐捌毫捌絲陸忽，內均攤俸工銀壹拾捌兩玖錢柒分壹釐捌毫玖絲陸忽壹微肆纖伍渺，即留抵撥補各官役俸工訖。

縣丞壹員，額支俸薪銀肆拾兩，內除荒撥補銀壹兩伍錢陸分玖毫玖絲叁忽，實徵支銀叁拾捌兩肆錢叁分玖釐柒忽。

典史壹員，額支俸薪銀叁拾壹兩伍錢貳分，內除荒撥補銀壹兩貳錢叁分陸絲貳忽，實徵支銀叁拾兩貳錢捌分玖釐玖毫叁絲捌忽。

教諭、訓導貳員，額支俸薪銀叁拾壹兩伍錢貳分，內除荒撥補銀壹兩貳錢叁分陸絲貳忽，實徵支銀叁拾兩貳錢捌分玖釐玖毫叁絲捌忽。外撥補全俸銀肆拾捌兩肆錢捌分。

知府衙門

門子貳名，每名歲支工食銀陸兩，共支銀壹拾貳兩，內除荒撥補銀肆錢陸分捌釐貳毫玖絲捌忽，實徵支銀壹拾壹兩伍錢叁分壹釐柒毫貳忽。遇閏加銀壹兩，內除荒銀捌分陸釐玖絲貳忽玖微，實徵支銀玖錢壹分叁釐玖毫柒忽壹微。

馬快壹拾名，每名歲支工食銀壹拾陸兩捌錢，共支銀壹百陸拾捌兩，內除荒撥補銀陸兩伍錢伍分陸釐壹毫陸絲陸忽，實徵支銀壹百陸拾壹兩肆錢肆分叁釐捌毫叁絲肆忽。遇閏加銀壹拾肆兩，內除荒銀壹兩貳錢伍釐貳毫玖絲伍忽玖微，實徵支銀壹拾貳兩柒錢玖分肆釐柒毫肆忽壹微。

步快壹拾陸名，每名歲支工食銀陸兩，共支銀玖拾陸兩，內除荒撥補銀叁兩柒錢肆分陸釐叁毫捌絲陸忽，實徵支銀玖拾貳兩貳錢伍分叁釐陸毫壹絲肆忽。遇閏加銀捌兩，內除荒銀陸錢捌分捌釐柒毫肆絲貳忽肆微，實徵支銀柒兩叁錢壹分壹釐貳毫伍絲柒忽陸微。

皂隸壹拾陸名，每名歲支工食銀陸兩，共支銀玖拾陸兩，內除荒撥補銀叁兩柒錢肆分陸釐叁毫捌絲陸忽，實徵支銀玖拾貳兩貳錢伍分叁釐陸毫壹絲肆忽。遇閏加銀捌兩，內除荒銀陸錢捌分捌釐柒毫肆絲貳忽肆微，實徵支銀柒兩叁錢壹分壹釐貳毫伍絲柒忽陸微。

轎傘扇夫柒名，每名歲支工食銀陸兩，共支銀肆拾貳兩，內除荒撥補銀壹兩陸錢叁分玖釐肆絲壹忽，實徵支銀肆拾兩叁錢陸分玖毫伍絲玖忽。遇閏加銀叁兩伍錢，內除荒銀叁錢壹釐叁毫貳絲叁忽柒微，實徵支銀叁兩壹錢玖分捌釐陸毫柒絲陸忽叁微。

禁子壹拾貳名，每名歲支銀陸兩，共支銀柒拾貳兩，內除荒撥補銀貳兩捌錢玖釐柒毫捌絲柒忽，實徵支銀陸拾玖兩壹錢玖分貳毫壹絲叁忽。外每名加增銀貳兩，共增銀貳拾肆兩。遇閏加銀陸兩，內除荒銀伍錢壹分陸釐伍毫伍絲伍忽伍微，實徵支銀伍兩肆錢捌分叁釐肆毫肆絲肆忽伍微。

庫子肆名，每名歲支工食銀陸兩，共支銀貳拾肆兩，內除荒撥補銀玖錢叁分陸釐伍毫玖絲柒忽，實徵支銀貳拾叁兩陸分叁釐肆毫叁忽。遇閏加銀貳兩，內除荒銀壹錢柒分貳釐壹毫捌絲肆忽捌微，實徵支銀壹兩捌錢貳分柒釐捌毫壹絲伍忽貳微。

斗級陸名，每名歲支工食銀陸兩，共支銀叁拾陸兩，內除荒撥補銀壹兩肆錢肆釐捌毫玖絲貳忽，實徵支銀叁拾肆兩伍錢玖分伍釐壹毫捌忽。遇閏加銀叁兩，內除荒銀貳錢伍分捌釐貳毫柒絲柒忽捌微，實徵支銀貳兩柒錢肆分壹釐柒毫貳絲貳忽貳微。

裁移磚坪通判衙門

門子貳名，每名歲支銀陸兩，共支銀壹拾貳兩，內除荒撥補銀肆錢陸分捌釐貳毫玖絲捌忽，實徵支銀壹拾壹兩伍錢叁分壹釐柒毫貳忽。遇閏加銀壹兩，內除荒銀捌分陸釐玖絲貳忽玖微，實徵支銀玖錢壹分叁釐玖毫柒忽壹微。

步快捌名，每名歲支工食銀陸兩，共支銀肆拾捌兩，內除荒撥補銀壹兩捌錢柒分叁釐壹毫玖絲肆忽，實徵支銀肆拾陸兩壹錢貳分陸釐捌毫陸忽。遇閏加銀肆兩，內除荒銀叁錢肆分肆釐叁毫柒絲柒微，實徵支銀叁兩陸錢伍分伍釐陸毫貳絲玖忽叁微。

皂隸壹拾貳名，每名歲支工食銀陸兩，共支銀柒拾貳兩，內除荒撥補銀貳兩捌錢玖釐柒毫捌絲柒忽，實徵支銀陸拾玖兩壹錢玖分貳毫壹絲叁忽。遇閏加銀陸兩，內除荒銀伍錢壹分陸釐伍毫伍絲伍忽伍微，實徵支銀伍兩肆錢捌分叁釐肆毫肆絲肆忽伍微。

轎傘扇夫柒名，每名歲支工食銀陸兩，共支銀肆拾貳兩，內除荒撥補銀壹兩陸錢叁分玖釐肆絲壹忽，實徵支銀肆拾兩叁錢陸分玖毫伍絲玖忽。遇閏加銀叁兩伍錢，內除荒銀叁錢壹釐叁毫貳絲叁忽柒微，實徵支銀叁兩壹錢玖分捌釐陸毫柒絲陸忽叁微。

以上正閏銀兩係撥解司庫，由磚坪通判按季由司支領。

經歷衙門

門子壹名，歲支工食銀陸兩，內除荒撥補銀貳錢叁分肆釐壹毫伍絲壹忽，實徵支銀伍兩柒錢陸分伍釐捌毫肆絲玖忽。遇閏加銀伍錢，內除荒銀肆分叁釐肆絲陸忽玖微陸纖，實徵支銀肆錢伍分陸釐玖毫伍絲叁忽肆纖。

皂隸肆名，每名歲支銀陸兩，共支銀貳拾肆兩，內除荒撥補銀玖錢叁分陸釐伍毫玖絲柒忽，實徵支銀貳拾叁兩陸分叁釐肆毫叁忽。遇閏加銀貳兩，內除荒銀壹錢柒分貳釐壹毫捌絲伍忽捌微，實徵支銀壹兩捌錢貳分柒釐捌毫壹絲肆忽貳微。

馬夫壹名，歲支工食銀陸兩，內除荒撥補銀貳錢叁分肆釐壹毫伍絲壹忽，實徵支銀伍兩柒錢陸分伍釐玖毫肆絲玖忽。遇閏加銀伍錢，內除荒銀肆分叁釐肆絲陸忽玖微陸纖，實徵支銀肆錢伍分陸釐玖毫伍絲叁忽肆纖。

司獄司衙門

皂隸貳名，每名歲支工食銀陸兩，共支銀壹拾貳兩乾隆叁拾捌年奉文裁汰，歸入起運項下解司充餉，內除荒撥補銀肆錢陸分捌釐貳毫玖絲捌忽，實徵支銀壹拾壹兩伍錢叁分壹釐柒毫貳忽。遇閏加銀壹兩，內除荒銀捌分陸釐玖絲貳忽玖微，實徵支銀玖錢壹分叁釐玖毫柒忽壹微乾隆叁拾捌年奉文裁汰，歸入起運項下解司充餉。

府教職衙門

齋夫貳名，每名歲支工食銀壹拾貳兩，共支銀貳拾肆兩，內除荒撥補銀玖錢叁分陸釐伍毫玖絲陸忽玖微伍纖貳塵肆渺，實徵支銀貳拾叁兩陸分叁釐肆毫叁忽肆纖柒塵陸渺。遇閏加銀貳兩，內除荒銀壹錢柒分貳釐壹毫捌絲肆忽捌微，實徵支銀壹兩捌錢貳分柒釐捌毫壹絲伍忽貳微。

膳夫貳名，額支工食銀壹拾叁兩叁錢叁分叁釐叁毫，內除荒撥補銀伍錢貳分貳毫陸絲壹微柒纖叁塵肆渺貳漠，實徵支銀壹拾貳兩捌錢壹分叁釐叁絲玖忽捌微貳纖陸塵伍渺捌漠係廩生支領。遇閏加銀壹兩壹錢壹分壹釐壹毫，內除荒撥補銀玖分伍釐貳絲捌忽捌微叁渺伍漠，實徵支銀壹兩壹分陸釐柒絲壹忽壹微玖纖玖塵陸渺伍漠。

門斗叁名，每名歲支工食銀柒兩貳錢，共支銀貳拾壹兩陸錢，內除荒撥補銀捌錢肆分貳釐玖毫叁絲伍忽，實徵支銀貳拾兩柒錢伍分柒釐陸絲伍忽。遇閏加銀壹兩捌錢，內除荒銀壹錢伍分肆釐玖毫陸絲陸忽柒微，實徵支銀壹兩陸錢肆分伍釐叁絲叁忽叁微。

廩生肆拾名，每名歲支月糧銀叁兩貳錢，共支銀壹百貳拾捌兩，內除荒撥補銀肆兩捌錢捌分貳釐陸毫伍絲壹忽柒微捌塵柒渺，實徵支銀壹百貳拾叁兩壹錢壹分柒釐叁毫肆絲捌忽貳微玖纖壹塵叁渺。遇閏加銀壹拾兩陸錢陸分陸釐陸毫，內除荒撥補銀玖錢壹分捌釐貳毫肆絲肆忽伍微，實徵支銀玖兩柒錢肆分捌釐叁毫伍絲伍忽伍微。

稅課司衙門

皂隸貳名，每名歲支工食銀陸兩，共支銀壹拾貳兩，內除荒撥補銀肆錢陸分捌釐貳毫玖絲捌忽，實徵支銀壹拾壹兩伍錢叁分壹釐柒毫貳忽。遇閏加銀壹兩，內除荒銀捌分陸釐玖絲貳忽玖微，實徵支銀玖錢壹分叁釐玖毫柒忽壹微。

知縣衙門

門子貳名，每名歲支工食銀陸兩，共支銀壹拾貳兩，內除荒撥補銀肆錢陸分捌釐貳毫玖絲捌忽，實徵支銀壹拾壹兩伍錢叁分壹釐柒毫貳忽。遇閏加銀壹兩，內除荒銀捌分陸釐玖絲貳忽玖微，實徵支銀玖錢壹分叁釐玖毫柒忽壹微。

皂隸壹拾陸名，每名歲支工食銀陸兩，共支銀玖拾陸兩，內除荒撥補銀叁兩柒錢肆分陸釐叁毫捌絲叁忽，實徵支銀玖拾貳兩貳錢伍分叁釐陸毫壹絲柒忽。遇閏加銀捌兩，內除荒銀陸錢捌分捌釐柒毫肆絲貳忽肆微，實徵支銀柒兩叁錢壹分壹釐貳毫伍絲柒忽陸微。

馬快捌名，每名歲支工食銀壹拾陸兩捌錢，共支銀壹百叁拾肆兩肆錢，內除荒撥補銀伍兩貳錢肆分肆釐玖毫叁絲肆忽，實徵支銀壹百貳拾玖兩壹錢伍分伍釐陸絲陸忽。遇閏加銀壹拾壹兩貳錢，內除荒銀玖錢陸分肆釐貳毫叁絲伍忽叁微，實徵支銀壹拾兩貳錢叁分伍釐柒毫陸絲肆忽柒微。

民壯叁拾肆名，每名歲支工食銀陸兩，共支銀貳百肆兩，內除荒撥補銀柒兩玖錢陸分壹釐伍絲柒忽玖纖伍塵肆渺，實徵支銀壹百玖拾陸兩叁分捌釐玖毫肆絲貳忽玖微肆纖陸渺。遇閏加銀壹拾柒兩，內除荒銀壹兩肆錢陸分叁釐伍毫柒絲伍忽陸微，實徵支銀壹拾伍兩伍錢叁分陸釐肆毫貳絲肆忽肆微。

看監禁子捌名，每名歲支工食銀陸兩，共支銀肆拾捌兩，內除荒撥補銀壹兩捌錢柒分叁釐壹毫玖絲肆忽，實徵支銀肆拾陸兩壹錢貳分陸釐捌毫陸忽。外每名加增銀肆兩，共增銀叁拾貳兩。遇閏加銀肆兩，內除荒銀叁錢肆分肆釐叁毫柒絲柒微，實徵支銀叁兩陸錢伍分伍釐陸毫貳絲玖忽叁微。

轎傘扇夫柒名，每名歲支工食銀陸兩，共支銀肆拾貳兩，內除荒撥補銀壹兩陸錢叁分玖釐肆絲壹忽，實徵支銀肆拾兩叁錢陸分玖毫伍絲玖忽。遇閏加銀叁兩伍錢，內除荒銀叁錢壹釐叁毫貳絲叁忽柒微，實徵支銀叁兩壹錢玖分捌釐陸毫柒絲陸忽叁微。

庫子肆名，每名歲支銀陸兩，共支銀貳拾肆兩，內除荒撥補銀玖錢叁分陸釐伍毫玖絲柒忽，實徵支銀貳拾叁兩陸分叁釐肆毫叁忽。遇閏加銀貳兩，內除荒銀壹錢柒分貳釐壹毫捌絲肆忽捌微，實徵支銀壹兩捌錢貳分柒釐捌毫壹絲伍忽貳微。

斗級肆名，每名歲支銀陸兩，共支銀貳拾肆兩，內除荒撥補銀玖錢叁分陸釐伍毫玖絲柒忽，實徵支銀貳拾叁兩陸分叁釐肆毫叁忽。遇閏加銀貳兩，內除荒銀壹錢柒分貳釐壹毫捌絲肆忽捌微，實徵支銀壹兩捌錢貳分柒釐捌毫壹絲伍忽貳微。

舖司兵肆拾肆名，每名歲支工食銀肆兩捌錢，共支銀貳百壹拾壹兩貳錢，內除荒銀捌兩肆錢柒分陸釐玖絲伍忽，實徵支銀貳百貳兩柒錢貳分叁釐玖毫伍忽。外加增銀陸拾壹兩貳錢柒分陸釐玖絲伍忽。遇閏加銀壹拾柒兩陸錢，內除荒銀陸錢捌分伍釐肆毫伍絲肆忽柒微陸塵陸渺，實徵支銀壹拾陸兩玖錢壹分肆釐伍毫肆絲伍忽貳微玖纖叁塵肆渺。外加增銀伍兩捌分伍釐肆毫伍絲肆忽柒微陸塵陸渺。

鐘鼓夫壹拾名，每名歲支工食銀貳兩陸錢陸分陸釐陸毫陸絲，共支銀貳拾陸兩陸錢陸分陸釐陸毫，內除荒撥補銀壹兩柒分貳毫壹絲壹忽肆微柒纖伍渺伍漠，實徵支銀貳拾伍兩伍錢玖分陸釐叁毫捌絲捌忽伍微貳纖玖塵肆渺伍漠。遇閏加銀貳兩貳錢貳分貳釐貳毫貳絲，內除荒銀捌分陸釐伍毫肆絲柒忽陸微捌纖柒塵，實徵支銀貳兩壹錢叁分伍釐陸毫柒絲貳忽叁微壹纖叁塵。

縣丞衙門

門子壹名，歲支工食銀陸兩，內除荒撥補銀貳錢叄分肆釐壹毫伍絲壹忽，實徵支銀伍兩柒錢陸分伍釐捌毫肆絲玖忽。遇閏加銀伍錢，內除荒銀肆分叄釐肆絲陸忽玖微陸纖，實徵支銀肆錢伍分陸釐玖毫伍絲叄忽肆纖。

皂隷肆名，每名歲支銀陸兩，共支銀貳拾肆兩，內除荒撥補銀玖錢叄分陸釐伍毫玖絲柒忽，實徵支銀貳拾叄兩陸分叄釐肆毫叄忽。遇閏加銀貳兩，內除荒銀壹錢柒分貳釐壹毫捌絲伍忽捌微，實徵支銀壹兩捌錢貳分柒釐捌毫壹絲伍忽貳微。

馬夫壹名，歲支工食銀陸兩，內除荒撥補銀貳錢叄分肆釐壹毫伍絲壹忽，實徵支銀伍兩柒錢陸分伍釐捌毫肆絲玖忽。遇閏加銀伍錢，內除荒銀肆分叄釐肆絲陸忽玖微陸纖，實徵支銀肆錢伍分陸釐玖毫伍絲叄忽肆纖。

典史衙門

門子壹名，歲支工食銀陸兩，內除荒撥補銀貳錢叄分肆釐壹毫伍絲壹忽，實徵支銀伍兩柒錢陸分伍釐捌毫肆絲玖忽。遇閏加銀伍錢，內除荒銀肆分叄釐肆絲陸忽玖微陸纖，實徵支銀肆錢伍分陸釐玖毫伍絲叄忽肆纖。

皂隷肆名，每名歲支工食銀陸兩，共支銀貳拾肆兩，內除荒撥補銀玖錢叄分陸釐伍毫玖絲柒忽，實徵支銀貳拾叄兩陸分叄釐肆毫叄忽。遇閏加銀貳兩，內除荒銀壹錢柒分貳釐壹毫捌絲伍忽捌微，實徵支銀壹兩捌錢貳分柒釐捌毫壹絲伍忽貳微。

馬夫壹名，歲支工食銀陸兩，內除荒撥補銀貳錢叄分肆釐壹毫伍絲壹忽，實徵支銀伍兩柒錢陸分伍釐捌毫肆絲玖忽。遇閏加銀伍錢，內除荒銀肆分叄釐肆絲陸忽玖微陸纖，實徵支銀肆錢伍分陸釐玖毫伍絲叄忽肆纖。

教職衙門

齋夫叄名，每名歲支工食銀壹拾貳兩，共支銀叄拾陸兩，內除荒撥補銀壹兩肆錢肆釐捌毫玖絲貳忽，實徵支銀叄拾肆兩伍錢玖分伍釐壹毫捌忽。遇閏加銀叄兩，內除荒銀貳錢伍分捌釐貳毫柒絲柒忽捌微，實徵支銀貳兩柒錢肆分壹釐柒毫貳絲貳忽貳微。

膳夫貳名，額支工食銀壹拾叄兩叄錢叄分叄釐肆毫，內除荒撥補銀伍錢貳分叄毫叄絲貳忽陸微壹纖伍塵貳渺伍漠，實徵支銀壹拾貳兩捌錢壹分叄釐陸絲柒忽叁微捌纖肆塵柒渺伍漠係廩生支領。遇閏加銀壹兩壹錢壹分壹釐壹毫，內除荒撥補銀玖分肆釐捌毫肆絲貳忽陸微伍纖捌塵叁渺伍漠，實徵支銀壹兩壹分陸釐貳毫伍絲柒忽叁微肆纖壹塵陸渺伍漠。

門斗叁名，每名歲支工食銀柒兩貳錢，共支銀貳拾壹兩陸錢，內除荒撥補銀捌錢肆分貳釐玖毫叁絲伍忽，實徵支銀貳拾兩柒錢伍分柒釐陸絲伍忽。遇閏加銀壹兩捌錢，內除荒銀壹錢伍分肆釐玖毫陸絲陸忽柒微，實徵支銀壹兩陸錢肆分伍釐叁絲叁忽叁微。

廩生貳拾名，每名歲支月糧銀叁兩貳錢，共支銀陸拾肆兩，內除荒撥補銀貳兩肆錢肆分壹釐叁毫貳絲柒忽，實徵支銀陸拾壹兩伍錢伍分捌釐陸毫柒絲叁忽。遇閏加銀伍兩叁錢叁分叁釐肆毫，內除荒撥補銀肆錢伍分玖釐貳毫叁絲柒忽捌微，實徵支銀肆兩捌錢柒分肆釐壹毫陸絲貳忽貳微。

以上俸工項下，除廩生、膳夫貳欵照常支發外，其餘官役俸工於道光貳拾叁年奉文，均以貳兩平支放，每兩減平銀陸分，其減平銀兩，每年批解部庫交納，理合登明。

壹襍支項下

春秋貳季致祭文廟并各壇祠及無祀鬼魂品物等項銀捌拾壹兩叁錢壹分壹釐，內除荒銀叁兩壹錢柒分陸釐肆毫肆絲肆忽柒微壹纖叁塵柒渺伍漠肆沙玖洙肆涯，實徵支銀柒拾捌兩壹錢叁分肆釐伍毫伍絲伍忽貳微捌纖陸塵貳渺肆漠伍沙陸涯。

鄉飲額支銀伍兩，內除荒銀貳錢陸毫陸絲陸忽壹微柒纖，實徵支銀肆兩柒錢玖分玖釐叁毫叁絲叁忽捌微叁纖。

文昌祠祭祀銀叁兩伍錢，內除荒銀壹錢肆分肆毫柒絲玖忽，實徵支銀叁兩叁錢伍分玖釐伍毫貳絲壹忽。

虮蜡廟祭祀銀叁兩伍錢，內除荒銀壹錢肆分肆毫柒絲玖忽，實徵支銀叁兩叁錢伍分玖釐伍毫貳絲壹忽。

布政司紙劄額支銀貳兩壹錢陸分，內除荒銀捌分陸釐陸毫捌絲玖忽貳微，實徵支銀貳兩柒分叁釐叁毫壹絲捌微。

以上鄉飲、紙劄貳欵於道光貳拾叁年奉文裁汰，其徵收銀兩，每年批解部庫交納，理合登明。

壹孤貧口糧項下

孤貧伍拾貳名口，共支口糧銀壹百肆拾玖兩柒錢陸分，內除荒銀伍兩捌錢叁分貳釐伍毫玖絲伍忽貳微玖纖肆塵伍渺，實徵支銀壹百肆拾叁兩玖錢貳分柒釐肆毫肆忽柒微伍塵伍渺。外加增銀肆拾叁兩貳錢柒分貳釐伍毫玖絲伍忽貳微玖纖肆塵伍渺。遇閏加銀壹拾伍兩陸錢。

孤老布花銀貳拾肆兩伍錢，內除荒銀玖錢伍分肆釐壹毫捌絲叁忽玖微貳纖玖塵伍漠，實徵支銀貳拾叁兩伍錢肆分伍釐捌毫壹絲陸忽柒纖玖渺伍漠。

壹驛站項下

岐陽驛站銀肆千伍拾兩；協瓦雲驛站銀壹千叁百玖拾叁兩；華亭里甲馬夫銀柒拾肆兩；安定驛站銀壹千陸百叁拾肆兩；固原遞運所站銀壹千貳百叁拾伍兩；隆德遞運所牛站銀壹千玖拾貳兩伍錢；平涼遞運所牛站銀壹百肆拾壹兩陸錢；平涼府支直銀壹百柒拾兩伍錢；本府各驛支直銀貳百柒拾柒兩伍錢玖分柒釐捌毫貳忽。共額銀壹萬陸拾捌兩壹錢玖分柒釐捌毫貳忽，內除荒銀伍百捌拾柒兩捌錢捌分捌釐肆毫貳忽玖微壹纖柒塵柒渺叁漠，實徵銀玖千肆百捌拾兩叁錢玖釐叁毫玖絲玖忽捌纖貳塵貳渺柒漠。

又收受協西安府屬盩厔縣站支兌留兵餉應支銀貳百伍拾貳兩壹錢柒分陸釐。

貳項共銀玖千柒百叁拾貳兩肆錢捌分伍釐叁毫玖絲玖忽捌纖貳塵貳渺柒漠，內除額協裁站銀伍千貳百叁拾壹兩伍錢柒釐伍毫壹絲柒忽柒微叁纖叁塵肆渺入起運外，實支銀肆千伍百兩玖錢柒分柒釐捌毫捌絲壹忽叁微肆纖捌塵捌渺柒漠。

外收撥補增給夫馬閏月工料銀壹百伍拾玖兩壹錢伍分。

壹走遞項下

損轎夫壹百玖拾名，每名歲支銀玖兩伍錢肆分伍釐貳毫，共銀壹千捌百壹拾叁兩陸錢；忙差銀貳百捌拾貳兩；縣馬貳拾肆匹，工食草料銀伍百貳拾捌兩。共額銀貳千陸百貳拾叁兩陸錢，內除荒銀壹百伍兩貳錢玖分叁釐伍絲貳忽伍微柒塵捌漠，實徵銀貳千伍百壹拾捌兩叁錢陸釐玖毫肆絲柒忽肆微玖纖貳塵玖渺貳漠，內除站支抵餉并裁站銀壹千叁百叁拾叁兩肆錢肆釐柒毫捌絲肆忽玖微叁纖伍塵捌渺入起運外，實支銀壹千壹百捌拾肆兩玖錢貳釐壹毫陸絲貳忽伍微伍纖柒塵壹渺貳漠。

遇閏加銀壹百玖拾伍兩壹錢貳分伍釐叁毫叁絲，內除荒銀柒兩伍錢玖分玖釐肆毫柒絲玖忽伍微柒纖叁塵玖渺，實徵銀壹百捌拾柒兩伍錢貳分伍釐捌毫伍絲肆微貳纖陸塵壹渺，內除裁站閏月銀壹拾陸兩玖錢壹分陸釐壹毫伍絲，實徵支銀壹百柒拾兩陸錢玖釐柒毫肆微貳纖陸塵壹渺。

外收新增撥補夫馬閏月銀貳兩叁錢玖分玖釐，共支銀壹百柒拾叁兩捌釐柒毫肆微貳纖陸塵壹渺。

以上存留實徵銀壹萬肆千陸百陸兩捌分捌釐壹毫貳忽叁微柒纖壹渺陸漠伍沙陸涯。

又收起運內受協盩厔縣驛站兑留兵餉應支銀貳百伍拾貳兩壹錢柒分陸釐。

貳項共銀壹萬肆千捌百伍拾捌兩貳錢陸分肆釐壹毫貳忽叁微柒纖壹渺陸漠伍沙陸涯，內除額協汧、隴等州縣站支抵餉銀叁千貳百壹拾伍兩伍錢叁分貳釐叁毫貳絲叁忽壹微叁纖叁塵伍渺；又除額協靜寧、華亭等州縣站支抵餉銀柒百伍拾壹兩壹錢貳分柒釐玖絲貳忽柒微玖纖陸塵陸渺；又除驛遞之差使甚少並題明請將驛站等事貳案內，共裁站銀貳千伍百玖拾捌兩貳錢伍分貳釐捌毫捌絲陸忽柒微叁纖玖塵壹渺。實該銀捌千貳百玖拾叁兩伍分壹釐柒毫玖絲玖忽柒微玖渺陸漠伍沙陸涯。

外加增撥補俸工，除知府各官攤俸留抵外，實留支銀貳百伍拾壹兩伍錢叁分貳釐捌毫貳絲壹忽貳微叁塵貳渺貳漠。

共該存留銀捌千伍百肆拾肆兩捌錢捌分肆釐陸毫貳絲玖微肆塵壹渺捌漠伍沙陸涯乾隆伍拾貳年奉文，全數解司，一切支欵，俱由司按季領支，嗣於嘉慶伍年奉文，在縣留支，並不按季赴司請領。

遇閏原加銀叁百玖拾捌兩柒錢陸分玖釐伍毫壹絲貳忽，內除各官閏俸銀叁拾柒兩貳錢玖分玖釐柒毫陸絲貳忽入起運外，實該銀叁百陸拾壹兩肆錢陸分玖釐柒毫伍絲，內除荒銀貳拾兩玖錢捌分肆釐伍毫貳絲叁忽捌纖陸塵貳渺，實徵銀叁百肆拾兩肆錢捌分伍釐貳毫貳絲陸忽玖微壹纖叁塵捌渺；內除驛遞之差使甚少并題明請將驛站等事貳案內，共裁站閏月銀壹百叁兩柒錢叁分壹釐捌毫伍絲，內撥給汧陽縣新增夫馬工料閏月銀捌拾陸兩捌錢壹分伍釐柒毫，實裁銀壹拾陸兩玖錢壹分陸釐壹毫伍絲。止該銀貳百叁拾陸兩柒錢伍分叁釐叁毫柒絲陸忽玖微壹纖叁塵捌渺。

外加增撥補役廪閏月銀貳拾貳兩貳錢伍分貳釐捌毫捌忽肆微陸纖伍塵叁渺。

又留支夫馬閏月銀貳兩叁錢玖分玖釐。

共該存留閏銀貳百陸拾壹兩肆錢伍釐壹毫捌絲伍忽叁微柒纖玖塵壹渺於乾隆伍拾貳年奉文，全數解司，一切支欵，俱由司按季領支，嗣於嘉慶伍年奉文，在縣留支，並不按季赴司請領。

外於西安布政司庫撥補領支夫馬閏月銀壹百伍拾玖兩壹錢伍分係動支起運銀兩。

壹額外

課程銀壹拾貳兩叁錢柒分貳釐係鋪戶出辦。遇閏加銀壹兩叁分壹釐。

壹襍稅

牙稅銀叁拾陸兩壹等牙人壹名，納稅銀肆兩；貳等牙人肆名，每名納稅銀叁兩，共銀壹拾貳兩；叁等牙人玖名，每名納稅銀貳兩，共銀壹拾捌兩；肆等牙人貳名，每名納稅銀壹兩，共銀貳兩。

當稅銀捌拾伍兩當商壹拾柒名，每名歲徵銀伍兩。

磨課銀壹拾柒兩柒錢陸分肆釐玖毫貳絲叁忽柒纖陸塵玖渺叁漠陸沙。遇閏加銀壹兩肆錢捌分玖釐捌毫捌絲柒忽壹微柒纖玖塵肆渺捌漠以上正閏貳項係磨戶出辦。

地稅銀陸拾貳兩陸錢玖分柒釐係買房地業主出辦，原無定額，儘收儘解。

岐山縣

原額陸等地陸千捌百玖拾陸頃陸畝陸分壹釐叁毫，每畝起科不等，共額徵折色糧貳萬柒千柒百陸拾壹石陸斗貳升肆合貳勺，每石折徵銀壹兩叁錢陸分壹釐伍毫捌絲，共額徵銀叁萬柒千柒百玖拾玖兩柒錢貳分柒毫柒絲叁忽玖微肆纖伍塵玖渺。內：

壹等稻地伍拾陸頃壹拾伍畝伍分叁釐壹毫，每畝科稻糧肆升肆勺玖抄柒撮叁圭捌粟，科粟米壹升玖合伍勺貳撮肆圭貳粟，共糧叁百叁拾陸石玖斗叁升壹合伍勺柒抄，共銀肆百伍拾捌兩柒錢伍分柒釐壹毫伍絲。順治柒年題明免過無主荒地叁拾頃伍拾伍畝壹分，應免糧壹百捌拾叁石叁斗貳升肆合，該除銀貳百肆拾玖兩陸錢壹分叁毫，內前開墾地壹拾貳頃玖拾壹畝柒分伍釐陸毫，該糧柒拾柒石伍斗伍合，該徵銀壹百伍兩伍錢貳分玖釐貳毫。實在地叁拾捌頃伍拾貳畝壹分捌釐柒毫，實徵糧貳百叁拾壹石壹斗壹升貳合伍勺柒抄，實徵銀叁百壹拾肆兩陸錢柒分陸釐伍絲。

貳等稻地叁拾玖頃壹畝肆分肆釐陸毫，每畝科稻糧叁升叁合柒勺柒抄伍撮陸圭，科粟米壹升陸合貳勺貳抄肆撮肆圭，共糧壹百玖拾伍石柒升貳合肆勺叁抄，共銀貳百陸拾伍兩陸錢叁釐伍毫。

壹等旱地伍百捌拾玖頃玖拾玖畝柒分陸釐貳毫，每畝科糧陸升，共糧叁千伍百叁拾玖石玖斗捌升伍合柒勺壹抄，共銀肆千捌百壹拾玖兩玖錢柒分伍釐玖毫。順治柒年題明免過無主荒地貳百壹拾伍頃陸拾叁畝壹分伍釐，應免糧壹千貳百玖拾叁石柒斗柒升壹合，該除銀壹千柒百陸拾壹兩伍錢陸分貳釐柒毫，內興屯墾過並節年開墾共地叁拾玖頃陸拾陸畝玖分陸釐陸毫，該糧貳百叁拾捌石壹升捌合叁勺柒抄捌撮，該徵銀叁百貳拾肆兩玖分肆釐貳毫叁絲肆忽陸微叁纖伍渺。實在地肆百壹拾肆頃叁畝伍分柒釐捌毫，實徵糧貳千肆百捌拾肆石貳斗叁升叁合捌抄捌撮，該徵銀叁千叁百捌拾貳兩伍錢柒釐肆毫叁絲肆忽陸微叁纖伍渺。

貳等平地叁千玖百壹拾貳頃肆拾壹畝陸分伍釐，每畝科糧伍升，共糧壹萬玖千伍百陸拾貳石捌升貳合肆勺，共銀貳萬陸千陸百叁拾伍兩叁錢伍分柒釐。順治柒年題明免過無主荒地貳百柒拾貳頃貳畝捌分，應免糧壹千肆百捌拾壹石陸斗玖升玖合，該除銀貳千壹拾柒兩肆錢肆分貳釐柒毫，內興屯墾過並節年開墾及自首共地陸拾貳頃陸拾叁畝伍分壹釐肆毫柒絲柒忽，該糧肆百叁拾肆石柒斗叁升肆合柒勺叁抄伍圭，該徵銀伍百玖拾壹兩玖錢貳分陸釐玖毫伍絲叁忽陸微壹纖伍塵肆渺肆漠玖沙陸洙。實在地叁千柒百叁頃貳畝叁分陸釐肆毫柒絲柒忽，實徵糧壹萬捌千伍百壹拾伍石壹斗壹升捌合壹勺叁抄伍圭，該徵銀貳萬伍千貳百玖兩捌錢肆分壹釐貳毫伍絲叁忽陸微壹纖伍塵肆渺肆漠玖沙陸洙。

叁等地壹千陸頃柒拾玖畝玖分陸釐肆毫，每畝科糧叁升，共糧叁千貳拾石叁斗玖升捌合玖勺貳抄，共銀肆千壹百壹拾貳兩伍錢叁分肆釐玖毫。

肆等地壹千貳百玖拾壹頃陸拾捌畝貳分陸釐，每畝科糧捌合伍勺柒抄壹撮，共糧壹千壹百柒石壹斗伍升叁合壹勺柒抄，共銀壹千伍百柒兩肆錢玖分貳釐叁毫貳絲叁忽玖微肆纖伍塵玖渺。順治柒年題明免過無主荒地壹千壹百玖拾玖頃貳畝陸分叁釐，應免糧壹千貳拾柒石陸斗捌升壹合肆勺，該除銀壹千叁百玖拾玖兩貳錢柒分陸絲貳忽叁微陸纖，內前墾並興屯墾過及節年開墾並自首共地貳百壹拾陸頃陸拾貳畝捌分捌釐玖毫捌絲叁忽，該糧貳百貳拾伍石肆升陸合玖勺陸抄陸撮叁圭陸粟伍粒陸顆，該徵銀叁百陸兩肆錢叁分捌絲壹忽伍微陸纖陸塵伍漠肆沙伍洙陸涯；又乾隆貳拾肆年開墾、自首地貳拾壹頃玖畝肆分陸釐，該糧壹拾捌石捌升壹勺捌抄壹撮陸圭陸粟，該徵銀貳拾肆兩陸錢貳分壹毫捌絲柒忽壹微壹纖柒塵陸漠陸沙；又嘉慶叁年起科地捌頃壹拾貳畝伍分，應徵折色糧陸石玖斗陸升叁合玖勺叁抄柒撮伍圭，應徵折色銀玖兩肆錢捌分貳釐玖毫肆絲玖忽貳微陸塵貳渺伍漠。實在地叁百叁拾捌頃伍拾畝肆分柒釐玖毫捌絲叁忽，實徵糧叁百貳拾玖石伍斗陸升貳合捌勺伍抄伍撮伍圭貳粟伍粒陸顆，該徵銀肆百肆拾捌兩柒錢伍分伍釐肆毫柒絲玖忽肆微柒纖伍塵貳渺柒漠伍洙陸涯。

以上各等共免過荒地壹千柒百壹拾柒頃貳拾叁畝陸分捌釐，應免糧叁千玖百捌拾陸石肆斗柒升伍合肆勺，該除銀伍千肆百貳拾柒兩捌錢捌分伍釐柒毫陸絲貳忽叁微陸纖，內前墾並興屯墾過及節年開墾兼自首共地叁百叁拾壹頃捌拾伍畝壹分貳釐陸毫陸絲，應徵糧玖百柒拾伍石叁斗伍合柒抄肆撮捌圭陸粟伍粒陸顆，該徵銀壹千叁百貳拾柒兩玖錢捌分肆毫陸絲玖忽捌微壹纖貳塵肆沙壹洙陸涯；又乾隆貳拾肆年開墾、自首地貳拾壹頃玖畝肆分陸釐，該徵糧壹拾捌石捌升壹勺捌抄壹撮陸圭陸粟，該徵銀貳拾肆兩陸錢貳分壹毫捌絲柒忽壹微壹繖柒塵陸漠陸沙。

又康熙捌年、貳拾叁年在於秦屬蠲免、再疏籲請等事貳案內，題明免殺擄、逃亡、新荒並興屯、捏墾丈首共地壹千柒百柒拾陸頃陸拾伍畝陸分柒釐壹毫伍絲，應免糧捌千貳百壹拾柒石捌斗貳升柒合捌勺陸抄肆撮，該除銀壹萬壹千壹百捌拾玖兩貳錢叁分陸絲叁忽陸繖伍塵壹渺，內節年開墾及自首共地貳百玖拾頃壹拾柒畝陸分伍釐玖毫，應徵糧壹千貳百捌拾玖石貳斗陸合捌勺玖抄陸撮貳圭貳粟，該徵銀壹千柒百伍拾伍兩叁錢陸分叁釐陸毫捌絲柒忽壹微捌繖肆塵叁渺叁漠柒沙玖洙貳涯；又嘉慶叁年起科地捌頃壹拾貳畝伍分陸微，折色糧陸石玖斗陸升叁合玖勺叁抄柒撮伍圭，應徵折色銀玖兩肆錢捌分貳釐玖毫肆絲玖忽貳微陸塵貳渺伍漠。

實豁免地貳千捌百肆拾貳頃陸拾肆畝陸分伍毫玖絲，應免折色糧玖千玖百壹拾肆石柒斗肆升柒合壹勺柒抄叁撮柒圭伍粟肆粒肆顆，該除銀壹萬叁千肆百玖拾玖兩陸錢陸分捌釐伍毫叁絲貳忽壹微伍塵肆渺肆漠壹沙玖洙貳涯。

止實熟地肆千伍拾叁頃肆拾貳畝柒毫壹絲，該徵折色糧壹萬柒千捌百肆拾陸石捌斗柒升柒合貳抄陸撮貳圭肆粟伍粒陸顆，該徵折色銀貳萬肆千叁百兩伍分貳釐貳毫肆絲壹忽捌微肆繖肆渺伍漠捌沙捌涯遵照乾隆伍拾玖年奉准部咨令，將康熙年間易知由單內載：壹等稻地、壹等旱地每畝折徵銀捌分壹釐陸毫玖絲伍忽貳微柒繖貳塵捌渺陸漠；貳等稻地、貳等平地每畝折徵銀陸分捌釐柒絲玖忽陸繖肆塵壹渺肆漠；叁等地每畝折徵銀肆分捌毫肆絲柒忽陸微；肆等地每畝折徵銀壹分壹釐陸毫柒絲壹忽叁微貳繖貳塵壹渺，逐壹纂入書內，嗣後遇有墾豁，以便按畝增除。

原額人丁叁門玖則不等，共折下下人丁叁萬玖千壹百叁丁，每丁徵銀壹錢壹分貳釐壹毫叁絲貳忽柒微捌繖肆塵玖渺，共銀肆千叁百捌拾肆兩柒錢貳分捌釐貳毫玖絲，內除優免丁捌百捌丁，共銀玖拾兩陸錢叁釐貳毫玖絲。

行差丁叁萬捌千貳百玖拾伍丁，共額徵銀肆千貳百玖拾肆兩壹錢貳分伍釐。

順治柒年題明免過逃亡丁捌千壹百柒拾伍丁，應除銀玖百伍拾捌兩玖錢捌分柒釐玖毫玖絲貳忽陸微玖繖柒塵叁渺，招回並節年招回、自首共丁壹千陸百叁拾捌丁，該銀貳百貳拾伍兩玖錢柒分伍釐玖毫柒絲柒忽捌微陸塵，實豁免丁陸千伍百叁拾柒丁，該銀柒百叁拾叁兩壹分貳釐壹絲肆忽捌微玖繖壹塵叁渺。

實在丁叁萬壹千柒百伍拾捌丁，共徵銀叁千伍百陸拾壹兩壹錢壹分貳釐玖毫捌絲伍忽壹微捌塵柒渺。順治拾肆年並康熙元年編審出溢額丁捌百肆拾叁丁，共徵銀玖拾肆兩伍錢貳分柒釐玖毫叁絲捌忽貳微陸纖柒塵捌渺。

康熙伍拾伍年起，至乾隆貳拾陸年止，編審出丁壹百陸丁；乾隆叁拾壹年編審出丁捌丁；乾隆叁拾陸年編審出丁捌丁。共編審出丁壹百貳拾貳丁，欽遵康熙伍拾貳年叁月拾捌日恩詔，後遇編審之期，但據康熙伍拾年丁冊定為常額，永不加賦。

以上實在行差並查出溢額應徵人共丁叁萬貳千陸百壹丁，實徵丁銀叁千陸百伍拾伍兩陸錢肆分玖毫貳絲叁忽叁微柒纖陸塵伍渺，雍正伍年攤入前項地糧內徵解。

原額均徭銀壹千玖百貳拾捌兩捌錢陸分柒釐捌毫，內除荒銀陸百捌拾陸兩肆錢叁分陸釐貳毫玖絲陸忽柒微伍纖捌塵壹渺肆漠叁沙捌洙叁涯，實徵銀壹千貳百肆拾貳兩肆錢叁分壹釐伍毫叁忽貳微肆纖壹塵捌渺伍漠陸沙壹洙柒涯按前項陸等地畝科徵，壹等稻地、壹等旱地每畝折徵銀肆釐壹毫柒絲叁忽捌微捌纖肆塵柒渺；貳等稻地、貳等平地每畝徵銀叁釐肆毫柒絲捌忽貳微叁纖柒塵伍渺柒漠；叁等地每畝徵銀貳釐捌絲陸忽玖微肆纖貳塵伍渺肆漠；肆等地每畝徵銀伍毫玖絲陸忽貳微陸纖壹塵貳渺柒漠。

遇閏額徵銀叁百叁拾叁兩捌錢叁分叁釐貳毫陸絲捌忽，內除荒銀捌拾壹兩柒錢肆分玖釐捌毫肆絲壹忽捌微貳纖貳塵壹渺伍漠伍沙貳洙玖涯壹洒，實徵銀貳百伍拾貳兩捌分叁釐肆毫貳絲陸忽壹微柒纖柒塵捌渺肆漠肆沙柒洙玖洒。

又額外停免銀壹百叁拾伍兩柒錢壹分玖釐陸毫貳絲。

又匠價銀伍拾捌兩玖錢伍釐。遇閏加銀肆兩玖錢捌釐柒毫伍絲。

以上額外正閏叁項攤入地糧內徵解。

以上地、丁貳項並均徭及額外停免、匠價、溢額，除優免丁銀外，應徵銀肆萬肆千叁百壹拾壹兩捌錢陸分陸釐壹毫叁絲貳忽貳微壹纖叁塵柒渺，內除荒銀壹萬肆千玖百壹拾玖兩壹錢壹分陸釐捌毫肆絲叁忽柒微伍纖肆塵捌渺捌漠伍沙柒洙伍涯，實徵銀貳萬玖千叁百玖拾貳兩柒錢肆分玖釐貳毫捌絲捌忽肆微伍纖捌塵捌渺壹漠肆沙貳洙伍涯。

遇閏額徵銀叁百叁拾叁兩捌錢叁分叁釐貳毫陸絲捌忽，內除荒銀捌拾壹兩柒錢肆分玖釐捌毫肆絲壹忽捌微貳纖貳塵壹渺伍漠伍沙貳洙玖涯壹洒，實徵銀貳百伍拾貳兩捌分叁釐肆毫貳絲陸忽壹微柒纖柒塵捌渺肆漠肆沙柒洙玖洒。

又匠價閏銀肆兩玖錢捌釐柒毫伍絲。

貳項共銀貳百伍拾陸兩玖錢玖分貳釐壹毫柒絲陸忽壹微柒纖柒塵捌渺肆漠肆沙柒洙玖洒。

壹起運項下

原編起運糧石、草束、布疋折價銀貳萬捌千陸百玖拾兩貳錢玖分肆釐叁毫貳絲捌忽玖微貳塵伍渺，內除荒銀壹萬貳百肆拾柒兩貳錢叁分肆釐肆毫壹絲柒忽伍微伍纖叁塵玖漠壹沙叁洙伍涯壹洒，實徵起運銀壹萬捌千肆百肆拾叁兩伍分玖釐玖毫壹絲壹忽叁微肆纖玖塵肆渺捌沙陸洙肆涯玖洒。

節裁鹽鈔、民校、抵祿、藥味、牲口、軍器、毛襖等項歸入起運銀壹千貳百壹拾陸兩貳錢，內除荒銀貳百柒拾柒兩柒錢貳釐肆毫壹絲玖忽肆微肆纖柒塵，實徵起運銀玖百叁拾捌兩肆錢玖分柒釐伍毫捌絲伍微伍纖叁塵。

舊編存留，內順治玖年裁扣各役工食銀貳百貳拾伍兩貳錢；拾貳年裁扣傘扇銀捌兩；拾叁年裁扣冗員銀壹百貳拾陸兩捌分；拾肆年裁扣官生俸廩等項銀叁百叁拾貳兩壹錢陸分肆釐肆毫；拾柒年奉裁驛官俸食銀肆拾玖兩伍錢貳分，原裁協站叁分裁壹，銀伍百玖兩陸錢玖分捌釐陸毫叁絲柒忽貳微玖纖壹塵叁渺。康熙元年奉裁吏書工食銀玖拾柒兩貳錢；貳年奉裁監正俸食銀叁百壹拾伍兩；叁年奉裁教諭俸薪並齋夫、門斗各役工食銀壹百壹兩壹錢貳分，雜費丁銀叁百貳拾貳兩捌錢陸分貳釐貳毫；康熙拾伍年裁心紅紙張、修理監倉、喂馬草料、紙劄、各渡修造船橋共銀捌拾兩陸錢捌分；貳拾柒年裁歲貢、舉人盤纏、舉人坊價共銀叁拾貳兩叁分玖釐。雍正陸年裁燈夫工食銀貳拾肆兩；拾貳年裁民壯工食銀貳拾肆兩。乾隆柒年裁民壯工食銀伍拾肆兩；乾隆玖年裁舖司工食銀壹拾肆兩肆錢，舊編冗費裁剩解部銀陸百肆拾陸兩叁錢壹分叁釐陸毫肆絲伍忽肆纖叁塵肆渺。

共裁歸起運銀貳千玖百陸拾貳兩貳錢柒分柒釐捌毫捌絲貳忽叁微叁纖肆塵柒渺，內除荒銀柒百貳拾壹兩陸錢叁釐伍毫壹絲叁忽柒微伍纖柒塵壹渺捌漠壹沙伍洙壹涯，實起運銀貳千貳百肆拾兩陸錢柒分肆釐叁毫陸絲捌忽伍微柒纖柒塵伍渺壹漠捌沙肆洙玖涯。

又額外停免、匠價並編審出溢額丁等項共銀貳百捌拾玖兩壹錢伍分貳釐伍毫伍絲捌忽貳微陸纖柒塵捌渺。

以上實該起運銀貳萬壹千玖百壹拾壹兩叁錢捌分肆釐肆毫壹絲捌忽柒微肆纖柒塵柒渺貳漠柒沙壹洙叁涯玖洒。

又收存留內額協汧陽、隴州驛站抵餉銀壹千貳拾柒兩壹錢壹分柒釐肆絲玖忽貳微捌纖壹塵肆渺。

又收額協平涼府屬固原等州縣驛站抵餉銀壹千叁兩捌錢叁分壹釐玖毫柒絲玖忽陸微叁纖壹塵肆渺。

又收驛遞之差使甚少等事案內，裁站銀壹千陸百肆拾玖兩肆錢陸分伍釐壹毫玖絲柒忽貳微肆纖陸塵壹渺，內在於題明請將驛站等事案內，留支本縣新增夫馬工料銀柒百陸拾叁兩柒錢伍分陸釐柒毫壹絲柒忽壹微伍纖伍塵玖渺，實收銀捌百捌拾伍兩柒錢捌釐肆毫捌絲玖纖貳渺。

又收雍正伍年請倣以糧載丁之例等事案內，通省以糧均丁增銀叁拾捌兩貳錢捌分柒釐柒毫肆絲捌忽陸微叁纖貳塵玖渺。

以上實該起運銀貳萬肆千捌百陸拾陸兩叁錢貳分玖釐陸毫柒絲陸忽叁微捌纖叁塵陸渺貳漠柒沙壹洙叁涯玖洒，內除鄜縣站支兑留兵餉銀叁拾柒兩叁錢陸分貳釐柒毫陸忽壹微貳塵捌渺，止該起運銀貳萬肆千捌百貳拾捌兩玖錢陸分陸釐玖毫柒絲貳微捌纖捌渺貳漠柒沙壹洙叁涯玖洒，內留支加增撥補俸工銀叁百壹拾伍兩肆錢叁分捌釐叁毫叁絲柒忽柒微陸纖陸塵柒渺玖漠捌沙伍洙貳涯，止該起運銀貳萬肆千伍百壹拾叁兩伍錢貳分叁釐陸毫叁絲貳忽伍微壹纖肆塵貳漠捌沙陸洙壹涯玖洒。

外遇閏，玖年裁扣銀壹拾柒兩壹錢；拾叁年裁汰銀壹拾兩伍錢陸釐陸毫肆絲；拾肆年裁扣銀貳拾陸兩肆錢肆分捌釐捌毫玖絲叁忽；拾柒年裁汰銀肆兩壹錢貳分陸釐陸毫陸絲陸忽。康熙元年裁扣銀捌兩壹錢；貳年裁汰銀貳拾陸兩貳錢伍分；叁年裁扣銀捌兩肆錢貳分陸釐陸毫陸絲陸忽；康熙拾伍年裁心紅紙張、喂馬草料共銀貳兩陸錢陸分陸釐陸毫柒絲。雍正陸年裁燈夫銀貳兩；拾貳年裁民壯銀貳兩。乾隆柒年裁民壯工食銀肆兩伍錢；乾隆玖年裁舖司銀壹兩貳錢，又閏俸銀玖兩叁釐叁毫叁絲叁忽。

共裁歸起運銀壹百貳拾貳兩叁錢貳分捌釐捌毫陸絲捌忽，內除荒銀叁拾壹兩叁錢捌釐肆絲捌忽捌微叁纖貳塵玖渺叁沙柒涯壹洒，實徵銀玖拾壹兩貳分捌毫壹絲玖忽壹微陸纖柒塵玖漠陸沙玖洙貳涯玖洒。

又額外匠價銀肆兩玖錢捌釐柒毫伍絲。

貳項共銀玖拾伍兩玖錢貳分玖釐伍毫陸絲玖忽壹微陸纖柒塵玖漠陸沙玖泆貳涯玖洒。

又收存留內驛遞之差使甚少等事案內，裁站銀肆拾肆兩捌錢陸分捌釐柒毫玖絲伍忽柒微貳纖壹渺陸漠，內在於題明請將驛站等事案內，留支本縣新增夫馬工料銀伍兩捌錢叁分貳釐貳絲伍忽柒微陸塵貳渺陸漠，止實收銀叁拾玖兩叁分陸釐柒毫柒絲壹纖叁塵玖渺。

共該起運銀壹百叁拾肆兩玖錢陸分陸釐叁毫叁絲玖忽壹微捌纖玖渺玖漠陸沙玖泆貳涯玖洒，內除請倣以糧載丁等事案內，通省以糧均丁，遇閏之年較比無閏之年少增銀叁拾陸兩玖錢壹分捌釐陸毫肆絲貳忽捌微捌纖貳塵，實徵起運銀玖拾捌兩肆分柒釐陸毫玖絲陸忽貳微玖纖捌塵玖渺玖漠陸沙玖泆貳涯玖洒，內留支加增撥補工食銀玖兩肆錢捌分伍釐貳毫捌忽壹微柒纖捌塵叁渺捌漠伍泆捌涯，止該起運銀捌拾捌兩伍錢陸分貳釐肆毫捌絲捌忽壹微貳纖陸渺壹漠陸沙叁泆肆涯玖洒。

壹存留項下

原編存留銀壹萬壹千壹百伍拾叁兩玖錢肆分壹釐叁毫陸絲貳忽柒微捌塵柒渺，內除荒銀叁千陸百柒拾貳兩伍錢柒分陸釐肆毫玖絲貳忽玖微玖纖柒塵陸渺壹漠貳沙捌泆捌涯玖洒，實徵銀柒千肆百捌拾壹兩叁錢陸分肆釐捌毫陸絲玖忽柒微壹纖壹塵捌漠柒沙壹泆壹涯壹洒。

壹俸工項下

知縣俸薪銀肆拾伍兩，內除荒銀壹拾壹兩壹分玖釐叁毫壹絲貳忽肆微叁纖壹塵柒渺，實徵支銀叁拾叁兩玖錢捌分陸毫捌絲柒忽伍微陸纖捌塵叁渺，內均攤銀玖兩陸錢肆分玖毫肆絲伍忽伍微伍纖貳塵捌渺，即留抵各員役俸工訖。

典史壹員，額支俸薪銀叁拾壹兩伍錢貳分，內除荒撥補銀柒兩柒錢壹分捌釐肆毫壹絲柒忽壹微柒纖壹塵貳渺壹漠貳沙，實徵支銀貳拾叁兩捌錢壹釐伍毫捌絲貳忽捌微貳纖捌塵柒渺捌漠捌沙。

教諭、訓導貳員，額支俸薪銀叁拾壹兩伍錢貳分，內除荒撥補銀柒兩柒錢壹分捌釐肆毫壹絲柒忽壹微柒纖壹塵貳渺貳漠貳沙，實徵支銀貳拾叁兩捌錢壹釐伍毫捌絲貳忽捌微貳纖捌塵柒渺捌漠捌沙。外撥補全俸銀肆拾捌兩肆錢捌分。

知縣衙門

門子貳名，每名歲支工食銀陸兩，該支銀壹拾貳兩，內除荒撥補銀貳兩玖錢叁分捌釐肆毫捌絲叁忽叁微肆纖貳塵玖渺，實徵支銀玖兩陸分壹釐伍毫壹絲陸忽陸微伍纖柒塵壹渺。遇閏加銀壹兩，內除荒銀貳錢叁分柒釐肆毫玖忽捌微伍纖玖塵柒渺肆漠，實徵支銀柒錢陸分貳釐伍毫玖絲壹微肆纖貳渺陸漠。

皂隸、仵作壹拾陸名，每名歲支工食銀陸兩，共支銀玖拾陸兩，內除荒撥補銀貳拾叁兩伍錢柒釐捌毫陸絲捌忽叁微柒纖肆塵柒渺，實徵支銀柒拾貳兩肆錢玖分貳釐壹毫叁絲壹忽陸微貳纖伍塵叁渺。遇閏加銀捌兩，內除荒銀壹兩捌錢玖分玖釐貳毫柒絲捌忽捌微捌纖陸塵捌渺，實徵支銀陸兩壹錢柒毫貳絲壹忽壹微壹纖叁塵貳渺。

馬快捌名，每名歲支工食草料銀壹拾陸兩捌錢，共銀壹百叁拾肆兩肆錢，內除荒撥補銀叁拾貳兩玖錢壹分壹釐貳毫叁絲捌忽叁微貳塵柒渺肆漠，實徵支銀壹百壹兩肆錢捌分捌釐柒毫陸絲壹忽陸微玖纖柒塵貳渺陸漠。遇閏加銀壹拾壹兩貳錢，內除荒銀貳兩陸錢伍分捌釐玖毫玖絲叁忽伍微陸纖壹塵叁渺陸漠，實徵支銀捌兩伍錢肆分壹釐陸忽肆微叁纖捌塵陸渺肆漠。

民壯叁拾柒名，每名歲支工食銀陸兩，共銀貳百貳拾貳兩，內除荒撥補銀伍拾肆兩叁錢陸分壹釐玖毫肆絲肆忽陸微貳塵捌渺，實徵支銀壹百陸拾柒兩陸錢叁分捌釐伍絲伍忽叁微玖纖柒塵貳渺。遇閏加銀壹拾捌兩伍錢，內除荒銀肆兩叁錢玖分貳釐柒絲柒忽柒微玖塵伍渺，實徵支銀壹拾肆兩壹錢柒釐玖毫貳絲貳忽貳微玖纖伍渺。

看監禁子捌名，每名歲支工食銀陸兩，共支銀肆拾捌兩，內除荒撥補銀壹拾壹兩柒錢伍分叁釐玖毫叁絲肆忽壹微捌纖捌塵肆渺，實徵支銀叁拾陸兩貳錢肆分陸釐陸絲伍忽捌微壹纖壹塵陸渺。外加增銀壹拾陸兩。遇閏加銀肆兩，內除荒銀玖錢肆分玖釐陸毫叁絲玖忽捌微壹纖叁塵肆渺，實徵支銀叁兩伍分叁毫陸絲壹微捌纖陸塵陸渺。

轎傘扇夫柒名，每名歲支工食銀陸兩，共銀肆拾貳兩，內除荒撥補銀壹拾兩貳錢捌分肆釐陸毫玖絲壹忽肆微貳纖貳塵，實徵支銀叁拾壹兩柒錢壹分伍釐叁毫捌忽伍微柒纖捌塵。遇閏加銀叁兩伍錢，內除荒銀捌錢叁分玖毫叁絲壹忽柒微壹纖叁塵叁渺，實徵支銀貳兩陸錢陸分玖釐陸絲捌忽貳微捌纖陸塵柒渺。

庫子肆名，每名歲支工食銀陸兩，共支銀貳拾肆兩，內除荒撥補銀伍兩捌錢柒分陸釐玖毫陸絲柒忽壹微貳纖肆塵叁渺，實徵支銀壹拾捌兩壹錢貳分叁釐叁絲貳忽捌微柒纖伍塵柒渺。遇閏加銀貳兩，內除荒銀肆錢柒分肆釐捌毫貳絲貳纖壹塵捌渺，實徵支銀壹兩伍錢貳分伍釐壹毫柒絲玖忽玖微柒纖捌塵貳渺。

斗級肆名，每名歲支工食銀陸兩，共支銀貳拾肆兩，內除荒撥補銀伍兩捌錢柒分陸釐玖毫陸絲柒忽壹微貳纖肆塵叁渺，實徵支銀壹拾捌兩壹錢貳分叁釐叁絲貳忽捌微柒纖伍塵柒渺。遇閏加銀貳兩，內除荒銀肆錢柒分肆釐捌毫貳絲貳纖壹塵捌渺，實徵支銀壹兩伍錢貳分伍釐壹毫柒絲玖忽玖微柒纖捌塵貳渺。

舖司兵壹拾肆名，每名歲支工食銀肆兩捌錢，共支銀陸拾柒兩貳錢，內除荒銀壹拾陸兩肆錢伍分玖釐柒毫伍絲伍忽捌微壹纖柒塵伍渺肆漠叁沙伍泧貳涯，實徵支銀伍拾兩柒錢肆分貳毫肆絲肆忽壹微捌纖貳塵肆渺伍漠陸沙肆泧捌涯。外加增撥補銀叁拾叁兩貳錢陸分柒釐叁毫柒忽伍微肆纖伍塵貳渺貳漠叁沙伍泧貳涯。遇閏加銀伍兩陸錢，內除荒銀壹兩叁錢叁分叁釐陸毫貳忽陸微捌纖柒塵肆渺叁漠伍泧捌涯，實徵支銀肆兩貳錢陸分陸釐叁毫玖絲柒忽叁微壹纖貳塵伍渺陸漠玖沙肆泧貳涯。外加增撥補銀貳兩柒錢叁分肆釐貳毫叁絲壹忽玖微玖纖捌塵柒漠伍泧捌涯。

各渡口水夫貳名，每名歲支工食銀貳兩肆錢，共銀肆兩捌錢，內除荒撥補銀壹兩壹錢柒分柒釐壹毫伍絲叁忽貳微壹纖玖塵叁渺捌漠，實徵支銀叁兩陸錢貳分貳釐捌毫肆絲陸忽柒微捌纖陸渺貳漠。遇閏加銀肆錢，內除荒銀玖分捌釐伍毫貳絲柒忽貳微壹纖肆塵肆渺肆漠，實徵支銀叁錢壹釐肆毫柒絲貳忽柒微捌纖伍塵伍渺陸漠。

典史衙門

門子壹名，歲支工食銀陸兩，內除荒撥補銀壹兩肆錢陸分玖釐貳毫肆絲壹忽叁微柒纖陸塵伍渺，實徵支銀肆兩伍錢叁分柒毫伍絲捌忽陸微貳纖叁塵伍渺。遇閏加銀伍錢，內除荒銀壹錢壹分捌釐柒毫伍忽伍微貳纖陸塵貳渺，實徵支銀叁錢捌分壹釐貳毫玖絲肆忽肆微柒纖叁塵捌渺。

皂隸肆名，每名歲支工食銀陸兩，共支銀貳拾肆兩，內除荒撥補銀伍兩捌錢柒分陸釐玖毫陸絲柒忽壹微貳纖肆塵叁渺，實徵支銀壹拾捌兩壹錢貳分叁釐叁絲貳忽捌微柒纖伍塵柒渺。遇閏加銀貳兩，內除荒銀肆錢柒分肆釐捌毫貳絲貳纖壹塵捌渺，實徵支銀壹兩伍錢貳分伍釐壹毫柒絲玖忽玖微柒纖捌塵貳渺。

馬夫壹名，歲支工食銀陸兩，內除荒撥補銀壹兩肆錢陸分玖釐貳毫肆絲壹忽叁微柒纖陸塵伍渺，實徵支銀肆兩伍錢叁分柒毫伍絲捌忽陸微貳纖叁塵伍渺。遇閏加銀伍錢，內除荒銀壹錢壹分捌釐柒毫伍忽伍微貳纖陸塵貳渺，實徵支銀叁錢捌分壹釐貳毫玖絲肆忽肆微柒纖叁塵捌渺。

教職衙門

齋夫叁名，每名歲支工食銀壹拾貳兩，共支銀叁拾陸兩，內除荒撥補銀捌兩捌錢壹分伍釐肆毫貳忽叁微玖纖陸塵叁渺，實徵支銀貳拾柒兩壹錢捌分肆釐伍毫玖絲柒忽陸微叁塵柒渺。遇閏加銀叁兩，內除荒銀柒錢壹分貳釐貳毫貳絲玖忽玖微捌纖叁塵玖渺，實徵支銀貳兩貳錢捌分柒釐柒毫柒絲壹纖陸塵壹渺。

膳夫貳名，額支銀壹拾叁兩叁錢叁分叁釐肆毫，內除荒撥補銀叁兩貳錢陸分肆釐陸毫叁絲伍忽玖纖伍塵玖渺壹漠陸沙伍洙肆涯，實徵支銀壹拾兩陸分捌釐柒毫陸絲肆忽玖微肆塵捌漠叁沙肆洙陸涯係廪生支領。遇閏加銀壹兩壹錢壹分壹釐壹毫，內除荒撥補銀貳錢陸分叁釐陸絲柒忽陸纖玖塵伍渺叁漠陸沙肆洙壹涯，實徵支銀捌錢肆分捌釐叁絲貳忽玖微叁纖肆渺陸漠伍沙伍洙玖涯。

門斗貳名，每名歲支工食銀柒兩貳錢，共銀壹拾肆兩肆錢，內除荒撥補銀叁兩伍錢貳分陸釐壹毫捌絲捌纖貳渺肆漠，實徵支銀壹拾兩捌錢柒分叁釐捌毫壹絲玖忽玖微壹纖玖塵柒渺陸漠。遇閏加銀壹兩貳錢，內除荒銀貳錢捌分肆釐捌毫玖絲壹忽陸微伍纖柒塵玖渺貳漠，實徵支銀玖錢壹分伍釐壹毫捌忽叁微肆纖貳塵捌漠。

本縣廪生貳拾名，每名歲支月糧銀叁兩貳錢，共銀陸拾肆兩，內除荒撥補銀壹拾伍兩陸錢壹分貳釐伍毫壹絲叁忽貳微壹纖陸塵貳渺，實徵支銀肆拾捌兩叁錢捌分柒釐肆毫捌絲陸忽柒微捌纖叁塵捌渺。遇閏加銀伍兩叁錢叁分叁釐叁毫，內除荒撥補銀壹兩叁錢捌分柒釐貳毫捌絲叁忽玖微玖塵柒漠玖沙貳洙叁涯，實徵支銀叁兩玖錢肆分陸釐壹毫壹絲陸忽玖纖玖渺貳漠柒洙柒涯。

以上俸工項下，除廪生、膳夫貳欵照常支發外，其餘官役俸工於道光貳拾叁年奉文，均以貳兩平支放，每兩減平銀陸分，其減平銀兩，每年批解部庫交納，理合登明。

壹雜支項下

春秋貳季祭祀文廟及各壇祠並無祀鬼魂品物等項銀玖拾伍兩壹錢貳分伍釐，內除荒銀貳拾叁兩貳錢玖分柒釐壹毫捌絲壹忽捌微柒塵陸渺伍漠玖沙伍洙，實徵支銀柒拾壹兩捌錢貳分柒釐捌毫壹絲捌忽壹微玖纖貳塵叁渺肆漠伍洙。

外均攤撥補銀壹兩伍錢陸分貳釐叁毫玖絲玖忽陸微貳纖伍塵肆渺肆漠伍沙陸涯。

周文王等廟祭祀銀壹拾肆兩叁錢貳分，內除荒銀叁兩伍錢玖釐玖絲陸忽肆纖叁塵陸渺，實徵支銀壹拾兩捌錢壹分玖毫叁忽玖微伍纖陸塵肆渺。

虯蜡、禹王貳廟祭祀銀陸兩捌錢，內除荒銀壹兩陸錢陸分陸釐叁毫肆絲肆微捌纖壹渺，實徵支銀伍兩壹錢叁分叁釐陸毫伍絲玖忽伍微壹纖玖塵玖渺。

鄉飲銀叁兩，內除荒銀柒錢叁分肆釐捌毫壹絲陸微捌纖叁塵伍渺，實徵支銀貳兩貳錢陸分伍釐捌絲玖忽叁微壹纖陸塵伍渺。

布政司紙劄銀壹兩陸錢捌分，內除荒銀肆錢壹分壹釐肆毫叁絲捌忽貳微捌纖捌塵捌沙，實徵支銀壹兩貳錢陸分捌釐伍毫陸絲壹忽柒微壹纖壹塵玖渺玖漠貳沙。

以上鄉飲、紙劄貳欵於道光貳拾叁年奉文裁汰，其徵收銀兩，每年批解部庫交納，理合登明。

壹孤貧項下

孤老壹拾柒名，共支口糧銀伍拾兩肆錢捌分捌釐，內除荒銀壹拾貳兩叁錢陸分伍釐叁毫貳絲叁纖肆塵壹渺柒漠貳沙捌洙，實徵支銀叁拾捌兩壹錢貳分貳釐陸毫柒絲玖忽玖微陸纖伍塵捌渺貳漠柒沙貳洙。外加增撥補銀貳拾叁兩捌分貳釐玖毫玖絲叁忽柒微壹纖玖塵壹渺。又加增閏月銀伍兩壹錢。

孤老布花銀壹拾肆兩貳分捌毫，內除荒銀叁兩肆錢叁分肆釐捌絲壹忽柒微伍纖叁塵叁渺陸漠肆洙捌涯，實徵支銀壹拾兩伍錢捌分陸釐柒毫壹絲捌忽貳微肆纖陸塵陸渺叁漠玖沙伍洙貳涯。

壹驛站項下

本府支直銀壹百伍拾叁兩貳錢玖分貳釐；平涼府支直銀叁百捌拾肆兩；平涼府忙差銀叁百伍拾捌兩肆錢；協涇州遞運所站銀壹千叁百叁拾兩；協永寧驛站銀玖百玖拾兩；協白水驛站銀壹千柒百捌兩；岐州驛站銀貳千玖百肆拾貳兩陸錢肆分貳釐壹毫陸絲貳忽柒微捌塵柒渺。共銀柒千捌百陸拾陸兩叁錢叁分肆釐壹毫陸絲貳忽柒微捌塵柒渺，內除荒銀貳千捌百陸拾柒兩叁錢捌分叁釐壹毫伍絲壹忽壹微伍纖玖塵肆渺陸漠捌沙肆涯玖洒，實徵銀肆千玖百玖拾捌兩玖錢伍分壹釐壹絲壹忽伍微肆纖玖塵貳渺叁漠壹沙玖洙伍涯壹洒。

又收受協郿縣站支兑留兵餉銀叁拾柒兩叁錢陸分貳釐柒毫陸忽壹微貳塵捌渺。

貳項共銀伍千叁拾陸兩叁錢壹分叁釐柒毫壹絲柒忽陸微伍纖貳塵叁漠壹沙玖洙伍涯壹洒，內除額協並裁站銀貳千貳百伍拾玖兩貳錢伍分貳釐柒毫柒絲捌忽捌微伍纖捌塵叁渺肆漠，實支銀貳千柒百柒拾柒兩陸分玖毫叁絲捌忽柒微玖纖叁塵陸渺玖漠壹沙玖洙伍涯壹洒。

走遞里甲馬貳拾匹，工食草料銀肆百肆拾兩；損轎夫壹百肆拾叁名，額支工食銀壹千柒百壹拾陸兩。共銀貳千壹百伍拾陸兩，內除荒銀伍百貳拾捌兩壹錢叁分伍釐柒毫肆絲壹忽柒微捌纖捌塵陸渺，實徵銀壹千陸百貳拾柒兩捌錢陸分肆釐貳毫伍絲捌忽貳微壹纖壹塵肆渺，內除額協並裁站銀陸百伍拾柒兩肆錢肆釐柒毫叁絲壹微肆纖肆塵陸渺陸漠，實支銀玖百柒拾兩肆錢伍分玖釐伍毫貳絲捌忽陸纖陸塵柒渺肆漠。

遇閏原加走遞夫馬銀叁拾陸兩陸錢陸分；損轎夫銀壹百伍兩。共銀壹百肆拾壹兩陸錢陸分，內除荒銀叁拾叁兩柒錢叁分貳釐捌絲柒忽捌微伍塵壹渺肆漠陸沙，實徵銀壹百柒兩玖錢貳分柒釐玖毫壹絲貳忽壹微捌纖肆塵捌渺伍漠肆沙，內除裁站銀叁拾玖兩叁分陸釐柒毫柒絲壹纖叁塵玖渺，實支銀陸拾捌兩捌錢玖分壹釐壹毫肆絲貳忽壹微捌纖玖渺伍漠肆沙。

以上存留實徵銀柒千肆百捌拾壹兩叁錢陸分肆釐捌毫陸絲玖忽柒微壹纖壹塵捌漠柒沙壹洙壹涯壹洒。

又收受協郿縣站支兑留兵餉銀叁拾柒兩叁錢陸分貳釐柒毫陸忽壹微貳塵捌渺。

貳項共銀柒千伍百壹拾捌兩柒錢貳分柒釐伍毫柒絲伍忽捌微壹纖叁塵捌

渺捌漠柒沙壹洙壹涯壹洒，內除額協汧陽、隴州驛站抵餉銀壹千貳拾柒兩壹錢壹分柒釐肆絲玖忽貳微捌纖壹塵肆渺；又除額協平涼府屬固原等州縣驛站抵餉銀壹千叁兩捌錢叁分壹釐玖毫柒絲玖忽陸微叁纖壹塵肆渺；又除驛遞之差使甚少等事案內，裁站銀壹千陸百肆拾玖兩肆錢陸分伍釐壹毫玖絲柒忽貳微肆纖陸塵壹渺，內在於題明請將驛站等事案內，留支本縣新增夫馬工料銀柒百陸拾叁兩柒錢伍分陸釐柒毫壹絲柒忽壹微伍纖伍塵玖渺，實裁銀捌百捌拾伍兩柒錢捌釐肆毫捌絲玖纖貳渺。實該銀肆千陸百貳兩柒分陸絲陸忽捌微壹纖捌渺捌漠柒沙壹洙壹涯壹洒。

外均攤撥補俸工，除知縣攤俸留抵外，實該銀叁百壹拾伍兩肆錢肆分叁釐叁毫叁絲柒忽柒微陸纖陸塵柒渺玖漠捌沙伍洙貳涯。

共該銀肆千玖百壹拾柒兩伍錢壹分叁釐肆毫肆忽伍微柒纖柒塵陸渺捌漠伍沙陸洙叁涯壹沙於乾隆伍拾貳年奉文，全數解司，壹切支欵，俱由司按季領支，嗣於嘉慶伍年奉文，照舊在縣留支，並不解司，按季請領。

外於西安布政司庫領支均攤祭祀銀壹兩伍錢陸分貳釐叁毫玖絲玖忽陸微貳纖伍塵肆渺肆漠伍沙陸涯，係動支各屬解到耗羨銀兩。

遇閏加銀貳百貳拾兩伍錢柒釐柒毫叁絲叁忽，內除閏俸銀玖兩叁釐叁毫叁絲叁忽，實該銀貳百壹拾壹兩伍錢肆釐肆毫，內除荒銀伍拾兩肆錢肆分壹釐柒毫玖絲貳忽玖微捌纖玖塵貳渺伍漠貳沙貳洙貳涯，實徵銀壹百陸拾壹兩陸分貳釐陸毫柒忽壹纖柒渺肆漠柒沙柒洙捌涯，內除驛遞之差使甚少等事案內，裁站銀肆拾肆兩捌錢陸分捌釐柒毫玖絲伍忽柒微貳纖壹渺陸漠，內在於題明請將驛站等事案內，留支本縣新增夫馬工料銀伍兩捌錢叁分貳釐貳絲伍忽柒微陸塵貳渺陸漠，實裁銀叁拾玖兩叁分陸釐柒毫柒絲壹纖叁塵玖渺。實該銀壹百貳拾貳兩貳分伍釐捌毫叁絲陸忽玖微玖纖陸塵捌渺肆漠柒沙柒洙捌涯。

外撥補加增閏月銀玖兩肆錢捌分伍釐貳毫柒忽壹微柒纖捌塵叁渺捌漠伍洙捌涯。

共該銀壹百叁拾壹兩伍錢壹分壹釐肆絲伍忽壹微柒纖伍塵貳渺貳漠捌沙叁洙陸涯。

又於奏聞事案內，增給閏月夫馬工料銀壹百叁拾貳兩柒錢伍分於乾隆伍拾貳年奉文，全數解司，壹切支欵，俱由司按季領支，嗣於嘉慶伍年奉文，照舊在縣留支，並不解司，按季請領。

壹額外

課程銀貳拾壹兩伍分伍釐玖毫叁絲係舖戶出辦。遇閏加銀壹兩柒錢伍分肆釐陸毫陸絲捌微叁纖。

牙稅銀叁拾兩查牙行壹拾伍名，內上則壹名，原額稅銀叁兩；中則壹拾叁名，每名原額稅銀貳兩，共銀貳拾陸兩；下則壹名，原額稅銀壹兩。

磨課銀壹兩捌錢柒釐叁毫係磨戶出辦。遇閏加銀壹錢伍分壹釐。

地稅銀肆拾玖兩捌錢係買房地業主出辦，原無定額，儘收儘解。

畜稅銀玖拾柒兩陸錢貳分係買騾馬出辦，原無定額，儘收儘解。

當稅銀陸拾伍兩係典舖出辦，共典舖壹拾叁座，每座每年原額稅銀伍兩。

寶雞

原額伍等共地捌千肆百玖拾壹頃柒拾畝肆分貳釐，每畝起科不等，共額徵本折糧叁萬柒千貳百叁拾貳石陸斗貳升玖合玖勺陸抄，每石科本色糧貳合叁抄捌撮伍圭叁粟肆粒，共本色糧柒拾伍石玖斗，每石科折色糧玖斗玖升柒合玖勺陸抄壹撮肆圭陸粟陸粒，共折色糧叁萬柒千壹百伍拾陸石柒斗貳升玖合玖勺陸抄，每石徵銀壹兩叁錢叁分肆釐伍毫肆絲貳忽伍微，共徵銀肆萬玖千伍百捌拾柒兩貳錢叁分柒釐捌毫壹絲捌忽陸微貳塵貳渺。內：

壹等稻地伍百頃叁拾陸畝伍分陸釐，每畝科本折稻糧壹斗，內本色糧貳勺叁撮柒圭捌粟柒粒貳顆，折色糧玖升玖合柒勺玖抄陸撮貳圭壹粟貳粒捌顆，共糧伍千叁石陸斗伍升陸合。順治柒年題明免過無主荒地及乾隆拾年報明被水事案內，豁免共地壹百壹頃肆拾伍畝壹分，共應免糧壹千壹拾肆石伍斗壹升，內自首開墾地伍畝，應徵本折糧伍斗。實在地叁百玖拾捌頃玖拾陸畝肆分陸釐，實徵糧叁千玖百捌拾玖石陸斗肆升陸合。

貳等川平地貳千肆百捌拾貳頃伍拾肆畝玖分壹釐陸毫，每畝科本折糧伍升捌合，內本色糧壹勺壹抄捌撮壹圭玖粟陸粒伍顆，折色糧伍升柒合捌勺捌抄壹撮捌圭叁粒伍顆，共糧壹萬肆千叁百玖拾捌石柒斗捌升伍合壹勺陸抄。順治柒年題明免過無主荒地及乾隆拾年報明被水事案內，豁免共地叁百陸拾壹頃捌拾柒畝捌分，共應免糧貳千玖拾捌石捌斗玖升叁合，內節年開墾、自首共地壹頃捌畝柒分，應徵本折糧陸石叁斗肆合陸勺。實在地貳千壹百貳拾壹頃柒拾伍畝捌分壹釐陸毫，實徵糧壹萬貳千叁百陸石壹斗玖升陸合柒勺陸抄。

叁等原平地貳千叁百伍拾叁頃陸拾貳畝捌分，每畝科本折糧伍升伍勺，內本色糧壹勺貳撮玖圭壹粟貳粒貳顆，折色糧伍升叁勺玖抄柒撮捌粟柒粒捌顆，共糧壹萬壹千捌百捌拾伍石捌斗貳升壹合肆勺。順治柒年題明免過無主荒地及乾隆拾年報明被水事案內，豁免共地肆百貳拾壹頃柒拾肆畝陸分，應免糧貳千壹百貳拾玖石捌斗壹升陸合伍勺，內節年開墾、自首並雍正拾年開墾共地壹拾柒頃捌拾肆畝肆分玖釐，應徵本折糧玖拾石壹斗壹升陸合柒勺肆抄伍撮；又乾隆貳拾年開墾起科地貳拾壹畝柒分貳釐，應徵本折糧壹石玖升陸合捌勺陸抄。實在地壹千玖百肆拾玖頃玖拾肆畝肆分壹釐，實徵糧玖千捌百肆拾柒石貳斗壹升捌合伍勺伍撮。

肆等平坡地壹千壹百壹拾伍頃陸拾捌畝貳分，每畝科本折糧叁升伍合，內本色糧柒抄壹撮叁圭貳粟伍粒伍顆，折色糧叁升肆合玖勺貳抄捌撮陸圭柒粟肆粒伍顆，共糧叁千玖百肆石捌斗捌升柒合玖勺陸抄。順治柒年題明免過無主荒地及乾隆拾年報明被水事案內，豁免共地肆百肆拾伍頃捌拾捌畝貳分，應免糧壹千伍百陸拾石伍斗捌升柒合，內前開墾地並興屯及節年開墾、自首、雍正十年開墾共地陸拾捌頃伍拾伍畝叁分捌釐柒毫，應徵本折糧貳百叁拾玖石玖斗叁升玖合叁勺肆抄伍撮。實在地柒百叁拾捌頃叁拾伍畝叁分捌釐柒毫，實徵糧貳千伍百捌拾肆石貳斗肆升叁勺伍撮。

伍等陡坡地貳千叁拾玖頃肆拾柒畝玖分肆釐肆毫，每畝科本折糧壹升，內本色糧貳抄叁圭柒粟玖粒陸顆，折色糧玖合玖勺柒抄玖撮陸圭貳粟肆顆，共糧貳千叁拾玖石肆斗柒升玖合肆勺肆抄。順治柒年題明免過無主荒地及乾隆拾年報明被水事案內，豁免共地貳百陸拾玖頃肆拾柒畝叁分捌釐，應免糧貳百陸拾玖石肆斗陸升柒合柒勺，內前開墾並興屯及節年開墾、自首、雍正拾年開墾共地貳百捌拾伍頃陸合伍畝壹釐肆毫，應徵本折糧貳百捌拾伍石陸斗伍升壹勺肆抄。實在地貳千伍拾伍頃陸拾伍畝伍分柒釐捌毫，實徵糧貳千伍拾伍石陸斗陸升壹合捌勺捌抄。

以上各等原免共地壹千陸百頃肆拾叁畝捌釐，應免糧柒千柒拾叁石貳斗柒升肆合貳勺，內前開墾並興屯及節年開墾、自首並雍正拾年開墾共地叁百柒拾叁頃壹拾捌畝伍分玖釐壹毫，應徵本折糧陸百貳拾貳石伍斗壹升捌勺叁抄；又乾隆貳拾年開墾起科地貳拾壹畝柒分貳釐，應徵本折糧壹石玖升陸合捌勺陸抄以增抵除。實應免本折糧陸千肆百肆拾玖石陸斗陸升陸合伍勺壹抄。

又在于康熙捌年秦屬蠲免事並康熙貳拾叁年再疏籲請等事貳案內，題明豁免興屯、捏墾并捏報丈首共荒地壹千捌百陸頃貳拾貳畝陸分伍釐伍毫，應免本折糧肆千陸百柒拾玖石貳斗捌升陸合肆勺貳抄叁撮，內節年開墾、自首共地玖百伍拾陸頃叁畝壹分伍釐陸毫，該徵本折糧壹千叁百捌拾石叁升壹合壹勺肆抄貳撮伍圭。

貳共實豁免荒地貳千柒拾柒頃貳拾貳畝貳分陸釐捌毫，實免本色驛倉糧壹拾玖石捌斗玖升肆合壹勺捌抄陸撮玖圭捌粒陸顆伍糠肆粃肆粄，實免折色糧玖千柒百貳拾玖石貳升柒合陸勺叁撮伍圭玖粟壹粒叁顆肆糠伍粃陸粄，該除銀壹萬貳千玖百捌拾叁兩捌錢壹分叁釐捌毫壹絲柒忽陸微陸纖貳塵陸渺伍漠玖沙貳涯。

以上實在熟地陸千肆百壹拾肆頃肆拾捌畝壹分伍釐貳毫，该徵本折糧貳萬柒千肆百捌拾叁石柒斗捌合壹勺陸抄玖撮伍圭，內實應徵本色驛倉糧伍拾陸石伍合捌勺壹抄叁撮玖粟壹粒叁顆肆糠伍粃陸粄，實應徵折色糧貳萬柒千肆百貳拾柒石柒斗貳合叁勺伍抄陸撮肆圭捌粒陸顆伍糠肆粃肆粄，該折徵銀叁萬陸千陸百叁兩肆錢貳分肆釐玖微肆纖伍渺肆漠玖洙捌涯遵照乾隆伍拾玖年奉准部咨令，將康熙年間易知由單內載：壹等稻地每畝徵折色銀壹錢叁分叁釐壹毫捌絲貳忽貳微伍塵貳渺；貳等川平地每畝徵折色銀柒分柒釐貳毫肆絲伍忽柒微叁纖貳塵陸渺捌漠；叁等原平地每畝徵折色銀陸分柒釐貳毫伍絲柒忽壹纖玖塵壹渺壹漠；肆等平坡地每畝徵折色銀肆分陸釐陸毫壹絲叁忽捌微伍塵伍渺肆漠；伍等陡坡地每畝徵折色銀壹分叁釐叁毫壹絲捌忽貳微陸纖貳塵柒渺捌漠，逐壹纂入書內，嗣後遇有墾豁，以便按畝增除。

原額人丁叁等玖則不等，俱折下下丁柒萬捌千柒百叁拾肆丁，每丁徵銀捌分貳忽柒微肆纖柒塵貳渺，共銀陸千貳百玖拾捌兩玖錢叁分陸釐叁毫壹絲貳忽貳微伍纖陸塵，內除優免丁玖百捌拾丁，共該銀柒拾捌兩肆錢貳釐陸毫玖絲貳忽貳微伍纖陸塵。

行差丁柒萬柒千柒百伍拾肆丁，共額徵銀陸千貳百貳拾兩伍錢叁分叁釐陸毫貳絲。

順治柒年並康熙貳拾叁年再疏籲請等事貳案內，題明豁免過逃亡並死絕共丁叁萬叁千玖拾丁，應除銀貳千陸百肆拾柒兩貳錢柒分肆釐叁絲玖忽捌微，內前招回並節年招回、審出丁肆千捌百壹拾貳丁，該徵銀叁百捌拾肆兩玖錢柒分壹釐玖毫肆絲捌微壹纖貳塵貳渺，實豁免丁貳萬捌千貳百柒拾捌丁，該除銀貳千貳百陸拾貳兩叁錢貳釐玖絲捌忽玖微捌纖柒塵捌渺。

以上實在行差應徵人丁肆萬玖千肆百柒拾陸丁，該徵銀叁千玖百伍拾捌兩貳錢叁分壹釐伍毫貳絲壹忽壹纖貳塵貳渺雍正伍年攤入地糧內徵解。

康熙伍拾伍年起，至乾隆貳拾陸年止，編審出丁壹百柒拾肆丁；乾隆叁拾壹年編審出丁壹拾叁丁；叁拾陸年編審出丁貳拾叁丁。共編審出丁貳百壹拾丁，欽遵康熙伍拾貳年叁月拾捌日恩詔，後遇編審之期，但據康熙伍拾年丁冊定為常額，永不加賦。

原額均徭銀叁千壹百柒拾貳兩柒分伍釐貳毫陸絲陸忽，內除荒銀捌百叁拾兩玖錢肆分肆釐柒毫壹忽叁纖叁塵捌渺陸漠陸沙，實徵銀貳千叁百肆拾壹兩壹錢叁分伍毫陸絲肆忽玖微陸纖陸塵壹渺叁漠肆沙遵照由單內載：壹等稻地每畝徵均徭銀捌釐伍毫壹絲玖忽陸微貳纖肆塵；貳等川平地每畝徵均徭銀肆釐玖毫肆絲壹忽叁微捌纖壹塵陸渺玖漠；叁等原平地每畝徵均徭銀肆釐叁毫貳忽肆微壹纖肆渺柒漠；肆等平坡地每畝徵均徭銀貳釐玖毫捌絲壹忽捌微柒纖伍渺伍漠；伍等陡坡地每畝徵均徭銀捌毫伍絲壹忽玖微陸纖陸塵貳渺陸漠。

外遇閏加徵銀伍百肆兩肆錢捌分貳毫壹忽，內除荒銀壹百陸拾叁兩捌錢捌分伍釐柒毫伍絲玖忽陸微柒纖叁塵伍渺壹漠肆沙叁洙捌涯，實徵銀叁百肆拾兩伍錢玖分肆釐肆毫肆絲壹忽叁微貳纖陸塵肆渺捌漠伍沙陸洙貳涯。

額外徵收匠價銀柒拾貳兩柒錢陸分伍釐。遇閏加銀陸兩陸分叁釐柒毫伍絲。

停免銀壹百壹拾玖兩柒釐陸毫。

以上額外正閏叁項攤入前項地糧內徵解。

以上地、丁貳項並均徭、停免、匠價，除優免丁銀外，額徵銀伍萬玖千壹百柒拾壹兩陸錢壹分玖釐叁毫肆忽陸微貳塵貳渺，內除荒銀壹萬陸千柒拾柒兩陸分陸毫壹絲柒忽陸微捌纖叁塵叁渺貳漠伍沙貳涯，實徵銀肆萬叁千玖拾肆兩伍錢伍分捌釐陸毫捌絲陸忽玖微壹纖捌塵捌渺柒漠肆沙玖洙捌涯。

額徵驛倉本色糧柒拾伍石玖斗，內除荒糧壹拾玖石捌斗玖升肆合壹勺捌抄陸撮玖圭捌粒陸顆伍糠肆粃肆粄，實徵糧伍拾陸石伍合捌勺壹抄叁撮玖粟壹粒叁顆肆糠伍粃陸粄。

外遇閏加徵銀伍百肆兩肆錢捌分貳毫壹忽，內除荒銀壹百陸拾叁兩捌錢捌分伍釐柒毫伍絲玖忽陸微柒纖叁塵伍渺壹漠肆沙叁洙捌涯，實徵銀叁百肆拾兩伍錢玖分肆釐肆毫肆絲壹忽叁微貳纖陸塵肆渺捌漠伍沙陸洙貳涯。

又匠價閏銀陸兩陸分叁釐柒毫伍絲。

貳共該徵閏銀叁百肆拾陸兩陸錢伍分捌釐壹毫玖絲壹忽叁微貳纖陸塵肆渺捌漠伍沙陸洙貳涯。

壹起運項下

原編起運糧石等項折價銀叁萬捌千壹百貳拾柒兩陸錢柒分肆釐玖絲貳忽陸微壹纖伍塵伍渺，內除荒銀玖千玖百柒拾捌兩伍錢伍分伍釐叁毫肆絲陸忽玖微叁纖玖塵陸渺壹漠捌洙，實徵銀貳萬捌千壹百肆拾玖兩壹錢壹分捌釐柒毫肆絲伍忽陸微柒纖伍塵捌渺捌漠玖沙貳洙。

節裁藥味、牲口、軍器、年例、毛襖折價共銀貳千壹百貳拾兩玖錢陸分陸釐陸毫，內除荒銀柒百叁兩壹錢玖分叁釐壹毫陸絲陸忽肆纖肆塵玖渺陸漠柒沙陸洙貳涯，實徵銀壹千肆百壹拾柒兩柒錢柒分叁釐肆毫叁絲叁忽玖微伍纖伍塵叁漠貳沙叁洙捌涯。

舊編存留，內順治玖年裁扣各役工食銀貳百肆拾肆兩肆錢；拾貳年裁扣傘扇銀肆拾兩；拾叁年裁扣冗員銀肆拾玖兩伍錢貳分；拾肆年裁扣官生俸廩等項銀伍百伍拾壹兩肆錢肆分捌釐肆毫；拾柒年裁汰冗員銀肆拾玖兩伍錢貳分。康熙元年裁吏書工食銀壹百陸拾玖兩貳錢；貳年裁汰苑馬寺並王簿冗員銀肆百捌拾伍兩；叁年裁教諭、門斗、齋夫銀壹百壹兩壹錢貳分，雜費丁銀貳百玖拾叁兩貳釐貳毫；拾伍年裁心紅、監倉、喂馬草料、芒神、紙劄、鋪墊板蓆、補造船隻等項銀柒拾伍兩陸錢壹分；貳拾柒年裁歲貢、舉人盤纏、坊價銀陸拾肆兩捌錢柒分壹釐捌毫捌絲陸忽。雍正陸年裁燈夫銀貳拾肆兩；拾貳年裁民壯銀肆拾捌兩。乾隆柒年裁民壯銀肆拾捌兩；貳拾肆年裁驛丞並皂隸俸工銀肆拾叁兩伍錢貳分，舊編冗費裁剩解部銀玖百肆拾陸兩伍錢叁分柒釐肆毫貳絲伍忽玖微捌纖陸塵柒渺。

共裁扣歸入起運銀叁千貳百叁拾叁兩柒錢肆分玖釐玖毫壹絲壹忽玖微捌纖陸塵柒渺，內除荒銀壹千肆拾玖兩玖錢伍分陸釐玖毫捌絲捌忽壹微貳纖柒塵叁渺陸漠壹沙陸洙，實徵銀貳千壹百捌拾叁兩柒錢玖分貳釐玖毫貳絲叁忽捌微伍纖玖塵叁渺叁漠捌沙肆洙。

又額外徵收匠價、停免銀壹百玖拾壹兩柒錢柒分貳釐陸毫。

以上肆項共該實起運銀叁萬壹千玖百肆拾貳兩肆錢伍分柒釐柒毫叁忽肆微玖纖貳渺伍漠玖沙玖洙捌涯。

又收存留內額協抵餉銀陸百玖拾叁兩柒分叁釐肆毫貳絲陸忽玖微伍纖肆塵。

又收協瓦亭等驛所站支抵餉銀柒百玖拾捌兩肆錢貳分肆釐貳毫捌絲玖忽貳微貳纖柒塵。

又收存留內驛遞之差使甚少並題明請將驛站等事貳案內，共裁站銀貳千壹百陸拾叁兩壹分貳毫肆絲壹忽玖微叁纖柒塵伍渺叁漠，內在於題明請將驛站等事案內，留支本縣新增夫馬工料銀肆百玖拾陸兩伍分叁釐壹毫肆絲玖忽捌微伍纖柒塵肆渺叁漠，止實收銀壹千陸百陸拾陸兩玖錢伍分柒釐玖絲貳忽捌纖壹渺。

又收請做以糧載丁等事案内，通省以糧均丁增銀壹千捌百貳拾兩貳錢肆分肆釐陸毫伍絲壹忽陸纖貳塵伍渺。

共該起運銀叁萬陸千玖百貳拾壹兩壹錢伍分柒釐壹毫陸絲貳忽捌微壹纖叁塵捌渺伍漠玖沙玖洙捌涯，内除受協盩厔、同州等州縣站支兌留兵餉應支銀伍百伍拾壹兩壹錢貳釐玖絲貳微伍纖陸塵；又除受協靈台縣站支兌留兵餉應支銀壹兩玖錢陸分貳釐玖毫伍絲伍忽貳微叁纖。實該起運銀叁萬陸千叁百陸拾捌兩玖分貳釐壹毫壹絲柒忽叁微貳纖柒塵捌渺伍漠玖沙玖洙捌涯，内留支加增撥補俸工並額外虢川司巡檢俸工銀陸百貳拾捌兩伍錢玖分捌釐壹毫肆絲肆忽陸微肆纖陸塵捌渺陸漠，止該起運銀叁萬伍千柒百叁拾玖兩肆錢玖分叁釐玖毫柒絲貳忽陸微捌纖玖渺玖漠玖沙玖洙捌涯。

外遇閏裁扣，内順治玖年會議裁銀壹拾捌兩柒錢；拾叁年裁冗員銀肆兩壹錢貳分陸釐陸毫陸絲陸忽；拾肆年裁銀肆拾肆兩肆錢柒分壹釐肆毫陸絲玖忽；拾柒年裁冗員銀肆兩壹錢貳分陸釐陸毫陸絲陸忽。康熙元年裁吏書工食銀壹拾肆兩壹錢；貳年裁苑馬寺並冗員銀肆拾兩肆錢壹分陸釐陸毫；叁年裁教、齋銀捌兩肆錢貳分陸釐陸毫陸絲陸忽；拾伍年裁心紅、草料等項銀貳兩陸錢陸分陸釐陸毫柒絲。雍正陸年裁燈夫銀貳兩；拾貳年裁民壯銀肆兩。乾隆柒年裁民壯銀肆兩；貳拾肆年裁驛丞、皂隸銀叁兩陸錢貳分陸釐陸毫陸絲陸忽，又閏俸銀壹拾肆兩玖錢陸分叁釐叁毫貳絲捌忽。

共銀壹百陸拾伍兩陸錢貳分肆釐柒毫叁絲壹忽，内除荒銀捌拾壹兩肆錢捌分伍釐柒毫陸絲玖忽肆微肆纖柒塵壹渺貳漠壹沙叁洙肆涯，實徵銀捌拾肆兩壹錢叁分捌釐玖毫陸絲壹忽伍微伍纖貳塵捌渺柒漠捌沙陸洙陸涯。

又額外匠價閏銀陸兩陸分叁釐柒毫伍絲。

貳共起運閏銀玖拾兩貳錢貳釐柒毫壹絲壹忽伍微伍纖貳塵捌渺柒漠捌沙陸洙陸涯。

又收存留内驛遞之差使甚少並題明請將驛站等事案内，裁站閏月銀伍拾玖兩玖錢伍分柒釐壹毫捌絲，内在於題明請將驛站等事案内，留支本縣新增夫馬工料閏月銀肆兩柒錢貳分壹毫捌絲；又撥給隴州新增夫馬工料閏月銀叁拾玖兩貳錢柒分捌釐柒毫玖絲外。外止實收銀壹拾伍兩玖錢伍分捌釐貳毫壹絲。

又收請做以糧載丁等事案内，通省以糧均丁增銀伍兩肆錢貳分壹釐伍毫柒絲肆微捌纖陸渺。

叁項共銀壹百壹拾壹兩伍錢捌分貳釐肆毫玖絲貳忽叁纖叁塵肆渺柒漠捌沙陸洙陸涯，內留支加增撥補役廩閏月銀壹拾柒兩壹分陸釐捌毫壹絲肆忽玖微壹纖叁塵陸渺貳漠捌沙捌涯；又留支夫馬閏月銀貳兩叁錢玖分玖釐。止該起運銀玖拾貳兩壹錢陸分陸釐陸毫柒絲柒忽壹微壹纖玖塵捌渺伍洙捌涯。

壹存留項下

原編存留驛倉糧柒拾伍石玖斗，內除荒糧壹拾玖石捌斗玖升肆合壹勺捌抄陸撮玖圭捌粒陸顆伍糠肆粃肆粄，實該存撥糧伍拾陸石伍合捌勺壹抄叁撮玖粟壹粒叁顆肆糠伍粃陸粄。

原編存留銀壹萬伍千肆百玖拾柒兩肆錢伍分陸釐壹毫，內除荒銀肆千叁百肆拾伍兩叁錢伍分伍釐壹毫壹絲陸忽伍微柒纖壹塵叁渺捌漠伍沙，實存留銀壹萬壹千壹百伍拾貳兩壹錢玖毫捌絲叁忽肆微貳纖捌塵陸渺壹漠伍沙。

壹俸工項下

知縣壹員，額支俸薪銀肆拾伍兩，內除荒銀壹拾肆兩陸錢壹分壹釐柒毫壹絲玖忽壹微，實徵支銀叁拾兩叁錢捌分捌釐貳毫捌絲玖微，內均攤俸工銀陸兩捌分陸釐肆絲捌忽壹微肆纖伍渺，即留抵撥補各員役俸工訖。

縣丞壹員，額支俸薪銀肆拾兩，內除荒撥補銀壹拾貳兩玖錢捌分捌釐壹毫玖絲叁忽貳微，實徵支銀貳拾柒兩壹分壹釐捌毫陸忽捌微。

典史壹員，額支俸薪銀叁拾壹兩伍錢貳分，內除荒撥補銀壹拾兩貳錢叁分肆釐陸毫玖絲柒忽捌微，實徵支銀貳拾壹兩貳錢捌分伍釐叁毫貳忽貳微。

教諭、訓導貳員，額支俸薪銀叁拾壹兩伍錢貳分，內除荒撥補銀壹拾兩貳錢叁分肆釐陸毫玖絲柒忽捌微，實徵支銀貳拾壹兩貳錢捌分伍釐叁毫貳忽貳微。外加增全俸銀肆拾捌兩肆錢捌分。

益門鎮巡檢壹員，額支俸薪銀叁拾壹兩伍錢貳分乾隆叁拾叁年奉文裁汰，仍于存留項下解司充餉，除荒撥補銀壹拾兩貳錢叁分肆釐陸毫玖絲柒忽捌微，實徵支銀貳拾壹兩貳錢捌分伍釐叁毫貳忽貳微。

知縣衙門

門子貳名，每名歲支工食銀陸兩，共支銀壹拾貳兩，內除荒撥補銀叁兩捌錢玖分陸釐肆毫陸絲貳忽陸微，實徵支銀捌兩壹錢叁釐伍毫叁絲柒忽肆微。遇閏加銀壹兩，內除荒銀貳錢玖釐貳毫壹忽叁微捌纖，實徵支銀柒錢玖分柒毫玖絲捌忽陸微貳纖。

皂隷、仵作壹拾陸名，每名歲支工食銀陸兩，共支銀玖拾陸兩，內除荒撥補銀叁拾壹兩壹錢柒分壹釐陸毫陸絲玖忽陸微，實徵支銀陸拾肆兩捌錢貳分捌釐叁毫叁絲肆微。遇閏加銀捌兩，內除荒銀壹兩陸錢柒分叁釐陸毫貳絲肆纖，實徵支銀陸兩叁錢貳分陸釐叁毫柒絲玖忽玖微陸纖。

馬快捌名，每名歲支工食銀壹拾陸兩捌錢，共支銀壹百叁拾肆兩肆錢，內除荒撥補銀肆拾叁兩陸錢肆分叁毫貳絲伍忽叁微，實徵支銀玖拾兩柒錢伍分玖釐陸毫柒絲肆忽柒微。遇閏加銀壹拾壹兩貳錢，內除荒銀貳兩叁錢肆分叁釐陸絲伍忽捌微陸纖，實徵支銀捌兩捌錢伍分陸釐玖毫叁絲肆忽壹微肆纖。

民壯叁拾肆名，每名歲支工食銀陸兩，共支銀貳百肆兩，內除荒撥補銀陸拾陸兩貳錢玖分玖釐柒毫柒絲壹忽貳微陸纖陸塵肆渺，實徵支銀壹百叁拾柒兩柒錢貳毫貳絲捌忽柒微叁纖叁塵陸渺。遇閏加銀壹拾柒兩，內除荒銀叁兩伍錢伍分陸釐肆毫肆絲壹微陸纖，實徵支銀壹拾叁兩肆錢肆分叁釐伍毫伍絲玖忽捌微肆纖。

看監禁子捌名，每名歲支工食銀陸兩，共支銀肆拾捌兩，內除荒撥補銀壹拾伍兩伍錢捌分伍釐捌毫叁絲玖忽叁微，實徵支銀叁拾貳兩肆錢壹分肆釐壹毫陸絲柒微。外每名加增銀肆兩，共增銀叁拾貳兩。遇閏加銀肆兩，內除荒銀捌錢叁分陸釐捌毫壹絲貳忽伍微貳纖，實徵支銀叁兩壹錢陸分叁釐壹毫捌絲柒忽肆微捌纖。

轎傘扇夫柒名，每名歲支工食銀陸兩，共支銀肆拾貳兩，內除荒撥補銀壹拾叁兩陸錢肆分壹釐叁毫肆絲捌忽，實徵支銀貳拾捌兩叁錢伍分捌釐陸毫伍絲貳忽。遇閏加銀叁兩伍錢，內除荒銀柒錢叁分貳釐貳毫柒忽叁微叁纖，實徵支銀貳兩柒錢陸分柒釐柒毫玖絲貳忽陸微柒纖。

庫子肆名，每名歲支工食銀陸兩，共支銀貳拾肆兩，內除荒撥補銀柒兩柒錢玖分貳釐玖毫壹絲肆忽貳微，實徵支銀壹拾陸兩貳錢柒釐捌絲伍忽捌微。遇閏加銀貳兩，內除荒銀肆錢壹分捌釐肆毫捌忽柒微陸纖，實徵支銀壹兩伍錢捌分壹釐伍毫玖絲壹忽貳微肆纖。

斗級肆名，每名歲支工食銀陸兩，共支銀貳拾肆兩，內除荒撥補銀柒兩柒錢玖分貳釐玖毫壹絲肆忽貳微，實徵支銀壹拾陸兩貳錢柒釐捌絲伍忽捌微。遇閏加銀貳兩，內除荒銀肆錢壹分捌釐肆毫捌忽柒微陸纖，實徵支銀壹兩伍錢捌分壹釐伍毫玖絲壹忽貳微肆纖。

各舖司兵肆拾名，每名歲支工食銀肆兩捌錢肆分，共支銀壹百玖拾叁兩陸錢，內除荒銀陸拾貳兩捌錢伍分捌釐玖毫捌絲陸忽肆微，實徵支銀壹百叁拾兩柒錢肆分壹釐壹絲叁忽陸微。外加增銀壹百玖兩貳錢伍分捌釐玖毫捌絲陸忽肆微。遇閏加銀壹拾陸兩壹錢叁分叁釐叁毫叁絲，內除荒銀叁兩玖錢肆分陸釐柒毫叁絲玖忽伍微肆纖，實徵支銀壹拾貳兩壹錢捌分陸釐伍毫玖絲肆微陸纖。外加增銀柒兩捌錢壹分叁釐肆毫玖忽伍微肆纖。

鐘鼓夫伍名，每名歲支工食銀貳兩陸錢陸分陸釐陸毫，共支銀壹拾叁兩叁錢叁分叁釐叁毫，內除荒撥補銀肆兩叁錢貳分玖釐捌絲伍忽肆微玖纖壹塵柒渺貳漠，實徵支銀玖兩肆釐貳毫壹絲肆忽伍微捌塵貳渺捌漠。遇閏加銀壹兩壹錢壹分壹釐壹毫壹絲，內除荒銀貳錢柒分壹釐捌毫壹絲肆纖陸塵柒渺，實徵支銀捌錢叁分玖釐貳毫玖絲玖忽玖微伍纖叁塵叁渺。

汧、渭貳河各渡口水手肆拾名，每名歲支工食銀貳兩肆錢，共支銀玖拾陸兩，內除荒撥補銀叁拾壹兩壹錢柒分肆毫玖絲柒忽捌微，實徵支銀陸拾肆兩捌錢貳分玖釐伍毫貳忽貳微。遇閏加銀捌兩，內除荒銀壹兩玖錢伍分柒釐壹毫壹絲叁忽肆纖，實徵支銀陸兩肆分貳釐捌毫捌絲陸忽玖微陸纖。

縣丞衙門

門子壹名，歲支工食銀陸兩，內除荒撥補銀壹兩玖錢肆分捌釐貳毫叁絲壹忽叁微，實徵支銀肆兩伍分壹釐柒毫陸絲捌忽柒微。遇閏加銀伍錢，內除荒銀壹錢肆釐伍毫玖絲玖忽壹微玖纖，實徵支銀叁錢玖分伍釐肆毫捌微壹纖。

皂隸肆名，每名歲支工食銀陸兩，共支銀貳拾肆兩，內除荒撥補銀柒兩柒錢玖分貳釐玖毫壹絲肆忽貳微，實徵支銀壹拾陸兩貳錢柒釐捌絲伍忽捌微。遇閏加銀貳兩，內除荒銀肆錢壹分捌釐肆毫捌忽柒微陸纖，實徵支銀壹兩伍錢捌分壹釐伍毫玖絲壹忽貳微肆纖。

馬夫壹名，歲支工食銀陸兩，內除荒撥補銀壹兩玖錢肆分捌釐貳毫叁絲壹忽叁微，實徵支銀肆兩伍分壹釐柒毫陸絲捌忽柒微。遇閏加銀伍錢，內除荒銀壹錢肆釐伍毫玖絲玖忽壹微玖纖，實徵支銀叁錢玖分伍釐肆毫捌微壹纖。

典史衙門

門子壹名，歲支工食銀陸兩，內除荒撥補銀壹兩玖錢肆分捌釐貳毫叁絲壹忽叁微，實徵支銀肆兩伍分壹釐柒毫陸絲捌忽柒微。遇閏加銀伍錢，內除荒銀壹錢肆釐伍毫玖絲玖忽壹微玖纖，實徵支銀叁錢玖分伍釐肆毫捌微壹纖。

皂隸肆名，每名歲支工食銀陸兩，共支銀貳拾肆兩，內除荒撥補銀柒兩柒錢玖分貳釐玖毫壹絲肆忽貳微，實徵支銀壹拾陸兩貳錢柒釐捌絲伍忽捌微。遇閏加銀貳兩，內除荒銀肆錢壹分捌釐肆毫捌忽柒微陸纖，實徵支銀壹兩伍錢捌分壹釐伍毫玖絲壹忽貳微肆纖。

馬夫壹名，歲支工食銀陸兩，內除荒撥補銀壹兩玖錢肆分捌釐貳毫叁絲壹忽叁微，實徵支銀肆兩伍分壹釐柒毫陸絲捌忽柒微。遇閏加銀伍錢，內除荒銀壹錢肆釐伍毫玖絲玖忽壹微玖纖，實徵支銀叁錢玖分伍釐肆毫捌微壹纖。

教職衙門

齋夫叁名，每名歲支工食銀壹拾貳兩，共支銀叁拾陸兩，內除荒撥補銀壹拾壹兩陸錢捌分玖釐叁毫柒絲柒微，實徵支銀貳拾肆兩叁錢壹分陸毫貳絲玖忽叁微。遇閏加銀叁兩，內除荒銀陸錢貳分柒釐陸毫捌忽壹微肆纖，實徵支銀貳兩叁錢柒分貳釐叁毫玖絲壹忽捌微陸纖。

膳夫貳名，額支銀壹拾叁兩叁錢叁分叁釐肆毫，內除荒撥補銀肆兩叁錢叁分陸釐貳毫壹絲柒忽伍纖貳塵柒渺伍漠伍沙，實徵支銀捌兩玖錢玖分柒釐壹毫捌絲貳忽玖微肆纖柒塵貳渺肆漠伍沙係廩生領支。遇閏加銀壹兩壹錢壹分壹釐壹毫，內除荒撥補銀貳錢叁分貳釐肆毫壹絲伍忽叁微肆纖叁塵陸渺貳漠捌沙捌涯，實徵支銀捌錢柒分捌釐陸毫捌絲肆忽陸微伍纖陸塵叁渺柒漠壹沙玖洙貳涯。

門斗貳名，每名歲支工食銀柒兩貳錢，共支銀壹拾肆兩肆錢，內除荒撥補銀肆兩陸錢柒分伍釐柒毫伍絲捌忽柒微，實徵支銀玖兩柒錢貳分肆釐貳毫肆絲壹忽叁微。遇閏加銀壹兩貳錢，內除荒銀貳錢伍分壹釐肆絲伍忽陸纖，實徵支銀玖錢肆分捌釐玖毫伍絲肆忽玖微肆纖。

廩生貳拾名，每名歲支月糧銀叁兩貳錢，共支銀陸拾肆兩，內除荒撥補銀貳拾兩柒錢捌分壹釐壹毫壹絲貳忽肆微，實徵支銀肆拾叁兩貳錢壹分捌釐捌毫捌絲柒忽陸微。遇閏加銀伍兩叁錢叁分叁釐叁毫叁絲，內除荒撥補銀貳兩玖錢柒分玖毫玖絲叁纖，實徵支銀貳兩叁錢陸分貳釐叁毫叁絲玖忽玖微柒纖。

巡檢衙門

皂隸貳名，每名歲支工食銀陸兩，共支銀壹拾貳兩乾隆叁拾叁年奉文裁汰，仍于存留項下解司充餉，除荒撥補銀叁兩捌錢玖分陸釐肆毫陸絲貳忽陸微，實徵解銀捌兩壹錢叁釐伍毫叁絲柒忽肆微。遇閏加銀壹兩，內除荒銀貳錢玖釐貳毫壹忽叁微捌纖，實徵解銀柒錢玖分柒毫玖絲捌忽陸微貳纖乾隆叁拾叁年奉文裁汰，仍于存留項下解司充餉。

額外添設虢川司巡檢壹員，該支俸薪銀叁拾壹兩伍錢貳分。

皂隸貳名，每名歲支銀陸兩，共支銀壹拾貳兩。

弓兵肆名，每名歲支銀陸兩，共支銀貳拾肆兩。

以上俸工項下，除廩生、膳夫貳欵照常支發外，其餘官役俸工於道光貳拾叁年奉文，均以貳兩平支放，每兩減平銀陸分，其減平銀兩，每年批解部庫交納，理合登明。

壹雜支項下

春秋貳季致祭文廟并各壇祠及無祀鬼魂品物等項價銀玖拾陸兩伍錢伍分柒釐，內除荒銀叁拾壹兩叁錢肆分玖釐柒毫玖絲肆忽，實徵支銀陸拾伍兩貳錢柒釐貳毫陸忽。

又撥補豁免不敷銀陸分玖釐玖毫叁忽。

外均攤撥補不敷銀捌兩柒分肆釐壹毫柒絲肆忽貳微捌纖陸塵貳渺肆漠伍沙陸涯。

虮蜡廟祭祀銀叁兩伍錢，內除荒銀壹兩壹錢叁分陸釐叁毫柒絲捌微貳纖柒塵伍渺，實徵支銀貳兩叁錢陸分叁釐陸毫貳絲玖忽壹微柒纖貳塵伍渺。

鄉飲額支銀叁兩，內除荒銀玖錢柒分肆釐叁絲伍忽壹微，實徵支銀貳兩貳分伍釐玖毫陸絲肆忽玖微。

布政司紙劄額支銀壹兩陸錢壹分，內除荒銀伍錢壹分玖釐捌毫壹絲捌忽叁微，實徵支銀壹兩玖分壹毫捌絲壹忽柒微。

以上鄉飲、紙劄貳欵於道光貳拾叁年奉文裁汰，其徵收銀兩，每年批解部庫交納，理合登明。

壹孤貧口糧項下

孤老貳拾名，共支口糧銀肆拾捌兩，內除荒銀壹拾伍兩伍錢捌分肆釐伍毫壹絲叁忽玖微柒纖陸塵肆渺捌漠伍沙，實徵支銀叁拾貳兩肆錢壹分伍釐肆毫捌絲陸忽貳纖叁塵伍渺壹漠伍沙。外加增銀叁拾玖兩伍錢捌分肆釐伍毫壹絲叁忽玖微柒纖陸塵肆渺捌漠伍沙。遇閏加增銀陸兩。

孤老布花銀壹拾柒兩伍錢，內除荒銀伍兩陸錢捌分壹釐捌毫伍絲叁忽捌微玖纖肆塵肆渺叁漠伍沙，實徵支銀壹拾壹兩捌錢壹分捌釐壹毫肆絲陸忽壹微伍塵伍渺陸漠伍沙。

壹驛站項下

陳倉驛站銀叁千貳百貳拾兩；東河橋站銀叁千貳百貳拾兩；額協高平驛牛站銀貳千貳百伍拾捌兩；額協瓦亭遞運所牛站銀柒百陸拾兩；額協平涼遞運所牛站銀柒百陸拾兩；額協安國鎮遞運所牛站銀玖拾伍兩；額協平涼府支直銀叁百陸拾叁兩；額協本府支直銀貳百肆拾陸兩貳錢陸分貳釐肆毫。共額銀壹萬玖百貳拾貳兩貳錢陸分陸釐肆毫，內除荒銀貳千捌百伍拾玖兩捌錢陸分陸釐捌毫叁絲肆忽玖微壹纖壹塵捌渺肆漠伍沙，實徵銀捌千陸拾貳兩叁錢玖分伍釐伍毫陸絲伍忽捌纖捌塵壹渺伍漠伍沙。

又收受協西安府屬盩厔等縣站支兌留兵餉應支銀伍百伍拾壹兩壹錢貳釐玖絲貳微伍纖陸塵。

又收受協平涼府屬靈台縣站支兌留兵餉應支銀壹兩玖錢陸分貳釐玖毫伍絲伍忽貳微叁纖。

叁項共銀捌千陸百壹拾伍兩肆錢陸分陸毫壹絲伍微柒纖肆塵壹渺伍漠伍沙，內除額協站支抵餉並裁站銀貳千肆百叁拾壹兩柒分柒毫叁絲捌忽玖微捌纖伍塵陸渺玖漠貳沙入起運外，實支銀陸千壹百捌拾肆兩叁錢捌分玖釐捌毫柒絲壹忽伍微捌纖捌塵肆渺陸漠叁沙。

外收撥補增給夫馬閏月工料銀叁百肆拾貳兩。

壹走遞項下

東河橋驛僱募夫銀壹百壹拾伍兩貳錢；草涼驛運夫陸名，每名歲支銀柒兩貳錢，共銀肆拾叁兩貳錢；東河橋遞運所夫陸拾肆名，每名歲支銀壹拾貳兩，共銀柒百陸拾捌兩；損轎夫壹百肆拾叁名，每名歲支銀壹拾貳兩，共銀壹千柒百壹拾陸兩；騾馬貳拾貳匹，工食草料銀肆百捌拾肆兩。

以上共額銀叁千壹百貳拾陸兩肆錢，內除荒銀壹千壹拾伍兩肆毫陸微伍纖貳渺肆漠伍沙，實徵銀貳千壹百壹拾壹兩叁錢玖分玖釐伍毫玖絲玖忽叁微肆纖玖塵柒渺伍漠伍沙，內除站支抵餉並奉裁縣馬、損夫銀柒百貳拾柒兩叁錢捌分肆釐陸絲玖忽貳微柒纖伍塵肆渺捌沙入起運外，實徵支銀壹千叁百捌拾肆兩壹分伍釐伍毫叁絲柒纖肆塵叁渺肆漠柒沙。

遇閏加銀貳百肆拾柒兩貳錢陸分陸釐陸毫，內除荒銀陸拾兩肆錢捌分玖釐陸毫捌絲捌忽伍微伍纖陸塵陸漠肆沙玖洙陸涯，實徵銀壹百捌拾陸兩柒錢柒分陸釐玖毫壹絲壹忽肆微肆纖叁塵玖渺叁漠伍沙肆涯，內除裁站閏月銀壹拾伍兩玖錢伍分捌釐貳毫壹絲，實徵支銀壹百柒拾兩捌錢壹分捌釐柒毫壹忽肆微肆纖叁塵玖渺叁漠伍沙肆涯。

外收新增撥補夫馬閏月銀貳兩叁錢玖分玖釐。

共支銀壹百柒拾叁兩貳錢壹分柒釐柒毫壹忽肆微肆纖叁塵玖渺叁漠伍沙肆涯。

以上存留實徵銀壹萬壹千壹百伍拾貳兩壹錢玖毫捌絲叁忽肆微貳纖捌塵陸渺壹漠伍沙。

又收起運內受協盩厔、同州等州縣驛站兑留兵餉應支銀伍百伍拾壹兩壹錢貳釐玖絲貳微伍纖陸塵。

又收受協靈台縣站兑兵餉應支銀壹兩玖錢陸分貳釐玖毫伍絲伍忽貳微叁纖。

叁項共該銀壹萬壹千柒百伍兩壹錢陸分陸釐貳絲捌忽玖微壹纖肆塵陸渺壹漠伍沙，內除額協汧陽、隴州站支抵餉銀陸百玖拾叁兩柒分叁釐肆毫貳絲陸忽玖微伍纖肆塵；又除協瓦亭等驛所站支抵餉銀柒百玖拾捌兩肆錢貳分肆釐貳毫捌絲玖忽貳微貳纖柒塵；又除驛遞之差使甚少并題明請將驛站等事貳案內，共裁站銀貳千壹百陸拾叁兩壹分貳毫肆絲壹忽玖微叁纖柒釐伍渺叁漠，內在于題明請將驛站等事案內，留支本縣新增夫馬工料銀肆百玖拾陸兩伍分叁釐壹毫肆絲玖忽捌微伍纖柒塵肆渺叁漠，實裁銀壹千陸百陸拾陸兩玖錢伍分柒釐玖絲貳忽捌纖壹渺。止該銀捌千伍百肆拾陸兩柒錢壹分壹釐貳毫貳絲陸微伍纖叁塵伍渺壹漠伍沙。

外加增撥補俸工，除知縣攤俸留抵外，實該留支銀伍百陸拾壹兩柒分捌釐壹毫肆絲肆忽陸微肆纖陸塵捌渺陸漠。

又留支額外虢川司巡檢俸工銀陸拾柒兩伍錢貳分。

共該銀玖千壹百柒拾伍兩叁錢玖釐叁毫陸絲伍忽叁微叁渺柒漠伍沙乾隆伍拾貳年奉文，全數解司，壹切支款俱由司庫按季領支，嗣於嘉慶伍年奉文，在縣留支，並不解司，按季請領。

外於西安布政司庫撥補領支文廟均攤祭祀銀捌兩柒分肆釐壹毫柒絲肆忽貳微捌纖陸塵貳渺肆漠伍沙陸涯在司庫收貯耗羨銀內動支。

外遇閏原加銀叁百伍拾叁兩捌錢壹分捌釐柒毫玖絲捌忽，內除各官閏俸銀壹拾肆兩玖錢陸分叁釐叁毫貳絲捌忽入起運外，實該銀叁百叁拾捌兩捌錢伍分伍釐肆毫柒絲，內除荒銀捌拾貳兩叁錢玖分玖釐玖毫玖絲貳微貳纖陸塵叁渺玖漠叁沙肆涯，實徵銀貳百伍拾陸兩肆錢伍分伍釐肆毫柒絲玖忽柒微柒纖叁塵陸渺陸沙玖洙陸涯，內除驛遞之差使甚少並題明請將驛站等事案內，裁站閏月銀伍拾玖兩玖錢伍分柒釐壹毫捌絲，內在于題明請將驛站等事案內，留支本縣新增夫馬工料閏月銀肆兩柒錢貳分壹毫捌絲，又撥給隴州新增夫馬工料閏月銀叁拾玖兩貳錢柒分捌釐柒毫玖絲外，實裁銀壹拾伍兩玖錢伍分捌釐貳毫壹絲。止該銀貳百壹兩貳錢壹分捌釐肆毫柒絲玖忽柒微柒纖叁塵陸渺陸沙玖洙陸涯。

外加增撥補役廩閏月銀壹拾柒兩壹分陸釐捌毫壹絲肆忽玖微壹纖叁塵陸渺貳漠捌沙捌涯。

又留支夫馬閏月銀貳兩叁錢玖分玖釐。

共該銀貳百貳拾兩陸錢叁分肆釐貳毫玖絲肆忽陸微捌纖柒塵貳渺叁漠伍沙肆涯於乾隆伍拾貳年奉文，全數解司，壹切支款俱由司庫按季領支，嗣於嘉慶伍年奉文，在縣留支，並不解司，按季請領。

外于西安布政司庫撥補領支夫馬閏月銀叁百肆拾貳兩係動支司庫收貯起運銀兩。

驛倉本色糧柒拾伍石玖斗，內除荒糧壹拾玖石捌斗玖升肆合壹勺捌抄陸撮玖圭捌粒陸顆伍糠肆粃肆秕，實徵存撥糧伍拾陸石伍合捌勺壹抄叁撮玖粟壹粒叁顆肆糠伍粃陸秕貯縣倉聽候撥餉。

壹額外

課程銀貳拾捌兩貳錢貳分壹毫叁絲係鋪戶出辦。遇閏加銀貳兩叁錢伍分壹釐陸毫柒絲柒忽伍微。

畜稅銀肆百壹拾壹兩叁錢叁分係買騾馬人戶出辦，每價銀壹兩收稅銀叁分，原無定額，儘收儘解。

牙稅銀玖拾捌兩司帖伍拾張，上帖牙人肆拾陸名，每名納稅銀貳兩；下帖牙人肆名，每名納稅銀壹兩伍錢。

當稅銀玖拾兩當鋪壹拾捌座，每座稅輸銀伍兩。

磨課銀貳拾捌兩貳錢貳分壹毫叁絲係磨戶出辦。遇閏加銀貳兩叁錢伍分壹釐陸毫柒絲柒忽伍微。

地稅銀壹百貳拾玖兩伍錢叁分柒釐係買民房業主出辦，每價銀壹兩收稅銀叁分，原無定額，儘收儘解。

扶風縣

原額折正壹等中地柒千肆百叁拾玖頃叁畝伍分伍釐捌毫捌絲陸忽，每畝科糧伍升，共徵糧叁萬柒千壹百玖拾伍石壹斗柒升柒合玖勺肆抄叁撮，每石徵銀壹兩貳錢陸分玖釐叁毫肆絲柒忽，共額徵銀肆萬柒千貳百壹拾叁兩伍錢玖分叁釐肆毫柒忽肆微陸纖柒塵叁渺。

內順治柒年題明免過無主荒地、康熙捌年在於秦屬蠲免案內及乾隆拾年報明被水、拾玖年恭請聖訓等事各案內，豁免河沖地貳千玖百伍拾肆頃叁拾捌畝貳分玖釐柒毫，共免折色糧壹萬肆千柒百柒拾壹石玖斗壹升肆合玖勺伍抄，內前開墾並興屯開墾、丈首及乾隆貳拾伍、貳拾玖、叁拾貳等年開墾共地陸百玖頃捌釐伍絲，該徵折色糧叁千肆拾伍石叁合玖勺貳抄伍撮，以增抵除。實豁免地貳千叁百肆拾伍頃叁拾捌畝貳分壹釐陸毫伍絲，應免糧壹萬壹千柒百貳拾陸石玖斗壹升壹合貳抄伍撮，該除銀壹萬肆千捌百捌拾伍兩伍錢貳分叁釐捌毫貳絲叁忽貳微柒纖叁渺柒漠陸沙伍洙貳涯貳洒。

實熟地伍千玖拾叁頃陸拾伍畝叁分肆釐貳毫叁絲陸忽，該徵折色糧貳萬伍千肆百陸拾捌石貳斗陸升陸合玖勺壹抄捌撮，折徵銀叁萬貳千叁百貳拾捌兩陸分玖釐伍毫捌絲肆忽壹微玖纖陸塵玖渺貳漠叁沙肆洙柒涯捌洒遵照乾隆伍拾玖年奉准部咨令，將康熙年間易知由單內載：每畝折徵銀陸分叁釐肆毫陸絲柒忽叁微伍纖陸塵柒漠，纂入書內，遇有墾豁，按畝增除。

原額人丁叁門玖則不等，共折下下丁捌萬叁千捌百玖拾叁丁，每丁徵銀柒分壹釐貳毫陸絲柒忽捌微叁纖玖塵零，共該銀伍千玖百柒拾捌兩捌錢柒分貳釐捌毫肆絲肆忽肆微，內除優免丁柒百肆拾叁丁，共銀伍拾貳兩玖錢伍分貳釐肆忽肆微。

行差丁捌萬叁千壹百伍拾丁，該徵銀伍千玖百貳拾伍兩玖錢貳分捌毫肆絲。

順治柒年題明免過逃亡丁玖千陸百柒拾肆丁，應除銀捌百柒拾伍兩肆錢肆分柒釐捌絲，內前招回又節年招回並審出丁壹千柒百玖丁，該銀壹百壹拾捌兩捌錢陸釐捌毫捌絲叁忽壹微玖纖貳塵，以增抵除，實豁免丁柒千玖百陸拾伍丁，該除銀柒百伍拾陸兩陸錢肆分壹毫玖絲陸忽捌微捌塵。

實在應徵人丁柒萬伍千壹百捌拾伍丁，共徵銀伍千壹百陸拾玖兩貳錢捌分陸毫肆絲叁忽壹微玖纖貳塵，於雍正伍年攤入地糧內徵解。

康熙伍拾伍年起，至乾隆叁拾陸年止，共編審出丁壹百肆拾肆丁，欽遵康熙伍拾貳年叁月拾捌日恩詔，後遇編審之期，但據康熙伍拾年丁冊定為常額，永不加賦。

原額均徭銀伍百捌拾肆兩伍錢壹分柒毫，內除荒銀壹百捌拾肆兩貳錢捌分肆釐玖毫伍忽玖微柒纖貳塵貳渺肆沙玖洙貳涯，實徵銀肆百兩貳錢貳分伍釐柒毫玖絲肆忽貳纖柒塵柒渺玖漠伍沙捌涯係按前項地畝科徵，每畝徵銀柒毫捌絲伍忽柒微叁纖叁塵貳渺。

外遇閏加徵銀叁百玖拾柒兩伍分叁釐柒毫肆絲肆忽，內除荒銀陸拾叁兩貳錢陸分捌釐捌毫捌絲壹忽陸微伍纖陸塵肆漠陸沙伍洙陸涯捌洒，實徵銀叁百叁拾叁兩柒錢捌分肆釐捌毫陸絲貳忽叁微肆纖叁塵玖渺伍漠叁沙肆洙叁涯貳洒。

額外徵收匠價銀壹百壹兩玖錢柒分。遇閏加銀捌兩肆錢玖分柒釐伍毫。

停免銀貳拾伍兩伍錢壹釐壹毫陸絲柒忽叁微。

以上正閏叁項攤入前項地糧內徵解。

地、丁貳項並均徭、匠價、停免，除優免丁銀外，額徵銀伍萬叁千捌百伍拾壹兩肆錢玖分陸釐壹毫壹絲肆忽柒微陸纖柒塵叁渺，內除荒銀壹萬伍千捌百貳拾陸兩肆錢肆分捌釐玖毫貳絲陸忽伍纖伍渺捌漠壹沙肆洙肆涯貳洒，實徵銀叁萬捌千貳拾伍兩肆分柒釐壹毫捌絲捌忽柒微壹纖陸塵柒渺壹漠捌沙伍洙伍涯捌洒。

外遇閏加徵銀叁百玖拾柒兩伍分叁釐柒毫肆絲肆忽，內除荒銀陸拾叁兩貳錢陸分捌釐捌毫捌絲壹忽陸微伍纖陸塵肆漠陸沙伍洙陸涯捌洒，實徵銀叁百叁拾叁兩柒錢捌分肆釐捌毫陸絲貳忽叁微肆纖叁塵玖渺伍漠叁沙肆洙叁涯貳洒。

又匠價閏銀捌兩肆錢玖分柒釐伍毫。

貳項共徵閏銀叁百肆拾貳兩貳錢捌分貳釐叁毫陸絲貳忽叁微肆纖叁塵玖渺伍漠叁沙肆洙叁涯貳洒攤入前項地糧內徵收。

壹起運項下

原編起運糧石折價共銀叁萬陸千壹百捌拾貳兩貳分伍釐叁毫肆絲柒忽肆微

陸纖柒塵叁渺，内除荒銀壹萬壹千肆百壹拾兩陸錢柒分玖釐伍毫貳絲壹忽壹微柒纖捌塵叁渺，實起運銀貳萬肆千柒百柒拾壹兩叁錢肆分伍釐捌毫貳絲陸忽貳微捌纖玖塵。

節裁民校、藥味、牲口、軍器、毛襖等項額銀壹千叁百叁兩貳錢陸分叁釐叁毫，内除荒銀壹百捌拾柒兩玖分陸釐肆毫陸忽玖微肆纖柒塵捌渺陸漠柒沙，實徵銀壹千壹百壹拾陸兩壹錢陸分陸釐捌毫玖絲叁忽伍纖貳塵壹渺叁漠叁沙。

舊編存留，内順治玖年裁扣各役工食銀貳百叁拾叁兩陸錢；拾貳年裁扣修宅、傢伙、傘扇銀玖拾捌兩；拾肆年裁扣官生俸廪等項銀肆百伍拾玖兩玖錢伍分貳釐肆毫陸絲，裁協站銀叁百兩；拾柒年裁冗員銀肆拾玖兩伍錢貳分。康熙元年裁吏書工食銀壹百玖拾玖兩貳錢；叁年裁教諭壹員俸食並齋夫工食共銀壹百壹兩壹錢貳分，雜費丁銀叁百肆拾貳兩捌錢捌分陸釐貳毫；拾伍年裁心紅紙張、修理監倉等項銀柒拾肆兩陸錢陸分捌釐；貳拾壹年裁道官俸食共銀肆百壹拾肆两；貳拾柒年裁舉貢盤纏、坊價銀叁拾伍兩叁分捌釐伍毫伍絲。雍正陸年裁燈夫工食銀貳拾肆兩；拾貳年裁民壯工食銀肆拾捌兩。乾隆柒年裁民壯工食銀肆拾捌兩；玖年裁春秋均攤祭祀銀貳拾陸兩，又裁舖司工食銀叁拾捌兩肆錢；又叁拾叁年奉裁縣丞壹員俸食並門、皂、馬夫工食共銀柒拾陸兩，又舊編冗費裁剩解部銀叁百伍拾陸兩伍錢肆分壹釐壹毫伍絲歸入起運。

共銀貳千玖百貳拾肆兩玖錢貳分陸釐叁毫陸絲，内除荒銀肆百貳拾伍兩叁錢壹分肆釐陸毫壹絲陸忽叁微陸纖伍塵肆渺陸漠貳沙伍洙貳洒，實徵銀貳千肆百玖拾玖兩陸錢壹分壹釐柒毫肆絲叁忽陸微叁纖肆塵伍渺叁漠柒沙肆洙玖涯捌洒。

額外徵收匠價、停免銀壹百貳拾柒兩肆錢柒分壹釐壹毫陸絲柒忽叁微。

共該實起運銀貳萬捌千伍百壹拾肆兩伍錢玖分伍釐陸毫叁絲貳微柒纖伍塵陸渺柒漠肆洙玖涯捌洒。

又收額協汧陽等州縣驛站抵餉銀捌百肆拾叁兩陸錢柒分叁釐叁毫柒絲肆忽柒微肆纖伍塵柒渺。

又收額協平屬叁營、李旺貳驛站抵餉銀壹千伍百玖拾叁兩伍錢陸分柒毫貳絲伍忽柒纖叁塵伍渺。

又收存留内驛遞之差使甚少並題明請將驛站等事貳案内，共裁站銀貳千貳百壹拾叁兩壹錢貳分柒釐伍毫玖忽柒微壹纖捌塵叁渺。

共該起運銀叁萬叁千壹百陸拾肆兩玖錢伍分柒釐貳毫叁絲玖忽捌微壹纖叁塵壹渺柒漠肆洙玖涯捌洒。

內在於請倣以糧載丁等事案內，通省均丁減銀肆百柒拾玖兩肆錢陸分柒釐玖毫捌絲伍忽捌微陸纖叁塵壹渺，內除乾隆元、陸、拾壹、拾陸、貳拾壹、貳拾陸、叁拾壹、叁拾陸等年編審案內，共增抵補屯更丁銀壹百伍拾柒兩柒錢捌分捌釐柒毫貳絲柒忽壹微玖纖叁塵叁渺玖漠玖沙玖洙玖涯陸洒，止該減銀叁百貳拾壹兩陸錢柒分玖釐貳毫伍絲捌忽陸微陸纖玖塵柒渺肆洒。

實該銀叁萬貳千捌百肆拾叁兩貳錢柒分柒釐玖毫捌絲壹忽壹微肆纖叁塵肆渺柒漠肆洙玖涯肆洒，內留支加增撥補俸工銀貳百伍拾兩叁錢柒分伍毫陸絲肆忽柒微伍纖伍塵貳漠肆沙，實該起運銀叁萬貳千伍百玖拾貳兩玖錢柒釐肆毫壹絲陸忽叁微捌纖捌塵肆渺肆漠陸沙肆洙玖涯肆洒。

外遇閏裁扣，內順治玖年裁扣銀壹拾柒兩捌錢；拾肆年裁扣銀叁拾陸兩柒錢陸分肆釐肆毫柒絲玖忽；拾柒年裁冗員銀肆兩壹錢貳分陸釐陸毫陸絲陸忽。康熙元年裁吏書工食銀壹拾陸兩陸錢；叁年裁教諭並齋夫銀捌兩肆錢貳分陸釐陸毫陸絲陸忽；拾伍年裁心紅紙張、喂馬草料銀貳兩陸錢陸分陸釐陸毫柒絲；貳拾壹年裁道官俸食銀叁拾肆兩肆錢玖分玖釐捌毫玖絲。雍正陸年裁燈夫工食銀貳兩；拾貳年裁民壯工食銀肆兩。乾隆柒年裁民壯工食銀肆兩；玖年裁舖司工食銀叁兩貳錢，又閏俸銀壹拾貳兩叁錢叁分陸釐陸毫陸絲叁忽；又叁拾叁年奉裁縣丞、門、皂、馬夫工食銀叁兩。

共銀壹百肆拾玖兩肆錢貳分壹釐叁絲肆忽，內除荒銀貳拾叁兩貳錢叁分叁絲捌忽伍微壹纖陸塵壹渺肆漠陸沙伍洙陸涯捌洒，實徵銀壹百貳拾陸兩壹錢玖分玖毫玖絲伍忽肆微捌纖叁塵捌渺伍漠叁沙肆洙叁涯貳洒。

又額外匠價閏銀捌兩肆錢玖分柒釐伍毫。

貳項共起運閏銀壹百叁拾肆兩陸錢捌分捌釐肆毫玖絲伍忽肆微捌纖叁塵捌渺伍漠叁沙肆洙叁涯貳洒。

又收存留內驛遞之差使甚少並題明請將驛站等事貳案內，裁站閏月銀柒拾柒兩貳錢陸分玖釐陸毫玖絲。

貳項共銀貳百壹拾壹兩玖錢伍分捌釐壹毫捌絲伍忽肆微捌纖叁塵捌渺伍漠叁沙肆洙叁涯貳洒，內除請倣以糧載丁等事案內，通省以糧均丁減銀壹百壹拾兩伍錢陸分肆釐叁毫陸絲陸忽玖微捌纖玖塵，節次抵補屯更丁增銀叁拾陸兩陸錢玖分柒釐捌毫伍絲陸忽柒微捌纖玖塵叁渺，止該減銀柒拾叁兩捌錢陸分陸釐伍毫壹絲壹微玖纖玖塵柒渺。

實該銀壹百叁拾捌兩玖分壹釐陸毫柒絲伍忽貳微捌纖肆塵壹渺伍漠叁沙肆洙叁涯貳洒，內留支加增撥補俸工銀壹拾壹兩柒錢肆釐貳毫叁絲陸微伍纖陸渺，實該銀壹百貳拾陸兩叁錢捌分柒釐肆毫肆絲肆忽陸微叁纖叁塵伍渺伍漠叁沙肆洙叁涯貳洒。

壹存留項下

原編存留銀壹萬叁千叁百捌拾玖兩捌錢玖釐玖毫肆絲，內除奉裁縣丞壹員俸食並門、皂、夫馬工食共銀柒拾陸兩入起運外，止該存留銀壹萬叁千叁百壹拾叁兩捌錢玖釐玖毫肆絲，內除荒銀叁千捌百叁兩叁錢伍分捌釐叁毫捌絲壹忽伍微伍纖捌塵玖渺伍漠壹沙玖洙肆涯，實存留銀玖千伍百壹拾兩肆錢伍分壹釐伍毫伍絲捌忽肆微肆纖壹塵肆漠捌沙陸涯。

壹俸工項下

知縣壹員，俸薪銀肆拾伍兩，內除荒銀柒兩叁錢貳分捌釐捌毫玖絲伍忽壹微玖纖柒塵伍渺，實徵支銀叁拾柒兩陸錢柒分壹釐壹毫肆忽捌微貳塵伍渺，內均攤俸工銀壹拾叁兩貳錢陸分叁釐壹毫柒絲伍忽肆微柒纖伍渺，卽留抵撥補各員役俸工訖。

典史壹員，額支俸食銀叁拾壹兩伍錢貳分，內除荒撥補銀伍兩壹錢叁分叁釐肆毫玖絲肆忽叁微伍纖柒塵，實徵支銀貳拾陸兩叁錢捌分陸釐伍毫伍忽陸微肆纖叁塵。

教諭、訓導貳員，額支俸薪銀叁拾壹兩伍錢貳分，內除荒撥補銀伍兩壹錢叁分叁釐肆毫玖絲肆忽叁微伍纖柒塵，實徵支銀貳拾陸兩叁錢捌分陸釐伍毫伍忽陸微肆纖叁塵。外撥補全俸銀肆拾捌兩肆錢捌分。

知縣衙門

門子貳名，每名歲支銀陸兩，共支銀壹拾貳兩，內除荒撥補銀壹兩玖錢伍分肆釐叁毫捌絲陸忽壹微伍纖，實徵支銀壹拾兩肆分伍釐陸毫壹絲叁忽捌微伍纖。遇閏加銀壹兩，內除荒銀壹錢陸分貳釐捌毫柒絲捌忽捌微肆纖伍塵壹渺，實徵支銀捌錢叁分柒釐壹毫貳絲壹忽壹微伍纖肆塵玖渺。

皂隸、仵作壹拾陸名，每名歲支銀陸兩，共支銀玖拾陸兩，內除荒撥補銀壹拾伍兩陸錢叁分肆釐捌毫伍絲捌忽叁微玖纖，實徵支銀捌拾兩叁錢陸分伍釐壹毫肆絲壹忽陸微壹纖。遇閏加銀捌兩，內除荒銀壹兩貳錢捌分伍釐叁毫壹絲貳忽玖微柒纖捌渺，實徵支銀陸兩柒錢壹分肆釐陸毫捌絲柒忽貳纖玖塵貳渺。

馬快捌名，每名歲支銀壹拾陸兩捌錢，共支銀壹百叁拾肆兩肆錢，內除荒撥補銀貳拾壹兩捌錢捌分捌釐玖毫伍絲玖忽陸微玖纖捌塵貳渺，實徵支銀壹百壹拾貳兩伍錢壹分壹釐肆絲叁微壹塵捌渺。遇閏加銀壹拾壹兩貳錢，內除荒銀壹兩柒錢玖分捌釐肆毫叁絲陸微壹纖陸塵肆渺，實徵支銀玖兩肆錢壹釐伍毫陸絲玖忽叁微捌纖叁塵陸渺。

民壯叁拾肆名，每名歲支銀陸兩，共支銀貳百肆兩，內除荒撥補銀叁拾叁兩貳錢叁分貳毫肆絲壹忽叁微陸纖柒塵伍渺肆沙，實徵支銀壹百柒拾兩柒錢陸分玖釐柒毫伍絲捌忽陸微叁纖貳塵肆渺玖漠陸沙。遇閏加銀壹拾柒兩，內除荒銀貳兩陸錢柒分柒釐貳毫玖絲捌忽肆微伍纖肆塵柒渺，實徵支銀壹拾肆兩叁錢貳分貳釐柒毫壹忽伍微肆纖伍塵叁渺，遇閏之年抵支撥補民壯不敷正銀訖。

看監禁卒捌名，每名歲支銀陸兩，共支銀肆拾捌兩，內除荒撥補銀柒兩捌錢壹分柒釐肆毫柒絲陸忽伍微柒纖，實徵支銀肆拾兩壹錢捌分貳釐伍毫貳絲叁忽肆微叁纖，外每名加增銀貳兩，共增銀壹拾陸兩。遇閏加銀肆兩，內除荒銀陸錢肆分貳釐陸毫伍絲陸忽肆微貳纖肆渺，實徵支銀叁兩叁錢伍分柒釐叁毫肆絲叁忽伍微柒纖玖塵陸渺。

轎傘扇夫柒名，每名歲支銀陸兩，共支銀肆拾貳兩，內除荒撥補銀陸兩捌錢肆分叁毫貳忽捌微叁纖伍塵，實徵支銀叁拾伍兩壹錢伍分玖釐陸毫玖絲柒忽壹微陸纖伍塵。遇閏加銀叁兩伍錢，內除荒銀伍錢柒分壹釐肆毫叁絲壹忽捌微捌纖柒塵玖渺，實徵支銀貳兩玖錢貳分捌釐伍毫陸絲捌忽壹微壹纖貳塵壹渺。

庫子肆名，每名歲支銀陸兩，共支銀貳拾肆兩，內除荒撥補銀叁兩玖錢捌釐柒毫叁絲貳忽捌微，實徵支銀貳拾兩玖分壹釐貳毫陸絲柒忽貳微。遇閏加銀貳兩，內除荒銀叁錢貳分壹釐叁毫貳絲捌忽玖微貳纖貳渺，實徵支銀壹兩陸錢柒分捌釐陸毫柒絲壹忽柒纖玖塵捌渺。

斗級肆名，每名歲支銀陸兩，共支銀貳拾肆兩，內除荒撥補銀叁兩玖錢捌釐柒毫叁絲貳忽捌微，實徵支銀貳拾兩玖分壹釐貳毫陸絲柒忽貳微。遇閏加銀貳兩，內除荒銀叁錢貳分壹釐叁毫貳絲捌忽玖微貳纖貳渺，實徵支銀壹兩陸錢柒分捌釐陸毫柒絲壹忽柒纖玖塵捌渺。

各舖司兵貳拾壹名，額支銀壹百兩捌錢，內除荒銀壹拾陸兩肆錢玖分貳釐柒絲貳忽貳微肆纖玖塵捌渺玖漠，實徵支銀捌拾肆兩叁錢柒釐玖毫貳絲柒忽柒微伍纖壹渺壹漠。外加增銀肆拾壹兩陸錢玖分肆釐叁毫叁絲貳忽玖微玖纖壹塵捌渺玖漠。遇閏加銀捌兩肆錢，內除荒銀壹兩叁錢陸分伍釐壹毫玖絲肆忽柒微貳纖玖塵玖渺，實徵支銀柒兩叁分肆釐捌毫伍忽貳微柒纖壹渺。外加增銀叁兩肆錢陸分伍釐叁毫捌絲叁忽壹微貳纖肆塵玖渺。

鐘鼓夫肆名，每名歲支銀貳兩陸錢陸分陸釐陸毫，共支銀壹拾兩陸錢陸分陸釐陸毫，內除荒撥補銀壹兩柒錢肆分玖毫叁絲捌忽玖微叁纖貳塵壹渺，實徵支銀捌兩玖錢貳分伍釐陸毫陸絲壹忽陸纖柒塵玖渺。遇閏加銀捌錢捌分捌釐捌毫捌絲，內除荒銀壹錢肆分肆釐壹毫壹絲柒忽貳微玖纖壹塵玖渺，實徵支銀柒錢肆分肆釐柒毫陸絲貳忽柒微捌塵壹渺。

典史衙門

門子壹名，額支銀陸兩，內除荒撥補銀玖錢柒分柒釐壹毫柒絲捌忽叁微叁纖伍塵，實徵支銀伍兩貳分貳釐捌毫貳絲壹忽陸微陸纖伍塵。遇閏加銀伍錢，內除荒銀捌分叁毫貳絲玖忽柒微伍纖貳塵陸渺，實徵支銀肆錢壹分玖釐陸毫柒絲貳微肆纖柒塵肆渺。

皂隸肆名，每名歲支銀陸兩，共支銀貳拾肆兩，內除荒撥補銀叁兩玖錢捌釐柒毫叁絲貳忽捌微，實徵支銀貳拾兩玖分壹釐貳毫陸絲柒忽貳微。遇閏加銀貳兩，內除荒銀叁錢貳分壹釐叁毫貳絲捌忽玖微貳纖貳渺，實徵支銀壹兩陸錢柒分捌釐陸毫柒絲壹忽柒纖玖塵捌渺。

馬夫壹名，額支銀陸兩，內除荒撥補銀玖錢柒分柒釐壹毫柒絲捌忽叁微叁纖伍塵，實徵支銀伍兩貳分貳釐捌毫貳絲壹忽陸微陸纖伍塵。遇閏加銀伍錢，內除荒銀捌分叁毫貳絲玖忽柒微伍纖貳塵陸渺，實徵支銀肆錢壹分玖釐陸毫柒絲貳微肆纖柒塵肆渺。

教職衙門

齋夫叁名，每名歲支銀壹拾貳兩，共銀叁拾陸兩，內除荒撥補銀伍兩捌錢陸分叁釐壹毫壹絲壹忽陸微肆纖貳塵肆渺，實徵支銀叁拾兩壹錢叁分陸釐捌毫捌絲捌忽叁微伍纖柒塵陸渺。遇閏加銀叁兩，內除荒銀肆錢捌分玖釐捌毫叁絲貳忽肆微貳纖伍塵叁渺，實徵支銀貳兩伍錢壹分壹毫陸絲柒忽伍微柒纖肆塵柒渺。

膳夫貳名，額支銀壹拾叁兩叁錢叁分叁釐叁毫肆絲，內除荒撥補銀貳兩壹錢柒分貳釐柒絲玖忽貳微貳纖肆塵陸渺，實徵支銀壹拾壹兩壹錢陸分壹釐貳毫陸絲柒微柒纖伍塵肆渺係廪生支領。遇閏加銀壹兩壹錢壹分壹釐壹毫，內除荒撥補銀壹錢柒分捌釐伍毫陸絲玖忽陸微捌纖貳塵捌渺伍漠，實徵支銀玖錢叁分貳釐伍毫叁絲叁微壹纖柒塵壹渺伍漠。

門斗貳名，每名歲支銀柒兩貳錢，共銀壹拾肆兩肆錢，內除荒撥補銀貳兩叁錢叁分伍釐叁毫貳絲壹忽陸微叁纖玖塵壹渺，實徵支銀壹拾貳兩陸分肆釐陸毫柒絲捌忽叁微陸纖玖渺。遇閏加銀壹兩貳錢，內除荒銀壹錢玖分貳釐捌毫壹絲肆微柒塵叁渺，實徵支銀壹兩柒釐壹毫捌絲玖忽伍微玖纖貳塵柒渺。

廪生貳拾名，每名歲支銀叁兩貳錢，共銀陸拾肆兩，內除荒撥補銀壹拾兩壹錢伍分肆釐壹毫玖絲貳微壹纖貳塵叁渺叁漠，實徵支銀伍拾叁兩捌錢肆分伍釐捌毫玖忽柒微捌纖柒塵陸渺柒漠。遇閏加銀伍兩叁錢叁分叁釐叁毫叁絲，內除荒撥補銀捌錢陸分壹釐貳毫柒絲柒忽捌微肆纖貳塵捌渺伍漠，實徵支銀肆兩肆錢柒分貳釐伍絲貳忽壹微伍纖柒塵壹渺伍漠。

以上俸工項下，除廪生、膳夫貳欵照常支發外，其餘官役俸工於道光貳拾叁年奉文，均以貳兩平支放，每兩減平銀陸分，其減平銀兩，每年批解部庫交納，理合登明。

壹雜支項下

春秋貳季致祭文廟並各壇祠及無祀鬼魂品物等項額支銀捌拾兩柒錢捌釐，內除荒銀壹拾叁兩壹錢伍分伍釐伍毫壹絲叁微陸塵陸渺伍漠肆沙玖洙肆涯，實徵支銀陸拾柒兩伍錢伍分貳釐肆毫捌絲玖忽陸微玖纖叁塵叁渺肆漠伍沙陸涯。

虮蜡廟祭祀銀叁兩伍錢，內除荒銀伍錢柒分壹釐壹毫捌絲陸忽陸微伍纖貳塵，實徵支銀貳兩玖錢貳分捌釐捌毫壹絲叁忽叁微肆纖捌塵。

雙烈祠祭祀銀叁兩伍錢，內除荒銀伍錢柒分壹釐壹毫捌絲陸忽陸微伍纖貳塵，實徵支銀貳兩玖錢貳分捌釐捌毫壹絲叁忽叁微肆纖捌塵。

鄉飲額支銀叁兩，內除荒銀肆錢捌分玖釐陸毫伍絲肆忽壹微肆纖捌塵柒渺，實徵支銀貳兩伍錢壹分叁毫肆絲伍忽捌微伍纖壹塵叁渺。

布政司紙劄額支銀壹兩陸錢陸分捌釐，內除荒銀貳錢柒分貳釐叁毫肆絲陸忽捌纖捌塵壹渺，實徵支銀壹兩叁錢玖分伍釐陸毫伍絲叁忽玖微壹纖壹塵玖渺。

以上鄉飲、紙劄貳欵，於道光貳拾叁年奉文裁汰，其徵收銀兩，每年批解部庫交納，理合登明。

壹孤貧項下

孤貧壹拾陸名口，共支月糧銀肆拾兩叁錢貳分，內除荒銀陸兩伍錢叁分貳釐壹毫捌絲肆忽壹微伍纖壹塵玖渺，實徵支銀叁拾叁兩柒錢捌分柒釐捌毫壹絲伍忽捌微肆纖捌塵壹渺。外加增銀貳拾叁兩捌錢柒分玖釐玖毫玖絲陸忽柒微捌纖捌塵肆渺。遇閏加增銀肆兩捌錢。

孤貧布花銀捌兩，內除荒銀壹兩貳錢玖分陸釐柒絲捌忽壹微伍纖捌渺，實徵支銀陸兩柒錢叁釐玖毫貳絲壹忽捌微肆纖玖塵貳渺。

壹驛站項下

舊編平涼府站支銀壹百玖兩；本府各驛支直銀肆百貳拾兩肆錢柒分肆釐；華亭縣站銀叁拾捌兩；協華家庄遞運所站銀壹千叁百壹兩伍錢；協高家凹遞運所站銀壹千叁百壹兩伍錢；協上郿縣遞運所站銀壹千叁百壹兩伍錢；協神木堡遞運所站銀伍百肆拾壹兩伍錢；協瓦亭驛站銀壹千玖百叁拾兩；本縣鳳泉驛站銀叁千壹百伍拾兩。共額銀壹萬玖拾叁兩肆錢柒分肆釐，內除荒銀叁千貳百柒拾捌兩叁錢伍分柒釐貳毫肆絲陸忽柒微叁纖叁塵玖漠叁沙，實徵銀陸千捌百壹拾伍兩壹錢壹分陸釐柒毫伍絲叁忽貳微陸纖陸塵玖渺柒沙，內除額協抵餉並裁站銀叁千玖百叁拾陸兩貳錢陸分貳釐伍毫伍絲玖忽陸微伍纖柒塵捌渺，實支銀貳千捌百柒拾捌兩捌錢伍分肆釐壹毫玖絲叁忽陸微玖塵壹渺柒沙。

外遇閏加增馬夫閏月銀壹百伍拾玖兩壹錢伍分。

走遞騾馬壹拾捌匹，工食草料額銀叁百玖拾陸兩；損轎夫壹百肆拾叁名，工食額銀壹千柒百壹拾陸兩。共銀貳千壹百壹拾貳兩，內除荒銀叁百肆拾肆兩柒錢壹分貳釐陸毫壹絲柒微捌纖叁塵捌漠，實徵銀壹千柒百陸拾柒兩貳錢捌分柒釐叁毫捌絲玖忽貳微壹纖陸塵玖渺貳漠，內除額協抵餉並奉裁銀柒百壹拾肆兩玖分玖釐肆絲玖忽捌微柒纖玖塵柒渺，實支銀壹千伍拾叁兩壹錢捌分捌釐叁毫叁絲玖忽叁微叁纖柒塵貳渺貳漠。

外遇閏，縣馬加銀叁拾貳兩玖錢玖分玖釐肆毫；損轎夫加銀壹百肆拾叁兩。共銀壹百柒拾伍兩玖錢玖分玖釐肆毫，內除荒銀貳拾捌兩伍錢肆分肆釐叁毫捌絲伍忽貳微玖纖捌塵柒渺，實徵銀壹百肆拾柒兩肆錢伍分伍釐壹絲肆忽柒微壹塵叁渺，內除奉裁閏月銀柒拾柒兩貳錢陸分玖釐陸毫玖絲，實支銀柒拾兩壹錢捌分伍釐叁毫貳絲肆忽柒微壹塵叁渺。

外撥補馬夫閏月銀貳兩叁錢玖分玖釐。

以上存留實徵銀玖千伍百壹拾兩肆錢伍分壹釐伍毫伍絲捌忽肆微肆纖壹塵肆漠捌沙陸涯，內除額協汧、隴等州縣驛站抵餉銀捌百肆拾叁兩陸錢柒分叁釐叁毫柒絲肆忽柒微肆纖伍塵柒渺；又除額協平屬叁營、李旺貳驛站抵餉銀壹千伍百玖拾叁兩伍錢陸分柒毫貳絲伍忽柒纖叁塵伍渺；又除驛遞之差使甚少並題明請將驛站等事貳案內，共裁站銀貳千貳百壹拾叁兩壹錢貳分柒釐伍毫玖忽柒微壹纖捌塵叁渺。實該支銀肆千捌百陸拾兩捌分玖釐玖毫肆絲捌忽玖微叁塵伍渺肆漠捌沙陸涯。

外加增撥補俸工，除知縣攤俸留抵外，實該銀貳百伍拾兩叁錢柒分伍毫肆絲肆忽柒微伍纖伍塵貳渺肆沙。

共該銀伍千壹百壹拾兩肆錢陸分伍毫壹絲叁忽陸微伍纖捌塵伍渺柒漠貳沙陸涯於乾隆伍拾貳年奉文，全數解司，一切支款，俱由司按季領支，嗣於嘉慶伍年奉文，照舊在縣留支，並不解司，按季請領。

遇閏原加銀貳百陸拾貳兩玖錢陸分玖釐叁毫柒絲叁忽，內除裁扣各官閏俸銀壹拾貳兩叁錢叁分陸釐陸毫陸絲叁忽，又除奉裁縣丞、門、皂、馬夫工食共銀叁兩入起運外，實該銀貳百肆拾柒兩陸錢叁分貳釐柒毫壹絲，內除荒銀肆拾兩叁分捌釐捌毫肆絲叁忽壹微叁纖玖塵玖渺，實徵銀貳百柒兩伍錢玖分叁釐捌毫陸絲陸忽捌微陸纖壹渺，內除驛遞之差使甚少並題明請將驛站等事貳案內，共裁站閏月銀柒拾柒兩貳錢陸分玖釐陸毫玖絲，止該實支銀壹百叁拾兩叁錢貳分肆釐壹毫柒絲陸忽捌微陸纖壹渺。

加增撥補銀壹拾壹兩柒錢肆釐貳毫叁絲陸微伍纖陸渺。

共該銀壹百肆拾貳兩貳分捌釐肆毫柒忽伍微壹纖柒渺於乾隆伍拾貳年奉文，全數解司，壹切支款，俱由司按季領支，嗣於嘉慶伍年奉文，照舊在縣留支，並不解司，按季請領。

外於西安司庫領支撥補夫馬閏月銀壹百伍拾玖兩壹錢伍分。

壹額外

課程銀壹拾玖兩伍錢玖分叁釐叁毫壹絲捌忽係鋪户出辦。遇閏加銀壹兩陸錢叁分貳釐柒毫柒絲陸忽伍微。

畜税銀壹百兩係買騾馬出辦，原無定額，儘收儘解。

牙税銀貳拾陸兩貳錢上牙人壹拾名，每名原額銀壹兩貳錢，共銀壹拾貳兩；中牙人拾叁名，每名原額銀壹兩，共銀拾叁兩；下牙人陸名，每名原額銀壹、貳、叁錢不等，共銀壹兩貳錢。

當税銀伍拾兩係典鋪出辦，共典鋪壹拾座，每座每年當税銀伍兩。

地税銀貳拾肆兩肆錢玖分係買房地業主出辦，原無定額，儘收儘解。

隴州

原額陸等共地壹萬肆千柒拾陸頃柒拾叁畝伍分叁釐伍毫貳絲，每畝起科不等，共額徵本折糧壹萬肆千捌百壹拾貳石貳斗肆合肆勺，內每糧壹石，科本色糧伍合貳勺陸撮肆圭，共本色糧柒拾柒石壹斗壹升玖合，科折色糧玖斗玖升肆合柒勺玖抄叁撮陸圭，共折色糧壹萬肆千柒百叁拾伍石捌升伍合肆勺，每石折徵銀壹兩叁錢叁分肆釐叁毫壹絲，共額徵銀壹萬玖千陸百陸拾壹兩貳錢壹分捌毫捌絲貳忽伍微伍纖貳渺。

內乾隆叁拾叁年在於帖地被覇等事案內，改歸甘省華亭縣地壹頃壹畝玖分陸釐，該除本折糧叁斗玖升玖合叁抄貳撮捌粟叁粒肆顆肆糠，內本色存留糧貳合柒抄肆撮貳圭柒粟肆粒貳顆肆糠，折色糧叁斗玖升陸合玖勺伍抄柒撮捌圭玖粒貳顆，該除折徵銀伍錢貳分捌釐捌毫肆絲陸忽玖微貳纖叁塵貳渺捌漠捌沙。

止實額地壹萬肆千柒拾伍頃柒拾壹畝伍分柒釐伍毫貳絲，該本折糧壹萬肆千捌百壹拾壹石捌斗伍合叁勺陸抄柒撮玖圭壹粟陸粒伍顆陸糠，內本色糧柒拾柒石壹斗壹升陸合玖勺貳抄伍撮柒圭貳粟伍粒柒顆陸糠，折色糧壹萬肆千柒百叁拾肆石陸斗捌升捌合肆勺肆抄貳撮壹圭玖粟捌顆，該折徵銀壹萬玖千陸百陸拾兩陸錢捌分貳釐叁絲伍忽陸微貳纖陸塵玖渺壹漠貳沙。

壹等上川河灣稻地叁拾捌頃叁畝伍分壹釐玖絲肆忽，每畝科本折糧叁升貳合肆勺柒抄，內本色糧壹勺陸抄玖撮捌粟捌粒伍顆，折色糧叁升貳合叁勺玖圭壹粟壹粒伍顆，共糧壹百貳拾叁石伍斗。順治柒年題明豁免無主荒地貳拾壹頃陸拾貳畝伍分，應免糧柒拾石貳斗壹升陸合，內前墾並節年開墾共地壹拾壹頃捌拾陸畝貳釐陸毫陸絲，該糧叁拾捌石伍斗壹升貳勺柒抄壹撮貳圭伍粟。實在地貳拾捌頃貳拾柒畝叁釐柒毫伍絲肆忽，該糧玖拾壹石柒斗玖升肆合貳勺柒抄壹撮貳圭伍粟。

壹等旱地壹百玖拾貳頃柒拾捌畝捌分柒釐叁毫，每畝科本折糧肆升叁合伍勺，內本色糧貳勺貳抄陸撮肆圭柒粟伍粒貳顆，折色糧肆升叁合貳勺柒抄叁撮伍圭，共糧捌百叁拾捌石陸斗叁升壹合。順治柒年題明免過無主荒地陸拾玖頃柒拾陸畝肆分，應免糧叁百叁石肆斗柒升叁合肆勺，內興屯墾並節年開墾共地貳拾叁頃柒拾壹畝柒分叁釐叁毫，該糧壹百叁石壹斗柒升壹合伍抄。實在地壹百肆拾陸頃柒拾肆畝貳分陸毫，該糧陸百叁拾捌石叁斗貳升捌合陸勺伍抄。

貳等中川菜園地叁百肆拾柒頃貳拾柒畝陸分肆釐柒毫，每畝科本折糧叁升柒合貳勺，內本色糧壹勺玖抄叁撮陸圭柒粟捌粒柒顆，折色糧叁升柒合陸撮叁圭貳粟壹粒叁顆，共糧壹千貳百玖拾壹石捌斗陸升捌合肆勺陸抄捌撮肆圭。順治柒年題明免過無主荒地柒拾玖頃壹拾貳畝叁分，應免糧貳百玖拾肆石叁斗叁升柒合貳勺，又節年開墾過地叁頃壹拾陸畝肆分玖釐肆毫，該糧壹拾壹石柒斗柒升陸合玖勺陸撮肆圭。實在地貳百柒拾壹頃叁拾壹畝捌分肆釐壹毫，該糧壹千玖石叁斗捌合壹勺柒抄肆撮捌圭。

叁等下川麥地柒百伍頃伍拾玖畝貳分伍釐貳絲，每畝科本折糧叁升肆合，內本色糧壹勺柒抄柒撮貳粟伍粒玖顆，折色糧叁升叁合捌勺貳抄貳撮玖圭柒粟肆粒壹顆，共糧貳千叁百玖拾玖石壹升肆合伍勺陸撮捌圭。順治柒年題明免過無主荒地伍百貳拾伍頃肆拾玖畝貳分，應免糧壹千柒百捌拾陸石陸斗柒升捌合，又節年開墾過地壹拾肆頃玖拾畝肆分壹釐，該糧伍拾石柒斗貳升玖合壹抄肆撮。實在地壹百玖拾伍頃肆分陸釐貳絲，該糧陸百陸拾叁石陸升伍合伍勺貳抄捌圭。

肆等山平豆地壹千貳百玖拾貳頃陸畝壹分壹釐玖毫，每畝科本折糧貳升叁合陸勺，內本色糧壹勺貳抄貳撮捌圭柒粟壹粒壹顆，折色糧貳升叁合肆勺柒抄柒撮壹圭貳粟捌粒玖顆，共糧叁千肆拾玖石貳斗陸升肆合肆勺捌撮肆圭。順治柒年題明免過無主荒地玖百柒拾捌頃柒拾玖畝壹分壹釐，應免糧貳千叁百玖石玖斗肆升柒合，又節年開墾過地叁拾伍頃柒拾陸畝伍分壹釐柒毫，該糧捌拾肆石肆斗陸合貳勺壹抄捌圭。實在地叁百肆拾玖頃叁畝伍分貳釐陸毫，該糧捌百貳拾叁石柒斗貳升叁合陸勺壹抄玖撮貳圭。

伍等平坡糜谷地貳千壹百壹拾陸頃壹拾貳畝柒分柒釐，每畝科本折糧壹升陸合貳勺伍抄，內本色糧捌抄肆撮陸圭柒粒，折色糧壹升陸合壹勺陸抄伍撮叁圭玖粟叁粒，共糧叁千肆百叁拾捌石柒斗柒合伍勺壹抄貳撮伍圭。順治柒年題明免過無主荒地貳千壹拾叁頃陸拾伍畝，應免糧叁千貳百柒拾貳石壹斗柒升玖合柒勺，內興屯墾並屯兵及節年開墾共地玖拾捌頃柒拾畝玖分玖釐叁毫叁絲貳忽，該糧壹百陸拾石肆斗壹升貳合捌勺陸抄貳撮柒圭。實在地貳百壹頃壹拾捌畝柒分陸釐叁毫叁絲貳忽，該糧叁百貳拾陸石玖斗肆升陸勺柒抄伍撮貳圭。

陸等陡坡黑豆地玖千叁百捌拾肆頃捌拾伍畝叁分陸釐伍毫陸忽，每畝科本折糧叁合玖勺壹抄叁撮陸圭壹粟肆粒，內本色糧貳抄叁圭肆粟肆粒，折色糧叁合捌勺玖抄叁撮貳圭柒粟，共糧叁千陸百柒拾壹石貳斗壹升捌合伍勺叁撮玖圭。順治柒年題明免過無主荒地柒千捌百玖拾頃玖拾玖畝叁分玖釐，應免糧叁千捌拾捌石壹斗陸升伍合壹勺，內前墾並興屯屯兵及節年開墾共地壹千肆百叁拾叁頃貳拾叁畝陸分玖釐捌絲捌忽，該糧伍百陸拾壹石貳斗陸升柒合叁勺壹抄壹撮肆圭壹粟捌粒柒顆伍糠貳粃；又乾隆拾伍年開墾地貳頃肆拾伍畝，該糧玖斗伍升捌合捌勺叁抄伍撮肆圭叁粟。實在地貳千玖百貳拾玖頃伍拾肆畝陸分陸釐伍毫玖絲肆忽，該糧壹千壹百肆拾伍石貳斗柒升玖合伍勺伍抄柒圭肆粟捌粒柒顆伍糠貳粃，內於乾隆叁拾叁年在於帖地被覇等事案內，改歸華亭縣地壹頃壹畝玖分陸釐，該除糧叁斗玖升玖合叁抄貳撮捌粟叁粒肆顆肆糠，止實在地貳千玖百貳拾捌頃伍拾貳畝柒分伍毫玖絲肆忽，該糧壹千壹百肆拾肆石捌斗捌升伍勺壹抄捌撮陸圭陸粟伍粒叁顆壹糠貳粃。

以上各等原免過無主荒地壹萬壹千伍百柒拾玖頃肆拾叁畝玖分，應免糧壹萬壹千壹百貳拾肆石玖斗玖升陸合肆勺，前墾並興屯屯兵及節年開墾共地壹千陸百貳拾壹頃叁拾伍畝捌分陸釐肆毫捌絲，該徵本折糧壹千壹拾石貳斗柒升叁合陸勺貳抄陸撮伍圭陸粟捌粒柒顆伍糠貳粃；又乾隆拾伍年開墾地貳頃肆拾伍畝，該本折糧玖斗伍升捌合捌勺叁抄伍撮肆圭叁粟，以增抵除。實應免本折糧壹萬壹百壹拾叁石柒斗陸升叁合玖勺叁抄捌撮壹粒貳顆肆糠捌粃。

又於康熙捌年秦屬蠲免並康熙貳拾叁年再疏籲請等事貳案內，題明免過興屯、捏墾並捏報首丈及各等荒地陸百肆拾頃肆拾捌畝陸分柒釐柒毫，應免本折糧壹千玖拾貳石壹斗玖升叁勺壹撮玖圭柒粒，內節年開墾過地貳百陸拾柒頃柒拾貳畝伍分捌釐貳毫，該本折糧肆百壹拾壹石捌斗貳升陸合捌勺玖抄伍撮叁圭玖粟叁粒捌顆捌粃。

以上共實荒地壹萬叁百貳拾捌頃叁拾玖畝壹分叁釐貳絲，該本折糧壹萬柒百玖拾肆石壹斗貳升柒合叁勺肆抄肆撮伍圭壹粟肆粒肆顆肆糠，該本色驛倉糧伍拾陸石貳斗叁合伍勺伍抄捌撮柒圭玖粟陸粒柒顆壹糠柒粃伍粄，該折色糧壹萬柒百叁拾柒石玖斗貳升叁合柒勺捌抄伍撮柒圭壹粟柒粒柒顆貳糠貳粃伍粄，該除銀壹萬肆千叁百貳拾捌兩貳錢貳分玖釐捌毫叁絲叁微玖纖陸塵玖渺壹沙肆洙。

止實在熟地叁千柒百肆拾柒頃叁拾貳畝肆分肆釐伍毫，該徵本折糧肆千壹拾柒石陸斗柒升捌合貳抄叁撮肆圭貳粒壹顆貳糠，實徵本色驛倉糧貳拾石玖斗壹升叁合叁勺陸抄陸撮玖圭貳粟玖粒肆糠貳粃伍粄，實徵折色糧叁千玖百玖拾陸石柒斗陸升肆合陸勺伍抄陸撮肆圭柒粟叁粒柒糠柒粃伍粄，折徵銀伍千叁百叁拾貳兩肆錢伍分貳釐貳毫伍忽貳微叁纖壹漠陸洙遵照乾隆伍拾玖年奉准部咨令，將康熙年間易知由單內載：壹等稻地每畝徵折色銀肆分叁釐壹毫肆微肆纖叁塵叁渺；壹等旱地每畝徵折色銀伍分柒釐柒毫肆絲壹忽肆微捌纖肆塵叁渺；貳等中川地每畝徵折色銀肆分玖釐叁毫柒絲玖忽肆纖玖塵陸渺；叁等下川地每畝徵折色銀肆分伍釐壹毫叁絲肆忽陸微玖纖捌塵柒渺；肆等山平地每畝徵折色銀叁分壹釐叁毫貳絲陸忽叁微玖纖肆塵玖渺貳漠；伍等平坡地每畝徵折色銀貳分壹釐伍毫柒絲壹忽壹纖壹塵陸渺；陸等陡坡地每畝徵折色銀伍釐壹毫捌絲陸忽捌微柒塵捌渺，纂入書內，嗣後遇有墾豁，以便按畝增除。

原額人丁上中下叁等玖則不等，共折下下丁叁萬柒千柒百玖拾叁丁，每丁徵銀壹錢伍分柒釐叁毫陸絲捌忽肆微玖纖，應徵銀伍千玖百肆拾柒兩伍錢柒分玖釐貳毫玖絲，內除優免丁壹百陸丁，共銀壹拾陸兩柒錢伍分貳釐貳毫玖絲。

行差丁叁萬柒千陸百捌拾柒丁，該銀伍千玖百叁拾兩捌錢貳分柒釐。

順治柒年題明豁免過逃亡並康熙拾陸年經國之要務等事案內，豁免殺傷共丁叁萬陸百叁拾捌丁，應除銀肆千捌百貳拾壹兩伍錢叁分陸釐貳毫肆絲陸忽柒微柒纖，節年招回並編審出人丁壹千捌拾柒丁，該徵銀壹百伍拾貳兩陸錢肆分叁釐貳毫伍絲捌忽捌纖，實免丁貳萬玖千伍百伍拾壹丁，除銀肆千陸百陸拾捌兩捌錢玖分貳釐玖毫捌絲捌忽陸微玖纖。

以上實在行差並應徵人丁捌千壹百叁拾陸丁，該銀壹千貳百陸拾壹兩玖錢叁分肆釐壹絲壹忽叁微壹纖，於雍正伍年攤入地糧徵解。

康熙伍拾伍年起，至乾隆貳拾陸年止，編審出丁壹百伍拾貳丁；乾隆叁拾壹年編審出丁壹拾伍丁；乾隆叁拾陸年編審出丁壹拾伍丁。共編審出丁壹百捌拾貳丁，欽遵康熙伍拾貳年叁月拾捌日恩詔，後遇編審之期，但據康熙伍拾年丁冊定為常額，續生人丁，永不加賦。

原額均徭銀伍千壹百玖拾陸兩肆錢肆分捌釐捌毫捌絲陸忽陸微，內除改歸甘省華亭縣銀壹錢肆分叁毫壹絲陸忽捌微伍纖柒塵肆渺玖漠肆沙，止實額銀伍千壹百玖拾陸兩叁錢捌釐伍毫陸絲玖忽柒微肆纖貳塵伍渺陸沙，內除荒銀叁千捌百壹拾伍兩伍錢肆分伍釐肆毫陸忽柒微柒塵貳沙肆洙，實徵銀壹千叁百捌拾兩柒錢陸分叁釐壹毫陸絲叁忽叁纖伍塵伍渺叁沙陸洙遵照由單內載：壹等稻地每畝徵均徭銀壹分壹釐肆毫叁絲伍忽柒微壹纖貳塵伍渺捌漠；壹等旱地每畝徵均徭銀壹分伍釐叁毫貳絲叁微伍纖捌塵貳渺伍漠；貳等中川地每畝徵均徭銀壹分叁釐壹毫壹忽伍微捌纖壹塵捌渺陸漠；叁等下川地每畝徵均徭銀壹分壹釐玖毫柒絲伍忽肆微肆纖肆渺貳漠；肆等山平地每畝徵均徭銀捌釐叁毫壹絲壹忽柒微貳纖玖塵玖渺玖漠；伍等平坡地每畝徵均徭銀伍釐柒毫貳絲叁忽叁微陸纖伍塵柒渺捌漠；陸等陡坡地每畝徵均徭銀壹釐叁毫柒絲陸忽壹微玖纖伍塵壹渺伍漠。

外遇閏加徵銀陸百柒拾玖兩壹錢捌分捌釐肆毫伍絲，內除荒銀伍百壹拾伍兩玖錢陸分叁釐叁毫伍絲壹忽陸微玖纖玖塵捌渺叁漠，實徵銀壹百陸拾叁兩貳錢貳分伍釐玖絲捌忽叁微壹渺柒漠。

額外停免銀壹百叁拾捌兩肆錢肆分柒毫捌絲肆忽。

匠價銀貳拾伍兩貳錢肆分伍釐。遇閏加徵銀貳兩壹錢叁釐柒毫伍絲以上正閏叁項俱攤入前項地糧內徵解。

以上地、丁貳項並均徭、停免，除停免丁銀外，額徵銀叁萬玖百伍拾壹兩伍錢叁釐叁毫捌絲玖忽叁微陸纖玖塵肆渺壹漠捌沙，內除荒銀貳萬貳千捌百壹拾貳兩陸錢陸分捌釐貳毫貳絲伍忽柒微玖纖叁塵玖渺叁沙捌洙，實徵銀捌千壹百叁拾捌兩捌錢叁分伍釐壹毫陸絲叁忽伍微柒纖伍塵伍渺壹漠肆沙貳洙。

外遇閏加徵銀陸百柒拾玖兩壹錢捌分捌釐肆毫伍絲，內除荒銀伍百壹拾伍兩玖錢陸分叁釐叁毫伍絲壹忽陸微玖纖玖塵捌渺叁漠，實徵銀壹百陸拾叁兩貳錢貳分伍釐玖絲捌忽叁微壹渺柒漠。

又額外匠價銀貳兩壹錢叁釐柒毫伍絲。

以上共閏銀壹百陸拾伍兩叁錢貳分捌釐捌毫肆絲捌忽叁微壹渺柒漠。

額徵存留本色驛倉糧柒拾柒石壹斗壹升陸合玖勺貳抄伍撮柒圭貳粟伍粒柒顆陸糠，內除荒糧伍拾陸石貳斗叁合伍勺伍抄捌撮柒圭玖粟陸粒柒顆壹糠柒粃伍粺，實徵糧貳拾石玖斗壹升叁合叁勺陸抄陸撮玖圭貳粟玖粒肆糠貳粃伍粺此項糧石奉文，歸入常平倉內壹體辦理。

壹起運項下

原編起運糧石折價銀壹萬伍千捌拾兩玖錢肆分肆釐捌毫陸絲叁忽玖微陸塵，內除荒銀壹萬玖百玖拾兩陸錢壹分伍釐壹毫貳絲捌忽陸微貳纖壹塵捌渺玖漠捌沙捌洙肆涯，實起運銀肆千玖拾兩叁錢貳分玖釐柒毫叁絲伍忽貳微捌纖肆塵壹渺壹沙壹洙陸涯。

節裁民校、藥味、牲口、軍器、年例、毛襖等項共銀壹千柒百貳拾壹兩柒錢捌釐貳毫捌絲捌忽捌微壹纖貳塵柒渺，內除荒銀壹千叁百壹拾叁兩貳錢捌分柒釐貳毫壹絲捌忽肆微壹纖捌塵貳渺壹漠柒沙，實起運銀肆百捌兩肆錢貳分壹釐柒絲叁微玖纖肆塵肆渺捌漠叁沙。

舊編存留裁扣，順治玖年裁各役工食銀貳百肆拾捌兩；拾貳年裁銀捌兩；拾肆年裁銀貳百陸拾柒兩肆錢柒釐肆毫柒絲；拾伍年裁冗員銀玖拾玖兩肆分，站內叁分裁壹，銀壹百叁拾捌兩叁錢玖分陸釐玖毫肆絲壹忽肆微貳纖陸塵玖渺，又遞馬、損夫叁分裁壹，銀壹千壹百叁兩叁錢玖分陸釐叁毫玖絲壹忽玖微陸塵肆渺。康熙元年裁吏書銀壹百壹拾伍兩貳錢；康熙叁年裁訓導俸食銀玖拾叁兩玖錢貳分，雜費丁銀伍百柒兩壹錢捌分貳釐貳毫；拾伍年裁心紅紙張、修理倉監、土牛、紙劄、喂馬草料、鋪墊板蓆等項銀柒拾玖兩壹錢貳分；貳拾柒年裁歲貢盤纏、舉人坊價等項銀伍拾陸兩壹錢柒分壹釐捌毫捌絲陸忽陸微；叁拾玖年裁巡檢俸食銀肆拾叁兩伍錢貳分；伍拾陸年裁表箋銀柒兩壹錢玖分伍釐。雍正陸年裁燈夫工食銀貳拾肆兩；拾貳年裁民壯工食銀肆拾捌兩。乾隆柒年裁民壯工食銀肆拾捌兩；玖年裁舖司工食銀壹百柒拾貳兩捌錢；乾隆貳拾肆年裁驛丞俸食銀肆拾叁兩伍錢貳分，舊編冗費裁剩解部銀壹千貳百叁拾玖兩捌錢肆分肆釐貳毫伍絲壹忽。

以上共銀肆千叁百肆拾貳兩柒錢壹分肆釐壹毫肆絲玖微叁纖叁塵叁渺，內除改歸華亭縣銀伍分捌釐肆微陸纖玖塵貳渺捌漠貳沙，止該銀肆千叁百肆拾貳兩陸錢伍分陸釐壹毫肆絲肆微陸纖肆塵壹漠捌沙，內除荒銀貳千叁百柒拾叁兩捌錢貳釐玖忽貳微陸纖玖塵陸漠柒沙貳洙玖涯，實起運銀壹千玖百陸拾捌兩捌錢伍分肆釐壹毫叁絲壹忽壹微玖纖肆塵玖渺伍漠柒洙壹涯。

又額外停免銀壹百叁拾捌兩肆錢肆分柒毫捌絲肆忽。

匠價銀貳拾伍兩貳錢肆分伍釐。

以上共起運銀陸千陸百叁拾壹兩貳錢玖分柒毫貳絲捌微柒纖叁塵伍渺叁漠肆沙捌洙柒涯。

又收存留內額協抵餉銀貳兩捌錢叁分壹釐壹毫肆絲陸忽。

又收存留內題明請將驛站等事案內，裁減夫馬銀柒百捌兩玖錢陸分貳釐貳毫叁絲伍忽伍微陸纖叁塵柒渺。

又收付送原文事案內，裁站銀壹百壹拾玖兩貳錢。

叁項共銀柒千肆百陸拾貳兩貳錢捌分肆釐壹毫貳忽肆微叁纖柒塵貳渺叁漠肆沙捌洙柒涯，內除受協鳳翔、寶雞、郿縣、渭南等縣驛站兑留兵餉應支銀肆千捌百陸兩貳錢肆分叁釐伍毫伍絲壹忽玖微玖纖伍塵陸渺；又在於請倣以糧載丁之例等事案內，通省均丁減銀叁百壹拾柒兩肆錢玖分肆毫肆絲叁忽柒微柒纖叁塵叁渺，內除乾隆元、陸、拾壹、拾陸、貳拾壹、貳拾陸等年編審案內，共增抵補屯更丁銀柒拾壹兩壹錢貳分肆釐叁毫貳絲柒忽陸微壹纖叁塵陸渺陸漠陸沙陸洙陸涯肆洒，又乾隆叁拾壹、叁拾陸兩年編審案內，共增抵補屯更丁銀叁拾叁兩叁錢伍分玖釐肆忽玖微肆纖陸塵捌渺叁漠叁沙叁洙叁涯貳洒，止該減銀貳百壹拾叁兩柒釐壹毫壹絲壹忽貳微壹纖貳塵捌渺肆洒。

實該銀貳千肆百肆拾叁兩叁分叁釐肆毫叁絲玖忽貳微貳纖捌塵捌渺叁漠肆沙捌洙陸涯陸洒，內留支加增撥補俸工食銀壹千叁拾肆兩伍錢捌釐捌毫貳絲叁忽陸微壹纖柒塵陸渺，止實該起運銀壹千肆百捌兩伍錢貳分肆釐陸毫壹絲伍忽陸微壹纖壹塵貳渺叁漠肆沙捌洙陸涯陸洒。

外遇閏，順治玖年裁銀壹拾玖兩；拾肆年裁銀貳拾兩玖錢伍分貳釐玖毫柒絲；拾伍年裁銀捌兩貳錢伍分叁釐叁毫貳絲。康熙元年又裁銀玖兩陸錢；叁年又裁銀柒兩捌錢貳分陸釐陸毫；拾伍年裁銀貳兩陸錢陸分陸釐陸毫陸絲；叁拾玖年裁銀叁兩陸錢貳分陸釐陸毫。雍正陸年裁銀貳兩；拾貳年裁銀肆兩。乾隆柒年裁銀肆兩；玖年裁銀壹拾肆兩肆錢；貳拾肆年裁銀叁兩陸錢貳分陸釐陸毫，又各官閏俸銀壹拾陸兩玖錢壹分玖釐柒毫玖絲。

以上共額銀壹百壹拾陸兩捌錢柒分貳釐伍毫肆絲，內除荒銀捌拾捌兩柒錢捌分陸釐叁毫壹絲肆忽伍微玖纖捌塵伍渺叁漠，實徵銀貳拾捌兩捌分陸釐貳毫貳絲伍忽肆微壹塵肆渺柒漠。

又額外匠價閏銀貳兩壹錢叁釐柒毫伍絲。

貳項共起運閏銀叁拾兩壹錢捌分玖釐玖毫柒絲伍忽肆微壹塵肆渺柒漠，內在於請倣以糧載丁等事案內，減銀貳拾柒兩叁錢柒分玖釐壹毫捌絲貳忽陸微肆纖肆塵叁渺叁漠，內除節次抵補屯更丁增銀玖兩壹錢玖分貳釐陸毫陸絲叁忽柒微肆纖貳塵貳渺玖漠玖沙玖洙玖涯陸洒，止該減銀壹拾捌兩壹錢捌分陸釐伍毫壹絲捌忽玖微貳塵叁漠肆洒。

實該銀壹拾貳兩叁釐肆毫伍絲陸忽肆微玖纖玖塵肆渺叁漠玖沙玖洙玖涯陸洒，內留支加增撥補俸工全數留抵外，尚不敷銀壹拾肆兩壹錢貳分玖釐伍毫捌絲捌忽柒微伍纖柒塵壹渺陸漠肆洒，又留支夫馬閏月銀叁拾捌兩伍錢伍分陸毫壹絲陸忽，遇閏之年，俱在上項正銀內照數撥補。

壹存留項下

原編存留本色驛倉糧柒拾柒石壹斗壹升陸合玖勺貳抄伍撮柒圭貳粟伍粒柒顆陸糠，內除荒糧伍拾陸石貳斗叁合伍勺伍抄捌撮柒圭玖粟陸粒柒顆壹糠柒粃伍秕，實該糧貳拾石玖斗壹升叁合叁勺陸抄陸撮玖圭貳粟玖粒肆糠貳粃伍秕此項糧石奉文，歸入常平倉內壹體辦理。

原編存留銀玖千陸百肆拾貳兩伍錢捌釐叁毫壹絲貳忽壹微捌纖陸塵柒渺，內除荒銀捌千壹百叁拾肆兩玖錢陸分叁釐捌毫陸絲玖忽肆微捌纖肆塵柒渺貳漠陸洙柒涯，實徵銀壹千伍百柒兩伍錢肆分肆釐肆毫肆絲貳忽柒微壹塵玖渺柒漠玖沙叁洙叁涯。

壹俸工項下

知州壹員，額支俸薪銀柒拾玖兩玖錢捌分叁釐陸毫柒絲貳忽壹微叁纖貳塵陸渺，內除荒銀陸拾兩柒錢柒分肆釐壹毫貳絲肆忽柒微玖纖陸塵，實徵支銀壹拾玖兩貳錢玖釐伍毫肆絲柒忽叁微叁纖陸塵陸渺。外撥補銀貳拾肆兩壹錢伍分叁釐叁毫壹絲壹忽伍微貳纖捌塵。

州同壹員，額支俸薪銀陸拾兩，內除荒撥補銀肆拾伍兩伍錢捌分貳絲叁忽叁微柒纖貳塵，實徵支銀壹拾肆兩肆錢壹分玖釐玖毫柒絲陸忽陸微貳纖捌塵。

吏目壹員，額支俸薪銀叁拾壹兩伍錢貳分，內除荒撥補銀貳拾叁兩玖錢肆分肆釐柒毫陸絲叁忽叁微肆纖玖塵捌渺，實徵支銀柒兩伍錢柒分伍釐貳毫叁絲陸忽陸微伍纖貳渺。

學正、訓導貳員，額支銀叁拾壹兩伍錢貳分，內除荒撥補銀貳拾叁兩玖錢肆分肆釐柒毫陸絲叁忽叁微肆纖玖塵捌渺，實徵支銀柒兩伍錢柒分伍釐貳毫叁絲陸忽陸微伍纖貳渺。外撥補銀肆拾捌兩肆錢捌分。

知州衙門

門子貳名，每名歲支工食銀陸兩，共支銀壹拾貳兩，內除荒撥補銀玖兩壹錢壹分陸釐陸毫貳絲叁忽玖微壹纖肆塵肆渺，實徵支銀貳兩捌錢捌分叁釐叁毫柒絲陸忽捌纖伍塵陸渺。遇閏加銀壹兩，内除荒銀柒錢伍分玖釐陸毫伍絲玖忽陸微伍纖壹塵貳渺，實徵支銀貳錢肆分叁毫肆絲叁微肆纖捌塵捌渺。

皂隸、仵作壹拾陸名，每名歲支工食銀陸兩，共支銀玖拾陸兩，内除荒撥補銀柒拾貳兩玖錢貳分柒釐捌毫壹絲捌忽玖微壹纖伍塵貳渺，實徵支銀貳拾叁兩柒分貳釐壹毫捌絲壹忽捌纖肆塵捌渺。遇閏加銀捌兩，内除荒銀陸兩柒分柒釐伍絲叁忽陸微玖塵陸渺，實徵支銀壹兩玖錢貳分貳釐玖毫肆絲陸忽叁微玖纖肆渺。

馬快捌名，每名歲支銀壹拾陸兩捌錢，共支銀壹百叁拾肆兩肆錢，内除荒撥補銀壹百貳兩玖分玖釐貳毫貳絲伍忽伍微壹塵叁渺，實徵支銀叁拾貳兩叁錢柒毫柒絲肆忽肆微玖纖捌塵柒渺。遇閏加銀壹拾壹兩貳錢，内除荒銀捌兩伍錢捌釐玖忽肆微叁纖叁塵伍渺，實徵支銀貳兩陸錢玖分壹釐玖毫玖絲伍微陸纖陸塵伍渺。

民壯叁拾肆名，每名歲支工食銀陸兩，共支銀貳百肆兩，内除荒撥補銀壹百伍拾肆兩玖錢柒分貳釐肆毫壹絲玖忽伍微陸塵肆渺，實徵支銀肆拾玖兩貳分柒釐伍毫捌絲肆微玖纖叁塵陸渺。遇閏加銀壹拾柒兩，内除荒銀壹拾貳兩玖錢壹分肆釐叁毫叁絲肆忽柒微柒纖肆渺，實徵支銀肆兩捌分伍釐陸毫陸絲伍忽貳微貳纖玖塵陸渺。

看監禁子捌名，每名歲支工食銀陸兩，共支銀肆拾捌兩，内除荒撥補銀叁拾陸兩肆錢陸分叁釐玖毫玖絲伍忽伍微伍纖柒塵陸渺，實徵支銀壹拾壹兩伍錢叁分陸釐肆忽肆微肆纖貳塵肆渺。外加增銀壹拾陸兩。遇閏加銀肆兩，内除荒銀叁兩叁分捌釐肆毫叁絲貳忽叁微肆塵捌渺，實徵支銀玖錢陸分壹釐伍毫陸絲柒忽陸微玖纖伍塵貳渺。

轎傘扇夫柒名，每名歲支工食銀陸兩，共支銀肆拾貳兩，内除荒撥補銀叁拾壹兩玖錢伍釐玖毫玖絲陸微伍纖肆渺，實徵支銀壹拾兩玖分肆釐玖忽叁微肆纖玖塵陸渺。遇閏加銀叁兩伍錢，内除荒銀貳兩陸錢伍分捌釐柒毫貳絲柒纖玖塵貳渺，實徵支銀捌錢肆分壹釐貳毫柒絲玖忽玖微貳纖捌渺。

庫子肆名，每名歲支工食銀陸兩，共支銀貳拾肆兩，内除荒撥補銀壹拾捌兩貳錢叁分貳釐玖忽壹微貳纖捌塵捌渺，實徵支銀伍兩柒錢陸分柒釐玖毫玖絲捌微柒纖壹塵貳渺。遇閏加銀貳兩，内除荒銀壹兩伍錢壹分玖釐叁毫壹絲柒忽叁微貳塵肆渺，實徵支銀肆錢捌分陸毫捌絲貳忽陸微玖纖柒塵陸渺。

斗級肆名，每名歲支工食銀陸兩，共支銀貳拾肆兩，內除荒撥補銀壹拾捌兩貳錢叁分貳釐玖忽壹微貳纖捌塵捌渺，實徵支銀伍兩柒錢陸分柒釐玖毫玖絲捌微柒纖壹塵貳渺。遇閏加銀貳兩，內除荒銀壹兩伍錢壹分玖釐叁毫壹絲柒忽叁微貳塵肆渺，實徵支銀肆錢捌分陸毫捌絲貳忽陸微玖纖柒塵陸渺。

舖司兵貳拾玖名，每名歲支工食銀肆兩捌錢，共銀壹百叁拾玖兩貳錢，內撥支定遠廳壹名，其正閏工食銀兩，俱由州解司支領，內除荒銀壹百伍兩柒錢陸分柒釐捌毫伍絲捌忽肆微捌纖柒塵壹渺，實徵支銀叁拾叁兩肆錢叁分貳釐壹毫肆絲壹忽伍微壹纖貳塵玖渺。外加增銀壹百肆拾兩伍錢陸分柒釐捌毫伍絲捌忽肆微捌纖柒塵壹渺。遇閏加銀壹拾壹兩陸錢，內除荒銀捌兩捌錢壹分貳釐叁毫伍忽柒纖叁塵玖渺，實徵支銀貳兩柒錢捌分柒釐陸毫玖絲肆忽玖微貳纖陸塵壹渺。外加增銀壹拾壹兩柒錢壹分貳釐叁毫伍忽柒纖叁塵玖渺。

州同衙門

門子壹名，歲支工食銀陸兩，內除荒撥補銀肆兩伍錢伍分捌釐貳絲伍微柒塵貳渺，實徵支銀壹兩肆錢肆分壹釐玖毫柒絲玖忽肆微玖纖貳塵捌渺。遇閏加銀伍錢，內除荒銀叁錢柒分玖釐捌毫叁絲貳忽叁微貳纖伍塵陸渺，實徵支銀壹錢貳分壹毫陸絲柒忽陸微柒纖肆塵肆渺。

皂隸陸名，每名歲支工食銀陸兩，共支銀叁拾陸兩，內除荒撥補銀貳拾柒兩叁錢肆分捌釐貳毫捌忽伍微肆纖叁塵貳渺，實徵支銀捌兩陸錢伍分壹釐柒毫玖絲壹忽肆微伍纖陸塵捌渺。遇閏加銀叁兩，內除荒銀貳兩貳錢柒分捌釐玖毫柒絲壹忽玖微伍纖叁塵陸渺，實徵支銀柒錢貳分壹釐貳絲捌忽肆纖陸塵肆渺。

籠馬傘夫貳名，每名歲支工食銀陸兩，共支銀壹拾貳兩，內除荒撥補銀玖兩壹錢壹分陸釐叁絲壹忽玖微壹纖肆塵肆渺，實徵支銀貳兩捌錢捌分叁釐玖毫陸絲捌忽捌纖伍塵陸渺。遇閏加銀壹兩，內除荒銀柒錢伍分玖釐陸毫伍絲玖忽陸微伍纖壹塵貳渺，實徵支銀貳錢肆分叁毫肆絲叁微肆纖捌塵捌渺。

吏目衙門

門子壹名，歲支工食銀陸兩，內除荒撥補銀肆兩伍錢伍分捌釐貳絲伍微柒塵貳渺，實徵支銀壹兩肆錢肆分壹釐玖毫柒絲玖忽肆微玖纖貳塵捌渺。遇閏加銀伍錢，內除荒銀叁錢柒分玖釐捌毫叁絲貳忽叁微貳纖伍塵陸渺，實徵支銀壹錢貳分壹毫陸絲柒忽陸微柒纖肆塵肆渺。

皂隸肆名，每名歲支工食銀陸兩，共支銀貳拾肆兩，內除荒撥補銀壹拾捌兩貳錢叁分貳釐玖忽壹微貳纖捌塵捌渺，實徵支銀伍兩柒錢陸分柒釐玖毫玖絲捌微柒纖壹塵貳渺。遇閏加銀貳兩，內除荒銀壹兩伍錢貳分捌絲叁忽叁微貳塵肆渺，實徵支銀肆錢柒分玖釐玖毫壹絲陸忽陸微玖纖柒塵陸渺。

馬夫壹名，歲支工食銀陸兩，內除荒撥補銀肆兩伍錢伍分捌釐貳絲伍微柒塵貳渺，實徵支銀壹兩肆錢肆分壹釐玖毫柒絲玖忽肆微玖纖貳塵捌渺。遇閏加銀伍錢，內除荒銀叁錢柒分玖釐捌毫叁絲貳忽叁微貳纖伍塵陸渺，實徵支銀壹錢貳分壹毫陸絲柒忽陸微柒纖肆塵肆渺。

學正訓導衙門

齋夫叁名，每名歲支工食銀壹拾貳兩，共銀叁拾陸兩，內除荒撥補銀貳拾柒兩叁錢肆分捌釐柒絲伍忽伍微肆纖叁塵貳渺，實徵支銀捌兩陸錢伍分壹釐玖毫貳絲肆忽肆微伍纖陸塵捌渺。遇閏加銀叁兩，內除荒銀貳兩貳錢柒分捌釐玖毫柒絲壹忽玖微伍纖叁塵陸渺，實徵支銀柒錢貳分壹釐貳絲捌忽肆纖陸塵肆渺。

膳夫貳名，每名歲支工食銀陸兩陸錢陸分陸釐陸毫陸絲伍忽，共銀壹拾叁兩叁錢叁分叁釐叁毫叁絲，內抽撥孝義廳廩生應支膳夫正閏銀兩，由該縣隴州按季解司支領，內除荒撥補銀壹拾兩壹錢貳分陸釐玖毫玖絲伍忽肆纖柒塵叁渺，實徵支銀叁兩貳錢陸釐叁毫叁絲肆忽玖微伍纖貳塵柒渺係廩生支領。遇閏加銀壹兩壹錢壹分壹釐壹毫，內除荒撥補銀捌錢肆分叁釐伍毫玖絲伍忽壹微捌纖壹塵壹渺，實徵支銀貳錢陸分柒釐伍毫肆忽捌微壹纖捌塵玖渺。

門斗叁名，每名歲支工食銀柒兩貳錢，共銀貳拾壹兩陸錢，內除荒撥補銀壹拾陸兩肆錢玖釐壹毫柒絲伍忽柒微捌纖伍塵玖渺，實徵支銀伍兩壹錢玖分捌毫貳絲肆忽貳微壹纖肆塵壹渺。遇閏加銀壹兩捌錢，內除荒銀壹兩叁錢陸分柒釐叁毫捌絲叁忽貳微叁纖貳塵貳渺，實徵支銀肆錢叁分貳釐陸毫壹絲陸忽柒微陸纖柒塵捌渺。

廩生叁拾名，每名歲額銀叁兩貳錢，共支銀玖拾陸兩，內抽撥孝義廳廩生貳名，其應支正閏銀兩，俱由該州按季解司支領，內除荒撥補銀柒拾貳兩玖錢叁分陸釐陸毫叁絲捌忽玖微壹纖伍塵貳渺，實徵支銀貳拾叁兩陸分叁釐叁毫陸絲壹忽捌纖肆塵捌渺。遇閏加銀捌兩，內除荒撥補銀陸兩柒分柒釐壹毫肆絲伍忽壹塵陸渺，實徵支銀壹兩玖錢貳分貳釐捌毫伍絲肆忽玖微玖纖捌塵肆渺。

以上俸工項下，除廩生、膳夫貳欵照常支發外，其餘官役俸工於道光貳拾叁年奉文，均以貳兩平支放，每兩減平銀陸分，其減平銀兩，每年批解部庫交納，理合登明。

壹祭祀項下

春秋丁并清明、柒月拾伍等節祭文廟及各壇祠並無祀鬼魂品物等項銀壹百肆兩叁錢玖分壹釐，內除荒銀柒拾玖兩叁錢壹分叁釐壹毫伍絲陸忽伍微陸纖叁塵柒渺，實徵支銀貳拾伍兩柒分柒釐捌毫肆絲叁忽肆微叁纖陸塵叁渺。

外均攤撥補不敷銀肆拾捌兩貳錢捌分柒釐伍毫柒絲柒忽貳微捌纖陸塵貳渺肆漠伍沙陸涯。

鄉飲銀叁兩，內除荒銀貳兩貳錢柒分玖釐伍毫壹絲貳忽柒微伍纖叁塵陸渺，實徵支銀柒錢貳分肆毫捌絲柒忽貳微肆纖陸塵肆渺。

布政司紙劄銀陸兩壹錢壹分捌釐肆毫叁絲肆忽柒纖肆渺，內除荒銀肆兩陸錢伍分壹釐貳絲玖忽貳微貳纖玖塵肆渺，實徵支銀壹兩肆錢陸分柒釐肆毫肆忽捌微肆纖壹塵。

以上鄉飲、紙劄貳欵，於道光貳拾叁年奉文裁汰，其徵收銀兩，每年批解部庫交納，理合登明。

孤老貳拾伍名口，共支月糧銀柒拾壹兩玖錢玖分玖釐陸忽柒微叁纖壹塵貳渺，內除荒銀伍拾肆兩陸錢玖分陸釐捌毫壹絲肆忽捌微貳纖捌塵肆渺，實徵支銀壹拾柒兩叁錢貳釐壹毫玖絲壹忽玖微貳塵捌渺。外加增銀柒拾貳兩陸錢玖分陸釐捌毫壹絲肆忽捌微貳纖捌塵肆渺。遇閏外加銀柒兩伍錢。

孤貧布花銀壹拾捌兩玖錢玖分玖釐柒毫叁絲柒忽捌微捌纖柒塵肆渺，內除荒銀壹拾肆兩肆錢叁分捌毫捌絲柒忽柒微叁纖柒塵壹渺，實徵支銀肆兩伍錢陸分捌釐捌毫伍絲壹微伍纖叁渺。

壹驛站項下

協濟永寧驛站銀肆百壹拾貳兩伍錢陸絲叁忽壹微伍塵叁渺；協濟安固鎮所站銀壹千貳百陸兩伍錢；協濟長寧驛站銀壹千捌拾兩；本府支直銀壹拾捌兩肆錢肆分陸釐；本州芒差銀叁百伍拾兩；本州各項支直銀伍百貳拾叁兩貳錢。

以上共額銀叁千伍百玖拾兩陸錢肆分陸釐陸絲叁忽壹微伍塵叁渺，內除荒銀貳千柒百壹拾肆兩肆錢伍分陸釐叁毫陸絲壹忽陸微叁纖陸塵柒沙陸洙柒涯，實徵銀捌百柒拾陸兩壹錢捌分玖釐柒毫壹忽肆微陸纖玖塵貳渺玖漠貳沙叁洙叁涯。

又收受協鳳翔等縣站支兌留兵餉銀肆千捌百陸兩貳錢肆分叁釐伍毫伍絲壹忽玖微玖纖伍塵陸渺。

貳項共銀伍千陸百捌拾貳兩肆錢叁分叁釐貳毫伍絲叁忽肆微陸纖肆塵捌渺玖漠貳沙叁洙叁涯，內除額協裁站並裁撥夫馬工料銀柒百玖拾壹兩柒錢壹分肆釐伍毫玖絲壹忽伍微陸纖叁塵柒渺，實支銀肆千捌百玖拾兩柒錢壹分捌釐陸毫陸絲壹忽玖微壹塵壹渺玖漠貳沙叁洙叁涯。

外收撥補增給夫馬閏月銀柒拾叁兩叁錢伍分。

壹走遞項下

損轎夫貳百叁名，額支銀壹千捌百叁拾叁兩肆錢壹分玖釐捌毫柒絲伍忽玖微伍纖玖塵捌渺；本州站馬柒拾匹，工食草料銀貳千捌百叁拾兩叁錢柒分柒釐壹毫玖絲貳忽叁微。

以上共額銀肆千陸百陸拾叁兩柒錢玖分柒釐陸絲捌忽貳微伍纖玖塵捌渺，內除荒銀肆千叁百陸拾伍兩玖錢捌分叁釐貳毫捌絲肆忽陸微柒纖玖塵叁渺壹漠叁沙，實徵銀貳百玖拾柒兩捌錢壹分叁釐柒毫捌絲叁忽伍微捌纖肆渺捌漠柒沙，內除奉裁州馬銀叁拾玖兩貳錢柒分捌釐柒毫玖絲，止實支銀貳百伍拾捌兩伍錢叁分肆釐玖毫玖絲叁忽伍微捌纖肆渺捌漠柒沙。

遇閏加銀肆百捌拾兩陸錢肆釐捌毫壹絲，內除荒銀叁百陸拾伍兩壹錢肆釐伍毫捌絲叁微貳纖壹塵肆渺，實徵支銀壹百壹拾伍兩伍錢貳毫貳絲玖忽陸微柒纖捌塵陸渺。

外收新增撥補夫馬閏月銀叁拾捌兩伍錢伍分陸毫壹絲陸忽，又除撥給平利縣夫馬銀肆兩捌錢。止共支銀壹百肆拾玖兩貳錢伍分捌毫肆絲伍忽陸微柒纖捌塵陸渺。

外收寶雞縣撥給夫馬銀叁拾玖兩貳錢柒分捌釐柒毫玖絲。

以上存留實徵銀壹千伍百柒兩伍錢肆分肆釐肆毫肆絲貳忽柒微壹塵玖渺柒漠玖沙叁洙叁涯。

又收受協鳳、寶貳縣驛站兌留兵餉銀肆千捌百陸兩貳錢肆分叁釐伍毫伍絲壹忽玖微玖纖伍塵陸渺。

共該銀陸千叁百壹拾叁兩柒錢捌分柒釐玖毫玖絲肆忽陸微玖纖柒塵伍渺柒漠玖沙叁洙叁涯，内除額協寶雞、陳東貳驛站支抵餉銀貳兩捌錢叁分壹釐壹毫肆絲陸忽；又除題明請將驛站等事案内，裁減夫馬銀柒百捌兩玖錢陸分貳釐貳毫叁絲伍忽伍微陸纖叁塵柒渺；又於付送原文事案内，裁站夫馬工料銀壹百壹拾玖兩貳錢。實該銀伍千肆百捌拾貳兩柒錢玖分肆釐陸毫壹絲叁忽壹微叁纖叁塵捌渺柒漠玖沙叁洙叁涯。

外加增撥補俸工銀壹千叁拾肆兩伍錢捌釐捌毫貳絲叁忽陸微壹纖柒塵陸渺。

共該存留銀陸千伍百壹拾柒兩叁錢叁釐肆毫叁絲陸忽柒微伍纖壹塵肆渺柒漠玖沙叁洙叁涯乾隆伍拾貳年奉文，全數解司，壹切支欵，俱由司庫領支，嗣於嘉慶伍年奉文，照舊在州留支，並不解司，按季請領。

外於西安布政司庫撥補領支祭祀銀肆拾捌兩貳錢捌分柒釐伍毫柒絲柒忽貳微捌纖陸塵貳渺肆漠伍沙陸涯係動支耗羨銀兩。

遇閏加銀伍百柒拾玖兩貳錢叁分伍釐柒毫，内除各官閏俸銀壹拾陸兩玖錢壹分玖釐柒毫玖絲入起運外，實該銀伍百陸拾貳兩叁錢壹分伍釐玖毫壹絲，内除荒銀肆百貳拾柒兩壹錢柒分柒釐叁絲柒忽壹微壹塵叁渺，實徵銀壹百叁拾伍兩壹錢叁分捌釐捌毫柒絲貳忽捌微玖纖捌塵柒渺。

外加增撥補各役俸工銀貳拾陸兩壹錢叁分叁釐肆絲伍忽貳微伍纖陸塵陸渺。

又留支夫馬閏月銀叁拾捌兩伍錢伍分陸毫壹絲陸忽。

又除撥給平利縣夫馬銀肆兩捌錢。

共該存留閏月銀壹百玖拾伍兩貳分貳釐伍毫叁絲肆忽壹微伍纖伍塵叁渺乾隆伍拾貳年奉文，全數解司，一切支欵，俱由司領支，嗣於嘉慶伍年奉文，照舊在州留支，並不解司，按季請領。

外收寶雞縣撥給夫馬銀叁拾玖兩貳錢柒分捌釐柒毫玖絲。

外於布政司庫撥補領支夫馬閏月銀柒拾叁兩叁錢伍分係動支地、丁銀兩。

本色存留驛倉糧柒拾柒石壹斗壹升陸合玖勺貳抄伍撮柒圭貳粟伍粒柒顆陸糠，内除荒糧伍拾陸石貳斗叁合伍勺伍抄捌撮柒圭玖粟陸粒柒顆壹糠柒粃伍粺，實徵糧貳拾石玖斗壹升叁合叁勺陸抄陸撮玖圭貳粟玖粒肆糠貳粃伍粺此項糧石奉文，歸入常平倉內壹體辦理。

壹額外

課程銀壹拾兩柒錢貳釐伍絲。遇閏加銀捌錢玖分壹釐捌毫叁絲柒忽伍微係斗行、食店行、白布行、猪羊行完納。

畜税銀貳拾柒兩叁錢玖釐係買騾馬人户出辦，原無定額，儘收儘解，理合登明。

牙税銀壹拾捌兩係斗行納銀伍兩貳錢貳分；食店行納銀肆兩伍錢；白布行納銀叁兩柒錢捌分；猪羊行納銀肆兩伍錢。

當税銀伍拾兩係當商出辦，當鋪拾座，每座每年納税銀伍兩。

地税銀伍拾陸兩肆分陸釐係買田房人户出辦，原無定額，儘收儘解，理合登明。

磨課銀肆拾壹兩貳錢係每磨壹盤，收課銀肆錢。遇閏加銀叁兩玖分。

商税銀壹千柒百玖拾叁兩壹錢係過往客商量貨物多寡輸納。

鄠縣

原額稻旱貳等共地叁千叁百貳拾伍頃貳拾貳畝捌分玖釐柒毫壹絲，每畝起科不等，共額徵糧壹萬叁千伍百貳拾玖石玖斗玖升肆合捌勺，每石折徵銀壹兩叁錢陸分肆釐壹毫叁絲叁忽，共額徵銀壹萬捌千肆百伍拾陸兩柒錢壹分柒釐肆毫玖絲肆微陸纖伍塵玖渺。內：

壹等稻地陸拾壹頃柒拾玖畝陸分叁釐肆毫陸絲，每畝科糧柒升伍合，共糧肆百陸拾叁石肆斗柒升貳合陸勺。順治柒年玖月內題明免過無主荒地肆頃畝伍分，應免糧叁拾石叁升柒合伍勺。實在地伍拾柒頃柒拾玖畝壹分叁釐肆毫陸絲，應徵糧肆百叁拾叁石肆斗叁升伍合壹勺。

貳等旱地叁千貳百陸拾叁頃肆拾叁畝貳分陸釐貳毫伍絲，每畝科糧肆升叁抄玖撮壹圭玖粟，共糧壹萬叁千陸拾陸石伍斗貳升貳合貳勺。順治柒年玖月內題明免過無主荒地玖百叁拾捌頃壹拾畝貳分肆釐，應免糧叁千柒百伍拾陸石玖升陸合，內前開墾及興屯並節年開墾、自首共地叁百叁拾玖頃陸拾柒畝伍分肆釐陸毫，應徵糧壹千叁百伍拾捌石伍斗玖合柒勺伍抄柒撮玖圭玖粟叁粒玖顆。實在地貳千陸百陸拾伍頃伍分陸釐捌毫伍絲，應徵糧壹萬陸百陸拾捌石玖斗叁升伍合玖勺伍抄柒撮玖圭玖粟叁粒玖顆。

各等原免共地玖百肆拾貳頃壹拾畝柒分肆釐，應免糧叁千柒百捌拾陸石壹斗叁升叁合伍勺，該除銀伍千壹百陸拾肆兩捌分貳釐叁毫伍絲伍忽壹微，內除開墾及興屯並節年開墾、自首共地叁百叁拾玖頃陸拾柒畝伍分肆釐陸毫，應徵糧壹千叁百伍拾捌石伍斗玖合柒勺伍抄柒撮玖圭玖粟叁粒玖顆，應徵銀壹千捌百伍拾叁兩壹錢柒分陸釐捌毫貳絲捌忽貳微肆纖肆渺柒漠柒沙以增抵除，實免糧貳千肆百貳拾柒石陸斗貳升叁合柒勺肆抄貳撮陸粒壹顆，應免銀叁千叁百壹拾兩玖錢伍釐伍毫貳絲陸忽捌微伍纖玖塵伍渺貳漠叁沙。

又康熙捌年山水衝決、秦屬蠲免及肆拾伍年詳請委勘水災案內、並乾隆叁年清查庫項、伍年奏聞秋禾情形、拾年報明被水事各案內，豁免過地貳百柒頃伍拾壹畝柒分陸釐壹毫，應免折色糧捌百柒拾肆石叁斗叁升陸合叁抄捌撮肆圭壹粟柒粒叁顆，應免銀壹千壹百玖拾貳兩玖錢玖分捌釐叁毫捌絲叁忽柒微壹纖貳塵玖渺伍漠捌沙；又于乾隆貳拾壹年奏聞事案內，題明豁免地壹拾壹頃伍拾柒畝壹分，應免折色糧肆拾玖石伍斗柒升柒合貳勺伍撮玖圭玖粟捌粒，應免銀陸拾柒兩陸錢貳分伍釐壹毫柒絲玖忽玖纖柒渺貳漠伍沙；又于嘉慶拾叁年在于遵批等事案內，題明豁免地壹拾叁頃叁拾捌畝陸分，應免折色糧伍拾叁石伍斗玖升陸合肆勺伍沙（抄）玖撮柒圭叁粟肆粒，應免折色銀柒拾叁兩壹錢伍釐叁毫陸絲壹忽陸微叁纖玖塵捌渺貳漠；又於道光拾叁年在于移明事案內，建修武職衙署佔用民人旱地玖拾貳畝壹分，應免折色糧叁石陸斗捌升柒合陸勺玖撮叁圭玖粟玖粒，應免折色銀伍兩貳分玖釐捌毫捌絲肆忽捌微壹纖貳渺柒漠。

實豁免荒地捌百叁拾伍頃捌拾貳畝柒分伍釐伍毫，應免糧叁千肆百捌石捌斗貳升壹合伍抄伍撮伍圭伍粟肆粒肆顆，應免銀肆千陸百肆拾玖兩陸錢陸分肆釐叁毫叁絲陸忽壹微壹纖叁塵貳渺玖漠陸沙。

止實熟地貳千肆百捌拾玖頃肆拾畝壹分肆釐貳毫壹絲，實徵折色糧壹萬壹百貳拾壹石壹斗柒升叁合柒勺肆抄肆撮肆圭肆粟伍粒陸顆，應徵銀壹萬叁千捌百柒兩伍分叁釐壹毫伍絲肆忽叁微伍纖貳塵陸渺肆沙於乾隆伍拾玖年奉准部咨令，將康熙年間易知由單內載：壹等稻地每畝折徵銀壹錢貳釐叁毫貳絲壹忽玖微貳纖貳塵陸渺伍漠；貳等旱地每畝折徵銀伍分肆釐陸毫壹絲叁忽貳微玖纖捌塵柒渺。

原額人丁叁門玖則不等，共折下下人丁叁萬壹千壹百壹拾壹丁，每丁徵銀陸分玖釐陸毫陸絲壹忽壹微玖纖玖塵壹渺，共銀貳千壹百陸拾柒兩貳錢貳分玖釐伍毫陸絲陸忽柒微肆纖肆塵陸渺，內除優免丁伍百陸丁，共銀叁拾伍兩貳錢肆分捌釐伍毫陸絲陸忽柒微肆纖肆塵陸渺。

行差丁叁萬陸百伍丁，共額徵銀貳千壹百叁拾壹兩玖錢捌分壹釐。

順治柒年題明免過逃亡丁柒千柒百壹拾肆丁，該除銀伍百伍拾柒兩柒分捌釐捌毫肆絲，內前招回及節年招回並審出丁壹千壹拾叁丁，應徵銀柒拾兩貳錢柒分伍釐肆毫貳絲壹忽伍纖叁塵捌渺，以增抵除，實豁免丁陸千柒百壹丁，該除銀肆百捌拾陸兩捌錢叁釐肆毫壹絲捌忽玖微肆纖陸塵貳渺。

實在應徵人丁貳萬叁千玖百肆丁，該銀壹千陸百肆拾伍兩壹錢柒分柒釐伍毫捌絲壹忽伍纖叁塵捌渺于雍正伍年攤入地糧內徵解。

外康熙伍拾伍年起，至乾隆貳拾陸年止，編審出丁壹百貳拾壹丁；乾隆叁拾壹年編審出丁壹拾捌丁；乾隆叁拾陸年編審出丁貳拾丁。共編審出丁壹百伍拾玖丁，欽遵康熙伍拾貳年叁月拾捌日恩詔，後遇編審之期，但據康熙伍拾年丁冊定為常額，續生人丁，永不加賦。

原額均徭銀壹千肆百叁拾貳兩柒錢肆分柒釐貳毫貳絲，內除荒銀叁百陸拾壹兩伍錢柒分貳釐叁毫陸絲柒忽玖微壹纖叁塵玖渺壹漠壹沙貳洙，實徵銀壹千柒拾壹兩壹錢柒分肆釐捌毫伍絲貳忽捌纖陸塵捌漠捌沙捌洙係核前項稻旱貳等地畝科徵，稻地每畝徵銀柒釐玖毫叁絲柒忽貳微陸塵伍渺，旱地每畝徵銀肆釐貳毫叁絲陸忽柒纖玖塵伍渺玖漠。

外遇閏加徵銀壹百玖拾貳兩貳錢柒分肆釐柒毫玖絲柒忽，內除荒銀肆拾陸兩壹錢伍分肆釐肆毫叁絲伍忽壹微壹纖貳塵捌渺壹漠玖沙肆洙肆涯玖洒，實徵銀壹百肆拾陸兩壹錢貳分叁毫陸絲壹忽捌微捌纖柒塵壹渺捌漠伍洙伍涯壹洒。

額外匠價銀貳拾貳兩柒錢柒分。遇閏加銀壹兩捌錢玖分柒釐伍毫。

停免銀陸拾貳兩貳錢肆分伍釐陸毫壹絲肆忽貳微。

以上額外正閏叁項攤入前項地糧內徵解。

地、丁貳項並均徭、匠價、停免，除優免丁銀外，共額徵銀貳萬貳千壹百陸兩肆錢陸分壹釐叁毫貳絲肆忽陸微陸纖伍塵玖渺，內除荒銀伍千肆百玖拾捌兩肆分壹毫貳絲貳忽玖微柒纖叁塵肆渺柒沙貳洙，實徵銀壹萬陸千陸百捌兩肆錢貳分壹釐貳毫壹忽陸微玖纖貳塵肆渺玖漠貳沙捌洙。

外遇閏加銀壹百玖拾貳兩貳錢柒分肆釐柒毫玖絲柒忽，內除荒銀肆拾陸兩壹錢伍分肆釐肆毫叁絲伍忽壹微壹纖貳塵捌渺壹漠玖沙肆洙肆涯玖洒，實徵銀壹百肆拾陸兩壹錢貳分叁毫陸絲壹忽捌微捌纖柒塵壹渺捌漠伍洙伍涯壹洒。

又匠價閏銀壹兩捌錢玖分柒釐伍毫。

貳共閏銀壹百肆拾捌兩壹分柒釐捌毫陸絲壹忽捌微捌纖柒塵壹渺捌漠伍洙伍涯壹洒攤入前項地糧內徵解。

壹起運項下

原編起運糧石折價共銀壹萬肆千肆百玖兩玖錢玖分捌釐伍毫捌絲玖忽肆微壹纖叁塵玖渺，內除荒銀叁千陸百叁拾伍兩叁錢壹分柒釐伍毫柒絲玖微貳纖肆塵捌渺伍漠捌沙壹洙貳涯伍洒，實起運銀壹萬柒百柒拾肆兩陸錢捌分壹釐壹絲捌忽肆微捌纖玖塵肆漠壹沙捌洙柒涯伍洒。

民校、抵祿、節裁藥味、牲口、軍器、毛襖、年例折價共銀捌百陸拾柒兩壹錢玖分，內除荒銀貳百壹拾玖兩壹錢貳分柒釐肆毫壹絲陸忽伍微貳纖捌塵柒渺壹漠壹沙壹洙伍洒，實起運銀陸百肆拾捌兩陸分貳釐伍毫捌絲叁忽肆微柒纖壹塵貳渺捌漠捌沙捌洙玖涯伍洒。

舊編存留，內順治玖年裁扣各役工食銀貳百叁拾兩；拾貳年裁扣傘扇銀捌兩；拾肆年裁扣官生俸廩等項銀貳百陸拾叁兩玖錢叁分陸釐肆毫；拾伍年裁汰冗員銀壹百叁拾玖兩玖錢貳分，裁遞馬損轎夫銀壹百玖拾伍兩叁錢伍分玖釐肆毫柒絲壹忽伍微貳塵陸渺。康熙元年裁吏書工食銀玖拾柒兩貳錢；叁年裁門斗並齋夫工食銀肆拾叁兩貳錢，雜費丁銀壹百肆拾壹兩陸分貳釐貳毫；拾伍年裁心紅紙張、喂馬草料、芒神土牛等項銀柒拾陸兩伍錢捌分；貳拾柒年裁舉人、歲貢盤纏、坊價銀肆拾肆兩壹錢伍釐貳毫貳絲。雍正陸年裁燈夫工食銀貳拾肆兩；拾貳年裁民壯工食銀壹百肆拾肆兩。乾隆柒年裁民壯柒名，銀肆拾貳兩；玖年裁均攤祭祀銀肆兩捌釐，又裁舖司銀貳拾捌兩捌錢，冗費裁剩解部銀叁百柒拾柒兩肆錢壹分伍釐伍毫叁絲壹忽伍纖貳塵。

共銀壹千捌百伍拾玖兩伍錢捌分陸釐捌毫貳絲貳忽伍微伍纖肆塵陸渺，內除荒銀叁百玖拾柒兩肆錢柒釐玖毫肆絲叁忽陸微肆纖捌塵捌渺伍漠壹沙玖洙叁涯壹洒，實徵起運銀壹千肆百陸拾貳兩壹錢柒分捌釐捌毫柒絲捌忽玖微伍塵柒渺肆漠捌沙陸涯玖洒。

又額外匠價、停免共銀捌拾伍兩壹分伍釐陸毫壹絲肆忽貳微，共該實起運銀壹萬貳千玖百陸拾玖兩玖錢叁分捌釐玖絲伍忽陸纖陸塵柒漠捌沙捌洙叁涯玖洒。

又收存留內額協汧、隴等州縣驛站抵餉銀捌百叁拾捌兩捌錢壹分柒釐柒毫柒絲柒忽柒微柒纖貳渺。

又收額協平屬靜寧州、隆城、叁營、李旺等驛站抵餉銀壹千伍百貳拾貳兩壹錢玖分捌釐肆毫貳絲陸忽柒微壹纖陸塵貳渺。

又收存留內驛遞之差使甚少等事案內，共裁站銀壹百伍拾肆兩陸錢捌分壹釐伍毫陸絲肆微柒纖壹塵。

又收請倣以糧載丁等事案內，通省以糧均丁增銀陸百伍拾肆兩壹分玖釐肆毫壹絲叁忽貳微貳塵捌渺。

以上起運共銀壹萬陸千壹百叁拾玖兩陸錢伍分伍釐貳毫柒絲叁忽貳微貳纖陸塵貳渺柒漠捌沙捌洙叁涯玖洒，內留支加增撥補俸工銀貳百陸拾玖兩伍錢伍分伍釐壹毫捌絲壹忽貳微陸纖貳塵貳漠伍沙捌涯陸洒，止該實起運銀壹萬伍千捌百柒拾兩壹錢玖絲壹忽玖微陸纖肆塵貳渺伍漠叁沙柒洙伍涯叁洒。

外遇閏裁扣，內順治玖年裁扣銀壹拾柒兩伍錢；拾肆年裁扣銀壹拾柒兩伍錢伍分肆釐捌毫陸絲玖忽；拾伍年裁汰冗員銀壹拾壹兩陸錢伍分玖釐玖毫玖絲陸忽。康熙元年裁吏書工食銀捌兩壹錢；叁年裁門斗並齋夫工食銀叁兩陸錢；拾伍年裁心紅紙張、喂馬草料銀貳兩陸錢陸分陸釐陸毫柒絲。雍正陸年裁燈夫工食銀貳兩；拾貳年裁民壯工食銀壹拾貳兩。乾隆柒年裁民壯銀叁兩伍錢；玖年裁舖司銀貳兩肆錢，又各官閏俸銀玖兩叁釐叁毫叁絲貳忽。

共銀捌拾玖兩玖錢捌分肆釐捌毫陸絲柒忽，內除荒銀貳拾壹兩陸錢陸分陸釐陸毫貳絲伍忽玖微伍纖肆塵壹渺肆漠伍沙陸洙柒涯伍洒，實徵銀陸拾捌兩叁錢壹分捌釐貳毫肆絲壹忽肆纖伍塵捌渺伍漠肆沙叁洙貳涯伍洒。

又額外匠價閏銀壹兩捌錢玖分柒釐伍毫。

貳項共銀柒拾兩貳錢壹分伍釐柒毫肆絲壹忽肆纖伍塵捌渺伍漠肆沙叁洙貳涯伍洒。

又收驛遞之差使甚少並題明請將驛站等事貳案內，共裁夫馬、損夫閏月銀陸兩肆錢叁分捌釐貳毫叁絲叁微叁纖伍塵肆渺。

又收請倣以糧載丁等事案內，通省以糧均丁增銀捌兩捌錢玖釐伍毫柒絲玖忽壹微捌纖玖塵玖渺。

叁項共起運閏銀捌拾伍兩肆錢陸分叁釐伍毫伍絲伍微柒纖壹塵壹渺伍漠肆沙叁洙貳涯伍洒，內除留支加增撥補工食閏月銀壹拾貳兩壹錢伍分玖釐伍毫柒絲壹忽貳微捌塵壹漠貳沙捌洙柒涯肆洒，止該起運閏銀柒拾叁兩叁錢叁釐玖毫柒絲玖忽叁微陸纖叁塵壹渺肆漠壹沙肆洙伍涯壹洒。

壹存留項下

原編存留額銀肆千捌百捌拾肆兩陸錢柒分貳毫玖絲捌忽肆微玖纖柒塵肆渺，內除荒銀壹千貳百肆拾陸兩壹錢捌分柒釐壹毫玖絲壹忽捌微柒纖玖渺捌漠陸沙叁涯玖洒，實徵存留銀叁千陸百叁拾捌兩肆錢捌分叁釐壹毫陸忽陸微貳纖陸塵肆渺壹漠叁沙玖洙陸涯壹洒。

壹俸工項下

知縣俸薪銀肆拾伍兩，內除荒銀壹拾兩陸錢叁分柒釐貳毫柒絲肆忽柒微貳纖肆渺貳漠柒沙壹涯柒洒，實徵支銀叁拾肆兩叁錢陸分貳釐柒毫貳絲伍忽貳微柒纖玖塵伍渺柒漠玖沙貳洙捌涯叁洒，內均攤銀壹拾兩貳錢捌分玖釐柒毫玖忽伍微伍塵，即留抵各員役俸工訖。

典史壹員，額支俸薪銀叁拾壹兩伍錢貳分，內除荒撥補銀柒兩伍錢壹分貳釐貳毫陸絲叁忽貳微玖纖柒塵叁漠陸沙，實徵支銀貳拾肆兩柒釐柒毫叁絲陸忽柒微貳塵玖渺陸漠肆沙。

教諭、訓導貳員，額支俸薪銀叁拾壹兩伍錢貳分，內除荒撥補銀柒兩伍錢壹分貳釐貳毫陸絲叁忽貳微玖纖柒塵叁漠陸沙，實徵支銀貳拾肆兩柒釐柒毫叁絲陸忽柒微貳塵玖渺陸漠肆沙。外加增撥補全俸銀肆拾捌兩肆錢捌分。

知縣衙門

門子貳名，每名歲支銀陸兩，共銀壹拾貳兩，內除荒撥補銀貳兩捌錢伍分捌釐貳毫捌絲肆忽貳微柒纖肆塵玖渺，實徵支銀玖兩壹錢肆分壹釐柒毫壹絲伍忽柒微貳纖伍塵壹渺。遇閏加銀壹兩，內除荒銀貳錢叁分玖釐叁毫壹忽壹纖貳塵陸渺，實徵支銀柒錢陸分陸毫玖絲捌忽玖微捌纖柒塵肆渺。

皂隸、仵作壹拾陸名，每名歲支銀陸兩，共銀玖拾陸兩，內除荒撥補銀貳拾貳兩捌錢陸分貳釐玖毫肆絲柒忽肆微柒纖伍塵貳渺，實徵支銀柒拾叁兩壹錢叁分柒釐伍絲貳忽伍微貳纖肆塵捌渺。遇閏加銀捌兩，內除荒銀壹兩玖錢壹分肆釐叁毫柒絲捌忽捌微柒纖玖塵捌渺叁漠，實徵支銀陸兩捌分伍釐陸毫貳絲壹忽壹微貳纖壹渺柒漠。

馬快捌名，每名歲支銀壹拾陸兩捌錢，共銀壹百叁拾肆兩肆錢，內除荒撥補銀叁拾貳兩玖釐壹毫伍絲貳忽柒微壹塵叁渺貳漠，實徵支銀壹百貳兩叁錢玖分捌毫肆絲柒忽貳微玖纖捌塵陸渺捌漠。遇閏加銀壹拾壹兩貳錢，內除荒銀貳兩陸錢捌分壹毫壹絲肆忽壹微陸纖伍塵壹渺肆漠，實徵支銀捌兩伍錢壹分玖釐捌毫捌絲伍忽捌微叁纖肆塵捌渺陸漠。

民壯壹拾玖名，每名歲支銀陸兩，共銀壹百壹拾肆兩，內除荒撥補銀貳拾柒兩壹錢肆分捌釐叁毫貳絲玖忽肆微柒纖柒塵玖渺，實徵支銀捌拾陸兩捌錢伍分壹釐陸毫柒絲伍微貳纖貳塵壹渺。遇閏加銀玖兩伍錢，內除荒銀貳兩貳錢柒分叁釐叁毫玖忽柒塵陸渺，實徵支銀柒兩貳錢貳分陸釐陸毫玖絲玖微玖纖貳塵肆渺。

看監禁子捌名，每名歲支銀陸兩，共銀肆拾捌兩，內除荒撥補銀壹拾壹兩肆錢叁分壹釐肆毫柒絲捌忽柒纖柒塵陸渺，實徵支銀叁拾陸兩伍錢陸分捌釐伍毫貳絲壹忽玖微貳纖貳塵肆渺。遇閏加銀肆兩，內除荒銀玖錢伍分柒釐壹毫玖絲叁忽伍微貳纖肆塵捌渺，實徵支銀叁兩肆分貳釐捌毫陸忽肆微柒纖伍塵貳渺。

轎傘扇夫柒名，每名歲支銀陸兩，共銀肆拾貳兩，內除荒撥補銀壹拾兩貳釐玖絲柒忽捌微陸纖柒塵肆渺，實徵支銀叁拾壹兩玖錢玖分柒釐玖毫貳忽壹微叁纖貳塵陸渺。遇閏加銀叁兩伍錢，內除荒銀捌錢叁分柒釐伍毫伍絲壹忽叁微陸纖叁塵，實徵支銀貳兩陸錢陸分貳釐肆毫肆絲捌忽陸微叁纖柒塵。

庫子肆名，每名歲支銀陸兩，共銀貳拾肆兩，內除荒撥補銀伍兩柒錢壹分伍釐柒毫叁絲玖忽貳纖貳塵捌渺，實徵支銀壹拾捌兩貳錢捌分肆釐貳毫陸絲玖微柒纖柒塵貳渺。遇閏加銀貳兩，內除荒銀肆錢柒分捌釐伍毫玖絲貳忽貳微伍纖柒塵叁渺，實徵支銀壹兩伍錢貳分壹釐肆毫柒忽柒微肆纖貳塵柒渺。

斗級肆名，每名歲支銀陸兩，共銀貳拾肆兩，內除荒撥補銀伍兩柒錢壹分伍釐柒毫叁絲玖忽貳纖貳塵捌渺，實徵支銀壹拾捌兩貳錢捌分肆釐貳毫陸絲玖微柒纖柒塵貳渺。遇閏加銀貳兩，內除荒銀肆錢柒分捌釐伍毫玖絲貳忽貳微伍纖柒塵叁渺，實徵支銀壹兩伍錢貳分壹釐肆毫柒忽柒微肆纖貳塵柒渺。

鐘鼓夫伍名，每名歲支銀貳兩陸錢陸分陸釐陸毫，共銀壹拾叁兩叁錢叁分叁釐叁毫，內除荒撥補銀叁兩壹錢貳分柒毫壹絲壹忽肆微捌纖柒塵玖渺玖漠捌沙玖洙肆涯，實徵支銀壹拾兩貳錢壹分貳釐伍毫捌絲捌忽伍微壹纖貳塵壹沙陸涯。遇閏加銀壹兩壹錢壹分壹釐壹毫，內除荒銀貳錢陸分伍釐捌毫貳絲壹忽貳微捌纖玖塵陸渺柒漠貳沙玖洙捌涯，實徵支銀捌錢肆分伍釐貳毫柒絲捌忽柒微壹纖叁渺貳漠柒沙貳涯。

各舖司兵柒名，額支銀叁拾叁兩陸錢，內除荒銀柒兩玖錢肆分貳釐肆毫肆絲貳忽陸微柒纖貳塵肆渺捌漠，實徵支銀貳拾伍兩陸錢伍分柒釐伍毫伍絲柒忽叁微貳纖柒塵伍渺貳漠。外加增撥補銀壹拾陸兩叁錢肆分貳釐肆毫肆絲貳忽陸微柒纖貳塵肆渺捌漠。遇閏加銀貳兩捌錢，內除荒銀陸錢陸分玖釐捌毫捌絲陸忽捌微貳纖肆塵肆漠，實徵支銀貳兩壹錢叁分壹毫壹絲叁忽壹微柒纖伍塵玖渺陸漠。外加增撥補銀壹兩叁錢陸分玖釐捌毫捌絲陸忽捌微貳纖肆塵肆漠。

渡口水手捌名，額支銀壹拾玖兩貳錢，內除荒撥補銀肆兩肆錢玖分叁釐肆毫陸絲壹忽伍微叁纖肆塵玖渺陸漠，實徵支銀壹拾肆兩柒錢陸釐伍毫叁絲捌忽肆微陸纖伍塵肆漠。遇閏加銀壹兩陸錢，內除荒銀叁錢捌分貳釐柒毫捌絲陸忽柒微貳纖柒塵捌渺捌漠，實徵支銀壹兩貳錢壹分柒釐貳毫壹絲叁忽貳微柒纖貳塵壹渺貳漠。

典史衙門

門子壹名，額支銀陸兩，內除荒撥補銀壹兩肆錢貳分捌釐玖毫叁絲肆忽柒微柒纖貳塵貳渺，實徵支銀肆兩伍錢柒分壹釐陸絲伍忽貳微貳纖柒塵捌渺。遇閏加銀伍錢，內除荒銀壹錢壹分玖釐陸毫肆絲捌忽玖微肆纖壹塵玖渺，實徵支銀叁錢捌分叁毫伍絲壹忽伍纖捌塵壹渺。

皂隸肆名，每名歲支銀陸兩，共銀貳拾肆兩，內除荒撥補銀伍兩柒錢壹分伍釐柒毫叁絲玖忽貳纖貳塵捌渺，實徵支銀壹拾捌兩貳錢捌分肆釐貳毫陸絲玖微柒纖柒塵貳渺。遇閏加銀貳兩，內除荒銀肆錢柒分捌釐伍毫玖絲貳忽貳微伍纖柒塵叁渺，實徵支銀壹兩伍錢貳分壹釐肆毫柒忽柒微肆纖貳塵柒渺。

馬夫壹名，額支銀陸兩，內除荒撥補銀壹兩肆錢貳分捌釐玖毫叁絲肆忽柒微柒纖貳塵貳渺，實徵支銀肆兩伍錢柒分壹釐陸絲伍忽貳微貳纖柒塵捌渺。遇閏加銀伍錢，內除荒銀壹錢壹分玖釐陸毫肆絲捌忽玖微肆纖壹塵玖渺，實徵支銀叁錢捌分叁毫伍絲壹忽伍纖捌塵壹渺。

教職衙門

齋夫叁名，每名歲支銀壹拾貳兩，共銀叁拾陸兩，內除荒撥補銀捌兩伍錢伍分捌釐捌毫肆忽叁微叁纖叁塵貳渺，實徵支銀貳拾柒兩肆錢肆分壹釐壹毫玖絲伍忽陸微陸纖陸塵捌渺。遇閏加銀叁兩，內除荒銀柒錢壹分柒釐玖毫肆絲陸忽叁微陸纖壹塵壹渺，實徵支銀貳兩貳錢捌分貳釐伍絲叁忽陸微叁纖捌塵玖渺。

膳夫貳名，額支銀壹拾叁兩叁錢叁分叁釐肆毫，內除荒撥補銀叁兩壹錢柒分叁釐捌毫柒絲壹忽肆微伍纖肆塵伍渺貳沙壹洙貳涯，實徵支銀壹拾兩壹錢伍分玖釐伍毫貳絲捌忽伍微肆纖伍塵肆渺玖漠柒沙捌洙捌涯係廪生支領。遇閏加銀壹兩壹錢壹分壹釐壹毫，內除荒撥補銀貳錢陸分伍釐捌毫捌絲壹忽肆微陸纖柒塵壹渺柒漠貳沙玖洙捌涯，實徵支銀捌錢肆分伍釐貳毫壹絲捌忽伍微叁纖貳塵捌渺貳漠柒沙貳涯。

門斗貳名，每名歲支銀柒兩貳錢，共銀壹拾肆兩肆錢，內除荒撥補銀叁兩肆錢貳分伍釐貳毫柒絲柒忽伍微柒纖捌塵貳漠，實徵支銀壹拾兩玖錢柒分肆釐柒毫貳絲貳忽肆微貳纖壹塵玖渺捌漠。遇閏加銀壹兩貳錢，內除荒銀貳錢捌分柒釐壹毫貳絲捌忽伍微叁纖捌塵肆渺肆漠，實徵支銀玖錢壹分貳釐捌毫柒絲壹忽肆微陸纖壹塵伍渺陸漠。

廩生貳拾名，每名歲支月糧銀叁兩貳錢，共銀陸拾肆兩，內除荒撥補銀壹拾伍兩陸分叁釐貳毫柒絲叁忽伍纖陸塵玖渺，實徵支銀肆拾捌兩玖錢叁分陸釐柒毫貳絲陸忽玖微肆纖叁塵壹渺。遇閏加銀伍兩叁錢叁分叁釐叁毫叁絲，內除荒撥補銀壹兩貳錢捌分捌釐捌毫伍絲玖忽貳微肆纖玖塵陸渺玖漠玖沙捌洙玖涯肆洒，實徵支銀肆兩肆分肆釐肆毫柒絲柒微伍纖叁渺壹洙陸洒。

以上俸工項下，除廩生、膳夫貳欵照常支發外，其餘官役俸工於道光貳拾叁年奉文，均以貳兩平支放，每兩減平銀陸分，其減平銀兩，每年批解部庫交納，理合登明。

壹雜支項下

春秋貳丁並清明、柒月拾伍等節祭文廟並各壇祠及無祀鬼魂品物等項價銀玖拾壹兩肆錢陸分玖釐，內除荒銀貳拾壹兩伍錢貳分柒釐捌毫壹絲伍忽肆微壹纖貳塵貳渺陸漠玖沙壹洙肆涯，實徵支銀陸拾玖兩玖錢肆分壹釐壹毫捌絲肆忽伍微捌纖柒塵柒渺叁漠捌洙陸涯。

外撥補銀壹分肆釐捌絲玖忽壹微叁纖肆塵柒渺壹漠肆沙貳洙。

虮蜡廟祭祀銀叁兩伍錢，內除荒銀捌錢壹分玖釐貳毫肆絲肆忽肆微玖纖壹塵伍渺，實徵支銀貳兩陸錢捌分柒毫伍絲伍忽伍微捌塵伍渺。

鄉飲額支銀叁兩，內除荒銀柒錢貳釐壹毫玖忽玖微叁纖叁塵柒渺，實徵支銀貳兩貳錢玖分柒釐捌毫玖絲陸纖陸塵叁渺。

布政司紙劄銀貳兩伍錢捌分，內除荒銀陸錢叁釐捌毫壹絲壹忽肆微壹纖壹塵伍渺肆漠肆沙，實徵支銀壹兩玖錢柒分陸釐壹毫捌絲捌忽伍微捌纖捌塵肆渺伍漠陸沙。

以上鄉飲、紙劄貳欵於道光貳拾叁年奉文裁汰，其徵收銀兩，每年批解部庫交納，理合登明。

壹孤貧項下

孤老貳拾名口，共支月糧銀肆拾柒兩叁錢肆分貳釐柒絲，內除荒銀壹拾壹兩貳錢陸分陸釐貳毫玖微肆纖貳塵陸渺柒漠柒沙捌洙貳涯陸洒，實徵支銀叁拾陸兩柒分伍釐捌毫陸絲玖忽伍纖柒塵叁渺貳漠貳沙壹洙柒涯肆洒。外加增撥補銀叁拾伍兩玖錢貳分肆釐壹毫叁絲玖微肆纖貳塵陸渺柒漠柒沙捌洙貳涯陸洒。遇閏加增銀陸兩。

孤貧布花銀壹拾伍兩，內除荒銀叁兩伍錢柒分貳釐叁毫捌絲陸忽捌微陸纖肆塵伍渺，實徵支銀壹拾壹兩肆錢貳分柒釐陸毫壹絲叁忽壹微叁纖伍塵伍渺。

壹驛站項下

協濟隆城驛站銀壹千叁百柒拾肆兩；協濟靜寧所站銀壹千玖拾貳兩伍錢；神木堡所站銀伍百伍拾壹兩；平涼支直銀叁百捌拾陸兩；本府各驛支直銀壹百叁拾肆兩陸錢叁分貳釐。共額支銀叁千伍百叁拾捌兩壹錢叁分貳釐，內除荒銀捌百捌拾肆兩伍錢肆釐肆毫壹絲叁忽壹微柒纖伍塵肆渺玖漠伍沙陸洙，實徵支銀貳千陸百伍拾叁兩陸錢貳分柒釐伍毫捌絲陸忽捌微貳纖肆塵伍渺肆沙肆洙，內除額協裁站銀貳千肆百玖拾陸兩伍錢叁分叁釐肆毫貳絲玖忽玖微捌纖伍塵肆渺，實支銀壹百伍拾柒兩玖分肆釐壹毫伍絲陸忽捌微叁纖玖塵壹渺肆沙肆洙。

走遞募夫額支銀肆拾叁兩伍錢；協濟鳳翔縣排夫玖名，額支銀柒拾伍兩陸錢；損轎夫玖名，額支銀叁拾肆兩壹錢肆分柒釐伍毫玖絲伍忽壹微陸纖肆塵；走遞馬壹拾陸匹，額支銀壹百玖拾捌兩玖分貳釐玖毫叁絲叁忽叁微叁纖叁塵肆渺。共額支銀叁百伍拾壹兩叁錢肆分伍毫貳絲捌忽肆微玖纖柒塵肆渺，內除荒銀壹百貳拾伍兩肆錢叁分肆釐壹毫玖絲叁忽柒微壹纖玖塵陸渺貳漠伍沙陸洙玖涯陸洒，實徵銀貳百貳拾伍兩玖錢陸釐叁毫叁絲肆忽柒微柒纖柒塵柒渺柒漠肆沙叁洙肆洒，內除額協裁站銀壹拾玖兩壹錢陸分肆釐叁毫叁絲肆忽玖微柒纖貳塵，實支銀貳百陸兩柒錢肆分壹釐玖毫玖絲玖忽捌微伍塵柒渺柒漠肆沙柒洙肆洒。

遇閏，協濟鳳翔縣排夫加銀陸兩叁錢；損轎夫加銀陸兩叁錢，走遞馬加銀貳拾玖兩叁錢叁分肆釐肆毫。共銀肆拾壹兩玖錢叁分肆釐肆毫，內除荒銀壹拾兩叁分貳釐伍毫柒絲陸忽玖纖壹塵玖渺玖漠柒沙玖洙貳涯，實徵銀叁拾壹兩玖錢壹釐捌毫貳絲叁忽玖微捌塵貳沙捌涯，內除驛遞之差使甚少並題明請將驛站等事貳案內，共裁夫馬、損夫閏月銀陸兩肆錢叁分捌釐貳毫叁絲叁微叁纖伍塵肆渺，實支銀貳拾伍兩肆錢陸分叁釐伍毫玖絲叁忽伍微柒纖貳塵陸渺貳沙捌涯。

外撥補留支夫馬閏月銀叁兩貳錢壹分陸釐貳毫陸絲陸忽陸微陸纖柒塵壹渺。

以上存留實徵銀叁千陸百叁拾捌兩肆錢捌分叁釐壹毫陸忽陸微貳纖陸塵肆渺壹漠叁沙玖洙陸涯壹洒，內除額協汧、隴等州縣驛站抵餉銀捌百叁拾捌兩捌錢壹分柒釐柒毫柒絲柒忽柒微柒纖貳渺；又除額協平屬靜寧州、隆城、叁營、李旺等驛站抵餉銀壹千伍百貳拾貳兩壹錢玖分捌釐肆毫貳絲陸忽柒微壹纖陸塵貳渺；又除驛遞之差使甚少等事案內，共裁站銀壹百伍拾肆兩陸錢捌分壹釐伍毫陸絲肆微柒纖壹塵。實該銀壹千壹百貳拾貳兩柒錢捌分伍釐叁毫肆絲壹忽陸微陸纖玖塵壹漠叁沙玖洙陸涯壹洒。

外加增撥補俸工，除知縣俸薪留抵外，實該留支銀貳百陸拾玖兩陸錢肆分捌釐貳毫伍絲伍忽柒微柒纖壹塵陸渺肆漠伍沙捌涯陸洒。

共該存留銀壹千叁百玖拾貳兩肆錢叁分叁釐伍毫玖絲柒忽肆微肆纖陸渺伍漠玖沙肆涯柒洒於乾隆伍拾貳年奉文，全數解司，壹切支款俱由司按季領支，嗣於嘉慶伍年奉文，照舊在縣留支，並不解司，按季請領。

外遇閏原加銀壹百壹拾壹兩貳錢玖分叁釐貳毫陸絲貳忽，內除各官閏俸銀玖兩叁釐叁毫叁絲貳忽入起運外，止該銀壹百貳兩貳錢捌分玖釐玖毫叁絲，內除荒銀貳拾肆兩肆錢捌分柒釐捌毫玖忽壹微伍纖捌塵陸渺柒漠叁沙柒洙柒涯肆洒，實徵支銀柒拾柒兩捌錢貳釐壹毫貳絲捌微肆纖壹塵叁渺貳漠陸沙貳洙貳涯陸洒，內除驛遞之差使甚少並題明請將驛站等事貳案內，共裁夫馬、損夫閏月銀陸兩肆錢叁分捌釐貳毫叁絲叁微叁纖伍塵肆渺，止該銀柒拾壹兩叁錢陸分叁釐捌毫玖絲伍微伍塵玖渺貳漠陸沙貳洙貳涯陸洒。

外加增撥補留支閏月銀壹拾貳兩壹錢伍分玖釐伍毫柒絲壹忽貳微捌塵壹漠貳沙捌洙柒涯肆洒。

共該存留閏月銀捌拾叁兩伍錢貳分叁釐肆毫陸絲壹忽柒微壹纖叁塵玖渺叁漠玖沙壹洙於乾隆伍拾貳年奉文，全數解司，壹切支款俱由司按季領支，嗣於嘉慶伍年奉文，照舊在縣留支，並不解司，按季請領。

壹額外

課程銀壹拾貳兩捌錢叁分壹釐玖毫陸絲貳忽係各行戶出辦。遇閏加銀壹兩陸分玖釐叁毫叁絲壹微陸纖。

畜稅銀肆拾伍兩貳錢肆分係買騾馬出辦，原無定額，儘收儘解。

牙稅銀柒兩伍錢陸分共牙人伍拾名，上則拾柒名，每名稅銀貳錢至叁錢不等，共銀肆兩貳錢伍分；中則貳拾叁名，每名稅銀壹錢至壹錢玖分不等，共銀貳兩捌錢壹分；下則壹拾名，每名稅銀叁分至柒分不等，共銀伍錢。

當稅銀陸拾兩係典舖出辦，共典舖壹拾貳座，每座每年當稅銀伍兩。

磨課銀陸錢係磨貳合，每合納銀叁錢。閏月銀伍分貳釐貳毫。

地稅銀伍拾捌兩柒錢肆分陸釐係買房地業主出辦，原無定額，儘收儘解。

麟遊縣

原額折正壹等地壹萬伍千肆百玖頃貳拾伍畝貳分伍釐叁毫，每畝起科不等，共徵本折糧壹萬陸千貳百貳拾貳石伍斗貳升壹合玖勺捌抄伍撮，每石科本色糧陸合捌勺玖抄柒撮捌圭，共徵本色糧壹百壹拾壹石玖斗，科折色糧玖斗玖升叁合壹勺貳撮貳圭，共徵折色糧壹萬陸千壹百壹拾石陸斗貳升壹合玖勺捌抄伍撮，每石徵銀壹兩貳錢貳分陸釐叁毫伍絲捌忽伍微，共額徵銀壹萬玖千柒百伍拾柒兩叁錢玖分捌釐貳毫壹絲壹忽伍微玖纖壹塵陸渺。

順治柒、捌併拾叁等年題明免過無主、有主、漏報荒地壹萬肆千柒百壹拾貳頃捌拾肆畝叁分柒釐陸毫，應免本折糧壹萬伍千叁百陸拾叁石柒斗貳升陸合捌勺壹抄伍撮，內節年清丈自首及乾隆拾柒年自首開墾共地貳百捌拾玖頃捌拾叁畝柒分叁釐，該徵本折糧叁百肆石貳斗伍升壹合肆抄玖撮玖圭玖粟壹粒伍顆。

實荒地壹萬肆千肆百貳拾叁頃陸分肆釐陸毫，實應免官學倉本色糧壹百叁石捌斗叁升捌合捌勺伍抄肆撮陸圭伍粟捌粒貳顆叁糠壹粃，每石折銀捌錢，應除折徵銀捌拾貳兩捌錢肆分壹釐叁毫肆絲壹忽叁微壹纖肆塵壹渺，實應免折色糧壹萬肆千玖百伍拾伍石陸斗叁升陸合玖勺壹抄叁圭伍粟貳顆陸糠玖粃，銀壹萬捌千貳百玖拾貳兩肆錢肆分貳釐陸毫貳絲捌忽叁微叁纖陸渺壹漠。

實在地玖百捌拾陸頃貳拾肆畝陸分柒毫，應徵本折糧壹千壹百陸拾叁石肆升陸合貳勺壹抄玖撮玖圭玖粟壹粒伍顆遵照乾隆伍拾玖年奉准部咨令，將康熙年間易知由單內載：折正壹等地每畝科本折糧壹升伍勺貳抄柒撮柒圭捌粟，逐一纂入書內，嗣後遇有墾豁，以便按畝增除，實徵官學倉本色糧捌石陸升壹合壹勺肆抄伍撮叁圭肆粟壹粒柒顆陸糠玖粃，該折徵銀陸兩陸錢柒分捌釐陸毫伍絲捌忽陸微捌纖伍塵玖渺遵照康熙年間易知由單內載：每畝科本色糧柒抄貳撮陸圭壹粟捌粒柒顆壹糠，每畝折徵銀陸絲捌忽肆微壹纖貳塵壹渺伍漠，實徵折色糧壹千壹百伍拾肆石玖斗捌升伍合柒抄肆撮陸圭肆粟玖粒柒顆叁糠壹粃，該折徵銀壹千肆百陸拾肆兩玖錢伍分伍釐伍毫捌絲叁忽貳微陸纖玖渺玖漠遵照康熙年間易知由單內載：每畝科折色糧壹升肆勺伍抄伍撮壹圭陸粟壹粒貳顆玖糠，每畝徵折色銀壹分伍釐壹忽壹微叁纖柒塵貳渺伍漠。

原額人丁叁門玖則不等，共折下下丁壹萬壹千貳百柒拾伍丁，除匠價外，每丁徵銀貳錢伍分柒釐玖毫柒忽叁微肆纖肆渺，應徵并匠價該銀貳千玖百貳拾壹兩柒錢陸分伍釐貳毫伍絲壹忽伍微，內除優免丁壹百壹拾陸丁，共該銀貳拾玖兩玖錢壹分柒釐貳毫伍絲壹忽伍微。

行差丁壹萬壹千壹百伍拾玖丁，共額徵銀貳千捌百玖拾壹兩捌錢肆分捌釐，內除匠價銀壹拾叁兩捌錢陸分，止該丁銀貳千捌百柒拾柒兩玖錢捌分捌釐。

順治柒年題明免過逃亡丁壹萬叁百壹丁，應除銀貳千陸百陸拾兩柒錢伍分叁釐壹毫叁忽，又節年編審出丁貳百伍拾捌丁，該銀陸拾陸兩叁分玖釐柒毫捌絲壹微肆纖捌渺，實豁免丁玖千玖百肆拾叁丁，該銀貳千伍百玖拾肆兩柒錢壹分叁釐叁毫貳絲貳忽捌微伍纖玖塵貳渺。

以上實在行差丁壹千壹百壹拾陸丁，該徵銀貳百捌拾叁兩貳錢柒分肆釐陸毫柒絲柒忽壹微肆纖捌渺，于雍正伍年攤入地糧內徵收。

康熙伍拾伍年起，至乾隆貳拾陸年止，編審出丁貳百伍丁；乾隆叁拾壹年編審出丁貳拾伍丁；乾隆叁拾陸年編審出丁叁拾丁。共編審出丁貳百陸拾丁，欽遵康熙伍拾貳年叁月拾捌日恩詔，後遇編審之期，但據康熙伍拾年丁冊定為常額，續生人丁，永不加賦。

原額均徭銀伍百肆拾叁兩玖錢玖分貳釐玖毫貳絲，內除荒銀肆百玖拾柒兩陸錢叁分伍釐玖絲陸忽陸微柒纖捌塵陸渺伍漠，實徵銀肆拾陸兩叁錢伍分柒釐捌毫貳絲叁忽叁微貳纖壹塵叁渺伍漠係按前項折正壹等地每畝徵均徭銀肆毫柒絲柒忽玖微肆纖陸塵玖渺。

外遇閏加銀壹百捌拾叁兩柒錢柒分陸釐貳毫玖絲柒忽，內除荒銀壹百陸拾陸兩捌錢陸分貳釐叁絲伍微捌纖柒渺陸漠，實徵銀壹拾陸兩玖錢壹分肆釐貳毫陸絲陸忽肆微壹纖玖塵貳渺肆漠。

額外徵收匠價銀壹拾叁兩捌錢陸分。

停免銀貳拾玖兩陸錢貳分貳釐貳毫玖絲伍忽捌微。

以上額外二項共銀肆拾叁兩肆錢捌分貳釐玖毫貳絲伍忽捌微攤入前項地糧內徵解。

地、丁貳項並均徭、匠價、停免，除優免丁銀外，共應徵銀貳萬叁千叁百壹拾貳兩叁錢捌分貳釐伍絲柒忽叁微玖纖壹塵陸渺，內除荒銀貳萬壹千肆百陸拾柒兩陸錢叁分貳釐叁毫捌絲玖忽壹微捌纖貳塵伍渺陸漠，實徵銀壹千捌百肆拾肆兩柒錢肆分玖釐陸毫陸絲捌忽貳微玖塵肆漠。

外遇閏加銀壹百捌拾叁兩柒錢柒分陸釐貳毫玖絲柒忽，內除荒銀壹百陸拾陸兩捌錢陸分貳釐叁絲伍微捌纖柒渺陸漠，實徵銀壹拾陸兩玖錢壹分肆釐貳毫陸絲陸忽肆微壹纖玖塵貳渺肆漠。

又匠價閏銀壹兩壹錢伍分伍釐。

壹起運項下

原編起運糧石折價等項銀壹萬伍千肆百肆拾壹兩捌錢伍釐貳毫肆絲柒忽玖微伍纖柒渺，內除荒銀壹萬肆千貳百玖拾陸兩玖錢貳分肆釐陸毫叁絲貳忽伍微貳纖貳塵陸渺，實徵銀壹千壹百肆拾肆兩捌錢捌分陸毫壹絲伍忽肆微貳纖捌塵壹渺。

藥味、牲口等項折價銀玖百壹拾壹兩肆錢叁分陸釐陸毫，內除荒銀捌百貳拾叁兩陸錢肆分壹釐貳毫肆絲柒忽叁微捌纖叁渺柒漠，實徵銀捌拾柒兩柒錢玖分伍釐叁毫伍絲貳忽陸微壹纖玖塵陸渺叁漠。

舊編存留，內順治玖年裁扣各役工食銀貳百貳拾伍兩貳錢；拾貳年裁扣傘扇銀捌兩；拾肆年裁扣，除奉復孤貧外，止實裁銀貳百柒兩玖錢叁分肆釐肆毫；拾伍年裁汰冗員銀壹百柒兩肆錢肆分，遞馬、損轎夫叁分裁壹，銀貳拾柒兩肆錢伍分柒釐玖毫叁絲肆忽伍微柒纖陸塵。康熙元年裁扣吏書工食銀玖拾柒兩貳錢；叁年裁扣門斗、齋夫工食銀肆拾叁兩貳錢，雜費丁銀柒拾捌兩陸分貳釐貳毫貳絲；康熙拾伍年裁心紅紙張、修理監倉、喂馬草料、歲季考、芒神土牛、鋪墊板蓆等項共銀玖拾兩伍錢；貳拾柒年裁歲貢、舉人盤纏、坊價銀貳拾玖兩壹錢柒分壹釐玖毫貳絲；伍拾陸年裁表箋銀壹兩。雍正陸年裁燈夫工食銀貳拾肆兩；拾貳年裁民壯工食銀壹百貳拾兩。乾隆柒年裁民壯工食銀肆拾貳兩；乾隆玖年裁鋪司工食銀陸拾貳兩肆錢，舊編冗費裁剩解部銀伍百壹拾陸兩壹錢肆分肆釐肆絲叁忽陸微肆纖玖渺。

共裁扣歸入起運銀壹千陸百柒拾玖兩柒錢壹分伍毫壹絲捌忽貳微壹纖陸塵玖渺，內除荒銀壹千肆百玖拾玖兩玖錢肆分捌釐貳毫伍絲貳忽捌纖柒塵捌渺貳漠貳沙，實徵銀壹百柒拾玖兩柒錢陸分貳釐貳毫陸絲陸忽壹微貳纖玖塵柒漠捌沙。

又額外匠價、停免銀肆拾叁兩肆錢捌分貳釐玖毫貳絲伍忽捌微。

以上實徵該起運銀壹千肆百伍拾伍兩玖錢貳分壹釐壹毫伍絲玖忽玖微柒纖陸塵捌渺捌沙。

又收存留內額協抵餉銀壹拾肆兩陸分貳釐叁毫玖絲。

又收協平涼、靜寧等驛所站銀壹百捌拾陸兩捌錢玖分陸釐捌絲。

共該起運銀壹千陸百伍拾陸兩捌錢柒分玖釐陸毫貳絲玖忽玖微柒纖陸塵捌渺捌沙，內在於請做以糧載丁等事案內，通省均丁減銀壹百叁拾叁兩玖分肆釐肆毫柒絲捌忽貳微玖纖柒塵肆渺，內除乾隆元、陸、拾壹、拾陸、貳拾壹、貳拾陸等年編審案內，共增抵補屯更丁銀叁拾兩肆錢叁釐柒毫貳絲壹忽貳微玖纖伍塵貳渺陸漠陸沙陸洙陸涯肆洒，又乾隆叁拾壹、叁拾陸兩年編審案內，共增抵補屯更丁銀壹拾叁兩叁錢玖分陸釐伍毫玖忽貳微陸纖肆塵捌渺叁漠叁沙叁洙叁涯貳洒，止該減銀捌拾玖兩貳錢玖分肆釐貳毫肆絲柒忽柒微叁纖柒塵叁渺肆洒。

實徵銀壹千伍百陸拾柒兩伍錢捌分伍釐叁毫捌絲貳忽貳微叁纖玖塵伍渺柒沙玖洙玖涯陸洒，內留支加增撥補俸工銀捌百玖拾兩捌錢壹分壹釐捌毫貳絲叁微叁纖叁塵陸渺捌漠；又加增夫馬工料銀伍拾玖兩陸錢。止起運銀陸百壹拾柒兩壹錢柒分叁釐伍毫陸絲壹忽玖微伍塵捌渺貳漠柒沙玖洙玖涯陸洒。

外遇閏裁扣，內順治玖年裁銀壹拾柒兩壹錢；拾肆年裁銀壹拾伍兩貳錢陸分叁釐叁絲叁忽；拾伍年裁銀捌兩玖錢伍分叁釐叁毫叁絲貳忽。康熙元年裁吏書銀捌兩壹錢；叁年裁門斗、齋夫工食銀叁兩陸錢；拾伍年裁銀貳兩陸錢陸分陸釐陸毫柒絲。雍正陸年裁銀貳兩；拾貳年裁銀壹拾兩。乾隆柒年裁銀叁兩伍錢；玖年裁銀伍兩貳錢，又閏俸銀玖兩叁釐叁毫叁絲貳忽。

共銀捌拾伍兩叁錢捌分陸釐叁毫陸絲柒忽，內除荒銀柒拾柒兩伍錢貳分柒釐壹毫柒絲陸忽叁纖玖塵壹渺柒漠，實徵銀柒兩捌錢伍分玖釐壹毫玖絲玖微陸纖捌渺叁漠。

又額外應徵匠價閏銀壹兩壹錢伍分伍釐。

貳項共銀玖兩壹分肆釐壹毫玖絲玖微陸纖捌渺叁漠，內除請做以糧載丁等事案內，通省以糧均丁減銀陸兩柒分陸釐叁毫玖絲玖忽壹微貳纖肆塵陸渺，內除節次抵補屯更丁增閏銀貳兩柒分叁釐叁毫貳忽叁微貳纖壹塵肆沙，止該減銀肆兩叁釐玖絲陸忽捌微叁塵貳沙。實該銀伍兩壹分壹釐玖絲肆忽壹微伍纖柒塵陸渺叁漠，內留支加增撥補役廩並夫馬閏共銀貳拾貳兩貳錢壹分貳毫壹絲伍忽肆微伍纖陸塵伍渺玖漠，全數留支外，尚不敷銀壹拾柒兩壹錢玖分玖釐壹毫貳絲壹忽貳微玖纖捌塵玖渺陸漠，即在前項正銀內留支。

壹存留項下

原編存留銀伍千貳百叁拾伍兩玖錢肆分陸釐柒毫陸絲伍忽肆微貳纖肆塵，內除荒銀肆千捌百肆拾柒兩壹錢壹分捌釐貳毫伍絲柒忽壹微玖纖壹塵柒渺陸漠捌沙，實徵銀叁百捌拾捌兩捌錢貳分捌釐伍毫捌忽貳微叁纖貳塵貳渺叁漠貳沙。

壹俸工項下

知縣壹員，額支俸薪銀肆拾伍兩，內除荒銀肆拾兩捌錢伍分捌釐叁毫壹絲玖忽貳微壹纖玖塵伍渺，實支銀肆兩壹錢肆分壹釐陸毫捌絲柒微捌纖伍渺。外收均攤俸工銀貳拾兩貳錢捌分肆毫壹絲陸忽捌微伍纖玖塵伍渺。

典史壹員，額支俸薪銀叁拾壹兩伍錢貳分，內除荒撥補銀貳拾捌兩陸錢壹分捌釐玖毫捌絲陸忽壹微貳纖伍塵貳渺，實支銀貳兩玖錢壹釐壹絲叁忽捌微柒纖肆塵捌渺。

教諭壹員，額支俸薪銀壹拾伍兩柒錢陸分，內除荒撥補銀壹拾肆兩叁錢玖釐肆毫玖絲叁忽陸纖貳塵陸渺，實支銀壹兩肆錢伍分伍毫陸忽玖微叁纖柒塵肆渺。又加增全俸銀貳拾肆兩貳錢肆分。

撥支寧陝廳訓導壹員，額支俸薪銀壹拾伍兩柒錢陸分，內除荒撥補銀壹拾肆兩叁錢玖釐肆毫玖絲叁忽陸纖貳塵陸渺，實支銀壹兩肆錢伍分伍毫陸忽玖微叁纖柒塵肆渺。又加增全俸銀貳拾肆兩貳錢肆分。以上撥支俸薪銀兩，由該縣按季解司支領。

知縣衙門

門子貳名，每名歲支銀陸兩，共支銀壹拾貳兩，內除荒撥補銀壹拾兩捌錢玖分伍釐伍毫伍絲貳忽伍微貳纖伍塵貳渺，實支銀壹兩壹錢肆釐肆毫肆絲柒忽肆微柒纖肆塵捌渺。遇閏加銀壹兩，內除荒銀玖錢捌釐叁絲肆忽捌微叁纖，實支銀玖分壹釐玖毫陸絲伍忽壹微柒纖。

皂隸、仵作壹拾陸名，每名歲支銀陸兩，共支銀玖拾伍（陸）兩，內除荒撥補銀捌拾柒兩壹錢陸分叁釐叁毫陸忽貳微壹塵陸渺，實支銀捌兩捌錢叁分陸釐陸毫玖絲叁忽柒微玖纖捌塵肆渺。遇閏加銀捌兩，內除荒銀柒兩貳錢陸分肆釐貳毫陸絲玖忽柒微叁纖，實支銀柒錢叁分伍釐柒毫叁絲貳微柒纖。

馬快捌名，每名歲支銀壹拾陸兩捌錢，共支銀壹百叁拾肆兩肆錢，內除荒撥補銀壹百貳拾貳兩貳分肆釐陸毫柒絲陸忽肆微捌纖貳塵叁渺，實支銀壹拾貳兩叁錢柒分伍釐叁毫貳絲叁忽伍微壹纖柒塵柒渺。遇閏加銀壹拾壹兩貳錢，內除荒銀壹拾兩壹錢陸分玖釐玖毫柒絲捌忽陸纖，實徵銀壹兩叁分貳絲壹忽玖微肆纖。

民壯貳拾叁名，每名歲支銀陸兩，共支銀壹百叁拾捌兩，內除荒撥補銀壹百貳拾伍兩叁錢貳釐叁毫柒絲肆忽叁纖陸塵柒渺，實支銀壹拾貳兩陸錢玖分柒釐陸毫貳絲伍忽玖微陸纖叁塵叁渺。遇閏加銀壹拾壹兩伍錢，內除荒銀壹拾兩肆錢肆分叁釐玖絲叁忽叁微伍纖，實支銀壹兩伍分陸釐玖毫陸忽陸微伍纖。

看監禁子捌名，每名歲支銀陸兩，共支銀肆拾捌兩，內除荒撥補銀肆拾叁兩伍錢捌分貳釐貳毫捌忽壹微捌渺，實支銀肆兩肆錢壹分柒釐柒毫玖絲壹忽捌微玖纖玖塵貳渺。遇閏加銀肆兩，內除荒銀叁兩陸錢叁分貳釐貳毫叁絲柒忽玖微，實支銀叁錢陸分柒釐柒毫陸絲貳忽壹微。

轎傘扇夫柒名，每名歲支銀陸兩，共支銀肆拾貳兩，內除荒撥補銀叁拾捌兩壹錢叁分肆釐肆毫叁絲貳忽貳微柒纖柒塵貳渺，實支銀叁兩捌錢陸分伍釐伍毫陸絲柒忽柒微貳纖貳塵捌渺。遇閏加銀叁兩伍錢，內除荒銀叁兩壹錢柒分捌釐貳毫叁絲叁微，實支銀叁錢貳分壹釐柒毫陸絲玖忽柒微。

庫子肆名，每名歲支銀陸兩，共支銀貳拾肆兩，內除荒撥補銀貳拾壹兩柒錢玖分壹釐壹毫伍忽伍纖肆渺，實支銀貳兩貳錢捌釐捌毫玖絲肆忽玖微肆纖玖塵陸渺。遇閏加銀貳兩，內除荒銀壹兩捌錢壹分陸釐陸絲陸忽伍微，實支銀壹錢捌分叁釐玖毫叁絲叁忽伍微。

斗級肆名，每名歲支銀陸兩，共支銀貳拾肆兩，內除荒撥補銀貳拾壹兩柒錢玖分壹釐壹毫伍忽伍纖肆渺，實支銀貳兩貳錢捌釐捌毫玖絲肆忽玖微肆纖玖塵陸渺。遇閏加銀貳兩，內除荒銀壹兩捌錢壹分陸釐陸絲陸忽伍微，實支銀壹錢捌分叁釐玖毫叁絲叁忽伍微。

各舖司兵壹拾貳名，每名歲支銀肆兩捌錢，共支銀伍拾柒兩陸錢，內除荒銀伍拾貳兩貳錢陸分伍釐叁毫柒忽玖微貳纖玖渺，實支銀伍兩叁錢叁分肆釐陸毫玖絲貳忽柒纖玖塵壹渺。外加增銀陸拾陸兩陸錢陸分伍釐叁毫柒忽玖微貳纖玖渺。遇閏加銀肆兩捌錢，內除荒銀肆兩叁錢伍分柒釐陸毫叁絲柒忽叁微，實支銀肆錢肆分貳釐叁毫陸絲貳忽柒微。外加增銀伍兩伍錢伍分柒釐陸毫叁絲柒忽叁微。

鐘鼓夫伍名，每名歲支銀貳兩陸錢陸分陸釐陸毫陸絲，共支銀壹拾叁兩叁錢叁分叁釐叁毫，內除荒撥補銀壹拾貳兩玖分捌釐壹毫陸絲貳忽貳纖捌塵貳渺，實支銀壹兩貳錢叁分伍釐壹毫叁絲柒忽玖微柒纖壹塵捌渺。遇閏加銀壹兩壹錢壹分壹釐壹毫，內除荒銀壹兩捌釐陸毫玖絲貳忽叁微柒纖，實支銀壹錢貳釐肆毫柒忽陸微叁纖。

典史衙門

門子壹名，歲支銀陸兩，內除荒撥補銀伍兩肆錢肆分柒釐柒毫柒絲伍忽柒微陸纖貳塵陸渺，實支銀伍錢伍分貳釐貳毫貳絲肆忽貳微叁纖柒塵肆渺。遇閏加銀伍錢，內除荒銀肆錢伍分肆釐貳絲陸忽陸微，實支銀肆分伍釐玖毫柒絲叁忽肆微。

皂隸肆名，每名歲支銀陸兩，共支銀貳拾肆兩，內除荒撥補銀貳拾壹兩柒錢玖分壹釐壹毫伍忽伍纖肆渺，實支銀貳兩貳錢捌釐捌毫玖絲肆忽玖微肆纖玖塵陸渺。遇閏加銀貳兩，內除荒銀壹兩捌錢壹分陸釐陸絲陸忽伍微，實支銀壹錢捌分叁釐玖毫叁絲叁忽伍微。

馬夫壹名，歲支銀陸兩，內除荒撥補銀伍兩肆錢肆分柒釐柒毫柒絲伍忽柒微陸纖貳塵陸渺，實支銀伍錢伍分貳釐貳毫貳絲肆忽貳微叁纖柒塵肆渺。遇閏加銀伍錢，內除荒銀肆錢伍分肆釐貳絲陸忽陸微，實支銀肆分伍釐玖毫柒絲叁忽肆微。

教職衙門

齋夫叁名，每名歲支銀陸兩，共支銀壹拾捌兩，內除荒撥補銀壹拾陸兩叁錢肆分叁釐叁毫貳絲捌忽貳微捌纖柒塵捌渺，實支銀壹兩陸錢伍分陸釐陸毫柒絲壹忽柒微壹纖貳塵貳渺。遇閏加銀壹兩伍錢，內除荒銀壹兩叁錢陸分貳釐伍絲捌微伍纖，實支銀壹錢叁分柒釐玖毫肆絲玖忽壹微伍纖。

撥支寧陝廳齋夫叁名，每名歲支銀陸兩，共支銀壹拾捌兩，內除荒撥補銀壹拾陸兩叁錢肆分叁釐叁毫貳絲捌忽貳微捌纖柒塵捌渺，實支銀壹兩陸錢伍分陸釐陸毫柒絲壹忽柒微壹纖貳塵貳渺。遇閏加銀壹兩伍錢，內除荒銀壹兩叁錢陸分貳釐伍絲捌微伍纖，實支銀壹錢叁分柒釐玖毫肆絲玖忽壹微伍纖。

以上撥支正閏工食銀兩，由該縣按季解司支領。

膳夫貳名，共額支銀壹拾叁兩叁錢叁分叁釐肆毫，內除荒撥補銀壹拾貳兩壹錢伍釐壹毫肆絲貳忽叁纖陸塵肆渺，實支銀壹兩貳錢貳分捌釐貳毫伍絲柒忽玖微陸纖叁塵陸渺係廪生支領。遇閏加銀壹兩壹錢壹分壹釐壹毫，內除荒撥補銀壹兩捌釐捌毫玖絲壹忽壹微柒纖捌塵捌渺玖漠，實支銀壹錢貳釐貳毫捌忽捌微貳纖壹塵壹渺壹漠。

門斗壹名，歲支銀柒兩貳錢，內除荒撥補銀陸兩伍錢叁分柒釐叁毫叁絲壹忽陸微壹纖伍塵壹渺伍漠，實支銀陸錢陸分貳釐陸毫陸絲捌忽叁微捌纖肆塵捌渺伍漠。遇閏加銀陸錢，內除荒銀伍錢肆分肆釐柒毫壹絲貳忽伍纖，實支銀伍分伍釐貳毫捌絲柒忽玖微伍纖。

撥支寧陝廳門斗壹名，歲支工食銀柒兩貳錢，內除荒撥補銀陸兩伍錢叁分柒釐叁毫叁絲壹忽陸微壹纖伍塵壹渺伍漠，實支銀陸錢陸分貳釐陸毫陸絲捌忽叁微捌纖肆塵捌渺伍漠。遇閏加銀陸錢，內除荒銀伍錢肆分肆釐柒毫壹絲貳忽伍纖，實支銀伍分伍釐貳毫捌絲柒忽玖微伍纖。

以上撥支正閏工食銀兩，由該縣按季解司支領。

廪生貳拾名，每名歲支銀叁兩貳錢，共支銀陸拾肆兩，內除荒撥補銀伍拾捌兩壹錢壹分叁釐肆毫叁絲肆忽伍微叁纖肆塵玖渺，實支銀伍兩捌錢捌分陸釐伍毫陸絲伍忽肆微陸纖伍塵壹渺。遇閏加銀伍兩叁錢叁分叁釐叁毫叁絲，內除荒撥補銀肆兩捌錢肆分叁釐陸毫捌絲陸忽玖微柒纖柒塵柒渺，實支銀肆錢捌分玖釐陸毫肆絲叁忽貳纖貳塵叁渺。

以上俸工項下，除廪生、膳夫貳欵照常支發外，其餘官役俸工於道光貳拾叁年奉文，均以貳兩平支放，每兩減平銀陸分，其減平銀兩，每年批解部庫交納，理合登明。

壹祭祀項下

春秋貳丁致祭文廟並各壇祠及無祀鬼魂等項額銀玖拾柒兩壹錢伍分柒釐，內除荒銀捌拾捌兩壹錢伍分陸釐陸毫壹絲捌忽捌微貳纖捌塵貳渺，實支銀玖兩叁毫捌絲壹忽壹微柒纖壹塵捌渺。

外均攤不敷銀陸拾肆兩壹分捌釐貳毫壹忽貳微捌纖陸塵貳渺肆漠伍沙陸涯。

鄉飲銀叁兩，內除荒銀貳兩柒錢貳分貳釐壹毫叁忽捌微捌纖壹塵叁渺，實支銀貳錢柒分柒釐捌毫玖絲陸忽壹微壹纖捌塵柒渺於道光貳拾叁年奉文裁汰，其徵收銀兩，每年批解部庫交納，理合登明。

虮蜡廟祭祀銀叁兩陸錢，內除荒銀叁兩貳錢陸分陸釐陸毫伍絲柒忽伍纖柒塵陸渺，實支銀叁錢叁分叁釐叁毫肆絲貳忽玖微肆纖貳塵肆渺。

布政司紙劄銀貳兩伍錢，內除荒銀貳兩貳錢陸分捌釐肆毫壹絲貳忽伍微陸纖柒塵捌渺，實支銀貳錢叁分壹釐伍毫捌絲柒忽肆微叁纖貳塵貳渺於道光貳拾叁年奉文裁汰，其徵收銀兩，每年批解部庫交納，理合登明。

壹孤貧口糧項下

孤老貳拾名，共支口糧銀伍拾柒兩陸錢，內除荒銀伍拾貳兩貳錢玖分捌釐陸毫肆絲捌忽伍微玖纖柒塵肆渺捌漠，實支銀伍兩叁錢壹釐叁毫伍絲壹忽肆微貳塵伍渺貳漠。外加增銀陸拾陸兩陸錢玖分捌釐陸毫肆絲捌忽伍微玖纖柒塵肆渺。外遇閏加增銀陸兩。

孤老布花銀壹拾肆兩柒錢，內除荒銀壹拾叁兩叁錢肆分柒釐肆絲叁忽壹纖叁塵玖渺捌漠，實支銀壹兩叁錢伍分貳釐玖毫伍絲陸忽玖微捌纖陸塵貳漠。

壹驛站項下

涇陽驛銀壹千叁百柒拾肆兩；平涼所銀柒百陸拾兩；瓦亭所銀柒百陸拾兩；高家堡所銀陸百叁拾陸兩伍錢；平涼府支直銀壹百捌拾柒兩；本府支直銀柒拾捌兩陸錢肆分壹釐。共額銀叁千柒百玖拾陸兩壹錢肆分壹釐，內除荒銀叁千伍百壹拾肆兩陸錢陸分肆釐叁毫壹絲玖忽叁微貳纖叁塵叁渺肆漠，實徵銀貳百捌拾壹兩肆錢柒分陸釐陸毫捌絲陸微柒纖陸塵陸渺陸漠，內除額協抵餉銀貳百兩玖錢伍分捌釐肆毫柒絲，實支銀捌拾兩伍錢壹分捌釐貳毫壹絲陸微柒纖陸塵陸渺陸漠。

外加增夫馬工料銀伍拾玖兩陸錢。遇閏加增夫馬閏月銀肆兩捌錢。

走遞項下

損轎夫玖名，歲支銀陸拾玖兩壹錢肆分肆釐陸絲伍忽肆微貳纖肆塵；走遞馬壹拾陸匹，草料銀叁百叁拾兩玖錢玖分捌釐。共額銀肆百兩壹錢肆分貳釐陸絲伍忽肆微貳纖肆塵，內除荒銀叁百捌拾捌兩伍錢捌分叁釐叁毫柒絲玖忽捌微貳纖伍塵陸渺陸漠捌沙，實徵支銀壹拾壹兩伍錢伍分捌釐陸毫捌絲伍忽伍微玖纖捌塵叁渺叁漠貳沙。

遇閏加銀叁拾伍兩陸錢叁分肆釐肆毫，內除荒銀叁拾貳兩叁錢伍分叁毫貳絲肆忽肆纖伍塵，實徵支銀叁兩貳錢捌分肆釐柒絲伍忽玖微伍纖伍塵。

以上存留實徵共銀叁百捌拾捌兩捌錢貳分捌釐伍毫捌忽貳微叁纖貳塵貳渺叁漠貳沙，內除額協站支抵餉銀壹拾肆兩陸分貳釐叁毫玖絲；又除協平涼、靜寧等驛所銀壹百捌拾陸兩捌錢玖分陸釐捌絲，實徵銀壹百捌拾柒兩捌錢柒分叁絲捌忽貳微叁纖貳塵貳渺叁漠貳沙。

外加增撥補俸工銀捌百玖拾兩捌錢壹分壹釐捌毫貳絲叁微叁纖叁塵陸渺捌漠。

又加增夫馬工料銀伍拾玖兩陸錢。

共該存留銀壹千壹百叁拾捌兩貳錢捌分壹釐捌毫伍絲捌忽伍微陸纖伍塵玖渺壹漠貳沙於乾隆伍拾貳年奉文，全數解司，一切支欵，俱由司按季請支，嗣於嘉慶伍年奉文，照舊在縣留支，並不解司，按季請領。

外於西安布政司庫撥補領支均攤祭祀銀陸拾肆兩壹分捌釐貳毫壹忽貳微捌纖陸塵貳渺肆漠伍沙陸涯係動支耗羨銀兩。

外遇閏原加銀壹百柒兩叁錢玖分叁釐貳毫陸絲貳忽，內除閏俸銀玖兩叁釐叁毫叁絲貳忽入起運外，實該銀玖拾捌兩叁錢捌分玖釐玖毫叁絲，內除荒銀捌拾玖兩叁錢叁分肆釐捌毫伍絲肆忽伍微肆纖壹塵伍渺玖漠，實徵銀玖兩伍分伍釐柒絲伍忽肆微伍纖捌塵肆渺壹漠。

外加增撥補俸工銀壹拾柒兩肆錢壹分貳毫壹絲伍忽肆微伍纖陸塵伍渺玖漠。

又加增撥補閏月夫馬工料銀肆兩捌錢。

共額存留閏銀叁拾壹兩貳錢陸分伍釐貳毫玖絲玖微壹纖伍塵於乾隆伍拾貳年奉文，全數解司，壹切支欵，俱由司按季領支，嗣於嘉慶伍年奉文，照舊在縣留支，並不解司，按季請領。

壹額外

課程銀貳拾兩貳錢肆分壹絲。遇閏加銀壹兩陸錢捌分陸釐陸毫陸絲柒忽伍微。

畜稅銀肆兩叁錢肆分肆釐係買騍馬出辦，原無定額，儘收儘解。

牙稅銀叁兩壹分上帖牙人貳名，每名原額銀伍錢肆分伍釐，共銀壹兩玖分；中帖牙人貳名，每名原額銀伍錢壹分；下帖牙人貳名，每名原額銀肆錢伍分，共銀玖錢。

地稅銀壹拾壹兩捌分伍釐係買房地業主出辦，原無定額，儘收儘解。

當稅銀拾兩係典舖出辦，典舖貳座，每年當稅銀伍兩。

汧陽縣

原額壹拾肆等共地陸千叁百捌拾頃陸拾肆畝玖分玖釐伍毫，每畝起科不等，共額徵本折糧壹萬壹千捌百肆拾壹石捌斗伍升壹合肆勺，內每糧壹石，科本色糧捌合肆勺肆抄肆撮陸圭，共本色糧壹百石，科折色糧玖斗玖升壹合伍勺伍抄伍撮肆圭，共折色糧壹萬壹千柒百肆拾壹石捌斗伍升壹合肆勺，每石折徵銀壹兩壹錢柒分陸釐肆絲玖忽玖微，共額徵銀壹萬叁千捌百玖兩貳釐壹絲柒忽陸微柒纖捌塵。內：

壹等水澆葦地叁拾陸頃陸拾肆畝玖分柒釐肆毫，每畝科本折糧伍升捌合，內本色糧肆勺捌抄玖撮柒圭捌粟陸粒捌顆，折色糧伍升柒合伍勺壹抄貳圭壹粟叁粒貳顆，共糧貳百壹拾貳石伍斗陸升捌合肆勺玖抄貳撮。順治柒年題明免過無主荒地叁拾叁頃伍拾貳畝叁分，應免糧貳百肆石肆斗叁升叁合，內前墾並節年興屯開墾共地陸頃伍拾肆畝叁分捌釐伍毫柒絲柒忽，該糧叁拾柒石玖斗叁升玖合捌勺肆撮陸圭陸粟。實在地玖頃陸拾柒畝伍釐玖毫柒絲柒忽，實徵糧肆拾陸石柒升伍合貳勺玖抄陸撮陸圭陸粟。

貳等稻地伍頃陸拾陸畝玖分柒釐肆毫，每畝科本折糧肆升捌合，內本色糧肆勺伍撮叁圭肆粟捌顆，折色糧肆升柒合伍勺玖抄肆撮陸圭伍粟玖粒貳顆，共糧貳拾柒石貳斗壹升伍合柒勺伍抄貳撮。

叁等川平花地貳百陸拾柒頃捌拾捌畝玖分伍毫，每畝科本折糧肆升貳合，內本色糧叁勺伍抄肆撮陸圭柒粟叁粒貳顆，折色糧肆升壹合陸勺肆抄伍撮叁圭貳粟陸粒捌顆，共糧壹千壹百貳拾伍石壹斗叁升肆合壹抄。順治柒年題明免過無主荒地壹百玖拾壹頃貳拾陸畝貳分，應免糧捌百叁石貳斗玖升壹合，內興屯並節年墾過地陸頃貳畝捌分陸釐壹毫，該糧貳拾伍石叁斗貳升壹勺陸抄貳撮。實在地捌拾貳頃陸拾伍畝伍分陸釐陸毫，實徵糧叁百肆拾柒石壹斗陸升叁合壹勺柒抄貳撮。

肆等石砂花地壹頃貳拾柒畝柒分玖釐玖毫，每畝科本折糧叁升柒合，內本色糧叁勺壹抄貳撮肆圭伍粟伍顆，折色糧叁升陸合陸勺捌抄柒撮伍圭肆粟玖粒伍顆，共糧肆石柒斗貳升玖合伍勺陸抄。

伍等原溝平地壹千捌拾玖頃壹拾畝捌分捌釐陸毫，每畝科本折糧叁升伍合，內本色糧貳勺玖抄伍撮伍圭陸粟壹粒，折色糧叁升肆合柒勺肆撮肆圭叁粟玖粒，共糧叁千捌百壹拾壹石捌斗捌升壹合陸抄。順治柒年題明免過無主荒地玖百叁拾玖頃貳拾玖畝玖分，應免糧叁千貳百捌拾柒石伍斗肆升伍合，內興屯並節年首報共地陸頃肆拾貳畝捌分捌毫，該糧貳拾貳石肆斗玖升捌合貳勺貳抄伍撮。實在地壹百伍拾陸頃貳拾叁畝柒分玖釐肆毫，實徵糧伍百肆拾陸石捌斗叁升肆合貳勺捌抄伍撮。

陸等沙平退灘地陸拾玖頃柒拾肆畝肆分伍釐伍毫，每畝科本折糧叁升，內本色糧貳勺伍抄叁撮叁圭叁粟捌粒，折色糧貳升玖合柒勺肆抄陸撮陸圭陸粟貳粒，共糧貳百玖石貳斗叁升叁合陸勺肆抄。順治柒年題明免過無主荒地伍拾玖頃陸拾肆畝玖分，應免糧壹百柒拾捌石玖斗肆升柒合，內前墾并節年首報共地伍拾玖頃陸拾叁畝肆分肆釐，該糧壹百柒拾捌石玖斗叁合貳勺。實在地陸拾玖頃柒拾貳畝玖分玖釐伍毫，實徵糧貳百玖石壹斗捌升玖合捌勺肆抄。

柒等高山平地貳百壹拾貳頃捌拾叁畝貳分貳釐叁毫，每畝科本折糧貳升捌合，內本色糧貳勺叁抄陸撮肆圭肆粟捌粒捌顆，折色糧貳升柒合柒勺陸抄叁撮伍圭伍粟壹粒貳顆，共糧伍百玖拾伍石玖斗叁升貳勺肆抄。順治柒年題明免過無主荒地壹百玖拾玖頃捌拾伍畝捌分，應免糧伍百伍拾玖石陸斗壹合，內節年開墾並首報共地肆頃肆拾叁畝肆分肆釐，該糧壹拾貳石肆斗壹升陸合叁勺貳抄。實在地壹拾柒頃肆拾畝捌分陸釐叁毫，實徵糧肆拾捌石柒斗肆升伍合伍勺陸抄。

捌等平坡地壹千貳百伍拾肆頃陸拾叁畝玖分肆釐捌毫，每畝科本折糧壹升柒合，內本色糧壹勺肆抄叁撮伍圭伍粟捌粒貳顆，折色糧壹升陸合捌勺伍抄陸撮肆圭肆粟壹粒捌顆，共糧貳千壹百叁拾貳石捌斗捌升柒合捌勺壹抄陸撮。順治柒年題明免過無主荒地壹千貳百肆拾伍頃玖拾玖畝柒分，應免糧貳千壹百壹拾捌石壹斗捌升伍合，內前開墾并興屯、節年清查自首共地壹百陸拾柒頃叁拾壹畝叁分伍釐玖毫陸絲，該糧貳百捌拾肆石肆斗貳升陸合貳勺貳撮。實在地壹百柒拾伍頃玖拾伍畝陸分柒毫陸絲，實徵糧貳百玖拾玖石壹斗貳升玖合壹抄捌撮。

玖等陡坡地貳千捌百柒拾肆頃柒拾肆畝叁分壹釐柒毫，每畝科本折糧陸合，內本色糧伍抄陸圭陸粟柒粒陸顆，折色糧伍合玖勺肆抄玖撮叁圭叁粟貳粒肆顆，共糧壹千柒百貳拾肆石捌斗肆升陸合玖勺陸抄壹撮伍圭。順治柒年題明免過無主荒地貳千柒百伍拾肆頃捌拾壹畝陸分，應免糧壹千陸百伍拾貳石捌斗捌升柒合，內前開墾并興屯、節年清查自首共地捌百叁拾玖頃貳拾捌畝壹分捌釐玖毫肆絲，該糧伍百叁石伍斗陸升玖合壹勺叁抄伍撮。實在地玖百伍拾玖頃貳拾畝玖分陸毫肆絲，實徵糧伍百柒拾伍石伍斗貳升玖合玖抄陸撮伍圭。

雪白里

壹等葦蔴地叁頃玖拾肆畝壹分捌釐壹毫，每畝科本折糧玖升肆合，內本色糧柒勺玖抄叁撮柒圭玖粟貳粒肆顆，折色糧玖升叁合貳勺陸撮貳圭柒粒陸顆，共糧叁拾柒石伍升叁合壹抄肆撮。順治柒年題明免過無主荒地貳頃捌拾玖畝伍分，應免糧貳拾柒石貳斗叁合，內前墾並節年開墾地壹頃壹拾柒畝，該糧壹拾石玖斗玖升捌合。實在地貳頃貳拾壹畝陸分捌釐壹毫，實徵糧貳拾石捌斗肆升捌合壹抄肆撮。

貳等川平地壹拾陸頃貳拾肆畝玖釐肆毫，每畝科本折糧柒升肆合，內本色糧陸勺貳抄肆撮玖圭肆顆，折色糧柒升叁合叁勺柒抄伍撮玖粟玖粒陸顆，共糧壹百貳拾石壹斗捌升貳合玖勺伍抄陸撮。順治柒年題明免過無主荒地壹拾伍頃叁拾貳畝捌分，應免糧壹百壹拾叁石肆斗貳升柒合，內興屯並節年墾過地壹頃叁拾肆畝貳分，該糧玖石玖斗叁升捌勺。實在地貳頃貳拾伍畝肆分玖釐肆毫，實徵糧壹拾陸石陸斗捌升陸合柒勺伍抄陸撮。

叁等高平沙地陸拾肆頃陸分叁釐柒毫，每畝科本折糧陸升肆合伍勺，內本色糧伍勺肆抄肆撮陸圭柒粟陸粒柒顆，折色糧陸升叁合玖勺伍抄伍撮叁圭貳粟叁粒叁顆，共糧肆百壹拾貳石捌斗肆升壹合捌抄陸撮伍圭。順治柒年題明免過無主荒地伍拾伍頃伍拾陸畝陸分，應免糧叁百伍拾柒石肆斗玖合，內節年開墾地伍拾肆畝伍分，該糧叁石伍斗壹升伍合貳勺伍抄。實在地捌頃玖拾捌畝伍分叁釐柒毫，實徵糧伍拾柒石玖斗肆升柒合叁勺叁抄陸撮伍圭。

肆等平坡地壹百叁拾頃壹拾貳畝伍分壹釐玖毫，每畝科本折糧叁升玖合，內本色糧叁勺貳抄玖撮叁圭叁粟玖粒肆顆，折色糧叁升捌合陸勺柒抄陸圭陸粟陸顆，共糧伍百柒石肆斗捌升捌合貳勺肆抄。順治柒年題明免過無主荒地玖拾玖頃貳拾伍畝捌分，應免糧叁百玖拾柒石壹斗陸合，內興屯并節年墾過地壹拾壹頃陸分，該糧肆拾貳石玖斗貳升叁合肆勺。實在地肆拾壹頃捌拾柒畝叁分壹釐玖毫，實徵糧壹百伍拾叁石叁斗伍合陸勺肆抄。

伍等陡坡地叁百伍拾叁頃柒拾捌畝捌釐叁毫，每畝科本折糧貳升陸合，內本色糧貳勺壹抄玖撮伍圭伍粟玖粒陸顆，折色糧貳升伍合柒勺捌抄肆圭肆粟肆顆，共糧玖百壹拾玖石捌斗伍升捌合伍勺柒抄貳撮。順治柒年題明免過無主荒地壹百叁拾貳頃貳拾陸畝壹分，應免糧叁百肆拾叁石捌斗陸升捌合，內節年開墾地柒頃叁拾肆畝玖分柒釐陸毫，該糧壹拾玖石壹斗玖合叁勺柒抄陸撮。實在地貳百貳拾捌頃捌拾陸畝玖分伍釐玖毫，實徵糧伍百玖拾伍石玖升玖合玖勺肆抄捌撮。

以上共免過荒地伍千柒百貳拾玖頃柒拾壹畝貳分，應免本折糧壹萬肆拾肆石玖斗貳合，內前開墾並興屯、節年清查自首共地壹千壹百壹拾壹頃柒畝柒分伍釐玖毫柒絲柒忽，應徵本折糧壹千壹百伍拾壹石伍斗肆升玖合捌勺柒抄肆撮陸圭陸粟，實免荒地肆千陸百壹拾捌頃陸拾叁畝肆分肆釐貳絲叁忽，實免本色官學倉糧柒拾伍石壹斗壹合陸抄叁撮貳粟玖粒捌顆陸糠捌粃捌粺，每石折銀捌錢，共除銀陸拾兩捌分壹釐捌毫伍絲伍忽肆微肆纖捌塵捌渺肆漠壹沙捌洙，實免折色糧捌千捌百壹拾捌石貳斗伍升壹合陸抄貳撮叁圭壹粟壹顆叁糠壹粃貳粺，該除銀壹萬叁百捌拾叁兩玖錢玖分壹釐伍毫壹絲貳忽貳微玖纖壹塵貳渺叁漠玖沙貳洙。

以上實熟地壹千柒百陸拾貳頃壹畝伍分伍釐肆毫柒絲柒忽，該本折糧貳千玖百肆拾捌石肆斗玖升玖合貳勺柒抄肆撮陸圭陸粟，實徵本色官學倉糧貳拾肆石捌斗玖升捌合玖勺叁抄陸撮玖圭柒粟壹顆叁糠壹粃貳粺，該折徵銀壹拾玖兩玖錢壹分捌釐壹毫肆絲肆忽伍微伍纖壹塵壹渺伍漠捌沙貳洙遵照乾隆伍拾玖年奉准部咨令，將康熙年間易知由單內載：水澆葦地每畝折徵銀叁毫玖絲壹忽捌微貳纖玖塵肆渺肆漠；稻地每畝折徵銀叁毫貳絲肆忽貳微柒纖貳塵陸渺肆漠；川平花地每畝折徵銀貳毫捌絲叁忽柒微叁纖捌塵伍渺陸漠；石砂花地每畝折徵銀貳毫肆絲玖忽玖微陸纖肆渺；原溝平地每畝折徵銀貳毫叁絲陸忽肆微肆纖捌塵捌渺；砂平退灘地每畝折徵銀貳毫貳忽陸微柒纖肆渺；高山平地每畝折徵銀壹毫捌絲玖忽壹微伍纖玖塵肆漠；平坡地每畝折徵銀壹毫壹絲肆忽捌微肆纖陸塵伍渺伍漠；陡坡地每畝折徵銀肆絲伍微叁纖肆塵捌漠；葦蔴地每畝折徵銀陸毫叁絲伍忽叁纖叁塵玖渺貳漠；川平地每畝折徵銀肆毫玖絲玖忽玖微貳纖叁渺貳漠；高平沙地每畝折徵銀肆毫叁絲伍忽柒微肆纖壹塵叁渺陸漠；平坡地每畝折徵銀貳毫陸絲叁忽肆微柒纖壹塵伍渺貳漠；陡坡地每畝折徵銀壹毫柒絲伍忽陸微肆纖柒塵陸渺捌漠，逐一纂入書內，嗣後遇有墾豁，以便按畝增除，實徵折色糧貳千玖百貳拾叁石陸斗貳合叁勺叁抄柒撮陸圭捌粟玖粒捌顆陸糠捌粃捌粺，該折徵銀叁千肆百貳拾伍兩壹分伍毫伍忽叁微捌纖陸塵柒渺陸漠捌洙遵照乾隆伍拾玖年奉准部咨令，將康熙年間易知由單內載：水澆葦地每畝折徵銀肆分壹釐肆毫叁絲陸忽捌微肆纖伍塵捌渺陸漠；稻地每畝折徵銀伍分伍釐玖毫捌絲壹微貳纖陸塵柒渺伍漠；川平花地每畝折徵銀肆分捌釐玖毫柒絲捌忽肆微叁纖陸塵玖渺肆漠；石砂花地每畝折徵銀肆分叁釐壹毫柒絲陸微壹纖叁塵伍渺；原溝平地每畝折徵銀肆分捌毫壹絲肆忽叁微貳纖玖塵捌渺陸漠；砂平退灘地每畝折徵銀叁分肆釐玖毫捌絲叁忽陸微柒塵壹渺叁漠；高山平地每畝折徵銀叁分貳釐陸毫伍絲貳忽伍微伍纖壹渺捌漠；平坡地每畝折徵銀壹分玖釐捌毫貳絲肆忽伍微壹塵捌渺；陡坡地每畝折徵銀陸釐玖毫玖絲陸忽捌微陸纖壹塵叁渺叁漠；葦蔴地每畝折徵銀壹錢玖釐陸毫柒絲肆忽陸微伍纖壹塵貳渺貳漠；川平地每畝折徵銀捌分陸釐貳毫玖絲肆忽捌纖捌塵壹渺貳漠；高平沙地每畝折徵銀柒分伍釐貳毫叁忽貳微叁纖叁塵叁渺捌漠；平坡地每畝折徵銀肆分貳釐肆毫捌絲肆忽陸微柒纖柒塵叁渺伍漠；陡坡地每畝折徵銀叁分叁毫貳絲壹忽陸塵捌渺陸漠，逐一纂入書內，嗣後遇有墾豁，以便按畝增除。

又額外退灘地壹頃叁拾柒畝貳分，每畝科本色糧叁升，該租糧肆石壹斗壹升陸合。

原額人丁叁門玖則不等，共折下下人丁玖千玖百肆拾玖丁，每丁徵銀貳錢柒分肆釐壹毫肆絲玖忽貳微陸纖捌塵捌渺，共銀貳千柒百貳拾柒兩伍錢壹分壹釐柒絲伍忽。內除優免丁壹百貳拾柒丁，共銀叁拾肆兩捌錢壹分陸釐玖毫伍絲柒忽。

行差丁玖千捌百貳拾貳丁，共額徵銀貳千陸百玖拾貳兩陸錢玖分肆釐壹毫壹絲捌忽。

順治柒年免過逃亡丁捌千貳百伍拾柒丁，應除銀貳千貳百陸拾肆兩叁錢壹分壹釐叁毫，前節年招回並審出丁叁百貳拾壹丁，該銀捌拾柒兩玖錢叁分捌毫柒絲陸忽陸微陸纖肆塵捌渺，實免丁柒千玖百叁拾陸丁，應除銀貳千壹百柒拾陸兩叁錢捌分肆毫貳絲叁忽叁微叁纖伍塵貳渺。

實在丁壹千捌百捌拾陸丁，該徵銀伍百壹拾陸兩叁錢壹分叁釐陸毫玖絲肆忽陸微陸纖肆塵捌渺。

康熙伍拾伍年起，至乾隆貳拾陸年止，編審出丁壹百柒丁；乾隆叁拾壹年編審出丁伍丁；乾隆叁拾陸年編審出丁伍丁。共編審出丁壹百壹拾柒丁，欽遵康熙伍拾貳年叁月拾捌日恩詔，後遇編審之期，但據康熙伍拾年丁冊定為常額，永不加賦。

原額均徭銀叁千伍百壹拾壹兩玖錢柒分叁釐壹毫捌絲貳忽，內除荒銀貳千陸百肆拾壹兩壹錢陸分玖釐伍絲玖忽叁微柒纖陸塵陸渺叁漠捌沙壹洙，實徵銀捌百柒拾兩捌錢肆釐壹毫貳絲貳忽陸微貳纖叁塵叁渺陸漠壹沙玖洙按照前項壹拾肆等地畝徵收，水澆葦地每畝徵銀壹分伍毫柒絲陸忽柒微柒纖捌塵伍渺；稻地每畝徵銀壹分肆釐貳毫叁絲柒忽玖纖肆塵貳渺；川平花地每畝徵銀壹分貳釐肆毫伍絲陸忽肆微玖塵柒渺伍漠；石砂花地每畝徵銀壹分玖毫柒絲玖忽叁微伍塵貳渺；原溝平地每畝徵銀壹分叁毫捌絲柒纖玖塵玖渺；砂平退灘地每畝徵銀捌釐捌毫玖絲柒忽壹微捌纖伍塵；高山平地每畝徵銀捌釐叁毫肆忽叁微叁纖捌塵陸渺；平坡地每畝徵銀伍釐肆絲壹忽捌微伍纖叁塵玖渺；陡坡地每畝徵銀壹釐柒毫柒絲玖忽肆微柒纖貳塵肆渺；葦蔴地每畝徵銀貳分柒釐捌毫玖絲貳忽捌微伍纖叁塵叁渺；川平地每畝徵銀貳分壹釐玖毫肆絲陸忽陸微玖纖柒渺；高平沙地每畝徵銀壹分玖釐壹毫貳絲陸忽叁纖肆塵叁渺；平坡地每畝徵銀壹分捌毫玖忽貳微柒纖陸塵壹渺；陡坡地每畝徵銀柒釐柒毫壹絲壹忽肆微壹纖伍塵壹漠。

遇閏額徵銀肆百肆拾叁兩貳分捌釐陸毫伍絲壹忽，內除荒銀叁百肆拾叁兩貳錢伍分肆釐貳毫陸絲貳忽捌微玖纖玖塵肆渺肆漠，實徵銀玖拾玖兩柒錢柒分肆釐叁毫捌絲捌忽壹微伍渺陸漠。

又額外匠價、停免共銀貳百貳拾捌兩壹錢壹分肆釐伍毫叁絲貳忽肆微。遇閏加徵銀貳兩肆錢叁分叁釐柒毫伍絲。

以上地、丁貳項並均徭、匠價、停免等項，除優免丁銀外，共該銀貳萬叁百貳拾壹兩柒錢捌分叁釐捌毫伍絲柒纖捌塵，內除荒銀壹萬伍千貳百陸拾壹兩陸錢貳分貳釐捌毫伍絲肆微伍纖壹塵玖渺壹漠玖沙壹洙，實徵銀伍千陸拾兩壹錢陸分玖毫玖絲玖忽陸微貳纖陸塵捌漠玖洙。

額外退灘地租糧肆石壹斗壹升陸合。

遇閏額徵銀肆百肆拾叁兩貳分捌釐陸毫伍絲壹忽，內除荒銀叁百肆拾叁兩貳錢伍分肆釐貳毫陸絲貳忽捌微玖纖玖塵肆渺肆漠，實徵銀玖拾玖兩柒錢柒分肆釐叁毫捌絲捌忽壹微伍渺陸漠。

又額外匠價閏徵銀貳兩肆錢叁分叁釐柒毫伍絲。

貳項共徵銀壹百貳兩貳錢捌釐壹毫叁絲捌忽壹微伍渺陸漠。

壹起運項下

額徵本色退灘地租糧肆石壹斗壹升壹合。

原編起運糧石折價銀壹萬伍百陸拾壹兩壹錢伍釐捌毫貳絲貳忽肆微柒纖玖塵叁渺，內除荒銀柒千玖百壹拾伍兩玖錢捌分叁毫叁絲柒忽玖微肆纖陸塵貳渺伍漠伍沙玖洙柒涯，實徵銀貳千陸百肆拾伍兩壹錢貳分伍釐肆毫捌絲肆忽伍微叁纖叁塵肆漠肆沙叁涯。

節裁藥味、牲口、軍器、毛襖等項銀捌百壹拾兩貳錢叁分叁釐叁毫，內除荒銀陸百叁拾叁兩肆錢肆分玖釐玖毫陸絲肆忽捌微壹纖叁塵捌渺陸漠，實徵銀壹百柒拾陸兩柒錢捌分叁釐叁毫叁絲伍忽壹微捌纖陸塵壹渺肆漠。

舊編存留，內順治玖年裁各役工食銀貳百壹拾伍兩玖錢玖分叁毫；拾貳年裁傘扇銀柒兩捌錢壹分叁釐柒毫；拾肆年裁官生俸廩等項，除奉復孤貧口糧、布花外，實銀壹百捌拾柒兩叁錢伍分伍釐叁毫肆忽伍纖伍塵伍渺；拾伍年裁汰冗員銀伍拾陸兩伍錢柒分壹釐捌毫陸絲，裁站銀壹百貳拾兩肆錢伍分伍釐叁毫叁絲伍忽捌微肆塵，縣夫馬叁分裁壹，銀貳百柒拾伍兩陸錢叁分玖釐叁毫陸絲貳微叁纖捌塵。康熙元年裁吏書口食銀玖拾肆兩玖錢叁分柒釐伍毫；叁年裁齋夫、門斗工食銀肆拾貳兩壹錢玖分肆釐伍毫叁絲，雜費丁銀叁百壹拾貳兩陸錢貳釐柒毫伍絲伍忽壹微玖纖捌塵柒渺；拾伍年裁心紅紙張、修理監倉、喂馬草料、芒神土牛、倉厫板薦、紙劄共銀陸拾伍兩玖錢陸分叁釐伍絲；貳拾柒年裁歲貢、舉人盤纏銀叁拾肆兩陸錢柒分叁釐柒毫肆絲。雍正陸年裁燈夫工食銀貳拾叁兩肆錢肆分壹釐肆毫；拾貳年裁民壯工食銀貳拾叁兩肆錢肆分壹釐肆毫。乾隆柒年裁民壯工食銀伍拾貳兩柒錢肆分叁釐壹毫；玖年裁舖司工食銀叁拾貳兩捌錢壹分柒釐玖毫肆絲貳忽伍微。

共裁歸起運銀壹千伍百肆拾陸兩陸錢肆分壹釐貳毫柒絲柒忽柒微玖纖陸塵貳渺，內除荒銀玖百肆兩貳錢貳分陸釐肆毫貳絲肆忽肆微貳纖陸渺壹漠貳沙陸洙叁涯，實起運銀陸百肆拾貳兩肆錢壹分肆釐捌毫伍絲叁忽叁微柒纖伍塵伍渺捌漠柒沙叁洙柒涯。

又額外匠價、停免銀貳百貳拾捌兩壹錢壹分肆釐伍毫叁絲貳忽肆微。

以上共該實起運銀叁千陸百玖拾貳兩肆錢叁分捌釐貳毫伍忽肆微玖纖肆塵柒渺柒漠壹沙肆洙。

又收存留內驛遞之差使甚少等事案內，共裁銀壹千肆百肆拾壹兩叁分柒釐陸毫叁絲肆忽捌纖叁塵伍渺肆漠，內留支新增夫馬工料銀叁百叁拾兩陸錢肆分叁釐陸毫陸絲叁忽玖微叁纖捌塵陸渺肆漠，實收銀壹千壹百壹拾兩叁錢玖分叁釐玖毫柒絲壹微肆纖肆塵玖渺。

又收請倣以糧載丁等事案內，通省以糧均丁增銀捌拾兩壹分肆釐肆毫伍絲陸忽陸微貳纖陸塵柒渺。

又收付送原文事案內，裁撥夫馬工料銀伍拾玖兩陸錢。

共該實起運銀肆千玖百肆拾貳兩肆錢肆分陸釐陸毫叁絲貳忽貳微陸纖陸塵叁渺柒漠壹沙肆洙，內除受協鳳、寶等縣站支兑留兵餉銀貳千捌百柒拾陸兩玖錢肆分伍釐玖毫柒絲伍忽柒纖貳塵叁渺，止該實起運銀貳千陸拾伍兩伍錢陸毫伍絲柒忽壹微玖纖肆塵柒漠壹沙肆洙，內留支加增撥補俸工銀捌百叁拾捌兩伍錢捌分叁釐叁絲玖忽伍微柒纖貳塵貳渺玖漠陸沙伍洙，止該實起運銀壹千貳百貳拾陸兩玖錢壹分柒釐陸毫壹絲柒忽陸微貳纖壹塵柒渺柒漠肆沙玖洙。

遇閏，順治玖年裁銀壹拾陸兩捌錢；拾肆年裁銀壹拾伍兩貳錢陸分叁釐叁絲叁忽；拾伍年裁冗員銀肆兩捌錢貳分陸釐陸毫陸絲陸忽。康熙元年裁吏書工食銀捌兩壹錢；叁年裁門斗、齋夫銀叁兩陸錢；拾伍年裁心紅紙張、喂馬草料共銀貳兩陸錢陸分陸釐陸毫柒絲。雍正陸年裁燈夫工食銀貳兩；拾貳年裁民壯工食銀貳兩。乾隆柒年裁民壯工食銀肆兩伍錢；玖年裁舖司工食銀貳兩捌錢。共裁歸起運銀陸拾貳兩伍錢伍分陸釐叁毫陸絲玖忽，又閏俸銀玖兩叁釐叁毫叁絲貳忽，共銀柒拾壹兩伍錢伍分玖釐柒毫壹忽，內除荒銀伍拾陸兩叁錢叁分肆釐伍毫玖絲肆忽玖微叁纖肆塵壹渺捌漠，實徵銀壹拾伍兩貳錢貳分伍釐壹毫陸忽陸纖伍塵捌渺貳漠。

又額外匠價閏銀貳兩肆錢叁分叁釐柒毫伍絲。

貳項共銀壹拾柒兩陸錢伍分捌釐捌毫伍絲陸忽陸纖伍塵捌渺貳漠。

又收驛遞之差使甚少等事案內，裁站銀貳拾兩柒錢柒分貳釐玖毫貳絲，全數在於題明請將驛站等事案內，留支新增夫馬工料銀兩訖，仍該銀壹拾柒兩陸錢伍分捌釐捌毫伍絲陸忽陸纖伍塵捌渺貳漠。

又收付送原文事案內，裁撥夫馬閏月工料銀貳兩伍錢捌分肆釐叁毫伍絲貳忽。

共該實起運銀貳拾兩貳錢肆分叁釐貳毫捌忽陸纖伍塵捌渺貳漠，內除在於請倣以糧載丁等事案內，通省以糧均丁，遇閏之年較比無閏少增銀伍兩貳錢陸釐玖毫壹絲玖忽玖微叁纖陸塵，止實徵銀壹拾伍兩叁分陸釐貳毫捌絲捌忽壹微貳纖玖塵捌渺貳漠，照數留支加增撥補工食並夫馬撤回新塘夫馬閏月工料銀兩訖，尚不敷留支銀叁拾叁兩捌錢陸分捌釐貳毫柒絲壹忽叁微叁纖伍塵肆渺肆漠，遇閏之年，在於上項正銀內留支，理合登明。

壹存留項下

原編存留銀柒千壹百柒拾伍兩陸錢捌分捌釐玖毫壹絲柒忽肆微貳塵伍渺，內除荒銀伍千捌百柒兩玖錢陸分陸釐壹毫貳絲叁忽貳微柒纖壹塵壹渺玖漠伍洙，實存留銀壹千叁百陸拾柒兩柒錢貳分貳釐柒毫玖絲肆忽壹微叁纖壹塵叁渺玖沙伍洙。

壹俸工項下

知縣俸薪，除不敷銀壹兩肆分柒釐肆毫，止該銀肆拾叁兩玖錢伍分貳釐陸毫，內除荒銀叁拾叁兩捌錢伍分叁釐陸毫貳絲捌忽陸微陸纖玖塵陸渺，實支銀壹拾兩玖分捌釐玖毫柒絲壹忽叁微叁纖肆渺。外撥補均攤銀壹拾叁兩捌錢貳分壹釐伍毫壹絲叁忽伍微貳纖肆塵叁渺。

典史壹員，額支俸薪，除不敷銀柒錢叁分叁釐陸毫，止該銀叁拾兩柒錢捌分陸釐肆毫，內除荒撥補銀貳拾叁兩捌錢伍分貳釐陸毫壹絲肆忽玖微玖纖叁塵捌渺，實支銀陸兩玖錢叁分叁釐柒毫捌絲伍忽陸塵貳渺。

教諭、訓導貳員，額支俸薪，除不敷銀柒錢叁分叁釐陸毫肆絲，止該銀叁拾兩柒錢捌分陸釐叁毫陸絲，內除荒撥補銀貳拾叁兩捌錢伍分貳釐伍毫捌絲叁忽叁微壹纖壹塵壹渺，實支銀陸兩玖錢叁分叁釐柒毫柒絲陸忽陸微捌纖捌塵玖渺。外撥補銀肆拾玖兩貳錢壹分叁釐陸毫肆絲。

知縣衙門

門子貳名，每名歲支銀陸兩，共支銀壹拾貳兩，除不敷銀貳錢柒分玖釐叁毫，止該銀壹拾壹兩柒錢貳分柒毫，內除荒撥補銀玖兩捌分玖毫肆絲貳忽叁微肆渺，實徵支銀貳兩陸錢叁分玖釐柒毫伍絲柒忽陸微玖纖玖塵陸渺。遇閏加銀壹兩，內除荒銀柒錢柒分壹釐玖毫陸絲玖忽陸微貳纖壹塵捌渺，實徵支銀貳錢貳分捌釐叁絲叁微柒纖捌塵貳渺。

皂隸、仵作壹拾陸名，每名歲支銀陸兩，共支銀玖拾陸兩，除不敷銀貳兩貳錢叁分肆釐伍毫，止該銀玖拾叁兩柒錢陸分伍釐伍毫，內除荒撥補銀柒拾貳兩陸錢肆分伍釐捌毫壹絲玖忽壹微壹纖貳塵玖渺，實徵支銀貳拾壹兩壹錢壹分玖釐陸毫捌絲捌微捌纖柒塵壹渺。遇閏加銀捌兩，內除荒銀陸兩壹錢柒分伍釐柒毫伍絲陸忽捌微貳纖貳塵肆渺，實徵支銀壹兩捌錢貳分肆釐貳毫肆絲叁忽壹微柒纖柒塵陸渺。

馬快捌名，每名歲支銀壹拾陸兩捌錢，共支銀壹百叁拾肆兩肆錢，除不敷銀叁兩壹錢貳分捌釐貳毫，止該銀壹百叁拾壹兩貳錢柒分壹釐捌毫，內除荒撥補銀壹百壹兩柒錢陸釐伍毫貳絲壹忽肆微壹纖貳塵壹渺，實徵支銀貳拾玖兩伍錢陸分伍釐貳毫柒絲捌忽伍微捌纖柒塵玖渺。遇閏加銀壹拾壹兩貳錢，內除荒銀捌兩陸錢肆分陸釐伍毫伍絲玖忽伍微肆纖壹塵伍渺，實徵支銀貳兩伍錢伍分叁釐肆毫肆絲肆微伍纖捌塵伍渺。

民壯叁拾柒名，每名歲支銀陸兩，共支銀貳百貳拾貳兩，除不敷銀伍兩壹錢陸分柒釐貳毫，該支銀貳百壹拾陸兩捌錢叁分貳釐捌毫，內除荒撥補銀壹百陸拾捌兩玖毫肆微伍纖叁塵壹渺，實徵支銀肆拾捌兩捌錢叁分壹釐捌毫玖絲玖忽伍微肆纖陸塵玖渺。外撥補銀伍兩壹錢陸分柒釐貳毫。遇閏加銀壹拾捌兩伍錢，內除荒銀壹拾肆兩貳錢捌分壹釐玖毫叁絲柒忽柒微柒纖貳塵，實徵支銀肆兩貳錢壹分捌釐陸絲貳忽貳微貳纖捌塵。

看監禁子捌名，每名歲支工食銀陸兩，共支銀肆拾捌兩，除不敷銀壹兩壹錢壹分柒釐貳毫，止該銀肆拾陸兩捌錢捌分貳釐捌毫，內除荒撥補銀叁拾陸兩叁錢貳分叁釐柒毫柒絲壹忽貳塵壹渺，實徵支銀壹拾兩伍錢伍分玖釐貳絲捌忽玖微玖纖柒塵玖渺。外每名加增銀貳兩，共銀壹拾陸兩。遇閏加銀肆兩，內除荒銀叁兩捌分柒釐捌毫柒絲捌忽叁微陸纖壹塵貳渺，實徵支銀玖錢壹分貳釐壹毫貳絲壹忽陸微叁纖捌塵捌渺。

轎傘扇夫柒名，每名歲支銀陸兩，共支銀肆拾貳兩，除不敷銀玖錢柒分柒釐陸毫，止該銀肆拾壹兩貳分貳釐肆毫，內除荒撥補銀叁拾壹兩柒錢捌分叁釐貳毫陸絲伍微玖纖伍塵叁渺，實徵支銀玖兩貳錢叁分玖釐壹毫叁絲玖忽肆微肆塵柒渺。遇閏加銀叁兩伍錢，內除荒銀貳兩柒錢壹釐陸絲陸微叁纖柒渺，實徵支銀柒錢玖分捌釐玖毫叁絲玖忽叁微陸纖玖塵叁渺。

庫子肆名，每名歲支銀陸兩，共支銀貳拾肆兩，除不敷銀伍錢伍分捌釐陸毫，止該銀貳拾叁兩肆錢肆分壹釐肆毫，內除荒撥補銀壹拾捌兩壹錢陸分壹釐捌毫捌絲肆忽捌微壹塵陸渺，實徵支銀伍兩貳錢柒分玖釐伍毫壹絲伍忽壹微玖纖捌塵肆渺。遇閏加銀貳兩，內除荒銀壹兩伍錢肆分叁釐玖毫叁絲玖忽貳微叁纖陸渺，實徵支銀肆錢伍分陸釐陸絲柒微陸纖玖塵肆渺。

斗級肆名，每名歲支銀陸兩，共支銀貳拾肆兩，除不敷銀伍錢伍分捌釐陸毫，止該銀貳拾叁兩肆錢肆分壹釐肆毫，內除荒撥補銀壹拾捌兩壹錢陸分壹釐捌毫捌絲肆忽捌微壹塵陸渺，實徵支銀伍兩貳錢柒分玖釐伍毫壹絲伍忽壹微玖纖捌塵肆渺。遇閏加銀貳兩，內除荒銀壹兩伍錢肆分叁釐玖毫叁絲玖忽貳微叁纖陸渺，實徵支銀肆錢伍分陸釐陸絲柒微陸纖玖塵肆渺。

各舖司兵壹拾叁名，每名額支銀肆兩捌錢，共支銀陸拾貳兩肆錢，除不敷銀壹兩肆錢伍分貳釐叁毫玖絲貳忽伍微，止該銀陸拾兩玖錢肆分柒釐陸毫柒忽伍微，內除荒銀肆拾柒兩貳錢貳分肆絲玖忽貳微柒纖叁塵柒渺貳漠捌沙伍洙，實徵支銀壹拾叁兩柒錢貳分柒釐伍毫伍絲捌忽貳微貳纖陸塵貳渺柒漠壹沙伍洙。外加增銀陸拾肆兩貳錢柒分貳釐肆毫肆絲壹忽柒微柒纖叁塵柒渺貳漠捌沙伍洙。遇閏加銀伍兩貳錢，內除荒銀肆兩壹分肆釐捌毫捌絲壹忽貳微玖塵伍渺陸漠，實支銀壹兩壹錢捌分伍釐壹毫壹絲捌忽柒微玖纖肆渺肆漠。外加增銀伍兩叁錢壹分肆釐捌毫捌絲壹忽貳微玖塵伍渺陸漠。

鐘鼓夫伍名，每名歲支銀貳兩肆錢，共支銀壹拾貳兩，除不敷銀貳錢柒分玖釐叁毫，止該銀壹拾壹兩柒錢貳分柒毫，內除荒撥補銀玖兩捌分柒毫玖絲叁忽玖微壹纖叁塵肆渺，實徵支銀貳兩陸錢叁分玖釐玖毫陸忽捌纖陸塵陸渺。遇閏加銀壹兩，內除荒銀柒錢柒分貳釐玖絲貳忽伍微貳纖壹塵捌渺，實徵支銀貳錢貳分柒釐玖毫柒忽肆微柒纖捌塵貳渺。

典史衙門

門子壹名，歲支銀陸兩，除不敷銀壹錢叁分玖釐柒毫，止該銀伍兩捌錢陸分叁毫，內除荒撥補銀肆兩伍錢肆分肆毫叁絲貳忽肆微玖塵叁渺，實徵支銀壹兩叁錢壹分玖釐捌毫陸絲柒忽伍微玖纖柒渺。遇閏加銀伍錢，內除荒銀叁錢捌分伍釐玖毫捌絲肆忽柒微捌纖壹塵貳渺，實徵支銀壹錢壹分肆釐壹絲伍忽貳微壹纖捌塵捌渺。

皂隸肆名，每名歲支銀陸兩，共支銀貳拾肆兩，除不敷銀伍錢伍分捌釐陸毫，止該銀貳拾叁兩肆錢肆分壹釐肆毫，內除荒撥補銀壹拾捌兩壹錢陸分壹釐捌毫捌絲肆忽捌微壹塵陸渺，實徵支銀伍兩貳錢柒分玖釐伍毫壹絲伍忽壹微玖纖捌塵肆渺。遇閏加銀貳兩，內除荒銀壹兩伍錢肆分叁釐玖毫叁絲玖忽貳微叁纖陸渺，實徵支銀肆錢伍分陸釐陸絲柒微陸纖玖塵肆渺。

馬夫壹名，歲支銀陸兩，除不敷銀壹錢叁分玖釐柒毫，止該銀伍兩捌錢陸分叁毫，內除荒撥補銀肆兩伍錢肆分肆毫叁絲貳忽肆微玖塵叁渺，實徵支銀壹兩叁錢壹分玖釐捌毫陸絲柒忽伍微玖纖柒渺。遇閏加銀伍錢，內除荒銀叁錢捌分伍釐玖毫捌絲肆忽柒微捌纖壹塵貳渺，實徵支銀壹錢壹分肆釐壹絲伍忽貳微壹纖捌塵捌渺。

教職衙門

齋夫叁名，每名歲支工食銀壹拾貳兩，共支銀叁拾陸兩，除不敷銀捌錢叁分柒釐玖毫，該支銀叁拾伍兩壹錢陸分貳釐壹毫，內除荒撥補銀貳拾柒兩貳錢肆分叁釐肆絲壹忽玖微貳塵貳渺，實徵支銀柒兩玖錢壹分玖釐伍絲捌忽玖纖柒塵捌渺。遇閏加銀叁兩，內除荒銀貳兩叁錢壹分伍釐玖毫捌忽伍微肆纖伍塵玖渺，實徵支銀陸錢捌分肆釐玖絲壹忽肆微伍纖肆塵壹渺。

膳夫貳名，每名歲支銀陸兩陸錢陸分陸釐柒毫，共支銀壹拾叁兩叁錢叁分叁釐肆毫，除不敷銀叁錢壹分叁毫，止該銀壹拾叁兩貳分叁釐壹毫，內除荒撥補銀壹拾兩捌分捌釐柒毫壹絲叁忽陸微玖塵貳渺陸漠捌沙，實徵支銀貳兩玖錢叁分肆釐叁毫捌絲陸忽叁微玖纖柒渺叁漠貳沙係廩生支領。遇閏加銀壹兩壹錢壹分壹釐壹毫，內除荒撥補銀捌錢伍分柒釐捌毫壹絲柒忽伍微玖纖陸塵貳渺，實徵支銀貳錢伍分叁釐貳毫捌絲貳忽肆微叁塵捌渺。

門斗貳名，每名歲支銀柒兩貳錢，共銀壹拾肆兩肆錢，除不敷銀叁錢叁分伍釐壹毫叁絲，止該銀壹拾肆兩陸分肆釐捌毫柒絲，內除荒撥補銀壹拾兩捌錢玖分柒釐壹毫柒絲壹忽柒微柒纖肆塵陸渺，實徵支銀叁兩壹錢陸分柒釐陸毫玖絲捌忽貳微貳纖伍塵肆渺。遇閏加銀壹兩貳錢，內除荒銀玖錢貳分陸釐叁毫陸絲玖忽伍微伍纖陸塵肆渺，實徵支銀貳錢柒分叁釐陸毫叁絲肆微肆纖叁塵陸渺。

廩生貳拾名，每名歲支銀叁兩貳錢，共銀陸拾肆兩，內除不敷銀壹兩肆錢捌分玖釐陸毫，止該銀陸拾貳兩伍錢壹分肆毫，內除荒撥補銀肆拾捌兩叁錢肆分叁釐壹毫叁絲肆忽捌微伍纖壹塵，實徵支銀壹拾肆兩壹錢陸分柒釐貳毫陸絲伍忽壹微肆纖玖塵。遇閏加銀伍兩叁錢叁分叁釐叁毫叁絲，內除荒撥補銀肆兩貳錢叁分陸釐貳毫陸絲陸微伍纖玖塵伍渺，實徵支銀壹兩玖分柒釐陸絲玖忽叁微肆纖伍渺。

以上俸工項下，除廩生、膳夫貳欵照常支發外，其餘官役俸工于道光貳拾叁年奉文，均以貳兩平支放，每兩減平銀陸分，其減平銀兩，每年批解部庫交納，理合登明。

壹雜支項下

春秋貳季致祭文廟並各壇祠虮蜡及無祀鬼魂品物等項銀壹百兩伍錢伍分柒

釐，除不敷銀貳兩叁錢肆分伍毫，止該銀玖拾捌兩貳錢壹分陸釐伍毫，內除荒銀柒拾陸兩玖分肆釐柒毫伍絲壹忽柒微柒纖玖塵肆渺，實徵支銀貳拾貳兩壹錢貳分壹釐柒毫肆絲捌忽貳微貳纖陸渺。

外撥補銀伍拾壹兩貳錢貳分玖釐伍毫叁絲伍忽陸纖伍塵陸渺肆漠伍沙陸涯。

鄉飲銀叁兩，除不敷銀陸分玖釐捌毫，止該銀貳兩玖錢叁分貳毫，內除荒銀貳兩貳錢柒分貳毫壹絲柒忽玖微捌纖柒塵壹渺，實徵支銀陸錢伍分玖釐玖毫捌絲貳忽壹纖貳塵玖渺。

布政司紙劄銀貳兩伍錢叁分伍釐，除不敷銀伍分玖釐伍絲，該支銀貳兩肆錢柒分伍釐玖毫伍絲，內除荒銀壹兩玖錢壹分捌釐貳毫捌絲貳忽肆微壹纖肆渺，實徵支銀伍錢伍分柒釐陸毫陸絲柒忽伍微捌纖玖塵陸渺。

以上鄉飲、紙劄貳欵於道光貳拾叁年奉文裁汰，其徵收銀兩，每年批解部庫交納，理合登明。

壹孤貧項下

孤老壹拾捌名口，共支月糧銀伍拾兩柒錢伍分壹釐伍毫，內除不敷銀壹兩貳錢壹分捌毫玖忽肆微陸纖伍塵伍渺，止該銀肆拾玖兩伍錢肆分陸毫玖絲伍微叁纖肆塵伍渺，內除荒銀叁拾捌兩叁錢捌分叁釐壹毫肆絲陸忽叁微伍纖肆塵壹渺，實徵支銀壹拾壹兩壹錢伍分柒釐伍毫肆絲肆忽壹微捌纖肆渺。外加增銀伍拾叁兩陸錢肆分貳釐肆毫伍絲伍忽捌微壹纖玖塵陸渺。遇閏加增銀伍兩肆錢。

孤老布花銀壹拾玖兩，內除不敷銀肆錢伍分叁釐貳毫玖絲肆忽伍微玖纖，止該銀壹拾捌兩伍錢肆分陸釐柒毫伍忽肆微壹纖，內除荒銀壹拾肆兩叁錢陸分玖釐伍毫捌絲壹忽捌微肆纖貳塵貳渺，實徵支銀肆兩壹錢柒分柒釐壹毫貳絲叁忽伍微陸纖柒塵捌渺。

壹驛站項下

本府各驛支直銀伍百肆拾兩貳錢柒分肆釐；平涼府支直銀肆百貳拾陸兩；協固原批驗遞運所站銀貳百肆拾柒兩；協高家堡遞運所站銀貳百玖兩；協彭陽驛站銀貳百叁拾玖兩伍錢；本縣協濟里甲夫馬站銀壹千壹百伍拾捌兩肆錢肆分肆釐陸毫陸絲肆忽壹微玖纖陸塵。共銀貳千捌百貳拾兩貳錢壹分捌釐陸毫陸絲肆忽壹微玖纖陸塵，內除荒銀貳千貳百壹拾伍兩壹錢陸分陸釐壹毫貳絲柒忽伍微陸纖玖塵叁渺柒漠肆沙，實徵支銀陸百伍兩伍分貳釐伍毫叁絲陸忽陸微貳纖陸塵陸渺貳漠陸沙，內除裁站並裁撥夫馬工料銀貳百壹拾陸兩叁錢叁分貳釐陸絲陸忽壹微玖纖陸塵，實支銀叁百捌拾捌兩柒錢貳分肆毫柒絲肆微叁纖陸渺貳漠陸沙。

走遞夫壹百肆拾陸名，額支銀壹千貳百玖拾捌兩肆錢，除不敷銀叁拾肆兩柒分伍釐貳毫柒絲，止該銀壹千貳百陸拾肆兩叁錢貳分肆釐柒毫叁絲；馬伍拾匹，草料銀貳千肆拾叁兩伍分肆釐玖毫叁絲玖忽柒微陸纖貳塵，除不敷銀伍拾兩壹錢壹分肆釐肆毫，止該銀壹千玖百玖拾貳兩玖錢肆分伍毫叁絲玖忽柒微陸纖貳塵。共銀叁千貳百伍拾柒兩貳錢陸分伍釐貳毫陸絲玖忽柒微陸纖貳塵，內除荒銀貳千柒百肆拾貳兩貳錢貳分肆釐伍毫肆絲捌忽玖微叁纖陸渺貳漠，實徵銀伍百壹拾伍兩肆分柒毫貳絲捌微叁纖壹塵叁渺捌漠。

又收受協鳳、寶等縣站支兌留兵餉銀貳千捌百柒拾陸兩玖錢肆分伍釐玖毫柒絲伍忽柒纖貳塵叁渺。

貳項共銀叁千叁百玖拾壹兩玖錢捌分陸釐陸毫玖絲伍忽玖微叁塵陸渺捌漠，內除驛遞之差使甚少等事案內，裁銀壹千貳百捌拾肆兩叁錢伍釐伍毫陸絲柒忽捌微捌纖柒塵伍渺肆漠，內在於題明請將驛站等事案內，留支新增夫馬工料銀叁百叁拾兩陸錢肆分叁釐陸毫陸絲叁忽玖微叁纖捌塵陸渺肆漠，實裁銀玖百伍拾叁兩陸錢陸分壹釐玖毫叁忽玖微肆纖捌塵玖漠。止實支銀貳千肆百叁拾捌兩叁錢貳分肆釐柒毫玖絲壹忽玖微伍纖肆塵柒渺捌漠。

走遞夫閏額銀壹百貳拾貳兩；走遞馬閏額銀壹百柒拾玖兩肆錢貳分肆釐伍毫貳絲。共銀叁百壹兩肆錢貳分肆釐伍毫貳絲，內除荒銀貳百叁拾貳兩柒錢貳分柒釐叁毫捌絲柒忽捌微柒纖貳塵壹渺，實徵銀陸拾捌兩陸錢玖分柒釐壹毫叁絲貳忽壹微貳纖柒塵玖渺，內除驛遞之差使甚少等事案內，裁銀貳拾兩柒錢柒分貳釐玖毫貳絲，全數在於題明請將驛站等事案內，留支新增夫馬工料銀兩訖，仍該銀陸拾捌兩陸錢玖分柒釐壹毫叁絲貳忽壹微貳纖柒塵玖渺。

又收請旨等事案內，撥補閏月夫馬不敷工料銀叁拾貳兩叁錢伍分陸釐肆毫捌絲。

又收詳請咨明事案內，撥補撤回新塘夫馬閏月不敷工料銀柒錢叁分玖釐壹毫貳絲。

叁項共支銀壹百壹兩柒錢玖分貳釐柒毫叁絲貳忽壹微貳纖柒塵玖渺。

外收鳳翔縣撥給新增夫馬閏月銀捌拾陸兩捌錢壹分伍釐柒毫。

以上存留實徵銀壹千叁百陸拾柒兩柒錢貳分貳釐柒毫玖絲肆忽壹微叁纖壹塵叁渺玖沙伍洙。

又收受協鳳、寶等縣驛站兑留兵餉銀貳千捌百柒拾陸兩玖錢肆分伍釐玖毫柒絲伍忽柒纖貳塵叁渺。

共該銀肆千貳百肆拾肆兩陸錢陸分捌釐柒毫陸絲玖忽貳微叁塵陸渺玖沙伍洙，內除驛遞之差使甚少等事案內，共裁銀壹千肆百肆拾壹兩叁分柒釐陸毫叁絲肆忽捌纖叁塵伍渺肆漠，內留支新增夫馬工料銀叁百叁拾兩陸錢肆分叁釐陸毫陸絲叁忽玖微叁纖捌塵陸渺肆漠，止裁銀壹千壹百壹拾兩叁錢玖分叁釐玖毫柒絲壹微肆纖肆塵玖渺。實該銀叁千壹百叁拾肆兩貳錢柒分肆釐柒毫玖絲玖忽伍纖捌塵柒渺玖沙伍洙。

外加增撥補俸工銀捌百叁拾捌兩伍錢捌分叁釐叁絲玖忽伍微柒纖貳塵貳渺玖漠陸沙伍洙。

貳項共該銀叁千玖百柒拾貳兩捌錢伍分柒釐捌毫叁絲捌忽陸微叁纖壹塵陸沙於乾隆伍拾貳年奉文，全數解司，壹切支款俱由司按季領支，嗣於嘉慶伍年奉文，在縣留支，並不解司，按季請領。

外於西安布政司庫領支均攤祭祀銀伍拾壹兩貳錢貳分玖釐伍毫叁絲伍忽陸纖伍塵陸渺肆漠伍沙陸涯係動支各屬解到耗羨銀兩。

遇閏原加銀叁百捌拾兩肆錢柒分貳釐貳毫捌絲貳忽，內除裁扣俸銀玖兩叁釐叁毫叁絲貳忽入起運外，實該銀叁百柒拾壹兩肆錢陸分捌釐玖毫伍絲，內除荒銀貳百捌拾陸兩玖錢壹分玖釐陸毫陸絲柒忽玖微陸纖伍塵貳渺陸漠，實徵銀捌拾肆兩伍錢肆分玖釐貳毫捌絲貳忽叁纖肆塵柒渺肆漠，內除驛遞之差使甚少等事案內，裁銀貳拾兩柒錢柒分貳釐玖毫貳絲，全數在於題明請將驛站等事案內，留支新增夫馬工料銀兩訖，仍該銀捌拾肆兩伍錢肆分玖釐貳毫捌絲貳忽叁纖肆塵柒渺肆漠。

外加增撥補各役工食閏月銀壹拾伍兩捌錢捌釐玖毫伍絲玖忽肆微陸纖伍塵貳渺陸漠。

又撥補夫馬並撤回新塘夫馬閏月銀叁拾叁兩玖分伍釐陸毫。

叁項共銀壹百叁拾叁兩肆錢伍分叁釐捌毫肆絲壹忽伍微於乾隆伍拾貳年奉文，

全數解司，壹切支款俱由司按季領支，嗣於嘉慶伍年奉文，在縣留支，並不解司，按季請領。

外收鳳翔縣撥給新增夫馬閏月銀捌拾陸兩捌錢壹分伍釐柒毫。

壹額外

課程銀捌兩陸分伍釐壹毫陸絲係鋪戶出辦。遇閏加銀陸錢柒分貳釐玖絲陸忽陸微陸纖。

畜税銀壹拾叁兩捌錢叁分係買騾馬出辦，原無定額，儘收儘解。

牙税銀貳兩查牙行貳名，每名原徵税銀壹兩。

磨課銀壹兩伍錢陸分伍釐係磨戶出辦。遇閏加銀壹錢叁分肆毫壹絲捌忽叁微壹纖柒渺。

當税銀貳拾伍兩係典舖出辦，典舖伍座，每座每年當税銀伍兩。

地税銀肆拾肆兩叁錢壹分係買房地業主出辦，原無定額，儘收儘解。

漢中府所屬拾貳廳州縣：南鄭、洋縣、城固、西鄉、鳳縣、褒城、畧陽、沔縣、寧羌州、定遠廳、留壩廳、佛坪廳

原額折正壹等共地壹萬叁千壹百肆拾陸頃壹拾貳畝貳分貳釐肆毫壹絲，各地徵糧不等，共折本折糧貳萬伍千陸百柒拾陸石伍斗壹升肆合貳勺玖抄叁撮肆圭捌粟貳粒，內本色糧壹拾伍石，折色糧貳萬伍千陸百陸拾壹石伍斗壹升肆合貳勺玖抄叁撮肆圭捌粟貳粒，各徵銀不等，共額徵銀陸萬貳千叁拾壹兩柒錢肆分貳釐肆毫陸絲伍忽捌微貳纖貳塵玖渺。

內萬曆年間並順治柒、捌兩年及康熙捌年、貳拾叁年、肆拾肆年、乾隆伍年、貳拾伍年題明免過義塚、無主、有主、秦屬蠲免、再疏籲請等事各案內，豁免過共地陸千伍百陸拾陸頃陸拾畝陸分貳釐陸毫捌絲，應免本折糧壹萬貳千肆百柒拾捌石叁斗陸合柒勺肆抄柒撮陸粟叁粒柒顆捌糠，內前墾並興屯及節年清查開墾、自首共地玖百壹頃貳畝玖分肆釐玖毫玖絲肆忽，該徵糧貳千壹百叁拾叁石伍斗貳合壹勺肆抄貳撮伍圭壹粟叁顆肆糠伍粺；又鳳縣、畧陽，乾隆拾玖、貳拾壹、（貳拾）伍、（貳拾）陸、（貳拾）捌、叁拾壹、叁拾貳等年，開墾過地壹頃伍拾伍畝玖分陸毫，應徵糧叁石捌升伍合陸勺陸抄伍撮伍圭叁粟肆粒肆顆壹糠肆粃。

又於康熙肆拾伍年詳請委勘水灾事案內，題明免過停徵水冲地貳拾玖頃陸拾壹畝壹分，該除糧壹百壹拾玖石陸斗柒升伍勺玖抄貳撮叁粟玖粒伍顆。

又南鄭、城固、洋縣、西鄉、褒城、沔縣、畧陽、鳳縣等捌縣，乾隆伍拾玖年起科地叁拾肆頃伍拾叁畝捌分玖釐玖毫伍絲，該糧壹百柒石柒斗柒升肆合柒勺玖抄貳撮玖粟壹顆肆糠伍粃；又洋縣，乾隆陸拾年起科地陸頃柒拾貳畝陸分，該糧壹拾壹石柒斗玖抄貳撮玖圭肆粒陸顆，該銀貳拾玖兩壹錢壹釐捌毫捌

絲陸纖捌渺玖漠捌沙。

又褒城縣，嘉慶拾玖年豁免地肆頃柒拾伍畝伍分捌釐，共免本折糧壹拾伍石壹斗陸升肆合捌勺肆圭叁粟陸粒捌顆，內應免本色糧壹斗伍升伍合壹勺肆抄叁撮貳圭叁粟貳粒貳糠，折色糧壹拾伍石玖合陸勺伍抄柒撮貳圭肆粒柒顆捌糠，應免折色銀叁拾捌兩玖錢伍分陸釐貳毫伍絲肆忽壹微壹纖柒塵叁渺伍漠肆沙。

又城固縣，嘉慶貳拾壹年豁免地壹拾頃叁拾貳畝肆分陸釐，應免糧壹拾伍石貳斗伍升叁合叁勺柒抄陸撮壹圭叁粟貳粒貳顆捌糠，應免銀肆拾貳兩貳錢玖分叁釐陸毫叁絲壹忽肆微伍纖肆塵柒漠肆沙。

實豁免共地伍千陸百陸拾柒頃肆拾肆畝肆分壹釐壹毫叁絲陸忽，實豁免本色存留驛倉糧肆石肆斗叁升捌合柒抄陸圭伍粟玖粒柒顆壹糠，實豁免折色糧壹萬叁百陸拾柒石捌斗玖升肆合柒勺伍抄壹撮玖圭柒粟叁粒壹顆伍糠伍粃，應免銀貳萬叁千柒拾兩叁錢玖分肆釐柒絲陸忽柒微柒纖陸塵玖渺壹漠肆沙伍洙捌涯。

實在地柒千肆百柒拾捌頃陸拾柒畝捌分壹釐貳毫柒絲肆忽，實徵本色存留驛倉糧壹拾石伍斗陸升壹合玖勺貳抄玖撮叁圭肆粟貳顆玖糠，實徵折色糧壹萬伍千貳百玖拾叁石陸斗壹升玖合伍勺肆抄壹撮伍圭捌粒捌顆肆糠玖粃伍粃，應徵銀叁萬捌千玖百陸拾壹兩叁錢肆分捌釐叁毫捌絲玖忽肆纖伍塵玖渺捌漠伍沙肆洙貳涯，內西鄉縣於雍正元年在於請免無着浮糧等事案內，題明免銀壹千叁百兩，止實徵銀叁萬柒千陸百陸拾壹兩叁錢肆分捌釐叁毫捌絲玖忽肆纖伍塵玖渺捌漠伍沙肆洙貳涯。

內乾隆伍拾年在於遵旨會核酌議等事案內，洋縣分撥寧陝廳折正壹等地壹頃伍拾畝柒分肆毫，該折色糧貳石陸斗貳升壹合伍勺肆抄，該折徵銀陸兩伍錢貳分陸毫貳絲壹忽柒纖壹塵伍渺壹漠；又道光伍年在於知照事案內，洋縣分撥佛坪廳地畝並收除地、丁銀糧細數，在於各該廳縣全書內分晰登明。

外又佛坪廳接收盩厔縣分撥地捌頃柒拾叁畝伍分肆釐伍毫玖絲捌忽，該本色糧叁斗伍升捌合貳勺，折色糧貳拾伍石柒斗玖升肆合伍勺，該折色銀叁拾伍兩壹錢叁釐伍毫陸絲柒纖柒塵伍渺玖漠陸沙叁洙柒涯。

止實在熟地柒千肆百捌拾伍頃玖拾畝陸分伍釐肆毫柒絲貳忽，該徵本色存留驛倉糧壹拾石伍斗陸升壹合玖勺貳抄玖撮叁圭肆粟貳顆玖糠，該徵折色糧壹萬伍千叁百壹拾陸石柒斗玖升貳合伍勺壹撮伍圭捌粒捌顆肆糠玖粃伍粄，應徵銀叁萬柒千陸百捌拾玖兩玖錢叁分壹釐叁毫貳絲捌忽伍纖貳塵柒漠壹沙柒洙玖涯。

又洋縣於順治拾肆年清丈出溢額沙淤灘地伍拾玖畝伍分，該徵糧捌斗玖升叁合，折銀貳兩貳錢貳分壹釐壹毫柒絲陸忽柒微陸纖。

又留壩廳，乾隆伍拾陸年起科額外水地壹頃叁拾畝玖分陸釐伍毫，該折色糧壹石捌斗伍升叁合玖勺叁抄陸撮肆圭捌粟捌糠伍粃，該折色銀肆兩叁錢捌分壹釐貳毫伍絲捌忽貳微伍纖肆塵肆渺捌漠柒沙伍洙。

又留壩廳，乾隆陸拾年起科額外旱地伍頃伍畝叁分，該折色糧柒石壹斗伍升叁合壹抄壹撮壹圭叁粟伍粒柒顆，該折色銀壹拾陸兩玖錢肆釐壹毫叁絲叁忽壹微叁纖肆塵柒渺伍漠；又該廳嘉慶陸年起科額外旱地壹頃叁拾貳畝貳分，該折色糧壹石捌斗柒升壹合肆勺壹抄玖撮壹圭壹粒捌顆，該折色銀肆兩肆錢貳分貳釐伍毫柒絲叁忽伍微貳纖壹塵伍渺。

又略陽縣額外本色祿米肆拾陸石肆斗叁升陸勺叁抄伍圭捌粟，內除荒米伍石壹斗肆升肆合叁勺陸撮捌圭玖粟陸粒捌顆陸糠；又於康熙貳拾叁年題明再疏籲請等事案內，豁免米壹拾陸石肆斗伍升肆合玖抄叁撮柒圭伍粟叁粒伍顆捌糠；又於康熙肆拾伍年題明詳請委勘水災事案內，停徵米伍石柒斗壹升玖合伍勺伍抄伍撮叁圭壹粟肆粒。實徵米壹拾玖石壹斗壹升貳合陸勺柒抄肆撮陸圭壹粟伍粒伍顆陸糠，乾隆貳拾陸年捌月內在於遵旨議奏事案內，題明每糧壹石折銀壹兩，共折銀壹拾玖兩壹錢壹分貳釐陸毫柒絲肆忽陸微壹纖伍塵伍渺陸漠，攤入地糧內徵解。

又額外開山、青橋、青陽、黃沙、梁山、安山、三岔、武關、草凉、栢林等驛本折糧玖百伍拾玖石壹斗陸升，內本色糧陸百陸拾柒石肆斗伍升，內除荒糧壹百叁拾柒石肆斗柒升貳合玖勺陸抄肆撮，實徵糧伍百貳拾玖石玖斗柒升柒合叁抄陸撮，內除黃沙驛在於詳請委勘水災事案內，奉旨停徵糧貳石叁斗陸升捌合玖勺伍撮貳圭肆粟，止該糧伍百貳拾柒石陸斗捌合壹勺叁抄柒圭陸粟，在於乾隆貳拾陸年遵旨議奏事案內，題明每糧壹石折銀壹兩，共折銀伍百貳拾柒兩陸錢捌釐壹毫叁絲柒微陸纖，折色糧貳百玖拾壹石柒斗壹升，折徵銀并玖釐銀叁百柒拾玖兩叁錢壹分玖釐貳絲玖忽肆微柒纖柒塵玖渺，內除荒糧玖拾柒石肆斗壹升伍合叁勺伍抄，銀壹百捌兩貳錢壹分壹釐叁毫肆絲玖忽陸微捌渺，實徵糧壹百玖拾肆石貳斗玖升肆合陸勺伍抄，銀貳百柒拾壹兩壹錢柒釐陸毫柒絲玖忽捌微柒纖柒塵壹渺，內除黄沙驛在於詳請委勘水灾事案內，奉旨停徵銀肆兩捌錢壹分柒釐玖毫玖絲貳忽柒微玖纖玖塵陸渺，止該銀貳百陸拾陸兩貳錢捌分玖釐陸毫捌絲柒忽柒纖柒塵伍渺。

又青陽、大安、金牛叁驛招墾地糧銀叁拾兩肆錢柒分肆釐叁毫伍絲貳忽陸微叁纖柒塵貳渺。

又開山、青橋、安山、武關、青陽、黄沙、栢林、梁山、三岔、草凉等驛折色草捌百陸拾束，共徵銀貳拾伍兩捌錢壹分，內除荒草壹百玖拾貳束叁觔捌兩，銀伍兩柒錢柒分貳毫壹絲捌忽壹微，實徵草陸百陸拾柒束壹拾貳觔捌兩，銀貳拾兩叁分玖釐柒毫捌絲壹忽玖微，內除黄沙驛在於詳請委勘水灾事案內，奉旨停徵銀柒錢肆分貳毫伍絲肆微，止該銀壹拾玖兩貳錢玖分玖釐伍毫叁絲壹忽伍微。

又原額人丁叁門玖則不等，共折下下丁壹拾柒萬壹千柒百柒拾肆丁，各徵銀不等，共徵銀叁萬陸千陸百玖拾壹兩肆錢貳分捌釐陸毫壹絲柒忽叁微玖纖柒塵玖渺，內除優免丁叁千捌百柒拾貳丁，共銀捌百玖拾伍兩捌錢叁毫伍絲捌忽叁微玖纖柒塵玖渺。

行差丁壹拾陸萬柒千玖百貳丁，共額徵銀叁萬伍千柒百玖拾伍兩陸錢貳分捌釐貳毫伍絲玖忽，內：

于順治柒年並康熙捌年及貳拾叁年在於秦屬蠲免、再疏籲請等事貳案內，題明免過逃亡及殺擄死絕共丁柒萬肆千叁百叁拾丁，應免銀壹萬捌千肆百貳拾柒兩捌錢叁分捌毫陸絲捌忽柒微肆纖陸塵玖渺，內前招回並節年招回及自首、編審共丁壹萬貳千陸百壹拾叁丁，共銀貳千捌百玖兩柒錢柒分陸釐貳毫壹絲叁忽捌微壹纖貳塵叁渺，實豁免丁陸萬壹千柒百壹拾柒丁，應免銀壹萬伍千陸百壹拾捌兩伍分肆釐陸毫伍絲肆忽玖微叁纖肆塵陸渺。

實行差丁壹拾萬陸千壹百捌拾伍丁，該徵銀貳萬壹百柒拾柒兩伍錢柒分叁釐陸毫肆忽陸纖伍塵肆渺，內乾隆伍拾年在於遵旨會核酌議等事案內，洋縣分撥五郎廳載丁銀玖錢玖分捌釐伍毫柒絲伍微捌纖玖塵伍渺陸漠，又佛坪廳接收盩厔縣載丁銀伍兩陸錢貳分伍釐貳毫肆絲伍微陸纖伍渺叁漠柒沙伍洙貳涯。

止實在丁壹拾萬陸千壹百捌拾伍丁，該徵銀貳萬壹百捌拾貳兩貳錢貳毫柒絲肆忽叁纖陸塵叁渺柒漠柒沙伍洙貳涯，雍正伍年攤入地糧內徵解，又城固縣康熙貳年編審出溢額丁壹拾陸丁，該銀貳兩貳錢伍分貳釐玖毫肆絲叁忽陸微貳纖伍塵陸渺。

康熙伍拾伍年起，至乾隆貳拾陸年止，編審出丁玖百柒丁；乾隆叁拾壹年編審出丁柒拾捌丁；叁拾陸年編審出丁柒拾柒丁。共編審出丁壹千陸拾貳丁，欽遵康熙伍拾貳年叁月拾捌日恩詔，後遇編審之期，但據康熙伍拾年丁冊定為常額，永不加賦。

原額均徭銀壹萬捌千伍百陸拾叁兩玖錢伍分叁釐柒絲貳忽柒微柒纖壹塵肆渺，內除荒銀陸千玖百玖拾玖兩叁錢捌分捌釐柒毫柒絲壹忽捌微叁纖叁塵柒漠捌洙玖涯，又實徵銀壹萬壹千伍百陸拾肆兩伍錢陸分肆釐叁毫玖微叁纖捌塵叁渺壹漠捌沙壹洙壹涯，內乾隆伍拾年在於遵旨會核酌議等事案內，洋縣分撥寧陝廳均徭銀壹兩壹錢壹分柒釐壹毫陸忽壹微柒纖肆塵貳渺陸沙肆洙，又佛坪廳接收盩厔縣均徭銀壹兩貳錢柒分捌毫柒忽玖微陸纖玖塵玖渺叁漠貳沙肆洙柒涯壹洒。

止該均徭銀壹萬壹千伍百陸拾肆兩柒錢壹分捌釐貳忽柒微叁纖肆塵肆漠肆（沙）壹洙捌涯壹洒，順治拾肆年清丈出溢額沙淤灘地額徵均徭銀叁錢捌分肆毫捌絲壹忽；又留壩廳乾隆伍拾陸及陸拾年並嘉慶陸年起科額外旱地共應徵均徭銀陸兩肆錢壹分柒毫柒絲叁忽伍微陸纖壹塵伍渺叁漠陸沙。

共實徵均徭銀壹萬壹千伍百柒拾壹兩伍錢玖釐貳毫伍絲柒忽貳微玖纖伍塵伍渺捌漠壹洙捌涯壹洒。

外遇閏加徵銀貳千捌百叁兩捌錢壹分叁釐壹毫陸忽，內除荒銀壹千貳百叁拾柒兩叁錢壹分叁釐叁毫陸絲壹忽叁微伍塵貳渺伍漠柒沙玖洙柒涯肆洒，實徵銀壹千伍百陸拾陸兩肆錢玖分玖釐柒毫肆絲肆忽陸微玖纖肆塵柒渺肆漠貳沙貳涯陸洒，內除洋縣分撥寧陝廳地、丁閏銀壹錢捌分伍釐陸毫貳絲陸忽伍微壹纖陸塵肆渺；又佛坪廳接收盩厔縣閏銀貳錢柒分柒釐捌毫玖忽玖塵柒渺叁漠壹沙玖洙捌涯肆洒。止實徵閏銀壹千伍百陸拾陸兩伍錢玖分壹釐玖毫貳絲柒忽壹微捌纖捌塵柒漠肆沙壹涯。

又留壩廳起科額外地畝共應徵閏銀叁錢伍分貳釐貳毫捌絲貳微貳纖伍塵叁渺捌漠叁沙陸洙壹涯陸洒。

貳項共銀壹千伍百陸拾陸兩玖錢肆分肆釐貳毫柒忽肆微壹纖叁塵肆渺伍漠柒沙陸洙貳涯陸洒。

額外柴山祭祀、皂、轎夫役等項銀壹百玖拾柒兩肆分肆釐。

停免銀貳千叁百捌拾叁兩陸錢叁分陸釐伍毫貳絲壹微壹塵肆渺，内除洋縣分撥寧陝廳停免銀叁錢壹分壹毫貳忽捌微貳纖，又佛坪廳接收盩厔縣停免銀壹錢柒分壹釐叁毫伍絲肆忽玖微壹纖貳塵陸渺貳漠伍沙叁洙柒涯貳洒，止該停免銀貳千叁百捌拾叁兩肆錢玖分柒釐柒毫柒絲貳忽壹微玖纖肆塵貳漠伍沙叁洙柒涯貳洒。

匠價銀貳拾玖兩捌錢，内除洋縣分撥寧陝廳匠價銀捌釐玖毫伍絲，又佛坪廳接收盩厔縣匠價銀柒分壹釐柒毫陸絲肆忽伍微陸纖貳塵捌渺叁漠捌洙伍涯，止該匠價銀貳拾玖兩捌錢陸分貳釐捌毫壹絲肆忽伍微陸纖貳塵捌渺叁漠捌洙伍涯。遇閏加銀貳兩肆錢捌分叁釐叁毫叁絲叁忽叁微叁纖叁塵叁渺，内除洋縣分撥寧陝廳閏銀柒毫肆絲伍忽玖微貳纖捌塵，又佛坪廳接收盩厔縣匠價閏銀肆絲柒忽叁微玖纖肆塵伍渺伍漠玖沙壹洙貳涯玖洒，止該閏銀貳兩肆錢捌分貳釐陸毫叁絲肆忽柒微玖纖玖塵捌渺伍漠玖沙壹洙貳涯玖洒。

又佛坪廳接收盩厔縣軍籍銀叁兩陸錢陸分柒釐柒毫陸絲捌忽陸微柒塵貳渺壹漠捌沙玖洙玖涯捌洒。

以上正閏伍項俱攤入各廳州縣地糧内徵解。

以上地、丁貳項並均徭及額外各項、糧草折價、灘地、溢額丁徭等項，除優免丁銀外，共銀壹拾貳萬壹百伍拾陸兩壹錢肆分貳釐玖毫叁絲壹忽柒微柒纖陸塵肆渺，内除荒銀肆萬柒千貳百柒拾肆兩伍錢叁分柒釐壹毫叁絲玖忽陸微肆纖玖塵肆渺貳漠陸沙肆洙柒涯，實徵銀柒萬貳千捌百捌拾壹兩陸錢伍釐柒毫玖絲貳忽壹微貳纖陸塵玖渺柒漠叁沙伍洙叁涯，内除洋縣分撥寧陝廳地、丁等項銀捌兩玖錢伍分伍釐叁毫伍絲陸微伍纖伍塵貳渺柒漠陸沙肆洙，又佛坪廳接收盩厔縣地、丁等項銀肆拾伍兩玖錢壹分肆毫玖絲陸忽陸微玖纖柒渺肆漠壹沙伍洙捌涯壹洒，止實徵銀柒萬貳千玖百壹拾捌兩伍錢陸分玖毫叁絲捌忽壹微陸纖貳塵肆渺叁漠捌沙柒洙壹涯壹洒。

又額外留壩廳開墾起科地畝應徵折色均徭等項銀伍兩肆錢柒分叁釐捌毫捌忽玖微叁纖陸塵貳漠叁沙伍洙。

又額外留壩廳開墾起科地畝共應徵折色均徭等項銀貳拾陸兩陸錢肆分肆釐玖毫貳絲玖忽伍微叁纖陸塵貳渺伍漠。

叁項共徵銀柒萬貳千玖百伍拾兩陸錢柒分玖釐陸毫柒絲陸忽陸微叁纖肆

塵柒渺壹漠貳沙貳洙壹涯壹洒。

外遇閏加銀貳千捌百叁兩捌錢壹分叁釐壹毫陸忽，內除荒銀壹千貳百叁拾柒兩叁錢壹分叁釐叁毫陸絲壹忽叁微伍塵貳渺伍漠柒沙玖洙柒涯肆洒，實徵銀壹千伍百陸拾陸兩肆錢玖分玖釐柒毫肆絲肆忽陸微玖纖肆塵柒渺肆漠貳沙貳涯陸洒，內除洋縣分撥寧陝廳地、丁閏銀壹錢捌分伍釐陸毫貳絲陸忽伍微壹纖陸塵肆渺，又佛坪廳接收盩厔縣均徭閏銀貳錢柒分柒釐捌毫玖忽玖塵柒渺叁漠壹沙玖洙捌涯肆洒，止實徵閏銀壹千伍百陸拾陸兩伍錢玖分壹釐玖毫貳絲柒忽壹微捌纖捌塵柒漠肆沙壹涯。

又額外留壩廳開墾地畝應徵閏銀伍分玖釐玖毫玖絲壹忽叁微伍纖壹塵貳漠伍沙伍洙。

又留壩廳新墾地畝共應徵閏銀貳錢玖分貳釐貳毫捌絲捌忽捌微柒纖肆塵叁渺伍漠捌沙壹洙壹涯陸洒。

叁項共徵銀壹千伍百陸拾陸兩玖錢肆分肆釐貳毫柒忽肆微壹纖叁塵肆纖伍漠柒沙陸洙貳涯陸洒。

又匠價閏銀貳兩肆錢捌分叁釐叁毫叁絲叁忽叁微叁纖叁塵叁渺，內除洋縣分撥寧陝廳閏銀柒毫肆絲伍忽玖微貳纖捌塵，又佛坪廳接收盩厔縣匠價閏銀肆絲柒忽叁微玖纖肆塵伍渺伍漠玖沙壹洙貳涯玖洒，止該閏銀貳兩肆錢捌分貳釐陸毫叁絲肆忽柒微玖纖玖塵捌渺伍漠玖沙壹洙貳涯玖洒。

貳項共徵閏銀壹千伍百陸拾玖兩肆錢貳分陸釐捌毫肆絲貳忽貳微壹纖叁塵叁渺壹漠陸沙柒洙伍涯伍洒。

褒城縣額徵存留本色驛倉糧壹拾伍石，內除荒糧肆石肆斗叁升捌合柒抄陸圭伍粟玖粒柒顆壹糠，實徵糧壹拾石伍斗陸升壹合玖勺貳抄玖撮叁圭肆粟貳顆玖糠。

又佛坪廳接收盩厔縣本色稻米叁斗伍升捌合貳勺。

一起運項下

新收佛坪廳接收盩厔縣本色稻米叁斗伍升捌合貳勺。

原編起運糧石、草束等項折價銀貳萬捌千伍百肆拾伍兩陸錢肆分陸釐陸毫柒絲叁忽叁微捌塵伍渺，內除荒銀壹萬壹千捌百伍拾壹兩玖錢陸分肆釐肆絲柒忽捌微叁纖伍塵叁渺柒漠陸沙捌洙玖涯肆洒，實徵銀壹萬陸千陸百玖拾叁兩陸錢捌分貳釐陸毫貳絲伍忽肆微柒纖叁塵壹渺貳漠叁沙壹洙陸洒。

節裁藥味、牲口、軍器、毛襖、年例等項起運銀壹萬壹百柒拾柒兩壹錢玖分叁釐玖毫肆絲叁忽玖微伍纖玖塵玖渺，內除荒銀肆千貳百壹拾伍兩玖錢柒分叁釐陸毫陸絲壹忽肆微陸纖貳塵柒渺壹漠壹沙柒洙捌洒，實起運銀伍千玖百陸拾壹兩貳錢貳分貳毫捌絲貳忽肆微玖纖柒塵壹渺捌漠捌沙貳洙玖涯貳洒。

舊編存留，內順治玖年裁各役工食銀貳千伍百叁拾肆兩捌錢；拾貳年裁傘扇等銀貳百捌拾貳兩；拾肆年裁官生俸廩等項，除奉復孤貧口糧、布花外，實裁銀貳千捌百壹拾叁兩叁錢柒釐叁毫肆絲；拾伍年裁汰冗員銀壹百壹拾伍兩捌錢肆分，遞馬、損夫叁分裁壹，銀壹千貳百壹兩叁錢貳分柒釐捌毫貳絲壹忽貳微陸纖貳塵肆渺。康熙元年裁吏書工食銀壹千叁百柒拾肆兩；叁年裁教諭、訓導、齋夫、門斗俸食等項銀柒百肆拾捌兩叁錢貳分；伍年裁司獄、巡檢俸食銀壹百叁拾兩伍錢陸分；陸年裁推官俸食等項銀貳百伍拾壹兩，雜費丁銀伍百陸拾柒兩叁錢肆分壹釐叁毫捌絲壹忽伍微；拾伍年裁心紅紙張、修理監倉等項銀壹千壹百玖拾柒兩玖錢陸分叁釐柒毫捌絲肆忽；貳拾柒年裁舉貢盤纏、進士坊價、花紅、酒席等項共銀肆百壹拾玖兩陸錢捌分捌釐伍毫；叁拾玖年裁驛丞州判俸食共銀壹百肆拾貳兩伍錢貳分；伍拾陸年裁表箋銀壹拾玖兩貳錢伍分。雍正陸年裁燈夫工食銀貳百陸拾肆兩；拾貳年裁民壯工食銀陸百叁拾兩。乾隆玖年裁春秋祭祀銀壹拾陸兩捌錢伍分，裁舖司工食銀肆百伍拾壹兩貳錢，冗費裁剩解部銀壹萬叁百肆拾陸兩叁釐肆毫壹絲叁微叁纖肆塵叁渺；乾隆貳拾壹年裁民壯銀貳拾肆兩；貳拾伍年裁同知各役俸工銀貳百伍拾肆兩；貳拾玖年裁清鳳閣松林驛巡檢俸工銀捌拾壹兩肆分，裁大使縣丞俸工銀壹百壹拾玖兩伍錢貳分；叁拾叁年裁民壯工食銀貳拾肆兩。

共裁歸起運銀貳萬肆千捌兩伍錢叁分貳釐貳毫叁絲柒忽玖纖陸塵柒渺，內鳳縣分撥留壩廳銀壹拾柒兩柒錢柒分陸釐壹毫叁絲陸忽玖微玖纖壹塵陸渺，收入前項原編起運糧石折價外，止實裁銀貳萬叁千玖百玖拾兩柒錢伍分陸釐壹毫壹微伍塵壹渺，內除荒銀捌千玖百壹拾叁兩壹錢叁釐玖絲捌忽捌微壹纖肆塵柒渺肆漠肆沙叁涯壹洒，實徵銀壹萬伍千柒拾柒兩陸錢伍分叁釐壹忽貳微玖纖叁渺伍漠伍沙玖洙陸涯玖洒。

額外開山、青橋貳驛原額本色糧貳百玖石捌斗肆升，內除荒糧伍石捌斗捌升玖合捌勺陸抄，實徵糧貳百叁石玖斗伍升壹勺肆抄，在於遵旨議奏事案內，題明每糧壹石折銀壹兩，共折銀貳百叁兩玖錢伍分壹毫肆絲。

又祿米折價額銀肆拾陸兩肆錢叁分陸毫叁絲伍微捌纖，內除荒銀貳拾柒兩叁錢壹分柒釐玖毫伍絲伍忽玖微陸纖肆塵肆渺肆漠，實徵銀壹拾玖兩壹錢壹分貳釐陸毫柒絲肆忽陸微壹纖伍塵伍渺陸漠。

又安山、武關、青陽、大安、黃沙、開山、青橋、栢林等驛糧石、草束、地畝玖釐折價銀壹千壹兩肆錢捌分伍釐陸絲壹忽貳微壹纖叁塵壹渺，內除荒銀貳百伍拾叁兩肆錢玖分壹釐捌毫貳絲壹微肆纖肆渺，實徵銀柒百肆拾柒兩玖錢玖分叁釐貳毫肆絲壹忽柒纖貳塵柒渺。

柴山祭祀、皂、轎夫役並停免、匠價、應徵開墾地糧等項共銀貳千伍百肆兩肆錢陸分壹釐柒毫捌絲肆忽陸微貳纖玖塵。

又溢額地畝應徵折色均徭等銀貳兩陸錢壹釐陸毫伍絲柒忽柒微陸纖。

以上共該實起運銀肆萬壹千貳百壹拾兩陸錢柒分伍釐肆毫柒忽叁微叁纖柒塵玖渺貳漠柒沙叁洙陸涯柒洒。

又額外留壩廳開墾地畝應徵折色均徭等項起運銀伍兩肆錢柒分叁釐捌毫捌忽玖微叁纖陸塵貳漠叁沙伍洙。

又額外留壩廳開墾地畝共應徵折色均徭等項起運銀貳拾陸兩陸錢肆分肆釐玖毫貳絲玖忽伍微叁纖陸塵貳渺伍漠。

叁共起運銀肆萬壹千貳百肆拾貳兩柒錢玖分肆釐壹毫肆絲伍忽捌微壹纖貳渺捌洙陸涯柒洒，內除洋縣分撥寧陝廳起運銀捌兩玖錢伍分伍釐叁毫伍絲陸微伍纖伍塵貳渺柒漠陸沙肆洙，又佛坪廳接收盩厔縣起運銀肆拾伍兩玖錢壹分肆毫玖絲陸忽陸微玖纖柒渺肆漠壹沙伍洙捌涯壹洒，止實起運銀肆萬壹千貳百柒拾玖兩柒錢肆分玖釐貳毫玖絲壹忽捌微肆纖伍塵陸渺陸漠陸沙肆涯捌洒。

鳳縣、留壩貳廳縣在於請做以糧載丁等事案內，通省以糧均丁增銀壹百壹拾柒兩伍錢壹分柒釐柒毫陸絲陸忽肆微捌纖捌塵玖渺。

又收存留內額協驛站抵餉銀貳千壹百肆拾捌兩伍錢捌分壹毫玖絲貳忽貳微伍塵叁渺叁漠。

又收額協臨洮府屬金縣定遠、清水貳所驛站抵餉銀壹百陸拾柒兩壹錢貳釐叁毫肆忽捌微叁纖壹塵壹渺。

又收驛遞之差使甚少並題明請將驛站等事貳案內，共裁站銀壹萬陸千壹百陸拾玖兩捌錢捌分壹釐壹毫肆絲貳忽貳微壹纖伍塵貳渺柒漠陸沙，內在於題明請將驛站等事案内，留支各州縣新增夫馬工料銀肆千玖百柒拾伍兩玖錢壹分玖毫貳絲捌忽玖微捌纖貳塵伍渺玖漠陸沙；又除請免無着浮糧及詳請委勘水災等事案内，留抵解府供驛邊塘自支並撥給大安驛新增夫馬工料銀柒百玖拾陸兩柒錢柒分玖釐陸毫玖絲壹忽壹微肆纖貳塵伍渺壹漠。實收銀壹萬叁百玖拾柒兩壹錢玖分伍毫貳絲貳忽玖纖壹渺柒漠。

共該起運銀伍萬肆千壹百壹拾兩壹錢肆分柒絲柒忽肆微陸纖壹塵壹渺陸漠陸沙肆涯捌洒，内除受協同洲等州縣並長安、盩厔、渭南、三原、永壽、梁山、草凉等驛站兑留兵餉應支銀壹萬玖千玖百伍兩伍錢肆分伍釐叁毫陸絲伍忽柒微陸塵柒渺陸漠，内因寧羌、沔縣貳州縣免荒不敷，除去受協銀肆百肆拾柒兩叁錢柒分捌釐伍毫肆絲肆忽陸微柒纖捌渺應聽撥補外，實除受協銀壹萬玖千肆百伍拾捌兩壹錢陸分陸釐捌毫貳絲壹忽叁纖伍塵玖渺陸漠。

又除在於請做以糧載丁等事案内，通省以糧均丁減銀壹萬陸百壹拾兩陸錢玖釐貳毫肆絲貳忽伍微伍纖貳塵叁渺叁漠玖沙伍洙，内乾隆元、陸、拾壹、拾陸、貳拾壹、貳拾陸等年編審案内，共增抵補屯更丁銀貳千陸百捌拾玖兩壹釐貳毫伍絲柒忽伍微壹纖伍塵柒渺叁漠叁沙叁洙貳涯肆洒，又乾隆叁拾壹、叁拾陸兩年編審案内，共增抵補屯更丁銀壹千叁百叁拾肆兩捌錢叁分肆釐柒毫叁絲貳忽伍微陸纖叁塵伍渺陸漠陸沙陸洙陸涯貳洒，内除洋縣分撥寧陝廳抵補屯更丁銀肆錢玖分玖釐陸毫玖絲，止該抵補屯更丁銀壹千叁百叁拾肆兩叁錢叁分伍釐肆絲貳忽伍微陸纖叁塵伍渺陸漠陸沙陸洙陸涯貳洒，止該減銀陸千伍百捌拾陸兩柒錢柒分叁釐貳毫伍絲貳忽肆微柒纖叁塵叁漠玖沙伍洙壹涯肆洒。

又除寧羌州在於請做以糧載丁等事案内，通省以糧均丁減銀壹百肆拾玖兩玖錢貳分捌釐壹毫捌絲叁忽叁微壹纖柒塵叁渺，内乾隆元、陸、拾壹、拾陸、貳拾壹、貳拾陸等年編審案内，共增抵補屯更丁銀壹百伍拾肆兩叁錢柒分柒釐貳毫柒絲捌忽柒微柒纖貳塵叁渺叁漠叁沙叁洙叁涯貳洒，乾隆叁拾壹、叁拾陸兩年共增抵補屯更丁銀柒拾陸兩貳錢捌分肆釐陸毫肆絲玖忽玖微陸塵壹渺陸漠陸沙陸洙陸涯陸洒，貳共丁增銀貳百叁拾兩陸錢陸分壹釐玖毫貳絲捌忽陸微柒纖捌塵肆渺玖漠玖沙玖洙玖涯捌洒，内除抵均丁減銀外，尚該丁增銀捌拾兩柒錢叁分叁釐柒毫肆絲伍忽叁微陸纖壹塵壹渺玖漠玖沙玖洙玖涯捌洒。

共該實起運銀貳萬捌千壹百肆拾伍兩肆錢叁分肆釐伍絲玖忽叁微壹纖叁塵叁渺陸漠陸沙伍洙叁涯貳洒，內留支加增撥補俸工銀叁千貳百肆兩貳分柒釐陸毫捌絲柒忽玖微柒纖柒塵叁渺叁漠伍沙貳洙捌涯，止該起運銀貳萬肆千玖百肆拾壹兩肆錢陸釐叁毫柒絲壹忽叁微叁纖陸塵叁漠壹沙貳洙伍涯貳洒。

外遇閏，順治玖年裁銀壹百玖拾伍兩肆錢；拾肆年裁銀壹百玖拾肆兩叁分捌釐陸毫捌絲貳忽；拾伍年裁銀玖兩陸錢伍分叁釐叁毫叁絲貳忽。康熙元年裁銀壹百壹拾肆兩伍錢；叁年裁銀陸拾貳兩叁錢伍分玖釐柒毫玖絲捌忽；伍年裁銀壹拾兩捌錢柒分玖釐捌毫陸絲；陸年裁銀貳拾兩玖錢壹分陸釐陸毫；拾伍年裁銀肆拾壹兩陸錢陸分陸釐肆毫叁絲；叁拾玖年裁銀壹拾壹兩捌錢柒分陸釐陸毫。雍正陸年裁銀貳拾貳兩；拾貳年裁銀伍拾貳兩伍錢。乾隆玖年裁銀叁拾柒兩陸錢；乾隆貳拾壹年裁民壯銀貳兩；貳拾伍年裁同知各役俸工銀貳拾壹兩壹錢陸分陸釐陸毫陸絲；貳拾玖年裁清鳳閣松林驛巡檢並皂隸俸工銀陸兩柒錢伍分叁釐叁毫叁絲貳忽，又裁縣丞大使俸工銀玖兩玖錢伍分玖釐玖毫叁絲；叁拾叁年裁民壯工食銀貳兩，又裁各官閏俸銀壹百肆拾壹兩肆分陸釐肆絲。

共銀玖百伍拾陸兩叁錢壹分柒釐貳毫陸絲肆忽，內除荒銀肆百陸兩肆錢玖釐叁毫叁忽貳微叁纖貳塵肆漠伍洒，實徵銀伍百肆拾玖兩玖錢柒釐玖毫陸絲柒微柒纖柒塵玖渺伍漠玖沙玖洙肆涯伍洒，內除洋縣分撥寧陝廳起運閏銀壹錢捌分伍釐陸毫貳絲陸忽伍微壹纖陸塵肆渺，又佛坪廳接收盩厔縣起運閏銀貳錢柒分柒釐捌毫玖忽玖塵柒渺叁漠壹沙玖洙捌涯肆洒，止實徵起運閏銀伍百伍拾兩壹毫肆絲叁忽貳微柒纖壹塵貳渺玖漠壹沙玖洙貳涯玖洒。

又額外留壩廳開墾地畝應徵閏銀伍分玖釐玖毫玖絲壹忽叁微伍纖壹塵貳漠伍沙伍洙。

又額外留壩廳開墾地畝共應徵閏銀貳錢玖分貳毫捌絲捌忽捌微柒纖肆塵叁渺伍漠捌沙壹洙壹涯陸洒。

叁共徵閏銀伍百伍拾兩叁錢伍分肆毫貳絲叁忽肆微玖纖陸塵陸渺柒漠伍沙伍洙肆涯伍洒。

又收額外匠價閏銀貳兩肆錢捌分叁釐叁毫叁絲叁忽叁微叁纖叁塵叁渺，內除洋縣分撥寧陝廳匠價閏銀柒毫肆絲伍忽玖微貳纖捌塵，又佛坪廳接收盩厔縣匠價閏銀肆絲柒忽叁微玖纖肆塵伍渺伍漠玖沙壹洙貳涯玖洒，止該匠價閏銀貳兩肆錢捌分貳釐陸毫叁絲肆忽柒微玖纖玖塵捌渺伍漠玖沙壹洙貳涯玖洒。

又收存留內驛遞之差使甚少並題明請將驛站等事案內，共裁站閏月銀叁百肆拾玖兩柒錢捌分陸釐肆毫叁絲肆忽捌微柒纖捌塵叁漠，內城固縣撥給寧羌州新增夫馬閏月銀玖兩陸分捌釐陸毫玖絲捌忽捌微玖纖捌塵柒渺；內沔縣在於題明請將等事案內，留支本縣新增夫馬工料銀柒兩叁錢伍分壹釐玖毫玖絲肆忽玖微柒纖叁塵貳渺陸漠。止實收銀叁百叁拾叁兩叁錢陸分伍釐柒毫肆絲壹忽陸塵柒漠。

又鳳縣、留壩廳在於請做以糧載丁等事案內，通省以糧均丁增銀伍兩肆錢肆分捌釐伍毫壹絲陸忽陸微叁纖叁塵捌渺。

以上共該起運閏銀捌百玖拾壹兩陸錢肆分柒釐叁毫壹絲伍忽玖微叁纖陸塵肆渺肆沙陸洙柒涯肆洒，內在於請做以糧載丁等事案內，通省以糧均丁減銀肆百陸兩壹錢貳分陸釐玖毫叁絲貳忽伍微玖纖伍塵捌渺柒漠，內節次抵補屯更（丁）增銀壹百陸拾柒兩叁錢叁分貳毫陸絲肆忽伍微柒纖玖塵壹渺玖漠玖沙玖洙伍涯貳洒，內除洋縣分撥寧陝廳抵補屯更丁閏銀壹分叁毫陸絲柒忽捌纖柒塵壹渺玖漠，止該抵補屯更丁銀壹百陸拾柒兩叁錢壹分玖釐捌毫玖絲柒忽肆微玖纖貳塵玖渺玖洙伍涯貳洒；內寧羌州節次丁增銀兩，除將均減銀數抵補外，尚該丁增銀貳兩玖錢叁分玖釐陸毫柒絲玖忽貳微玖纖貳渺壹漠玖沙玖洙陸涯。止該減銀貳百肆拾壹兩柒錢叁分陸釐叁毫肆絲柒忽叁微陸塵捌渺玖漠捌洒。

實該起運閏銀陸百伍拾貳兩捌錢伍分陸毫肆絲柒忽玖微壹纖玖塵柒渺叁漠肆沙陸洙貳涯陸洒。

又城固、西鄉貳縣在於請做以糧載丁等事案內，通省以糧均丁，遇閏之年照依無閏減數，少減銀壹百壹兩貳錢肆分伍釐貳毫貳絲柒忽捌微叁塵捌渺，又乾隆拾壹、拾陸、貳拾壹、貳拾陸、叁拾壹、叁拾陸等年編審案內應增抵補屯更（丁），遇閏之年照依無閏少徵銀貳拾陸兩陸錢肆分伍毫伍絲肆忽肆微柒纖肆塵壹渺叁漠叁沙叁洙叁涯肆洒，止實收銀柒拾肆兩陸錢肆釐陸毫柒絲叁忽叁微貳纖玖塵陸渺陸漠陸沙陸洙陸涯陸洒；又城固、西鄉貳縣，乾隆元、陸兩年編審案內，應增抵補屯更丁閏銀柒分貳釐陸毫伍絲柒忽肆微叁纖叁塵。

共該起運閏銀柒百貳拾柒兩伍錢貳分柒釐玖毫柒絲捌忽陸微捌纖貳塵肆渺壹沙貳洙玖涯貳洒，內留支加增撥補廪膳、鋪司、孤貧等項銀柒拾貳兩肆錢陸分玖毫壹絲壹忽柒微壹纖肆塵柒渺玖漠叁沙玖洙壹涯；又留支撥補夫馬閏月不敷工料銀壹拾兩捌錢柒分伍釐。止該起運閏銀陸百肆拾肆兩壹錢玖分貳釐陸絲陸忽玖微陸纖柒塵陸渺柒沙叁洙捌涯貳洒

壹存留項下

原編存留山岔驛倉糧壹拾伍石，內除荒糧肆石肆斗叁升捌合柒抄陸圭伍粟玖粒柒顆壹糠，實徵糧壹拾石伍斗陸升壹合玖勺貳抄玖撮叁圭肆粟貳顆玖糠此項糧石歸入常平倉內一體辦理。

原編存留銀伍萬叁千柒百壹兩柒錢貳分柒釐捌絲貳微貳纖捌渺，內除畧陽縣裁民壯工食銀貳拾肆兩入起運外，止該銀伍萬叁千陸百柒拾柒兩柒錢貳分柒釐捌絲貳微貳纖捌渺，內除荒銀貳萬貳千陸兩柒錢玖分陸釐陸毫玖絲伍忽肆微叁纖壹塵柒渺伍漠叁沙捌洙叁涯柒洒，實徵銀叁萬壹千陸百柒拾兩玖錢叁分叁毫捌絲肆忽柒微捌纖玖塵肆漠陸沙壹洙陸涯叁洒。

又收起運內受協同州等州縣並長安、盩厔、渭南、三原、永壽、梁山、草梁等驛站兌留兵餉應支銀壹萬玖千玖百伍兩伍錢肆分伍釐叁毫陸絲伍忽柒微陸塵柒渺陸漠，內因寧羌州、沔縣貳州縣免除不敷，除去受協銀肆百肆拾柒兩叁錢柒分捌釐伍毫肆絲肆忽陸微柒纖捌渺應聽撥補外，止實收銀壹萬玖千肆百伍拾捌兩壹錢陸分陸釐捌毫貳絲壹忽叁纖伍塵玖渺陸漠。

又收南鄭、城固、洋縣、西鄉、畧陽等縣撥支寧羌、沔縣、鳳縣叁州縣新增夫馬工料銀叁千叁百伍拾叁兩柒錢陸分壹釐壹毫柒絲柒忽柒纖柒塵叁渺貳漠玖沙。

叁項共銀伍萬肆千肆百捌拾貳兩捌錢伍分捌釐叁毫捌絲貳忽玖微貳塵叁渺叁漠伍沙壹洙陸涯叁洒，內除額協驛站抵餉銀貳千壹百肆拾捌兩伍錢捌分壹毫玖絲貳忽貳微伍塵叁渺叁漠；又除額協臨洮府屬金縣定遠、清水貳所驛站抵餉銀壹百陸拾柒兩壹錢貳釐叁毫肆忽捌微叁纖壹塵壹渺；又除驛遞之差使甚少並題明請將驛站等事貳案內，共裁銀壹萬柒千肆百叁拾玖兩陸錢肆分壹釐玖毫玖絲玖忽貳微肆纖伍塵伍渺肆漠肆沙，內除題明請將驛站等事案內，留支新增夫馬工料銀叁千叁百貳拾捌兩陸錢叁分貳釐玖毫玖絲玖忽肆微

玖纖伍塵伍渺柒漠伍沙，又除撥給寧羌等州縣新增夫馬工料銀叁千叁百伍拾叁兩柒錢陸分壹釐壹毫柒絲柒忽柒塵叁渺貳漠玖沙，又在於詳請委勘水災並請免無着浮糧等事案內，留抵解府供驛銀叁百陸拾兩伍分柒釐叁毫伍微捌纖貳塵肆渺柒漠，實裁銀壹萬叁百玖拾柒兩壹錢玖分伍毫貳絲貳忽玖纖壹渺柒漠入起運外，止該銀叁萬捌千肆百壹拾陸兩貳錢貳分肆釐壹毫捌絲陸忽陸微陸纖捌塵肆渺陸沙壹洙陸涯叁洒，內在於寧羌、沔縣貳州縣在於請倣以糧載丁等事案內，通省以糧均丁減銀貳千壹百陸拾柒兩肆錢捌分捌毫肆絲肆忽貳微壹纖貳塵貳渺陸漠伍沙，照數撥補足額訖，仍該銀叁萬捌千肆百壹拾陸兩貳錢貳分肆釐壹毫捌絲陸忽陸微陸纖捌塵肆渺陸沙壹洙陸涯叁洒。

外加增撥補俸工，除正印各官攤俸留抵外，共銀叁千肆百玖拾玖兩柒錢陸分捌釐柒毫捌絲叁忽玖微貳塵捌渺叁漠柒沙柒洙捌涯，內除南鄭減給洋縣加給本府禁卒工食銀伍兩柒錢玖分叁釐伍毫陸絲壹忽，洋縣照數收支訖，仍該加增撥補銀叁千肆百玖拾玖兩柒錢陸分捌釐柒毫捌絲叁忽玖微貳塵捌渺叁漠柒沙柒洙捌涯。

共實存留銀肆萬壹千玖百壹拾肆兩玖錢玖分貳釐玖毫柒絲伍微柒纖壹塵貳渺肆漠叁沙玖洙肆涯叁洒。

外于西安布政司庫撥補各屬官役俸工並留壩廳司獄舖司不敷銀貳千捌百叁拾玖兩柒錢柒分伍釐玖毫柒絲捌忽捌微壹纖陸塵陸渺伍漠係動支各屬解到起運銀兩。

又於西安布政司庫撥補各屬祭祀銀貳百肆拾肆兩貳錢叁分壹釐捌毫捌絲貳忽伍微肆纖叁渺壹漠伍沙肆洙貳涯係動支耗羨銀兩。

又於西安布政司庫撥補留壩廳斗級、揁夫工食銀捌百捌拾捌兩係在於司庫耗羨銀內領支。

又於西安布政司庫留壩廳領支通判改為同知俸薪並民壯、庫子、鐘鼓夫工食銀貳百捌拾兩柒分叁釐係動支缺官銀兩改動驛站。

又於西安布政司庫褒城縣領支黃官嶺巡檢、民壯工食銀貳拾肆兩係動支缺官銀兩改動驛站。

又於西安布政司庫西鄉縣領支新設縣丞官役俸工銀柒拾陸兩係在司庫請領，動支缺官銀兩改動驛站。

又於西安布政司庫定遠廳領支新設同知、司獄、巡檢暨洋縣、華陽縣丞等官役俸工、遞馬共銀捌百捌拾肆兩捌錢肆分叁釐係在司庫請領，動支驛站裁存支剩銀兩。

又於西安布政司庫略陽縣領支新設黑河縣丞俸工銀柒拾陸兩係動支司庫裁汰夫馬工料銀兩。

又於西安布政司庫佛坪廳領支官役俸工、遞馬共銀壹千壹百叁拾伍兩伍錢貳分叁釐係在司庫請領，動支驛站裁存支剩銀兩訖。

遇閏原加銀壹千玖百玖拾兩伍錢肆分壹釐捌毫捌絲貳忽，內除略陽縣裁民壯工食銀貳兩；又除各官閏俸銀壹百肆拾壹兩肆分陸釐肆絲入起運外，止該銀壹千捌百肆拾柒兩肆錢玖分伍釐捌毫肆絲貳忽，內除荒銀捌百叁拾兩玖錢肆釐伍絲捌忽捌纖叁塵貳渺壹漠柒沙玖洙陸涯玖洒，實徵銀壹千壹拾陸兩伍錢玖分壹釐柒毫捌絲叁忽玖微壹纖陸塵柒渺捌漠貳沙叁涯壹洒，內除驛遞之差使甚少並題明請將驛站等事貳案內，共裁站閏月銀叁百伍拾捌兩陸分捌釐玖毫陸絲捌忽陸微捌纖貳塵貳渺壹漠，內在於題明請將驛站等事案內，留支寧羌、沔縣新增夫馬工料銀壹拾伍兩陸錢叁分肆釐伍毫貳絲捌忽柒微柒纖柒塵肆渺肆漠，又城固縣撥給寧羌州新增夫馬閏月銀玖兩陸分捌釐陸毫玖絲捌忽捌微玖纖捌塵柒渺，實裁銀叁百叁拾叁兩叁錢陸分伍釐柒毫肆絲壹忽陸塵柒漠。

止該銀陸百柒拾肆兩壹錢伍分柒釐叁毫肆絲肆忽壹纖貳塵壹漠貳沙叁涯壹洒。

又收城固縣撥給寧羌州新增夫馬閏月銀玖兩陸分捌釐陸毫玖絲捌忽捌微玖纖捌塵柒渺。

共該銀陸百捌拾叁兩貳錢貳分陸釐肆絲貳忽玖微壹纖貳塵柒渺壹漠貳沙叁涯壹洒，內在於請做以糧載丁等事案內，通省以糧均丁減銀捌拾伍兩玖錢玖釐伍毫玖絲壹忽伍微肆纖壹塵伍渺叁漠，撥補足數訖，仍該銀陸百捌拾叁兩貳錢貳分陸釐肆絲貳忽玖微壹纖柒渺壹漠貳沙叁涯壹洒。

外加增撥補工食銀玖拾兩貳錢柒分叁釐貳毫壹絲貳忽伍微捌纖玖塵伍渺捌漠玖沙玖洙壹涯。

又加增撥補夫馬閏月銀壹拾兩捌錢柒分伍釐。

共該銀柒百捌拾肆兩叁錢柒分肆釐貳毫伍絲伍忽伍微叁渺壹沙玖洙肆涯壹洒。

外於西安布政司庫撥補各役工食並孤貧增補閏月銀柒拾壹兩貳錢玖分柒毫壹絲貳忽肆微玖塵捌渺玖漠壹沙係動支起運銀兩。

又於西安布政司庫留壩廳領支民壯、庫子、鼓夫工食銀貳拾貳兩伍錢係動支缺官銀兩改動驛站。

又於西安布政司庫留壩廳領支斗級工食銀貳兩係動支耗羨銀兩。

又於西安布政司庫增給夫馬閏月工料銀壹千柒百玖拾柒兩陸錢係動支起運銀兩。

又於西安布政司庫西鄉縣領支新設縣丞、門、皂、馬夫工食銀叁兩係動支缺官銀兩改動驛站。

又於西安布政司庫定遠、洋縣貳廳縣新設同知、司獄、巡檢、縣丞各役工食、遞馬閏銀肆拾肆兩玖錢伍分。

又於西安布政司庫領支新設黑河縣丞、門、皂、馬夫工食銀叁兩係動支司庫裁汰夫馬工料銀兩。

又於西安布政司庫佛坪廳領支各役工食、遞馬閏銀陸拾伍兩貳錢係動支司庫裁汰夫馬工料銀兩。

壹額外

課程銀玖拾陸兩壹錢壹分，遇閏加銀捌兩玖釐壹毫伍絲陸忽貳微陸纖。

畜稅銀壹千壹拾貳兩捌錢捌分。

牙稅銀壹百貳兩玖錢。

當稅銀壹百柒拾兩。

地稅銀陸百伍拾叁兩肆錢玖分柒釐。

鹽課銀叁千柒百伍拾兩。

茶課銀貳百柒拾玖兩柒錢陸分壹釐。

鉄課銀陸拾兩。

本府

商稅銀伍百陸拾兩肆錢壹分。

南鄭縣

原額折正壹等地叁百貳拾伍頃伍拾壹畝壹分柒釐叁絲，每畝科糧柒升伍合陸勺陸撮貳圭壹粟，共糧貳千肆百陸拾壹石陸升陸合叁勺玖抄陸撮肆圭捌粟貳粒，每石折徵銀貳兩伍錢玖分壹釐叁毫肆絲叁忽，共額徵銀陸千叁百柒拾柒兩肆錢陸分捌釐叁絲捌忽玖微柒纖捌塵伍渺。

在於康熙貳拾叁年再疏籲請等事案內，題明豁免過共荒地玖拾玖頃捌拾叁畝肆分叁釐伍毫捌絲，該免糧柒百伍拾肆石捌斗玖合柒勺肆抄叁撮陸圭壹粟陸粒叁顆，該免銀壹千玖百伍拾伍兩玖錢柒分玖毫肆絲伍忽肆微伍纖壹塵玖渺，內節年開墾、自首並雍正拾年開墾共地貳拾貳頃玖拾玖畝貳分捌釐叁毫陸絲，該折色糧壹百柒拾叁石捌斗肆升壹勺壹抄捌撮柒圭壹粟壹粒壹顆陸糠，該徵銀肆百伍拾兩肆錢柒分捌釐柒毫叁絲貳忽柒微捌塵叁渺，乾隆伍拾玖年起科地柒頃伍畝玖分壹釐玖毫伍絲，應徵折色糧伍拾叁石叁斗柒升壹合捌勺玖抄柒撮玖圭陸粟玖糠伍粃，該徵銀壹百叁拾捌兩叁錢肆釐陸毫柒絲伍忽伍微玖纖肆塵陸渺柒漠壹沙叁洙以增抵除。實應免地陸拾玖頃柒拾捌畝貳分叁釐貳毫柒絲，實免糧伍百貳拾柒石伍斗玖升柒合柒勺貳抄陸撮玖圭肆粟伍粒肆糠伍粃，實免銀壹千叁百陸拾柒兩壹錢捌分柒釐伍毫叁絲柒忽壹微肆纖捌塵玖渺貳漠捌沙柒洙。

止實在熟地貳百伍拾伍頃柒拾貳畝玖分叁釐柒毫陸絲，該折色糧壹千玖百叁拾叁石肆斗陸升捌合陸勺陸抄玖撮伍圭叁粟陸粒玖顆伍糠伍粃，該徵銀伍千壹拾兩貳錢捌分伍毫壹忽捌微貳纖玖塵伍渺柒漠壹沙叁洙遵照乾隆伍拾玖年奉准部咨令，將康熙年間易知由單內載：折正壹等地每畝徵折色銀壹錢玖分伍釐玖毫貳絲壹忽叁微壹纖叁塵肆渺，纂入書內，嗣後遇有墾豁，以便按畝增除。

原額人丁叁等玖則不等，俱折下下人丁壹萬肆千壹百肆拾伍丁，每丁徵銀叁錢壹分陸釐陸毫陸絲捌忽，共銀肆千肆百柒拾玖兩貳錢陸分柒釐捌毫叁絲貳忽，內除優免丁捌百柒拾肆丁，共銀貳百柒拾陸兩柒錢陸分柒釐捌毫叁絲貳忽。

行差丁壹萬叁千貳百柒拾壹丁，共額徵銀肆千貳百貳兩伍錢。

康熙貳拾叁年再疏籲請等事案內，奉旨豁免過殺擄死亡丁叁千捌百伍拾捌丁，該免銀壹千貳百貳拾壹兩柒錢伍釐壹毫肆絲肆忽，內前招回及編審共丁捌百陸丁，該徵銀貳百伍拾伍兩貳錢叁分肆釐貳毫柒絲貳忽，實豁免丁叁千伍拾貳丁，該徵銀玖百陸拾陸兩肆錢柒分捌毫柒絲貳忽。

實在丁壹萬貳百壹拾玖丁，該徵銀叁千貳百叁拾陸兩貳分玖釐壹毫貳絲捌忽雍正伍年攤入前項地糧內徵解。

康熙伍拾伍年起，至乾隆貳拾陸年止，編審出丁貳百伍拾肆丁；乾隆叁拾壹年編審出丁玖丁；叁拾陸年編審出丁貳拾丁。共編審出丁貳百捌拾叁丁，欽遵康熙伍拾貳年叁月拾捌日恩詔，後遇編審之期，但據康熙伍拾年丁冊定為常額，續生人丁，永不加賦。

原額均徭銀壹千貳百柒拾叁兩貳錢玖分貳釐陸毫柒絲，內於康熙貳拾叁年捌月內蒙督撫兩部院會題為再疏籲請等事案內，奉旨豁免銀貳百柒拾貳兩玖錢陸分伍釐陸毫貳絲壹忽柒微玖纖捌塵叁渺貳漠叁洙玖涯，實徵銀壹千兩叁錢貳分柒釐肆絲捌忽貳微壹塵陸渺柒漠玖沙陸洙壹涯遵照由單內載：折正壹等地每畝徵均徭銀叁分玖釐壹毫壹絲陸忽陸微肆纖柒塵玖渺捌漠。

外遇閏加徵銀叁百壹拾捌兩陸錢壹分陸釐叁毫，內除荒銀柒拾壹兩陸錢叁分貳釐叁毫捌絲伍忽玖微陸纖肆塵捌渺，實徵銀貳百肆拾陸兩玖錢捌分叁釐玖毫壹絲肆忽叁纖伍塵貳渺。

額外徵收匠價銀貳兩柒錢，遇閏加銀貳錢貳分伍釐。

停免銀肆百伍拾壹兩玖錢捌釐陸毫柒絲伍微。

以上額外正閏叁項攤入前項地糧內徵解。

以上地、丁貳項並均徭、停免、匠價，除優免丁銀外，額徵銀壹萬貳千叁百柒兩捌錢陸分玖釐叁毫柒絲玖忽肆微柒纖捌塵伍渺，內除荒銀貳千陸百陸兩陸錢貳分肆釐叁絲玖微肆纖柒塵貳渺肆漠玖沙玖涯，實徵銀玖千柒百壹兩貳錢肆分伍釐叁毫肆絲捌忽伍微叁纖壹塵貳渺伍漠玖洙壹涯。

外遇閏加徵銀叁百壹拾捌兩陸錢壹分陸釐叁毫，內除荒銀柒拾壹兩陸錢叁分貳釐叁毫捌絲伍忽玖微陸纖肆塵捌渺，實徵銀貳百肆拾陸兩玖錢捌分叁釐玖毫壹絲肆忽叁纖伍塵貳渺。

又匠價銀貳錢貳分伍釐。

貳項共該徵閏銀貳百肆拾柒兩貳錢捌釐玖毫壹絲肆忽叁纖伍塵貳渺。

壹起運項下

原編起運糧石等項折價銀叁千陸拾叁兩玖錢捌分陸毫壹忽玖微壹纖捌塵伍渺，內除荒銀陸百伍拾陸兩捌錢伍分肆毫貳絲壹忽伍微貳纖伍漠肆沙陸洙肆涯貳洒，實徵銀貳千肆百柒兩壹錢叁分壹毫捌絲叁微玖纖捌塵肆渺肆漠叁洙伍涯捌洒。

節裁抵祿、藥味、毛襖等項折價共銀玖百柒拾壹兩貳錢壹分陸釐叁毫，內除荒銀貳百壹拾玖兩捌錢叁分伍釐壹毫玖絲柒忽貳微柒纖叁塵陸渺貳漠玖沙，實徵銀柒百伍拾壹兩叁錢捌分壹釐壹毫貳忽柒微貳纖陸塵叁渺柒漠壹沙。

舊編存留，內順治玖年會議裁銀叁百肆兩捌錢；拾貳年裁銀貳拾陸兩；拾肆年裁官生俸廪等項銀伍百玖拾玖兩玖錢玖分陸毫肆絲。康熙元年裁吏書工食銀壹百伍拾貳兩肆錢；叁年奉裁訓導等項銀貳百肆拾叁兩叁錢陸分，裁雜費丁銀壹百柒拾玖兩柒錢柒分貳釐貳毫；拾伍年裁心紅紙張、修理倉厫、喂馬草料、芒神土牛、城垣灰夫、船隻、鋪墊板蓆、紙劄、考貢盤纏、舉人杯盤等項銀壹百玖拾陸兩捌錢貳分玖釐伍毫；貳拾柒年裁歲貢、舉人盤纏、花紅、綵旂等項銀捌拾肆兩叁錢；叁拾玖年裁驛丞冗員銀肆拾叁兩伍錢貳分；伍拾陸年裁表箋銀貳兩。雍正陸年裁燈夫銀叁拾陸兩；拾貳年裁民壯銀貳拾肆兩。乾隆玖年均攤祭祀裁減銀玖兩陸錢叁分，又玖年裁舖司銀壹拾玖兩貳錢；貳拾伍年裁同知各役俸工銀貳百伍拾肆兩，冗費裁剩解部銀肆百貳拾陸兩玖錢肆分陸釐玖毫陸絲伍忽捌微陸纖。

共裁扣歸入起運銀貳千陸百貳兩柒錢肆分玖釐叁毫伍忽捌微陸纖，內除荒銀伍百捌拾伍兩壹錢伍分柒釐壹毫玖絲叁忽壹微壹纖捌塵柒渺叁漠壹沙捌洙伍涯陸洒，實徵銀貳千壹拾柒兩伍錢玖分貳釐壹毫壹絲貳忽柒微肆纖壹塵貳渺陸漠捌沙壹洙肆涯肆洒。

又額外徵收匠價、停免銀肆百伍拾肆兩陸錢捌釐陸毫柒絲伍微。

以上肆項共該實起運銀伍千陸百叁拾兩柒錢壹分貳釐陸絲陸忽叁微陸纖陸塵捌漠肆沙伍洙貳洒。

又收存留內額協抵餉銀肆拾壹兩捌錢叁分捌釐捌毫伍絲叁忽柒微貳纖伍塵壹渺。

又收存留內驛遞之差使甚少等事案內，共裁站銀貳千貳百肆拾貳兩壹錢陸分陸毫柒絲柒忽貳微壹纖叁塵陸渺柒漠捌沙，內在於題明請將驛站等事案內，留支本縣新增夫馬工料銀陸百柒拾伍兩壹錢柒分叁釐肆毫陸絲叁忽叁微柒纖壹塵壹渺陸漠捌沙；又撥給大安驛新增夫馬工料銀肆百叁拾陸兩柒錢貳分貳釐叁毫玖絲伍微陸纖肆漠外，止實收銀壹千壹百叁拾兩貳錢陸分肆釐捌毫貳絲叁忽貳微捌纖貳塵肆渺柒漠。

共該起運銀陸千捌百貳兩捌錢壹分伍釐柒毫肆絲叁忽叁微柒纖叁塵陸渺伍漠肆沙伍洙貳洒，內除受協同州等州縣驛站兑留兵餉應支銀貳千玖百貳拾兩柒錢陸分肆毫陸忽陸微柒纖壹塵壹渺；又在于請倣以糧載丁之例等事案內，通省以糧均丁減銀貳千叁百捌拾兩陸錢叁分叁釐捌毫伍絲肆忽伍纖伍塵捌渺，內除乾隆元、陸、拾壹、拾陸、貳拾壹、貳拾陸等年編審案內，共增抵補屯更丁銀伍百貳拾肆兩肆錢捌釐叁毫貳絲捌忽叁微貳纖叁塵陸漠陸沙陸洙陸涯肆洒，又乾隆叁拾壹、叁拾陸兩年編審案內，共增抵補屯更丁銀貳百伍拾玖兩叁分柒釐肆毫捌絲肆忽壹微陸纖壹塵伍渺叁漠叁沙叁洙叁涯貳洒，止該減銀壹千伍百玖拾柒兩壹錢捌分捌釐肆絲壹忽伍微柒纖壹塵貳渺肆洒。

實該起運銀貳千貳百捌拾肆兩捌錢陸分柒釐貳毫玖絲伍忽壹微叁纖壹塵叁渺伍漠肆沙肆洙玖涯捌洒，內除留支加增撥補俸工銀肆百柒拾貳兩肆錢柒分玖釐貳毫柒忽壹纖叁渺陸漠，止實該起運銀壹千捌百壹拾貳兩叁錢捌分捌釐捌絲捌忽壹微貳纖玖渺玖漠肆沙肆洙玖涯捌洒。

遇閏，順治玖年會議裁銀貳拾貳兩玖錢；拾肆年裁銀肆拾兩捌錢陸分肆釐陸毫柒絲。康熙元年裁銀壹拾貳兩柒錢；叁年裁銀貳拾兩貳錢柒分玖釐捌毫；拾伍年裁銀伍兩叁錢叁分叁釐貳毫柒絲；叁拾玖年裁銀叁兩陸錢貳分陸釐陸毫。雍正陸年裁銀叁兩；拾貳年裁銀貳兩。乾隆玖年裁銀壹兩陸錢；貳拾伍年裁同知各役俸工銀貳拾壹兩壹錢陸分陸釐陸毫陸絲，又各官閏俸銀壹拾肆兩貳錢伍分陸釐陸毫。

共銀壹百肆拾柒兩柒錢貳分柒釐陸毫，內除荒銀叁拾叁兩貳錢壹分貳釐伍毫柒絲柒忽肆微玖塵柒渺伍漠，實徵銀壹百壹拾肆兩伍錢壹分伍釐貳絲貳忽伍微玖纖貳渺伍漠。

又額外匠價閏銀貳錢貳分伍釐。

貳共起運閏銀壹百壹拾肆兩柒錢肆分貳絲貳忽伍微玖纖貳渺伍漠。

又收存留內驛遞之差使甚少並題明請將驛站等事案內，共裁站閏月銀貳拾柒兩叁錢叁分貳釐捌毫玖絲伍忽肆微玖纖貳塵柒漠。

貳項共銀壹百肆拾貳兩柒分貳釐玖毫壹絲捌忽捌纖貳塵叁渺貳漠，內在於請倣以糧載丁之例等事案內，通省以糧均丁減銀壹百貳拾貳兩壹錢叁分玖釐壹毫貳絲玖忽捌微捌纖玖渺，節次抵補屯更丁增閏銀肆拾壹兩伍錢壹分捌釐柒毫貳絲陸忽柒微玖纖叁塵柒渺玖漠玖沙玖洙玖涯陸洒，止該減銀捌拾兩陸錢貳分肆毫叁忽捌纖柒塵壹渺肆洒。

實該銀陸拾壹兩肆錢伍分貳釐伍毫壹絲肆忽玖微玖纖伍塵貳渺壹漠玖沙玖洙玖涯陸洒，內除留支加增撥補各役閏月銀壹拾陸兩叁錢柒分伍釐玖毫叁絲肆忽壹微柒纖柒塵捌渺伍漠；又留支撥補閏月不敷工料銀柒兩伍錢。止實該起運閏銀叁拾柒兩伍錢柒分陸釐伍毫捌絲捌微壹纖柒塵叁渺陸漠玖沙玖洙玖涯陸洒。

壹存留項下

原編存留銀伍千貳百壹拾伍兩叁錢壹分肆釐伍毫壹忽貳微，內除荒銀壹千壹百肆拾肆兩柒錢捌分壹釐貳毫壹絲玖忽叁纖肆塵捌渺叁漠叁沙伍洙玖涯貳洒，實徵銀肆千柒拾兩伍錢叁分叁釐貳毫捌絲貳忽壹微陸纖伍塵壹渺陸漠陸沙肆洙捌洒。

壹俸工項下

本府教授訓導貳員，額支俸薪銀叁拾壹兩伍錢貳分，內除荒撥補銀柒兩捌分陸釐肆毫貳絲玖忽叁微貳纖肆塵，實徵支銀貳拾肆兩肆錢叁分叁釐伍毫柒絲陸微柒纖陸塵。外撥補全俸銀伍拾叁兩肆錢捌分。

知縣壹員，額支俸薪銀肆拾伍兩，內除荒銀壹拾兩壹錢壹分柒釐陸絲柒忽伍微，實徵支銀叁拾肆兩捌錢捌分貳釐玖毫叁絲貳忽伍微，內均攤俸工銀壹拾兩貳錢玖分伍毫叁絲玖忽壹微肆纖伍渺，即留抵撥補各員役俸工訖。

典史壹員，額支俸薪銀叁拾壹兩伍錢貳分，內除荒撥補銀柒兩捌分陸釐肆毫貳絲玖忽叁微貳纖肆塵，實徵支銀貳拾肆兩肆錢叁分叁釐伍毫柒絲陸微柒纖陸塵。

教諭、訓導貳員，額支俸薪銀叁拾壹兩伍錢貳分，內除荒撥補銀柒兩捌分陸釐肆毫貳絲玖忽叁微貳纖肆塵，實徵支銀貳拾肆兩肆錢叁分叁釐伍毫柒絲陸微柒纖陸塵。外撥補全俸銀肆拾捌兩肆錢捌分。

青石關巡檢壹員，額支俸薪銀叁拾壹兩伍錢貳分，內除荒撥補銀柒兩捌分陸釐肆毫貳絲叁忽叁微貳纖肆塵，實徵支銀貳拾肆兩肆錢叁分叁釐伍毫柒絲陸微柒纖陸塵。

府教職衙門

齋夫貳名，每名歲支工食銀壹拾貳兩，共支銀貳拾肆兩，內除荒撥補銀伍兩叁錢玖分伍釐柒毫柒絲叁忽叁微，實徵支銀壹拾捌兩陸錢肆釐貳毫貳絲陸忽柒微。遇閏加銀貳兩，內除荒銀肆錢肆分玖釐陸毫肆絲陸忽陸微伍纖，實徵支銀壹兩伍錢伍分叁毫伍絲叁忽叁微伍纖。

膳夫貳名，額支工食銀壹拾叁兩叁錢叁分叁釐叁毫叁絲，內除荒撥補銀貳兩玖錢玖分柒釐伍毫玖絲玖忽陸微叁纖陸塵玖漠陸沙，實徵支銀壹拾兩叁錢叁分伍釐柒毫叁絲叁微陸纖叁塵玖渺肆沙係廩生領支。遇閏加銀壹兩壹錢壹分壹釐壹毫，內除荒撥補銀貳錢肆分玖釐捌毫陸微叁纖貳塵玖渺貳漠伍沙，實徵支銀捌錢陸分壹釐貳毫玖絲玖忽叁微陸纖柒塵柒漠伍沙。

門斗叁名，每名歲支工食銀柒兩貳錢，共支銀貳拾壹兩陸錢，內除荒撥補銀肆兩捌錢伍分陸釐壹毫柒絲伍忽玖微貳纖，實徵支銀壹拾陸兩柒錢肆分叁釐捌毫貳絲肆忽捌纖。遇閏加銀壹兩捌錢，內除荒銀肆錢肆釐陸毫捌絲貳忽陸纖，實徵支銀壹兩叁錢玖分伍釐叁毫壹絲柒忽玖微肆纖。

廩生肆拾名，每名歲支月糧銀叁兩貳錢，共支銀壹百貳拾捌兩，內除荒撥補銀貳拾捌兩柒錢柒分柒釐叁毫捌絲陸微，實徵支銀玖拾玖兩貳錢貳分貳釐陸毫壹絲玖忽肆微。遇閏加銀壹拾兩陸錢陸分陸釐陸毫柒絲，內除荒撥補銀貳兩叁錢玖分捌釐壹毫壹絲伍忽捌微貳纖陸塵，實徵支銀捌兩貳錢陸分捌釐伍毫伍絲肆忽壹微柒纖肆塵。

知縣衙門

門子貳名，每名歲支工食銀陸兩，共支銀壹拾貳兩，內除荒撥補銀貳兩陸錢玖分柒釐捌毫柒絲肆忽玖微，實徵支銀玖兩叁錢貳釐壹毫貳絲伍忽壹微。遇閏加銀壹兩，內除荒銀貳錢貳分肆釐捌毫貳絲叁忽捌微，實徵支銀柒錢柒分捌釐壹毫柒絲陸忽貳微。

皂隸、仵作壹拾陸名，每名歲支工食銀陸兩，共支銀玖拾陸兩，內除荒撥補銀貳拾壹兩伍錢捌分叁釐伍絲伍忽柒微，實徵支銀柒拾肆兩肆錢壹分陸釐玖毫肆絲肆忽叁微。遇閏加銀捌兩，內除荒銀壹兩柒錢玖分捌釐伍毫捌絲柒忽壹微，實徵支銀陸兩貳錢壹釐肆毫壹絲貳忽玖微。

馬快捌名，每名歲支工食草料銀壹拾陸兩捌錢，共支銀壹百叁拾肆兩肆錢，內除荒撥補銀叁拾兩貳錢壹分陸釐貳毫陸絲陸忽柒微捌纖，實徵支銀壹百肆兩壹錢捌分叁釐柒毫叁絲叁忽貳微貳纖。遇閏加銀壹拾壹兩貳錢，內除荒銀貳兩伍錢壹分捌釐貳絲壹忽陸微肆纖，實徵支銀捌兩陸錢捌分壹釐玖毫柒絲捌忽叁微陸纖。

民壯肆拾陸名，每名歲支工食銀陸兩，共支銀貳百柒拾陸兩，內除荒撥補銀陸拾貳兩伍分壹釐貳毫叁絲肆忽貳微，實徵支銀貳百壹拾叁兩玖錢肆分捌釐柒毫陸絲伍忽捌微。遇閏加銀貳拾叁兩，內除荒銀伍兩壹錢柒分玖毫叁絲柒忽柒微伍纖，實徵支銀壹拾柒兩捌錢貳分玖釐陸絲貳忽貳微伍纖。

看監禁卒捌名，每名歲支工食銀陸兩，共支銀肆拾捌兩，內除荒撥補銀壹拾兩柒錢玖分壹釐伍毫壹絲陸忽壹微，實徵支銀叁拾柒兩貳錢捌釐肆毫捌絲叁忽玖微。外每名加銀貳兩，共銀壹拾陸兩。遇閏加銀肆兩，內除荒銀捌錢玖分玖釐貳毫玖絲叁忽捌微，實徵支銀叁兩壹錢柒毫陸忽貳微。

轎傘扇夫柒名，每名歲支工食銀陸兩，共支銀肆拾貳兩，內除荒撥補銀玖兩肆錢肆分貳釐伍毫玖絲叁忽肆微，實徵支銀叁拾貳兩伍錢伍分柒釐肆毫陸忽陸微。遇閏加銀叁兩伍錢，內除荒銀柒錢捌分陸釐捌毫捌絲壹忽玖微，實徵支銀貳兩柒錢壹分叁釐壹毫壹絲捌忽壹微。

庫子肆名，每名歲支工食銀陸兩，共支銀貳拾肆兩，內除荒撥補銀伍兩叁錢玖分伍釐柒毫柒絲叁忽叁微，實徵支銀壹拾捌兩陸錢肆釐貳毫貳絲陸忽柒微。遇閏加銀貳兩，內除荒銀肆錢肆分玖釐陸毫肆絲陸忽陸微伍纖，實徵支銀壹兩伍錢伍分叁毫伍絲叁忽叁微伍纖。

斗級肆名，每名歲支工食銀陸兩，共支銀貳拾肆兩，內除荒撥補銀伍兩叁錢玖分伍釐柒毫柒絲叁忽叁微，實徵支銀壹拾捌兩陸錢肆釐貳毫貳絲陸忽柒微。遇閏加銀貳兩，內除荒銀肆錢肆分玖釐陸毫肆絲陸忽陸微伍纖，實徵支銀壹兩伍錢伍分叁毫伍絲叁忽叁微伍纖。

舖司兵貳拾壹名，每名歲支工食銀肆兩捌錢，共支銀壹百兩捌錢，內抽撥定遠廳舖司兵壹名，其正閏工食銀兩，由該縣按季解司支領內除荒銀貳拾貳兩陸錢陸分貳釐陸毫壹絲玖忽柒微伍纖伍塵叁渺陸漠，實徵支銀柒拾捌兩壹錢叁分柒釐叁毫捌絲貳微肆纖肆塵陸渺肆漠。外加增銀肆拾捌兩伍錢捌分肆釐肆毫柒絲捌忽柒微玖纖伍塵叁渺陸漠。遇閏加銀捌兩肆錢，內除荒銀壹兩捌錢捌分捌釐伍毫壹絲陸忽陸微貳塵，實徵支銀陸兩伍錢壹分壹釐肆毫捌絲叁忽叁微玖纖捌塵。外加增銀肆兩肆分捌釐陸毫柒絲壹忽伍微貳纖貳塵。

鐘鼓夫壹拾名，每名歲支工食銀貳兩肆錢，共支銀貳拾肆兩，內除荒撥補銀伍兩叁錢玖分伍釐柒毫柒絲叁忽叁微，實徵支銀壹拾捌兩陸錢肆釐貳毫貳絲陸忽柒微。遇閏加銀貳兩，內除荒銀肆錢肆分玖釐陸毫肆絲柒忽伍纖，實徵支銀壹兩伍錢伍分叁毫伍絲貳忽玖微伍纖。

各渡水手柒名，每名歲支工食銀貳兩，共支銀壹拾肆兩，內除荒撥補銀叁兩壹錢肆分柒釐伍毫叁絲叁忽捌微，實徵支銀壹拾兩捌錢伍分貳釐肆毫陸絲陸忽貳微。遇閏加銀壹兩壹錢陸分陸釐伍毫，內除荒銀貳錢陸分貳釐貳毫伍絲捌忽叁微肆纖叁塵，實徵支銀玖錢肆釐貳毫肆絲壹忽陸微伍纖柒塵。

典史衙門

門子壹名，歲支工食銀陸兩，內除荒撥補銀壹兩叁錢肆分捌釐玖毫伍絲叁忽貳微，實徵支銀肆兩陸錢伍分壹釐肆絲陸忽捌微。遇閏加銀伍錢，內除荒銀壹錢壹分貳釐肆毫壹絲貳忽壹微，實徵支銀叁錢捌分柒釐伍毫捌絲柒忽玖微。

皂隸肆名，每名歲支工食銀陸兩，共支銀貳拾肆兩，內除荒撥補銀伍兩叁錢玖分伍釐柒毫柒絲叁忽叁微，實徵支銀壹拾捌兩陸錢肆釐貳毫貳絲陸忽柒微。遇閏加銀貳兩，內除荒銀肆錢肆分玖釐陸毫肆絲陸忽陸微伍纖，實徵支銀壹兩伍錢伍分叁毫伍絲叁忽叁微伍纖。

馬夫壹名，歲支工食銀陸兩，內除荒撥補銀壹兩叁錢肆分捌釐玖毫伍絲叁忽貳微，實徵支銀肆兩陸錢伍分壹釐肆絲陸忽捌微。遇閏加銀伍錢，內除荒銀壹錢壹分貳釐肆毫壹絲貳忽壹微，實徵支銀叁錢捌分柒釐伍毫捌絲柒忽玖微。

教職衙門

齋夫叁名，每名歲支工食銀壹拾貳兩，共支銀叁拾陸兩，內除荒撥補銀捌兩玖分叁釐陸毫肆絲壹忽貳微，實徵支銀貳拾柒兩玖錢陸釐叁毫伍絲捌忽捌微。遇閏加銀叁兩，內除荒銀陸錢柒分肆釐肆毫柒絲壹忽伍微伍纖，實徵支銀貳兩叁錢貳分伍釐伍毫貳絲捌忽肆微伍纖。

膳夫貳名，額支銀壹拾叁兩叁錢叁分叁釐叁毫叁絲，內除荒撥補銀貳兩玖錢玖分柒釐伍毫玖絲玖忽陸微叁纖陸塵玖漠陸沙，實徵支銀壹拾兩叁錢叁分伍釐柒毫叁絲叁微陸纖叁塵玖渺肆沙係廩生支領。遇閏加銀壹兩壹錢壹分壹釐壹毫，內除荒撥補銀貳錢肆分玖釐柒毫玖絲叁忽陸微叁纖貳塵玖渺貳漠伍沙，實徵支銀捌錢陸分壹釐叁毫陸忽叁微陸纖柒塵柒漠伍沙。

門斗叁名，每名歲支工食銀柒兩貳錢，共支銀貳拾壹兩陸錢，內除荒撥補銀肆兩捌錢伍分陸釐壹毫柒絲伍忽玖微貳纖，實徵支銀壹拾陸兩柒錢肆分叁釐捌毫貳絲肆忽捌纖。遇閏加銀壹兩捌錢，內除荒銀肆錢肆釐陸毫捌絲貳忽陸纖，實徵支銀壹兩叁錢玖分伍釐叁毫壹絲柒忽玖微肆纖。

廩生貳拾名，每名歲支月糧銀叁兩貳錢，共支銀陸拾肆兩，內除荒撥補銀壹拾肆兩叁錢捌分捌釐柒毫叁忽捌微，實徵支銀肆拾玖兩陸錢壹分壹釐貳毫玖絲陸忽貳微。遇閏加銀伍兩叁錢叁分叁釐叁毫叁絲，內除荒撥補銀壹兩壹錢玖分玖釐伍絲柒忽玖微貳纖肆塵，實徵支銀肆兩壹錢叁分肆釐貳毫柒絲貳忽柒纖陸塵。

巡檢衙門

皂隸貳名，每名歲支工食銀陸兩，共支銀壹拾貳兩，內除荒撥補銀貳兩陸錢玖分柒釐捌毫柒絲肆忽玖微，實徵支銀玖兩叁錢貳釐壹毫貳絲伍忽壹微。遇閏加銀壹兩，內除荒銀貳錢貳分肆釐捌毫貳絲叁忽捌微，實徵支銀柒錢柒分伍釐壹毫柒絲陸忽貳微。

以上俸工項下，除廩生、膳夫貳欵照常支發外，其餘官役俸工於道光貳拾叁年奉文，均以貳兩平支放，每兩減平銀陸分，其減平銀兩，每年批解部庫交納，理合登明。

壹雜支項下

春秋貳季致祭文廟及各壇祠並無祀鬼魂品物等項共銀壹百壹兩叁錢柒分，內除荒銀貳拾貳兩柒錢玖分貳釐柒毫柒絲伍忽柒微叁纖貳塵柒渺伍漠肆沙玖洙肆涯，實徵支銀柒拾捌兩伍錢柒分柒釐貳毫貳絲肆忽貳微陸纖柒塵貳渺肆漠伍沙陸涯。

鄉飲銀伍兩伍錢，內除荒銀壹兩貳錢叁分陸釐伍毫叁絲叁微伍纖，實徵支銀肆兩貳錢陸分叁釐肆毫陸絲玖忽陸微伍纖於道光貳拾叁年奉文裁汰，其徵收銀兩，每年批解部庫交納，理合登明。

刷印時憲書銀壹兩，內除荒銀貳錢貳分肆釐捌毫貳絲陸忽伍微伍纖，實徵支銀柒錢柒分伍釐壹毫柒絲叁忽肆微伍纖。

布政司紙劄銀壹兩柒錢貳分伍釐，內除荒銀叁錢捌分柒釐壹毫捌絲柒忽柒微伍纖柒塵伍渺，實徵支銀壹兩叁錢叁分柒釐捌毫壹絲貳忽貳微肆纖貳塵伍渺於道光貳拾叁年奉文裁汰，其徵收銀兩，每年批解部庫交納，理合登明。

壹孤貧項下

孤者貳拾柒名，共支口糧銀捌拾壹兩玖錢壹分叁釐，內除荒銀壹拾捌兩肆錢壹分伍釐玖毫伍絲陸忽伍微陸纖肆塵壹渺伍漠，實徵支銀陸拾叁兩肆錢玖分柒釐肆絲叁忽肆微叁纖伍塵捌渺伍漠。外加增銀叁拾肆兩貳錢捌分玖釐伍毫陸絲壹微叁纖壹塵伍漠。遇閏加銀捌兩壹錢。

孤老布花銀貳拾兩伍錢，內除荒銀肆兩陸錢捌釐捌毫柒絲捌忽伍微壹纖壹塵叁渺伍漠，實徵支銀壹拾伍兩捌錢玖分壹釐壹毫貳絲壹忽肆微捌纖捌塵陸渺伍漠。

壹驛站項下

站支共額銀貳千陸百伍拾陸兩肆錢柒分陸釐壹毫捌絲壹忽貳微，內除荒銀伍百陸拾玖兩肆錢玖分貳釐貳毫貳絲伍微肆纖柒塵貳渺捌漠肆沙陸洙伍涯貳洒，實徵支銀貳千捌拾陸兩玖錢捌分叁釐玖毫陸絲陸微伍纖貳塵柒渺壹漠伍沙叁洙肆涯捌洒。

又收受協西安府屬、同州等州縣站支兑留兵餉應支銀貳千玖百貳拾兩柒錢陸分肆毫陸忽陸微柒纖壹塵壹渺。

貳項共銀伍千柒兩柒錢肆分肆釐叁毫陸絲柒忽叁微貳纖叁塵捌渺壹漠伍沙叁洙肆涯捌洒，內除額協裁站並撥給夫馬工料銀壹千貳百捌拾陸兩陸錢貳分叁釐玖毫肆忽壹微柒纖捌塵伍漠貳沙，實支銀叁千柒百貳拾壹兩壹錢貳分肆毫陸絲叁忽壹微肆纖伍塵柒渺陸漠叁沙叁洙肆涯捌洒。

外收增給夫馬閏月工料銀貳拾壹兩陸錢。

共支銀叁千柒百肆拾貳兩柒錢貳分肆毫陸絲叁忽壹微肆纖伍塵柒渺陸漠叁沙叁洙肆涯捌洒。

壹走遞項下

接遞募夫銀柒兩肆錢捌分叁釐陸毫陸絲；損轎夫柒拾叁名，每名歲支工食銀柒兩貳錢，共支銀伍百貳拾伍兩陸錢；接遞僱募夫銀伍拾柒兩陸錢；走遞馬貳拾匹，草料工食銀肆百貳拾兩。

以上共額銀壹千壹拾兩陸錢捌分叁釐陸毫陸絲，內除荒銀貳百貳拾柒兩貳錢貳分伍釐肆毫叁絲玖忽柒纖捌塵貳渺肆漠貳沙，實徵銀柒百捌拾叁兩肆錢伍分捌釐貳毫貳絲玖微貳纖壹塵柒渺伍漠捌沙，內除站支抵餉並裁站銀叁百貳拾貳兩貳錢貳釐壹毫陸絲叁忽叁微捌纖玖塵伍渺伍漠捌沙入起運外，實徵支銀肆百陸拾壹兩貳錢伍分陸釐伍絲柒忽伍微叁纖貳塵貳渺。

遇閏加銀柒拾叁兩捌錢，內除荒銀壹拾陸兩伍錢玖分貳釐貳忽貳微捌纖肆塵貳渺，實徵銀伍拾柒兩貳錢柒釐玖毫玖絲柒忽柒微壹纖伍塵捌渺，內除裁站閏月銀貳拾柒兩叁錢叁分貳釐捌毫玖絲伍忽肆微玖纖貳塵柒漠，實徵支銀貳拾玖兩捌錢柒分伍釐壹毫貳忽貳微貳纖叁塵柒渺叁漠。

外收新增撥補夫馬閏月銀柒兩伍錢。

共支銀叁拾柒兩叁錢柒分伍釐壹毫貳忽貳微貳纖叁塵柒渺叁漠。

以上存留實徵銀肆千柒拾兩伍錢叁分叁釐貳毫捌絲貳忽壹微陸纖伍塵壹渺陸漠陸沙肆洙捌洒。

又收起運內受協同州等州縣站支兑留兵餉應支銀貳千玖百貳拾兩柒錢陸分肆毫陸忽陸微柒纖壹塵壹渺。

貳項共銀陸千玖百玖拾壹兩貳錢玖分叁釐陸毫捌絲捌忽捌微叁纖陸塵貳渺陸漠陸沙肆洙捌洒，內除額協永壽縣驛站抵餉銀肆拾壹兩捌錢叁分捌釐捌毫伍絲叁忽柒微貳纖伍塵壹渺；又除驛遞之差使甚少等事案內，共裁站銀貳千貳百肆拾貳兩壹錢陸分陸毫柒絲柒忽貳微壹纖叁塵陸渺柒漠捌沙，內在於題明請將驛站等事案內，留支本縣新增夫馬工料銀陸百柒拾伍兩壹錢柒分叁釐肆毫陸絲叁忽叁微柒纖壹塵壹渺陸漠捌沙，又撥給大安驛新增夫馬工料銀肆百叁拾陸兩柒錢貳分貳釐叁毫玖絲伍微陸纖肆漠外，實裁銀壹千壹百叁拾兩貳錢陸分肆釐捌毫貳絲叁忽貳微捌纖貳塵肆渺柒漠。止該銀伍千叁百捌拾貳兩肆錢陸分柒釐陸毫貳絲壹忽貳微陸纖捌塵陸渺伍漠陸沙肆洙捌洒。

外加增撥補俸工，除知縣攤俸留抵外，實該留支銀肆百柒拾貳兩肆錢柒分玖釐貳毫柒忽壹纖叁渺陸漠，內除減給洋縣支給本府禁卒工食銀伍兩柒錢玖分叁釐伍毫陸絲壹忽。

共實該銀伍千捌百肆拾玖兩壹錢伍分叁釐貳毫陸絲柒忽貳微柒纖玖塵壹漠陸沙肆洙捌洒乾隆伍拾貳年奉文，全數解司，一切支欵，俱由司按季領支，嗣於嘉慶伍年奉文，照舊在縣留支，並不解司，按季請領。

外遇閏原加銀壹百捌拾伍兩壹錢肆分伍釐叁毫，內除各官閏俸銀壹拾肆兩貳錢伍分陸釐陸毫入起運外，實該銀壹百柒拾兩捌錢捌分捌釐柒毫，內除荒銀叁拾捌兩肆錢壹分玖釐捌毫捌忽伍微伍纖伍塵伍漠，實徵銀壹百叁拾貳兩肆錢陸分捌釐捌毫玖絲壹忽肆微肆纖肆塵玖渺伍漠，內除驛遞之差使甚少並題明請將驛站等事案內，共裁站閏月銀貳拾柒兩叁錢叁分貳釐捌毫玖絲伍忽肆微玖纖貳塵柒漠。止該銀壹百伍兩壹錢叁分伍釐玖毫玖絲伍忽玖微伍纖貳塵捌渺捌漠。

外加增撥補役廩閏月銀壹拾陸兩叁錢柒分伍釐玖毫叁絲肆忽壹微柒纖柒塵捌渺伍漠。

又留支夫馬閏月銀柒兩伍錢。

共該銀壹百貳拾玖兩壹分壹釐玖毫叁絲壹微叁纖柒渺叁漠於乾隆伍拾貳年奉文，全數解司，壹切支欵，俱由司按季領支，嗣於嘉慶伍年奉文，照舊在縣留支，並不解司，按季請領。

外於西安布政司庫撥補領支夫馬閏月銀貳拾壹兩陸錢係動支司庫收貯起運銀兩。

壹額外

課程銀壹拾叁兩叁錢捌分捌釐係舖戶出辦。遇閏加銀壹兩壹錢壹分伍釐陸毫陸絲。

壹襍稅

畜稅銀叁百陸拾陸兩肆錢叁分捌釐係買騾馬人戶出辦，每兩叁分，原無定額，儘收儘解。

牙帖銀肆拾壹兩肆錢上則牙人叁拾貳名，每名原額銀壹兩貳錢；下則牙人伍名，每名原額銀陸錢。

當稅銀肆拾伍兩係當商出辦，共當商玖座，每座每年納稅銀伍兩。

地稅銀壹百陸兩陸錢捌分係買房田業主出辦，每兩叁分，原無定額，儘收儘解。

鹽課銀柒百玖拾肆兩玖錢捌釐嘉慶拾伍年按照前項起存銀兩徵收，每正銀壹兩，攤徵銀肆分叁釐捌毫柒絲叁微陸纖玖渺，永為定額，並不加耗增閏，遇有蠲豁蠲免之年，亦不增減蠲免。

洋縣

原額折正壹等地肆千壹百柒拾肆頃壹拾壹畝壹分捌釐肆毫，每畝科糧壹升柒合叁勺玖抄伍撮叁圭貳粟壹粒，共糧柒千貳百陸拾壹石壹合叁勺叁抄，每石徵銀貳兩肆錢捌分柒釐叁毫貳絲，共額徵銀壹萬捌千陸拾兩肆錢叁分柒釐肆毫貳絲陸忽陸微肆纖。

內於康熙捌年、貳拾叁年並乾隆貳拾伍等年在於秦屬蠲免、再疏籲請、詳查議奏等事叁案內，題明豁免過荒地壹千伍百玖拾頃肆拾玖畝壹釐，該免折色糧貳千柒百陸拾陸石柒斗捌合伍勺柒抄捌撮伍圭貳粟叁粒陸顆，該免銀陸千捌百捌拾壹兩陸錢捌分玖釐伍毫捌絲叁忽伍纖伍塵伍渺陸漠壹沙，內節年開墾並續首共地貳百壹拾玖頃貳拾柒畝捌分捌釐柒毫，該折色糧叁百捌拾壹石肆斗肆升貳合陸勺叁抄叁撮貳圭壹粟陸粒貳顆陸糠伍粃，該銀玖百肆拾捌兩柒錢陸分玖釐玖毫壹忽肆微叁纖伍渺貳漠捌沙陸洙貳涯；又乾隆伍拾陸年報懇周家庄等折正壹等水地陸頃玖拾捌畝，該折色糧壹拾貳石壹斗肆升壹合玖勺叁抄肆撮伍粟捌粒，該銀叁拾兩貳錢捌毫捌絲伍微捌纖陸塵伍渺肆漠；又乾隆陸拾年報懇周家庄等折正壹等旱地陸頃柒拾貳畝陸分，該折色糧壹拾壹石柒斗玖抄貳撮玖圭肆粒陸顆，該銀貳拾玖兩壹錢壹釐捌毫捌絲陸纖捌渺玖漠捌沙，以增抵除。實豁免地壹千叁百伍拾柒頃拾畝伍分貳釐叁毫，糧貳千叁百陸拾壹石肆斗貳升叁合玖勺壹抄捌撮叁圭肆粟肆粒柒顆叁糠玖粃伍粃，銀伍千捌百柒拾叁兩陸錢壹分陸釐玖毫貳絲玖微柒纖柒塵伍渺玖漠肆沙叁洙捌涯。

止實熟地貳千捌百壹拾陸頃陸拾畝陸分陸釐壹毫，共糧肆千捌百玖拾玖石伍斗柒升柒合肆勺壹抄壹撮陸圭伍粟伍粒貳顆陸糠伍粃，共徵銀壹萬貳千壹百捌拾陸兩捌錢貳分伍毫伍忽陸微陸纖貳塵肆渺伍沙陸洙貳涯，內乾隆伍拾年在於遵旨會核酌議等事案內，分撥寧陝廳折正壹等地壹頃伍拾畝柒分肆毫，該折色糧貳石陸斗貳升壹合伍勺肆抄，折徵銀陸兩伍錢貳分陸毫貳絲壹忽柒纖壹塵伍渺壹漠；又道光伍年在於知照事案內，分撥佛坪廳地叁拾陸頃貳拾貳畝肆分玖釐叁毫，共折色糧陸拾叁石壹升肆合肆勺貳抄捌撮伍圭伍粟伍粒貳顆伍糠叁粃，共折色銀壹百伍拾陸兩柒錢叁分柒釐柒絲伍忽貳微肆纖壹塵伍渺壹漠肆沙叁洙玖涯。止實熟地貳千柒百柒拾捌頃捌拾柒畝肆分陸釐肆毫，該糧肆千捌百叁拾叁石玖斗肆升壹合肆勺肆抄叁撮壹圭柒粃伍粺，共徵銀壹萬貳千貳拾叁兩伍錢陸分貳釐捌毫玖忽叁微肆纖玖塵叁渺捌漠壹沙貳洙叁涯遵照乾隆伍拾玖年奉准部咨令，將康熙年間易知由單內載：折正壹等地每畝徵銀肆分叁釐貳毫陸絲柒忽柒微叁纖柒塵貳渺叁漠，逐壹纂入書內，嗣後遇有墾豁，以便按畝增除。

又順治拾肆年清丈出溢額沙淤灘地伍拾玖畝伍分，該徵糧捌斗玖升叁合，折銀貳兩貳錢貳分壹釐壹毫柒絲陸忽柒微陸纖遵照乾隆伍拾玖年奉准部咨令，將康熙年間易知由單內載：每畝徵糧壹升伍合捌撮肆圭叁粒叁顆，每畝徵銀叁分柒釐叁毫叁絲柒微壹塵肆渺，逐壹纂入書內，嗣後遇有墾豁，以便按畝增除。

以上實熟民地並清丈出溢額灘地共貳千柒百柒拾玖頃肆拾陸畝玖分陸釐肆毫，實徵糧折銀壹萬貳千貳拾伍兩柒錢捌分叁釐玖毫捌絲陸忽壹微玖塵叁渺捌漠壹沙貳洙叁涯。

原額人丁叁等玖則不等，共折下下人丁肆萬陸千貳百陸拾肆丁，每丁徵銀壹錢肆分叁釐叁絲叁忽貳纖，共銀陸千陸百壹拾柒兩貳錢捌分捌釐，內除優免丁玖百叁拾玖丁，共銀壹百叁拾肆兩叁錢捌釐。

行差丁肆萬伍千叁百貳拾伍丁，共額徵銀陸千肆百捌拾貳兩玖錢捌分。

順治柒年並康熙貳拾叁年再疏籲請等事案內，題明免過逃亡並殺擄死絕丁壹萬貳千肆百叁拾丁，應除銀壹千柒百柒拾柒兩玖錢壹釐陸毫玖絲肆忽，內招回並節年編審出人丁貳千捌拾貳丁，該銀貳百玖拾柒兩柒錢玖分肆釐捌毫叁絲貳忽肆微，實應免丁壹萬叁百肆拾捌丁，免銀壹千肆百捌拾兩壹錢陸釐捌毫陸絲壹忽陸微。

以上實在丁叁萬肆千玖百柒拾柒丁，共徵銀伍千貳兩捌錢柒分叁釐壹毫叁絲捌忽肆微，內乾隆伍拾年在於遵旨會核酌議等事案內，分撥寧陝廳載丁銀玖錢玖分捌釐伍毫柒絲伍微捌纖玖塵伍渺陸漠；又道光伍年在於知照事案內，分撥佛坪廳均載丁銀貳拾肆兩貳釐柒毫捌絲貳忽壹微柒纖玖塵肆渺柒漠壹沙伍洙肆涯陸洒。止實在丁叁萬肆千玖百柒拾柒丁，共徵銀肆千玖百柒拾柒兩捌錢柒分壹釐柒毫捌絲伍忽陸微叁纖玖渺陸漠捌沙肆洙伍涯肆洒於雍正伍年解入前項地糧內攤徵。

康熙伍拾伍年起，至乾隆貳拾陸年至，編審出丁叁拾玖丁；乾隆叁拾壹年編審出丁肆丁；乾隆叁拾陸年編審出丁肆丁。共編審出丁肆拾柒丁，欽遵康熙伍拾貳年叁月拾捌日恩詔，後遇編審之期，但據康熙伍拾年丁冊定為常額，續生人丁，永不加賦。

原額均徭銀叁千玖拾叁兩柒錢壹分伍釐伍絲伍忽貳微肆纖柒塵玖渺，內除荒銀壹千陸兩壹錢叁分柒釐叁毫叁絲叁忽貳微柒纖叁塵捌渺伍漠柒沙玖洙伍涯，實徵銀貳千捌拾柒兩伍錢柒分柒釐柒毫貳絲壹忽玖微柒纖肆塵肆漠貳沙伍涯，內乾隆伍拾年在於遵旨會核酌議等事案內，分撥寧陝廳均徭銀壹兩壹錢壹分柒釐壹毫陸忽壹微柒纖肆塵貳渺陸沙肆洙；又於道光伍年在於知照事案內，分撥佛坪廳均徭銀貳拾陸兩捌錢伍分貳釐叁絲肆忽壹纖肆塵壹渺陸漠壹沙叁洙。止該徵均徭銀貳千伍拾玖兩陸錢捌釐伍毫捌絲壹忽柒微捌纖伍塵陸渺柒漠肆沙叁洙伍涯係按照前項地畝，每畝徵銀柒釐肆毫壹絲貳忽伍微捌纖肆塵壹渺。

順治拾肆年清丈出溢額沙淤灘地，額徵均徭銀叁錢捌分肆毫捌絲壹忽係按前項地畝，每畝徵銀柒釐肆毫壹絲貳忽伍微捌纖肆塵壹渺。

貳項實徵均徭銀貳千伍拾玖兩玖錢捌分玖釐陸絲貳忽柒微捌纖伍塵陸渺柒漠肆沙叁洙伍涯。

外遇閏，地、丁、均徭原額加徵銀伍百陸拾伍兩捌錢叁釐伍毫陸絲貳忽，內除荒銀壹百伍拾肆兩叁錢貳分貳釐壹毫陸忽伍微捌纖壹塵貳渺肆漠，實徵銀肆百壹拾壹兩肆錢捌分壹釐肆毫伍絲伍忽肆微壹纖捌塵柒渺陸漠，內除分撥寧陝廳地、丁閏銀壹錢捌分伍釐陸毫貳絲陸忽伍微壹纖陸塵肆渺；又除分撥佛坪廳閏銀肆兩肆錢柒分伍釐貳毫貳絲貳忽陸微叁纖壹塵陸渺貳漠捌沙伍洙叁涯壹洒。止實徵銀肆百陸兩捌錢貳分陸毫陸忽貳微柒纖柒渺叁漠壹沙肆洙陸涯玖洒。

額外徵收柴山祭祀銀肆兩。

停免銀伍百柒拾陸兩捌錢陸分叁毫陸忽叁微貳纖，內除分撥寧陝廳停免銀叁錢壹分壹毫貳忽捌微貳纖；又除分撥佛坪廳停免銀柒兩肆錢伍分叁釐玖毫玖絲柒忽貳微陸纖肆塵玖渺玖漠柒沙叁洙柒涯貳洒。止該停免銀伍百陸拾玖兩玖分陸釐貳毫陸忽貳微叁纖伍塵貳沙陸洙貳涯捌洒。

匠價銀壹拾陸兩陸錢伍分，內除分撥寧陝廳匠價銀捌釐玖毫伍絲；又除分撥佛坪廳匠價銀貳錢壹分伍釐壹毫叁絲貳忽柒微捌塵肆渺壹漠玖沙肆洙玖涯。止該匠價銀壹拾陸兩肆錢貳分伍釐玖毫壹絲柒忽貳微玖纖壹塵伍渺捌漠伍洙壹涯。遇閏加銀壹兩叁錢捌分柒釐伍毫，內除分撥寧陝廳銀柒毫肆絲伍忽玖微貳纖捌塵；又除分撥佛坪廳閏銀肆釐陸毫叁絲柒忽叁微陸纖捌塵叁渺柒漠壹沙肆洙陸涯玖洒。止該閏銀壹兩叁錢捌分貳釐壹毫壹絲陸忽柒微叁塵陸渺貳漠捌沙伍洙叁涯壹洒。

以上正閏各項俱攤入前項地糧內徵解。

以上共額徵地、丁貳項並均徭、額外灘地、柴山祭祀、停免、匠價等項，除優免丁銀外，應徵銀貳萬捌千貳百叁拾柒兩貳錢肆分肆釐肆毫肆絲伍忽玖微陸纖柒塵玖渺，內除荒亡缺額銀捌千叁百伍拾玖兩捌錢陸分壹釐壹毫壹絲伍忽捌微伍纖壹塵肆渺伍漠貳沙叁洙叁涯，實徵銀壹萬玖千捌百柒拾柒兩叁錢捌分叁釐叁毫叁絲壹微壹纖陸塵肆渺肆漠柒沙陸洙柒涯，內除分撥寧陝廳地、丁等項銀捌兩玖錢伍分伍釐叁毫伍絲陸微伍纖伍塵貳渺柒漠陸沙肆洙；又除分撥佛坪廳地、丁等項銀貳百壹拾伍兩貳錢陸分壹釐貳絲壹忽肆微捌塵伍渺陸漠肆沙玖涯捌洒。止實徵銀壹萬玖千陸百伍拾叁兩壹錢陸分陸釐玖毫伍絲捌忽伍纖貳塵陸渺柒沙壹洙柒涯貳洒。

外遇閏加徵銀伍百陸拾伍兩捌錢叁釐伍毫陸絲貳忽，內除荒銀壹百伍拾肆兩叁錢貳分貳釐壹毫陸忽伍微捌纖壹塵貳渺肆漠，實徵銀肆百壹拾壹兩肆錢捌分壹釐肆毫伍絲伍忽肆微壹纖捌塵柒渺陸漠，內除分撥寧陝廳閏銀壹錢捌分伍釐陸毫貳絲陸忽伍微壹纖陸塵肆渺；又除分撥佛坪廳閏銀肆兩肆錢柒分伍釐貳毫貳絲貳忽陸微叁纖壹塵陸渺貳漠捌沙伍洙叁涯壹洒。止實徵銀肆百陸兩捌錢貳分陸毫陸忽貳微柒纖柒渺叁漠壹沙肆洙陸涯玖洒。

又額外匠價閏銀壹兩叁錢捌分柒釐伍毫，內除分撥寧陝廳閏銀柒毫肆絲伍忽玖微貳纖捌塵；又除分撥佛坪廳閏銀肆釐陸毫叁絲柒忽叁微陸纖捌塵叁渺柒漠壹沙肆洙陸涯玖洒。止實徵銀壹兩叁錢捌分貳釐壹毫壹絲陸忽柒微叁塵陸渺貳漠捌沙伍洙叁涯壹洒。

以上實徵閏銀肆百捌兩貳錢貳釐柒毫貳絲貳忽玖微柒纖肆塵叁渺陸漠。

壹起運項下

原編起運糧石折價銀玖千貳百壹拾壹兩貳錢肆分叁釐壹毫柒絲貳忽貳微肆纖，內除荒銀貳千玖百玖拾叁兩肆錢伍分捌釐肆毫陸絲柒忽捌微叁纖叁塵柒渺柒沙陸洙壹涯，實徵起運銀陸千貳百壹拾柒兩柒錢捌分肆釐柒毫肆忽肆微陸塵貳渺玖漠貳沙叁洙玖涯。

節裁藥味、牲口、軍器、胖襖、年例等項歸入起運銀貳千柒拾貳兩肆錢貳分貳釐壹毫捌絲貳微肆纖柒塵玖渺，內除荒銀伍百貳拾肆兩肆分貳釐陸絲伍忽玖微捌纖陸塵叁渺玖漠叁沙壹洙叁涯，實起運銀壹千伍百肆拾捌兩叁錢捌分壹毫壹絲肆忽貳微陸纖壹塵伍渺陸沙捌洙柒涯。

舊編存留，內順治玖年裁扣各役工食銀陸百壹拾伍兩貳錢；拾貳年裁扣修宅、傢伙、傘扇銀貳百兩；拾肆年裁扣官生俸廩銀伍百捌拾捌兩壹錢貳分陸釐肆毫伍絲，接遞、損夫叁分裁壹，銀壹百肆拾叁兩玖錢玖分陸釐伍毫肆絲肆忽貳微伍纖陸塵。康熙元年裁吏書工食銀肆百陸拾叁兩貳錢；叁年奉裁訓導俸薪、喂馬草料並門斗、齋夫工食共銀玖拾叁兩玖錢貳分；伍年奉裁司獄等項銀肆拾叁兩伍錢貳分；陸年奉裁推官等項銀貳百伍拾壹兩，雜費丁銀肆拾陸兩貳錢貳分貳釐貳毫；拾伍年奉裁心紅紙張、修倉、備辦刑具等項銀貳百柒拾叁兩陸錢肆分陸釐捌毫柒絲；貳拾柒年奉裁舉貢盤纏等項銀柒拾柒兩貳錢伍分；伍拾陸年奉裁表箋銀叁兩伍錢。雍正陸年奉裁燈夫工食銀陸拾兩；拾貳年奉裁民壯工食銀壹百肆拾肆兩。乾隆玖年奉裁舖司工食銀貳拾捌兩捌錢，冗費裁剩解部銀叁百玖拾玖兩叁錢陸分肆釐玖毫肆絲玖忽，又奉裁大使縣丞俸工充餉銀壹百壹拾玖兩伍錢貳分。

共銀叁千伍百伍拾壹兩貳錢陸分柒釐壹絲叁忽貳微伍纖陸塵，內除荒銀玖百柒拾兩陸分陸釐陸毫肆絲柒忽陸纖貳塵伍渺叁漠肆沙，實徵銀貳千伍百捌拾壹兩貳錢叁毫陸絲陸忽壹微玖纖叁塵肆渺陸漠陸沙。

又溢額地畝應徵折色均徭等銀貳兩陸錢壹釐陸毫伍絲柒忽柒微陸纖。

又額外徵收柴山祭祀、停免、匠價共銀伍百玖拾柒兩伍錢壹分叁毫陸忽叁微貳纖。

以上共實起運銀壹萬玖百肆拾柒兩肆錢柒分柒釐壹毫肆絲捌忽玖微肆纖壹塵貳渺陸漠伍沙貳洙陸涯，內除分撥寧陝廳起運銀捌兩玖錢伍分伍釐叁毫伍絲陸微伍纖伍塵貳渺柒漠陸沙肆洙；又除分撥佛坪廳起運銀貳百壹拾伍兩貳錢陸分壹釐貳絲壹忽肆微捌塵伍渺陸漠肆沙玖涯捌洒。止實起運銀壹萬柒百貳拾叁兩貳錢陸分柒毫柒絲陸忽捌微柒纖柒塵肆渺貳漠肆沙柒洙陸涯貳洒。

又收存留內額協同州、蒲城、朝邑等縣站支內抵充兵餉銀陸百肆拾叁兩柒錢玖分捌釐伍毫玖絲捌忽叁微伍纖貳塵肆渺。

又收存留內協臨洮府屬金縣協站抵餉銀伍拾玖兩玖分伍釐玖毫貳絲玖忽貳微。

又收驛遞之差使甚少等事案內，裁站銀肆千叁百柒拾叁兩叁錢玖分叁釐伍毫柒忽玖微肆纖柒塵捌漠陸沙。

共該起運銀壹萬伍千柒百玖拾玖兩伍錢肆分捌釐捌毫壹絲貳忽叁微柒纖陸塵玖渺壹漠柒洙陸涯貳洒，內除受協草凉等驛站支兑留兵餉應支銀陸千壹百玖拾貳兩叁錢肆分伍釐陸毫玖絲肆忽叁微捌纖陸塵叁渺陸漠；又在於請倣以糧載丁等事案內，通省均丁減銀貳千捌百貳拾肆兩叁錢伍釐捌毫肆絲柒忽肆微玖纖陸渺，內除乾隆元、陸、拾壹、拾陸、貳拾壹、貳拾陸等年編審案內，共增抵補屯更丁銀陸百壹拾玖兩玖錢柒分肆忽玖微伍塵陸渺，又乾隆叁拾壹、叁拾陸等年共增抵補屯更丁銀叁百玖兩肆錢捌分肆釐叁毫捌絲陸忽貳微伍纖貳塵捌渺，內除分撥寧陝廳抵補屯更丁銀肆錢玖分玖釐陸毫玖絲，止該抵補屯更丁銀玖百貳拾捌兩玖錢伍分肆釐柒毫壹忽壹微伍纖捌塵肆渺，止該減銀壹千捌百玖拾肆兩捌錢伍分壹釐肆毫伍絲陸忽叁微叁纖貳塵貳渺。

實該銀柒千柒百壹拾壹兩捌錢伍分壹釐玖毫柒絲壹忽陸微伍纖捌塵叁渺伍漠柒洙陸涯貳洒，內留支加增撥補俸工銀陸百肆拾陸兩伍錢柒分陸釐玖毫捌絲貳微貳纖貳塵玖渺柒漠捌沙柒洙玖涯，止該銀柒千陸拾伍兩貳錢柒分肆釐玖毫玖絲壹忽肆微叁纖伍塵叁渺柒漠壹沙玖洙柒涯貳洒。

遇閏裁扣，順治玖年裁各役工食銀肆拾玖兩陸錢；拾肆年裁銀肆拾貳兩伍錢柒分陸毫陸絲肆忽。康熙元年裁吏書工食銀叁拾捌兩陸錢；叁年裁訓導等項銀柒兩捌錢貳分陸釐陸毫陸絲陸忽；伍年裁司獄等項銀叁兩陸錢貳分陸釐陸毫；陸年裁推官等項銀貳拾兩玖錢壹分陸釐陸毫；拾伍年裁心紅紙張、喂馬草料等項銀壹拾柒兩陸錢陸分陸釐肆毫柒絲。雍正陸年裁燈夫銀伍兩；拾貳年裁民壯銀壹拾貳兩。乾隆玖年裁舖司銀貳兩肆錢，又裁縣丞並廣積倉大使俸工銀玖兩玖錢伍分玖釐玖毫叁絲，又各官閏俸銀叁拾柒兩肆錢陸分叁釐陸絲柒忽。

共銀貳百肆拾柒兩陸錢貳分玖釐玖毫玖絲柒忽，內除荒銀柒拾兩陸錢肆分玖釐貳毫叁絲伍忽柒微玖纖壹塵捌渺柒漠，實徵銀壹百柒拾陸兩玖錢柒分叁釐玖毫陸絲捌忽柒微陸纖柒塵捌渺壹漠，內除分撥寧陝廳閏銀壹錢捌分伍釐陸毫貳絲陸忽伍微壹纖陸塵肆渺；又除分撥佛坪廳閏銀肆兩肆錢柒分伍釐貳毫貳絲貳忽陸微叁纖壹塵陸渺貳漠捌沙伍洙叁涯壹洒。止實徵銀壹百柒拾貳兩叁錢壹分叁釐壹毫壹絲玖忽陸微壹纖玖塵柒渺捌漠壹沙肆洙陸涯玖洒。

又額外匠價銀壹兩叁錢捌分柒釐伍毫，內除分撥寧陝廳銀柒毫肆絲伍忽玖微貳纖捌塵；又除分撥佛坪廳銀肆釐陸毫叁絲柒忽叁微陸纖捌塵叁渺柒漠壹沙肆洙陸涯玖洒。止該匠價銀壹兩叁錢捌分貳釐壹毫壹絲陸忽柒微叁塵陸渺貳漠捌沙伍洙叁涯壹洒。

又收驛遞之差使甚少等事案內，裁站閏月銀叁拾陸兩柒錢壹分壹釐柒毫貳絲捌忽叁微捌纖壹渺。

叁項共銀貳百壹拾兩肆錢陸釐玖毫陸絲肆忽柒微叁塵伍渺壹漠，內除請做以糧載丁等事案內，通省以糧均丁減銀壹百叁拾柒兩捌錢陸分伍釐伍毫壹絲壹微陸纖壹塵貳渺，節次抵補屯更（丁）共增銀肆拾陸兩玖錢叁分柒釐壹毫叁絲叁忽叁微陸纖柒塵捌渺，內除分撥寧陝廳抵補屯更丁閏銀壹分叁毫陸絲柒忽捌纖柒塵壹渺玖漠，止該抵補屯更丁銀肆拾陸兩玖錢貳分陸釐柒毫陸絲陸忽貳微捌纖陸渺壹漠。止該減銀玖拾兩玖錢貳分捌釐叁毫柒絲陸忽柒微玖纖叁塵肆渺。

實該銀壹百壹拾玖兩肆錢柒分捌釐伍毫捌絲柒忽玖微壹纖壹渺壹漠，內留支加增撥補工食閏銀玖兩壹錢伍分伍釐壹毫捌絲柒忽玖微叁纖壹塵伍渺貳漠伍沙；又留支撥補夫馬閏月不敷工料銀柒錢伍分。止實起運閏銀壹百玖兩伍錢柒分叁釐叁毫玖絲玖忽玖微柒纖捌塵伍渺捌漠伍沙。

壹存留項下

原編存留銀壹萬貳千捌百貳兩貳錢壹毫壹絲陸忽壹微肆纖肆塵，內除荒銀叁千捌百柒拾貳兩貳錢玖分叁釐玖毫叁絲肆忽玖微陸纖捌塵捌渺壹漠柒沙伍洙玖涯，實徵銀捌千玖百貳拾玖兩玖錢陸釐壹毫捌絲壹忽壹微柒纖伍塵壹渺捌漠貳沙肆洙壹涯。

壹俸工項下

分巡陝安道壹員，額支俸薪銀壹百伍兩，內除荒銀貳拾捌兩陸錢叁分伍釐玖絲伍微捌纖壹塵，實徵支銀柒拾陸兩叁錢陸分肆釐玖毫玖忽肆微壹纖玖塵，內均攤俸工銀壹拾玖兩陸錢叁分貳釐柒毫陸絲玖忽捌微柒纖肆塵伍渺，即留抵撥補各員役俸工訖。

本府知府壹員，額支俸薪銀壹百伍兩，內除荒銀貳拾捌兩陸錢叁分伍釐玖絲伍微捌纖壹塵，實徵支銀柒拾陸兩叁錢陸分肆釐玖毫玖忽肆微壹纖玖塵，內均攤俸工銀壹拾玖兩陸錢叁分貳釐柒毫陸絲玖忽捌微柒纖肆塵伍渺，即留抵撥補各員役俸工訖。

同知壹員，額支俸薪銀陸拾兩，內除荒銀壹拾陸兩叁錢陸分肆釐肆毫叁絲柒忽捌微柒纖叁塵，實徵支銀肆拾叁兩陸錢叁分伍釐伍毫陸絲貳忽壹微貳纖柒塵，內均攤俸工銀壹拾壹兩貳錢壹分柒釐壹毫玖絲陸忽陸微柒纖叁塵，即留抵撥補各員役俸工訖。外加增同知俸薪銀壹拾兩柒分叁釐原請動支缺官銀兩，因缺官不敷動用，於道光伍年奉文改動裁汰夫馬工料銀兩訖。

經歷壹員，額支俸薪銀肆拾兩，內除荒撥補銀壹拾兩玖錢玖釐陸毫玖絲陸忽陸微貳塵，實徵支銀貳拾玖兩玖分叁毫叁忽叁微玖纖捌塵。

照磨壹員，額支俸薪銀叁拾壹兩伍錢貳分，內除荒撥補銀捌兩伍錢玖分陸釐捌毫貳絲肆忽貳纖伍塵捌渺，實徵支銀貳拾貳兩玖錢貳分叁釐壹毫柒絲伍忽玖微柒纖肆塵貳渺。

本縣知員壹員，額支俸薪銀肆拾伍兩，內除荒銀壹拾貳兩貳錢柒分叁釐肆毫捌忽陸微玖纖肆塵，實徵支銀叁拾貳兩柒錢貳分陸釐伍毫玖絲壹忽叁微陸塵，內均攤俸工銀捌兩肆錢壹分貳釐捌毫壹絲柒忽貳微壹纖伍塵伍渺，即留抵撥補各員役俸工訖。

新設華陽川縣丞壹員，額支俸薪銀肆拾兩原請動支驛站裁存支剩銀內。

典史壹員，額支俸薪銀叁拾壹兩伍錢貳分，內除荒撥補銀捌兩伍錢玖分陸釐捌毫貳絲肆忽貳纖伍塵捌渺，實徵支銀貳拾貳兩玖錢貳分叁釐壹毫柒絲伍忽玖微柒纖肆塵貳渺。

教諭、訓導貳員，每員額支銀叁拾壹兩伍錢貳分，內除荒撥補銀捌兩伍錢玖分陸釐捌毫貳絲肆忽貳纖伍塵捌渺，實徵支銀貳拾貳兩玖錢貳分叁釐壹毫柒絲伍忽玖微柒纖肆塵貳渺。外撥補全俸銀肆拾捌兩肆錢捌分。

陝安道衙門

門子肆名，每名歲支工食銀陸兩，共支銀貳拾肆兩，內除荒撥補銀陸兩伍錢肆分伍釐壹毫柒絲伍忽叁微捌纖陸塵捌渺，實徵支銀壹拾柒兩肆錢伍分肆釐捌毫貳絲肆忽陸微壹纖叁塵貳渺。遇閏加銀貳兩，內除荒銀伍錢肆分伍釐肆毫柒絲柒忽壹微陸纖壹塵陸漠，實徵支銀壹兩肆錢伍分肆釐伍毫貳絲貳忽捌微叁纖捌塵玖渺肆漠。

快手壹拾貳名，每名歲支工食銀陸兩，共支銀柒拾貳兩，內除荒撥補銀壹拾玖兩陸錢叁分伍釐肆毫玖絲玖忽貳微陸纖貳塵肆渺，實徵支銀伍拾貳兩叁錢陸分肆釐伍毫柒微叁纖柒塵陸渺。遇閏加銀陸兩，內除荒銀壹兩陸錢叁分陸釐肆毫伍絲玖忽柒微捌纖叁塵捌漠，實徵支銀肆兩叁錢陸分叁釐伍毫肆絲貳微壹纖陸塵玖渺貳漠。

皂隸壹拾貳名，每名歲支工食銀陸兩，共支銀柒拾貳兩，內除荒撥補銀壹拾玖兩陸錢叁分伍釐肆毫玖絲玖忽貳微陸纖貳塵肆渺，實徵支銀伍拾貳兩叁錢陸分肆釐伍毫柒微叁纖柒塵陸渺。遇閏加銀陸兩，內除荒銀壹兩陸錢叁分陸釐肆毫伍絲玖忽柒微捌纖叁塵捌漠，實徵支銀肆兩叁錢陸分叁釐伍毫肆絲貳微壹纖陸塵玖渺貳漠。

轎傘扇夫柒名，每名歲支工食銀陸兩，共支銀肆拾貳兩，內除荒撥補銀壹拾壹兩肆錢伍分肆釐柒絲陸微叁纖陸塵肆渺，實徵支銀叁拾兩伍錢肆分伍釐玖毫貳絲玖忽叁微陸纖叁塵陸渺。遇閏加銀叁兩伍錢，內除荒銀玖錢伍分肆釐陸毫柒忽肆微叁纖貳塵肆渺，實徵支銀貳兩伍錢肆分伍釐叁毫玖絲貳忽伍微陸纖柒塵陸渺。

聽事吏貳名，每名歲支工食銀陸兩，共支銀壹拾貳兩，內除荒撥補銀叁兩貳錢柒分貳釐伍毫玖絲貳忽貳微陸纖捌塵肆渺，實徵支銀捌兩柒錢貳分柒釐肆毫柒忽柒微叁纖壹塵陸渺。遇閏加銀壹兩，內除荒銀貳錢柒分貳釐柒毫叁絲柒忽伍纖柒塵肆渺捌漠，實徵支銀柒錢貳分柒釐貳毫陸絲貳忽玖微肆纖貳塵伍渺貳漠。

舖兵貳名，每名歲支工食銀陸兩，共支銀壹拾貳兩，內除荒撥補銀叁兩貳錢柒分貳釐伍毫玖絲貳忽貳微陸纖捌塵肆渺，實徵支銀捌兩柒錢貳分柒釐肆毫柒忽柒微叁纖壹塵陸渺。遇閏加銀壹兩，內除荒銀貳錢柒分貳釐柒毫叁絲柒忽伍纖柒塵肆渺捌漠，實徵支銀柒錢貳分柒釐貳毫陸絲貳忽玖微肆纖貳塵伍渺貳漠。

知府衙門

新設更夫拾名，每名歲支銀陸兩，共支銀陸拾兩原未請閏。

門子貳名，每名歲支工食銀陸兩，共支銀壹拾貳兩，內除荒撥補銀叁兩貳錢柒分貳釐伍毫玖絲貳忽貳微陸纖捌塵肆渺，實徵支銀捌兩柒錢貳分柒釐肆毫柒忽柒微叁纖壹塵陸渺。遇閏加銀壹兩，內除荒銀貳錢柒分貳釐柒毫叁絲柒忽伍纖柒塵肆渺捌漠，實徵支銀柒錢貳分柒釐貳毫陸絲貳忽玖微肆纖貳塵伍渺貳漠。

馬快壹拾名，每名歲支工食草料銀壹拾陸兩捌錢，共支銀壹百陸拾捌兩，內除荒撥補銀肆拾伍兩捌錢貳分肆毫壹絲叁忽貳微壹纖玖塵肆渺，實徵支銀壹百貳拾貳兩壹錢柒分玖釐伍毫捌絲陸忽柒微捌纖陸渺。遇閏加銀壹拾肆兩，內除荒銀叁兩捌錢壹分捌釐肆毫叁絲伍微肆纖捌渺，實徵支銀壹拾兩壹錢捌分壹釐伍毫陸絲玖忽肆微伍纖玖塵貳渺。

步快壹拾陸名，每名歲支工食銀陸兩，共支銀玖拾陸兩，內除荒撥補銀貳拾陸兩壹錢捌分叁釐貳毫壹絲玖微陸纖陸塵捌渺，實徵支銀陸拾玖兩捌錢壹分陸釐柒毫捌絲玖忽叁纖叁塵貳渺。遇閏加銀捌兩，內除荒銀貳兩壹錢捌分壹釐玖毫肆絲柒忽捌微肆纖肆塵肆渺肆漠，實徵支銀伍兩捌錢壹分捌釐伍絲貳忽壹微伍纖伍塵伍渺陸漠。

皂隸壹拾陸名，每名歲支工食銀陸兩，共支銀玖拾陸兩，內除荒撥補銀貳拾陸兩壹錢捌分叁釐貳毫壹絲玖微陸纖陸塵捌渺，實徵支銀陸拾玖兩捌錢壹分陸釐柒毫捌絲玖忽叁纖叁塵貳渺。遇閏加銀捌兩，內除荒銀貳兩壹錢捌分壹釐玖毫肆絲柒忽捌微肆纖肆塵肆渺肆漠，實徵支銀伍兩捌錢壹分捌釐伍絲貳忽壹微伍纖伍塵伍渺陸漠。

轎傘扇夫柒名，每名歲支工食銀陸兩，共支銀肆拾貳兩，內除荒撥補銀壹拾壹兩肆錢伍分肆釐柒絲陸微叁纖陸塵肆渺，實徵支銀叁拾兩伍錢肆分伍釐玖毫貳絲玖忽叁微陸纖叁塵陸渺。遇閏加銀叁兩伍錢，內除荒銀玖錢伍分肆釐陸毫柒忽肆微叁纖貳塵肆渺，實徵支銀貳兩伍錢肆分伍釐叁毫玖絲貳忽伍微陸纖柒塵陸渺。

禁卒壹拾貳名，每名歲支工食銀陸兩，共支銀柒拾貳兩，內除荒撥補銀壹拾玖兩陸錢叁分伍釐肆毫玖絲玖忽貳微陸纖貳塵肆渺，實徵支銀伍拾貳兩叁錢陸分肆釐伍毫柒微叁纖柒塵陸渺。外每名加增銀貳兩，共銀貳拾肆兩。遇閏加銀陸兩，內除荒銀壹兩陸錢叁分陸釐肆毫伍絲玖忽柒微捌纖叁塵捌漠，實徵支銀肆兩叁錢陸分叁釐伍毫肆絲貳微壹纖陸塵玖渺貳漠。

庫子肆名，每名歲支工食銀陸兩，共支銀貳拾肆兩，內除荒撥補銀陸兩伍錢肆分伍釐壹毫柒絲伍忽叁微捌纖陸塵捌渺，實徵支銀壹拾柒兩肆錢伍分肆釐捌毫貳絲肆忽陸微壹纖叁塵貳渺。遇閏加銀貳兩，內除荒銀伍錢肆分伍釐肆毫柒絲柒忽壹微陸纖壹塵陸漠，實徵支銀壹兩肆錢伍分肆釐伍毫貳絲貳忽捌微叁纖捌塵玖渺肆漠。

斗級陸名，每名歲支工食銀陸兩，共支銀叁拾陸兩，內除荒撥補銀玖兩捌錢壹分捌釐柒毫伍忽壹微叁纖叁塵貳渺，實徵支銀貳拾陸兩壹錢捌分壹釐貳毫玖絲肆忽捌微陸纖陸塵捌渺。遇閏加銀叁兩，內除荒銀捌錢壹分捌釐伍毫柒絲玖忽叁微肆纖壹塵柒渺肆漠，實徵支銀貳兩壹錢捌分壹釐肆毫貳絲陸微伍纖捌塵貳渺陸漠。

同知衙門

門子貳名，每名歲支工食銀陸兩，共支銀壹拾貳兩，內除荒撥補銀叁兩貳錢柒分貳釐伍毫玖絲貳忽貳微陸纖捌塵肆渺，實徵支銀捌兩柒錢貳分柒釐肆毫柒忽柒微叁纖壹塵陸渺。遇閏加銀壹兩，內除荒銀貳錢柒分貳釐柒毫叁絲柒忽伍纖柒塵肆渺捌漠，實徵支銀柒錢貳分柒釐貳毫陸絲貳忽玖微肆纖貳塵伍渺貳漠。

步快捌名，每名歲支工食銀陸兩，共支銀肆拾捌兩，內除荒撥補銀壹拾叁兩玖分壹釐陸毫玖忽伍微貳塵陸渺，實徵支銀叁拾肆兩玖錢捌釐叁毫玖絲肆微玖纖柒塵肆渺。遇閏加銀肆兩，內除荒銀壹兩玖分玖毫陸絲玖忽叁微貳纖貳塵壹渺貳漠，實徵支銀貳兩玖錢玖釐叁絲陸微柒纖柒塵捌渺捌漠。

皂隸壹拾貳名，每名歲支工食銀陸兩，共支銀柒拾貳兩，內除荒撥補銀壹拾玖兩陸錢叁分伍釐肆毫玖絲玖忽貳微陸纖貳塵肆渺，實徵支銀伍拾貳兩叁錢陸分肆釐伍毫柒微叁纖柒塵陸渺。遇閏加銀陸兩，內除荒銀壹兩陸錢叁分陸釐肆毫伍絲玖忽柒微捌纖叁塵捌漠，實徵支銀肆兩叁錢陸分叁釐伍毫肆絲貳微壹纖陸塵玖渺貳漠。

轎傘扇夫柒名，每名歲支工食銀陸兩，共支銀肆拾貳兩，內除荒撥補銀壹拾壹兩肆錢伍分肆釐柒絲陸微叁纖陸塵肆渺，實徵支銀叁拾兩伍錢肆分伍釐玖毫貳絲玖忽叁微陸纖叁塵陸渺。遇閏加銀叁兩伍錢，內除荒銀玖錢伍分肆釐陸毫柒忽肆微叁纖貳塵肆渺，實徵支銀貳兩伍錢肆分伍釐叁毫玖絲貳忽伍微陸纖柒塵陸渺。

經歷衙門

門子壹名，歲支工食銀陸兩，內除荒撥補銀壹兩陸錢叁分陸釐肆毫伍絲捌忽壹微捌纖玖塵貳渺，實徵支銀肆兩叁錢陸分叁釐伍毫肆絲壹忽捌微壹纖捌渺。遇閏加銀伍錢，內除荒銀壹錢叁分陸釐叁毫柒絲陸忽壹微肆纖肆渺玖漠，實徵支銀叁錢陸分叁釐陸毫貳絲叁忽捌微伍纖玖塵伍渺壹漠。

皂隷肆名，每名歲支工食銀陸兩，共支銀貳拾肆兩，內除荒撥補銀陸兩伍錢肆分伍釐壹毫柒絲伍忽叁微捌纖陸塵捌渺，實徵支銀壹拾柒兩肆錢伍分肆釐捌毫貳絲肆忽陸微壹纖叁塵貳渺。遇閏加銀貳兩，內除荒銀伍錢肆分伍釐肆毫柒絲柒忽壹微陸纖壹塵陸漠，實徵支銀壹兩肆錢伍分肆釐伍毫貳絲貳忽捌微叁纖捌塵玖渺肆漠。

馬夫壹名，歲支工食銀陸兩，內除荒撥補銀壹兩陸錢叁分陸釐肆毫伍絲捌忽壹微捌纖玖塵貳渺，實徵支銀肆兩叁錢陸分叁釐伍毫肆絲壹忽捌微壹纖捌渺。遇閏加銀伍錢，內除荒銀壹錢叁分陸釐叁毫柒絲陸忽壹微肆纖肆渺玖漠，實徵支銀叁錢陸分叁釐陸毫貳絲叁忽捌微伍纖玖塵伍渺壹漠。

照磨衙門

門子壹名，歲支工食銀陸兩，內除荒撥補銀壹兩陸錢叁分陸釐肆毫伍絲捌忽壹微捌纖玖塵貳渺，實徵支銀肆兩叁錢陸分叁釐伍毫肆絲壹忽捌微壹纖捌渺。遇閏加銀伍錢，內除荒銀壹錢叁分陸釐叁毫柒絲陸忽壹微肆纖肆渺玖漠，實徵支銀叁錢陸分叁釐陸毫貳絲叁忽捌微伍纖玖塵伍渺壹漠。

皂隷肆名，每名歲支工食銀陸兩，共支銀貳拾肆兩，內除荒撥補銀陸兩伍錢肆分伍釐壹毫柒絲伍忽叁微捌纖陸塵捌渺，實徵支銀壹拾柒兩肆錢伍分肆釐捌毫貳絲肆忽陸微壹纖叁塵貳渺。遇閏加銀貳兩，內除荒銀伍錢肆分伍釐肆毫柒絲柒忽壹微陸纖壹塵陸漠，實徵支銀壹兩肆錢伍分肆釐伍毫貳絲貳忽捌微叁纖捌塵玖渺肆漠。

馬夫壹名，歲支工食銀陸兩，內除荒撥補銀壹兩陸錢叁分陸釐肆毫伍絲捌忽壹微捌纖玖塵貳渺，實徵支銀肆兩叁錢陸分叁釐伍毫肆絲壹忽捌微壹纖捌渺。遇閏加銀伍錢，內除荒銀壹錢叁分陸釐叁毫柒絲陸忽壹微肆纖肆渺玖漠，實徵支銀叁錢陸分叁釐陸毫貳絲叁忽捌微伍纖玖塵伍渺壹漠。

知縣衙門

門子貳名，每名歲支工食銀陸兩，共支銀壹拾貳兩，內除荒撥補銀叁兩貳錢柒分貳釐伍毫玖絲貳忽貳微陸纖捌塵肆渺，實徵支銀捌兩柒錢貳分柒釐肆毫柒忽柒微叁纖壹塵陸渺。遇閏加銀壹兩，內除荒銀貳錢柒分貳釐柒毫叁絲柒忽伍纖柒塵肆渺捌漠，實徵支銀柒錢貳分柒釐貳毫陸絲貳忽玖微肆纖貳塵伍渺貳漠。

皂隸、仵作壹拾陸名，每名歲支工食銀陸兩，共支銀玖拾陸兩，內除荒撥補銀貳拾陸兩壹錢捌分叁釐伍毫玖忽玖微陸纖陸塵捌渺，實徵支銀陸拾玖兩捌錢壹分陸釐肆毫玖絲叁纖叁塵貳渺。遇閏加銀捌兩，內除荒銀貳兩壹錢捌分壹釐玖毫肆絲柒忽捌微肆纖肆塵肆渺肆漠，實徵支銀伍兩捌錢壹分捌釐伍絲貳忽壹微伍纖伍塵伍渺陸漠。

馬快捌名，每名歲支工食草料銀壹拾陸兩捌錢，共支銀壹百叁拾肆兩肆錢，內除荒撥補銀叁拾陸兩陸錢伍分伍釐陸毫壹絲壹忽陸微伍纖玖塵捌渺，實徵支銀玖拾柒兩柒錢肆分肆釐叁毫捌絲捌忽叁微肆纖貳塵貳渺。遇閏加銀壹拾壹兩貳錢，內除荒銀叁兩伍分肆釐柒毫肆絲叁忽伍微肆纖貳塵伍渺，實徵支銀捌兩壹錢肆分伍釐貳毫伍絲陸忽肆微伍纖柒塵伍渺。

民壯貳拾陸名，每名歲支工食銀陸兩，共支銀壹百伍拾陸兩，內抽撥盩、洋縣丞、民壯肆名，其正閏工食銀兩由該縣丞就近闢（開）支，內除荒撥補銀肆拾貳兩伍錢伍釐玖毫貳絲貳忽叁微叁纖柒塵貳渺，實徵支銀壹百壹拾叁兩肆錢玖分肆釐柒絲柒忽陸微陸纖貳塵捌渺。遇閏加銀壹拾叁兩，內除荒銀叁兩伍錢肆分柒釐陸忽捌微叁纖捌塵陸渺肆漠，實徵支銀玖兩肆錢伍分貳釐玖毫玖絲叁忽壹微陸纖壹塵叁渺陸漠。

看監禁卒捌名，每名歲支工食銀陸兩，共支銀肆拾捌兩，內除荒撥補銀壹拾叁兩玖分壹釐陸毫玖忽伍微貳塵陸渺，實徵支銀叁拾肆兩玖錢捌釐叁毫玖絲肆微玖纖柒塵肆渺。遇閏加銀肆兩，內除荒銀壹兩玖分玖毫陸絲玖忽叁微貳纖貳塵壹渺貳漠，實徵支銀貳兩玖錢玖釐叁絲陸微柒纖柒塵捌渺捌漠。

轎傘扇夫柒名，每名歲支工食銀陸兩，共支銀肆拾貳兩，內除荒撥補銀壹拾壹兩肆錢伍分肆釐柒絲陸微叁纖陸塵肆渺，實徵支銀叁拾兩伍錢肆分伍釐玖毫貳絲玖忽叁微陸纖叁塵陸渺。遇閏加銀叁兩伍錢，內除荒銀玖錢伍分肆釐陸毫柒忽肆微叁纖貳塵肆渺，實徵支銀貳兩伍錢肆分伍釐叁毫玖絲貳忽伍微陸纖柒塵陸渺。

庫子肆名，每名歲支工食銀陸兩，共支銀貳拾肆兩，內除荒撥補銀陸兩伍錢肆分伍釐壹毫柒絲伍忽叁微捌纖陸塵捌渺，實徵支銀壹拾柒兩肆錢伍分肆釐捌毫貳絲肆忽陸微壹纖叁塵貳渺。遇閏加銀貳兩，內除荒銀伍錢肆分伍釐肆毫柒絲柒忽壹微陸纖壹塵陸漠，實徵支銀壹兩肆錢伍分肆釐伍毫貳絲貳忽捌微叁纖捌塵玖渺肆漠。

斗級肆名，每名歲支工食銀陸兩，共支銀貳拾肆兩，內除荒撥補銀陸兩伍錢肆分伍釐壹毫柒絲伍忽叁微捌纖陸塵捌渺，實徵支銀壹拾柒兩肆錢伍分肆釐捌毫貳絲肆忽陸微壹纖叁塵貳渺。遇閏加銀貳兩，內除荒銀伍錢肆分伍釐肆毫柒絲柒忽壹微陸纖壹塵陸漠，實徵支銀壹兩肆錢伍分肆釐伍毫貳絲貳忽捌微叁纖捌塵玖渺肆漠。

各舖司兵壹拾肆名，每名歲支工食銀肆兩捌錢，共支銀陸拾柒兩貳錢，內除荒撥補銀壹拾捌兩叁錢貳分陸釐柒毫捌絲捌微伍塵叁渺捌漠，實徵支銀肆拾捌兩捌錢柒分叁釐貳毫壹絲玖忽壹微玖纖肆塵陸渺貳漠。外加增銀壹拾陸兩捌錢。遇閏加銀伍兩陸錢，內除荒撥補銀壹兩伍錢貳分柒釐肆毫壹絲叁微貳纖陸塵貳漠，實徵支銀肆兩柒分貳釐伍毫捌絲玖忽陸微柒纖叁塵玖渺捌漠。外加增銀壹兩肆錢。

各渡口水手玖名，每名歲支工食銀貳兩壹錢叁釐柒毫，共支銀壹拾捌兩玖錢叁分叁釐叁毫，內除荒撥補銀伍兩壹錢陸分叁釐肆毫柒絲伍忽玖微玖纖肆塵叁渺肆漠，實徵支銀壹拾叁兩柒錢陸分玖釐捌毫貳絲肆忽伍塵陸渺陸漠。遇閏加銀壹兩伍錢貳分玖釐壹毫陸絲伍忽，內除荒銀肆錢壹分柒釐陸絲陸微柒纖壹塵柒漠，實徵支銀壹兩壹錢壹分貳釐壹毫肆忽叁微貳纖捌塵玖渺叁漠。

縣丞衙門

新設門子壹名，工食銀陸兩。遇閏加銀伍錢。

新設皂隸肆名，工食銀貳拾肆兩。遇閏加銀貳兩。

新設夫馬壹名，工食銀陸兩。遇閏加銀伍錢以上原請動支驛站裁存支剩銀兩。

典史衙門

門子壹名，歲支工食銀陸兩，內除荒撥補銀壹兩陸錢叁分陸釐肆毫伍絲捌忽壹微捌纖玖塵貳渺，實徵支銀肆兩叁錢陸分叁釐伍毫肆絲壹忽捌微壹纖捌渺。遇閏加銀伍錢，內除荒銀壹錢叁分陸釐叁毫柒絲陸忽壹微肆纖肆渺玖漠，實徵支銀叁錢陸分叁釐陸毫貳絲叁忽捌微伍纖玖塵伍渺壹漠。

皂隸肆名，每名歲支工食銀陸兩，共支銀貳拾肆兩，內除荒撥補銀陸兩伍錢肆分伍釐壹毫柒絲伍忽叁微捌纖陸塵捌渺，實徵支銀壹拾柒兩肆錢伍分肆釐捌毫貳絲肆忽陸微壹纖叁塵貳渺。遇閏加銀貳兩，內除荒銀伍錢肆分伍釐肆毫柒絲柒忽壹微陸纖壹塵陸漠，實徵支銀壹兩肆錢伍分肆釐伍毫貳絲貳忽捌微叁纖捌塵玖渺肆漠。

馬夫壹名，歲支工食銀陸兩，內除荒撥補銀壹兩陸錢叁分陸釐肆毫伍絲捌忽壹微捌纖玖塵貳渺，實徵支銀肆兩叁錢陸分叁釐伍毫肆絲壹忽捌微壹纖捌渺。遇閏加銀伍錢，內除荒銀壹錢叁分陸釐叁毫柒絲陸忽壹微肆纖肆渺玖漠，實徵支銀叁錢陸分叁釐陸毫貳絲叁忽捌微伍纖玖塵伍渺壹漠。

教職衙門

齋夫叁名，每名歲支工食銀壹拾貳兩，共支銀叁拾陸兩，內除荒撥補銀玖兩捌錢壹分捌釐柒毫捌忽壹微叁纖叁塵貳渺，實徵支銀貳拾陸兩壹錢捌分壹釐貳毫玖絲壹忽捌微陸纖陸塵捌渺。遇閏加銀叁兩，內除荒銀捌錢壹分捌釐貳毫貳絲玖忽伍微肆纖貳塵陸渺，實徵支銀貳兩壹錢捌分壹釐柒毫柒絲肆微伍纖柒塵肆渺

膳夫貳名，每名歲支工食銀陸兩陸錢陸分陸釐陸毫伍絲，共支銀壹拾叁兩叁錢叁分叁釐叁毫，內除荒撥補銀叁兩陸錢叁分陸釐貳毫柒絲玖微捌纖陸塵玖渺壹漠捌沙柒洙玖涯，實徵支銀玖兩陸錢玖分柒釐貳絲玖忽壹纖叁塵捌漠壹沙貳洙壹涯，遇閏加銀壹兩壹錢壹分壹釐壹毫，內除荒撥補銀貳錢柒分貳釐肆毫陸絲陸忽壹微陸纖陸塵伍渺柒漠伍沙，實徵支銀捌錢叁分捌釐陸毫叁絲叁忽捌微叁纖叁塵肆渺貳漠伍沙。

門斗叁名，每名歲支工食銀柒兩貳錢，共支銀貳拾壹兩陸錢，內除荒撥補銀伍兩捌錢玖分貳釐叁毫貳絲柒忽柒微玖纖肆塵壹渺，實徵支銀壹拾伍兩柒錢柒釐陸毫柒絲貳忽貳微伍塵玖渺。遇閏加銀壹兩捌錢，內除荒銀壹兩伍分貳釐肆毫柒絲貳忽柒微陸纖貳塵貳渺，實徵支銀柒錢肆分柒釐伍毫貳絲柒忽貳微叁纖柒塵捌渺。

廩生貳拾名，每名歲支月糧銀叁兩貳錢，共支銀陸拾肆兩，內除荒撥補銀

壹拾柒兩肆錢陸分壹釐肆毫玖絲叁忽伍纖貳塵捌渺，實徵支銀肆拾陸兩伍錢叁分捌釐伍毫陸忽玖微肆纖柒塵貳渺。遇閏加銀伍兩叁錢叁分叁釐叁毫，內除荒撥補銀壹兩肆錢叁分柒釐肆毫捌絲伍忽捌微伍纖壹漠，實徵支銀叁兩捌錢玖分伍釐捌毫壹絲肆忽壹微肆纖玖塵玖渺玖漠。

以上俸工項下，除廩生、膳夫貳欵照常支發外，其餘官役俸工於道光貳拾叁年奉文，均以貳兩平支放，每兩減平銀陸分，其減平銀兩，每年批解部庫交納，理合登明。

壹雜支祭祀項下

春秋丁並清明、柒月拾伍等節祭文廟及各壇祠並無祭鬼魂品物等項銀玖拾貳兩，內除荒銀貳拾伍兩伍分捌釐陸毫壹絲柒忽貳微伍纖肆塵肆渺，實徵支銀陸拾陸兩玖錢肆分壹釐叁毫捌絲貳忽柒微肆纖伍塵陸渺。

外均攤撥補不敷銀陸兩伍錢肆分陸釐伍絲玖忽陸微貳纖陸渺肆漠伍沙陸涯。

鄉飲銀叁兩，內除荒銀捌錢壹分捌釐壹毫肆絲叁忽貳微玖纖貳塵陸渺，實徵支銀貳兩壹錢捌分壹釐捌毫伍絲陸忽柒微柒塵肆渺。

布政司紙劄銀壹兩柒錢貳分伍釐，內除荒銀肆錢柒分肆毫壹絲肆忽壹微捌塵伍渺玖漠，實徵銀壹兩貳錢伍分肆釐伍毫捌絲伍忽捌微玖纖壹塵肆渺壹漠。

以上鄉飲、紙劄貳欵於道光貳拾叁年奉文裁汰，其徵收銀兩，每年批解部庫交納，理合登明。

印刷時憲書銀壹兩，內除荒銀貳錢柒分貳釐柒毫壹絲捌忽伍微叁纖柒渺，實徵支銀柒錢貳分柒釐貳毫捌絲壹忽肆微陸纖玖塵叁渺。

孤貧壹拾伍名口，共支月糧銀叁拾捌兩貳錢玖分柒釐貳毫，內除荒銀壹拾兩肆錢肆分伍釐肆毫貳絲玖忽捌纖肆渺，實徵支銀貳拾柒兩捌錢伍分壹釐柒毫柒絲玖微壹纖玖塵陸渺。外加增銀貳拾陸兩貳錢肆釐玖毫捌忽伍微伍纖叁塵肆渺貳漠。遇閏外加銀肆兩伍錢。

孤老布花銀壹拾陸兩，內除荒銀肆兩叁錢陸分叁釐玖毫肆絲肆忽伍微柒纖叁塵貳渺叁漠，實徵支銀壹拾壹兩陸錢叁分陸釐伍絲伍忽肆微貳纖陸塵柒渺柒漠。

壹驛站項下

解漢中府站銀陸千玖百柒拾陸兩貳分玖釐伍毫肆忽貳微；解漢中府支直

銀壹百貳拾玖兩叁錢肆釐捌毫伍絲伍忽捌微。共額銀柒千壹百伍兩叁錢叁分肆釐叁毫陸絲，內除荒銀貳千叁百壹拾兩柒錢玖分捌釐玖絲叁忽捌微叁纖肆塵壹漠，實徵支銀肆千柒百玖拾肆兩伍錢叁分陸釐貳毫陸絲陸忽壹微陸纖伍塵玖渺玖漠。

又收受協草凉等驛站支抵餉銀陸千壹百玖拾貳兩叁錢肆分伍釐陸毫玖絲肆忽叁微捌纖陸塵叁渺陸漠。

貳項共銀壹萬玖百捌拾陸兩捌錢捌分壹釐玖毫陸絲伍微伍纖貳塵叁渺伍漠，內除額協裁站銀肆千伍百肆拾壹兩壹錢陸分叁釐陸毫壹絲叁忽伍微玖纖叁塵伍渺壹漠入起運外，止該支銀陸千肆百肆拾伍兩柒錢壹分捌釐叁毫肆絲陸忽玖微伍纖捌塵捌渺肆漠。

壹走遞項下

接遞募夫銀壹千壹百伍拾玖兩壹分叁釐伍毫；協西鄉縣茶溪灘接遞夫陸名，額支銀肆拾叁兩貳錢；接遞募夫工食銀壹百伍拾捌兩肆錢；接遞夫陸拾陸名，額支銀叁百叁拾壹兩貳錢叁釐肆毫伍絲陸忽壹微肆纖肆塵；走遞馬伍拾叁匹，工食草料銀壹千伍百捌拾肆兩。共額銀叁千貳百柒拾伍兩捌錢壹分陸釐玖毫伍絲陸忽壹微肆纖肆塵，內除荒銀玖百壹兩貳錢陸分玖釐叁毫捌纖陸塵伍渺肆漠捌沙捌洙，實徵銀貳千叁百柒拾肆兩伍錢肆分柒釐陸毫伍絲陸忽伍纖柒塵肆渺伍漠壹沙貳洙，內除額協裁站銀壹千叁百玖拾陸兩叁錢捌分叁釐貳毫伍絲陸忽叁微肆纖玖塵肆漠肆沙入起運外，止該實支銀玖百柒拾捌兩壹錢陸分肆釐叁毫玖絲玖忽柒微捌塵肆渺柒沙貳洙。

遇閏加銀壹百柒拾壹兩陸錢，內除荒銀肆拾陸兩捌錢玖釐捌毫伍絲玖忽肆微陸纖玖塵陸渺伍漠伍沙，實徵銀壹百貳拾肆兩柒錢玖分壹毫肆絲伍微叁纖叁渺肆漠伍沙，內除裁站閏月銀叁拾陸兩柒錢壹分壹釐柒毫貳絲捌忽叁微捌纖壹渺，止實支銀捌拾捌兩柒分捌釐肆毫壹絲貳忽壹微伍纖貳渺肆漠伍沙。

又收撥補夫馬閏月銀柒錢伍分。

共支銀捌拾捌兩捌錢貳分捌釐肆毫壹絲貳忽壹微伍纖貳渺肆漠伍沙。

以上存留實徵銀捌千玖百貳拾玖兩玖錢陸釐壹毫捌絲壹忽壹微柒纖伍塵壹渺捌漠貳沙肆洙壹涯。

又收起運內受草凉等驛站銀陸千壹百玖拾貳兩叁錢肆分伍釐陸毫玖絲肆忽叁微捌纖陸塵叁渺陸漠。

貳項共銀壹萬伍千壹百貳拾貳兩貳錢伍分壹釐捌毫柒絲伍忽伍微陸纖壹塵伍渺肆漠貳沙肆洙壹涯，內除驛遞之差使甚少等事案內，共裁站銀伍千貳百叁拾肆兩陸錢伍分貳釐叁毫肆絲貳忽叁微玖纖壹渺伍漠肆沙，內在於題明請將驛站等事案內，撥給寧羌州、留壩、武關、黃壩、黃沙等州驛新增夫馬工料銀捌百陸拾壹兩貳錢伍分捌釐捌毫叁絲肆忽肆微肆纖叁塵陸漠捌沙，實裁銀肆千叁百柒拾叁兩叁錢玖分叁釐伍毫柒忽玖微肆纖柒塵捌漠陸沙。

止該銀玖千捌百捌拾柒兩伍錢玖分玖釐伍毫叁絲叁忽壹微柒纖壹塵叁渺捌漠捌沙肆洙壹涯，內除額協同州、蒲城、朝邑等縣站支抵餉銀陸百肆拾叁兩柒錢玖分捌釐伍毫玖絲捌忽叁微伍纖貳塵肆渺；又除協臨洮府屬金縣協站抵餉銀伍拾玖兩玖分伍釐玖毫貳絲玖忽貳微。止該銀玖千壹百捌拾肆兩柒錢伍釐伍忽陸微壹纖捌塵玖渺捌漠捌沙肆洙壹涯於乾隆伍拾貳年奉文，全數解司，壹切支欵，俱由司按季領支，嗣於嘉慶伍年奉文，在縣留支，並不解司，按季請領。

外加增撥補俸工，除道府通判、知縣等員攤俸留抵外，實加銀陸百肆拾陸兩伍錢柒分陸釐玖毫捌絲貳微貳纖貳塵玖渺柒漠捌沙柒洙玖涯。

又收南鄭縣均減各役加給本府禁卒銀伍兩柒錢玖分叁釐伍毫陸絲壹忽。

共實存留銀玖千捌百叁拾柒兩柒分伍釐伍毫肆絲陸忽捌微肆纖壹塵玖渺陸漠柒沙貳洙於乾隆伍拾貳年奉文，全數解司，壹切支欵，俱由司按季領支，嗣於嘉慶伍年奉文，在縣留支，並不解司，按季請領。

外於西安布政司庫驛站裁存支剩銀內領支留壩通判改為同知加增俸薪銀壹拾兩柒分叁釐。

又於西安布政司庫驛站裁存支剩銀內領支新設華陽川縣丞俸工銀柒拾陸兩。

外於西安布政司庫領支均攤祭祀不敷銀陸兩伍錢肆分陸釐伍絲玖忽陸微貳纖陸渺肆漠伍沙陸涯。

外遇閏加銀叁百伍拾伍兩陸錢叁分陸釐陸毫叁絲貳忽，內除各官閏俸銀叁拾柒兩肆錢陸分叁釐陸絲柒忽，止該銀叁百壹拾捌兩壹錢柒分叁釐伍毫陸絲伍忽，內除荒銀捌拾叁兩陸錢陸分陸釐柒絲捌忽叁微肆纖玖塵伍漠，實徵銀貳百叁拾肆兩伍錢柒釐肆毫捌絲陸忽陸微伍纖玖渺伍漠，內除驛遞之差使甚少等事案內，裁站銀叁拾陸兩柒錢壹分壹釐柒毫貳絲捌忽叁微捌纖壹渺，止該銀壹百玖拾柒兩柒錢玖分伍釐柒毫伍絲捌忽貳微柒纖捌渺伍漠於乾隆伍拾貳年奉文，全數解司，壹切支欵，俱由司按季領支，嗣於嘉慶伍年奉文，在縣留支，並不解司，按季請領。

外增撥補各役工食銀玖兩壹錢伍分伍釐壹毫捌絲柒忽玖微叁纖壹塵伍渺貳漠伍沙。

又於西安布政司庫驛站裁存支剩銀內領支新設華陽川縣丞各役閏銀叁兩。

又加增撥補夫馬閏月銀柒錢伍分。

實支銀貳百柒兩柒錢玖毫肆絲陸忽貳微貳塵叁渺柒漠伍沙於乾隆伍拾貳年奉文，全數解司，壹切支欵，俱由司按季領支，嗣於嘉慶伍年奉文，在縣留支，並不解司，按季請領。

壹額外

課程銀貳拾叁兩柒錢肆分叁釐。遇閏加銀壹兩玖錢柒分捌釐伍毫捌絲。

畜稅銀壹百柒拾柒兩肆錢伍分係買騾馬出辦，每價銀壹兩，納稅銀叁分，原無定額，儘收儘解。

地稅銀壹百肆拾肆兩叁錢陸分叁釐係買房地業主出辦，每價銀壹兩，納稅銀叁分，儘收儘解。

牙稅銀壹拾陸兩陸錢，牙行貳拾戶，每戶納稅銀壹兩至捌錢、伍錢不等，按行市多寡納稅。

當稅銀叁拾兩，當鋪陸座，每座納銀伍兩。

鹽課銀柒百柒拾陸兩肆分壹釐。

城固縣

原額折正壹等地叁千肆百伍拾伍頃伍拾貳畝柒分陸釐肆毫，每畝科糧壹升肆合柒勺柒抄叁撮捌圭壹粟捌粒，共徵糧伍千壹百伍石壹斗叁升肆合壹抄，每石徵銀貳兩柒錢柒分叁釐玖絲陸忽肆微，共徵銀壹萬肆千壹百伍拾柒兩壹錢叁分玖釐叁毫伍絲伍忽壹微捌纖壹塵貳渺。

內順治柒年題明免過無主並萬歷年間義塚、水衝及康熙貳拾叁年再疏籲請等事案內，共地伍百玖拾叁頃叁拾貳畝柒分玖釐貳毫，應除糧捌百柒拾柒石貳斗陸升肆合肆勺捌抄捌撮貳圭玖粟壹粒，該除銀貳千肆百叁拾貳兩柒錢叁分玖釐陸毫壹絲壹忽柒微伍塵伍渺，內丈出並首報開墾及節年開墾共地壹百伍拾捌頃捌拾柒畝柒分柒釐叁毫貳絲肆忽，應徵糧貳百叁拾肆石柒斗貳升叁合柒抄貳圭柒粟叁粒壹顆，應徵銀陸百伍拾兩捌錢玖分貳釐叁毫玖絲肆忽貳纖叁塵伍渺陸漠；又於康熙肆拾伍年題明詳請委勘水灾事案內，免過衝崩地壹拾頃捌拾畝，應除糧壹拾伍石玖斗伍升伍合柒勺貳抄叁撮肆圭肆粟，該除銀肆拾肆兩貳錢肆分壹釐伍絲柒忽貳微伍纖貳塵；又乾隆伍拾年報懇地柒頃玖拾玖畝貳分伍釐，該折色糧壹拾壹石捌斗柒合玖勺柒抄肆撮叁粟陸粒伍顆，該銀叁拾貳兩柒錢肆分肆毫叁絲伍微陸纖叁塵伍渺柒漠伍沙。實荒地肆百叁拾柒頃貳拾伍畝柒分陸釐捌毫柒絲陸忽，應免糧陸百肆拾陸石陸斗捌升玖合壹勺陸抄柒撮肆圭貳粟壹粒肆顆，應免銀壹千柒百玖拾叁兩叁錢肆分柒釐捌毫肆絲肆忽叁微柒纖叁渺陸漠伍沙，又除嘉慶貳拾壹年在於行知事案內，豁免地壹拾頃叁拾貳畝肆分陸釐，應免糧壹拾伍石貳斗伍升叁合叁勺柒抄陸撮壹圭叁粟貳粒貳顆捌糠，應免銀肆拾貳兩貳錢玖分叁釐陸毫叁絲壹忽肆微伍纖肆塵柒漠肆沙。

實在熟地叁千柒頃玖拾肆畝伍分叁釐伍毫貳絲肆忽，共應徵折色糧肆千肆百肆拾叁石壹斗玖升壹合肆勺陸抄陸撮肆圭肆粟陸粒叁顆貳糠，該折徵銀壹萬貳千叁百貳拾壹兩肆錢玖分柒釐捌毫柒絲玖忽叁微伍纖陸塵柒渺陸漠壹沙於乾隆伍拾玖年奉准部咨令，將康熙年間易知由單內載：每畝折徵銀肆分玖毫陸絲叁忽玖微肆纖壹塵玖渺。

原額人丁叁門玖則不等，共折下下人丁叁萬玖千陸百玖拾貳丁，每丁徵銀壹錢肆分捌毫捌忽玖微柒纖陸塵陸渺，共銀伍千伍百捌拾捌兩玖錢捌分玖釐捌毫玖絲玖忽肆微捌塵，內除優免丁捌百捌拾丁，共銀壹百貳拾叁兩玖錢壹分壹釐捌毫玖絲玖忽肆微捌塵。

行差丁叁萬捌千捌百壹拾貳丁，共額徵銀伍千肆百陸拾伍兩柒分捌釐，內除康熙貳拾叁年題明免過殺擄死絕丁陸千肆百肆丁，該除銀壹百壹兩柒錢肆分陸釐捌絲陸忽壹微肆纖陸塵肆渺，內前招回並編審出人丁壹千柒百玖拾伍丁，共該徵銀貳百伍拾貳兩柒錢伍分壹釐玖毫貳絲捌忽肆微陸纖伍塵，實豁免丁肆千陸百玖丁，應免銀陸百肆拾捌兩玖錢捌分捌釐柒毫伍絲柒忽陸微捌纖壹塵肆渺。

實在共丁叁萬肆千貳百叁丁，共徵銀肆千捌百壹拾陸兩捌分玖釐貳毫肆絲貳忽叁微壹纖捌塵陸渺於雍正伍年攤入地糧內徵解。

康熙貳年編審出溢額丁壹拾陸丁，該銀貳兩貳錢伍分貳釐玖毫肆絲叁忽陸微貳纖伍塵陸渺。

外康熙伍拾伍年起，至乾隆叁拾陸年止，共編審出丁捌拾柒丁，欽遵康熙伍拾貳年叁月拾捌日恩詔，後遇編審之期，但據康熙伍拾年丁冊定為常額，續生人丁，永不加賦。

以上實差並查出溢額應徵人丁共叁萬肆千貳百壹拾玖丁，共徵銀肆千捌百壹拾捌兩叁錢肆分貳釐壹毫捌絲伍忽玖微肆纖肆塵貳渺。

原額均徭銀貳千壹百捌拾肆兩柒錢壹分捌釐伍毫，內除荒銀壹拾兩壹錢壹分玖釐捌絲貳忽陸纖柒渺肆漠柒沙伍洙；又於康熙貳拾叁年及肆拾伍年再疏籲請及委勘水災貳案內，題明豁免銀貳百陸拾伍兩貳錢陸分捌釐貳毫壹絲柒忽肆纖肆塵伍渺陸漠貳沙；又除嘉慶貳拾壹年在于行知事案內，豁免銀陸兩伍錢叁分柒毫捌絲捌忽玖微捌纖肆塵柒渺肆漠捌沙陸洙。實徵銀壹千玖百貳兩捌錢肆毫壹絲壹忽玖微玖塵玖渺肆漠壹沙玖洙係按前項地畝，每畝徵銀陸釐叁毫貳絲伍忽肆微陸纖肆塵肆渺壹漠。

額外徵收柴山祭祀、皂、轎夫役等項銀捌拾陸兩玖錢壹分陸釐。

停免銀伍百肆拾壹兩叁錢伍釐伍毫玖絲陸忽壹微柒纖。

匠價銀柒兩伍錢伍分。遇閏加銀陸錢貳分玖釐壹毫陸絲陸忽陸微陸纖陸塵陸渺。

以上正閏肆項攤入前項地糧內徵解。

外遇閏加銀貳百捌拾叁兩伍錢壹分伍釐貳毫貳絲捌忽，內除荒銀叁拾伍兩叁錢玖分陸釐陸毫伍絲貳微叁纖陸塵伍渺捌漠肆洙肆洒，實徵銀貳百肆拾捌兩壹錢壹分捌釐伍毫柒絲柒忽柒微陸纖叁塵肆渺壹漠玖沙伍洙玖涯陸洒。

以上地、丁並均徭、柴山祭祀、停免、匠價等項共額徵銀貳萬貳千肆百肆拾肆兩玖錢陸分叁毫玖絲肆忽玖微柒纖陸塵捌渺，內除荒銀貳千柒百陸拾陸兩伍錢肆分捌釐叁毫貳絲壹忽伍微玖纖伍塵捌渺玖漠柒沙壹洙，實徵銀壹萬玖千陸百柒拾捌兩肆錢壹分貳釐柒絲叁忽叁微捌纖玖渺貳沙玖洙。

外遇閏加銀貳百捌拾叁兩伍錢壹分伍釐貳毫貳絲捌忽，內除荒銀叁拾伍兩叁錢玖分陸釐陸毫伍絲貳微叁纖陸塵伍渺捌漠肆洙肆洒，實徵銀貳百肆拾捌兩壹錢壹分捌釐伍毫柒絲柒忽柒微陸纖叁塵肆渺壹漠玖沙伍洙玖涯陸洒。

又匠價閏銀陸錢貳分玖釐壹毫陸絲陸忽陸微陸纖陸塵陸渺。

壹起運項下

原編糧石、草束等項折價共銀肆千伍百玖拾捌兩捌錢壹分陸釐伍毫肆絲柒忽伍微陸纖壹塵貳渺，內除荒銀伍百玖拾陸兩伍錢陸分陸釐玖毫叁絲玖忽玖微伍塵柒漠玖沙陸洙柒涯貳洒，實徵銀肆千貳兩貳錢肆分玖釐陸毫柒忽陸微伍纖陸塵壹渺貳漠叁洙貳涯捌洒。

民校、節裁藥味、牲口、年例、軍器、毛襖等項共銀壹千伍百陸拾陸兩貳錢柒分柒釐，內除荒銀貳百貳拾玖兩伍錢捌分壹釐捌毫玖忽陸微貳纖肆渺捌漠陸沙陸洙叁涯貳洒，實徵銀壹千叁百叁拾陸兩陸錢玖分伍釐壹毫玖絲叁微柒纖玖塵伍渺壹漠叁沙叁洙陸涯捌洒。

舊編存留，內順治玖年裁各役工食銀貳百貳拾壹兩陸錢；拾貳年裁傘扇銀捌兩；拾肆年裁俸廩等項銀貳百肆拾貳兩肆錢叁分肆釐肆毫柒絲，遞馬、損轎叁分裁壹，銀叁百貳拾陸兩陸錢柒分肆釐玖絲叁忽叁微捌纖貳塵肆渺。康熙元年裁吏書工食銀玖拾柒兩貳錢；叁年裁教諭、齋夫俸工銀壹百壹兩壹錢貳分，雜費丁銀叁拾捌兩貳錢貳分貳釐貳毫；拾伍年裁心紅紙張、喂馬草料、修監倉厫、鋪墊板蓆、紙劄、歲季考試、芒神土牛、白崖造船、科舉盤费等項共銀壹百捌兩貳兩貳分伍釐；貳拾柒年裁歲貢、新舊舉人杯盤、花紅、盤纏、進士坊價等項共銀柒拾叁兩捌錢叁分捌釐伍毫；伍拾陸年裁表箋銀叁兩伍錢。雍正陸年裁燈夫銀貳拾肆兩；拾貳年裁民壯銀壹百貳拾兩。乾隆玖年裁祭祀銀柒兩貳錢貳分；玖年裁舖司銀壹拾肆兩肆錢，舊編冗費裁剩解部歸入起運銀伍千肆百壹拾柒兩陸錢貳分柒釐玖毫壹絲壹忽伍微；乾隆貳拾壹年裁民壯銀貳拾肆兩。

共銀陸千捌百貳拾捌兩陸分貳釐壹毫柒絲肆忽捌微捌纖貳塵肆渺，內除荒銀捌百壹拾壹兩柒錢叁分伍釐陸毫玖忽貳微壹纖柒塵柒渺壹漠叁沙叁洙壹涯捌洒，實徵銀陸千壹拾陸兩叁錢貳分陸釐伍毫陸絲伍忽陸微陸纖肆塵陸渺捌漠陸沙陸洙捌涯貳洒。

額外柴山祭祀、皂、轎夫役並停免、匠價等項、溢額人丁共銀陸百叁拾捌兩貳分肆釐伍毫叁絲玖忽柒微玖纖伍塵陸渺。

以上肆項共起運銀壹萬壹千玖百玖拾叁兩貳錢玖分伍釐玖毫玖絲叁忽肆微玖纖伍塵玖渺貳漠叁洙柒涯捌洒。

又收存留內額協朝邑等縣驛站抵餉銀肆百伍拾玖兩肆錢肆分陸釐玖毫玖絲壹忽玖微肆纖貳塵。

又收存留內驛遞之差使甚少並題明請將驛站等事貳案內，共裁站銀肆千陸百柒拾貳兩玖錢壹分叁釐柒毫叁絲貳忽捌微貳纖伍塵柒漠肆沙，內在於題明請將驛站等事案內，撥給草凉、三岔、松林等驛及寧羌州新增夫馬工料銀壹千叁百柒拾柒兩捌錢柒分壹釐捌毫玖忽叁微柒纖肆塵貳漠肆沙，止實收銀叁千貳百玖拾伍兩肆分壹釐玖毫貳絲叁忽肆微伍纖壹塵伍漠。

共該起運銀壹萬伍千柒百肆拾柒兩柒錢捌分肆釐捌毫壹絲捌忽捌微捌纖捌塵玖渺柒漠叁洙柒涯捌洒，內除受協三原等縣、梁山等驛站兑留兵餉應支銀肆千捌百貳拾伍兩壹錢伍分貳釐柒毫壹絲肆忽壹微肆纖陸塵貳渺；又除在於請做以糧載丁等事案內，減銀貳千陸百叁拾兩捌分柒釐壹絲肆纖玖塵，內除乾隆元、陸、拾壹、拾陸、貳拾壹、貳拾陸、叁拾壹、叁拾陸等年編審案內，共增抵補屯更丁銀捌百陸拾伍兩伍錢叁分捌釐陸毫陸絲柒忽柒微柒纖貳塵叁渺，止應減銀壹千柒百陸拾肆兩伍錢肆分捌釐叁毫肆絲貳忽貳微柒纖陸塵柒渺。

實該銀玖千壹百伍拾捌兩叁釐柒毫陸絲貳忽肆微陸纖陸塵柒漠叁洙柒涯捌洒，內除加增撥補留支官役俸工等項銀壹百柒拾玖兩伍錢叁分柒釐陸毫玖絲貳忽壹微肆纖玖塵叁渺貳漠貳沙玖涯，止該銀捌千玖百柒拾捌兩伍錢肆分陸釐柒絲叁微壹纖陸塵柒渺肆漠捌沙貳洙捌涯捌洒。

遇閏裁扣，內順治玖年裁銀壹拾陸兩捌錢；拾肆年裁銀壹拾陸兩貳錢陸分叁釐叁絲。康熙元年裁銀捌兩壹錢；叁年裁銀捌兩肆錢貳分陸釐陸毫陸絲陸忽；拾伍年裁心紅紙張、喂馬草料銀貳兩陸錢陸分陸釐陸毫柒絲。雍正陸年裁燈夫銀貳兩；拾貳年裁民壯銀壹拾兩。乾隆玖年裁舖司銀壹兩貳錢；乾隆貳拾壹年裁民壯銀貳兩，又各官閏俸銀玖兩叁釐叁毫叁絲貳忽。

共銀柒拾陸兩肆錢伍分玖釐陸毫玖絲捌忽，內除荒銀玖兩伍錢肆分陸釐肆毫壹絲壹忽玖微肆纖柒塵叁渺叁漠貳沙陸洙壹涯肆洒，實徵銀陸拾陸兩玖錢壹分叁釐貳毫捌絲陸忽伍纖貳塵陸渺陸漠柒沙叁洙捌涯陸洒。

又收額外匠價閏銀陸錢貳分玖釐壹毫陸絲陸忽陸微陸纖陸塵陸渺。

貳項共起運銀陸拾柒兩伍錢肆分貳釐肆毫伍絲貳忽柒微壹纖玖塵貳渺陸漠柒沙叁洙捌涯陸洒。

又收存留內驛遞之差使甚少並題明請將驛站等事貳案內，共裁站閏月銀壹百壹拾肆兩叁錢伍分捌釐陸毫貳絲伍忽伍微叁纖捌塵壹渺，內撥給寧羌州新增夫馬閏月銀玖兩陸分捌釐陸毫玖絲捌忽捌微玖纖捌塵柒渺，止實收銀壹百伍兩貳錢捌分玖釐玖毫貳絲陸忽陸微叁纖玖塵肆渺。

共該起運閏銀壹百柒拾貳兩捌錢叁分貳釐叁毫柒絲玖忽叁微伍纖捌塵陸渺陸漠柒沙叁洙捌涯陸洒。

又收請倣以糧載丁等事案內，通省以糧均丁，遇閏之年照依無閏減數，少減銀玖拾柒兩貳錢伍分伍釐柒毫壹絲玖微壹纖叁塵肆渺，又乾隆拾壹、拾陸、貳拾壹、貳拾陸、叁拾壹、叁拾陸等年編審案內，應增抵補屯更（丁），遇閏之年照依無閏少徵銀貳拾伍兩伍錢伍分柒釐捌毫伍絲玖忽捌微伍纖壹塵捌渺叁漠叁沙叁洙伍涯，止實收銀柒拾壹兩陸錢玖分柒釐捌毫伍絲壹忽陸纖壹塵伍渺陸漠陸沙陸洙伍涯；又乾隆元、陸兩年編審案內，應增抵補屯更（丁）閏銀叁釐壹毫叁絲壹忽貳微捌纖玖塵。

共該銀貳百肆拾肆兩伍錢叁分叁釐叁毫陸絲壹忽柒微玖塵貳渺叁漠肆沙叁涯陸洒，內除加增撥補工食銀伍兩叁錢貳釐壹毫柒絲柒忽肆微柒纖陸塵肆漠陸沙肆洙玖涯；又撥補夫馬閏月銀柒錢伍分。止該閏銀貳百叁拾捌兩肆錢捌分壹釐壹毫捌絲肆忽貳微叁纖叁塵壹渺捌漠柒沙伍洙肆涯陸洒。

壹存留項下

原編存留銀捌千捌百壹拾叁兩柒錢捌分壹毫叁絲貳忽柒微叁纖柒塵陸渺，

內除荒銀壹千壹百貳拾捌兩陸錢陸分叁釐玖毫陸絲貳忽捌微伍纖貳塵陸渺壹漠柒沙肆泆柒涯捌洒，實徵銀柒千陸百捌拾伍兩壹錢壹分陸釐壹毫陸絲玖忽捌微捌纖肆塵玖渺捌漠貳沙伍泆貳涯貳洒。

壹俸工項下

知縣壹員，額支俸薪銀肆拾伍兩，內除荒銀伍兩陸錢壹分捌釐貳毫捌絲玖微肆塵陸渺，實徵支銀叁拾玖兩叁錢捌分壹釐柒毫壹絲玖忽玖纖伍塵肆渺，內均攤俸銀壹拾伍兩壹錢叁分捌釐陸毫貳絲叁忽肆塵柒渺，即留抵各員役俸工訖。

典史壹員，額支俸薪銀叁拾壹兩伍錢貳分，內除荒撥補銀叁兩玖錢叁分伍釐貳毫柒絲陸忽捌微壹纖叁塵陸漠，實徵支銀貳拾柒兩伍錢捌分肆釐柒毫貳絲叁忽壹微捌纖陸塵玖渺肆漠。

教諭、訓導貳員，額支俸薪銀叁拾壹兩伍錢貳分，內除荒撥補銀叁兩玖錢叁分伍釐貳毫柒絲陸忽捌微壹纖叁塵陸漠，實徵支銀貳拾柒兩伍錢捌分肆釐柒毫貳絲叁忽壹微捌纖陸塵玖渺肆漠。又撥補全俸銀肆拾捌兩肆錢捌分。

知縣衙門

門子貳名，每名歲支工食銀陸兩，共支銀壹拾貳兩，內除荒撥補銀壹兩肆錢玖分玖釐壹毫捌絲玖忽柒微柒纖壹塵玖渺，實徵支銀壹拾兩伍錢捌毫壹絲貳微貳纖捌塵壹渺。遇閏加銀壹兩，內除荒銀壹錢貳分肆釐玖毫叁絲肆忽貳微肆纖叁塵，實徵銀捌錢柒分伍釐陸絲伍忽柒微伍纖柒塵。

本縣皂隸、仵作壹拾伍名，又撥支武關驛巡檢司皂隸壹名，共壹拾陸名，每名歲支工食銀陸兩，共支銀玖拾陸兩，內除荒撥補銀壹拾壹兩玖錢捌分伍釐陸毫玖忽伍微叁纖陸塵貳渺，實徵支銀捌拾肆兩壹分肆釐叁毫玖絲肆微陸纖叁塵捌渺。遇閏加銀捌兩，內除荒銀玖錢玖分玖釐叁毫壹忽柒微陸纖肆塵，實徵支銀柒兩陸毫玖絲捌忽貳微叁纖陸塵。

本縣馬快陸名，又撥支留壩廳馬快貳名，共捌名，每名歲支工食銀壹拾陸兩捌錢，共支銀壹百叁拾肆兩肆錢，內除荒撥補銀壹拾陸兩柒錢柒分玖釐捌毫壹絲伍忽柒微捌纖捌塵貳渺，實徵支銀壹百壹拾柒兩陸錢貳分壹毫捌絲肆忽貳微壹纖壹塵捌渺。遇閏加銀壹拾壹兩貳錢，內除荒銀壹兩叁錢玖分玖釐叁絲肆忽叁微陸纖壹塵陸渺，實徵支銀玖兩捌錢玖毫陸絲伍忽陸微叁纖捌塵肆渺。

民壯貳拾陸名，每名歲支工食銀陸兩，共支銀壹百伍拾陸兩，内除荒撥補銀壹拾玖兩肆錢柒分陸釐陸毫伍絲伍忽貳微玖纖玖塵肆渺貳漠陸沙，實徵支銀壹百叁拾陸兩伍錢貳分叁釐叁毫肆絲肆忽柒微伍渺柒漠肆沙。遇閏加銀壹拾叁兩，内除荒銀壹兩陸錢貳分叁釐捌毫貳絲捌忽壹微玖纖陸塵壹渺肆沙，實徵支銀壹拾壹兩叁錢柒分陸釐壹毫柒絲壹忽捌微叁塵捌渺玖漠陸沙。

看監禁子捌名，每名歲支工食銀陸兩，共支銀肆拾捌兩，内除荒撥補銀伍兩玖錢玖分貳釐柒毫貳絲貳忽捌微陸纖，實徵支銀肆拾貳兩柒釐貳毫柒絲柒忽壹微肆纖。外加增銀壹拾陸兩。遇閏加銀肆兩，内除荒銀肆錢玖分玖釐陸毫伍絲柒忽陸微柒纖貳塵，實徵支銀叁兩伍錢叁毫肆絲貳忽叁微貳纖捌塵。

轎傘扇夫柒名，每名歲支工食銀陸兩，共支銀肆拾貳兩，内除荒撥補銀伍兩貳錢肆分叁釐陸毫叁絲肆忽伍微貳纖柒塵叁渺，實徵支銀叁拾陸兩柒錢伍分陸釐叁毫陸絲伍忽肆微柒纖貳塵柒渺。遇閏加銀叁兩伍錢，内除荒銀肆錢叁分柒釐貳毫壹絲陸忽捌微陸纖叁塵伍渺，實徵支銀叁兩陸分貳釐柒毫捌絲叁忽壹微叁纖陸塵伍渺。

庫子肆名，每名歲支工食銀陸兩，共支銀貳拾肆兩，内除荒撥補銀貳兩玖錢玖分陸釐肆毫叁絲柒忽叁微叁纖柒塵陸渺，實徵支銀貳拾壹兩叁釐伍毫陸絲貳忽陸微陸纖貳塵肆渺。遇閏加銀貳兩，内除荒銀貳錢肆分玖釐捌毫肆絲貳忽貳微捌纖陸塵，實徵支銀壹兩柒錢伍分壹毫伍絲柒忽柒微壹纖肆塵。

斗級肆名，每名歲支工食銀陸兩，共支銀貳拾肆兩，内除荒撥補銀貳兩玖錢玖分陸釐肆毫叁絲柒忽叁微叁纖柒塵陸渺，實徵支銀貳拾壹兩叁釐伍毫陸絲貳忽陸微陸纖貳塵肆渺。遇閏加銀貳兩，内除荒銀貳錢肆分玖釐捌毫肆絲貳忽貳微捌纖陸塵，實徵支銀壹兩柒錢伍分壹毫伍絲柒忽柒微壹纖肆塵。

本府皷手伍名，每名歲支工食銀貳兩陸錢陸分陸釐陸毫，共支銀壹拾叁兩叁錢叁分叁釐叁毫，内除荒撥補銀壹兩陸錢陸分肆釐柒毫肆絲伍忽叁纖捌塵玖渺玖漠壹沙玖洙，實徵支銀壹拾壹兩陸錢陸分捌釐伍毫伍絲肆忽玖微陸纖壹塵捌沙壹洙。遇閏加銀壹兩壹錢壹分壹釐壹毫，内除荒銀壹錢叁分捌釐捌毫叁絲捌忽陸微玖纖肆塵肆渺玖漠柒沙叁洙，實徵支銀玖錢柒分貳釐貳毫陸絲壹忽叁微伍塵伍渺貳沙柒洙。

各舖司共壹拾名，每名歲支工食銀肆兩捌錢，共支銀肆拾捌兩，内除荒銀伍兩玖錢玖分貳釐伍毫柒絲叁微貳纖貳塵貳渺捌漠，實徵支銀肆拾貳兩柒釐肆毫貳絲玖忽陸微柒纖柒塵柒渺貳漠。外加增銀壹拾柒兩玖錢柒分肆釐柒絲捌忽陸微伍纖捌塵貳渺捌漠。遇閏加銀肆兩，內除荒銀肆錢玖分玖釐肆毫肆絲伍忽壹微貳纖捌塵玖渺，實徵支銀叁兩伍錢伍毫伍絲肆忽捌微柒纖壹塵壹渺。外加增銀壹兩肆錢玖分柒釐玖毫肆忽壹微伍纖陸塵玖渺。

本縣鼓手叁名，每名歲支工食銀貳兩肆錢，共支銀柒兩貳錢，內除荒撥補銀捌錢玖分捌釐玖毫陸絲壹忽捌纖壹塵捌渺，實徵支銀陸兩叁錢壹釐叁絲捌忽玖微壹纖捌塵貳渺。遇閏加銀陸錢，內除荒銀柒分肆釐玖毫捌絲肆忽伍微陸纖伍塵捌渺，實徵支銀伍錢貳分伍釐壹絲伍忽肆微叁纖肆塵貳渺。

安家、陰平、白崖水手叁名，共支銀壹拾貳兩，內除荒撥補銀壹兩肆錢玖分捌釐貳毫叁絲壹忽貳微壹纖陸塵肆渺，實徵支銀壹拾兩伍錢壹釐柒毫陸絲捌忽柒微捌纖叁塵陸渺。遇閏加銀壹兩，內除荒銀壹錢貳分肆釐捌毫柒絲陸忽叁微捌纖叁塵，實徵支銀捌錢柒分伍釐壹毫貳絲叁忽陸微壹纖柒塵。

典史衙門

門子壹名，歲支工食銀陸兩，內除荒撥補銀柒錢肆分玖釐壹毫貳絲肆忽肆微捌纖伍塵，實徵支銀伍兩貳錢伍分捌毫柒絲伍忽伍微壹纖伍塵。遇閏加銀伍錢，內除荒銀陸分貳釐肆毫肆絲貳忽肆纖壹塵伍渺，實徵支銀肆錢叁分柒釐伍毫伍絲柒忽玖微伍纖捌塵伍渺。

皂隸肆名，每名歲支工食銀陸兩，共支銀貳拾肆兩，內除荒撥補銀貳兩玖錢玖分陸釐肆毫叁絲柒忽叁微叁纖柒塵陸渺，實徵支銀貳拾壹兩叁釐伍毫陸絲貳忽陸微陸纖貳塵肆渺。遇閏加銀貳兩，內除荒銀貳錢肆分玖釐捌毫肆絲貳忽貳微捌纖陸塵，實徵支銀壹兩柒錢伍分壹毫伍絲柒忽柒微壹纖肆塵。

馬夫壹名，歲支工食銀陸兩，內除荒撥補銀柒錢肆分玖釐壹毫貳絲肆忽肆微捌纖伍塵，實徵支銀伍兩貳錢伍分捌毫柒絲伍忽伍微壹纖伍塵。遇閏加銀伍錢，內除荒銀陸分貳釐肆毫肆絲貳忽肆纖壹塵伍渺，實徵支銀肆錢叁分柒釐伍毫伍絲柒忽玖微伍纖捌塵伍渺。

教職衙門

齋夫叁名，每名歲支工食銀壹拾貳兩，共支銀叁拾陸兩，內除荒撥補銀肆兩肆錢玖分肆釐陸毫壹絲肆忽捌微伍纖伍塵壹渺，實徵支銀叁拾壹兩伍錢伍釐叁毫捌絲伍忽壹微肆纖肆塵玖渺。遇閏加銀叁兩，內除荒銀叁錢柒分肆釐柒毫壹絲叁忽貳微肆纖玖塵，實徵支銀貳兩陸錢貳分伍釐貳毫捌絲陸忽柒微伍纖壹塵。

膳夫貳名，額支銀壹拾叁兩叁錢叁分叁釐叁毫叁絲，內除荒撥補銀壹兩陸錢陸分貳釐伍毫叁絲柒忽伍微玖塵貳渺柒漠肆沙壹洙玖涯，實徵支銀壹拾壹兩陸錢柒分柒毫玖絲貳忽肆微玖纖柒渺貳漠伍沙捌洙壹涯係廩生支領。遇閏加銀壹兩壹錢壹分壹釐壹毫，內除荒撥補銀壹錢叁分捌釐柒毫柒絲陸忽柒微柒纖柒塵玖渺玖漠柒沙叁洙，實徵支銀玖錢柒分貳釐叁毫貳絲叁忽貳微貳纖貳塵貳沙柒洙。

門斗貳名，每名歲支工食銀柒兩貳錢，共支銀壹拾肆兩肆錢，內除荒撥補銀壹兩柒錢玖分柒釐捌毫肆絲玖忽肆纖貳塵，實徵支銀壹拾貳兩陸錢貳釐壹毫伍絲玖微伍纖捌塵。遇閏加銀壹兩貳錢，內除荒銀壹錢肆分玖釐捌毫柒絲捌忽壹微壹纖捌塵陸渺，實徵支銀壹兩伍分壹毫貳絲壹忽捌微捌纖壹塵肆渺。

廩生貳拾名，每名歲支銀叁兩貳錢，共支銀陸拾肆兩，內除荒撥補銀柒兩捌錢玖分叁釐貳毫玖絲伍忽叁微肆纖玖塵壹渺伍漠，實徵支銀伍拾陸兩壹錢陸釐柒毫肆忽陸微伍纖捌渺伍漠。遇閏加銀伍兩叁錢叁分叁釐叁毫叁絲，內除荒撥補銀陸錢伍分捌釐陸毫柒絲伍微肆纖壹塵壹渺肆漠玖沙壹洙玖涯，實徵支銀肆兩陸錢柒分肆釐陸毫伍絲玖忽肆微伍纖捌塵捌渺伍漠捌洙壹涯。

以上俸工項下，除廩生、膳夫貳欵照常支發外，其餘官役俸工於道光貳拾叁年奉文，均以貳兩平支放，每兩減平銀陸分，其減平銀兩，每年批解部庫交納，理合登明。

壹祭祀項下

春秋貳季致祭文廟並各壇祠及無祀鬼魂品物等項價銀捌拾叁兩柒錢捌分，內除荒撥補銀壹拾兩肆錢陸分玖毫玖絲貳忽叁微柒纖貳塵貳渺玖漠肆沙玖洙肆涯，實徵銀柒拾叁兩叁錢壹分玖釐柒忽陸微貳纖柒塵柒渺伍沙陸涯。

鄉飲領支銀叁兩，內除荒銀叁錢柒分肆釐伍毫伍絲貳忽捌纖陸塵陸渺，實徵支銀貳兩陸錢貳分伍釐肆毫肆絲柒忽玖微壹纖叁塵肆渺。

布政司紙劄銀壹兩柒錢貳分伍釐，內除荒銀貳錢壹分柒釐叁毫柒絲伍忽柒微柒纖肆塵伍渺柒漠伍沙，實徵支銀壹兩伍錢柒釐陸毫貳絲肆忽貳微貳纖伍塵肆渺貳漠伍沙。

以上鄉飲、紙劄貳欵於道光貳拾叁年奉文裁汰，其徵收銀兩，每年批解部庫交納，理合登明。

時憲書銀壹兩，內除荒銀壹錢貳分肆釐捌毫捌絲壹忽貳微玖纖叁渺壹漠，實徵支銀捌錢柒分伍釐壹毫壹絲捌忽柒微玖纖陸渺玖漠。

壹孤貧項下

孤老壹拾名，共月糧銀貳拾陸兩陸錢伍釐叁毫陸絲，內除荒撥補銀叁兩叁錢貳分壹釐伍毫捌絲肆忽玖微叁纖貳塵玖渺肆漠貳沙肆洙捌涯，實徵支銀貳拾叁兩貳錢捌分叁釐柒毫柒絲伍忽陸纖柒塵伍漠柒沙伍洙貳涯。外加增銀壹拾貳兩柒錢伍釐玖毫柒絲伍忽肆微肆塵貳渺肆漠。遇閏加增銀叁兩。

孤老布花銀叁兩伍錢，內除荒銀肆錢叁分伍釐玖毫柒絲柒忽捌微柒塵壹渺壹漠，實徵支銀叁兩陸分肆釐貳絲貳忽壹微玖纖貳塵捌渺玖漠。

壹驛站項下

各驛遞站價銀肆千捌百壹兩陸錢叁分叁釐伍毫貳絲捌忽貳纖；又各驛遞支直銀柒百陸兩壹錢叁釐柒毫捌忽壹微。共銀伍千伍百柒兩柒錢叁分柒釐貳毫叁絲陸忽壹微貳纖，內除荒銀柒百壹拾肆兩肆錢捌分肆毫肆絲玖微捌塵貳渺柒漠陸沙捌涯貳洒，實徵支銀肆千柒百玖拾叁兩貳錢伍分陸釐柒毫玖絲伍忽貳微壹纖壹塵柒渺貳漠叁沙玖洙壹涯捌洒。

又收受協三原等縣驛站兌留兵餉應支銀肆千捌百貳拾伍兩壹錢伍分貳釐柒毫壹絲肆忽壹微肆纖陸塵貳渺。

貳項共銀玖千陸百壹拾捌兩肆錢玖釐伍毫玖忽叁微伍纖柒塵玖渺貳漠叁沙玖洙壹涯捌洒，內除額協朝邑等縣站支抵餉銀肆拾陸兩肆錢玖分柒釐柒毫貳絲壹忽玖微肆纖貳塵；又除裁站銀叁千捌百叁拾貳兩捌錢伍分柒毫玖絲肆忽柒微玖纖陸塵陸漠肆沙，內撥給草凉、叁岔、松林等驛及寧羌州新增夫馬工料銀壹千叁百柒拾柒兩捌錢柒分壹釐捌毫玖忽叁微柒纖肆塵貳漠肆沙，實裁銀貳千肆百伍拾肆兩玖錢柒分捌釐玖毫捌絲伍忽肆微貳纖貳塵肆漠入起運外，實徵支銀柒千壹百壹拾陸兩玖錢叁分貳釐捌毫壹忽玖微玖纖叁塵捌渺捌漠叁沙玖洙壹涯捌洒。

壹走遞項下

損轎夫柒名，額支銀叁百叁拾柒兩陸錢柒分玖釐肆毫玖絲叁忽壹微柒纖柒塵陸渺；接遞募夫額銀柒百柒拾陸兩肆錢；又接遞募夫銀壹百肆拾肆兩；走遞馬貳拾匹，工食草料額支銀壹千叁拾玖兩陸錢肆分陸釐肆毫壹絲叁忽肆微肆纖。共銀貳千貳百玖拾柒兩柒錢貳分伍釐玖毫陸忽陸微壹纖柒塵陸渺，內除荒銀貳百捌拾捌兩叁錢玖分壹釐叁毫貳絲玖忽玖微陸纖捌塵玖渺陸漠陸沙捌洙捌涯陸洒，實徵銀貳千玖兩叁錢叁分肆釐伍毫柒絲陸忽陸微肆纖捌塵陸渺叁漠叁沙壹洙壹涯肆洒，內除朝邑等縣驛站兌留兵餉應支銀肆百壹拾貳兩玖錢肆分玖釐貳毫柒絲，又除裁站共銀捌百肆拾兩陸分貳釐玖毫叁絲捌忽貳纖玖塵壹漠入起運外，實徵支銀柒百伍拾陸兩叁錢貳分貳釐叁毫陸絲捌忽陸微壹纖玖塵陸渺貳漠叁沙壹洙壹涯肆洒。

遇閏加銀壹百肆拾貳兩，內除荒銀壹拾柒兩柒錢叁分壹釐陸毫柒絲柒微捌纖玖塵壹渺，實徵銀壹百貳拾肆兩貳錢陸分捌釐叁毫貳絲玖忽貳微壹纖玖渺，內除裁站閏月銀壹百壹拾肆兩叁錢伍分捌釐陸毫貳絲伍忽伍微叁纖捌塵壹渺，內撥給寧羌州新增夫馬閏月銀玖兩陸分捌釐陸毫玖絲捌忽捌微玖纖捌塵柒渺，止實裁銀壹百伍兩貳錢捌分玖釐玖毫貳絲陸忽陸微叁纖玖塵肆渺。實徵支銀壹拾捌兩玖錢柒分捌釐肆毫貳忽伍微柒纖壹塵伍渺。

外撥補夫馬閏月不敷工料銀柒錢伍分。

以上存留實徵銀柒千陸百捌拾伍兩壹錢壹分陸釐壹毫陸絲玖忽捌微捌纖肆塵玖渺捌漠貳沙伍洙貳涯貳洒。

又收受協三原等縣、梁山等驛兌留兵餉應支銀肆千捌百貳拾伍兩壹錢伍分貳釐柒毫壹絲肆忽壹微肆纖陸塵貳渺。

貳項共銀壹萬貳千伍百壹拾兩貳錢陸分捌釐捌毫捌絲肆忽叁纖壹塵壹渺捌漠貳沙伍洙貳涯貳洒，內除朝邑等縣抵留兵餉銀肆百伍拾玖兩肆錢肆分陸釐玖毫玖絲壹忽玖微肆纖貳塵；又除驛遞之差使甚少並題明請將驛站等事貳案內，共裁站銀肆千陸百柒拾貳兩玖錢壹分叁釐柒毫叁絲貳忽捌微貳纖伍塵柒漠肆沙，內在於請將驛站等事案內，撥給草凉、叁岔、松林等驛及寧羌州新增夫馬工料銀壹千叁百柒拾柒兩捌錢柒分壹釐捌毫玖忽叁微柒纖肆塵貳漠肆沙，實裁站銀叁千貳百玖拾伍兩肆分壹釐玖毫貳絲叁忽肆微伍纖壹塵伍漠入起運外，止該銀捌千柒百伍拾伍兩柒錢柒分玖釐玖毫陸絲捌忽陸微叁纖捌塵壹渺叁漠貳沙伍洙貳涯貳洒。

外加增撥補官役俸工等項銀壹百柒拾玖兩伍錢叁分柒釐陸毫玖絲貳忽壹微肆纖玖塵叁渺貳漠貳沙玖涯。

外遇閏原加銀貳百壹拾陸兩伍分捌釐捌毫陸絲貳忽，內除各官閏俸銀玖兩叁釐叁毫叁絲貳忽入起運外，實該銀貳百柒兩伍分伍釐伍毫叁絲，內除荒銀貳拾伍兩捌錢伍分貳毫叁絲捌忽貳微捌纖玖塵貳渺肆漠柒沙柒洙玖涯，實徵銀壹百捌拾壹兩貳錢伍分貳毫玖絲壹忽柒微壹纖柒渺伍漠貳沙貳洙壹涯，內除驛遞之差使甚少等事案內，共裁閏月銀壹百壹拾肆兩叁錢伍分捌釐陸毫貳絲伍忽伍微叁纖捌塵壹渺，內撥給寧羌州新增夫馬閏月銀玖兩陸分捌釐陸毫玖絲捌忽捌微玖纖捌塵柒渺，實裁銀壹百伍兩貳錢捌分玖釐玖毫貳絲陸忽陸微叁纖玖塵肆渺。實徵支閏月銀柒拾伍兩玖錢壹分伍釐叁毫陸絲伍忽柒纖壹塵叁渺伍漠貳沙貳洙壹涯。

外加增撥補工食銀伍兩叁錢貳釐壹毫柒絲柒忽肆微柒纖陸塵肆漠陸沙肆洙玖涯。

又撥補夫馬閏月銀柒錢伍分。

共該閏銀捌拾壹兩玖錢陸分柒釐伍毫肆絲貳忽伍微肆纖柒塵叁渺玖漠捌沙柒洙。

壹額外

課程銀壹拾叁兩玖分貳釐係舖戶出辦。遇閏加銀壹兩玖分壹釐。

畜稅銀貳百柒拾捌兩玖錢壹分係買騾馬人戶出辦，歲無定額，儘收儘解。

牙稅銀壹拾柒兩陸錢共牙人貳拾肆名，內壹等者納稅銀陸兩；貳等納稅銀貳兩；叁等納稅銀壹兩捌錢；肆等納稅銀陸兩；伍等納稅銀肆兩；陸等納稅銀壹兩捌錢。

當稅銀肆拾伍兩係典舖出辦，共典舖玖座，每座每年納銀伍兩。

地稅銀玖拾捌兩柒錢玖分叁釐係買田產人戶出辦，歲無定額，儘收儘解。

鹽課銀捌百貳拾叁兩伍錢肆分叁釐。

西鄉縣

原額折正壹等共地柒百壹拾肆頃陸拾陸畝肆分肆釐貳毫，每畝科糧貳升陸合柒勺伍抄柒撮貳粟貳粒，共額徵糧壹千玖百壹拾貳石貳斗伍升貳合柒勺，每石折徵銀貳兩叁錢伍分玖釐柒毫柒絲叁忽，共額徵銀肆千伍百壹拾貳兩肆錢柒分陸釐肆毫捌絲壹忽柒微。

順治柒年題明豁免過無主荒地並康熙貳拾叁年再疏籲請等事貳案內，題明豁免共地叁百柒拾頃捌拾肆畝伍分玖釐叁毫，應免糧玖百玖拾貳石柒斗肆合柒勺玖抄叁撮玖圭捌粟壹粒，該除銀貳千叁百肆拾貳兩伍錢伍分柒釐伍毫捌絲伍忽壹微貳纖陸塵伍渺，內前墾並興屯及節年開墾共地壹百叁拾貳頃叁拾玖畝貳分壹釐叁毫，該糧叁百伍拾肆石貳斗陸升肆合肆勺壹抄伍撮伍圭陸粟叁粒陸顆玖糠，該銀捌百叁拾伍兩玖錢伍分玖釐叁毫伍絲陸忽柒微壹纖壹漠叁沙伍洙；又於乾隆伍拾玖年開墾起科地肆頃叁拾陸畝貳分伍釐，該徵糧壹拾壹石陸斗柒升貳合柒勺伍抄捌圭肆粟柒粒伍顆，該徵銀貳拾柒兩伍錢叁分玖釐貳毫捌絲玖忽伍微伍纖肆塵陸渺貳漠伍沙以增抵除。實荒地貳百叁拾肆頃玖畝壹分叁釐，免糧陸百貳拾陸石柒斗陸升柒合陸勺貳抄柒撮伍圭陸粟玖粒捌顆壹糠，免銀壹千肆百柒拾玖兩伍分捌釐玖毫叁絲捌忽捌微陸纖壹塵捌渺陸漠壹沙伍洙。

止實熟民地肆百捌拾頃伍拾柒畝叁分壹釐貳毫，該糧壹千貳百捌拾伍石肆斗捌升伍合柒抄貳撮肆圭叁粟壹顆玖糠，該徵銀叁千叁拾叁兩肆錢壹分柒釐伍毫肆絲貳忽捌微叁纖捌塵壹渺叁漠捌沙伍洙，內於雍正元年在於請免無着浮糧等事案內，題明豁免銀壹千叁百兩，止實徵銀壹千柒百叁拾叁兩肆錢壹分柒釐伍毫肆絲貳忽捌微叁纖捌塵壹渺叁漠捌沙伍洙，內嘉慶拾壹年在於遵旨等事案內，分撥定遠廳地捌拾捌頃柒拾貳畝捌分叁釐陸絲貳忽肆微，該糧貳百叁拾柒石肆斗壹升伍勺，該銀伍百陸拾兩壹錢壹分柒釐玖毫。止該地叁百玖拾壹頃捌拾肆畝肆分捌釐壹毫叁絲柒忽陸微，糧壹千肆拾捌石柒升肆合伍勺柒抄貳撮肆圭叁粟壹顆玖糠，銀壹千壹百柒拾叁兩貳錢玖分玖釐陸毫肆絲貳忽捌微叁纖捌塵壹渺叁漠捌沙伍洙。

又嘉慶拾肆年在於遵旨等事案內，撥給定遠廳地玖頃陸畝陸釐叁毫，該糧貳拾肆石貳斗肆升叁合伍勺伍抄，該銀壹百肆拾兩柒錢玖分貳釐。

又接收定遠廳兑撥地叁頃壹拾伍畝叁分柒釐捌毫捌絲叁忽，該糧捌石肆斗叁升捌合伍勺玖抄捌撮，該銀肆拾玖兩陸釐貳毫。

止實熟民地叁百捌拾伍頃玖拾叁畝柒分玖釐柒毫貳絲陸微，該糧壹千叁拾貳石貳斗陸升玖合陸勺貳抄肆圭叁粟壹顆玖糠，該徵銀壹千捌拾壹兩伍錢壹分叁釐捌毫肆絲貳忽捌微叁纖捌塵壹渺叁漠捌沙伍洙，遵照乾隆伍拾玖年奉准部咨令，將康熙年間易知由單內載：折正壹等地每畝徵折色銀陸分叁釐壹毫貳絲柒忽叁微壹纖壹塵叁渺，纂入書內，嗣後遇有墾豁，以便按畝增除。

原額人丁叁門玖則不等，共折下下丁壹萬陸千肆百捌拾陸丁，每丁徵銀壹錢壹分壹釐壹絲捌忽柒微，共徵銀壹千捌百叁拾兩貳錢伍分肆釐捌毫捌絲壹忽陸微，內除優免丁叁百陸拾捌丁，共銀肆拾兩捌錢伍分肆釐捌毫捌絲壹忽陸微。

行差丁壹萬陸千壹百壹拾捌丁，共額徵銀壹千柒百捌拾玖兩肆錢。

順治柒年題明豁免過逃亡丁並康熙拾叁年再疏籲請等事貳案內，題明豁免過殺擄、逃亡共丁柒千肆百陸拾捌丁，該免銀捌百貳拾玖兩捌分捌釐貳毫貳絲柒忽壹微，內前招回並節年招回、編審出丁貳千貳百柒拾柒丁，該徵銀貳百伍拾貳兩柒錢玖分貳釐貳毫叁絲柒忽陸微，實免丁伍千壹百玖拾壹丁，免銀伍百柒拾陸兩貳錢玖分伍釐玖毫捌絲玖忽伍微。

以上實在行差並徵人丁共壹萬玖百貳拾柒丁，實徵銀壹千貳百壹拾叁兩壹錢肆釐壹絲伍微，嘉慶拾壹年在於遵旨等事案內，分撥定遠廳均載丁銀貳百壹拾貳兩伍錢叁分貳釐捌毫，止該應徵丁銀壹千兩伍錢柒分壹釐貳毫壹絲伍微於雍正伍年攤入地糧內徵解。

康熙伍拾伍年起，至乾隆貳拾陸年止，編審出丁伍拾柒丁；乾隆叁拾壹年編審出丁壹拾壹丁；乾隆叁拾陸年編審出丁捌丁。共編審出丁柒拾陸丁，欽遵康熙伍拾貳年叁月拾捌日恩詔，後遇編審之期，但據康熙伍拾年丁册定為常額，永不加賦。

原額均徭銀陸千陸百肆拾叁兩柒錢肆分壹釐伍毫貳絲玖忽壹微玖纖，內除荒銀貳千貳百貳拾陸兩肆錢叁分伍毫陸忽玖纖柒塵壹渺捌漠玖沙伍涯，止實徵銀肆千肆百壹拾柒兩叁錢壹分壹釐貳絲叁忽玖纖貳塵捌渺壹漠玖洙伍涯，內嘉慶拾壹年在於遵旨等事案內，分撥定遠廳均徭銀捌百壹拾捌兩陸錢貳分伍毫，止實徵銀叁千伍百玖拾捌兩陸錢玖分伍毫貳絲叁忽玖纖貳塵捌渺壹漠玖洙伍涯，遵照由單內載：折正壹等地每畝徵均徭銀玖分貳釐貳毫陸絲壹忽肆微捌纖玖塵陸渺壹漠。

外遇閏加銀叁百伍拾柒兩貳錢捌分肆釐壹毫壹絲壹忽，內除荒銀壹百伍拾肆兩陸錢捌分伍釐肆毫貳絲壹忽肆微叁纖肆塵叁渺捌沙捌洙陸涯，實徵銀貳百貳兩伍錢玖分捌釐陸毫捌絲玖忽伍微陸纖伍塵陸渺玖漠壹沙壹洙肆涯，內除分撥定遠廳閏銀肆拾壹兩貳錢柒分叁釐捌毫，止實徵銀壹百陸拾壹兩叁錢貳分肆釐捌毫捌絲玖忽伍微陸纖伍塵陸渺玖漠壹沙壹洙肆涯。

又接收定遠廳兑撥閏銀壹兩叁錢叁分。

貳項共銀壹百陸拾貳兩陸錢伍分肆釐捌毫捌絲玖忽伍微陸纖伍塵陸渺玖漠壹沙壹洙肆涯。

額外匠價銀貳兩玖錢，內除分撥定遠廳銀伍錢叁分伍釐肆毫，止該匠價銀貳兩叁錢陸分肆釐陸毫，遇閏加銀貳錢肆分壹釐陸毫陸絲陸忽陸微陸纖陸塵柒渺，內除分撥定遠廳閏銀肆分肆釐陸毫，止該閏銀壹錢玖分柒釐陸絲陸忽陸微陸纖陸塵柒渺。

停免銀貳百伍拾玖兩柒錢陸分貳釐叁毫陸絲肆忽壹纖叁塵肆渺，內除分撥定遠廳銀肆拾柒兩玖錢陸分，止該停免銀貳百壹拾壹兩捌錢貳釐叁毫陸絲肆忽壹纖叁塵肆渺。

以上正閏叁項俱攤入前項地糧內徵解。

以上地、丁貳項並均徭、停免、匠價，除優免丁銀外，應徵銀壹萬叁千貳百捌兩貳錢捌分叁毫柒絲肆忽玖微叁塵肆渺，內除荒銀伍千伍百捌拾壹兩柒錢捌分伍釐肆毫叁絲肆忽肆微伍纖玖塵伍漠伍洙伍涯，實徵銀柒千陸百貳拾陸兩肆錢玖分肆釐玖毫肆絲肆微肆纖肆塵叁渺肆漠玖沙肆洙伍涯，內除分撥定遠廳地、丁貳項、均徭並額外停免、匠價等項銀壹千柒百玖拾貳兩壹釐捌毫，止實徵地、丁等項銀伍千捌百叁拾肆兩肆錢玖分叁釐壹毫肆絲肆微肆纖肆塵叁渺肆漠玖沙肆洙伍涯。

又接收定遠廳兑撥銀肆拾玖兩陸釐貳毫。

貳項共銀伍千捌百捌拾叁兩肆錢玖分玖釐叁毫肆絲肆微肆纖肆塵叁渺肆漠玖沙肆洙伍涯。

外遇閏加銀叁百伍拾柒兩貳錢捌分壹釐壹毫壹絲壹忽，內除荒銀壹百伍拾肆兩陸錢捌分伍釐肆毫貳絲壹忽肆微叁纖肆塵叁渺捌沙捌洙陸涯，實徵銀貳百貳兩伍錢玖分捌釐陸毫捌絲玖忽伍微陸纖伍塵陸渺玖漠壹沙壹洙肆涯，內除撥定遠廳閏銀肆拾壹兩貳錢柒分叁釐捌毫，止實徵閏銀壹百陸拾壹兩叁錢貳分肆釐捌毫捌絲玖忽伍微陸纖伍塵陸渺玖漠壹沙壹洙肆涯。

又接收定遠廳兌撥閏銀壹兩叁錢叁分。

貳項共銀壹百陸拾貳兩陸錢伍分肆釐捌毫捌絲玖忽伍微陸纖伍塵陸渺玖漠壹沙壹洙肆涯。

又匠價閏銀貳錢肆分壹釐陸毫陸絲陸忽陸微陸纖陸塵柒渺，內除分撥定遠廳閏銀肆分肆釐陸毫，止實徵閏銀壹錢玖分柒釐陸絲陸忽陸微陸纖陸塵柒渺。

壹起運項下

原編起運糧石折價銀貳千壹百肆拾玖兩柒錢陸分肆釐玖毫壹絲捌忽玖微伍纖，內除荒銀壹千叁百貳拾叁兩玖錢伍分陸釐陸毫玖絲壹忽壹微肆纖伍塵貳漠肆沙陸洙陸涯陸洒，實起運銀捌百貳拾伍兩捌錢捌釐貳毫貳絲柒忽捌微肆塵玖渺柒漠伍沙叁洙叁涯肆洒。

節裁民校、藥味、牲口、盤纏、軍器、年例、料價、胖襖等項銀壹千肆百伍拾貳兩捌錢玖分陸釐貳毫肆絲貳忽壹微玖纖，內除荒銀肆百捌拾玖兩壹錢叁釐叁毫壹忽陸微叁纖捌塵伍渺叁沙肆洙捌涯柒洒，實起運銀玖百陸拾叁兩柒錢玖分貳釐玖毫肆絲伍微伍纖壹塵肆渺玖漠陸沙伍洙壹涯叁洒。

舊編存留，內順治玖年裁扣各役工食等銀貳百叁拾貳兩肆錢；拾貳年裁傘扇銀捌兩；拾肆年裁官生俸廩銀貳百捌拾玖兩陸錢陸分捌釐肆毫柒絲，原裁里馬損轎夫叁分裁壹，銀叁百叁拾壹兩肆錢玖分叁釐貳毫壹絲伍忽叁微捌纖肆塵。康熙元年裁吏書工食銀壹百壹拾伍兩貳錢；叁年裁教諭俸薪並齋夫、門斗工食銀壹百壹兩壹錢貳分；伍年裁巡檢俸工銀肆拾叁兩伍錢貳分，雜費丁銀肆拾肆兩貳錢貳分貳釐貳毫；拾伍年裁心紅紙張、修理倉厫、喂馬料草、芒神土牛、鋪墊、花船船價、刑具、歲季考生員盤纏、舉人盃盤等項銀壹百貳拾柒兩陸錢壹分叁釐叁毫捌絲柒忽；貳拾柒年裁歲貢、舉人盤纏、花紅銀陸拾貳兩壹錢；伍拾陸年裁表箋銀叁兩伍錢。雍正陸年裁燈夫工食銀貳拾肆兩；拾貳年裁民壯工食銀壹百貳拾陸兩。乾隆玖年裁鋪司工食銀伍拾貳兩捌錢，冗費裁剩解部銀壹千伍百伍拾兩貳錢肆分肆釐貳毫玖絲貳忽柒微伍纖。

共銀叁千壹百壹拾壹兩捌分壹釐伍毫陸絲伍忽壹微叁纖肆塵，內除荒銀壹千叁百肆拾肆兩陸分肆毫貳絲叁忽壹微柒纖伍塵肆漠陸沬伍涯捌洒，實起運銀壹千柒百陸拾柒兩捌錢貳分壹釐壹毫肆絲壹忽玖微伍纖捌塵玖渺伍漠玖沙叁沬肆涯貳洒。

又額外徵收停免、匠價銀貳百陸拾貳兩陸錢陸分貳釐叁毫陸絲肆忽壹纖叁塵肆渺。

以上實起運銀叁千捌百貳拾兩捌分肆釐陸毫柒絲肆忽叁微貳纖捌塵捌渺叁漠壹沙壹沬捌涯玖洒，內除分撥定遠廳起運銀壹千柒百玖拾貳兩壹釐捌毫，止該起運銀貳千貳拾捌兩捌分貳釐捌毫柒絲肆忽叁微貳纖捌塵捌渺叁漠壹沙壹沬捌涯玖洒。

又接收定遠廳兑撥起運銀肆拾玖兩陸釐貳毫。

貳項共銀貳千柒拾柒兩捌分玖釐柒絲肆忽叁微貳纖捌塵捌渺叁漠壹沙壹沬捌涯玖洒。

又收存留內額協抵餉銀伍百柒拾貳兩叁錢叁分捌釐玖毫叁絲叁微柒纖伍渺。

又收存留內驛遞之差使甚少並題明請將驛站等事貳案內，共裁銀壹千壹百柒拾陸兩捌錢叁釐陸絲伍忽叁微貳纖陸塵貳渺貳漠捌沙，內除題明請將驛站等事案內，撥給寧羌州黄壩驛及沔縣、鳳縣新增夫馬工料銀肆百壹拾兩肆錢玖分貳釐伍毫玖絲叁忽叁微捌塵壹渺玖漠柒沙；又除請免無着浮糧等事案內，留抵解府供驛邊塘自支等項銀貳百叁拾捌兩捌錢壹分肆釐柒毫叁絲伍忽伍微叁塵陸渺壹漠。實收銀伍百貳拾柒兩肆錢玖分伍釐柒毫叁絲陸忽伍微壹纖肆塵肆渺貳漠壹沙。

共該起運銀叁千壹百柒拾陸兩玖錢貳分叁釐柒毫肆絲壹忽貳微壹纖叁塵柒渺伍漠貳沙壹沬捌涯玖洒，又在於請做以糧載丁等事案內，通省以糧均丁減銀伍百柒拾兩陸錢捌分柒釐肆毫壹絲叁忽叁微肆塵柒渺，內除乾隆元、陸、拾壹、拾陸、貳拾壹、貳拾陸等年編審案內，共增抵補屯更丁銀壹百貳拾伍兩柒錢玖分柒釐伍毫玖絲伍忽捌微陸纖肆渺陸漠陸沙陸沬陸涯肆洒，又乾隆叁拾壹、叁拾陸兩年編審案內，共增抵補屯更丁銀陸拾貳兩壹分陸毫肆絲捌忽叁微叁纖貳渺叁漠叁沙叁沬叁涯貳洒，又分撥定遠廳均丁增銀壹拾壹兩肆錢肆分叁釐貳毫，該減銀叁百玖拾肆兩叁錢貳分貳釐叁毫陸絲玖忽壹微壹纖肆塵肆洒。

實該銀貳千柒百捌拾貳兩陸錢壹釐肆毫柒絲貳忽玖纖玖塵柒渺伍漠貳沙壹洙捌涯伍洒，內留支加增撥補俸工銀伍百叁拾貳兩伍錢貳分柒釐伍毫肆絲叁忽肆微貳纖柒塵肆渺叁漠伍沙柒洙壹涯，止實該起運銀貳千貳百伍拾兩柒分叁釐玖毫貳絲捌忽陸微柒纖貳塵叁渺壹漠陸沙肆洙柒涯伍洒。

遇閏，順治玖年裁扣銀壹拾柒兩柒錢；拾肆年裁扣銀壹拾玖兩伍錢陸分叁釐叁絲叁忽。康熙元年裁銀玖兩陸錢；叁年裁銀捌兩肆錢貳分陸釐陸毫陸絲陸忽；伍年裁銀叁兩陸錢貳分陸釐陸毫陸絲；拾伍年裁銀貳兩陸錢陸分陸釐陸毫柒絲。雍正陸年裁銀貳兩；拾貳年裁銀壹拾兩伍錢。乾隆玖年裁銀肆兩肆錢，又閏俸銀壹拾肆兩貳錢伍分陸釐陸毫伍絲貳忽。

共銀玖拾貳兩柒錢叁分玖釐陸毫捌絲壹忽，內除荒銀叁拾玖兩伍錢伍分伍釐柒毫伍絲肆忽伍微肆纖肆渺貳漠伍洙陸涯，實徵銀伍拾叁兩壹錢捌分叁釐玖毫貳絲陸忽肆微伍纖玖塵伍渺柒漠玖沙肆洙肆涯。

又額外匠價銀貳錢肆分壹釐陸毫陸絲陸忽陸微陸纖陸塵柒渺。

貳項起運閏銀伍拾叁兩肆錢貳分伍釐伍毫玖絲叁忽壹微貳纖陸塵貳渺柒漠玖沙肆洙肆涯，內除分撥定遠廳起運閏銀肆拾壹兩叁錢壹分捌釐肆毫，止實閏銀壹拾貳兩壹錢柒釐壹毫玖絲叁忽壹微貳纖陸塵貳渺柒漠玖沙肆洙肆涯。

又接收定遠廳兑撥起運閏銀壹兩叁錢叁分。

貳項共銀壹拾叁兩肆錢叁分柒釐壹毫玖絲叁忽壹微貳纖陸塵貳渺柒漠玖沙肆洙肆涯。

又收存留內驛遞之差使甚少並題明請將驛站等事貳案內，共裁站閏月銀捌拾伍兩玖錢叁分柒釐柒毫壹絲叁忽肆微壹纖捌塵貳渺。

貳項共銀玖拾玖兩叁錢柒分肆釐玖毫陸忽伍微肆纖肆塵肆渺柒漠玖沙肆洙肆涯，內在於請倣以糧載丁之例等事案內，通省以糧載丁減銀，遇閏之年照依無閏少減銀叁兩玖錢捌分玖釐伍毫壹絲陸忽捌微玖纖肆渺，又乾隆拾壹、拾陸、貳拾壹、貳拾陸、叁拾壹、叁拾陸等年編審案內，應增抵補屯更（丁），遇閏之年照依無閏少徵銀壹兩捌分貳釐陸毫玖絲肆忽陸微貳纖貳塵貳渺玖漠玖沙玖洙捌涯肆洒，止實收銀貳兩玖錢陸釐捌毫貳絲貳忽貳微陸纖捌塵壹渺壹涯陸洒；又收乾隆元、陸兩年編審案內，應增抵補屯更（丁）閏銀陸分玖釐伍毫貳絲陸忽壹微肆纖肆塵。

又分撥定遠廳增丁閏銀貳兩肆錢叁分叁釐。

共該銀玖拾玖兩玖錢壹分捌釐貳毫伍絲肆忽玖微伍纖陸塵伍渺柒漠玖沙肆洙伍涯陸洒，內留支加增撥補俸工銀壹拾兩叁錢捌釐貳毫捌絲壹忽壹微伍纖貳塵捌渺；又留支撥補夫馬閏月銀壹兩壹錢貳分伍釐。止實該銀捌拾柒兩肆錢捌分伍釐貳毫柒絲叁忽捌微叁塵柒渺柒漠玖沙肆洙伍涯陸洒。

壹存留項下

原編存留銀陸千貳百叁拾壹兩柒分伍釐貳毫捌絲肆忽陸微壹纖陸塵，內除荒銀貳千肆百貳拾肆兩陸錢陸分伍釐壹絲捌忽伍微肆渺捌漠壹沙柒洙叁涯玖洒，實存留銀叁千捌百陸兩肆錢壹分貳毫陸絲陸忽壹微壹纖伍塵伍渺壹漠捌沙貳洙陸涯壹洒。

壹俸工項下

知縣壹員，額支俸薪銀肆拾伍兩，內除荒銀壹拾玖兩伍錢肆釐玖毫壹絲貳忽捌微貳纖捌塵伍渺，實支銀貳拾伍兩肆錢玖分伍釐捌絲柒忽壹微柒纖壹塵伍渺，內均攤俸工銀捌錢貳分貳釐貳毫貳忽陸微肆纖伍渺，留抵撥補各官役俸工訖。

改設五里壩縣丞壹員，歲支俸薪銀肆拾兩係動支司庫缺官銀兩，因缺官不敷動用，於道光伍年奉文改動裁汰夫馬工料支剩銀兩訖。

典史壹員，額支俸薪銀叁拾壹兩伍錢貳分，內除荒撥補銀壹拾叁兩陸錢陸分貳釐壹毫叁絲伍忽捌塵陸渺捌漠捌沙，實徵支銀壹拾柒兩捌錢伍分柒釐捌毫陸絲肆忽玖微玖纖壹塵叁渺壹漠貳沙。

教諭壹員，額支俸薪銀壹拾伍兩柒錢陸分，內除荒撥補銀陸兩捌錢叁分壹釐陸絲柒忽伍微肆塵叁渺肆漠肆沙，實徵支銀捌兩玖錢貳分捌釐玖毫叁絲貳忽肆微玖纖伍塵陸渺伍漠陸沙。外撥補全俸銀貳拾肆兩貳錢肆分。

撥支定遠廳訓導壹員，額支俸薪銀壹拾伍兩柒錢陸分，內除荒撥補銀陸兩捌錢叁分壹釐陸絲柒忽伍微肆塵叁渺肆漠肆沙，實徵支銀捌兩玖錢貳分捌釐玖毫叁絲貳忽肆微玖纖伍塵陸渺伍漠陸沙。外撥補全俸銀貳拾肆兩貳錢肆分。

以上撥支俸薪銀兩，由該縣按季解司支領。

大巴關巡檢壹員，額支俸薪銀叁拾壹兩伍錢貳分，內除荒撥補銀壹拾叁兩陸錢陸分貳釐壹毫叁絲伍忽捌塵陸渺捌漠捌沙，實徵支銀壹拾柒兩捌錢伍分柒釐捌毫陸絲肆忽玖微玖纖壹塵叁渺壹漠貳沙。

鹽場關巡檢壹員，額支俸薪銀叁拾壹兩伍錢貳分，內除荒撥補銀壹拾叁兩陸錢陸分貳釐壹毫叁絲伍忽捌塵陸渺捌漠捌沙，實徵支銀壹拾柒兩捌錢伍分柒釐捌毫陸絲肆忽玖微玖纖壹塵叁渺壹漠貳沙。

知縣衙門

門子貳名，每名歲支工食銀陸兩，共銀壹拾貳兩，內除荒撥補銀伍兩貳錢壹釐叁毫貳絲玖微肆纖陸塵捌渺，實徵支銀陸兩柒錢玖分捌釐陸毫柒絲玖忽伍纖叁塵貳渺。遇閏加銀壹兩，內除荒銀肆錢肆分柒釐貳毫伍絲伍忽捌微壹纖，實徵銀伍錢伍分貳釐柒毫肆絲肆忽壹微玖纖。

皂隸、仵作壹拾陸名，每名歲支工食銀陸兩，共支銀玖拾陸兩，內除荒撥補銀肆拾壹兩陸錢貳釐陸毫叁忽壹纖貳塵，實徵支銀伍拾肆兩叁錢玖分柒釐叁毫玖絲陸忽玖微捌纖捌塵。遇閏加銀捌兩，內除荒銀叁兩伍錢柒分捌釐伍毫捌忽肆微捌纖，實徵支銀肆兩肆錢貳分壹釐肆毫玖絲壹忽伍微貳纖。

馬快捌名，每名歲支工食銀壹拾陸兩捌錢，共支銀壹百叁拾肆兩肆錢，內除荒撥補銀伍拾捌兩貳錢肆分肆釐柒毫伍絲陸忽貳微伍纖柒塵，實徵支銀柒拾陸兩壹錢伍分伍釐貳毫肆絲叁忽柒微肆纖叁塵。遇閏加銀壹拾壹兩貳錢，內除荒銀伍兩玖釐貳毫柒絲柒忽柒纖貳塵，實徵支銀陸兩壹錢玖分柒毫貳絲貳忽玖微貳纖捌塵。

民壯貳拾玖名，每名歲支工食銀陸兩，共支銀壹百柒拾肆兩，內除荒撥補銀柒拾伍兩肆錢玖釐玖絲肆忽貳微柒纖捌塵，實徵支銀玖拾捌兩伍錢玖分玖毫伍忽柒微貳纖貳塵。遇閏加銀壹拾肆兩伍錢，內除荒銀陸兩肆錢捌分伍釐貳毫壹絲壹忽柒微肆纖伍塵，實徵支銀捌兩壹分肆釐柒毫捌絲捌忽貳微伍纖伍塵。

看監禁子捌名，每名歲支工食銀陸兩，共支銀肆拾捌兩，內除荒撥補銀貳拾兩捌錢伍釐貳毫玖絲壹忽柒微捌纖柒塵貳渺，實徵支銀貳拾柒兩壹錢玖分肆釐柒毫捌忽貳微壹纖貳塵捌渺。遇閏加銀肆兩，內除荒銀壹兩柒錢捌分捌釐玖毫玖絲叁忽貳微肆纖，實徵支銀貳兩貳錢壹分壹釐陸忽柒微陸纖。

轎傘扇夫柒名，每名歲支工食銀陸兩，共支銀肆拾貳兩，內除荒撥補銀壹拾捌兩貳錢肆釐伍毫叁絲叁微壹纖叁塵捌渺，實徵支銀貳拾叁兩柒錢玖分伍釐肆毫陸絲玖忽陸微捌纖陸塵貳渺。遇閏加銀叁兩伍錢，內除荒銀壹兩伍錢陸分伍釐叁毫伍絲柒忽捌微叁纖伍塵，實徵支銀壹兩玖錢叁分肆釐陸毫肆絲貳忽壹微陸纖伍塵。

庫丁肆名，每名歲支工食銀陸兩，共支銀貳拾肆兩，內除荒撥補銀壹拾兩肆錢貳釐陸毫叁絲柒忽捌微玖纖叁塵陸渺，實徵支銀壹拾叁兩伍錢玖分柒釐叁毫陸絲貳忽壹微陸塵肆渺。遇閏加銀貳兩，內除荒銀捌錢玖分肆釐肆毫玖絲陸忽陸微貳纖，實徵支銀壹兩壹錢伍釐伍毫叁忽叁微捌纖。

斗級肆名，每名歲支工食銀陸兩，共支銀貳拾肆兩，內除荒撥補銀壹拾兩肆錢貳釐陸毫叁絲柒忽捌微玖纖叁塵陸渺，實徵支銀壹拾叁兩伍錢玖分柒釐叁毫陸絲貳忽壹微陸塵肆渺。遇閏加銀貳兩，內除荒銀捌錢玖分肆釐肆毫玖絲陸忽陸微貳纖，實徵支銀壹兩壹錢伍釐伍毫叁忽叁微捌纖。

茶溪灘各河渡口水夫壹拾貳名，每名歲支工食銀貳兩肆錢，共支銀貳拾捌兩捌錢，內除荒撥補銀壹拾貳兩肆錢捌分叁釐柒毫貳絲壹微伍纖貳塵柒渺貳漠，實徵支銀壹拾陸兩叁錢壹分陸釐貳毫柒絲玖忽捌微肆纖柒塵貳渺捌漠。遇閏加銀貳兩肆錢，內除荒銀壹兩叁分玖釐肆絲伍忽玖微肆纖肆塵，實徵支銀壹兩叁錢陸分玖毫伍絲肆忽伍纖陸塵。

白沔硤渡水夫陸名，每名歲支工食銀壹兩肆錢，共支銀捌兩肆錢，內除荒撥補銀叁兩陸錢肆分捌毫貳絲玖忽玖微貳塵玖渺陸漠，實徵支銀肆兩柒錢伍分玖釐壹毫柒絲玖纖柒塵肆漠。遇閏加銀柒錢，內除荒銀叁錢叁釐柒絲捌忽伍微陸纖柒塵，實徵支銀叁錢玖分陸釐玖毫貳絲壹忽肆微叁纖叁塵。

漿夫陸名，每名歲支工食銀貳兩肆錢，共支銀壹拾肆兩肆錢，內除荒撥補銀陸兩貳錢肆分壹釐玖毫貳絲肆忽叁微柒纖陸塵叁渺陸漠，實徵支銀捌兩壹錢伍分捌釐柒絲伍忽陸微貳纖叁塵陸渺肆漠。遇閏加銀壹兩貳錢，內除荒銀伍錢壹分玖釐伍毫陸絲叁忽玖微柒纖貳塵，實徵支銀陸錢捌分肆毫叁絲陸忽貳纖捌塵。

鼓夫伍名，每名歲支工食銀貳兩肆錢，共銀壹拾貳兩，內除荒撥補銀伍兩貳錢壹釐叁毫玖絲貳忽玖微肆纖陸塵捌渺，實徵支銀陸兩柒錢玖分捌釐陸毫柒忽伍纖叁塵貳渺。遇閏加銀壹兩，內除荒銀肆錢叁分貳釐玖毫柒絲貳忽捌微貳纖，實徵支銀伍錢陸分柒釐貳絲柒忽壹微玖纖。

各舖司兵壹拾柒名，該額支銀捌拾壹兩陸錢，內除荒銀叁拾伍兩叁錢陸分捌釐肆毫伍絲叁忽柒纖陸塵叁渺陸漠，實徵支銀肆拾陸兩貳錢叁分壹釐伍毫肆絲陸忽玖微貳纖叁塵陸渺肆漠。外加增銀伍拾陸兩貳錢叁分叁釐伍毫陸忽玖微捌纖叁渺陸漠。遇閏加銀陸兩捌錢，內除荒銀貳兩玖錢肆分叁釐玖毫玖絲貳忽伍微捌塵，實徵支銀叁兩捌錢伍分陸釐柒忽肆微玖纖貳塵。外加增銀肆兩陸錢捌分貳釐柒毫肆絲柒忽。

縣丞衙門

門子壹名，歲支工食銀陸兩。遇閏加銀伍錢。

皂隸肆名，每名歲支工食銀陸兩，共支銀貳拾肆兩。遇閏加銀貳兩。

馬夫壹名，歲支工食銀陸兩。遇閏加銀伍錢。

以上門、皂、夫馬額支正閏銀兩，俱在司庫缺官銀內領支因缺官不敷動用，於道光伍年奉文改動裁汰夫馬工料支剩銀兩。

典史衙門

門子壹名，額支工食銀陸兩，內除荒撥補銀貳兩陸錢陸毫陸絲陸忽肆微柒纖叁塵肆渺，實徵支銀叁兩叁錢玖分玖釐叁毫叁絲叁忽伍微貳纖陸塵陸渺。遇閏加銀伍錢，內除荒銀貳錢貳分叁釐陸毫貳絲柒忽肆微伍塵，實徵支銀貳錢柒分陸釐叁毫柒絲貳忽伍微玖纖伍塵。

皂隸肆名，每名歲支工食銀陸兩，共支銀貳拾肆兩，內除荒撥補銀壹拾兩肆錢貳釐陸毫叁絲柒忽捌微玖纖叁塵陸渺，實徵支銀壹拾叁兩伍錢玖分柒釐叁毫陸絲貳忽壹微陸塵肆渺。遇閏加銀貳兩，內除荒銀捌錢玖分肆釐肆毫玖絲陸忽陸微貳纖，實徵支銀壹兩壹錢伍釐伍毫叁忽叁微捌纖。

馬夫壹名，額支工食銀陸兩，內除荒撥補銀貳兩陸錢陸毫陸絲陸忽肆微柒纖叁塵肆渺，實徵支銀叁兩叁錢玖分玖釐叁毫叁絲叁忽伍微貳纖陸塵陸渺。遇閏加銀伍錢，內除荒銀貳錢貳分叁釐陸毫貳絲柒忽肆微伍塵，實徵支銀貳錢柒分陸釐叁毫柒絲貳忽伍微玖纖伍塵。

教諭衙門

齋夫壹名半，每名歲支工食銀壹拾貳兩，共支銀壹拾捌兩，內除荒撥補銀柒兩捌錢壹釐柒毫陸絲柒忽玖微貳纖貳塵，實徵支銀壹拾兩壹錢玖分捌釐貳毫叁絲貳忽柒纖玖塵捌渺。遇閏加銀壹兩伍錢，內除荒銀陸錢柒分捌毫柒絲貳忽貳微壹纖伍塵，實徵支銀捌錢貳分玖釐壹毫貳絲柒忽柒微捌纖伍塵。

膳夫貳名，額支銀壹拾叁兩叁錢叁分叁釐叁毫叁絲，內抽撥定遠廳膳夫正閏銀兩，由該縣按季解司支領除荒撥補銀伍兩柒錢柒分柒毫壹絲壹忽陸微柒塵柒渺陸漠壹沙伍洙壹涯，實徵支銀柒兩伍錢陸分貳釐陸毫壹絲捌忽叁微玖纖貳塵貳渺叁漠捌沙肆洙玖涯係廩生支領。遇閏加銀壹兩壹錢壹分壹釐壹毫，內除荒撥補銀肆錢玖分陸釐捌毫捌絲伍忽柒微捌纖貳塵柒渺玖漠壹沙，實徵支銀陸錢壹分肆釐貳毫壹絲肆忽貳微壹纖柒塵貳渺玖沙。

門斗壹名，歲支工食銀柒兩貳錢，內除荒撥補銀叁兩壹錢貳分柒毫柒絲捌忽壹微捌纖捌塵壹渺捌漠，實徵支銀肆兩柒分玖釐貳毫貳絲壹忽捌微壹纖壹塵捌渺貳漠。遇閏加銀陸錢，內除荒銀貳錢陸分捌釐叁毫肆絲捌忽肆微捌纖陸塵，實徵支銀叁錢叁分壹釐陸毫伍絲壹忽伍微壹纖肆塵。

廩生貳拾名，每名歲支銀叁兩貳錢，共支銀陸拾肆兩，內抽撥定遠廳廩生肆名，其應支正閏銀兩，由該縣按季解司支領除荒撥補銀貳拾柒兩叁錢陸分陸釐陸毫玖絲伍忽貳微肆纖貳塵玖渺，實徵支銀叁拾陸兩陸錢叁分叁釐叁毫肆忽柒微伍纖柒塵壹渺。遇閏加銀伍兩叁錢叁釐叁毫叁絲，內除荒撥補銀貳兩玖分壹釐玖毫貳絲叁微叁纖捌塵玖渺玖漠柒沙叁洙，實徵支銀叁兩貳錢肆分壹釐肆毫玖忽陸微陸纖壹塵貳沙柒洙。

撥支定遠廳訓導衙門

齋夫壹名半，每名歲支工食銀壹拾貳兩，共支銀壹拾捌兩，內除荒撥補銀柒兩捌錢壹釐柒毫陸絲柒忽玖微貳纖貳渺，實徵支銀壹拾兩壹錢玖分捌釐貳毫叁絲貳忽柒纖玖塵捌渺。遇閏加銀壹兩伍錢，內除荒銀陸錢柒分捌毫柒絲貳忽貳微壹纖伍塵，實徵支銀捌錢貳分玖釐壹毫貳絲柒忽柒微捌纖伍塵。

門斗壹名，歲支工食銀柒兩貳錢，內除荒撥補銀叁兩壹錢貳分柒毫柒絲捌忽壹微捌纖捌塵壹渺捌漠，實徵支銀肆兩柒分玖釐貳毫貳絲壹忽捌微壹纖壹塵捌渺貳漠。遇閏加銀陸錢，內除荒銀貳錢陸分捌釐叁毫肆絲捌忽肆微捌纖陸塵，實徵支銀叁錢叁分壹釐陸毫伍絲壹忽伍微壹纖肆塵。

以上撥支正閏工食銀兩，俱由該縣按季解司支領。

大巴關巡檢衙門

皂隸貳名，每名歲支工食銀陸兩，共銀壹拾貳兩，內除荒撥補銀伍兩貳錢壹釐叁毫貳絲壹忽玖微肆纖陸塵捌渺，實徵支銀陸兩柒錢玖分捌釐陸毫柒絲捌忽伍纖叁塵貳渺。遇閏加銀壹兩，內除荒銀肆錢肆分柒釐貳毫伍絲叁忽捌微壹纖，實徵支銀伍錢伍分貳釐柒毫肆絲陸忽壹微玖纖。

鹽場巡檢衙門

皂隷貳名，每名歲支工食銀陸兩，共銀壹拾貳兩，內除荒撥補銀伍兩貳錢壹釐叁毫貳絲玖微肆纖陸塵捌渺，實徵支銀陸兩柒錢玖分捌釐陸毫柒絲捌忽伍纖叁塵貳渺。遇閏加銀壹兩，內除荒銀肆錢肆分柒釐貳毫伍絲叁忽捌微壹纖，實徵銀伍錢伍分貳釐柒毫肆絲陸忽壹微玖纖。

以上俸工項下，除廩生、膳夫貳欵照常支發外，其餘官役俸工於道光貳拾叁年奉文，均以貳兩平支放，每兩減平銀陸分，其減平銀兩，每年批解部庫交納，理合登明。

壹祭祀項下

雜支春秋貳季並清明、柒月拾伍祭文廟並無祠鬼魂品物等項銀捌拾捌兩，內除荒銀叁拾柒兩玖錢陸分壹釐叁毫陸絲叁忽陸微肆纖叁塵貳渺，實徵支銀伍拾兩叁分捌釐陸毫叁絲陸忽叁微伍纖陸塵捌渺。

外均攤撥補不敷銀貳拾叁兩捌錢壹分肆釐壹毫柒絲伍忽陸微肆纖玖塵肆渺肆漠伍沙陸涯。

鄉飲額支銀叁兩，內除荒銀壹兩叁錢叁毫伍絲伍忽貳微玖纖陸塵柒渺，實徵支銀壹兩陸錢玖分玖釐陸毫肆絲肆忽柒微叁塵叁渺。

布政司紙劄額支銀壹兩柒錢貳分伍釐，內除荒銀柒錢肆分肆釐貳毫柒絲玖忽叁微肆纖叁塵貳漠伍沙，實徵支銀玖錢捌分柒毫貳絲陸微伍纖陸塵玖渺柒漠伍沙。

以上鄉飲、紙劄貳欵於道光貳拾叁年奉文裁汰，其徵收銀兩，每年批解部庫交納，理合登明。

印刷時憲書銀壹兩，內除荒銀肆錢叁分叁釐肆毫肆絲捌忽貳微貳纖捌塵玖渺，實徵支銀伍錢陸分陸釐伍毫伍絲壹忽柒微柒纖壹塵壹渺。

民壯每年開操祭旗等項銀壹兩玖錢，內除荒銀捌錢貳分叁釐伍毫陸絲捌微壹纖伍塵陸渺壹漠，實徵支銀壹兩柒分陸釐肆毫叁絲玖忽壹微捌纖肆塵叁渺玖漠。

壹孤貧項下

孤貧壹拾名，共支月糧銀貳拾捌兩捌錢，內除荒銀壹拾貳兩肆錢捌分叁釐壹毫叁絲貳忽陸微陸塵叁渺伍漠玖沙伍洙，實徵支銀壹拾陸兩叁錢壹分陸釐捌毫陸絲柒忽叁微玖纖叁塵陸渺肆漠伍洙。外加增銀壹拾玖兩捌錢肆分柒釐貳毫陸絲玖忽貳微柒纖捌塵叁渺伍漠玖沙伍洙。遇閏加增銀叁兩。

孤貧花布銀陸兩伍錢，內除荒銀貳兩捌錢壹分柒釐叁毫壹絲柒忽叁微肆纖肆塵貳渺貳漠，實徵支銀叁兩陸錢捌分貳釐陸毫捌絲貳忽陸微伍纖伍塵柒渺捌漠。

壹驛站項下

漢中府站支銀壹千柒百捌拾叁兩伍錢陸分壹釐陸毫柒絲；漢中府船價等銀叁兩玖錢壹分柒釐伍毫。共額銀壹千柒百捌拾柒兩肆錢柒分玖釐壹毫柒絲，內除荒銀陸百玖拾兩柒分捌釐肆毫伍絲叁忽玖微肆纖叁塵陸渺壹漠肆沙壹洙，實徵支銀壹千玖拾柒兩肆錢柒毫壹絲陸忽伍纖陸塵叁渺捌漠伍沙玖洙，內除額協抵餉並驛遞之差使甚少等事案內，共裁站銀叁百玖拾肆兩壹錢貳分叁毫捌絲陸微陸纖陸塵肆渺入起運外，止該支銀柒百叁兩貳錢捌分叁毫叁絲伍忽肆微玖塵玖渺捌漠伍沙玖洙。

壹走遞項下

本府支散各驛募夫銀捌百叁拾柒兩伍錢壹分壹釐；協濟鳳縣募夫銀肆拾肆兩；接遞募夫銀玖拾捌兩捌錢；損轎夫銀伍百壹兩玖錢伍分玖毫貳絲柒忽壹微陸纖；走遞馬伍拾貳匹，工食草料銀壹千柒百柒拾壹兩玖錢玖分伍釐捌毫伍絲柒忽肆微伍纖陸塵。共額銀叁千貳百伍拾肆兩貳錢伍分柒釐柒毫捌絲肆忽陸微壹纖陸塵，內除荒銀壹千貳百壹拾玖兩陸錢柒分壹釐叁毫伍絲貳忽柒微柒纖陸塵玖渺柒漠玖沙陸洙貳涯玖洒，實徵支銀貳千叁拾肆兩伍錢捌分陸釐肆毫叁絲壹忽捌微叁纖玖塵貳漠叁洙柒涯壹洒，內除額協裁站共銀柒百伍兩柒錢壹分肆釐貳毫捌絲陸忽貳微叁纖捌塵伍渺貳漠壹沙，止該實支銀壹千叁百貳拾捌兩捌錢柒分貳釐壹毫肆絲伍忽陸微肆渺玖漠玖沙叁洙柒涯壹洒。

遇閏加銀壹百玖拾兩陸錢，內除荒銀捌拾貳兩伍錢貳分叁釐玖毫玖忽玖纖柒塵壹渺，實支銀壹百捌兩柒分陸釐玖絲玖微貳塵玖渺，內除裁站銀捌拾伍兩玖錢叁分柒釐柒毫壹絲叁忽肆微壹纖捌塵貳渺，止該銀貳拾貳兩壹錢叁分捌釐叁毫柒絲柒忽肆微捌纖肆塵柒渺。

又收請旨等事案內，撥補夫馬閏月銀柒錢伍分。

又收詳請咨明事案內，撥補夫馬閏月銀叁錢柒分伍釐。

共實支銀貳拾叁兩貳錢陸分叁釐叁毫柒絲柒忽肆微捌纖肆塵柒渺。

以上存留實徵銀叁千捌百陸兩肆錢壹分貳毫陸絲陸忽壹微壹纖伍塵伍渺壹漠捌沙貳洙陸涯壹洒，內除額協抵餉銀伍百柒拾貳兩叁錢叁分捌釐玖毫叁絲叁微柒纖伍渺，止該銀叁千貳百叁拾肆兩柒分壹釐叁毫叁絲伍忽柒微肆纖伍塵壹漠捌沙貳洙陸涯壹洒；又除驛遞之差使甚少並題明請將驛站等事貳案內，共裁銀壹千壹百柒拾陸兩捌錢叁釐陸絲伍忽叁微貳纖陸塵貳渺貳漠捌沙，內除題明請將驛站等事案內，撥給寧羌州並黃壩驛及沔縣、鳳縣新增夫馬工料銀肆百壹拾兩肆錢玖分貳釐伍毫玖絲叁忽叁微捌塵壹渺玖漠柒沙，又除請免無着浮糧等事案內，留抵解府供驛邊站自支銀貳百叁拾捌兩捌錢壹分肆釐柒毫叁絲伍忽伍微叁塵陸渺壹漠，實裁銀伍百貳拾柒兩肆錢玖分伍釐柒毫叁絲陸忽伍微壹纖肆塵肆渺貳漠壹沙。止該銀貳千貳百玖拾陸兩捌分叁釐伍忽玖微貳纖貳塵肆渺貳洙陸涯壹洒。

外加增撥補俸工，除知縣攤俸留抵外，實該銀伍百叁拾貳兩伍錢貳分柒釐伍毫肆絲叁忽肆微貳纖柒塵肆渺叁漠伍沙柒洙壹涯，共該銀貳千捌百貳拾捌兩陸錢壹分伍毫肆絲玖忽叁微肆纖肆塵叁渺叁漠伍沙玖洙柒涯壹洒。

外於西安布政司庫公用銀內撥補領支均攤祭祀銀貳拾叁兩捌錢壹分肆釐壹毫柒絲伍忽陸微肆纖玖塵肆渺肆漠伍沙陸涯。

外又於西安布政司庫領支新設縣丞官役俸工動支缺官銀柒拾陸兩因缺官不敷動用，於道光伍年奉文改動裁汰夫馬工料支剩銀兩訖。

外遇閏原加銀貳百柒拾捌兩捌錢壹釐捌絲貳忽，內除裁扣俸銀壹拾肆兩貳錢伍分陸釐陸毫伍絲貳忽入起運外，共實該銀貳百陸拾肆兩伍錢肆分肆釐肆毫叁絲，內除荒銀壹百壹拾伍兩壹錢貳分玖釐陸毫陸絲陸忽捌微玖纖叁塵捌渺捌漠捌沙叁洙，實徵支銀壹百肆拾玖兩肆錢壹分肆釐柒毫陸絲叁忽壹微陸塵壹渺壹漠壹沙柒洙，內除驛遞之差使甚少並題明請將驛站等事貳案內，共裁銀捌拾伍兩玖錢叁分柒釐柒毫壹絲叁忽肆微壹纖捌塵貳渺。止該銀陸拾叁兩肆錢柒分柒釐肆絲玖忽陸微捌纖柒塵玖渺壹漠壹沙柒洙。

外加增撥補俸工閏月銀壹拾兩叁錢捌釐貳毫捌絲壹忽壹微伍纖貳塵捌渺。

外又加增撥補夫馬閏月銀壹兩壹錢貳分伍釐。

共實該銀柒拾肆兩玖錢壹分叁毫叁絲捌微肆纖柒渺壹漠壹沙柒洙。

外又於西安布政司庫留支新設縣丞、門、皂、馬夫動支缺官銀叁兩因缺官不敷動用，於道光伍年奉文改動裁汰夫馬工料支剩銀兩訖。

壹額外

課程銀伍兩叁錢玖分柒釐係鋪戶出辦。遇閏加銀肆錢肆分玖釐柒毫伍絲。

畜稅銀叁拾捌兩玖錢叁分肆釐係買騍馬出辦，原無定額，儘收儘解。

牙稅銀陸兩捌錢，共牙行玖行，牙人壹拾壹名，上則牙人壹名，納稅銀捌錢；中則牙人壹拾名，每名納稅銀陸錢。

鹽課銀貳百伍拾貳兩肆錢壹分陸釐，嘉慶拾伍年按照前項起存銀徵收，每正銀壹兩，攤徵銀肆分叁釐玖毫，永為定額，並不加耗增閏，遇有蠲豁蠲免之年，亦不增減蠲免。

茶課銀陸拾兩陸錢係花戶出辦。

地稅銀柒拾壹兩柒錢係買房地業主出辦，原無定額，儘收儘解。

當鋪貳座，每座納稅銀伍兩，共納銀壹拾兩。

鳳縣

原額通融折正壹等地，除分撥留壩廳外，止地叁千伍百壹拾伍頃陸拾叁畝陸分陸釐陸毫。每畝科糧壹升肆合壹勺伍抄伍撮玖圭陸粟玖粒，共科糧肆千玖百伍拾捌石叁斗肆升壹合柒勺，每石徵銀壹兩捌錢叁分肆釐叁毫叁絲肆忽，共徵銀玖千玖拾伍兩貳錢伍分柒釐伍毫貳絲陸忽柒微叁纖玖塵肆渺。

內順治柒年、康熙貳拾叁年及乾隆伍年題明豁免無主荒地並河崩共地叁千叁百捌拾頃貳拾肆畝伍分伍毫，應免折色糧肆千陸百貳拾石陸斗貳升捌合叁勺玖撮捌圭玖粟玖粒陸顆，應免銀捌千肆百柒拾捌兩伍錢肆分柒釐捌毫壹絲肆微捌纖貳塵伍渺，內前墾過又興屯並節年丈首、自首、又乾隆拾玖、貳拾伍、（貳拾）陸、（貳拾）捌、叁拾、叁拾貳等年開墾共地貳百壹拾叁頃肆拾伍畝玖分陸釐叁毫玖絲，共應徵折色糧貳百捌拾貳石肆升貳勺貳抄叁撮柒圭壹粟伍粒叁顆柒糠肆粃，共徵折色銀伍百叁拾肆兩陸錢叁分肆毫伍絲叁忽玖微玖纖叁塵柒渺伍漠柒沙伍洙；又乾隆伍拾年開墾至伍拾玖年起科地肆頃叁拾玖畝叁分，應徵折色糧陸石貳斗壹升捌合柒勺壹抄柒撮壹圭捌粟壹粒柒顆，該折色銀壹拾肆兩陸錢玖分陸釐壹毫玖絲壹忽柒微叁纖玖塵柒渺伍漠。實豁免地叁千壹百陸拾貳頃叁拾玖畝貳分肆釐壹毫壹絲，應免糧肆千叁百叁拾貳石叁斗陸升玖合叁勺陸抄玖撮貳粒伍顆貳糠陸粃，應免銀柒千玖百貳拾玖兩貳錢貳分壹釐壹毫陸絲肆忽柒微肆纖捌塵玖渺玖漠貳沙伍洙。

實熟地叁百伍拾叁頃貳拾肆畝肆分貳釐肆毫玖絲，該糧陸百貳拾伍石玖斗柒升貳合叁勺叁抄玖圭玖粟柒粒肆顆柒纖肆粃，該徵銀壹千壹百陸拾陸兩叁分陸釐叁毫陸絲壹忽玖微玖纖肆渺柒沙伍洙遵照乾隆伍拾玖年奉准部咨令，將康熙年間易知由單內載：折正壹等民地每畝徵折色銀叁分叁釐肆毫伍絲叁忽陸微伍纖柒塵伍渺，纂入書內，以便遇有墾豁，按畝增除。

又額外梁山、安山、三岔、武關、草凉等驛原額驛地銀糧，除分撥留壩廳外，止該本折糧貳百肆拾貳石柒斗叁升柒合貳勺壹抄伍圭伍粟捌粒柒顆捌糠伍粺，內本色糧壹百陸拾貳石叁合肆勺，於乾隆貳拾陸年遵旨議奏事案內，題明每糧壹石折徵銀壹兩，共折銀壹百陸拾貳兩叁釐肆毫，內除荒糧陸拾玖石肆斗肆升伍合陸抄貳撮，該折銀陸拾玖兩肆錢肆分伍釐陸絲貳忽，實徵糧玖拾貳石伍斗伍升捌合叁勺叁抄捌撮，該折徵銀玖拾貳兩伍錢伍分捌釐叁毫叁絲捌忽,折色糧捌拾石柒斗叁升叁合捌勺壹抄伍圭伍粟捌粒柒顆捌糠伍粃，該折色銀捌拾玖兩陸錢肆釐叁毫伍絲肆忽玖微捌纖捌塵，內除荒糧肆拾壹石叁斗捌升柒合肆勺，該銀肆拾壹兩捌錢柒分肆釐捌毫貳絲玖忽柒微玖纖，實徵糧叁拾玖石叁斗肆升陸合肆勺壹抄伍圭伍粟捌粒柒顆捌糠伍粃,該折徵銀肆拾柒兩柒錢貳分玖釐伍毫貳絲伍忽壹微玖纖捌塵,折色草壹百肆拾叁束貳拾觔，該折徵銀肆兩叁錢貳分，內除荒草柒拾貳束貳拾觔，該銀壹兩陸錢柒分玖釐叁毫陸絲陸忽，實徵草柒拾壹束，該折徵銀貳兩陸錢肆分陸毫叁絲肆忽，內撥給留壩廳草壹拾捌束貳觔，該徵銀肆錢玖分捌釐，止該草伍拾貳束玖拾捌觔，該銀貳兩壹錢肆分貳釐陸毫叁絲肆忽。

原額人丁，除分撥留壩廳外，叁門玖則不等，俱折下下丁玖千叁百陸拾玖丁，每丁徵銀叁錢肆分捌釐伍毫伍絲壹忽柒微肆纖捌塵陸渺，共徵銀叁千貳百陸拾伍兩伍錢捌分壹釐叁毫叁絲伍忽捌纖陸渺，內除優免丁壹百貳拾柒丁，共銀肆拾肆兩貳錢陸分陸釐柒絲貳忽柒纖貳塵貳渺。

行差丁玖千貳百肆拾貳丁，共額徵銀叁千貳百貳拾壹兩叁錢壹分伍釐貳毫陸絲叁忽捌塵肆渺。內順治柒年、康熙貳拾叁年題明免過逃亡並殺擄死亡共丁捌千玖百玖拾丁，該免丁銀叁千壹百叁拾叁兩肆錢陸分叁釐伍毫肆絲玖忽肆微肆纖壹塵貳渺，前招回並節年招回及審出丁，共丁壹百陸拾玖丁，該徵銀伍拾捌兩陸錢伍分捌釐柒毫捌絲捌忽柒微玖纖貳塵捌渺，實豁免丁捌千捌百貳拾壹丁，應免銀叁千柒拾肆兩捌錢肆釐柒毫陸絲陸微肆纖捌塵肆渺。

實行差丁肆百貳拾壹丁，該銀壹百肆拾陸兩伍錢壹分伍毫貳忽叁微陸纖攤入前項地糧內徵解。

康熙伍拾伍年起，至乾隆貳拾陸年止，編審出永不加賦丁肆拾玖丁；乾隆叁拾壹年編審出永不加賦丁伍丁；乾隆叁拾陸年編審出永不加賦丁伍丁。共編審共丁伍拾玖丁，欽遵康熙伍拾貳年叁月拾捌日恩詔，後遇編審之期，但據康熙伍拾年丁冊定為常額，續生人丁，永不加賦。

原額均徭，除分撥外，止該銀貳千貳百陸拾陸兩肆錢捌分陸釐柒毫肆絲壹忽伍微貳纖貳塵，內除荒銀壹千玖百柒拾伍兩柒錢壹分壹釐捌毫捌絲叁忽玖微伍纖壹塵玖渺貳漠玖沙肆洙，實徵銀貳百玖拾兩柒錢柒分肆釐捌毫伍絲柒忽伍微柒纖柒漠陸洙易知由單內開載：每地壹畝徵均徭銀捌釐叁毫肆絲貳忽叁微壹纖肆渺。

額外停免銀壹百壹拾貳兩玖錢貳分陸釐叁絲壹忽捌微玖纖捌塵攤入前項地

糧內徵解。

遇閏加銀貳百伍拾壹兩伍錢叁分陸釐陸絲叁忽，內除荒銀貳百貳拾玖兩柒錢伍分叁釐伍毫貳絲貳忽肆微貳纖叁塵陸渺陸漠陸沙陸洙陸涯，實徵銀貳拾壹兩柒錢捌分貳釐伍毫肆絲伍微柒纖陸塵叁渺叁漠叁沙叁洙肆涯。

以上地、丁、均徭並額外驛糧、停免等項，除優免丁銀及分撥留壩廳外，共額銀壹萬肆千玖百伍拾壹兩肆錢壹分伍釐叁毫壹絲捌忽壹微伍纖伍塵捌渺，內除荒銀壹萬叁千玖拾貳兩柒錢叁分柒釐陸絲柒忽壹微叁纖玖塵叁渺貳漠壹沙玖洙，實徵銀壹千捌百伍拾捌兩陸錢柒分捌釐貳毫伍絲壹忽壹纖陸塵肆渺柒漠捌沙壹洙。

外遇閏加銀貳百伍拾壹兩伍錢叁分陸釐陸絲叁忽，內除荒銀貳百貳拾玖兩柒錢伍分叁釐伍毫貳絲貳忽肆微貳纖叁塵陸渺陸漠陸沙陸洙陸涯，實徵銀貳拾壹兩柒錢捌分貳釐伍毫肆絲伍微柒纖陸塵叁渺叁漠叁沙叁洙肆涯。

壹起運項下

原編起運糧石折價等項共銀肆千捌百捌拾玖兩陸錢玖分肆釐肆毫貳絲伍忽柒微叁纖玖塵肆渺，內除荒銀肆千叁百壹拾柒兩陸錢陸分肆釐陸毫柒絲叁忽玖微壹纖陸塵伍渺，實徵起運銀伍百柒拾貳兩貳分玖釐柒毫伍絲壹忽捌微貳纖貳塵玖渺。

藥味、軍器等項折價銀壹千叁拾柒兩柒錢貳分陸釐玖毫貳絲壹忽伍微貳纖貳塵，內除荒銀玖百柒拾陸兩捌錢伍分叁釐柒毫玖絲肆忽捌微叁纖叁塵壹渺陸漠，實起運銀陸拾兩捌錢柒分叁釐壹毫貳絲陸忽陸微捌纖捌塵捌渺肆漠。

舊編存留，內順治玖年裁扣各役工食等銀貳百叁拾貳兩肆錢；拾貳年裁扣傘扇銀捌兩；拾肆年裁扣官生俸廩等銀貳百壹拾捌兩貳錢肆分肆釐肆毫柒絲。康熙元年裁吏書銀壹百壹拾伍兩貳錢；叁年裁門斗、齋夫工食銀肆拾叁兩貳錢，雜費丁銀陸拾陸兩貳錢貳分貳釐貳毫；拾伍年裁心紅紙張、修理倉厫，喂馬草料、土牛鋪墊、生員盤纏、舉人盃盤等項銀壹百貳兩壹錢捌分貳毫貳絲；貳拾柒年裁舉貢盤纏、花紅銀貳拾兩。雍正陸年裁燈夫工食銀貳拾肆兩；拾貳年裁民壯工食銀貳拾肆兩。乾隆玖年裁鋪司工食銀壹百玖拾貳兩；貳拾玖年裁清風閣松林驛巡檢俸工銀捌拾壹兩肆分，舊編冗費銀壹千肆百壹拾柒兩伍錢柒釐壹毫壹忽。

共裁銀貳千伍百肆拾叁兩玖錢玖分叁釐玖毫玖絲壹忽，內除分撥留壩廳外，止銀貳千伍百貳拾陸兩貳錢壹分柒釐捌毫伍絲肆忽捌塵肆渺，內除荒銀貳千貳百玖拾陸兩伍錢肆分叁釐伍毫柒絲壹忽貳微伍纖陸塵肆渺貳漠捌沙，實徵銀貳百貳拾玖兩陸錢柒分肆釐貳毫捌絲貳忽柒微伍纖壹塵玖渺柒漠貳沙。

額外驛糧草折並停免共銀叁百陸拾捌兩叁錢伍分伍釐柒毫捌絲陸忽捌微捌纖陸塵，內除荒銀壹百壹拾貳兩玖錢玖分玖釐貳毫伍絲柒忽柒微玖纖，實徵銀貳百伍拾伍兩叁錢伍分陸釐伍毫貳絲玖忽玖纖陸塵。

以上實起運銀壹千壹百壹拾柒兩玖錢叁分叁釐陸毫玖絲叁微伍纖玖塵柒渺壹漠貳沙。

又收存留內額協富平縣站支並夫馬抵餉銀玖拾陸兩伍錢捌分捌釐貳毫貳絲陸微玖纖玖塵柒渺。

又收協金縣定邊（遠）、清水貳所站銀壹百捌兩陸釐叁毫柒絲伍忽陸微叁纖壹塵壹渺。

又收在於請做以糧載丁等事案內，通省以糧均丁增銀壹百貳兩伍錢肆分貳釐貳毫貳絲陸忽肆微壹纖玖塵壹渺。

共該銀壹千肆百貳拾伍兩柒分伍毫壹絲叁忽壹微玖塵陸渺壹漠貳沙，內除受協盩厔、渭南等縣驛站兑留兵餉應支梁山驛銀柒百貳拾兩叁分壹釐柒毫貳絲，實該銀柒百伍兩叁分捌釐柒毫玖絲叁忽壹微玖塵陸渺壹漠貳沙，內留支加增撥補俸工並額外草凉驛巡檢俸薪共銀伍百貳拾伍兩伍錢捌分伍釐壹毫壹絲玖微柒纖叁渺貳漠壹洙壹涯，止該起運銀壹百柒拾玖兩肆錢伍分叁釐陸毫捌絲貳忽壹微叁纖玖塵貳渺玖漠壹沙捌洙玖涯。

遇閏裁扣，內順治玖年裁銀壹拾柒兩柒錢；拾肆年裁銀壹拾伍兩壹錢肆分叁釐叁絲叁忽。康熙元年裁銀玖兩陸錢；叁年裁銀叁兩陸錢；拾伍年裁銀貳兩陸錢陸分陸釐陸毫柒絲。雍正陸年裁銀貳兩；拾貳年裁銀貳兩。乾隆玖年裁銀壹拾陸兩；乾隆貳拾玖年裁清風閣松林驛巡檢並皂隸俸工銀陸兩柒錢伍分叁釐叁毫叁絲貳忽，又各官閏俸銀壹拾壹兩陸錢貳分玖釐玖毫玖絲捌忽。

共銀捌拾柒兩玖分叁釐叁絲叁忽，內除分撥外，止銀捌拾肆兩貳錢伍分壹釐陸毫叁絲叁忽，內除荒銀柒拾伍兩玖錢壹分壹釐柒毫玖絲叁忽玖微陸纖捌塵貳漠叁沙伍洙，實徵銀捌兩叁錢叁分玖釐捌毫叁絲玖忽叁纖壹塵玖渺柒漠陸沙伍洙。

又收存留內裁夫馬工料銀肆兩叁錢肆分捌釐陸毫伍絲陸忽陸微肆纖。

又收在於請做以糧載丁等事案內，通省以糧均丁增銀肆兩捌錢壹分壹釐玖毫壹絲陸忽陸微叁纖叁塵捌渺。

實起運閏銀壹拾柒兩伍錢肆毫壹絲貳忽叁微伍塵柒渺柒漠陸沙伍洙，內留支撥補廩膳銀伍兩叁錢貳分捌釐伍毫貳絲陸忽玖纖貳塵陸渺肆漠叁沙壹洙陸涯，止該銀壹拾貳兩壹錢柒分壹釐捌毫捌絲陸忽貳微壹纖叁塵壹渺叁漠叁沙叁洙肆涯。

壹存留項下

原編該存留銀陸千壹百貳拾玖兩肆錢貳分叁毫叁絲，內除荒銀伍千叁百捌拾捌兩陸錢柒分伍釐柒毫陸絲玖忽叁微肆纖叁塵貳渺叁漠叁沙玖洙，實徵銀柒百肆拾兩柒錢肆分肆釐伍毫陸絲陸微伍纖陸塵柒渺陸漠陸沙壹洙。

壹俸工項下

知縣壹員，額支俸薪銀肆拾伍兩，內除荒銀肆拾兩陸錢肆分肆釐肆毫陸絲柒忽陸微柒纖柒塵陸渺，實支銀肆兩叁錢伍分伍釐伍毫叁絲貳忽叁微貳纖貳塵肆渺。又均攤撥補銀壹拾玖兩玖錢叁分陸釐玖毫陸絲捌微伍纖玖塵伍渺。

典史壹員，額支俸薪銀叁拾壹兩伍錢貳分，內除荒撥補銀貳拾捌兩肆錢陸分捌釐伍毫肆絲玖忽捌微陸纖柒塵玖漠，

訓導壹員，額支俸薪銀叁拾壹兩伍錢貳分，內除荒撥補銀貳拾捌兩肆錢陸分捌釐伍毫肆絲玖忽捌微陸纖柒塵玖漠，實支銀叁兩伍分壹釐肆毫伍絲壹微叁纖貳塵玖渺壹漠。撥補全俸銀捌兩肆錢捌分。實支銀叁兩伍分壹釐肆毫伍絲壹微叁纖貳塵玖渺壹漠。

留壩廳驛巡檢壹員，額支俸薪銀叁拾壹兩伍錢貳分，內除荒撥補銀貳拾捌兩肆錢陸分捌釐伍毫肆絲玖忽捌微陸纖柒塵玖漠，實支銀叁兩伍分壹釐肆毫伍絲壹微叁纖貳塵玖渺壹漠。查該員役於乾隆貳拾壹年在於奏請移員等事案內，移駐靖邊縣寧條梁地方，其俸工銀兩，仍在本縣解支。

額外草凉驛巡檢壹員，俸薪銀叁拾壹兩伍錢貳分。

知縣衙門

門子貳名，每名歲支銀陸兩，共支銀壹拾貳兩，內除荒撥補銀壹拾兩捌錢叁分捌釐伍毫叁絲肆忽貳微肆纖貳塵捌渺，實支銀壹兩壹錢陸分壹釐肆毫陸絲

伍忽柒微伍繊柒塵貳渺。遇閏加銀壹兩，內除荒銀玖錢貳分貳釐叁毫伍絲貳微捌繊，實支銀柒分柒釐陸毫肆絲玖忽柒微貳繊。

皂隸、仵作壹拾柒名，內撥給留壩廳仵作壹名，其工食仍在本縣解支，每名歲支銀陸兩，共支銀壹百貳兩，內除荒撥補銀玖拾貳兩壹錢貳分柒釐伍毫肆忽壹繊叁塵捌渺，實支銀玖兩捌錢柒分貳釐肆毫玖絲伍忽玖微捌繊陸塵貳渺。遇閏加銀捌兩伍錢，內除荒銀柒兩捌錢肆分伍毫伍絲叁忽陸微肆繊伍塵，實支銀陸錢伍分玖釐肆毫肆絲陸忽叁微伍繊伍塵。

馬快捌名，每名歲支工食銀壹拾陸兩捌錢，共支銀壹百叁拾肆兩肆錢，內除荒撥補銀壹百貳拾壹兩叁錢玖分壹釐伍毫肆絲伍忽貳微叁繊玖塵叁渺陸漠，實支銀壹拾叁兩捌釐肆毫伍絲肆忽柒微陸繊陸渺肆漠。遇閏加銀壹拾壹兩貳錢，內除荒銀壹拾兩叁錢叁分壹釐玖絲玖忽陸微柒繊壹塵玖渺，實支銀捌錢陸分捌釐玖毫叁微貳繊捌塵壹渺。

民壯肆拾陸名，每名歲支銀陸兩，共支銀貳百柒拾陸兩，內除荒撥補銀貳百肆拾玖兩貳錢捌分陸釐柒絲柒忽捌繊肆塵肆渺，實支銀貳拾陸兩柒錢壹分叁釐玖毫貳絲貳忽玖微壹繊伍塵陸渺。遇閏加銀貳拾叁兩，內除荒銀貳拾壹兩貳錢壹分伍釐陸毫叁絲捌忽壹微柒繊肆塵，實支銀壹兩柒錢捌分肆釐叁毫陸絲壹忽捌微貳繊陸塵。

看監禁卒捌名，內撥給留壩廳貳名，其工食仍在本縣解支，每名歲支銀陸兩，共支銀肆拾捌兩，內除荒撥補銀肆拾叁兩叁錢伍分肆釐壹毫叁忽叁微柒繊壹塵貳渺，實支銀肆兩陸錢肆分伍釐捌毫玖絲陸忽陸微貳繊捌塵捌渺。每名加增銀貳兩，共銀壹拾陸兩。遇閏加銀肆兩，內除荒銀叁兩陸錢捌分玖釐陸毫捌絲壹忽柒微柒繊，實支銀叁錢壹分叁毫壹絲捌忽貳微叁繊。

轎傘扇夫柒名，每名歲支銀陸兩，共支銀肆拾貳兩，內除荒撥補銀叁拾柒兩玖錢叁分伍釐貳絲玖忽肆微玖繊玖塵捌渺，實支銀肆兩陸分肆釐玖毫柒絲伍微貳渺。遇閏加銀叁兩伍錢，內除荒銀叁兩貳錢貳分捌釐肆毫陸絲捌忽陸微貳繊柒塵，實支銀貳錢柒分壹釐伍毫叁絲壹忽叁微柒繊叁塵。

庫子肆名，每名歲支銀陸兩，共支銀貳拾肆兩，內除荒撥補銀貳拾壹兩陸錢柒分陸釐捌毫陸絲壹忽玖微捌繊伍塵陸渺，實支銀貳兩叁錢貳分叁釐壹毫叁絲捌忽壹繊肆塵肆渺。遇閏加銀貳兩，內除荒銀壹兩捌錢肆分肆釐捌毫肆絲肆微叁繊肆塵，實支銀壹錢伍分伍釐壹毫伍絲玖忽伍微陸繊陸塵。

斗級肆名，每名歲支銀陸兩，共支銀貳拾肆兩，內除荒撥補銀貳拾壹兩陸錢柒分陸釐捌毫陸絲壹忽玖微捌纖伍塵陸渺，實支銀貳兩叁錢貳分叁釐壹毫叁絲捌忽壹纖肆塵肆渺。遇閏加銀貳兩，內除荒銀壹兩捌錢肆分肆釐捌毫肆絲肆微叁纖陸塵，實支銀壹錢伍分伍釐壹毫伍絲玖忽伍微陸纖陸塵。

鐘鼓夫伍名，每名歲支工食銀貳兩肆錢，共支銀壹拾貳兩，內除荒撥補銀壹拾兩捌錢叁分捌釐伍毫玖絲壹忽壹微陸纖貳塵捌渺，實支銀壹兩壹錢陸分壹釐肆毫捌忽捌微叁纖柒塵貳渺。遇閏加銀壹兩，內除荒銀玖錢貳分貳釐肆毫柒忽貳微柒纖肆塵，實支銀柒分柒釐伍毫玖絲貳忽柒微貳纖陸塵。

舖司玖拾壹名，內撥給留壩廳叁拾玖名，該工食銀貳百叁拾肆兩，即在該廳分撥起運銀內留支，其閏月銀兩，仍在後項支給，共支銀肆百叁拾陸兩捌錢，內除荒銀叁百玖拾肆兩陸錢肆分陸釐伍毫壹絲貳忽貳微捌纖伍塵貳漠，實支銀肆拾貳兩壹錢伍分叁釐肆毫捌絲柒忽柒微壹纖肆塵玖渺捌漠。外加增銀貳百柒拾兩貳錢捌分陸釐捌毫壹絲伍微壹塵玖渺貳漠。遇閏加銀叁拾陸兩肆錢，內除荒銀叁拾叁兩伍錢柒分伍釐陸毫貳忽玖微陸纖陸塵捌渺，實支銀貳兩捌錢貳分肆釐叁毫玖絲柒忽叁纖叁塵貳渺。外加增銀肆拾貳兩柒錢壹分叁釐壹毫叁絲伍忽陸微貳纖伍塵貳渺。

渡口水夫壹名，額支銀貳兩肆錢，內除荒撥補銀貳兩壹錢陸分柒釐柒毫陸絲壹忽捌纖柒塵叁渺陸漠，實支銀貳錢叁分貳釐貳毫叁絲捌忽玖微壹纖貳塵陸渺肆漠。遇閏加銀貳錢，內除荒銀壹錢捌分肆釐肆毫捌絲伍忽玖微肆纖柒塵貳渺，實支銀壹分伍釐伍毫壹絲肆忽伍纖貳塵捌渺。

典史衙門

門子壹名，額支銀陸兩，內除荒撥補銀伍兩肆錢壹分玖釐壹毫捌絲伍忽壹微柒纖壹塵肆渺，實支銀伍錢捌分捌毫壹絲肆忽捌微貳纖捌塵陸渺。遇閏加銀伍錢，內除荒銀肆錢陸分壹釐貳毫壹絲肆忽陸微伍纖壹塵，實支銀叁分捌釐柒毫捌絲伍忽叁微肆纖玖塵。

皂隸肆名，每名歲支銀陸兩，共支銀貳拾肆兩，內除荒撥補銀貳拾壹兩陸錢柒分陸釐捌毫陸絲壹忽玖微捌纖伍塵陸渺，實支銀貳兩叁錢貳分叁釐壹毫叁絲捌忽壹纖肆塵肆渺。遇閏加銀貳兩，內除荒銀壹兩捌錢肆分肆釐捌毫肆絲玖忽肆微壹纖肆塵，實支銀壹錢伍分伍釐壹毫伍絲伍微捌纖陸塵。

馬夫壹名，額支銀陸兩，內除荒撥補銀伍兩肆錢壹分玖釐壹毫捌絲伍忽壹微柒纖壹塵肆渺，實支銀伍錢捌分捌毫壹絲肆忽捌微貳纖捌塵陸渺。遇閏加銀伍錢，內除荒銀肆錢陸分壹釐貳毫壹絲肆忽陸微伍纖壹塵，實支銀叁分捌釐柒毫捌絲伍忽叁微肆纖玖塵。

教職衙門

齋夫叁名，每名歲支銀壹拾貳兩，共支銀叁拾陸兩，內除荒撥補銀叁拾貳兩伍錢壹分伍釐伍毫柒絲叁忽肆微貳纖捌塵肆渺，實支銀叁兩肆錢捌分肆釐肆毫貳絲陸忽伍微柒纖壹塵陸渺。遇閏加銀叁兩，內除荒銀貳兩柒錢陸分柒釐貳毫叁絲捌忽陸微伍塵柒渺，實支銀貳錢叁分貳釐柒毫陸絲壹忽叁微玖纖肆塵叁渺。

馬夫貳名，額支銀壹拾叁兩叁錢叁分叁釐叁毫叁絲，內除荒撥補銀壹拾貳兩肆分壹釐貳毫貳絲貳忽伍纖陸塵伍渺貳漠壹沙貳洙壹涯，實支銀壹兩貳錢玖分貳釐壹毫柒忽玖微肆纖叁塵肆渺柒漠捌沙柒洙玖涯係廩生支領。遇閏加銀壹兩壹錢壹分壹釐壹毫，內除荒撥補銀壹兩壹分肆釐玖毫柒絲貳忽貳微壹纖捌塵柒渺玖漠肆沙壹洙陸涯，實支銀玖分陸釐壹毫貳絲柒忽柒微捌纖壹塵貳渺伍沙捌洙肆涯。

門斗貳名，每名歲支銀柒兩貳錢，共銀壹拾肆兩肆錢，內除荒撥補銀壹拾叁兩陸釐貳毫柒絲捌忽叁微壹纖壹塵叁渺陸漠，實支銀壹兩叁錢玖分叁釐柒毫貳絲壹忽陸微捌纖捌塵陸渺肆漠。遇閏加銀壹兩貳錢，內除荒銀壹兩壹錢陸釐玖毫壹絲伍忽壹微肆塵，實支銀玖分叁釐捌絲肆忽捌微玖纖陸塵。

廩生貳拾名，每名歲支銀叁兩壹錢肆釐，共支銀陸拾貳兩捌分，內除荒撥補銀伍拾陸兩柒分柒釐玖毫伍絲貳微叁纖貳塵玖漠柒沙，實支銀陸兩貳釐肆絲玖忽柒微陸纖柒塵玖渺叁沙。遇閏加銀伍兩壹錢柒分叁釐叁毫叁絲，內除荒撥補銀肆兩叁錢捌釐陸毫叁絲貳忽壹微叁塵捌渺肆漠玖沙，實支銀捌錢陸分肆釐陸毫玖絲柒忽捌微玖纖陸塵壹渺伍漠壹沙。

留壩驛巡檢、皂隸貳名，每名歲支銀陸兩，共支銀壹拾貳兩，內除荒撥補銀壹拾兩捌錢叁分捌釐伍毫叁絲肆忽貳微肆纖貳塵捌渺，實支銀壹兩壹錢陸分壹釐肆毫陸絲伍忽柒微伍纖柒塵貳渺。遇閏加銀壹兩，內除荒銀玖錢貳分貳釐叁毫伍絲貳微捌纖，實支銀柒分柒釐陸毫肆絲玖忽柒微貳纖該役於乾隆貳拾壹年改移寧條梁地方。

以上俸工項下，除廩生、膳夫貳欵照常支發外，其餘官役俸工於道光貳拾叁年奉文，均以貳兩平支放，每兩減平銀陸分，其減平銀兩，每年批解部庫交納，理合登明。

壹祭祀項下

雜支春秋貳季祭祀文廟及各壇祠並無祀鬼魂品物等項銀捌拾兩，內除荒銀柒拾貳兩貳錢伍分柒釐貳毫叁絲玖微柒纖伍塵玖渺叁漠，實支銀柒兩柒錢肆分貳釐柒毫陸絲玖忽貳纖肆塵柒漠。

鄉飲額支銀叁兩，內除荒銀貳兩柒錢玖釐陸毫伍絲伍忽伍微捌纖肆塵壹渺，實支銀貳錢玖分叁毫肆絲肆忽肆微壹纖伍塵玖渺。

布政司紙劄銀壹兩柒錢貳分伍釐，內除荒銀壹兩伍錢伍分捌釐叁絲玖忽玖微肆纖伍塵玖渺貳漠捌沙，實支銀壹錢陸分陸釐玖毫陸絲伍纖肆塵柒漠貳沙。

以上鄉飲、紙劄貳欵於道光貳拾叁年奉文裁汰，其徵收銀兩，每年批解部庫交納，理合登明。

壹孤貧口糧項下

孤貧壹拾名，歲支月糧銀貳拾捌兩捌錢，內除荒銀貳拾陸兩壹分貳釐捌毫肆絲陸忽壹微貳纖伍塵玖渺叁漠,實支銀貳兩柒錢捌分柒釐壹毫伍絲叁忽捌微柒纖肆塵柒漠。加增撥補銀叁拾叁兩貳錢肆分叁釐壹毫叁絲捌忽壹微玖纖伍塵捌渺柒漠。遇閏加增銀叁兩。

孤貧布花銀柒兩伍錢，內除荒銀陸兩柒錢柒分肆釐貳毫貳絲肆忽肆纖陸塵貳渺，實支銀柒錢貳分伍釐柒毫柒絲伍忽玖微伍纖叁塵捌渺。

壹驛站項下

驛站原額銀叁千叁百叁拾玖兩壹錢捌分捌釐，內除荒銀貳千捌百陸拾捌兩伍錢肆分肆釐玖絲壹微伍纖貳塵肆渺叁漠肆洙，實支銀肆百柒拾兩陸錢肆分叁釐玖毫玖忽捌微肆纖柒塵伍渺陸漠玖沙陸洙。

又收受協西安府屬盩厔等縣驛站兌留兵餉銀柒百貳拾兩叁分壹釐柒毫貳絲。

又收城固、洋縣、西鄉等縣撥給本縣新增夫馬工料銀柒百伍拾肆兩捌錢壹釐柒毫柒絲陸忽伍微壹纖貳塵伍漠柒沙。

叁項共銀壹千玖百肆拾伍兩肆錢柒分柒釐肆毫陸忽叁微伍纖玖塵陸渺貳漠陸沙陸洙，內除額協解富平縣並臨洮府屬站支抵餉銀壹百捌拾肆兩叁錢玖分叁釐叁毫柒絲伍忽陸微叁纖壹塵壹渺，實支銀壹千柒百陸拾壹兩捌分肆釐叁絲柒微貳纖捌塵伍渺貳漠陸沙陸洙。

外撥補增給夫馬閏月工料銀陸百叁拾捌兩肆錢。

壹走遞項下

接遞募夫額銀伍百貳拾貳兩貳錢叁分肆釐，內除荒銀肆百柒拾壹兩陸錢壹分貳釐貳毫柒絲捌忽伍微肆纖壹塵壹渺肆漠柒沙貳洙玖涯，實支銀伍拾兩陸錢貳分壹釐柒毫貳絲壹忽肆微伍纖捌塵捌渺伍漠貳沙柒洙壹涯。

走遞馬叁拾匹，草料工食銀柒百貳拾兩，內除荒銀陸百伍拾兩貳錢貳分叁釐壹毫壹絲肆忽壹微叁纖伍塵叁渺捌漠，實支銀陸拾玖兩柒錢柒分陸釐捌毫捌絲伍忽捌微陸纖肆塵陸渺貳漠，內除額協富平縣遞馬抵餉銀貳拾兩貳錢壹釐貳毫貳絲陸微玖纖玖塵柒渺，實支銀肆拾玖兩伍錢柒分伍釐陸毫陸絲伍忽壹微陸纖肆塵玖渺貳漠。

遇閏加銀陸拾兩，內除荒銀伍拾伍兩叁錢伍分肆釐叁毫捌絲壹忽貳微叁塵肆渺，實徵銀肆兩陸錢肆分伍釐陸毫壹絲捌忽柒微玖纖陸塵陸渺，內除奉裁松林並縣馬閏月銀肆兩叁錢肆分捌釐陸毫伍絲陸忽陸微肆纖，實支銀貳錢玖分陸釐玖毫陸絲貳忽壹微伍纖陸塵陸渺。

以上存留實徵銀柒百肆拾兩柒錢肆分肆釐伍毫陸絲陸微伍纖陸塵柒渺陸漠陸沙壹洙。

又收起運內受協西安府屬盩厔、渭南、白水、郃陽等縣驛站兑留兵餉應支梁山驛銀柒百貳拾兩叁分壹釐柒毫貳絲。

又收城固、洋縣、西鄉等縣撥支本縣新增夫馬工料銀柒百伍拾肆兩捌錢壹釐柒毫柒絲陸忽伍微壹纖貳塵伍漠柒沙。

共該銀貳千貳百壹拾伍兩伍錢柒分捌釐伍絲柒忽壹微陸纖捌塵捌渺貳漠叁沙壹洙，內除額協富平縣站支並夫馬抵餉銀玖拾陸兩伍錢捌分捌釐貳毫貳絲陸微玖纖玖塵柒渺；又除協解臨洮府屬金縣定遠、清水貳所站銀壹百捌兩陸釐叁毫柒絲伍忽陸微叁纖壹塵壹渺；又除驛遞之差使甚少等事案內，共裁站銀肆百捌兩伍錢貳釐貳絲貳忽伍微捌纖柒塵貳渺，在於題明請將驛站等事案內，留支加增夫馬工料訖。止該銀貳千壹拾兩玖錢捌分叁釐肆毫陸絲捌微叁纖捌塵貳漠叁沙壹洙。

又收撥補加增留支俸工並額外草凉巡檢俸薪銀伍百貳拾伍兩伍錢捌分伍釐壹毫壹絲玖微柒纖叁渺貳漠壹洙壹涯。

共實存留銀貳千伍百叁拾陸兩伍錢陸分捌釐伍毫柒絲壹忽捌微捌纖叁渺肆漠叁沙貳洙壹涯於乾隆伍拾貳年奉文，全數解司，一切支欵，俱由司按季領支，嗣於嘉慶伍年奉文，留支，並不請領。

外於西安布政司庫領支各役並舖司工食、孤貧口糧銀柒百捌兩叁錢叁分壹釐陸毫伍絲叁忽伍微肆纖玖塵柒漠納支地、丁。

又領均攤祭祀銀陸拾伍兩陸錢玖分貳釐壹毫捌絲貳微捌纖陸塵貳渺肆漠伍沙陸涯動支耗羨。

外遇閏加銀壹百柒拾捌兩玖錢壹分肆釐肆毫貳絲捌忽，內除各官閏俸銀壹拾壹兩陸錢貳分玖釐玖毫玖絲捌忽入起運外，止該銀壹百陸拾柒兩貳錢捌分肆釐肆毫叁絲，內除荒銀壹百伍拾叁兩捌錢肆分壹釐柒毫貳絲捌忽肆微伍纖伍塵陸渺肆漠叁沙壹洙陸涯，實徵銀壹拾叁兩肆錢肆分貳釐柒毫壹忽伍微肆纖肆塵叁渺伍漠陸沙捌洙肆涯，內除驛遞之差使甚少等事案內，裁夫馬銀肆兩叁錢肆分捌釐陸毫伍絲陸忽陸微肆纖，止該銀玖兩玖分肆釐肆絲肆忽玖微肆塵叁渺伍漠陸沙捌洙肆涯。

外留支撥補廩膳銀伍兩叁錢貳分捌釐伍毫貳絲陸忽玖纖貳塵陸渺肆漠叁沙壹洙陸涯。

共存留閏銀壹拾肆兩肆錢貳分貳釐伍毫柒絲玖微玖纖柒塵於乾隆伍拾貳年奉文，全數解司，壹切支欵，俱由司按季領支，嗣於嘉慶伍年奉文，留支，並不請領。

外於西安布政司庫領支舖司、孤貧閏月工食口糧銀肆拾伍兩柒錢壹分叁釐壹毫叁絲伍忽陸微貳纖伍塵貳渺。

又撥補增給夫馬閏月工料銀陸百叁拾捌兩肆錢。

壹額外

課程銀壹拾肆兩伍錢柒分肆釐係舖戶出辦。遇閏加銀壹兩貳錢壹分肆釐肆毫玖絲玖忽陸微柒纖陸塵。

畜稅銀陸兩捌錢玖分肆釐係買騾馬出辦，原無定額，儘收儘解。

攤徵鹽課銀捌拾伍兩叁錢肆分柒釐於嘉慶拾肆年按照起存銀兩徵收，每正銀壹兩攤徵銀肆分叁釐捌毫柒絲叁微陸纖玖塵，永為定額，並不加耗增閏，遇有蠲豁蠲免之年，亦不增減蠲免。

地稅銀壹拾陸兩陸錢叁分捌釐係買房地業主出辦，原無定額，儘收儘解。

鉄廠壹座，歲額銀拾兩係鉄戶出辦。

當稅銀伍兩當商壹名，歲徵銀伍兩。

褒城縣

民賦原額折正壹等地共肆百伍拾玖頃捌拾壹畝貳分伍釐，共額徵本折糧壹千肆百陸拾陸石貳斗貳合叁勺肆抄柒撮，每畝科本色糧叁勺貳抄陸撮貳圭壹粟玖粒，共本色糧壹拾伍石，科折色糧叁升壹合伍勺陸抄柒圭肆粟壹粒，共折色糧壹千肆百伍拾壹石貳斗貳毫叁勺肆抄柒撮，每石折徵銀貳兩陸錢貳釐伍毫陸絲肆忽柒微，共額徵銀叁千柒百柒拾陸兩捌錢肆分貳釐壹毫陸忽壹微貳纖。

內順治柒年免過無主荒地並康熙貳拾叁年、肆拾肆年在於再疏籲請、懇乞踏驗沖崩等事叁案內，題明豁免地共壹百捌拾貳頃玖拾伍畝玖分捌釐，共免本折糧伍百捌拾陸石叁斗伍升玖合貳勺壹抄捌圭陸粟肆粒壹顆捌糠，內興屯、又清丈自首並節年開墾過地共肆拾玖頃肆拾叁畝玖分陸釐陸毫，應徵本折糧壹百伍拾陸石陸斗捌升叁合捌勺柒抄貳圭叁粒壹顆肆糠；又乾隆伍拾玖年開墾地叁頃伍拾畝壹分伍釐，應徵本折糧壹拾壹石壹斗陸升伍合貳勺壹抄玖撮肆粟肆粒，內本色糧壹斗壹升肆合貳勺貳抄伍撮伍圭捌粟貳粒捌顆伍糠，折色糧壹拾壹石伍升玖勺玖抄叁撮肆圭陸粟壹粒壹顆伍糠，該徵銀貳拾捌兩陸錢捌分壹釐捌毫捌絲捌忽壹微柒纖陸塵玖渺肆漠伍沙。

又於嘉慶拾玖年在於欽奉恩詔事案內，題明豁免過地肆頃柒拾伍畝伍分捌釐，共免本折糧壹拾伍石壹斗陸升肆合捌勺肆圭叁粟陸粒捌顆，共免銀叁拾捌兩玖錢伍分陸釐貳毫伍絲肆忽壹微壹纖柒塵叁渺伍漠肆沙，以增抵除。

實豁免地壹百叁拾肆頃柒拾柒畝肆分肆釐肆毫，實免本色存留驛倉糧肆石肆斗叁升捌合柒抄陸圭伍粟玖粒柒顆壹糠，實免折色糧肆百貳拾玖石貳斗叁升陸合捌勺伍抄壹撮叁圭玖粟肆粒壹顆叁糠，該除銀壹千壹百壹拾柒兩壹錢叁分叁釐貳毫叁絲壹忽玖微玖渺柒漠玖沙。

實熟地叁百貳拾伍頃叁畝捌分陸毫，該徵本折糧壹千叁拾貳石伍斗貳升柒合肆勺貳抄肆撮玖圭肆粟陸粒壹顆陸糠，實徵本色存留驛倉糧壹拾石伍斗陸升壹合玖勺貳抄玖撮叁圭肆粟貳顆玖糠，實徵折色糧壹千貳拾壹石玖斗陸升伍合肆勺玖抄伍撮陸圭伍粒捌顆柒糠，該折徵銀貳千陸百伍拾玖兩柒錢捌釐捌毫柒絲肆忽貳微壹纖玖塵貳漠壹沙遵照乾隆伍拾玖年奉准部咨令，將康熙年內間易知由單內開載：折正壹等地每畝徵折色銀捌分壹釐玖毫壹絲叁忽壹微肆纖陸塵叁渺，逐壹纂入書內，嗣後遇有墾豁，以便按畝增除。

額外開山、青橋貳驛原額本色糧貳百玖石捌斗肆升，內除荒糧伍石捌斗捌升玖合捌勺陸抄，實徵糧貳百叁石玖斗伍升壹勺肆抄，在於遵旨議奏事案內，題明每糧壹石折銀壹兩，共折銀貳百叁兩玖錢伍分壹毫肆絲。

開山驛原額折色糧陸拾石貳斗柒升，額徵銀肆拾捌兩貳錢，內除荒糧貳石肆斗陸升肆合伍勺捌抄，應免銀壹兩玖錢陸分叁釐陸毫陸絲肆忽，實徵糧伍拾柒石捌斗伍合肆勺貳抄，該徵銀肆拾陸兩貳錢叁分陸釐叁毫叁絲陸忽。

又貳驛原額草貳百陸拾叁束壹拾貳觔，額徵銀柒兩玖錢貳分，內除荒草陸束壹拾貳觔捌兩，應免銀壹錢捌分柒釐柒毫貳絲，實徵草貳百伍拾陸束壹拾柒觔捌兩，該徵銀柒兩柒錢叁分貳釐貳毫捌絲。

外地畝玖釐銀肆拾壹兩貳錢捌分叁釐貳毫，內除荒銀玖錢玖分柒釐伍毫，實徵銀肆拾兩貳錢捌分伍釐柒毫。

以上實徵共銀貳千玖百伍拾柒兩玖錢壹分叁釐叁毫叁絲貳微壹纖玖塵貳漠壹沙。

原額人丁叁等玖則不等，共折下下人丁陸千捌百陸拾肆丁，每丁徵銀肆錢伍分肆釐壹毫叁絲貳忽，共銀叁千壹百壹拾柒兩壹錢陸分貳釐伍毫貳絲捌忽。內除優免丁貳百伍拾肆丁，共銀壹百壹拾伍兩叁錢肆分玖釐伍毫貳絲捌忽。

行差丁陸千陸百壹拾丁，共額徵銀叁千壹兩捌錢壹分叁釐，內：

順治柒年竝再疏籲請等事貳案內，題明免過逃亡、殺擄共丁叁千壹百柒拾玖丁，應除銀壹千肆百肆拾叁兩陸錢捌分肆釐壹絲，內前招回並節年招回及自首、編審出共丁陸百叁拾捌丁，該徵銀貳百捌拾玖兩柒錢叁分伍釐伍毫伍絲捌忽以增抵除，實豁免丁貳千伍百肆拾壹丁，應免銀壹千壹百伍拾叁兩玖錢肆分捌釐肆毫伍絲貳忽。

以上實行差應徵人丁肆千陸拾玖丁，該徵銀壹千捌百肆拾柒兩捌錢陸分肆釐伍毫肆絲捌忽於雍正伍年攤入地糧內徵解。

外康熙伍拾伍年起，至乾隆貳拾陸年止，編審出丁伍拾玖丁；乾隆叁拾壹年編審出丁肆丁；乾隆叁拾陸年編審出丁陸丁。共編審出丁陸拾玖丁，欽遵康熙伍拾貳年叁月拾捌日恩詔，後遇編審之期，但據康熙伍拾年丁冊定為常額，永不加賦。

原額均徭銀壹千柒百叁拾肆兩捌錢伍分貳釐叁毫捌絲柒忽，內除荒銀伍百貳兩伍錢叁分伍釐貳毫玖絲玖微玖纖壹塵玖渺貳漠肆沙，實徵銀壹千貳百叁拾貳兩叁錢壹分柒釐玖絲陸忽捌塵柒漠陸沙係按前項地畝徵收，每畝徵銀叁分柒釐捌毫陸絲貳忽伍微伍纖捌塵捌渺。

遇閏原額加徵銀貳百柒拾陸兩柒錢伍釐伍毫玖絲玖忽，內除荒銀玖拾肆兩陸錢叁分伍釐陸毫叁絲肆忽捌纖陸塵伍渺貳漠壹沙伍涯，實徵銀壹百捌拾貳兩陸分玖釐玖毫陸絲肆忽玖微壹纖叁塵肆渺柒漠捌沙玖洙伍涯。

額外徵收柴山祭祀、皂橋等銀肆拾柒兩壹錢叁釐。

停免銀貳百柒拾陸兩捌錢陸分伍釐陸毫捌絲。

以上額外貳項攤入前項地糧內徵解。

地、丁貳項竝均徭及額外驛糧等項，除優免丁銀外，額徵銀玖千壹百肆拾肆兩柒錢壹分玖釐叁毫柒絲叁忽壹微貳纖，內除荒銀貳千柒百捌拾貳兩陸錢伍分伍釐柒毫壹絲捌忽捌微玖纖貳塵玖渺叁沙，實徵銀陸千叁百陸拾貳兩陸分叁釐陸毫伍絲肆忽貳微貳纖柒塵玖漠柒沙。

額徵存留本色驛倉糧壹拾伍石，內除荒糧肆石肆斗叁升捌合柒抄陸圭伍粟玖粒柒顆壹糠，實徵糧壹拾石伍斗陸升壹合玖勺貳抄玖撮叁圭肆粟貳顆玖糠此項糧石歸入常平倉壹體辦理。

遇閏加徵銀貳百柒拾陸兩柒錢伍釐伍毫玖絲玖忽，內除荒銀玖拾肆兩陸錢叁分伍釐陸毫叁絲肆忽捌纖陸塵伍渺貳漠壹沙伍涯，實徵銀壹百捌拾貳兩陸分玖釐玖毫陸絲肆忽玖微壹纖叁塵肆渺柒漠捌沙玖洙伍涯。

壹起運項下

原編起運糧石折價銀貳千壹百叁拾壹兩壹錢柒分玖毫柒絲捌忽壹微貳纖，內除荒銀陸百伍拾兩玖錢叁分肆釐捌毫肆絲玖忽玖微貳纖叁塵柒渺捌漠陸沙玖洙伍涯伍洒，實起運銀壹千肆百捌拾兩貳錢叁分陸釐壹毫貳絲捌忽壹微玖纖陸塵貳渺壹漠叁沙肆涯伍洒。

節裁藥味、牲口、盤纏、軍器、毛襖等項共銀柒百捌拾貳兩叁錢柒分伍毫，內除荒銀叁百壹拾陸兩叁錢壹釐叁毫肆絲肆忽貳微伍纖伍塵伍渺伍漠，實起運銀肆百陸拾陸兩陸分玖釐壹毫伍絲伍忽柒微肆纖肆塵肆渺伍漠。

舊編存留，內順治玖年裁扣各役工食銀貳百貳拾捌兩捌錢；拾貳年裁扣傘扇銀捌兩；拾肆年裁扣官生俸廩等項銀貳百叁拾兩伍錢叁分肆釐肆毫柒絲。

康熙元年奉裁吏書工食銀壹百玖兩貳錢；叁年奉裁齋夫、門斗工食銀肆拾叁兩貳錢；伍年奉裁雞頭關巡檢俸食銀肆拾叁兩伍錢貳分，雜費丁銀肆拾陸兩貳錢貳分貳釐貳毫；拾伍年裁心紅紙張、修理監倉、喂馬草料、芒神土牛、倉厫鋪墊、歲考搭棚、紙劄、補修船價、歲貢生員、舉人盤纏、盃盤等項共銀壹百壹拾兩叁錢壹釐捌毫捌絲柒忽；貳拾柒年裁歲貢、舉人盤纏、花紅銀貳拾捌兩。雍正陸年裁燈夫工食銀貳拾肆兩；拾貳年裁民壯工食銀貳拾肆兩。乾隆玖年裁舖司工食銀伍拾柒兩陸錢，又舊編冗費裁剩解部銀伍百貳拾玖兩捌錢伍分伍釐壹毫貳絲捌忽。

共裁扣歸入起運銀壹千肆百捌拾叁兩貳錢叁分叁釐陸毫捌絲伍忽，內除荒銀肆百陸拾壹兩肆錢玖分貳毫柒忽伍微陸纖叁塵柒渺柒漠柒沙陸涯伍洒，實起運銀壹千貳拾壹兩柒錢肆分叁釐肆毫柒絲柒忽肆微叁纖陸塵貳渺貳漠貳沙玖洙叁涯伍洒。

額外開山、青橋貳驛原額本色糧貳百玖石捌斗肆升，內除荒糧伍石捌斗捌升玖合捌勺陸抄，實徵糧貳百叁石玖斗伍升壹勺肆抄，在於遵旨議奏事案內，題明每糧壹石折銀壹兩，共折銀貳百叁兩玖錢伍分壹毫肆絲。

又貳驛草束、地畝玖釐及開山驛折色糧石等項，共額徵銀玖拾柒兩肆錢叁釐貳毫，內除荒銀叁兩壹錢肆分捌釐捌毫捌絲肆忽，實徵銀玖拾肆兩貳錢伍分肆釐叁毫壹絲陸忽。

又徵收柴山祭祀、皂橋、停免等項共銀叁百貳拾叁兩玖錢陸分捌釐陸毫捌絲。

以上共該實起運銀叁千伍百玖拾兩貳錢貳分壹釐捌毫玖絲柒忽叁微柒纖陸塵捌渺捌漠伍沙玖洙捌涯。

又收存留內額協永壽等縣驛站抵餉銀陸拾伍兩捌錢肆分叁釐捌毫柒忽柒微柒纖叁塵壹渺。

又收存留內驛遞之差使甚少等事案內，共裁站銀壹千肆百叁拾玖兩貳錢玖分玖釐陸毫壹絲陸忽叁微叁纖貳塵貳渺玖漠壹沙，內在於題明請將驛站等事案內，留支本縣新增夫馬工料銀捌百肆拾壹兩肆分肆釐貳絲伍忽玖微叁塵玖渺叁漠貳沙，止實收銀伍百玖拾捌兩貳錢伍分伍釐伍毫玖絲肆微貳纖捌塵叁渺伍漠玖沙。

共該起運銀肆千貳百伍拾肆兩叁錢貳分壹釐貳毫玖絲伍忽伍微柒纖捌塵叁

渺肆漠肆沙玖洙捌涯，內除受協兑留兵餉驛用銀壹千柒百肆拾伍兩貳錢貳分伍釐叁毫肆絲柒忽柒微肆纖陸塵柒渺；又在於請倣以糧載丁等事案內，通省以糧均丁減銀壹千壹百陸拾柒兩叁錢捌分陸釐貳毫貳絲玖微伍纖伍塵玖渺，內除乾隆元、陸、拾壹、拾陸、貳拾壹、貳拾陸等年編審案內，共增抵補屯更丁銀貳百伍拾柒兩肆錢捌分壹毫叁絲陸忽柒微肆纖肆塵叁渺叁漠叁沙叁洙叁涯貳洒；又乾隆叁拾壹、叁拾陸兩年編審案內，共增抵補屯更丁銀壹百貳拾陸兩陸錢玖分陸釐肆毫柒絲肆忽叁微柒纖貳塵壹渺陸漠陸沙陸洙陸涯陸洒，止該減銀柒百捌拾叁兩貳錢玖釐陸毫玖忽捌微叁纖玖塵肆渺貳洒。

實該銀壹千柒百貳拾伍兩捌錢捌分陸釐叁毫叁絲柒忽玖微玖纖貳塵貳渺肆漠肆沙玖洙柒涯捌洒，內留支加增撥補俸工銀伍百柒拾兩伍錢叁分柒釐肆毫叁絲叁忽肆微柒纖肆塵肆渺玖漠捌沙伍洙捌涯，止該起運銀壹千壹百伍拾伍兩叁錢肆分捌釐玖毫肆忽伍微壹纖柒塵柒渺肆漠陸沙叁洙玖涯捌洒。

外遇閏，玖年裁扣銀壹拾柒兩肆錢；拾肆年裁扣銀壹拾伍兩肆錢柒分玖釐陸毫玖絲叁忽。康熙元年裁扣銀玖兩壹錢；叁年裁扣銀叁兩陸錢；伍年裁扣銀叁兩陸錢貳分陸釐陸毫；拾伍年裁扣心紅紙張、喂馬草料銀貳兩陸錢陸分陸釐陸毫柒絲。雍正陸年裁燈夫工食銀貳兩；拾貳年裁民壯工食銀貳兩。乾隆玖年裁舖司工食銀肆兩捌錢，又各官閏俸銀壹拾壹兩陸錢貳分玖釐捌毫陸絲陸忽。

共裁歸起運銀柒拾貳兩叁錢貳釐捌毫貳絲玖忽，內除荒銀貳拾肆兩柒錢壹分玖釐肆毫玖絲叁忽叁微柒纖肆塵肆渺玖漠壹沙柒洙玖涯，實徵銀肆拾柒兩伍錢捌分叁釐叁毫叁絲伍忽陸微貳纖伍塵伍渺捌沙貳洙壹涯。

又收存留內驛遞之差使甚少竝題明請將驛站等事貳案內，共裁站銀肆拾捌兩叁錢玖分捌釐伍毫柒絲。

貳項共銀玖拾伍兩玖錢捌分壹釐玖毫伍忽陸微貳纖伍塵伍渺玖漠捌沙貳洙壹涯，內除請倣以糧載丁等事案內，通省以糧均丁減銀陸拾陸兩叁錢肆分叁釐伍毫柒絲伍忽壹微壹纖貳塵，內除節次抵補屯更丁增銀貳拾貳兩肆錢捌分伍釐陸毫伍絲肆忽捌微叁纖肆塵，止該減銀肆拾叁兩捌錢伍分柒釐玖毫貳絲貳微柒纖捌塵。

實該銀伍拾貳兩壹錢貳分叁釐玖毫捌絲伍忽叁微肆纖柒塵伍渺捌沙貳洙壹涯，內留支加增撥補舖司、廩膳、孤貧銀壹拾柒兩玖錢伍分壹釐柒毫陸絲肆忽玖微伍纖柒塵捌漠伍沙貳洙陸涯，止該起運閏銀叁拾肆兩壹錢柒分貳釐貳毫貳絲叄微玖纖肆渺貳漠貳沙玖洙伍涯。

壹存留項下

原編存留三岔驛倉糧壹拾伍石，內除荒糧肆石肆斗叄升捌合柒抄陸圭伍粟玖粒柒顆壹糠，實徵糧壹拾石伍斗陸升壹合玖勺貳抄玖撮叄圭肆粟玖糠此項糧石歸入常平倉壹體辦理。

原編存留銀肆千壹百壹拾陸兩柒錢叄分貳釐叄毫叄絲，內除荒銀壹千叄百肆拾肆兩捌錢玖分伍毫柒絲叄忽壹微肆纖玖塵柒渺捌漠捌沙玖洙捌涯，實存留銀貳千柒百柒拾壹兩捌錢肆分壹釐柒毫伍絲陸忽捌微伍纖貳渺壹漠壹沙貳涯。

壹俸工項下

知縣俸薪銀肆拾伍兩，內除荒銀壹拾伍兩叄錢玖分壹釐叄毫捌絲壹忽陸微陸纖陸塵，實徵支銀貳拾玖兩陸錢捌釐陸毫壹絲捌忽叄微叄纖肆塵，內均攤俸工銀伍兩壹錢陸分叄釐貳毫捌忽柒微肆纖伍渺即留抵各員役俸工訖。

典史壹員，額支俸薪銀叄拾壹兩伍錢貳分，內除荒撥補銀壹拾兩柒錢捌分伍毫叄絲貳忽壹微貳纖肆塵壹渺，實徵支銀貳拾兩柒錢叄分玖釐肆毫陸絲柒忽捌微柒纖伍塵玖渺。

訓導壹員，額支俸薪銀叄拾壹兩伍錢貳分，內除荒撥補銀壹拾兩柒錢捌分伍毫叄絲貳忽壹微貳纖肆塵壹渺，實徵支銀貳拾兩柒錢叄分玖釐肆毫陸絲柒忽捌微柒纖伍塵玖渺。外撥補全俸銀捌兩肆錢捌分。

馬道驛驛丞壹員，額支俸薪銀叄拾壹兩伍錢貳分道光拾貳年奉文裁汰，銀兩解司報撥，內除荒撥補銀壹拾兩柒錢捌分伍毫叄絲貳忽壹微貳纖肆塵壹渺，實徵支銀貳拾兩柒錢叄分玖釐肆毫陸絲柒忽捌微柒纖伍塵玖渺。

知縣衙門

門子貳名，每名歲支工食銀陸兩，共支銀壹拾貳兩，內除荒撥補銀肆兩壹錢肆釐貳毫陸絲伍忽伍微叄纖柒塵陸渺，實徵支銀柒兩捌錢玖分伍釐柒毫叄絲肆忽肆微陸纖貳塵肆渺。遇閏加銀壹兩，內除荒銀叄錢肆分貳釐叄絲玖忽陸微肆纖肆塵捌渺，實徵支銀陸錢伍分柒釐玖毫陸絲叄微伍纖伍塵貳渺。

皂隸、仵作壹拾陸名，每名歲支工食銀陸兩，共支銀玖拾陸兩，內除荒撥補銀叄拾貳兩捌錢叄分肆釐壹毫貳絲肆忽肆微捌渺，實徵支銀陸拾叄兩壹錢陸分伍釐捌毫柒絲伍忽伍微玖纖玖塵貳渺。遇閏加銀捌兩，內除荒銀貳兩柒錢叁分伍釐捌毫伍絲叁忽捌微伍纖捌塵肆渺，實徵支銀伍兩貳錢陸分肆釐壹毫肆絲陸忽貳微肆纖壹塵陸渺。

馬快捌名，每名歲支工食草料銀壹拾陸兩捌錢，共支銀壹百叁拾肆兩肆錢，內除荒撥補銀肆拾伍兩玖錢陸分捌釐貳毫捌忽肆微陸纖壹塵壹渺，實徵支銀捌拾捌兩肆錢叁分壹釐柒毫玖絲壹忽伍微叁纖捌塵玖渺。遇閏加銀壹拾壹兩貳錢，內除荒銀叁兩捌錢貳分玖釐柒毫肆忽捌微柒塵陸渺，實徵支銀柒兩叁錢柒分貳毫玖絲伍忽壹微玖纖貳塵肆渺。

民壯肆拾陸名，每名歲支工食銀陸兩，共支銀貳百柒拾陸兩，內除荒撥補銀玖拾肆兩叁錢玖分捌釐壹毫柒絲捌忽叁微陸纖肆塵捌渺，實徵支銀壹百捌拾壹兩陸錢壹釐捌毫貳絲壹忽陸微叁纖伍塵貳渺。遇閏加銀貳拾叁兩，內除荒銀柒兩捌錢陸分伍釐伍毫陸絲玖忽伍微叁纖肆渺，實徵支銀壹拾伍兩壹錢叁分肆釐肆毫叁絲肆微陸纖玖塵陸渺遇閏之年扣解充餉。

禁卒捌名，每名歲支工食銀陸兩，共支銀肆拾捌兩，內除荒撥補銀壹拾陸兩肆錢壹分陸釐壹毫柒絲柒忽貳微伍纖肆渺，實徵支銀叁拾壹兩伍錢捌分叁釐捌毫貳絲貳忽柒微肆纖玖塵陸渺。外每名加增銀貳兩，共增銀壹拾陸兩。遇閏加銀肆兩，內除荒銀壹兩叁錢陸分捌釐捌絲貳忽柒微柒纖玖塵貳渺，實徵支銀貳兩陸錢叁分壹釐玖毫壹絲柒忽貳微貳纖捌渺。

轎傘扇夫柒名，每名歲支工食銀陸兩，共支銀肆拾貳兩，內除荒撥補銀壹拾肆兩叁錢陸分伍釐肆忽陸微捌纖壹塵陸渺，實徵支銀貳拾柒兩陸錢叁分肆釐玖毫玖絲伍忽叁微壹纖捌塵肆渺。遇閏加銀叁兩伍錢，內除荒銀壹兩壹錢玖分伍釐肆毫柒絲伍忽玖微伍纖陸塵捌渺，實徵支銀貳兩叁錢肆釐伍毫貳絲肆忽肆纖叁塵貳渺。

庫子肆名，每名歲支工食銀陸兩，共支銀貳拾肆兩，內除荒撥補銀捌兩貳錢捌釐伍毫貳絲捌忽伍微柒纖伍塵貳渺，實徵支銀壹拾伍兩柒錢玖分壹釐肆毫柒絲壹忽肆微貳纖肆塵捌渺。遇閏加銀貳兩，內除荒銀陸錢捌分肆釐壹毫柒絲貳忽叁微捌纖玖塵陸渺，實徵支銀壹兩叁錢壹分伍釐捌毫貳絲柒忽陸微壹纖肆渺。

斗級肆名，每名歲支工食銀陸兩，共支銀貳拾肆兩，內除荒撥補銀捌兩貳錢捌釐伍毫貳絲捌忽伍微柒纖伍塵貳渺，實徵支銀壹拾伍兩柒錢玖分壹釐肆毫柒絲壹忽肆微貳纖肆塵捌渺。遇閏加銀貳兩，內除荒銀陸錢捌分肆釐壹毫柒絲貳忽叁微捌纖玖塵陸渺，實徵支銀壹兩叁錢壹分伍釐捌毫貳絲柒忽陸微壹纖肆渺。

各舖司兵肆拾貳名，額支工食銀貳百壹兩陸錢，内除荒銀陸拾玖兩壹錢貳分壹釐捌毫伍絲捌忽壹微柒纖陸塵叁渺壹漠壹沙捌涯，實徵支銀壹百叁拾貳兩肆錢柒分捌釐壹毫肆絲壹忽捌微貳纖叁塵陸渺捌漠捌沙貳洙貳涯。外加增銀壹百貳拾兩陸分伍釐肆毫貳忽壹纖陸塵叁渺壹漠壹沙捌涯。遇閏加銀壹拾陸兩捌錢，内除荒銀伍兩柒錢叁分玖釐壹毫捌絲貳忽肆微捌纖陸塵捌渺柒漠柒沙柒洙陸涯，實徵支銀壹拾壹兩陸分捌毫壹絲柒忽伍微壹纖叁塵壹渺貳漠貳沙貳洙肆涯。外加增銀玖兩玖錢捌分肆釐伍毫陸絲壹微貳纖陸塵捌渺柒漠柒沙柒洙陸涯。

黑龍江渡口水手捌名，每名歲支工食銀貳兩肆錢，共支銀壹拾玖兩貳錢，内除荒撥補銀陸兩伍錢伍分玖釐陸毫玖絲叁微捌纖貳渺，實徵支銀壹拾貳兩陸錢肆分叁毫玖忽陸微壹纖玖塵捌渺。遇閏加銀壹兩陸錢，内除荒銀伍錢肆分柒釐伍毫捌絲陸忽叁纖壹塵柒渺，實徵支銀壹兩伍分貳釐肆毫壹絲叁忽玖微陸纖捌塵叁渺。

大江渡水夫壹名，歲支工食銀貳兩肆錢，内除荒撥補銀捌錢貳分柒毫柒絲捌忽貳微肆纖柒塵伍渺，實徵支銀壹兩伍錢柒分玖釐貳毫貳絲壹忽柒微伍纖貳塵伍渺。遇閏加銀貳錢，内除荒銀陸分捌釐貳毫捌絲陸忽壹微柒纖玖塵，實徵支銀壹錢叁分壹釐柒毫壹絲叁忽捌微貳纖壹塵。

鐘鼓夫伍名，每名歲支工食銀貳兩肆錢，共支銀壹拾貳兩，内除荒撥補銀肆兩壹錢肆釐貳毫肆絲捌忽肆微叁纖柒塵陸渺，實徵支銀柒兩捌錢玖分伍釐柒毫伍絲壹忽伍微陸纖貳塵肆渺。遇閏加銀壹兩，内除荒銀叁錢肆分貳釐壹毫捌絲叁忽玖微肆纖肆塵捌渺，實徵支銀陸錢伍分柒釐捌毫壹絲陸忽伍纖伍塵貳渺。

典史衙門

門子壹名，歲支工食銀陸兩，内除荒撥補銀貳兩伍分貳釐貳絲柒忽玖微陸纖捌塵捌渺，實徵支銀叁兩玖錢肆分柒釐玖毫柒絲貳忽叁纖壹塵貳渺。遇閏加銀伍錢，内除荒銀壹錢柒分壹釐貳絲捌忽陸微貳纖貳塵肆渺，實徵支銀叁錢貳分捌釐玖毫柒絲壹忽叁微柒纖柒塵陸渺。

皂隸肆名，每名歲支工食銀陸兩，共支銀貳拾肆兩，內除荒撥補銀捌兩貳錢捌釐伍毫貳絲捌忽伍微柒纖伍塵貳渺，實徵支銀壹拾伍兩柒錢玖分壹釐肆毫柒絲壹忽捌微貳纖肆塵捌渺。遇閏加銀貳兩，內除荒銀陸錢捌分肆釐壹毫柒絲貳忽叁微捌纖玖塵陸渺，實徵支銀壹兩叁錢壹分伍釐捌毫貳絲柒忽陸微壹纖肆渺。

馬夫壹名，歲支工食銀陸兩，內除荒撥補銀貳兩伍分貳釐貳絲柒忽玖微陸纖捌塵捌渺，實徵支銀叁兩玖錢肆分柒釐玖毫柒絲貳忽叁纖壹塵貳渺。遇閏加銀伍錢，內除荒銀壹錢柒分壹釐貳絲捌忽陸微貳纖貳塵肆渺，實徵支銀叁錢貳分捌釐玖毫柒絲壹忽叁微柒纖柒塵陸渺。

教職衙門

齋夫叁名，每名歲支工食銀壹拾貳兩，共支銀叁拾陸兩，內除荒撥補銀壹拾貳兩叁錢壹分貳釐柒毫捌絲玖忽玖微壹纖貳塵捌渺，實徵支銀貳拾叁兩陸錢捌分柒釐貳毫壹絲捌纖柒塵貳渺。遇閏加銀叁兩，內除荒銀壹兩貳分伍釐捌毫玖絲玖忽肆微玖纖肆塵貳渺，實徵支銀壹兩玖錢柒分肆釐壹毫伍微伍塵捌渺。

膳夫貳名，額支工食銀壹拾叁兩叁錢叁分叁釐叁毫叁絲，內除荒撥補銀肆兩伍錢伍分玖釐陸毫捌絲玖忽捌微肆纖伍塵叁渺貳漠伍洙，實徵支銀捌兩柒錢柒分叁釐陸毫肆絲壹微伍纖肆塵陸渺柒漠玖沙伍洙係廩生支領。遇閏加銀壹兩壹錢壹分壹釐壹毫，內除荒撥補銀叁錢玖分貳毫壹絲柒忽貳微叁纖貳塵陸渺肆漠伍沙，實徵支銀柒錢貳分捌毫捌絲貳忽柒微陸纖柒塵叁渺伍漠伍沙係廩生支領。

門斗貳名，每名歲支工食銀柒兩貳錢，共支銀壹拾肆兩肆錢，內除荒撥補銀肆兩玖錢貳分伍釐壹毫壹絲叁忽柒微捌纖伍塵壹渺，實徵支銀玖兩肆錢柒分肆釐捌毫捌絲陸忽貳微壹纖肆塵玖渺。遇閏加銀壹兩貳錢，內除荒銀肆錢壹分肆毫肆絲叁忽陸微玖纖叁塵柒渺，實徵支銀柒錢捌分玖釐伍毫伍絲陸忽叁微陸塵叁渺。

廩生貳拾名，每名歲支月糧銀貳兩柒錢貳分伍釐，共支銀伍拾肆兩伍錢，內除荒撥補銀壹拾捌兩陸錢叁分玖釐貳毫伍絲伍忽叁微柒纖伍塵玖渺，實徵支銀叁拾伍兩捌錢陸分叁釐柒毫肆絲肆忽陸微貳纖肆塵壹渺。遇閏加銀肆兩伍錢肆分壹釐陸毫柒絲，內除荒撥補銀壹兩伍錢伍分貳釐貳毫肆忽捌微貳纖壹塵捌渺陸漠陸沙伍洙，實徵支銀貳兩玖錢捌分玖釐肆毫陸絲伍忽壹微柒纖捌塵壹渺叁漠叁沙伍洙。

驛丞衙門

皂隷貳名，每名歲支工食銀陸兩，共支銀壹拾貳兩道光拾貳年奉文裁汰，銀兩解司報撥，內除荒撥補銀肆兩壹錢肆釐貳毫陸絲伍忽伍微叁纖柒塵陸渺，實徵支銀柒兩柒錢玖分伍釐柒毫叁絲肆忽肆微陸纖貳塵肆渺。遇閏加銀壹兩，內除荒銀叁錢肆分貳釐叁絲玖忽陸微肆纖肆塵捌渺，實徵支銀陸錢伍分柒釐玖毫陸絲叁微伍纖伍塵貳渺。

新設黄官嶺巡檢壹員，額支俸薪銀叁拾壹兩伍錢貳分。

三岔驛驛丞壹員，額支俸薪銀叁拾壹兩伍錢貳分。

新設巡檢衙門

民壯肆名，每名歲支工食銀陸兩，共支銀貳拾肆兩道光伍年奉文改動裁汰夫馬工料銀兩。

以上俸工項下，除廪生、膳夫貳欵照常支發外，其餘官役俸工於道光貳拾叁年奉文，均以貳兩平支放，每兩減平銀陸分，其減平銀兩，每年批解部庫交納，理合登明。

壹雜支項下

春秋貳季祭文廟及各壇祠並無祀鬼魂品物等項銀捌拾兩，內除荒銀貳拾柒兩伍錢捌分壹釐貳毫肆絲柒忽叁微玖塵，實徵支銀伍拾貳兩肆錢壹分捌釐柒毫伍絲貳忽陸微玖纖壹塵。

外撥補均攤不敷銀貳拾壹兩壹錢捌分貳釐壹毫貳絲貳忽伍微玖纖伍塵貳渺肆漠伍沙陸涯。

鄉飲銀叁兩，內除荒銀壹兩貳分陸釐伍絲貳忽肆微叁纖肆塵肆渺，實徵支銀壹兩玖錢柒分叁釐玖毫肆絲柒忽伍微陸纖伍塵陸渺於道光貳拾叁年奉文裁汰，其徵收銀兩，每年批解部庫交納，理合登明。

印刷時憲書銀壹兩，內除荒銀叁錢肆分貳釐貳絲貳忽壹微肆纖肆塵捌渺，實徵支銀陸錢伍分柒釐玖毫柒絲柒忽捌微伍纖伍塵貳渺。

布政司紙劄銀壹兩柒錢叁分，內除荒銀伍錢玖分壹釐柒毫貳絲玖忽柒微陸纖叁塵，實徵支銀壹兩壹錢叁分捌釐貳毫柒絲貳微叁纖柒塵於道光貳拾叁年奉文，均以貳兩平支放，每兩減平銀陸分，其減平銀兩，每年批解部庫交納，理合登明。

壹孤貧項下

孤老貳拾名，共支口糧銀肆拾玖兩捌分，內除荒銀壹拾陸兩柒錢捌分陸釐捌毫伍絲柒忽柒微玖纖貳塵陸渺，實徵支銀叁拾貳兩貳錢玖分叁釐壹毫肆絲貳忽貳微柒塵肆渺。外加增銀叁拾玖兩捌錢叁分玖釐壹毫捌絲肆忽捌微叁纖肆塵陸渺。又加增閏月銀陸兩。

孤老花布銀伍兩伍錢，內除荒銀壹兩捌錢捌分壹釐壹毫捌絲叁忽貳微伍纖壹塵伍渺，實徵支銀叁兩陸錢壹分捌釐捌毫壹絲陸忽柒微肆纖捌塵伍渺。

壹驛站項下

原額站支銀壹千叁百陸拾貳兩，內除荒銀肆百貳兩捌錢壹分捌釐伍毫壹忽叁微伍纖陸塵肆渺肆漠貳沙肆洙伍涯叁洒，實徵銀玖百伍拾玖兩壹錢捌分壹釐肆毫玖絲捌忽陸微肆纖叁塵伍渺伍漠柒沙伍洙肆涯柒洒。

又收受協驛站兌留兵餉銀壹千柒百肆拾伍兩貳錢貳分伍釐叁毫肆絲柒忽柒微肆纖陸塵柒渺。

共該銀貳千柒百肆兩肆錢陸釐捌毫肆絲陸忽叁微玖纖貳渺伍漠柒沙伍洙肆涯柒洒，內除原額協並裁站銀貳百陸拾伍兩壹錢伍分捌釐貳毫柒絲貳忽肆微捌纖陸塵捌渺陸漠入起運外，實支銀貳千肆百叁拾玖兩貳錢肆分捌釐伍毫柒絲叁忽玖微叁塵叁渺玖漠柒沙伍洙肆涯柒洒。

外撥補增給夫馬閏月工料銀伍百捌兩捌錢。

走遞所運夫柒拾名，額支工食銀柒百貳拾貳兩玖錢玖分伍釐；接遞募夫銀貳拾貳兩叁分肆釐；走遞馬貳拾捌匹，工食草料銀陸百柒拾貳兩。共銀壹千肆百壹拾柒兩貳分玖釐，內除荒銀肆百捌拾肆兩壹錢伍分玖釐叁毫玖絲貳忽壹塵玖渺壹漠肆沙玖洙肆涯柒洒，實徵銀玖百叁拾貳兩捌錢陸分玖釐陸毫柒忽玖微玖纖捌塵捌漠伍沙伍涯叁洒，內除額協並裁站銀叁百玖拾捌兩玖錢肆分壹釐壹毫貳絲伍忽柒微壹纖肆塵伍渺玖漠壹沙入起運外，實支銀伍百叁拾叁兩玖錢貳分捌釐肆毫捌絲貳忽貳微捌纖叁塵肆渺玖漠肆沙伍涯叁洒。

遇閏原加所夫銀陸拾兩貳錢伍分，遞馬銀伍拾陸兩，共銀壹百壹拾陸兩貳錢伍分，內除荒銀叁拾玖兩柒錢陸分伍釐貳毫叁絲叁忽捌微玖纖壹塵陸渺肆漠，實徵銀柒拾陸兩肆錢捌分肆釐柒毫陸絲陸忽壹微捌塵叁渺陸漠，內除裁站銀肆拾捌兩叁錢玖分捌釐伍毫柒絲，實支銀貳拾捌兩捌分陸釐壹毫玖絲陸忽壹纖捌塵叁渺陸漠。

以上存留實徵銀貳千柒百柒拾壹兩捌錢肆分壹釐柒毫伍絲陸忽捌微伍纖貳渺壹漠壹沙貳涯。

又收受協盩厔、富平、醴泉等縣站支兌留兵餉驛用銀壹千柒百肆拾伍兩貳錢貳分伍釐叁毫肆絲柒忽柒微肆纖陸塵柒渺。

貳項共銀肆千伍百壹拾柒兩陸分柒釐壹毫肆忽伍微玖纖陸塵玖渺壹漠壹沙貳涯，內除永壽縣等驛站抵餉銀陸拾伍兩捌錢肆分叁釐捌毫柒忽柒微柒纖叁塵壹渺；又除驛遞之差使甚少等事案內，共裁銀壹千肆百叁拾玖兩貳錢玖分玖釐陸毫壹絲陸忽叁微叁纖貳塵貳渺玖漠壹沙，內在於題明請將驛站等事案內，留支本縣新增夫馬工料銀捌百肆拾壹兩肆分肆釐貳絲伍忽玖微叁塵玖渺叁漠貳沙，實裁銀伍百玖拾捌兩貳錢伍分伍釐伍毫玖絲肆微貳纖捌塵叁渺伍漠玖沙。實該銀叁千捌百伍拾貳兩玖錢陸分柒釐柒毫陸忽叁微玖纖伍塵肆渺伍漠貳沙貳涯。

外加增撥補俸工，除知縣攤俸留抵外，實該銀伍百柒拾兩伍錢叁分柒釐肆毫叁絲叁忽肆微柒纖肆塵肆渺玖漠捌沙伍洙捌涯。

共該銀肆千肆百貳拾叁兩伍錢伍釐壹毫叁絲玖忽捌微陸纖玖塵玖渺伍漠陸洙乾隆伍拾貳年奉文，全數解司，壹切支欵，俱由司按季領支，嗣於嘉慶伍年奉文，照舊在縣留支，並不解司，按季請領。

外於西安布政司庫領支新設黃官嶺巡檢、民壯工食銀貳拾肆兩道光伍年奉文改動裁汰夫馬工料銀兩。

又於西安布政司庫撥補均攤祭祀銀貳拾壹兩壹錢肆分捌釐貳毫貳絲貳忽伍微玖纖伍塵貳渺肆漠伍沙陸涯係動支各屬解到耗羡銀兩。

遇閏原加銀貳百壹拾陸兩叁分貳釐陸毫叁絲陸忽，內裁扣各官閏俸銀壹拾壹兩陸錢貳分玖釐捌毫陸絲陸忽入起運外，實該銀貳百肆兩肆錢貳釐柒毫柒絲，內除荒銀陸拾玖兩捌錢柒分玖釐柒毫玖絲玖忽柒微陸塵柒渺伍漠貳沙肆洙陸涯，實徵銀壹百叁拾肆兩伍錢貳分貳釐玖毫柒絲貳微玖纖叁塵貳渺肆漠柒沙伍洙肆涯，內除驛遞之差使甚少並題明請將驛站等事貳案內，共裁站銀肆拾捌兩叁錢玖分捌釐伍毫柒絲，止該銀捌拾陸兩壹錢貳分肆釐肆毫貳微玖纖叁塵貳渺肆漠柒沙伍洙肆涯。

外加增撥補舖司、廪膳、孤貧銀壹拾柒兩玖錢伍分壹釐柒毫陸絲肆忽玖微伍纖柒塵捌漠伍沙貳洙陸涯。

共該銀壹百肆兩柒分陸釐壹毫陸絲伍忽貳微伍纖叁渺叁漠貳沙捌洙於乾隆伍拾貳年奉文，全數解司，壹切支欵，俱由司按季領支，嗣於嘉慶伍年奉文，照舊在縣留支，並不解司，按季請領。

外於西安布政司庫撥補領支夫馬閏月工料銀伍百捌兩捌錢係動各屬解到地、丁銀兩。

壹額外

課程銀肆兩貳錢壹分捌釐係舖戶出辦。遇閏加銀叁錢伍分壹釐伍毫。

畜稅銀肆拾捌兩陸錢柒分係買騾馬出辦，原無定額，儘收儘解。

當稅銀貳拾伍兩係典舖出辦，共典舖伍座，每座每年納當稅銀伍兩。

牙稅銀玖兩陸錢共牙人肆戶，該稅銀伍等。壹等壹名，原額稅銀貳兩陸錢；貳等壹名，原額稅銀貳兩肆錢；叁等無；肆等叁名，每名原額稅銀壹兩貳錢，共銀叁兩陸錢；伍等壹名，原額稅銀壹兩。

地稅銀陸拾捌兩柒錢捌分係買房地業主出辦，原無定額，儘收儘解。

鹽課銀肆百柒拾叁兩肆錢肆釐於嘉慶拾肆年攤入前項地、丁銀內徵收，每正銀壹兩，攤徵銀肆分叁釐捌毫柒絲叁微陸纖玖渺。遇閏無增，永不加耗，凡遇蠲豁蠲免之年，亦不增減蠲免。

署陽縣

原額地壹百肆拾貳頃捌拾柒畝貳分，每畝科糧伍升伍合貳抄肆撮壹圭壹粟，共徵糧柒百捌拾陸石壹斗肆升伍勺肆抄捌撮，每石折徵銀貳兩貳錢捌分貳釐肆毫伍絲捌微，共徵銀壹千柒百玖拾肆兩叁錢貳分伍釐玖毫肆絲貳忽叁微。

順治柒、捌兩年題明免過無主、有主並康熙貳拾叁年再疏籲請等事案內，共地壹百貳拾伍頃陸畝陸分捌釐貳毫，應免糧陸百玖拾柒石肆斗肆升伍合壹勺玖抄壹撮捌圭柒粟叁粒壹顆，應免銀壹千伍百玖拾壹兩捌錢捌分貳釐壹毫肆絲貳微伍纖貳塵陸渺，前開墾又節年興屯墾過及自首並雍正拾、拾壹、拾貳等年開墾過地伍拾玖頃柒拾陸畝貳分伍釐貳毫，應徵糧叁百叁拾石貳斗玖升柒合壹勺壹抄陸撮壹圭陸粟壹顆叁糠，應徵銀柒百伍拾叁兩壹錢捌分伍毫伍絲貳忽肆微捌纖壹渺陸漠貳沙伍洙；又乾隆拾玖、貳拾壹等年開墾過地貳拾壹畝伍分，應徵糧壹石壹斗捌升叁合壹抄捌撮叁圭陸粟伍粒，應徵銀貳兩陸錢陸分柒釐玖毫柒微玖纖伍塵陸渺伍漠；又於乾隆伍拾玖年開墾過地壹拾陸畝，應徵糧捌斗捌升叁勺捌抄伍撮柒圭陸粟，應徵銀壹兩玖錢捌分伍釐肆毫壹絲肆忽伍微肆纖伍塵陸渺。

又於康熙肆拾伍年題明詳請委勘水災事案內，停徵地壹拾柒頃捌拾貳畝，該糧玖拾捌石伍升貳合玖勺陸抄肆撮貳粟，該銀貳百貳拾壹兩壹錢貳分伍釐伍毫肆絲伍忽壹纖陸塵貳渺。

實荒地捌拾貳頃柒拾肆畝玖分叁釐，應免糧肆百陸拾叁石壹斗叁升柒合陸勺叁抄伍撮陸圭柒粒玖顆柒糠，應免銀壹千伍拾伍兩壹錢柒分叁釐捌毫壹絲柒忽肆微肆纖柒塵叁渺捌漠柒沙伍洙。

實在地陸拾頃壹拾貳畝貳分柒釐，該糧叁百貳拾叁石貳合玖勺壹抄貳撮叁圭玖粟貳粒叁糠，該銀柒百叁拾玖兩壹錢伍分貳釐壹毫貳絲肆忽捌微伍纖貳塵陸渺壹漠貳沙伍洙遵照乾隆伍拾玖年奉准部咨令，將康熙年間易知由單內載：每畝徵銀壹錢貳分肆釐捌絲捌忽肆微玖塵壹渺，逐一纂入書內，嗣後遇有墾豁，以便按畝增除。

又額外本色祿米肆拾陸石肆斗叁升陸勺叁抄伍圭捌粟，內除荒米伍石壹斗肆升肆合叁勺陸撮捌圭玖粟陸粒捌顆陸糠；又於康熙貳拾叁年題明再疏籲請等事案內，豁免米壹拾陸石肆斗伍升肆合玖抄叁撮柒圭伍粟叁粒伍顆捌糠；又於康熙肆拾伍年題明詳請委勘水災事案內，停徵米伍石柒斗壹升玖合伍勺伍抄伍撮叁圭壹粟肆粒。實徵米壹拾玖石壹斗壹升貳合陸勺柒抄肆撮陸圭壹粟伍粒伍顆陸糠係按前項地畝，每畝徵本色祿米叁合貳勺玖撮陸圭貳粟柒粒，乾隆貳拾陸年捌月內在於遵旨奏議事案內，題明每糧壹石折銀壹兩，共折銀壹拾玖兩壹錢壹分貳釐陸毫柒絲肆忽陸微壹纖伍塵伍渺陸漠攤入地糧內徵解。

原額人丁叁門玖則不等，共折下下人丁壹萬壹千肆百陸拾玖丁，每丁徵銀叁錢伍分玖釐肆毫壹絲捌忽玖微叁纖柒塵壹渺，共銀肆千壹百貳拾貳兩壹錢柒分伍釐柒毫玖絲貳微叁纖柒塵柒渺，內除優免丁壹百捌拾柒丁，該銀陸拾柒兩貳錢壹分壹釐叁毫肆絲壹忽貳微叁纖柒塵柒渺。

行差丁壹萬壹千貳百捌拾貳丁，共徵銀肆千伍拾肆兩玖錢陸分肆釐肆毫肆絲玖忽，內：

於順治柒年並康熙貳拾叁年題明免過逃亡及殺擄死亡共免丁捌千柒百陸拾柒丁，共免銀叁千壹百伍拾壹兩貳分伍釐叁毫貳絲柒忽叁微叁纖玖塵叁渺，內前招回並審出幼丁壹千肆百伍拾柒丁，該徵銀伍百貳拾叁兩陸錢柒分叁釐叁毫柒絲柒忽貳微伍纖肆塵伍渺，實豁免丁柒千叁百壹拾丁，應免銀貳千陸百貳拾柒兩叁錢伍分壹釐玖毫伍絲捌纖肆塵捌渺。

實行差丁叁千玖百柒拾貳丁，該銀壹千肆百貳拾柒兩陸錢壹分貳釐肆毫玖絲捌忽玖微壹纖伍塵貳渺于雍正伍年攤入地糧內徵解。

康熙伍拾伍年起，至乾隆貳拾陸年止，編審出丁貳拾玖丁；乾隆叁拾壹年編審出丁貳丁；乾隆叁拾陸年編審出丁貳丁。共編審出丁叁拾叁丁，欽遵康熙伍拾貳年叁月拾捌日恩詔，後遇編審之期，但據康熙伍拾年丁冊定為常額，續生人丁，永不加賦。

原額均徭銀叁百壹拾陸兩柒錢捌分捌釐肆毫叁絲捌忽，內除荒銀壹百叁拾兩叁錢陸分玖釐貳毫玖絲貳忽陸微陸纖捌塵玖渺伍漠貳沙，又於康熙肆拾伍年題明停徵銀肆拾壹兩肆錢陸分柒釐貳毫肆絲捌忽柒微貳塵，實徵銀壹百肆拾肆兩玖錢伍分壹釐捌毫玖絲陸忽陸微貳纖玖塵肆漠捌沙係按前項地畝，每徵均徭銀貳分叁釐貳毫柒絲陸微壹塵。

額外徵收停免銀肆拾伍兩壹錢柒分捌釐攤入前項地糧內徵解。

外遇閏加銀貳百陸兩陸錢肆分肆釐壹毫貳絲伍忽，內除荒銀壹百叁拾兩捌錢捌釐柒毫叁絲捌忽陸微陸纖壹塵貳渺陸漠，實徵銀柒拾伍兩捌錢叁分伍釐叁毫捌絲陸忽叁微叁纖捌塵柒渺肆漠。

地、丁貳項並均徭、停免、祿米折價，除優免丁銀外，共徵銀陸千貳百伍拾柒兩陸錢捌分柒釐肆毫伍絲玖忽捌微捌纖，內除荒銀叁千捌百捌拾壹兩陸錢捌分貳毫陸絲肆忽捌微陸纖柒塵伍渺柒漠玖沙伍洙，實徵銀貳千叁百柒拾陸兩柒釐壹毫玖絲伍忽壹纖貳塵肆渺貳漠伍洙。

外遇閏加銀貳百陸兩陸錢肆分肆釐壹毫貳絲伍忽，內除荒銀壹百叁拾兩捌錢捌釐柒毫叁絲捌忽陸微陸纖壹塵貳渺陸漠，實徵銀柒拾伍兩捌錢叁分伍釐叁毫捌絲陸忽叁微叁纖捌塵柒渺肆漠。

壹起運項下

原編起運糧石折價等項共銀陸百壹拾貳兩伍錢叁分捌釐叁毫貳絲玖忽捌微玖塵貳渺，內除荒銀叁百陸拾貳兩貳錢陸分柒釐肆毫肆絲捌忽貳微柒塵玖渺玖漠壹沙捌洙叁涯，實起運銀貳百伍拾兩貳錢柒分捌毫捌絲壹忽陸微壹塵貳渺捌沙壹洙柒涯。

節年藥味、軍器、胖襖等項銀捌百肆拾捌兩伍錢伍釐陸毫，內除荒銀伍百肆拾叁兩貳錢玖分貳釐伍毫貳絲叁忽捌微玖纖柒塵壹渺陸漠貳沙伍洙玖涯貳洒，實徵銀叁百伍兩貳錢壹分叁釐柒絲陸忽壹微貳塵捌渺叁漠柒沙肆洙捌洒。

舊編存留，內順治玖年裁扣各役工食銀貳百貳拾壹兩陸錢；拾貳年裁扣傘扇銀捌兩；拾肆年裁扣官生俸廩等項，除孤貧外，止裁銀貳百貳拾叁兩貳錢叁分肆釐肆毫柒絲，遞馬、損轎夫叁分裁壹，銀叁百玖拾玖兩壹錢陸分叁釐玖毫陸絲捌忽陸微肆纖。康熙元年裁扣吏書工食銀玖拾柒兩貳錢；叁年裁扣門斗、齋夫銀肆拾叁兩貳錢，裁雜費丁銀貳拾貳兩柒錢柒分貳釐貳毫；拾伍年裁心紅紙張、修理監倉、喂馬草料、芒神土牛、鋪墊、歲季考盤纏、舉人盃盤、坊價等項銀玖拾叁兩玖分陸釐捌毫捌絲柒忽；貳拾柒年裁歲貢、舉人盤纏、花紅洒（酒）席銀貳拾陸兩柒錢。雍正陸年裁燈夫工食銀貳拾肆兩；拾貳年裁民壯工食銀壹百貳拾兩。乾隆玖年裁舖司工食銀柒拾貳兩；乾隆叁拾叁年裁民壯工食銀貳拾肆兩，舊編冗費裁剩解部銀叁百貳拾柒兩柒錢陸分肆釐柒毫壹絲貳忽肆微玖纖捌渺。

共裁扣歸入起運銀壹千柒百貳兩柒錢叁分貳釐貳毫叁絲捌忽壹微叁纖捌渺，內除荒銀壹千肆拾陸兩壹分玖釐柒毫貳絲壹忽壹微叁纖玖塵伍渺肆漠貳沙肆洙貳涯肆洒，實徵起運銀陸百伍拾陸兩柒錢壹分貳釐伍毫壹絲陸忽玖微玖纖壹塵貳渺伍漠柒沙伍洙柒涯陸洒。

額外停免銀肆拾伍兩壹錢柒分捌釐。

又祿米折價額銀肆拾陸兩肆錢叁分陸毫叁絲伍微捌纖，內除荒銀貳拾柒兩叁錢壹分柒釐玖毫伍絲伍忽玖微陸纖肆塵肆渺肆漠，實徵銀壹拾玖兩壹錢壹分貳釐陸毫柒絲肆忽陸微壹纖伍塵伍渺陸漠。

以上貳項攤入前項地糧內徵解。

以上實該起運銀壹千貳百柒拾陸兩肆錢捌分柒釐壹毫肆絲玖忽叁微壹纖捌渺陸漠叁沙壹洙伍涯肆洒。

又收存留內額協抵餉銀壹百叁拾叁兩貳錢伍分肆釐壹毫伍絲叁忽叁微陸纖柒塵伍渺叁漠。

又收存留內驛遞之差使甚少並題明請將驛站等事貳案內，共裁站銀捌百陸拾壹兩叁錢玖分柒釐伍絲肆忽玖微叁纖柒塵陸渺肆漠肆沙，內在於題明請將驛站等事案內，撥給黃覇驛新增夫馬工料銀貳百陸拾柒兩肆錢壹分伍釐伍毫肆絲玖忽叁微玖纖貳塵，又在於詳請委勘水灾事案內，留抵解府供驛銀壹百貳拾壹兩貳錢肆分貳釐伍毫陸絲伍忽柒纖捌塵捌渺陸漠，實收銀肆百柒拾貳兩柒錢叁分捌釐玖毫肆絲肆微陸纖陸塵柒渺捌漠肆沙。

共該起運銀壹千捌百捌拾貳兩肆錢捌分貳毫肆絲叁忽壹微肆纖伍塵壹渺柒漠柒沙壹洙伍涯肆洒，內除受協驛站兌留兵餉應支銀壹千肆拾捌兩玖錢壹分壹釐玖絲叁忽；又在於請倣以糧載丁等事案內，通省均丁減銀柒百壹拾貳兩叁錢捌分陸釐玖毫肆忽壹微叁纖叁塵伍渺貳漠玖沙伍洙，內除乾隆元、陸、拾壹、拾陸及貳拾壹、貳拾陸等年編審案內，共增抵補屯更丁銀貳百捌拾貳兩玖錢捌分玖釐肆毫伍絲玖忽柒微陸纖肆塵貳渺，又乾隆叁拾壹、叁拾陸兩年編審案內，共增抵補屯更丁銀壹百肆拾兩肆錢壹分陸釐肆毫柒絲叁忽柒纖捌渺，止該減銀貳百捌拾捌兩玖錢捌分玖毫柒絲壹忽貳微玖纖捌塵伍渺貳漠玖沙伍洙。

實徵銀伍百肆拾肆兩伍錢捌分捌釐壹毫柒絲捌忽捌微肆纖陸塵陸渺肆漠柒沙陸洙伍涯肆洒，內留支加增撥補俸工銀肆拾叁兩柒錢壹分伍毫貳絲柒微貳纖貳塵肆渺貳漠，實該起運銀伍百兩捌錢柒分柒釐陸毫伍絲捌忽壹微貳纖肆塵貳渺貳漠柒沙陸洙伍涯肆洒。

外遇閏裁扣，內順治玖年裁扣銀壹拾陸兩捌錢；拾肆年裁扣銀壹拾伍兩陸錢陸分叁釐叁絲叁忽。康熙元年裁扣銀捌兩壹錢；叁年裁扣銀叁兩陸錢；拾伍年裁銀貳兩陸錢陸分陸釐陸毫柒絲。雍正陸年裁銀貳兩；拾貳年裁銀壹拾兩。乾隆玖年裁銀陸兩；乾隆叁拾叁年裁民壯工食銀貳兩，又各官閏俸銀玖兩叁釐叁毫叁絲貳忽。

共銀柒拾伍兩捌錢叁分叁釐叁絲伍忽，內除荒銀肆拾捌兩貳錢柒分叁釐伍毫貳絲叁忽玖纖柒渺，實徵銀貳拾柒兩伍錢伍分玖釐伍毫壹絲壹忽玖微玖塵叁渺。

又收存留內驛遞之差使甚少及題明請將驛站等事貳案內，共留銀壹拾伍兩貳錢貳分捌釐柒毫叁絲伍忽玖微貳纖。

貳項共銀肆拾貳兩柒錢捌分捌釐貳毫肆絲柒忽捌微貳纖玖塵叁渺，內除請倣以糧載丁等事案內，通省以糧均丁減銀叁拾貳兩柒釐肆毫捌絲捌忽玖微伍纖捌塵陸渺柒漠，內除節次抵補屯更丁增閏銀壹拾捌兩肆錢壹分叁毫貳絲陸忽捌微叁纖玖塵玖渺玖漠玖沙玖洙玖涯陸洒，止減銀壹拾叁兩伍錢玖分柒釐壹毫陸絲貳忽壹微壹纖捌塵陸渺柒漠肆洒。

實該銀貳拾玖兩壹錢玖分壹釐捌絲伍忽柒微壹纖陸渺貳漠玖沙玖洙玖涯陸洒，內留支加增撥補役廩並夫馬閏月銀肆兩伍錢柒分叁釐伍毫貳絲捌忽陸微捌纖柒塵叁渺肆漠，實該起運閏銀貳拾肆兩陸錢壹分柒釐伍毫伍絲柒忽貳纖叁塵貳渺捌漠玖沙玖洙玖涯陸洒。

壹存留項下

原編存留銀叁千貳兩叁錢貳釐陸毫陸絲壹忽叁微陸纖，內除荒銀壹千玖百貳兩柒錢捌分貳釐陸毫壹絲伍忽陸微伍纖捌塵肆渺肆漠貳沙陸洙伍涯肆洒，實徵銀壹千玖拾玖兩伍錢貳分肆絲伍忽柒微壹塵伍渺伍漠柒沙叁洙肆涯陸洒。

壹俸工項下

知縣壹員，額支俸薪銀肆拾伍兩，內除荒銀貳拾捌兩肆錢玖分玖釐壹毫伍絲壹忽壹微捌纖捌塵伍渺，實徵支銀壹拾陸兩伍錢捌毫肆絲捌忽捌微壹纖壹塵伍渺。外撥補銀柒兩捌錢貳分肆釐捌毫陸絲伍忽捌微伍纖玖塵伍渺。

縣丞壹員，額支俸薪銀肆拾兩。

典史壹員，額支俸薪銀叁拾壹兩伍錢貳分，內除荒撥補銀壹拾玖兩玖錢陸分伍釐貳毫壹絲柒忽柒微貳塵肆渺，實徵支銀壹拾壹兩伍錢伍分肆釐柒毫捌絲貳忽貳微玖纖柒塵陸渺。

訓導壹員，額支俸薪銀叁拾壹兩伍錢貳分，內除荒撥補銀壹拾玖兩玖錢陸分伍釐貳毫壹絲柒忽柒微貳塵肆渺，實徵支銀壹拾壹兩伍錢伍分肆釐柒毫捌絲貳忽貳微玖纖柒塵陸渺。外撥補全俸銀捌兩肆錢捌分。

知縣衙門

門子貳名，每名歲支銀陸兩，共支銀壹拾貳兩，內除荒撥補銀柒兩伍錢玖分玖釐捌毫肆絲肆忽壹微捌纖玖塵玖渺，實徵支銀肆兩肆錢壹毫伍絲伍忽捌微壹纖壹渺。遇閏加銀壹兩，內除荒銀陸錢叁分叁釐柒絲壹纖肆塵伍渺，實徵支銀叁錢陸分陸釐玖毫貳絲玖忽玖微捌纖伍塵伍渺。

皂隸、仵作壹拾陸名，每名歲支銀陸兩，共支銀玖拾陸兩，內除荒撥補銀陸拾兩柒錢玖分捌釐陸毫貳絲陸忽肆微陸纖捌塵捌渺，實徵支銀叁拾伍兩貳錢壹釐叁毫柒絲叁忽伍微叁纖壹塵貳渺。遇閏加銀捌兩，內除荒銀伍兩陸分叁釐伍毫叁絲肆忽肆微貳纖壹塵陸渺，實徵支銀貳兩玖錢叁分陸釐肆毫陸絲伍忽伍微柒纖捌塵肆渺。

馬快捌名，每名歲支銀壹拾陸兩捌錢，共支銀壹百叁拾肆兩肆錢，內除荒撥補銀捌拾伍兩壹錢貳分壹釐肆毫貳絲捌忽玖微伍纖陸塵玖渺，實徵支銀肆拾玖兩貳錢柒分捌釐伍毫柒絲壹忽肆纖叁塵壹渺。遇閏加銀壹拾壹兩貳錢，內除荒銀柒兩捌分捌釐伍毫貳絲陸忽伍微肆纖伍渺陸漠，實徵支銀肆兩壹錢壹分壹釐肆毫柒絲叁忽肆微伍纖玖塵肆渺肆漠。

民壯貳拾陸名，每名歲支銀陸兩，共支銀壹百伍拾陸兩，內抽撥縣丞貳名除荒撥補銀玖拾捌兩柒錢柒分柒釐陸毫壹絲肆忽壹微肆纖捌塵貳渺，實徵支銀伍拾柒兩貳錢貳分貳釐叁毫捌絲伍忽捌微伍纖壹塵捌渺。遇閏加銀壹拾叁兩，內除荒銀捌兩貳錢貳分捌釐捌毫柒絲叁忽壹纖壹塵玖渺，實徵支銀肆兩柒錢柒分壹釐壹毫貳絲陸忽玖微捌纖捌塵壹渺。

看監禁子捌名，每名歲支銀陸兩，共支銀肆拾捌兩，內除荒撥補銀叁拾兩叁錢玖分玖釐貳毫玖絲玖忽貳微叁纖玖塵肆渺，實徵支銀壹拾柒兩陸錢柒毫柒微陸纖陸渺。外加增銀每名貳兩，共銀壹拾陸兩。遇閏加銀肆兩，內除荒銀貳兩伍錢叁分貳釐貳毫陸絲玖忽陸微陸纖壹塵貳渺，實徵支銀壹兩肆錢陸分柒釐柒毫叁絲叁微叁纖捌塵捌渺。

轎傘扇夫柒名，每名歲支銀陸兩，共支銀肆拾貳兩，內除荒撥補銀貳拾陸兩伍錢玖分玖釐叁毫壹微肆纖貳塵陸渺，實徵支銀壹拾伍兩肆錢陸毫玖絲玖忽捌微伍纖柒塵肆渺。遇閏加銀叁兩伍錢，內除荒銀貳兩貳錢壹分伍釐柒毫叁絲玖忽貳微叁塵陸渺伍漠，實徵支銀壹兩貳錢捌分肆釐貳毫陸絲柒微玖纖陸塵叁渺伍漠。

庫子肆名，每名歲支銀陸兩，共支銀貳拾肆兩，內除荒撥補銀壹拾伍兩壹錢玖分玖釐陸毫伍絲陸忽叁微陸纖柒塵貳渺，實徵支銀捌兩捌錢叁毫肆絲叁忽陸微叁纖貳塵捌渺。遇閏加銀貳兩，內除荒銀壹兩貳錢陸分陸釐壹毫肆絲陸忽叁纖陸渺，實徵支銀柒錢叁分叁釐捌毫伍絲叁忽玖微陸纖玖塵肆渺。

斗級肆名，每名歲支銀陸兩，共支銀貳拾肆兩，內除荒撥補銀壹拾伍兩壹錢玖分玖釐陸毫伍絲陸忽叁微陸纖柒塵貳渺，實徵支銀捌兩捌錢叁毫肆絲叁忽陸微叁纖貳塵捌渺。遇閏加銀貳兩，內除荒銀壹兩貳錢陸分陸釐壹毫肆絲陸忽叁纖陸渺，實徵支銀柒錢叁分叁釐捌毫伍絲叁忽玖微陸纖玖塵肆渺。

白水江、大河、沮水河水夫叁名，每名歲支銀壹兩陸錢，共支銀肆兩捌錢，內除荒撥補銀叁兩肆分壹釐陸絲捌忽柒微肆纖叁塵壹渺，實徵支銀壹兩柒錢伍分捌釐玖毫叁絲壹忽貳微伍纖陸塵玖渺。遇閏加銀肆錢，內除荒銀貳錢伍分叁釐貳毫叁絲伍忽叁微陸纖陸塵壹渺貳漠，實徵支銀壹錢肆分陸釐柒毫陸絲肆忽陸微叁纖叁塵捌渺捌漠。

各舖司兵壹拾陸名，每名歲支銀肆兩捌錢，共支銀柒拾陸兩捌錢，內除荒銀肆拾捌兩陸錢陸分貳釐陸毫肆絲捌忽玖微肆纖貳塵陸渺，實徵支銀貳拾捌兩壹錢叁分柒釐叁毫伍絲壹忽伍纖柒塵肆渺。外加增銀陸拾柒兩捌錢柒分柒釐貳毫玖絲玖忽壹微叁纖肆塵。遇閏加銀陸兩肆錢，內除荒銀肆兩伍分貳釐柒絲捌忽柒微貳纖柒塵伍渺貳漠，實徵支銀貳兩叁錢肆分柒釐玖毫貳絲壹忽貳微柒纖貳塵肆渺捌漠。外加增閏銀伍兩陸錢伍分肆釐捌毫貳絲伍忽陸微壹纖伍塵貳渺。

鐘鼓夫伍名，每名歲支銀貳兩肆錢，共支銀壹拾貳兩，內除荒撥補銀柒兩陸錢叁釐柒毫捌絲叁忽壹微柒塵陸渺，實徵支銀肆兩叁錢玖分陸釐貳毫壹絲陸忽捌微玖纖貳塵肆渺。遇閏加銀壹兩，內除荒銀陸錢叁分叁釐貳毫陸忽肆微壹纖肆塵伍渺，實徵支銀叁錢陸分陸釐柒毫玖絲叁忽伍微捌纖伍塵伍渺。

縣丞衙門

門子壹名，歲支工食銀陸兩。遇閏加銀伍錢。

皂隸肆名，每名歲支工食銀陸兩，共支銀貳拾肆兩。遇閏加銀貳兩。

馬夫壹名，歲支工食銀陸兩。遇閏加銀伍錢。

典史衙門

門子壹名，歲支銀陸兩，內除荒撥補銀叁兩柒錢玖分玖釐玖毫貳絲貳忽玖纖壹塵捌渺，實徵支銀貳兩貳錢柒絲柒忽玖微捌塵貳渺。遇閏加銀伍錢，內除荒銀叁錢壹分陸釐伍毫叁絲貳忽伍微伍纖柒塵柒渺伍漠，實徵支銀壹錢捌分叁釐肆毫陸絲柒忽肆微肆纖貳塵貳渺伍漠。

皂隸肆名，每名歲支銀陸兩，共支銀貳拾肆兩，內除荒撥補銀壹拾伍兩壹錢玖分玖釐陸毫伍絲陸忽叁微陸纖柒塵貳渺，實徵支銀捌兩捌錢叁毫肆絲叁忽陸微叁纖貳塵捌渺。遇閏加銀貳兩，內除荒銀壹兩貳錢陸分陸釐壹毫肆絲陸忽叁纖陸渺，實徵支銀柒錢叁分叁釐捌毫伍絲叁忽玖微陸纖玖塵肆渺。

馬夫壹名，歲支銀陸兩，內除荒撥補銀叁兩柒錢玖分玖釐捌毫柒絲肆忽玖纖壹塵捌渺，實徵支銀貳兩貳錢壹毫貳絲伍忽玖微捌塵貳渺。遇閏加銀伍錢，內除荒銀叁錢壹分陸釐伍毫叁絲貳忽伍微伍纖柒塵柒渺伍漠，實徵支銀壹錢捌分叁釐肆毫陸絲柒忽肆微肆纖貳塵貳渺伍漠。

教職衙門

齋夫叁名，每名歲支銀壹拾貳兩，共支銀叁拾陸兩，內除荒撥補銀貳拾貳兩柒錢玖分玖釐肆毫捌絲肆忽伍纖捌渺，實徵支銀壹拾叁兩貳錢伍毫壹絲伍忽玖微肆纖玖塵貳渺。遇閏加銀叁兩，內除荒銀壹兩捌錢玖分玖釐貳毫叁忽柒微肆纖伍塵玖渺，實徵支銀壹兩壹錢柒毫玖絲陸忽貳微伍纖肆塵壹渺。

膳夫貳名，歲支銀壹拾叁兩叁錢叁分叁釐叁毫叁絲，內除荒撥補銀捌兩肆錢叁分玖釐柒毫壹絲陸忽捌微貳纖捌塵捌渺貳漠，實徵支銀肆兩捌錢玖分叁釐陸毫壹絲叁忽壹微柒纖壹塵壹渺捌漠係廩生支領。遇閏加銀壹兩壹錢壹分壹釐壹毫，內除荒撥補銀柒錢貳釐玖毫柒絲肆忽壹微叁纖貳塵貳渺陸漠，實徵支銀肆錢捌釐壹毫貳絲伍忽捌微陸纖柒塵柒渺肆漠。

門斗貳名，每名歲支銀柒兩貳錢，共支銀壹拾肆兩肆錢，內除荒撥補銀玖兩壹錢壹分玖釐柒毫玖絲壹微貳纖叁渺，實徵支銀伍兩貳錢捌分貳毫玖忽捌微柒纖玖塵柒渺。遇閏加銀壹兩貳錢，內除荒銀柒錢伍分玖釐陸毫捌絲伍忽肆微玖纖捌塵叁渺陸漠，實徵支銀肆錢肆分叁毫壹絲肆忽伍微壹塵陸渺肆漠。

廩生貳拾名，每名歲支銀叁兩貳錢，共支銀陸拾肆兩，內除荒撥補銀叁拾柒兩肆錢叁分捌釐伍毫肆忽肆微陸纖玖塵柒渺，實徵支銀貳拾陸兩伍錢陸分壹釐肆毫玖絲伍忽伍微叁纖叁渺。遇閏加銀伍兩叁錢叁分叁釐叁毫叁絲，內除荒撥補銀叁兩壹錢壹分玖釐叁毫貳絲伍忽貳微叁纖肆渺肆漠，實徵支銀貳兩貳錢壹分肆釐肆忽柒微陸纖玖塵伍渺陸漠。

以上俸工項下，除廩生、膳夫貳欵照常支發外，其餘官役俸工於道光貳拾叁年奉文，均以貳兩平支放，每兩減平銀陸分，其減平銀兩，每年批解部庫交納，理合登明。

壹祭祀項下

春秋貳丁致祭文廟並各壇祠及無祀鬼魂品物等項銀捌拾肆兩，內除荒銀伍拾叁兩壹錢玖分捌釐柒毫捌忽壹塵陸渺，實徵支銀叁拾兩捌錢壹釐貳毫玖絲壹忽玖微玖纖捌塵肆渺。

外均攤撥補不敷銀肆拾貳兩伍錢捌分柒釐伍毫陸絲貳忽陸微捌纖陸塵貳渺肆漠伍沙陸涯。

鄉飲銀叁兩，內除荒銀壹兩捌錢玖分玖釐玖毫柒絲陸微玖纖陸塵肆渺，實徵支銀壹兩壹錢貳絲玖忽叁微叁塵陸渺於道光貳拾叁年奉文裁汰，其徵收銀兩，每年批解部庫交納，理合登明。

布政司紙劄銀壹兩柒錢貳分伍釐，內除荒銀壹兩玖分貳釐陸毫陸絲柒忽陸微伍纖壹渺，實徵支銀陸錢叁分貳釐叁毫叁絲貳忽叁微肆纖玖塵玖渺於道光貳拾叁年奉文裁汰，其徵收銀兩，每年批解部庫交納，理合登明。

印刷時憲書銀壹兩，內除荒銀陸錢叁分叁釐叁毫貳絲貳忽壹微壹纖捌塵，實徵支銀叁錢陸分陸釐陸毫柒絲柒忽捌微捌纖貳塵。

壹孤貧口糧項下

孤貧捌名，歲支月糧銀貳拾叁兩肆分，內除荒銀壹拾肆兩伍錢玖分貳釐肆絲叁忽陸微伍纖捌塵叁漠，實徵支銀捌兩肆錢肆分柒釐玖毫伍絲陸忽叁微肆纖壹塵玖渺柒漠。外加增銀貳拾兩叁錢陸分壹釐玖毫叁絲貳忽肆微伍纖叁塵陸渺叁漠。遇閏加銀貳兩肆錢。

孤貧布花銀肆兩，內除荒銀貳兩伍錢叁分貳釐伍毫壹絲叁忽壹微貳纖貳塵陸渺肆漠壹沙，實徵支銀壹兩肆錢陸分柒釐肆毫捌絲陸忽捌微柒纖柒塵叁渺伍漠玖沙。

壹驛站項下

站支額銀柒百柒拾伍兩伍錢貳分陸釐叁毫，內除荒銀肆百伍拾玖兩肆錢柒分貳釐伍毫陸絲貳忽壹微肆纖柒塵伍漠柒沙陸洙伍涯肆洒，實徵銀叁百壹拾陸兩伍分叁釐柒毫叁絲柒忽捌微伍纖玖塵貳渺肆漠貳沙叁洙肆涯陸洒。

又收受協驛站兌留兵餉銀壹千肆拾捌兩玖錢壹分壹釐玖絲叁忽。

貳項共銀壹千叁百陸拾肆兩玖錢陸分肆釐捌毫叁絲捌微伍纖玖塵貳渺肆漠貳沙叁洙肆涯陸洒，內裁站銀伍百貳拾玖兩柒錢壹分捌釐貳毫玖絲叁忽壹微肆纖陸塵壹渺入起運外，實徵支銀捌百叁拾伍兩貳錢肆分陸釐伍毫叁絲柒忽柒微壹纖叁塵壹渺肆漠貳沙叁洙肆涯陸洒。

壹走遞項下

協濟鳳縣募夫額銀肆拾肆兩；接遞募夫額銀陸百叁兩肆錢貳釐；走遞馬貳拾肆匹，草料額銀叁百伍拾肆兩伍錢肆分捌釐；損轎夫肆拾名，額銀貳百陸兩貳錢捌分捌釐叁絲壹忽叁微陸纖。共額銀壹千貳百捌兩貳錢叁分捌釐叁絲壹忽叁微陸纖，內除荒銀捌百壹兩叁錢叁分壹釐叁毫陸絲陸忽玖微捌纖叁塵陸渺玖漠肆沙，實徵銀肆百陸兩玖錢陸釐陸毫陸絲肆忽叁微柒纖陸塵叁渺陸沙，內除裁站銀柒拾陸兩貳錢柒分肆釐捌毫陸微捌纖捌塵貳渺壹漠肆沙入起運外，實徵支銀叁百叁拾兩陸錢叁分壹釐捌毫陸絲叁忽陸微捌纖捌塵玖漠貳沙。

遇閏加銀陸拾肆兩陸錢陸分陸釐陸毫陸絲，內除荒銀肆拾兩玖錢貳分壹釐玖毫玖絲叁微玖纖肆塵柒渺伍漠，實徵銀貳拾叁兩柒錢肆分肆釐陸毫陸絲玖忽陸微伍塵貳渺伍漠，內除裁閏銀壹拾伍兩貳錢貳分捌釐柒毫叁絲伍忽玖微貳纖入起運外，實徵支銀捌兩伍錢壹分伍釐玖毫叁絲叁忽陸微捌纖伍塵貳渺伍漠。

外撥補夫馬工料閏月銀柒錢伍分。

以上存留實徵銀壹千玖拾玖兩伍錢貳分肆絲伍忽柒微壹塵伍渺伍漠柒沙

叁洙肆涯陸洒。

又收起運內受協驛站兑留兵餉應支銀壹千肆拾捌兩玖錢壹分壹釐玖絲叁忽。

貳項共銀貳千壹百肆拾捌兩肆錢叁分壹釐壹毫叁絲捌忽柒微壹塵伍渺伍漠柒沙叁洙肆涯陸洒，內除額協抵餉銀壹百叁拾叁兩貳錢伍分肆釐壹毫伍絲叁忽叁微陸纖柒塵伍渺叁漠；又除驛遞之差使甚少並題明請將驛站等事貳案內，共裁站銀捌百陸拾壹兩叁錢玖分柒釐伍絲肆忽玖微叁纖柒塵陸渺肆漠肆沙，內在於題明請將驛站等事案內，撥給黃覇驛新增夫馬工料銀貳百陸拾柒兩肆錢壹分伍釐伍毫肆絲玖忽叁微玖纖貳塵，又在於詳請委勘水灾事案內，留抵解府供驛銀壹百貳拾壹兩貳錢肆分貳釐伍毫陸絲伍忽柒纖捌塵捌渺陸漠，實裁銀肆百柒拾貳兩柒錢叁分捌釐玖毫肆絲肆微陸纖陸塵柒渺捌漠肆沙入起運外，止該銀壹千貳百柒拾伍兩貳分貳釐肆毫玖絲伍忽肆微柒纖伍塵貳渺肆漠叁沙叁洙肆涯陸洒，內在於請倣以糧載丁等事案內，通省以糧均丁減銀伍百柒拾肆兩貳錢肆釐叁毫捌忽貳微肆纖壹塵玖渺柒漠伍洙，在於沔縣屯起運銀內照數撥補足額訖，仍該銀壹千貳百柒拾伍兩貳分貳釐肆毫玖絲伍忽肆微柒纖伍塵貳渺肆漠叁沙叁洙肆涯陸洒，

外加增撥補俸工留支銀肆拾叁兩柒錢壹分伍毫貳絲柒微貳纖貳塵肆渺貳漠。

共該存留銀壹千叁百壹拾捌兩柒錢叁分叁釐壹絲陸忽壹微玖纖柒塵陸渺陸漠叁沙叁洙肆涯陸洒於乾隆伍拾貳年奉文，全數解司，壹切支欵，俱由司按季領支，嗣於嘉慶伍年奉文，照舊在縣留支，並不解司，按季請領。

外於西安布政司庫撥補領支舖司、民壯、均攤各役等項銀伍百伍拾柒兩伍錢肆釐捌毫肆絲玖忽肆微壹纖肆塵伍渺叁漠係動支起運銀兩。

又於西安布政司庫領支新設黑河縣丞俸工銀柒拾陸兩係動支司庫裁汰支剩夫馬工料。

又於西安布政司庫撥補領支祭祀銀肆拾貳兩伍錢捌分柒釐伍毫陸絲貳忽陸微捌纖陸塵貳渺肆漠伍沙陸涯係動支耗羨銀兩。

外遇閏加銀壹百叁拾玖兩捌錢壹分肆釐肆毫貳絲貳忽，內除裁扣閏俸銀玖兩叁釐叁絲貳忽入起運外，實該銀壹百叁拾兩捌錢壹分壹釐玖絲，內除荒銀捌拾貳兩伍錢叁分伍釐貳毫壹絲伍忽伍微柒纖伍渺陸漠，實徵銀肆拾捌兩

貳錢柒分伍釐捌毫柒絲肆忽肆微貳纖玖塵肆渺肆漠，內除驛遞之差使甚少並題明請將驛站等事貳案內，共裁閏銀壹拾伍兩貳錢貳分捌釐柒毫叁絲伍忽玖微貳纖。止該銀叁拾叁兩肆分柒釐壹毫叁絲捌忽伍微玖塵肆渺肆漠，內於請倣以糧載丁等事案內，通省以糧均丁減銀貳拾壹兩柒錢捌分壹釐玖絲壹忽捌微玖纖肆塵壹渺叁漠，在於沔縣屯起運銀內照數撥補足額訖，仍該銀叁拾叁兩肆分柒釐壹毫叁絲捌忽伍微玖塵肆渺肆漠。

外加增撥補役廩並夫馬閏月留支銀肆兩伍錢柒分叁釐伍毫貳絲捌忽陸微捌纖柒塵叁渺肆漠。

共該存留閏銀叁拾柒兩陸錢貳分陸毫陸絲柒忽壹微玖纖陸塵柒渺捌漠於乾隆伍拾貳年奉文，全數解司，壹切支欵，俱由司按季領支，嗣於嘉慶伍年奉文，照舊在縣留支，並不解司，按季請領。

外於西安布政司庫領支舖司、孤貧增補閏月銀捌兩伍分肆釐捌毫貳絲伍忽陸微壹纖伍塵貳渺係動支起運銀兩。

又於西安布政司庫領支新設黑河縣丞人役閏月銀叁兩係動支司庫裁汰支剩夫馬工料。

壹額外

課程銀陸兩柒錢叁分捌釐係酒戶交納。遇閏加銀伍錢陸分壹釐伍毫。

畜稅銀貳拾捌兩陸錢捌分係買騾馬出辦，原無定額，儘收儘解。

牙稅銀肆兩過載、斗行、腳櫃、山貨肆行，每行納稅銀壹兩，並未分列上中下等則。

地稅銀柒拾貳兩玖錢肆分伍釐係買房地業主出辦，原無定額，儘收儘解。

鹽課銀陸拾陸兩叁錢貳分貳釐於嘉慶拾伍年按照前項地、丁銀兩攤徵，每正銀壹兩，攤徵銀肆分叁釐捌毫柒絲叁微陸纖玖渺，永為定額，遇閏無增，免其加耗，凡遇壑豁蠲免之年，亦不增減蠲免。

新設鐵廠壹座，歲額銀拾兩係鐵戶出辦。

沔縣

原額折正壹等地貳百壹拾玖頃壹拾貳畝肆分貳釐捌絲，每畝科折色糧伍升柒合壹勺叁抄叁撮貳圭肆粟伍粒，共糧壹千貳百伍拾壹石玖斗貳升壹合柒勺捌抄捌撮，每石徵銀貳兩伍錢壹分壹釐貳毫壹絲柒忽，共徵銀叁千壹百肆拾叁兩玖錢壹分玖毫陸絲柒忽玖微叁塵貳渺。

內於順治柒年題明免過無主荒地並康熙捌年、貳拾叁年在於秦屬蠲免及再疏籲請等事貳案內，豁免共地壹百叁拾壹頃捌拾畝柒分陸毫，應除糧柒百玖拾陸石叁斗伍升叁勺柒抄捌撮肆圭叁粟貳粒，應免銀貳千伍兩捌錢貳分陸毫陸絲玖忽肆微陸纖壹塵捌渺，內節年開墾並自首地壹拾柒頃柒拾肆畝玖分叁釐玖毫貳絲，該糧壹百貳石叁斗陸升肆合捌勺壹抄叁圭肆粟伍粒玖顆，應徵銀貳百伍拾伍兩玖錢陸絲陸忽伍微壹纖捌塵壹渺。

又於康熙肆拾伍年詳請委勘水灾事案內，題明免過停徵水衝地玖拾玖畝壹分，應除糧伍石陸斗陸升壹合玖勺肆撮伍圭柒粟玖粒伍顆，應除銀壹拾叁兩陸錢壹分貳釐玖毫玖絲捌忽柒微肆塵柒渺陸漠。

以上貳項共免過荒地壹百叁拾貳頃柒拾玖畝捌分陸毫，應除糧捌百貳石壹升貳合貳勺捌抄叁撮壹粟壹粒伍顆，應除銀貳千壹拾玖兩肆錢叁分叁釐陸毫陸絲捌忽壹微陸纖陸塵伍渺陸漠，內節年開墾並自首過地壹拾柒頃柒拾肆畝玖分叁釐玖毫貳絲，應徵糧壹百貳石叁斗陸升肆合捌勺壹抄叁圭肆粟伍粒玖顆，應徵銀貳百伍拾伍兩玖錢陸絲陸忽伍微壹纖捌塵壹渺；又乾隆伍拾年開墾至伍拾玖年起科地玖畝叁釐，應徵折色糧伍斗壹升伍合玖勺壹抄叁撮貳圭貳粒叁顆伍糠，該折色銀壹兩貳錢肆分肆毫壹絲柒忽伍微肆纖玖渺捌沙。實應免地壹百壹拾肆頃玖拾伍畝捌分叁釐陸毫捌絲，實應免糧陸百玖拾玖石壹斗叁升壹合伍勺伍抄玖撮肆圭陸粟叁粒貳顆伍糠，應除銀壹千柒百陸拾貳兩貳錢玖分叁釐壹毫捌絲肆忽壹微柒塵伍渺伍漠貳沙。

實熟地壹百肆頃壹拾陸畝伍分捌釐肆毫，該徵糧伍百伍拾貳石柒斗玖升貳勺貳抄捌撮伍圭叁粟陸粒柒顆伍糠，該折徵銀壹千叁百捌拾壹兩陸錢壹分柒釐柒毫捌絲叁忽柒微玖纖伍塵陸渺肆漠捌沙遵照乾隆伍拾玖年奉准部咨令，將康熙年間易知由單內載：每畝徵銀壹錢叁分柒釐叁毫陸絲陸忽貳微捌纖叁塵陸渺纂入書內，遇有墾豁，按畝增除。

額外招民開墾青陽、金牛貳驛地糧銀壹拾柒兩玖釐貳毫貳絲肆忽。

又額外青陽、黄沙貳驛原額本折糧叁百壹拾玖石肆斗肆升，內本色糧貳百伍拾玖石貳斗柒升，內除荒糧陸拾貳石壹斗叁升捌合肆抄貳撮，實徵糧壹百玖拾柒石壹斗叁升壹合玖勺伍抄捌撮，內除黄沙驛在於詳請委勘水灾事案內，奉旨停徵糧貳石叁斗陸升捌合玖勺伍撮貳圭肆粟，止該糧壹百玖拾肆石柒斗陸升叁合伍抄貳撮柒圭陸粟，於乾隆貳拾陸年在於遵旨議奏事案內，題明每糧壹石折銀壹兩，共折銀壹百玖拾肆兩柒錢陸分叁釐伍絲貳忽柒微陸纖，折色糧陸拾石壹斗柒升，共徵銀陸拾兩壹錢柒分，內除荒糧壹拾肆石捌斗貳升伍合壹勺捌撮，應免銀壹拾肆兩捌錢貳分伍釐壹毫捌忽，實徵糧肆拾伍石叁斗肆升肆合捌勺玖抄貳撮，共徵銀肆拾伍兩叁錢肆分肆釐捌毫玖絲貳忽，內除黄沙驛在於詳請委勘水灾事案內，奉旨停徵銀壹兩叁分玖釐肆毫柒忽陸微，止該銀肆拾肆兩叁錢伍釐肆毫捌絲肆忽肆微，折色草叁百柒拾壹束柒觔，共徵銀壹拾壹兩壹錢伍分，內除荒草捌拾捌束壹拾伍觔捌兩，應免銀貳兩陸錢捌分叁釐壹毫叁絲貳忽壹微，實徵草貳百捌拾貳束柒觔捌兩，該徵銀捌兩肆錢陸分陸釐捌毫陸絲柒忽玖微，內除黄沙驛在於詳請委勘水灾事案內，奉旨停徵銀柒錢肆分貳毫伍絲肆微，止該銀柒兩柒錢貳分陸釐陸毫壹絲柒忽伍微，地畝玖釐銀肆拾捌兩捌錢貳分貳釐柒毫，內除荒銀壹拾壹兩柒錢陸分貳釐捌毫捌絲陸忽貳微貳纖叁塵，實徵銀叁拾柒兩伍分玖釐捌毫壹絲叁忽柒微柒纖柒塵，內除黄沙驛在於詳請委勘水灾事案內，奉旨停徵銀叁兩柒錢柒分捌釐伍毫捌絲伍忽壹微玖纖玖塵陸渺，止該銀叁拾叁兩貳錢捌分壹釐貳毫貳絲捌忽伍微柒纖柒塵肆渺。

以上實熟民地壹百肆頃壹拾陸畝伍分捌釐肆毫，實徵折色糧折銀并額外招民開墾貳驛本折草束等銀壹千陸百柒拾捌兩柒錢叁釐叁毫玖絲壹忽叁纖叁塵肆漠捌沙。

原額人丁叁等玖則不等，俱折下下丁柒千壹百捌拾陸丁，每丁徵銀肆錢貳分捌釐壹毫捌絲肆忽玖微，共應徵銀叁千柒拾陸兩玖錢叁分陸釐玖毫肆絲陸忽壹微，內除優免丁壹百捌拾玖丁，共除銀捌拾兩玖錢貳分陸釐玖毫肆絲陸忽壹微。

行差丁陸千玖百玖拾柒丁，共額徵銀貳千玖百玖拾陸兩壹分。

順治柒年並康熙貳拾叁年在於再疏籲請等事案內，題明免過逃亡共丁叁千伍百伍拾叁丁，應除銀壹千伍百貳拾壹兩叁錢肆分壹釐伍絲貳忽貳微，前招回並節年招回及自首編審出共丁伍百陸拾丁，該徵銀貳百叁拾玖兩柒錢捌分叁釐貳毫貳絲貳忽叁微，實應免丁貳千玖百玖拾叁丁，應免銀壹千貳百捌拾壹兩伍錢伍分柒釐捌毫貳絲玖忽玖微。

實行差丁肆千肆丁，該徵銀壹千柒百壹拾肆兩肆錢伍分貳釐壹毫柒絲壹微，於雍正伍年攤入地糧徵解。

康熙伍拾伍年起，至乾隆貳拾陸年止，共編審出丁叁百陸丁；乾隆叁拾壹年編審出丁叁拾壹丁；乾隆叁拾陸年編審出丁貳拾丁。共編審出丁叁百伍拾柒丁，欽遵康熙伍拾貳年叁月拾捌日恩詔，後遇編審之期，但據康熙伍拾年丁冊定為常額，永不加賦。

原額均徭銀玖百陸拾叁兩叁錢叁分伍釐伍毫伍絲叁忽叁微叁纖叁塵伍渺，內除荒銀伍百貳拾陸兩叁錢壹分陸釐陸毫玖絲陸忽伍微捌纖捌塵陸渺柒漠壹沙，實徵銀肆百叁拾柒兩壹分捌釐捌毫伍絲陸忽柒微肆纖肆塵捌渺貳漠玖沙按照前項地畝科徵，每畝徵均徭銀肆分貳釐捌毫叁絲貳忽貳微柒纖叁渺。

遇閏加徵額銀貳百壹拾陸兩捌分玖釐壹毫伍絲肆忽，內除荒銀壹百壹兩伍分捌釐伍毫玖絲壹忽伍微肆纖壹塵伍渺柒漠壹沙，實徵銀壹百壹拾伍兩叁分伍毫陸絲貳忽肆微伍纖捌塵肆渺貳漠玖沙。

又額外祭、轎、皂等銀伍拾玖兩貳分伍釐。

停免銀玖拾玖兩陸錢玖分伍釐。

以上祭、皂、轎、停免貳項攤入前項地糧內徵解。

以上實徵均徭並停免、祭、皂、轎銀伍百玖拾伍兩柒錢叁分捌釐捌毫伍絲陸忽柒微肆纖肆塵捌渺貳漠玖沙。

地、丁、均徭叁項並額外貳驛地糧折色、停免、祭、皂、轎等項共應徵銀柒千陸百伍拾捌兩叁錢玖分捌釐肆毫肆絲伍忽貳微叁纖陸塵柒渺，內除荒銀叁千陸百陸拾玖兩伍錢肆釐貳絲柒忽叁微伍纖捌塵捌渺貳漠叁沙，實徵銀叁千玖百捌拾捌兩捌錢玖分肆釐肆毫壹絲柒忽捌微柒纖柒塵捌渺柒漠柒沙。

外遇閏加銀貳百壹拾陸兩捌分玖釐壹毫伍絲肆忽，內除荒銀壹百壹兩伍分捌釐伍毫玖絲壹忽伍微肆纖壹塵伍渺柒漠壹洒，實徵銀壹百壹拾伍兩叁分伍毫陸絲貳忽肆微伍纖捌塵肆渺貳漠玖沙。

壹起運項下

原編起運糧石折價銀壹千伍百伍拾兩伍錢肆分柒釐玖毫叁忽柒微肆纖，內除荒銀捌百陸拾玖兩貳錢貳分壹釐壹毫捌微陸纖柒渺叁漠捌沙玖洙貳洒，實起運銀陸百捌拾壹兩叁錢貳分陸釐捌毫貳忽捌微柒纖玖塵貳渺陸漠壹沙玖涯捌洒。

節裁藥味、牲口、軍器、年例等項起運銀柒百陸拾玖兩伍錢貳分貳釐陸毫，內除荒銀叁百伍拾壹兩叁錢貳分陸釐肆毫玖絲陸忽貳微壹纖捌塵肆渺玖沙柒涯伍洒，實起運銀肆百壹拾捌兩壹錢玖分陸釐壹毫叁忽柒微捌纖壹塵伍渺玖漠玖洙貳涯伍洒。

舊編存留，內順治玖年裁扣各役工食銀貳百貳拾捌兩捌錢；拾貳年裁扣傘扇銀捌兩；拾肆年裁扣官生俸廩銀壹百陸拾柒兩肆錢捌釐；拾伍年奉裁教職俸薪銀伍拾柒兩玖錢貳分。康熙元年裁吏書工食銀壹百玖兩貳錢；叁年奉裁教諭、門斗、齋夫工食銀肆拾叁兩貳錢，裁雜費丁銀捌拾肆兩叁錢柒分貳釐貳毫；拾伍年裁心紅紙張、修理監倉等項銀玖拾陸兩壹錢陸分伍毫叁絲叁忽；貳拾柒年裁歲貢盤纏、酒席、舉人盤纏、花紅銀叁拾叁兩伍錢。雍正陸年裁燈夫工食銀貳拾肆兩；拾貳年裁民壯工食銀貳拾肆兩，舊編冗費裁剩解部銀貳百柒拾陸兩陸錢玖分貳釐叁毫肆絲玖忽叁微叁纖叁塵伍渺。

共銀壹千壹百伍拾叁兩貳錢伍分叁釐捌絲貳忽叁微叁纖叁塵伍渺，內除荒銀伍百叁拾玖兩肆錢叁分陸釐捌毫壹絲伍忽叁微柒纖肆渺肆漠柒沙壹洙壹涯玖洒，實起運銀陸百壹拾叁兩捌錢壹分陸釐貳毫陸絲陸忽玖微陸纖叁塵伍漠貳沙捌洙捌涯壹洒。

額外貳驛本折糧石、草束、地畝玖釐，共折徵銀叁百柒拾玖兩肆錢壹分貳釐柒毫，內除荒銀玖拾玖兩叁錢叁分陸釐叁毫壹絲陸忽柒微陸纖貳塵陸渺，實徵銀貳百捌拾兩柒分陸釐叁毫捌絲叁忽貳微叁纖柒塵肆渺。

又額外應徵開墾貳驛地糧並停免、祭、皂、轎銀共壹百柒拾伍兩柒錢貳分玖釐貳毫貳絲肆忽。

以上起運實徵共銀貳千壹百陸拾玖兩壹錢肆分肆釐柒毫捌絲捌微陸纖壹塵叁渺肆沙玖洙肆洒。

又收存留額協抵餉銀捌拾捌兩柒錢壹釐貳毫伍絲叁塵玖渺。

貳項共銀貳千貳百伍拾柒兩捌錢肆分陸釐叁絲捌微陸纖伍塵貳渺肆沙玖洙

肆洒。

又收存留內驛遞之差使甚少等事案內，裁站銀壹千壹百貳拾貳兩伍錢肆分叁釐陸絲肆忽肆微伍纖貳塵玖渺陸漠，在於題明請將驛站等事案內，留支本縣新增夫馬工料訖，仍該銀貳千貳百伍拾柒兩捌錢肆分陸釐叁絲捌微陸纖伍塵貳渺肆沙玖洙肆洒，內除受協長安等州縣驛站兌留兵餉銀壹千捌百伍兩柒錢壹分陸釐壹毫貳絲捌忽玖微柒纖捌塵壹渺，因免荒不敷，除去受協銀壹百兩叁錢柒分貳釐玖毫壹絲伍忽伍微陸纖伍塵陸渺另聽撥補外，實除受協銀壹千柒百伍兩叁錢肆分叁釐貳毫壹絲叁忽肆微壹纖貳塵伍渺。

內在於請做以糧載丁等事案內，通省以糧均丁減銀叁百貳拾伍兩壹錢貳分壹釐玖毫玖絲貳忽伍微陸纖貳塵捌渺壹漠，於乾隆元、陸、拾壹、拾陸、貳拾壹、貳拾陸等年編審案內，共增抵補屯更丁銀叁百兩捌錢陸分伍毫玖絲壹微肆纖柒塵捌渺陸漠陸沙陸洙陸涯肆洒，又乾隆叁拾壹、叁拾陸兩年編審案內，共增抵補屯更丁銀壹百肆拾玖兩壹錢肆分伍釐柒毫肆絲叁微柒纖叁塵玖渺叁漠叁沙叁洙叁涯貳洒，節年抵補丁增銀兩，除將上項均丁案內減銀全數抵補外，尚該收丁增銀壹百貳拾肆兩捌錢捌分肆釐叁毫叁絲柒忽玖微伍纖捌塵玖渺捌漠玖沙玖洙玖涯陸洒。

共該銀陸百柒拾柒兩叁錢捌分柒釐壹毫伍絲伍忽肆微壹纖壹塵陸渺玖漠肆沙玖洙。

外遇閏裁扣，順治玖年裁銀壹拾柒兩肆錢；拾肆年裁銀壹拾兩陸錢柒分柒釐肆毫玖絲叁忽；拾伍年裁銀肆兩捌錢貳分陸釐陸毫陸絲陸忽。康熙元年裁銀玖兩壹錢；叁年裁銀叁兩陸錢；拾伍年裁銀貳兩陸錢陸分陸釐陸毫柒絲。雍正陸年裁銀貳兩；拾貳年裁銀貳兩，又閏俸銀壹拾肆兩貳錢伍分陸釐陸毫陸絲伍忽。

共銀陸拾陸兩伍錢貳分柒釐肆毫玖絲肆忽，內除荒銀叁拾壹兩壹錢肆毫壹絲貳微捌纖壹塵叁渺貳漠陸沙伍洙肆涯壹洒，實該銀叁拾伍兩肆錢貳分柒釐捌絲叁忽柒微壹纖捌塵陸渺柒漠叁沙肆洙伍涯玖洒。

又收存留內驛遞之差使甚少等事案內，裁站閏月銀壹拾柒兩肆錢陸分玖釐伍毫玖忽肆微捌纖玖塵伍渺陸漠，內在於題明請將驛站等事案內，留支本縣新增夫馬工料銀柒兩叁錢伍分壹釐玖毫玖絲肆忽玖微柒纖叁塵貳渺陸漠，實收銀壹拾兩壹錢壹分柒釐伍毫壹絲肆忽伍微壹纖陸塵叁渺。

貳項共銀肆拾伍兩伍錢肆分肆釐伍毫玖絲捌忽貳微叁纖肆塵玖渺柒漠叁沙肆泮伍涯玖洒，內在於請做以糧載丁等事案內，通省以糧均丁減銀叁拾伍兩柒錢玖分壹釐伍毫玖絲柒微伍纖貳塵陸渺貳漠，節次抵補屯更丁增銀貳拾叁兩伍分玖釐壹毫伍忽柒微貳纖貳塵玖渺，止該減銀壹拾貳兩柒錢叁分貳釐肆毫捌絲伍忽貳纖玖塵柒渺貳漠。

實該銀叁拾貳兩捌錢壹分貳釐壹毫壹絲叁忽貳微伍塵貳渺伍漠叁沙肆泮伍涯玖洒。

壹存留項下

原編存留銀叁千陸百貳拾玖兩玖錢叁分貳釐玖毫叁絲伍忽壹微陸纖叁塵貳渺，內除荒銀壹千捌百壹拾兩壹錢捌分叁釐貳毫玖絲捌忽壹微肆纖陸塵陸渺貳漠柒沙玖泮肆洒，實徵銀壹千捌百壹拾玖兩柒錢肆分玖釐陸毫叁絲柒忽壹纖陸塵伍渺柒漠貳沙玖涯陸洒。

壹俸工項下

知縣壹員，額支俸薪銀肆拾伍兩，內除荒銀貳拾壹兩貳分叁釐叁絲陸忽壹微玖纖伍塵玖渺玖漠肆沙貳泮肆涯伍洒，實徵支銀貳拾叁兩玖錢柒分陸釐玖毫陸絲叁忽捌微肆塵伍沙柒泮伍涯伍洒。外收均攤俸工銀叁錢肆釐肆毫肆絲伍忽肆微伍纖玖塵伍渺。

典史壹員，額支俸薪銀叁拾壹兩伍錢貳分，內除荒撥補銀壹拾肆兩柒錢貳分伍釐肆毫貳絲叁忽陸微肆纖伍塵伍渺肆漠玖沙柒泮肆涯柒洒，實徵支銀壹拾陸兩柒錢玖分肆釐伍毫柒絲陸忽叁微伍纖肆塵肆渺伍漠貳泮伍涯叁洒。

教諭、訓導貳員，額支俸薪銀叁拾壹兩伍錢貳分，內於道光拾貳年奉文裁汰訓導壹員，應支俸薪銀兩解司報撥除荒撥補銀壹拾肆兩柒錢貳分伍釐肆毫貳絲叁忽陸微肆纖伍塵伍渺肆漠玖沙柒泮肆涯柒洒，實徵支銀壹拾陸兩柒錢玖分肆釐伍毫柒絲陸忽叁微伍纖肆塵肆渺伍漠貳泮伍涯叁洒。外加增全俸銀肆拾捌兩肆錢捌分。

黃沙驛裁改爲漢陰廳巡檢壹員，額支俸薪銀叁拾壹兩伍錢貳分，內除荒撥補銀壹拾肆兩柒錢貳分伍釐肆毫貳絲叁忽陸微肆纖伍塵伍渺肆漠玖沙柒泮肆涯柒洒，實徵支銀壹拾陸兩柒錢玖分肆釐伍毫柒絲陸忽叁微伍纖肆塵肆渺伍漠貳泮伍涯叁洒。

青陽驛巡檢壹員，額支俸薪銀叁拾壹兩伍錢貳分，內除荒撥補銀壹拾肆兩柒錢貳分伍釐肆毫貳絲叁忽陸微肆纖伍塵伍渺肆漠玖沙柒洙肆涯柒洒，實徵支銀壹拾陸兩柒錢玖分肆釐伍毫柒絲陸忽叁微伍纖肆塵肆渺伍漠貳洙伍涯叁洒。

知縣衙門

門子貳名，每名歲支銀陸兩，共支銀壹拾貳兩，內除荒撥補銀伍兩陸錢伍釐玖毫玖絲柒忽伍微壹纖貳塵貳渺陸漠伍沙壹洙叁涯貳洒，實徵支銀陸兩叁錢玖分肆釐貳忽肆微捌纖柒塵柒渺叁漠肆沙捌洙陸涯捌洒。遇閏加銀壹兩，除荒銀肆錢陸分柒釐陸毫玖絲貳忽玖微壹纖柒塵陸渺捌漠捌沙柒洙陸涯壹洒，實徵支銀伍錢叁分貳釐叁毫柒忽捌纖貳塵叁渺壹漠壹沙貳洙叁涯玖洒。

皂隸、仵作壹拾陸名，每名歲支銀陸兩，共支銀玖拾陸兩，內除荒撥補銀肆拾肆兩捌錢肆分玖釐壹毫叁絲陸忽柒微玖纖捌塵壹渺貳漠壹沙伍涯陸洒，實徵支銀伍拾壹兩壹錢伍分捌毫陸絲叁忽貳微壹塵捌渺柒漠捌沙玖洙肆涯肆洒。遇閏加銀捌兩，內除荒銀叁兩柒錢肆分貳釐叁毫柒絲陸忽捌微肆纖壹塵伍渺壹漠捌涯捌洒，實徵支銀肆兩貳錢伍分柒釐陸毫貳絲叁忽壹微伍纖捌塵肆渺捌漠玖沙玖洙壹涯貳洒。

馬快捌名，每名歲支銀壹拾陸兩捌錢，共銀壹百叁拾肆兩肆錢，內除荒撥補銀陸拾貳兩柒錢捌分捌釐捌毫玖絲壹微叁纖柒塵叁渺陸漠玖沙肆洙柒涯捌洒，實徵支銀柒拾壹兩陸錢壹分壹釐壹毫玖忽捌微陸纖貳塵陸渺叁漠伍洙貳涯貳洒。遇閏加銀壹拾壹兩貳錢，內除荒銀伍兩貳錢叁分玖釐伍絲肆忽貳微貳纖捌塵壹渺壹漠肆沙壹洙貳涯肆洒，實徵支銀伍兩玖錢陸分玖毫肆絲伍忽柒微柒纖壹塵捌渺捌漠伍沙捌洙柒涯陸洒。

民壯肆拾陸名，每名歲支銀陸兩，共支銀貳百柒拾陸兩，內除荒撥補銀壹百貳拾捌兩玖錢叁分肆釐叁毫貳絲陸微捌纖貳塵玖漠捌沙叁涯伍洒，實徵支銀壹百肆拾柒兩陸分伍釐陸毫柒絲玖忽叁微壹纖柒塵玖渺壹沙玖洙陸涯伍洒。遇閏加銀貳拾叁兩，內除荒銀壹拾兩柒錢伍分捌釐壹毫肆絲壹微陸塵捌渺肆漠壹沙伍洙叁洒，實徵支銀壹拾貳兩貳錢肆分壹釐捌毫伍絲玖忽捌微玖纖叁塵壹渺伍漠捌沙肆洙玖涯柒洒。

看監禁子捌名，每名歲支銀陸兩，共支銀肆拾捌兩，內除荒撥補銀貳拾貳兩肆錢貳分肆釐陸毫柒忽玖微肆纖玖塵陸漠伍渀貳涯捌洏，實徵支銀貳拾伍兩伍錢柒分伍釐叁毫玖絲貳忽伍纖玖渺叁漠玖沙肆渀柒涯貳洏。外每名加增銀貳兩，共加增銀壹拾陸兩。遇閏加銀肆兩，內除荒銀壹兩捌錢柒分貳釐陸毫玖絲伍忽壹微柒纖柒渺伍漠伍沙肆涯肆洏，實徵支銀貳兩壹錢貳分柒釐叁毫肆忽捌微貳纖玖塵貳渺肆漠肆沙玖渀伍涯陸洏。

轎傘扇夫柒名，每名歲支銀陸兩，共支銀肆拾貳兩，內除荒撥補銀壹拾玖兩陸錢貳分壹釐柒毫陸絲貳忽捌微肆纖貳塵玖渺貳漠柒沙玖渀陸涯貳洏，實徵支銀貳拾貳兩叁錢柒分捌釐貳毫叁絲柒忽壹微伍纖柒塵柒漠貳沙叁涯捌洏。遇閏加銀叁兩伍錢，內除荒銀壹兩陸錢叁分陸釐玖毫壹絲玖忽柒微壹纖壹塵玖渺壹漠陸渀陸涯肆洏，實徵支銀壹兩捌錢陸分叁釐捌絲貳微捌纖捌塵捌漠玖沙叁渀叁涯陸洏。

庫子肆名，每名歲支銀陸兩，共支銀貳拾肆兩，內除荒撥補銀壹拾壹兩貳錢壹分貳釐叁毫壹絲叁忽玖微貳纖肆塵伍渺叁漠貳渀陸涯肆洏，實徵支銀壹拾貳兩柒錢捌分柒釐陸毫捌絲陸忽柒纖伍塵肆渺陸漠玖沙柒渀叁涯陸洏。遇閏加銀貳兩，內除荒銀玖錢叁分伍釐叁毫伍絲壹忽捌纖伍塵叁渺柒漠柒沙伍渀貳涯貳洏，實徵支銀壹兩陸分肆釐陸毫肆絲捌忽玖微壹纖肆塵陸渺貳漠貳沙肆渀柒涯捌洏。

斗級肆名，每名歲支銀陸兩，共支銀貳拾肆兩，內除荒撥補銀壹拾壹兩貳錢壹分貳釐叁毫壹絲叁忽玖微貳纖肆塵伍渺叁漠貳渀陸涯肆洏，實徵支銀壹拾貳兩柒錢捌分柒釐陸毫捌絲陸忽柒纖伍塵肆渺陸漠玖沙柒渀叁涯陸洏。遇閏加銀貳兩，內除荒銀玖錢叁分伍釐叁毫伍絲壹忽捌纖伍塵叁渺柒漠柒沙伍渀貳涯貳洏，實徵支銀壹兩陸分肆釐陸毫肆絲捌忽玖微壹纖肆塵陸渺貳漠貳沙肆渀柒涯捌洏。

各渡水夫肆名，每名歲支銀壹兩伍錢，共支銀陸兩，內除荒撥補銀貳兩捌錢捌釐柒毫捌絲柒忽壹微陸塵壹渺叁漠貳沙伍渀陸涯陸洏，實徵支銀叁兩壹錢玖分壹釐貳毫壹絲貳忽捌微玖纖叁塵捌渺陸漠柒沙肆渀叁涯肆洏。遇閏加銀伍錢，內除荒銀貳錢叁分捌釐壹毫伍絲柒忽伍纖捌塵捌渺肆漠肆沙叁渀捌涯壹洏，實徵支銀貳錢陸分壹釐捌毫肆絲貳忽玖微肆纖壹塵壹渺伍漠伍沙陸渀壹涯玖洏。

各舖司兵貳拾玖名，每名歲支銀叁兩玖錢柒分貳釐肆毫，共支銀壹百壹拾伍兩貳錢，內除荒銀伍拾叁兩玖錢貳分捌釐陸毫貳絲陸忽伍微貳纖肆塵玖渺肆漠伍沙貳洙陸涯柒洒，實徵支銀陸拾壹兩貳錢柒分壹釐叁毫柒絲叁忽肆微柒纖伍塵伍漠肆沙柒洙叁涯叁洒。外加增銀壹百壹拾貳兩柒錢肆分叁釐伍毫伍絲肆忽肆微柒塵貳渺。遇閏加銀玖兩陸錢，內除荒銀肆兩肆錢捌分捌釐伍毫柒絲叁忽玖纖捌塵柒渺壹漠貳沙壹洙陸洒，實徵支銀伍兩壹錢壹分壹釐肆毫貳絲陸忽玖微壹塵貳渺捌漠柒沙捌洙玖涯肆洒。外加增銀玖兩叁錢捌分玖釐捌毫壹絲柒忽捌微捌纖捌塵玖渺。

鼓夫伍名，每名歲支銀貳兩肆錢，共支銀壹拾貳兩，內除荒撥補銀伍兩陸錢壹分玖釐肆絲伍微壹纖貳塵貳渺陸漠伍沙壹洙叁涯貳洒，實徵支銀陸兩叁錢捌分玖毫伍絲玖忽肆微捌纖柒塵柒渺叁漠肆沙捌洙陸涯捌洒。遇閏加銀壹兩，內除荒銀肆錢柒分壹釐貳絲伍忽伍微捌纖柒塵陸渺捌漠捌沙柒洙陸涯壹洒，實徵支銀伍錢貳分捌釐玖毫柒絲肆忽肆微壹纖貳塵叁渺壹漠壹沙貳洙叁涯玖洒。

典史衙門

門子壹名，歲支銀陸兩，內除荒撥補銀貳兩捌錢叁釐壹毫玖絲壹微陸塵壹渺叁漠貳沙伍洙陸涯陸洒，實徵支銀叁兩壹錢玖分陸釐捌毫玖忽捌微玖纖叁塵捌渺陸漠柒沙肆洙叁涯肆洒。遇閏加銀伍錢，內除荒銀貳錢叁分叁釐捌毫肆絲捌忽肆微伍纖捌塵捌渺肆漠肆沙叁洙捌涯壹洒，實徵支銀貳錢陸分陸釐壹毫伍絲壹忽伍微肆纖壹塵壹渺伍漠伍沙陸洙壹涯玖洒。

皂隸肆名，每名歲支銀陸兩，共支銀貳拾肆兩，內除荒撥補銀壹拾壹兩貳錢壹分貳釐叁毫壹絲叁忽玖微貳纖肆塵伍渺叁漠貳洙陸涯肆洒，實徵支銀壹拾貳兩柒錢捌分柒釐陸毫捌絲陸忽柒纖伍塵肆渺陸漠玖沙柒洙叁涯陸洒。遇閏加銀貳兩，內除荒銀玖錢叁分伍釐叁毫伍絲壹忽捌纖伍塵叁渺柒漠柒沙伍洙貳涯貳洒，實徵支銀壹兩陸分肆釐陸毫肆絲捌忽玖微壹纖肆塵陸渺貳漠貳沙肆洙柒涯捌洒。

馬夫壹名，歲支銀陸兩，內除荒撥補銀貳兩捌錢叁釐壹毫玖絲壹微陸塵壹渺叁漠貳沙伍洙陸涯陸洒，實徵支銀叁兩壹錢玖分陸釐捌毫玖忽捌微玖纖叁塵捌渺陸漠柒沙肆洙叁涯肆洒。遇閏加銀伍錢，內除荒銀貳錢叁分叁釐捌毫肆絲捌忽肆微伍纖捌塵捌渺肆漠肆沙叁洙捌涯壹洒，實徵支銀貳錢陸分陸釐壹毫伍絲壹忽伍微肆纖壹塵壹渺伍漠伍沙陸洙壹涯玖洒。

教職衙門

齋夫叁名，每名歲支銀壹拾貳兩，共支銀叁拾陸兩，內於道光拾貳年奉文裁汰訓導、齋夫壹名半，應支工食銀兩解司報撥除荒撥補銀壹拾陸兩捌錢貳分伍釐柒毫捌絲伍忽陸微叁纖陸塵柒渺玖漠伍沙叁洙玖涯陸洒，實徵支銀壹拾玖兩壹錢柒分肆釐貳毫壹絲肆忽叁微陸纖叁塵貳渺肆沙陸洙肆洒。遇閏加銀叁兩，內除荒銀壹兩肆錢叁釐壹絲陸忽貳微伍纖叁塵陸漠陸沙貳洙捌涯貳洒，實徵支銀壹兩伍錢玖分陸釐玖毫捌絲叁忽柒微肆纖陸塵玖渺叁漠叁沙柒洙壹涯捌洒。

膳夫貳名，共額支銀壹拾叁兩叁錢叁分叁釐肆毫，內除荒撥補銀陸兩貳錢貳分玖釐貳毫柒絲肆忽壹微貳纖叁塵貳渺柒漠壹沙叁洙貳涯陸洒，實徵支銀柒兩壹錢肆釐壹毫貳絲伍忽捌微柒纖陸塵柒渺貳漠捌沙陸洙柒涯肆洒係廪生支領。遇閏加銀壹兩壹錢壹分壹釐壹毫，內除荒撥補銀伍錢壹分玖釐玖絲柒忽柒微壹纖貳塵叁渺玖漠叁沙玖洙捌涯貳洒，實徵支銀伍錢玖分貳釐貳忽貳微捌纖柒塵陸渺陸沙壹涯捌洒。

門斗貳名，每名歲支銀柒兩貳錢，共支銀壹拾肆兩肆錢，內於道光拾貳年奉文裁汰訓導、門斗壹名，應支工食銀兩解司報撥除荒撥補銀陸兩柒錢貳分柒釐肆毫貳絲柒忽叁微叁纖肆塵柒渺壹漠捌沙壹洙伍涯捌洒，實徵支銀柒兩陸錢柒分貳釐伍毫柒絲貳忽陸微陸纖伍塵貳渺捌漠壹沙捌洙肆涯貳洒。遇閏加銀壹兩貳錢，內除荒銀伍錢陸分壹釐肆毫肆絲肆忽捌微壹塵貳渺貳漠陸沙伍洙壹涯叁洒，實徵支銀陸錢叁分捌釐伍毫伍絲伍忽壹微玖纖捌塵柒渺柒漠叁沙肆洙捌涯柒洒。

廪生貳拾名，每名歲支銀壹兩陸錢柒分肆釐叁毫叁絲伍忽，共支銀叁拾叁兩肆錢捌分陸釐柒毫，內除荒撥補銀壹拾伍兩陸錢陸分捌釐捌毫壹絲貳忽壹微捌纖伍塵陸渺陸漠捌沙貳洙叁涯叁洒，實徵支銀壹拾柒兩捌錢壹分柒釐捌毫捌絲柒忽捌微壹纖肆塵叁渺叁漠壹沙柒洙陸涯柒洒。遇閏加銀貳兩柒錢玖分伍毫陸絲，內除荒撥補銀壹兩叁錢肆釐捌毫貳絲貳忽壹微壹纖柒塵叁渺捌漠伍沙伍洙肆涯捌洒，實徵支銀壹兩肆錢捌分伍釐柒毫叁絲柒忽捌微捌纖貳塵陸渺壹漠肆沙肆洙伍涯貳洒。

黃沙驛裁改為漢陰廳巡檢衙門

皂隸貳名，每名歲支銀陸兩，共支銀壹拾貳兩，內除荒撥補銀伍兩陸錢伍釐玖毫玖絲柒忽伍微壹纖貳塵貳渺陸漠伍沙壹洙叁涯貳洒，實徵支銀陸兩叁錢玖分肆釐貳忽肆微捌纖柒塵柒渺叁漠肆沙捌洙陸涯捌洒。遇閏加銀壹兩，內除荒銀肆錢陸分柒釐陸毫玖絲貳忽玖微壹纖柒塵陸渺捌漠捌沙柒洙陸涯壹洒，實徵支銀伍錢叁分貳釐叁毫柒忽捌纖貳塵叁渺壹漠壹沙貳洙叁涯玖洒。

青陽驛巡檢衙門

皂隸貳名，每名歲支銀陸兩，共支銀壹拾貳兩，內除荒撥補銀伍兩陸錢伍釐玖毫玖絲柒忽伍微壹纖貳塵貳渺陸漠伍沙壹洙叁涯貳洒，實徵支銀陸兩叁錢玖分肆釐貳忽肆微捌纖柒塵柒渺叁漠肆沙捌洙陸涯捌洒。遇閏加銀壹兩，內除荒銀肆錢陸分柒釐陸毫玖絲貳忽玖微壹纖柒塵陸渺捌漠捌沙柒洙陸涯壹洒，實徵支銀伍錢叁分貳釐叁毫柒忽捌纖貳塵叁渺壹漠壹沙貳洙叁涯玖洒。

以上俸工項下，除廩生、膳夫貳欵照常支發外，其餘官役俸工於道光貳拾叁年奉文，均以貳兩平支放，每兩減平銀陸分，其減平銀兩，每年批解部庫交納，理合登明。

壹祭祀項下

雜支春秋貳季致祭文廟並各壇祠及無祀鬼魂等項額支銀捌拾玖兩，內除荒銀肆拾壹兩陸錢陸分叁釐伍毫壹絲壹忽壹微柒纖肆塵貳渺玖漠玖沙柒洙貳涯玖洒，實徵支銀肆拾柒兩叁錢叁分陸釐肆毫捌絲捌忽捌微貳纖伍塵柒渺貳洙柒涯壹洒。

外撥補均攤祭祀銀貳拾陸兩貳分陸釐叁毫貳絲柒忽貳微捌纖陸塵貳渺肆漠伍沙陸涯。

鄉飲銀貳兩伍錢，內除荒銀壹兩壹錢陸分柒釐玖毫捌絲叁忽叁微玖纖肆塵貳渺貳漠壹沙玖洙叁洒，實徵支銀壹兩叁錢叁分貳釐壹絲陸忽陸微伍塵柒渺柒漠捌沙玖涯柒洒。

布政司紙劄銀壹兩柒錢貳分伍釐，內除荒銀捌錢柒釐伍毫陸絲貳忽壹微叁纖叁塵壹漠叁沙壹洙壹涯貳洒，實徵支銀玖錢壹分柒釐肆毫叁絲柒忽捌微陸纖陸塵玖渺捌漠陸沙捌洙捌涯捌洒。

以上鄉飲、紙劄貳欵於道光貳拾叁年奉文裁汰，其徵收銀兩，每年批解部庫交納，理合登明。

印刷時憲書銀壹兩，內除荒銀肆錢陸分叁釐叁毫玖忽捌微壹纖柒塵陸渺捌漠捌沙柒洙陸涯壹洒，實徵支銀伍錢叁分陸釐陸毫玖絲壹微捌纖貳塵叁渺壹漠壹沙貳洙叁涯玖洒。

壹孤貧口糧項下

孤老貳名，共支口糧銀伍兩柒錢陸分，內除荒銀貳兩陸錢玖分肆釐肆毫貳絲壹忽玖微柒纖叁塵壹渺陸漠柒沙貳洙陸涯肆洒，實徵支銀叁兩陸分伍釐伍毫柒絲捌忽貳纖陸塵捌渺叁漠貳沙柒洙叁涯陸洒。外加增銀肆兩壹錢叁分柒釐壹毫壹絲柒微玖纖柒塵貳渺捌漠。外遇閏加增銀伍錢玖分捌釐伍絲柒忽伍微柒纖。

孤老布花銀壹兩伍錢，內除荒銀柒錢壹釐陸毫捌絲玖微貳塵柒渺壹漠叁沙壹洙肆涯貳洒，實徵支銀柒錢玖分捌釐叁毫壹絲玖忽玖纖柒塵貳渺捌漠陸沙捌洙伍涯捌洒。

壹驛站項下

驛站額銀壹千貳百玖兩叁錢捌分捌毫叁絲伍忽壹微陸纖叁塵貳渺，內除荒銀陸百柒拾柒兩玖錢陸分伍釐玖毫捌絲貳忽壹微陸纖肆塵壹渺捌漠叁洙壹涯玖洒，實徵銀伍百叁拾壹兩肆錢壹分肆釐捌毫伍絲貳忽玖微玖纖玖塵壹漠玖沙陸洙捌涯壹洒。

外收受協銀壹千柒百伍兩叁錢肆分叁釐貳毫壹絲叁忽肆微壹纖貳塵伍渺。

共銀貳千貳百叁拾陸兩柒錢伍分捌釐陸絲陸忽肆微壹纖壹塵伍渺壹漠玖沙陸洙捌涯壹洒，內除額協裁站銀伍拾玖兩貳分玖釐陸毫陸絲肆忽玖微叁纖肆塵伍渺，實徵支銀貳千壹百柒拾柒兩柒錢貳分捌釐肆毫壹忽肆微柒纖柒塵壹漠玖沙陸洙捌涯壹洒。

外加增給夫馬閏月工料銀叁百柒拾玖兩貳錢。

壹走遞項下

解漢中府募夫銀叁百伍拾叁兩壹錢陸分柒釐；運夫貳拾肆名，每名歲支銀壹拾壹兩叁錢叁分叁釐叁毫，共銀貳百柒拾貳兩；走遞馬貳拾肆匹，工食草料銀伍百柒拾陸兩。共額銀壹千貳百壹兩壹錢陸分柒釐，內除荒銀伍百陸拾貳兩叁錢陸釐叁毫貳絲玖忽肆微伍纖叁塵壹渺貳漠伍沙玖洙捌涯肆洒，實徵銀陸百叁拾捌兩捌錢陸分陸毫柒絲伍微肆纖陸塵捌渺柒漠肆沙壹涯陸洒，內除額協裁站銀貳拾玖兩陸錢柒分壹釐伍毫捌絲伍忽陸纖玖塵肆渺，實支銀陸百玖兩壹錢捌分玖釐捌絲伍忽肆微柒纖柒塵肆渺柒漠肆沙壹涯陸洒。

遇閏加銀柒拾兩陸錢陸分，內除荒銀叁拾叁兩肆分陸釐貳絲玖忽陸微肆纖肆塵玖渺柒沙捌洙伍涯貳洒，實徵銀叁拾柒兩陸錢壹分叁釐玖毫柒絲叁微伍纖伍塵玖漠貳沙壹洙肆涯捌洒，內除奉裁夫馬閏月銀壹拾兩壹錢壹分柒釐伍毫壹絲肆忽伍微壹纖陸塵叁渺，實支銀貳拾柒兩肆錢玖分陸釐肆毫伍絲伍忽捌微叁纖捌塵柒渺玖漠貳沙壹洙肆涯捌洒。

以上存留實徵共銀壹千捌百壹拾玖兩柒錢肆分玖釐陸毫叁絲柒忽壹纖陸塵伍渺柒漠貳沙玖涯陸洒。

又收起運內受協長安等州縣驛站兌留兵餉應支銀壹千捌百伍兩柒錢壹分陸釐壹毫貳絲捌忽玖微柒纖捌塵壹渺，內除起運不敷，除去受協銀壹百兩叁錢柒分貳釐玖毫壹絲伍忽伍微陸纖伍塵陸渺應聽撥補外，止該受協銀壹千柒百伍兩叁錢肆分叁釐貳毫壹絲叁忽肆微壹纖貳塵伍渺。

共銀叁千伍百貳拾伍兩玖分貳釐捌毫伍絲肆微貳纖玖塵柒漠貳沙玖涯陸洒，內除驛遞之差使甚少等事案內，裁站銀壹千壹百貳拾貳兩伍錢肆分叁釐陸絲肆忽肆微伍纖貳塵玖渺陸漠，在於題明請將驛站等事案內，留支本縣新增夫馬工料訖，仍該銀叁千伍百貳拾伍兩玖分貳釐捌毫伍絲肆微貳纖玖塵柒漠貳沙玖涯陸洒。

又收南鄭、洋縣、西鄉等縣撥支本縣新增夫馬工料銀柒百捌拾陸兩貳錢叁分玖釐捌毫柒絲伍忽柒微肆纖陸塵捌渺肆沙。

貳項共銀肆千叁百壹拾壹兩叁錢叁分貳釐柒毫貳絲陸忽壹微柒纖伍塵捌渺柒漠陸沙玖涯陸洒，內除協邠州站支抵餉銀捌拾捌兩柒錢壹釐貳毫伍絲叁塵玖渺；又於請做以糧載丁等事案內，通省以糧均丁減銀壹千肆拾貳兩貳錢玖分玖釐陸絲玖忽伍微肆塵壹渺玖漠，在於屯起運銀內照數撥補足額訖。

實該銀肆千貳百貳拾貳兩陸錢叁分壹釐肆毫柒絲陸忽壹微柒纖壹塵玖渺柒漠陸沙玖涯陸洒，內在於酌改等事案內，撥給寧羌州寬川驛夫馬工料銀捌百肆兩玖錢玖分叁釐，止實該銀叁千肆百壹拾柒兩陸錢叁分捌釐肆毫柒絲陸忽壹微柒纖壹塵玖渺柒漠陸沙玖涯陸洒。

加增撥補俸工銀壹百捌拾柒兩叁錢陸分貳釐肆絲捌忽伍微壹纖壹渺玖漠係在屯起運銀內撥補留支。

外於布政司庫領銀肆百肆拾壹兩捌錢捌分捌釐壹絲柒忽伍微伍纖玖塵伍

渺，係起運不敷留補，在於司庫領支。

共該銀肆千肆拾陸兩捌錢捌分捌釐伍毫肆絲貳忽貳微肆纖壹塵陸渺陸漠陸沙玖涯陸洒於乾隆伍拾貳年奉文，全數解司，壹切支欵，俱由司按季領支，嗣於嘉慶伍年奉文，留支，並不赴司請領。

又於西安布政司庫撥補均攤祭祀銀貳拾陸兩貳分陸釐叁毫貳絲柒忽貳微捌纖陸塵貳渺肆漠伍沙陸涯係領支公用銀兩。

外遇閏原加銀壹百陸拾叁兩捌錢壹分捌釐叁毫貳絲伍忽，內除閏俸銀壹拾肆兩貳錢伍分陸釐陸毫陸絲伍忽入起運外，實該銀壹百肆拾玖兩伍錢陸分壹釐陸毫陸絲，內除荒銀陸拾玖兩玖錢伍分捌釐壹毫捌絲壹忽貳微陸纖貳渺肆漠肆沙肆洙伍涯玖洒，實徵銀柒拾玖兩陸錢叁釐肆毫柒絲捌忽柒微叁纖玖塵柒渺伍漠伍沙伍洙肆涯壹洒，內除驛遞之差使甚少等事案內，裁站閏月銀壹拾柒兩肆錢陸分玖釐伍毫玖忽肆微捌纖玖塵伍渺陸漠，內在於題明請將驛站等事案內，留支本縣新增夫馬工料銀柒兩叁錢伍分壹釐玖毫玖絲肆忽玖微柒纖叁塵貳渺陸漠，實裁銀壹拾兩壹錢壹分柒釐伍毫壹絲肆忽伍微壹纖陸塵叁渺。

止該銀陸拾玖兩肆錢捌分伍釐玖毫陸絲肆忽貳微貳纖叁塵肆渺伍漠伍沙伍洙肆涯壹洒，內于請倣以糧載丁等事案內，通省以糧均丁減銀叁拾壹兩玖錢柒分柒毫貳絲肆忽貳微柒纖捌塵捌漠，在於屯起運銀內照數撥補足額訖，仍該銀陸拾玖兩肆錢捌分伍釐玖毫陸絲肆忽貳微貳纖叁塵肆渺伍漠伍沙伍洙肆涯壹洒，內撥給寧羌寬川驛夫馬工料閏月銀陸拾兩，止該銀玖兩肆錢捌分伍釐玖毫陸絲肆忽貳微貳纖叁塵肆渺伍漠伍沙伍洙肆涯壹洒。

外加增撥補俸工銀壹拾壹兩捌錢壹分貳釐叁毫捌微柒纖肆塵捌渺係在屯起運銀內撥補留支。

共該銀貳拾壹兩貳錢玖分捌釐貳毫陸絲伍忽玖纖捌塵貳渺伍漠伍沙伍洙肆涯壹洒於乾隆伍拾貳年奉文，全數解司，壹切支欵，俱由司按季領支，嗣於嘉慶伍年奉文，留支，並不赴司請領。

又於西安布政司庫增給夫馬閏月工料銀叁百柒拾玖兩貳錢。

壹額外

課程銀伍兩玖錢玖分。遇閏加銀肆錢玖分玖釐壹毫陸絲陸忽陸微陸纖。

畜稅銀肆拾壹兩玖錢玖分捌釐係買騾馬出辦，原無定額，儘收儘解。

牙稅銀肆兩牙行肆名，每名歲納銀壹兩。

地稅銀壹拾捌兩伍錢貳分伍釐係買房地業主出辦，原無定額，儘收儘解。

當稅銀壹拾兩典舖出辦，貳釐（座），每座當稅銀伍兩。

鹽課銀叁百伍拾肆兩柒錢捌分於乾隆伍拾玖年攤入前項地、丁銀內徵收，每正銀壹兩，攤改銀陸分陸釐捌毫叁絲柒忽貳微柒纖，遇閏無增，永不加毫，凡遇墾豁蠲免之年，亦不增減蠲免。

寧羌州

原額折正壹等地共玖拾玖頃捌拾玖畝陸分伍釐叁毫，每畝科糧肆升壹勺叁抄貳撮捌圭叁粟捌粒，共科糧肆百石玖斗壹升貳合伍勺柒抄肆撮，每石徵銀貳兩肆錢肆分壹釐捌毫柒絲叁忽，共支銀玖百柒拾捌兩玖錢捌分陸釐肆絲柒忽。

順治柒年題明免過無主荒地並康熙捌年秦屬蠲免、貳拾叁年再疏籲請等事貳案內，豁免共地玖拾貳頃貳畝玖分貳釐叁毫，共免糧叁百捌拾陸石叁升陸合伍抄壹撮伍圭捌粟叁粒，共免銀玖百肆拾貳兩陸錢伍分叁釐玖毫壹絲陸忽貳微伍纖壹塵壹渺，內前墾並興屯及節年開墾並丈出共地貳拾捌頃肆拾貳畝柒釐捌毫，該糧壹百壹拾玖石柒斗肆升捌合伍勺叁抄壹撮肆圭玖粟壹粒，該銀貳百玖拾壹兩伍錢捌分陸釐壹毫壹絲肆微玖纖壹塵玖渺貳漠，實荒地陸拾叁頃陸拾畝捌分肆釐伍毫，免糧貳百陸拾陸石貳斗捌升柒合伍勺貳抄玖粟貳粒，免銀陸百伍拾壹兩陸分柒釐捌毫伍忽柒微伍纖玖塵壹渺捌漠。

實在熟地叁拾陸頃貳拾捌畝捌分捌毫，應徵糧壹百叁拾肆石陸斗貳升伍合伍抄叁撮玖圭捌粒，該折徵銀叁百貳拾柒兩玖錢壹分捌釐貳毫肆絲壹忽貳微肆纖捌渺貳漠遵照乾隆伍拾玖年奉准部咨令，將康熙年間易知由單內載：每畝徵銀玖分伍釐伍絲壹忽陸微伍纖捌渺，逐一纂入書內，嗣後遇有墾豁，以便按畝增除。

額外青陽、大安貳驛招墾地糧銀壹拾叁兩肆錢陸分伍釐壹毫貳絲捌忽陸微叁纖柒塵貳渺。

所轄栢林驛玖釐銀伍兩玖錢柒分壹釐柒毫柒絲肆忽肆微捌纖玖塵玖渺。

外栢林驛折色糧柒拾捌石柒斗貳升，折徵銀柒拾叁兩叁分，內除再疏籲請等事案內，奉旨豁免荒糧叁拾玖石陸斗伍升叁合伍勺捌抄貳撮，該免銀叁拾陸兩柒錢捌分柒釐叁毫陸絲壹忽伍微捌纖柒塵捌渺，實徵糧叁拾玖石陸升陸合肆勺壹抄捌撮，該銀叁拾陸兩貳錢肆分貳釐陸毫叁絲捌忽肆微壹纖貳塵貳渺。

折色草捌拾束玖觔，共徵銀貳兩肆錢貳分，內除再疏籲請等事案內，奉旨豁免草肆拾束玖觔，該免銀壹兩貳錢貳分，實徵草肆拾束，共徵銀壹兩貳錢。

以上實徵折色糧折銀叁百捌拾肆兩柒錢玖分柒釐柒毫捌絲貳忽柒微捌纖

壹渺貳漠。

原額人丁叁門玖則不等，俱折下下人丁共丁貳萬貳百肆拾捌丁，每丁徵銀貳錢貳分伍釐玖毫玖絲柒忽叁微柒纖，應徵共銀肆千伍百柒拾伍兩玖錢玖分伍釐貳毫陸絲柒忽玖微捌纖，內除優免丁伍拾肆丁，共該銀壹拾貳兩貳錢叁釐捌毫伍絲柒忽玖微捌纖。

行差丁貳萬壹百玖拾肆丁，該徵銀肆千伍百陸拾叁兩柒錢玖分壹釐肆毫壹絲。

順治柒年題明免過逃亡丁並康熙捌年、貳拾叁年秦屬蠲免、再疏籲請等事貳案內，豁免過死亡共丁壹萬玖千陸百捌拾壹丁，應免銀肆千肆百肆拾柒兩捌錢捌分壹釐壹毫柒絲捌忽伍微貳纖，內前招回並節年招回、審出丁貳千捌百貳拾玖丁，該徵銀陸百叁拾玖兩叁錢伍分壹釐玖毫玖絲柒忽，實應免丁壹萬陸千捌百伍拾貳丁，免銀叁千捌百捌兩伍錢貳分玖釐壹毫捌絲壹忽伍微貳纖。

以上實在行差活丁叁千叁百肆拾貳丁，該徵銀柒百伍拾伍兩貳錢陸分貳釐貳毫貳絲捌忽肆微捌纖於雍正伍年攤入前項地糧內徵解。

康熙伍拾伍年起，至乾隆貳拾陸年止，編審出丁肆拾丁；乾隆叁拾壹年編審出丁肆丁；叁拾陸年編審出丁肆丁。共編審出丁肆拾捌丁，欽遵康熙伍拾貳年叁月拾捌日恩詔，後遇編審之期，但據康熙伍拾年丁冊定為常額，永不加賦。

原額均徭銀伍拾叁兩叁錢捌分玖釐壹毫貳絲，內除荒銀叁拾伍兩伍錢叁分陸釐捌毫玖忽陸微柒纖壹渺柒漠，實徵銀壹拾柒兩捌錢伍分貳釐叁毫壹絲叁微貳纖玖塵捌渺叁漠係按前項地畝科徵，每畝徵銀伍釐壹毫捌絲肆微壹纖捌塵貳渺。

外遇閏加徵銀叁百貳拾肆兩柒錢柒分柒釐伍毫陸絲肆忽，內除荒銀貳百陸拾伍兩貳分叁毫壹絲叁微柒纖伍塵叁渺壹漠，實徵銀伍拾玖兩柒錢伍分柒釐貳毫伍絲叁忽陸微貳纖肆塵陸渺玖漠。

額外停免銀陸兩柒錢捌分攤入前項地糧內徵解。

以上地、丁貳項並均徭及額外青陽貳驛折色、停免，除優免丁銀外，共徵銀伍千陸百玖拾柒兩捌錢叁分叁釐肆毫捌絲壹微貳纖柒塵壹渺，內除荒銀肆千伍百叁拾叁兩壹錢肆分壹釐壹毫伍絲捌忽伍微叁纖柒塵壹渺伍漠，實徵銀壹千壹百陸拾肆兩陸錢玖分貳釐叁毫貳絲壹忽伍微捌纖玖塵玖渺伍漠。

外遇閏加徵銀叁百貳拾肆兩柒錢柒分柒釐伍毫陸絲肆忽，內除荒銀貳百陸拾伍兩貳分叁毫壹絲叁微柒纖伍塵叁渺壹漠，實徵銀伍拾玖兩柒錢伍分柒釐貳毫伍絲叁忽陸微貳纖肆塵陸渺玖漠。

壹起運項下

原編起運糧石折價銀壹百伍拾壹兩伍錢捌分貳釐陸忽伍微，內除荒銀壹百兩捌錢捌釐柒毫叁絲玖忽肆微柒纖玖塵壹渺，實徵銀伍拾兩柒錢柒分叁釐貳毫陸絲柒忽貳纖玖渺。

節裁民校、抵祿、藥味、牲口、胖襖等項銀陸百柒拾陸兩貳錢伍分陸釐陸毫，內除荒銀伍百陸拾貳兩陸錢陸分貳釐玖毫陸忽貳微柒纖壹塵貳渺，實起運銀壹百壹拾叁兩伍錢玖分叁釐陸毫玖絲叁忽柒微貳纖捌塵捌渺。

舊編存留，內順治玖年裁扣各役工食銀貳百肆拾玖兩貳錢；拾貳年裁扣傘扇銀捌兩；拾肆年裁扣官生俸廩等項銀貳百伍拾叁兩陸錢陸分伍釐玖毫；拾伍年裁汰冗費銀伍拾柒兩玖錢貳分。康熙元年裁吏書工食銀壹百壹拾伍兩貳錢；康熙叁年裁齋夫銀叁拾陸兩，雜費丁銀叁拾玖兩叁錢壹分叁釐柒毫捌絲壹忽伍微；拾伍年裁心紅紙張、修理監倉、喂馬草料等項共銀捌拾玖兩玖錢玖釐伍毫；貳拾柒年裁舉人、歲貢、會試盤纏銀壹拾肆兩；叁拾玖年裁州判官役俸食銀玖拾玖兩；伍拾陸年裁表箋銀陸兩柒錢伍分。雍正陸年裁燈夫銀貳拾肆兩；拾貳年裁民壯銀貳拾肆兩。乾隆玖年裁舖司銀壹拾肆兩肆錢。

共裁歸入起運銀壹千叁拾壹兩叁錢伍分玖釐壹毫捌絲壹忽伍微，內除荒銀捌百肆拾壹兩捌錢壹釐捌毫肆絲柒忽肆微貳纖貳塵壹渺肆漠，實起運銀壹百捌拾玖兩伍錢伍分柒釐叁毫叁絲肆忽柒纖柒塵捌渺陸漠。

額外青陽、大安貳驛招墾地糧並所轄栢林驛玖釐、折色糧石、草束共折徵銀玖拾肆兩捌錢捌分陸釐玖毫叁忽壹微貳纖柒塵壹渺，內除荒銀叁拾捌兩柒釐叁毫陸絲壹忽伍微捌纖柒塵捌渺，實徵銀伍拾陸兩捌錢柒分玖釐伍毫肆絲壹忽伍微叁纖玖塵叁渺。

又額外徵收停免銀陸兩柒錢捌分。

以上實徵起運共銀肆百壹拾柒兩伍錢捌分叁釐捌毫叁絲陸忽叁微陸纖陸塵捌渺陸漠。

又收存留內額協抵餉銀肆拾陸兩柒錢陸分玖釐叁毫捌絲伍忽玖微柒纖壹塵

壹渺。

貳項共銀肆百陸拾肆兩叁錢伍分叁釐貳毫貳絲貳忽叁微叁纖柒塵玖渺陸漠。

又收存留內驛遞之差使甚少等事案內，裁站銀貳百捌拾壹兩叁錢柒分肆毫貳絲叁忽壹微捌纖叁渺壹漠伍沙，在於題明請將驛站等事貳案內，留支本州新增夫馬工料訖，仍該銀肆百陸拾肆兩叁錢伍分叁釐貳毫貳絲貳忽叁微叁纖柒塵玖渺陸漠，內除受協渭南等州縣驛站兑留兵餉應支銀陸百肆拾柒兩肆錢貳釐貳毫陸絲柒微柒纖捌塵叁渺，內因免荒不敷，除去受協銀叁百肆拾柒兩伍釐陸毫貳絲玖忽壹微伍塵貳渺應聽撥補外，實除受協銀叁百兩叁錢玖分陸釐陸毫叁絲壹忽陸微柒纖叁塵壹渺；又除請倣以糧載丁等事案內，通省以糧均丁減銀壹百肆拾玖兩玖錢貳分捌釐壹毫捌絲叁忽叁微壹纖柒塵叁渺，內乾隆元、陸、拾壹、拾陸、貳拾壹、貳拾陸等年編審案內，共增抵補屯更丁銀壹百伍拾肆兩叁錢柒分柒釐貳毫柒絲捌忽柒微柒纖貳塵叁渺叁漠叁沙叁洙叁涯貳洒，乾隆叁拾壹、叁拾陸兩年共增抵補屯更丁銀柒拾陸兩貳錢捌分肆釐陸毫肆絲玖忽玖微陸塵壹渺陸漠陸沙陸洙陸涯陸洒。實該起運銀貳百肆拾肆兩陸錢玖分叁毫叁絲陸忽貳纖陸塵伍漠玖沙玖洙玖涯捌洒。

遇閏裁扣，順治玖年裁扣銀壹拾玖兩壹錢；拾肆年裁扣銀壹拾柒兩捌錢壹分肆釐叁絲叁忽；拾伍年裁汰冗員銀肆兩捌錢貳分陸釐陸毫陸絲陸忽。康熙元年裁吏書工食銀玖兩陸錢；叁年裁齋夫銀叁兩；拾伍年裁心紅紙張、喂馬草料銀貳兩陸錢陸分陸釐陸毫柒絲；叁拾玖年裁州判官役俸食銀捌兩貳錢伍分。雍正陸年裁燈夫工食銀貳兩；拾貳年裁民壯工食銀貳兩。乾隆玖年裁舖司工食銀壹兩貳錢，又各官閏俸銀壹拾玖兩伍錢肆分陸釐伍毫貳絲捌忽。

以上共銀玖拾兩叁釐捌毫玖絲柒忽，內除荒銀柒拾叁兩肆錢叁分叁釐叁毫壹絲叁微柒纖柒塵捌渺伍沙，實徵銀壹拾陸兩伍錢柒分伍毫捌絲陸忽陸微貳塵壹渺玖漠伍沙。

內在於請倣以糧載丁等事案內，通省以糧均丁減銀壹拾壹兩玖錢柒分玖釐陸毫叁絲柒忽柒微叁纖肆渺捌漠，節次抵補屯更丁增銀壹拾肆兩玖錢壹分玖釐叁毫壹絲柒忽貳纖陸渺玖漠玖沙玖洙陸涯，節年抵補丁增銀兩，除將上項均丁案內，全數抵補外，尚該收丁增銀貳兩玖錢叁分玖釐陸毫柒絲玖忽貳微玖纖貳渺壹漠玖沙玖洙陸涯。

共該銀壹拾玖兩伍錢壹分貳毫陸絲伍忽玖微壹纖貳塵肆渺壹漠肆沙玖洙陸涯，應留支加增撥補俸工銀肆兩貳錢壹分伍釐伍毫壹絲壹忽貳微叁纖玖塵伍渺，實該起運銀壹拾伍兩貳錢玖分肆釐柒毫伍絲肆忽陸微柒纖貳塵玖渺壹漠肆沙玖洙陸涯。

壹存留項下

原編存留銀叁千柒百叁拾陸兩玖錢陸分捌釐柒毫捌絲玖忽，內除荒銀貳千玖百捌拾玖兩捌錢陸分叁毫叁忽柒微柒纖陸塵玖渺壹漠，實存留銀柒百肆拾柒兩壹錢捌釐肆毫捌絲伍忽貳微貳纖叁塵玖漠。

壹俸工項下

知州壹員，額支俸薪銀捌拾兩，內除荒銀陸拾伍兩貳錢捌分陸釐陸毫捌絲伍忽柒微貳纖，實徵支銀壹拾肆兩柒錢壹分叁釐叁毫壹絲肆忽貳微捌纖。外撥補銀貳拾捌兩肆錢肆分壹釐陸絲捌忽壹微貳纖捌塵。

州同壹員，額支俸薪銀陸拾兩，內除荒撥補銀肆拾捌兩玖錢陸分伍釐壹絲叁忽陸微肆纖，實徵支銀壹拾壹兩叁分肆釐玖毫捌絲陸忽叁微陸纖。

吏目壹員，額支俸薪銀叁拾壹兩伍錢貳分，內除荒撥補銀貳拾伍兩柒錢貳分肆釐玖毫肆絲玖忽捌微，實徵支銀伍兩柒錢玖分伍釐伍絲貳微。

學正訓導貳員，額支俸薪銀叁拾壹兩伍錢貳分，內除荒撥補銀貳拾伍兩柒錢貳分肆釐玖毫肆絲玖忽捌微，實徵支銀伍兩柒錢玖分伍釐伍絲貳微。外撥補全俸銀肆拾捌兩肆錢捌分。

黃壩驛驛丞壹員，額支俸薪銀叁拾壹兩伍錢貳分，內於道光拾貳年奉文裁汰，應支俸薪銀兩，全數解司報撥除荒撥補銀貳拾伍兩柒錢貳分肆釐玖毫肆絲玖忽捌微，實徵支銀伍兩柒錢玖分伍釐伍絲貳微。

知州衙門

門子貳名，每名歲支工食銀陸兩，共支銀壹拾貳兩，內除荒撥補銀玖兩柒錢玖分叁釐叁忽捌微，實徵支銀貳兩貳錢陸釐玖毫玖絲陸忽貳微。遇閏加銀壹兩，內除荒銀捌錢壹分陸釐貳毫肆絲玖忽陸微捌纖陸塵，實徵支銀壹錢捌分叁釐柒毫伍絲叁微壹纖肆塵。

皂隸、仵作壹拾陸名，每名歲支銀陸兩，共支銀玖拾陸兩，內除荒撥補銀柒拾捌兩叁錢肆分肆釐貳絲伍微，實徵支銀壹拾柒兩陸錢伍分伍釐玖毫柒絲玖忽伍微。遇閏加銀捌兩，內除荒銀陸兩伍錢貳分捌釐陸毫捌絲壹忽肆微伍纖貳塵，實徵支銀壹兩肆錢柒分壹釐叁毫壹絲捌忽伍微肆纖捌塵。

馬快捌名，每名歲支工食草料銀壹拾陸兩捌錢，共支銀壹百叁拾肆兩肆錢，內除荒撥補銀壹百玖兩陸錢捌分壹釐陸毫叁絲伍忽肆微，實徵支銀貳拾肆兩柒錢壹分捌釐叁毫陸絲肆忽陸微。遇閏加銀壹拾壹兩貳錢，內除荒銀玖兩壹錢肆分壹釐壹毫肆絲伍忽陸微壹纖貳塵，實徵銀貳兩伍分捌釐捌毫伍絲肆忽叁微捌纖捌塵。

民壯肆拾陸名，每名歲支工食銀陸兩，共支銀貳百柒拾陸兩，內除荒撥補銀貳百貳拾伍兩貳錢貳分玖釐捌毫伍絲伍忽肆微陸纖肆塵，實徵支銀伍拾兩柒錢柒分壹毫肆絲肆忽伍微叁纖陸塵。遇閏加銀貳拾叁兩，內除荒銀壹拾捌兩柒錢柒分叁釐壹毫肆絲柒微捌纖壹塵陸渺，實徵支銀肆兩貳錢貳分陸釐捌毫伍絲玖忽貳微壹纖捌塵肆渺。

看監禁子捌名，每名歲支工食銀陸兩，共支銀肆拾捌兩，內除荒撥補銀叁拾玖兩壹錢柒分貳釐壹忽捌微，實徵支銀捌兩捌錢貳分柒釐玖毫玖絲捌忽貳微。外每名加銀貳兩，共增銀壹拾陸兩。遇閏加銀肆兩，內除荒銀叁兩貳錢陸分肆釐柒毫玖絲捌忽肆微陸纖壹塵，實徵支銀柒錢叁分伍釐貳毫壹忽伍微叁纖玖塵。

轎傘扇夫柒名，每名歲支工食銀陸兩，共支銀肆拾貳兩，內除荒撥補銀叁拾肆兩貳錢柒分伍釐叁毫肆絲陸忽肆微，實徵支銀柒兩柒錢貳分肆釐陸毫伍絲叁忽陸微。遇閏加銀叁兩伍錢，內除荒銀貳兩捌錢伍分陸釐伍毫伍絲陸忽陸微玖纖陸塵，實徵支銀陸錢肆分叁釐肆毫肆絲叁忽叁微肆塵。

庫子肆名，每名歲支工食銀陸兩，共支銀貳拾肆兩，內除荒撥補銀壹拾玖兩伍錢捌分陸釐伍忽陸微，實徵支銀肆兩肆錢壹分叁釐玖毫玖絲肆忽肆微。遇閏加銀貳兩，內除荒銀壹兩陸錢叁分貳釐肆毫叁絲捌忽柒微叁纖壹塵，實徵支銀叁錢陸分柒釐伍毫陸絲壹忽貳微陸纖玖塵。

斗級肆名，每名歲支工食銀陸兩，共支銀貳拾肆兩，內除荒撥補銀壹拾玖兩伍錢捌分陸釐伍忽陸微，實徵支銀肆兩肆錢壹分叁釐玖毫玖絲肆忽肆微。遇閏加銀貳兩，內除荒銀壹兩陸錢叁分貳釐肆毫叁絲捌忽柒微叁纖壹塵，實徵支銀叁錢陸分柒釐伍毫陸絲壹忽貳微陸纖玖塵。

各舖司兵叁拾捌名，每名歲支工食銀肆兩捌錢，共支銀壹百捌拾貳兩肆錢，內除荒銀壹百肆拾捌兩柒錢陸分叁釐捌毫陸絲貳忽玖微捌纖貳塵陸渺玖漠，實徵支銀叁拾叁兩陸錢叁分陸釐壹毫叁絲柒忽壹纖柒塵叁渺壹漠。外加增銀壹百玖拾肆兩叁錢陸分叁釐捌毫陸絲貳忽玖微捌纖貳塵陸渺玖漠。遇閏加銀壹拾伍兩貳錢，內除荒銀壹拾貳兩肆錢伍分捌釐伍毫玖絲柒忽柒微壹纖柒塵壹渺肆漠壹沙，實徵支銀貳兩柒錢肆分壹釐肆毫貳忽貳微捌纖貳塵捌渺伍漠玖沙。外加增銀壹拾陸兩貳錢伍分捌釐伍毫玖絲柒忽柒微壹纖柒塵壹渺肆漠壹沙。

陽河唐家覇船修補銀壹兩，水夫貳名，每名歲支工食銀壹兩肆錢伍分，共支銀貳兩玖錢，內除荒撥補銀貳兩叁錢陸分陸釐陸毫肆絲壹忽陸微肆纖肆塵叁渺陸漠，實徵支銀伍錢叁分叁釐叁毫伍絲捌忽叁微伍纖伍塵陸渺肆漠。遇閏加銀貳錢，內除荒銀壹錢壹分陸釐伍毫陸絲捌忽叁微伍纖叁塵陸渺柒漠肆沙，實徵支銀捌分叁釐肆毫叁絲壹忽陸微肆纖陸塵叁渺貳漠陸沙。

州同衙門

門子壹名，歲支工食銀陸兩，內除荒撥補銀肆兩捌錢玖分陸釐肆毫玖絲柒忽柒微，實徵支銀壹兩壹錢叁釐伍毫貳忽叁微。遇閏加銀伍錢，內除荒銀肆錢捌釐壹毫貳絲伍忽陸微壹纖貳塵，實徵支銀玖分壹釐捌毫柒絲肆忽叁微捌纖捌塵。

皂隸陸名，每名歲支工食銀陸兩，共支銀叁拾陸兩，內除荒撥補貳拾玖兩叁錢柒分捌釐玖毫壹絲肆微，實徵支銀陸兩陸錢貳分壹釐捌絲玖忽陸微。遇閏加銀叁兩，內除荒銀貳兩肆錢肆分捌釐陸毫玖絲陸忽柒纖陸塵，實徵支銀伍錢伍分壹釐叁毫叁忽玖微玖纖肆塵。

籠馬傘夫貳名，每名歲支工食銀陸兩，共支銀壹拾貳兩，內除荒撥補銀玖兩柒錢玖分叁釐叁忽捌微，實徵支銀貳兩貳錢陸釐玖毫玖絲陸忽貳微。遇閏加銀壹兩，內除荒銀捌錢壹分陸釐叁毫陸絲肆忽叁微肆纖壹塵，實徵支銀壹錢捌分叁釐陸毫叁絲伍忽陸微伍纖玖塵。

吏目衙門

門子壹名，歲支工食銀陸兩，內除荒撥補銀肆兩捌錢玖分陸釐肆毫玖絲柒忽柒微，實徵支銀壹兩壹錢叁釐伍毫貳忽叁微。遇閏加銀伍錢，內除荒銀肆錢捌釐壹毫貳絲伍忽陸微貳纖貳塵，實徵支銀玖分壹釐捌毫柒絲肆忽叁微柒纖捌塵。

皂隷肆名，每名歲支工食銀陸兩，共支銀貳拾肆兩，內除荒撥補銀壹拾玖兩伍錢捌分陸釐叁忽陸微，實徵支銀肆兩肆錢壹分叁釐玖毫玖絲肆忽肆微。遇閏加銀貳兩，內除荒銀壹兩陸錢叁分貳釐肆毫叁絲伍忽柒微叁纖壹塵，實徵支銀叁錢陸分柒釐伍毫陸絲壹忽叁微陸纖玖塵。

馬夫壹名，歲支工食銀陸兩，內除荒撥補銀肆兩捌錢玖分陸釐肆毫玖絲柒忽柒微，實徵支銀壹兩壹錢叁釐伍毫貳忽叁微。遇閏加銀伍錢，內除荒銀肆錢捌釐壹毫貳絲伍忽陸微貳纖貳塵，實徵支銀玖分壹釐捌毫柒絲肆忽叁微柒纖捌塵。

學正衙門

齋夫叁名，每名歲支工食銀壹拾貳兩，共支銀叁拾陸兩，內除荒撥補銀貳拾玖兩叁錢柒分玖釐伍忽叁微，實徵支銀陸兩陸錢貳分玖毫玖絲肆忽柒微。遇閏加銀叁兩，內除荒銀貳兩肆錢肆分柒釐肆毫肆絲捌忽貳微柒纖陸塵，實徵支銀伍錢伍分貳釐伍毫伍絲壹忽柒微貳纖肆塵。

膳夫貳名，歲支工食銀壹拾叁兩叁錢叁分叁釐叁毫叁絲叁忽，內除荒撥補銀壹拾兩捌錢捌分壹釐貳毫貳絲陸忽壹微陸纖捌塵伍渺，實徵支銀貳兩肆錢伍分貳釐壹毫陸忽捌微叁纖壹塵伍渺係廩生支領。遇閏加銀壹兩壹錢壹分壹釐壹毫，內除荒撥補銀玖錢陸釐柒毫壹絲玖忽捌微貳塵柒渺伍漠，實徵支銀貳錢肆釐叁毫捌絲壹微玖纖柒塵貳渺伍漠。

門斗叁名，每名歲支工食銀柒兩貳錢，共支銀貳拾壹兩陸錢，內除荒撥補銀壹拾柒兩陸錢貳分柒釐肆毫壹絲伍忽陸微，實徵支銀叁兩玖錢柒分貳釐伍毫捌絲肆忽肆微。遇閏加銀壹兩捌錢，內除荒銀壹兩肆錢陸分玖釐柒絲叁忽柒微貳纖叁塵，實徵支銀叁錢叁分玖毫貳絲陸忽貳微柒纖柒塵。

廪生叁拾名，每名月糧銀貳兩貳錢伍分陸毫叁絲貳忽，共支銀陸拾柒兩伍錢壹分捌釐玖毫陸絲柒忽，內除荒撥補銀伍拾伍兩玖分伍釐壹微陸纖柒塵肆渺，實徵支銀壹拾貳兩肆錢貳分叁釐玖毫陸絲陸忽捌微叁纖貳塵陸渺。遇閏加銀伍兩陸錢貳分陸釐伍毫陸絲柒忽，內除荒撥補銀肆兩伍錢柒分貳釐玖毫肆絲肆忽捌微捌纖玖塵壹渺，實徵支銀壹兩伍分叁釐陸毫貳絲貳忽壹微壹纖玖渺。

黄覇驛驛丞衙門

皂隷貳名，每名歲支工食銀陸兩，共支銀壹拾貳兩，內於道光拾貳年奉文裁汰，應支正閏工食銀兩，全數解司報撥除荒撥補銀玖兩柒錢玖分叁釐叁忽捌微，實徵支銀貳兩貳錢陸釐玖毫玖絲陸忽貳微。遇閏加銀壹兩，內除荒銀捌錢壹分陸釐叁毫陸絲肆忽叁微肆纖壹塵，實徵支銀壹錢捌分叁釐陸毫叁絲伍忽陸微伍纖玖塵。

以上俸工項下，除廩生、膳夫貳欵照常支發外，其餘官役俸工於道光貳拾叁年奉文，均以貳兩平支放，每兩減平銀陸分，其減平銀兩，每年批解部庫交納，理合登明。

壹祭祀項下

春秋貳丁並清明等節祭文廟及各壇祠並無祀鬼魂品物等項銀捌拾壹兩貳錢，內除荒銀陸拾陸兩貳錢陸分陸釐柒絲壹忽壹微叁纖，實徵支銀壹拾肆兩玖錢叁分叁釐玖毫貳絲捌忽捌微柒纖。

外撥補均攤祭祀銀伍拾捌兩肆錢壹分柒釐叁毫伍絲肆忽肆微壹纖陸塵貳渺肆漠伍沙陸涯。

鄉飲銀叁兩，內除荒銀貳兩肆錢肆分捌釐壹毫肆絲叁忽捌微肆纖，實徵支銀伍錢伍分壹釐捌毫伍絲陸忽壹微陸纖。

布政司紙劄銀壹錢柒分，內除荒銀壹錢叁分捌釐柒毫叁絲叁忽玖微，實徵支銀叁分壹釐貳毫陸絲陸忽壹微。

以上鄉飲、紙劄貳欵於道光貳拾叁年奉文裁汰，其徵收銀兩，每年批解部庫交納，理合登明。

印刷時憲書銀貳兩，內除荒銀壹兩陸錢叁分貳釐貳毫壹絲陸忽伍微玖纖陸塵捌渺，實徵支銀叁錢陸分柒釐柒毫捌絲叁忽肆微叁塵貳渺。

壹孤貧項下

孤老貳拾名口，共支口糧銀陸拾兩柒錢陸分捌釐，內除荒銀肆拾玖兩伍錢玖分壹釐柒毫伍絲捌忽捌纖柒塵伍渺，實徵支銀壹拾壹兩壹錢柒分陸釐貳毫肆絲壹忽玖微壹纖貳塵伍渺。外加增銀陸拾兩捌錢貳分叁釐柒毫伍絲捌忽捌纖柒塵伍渺。外遇閏加銀陸兩。

孤老布花銀肆兩，內除荒銀叁兩貳錢陸分肆釐叁毫陸絲貳忽伍微陸塵柒渺，實徵支銀柒錢叁分伍釐陸毫叁絲柒忽肆微玖纖叁塵叁渺。

壹驛站項下

站支原額銀叁百玖拾陸兩壹錢壹分壹釐肆毫捌絲玖忽，內除荒銀貳百陸拾叁兩肆錢肆分玖毫叁絲柒忽肆微伍纖玖塵，實徵支銀壹百叁拾貳兩陸錢柒分伍毫伍絲壹忽伍微肆纖壹塵。

又收受協渭南等縣驛站兑留兵餉應支銀陸百肆拾柒兩肆錢貳釐貳毫陸絲柒微柒纖捌塵叁渺，內因免荒不敷，除去受協銀叁百肆拾柒兩伍釐陸毫貳絲玖忽壹微伍塵貳渺應聽撥補外，止該受協銀叁百兩叁錢玖分陸釐陸毫叁絲壹忽陸微柒纖叁塵壹渺。

又收城固、洋縣、西鄉、畧陽等縣撥支本州新增夫馬工料銀壹千捌百壹拾貳兩柒錢壹分玖釐伍毫貳絲肆忽捌微壹纖捌塵肆渺陸漠捌沙。

叁項共銀貳千貳百肆拾伍兩柒錢捌分陸釐柒毫捌忽叁纖貳塵伍渺陸漠捌沙，內除額協長武縣驛站抵餉銀貳拾兩壹錢陸分肆毫叁絲柒忽叁微捌纖肆塵入起運外，實支銀貳千貳百貳拾伍兩陸錢貳分陸釐貳毫柒絲陸微肆纖捌塵伍渺陸漠捌沙。

壹走遞項下

遞運所夫伍拾名，每名歲支工食銀壹拾貳兩，共銀陸（百）兩；各驛運夫叁拾陸名，每名歲支工食銀壹拾肆兩壹錢，共銀伍百柒兩陸錢；接遞募夫銀肆拾伍兩肆錢柒釐；走遞馬叁拾匹，工食草料銀柒百貳拾兩。

以上共額銀壹千捌百柒拾叁兩柒釐，內除荒銀壹千伍百貳拾捌兩陸錢叁分捌絲捌忽叁微陸纖玖塵玖渺陸漠，實徵銀叁百肆拾肆兩叁錢柒分陸釐玖毫壹絲壹忽陸微叁纖肆漠，內除裁站銀貳拾陸兩陸錢捌釐玖毫肆絲捌忽伍微捌纖柒塵壹渺入起運外，止實支銀叁百壹拾柒兩柒錢陸分柒釐玖毫陸絲叁忽肆纖貳塵玖渺肆漠，內除驛遞之差使甚少等事案內，裁銀玖拾貳兩陸錢肆分伍釐陸絲陸忽陸纖叁塵壹渺叁沙，內留支本州新增夫馬工料訖，仍該銀叁百壹拾柒兩柒錢陸分柒釐玖毫陸絲叁忽肆纖貳塵玖渺肆漠。

遇閏加銀壹百肆拾肆兩陸錢叁分陸釐，內除荒銀壹百壹拾捌兩叁分壹釐玖毫伍絲陸忽柒微肆纖貳渺肆漠，實徵銀貳拾陸兩陸錢肆釐肆絲叁忽貳微伍纖玖塵柒渺陸漠。

又收城固縣撥支本州新增夫馬工料閏月銀玖兩陸分捌釐陸毫玖絲捌忽捌微玖纖捌塵柒渺。

共實支銀叁拾伍兩陸錢柒分貳釐柒毫肆絲貳忽壹微伍纖捌塵肆渺陸漠。

以上存留實徵銀柒百肆拾柒兩壹錢捌釐肆毫捌絲伍忽貳微貳纖叁塵玖漠。

又收起運內受協渭南等州縣驛站兌留兵餉應支銀陸百肆拾柒兩肆錢貳釐貳毫陸絲柒微柒纖捌塵叁渺，內因免荒不敷，除去受協銀叁百肆拾柒兩伍釐陸毫貳絲玖忽壹微伍塵貳渺應聽撥補外，止該受協銀叁百兩叁錢玖分陸釐陸毫叁絲壹忽陸微柒纖叁塵壹渺。

又收城固、洋縣、西鄉、略陽等縣撥支本州驛新增夫馬工料銀壹千捌百壹拾貳兩柒錢壹分玖釐伍毫貳絲肆忽捌微壹纖捌塵肆渺陸漠捌沙。

實該存留銀貳千捌百陸拾兩貳錢貳分肆釐陸毫肆絲壹忽柒微壹纖肆塵陸渺伍漠捌沙，內除驛遞之差使甚少等事案內，裁站銀貳百捌拾壹兩叁錢柒分肆毫貳絲叁忽壹微捌纖叁渺壹漠伍沙，內在於題明請將驛站等事案內，留支本州新增夫馬工料訖，仍該銀貳千捌百陸拾兩貳錢貳分肆釐陸毫肆絲壹忽柒微壹纖肆塵陸渺伍漠捌沙，內除額協長武縣驛站抵餉銀肆拾陸兩柒錢陸分玖釐叁毫捌絲伍忽玖微柒纖壹塵壹渺入起運外，止實該銀貳千捌百壹拾叁兩肆錢伍分伍釐貳毫伍絲伍忽柒微肆纖叁塵伍渺伍漠捌沙，內在於雍正伍年請倣以糧載丁等事案內，奉旨通省以糧均丁，因起運不敷，減除在於存留內減銀伍百伍拾兩玖錢柒分柒釐肆毫陸絲陸忽肆微肆纖陸塵壹渺，撥補足數訖，仍該銀貳千捌百壹拾叁兩肆錢伍分伍釐貳毫伍絲伍忽柒微肆纖叁塵伍渺伍漠捌沙。

又收沔縣在於酌撥等事案內，撥支寬川驛夫馬工料銀捌百肆兩玖錢玖分叁釐。

貳項共銀叁千陸百壹拾捌兩肆錢肆分捌釐貳毫伍絲伍忽柒微肆纖叁塵伍渺伍漠捌沙，內留支加增撥補俸工銀壹百捌兩玖錢壹釐肆毫柒絲肆忽捌纖捌塵玖渺原請在於屯起運銀內留支撥補，以上貳項乾隆伍拾貳年奉文，全數解司，壹切支款，俱由司按季領支，嗣於嘉慶伍年奉文，在縣留支，並不解司，按季請領。

又於西安布政司庫撥補俸工銀壹千玖拾玖兩陸錢肆釐陸毫伍絲捌忽貳微玖纖叁塵伍渺伍漠係起運不敷留撥，在於司庫領支。

共該銀肆千捌百貳拾陸兩玖錢伍分肆釐叁毫捌絲捌忽壹微貳纖陸塵捌沙。

又於西安布政司庫撥補均攤祭祀銀伍拾捌兩肆錢壹分柒釐叁毫伍絲肆忽肆微壹纖陸塵貳渺肆漠伍沙陸涯係動支耗羨公用銀兩。

外遇閏原加銀貳百伍拾肆兩叁錢貳分壹毫玖絲伍忽，內除各官閏俸銀壹拾玖兩伍錢肆分陸釐伍毫貳絲捌忽，止該閏銀貳百叁拾肆兩柒錢柒分叁釐陸毫陸絲柒忽，內除荒銀壹百玖拾壹兩伍錢捌分陸釐玖毫玖絲玖忽玖微玖纖柒塵伍渺伍沙，實徵銀肆拾叁兩壹錢捌分陸釐陸毫陸絲柒忽貳塵肆渺玖漠伍沙，內除驛遞之差使甚少等事案內，裁站閏月銀捌兩貳錢捌分貳釐伍毫叁絲叁忽捌微肆塵壹渺捌漠，在於題明請將驛站等事案內，留支本州新增夫馬工料訖，仍該銀肆拾叁兩壹錢捌分陸釐陸毫陸絲柒忽貳塵肆渺玖漠伍沙。

又收城固、洋縣、西鄉、署陽等縣撥支本州新增夫馬工料閏月銀玖兩陸分捌釐陸毫玖絲捌忽捌微玖纖捌塵柒渺。

實該銀伍拾貳兩貳錢伍分伍釐叁毫陸絲伍忽玖微壹塵壹渺玖漠伍沙，內在於請做以糧載丁之例等事案內，通省以糧載丁不敷，減除在於存留內減銀叁拾貳兩壹錢伍分柒釐柒毫柒絲伍忽叁微陸纖玖塵叁渺貳漠，撥補足數訖，仍該銀伍拾貳兩貳錢伍分伍釐叁毫陸絲伍忽玖微壹塵壹渺玖漠伍沙。

又收沔縣撥支寬川驛夫馬工料閏月銀陸拾兩。

貳項共銀壹百壹拾貳兩貳錢伍分伍釐叁毫陸絲伍忽玖微壹塵壹渺玖漠伍沙。

外留支加增撥補工食銀肆兩貳錢壹分伍釐伍毫壹絲壹忽貳微叁纖玖塵伍渺。

又於屯起運銀內留支孤貧閏月銀陸兩以上叁項銀兩於乾隆伍拾貳年奉文，全數解司，一切支欵，俱由司按季領支，嗣於嘉慶伍年奉文，在縣留支，並不解司，按季請領。

又於西安布政司撥補各役工食銀壹拾柒兩伍錢貳分貳釐柒毫伍絲壹忽壹微陸纖玖塵肆渺玖漠壹沙。

又於西安布政司增給夫馬閏月工料銀貳百肆拾玖兩陸錢。

共該銀叁百捌拾玖兩伍錢玖分叁釐陸毫貳絲捌忽叁微壹纖壹渺捌漠陸沙。

壹額外

課程銀貳兩貳錢柒分。遇閏加銀壹錢捌分玖釐壹毫陸絲陸忽陸微。

畜稅銀壹拾捌兩陸錢叁分陸釐係買騾馬出辦，原無定額，儘收儘解。

牙税銀貳兩叁錢牙人陸名，俱係壹等，並無上中下之分，每名額銀叁錢捌分叁釐。

地税銀貳拾壹兩伍錢壹分係買房地業主出辦，原無定額，儘收儘解。

鹽課銀肆拾兩貳分玖釐於嘉慶拾伍年按照前項地、丁銀兩攤徵，每正銀壹兩攤徵銀肆分叁釐捌毫柒絲叁微陸纖玖塵，永為定額，遇閏無增，免其加耗，凡遇蠲豁蠲免之年，亦不增減蠲免。

定遠廳

原分撥西鄉縣壹等民地捌拾捌頃柒拾貳畝捌分叁釐陸絲貳忽肆微，每畝科糧貳升陸合柒勺伍抄柒撮貳粟貳粒，共糧貳百叁拾柒石肆斗壹升伍勺，每畝徵折色銀陸分叁釐壹毫貳絲柒忽叁微壹纖壹塵叁渺，共徵折色銀伍百陸拾兩壹錢壹分柒釐玖毫。

又嘉慶拾肆年在於遵旨等事案內，兑撥西鄉縣壹等民地叁頃壹拾伍畝叁分柒釐捌毫捌絲叁忽，該糧捌石肆斗叁升捌合伍勺玖抄捌撮，該折徵銀壹拾玖兩玖錢捌釐玖毫壹絲玖忽肆微。

又接收西鄉縣兑撥地玖頃陸畝陸釐叁毫，該糧貳拾肆石貳斗肆升叁合伍勺伍抄，該折徵銀伍拾柒兩壹錢玖分捌釐陸毫柒絲柒忽陸微貳纖。

以上除兑撥外，共接收地玖拾肆頃陸拾叁畝伍分壹釐肆毫柒絲玖忽肆微，共糧貳百伍拾叁石貳斗壹升伍合肆勺伍抄貳撮，該折徵銀伍百玖拾柒兩肆錢柒釐陸毫伍絲捌忽貳微貳纖。

原分撥均載丁銀貳百壹拾貳兩伍錢叁分貳釐捌毫，分撥並接收兑撥均徭銀玖百貳兩貳錢壹分叁釐捌毫貳絲貳忽叁微捌纖，內除兑撥西鄉縣銀貳拾玖兩玖分柒釐貳毫捌絲陸微，實該銀捌百柒拾叁兩壹錢壹分陸釐伍毫肆絲壹忽柒微捌纖每畝徵均徭銀玖分貳釐貳毫陸絲壹忽肆微捌纖玖塵陸渺壹漠。

遇閏加銀叁拾捌兩捌錢肆分捌毫，內除兑撥西鄉縣銀壹兩叁錢叁分，實該銀叁拾柒兩伍錢壹分捌毫。

又分撥額外匠價銀伍錢叁分伍釐肆毫。閏銀肆分肆釐陸毫。

以上地丁、均徭貳項並額外匠價、停免共銀壹千柒百叁拾壹兩伍錢伍分貳釐肆毫。遇閏加銀叁拾柒兩伍錢壹分捌毫。

又匠價閏銀肆分肆釐陸毫。

以上共銀叁拾柒兩伍錢伍分伍釐肆毫。

壹起運項下

原分撥起運並接收兑撥共銀壹千陸百捌拾叁兩伍分柒釐。

額外匠價銀伍錢叁分伍釐肆毫；停免銀肆拾柒兩玖錢陸分。

貳項共銀壹千柒百叁拾壹兩伍錢伍分貳釐肆毫。

又請放以糧載丁等事案內，通省以糧均丁增銀壹拾壹兩肆錢肆分叁釐貳毫。

共起運銀壹千柒百肆拾貳兩玖錢玖分伍釐陸毫。

遇閏加徵銀叁拾柒兩伍錢壹分捌毫。

額外匠價閏銀肆分肆厘陸毫。

貳項共銀叁拾柒兩伍錢伍分伍釐肆毫。

又請放以糧載丁等事案內，增丁閏銀貳兩肆錢叁分叁釐。

共起運閏銀叁拾玖兩玖錢捌分捌釐肆毫。

壹俸工項下

原請新設同知、司獄、巡檢官役俸工等項銀捌百柒拾壹兩叁錢陸分叁釐。遇閏額支銀玖百壹拾肆兩陸分叁釐。

同知壹員，額支俸薪銀肆拾貳兩肆錢叁釐。

司獄壹員，額支俸薪銀叁拾壹兩伍錢貳分。

黎壩巡檢壹員，額支俸薪銀叁拾壹兩伍錢貳分以上在于司庫驛站裁汰內領支。

漁渡壩巡檢壹員，額支俸薪銀叁拾壹兩伍錢貳分由西鄉縣撥支解司請領。

同知衙門

門子貳名，每名歲支工食銀陸兩，共銀壹拾貳兩。遇閏加銀壹兩。

轎傘扇夫七名，每名歲支銀陸兩，共銀肆拾貳兩。遇閏加銀叁兩伍錢。

步快八名，每名歲支銀陸兩，共銀肆拾捌兩。遇閏加銀肆兩。

民壯貳拾伍名，每名歲支銀陸兩，共銀壹百伍拾兩。

舖司兵壹拾名，每名歲支銀陸兩，共銀陸拾兩。遇閏加銀伍兩。

馬快捌名，每名歲支工食草料銀壹拾陸兩捌錢，共銀壹百叁拾肆兩肆錢。遇閏加銀壹拾壹兩貳錢。

鐘鼓夫肆名，每名歲支銀陸兩，共銀貳拾肆兩。遇閏加銀貳兩。

斗級貳名，每名歲支銀陸兩，共銀壹拾貳兩。遇閏加銀壹兩。

庫子貳名，每名歲支銀陸兩，共銀壹拾貳兩。遇閏加銀壹兩。

皂隸壹拾貳名，每名歲支銀陸兩，共銀柒拾貳兩。遇閏加銀陸兩。

禁卒肆名，每名歲支銀陸兩，共銀貳拾肆兩。遇閏加銀貳兩。

仵作壹名，歲支銀陸兩。遇閏加銀伍錢以上正閏銀兩，原請在于司庫驛站裁汰銀內領支。

新添舖司兵伍名，每名歲支銀陸兩，共銀叁拾兩。遇閏加銀貳兩伍錢以上三水縣抽撥貳名，隴州、南鄭、淳化各抽撥壹名。

司獄衙門

民壯肆名，每名歲支銀陸兩，共銀貳拾肆兩。

皂隸貳名，每名歲支銀陸兩，共銀壹拾貳兩。遇閏加銀壹兩。

黎壩巡檢衙門

民壯肆名，每名歲支銀陸兩，共銀貳拾肆兩。

皂隸貳名，每名歲支銀陸兩，共銀壹拾貳兩。遇閏加銀壹兩以上正閏銀兩，原請在于司庫驛站裁汰銀內領支。

漁渡壩巡檢衙門

民壯肆名，每名歲支銀陸兩，共銀貳拾肆兩。

皂隸貳名，每名歲支銀陸兩，共銀壹拾貳兩。遇閏加銀壹兩以上正閏銀兩，由西鄉縣撥支解司請領。

以上官役俸工銀兩，於道光貳拾叁年奉文，均以貳兩平支放，每兩減平銀陸分，其減平銀兩，每年批解部庫交納，理合登明。

壹遞馬項下

原請額設遞馬貳匹，夫壹名，歲需工料並修理銀肆拾柒兩。遇閏加銀叁兩柒錢伍分以上正閏銀兩，原請在于司庫驛站裁汰銀內領支。

壹額外

鹽課銀陸拾貳兩肆錢貳分陸釐嘉慶拾伍年按照前項起運銀壹兩徵收，鹽課銀肆分叁釐玖毫，並不加耗增閏，遇有蠲豁蠲免之年，亦不增減蠲免。

茶課銀貳百壹拾玖兩壹錢陸分壹釐係花戶出辦。

畜稅銀陸兩貳錢柒分係買騍馬出辦，原無定額，儘收儘解。

地稅銀壹拾捌兩叁分係買房地業主出辦，原無定額，儘收儘解。

鐵課銀貳拾兩鐵廠貳座，每座歲納銀壹拾兩。

牙稅銀陸錢牙行壹名，每年納稅銀陸錢。

留壩廳

原分撥鳳縣民地叁拾捌頃玖拾陸畝肆分柒釐肆毫，每畝科糧壹升肆合壹勺伍抄伍撮玖圭陸粟玖粒，共科糧柒拾叁石伍斗肆升玖勺，每石折徵銀壹兩捌錢叁分肆釐叁毫叁絲肆忽，共徵銀壹百叁拾肆兩捌錢玖分捌釐伍毫柒絲叁忽貳微陸纖陸渺。

又額外所轄安山、武關貳驛，額徵本折糧肆拾捌石壹斗伍升貳合柒勺捌抄玖撮肆圭肆粟壹粒貳顆壹糠玖粃伍粺，內本色糧叁拾陸石叁斗叁升陸合陸勺，每石折徵銀壹兩，共徵銀叁拾陸兩叁錢叁分陸釐陸毫，折色糧壹拾壹石捌斗壹升陸合壹勺捌抄玖撮肆圭肆粟壹粒貳顆壹糠玖粃伍粺，該折徵並玖釐銀壹拾貳兩貳錢叁分柒釐，折色草壹拾捌束貳觔，該折徵銀肆錢玖分捌釐。

乾隆伍拾壹年開墾至伍拾陸年起科額外水地壹頃叁拾畝玖分陸釐伍毫，該折色糧壹石捌斗伍升叁合玖勺叁抄陸撮肆圭捌粟捌糠伍粃，該折色銀肆兩叁錢捌分壹釐貳毫伍絲捌忽貳微伍纖肆塵肆渺捌漠柒沙伍洙。

又乾隆伍拾壹年開墾至陸拾年起科旱地伍頃伍畝叁分，該折色糧柒石壹斗伍升叁合壹抄壹撮壹圭叁粟伍粒柒顆，該折色銀壹拾陸兩玖錢肆釐壹毫叁絲叁忽壹微叁纖肆塵柒渺伍漠。

又乾隆伍拾柒年開墾至嘉慶陸年起科旱地壹頃叁拾貳畝貳分，該折色糧壹石捌斗柒升壹合肆勺壹抄玖撮壹圭壹粒捌顆，該折色銀肆兩肆錢貳分貳釐伍毫柒絲叁忽伍微貳纖壹塵伍渺。

叁項共地柒頃陸拾捌畝肆分陸釐伍毫，共折色糧壹拾石捌斗柒升捌合叁勺陸抄陸撮柒圭壹粟柒粒伍顆捌糠伍粃，共折色銀貳拾伍兩柒錢柒釐玖毫陸絲肆忽玖微壹纖柒渺叁漠柒沙伍洙遵照鳳縣康熙年間易知由單內開：每地壹畝徵折色銀叁分叁釐肆毫伍絲叁忽陸微伍纖柒塵伍渺，纂入書內，以便遇有墾豁，按畝增除。

原分撥人丁叁門玖則不等，共折下下丁伍拾壹丁，每丁徵銀叁錢肆分捌釐伍毫伍絲壹忽柒微肆纖捌塵陸渺，共徵銀壹拾柒兩柒錢柒分陸釐壹毫叁絲陸忽玖微玖纖壹塵陸渺。

乾隆叁拾陸年編審出永不加賦丁叁丁，遵照康熙伍拾伍年欽遵康熙伍拾貳年叁月拾捌日恩詔，後遇編審之期，但據康熙伍拾年丁冊定為常額，續生人丁，永不加賦。

原分撥均徭銀叁拾叁兩陸錢叁分叁釐柒絲捌忽肆微柒纖捌塵。

遇閏加徵銀貳兩捌錢肆分壹釐肆毫。

又額外開墾地畝應徵均徭銀陸兩肆錢壹分柒毫柒絲叁忽伍微陸纖壹塵伍渺叁漠陸沙遵照鳳縣易知由單內開：每畝徵均徭銀捌釐叁毫肆絲貳忽叁微壹纖肆渺。

遇閏加銀叁錢伍分貳釐貳毫捌絲貳微貳纖伍塵叁渺捌漠叁沙陸洙壹涯陸洒。

又分撥額外停免銀壹拾貳兩叁錢伍分肆釐捌毫柒絲壹忽貳微。

以上地、丁、均徭並額外驛糧、停免共徵銀貳百柒拾玖兩捌錢伍分貳釐玖毫玖絲捌忽肆微貳塵肆渺柒漠叁沙伍洙。

遇閏加徵銀叁兩壹錢玖分叁釐陸毫捌絲貳微貳纖伍塵叁渺捌漠叁沙陸洙壹涯陸洒。

壹起運項下

原分撥起運銀壹百捌拾陸兩叁錢柒釐柒毫捌絲捌忽柒微叁纖貳渺。

額外停免並安山、武關貳驛地糧及草束折價等項共銀陸拾壹兩肆錢貳分陸釐肆毫柒絲壹忽貳微。

又額外開墾地畝應徵折色均徭等項起運銀叁拾貳兩壹錢壹分捌釐柒毫叁絲捌忽肆微柒纖貳塵貳渺柒漠叁沙伍洙。

叁項共銀貳百柒拾玖兩捌錢伍分貳釐玖毫玖絲捌忽肆微貳塵肆渺柒漠叁沙伍洙，分撥請倣以糧載丁等事案內，通省以糧均丁增銀壹拾肆兩玖錢柒分伍釐伍毫肆絲陸纖玖塵捌渺，實該起運銀貳百玖拾肆兩捌錢貳分捌釐伍毫叁絲捌忽肆微柒纖貳塵貳渺柒漠叁沙伍洙，內留支官役俸工銀貳百叁拾叁兩柒分叁釐貳毫奉文解司，按季請領。

止該起運銀陸拾壹兩柒錢伍分伍釐叁毫叁絲捌忽肆微柒纖貳塵貳渺柒漠叁沙伍洙。

遇閏加徵銀叁兩壹錢玖分叁釐陸毫捌絲貳微貳纖伍塵叁渺捌漠叁沙陸洙壹涯陸洒。

又請倣以糧載丁等事案內，應增閏銀陸錢叁分陸釐陸毫。

貳項共銀叁兩捌錢叁分貳毫捌絲貳微貳纖伍塵叁渺捌漠叁沙陸洙壹涯陸洒。

壹俸工項下

原派洋縣並分撥鳳縣、請添各役共實支銀柒千叁拾柒兩玖錢陸分柒釐柒毫捌絲捌忽陸微伍纖肆塵。遇閏額支共銀肆拾肆兩叁錢伍分玖釐肆毫肆絲伍忽玖微陸纖肆塵陸渺貳漠貳沙伍洙。

原設通判壹員，額徵俸薪銀肆拾叁兩陸錢叁分伍釐伍毫陸絲貳忽壹微貳纖柒塵，內除均攤銀壹拾壹兩貳錢壹分柒釐壹毫玖絲陸忽陸微柒纖叁塵，洋縣仍留抵撥補各員役俸工訖，實支銀叁拾貳兩肆錢壹分捌釐叁毫陸絲伍忽肆微伍纖肆塵係坐派洋縣解司支領。

乾隆肆拾年在於遵旨速議具奏事案內，奉文通判改為同知，加增俸薪銀壹拾兩柒分叁釐原請在於司庫缺官銀內動支，因缺官不敷動用，奉改動司庫各屬解到裁汰驛站支剩銀兩。

留壩驛兼管司獄司壹員，額支俸薪銀叁拾壹兩伍錢貳分係在上項起運內留支。

同知衙門

門子貳名，每名歲支銀陸兩，共支銀壹拾貳兩，遇閏加銀柒錢貳分柒釐貳毫陸絲貳忽玖微肆纖貳塵伍渺貳漠。

步快捌名，每名歲支銀陸兩，共支銀肆拾捌兩。遇閏加銀貳兩玖錢玖釐叁絲陸微柒纖柒塵捌渺捌漠。

皂隸壹拾（貳）名，每名歲支銀陸兩，共支銀柒拾貳兩。遇閏加銀肆兩叁錢陸分叁釐伍毫肆絲貳微壹纖陸塵玖渺貳漠。

轎傘扇夫柒名，每名歲支銀陸兩，共支銀肆拾貳兩。遇閏加銀貳兩伍錢肆分伍釐叁毫玖絲貳忽伍微陸纖柒塵陸渺以上各項俱坐派洋縣解支，其額荒撥補各細數，俱在該縣全書內登明。

民壯叁拾陸名，每名歲支銀陸兩，共支銀貳百壹拾陸兩。遇閏加銀壹拾捌兩。

庫子貳名，每名歲支銀陸兩，共支銀壹拾貳兩。遇閏加銀壹兩。

鐘鼓夫柒名，每名歲支銀陸兩，共支銀肆拾貳兩。遇閏加銀叁兩伍錢以上各項原請在於司庫缺官銀內領支，因缺官不敷動用，奉文改動司庫各屬解到裁汰驛站支剩銀兩。

斗級肆名，每名歲支銀陸兩，共支銀貳拾肆兩。遇閏加銀貳兩正閏貳項原請在於司庫耗羨銀內領支。

禁卒貳名，每名歲支銀捌兩，共支銀壹拾陸兩。遇閏加銀柒分柒釐叁毫肆絲捌忽捌微捌纖柒塵伍渺。

仵作壹名，歲支銀陸兩。遇閏加銀叁分捌釐陸毫柒絲伍忽柒微伍纖陸塵伍渺以上正閏肆項俱在鳳縣存留項下撥解司庫領支，其額荒撥補加增各細數，俱在該縣全書內登明。

舖司兵叁拾玖名，每名歲支銀陸兩，共支銀貳百叁拾肆兩在於上項起運內留支銀貳百壹兩伍錢伍分叁釐，又在司庫地、丁項下領支銀叁拾貳兩肆錢肆分柒釐，其閏月銀兩，在於鳳縣舖司額內統為載入。

改設同知案內添撥

皂隸貳名，歲支銀陸兩，共支銀壹拾貳兩係在南鄭、洋縣皂隸內各抽撥壹名，其正閏工食銀兩，俱由縣解司支領。遇閏加銀柒錢伍分壹釐貳毫壹絲陸忽伍微陸纖伍塵貳渺柒漠貳沙伍洙。

禁卒貳名，每名歲支銀陸兩，共支銀壹拾貳兩洋縣禁卒內抽撥，其正閏工食銀兩，仍由縣解司支領。遇閏加銀柒錢貳分柒釐貳毫伍絲柒忽陸微陸纖玖塵肆渺柒漠。

馬快捌名，每名歲支工食草料銀壹拾陸兩捌錢，共支銀壹百叁拾肆兩肆錢係在南鄭、城固、西鄉、褒陽肆縣馬快內各抽撥貳名，其正閏銀兩，俱由縣解司支領。遇閏加銀柒兩貳錢壹釐伍絲伍忽伍微陸纖肆塵肆渺陸漠。

司獄司衙門

皂隸貳名，每名歲支銀陸兩，共支銀壹拾貳兩係在寧羌州、城固縣皂隸內各抽撥壹名，其正閏工食銀兩，俱由縣解司支領。遇閏加銀伍錢叁分貳毫捌絲伍忽伍微玖纖陸塵伍渺。

以上官役俸工銀兩，於道光貳拾叁年奉文，均以貳兩平支放，每兩減平銀陸分，其減平銀兩，每年批解部庫交納，理合登明。

壹驛站項下

原額留壩驛馬伍拾肆匹，夫貳拾柒名，額支夫馬工料銀壹千柒百叁拾伍兩貳錢；松林驛額馬伍拾肆匹，夫貳拾柒名，額支夫馬工料銀壹千柒百叁拾伍兩貳錢；武關驛額馬伍拾肆匹，夫貳拾柒名，額支夫馬工料銀壹千柒百叁拾伍兩貳錢。共銀伍千貳百伍兩陸錢係在各屬解交漢中府供驛銀內按季支給。

原額損夫捌拾名，每名歲支銀壹拾兩捌錢，共支銀捌百陸拾肆兩係在司庫耗羨銀內領支。

壹額外

課程銀陸兩柒錢係各舖戶出辦。遇閏加銀伍錢伍分捌釐叁毫叁絲叁忽叁微貳纖肆塵。

地稅銀肆兩玖錢捌分係買田房業主出辦，原無定額，儘收儘解。

鹽課銀壹拾壹兩叁錢肆分於嘉慶拾肆年攤入前項地糧內徵解。

佛坪廳

原接收盩厔、洋縣貳縣分撥實熟地肆拾肆頃玖拾陸畝叁釐捌毫玖絲捌忽，每畝起科不等，共折色糧捌拾捌石捌斗捌合玖勺貳抄捌撮伍圭伍粟伍粒貳顆伍糠叁粃，共額徵折色銀壹百玖拾壹兩捌錢肆分陸毫叁絲伍忽叁微壹纖玖塵壹渺壹漠柒洙陸涯。內：

原接收盩厔縣分撥下下等實熟地捌頃柒拾叁畝伍分肆釐伍毫玖絲捌忽，每畝科折色糧貳升玖合伍勺貳抄捌撮肆圭伍粟捌粒捌顆，共折色糧貳拾伍石柒斗玖升肆合伍勺，每畝徵折色銀肆分壹毫捌絲伍忽壹微叁纖壹塵伍渺，共徵折色銀叁拾伍兩壹錢叁釐伍毫陸絲柒纖柒塵伍渺玖漠陸沙叁洙柒涯。

又接收洋縣分撥折正壹等實熟地叁拾陸頃貳拾貳畝肆分玖釐叁毫，每畝科折色糧壹升柒合叁勺玖抄伍撮叁圭貳粟壹粒，共折色糧陸拾叁石壹升肆合肆勺貳抄捌撮伍圭伍粟伍粒貳顆伍糠叁粃，每畝徵折色銀肆分叁釐貳毫陸絲柒忽柒微叁纖柒塵貳渺叁漠，共徵折色銀壹百伍拾陸兩柒錢叁分柒釐柒絲伍忽貳微肆纖壹塵伍渺壹漠肆沙叁洙玖涯。

以上共接收實熟地肆拾肆頃玖拾陸畝叁釐捌毫玖絲捌忽，共折色糧捌拾捌石捌斗捌合玖勺貳抄捌撮伍圭伍粟伍粒貳顆伍糠叁粃，共徵折色銀壹百玖拾壹兩捌錢肆分陸釐叁絲伍忽叁微壹纖玖塵壹渺壹漠柒洙陸涯。

接收盩厔、洋縣貳縣分撥均載丁銀貳拾玖兩陸錢貳分捌釐貳絲貳忽柒微肆纖玖沙陸涯陸洒。

接收盩厔、洋縣貳縣分撥均徭銀貳拾捌兩壹錢貳分貳釐捌毫肆絲壹忽玖微捌纖肆塵玖漠叁沙柒洙柒涯壹洒。

外遇閏接收盩厔、洋縣貳縣銀肆兩柒錢伍分叁釐叁絲壹忽陸微肆纖壹塵叁渺陸漠伍洙壹涯伍洒。

接收盩厔、洋縣貳縣分撥匠價銀貳錢捌分陸釐捌毫玖絲柒忽貳微柒纖壹塵貳渺伍漠叁洙肆涯。遇閏接收匠價銀肆釐陸毫捌絲肆忽柒微陸纖貳塵玖渺叁漠伍洙玖涯捌洒。

接收盩厔、洋縣貳縣分撥停免銀柒兩陸錢貳分伍釐叁毫伍絲貳忽壹微柒纖柒塵陸渺貳漠貳沙柒洙肆涯肆洒。

接收盩厔縣分撥軍籍銀叁兩陸錢陸分柒釐柒毫陸絲捌忽陸微柒塵貳渺壹漠

捌沙玖洙玖涯捌洒。

以上正閏各項俱攤入前項地糧內徵解。

地、丁、均徭並匠價、停免、軍籍等項共額徵銀貳百陸拾壹兩壹錢柒分壹釐伍毫壹絲捌忽玖纖玖塵叁渺伍沙陸洙柒涯玖洒。

遇閏加徵銀肆兩柒錢伍分叁釐叁絲壹忽陸微肆纖壹塵叁渺陸漠伍洙壹涯伍洒。

接收盩厔縣本色稻米叁斗伍升捌合貳勺。

接收盩厔、洋縣貳縣分撥匠價銀貳錢捌分陸釐捌毫玖絲柒忽貳微柒纖壹塵貳渺伍漠叁洙肆涯。遇閏加徵銀肆釐陸毫捌絲肆忽柒微陸纖貳塵玖渺叁漠伍洙玖涯捌洒。

貳項共閏銀肆兩柒錢伍分柒釐柒毫壹絲陸忽肆微肆塵貳渺玖漠壹沙壹洙壹涯叁洒。

接收盩厔、洋縣貳縣分撥停免銀柒兩陸錢貳分伍釐叁毫伍絲貳忽壹微柒纖柒塵陸渺貳漠貳沙柒洙肆涯肆洒。

接收盩厔縣分撥軍籍銀叁兩陸錢陸分柒釐柒毫陸絲捌忽陸微柒塵貳渺壹漠捌沙玖洙玖涯捌洒。

壹起運項下

原接收盩厔縣分撥本色稻米叁斗伍升捌合貳勺。

原接收盩厔、洋縣貳縣分撥起運銀貳百陸拾壹兩壹錢柒分壹釐伍毫壹絲捌忽玖纖玖塵叁渺伍沙陸洙柒涯玖洒。

原接收盩厔、洋縣貳縣分撥起運閏銀肆兩柒錢伍分叁釐叁絲壹忽陸微肆纖壹塵叁渺陸漠伍洙壹涯伍洒。

原接收盩厔、洋縣貳縣分撥匠價閏銀肆釐陸毫捌絲肆忽柒微陸纖貳塵玖渺叁漠伍洙玖涯捌洒。

貳項共起運閏銀肆兩柒錢伍分柒釐柒毫壹絲陸忽肆微肆塵貳渺玖漠壹沙壹洙壹涯叁洒。

壹俸工項下

同知壹員，額支俸薪銀肆拾貳兩肆錢叁釐。

袁家庄巡檢壹員，額支俸薪銀叁拾壹兩伍錢貳分。

以上貳項俱在司庫裁汰支剩夫馬工料項下領支。

巡檢兼司獄壹員，額支俸薪銀叁拾壹兩伍錢貳分係由郃陽縣存留項下徵解支領。

同知衙門

門子貳名，每名歲支工食銀陸兩，共支銀壹拾貳兩。遇閏加銀壹兩。

民壯肆拾捌名，每名歲支工食銀陸兩，共支銀貳百捌拾兩。遇閏不加。

轎傘扇夫柒名，每名歲支工食銀陸兩，共支銀肆拾貳兩。遇閏加銀叁兩伍錢。

舖司兵肆拾名，每名歲支工食銀陸兩，共支銀貳百肆拾兩。遇閏加銀貳拾兩。

步快捌名，每名歲支工食銀陸兩，共支銀肆拾捌兩。遇閏加銀肆兩。

馬快捌名，每名歲支工食銀壹拾陸兩捌錢，共支銀壹百叁拾肆兩肆錢。遇閏加銀壹拾壹兩貳錢。

鐘鼓夫肆名，每名歲支工食銀陸兩，共支銀貳拾肆兩。遇閏加銀貳兩。

斗級肆名，每名歲支工食銀陸兩，共支銀貳拾肆兩。遇閏加銀貳兩。

庫子肆名，每名歲支工食銀陸兩，共支銀貳拾肆兩。遇閏加銀貳兩。

皂隸壹拾貳名，每名歲支工食銀陸兩，共支銀柒拾貳兩。遇閏加銀陸兩。

禁卒捌名，每名歲支工食銀陸兩，共支銀肆拾捌兩。遇閏加銀肆兩。

仵作貳名，每名歲支工食銀陸兩，共支銀壹拾貳兩。遇閏加銀壹兩。

以上正閏各項原請在於司庫裁汰支剩夫馬工料項下支領。

巡檢司獄衙門

門子壹名，歲支工食銀陸兩。遇閏加銀肆錢玖分玖釐。

皂隸肆名，每名歲支工食銀陸兩，共支銀貳拾肆兩。遇閏加銀壹兩玖錢玖分柒釐。

馬夫壹名，歲支工食銀陸兩。遇閏加銀肆錢玖分玖釐。

以上正閏各項俱在於郃陽縣徵解司庫存留銀内領支其額荒實徵各銀數，在於該縣全書内登明。

弓兵陸名，每名歲支工食銀陸兩，共支銀叁拾陸兩。遇閏加銀叁兩。

袁家庄巡檢衙門

皂隸貳名，每名歲支工食銀陸兩，共支銀壹拾貳兩。遇閏加銀壹兩。

以上正閏銀兩俱在於司庫裁汰支剩夫馬工料項下支領。

民壯肆名，每名歲支工食銀陸兩，共支銀貳拾肆兩係在於洋縣開支，原未請閏。

以上官役俸工項下於道光貳拾叁年奉文，均以貳兩平支放，每兩減平銀陸分，其減平銀兩，每年批解部庫交納，理合登明。

一驛站項下

原設遞馬貳匹，每匹日支草料銀陸分，共支銀肆拾叁兩貳錢。遇閏加銀叁兩陸錢。

藥油、籠轀等項銀貳兩。

馬夫壹名，日支工食銀叁分，每年共支銀壹拾兩捌錢。遇閏加銀玖錢。

以上正閏銀兩每年俱在於司庫裁汰支剩夫馬工料項下支領。

一額外

鐵課銀貳拾兩係鐵廠貳座，每座納銀壹拾兩。

地稅銀壹拾兩伍錢伍分叁釐係買房地業主出辦，原無定額，儘收儘解。

鹽課銀玖兩肆錢肆分肆釐按照前項洋縣分撥地、丁銀兩攤徵，每正銀壹兩攤徵銀肆分叁釐捌毫柒絲叁微陸纖玖塵，永為定額，遇閏無增，免其加耗，凡遇壑豁蠲免之年，亦不增減蠲免。

後　記

《陝西古代文獻集成》是陝西省自建國以來實施的最大的古籍整理項目。這一課題的任務是，將歷史遺留下來，而又没有經今人整理過（或雖經今人整理，但是整理本有較多問題），並且具有很高歷史和文化價值的典籍，做成供中等文化程度以上讀者可以閲讀的整理本。工程浩大，任務繁重，時間緊迫，要求很高，需要課題組織者和參與者付出很大努力。將這項世紀工程做好，不僅爲當代，而且可以爲後世貢獻一份珍貴的精神遺産。

中國歷史上凡是經濟繁榮、富庶安泰的時代，執政者往往會在文化建設方面投入較多的精力和財力。宋初的四部大書《太平御覽》《太平廣記》《文苑英華》《册府元龜》，明初的《永樂大典》，清代康熙乾隆年間的《古今圖書集成》和《四庫全書》等，無不基于這種背景，這就是所謂“盛世修書”的傳統。

改革開放以來，陝西省在全國經濟發展方面長期居於中游甚至偏下，上一輩學者欲整理陝西古代文獻者不乏其人，但都因所需鉅資無法籌措而望洋興嘆。國家實施西部大開發的戰略以來，在國家扶持和陝西人民的努力之下，陝西經濟有了快速提升。陝西乃中華民族的發祥地，古長安又是十三朝古都，憑此地緣優勢，陝西省人民政府不失時機地提出了要將陝西省建設成中國的文化大省和文化强省的戰略目標。近年來陝西省在文化遺址的修復和文物保護方面，採取了大力度的措施，恢復和整修了相當多的文物古跡，例如日前已列入《世界遺産名録》的漢長安城未央宫遺址、漢城湖公園以及漢昆明池遺址公園、唐長安城大明宫遺址、唐芙蓉園、曲江遺址公園等；文物的修護保護也取得很大成就，秦始皇陵兵馬俑的彩繪保護、古代紙質文獻的修復保護等，這些成就舉世矚目。但是這些成果，主要是從空間上展現文物和遺址的形貌，而這些文化遺產内在的精神支撑，也就是其產生的時代與背景、存在與湮毁等豐富的文化信息，更須依靠文獻的記述。正如本課題主持人所説："歷史上的文明，文物只是一端，而文獻則構成另外一端。無文物則不睹其容，無文獻則不知其故。文物爲體，文獻爲神，著此一睛，則飛龍在天。"更何況有些精神遺產是地面文物所無法負載的。例如，宋代以後，理學成爲中國官方的主要意識形態，而陝西關中理學即關學是其重要的組成部分。關學的代表人物張載、蕭𣂏、馬理、吕柟、馮從吾、康乃心、李顒、李因篤和王心敬等人的著作，不僅是陝西省的珍貴文化遺產，也是中華民族的精神財富。張載的"爲天地立心，爲生民立命，爲往聖繼絶學，爲萬世開太平"的豪言壯語，成爲世世代代立志爲國捐軀的有志之士的座右銘。而這些遺產，也到了搶救的時刻了。

陝西堪稱中國古代文獻的淵藪。產生於這塊土地上的古代經典文獻有《周易》《周禮》《史記》《漢書》等，《詩經》和《尚書》中亦有相當篇目與這一地域有關，而歷代這裏出現的文獻瑰寶，更是不勝枚舉。

有鑑於此，我們認爲編纂一套能比較全面反映陝西省古代文化輝煌成就的大型叢書時機已經成熟，並且刻不容緩。2011年初，我們向陝西省政府提出建議：抓住當前有利時機，傾省内外可以利用的學術資源，盡速啟動，用十年左右時間編纂一套全面反映陝西古代文獻成就的大型叢書《陝西古代文獻集成》。

陝西省人民政府主要領導迅速做出批示："對我省歷史上形成的，目前又没有被整理出版的典籍，應下力氣投入，以傳承歷史文化和文明。"

項目組經過審慎的摸底調查，決定精選出三百種左右的典籍進行整理，在"十二五"和"十三五"期間各完成一百五十種左右，約需投入兩千萬元左右。經過以著名古籍整理專家周天游教授爲主任的陝西省古籍整理出版工作領導小組專家委員會的數次開會研究論證，認爲方案切實可行，上報省政府。陝西省發展和改革委員會、陝西省財政廳對這項工作非常重視，決定撥出專項資金予以支援，並立項爲陝西省"十二五"古籍整理重大項目。

其后，課題組精心落實了課題的實施。

一、成立《陝西古代文獻集成》編輯修纂工作班子。一是編修委員會，由陝西省省長任主任，中共陝西省委宣傳部部長和主管文化的副省長任副主任，各相關主要單位的領導任成員；二是成立專家委員會，由陝西省古籍整理出版工作領導小組（簡稱"省古籍整理領導小組"）專家委員會代行職責；三是成立編纂委員會，設在項目直接承擔單位西北大學，負責項目的編纂實施工作。由一批在國内享有盛譽的專家擔任顧問，另由一批以陝西省内爲主的年富力强的古代文獻學者擔任委員會成員。編纂委員會確定了一期工程的具體進展計劃，並且提出，這一項目在省古籍整理領導小組統一領導下實施開展，省古籍整理出版辦公室負責項目的總體協調和日常行政事務工作，督促檢查項目的進展情况和經費使用情况。西北大學爲項目的第一承擔單位，負責項目的具體組織和實施。爲落實這些要求，省古籍整理領導小組於2012年9月下發文件，通知了各相關單位。

西北大學還在項目主持人賈三强教授所在的文學院成立了重大項目管理辦公室，從辦公場所、人員配備方面提供了必要條件，使項目順利啟動。

二、確定子課題。按照省政府文件精神，課題組决定先整理一批没有經過近人整理，或雖有近人整理本，但整理本存在較多問題的典籍。爲了有利於今人閱讀，以便使這些文化資源成爲今天的經濟建設、文化建設、社會建設和環境建設的有用信息，我們决定不採用國内有些省市採取的古籍影印的方式，而是採用古籍點校本，並用繁體字横排本的形式，這樣既尊重了古代文獻的原有形式，又便於今人閱讀。既然確定爲目前只做尚未有今人整理本的陝西古代典籍，課題組經過反復研究論證，確定下來300多個子課題，依傳統古籍分類法，分成經、史、子、集四部。按前後兩期實施，“十二五”期間先行完成150多個子課題。在這些子課題的確定中，專家委員會意見得到了極大的重視。

三、開展項目的招標工作。根據專家委員會的建議，對於子課題的承擔，我們决定採用招標制和委託制結合的辦法，以招標制爲主，無人投標或投標者明顯不合要求者，再採用委託專家承擔的方法。省古籍整理領導小組在2012年9月下發文件，公開向省内徵集一期工程151個子課題的承擔者。以省内高校和科研單位爲主，學者踴躍申報，經編纂委員會初審，决定將74位學者申報的117項子課題交付專家委員會審查。2013年1月，專家委員會審定107項子課題合格。入選者絶大多數是近年來從事文獻研究已有成就的中青年學者，有一部分已對所申報的子課題有了相當深入的研究。對於無人申報或申報者不合要求的課題，還有專業性太强如中醫藥方面的子課題，我們採取了委託具有高水準的相關專家承擔的方式。因此，所有150余子課題都已先后確定了整理者。

四、多次召開相關會議，進行學術交流，互促互進，並及時解决實際問題。在項目規劃時，我們就提出了課題進行中，每年召開一次學術研討會、一次行政事務會的設想。前者主要交流課題研究中的學術問題，後者主要針對項目進行中出現的各種事務性問題，及時加以解決。2013年3月，東亞漢學研究學會（秘書處設日本長崎大學）、西北大學文學院和陝西省社會科學院古籍研究所聯合舉辦，西北大學文學院承辦了“陝西地方文獻國際學術研討會”。與會專家學者50余人，分別來自日本、中國大陸和臺灣地區，共提交論文41篇。論文專業性强，水準高，圍繞陝西古籍整理、古代文獻編年、宗教文獻的文學闡釋、陝西地方方言、域外漢學的開拓與發展等學術問題，進行了深入的交流。會議期間，舉行了“陝西古代文獻”課題開題報告會。與會專家一致認爲項目具有重大文化意義，並且對項目的各方面問題提出了許多好的意見和建議。對於這次會議，《中國社會科學報》2013年3月4日曾專發消息《“陝西古代文獻集成”項目啟動》予以報導。會議論文由東亞漢學研究學會會刊《東亞漢學研究》出版特别號《“陝西地方文獻國際學術研討會”論文集》。

2014年6月，西北大學文學院和陝西省社會科學院古籍研究所舉辦了“第二届陝西地方文獻學術研討會”，會議的參加者全部是項目的承擔者，各位學者專家對自己承擔課題中的學術問題做了歸納研究，發表的論文有很强的現實針對性。對于項目的深入開展和將項目做成高品質的學術成果，這可謂是高調的集結號。會議論文集由商務印書館出版。

行政事務會議也力争開成辦實事、解决實際問題、不務空談的交流會。雖然我們已給各位課題承擔者發了《工作手册》，專門規定了體例，但是在實際操作中，仍然出現了一些問題。于是2013年10月召開的行政事務會議，專就體例不一展開了研討。集思廣益，將各位專家學者的意見建議分門别類做了梳理，又重新修訂了《工作手册》，大家反映良好。

根據實際需要，從事編修編纂的單位建立了暢通的管道，問題一發生，就做出快速反應，及時溝通，及時解决。2015年年末，省政府主管文化的副省長過問了項目的進展，明確表示，這個項目是省上親自抓的重大文化項目，也是建國以來投資最多的軟文化工程，受到省委省政府主要領導的關注，必須抓緊、抓好。爲此，陝西省社會科學院、陝西省古籍整理辦公室、陝西省古籍整理專家委員會、西北大學四家單位的領導和項目主持人開會，對當前面臨的問題一一過濾，採取相應對策。如稿件完成後的審閱、成書的分集等具體問題均有涉及，並且有了明確的應對之策。

五、利用電子信息時代的優勢，建立隨時應答的動態管理模式。項目日常的工作人員主要由在校博碩士生等組成。他們利用年輕上進、精通電子信息技術的優勢，提出了很多很好的建議。例如建立了全員電子通信網，隨時隨地可與各位項目承擔者進行聯繫，實現無紙交流、無紙辦公，並且建立了聯絡群，可以隨時發佈各種信息，對各種問題進行及時應答。具有普遍性的問題，還可由專門或專業人士進行解答。

與此同時，我們建設了“陝西古代文獻集成”信息終端，硬件軟件已經採購到位，待安裝調試成功後，計劃將一些共用的資源録入，逐步建成課題組的大資料庫、大信息庫。這個終端的建成，必將爲課題的開展起到重要的促進作用。

陝西省古籍整理辦公室從項目的選題到項目的立項，從經費的管理到經費的監督，從督促項目的進展到聯絡出版、印刷等事宜，認真負責落實，先後召開了五次專家委員會會議、五次項目進展情況督促檢查會、六次專項出版印刷會，下發正式文件三次，認真組織實施，積極協調各方相關單位，使項目有序推進，對于項目按時間、保質量地完成，起到了重要的作用。

陝西人民出版社承擔項目的出版工作。從社領導到編輯均表現出了極强的責任心和專業素質，在此表示誠摯的謝意。

賈三强

丁酉年春日